HERMES

在古希腊神话中,赫耳墨斯是宙斯和迈亚的儿子,奥林波斯神们的信使,道路与边界之神,睡眠与梦想之神,亡灵的引导者,演说者、商人、小偷、旅者和牧人的保护神……

西方传统 经典与解释
Classici et Commentarii
HERMES
柏拉图注疏集
Platonis opera omnia
cum commentariis
刘小枫 甘阳 ◎ 主编

《苏格拉底的申辩》集注
Annotations to *The Apology of Socrates*

程志敏 | 辑译

华夏出版社

教育部哲学社会科学研究后期资助重大项目（17JHQ001）最终成果

"柏拉图注疏集"出版说明

"柏拉图九卷集"是有记载的柏拉图全集最早的编辑体例,相传由亚历山大时期的语文学家、数学家、星相家、皇帝的政治顾问忒拉绪洛斯（Θράσυλλος）编订,按古希腊悲剧的演出结构方式将柏拉图所有作品编成九卷,每卷四部（对话作品三十五种,书简集一种,共三十六种）。1513 年,意大利出版家 Aldus 出版柏拉图全集,被看作印制柏拉图全集的开端,遵循的仍是忒拉绪洛斯体例。

可是,到了十八世纪,欧洲学界兴起疑古风,这个体例中的好些作品被判为伪作；随后,现代的所谓"全集"编本迭出,有 31 篇本或 28 篇本,甚至 24 篇本,作品前后顺序编排也见仁见智。

俱往矣！古典学界约在大半个世纪前已开始认识到,怀疑古人得不偿失,不如依从古人受益良多。回到古传的柏拉图"全集"体例在古典学界几乎已成共识（Les Belles Lettres 自上世纪二十年代始陆续出版的希法对照带注释的 *Platon Œuvres complètes* 以及 Erich Loewenthal 在上世纪四十年代编成的德译柏拉图全集均为 36 种 + 托名作品 7 种）,当今权威的《柏拉图全集》英译本（John M. Cooper 主编,*Plato, Complete Works*, Hackett Publishing Company 1984, 不断重印）即完全依照"九卷集"体例（附托名作品）。

"盛世必修典"——或者说,太平盛世得乘机抓紧时日修典。对于推进当今中国学术来说,修典的历史使命不仅是续修中国古代典籍,同时得编修古代西方典籍。中山大学比较宗教研究所属内的"古典学研究中心"拟定计划,推动修译西方古代经典这一学术大业。我们主张,修译西典当秉承我国清代学人编修古代经典的精神和方法——精神即：

敬重古代经典，并不以为今人对世事人生的见识比古人高明；方法即：翻译时从名家注疏入手掌握文本，考究版本、广采前人注疏成果。

"柏拉图注疏集"将提供足本汉译柏拉图全集（36 种 + 托名作品 7 种），篇序从忒拉绪洛斯的"九卷集"。尽管参与翻译的译者都修习过古希腊文，我们主张，翻译柏拉图作品等古典要籍，当采注经式译法（即凭靠西方古典学者的笺注和义疏本迻译），而非所谓"直接译自古希腊语原文"（如此注疏体柏拉图全集在欧美学界亦未见全功，德国古典语文学界于 1994 年开始着手"柏拉图全集：译本和注疏"，体例从忒拉绪洛斯，到 2004 年为止，仅出版不到 8 种；Brisson 主持的法译注疏体全集，九十年代初开工，迄今未完成一半）。

柏拉图作品的义疏汗牛充栋，而且往往篇幅颇大。这个注疏体汉译柏拉图全集以带注疏的柏拉图作品为主体，亦收义疏性质的专著或文集。编者当紧密关注并积极吸取西方学界的相关成果，不急欲求成，务求踏实稳靠，裨益於端正教育风气、重新认识西学传统，促进我国文教事业的新生。

刘小枫　甘阳
2005 年元月

柏拉图九卷集篇目

卷一
1 游叙弗伦（顾丽玲 译）
2 苏格拉底的申辩（吴飞 译）
3 克里同（程志敏 译）
4 斐多（刘小枫 译）

卷二
1 克拉提洛斯（刘振 译）
2 泰阿泰德（贾冬阳 译）
3 智术师（柯常咏 译）
4 治邦者（刘振 译）

卷三
1 帕默尼德（曹聪 译）
2 斐勒布（李致远 译）
3 会饮（刘小枫 译）
4 斐德若（刘小枫 译）

卷四
1 阿尔喀比亚德前篇（戴晓光 译）
2 阿尔喀比亚德后篇（戴晓光 译）
3 希帕库斯（胡镓 译）
4 情敌（吴明波 译）

卷五
1 忒阿格斯（刘振 译）
2 卡尔米德（彭磊 译）
3 拉克斯（罗峰 译）
4 吕西斯（贺方婴 译）

卷六
1 欧蒂德谟（万昊 译）
2 普罗塔戈拉（刘小枫 译）
3 高尔吉亚（李致远 译）
4 美诺（郭振华 译）

卷七
1 希琵阿斯前篇（王江涛 译）
2 希琵阿斯后篇（王江涛 译）
3 伊翁（王双洪 译）
4 默涅克塞诺斯（李向利 译）

卷八
1 克莱托丰（张缨 译）
2 理想国（王扬 译）
3 蒂迈欧（叶然 译）
4 克里提阿斯（叶然 译）

卷九
1 米诺斯（林志猛 译）
2 法义（林志猛 译）
3 法义附言（程志敏 崔嵬 译）
4 书简（彭磊 译）

释词（唐敏 译）

托名作品（唐敏 译）

目 录

前 言 1

缩写、文献、人名列表 14

对话纲要 23

苏格拉底的申辩（译文） 27

苏格拉底的申辩（章句） 57

 题解 58

 第一场演说 64

  第一章 绪言 65

  第二章 前导 106

  第三章 驳斥 141

  第四章 离题 404

  第五章 结语 579

第二场演说 ······ 607
 第六章 意料之中 ······ 608
 第七章 恩善需赏 ······ 619
 第八章 实质提判 ······ 637

第三场演说 ······ 663
 第九章 最后预言 ······ 664
 第十章 生死告白 ······ 684
 第十一章 临别托孤 ······ 727

附 录 ······ 741

前　言

一

　　经典阅读是学问的基础，而经典的翻译又是正确理解的前提。现代的学术生产呈现出"过热"的态势，流派跌宕，思想浮沉，著作迭出，话语通胀，让人莫衷一是。较为合理的选择无疑是阅读经典，更何况历经时间考验的经典在任何时代都具有非常重要的价值。虽然在现代的科学评估体系中，翻译（尤其是经典翻译）不大受重视，但每个学者一生如能为学界贡献几部经典译著，其价值远远高于个人的著述——贺麟、苗力田、王太庆和梁志学等老一辈学人以生动的身教证明了这一点，给我们留下了宝贵的财富。

　　仅有经典本身的译文，还远远不够，正如陈康先生所言，如果将柏拉图的对话移译为中文，不加解释，最好的结果无非是介绍一个希腊的谜，甚至为这些对话增添些不能阅读它们的围观者，"这样，我们的翻译只是徒劳；我们所有翻译的目的完全不能达到。所以翻译以外必加注释"。[①] 引入西方经典的第一个阶段当然以原文的翻译为主，目前我国的西学的引介已经达到一定高度，急需西方扎实的注疏成果来帮助我们推进西学的研究，否则，我们对经典的理解往往会望文生义，甚至由此养成轻浮的学风。在中国漫长的注疏传统中，以《论语》为例，朱熹的"集注"、刘宝楠的"正义"和程树德的"集释"对于理解原典堪称不可

[①] 柏拉图，《巴曼尼德斯篇》，陈康译注，北京：商务印书馆，1982，"序"，页7。

或缺，有的甚至就是注疏者本人阐发自己思想的一种方式。

西方经典的汉译既是深入理解西方的必修课，同时也是在更大的范围内为中西方文明的融会贯通做一些基础性的工作。我在翻译的过程中，查对了很多现代西语译本，再比较汉语的表达能力，因而得出了一个可能不太恰当却又实实在在来自"亲证"的认识：（现代）汉语仍然保留着极为丰富的内涵和极强的语义弹性，与同样古老的希腊语之间有着内在的"家族相似"，因而，（或许比现代西方语言）更适合用来翻译后者。如果古希腊语与汉语能够在某个载体中相逢，那么，东西方最古老的思想就会在深厚的土壤中交相缠绕，能直接相互滋养，还能因不同的"天性"而擦出闪亮的思想火花，这才是人类未来所需要的新基础。

古希腊文本的汉译及其注疏因而就具有了比一般学术翻译更为深刻的意义，也肩负着更为远大的历史使命。汉语思想未必是世界历史的未来，却一定是其中一个十分重要的组成部分，这不是因为我们敝帚自珍，而是她本身就有着极为久远深厚的根源，经过数千年无数智慧者的不断加工打磨，虽然由于种种原因一直未能以独立的身份把自己独特的文明样态展现给整个世界。或者说，人类历史唯一绵延不绝的汉语思想至今还没有真正进入世界历史，这无论对于中国还是对于世界来说，都是不公正的，对于双方显然都是一种不小的遗憾。

我们虽然谈得上已经有足够的积累能够对世界文明有所贡献，但首先需要让世界认识中国（也需要新的自我认识），国学经典的外译和西方经典的汉译是两个相辅相成缺一不可的方面。正如我们要了解西方必须靠外文阅读西学原典一样，西方人对我们的了解，也只能通过汉语才能真正实现。古代经典的意义端赖解释而得以生成，不同的语言、不同的文化背景，尤其是不同的文明深度对同样文本的理解完全不同，各有优劣，需要相互借鉴。仅仅从这个一般形式的意义上说，西学经典的汉语翻译已足可构成自己进入世界的一扇小门，更何况依然十分古雅的汉语或者更能亲近同样十分古老的希腊语。因而，我们的目标正是陈康先生七十年前在其堪称范本的《巴门尼德斯篇》注疏中所说的：

现在或将来如若这个编译会里的产品也能使欧美的专门学者以不通中文为恨（这绝非原则上不可能的事，成否只在人为！），甚至因此欲学习中文，那时中国人在学术方面的能力始真正的昭著于全世界。①

陈康先生的希望已过去半个多世纪，至今未见多少"进步"。其所言之愿景虽仍遥遥，短时间似乎看不到实现的可能，却昭昭指出了我们应该有的学问路向，其言辞切切，愿心殷殷，弘毅正大，振聋发聩，言犹在耳，不可不从。

二

如果怀特海所谓"欧洲哲学传统由柏拉图的一系列脚注构成"这一说法能够大体成立的话，那么，《苏格拉底的申辩》作为西方哲学最重要的哲学家柏拉图的第一篇著作（至少是最早的作品之一），可以说就是整个西方思想史的大门。它不仅是理解"述而不作"的苏格拉底一生行状的要津，也是进入柏拉图思想的最佳文本，它对后世的影响已为学界所熟知，正如施特劳斯所说：

> 《苏格拉底的申辩》是柏拉图唯一一部苏格拉底出现在题目中的作品。苏格拉底在柏拉图所有的对话中都或显或隐地是主要的人物：柏拉图所有的对话都是苏格拉底的"申辩"或为苏格拉底所作的"申辩"。但《苏格拉底的申辩》却是我们进入柏拉图思想世界的大门：它描绘了苏格拉底的一生，他全部的生活方式，他这种生活方式与最广大的民众、具有权威性的民众以及雅典城邦（他就是在他们面前被指控死罪的）之间的关系；它可说是苏格拉底与雅典

---

① 柏拉图,《巴曼尼德斯篇》,北京：商务印书馆,1982,"序",页10。

城邦的对话。(参见37a4-7)[①]

《申辩》无疑是西方文化史上最重要的著作之一，其内容在各个领域都有着深刻的影响。仅仅就"文气"来说，既有插科打诨的反讽，也有肃穆悲壮的吟咏，肃剧和谐剧交织在一起。苏格拉底在《申辩》前半部分的法庭辩论中，根本没有把这场官司当回事，所以显得戏谑幽默；定罪之后，他对自己之不被理解虽不以为意，却公然在"反提判"中提出了与判决结果截然相反的提议，说自己为社会伦理建设做出了无私奉献以至一贫如洗，要求政府善待自己，也就是善待哲学——也许苏格拉底早已超越个人恩怨，只是平铺直叙，顶多是为哲学可怕的生存状况呐喊，但在我们看来，的确太过悲壮。苏格拉底对支持者们最后的演讲则饱含深情。凡此种种，我自认为本书的翻译体现了诸多因素之间强大的张力，足以塑造起丰富而鲜活的苏格拉底形象。

《申辩》既然如此重要，当然需要详细注疏，否则很容易望文生义，对它以及整个西方思想的理解则会流于雾中看花。所以，此书虽翻译之作，亦心血之功也。

三

本书题为"《苏格拉底的申辩》集注"，内容包括《苏格拉底的申辩》的翻译、经过拣择和梳理的各家注释、笔者间下之评议和阐释。在形式上，本书追仿中国传统治学之古典文心，采用"章句体"，一段原文，一段注释，有如一部经典阅读笔记。笔者虽不敢妄比先贤，但一直以程树德《论语集释》为榜样。[②]

[①] 施特劳斯，《柏拉图式政治哲学研究》，张缨等译，北京：华夏出版社，2012，页54。

[②] 笔者早年曾翻译注释了柏拉图的《克力同》，亦采用同样理念和方法，参见《克力同章句》(北京：华夏出版社，2017)。

1 校勘本和参考文本

本书对《苏格拉底的申辩》原文的翻译依据伯内特（John Burnet）校勘的牛津古典文本《苏格拉底的申辩》第一版（OCT[1]），另外重点参考了最新的校勘本，即米勒和普拉特本（P. A. Miller and C. Platter，简作MP本，2010年），以及福勒（H. N. Fowler）的洛布（Loeb）古典丛书希英对照本中的希腊文本，也参考了施塔尔鲍姆（J. G. Stallbaum）、斯坦福（C. S. Stanford）、亚当（J. Adam）、里德尔（J. Ridell）、埃姆林-琼斯（C. Emlyn-Jones）、戴尔（L. Dyer）、泰勒（W. S. Tyler）、斯多克（G. S. Stock）和施莱尔马赫（F. Schleiermacher）等数个希腊文本。在严格遵照希腊文翻译《申辩》文本的同时，笔者参考了严群、水建馥、王太庆、王晓朝、吴飞的中译文，参考了艾伦（R. E. Allen）、福勒（H. N. Fowler）、盖洛普（D. Gallop）、格鲁伯（G. M. A. Grube）、罗伊（Ch. Rowe）、魏斯特（Thomas G. West）和特里德尼克（H. Trednenick）等人的英译文，另参考了施莱尔马赫（F. Schleiermacher）、阿佩尔特（Otto Apelt）、海契（Ernst Heitsch）的德译文。

在众多参考文献中，特别值得一提的是史崔克（E. de Strycker）和斯凌斯（S. R. Slings）的 *Plato's Apology of Socrates*，这是目前在古典语文学方面校勘最为精审的注疏本（本书简作SS本），该书五分之三的篇幅是对《苏格拉底的申辩》的深入研究。

19世纪的校勘本，如施塔尔鲍姆等人的校勘本，与伯内特的牛津版有不小的出入，而且同一个作品的斯特方编码相差也很大。比如施塔尔鲍姆的注疏中标明328c的地方，在伯内特编本中则为326c。包括古希腊戏剧在内的其他希腊文献也有同样的问题。19世纪的作家引用古典作品也多采用那个时代特有的标注方式，多以章节名之，而非后世通行的标准码。比如，《新约圣经》的引用也与现在大不相同。惟读者识之。

近现代的注疏者都是该领域的博学鸿儒，腹笥甚广，他们的著作本是为专家所写，便默认读者都能够认得众多生僻字词、罕见著作以及难辨究竟的缩写。尤其书名和人名，甚难还原，本书尽量查索译出或加注说明，以帮助读者辨识；实难辨认者，只好照录原文。这些极为专业的东西即便今天的洋教授其实也未必都能明白，很多甚至在互联网上都查不到（有的即便能查到也多半不明所以），因而极为耗费功夫，所谓"旬日踟蹰"，不但因为字斟句酌，更是由于资料和知识的繁难——个中甘苦，恐非业内人士不能感识。

　　文本校勘方面的差异，必然导致文本上的出入，这倒还在其次。注家众多，理解各异，也属正常，但"公说公有理婆说婆有理"的相对主义局面下，必定有优劣高低之分。比如说，学界普遍认可伯内特的校勘和注疏，在很长一段时间内被业界视为权威。但SS本不时对伯内特本提出批评，而笔者从自己粗浅的学术积累来判断，这个新出的版本的确在很多方面超越了伯内特本。因此，本书在很大程度上采信了SS本。而且SS本还对更为权威的Liddel-Scott-Jones《希英大词典》（简作LSJ）的某些解释提出了挑战。的确，诗无达诂，经文亦然——久远而浩瀚的古希腊思想显然不是任何一本辞典能够穷尽的。

　　本书对各家注疏的编排顺序综合了年代和重要性，如有相同者，则合并或取其精妙者，而如有新意，则酌添加，以"按"示之。单纯的文本考订大多涉及文法，与理解正文无关，故而常常略过不录，除非歧出的异文影响到关键的思想，我们才把这类"小学"官司摆在读者面前。

　　笔者收录这些注疏和理解，并不表示笔者就完全同意，只不过不敢僭替读者思考，所以都摆出来，唯有心人自识。即便像SS本这样的后起之秀，亦非毫无瑕疵。在众多注疏中，我们有时只能按照自己的理解作出取舍，甚至在极少数情况下，即便那些注疏已经说得明明白白，但为了中文的流畅以及自己所揣摩的苏格拉底当时之所想而往往另出己意。这实在有些"胆大妄为"，不过任何一本书都是作者或译者自己的理解，也算得情有可原——好在这样的"杜撰"在本书中并不多（甚至极少），相反，我在灵活处理时，更愿意忠实传达原文的意思。

2 翻译问题

在对《申辩》原文的翻译过程中，笔者发现很多古希腊语词在汉语中找不到对应的词汇，如 τιμᾶσϑαι, ἀντιτιμᾶσϑαι 和 τιμᾶν，在雅典法律中，如果法律没有明确规定刑罚的，则由控方在诉状中写明提请判处的具体内容，辩方被判有罪之后，可以提出相反的建议（一般比原告提的判罚更轻），法官在双方提议中选出一种作为判决结果（法官不会提出另外的刑罚），这就是上述三个词的含义。笔者绞尽脑汁，译作"提判""反提判"和"评判"。此外，希腊语中的小品词含义丰富而微妙，极难把握，西方人也为此头痛万分，如果本书能够充分借鉴并综合西人的研究成果，尽可能在汉语中体现出说话人的语气、口气和神气，也算得上有所贡献了。

关于翻译过程中的"信"的问题，如果一一对应地"硬译"，则会丧失很多信息，因为希腊语本来非常简洁，在特定的语境中往往一两个单词都表达非常丰富的意思（或如西语中的"承前省略"），要翻译成现代汉语，就必须"加字"——当然要准确和适度。比如，36d7 的 σιτεῖσϑαι 和 37a1 的以及下文 37a1 的 σιτήσεως，本指（在主席厅免费）"就餐"，这时都必须加上"免费"二字，才能体现其全部的信息——我甚至想把 37a1 的"免费就餐"翻译成"白吃白喝"，以体现苏格拉底此处的语气和神态。此外，40d8 的 τὸν μέγαν βασιλέα，本为"大王"，这里指的就是"波斯大王"，因而必须加上"波斯"二字，方才合理，而大多数译者也如此翻译，否则读者可能会不明就里。当然，有些"加"法本可增添意味，但思之再三，还是算了。比如，37d4-5 本拟加上"栖栖遑遑"，虽嫌稍过，也是同理——苏格拉底假想的这种生活跟孔子"接淅而行"的境遇虽然不可同日而语，但看似天道不公的遭厄却有共通之处，要之，都是"累累然若丧家之狗"。但原文实无，故忍痛删去。

但并非只有"加字"才能更好地传递原意，有时简短的语言（如能近于箴言谚语则更佳）会更有力度，更能彰显苏格拉底的气势。比如，

希腊语原文 οὐκ ἔστιν ἀνδρὶ ἀγαθῷ κακὸν οὐδὲν，字面意思是"对于一个好人来说，坏的事情是绝不存在的"，英语通常译作 nothing can harm a good man（如盖洛普和格鲁伯），意思当然不算错（虽与希腊语原文不甚相符），但更多是以解释代替翻译：这里的 ἔστιν 应该是实词（如 SS 本所理解的 substantive），意为"有"，没有 harm 对应的动词，而如果把 κακὸν 理解为"伤害"，似乎又太过了。我译作"好人无坏事"，符合原文，不惟简洁，且开启了一个较大的解释空间：好人当然不会干坏事，而且有修养的好人会把坏事当好事磨砺自己，品德高尚的人不可能为宵小的恶行所动，最终不可能受到坏人的伤害。修为极高的人，心中光亮澄澈，当然不会装什么坏事，也不会为坏事所左右。更何况圣人眼里即便不是满大街皆为圣人，至少也不会因对他人习惯性的"有罪推定"而避世独居，拒绝教化和关心世人的灵魂吧。

　　从根本上说，翻译的好坏不在于字词的加减，而在于表达的准确。再重复一下，"准确"不等于"一一对应"的"硬译"。"准确"（即严复三原则之"信"）不仅仅在于字词，还在于语境、语气和作者的（本来）意图。在某些情况下，"达"和"雅"也是"信"的一种表现。

　　我在翻译过程中，尽量一词一译，也就是用同一个汉语字词来翻译同一个希腊语词，但在不得已的地方也往往用另外的词来翻译。比如，πολλοῦ γε δεῖ（以及类似的表达）在全书中多次出现，英译通常是 far from it，中译作"根本不可能"。笔者在其中一处（32e5）根据语气译作口语化的"想得美"，但在 30d6、35d5-6、37b3、37d3 和 38d6 就不能译成"想得美"，只能译成"远不是""远非如此""更不"和"完全不是那么回事"。再如，ἀξίας 一般译作"应得"，但在 36b，我左思右想也只能译作"功过"——这本来就是该词丰富义项中的一个。再如，33c4（ἔστι γὰρ οὐκ ἀηδές）和 41b5（οὐκ ἂν ἀηδὲς εἴη）都出现了同一个词组 οὐκ ἀηδές，我根据该词所对应的身份、语境和用意采用了不同译法，前者译作"并非一点不好玩"，后者译作"不能不算赏心乐事"。有不少字词都还需要好好斟酌，如"行不义"（ἀδικεῖν），有时译作"伤害"，再如"征兆"（σημεῖον），或可译作"朕兆"或"神迹"。"厄琉西斯秘仪"，似乎译成"厄琉西斯秘教"更妥。

3 章句体

古今皆有人崇尚义理，偏好玄远之道，往往讥讽"章句小儒，破碎大道"（《汉书·夏侯胜传》）。还有人批评说：

> 博士家终日寻行数墨，灵知蒙闭，没齿无闻，皆沿习格物穷理，先知后行，捕风捉影，空谈无实。学者求真知，须躬行实体，行之而后著，习矣而后察，向日用常行处参证，自然契合。①

但如果没有扎实的学问基础，则奢谈心性天道之类，亦无非空疏之言，所以朱熹批评说："今人多说章句之学为陋，某看见人多因章句看不成句，却坏了道理。"②历史上固然有"全以章句误乾坤"③的情况，但目前的情形可能恰恰相反，不读书而好为高论，标新立异，所在多有。在这种世风下，认真踏实地读点书，做些学术工作，可能才是救治"时代精神"必不可少的药引子（且不说"良方"）。

章句和义理都不可偏废，否则就如顾炎武所说：

> 彼章句之士，既不足以观其会通，而高明之君子，又或语德性而遗问学，均失圣人之指矣。④

---

① 郝敬，《四书摄提》，见《明儒学案》卷五十五，收入《黄宗羲全集》，夏瑰琦、洪波校点，杭州：浙江古籍出版社，1992，册8，页661-662。
② 朱熹，《朱子语类》卷五十六，见《朱子全书》，朱杰人等编，上海古籍出版社、安徽教育出版社2002年，册15，页1814。
③ 颜元，《颜元集》，王星贤等点校，北京中华书局，1987，卷上，页40
④ 顾炎武，《日知录集释》，黄汝成集释，栾保群、吕宗力校点，上海：上海古籍出版社，2006，页414。

张履祥也说：

> 学者固不可不读书，然不可流而为学究；固须留心世务，然不可遂如功利。修诸身，见诸行事，可以刑家，可以范俗，穷达一致，始终一节，方不失为圣贤之徒。①

可见，章句无论如何是不可少的，故刘勰《文心雕龙·章句第三十四》开篇即曰：

> 夫设情有宅，置言有位；宅情曰章，位言曰句。故章者，明也；句者，局也。局言者，联字以分疆；明情者，总义以包体，区畛相异，而衢路交通矣。夫人之立言，因字而生句，积句而为章，积章而成篇；句之清英，字不妄也。振本而末从，知一而万毕矣。

苟能知一，则能全面了解，所以，不能小觑了章句之学。

就个人来说，寻章摘句或寻行数墨看起来不算高明，甚至在诸葛亮"舌战群儒"还得到他如此"恶毒"的评价：

> 寻章摘句，世之腐儒也，何能兴邦立事？且古耕莘伊尹，钓渭子牙，张良、陈平之流，邓禹、耿弇之辈，皆有匡扶宇宙之才，未审其生平治何经典。——岂亦效书生，区区于笔砚之间，数黑论黄，舞文弄墨而已乎？（《三国演义》第43回）

与孔明的丰功伟业相比，这些"惟务雕虫，专工翰墨，青春作赋，皓首穷经；笔下虽有千言，胸中实无一策"的书生的确相形见绌。但他们就没有一点用处吗？恐非也，大至天道传承，中至邦家文教，小到个人修养，"数黑论黄"或"寻行数墨"的章句功夫，都是必要的。对每一个人的读书进德来说，章句之学至少是一个良好的开端，如陈澧所谓"读书初时，尽且寻行数墨，久之，自有见处"（《东塾读书记·朱

---

① 张履祥，《杨园先生全集》，陈祖武点校，北京：中华书局，2014，页1136。

子书》)。

故此，笔者相信，以中国经典注释特有的章句形式来翻译和注释《苏格拉底的申辩》这样一部西学经典，既有助于读者涵咏原文，也是中西互通的一个实践。本书章句划分和详实注疏，虽零散，但简约，实则有如《七修类稿》《容斋随笔》和《阅微草堂笔记》之类的笔记体著作，无高头讲章之雄文唬人，而有散珠乱玉的随手偶得，汇在一起，不啻古希腊文化的百科全书。章句注疏有探幽入微之妙、古学稽考之功，在细微处更能真切领会先贤的教诲，而义理、风物、掌故、习俗、典章等等，均在其间矣。所以，笔者在翻译和注疏过程中，往往得意忘言，偶有佳句，更是得意忘形，其乐何极！

四

翻译和注疏无疑是最贴近原文的研究，在广博的字词阐释、典故梳理、文献钩沉和义理揭橥过程中，译疏者当然能够最低限度地获取以该经典为中心的广泛知识，但研究范围仍然十分有限，而且眼界和方法等方面也很容易受到注疏对象的限制。学术界（包括笔者在内）还需要以此为基础全面深入地做比较研究。这不是一两代人能够哪怕初步完成的事情。不过，有了这样详实的文本，将来的研究就可能会变得踏实可靠一些。

在《苏格拉底的申辩》中，苏格拉底第一次走上法庭，为自己辩护。法庭讲辞有其自身特点，而苏格拉底一开场就说自己是现场随兴即席演讲，没有刻意雕琢字词。因此，译文既要把苏格拉底高妙的人世经验和生存感悟体现出来，又要充分考虑到原文的"口语"性质，这对译者的理解力和表达力都是不小的挑战。本书是否在一定程度上实现了这些目标，读者诸君自有高见。

实际上，本书稿多次修改，往往为一句话遍查资料，想破脑袋，终于觉得较为稳妥了，过一段时间再校改时，又推翻重来。即便经过反反复复打磨，现在仍觉得每一句话都值得推敲。想来读者诸君能够体会到译者的这种无奈甚至"绝望"。好在学术本为公器，还有大家的慧眼，相信有了本书作为基础，后来人一定会做得更好。

当然，我也可以毫无愧色地说，我尽力了。仅仅从如此大的篇幅就可以看出来：没有功劳也有苦劳。首先，我是严格按照古希腊原文来翻译，而没有"从英文翻译""从德文翻译"，否则也用不着花四五年的时间弄这么一个"大部头"出来。如有做得不够好的地方受到大家批评，我完全可以理解。

其次，本书既然集成了如此多家注疏，应该有些特色。借用苏格拉底的原话，"不怕大家笑话"（30e，按：笔者最终克制住了这一神思飞扬的译法，译作"如果可以说得更可笑的话"），有时还觉得自己很好地翻译出了苏格拉底的神态语气（或许这也是"好"翻译的标准之一吧），真有"遥想当年"的兴味，甚至偶尔还会被自己的译文深深感动——当然，更准确地说，是为苏格拉底的圣贤言行所触动。

本书对于稍有古希腊语基础的读者来说，无疑更有助益，借助于西方众多注疏家的理解，至少可以大幅度提高读者的古希腊语水平。本书的"集注"有时可能会显得有些繁琐，有些内容颇有重复。我已尽量归并相同的内容，但为了能够充分反映每一个注疏家的整体意思，有时也不得不重复另一个注疏家说过的类似甚至相同的话。其实，尽管每个注疏家在同一个问题上都有着接近的理解，尤其那些"死知识"更是容易重复，但他们相似的注疏中无不体现出自己独特的理解。我不敢替人做主，更不能生吞活剥、断章取义，于是这本注疏看上去难免有些啰嗦（程树德《论语集释》中的重复率也大得惊人）。但是，我相信有心人必定能从近似重复中看出各有侧重，咂摸出其中的妙处来。否则，西方大概没有必要代代出新注，而如此多专家的努力也都是白费工夫。

这项耗时数年的工作得到了许多人的帮助，其中，我的朋友和同事贾冬阳副教授发现文稿中的好几处问题，还就一些字词的翻译提出了很好的建议，我俱一一采纳。北京第二外国语学院的黄薇薇教授，四川大学哲学系的张爽副研究员，海南大学马克思主义学院的郑兴凤副教授等人，对本书也都有相当的贡献，特此致谢。

  本书尽力搜罗了西人的注疏解读本，这些注疏对本文的翻译和理解当然至关重要，但它们并非世上已有的所有注疏，而且未必都完全切题，随着研究的深入，必定还会发现更多的问题，也会有更深广的理解，因而这个"集注"必定只是西学研究史上的一颗铺路石。笔者在学力上的浅陋也让自己对这项工作充满惶恐和不安，真诚希望各位专家学者不吝赐教。

2019年5月23日
于海南大学社科中心

缩写、文献、人名列表

译本

严群:《游叙弗伦 苏格拉底的申辩 克力同》,商务印书馆1983年

水建馥:《古希腊散文选》,人民文学出版社2000年

王晓朝:《柏拉图全集》,第一卷,人民出版社2002年

王太庆:《柏拉图对话集》,商务印书馆2004年

吴飞:《苏格拉底的申辩》,华夏出版社2007年

A译(艾伦)= R. E. Allen. *Socrates and legal obligation*. Minneapolis: University of Minnesota Press, 1980。另参耶鲁大学出版社1984年版。

F译(福勒)= H. N. Fowler. *Plato: Euthyphro Apology Crito Phedo Phaedrus*. Cambridge: Harvard University Press, 1914(Loeb丛书)

G注(盖洛普)= D. Gallop. *Plato: Defence of Socrates, Euthyphro, Crito*. Oxford University Press, 1997.

Gr译(格鲁伯)= G. M. A. Grube. Apology. In J.M. Cooper (ed.). *Plato: Complete Works*. Indianapolis: Hackett Publishing Company, 1997.

Ap译注(阿佩尔特)= Otto Apelt. *Platon Saemtliche Dialoge*. Hamburg: Felix Meiner Verlag, 2004.

M译(梅耶尔)= Thomas Meyer. *Platons Apologie*. W. Kohlhammer Verlag,1962.

R译注(罗伊)= Christopher Rowe. *Plato: The Last Days of Socrates*. Penguin Books, 2010.

S译(施莱尔马赫)= F. Schleiermacher. *Platon Saemtliche Werke in zehn Baenden*. Frankfurt am Main: Insel Verlag, 1991.

T译（特里德尼克）= H. Tredennick. Socrates Defence. In E. Hamilton and H. Cairns (eds.). *The Collected Dialogues of Plato*. Princeton University Press, 1963.

W译注（魏斯特）= Thomas G. West. *Plato's Apology of Socrates*. Ithaca: Cornell University Press, 1979.

注疏本

A注（亚当）= J. Adam. *Platonis Apologia Socratis*. Cambridge University Press, 1897.

B注（伯内特）= J. Burnet. *Plato's Euthyphro, Apology of Socrates and Crito*. Oxford: Clarendon Press, 1924（本书中Burnet译作"伯尼特"）.

D注（戴尔）= L. Dyer. *Plato: Apology of Socrates and Crito*. Revised by T. D. Seymour. Boston: Ginn & Company, 1908.

H注（海契）= Ernst Heitsch. *Platon. Apologie des Sokrates: Uebersetzung und Kommentar*. Goettingen: Vandenhoeck & Ruprecht, 2004.

J注（姜斯东）= H. T. Johnstone. On Plato's 'Apology'. In *The Classial Review*. Vol. 16, No. 3 (Apr., 1902), pp. 176–177.

K注（基切尔）= C. L. Kitchel. *Plato's Apology of Socrates and Crito*. American Book Company, 1898.

MP注（米勒，普拉特）= P. A. Miller and C. Platter. *Plato's Apology of Socrates*. Norman: University of Oklahoma Press, 2010.

R注（李德尔）= J. Riddell. *The Apology of Plato*. Oxford: Clarendon Press, 1867.

S甲注（施塔尔鲍姆）= J. G. Stallbaum. *Platonis Apologia et Crito*. London: Gothae Sumptibus Fridericae Hennings, 1846. cf. *Platon: The Aology of Socrates, the Crito and part of the Phaedo*. London: Taylor Walton and Maberly, 1852.

S乙注（斯坦福）= C. S. Stanford. *Plato's Apology of Socrates, Crito and*

Phaedo. Dublin: William Curry, Jun., and Company, 1834.

S丙注（斯多克）= G. S. Stock. *The Apology of Plato*. Oxford: Clarendon Press, 1899.

SS注（史崔克，斯凌斯）= E. de Strycker and S. R. Slings. *Plato's Apology of Socrates*. Leiden: Brill, 1994.

T注（泰勒）= W. S. Tyler. *Plato's Apology and Crito*. New York: D. Appleton and Company, 1866.

W注（韦伯）= F. J. Weber. *Platons Apologie des Sokrates. Mit einer Einführung, textkritischem Apparat und Kommentar*. Ferdinand.Schöning, 1971.

参考文献（部分）

荷马，《伊利亚特》，罗念生、王焕生译，人民文学出版社，1994年

荷马，《奥德赛》，王焕生译，人民文学出版社，1997年

色诺芬，《回忆苏格拉底》，吴永泉译，商务印书馆，1984年

色诺芬，《居鲁士的教育》，沈默译，华夏出版社，2007年

色诺芬，《会饮》，沈默译，华夏出版社，2005年

色诺芬，《希腊史》，徐松岩译，上海三联书店，2013年（本书作"希腊志"）

柏拉图，《政治家》，洪涛译，上海人民出版社，2006年（本书作"治邦者"）

柏拉图，《伊翁》，王双洪译，华东师范大学出版社，2008年

柏拉图，《阿尔喀比亚德》，梁中和译疏，华夏出版社，2009年

柏拉图，《游叙弗伦》，顾丽玲译，华东师范大学出版社，2010年

柏拉图，《理想国》，王扬译，华夏出版社，2012年（另参顾寿观、郭斌和译本）

柏拉图，《菲丽布》，张波波译注，华夏出版社，2013年（本书作"斐勒布"）

柏拉图，《柏拉图四书》，刘小枫译，三联书店，2015年
柏拉图，《克力同》，程志敏、郑兴凤译，华夏出版社，2017年
柏拉图，《柏拉图书简》，彭磊译，华夏出版社，2018年
柏拉图，《法义》，林志猛译，华东师范大学出版社，2019年
柏拉图，《柏拉图全集》（多卷本），华夏出版社即出。
柏拉图，《高尔吉亚》，李致远译文，未刊稿。
亚里士多德，《尼各马可伦理学》，廖申白译，商务印书馆，2003年
亚里士多德，《亚里士多德全集》，苗力田主编，中国人民大学出版社，1990–1997年
亚里士多德，《雅典政制》，冯金鹏译，吉林出版集团，2013年（另参日知译本和颜一译本）
《阿提卡演说家合辑》，冯金鹏译，吉林出版集团，2016年
《古希腊演说辞全集·伊索克拉底卷》，李永斌译注，吉林出版集团，2015年
《古希腊肃剧谐剧全集》，张竹明、王焕生译，译林出版社，2007年
第欧根尼·拉尔修，《名哲言行录》，徐开来、溥林译，广西师范大学出版社，2010年
西塞罗，《论演说家》，王焕生译，中国政法大学出版社，2003年
奥古斯丁，《上帝之城》，吴飞译，上海三联书店，2008年
普鲁塔克，《道德论丛》，席代岳译，吉林出版社集团，2015年
基尔克，《前苏格拉底哲学家》，聂敏里译，华东师范大学出版社，2014年
罗念生，《罗念生全集》，上海人民出版社，2007年
陈康，《巴曼尼德斯篇》，商务印书馆，1982年
徐戬编，《鸿蒙中的歌声：柏拉图〈蒂迈欧〉疏证》，华东师范大学出版社，2008年
余纪元，《〈理想国〉讲演录》，中国人民大学出版社，2009年
克莱因，《柏拉图<美诺>疏证》，郭振华译，华夏出版社，2011年

多佛,《古希腊文学常谈》,陈志强译,华夏出版社,2012年
施特劳斯,《柏拉图式政治哲学研究》,张缨等译,华夏出版社,2012年

常引文献作者名列表

阿巴里斯 Abaris
阿德金斯 A. H. W. Adkins
阿尔喀达马斯 Alcidamas
阿尔喀俄斯 Alcaeus
阿尔克迈翁 Alcmeon
阿尔特 K. Alt
阿盖尔 Argyle
阿兰·布鲁姆 Allan Bloom
阿里翁 Arion Methymnaeus
阿曼德里 P. Amandry
阿美普西阿斯 Ameipsias
阿纳克西拉斯 Anaxilas
阿纳克西美尼(朗普萨科斯的) Anaximenes of Lampsacus
阿纳斯塔普罗 George Anastaplo
阿切尔-辛德 Archer-Hind
阿斯特 Georg Anton Friedrich Ast
阿忒奈俄斯 Athenaeus
埃尔姆斯利 Elmsley
埃伦特 F. Ellendt
安多喀德斯 Andocides
奥林匹俄多罗斯 Olympiodorus
巴克姆 P. W. Buckham

巴雷特 Barret
巴特曼 Buttmann
柏克莱 Berkeley
宝利 Augst Pauly
贝克 F. A. G. Beck
贝克尔 Bekker
贝克曼 Beckman
贝特-索普 Baiter-Sauppe
本维尼斯特 Emile Benviniste
比代 Budaeus,即 Guillaume Budé
毕凌斯 Grace H. Billings
庇阿斯 Bias
波尼茨 Hermann Bonitz
波特 Potter
伯克 August Böckh
伯克特 W. Burkert
布拉斯 F. Blass
布兰伍德 L. Branwood
布朗斯 Ivo Bruns
布雷克尼 Blakeney
布里豪斯-史密斯 Brickhouse-Smith
布隆菲尔德 C. J. Blomfield
达西耶 A. Dacier

丹尼斯顿 J. D. Denniston
德布如纳 A. Debrunner
狄阿戈拉斯 Diagoras
狄俄多罗斯 Diodorus
狄俄佩忒斯法令 Psephism of Diopeithes
狄纳科斯 Dinarchus
迪埃 Diès
蒂迈欧 Timaeus
杜林-欧文 I. Düring-G. E. L. Owen
多尔普菲尔德 W. Dörpfeld
多佛 K. J. Dover
多兹 E. R. Dodds
多维勒 J. P. d'Orville
俄里根 Origen
恩菲尔德 William Enfield
恩培多克勒 Empedocles
法尔克纳 Valckenaer
法尔肯 Valcken
法拉 F. W. Farrar
法沃里努斯 Phavorinus
范德雷斯 Vendreys
方腾罗斯 J. Fontenrose
菲弗-海尔 D. D. Feaver-J. E. Hare
斐洛斯特拉托斯 Philostratus
费林 D. Fehling
费舍 Fischer
费什 Fish

弗尔曼 Fuhrmann
弗里斯 G. J. De. Vries
弗伦克尔 Fraenkel
弗纳拉 W. Fornara
佛斯 B. R. Voss
佛修斯（拜占庭的）Phosios
福拉斯托斯 G. Vlastos
福斯特 Forster
盖瑟 K. Gaiser
盖斯纳 Johann Matthias Gesner
甘茨 T. Gantz
戈尔德施密特 V. Goldschmidt
戈姆 A. W. Gomme
格奥尔格曼斯 Görgemanns
格尔奈 L. Gernet
格雷维乌斯 J. G. Graevius
格鲁本 G. Gruben
格罗特 Grote
格思里 Guthrie
古德温 W. W. Goodwin
哈里奥特 R. Harriott
哈里森 Harrison
哈里森 E. L. Harrison
哈里斯 Harris
哈利维尔 Halliwell
海夫特 August Wilhelm Heffter
海因多夫 Heindorf
海因修斯 D. Heinsius

汉森 M. H. Hansen
赫尔曼 Hermann
赫尔曼-沃拉布 Hermann-Wohlrab
赫拉克利德斯（庞帝科斯的）
　　Heraclides of Ponticus
赫绪喀俄斯 Hesychius
怀斯 W. Wyse
霍夫曼-桑蒂尔 Hofmann-Szantyr
吉尔德斯利芙 B. L. Gildersleeve
吉格利-威斯 B. Gygli – Wyss
居纳-布拉斯 Kühner-Blass
卡利尼 A. Carlini
卡索朋 Isaac Casaubon
康纳 W.R. Connor
柯尔克-瑞文 G. S. Kirk, J. E. Raven
科贝特 Cobet
科赫 Georg Aenotheus Koch
科克 Kock
克佛德 G. B. Kerferd
克拉尔 Kral
克拉提诺斯 Cratinus
克莱尔 Le Clere
克劳斯 W. Kraus
克塞纳内托斯 Xenaenetus
克瓦热 M. Croiset
寇尔特 J. A. Coulter
寇普 Edward Meredith Cope
库桑 Victor Cousin

拉巴贝 J. Labarbe
拉默曼 K. Lammermann
拉索斯 Lasus Hermionensis
莱茵哈德 Luise Reinhard
赖斯克 Reisk
雷丹茨-布拉斯 Rehdantz-Blass
雷吉昂 Regium
雷尼汉 R. Renehan
李特尔 C. Ritter
里芙 Reeve
里克斯巴伦 Rijksbaron
理查兹 H. Richards
利巴尼俄斯 Libanius
鲁恩肯 David Ruhnkenius
罗宾斯 Robbins
罗兹 Rodes
洛斯 G. Lohse
吕昂斯 J. Lyons
马蒂埃 August Heinrich Matthiae
马辛杰 Philip Massinger
迈德维希 Madvig
迈尔-舒曼 Moritz Hermann Eduard
　　Meier, G. F. Schoemann
迈斯特汉斯-施维泽 Meisterhans-
　　Schwyzer
迈格斯 R. Meiggs
麦克道维尔 Douglas MacDowell
梅格斯 R. Meiggs

梅里狄尔 Méridier
梅里多尔 R. Meridor
梅利 Merry
梅纳吉乌斯 Menagius
梅内克 Meineke
米迦利斯 Michaelis
米特福德 Mitford
闵舍尔 Münscher
墨龙 Molon
默埃里斯 Aelius Moeris
纳瓦尔 Navarre
奈舍尔 Nestle
内尔斯 Nails
尼尔森 M. P. Nilsson
诺登 E. Norden
诺克斯 B. M. W. Knox
欧珀利斯 Eupolis
帕克-沃梅尔 Parke-Wormell
帕帕斯塔弗鲁 J. Papastavrou
帕皮尼 Papini
帕特罗克利德斯 Patroclides
泡萨尼阿斯 Pausanias
佩蒂 Petit
珀尔修斯 Persius
珀吕克斯 Julius Pollux
珀森 Richard Porson
普尔维斯 Purves
普拉瑟 Edouard des Places

普拉特诺尔 Platenauer
普里切特 W. K. Prittchett
普瑞勒 Preller
齐默恩 Zimmern
乔伊特 Jowett
瑞格 R. C. J. Ruijgh
萨里斯 John Sallis
萨林 Salin
萨托利 F. Sartori
塞拉努斯 Serranus
桑德斯 Saunders
瑟尔沃尔 Connop Thirlwall
沙利文 J. N. O'Sullivan
尚茨 Schanz
尚特兰 Chantraine
施莱托 Shilleto
施泰因哈特 Steinhart
施维泽 Schwyzer
史密斯 William Smith
史密斯 Smith
舒曼 G. F. Schoemann
舒特根 Schoettgen
斯多尔克 P. Stork
斯盖沃拉 Quintus Scaevola
斯卡德 E. Skard
斯肯普 J. B. Skemp
斯内尔 B. Snell
施塔尔 J. M. Stahl

斯特方 Henry Stephens
斯托拜乌 Stobaeus
苏达斯 Suidas
苏文 Johann Wilhelm Süvern
索尔姆森 F. Solmsen
汤普森 Thompson
汤普森-威切利 Thompson-Wycherley
忒俄德克特斯（法塞利斯的）
　Theodectes of Phaselis
忒俄朋珀斯 Theopompus
忒勒 Taylor
特雷瓦斯基斯 J. R. Trevaskis
特伦克纳 S. Trenkner
提萨美诺斯 Tisamenus
托马斯 Thomas
瓦尔克纳 Valckenar
瓦格纳 Wagner
万克尔 H. Wankel
威特韦尔 Wittwer
维尔德尼乌斯 W. J. Verdenius
维拉尔 A. W. Verrall
维拉莫维茨 Wilamowitz
维诺格拉多夫 Paul Vinogradoff
维腾巴赫 D. A. Wyttenbach
魏克莱因 Wecklein
魏斯克 Weiske

沃德尔 D. Wardle
沃尔夫 E. Wolff
沃尔夫 F.A. Wolf
沃拉布 Wohlrab
沃斯 H. Vos
沃修斯 Gerard Vossius
伍兹和派克 Cathal Woods, Ryan Pack
乌兹利 A. D. Woodzley
希克斯 Hicks
希斯金 K. Seeskin
希文 Schwenn
许珀瑞德斯 Hyperides
雅赫曼 G. Jachmann
亚里士多克塞诺斯 Aristoxenus
杨格 C. D. Yonge
耶格尔 W. Jaeger
伊米什 O. Immisch
英格兰 E. B. England
尤斯塔修斯 Eustathius
优西比乌 Eusebius
尤文纳尔 Juvenal
约阿西姆·卡梅拉里乌斯 Ioachim Camerarius
约瑟夫斯 Titus Flavius Josephus

对话纲要

第一场演说：罪名问题

一、绪言（προοίμιον）

苏格拉底把自己朴实无华和直奔主题的说话方式与控告者精湛的雄辩进行了比较，苏格拉底的方式只是为了说真话，而控告者的雄辩却是欺骗性的，其目的仅仅在于说服（17a1–18a6）。

二、前导（πρόθεσις）

苏格拉底区分了两类控告者；他会首先针对以前的控告者进行辩护，然后再答辩新控告者（18a7–19a7）。

三、驳斥（λύσις）

（一）驳斥以前的控告者。

1. 否定性的部分：苏格拉底不是什么样的人（what Socartes is not）。

a. 他不是一个自然哲人（19a8–d7）。

b. 他不是一个智术师（19d8–20c3）。

2. 肯定性性的部分：苏格拉底本来是什么样的人，或对他的诽谤之由来。"陈述"（διήγησις）。

a. 神谕（20c4–21a8）。

b. 探究：

导论（21b1–9）；

政治家（21b9–e2）；

诗人（21e3–22c8）；

工匠（22c9-e5）。

c. 探究的结果：

诽谤—对峙的起源（22e6-23a5）；

苏格拉底认为阿波罗赋予了他一项使命（23a5-c1）；

越来越多的人模仿苏格拉底，这加剧了人们对他的憎恨（23c2-e3）；

这导致美勒托斯对他的起诉（23e3-24b2）。

（二）驳斥新控告者。"讯问"（ἐρώτησις）。

1. 导论（24b3-c3）。

2. 美勒托斯从来不关心教育问题。

a. 第一重错误，关于谁才能让人变得更好（24c4-25c4）。

b. 第二重错误，关于是否可能有意败坏人的问题（25c5-26a7）。

3. 美勒托斯在诉状中的自相矛盾。

a. 对诉状的阐释：苏格拉底教人无神论而败坏青年（26a8-e7）。

b. 如此理解的话，诉状就是一个笑话，因为它坚信苏格拉底既相信又不相信神明（26e7-27e3）。

4. 结论（27e3-28a1）。

（三）驳斥部分的总结（28a2-b2）。

四、离题（παρέκβασις）

（一）第一个反驳：苏格拉底选择的生活方式很危险。该问题的回答证明了他的虔敬。

1. 从"高贵"（τὸ καλόν）方面着眼的考虑。

a. 一般原则：责任的价值高于生命（28b3-d10）。

b. 运用到苏格拉底身上：即便有死亡的危险也不能阻止他完成使命（28d10-30c1）。

2. 从"有益"（τὸ ὠφέλιμον）方面着眼的考虑。

a. 控告者丝毫都不能伤害苏格拉底（30c2-d5）。

b. 苏格拉底所领受的使命是为了雅典的利益（30d5-31c3）。

（二）第二个反驳：苏格拉底本来应该参加政治生活。答案证明他对青年的影响一直是健康有益的。

1. "神迹"禁止苏格拉底参与（31c4-d6）。

2. 在雅典的政治中，诚实是不可能的（31d6-32e1）。

3. 因此苏格拉底把谈话限定在私人范围内，由此而来者不拒（32e2-33b8）。

4. 他对青年的影响一直是健康有益的（33b9-34b5）。

五、结语（ἐπίλογος）

苏格拉底不会向陪审团求饶。

1. 那对他本人以及对雅典来说都不是光彩的事情（34b6-35b8）。

2. 那不是正义的（35b9-c7）。

3. 那与虔敬不相符（35c7-35d8）。

第二场演说：处罚问题

一、导论

只有少数人认为苏格拉底有罪（35e1-36b2）。

二、根据原则提的建议

1. 苏格拉底会根据自己应得者提建议（35e1-36b2）。

2. 他是城邦的恩人，一个真正的恩人（36b3-d4）。

3. 因此他值得享受公家的供养（36d4-37a1）。

三、根据可行提的建议：陪审团打算给他什么样的判决？

1. 苏格拉底不应该受处罚；对他而言，流放尤其不是解决办法（37a2-38b1）。

2. 如果陪审团坚持要"处罚"，苏格拉底就提议缴纳1米纳；这个提议改为30米纳（38b1-9）。

第三场演说：最后反思

一、对陪审团中投死刑票的人

1. 导论：他们的责任（38c1–d2）。

2. 在苏格拉底与控告者之间作比较（38d2–39b8）。

3. 苏格拉底的活动自有后来人（39c1–d9）。

二、对那些投无罪释放的人：苏格拉底心中的死亡的意义。

1. "神迹"一直未曾警示他有什么不好的事情（39e1–40c3）。

2. 两种流行的死亡观（40c4–41c7）。

3. 苏格拉底相信天意；他请求陪审团照顾自己的儿子们（41c8–42a5）。

（见SS本）

苏格拉底的申辩

译　文

[17a] 你们究竟，雅典人，受了那些控告我的人怎样的影响，我不知道——反正我本人都被他们糊弄得几乎忘记自己现在的身份了，因为他们刚才说得那样令人信服！然而，可以说，他们根本就没有讲真话。在 [a5] 他们所说的众多谎言中，有一条尤其让我惊诧，他们说到这样一点：你们本来应该当心，千万不要被我骗，[17b] 因为我能言善辩！可真无耻，居然不怕我马上用事实来驳倒，一旦我证明自己绝非能言善辩，我觉得，他们在这一点上就算得上无耻之极，除非他们把 [b5] 说真话叫做能言善辩——如果他们真这么认为，我倒可以承认自己是一个不与他们同流的演说家。

　　他们那些人，正如我说过的，几乎没说什么真话，但你们在我这里听到的将全都是真话，宙斯在上，雅典人，而绝不像他们那种华美优雅的句子，[17c] 也绝非用成语和妙字刻意修饰过的话；相反，你们将听到的是用随意想到的字词所做的即兴谈话——因为我相信自己所说的都堂堂正正——而且你们谁也不要指望我以别的方式来说，因为，诸位，我这把 [c5] 年纪的人到了你们面前，还像毛头小伙儿一样卖弄词藻，总不太合适吧。

　　当然，雅典人，我要非常诚恳地请求你们做到这一点：如果你们听到我用自己在市场里的钱庄柜台边——你们很多人在那里都听到过——以及别的地方习惯了使用的同样语言来辩护，请千万 [17d] 不要惊讶，也不要为此起哄。因为有这样的缘故：我虽活了七十岁，今天却是第一次出庭登台，所以对这里的说话方式完全外行。就好比说，假如我恰巧真是一个异乡人，那么，你们也许会原 [d5] 谅我，即便我用自己从小在那里养成的乡音和方式 [18a] 说话。可眼下就是这样啊，所以我向你们提出的这个请求乃是正当的，至少我这么认为，无论我的说话方式好也罢、歹也罢，都请只考虑这样一点，并把心思转到这一点上，即看 [a5] 我说的究竟正当与否——因为这才是法官的职责，而演说者之德则在于讲真话。

　　所以，我认为正当的方式，雅典人，是首先针对那些最先加于我的虚妄的罪名以及最先提出控告的人申辩，接下来针对后来指控的罪名以及[18b]后来的控告者。因为以前就已经有不少人在你们面前控告过我，虽然已过去了很多年，却同样没有说任何真话。我惧怕他们远甚于安虞托斯一伙人，这些人已经够厉害，然而以前那拨人更危险，诸位，他们从[b5]你们很多人孩提时代起就左右着你们，说服你们，但他们对我的控告丝毫谈不上更真实，说有个叫苏格拉底的家伙，是个"智慧的人"，他仰思天上诸象，俯察地上万物，并把弱的说法[18c]变强。雅典人，他们竟散布我这样的"名声"！所以，他们才是可怕的控告者。因为听到那种谣言的人，就认为研究那些东西的人根本不信神。况且，那帮控告者人数众多，很多[c5]年来一直在控告。更有甚者，他们在你们最容易轻信的年龄就对你们说那些话，因为你们中的一些人当时还是小孩子，有些人也只是小伙子。此外，他们完全在缺席控告我，因为根本没有人去申辩！所有这一切中最没道理的就是，我既不可能知道也叫不出[18d]他们的名字，除了我碰巧知道也叫得出名字的某个谐剧诗人之外。

那些出于恶意并用诽谤来攻击我的人说服了你们，还有一些自己被说服之后又去说服其他人的人，所有这些人都最难对付。因为[d5]我现在既不可能把他们任何人传唤到这里来，也无法盘问他们，而只能完全像同影子作战一样为自己辩护以及盘问，却无人应答。所以，请你们务必重视这一点，如我刚才所说，有两类人控告我，一类是现在控告我的人，一类[18e]是我刚才说的以前那些人，你们要知道，我必须首先针对很久以前那些人申辩，因为你们最先听到了那些人的控告，而且听到的东西比后来那批人的更多。

[e5]好啦！雅典人，当然必须申辩！而且必须[19a]试着在如此短的时间内，驳倒你们长期以来一直持有的那种偏见。我当然愿意做到这一点，如果对你们和对我都有点好处，我愿意为自己作出成功的申辩。但我知道那本身[a5]就很难，而且我绝不可能看不到其中的利害。既如此，就让这事顺神明之所喜去吧，但必须遵守法律，也必须

申辩。

那么，咱们且从头来追查一下那场控诉究竟是怎么回事——[19b]对我的诽谤就是打那里来的，而美勒托斯对我提起这场诉讼，靠的正是那种诽谤。好啦。那些诽谤者在诽谤时究竟诽谤了些什么？比如说，他们作为控告者，发过誓后，必定会这样宣读自己的诉状："苏格拉底犯了罪：他痴迷于研究地上和天上的东西，把弱的说法[19c]变强，还把这些东西教授给别人。"诸如此类。

因为你们自己在阿里斯托芬那部谐剧中见到过这样的说法：有个叫苏格拉底的人在那里吊着晃来晃去，就自吹是在空中行走，还胡诌了好些另外的胡言乱语。但那些东西不论[c5]大小，我对之都一窍不通啊！我这样说，倒不是瞧不起那种学问，假如有人真是那方面的聪明人——但愿美勒托斯不会以如此重大的罪名来控告我，让我百口莫辩——但是，雅典人，我跟那些东西真没有关系。[19d]我谨请你们中的大多数人亲自作证，也希望你们相互转告和指证，那些曾经听过我谈话的人——这种人在你们中还为数不少哩——你们当然可以都来指证：你们中是否[d5]有人曾经听到我谈论过那些东西，无论多寡。所以，你们从这一点就会知道，大多数人针对我说的其他东西也都是一路货色。

那些事情没有一件是真的，如果你们有些人听到说我在"教育人"，并且还收取[19e]钱财，那更是无稽之谈。尽管我认为，如果真有人能够像勒翁提诺斯的高尔吉亚、科俄斯的普罗狄科和厄利斯的希琵阿斯那样教育人，这终归是好事。因为，诸位，他们中的每一个人都能到[e5]每一个城邦去劝服年轻人——年轻人只要愿意，本就能够免费与自己的每一个同胞交往——但他们劝说[20a]年轻人离弃旧交，跟他们交游，不仅得给付钱财，而且还要感激他们！

这不，另外还有一个来自帕罗斯的聪明人就在这里，我听说他还在城里——因为我碰巧拜访过一个人，他在智术师身上[a5]花费的钱财比其他人加起来都多，此人就是希珀尼科斯之子卡利阿斯。由于他有两个儿子，于是我就问他：

"卡利阿斯，"我说，"如果你的一双儿子本来是马驹或牛犊，我们大概就会给它们找个训导师，雇请他，此人[20b]定当根据其固有的德性而把它们两个打造得壮美而高贵，而这样的人要么是一位驯马师，要么是一位农夫——然而，两位令郎实际上却都是人，那么，你心里打算给他们找一个什么样的导师？谁才懂得这样一种德性，也就是做人[b5]以及做城邦民的德性？我想你肯定考虑过这个问题，因为你有儿子。有那样的人吗，"我说，"还是没有？"

"当然有。"他说。

"谁？"我问，"哪里的人，学费多少？"

"欧厄诺斯，"他说，"苏格拉底，帕罗斯人，五米纳。"

欧厄诺斯若真[20c]有这样的技艺，且学费如此公道，那我早就祝福他喽。当然，我如果懂得那些东西，无论如何也会自吹自擂，并且趾高气扬一番。但我的确不懂，雅典人。

你们中也许有人会这样接茬："可是，苏格拉底，[c5]你现在为什么摊上事儿了？对你的那些污蔑又打哪里来？也许你的确没有做过其他什么'非凡'的事情，然而，那种'名声'和说法却都在那里摆着，假如你真没有做出什么与众不同的事情，就给咱们说说究竟[20d]怎么回事，免得我们草率判你。"

我觉得说这话的那人说得很有道理，我本人也会试着向你们证明，究竟什么东西造成了我的这种名声以及对我的诽谤。请听好了。你们中的[d5]某些人也许会认为我是在开玩笑。然而，请你们明察，我要给你们说的全都是真话。

雅典人，我并不是因为别的，而是因为某种智慧，才获得这样一个名声。那么，究竟因为什么样的智慧？也许正是那种凡人的智慧——我的确有可能在这方面比较聪明。而我刚才[20e]提到的那些人，或许真是一些聪明人，要么有超越凡人智慧之上的某种大智慧，要么拥有某种我说不上来的东西——因为我本人根本不懂那种智慧，如果谁说我懂，就是在撒谎，好造我的谣。

雅典人，请不要起哄，就算我看上去仿佛在 [e5] 对你们说大话，也不要因为我要说的话不是我自己讲的，而是我从一个值得你们信任的人那里转述的 [而起哄]。至于我的那种，呃，"智慧"，无论那种智慧究竟是什么，也不管是哪一种智慧，我都会向你们提供证人，那就是德尔斐的神明。你们大概都知道凯瑞丰这个人吧。此人 [21a] 是我青年时期的伙伴，也是你们大多数人的同志，最近与你们共同流亡，也跟你们一起回来。你们肯定都晓得凯瑞丰是个什么样的人，他无论做什么都莽撞毛躁。比如有一次，他去了德尔斐，竟然胆大包天，提出了这样的占 [a5] 问——诸位，我一再说，请勿起哄——那就是，他问，是否有谁比我更智慧。皮提亚女祭司对此回答道，没有人更智慧。他弟弟就在这里，可以为此向你们作证，虽然凯瑞丰本人已经去世。

[21b] 请容我申述自己为什么提到了这些，因为我想告诉你们对我的诽谤是打哪里来的。我听到这个神谕后，自己就开始寻思："这位大神究竟是什么意思，他说的究竟是什么样的谜？因为我也知道 [b5] 自己在无论大小事情上都不智慧——那么，他说我最智慧，究竟是什么意思？他当然不会说假话，因为这不合于他的神道。"

而且，在很长一段时间内，我都困惑不解他究竟是什么意思，后来，我极不情愿地转而以如下这类方式来探究他的话。我去找了一个以智慧著称的人，以便 [21c] 在他那里——如果有什么地方能够办到的话——证明那个神谕的表达可能有误，并且向神谕展示："此人比我更智慧，而您却说我最智慧。"

于是，我就去仔细考察此人——没有必要提他的名字，反正是一位政治家。雅典人，我在考察此人并与他交谈的过程中得到这样一个 [c5] 感受：我认为，虽然其他很多人认为这个人很智慧，他自己尤其这么认为，但他其实并不智慧。后来我试图向他指出，尽管他觉得自己智慧，却可惜并非如此。[21d] 结果，我由此遭到此人以及在场许多人记恨。于是，我离开后自己就在推想，我倒是的确比这个人智慧，因为我们两人很可能都不懂得什么高贵美好的东西，但他却［d5］认为懂得自己根本就不懂的，而我嘛，既然的确不懂，也就绝不认为自己懂。所以，我似乎在这个方面比这人更智慧一点点，因为我绝不认为自己懂得自己所不懂的。然后，我又去找了另外一个人，那人据说还更智慧，［21e］但我觉得结果也一样。这样一来，我就遭到那个人以及其他许多人记恨。

此后，我又接着连续不断探访，却感觉到越来越遭人记恨，我虽因此痛苦而恐惧，但即便这样，我还是认为［e5］必须把那位神明的事情放在最重要的地位。所以，为了搞清楚这个神谕究竟什么意思，我必须去探访所有那些［22a］以懂点儿知识而著称的人。雅典人，以冥狗的名义起誓——因为我必须向你们说出真相——我保证这就是我的真实感受：遵从那位神明做了一番探究之后，我发现，那些名气最大的人几乎都最差劲，［a5］而另外那些看上去更低贱的人，却因为明智，反倒更平和持中一些。

所以，我必须向你们说清楚，我的奔波就像是干一些苦差事，我其实只是证明了那条神谕已变得不可驳斥。拜访完那些政治家之后，我又去拜访诗人，既有肃剧诗人，也有［22b］酒神颂歌诗人，还有其他类型的诗人，以便在他们那里当场就能发现自己比那些诗人更无知。于是，我就拿起在我看来他们用功最深的诗作来，一如既往请教他们究竟什么意思，［b5］同时也好在他们身上学到点儿东西。

但是，诸位，我简直羞于告诉你们真相——但我必须说出来。因为，可以说，对于他们亲手创作的诗歌，当时在场的所有人几乎每个都比他们讲得更好。所以，对于那些诗人，我很快又明白了这样一个道理，他们创作［22c］诗歌，靠的不是智慧，而是某种天赋和神启。就像那些神灵附体者和那些唱出神谕的占卜师一样，因为他们虽说了很多美妙的话，其实并不理解自己所说的东西。在我看来，已经感受到某种状态的诗人们，也是同样的情况。而且，［c5］我还同时感觉到，那些人凭借自己的诗作，以为自己在其他并不聪明的事情上也是最智慧的人。于是，我又离开那帮人，意识到自己在同一个方面更为高明，就像比政治家更高明一样。

最后，我去拜访一些手艺人，因为我［22d］一直都很清楚，可以说自己对此一无所知，但我以前就晓得，一定会发现他们懂得很多美好的知识。这方面我的确没有看错，他们确实知道一些我不知道的东西，这一点就比我智慧啦。但是，雅典人，我觉得那些能工巧匠也跟诗人有同样的毛病：由于能出色地完成本行的手艺活，每个人就号称自己在别的最重大的事情上也都最智慧。他们这种离谱大错反而［22e］遮蔽了自己的那种巧智。于是，我便代表神谕问我自己，究竟宁可像我现在这样活，既不因拥有他们那种智慧而显得有那么一点儿智慧，也不沾染他们的无知而变得无知，还是说像他们那样，智慧、无知两者兼具。最终我对自己［e5］也对神谕回答说，我最好还是选择现在这种活法算了。

正是因为这样的省察，雅典人，［23a］我遭很多人记恨，而且是最恶毒和最严重的那种，他们于是编造了很多诽谤之辞，甚至用"智慧者"这样的名号来说我。因为，那些旁观者每一次都会认为，在我成功驳斥别人［a5］的那个问题上，我本人就一定智慧。但很有可能，诸位，实际上只有神明才智慧，而且那条神谕的意思不过是说，人的智慧没有多大价值，甚至根本就没有任何价值。他看似在谈这个"苏格拉底"，其实不过借用［23b］我的名字来发布神谕而已，拿我作一个例子，好比在说，"凡夫俗子们，你们中随便什么人，只要能像苏格拉底那样认识到，自己在智慧方面真正说来毫无价值，那么，他就是最智慧的人"。因此，我本人直到现在仍按照那位神明的旨意［b5］到处奔波，研究和追问我认为有智慧的人，不管本邦人还是异乡人。——一旦我认为某人不智慧，就会协助那位大神向这人指出，他并不智慧。正因为这种"无事忙"，我既没有闲暇去参与任何值得一提的城邦事务，也没工夫打理家事，而由于侍奉神明，［23c］竟落得一贫如洗。

除了这些之外，还有一些追随我的年轻人——他们尤有闲工夫，都是些富家子弟——当然都是自愿的，喜欢听我省察人，他们还［c5］常常模仿我，如法炮制去省察其他人。由此，我想，他们发现多得不得了的人自以为还懂得点儿东西，实际上所知甚少，或者毋宁说什么都不懂。结果，那些曾遭到他们省察的人不生自己的气，反倒对我大为光火，[23d] 还说苏格拉底邪恶透顶，败坏了青年。

然而，如果有人问他们，我究竟做了什么以及教导了什么，他们却无言以对，因为他们根本就不知道。因此，为了避免被人看出不知所措的窘态，他们就把人们拿来说所有搞 [d5] 哲学的人的那些现成话栽到我头上，说什么"天上诸象和地上诸物"，说什么"不信神"，说什么"把弱的说法变强"云云。我知道他们根本就不愿意说出已经变得再明显不过的真相——他们虽假装知道，其实一无所知。当然，我还晓得，他们由于爱慕虚名 [23e]，而且狂暴蛮横，加之人数众多，一直都在异口同声且言之凿凿说我 [坏话]，[这些坏话] 早已灌满了你们的耳朵，就在于他们长期疯狂地诽谤我。

正是由于这一切，美勒托斯、安虞托斯和吕孔联手攻击我，美勒托斯替 [e5] 诗人、安虞托斯替匠人和 [24a] 政治家、吕孔替演说家来反对我。所以，正如我一开始就说过的，如果我能够在如此短的时间内消除你们久已形成的这种污蔑，我自己也会惊诧莫名。雅典人，[a5] 这就是我给你们的真相，我对你们说的所有这些，无论大事还是小事，都既不曾隐瞒什么，也没有掩饰什么。而且，我基本上晓得，正是这样一些东西让我遭人记恨，但这恰恰确然证明我说的是正确的，也说明那 [些话] 就是对我的诽谤，这也是诽谤的原因 [24b] 之所在。无论你们现在考察，还是以后考察，都会发现就是这么一回事。

总而言之，对于最先控告我的人所控告的罪名，这就是在你们面前的充分辩护了。那么，对于美勒托斯 [b5] 这位自称的"好人和爱邦人士"，以及后来那些控告者，我接下来就试着申辩吧。因为这些人既然看来是另外一拨控告者，那么，咱们就再次回过头去看看他们的誓状。其大意如下：说苏格拉底犯了罪，他败坏青年，不信城邦 [24c] 所信的神，而是代之以信奉新的神灵。这大概就是他们的指控。我们且来逐条省察这场控告。

他居然说我犯了败坏青年的罪！而［c5］雅典人，我却要说美勒托斯坏了规矩，1因为他简直是在一本正经拿严肃的事情来寻开心，随随便便就把人告上法庭，对于自己根本从来都"没能托思"的事情假装正经，假装关心——真就是这么回事，我会试着证明给你们看。

那么，到这里来，美勒托斯，告诉我：你难道不［24d］认为，让年轻人变得尽可能好乃是至关重要的事情吗？

我当然这么认为。

那好，请过来，告诉这些［陪审］人：谁让他们变得更好？你显然知道的，因为你毕竟很关心嘛。由于你发现，如你所说，是我败［d5］坏了他们，就把我带到这些［陪审］人面前来控告我——过来说说那个让人变得更好的人，向这些［陪审］人揭发这人是谁。——你看，你看，美勒托斯，你默不做声，就没什么可说的？可是，你不觉得羞愧吗，这不恰好充分证明我所说的——你根本就"没能托思"过？但［d10］也要说呀，我的好人，是谁把他们变得更善良一些的？

法律。

［24e］但我问的不是这个，最了不起的家伙呀，而是问，哪个人最先懂得这个东西，即法律？

这些人，苏格拉底，这些法官们。

你是什么意思，美勒托斯？他们能［e5］够教导年轻人，把他们变得更好？

当然。

究竟是他们所有人都能，还是有的能，有的不能？

他们所有人都能。

以赫拉之名起誓，那真是一个好消息，你说居然有那么多［e10］帮助者！这些听众们又怎样呢，也能把他们变得更好，［25a］还是不能？

他们也能。

议员们又如何？

议员们也能。

［a5］那么，美勒托斯，那些公民大会中的人，也就是公民大会的成员们，难道就不败坏比他们更年轻的人吗？还是说那些人全都会让年轻人变得更好？

那些人都会让人变得更好。

那么，看起来，除了我，所有雅典人都在让人变得［a10］高贵善良，竟然只有我一个人在败坏他们！你就是这个意思吧？

那完全就是我的意思。

那你可就把如此大的不幸栽到我头上啦！请回答我：你是否认为对于马也同样如此？你是否［25b］认为所有人都可以把它们变得更好，而只有某一个人会败坏它们？抑或与此完全相反，只有某一个人或极少数人，也就是驯马师，才有能力把它们变得更好，而普通大众即便跟马打交道并且使用马匹，也会败坏它们？［b5］美勒托斯，对于马匹和其他所有动物来说，难道不都一样？——当然完全一样，无论你和安虞托斯否认还是承认。因为对于青年们来说，如果只有一个人败坏他们，而其他所有人［25c］都帮助他们，那咱们的年轻人可就洪福齐天啦！但［事与愿违］，美勒托斯，因为你本人就充分表现出从来没有想到过青年们，你还明确地展示出自己的漠不关心，也就是说，你对于把我告上法庭的那些事由，根本就没有关心过！

［c5］接下来，美勒托斯，请你以宙斯之名发誓后告诉我们，究竟与善良的邦民还是与卑劣的邦民一起生活更好？我的好伙计，请回答吧！因为我问你的可不是什么难题。难道卑劣的人不是任何时候都会对自己身边的人作恶，而正直的人会对他们行善？

［c10］当然。

［25d］那么，是否有人居然愿意被所交往的人伤害，甚于愿意得到他们的帮助？我的好人，请接着回答！因为法律命令你回答。有那种愿意被伤害的人吗？

当然没有。

［d5］再者说，你带我到这里来，理由是我败坏青年，把他们变得卑劣，我究竟有意还是无意？

我认为你有意。

什么？你竟然这么说，美勒托斯？你小小年纪就比我这么一大把年纪的人聪明那么多，居然懂得坏［d10］人任何时候都会对［25e］自己最近的人作恶，好人则会对他们行善，而我却那么无知，竟然不懂得，如果我对交往者做了什么卑鄙可恶之事，就有从他们那里得到相应恶报的危险，结果我竟然还如你所说，有意干出那样坏的一件事？［e5］在这一点上，我可不相信你，美勒托斯，而且我知道，其他任何人也根本不会相信你。

而我要么没有败坏他们，要么即便败坏了他们，［26a］也纯属无意。因此，你在这两种情况下都错啦。如果我无意中败坏了他们，法律不会因为这样一些［无意的］过错就要求你把我带到这里来，而会私下对我教育和训诫。因为很显然，我如果受到了这方面的教育，必定会停止无意中在做的事情。［a5］而你却拒绝与我交游，也不愿意教导我，就把我带到这里来，但法律只要求把应该受惩罚的人，而不是应该受教导的人带到这里来。

所以，雅典人，这一点［26b］我已经说得很清楚：这些事情无论大小，美勒托斯都从来"没能托思"过。不过，美勒托斯，还是要请你给我们说说，你为什么认为我败坏了青年？莫非显然就在于你写的诉状中提到的，我教他们不信［b5］城邦所信的神，而是信另外的新神灵？难道你不是说我因为教他们这些东西而败坏了他们？完全如此，那正是我说的。

那么，美勒托斯，请你向他们，也就是向我们正在谈论的神明起誓，说得更明确些，这既是为了我，也是为了现场这些［陪审］人［26c］。因为我还是不能明白，你的意思究竟是说我教他们相信神明存在——那样的话，我自己也就相信神明存在，因而不是彻底的无神论者,当然也就没有犯这方面的罪——不过那些神却不是城邦所信的神,而是另外的神,你就是因为这一条[c5]指控我,说我信另外的神,还是说,你认为我本人完全不信任何神,还把这种思想教给其他人?

这就是我的意思:你根本就不信神!

[26d]美勒托斯,你这个奇怪的家伙,你凭什么这样说?难道我与其他人不一样,甚至居然既不把太阳也不把月亮信为神明?

没有,我以宙斯之名起誓,法官大人,因为他说[d5]太阳是石头,月亮是尘土。

你以为你是在控告阿纳克萨戈拉吗,我亲爱的美勒托斯?你如此藐视法庭中的这些[陪审]人,竟然以为他们如此没有文化,甚至不晓得克拉左美奈的阿纳克萨戈拉的大作中,满篇都是诸如此类的言论?更有甚者,年轻人是从[d10]我这里学到那些东西的吗?有时,他们充其量花上一个德拉克马就能在[26e]剧场里的表演中"购买"到那些东西,如果他苏格拉底谎称那些学说是自己的[原创]——遑论那些言论如此荒谬!——他们就有可能会嘲笑苏格拉底。话说回来,以宙斯之名起誓的人,在你看来,我真会这么认为?难道我不相信神明存在?

[e5]我以宙斯之名起誓,你当然不相信,无论如何你都不信!

但你这个人却不可信,美勒托斯啊,我觉得,甚至连你都不会相信自己这些话。雅典人,这家伙在我看来太狂傲、太放肆,他完全由于某种狂傲、放肆和少不更事,才提起这场诉讼。[27a]因为他就像是在编造谜语来考验人:"究竟苏格拉底这位智慧者会不会感觉到我是在寻开心,会不会看得出我说的话自相矛盾,或者我会不会就这样骗倒他以及其他听众?"因为在我看来,此人在诉状中本身[a5]就说得自相矛盾,他好比是在说:"苏格拉底犯了罪,因为他不信神,而又信神。"这简直就是开玩笑嘛!

那么,诸位,请你们跟我一起来考察,他的话在我看来何以就是那个意思。而你,美勒托斯,回答我们!正如[27b]我一开始就请求过你们的,即便我以自己惯常的方式作出论证,也请你们一直都记住,不要对我起哄。

是否有这样一种人，美勒托斯，他虽相信世人之事的存在，却不相信存在着世人？[b5] 诸位，请让他回答，让他不要再三再四起哄——是否有人不相信有马，却相信有马之事？或者说不相信有吹簧管的人，却相信有吹簧管之事？不会有这样的人吧，最优秀的人儿！——如果阁下不想回答，那么，我就要替你向其他这些[陪审]人作答。你至少得回答我下面这个问题：[27c] 是否会有人相信神灵之事，却不相信存在着神灵？

没有这样的人。

你让我太高兴啦，因为你终于开口回答，尽管太勉强，而且也是被这些[陪审]人所[c5]迫。——好哇，你说我相信并且传授有关神灵的事情，且不管这种神灵实际上是新的还是古老的，那么，根据你的说法，无论如何我都相信神灵之事吧——你在诉状中还庄严起誓承认过这一点。而如果我相信神灵之事，那么我当然就必定相信神灵喽！难道不是这样？肯定是这样嘛！[c10] 既然你不回答，我就视为你同意了。难道我们不都认为[27d]神灵要么就是神明，要么是神明的子嗣？你说是不是？

——当然是。

所以，既然我信神灵——诚如你所说，又假如那些神灵就是[d5]某种神明，那么，这完全就是我说你在"出谜语拿我们寻开心"所表达的意思：你说我不信神，又说我信神，因为我毕竟信神灵。再说，如果神灵乃是神明的子嗣，也就是要么与宁芬仙子、要么与其他某些女人所诞的某种众子——据说神灵的确就是她们生的，那么，有哪一个[d10]人会信神明的子嗣，而不信神明？因为这与如下说法[27e]一样奇怪，好比有人相信马和驴的孩子，即骡子的存在，却不相信马或驴的存在！

这么说吧，美勒托斯，你提起这场诉讼无非是为了以此来考验我们，要不就是你根本不知道[e5]该用什么真正的罪名来控告我，难道不是吗？！无论你打算用什么法子去劝服某个哪怕稍微有点理智的人，说一个人相信有神灵之事，也相信有神明之事，但又说这同一个人既不相信［28a］有神灵，也不相信有神明，更不相信有英雄——那绝对办不到！

总之，雅典人，我绝对没有犯美勒托斯诉状中所指控的罪，我认为不需要做更多的辩护，因为刚才这些已经足够了。你们要清楚地知道，我前面［a5］所说的很多人对我产生了大大的仇恨，倒是真的。假如我被判有罪的话，这才是定罪的原因，也就是说，祸不在美勒托斯，也不在安虞托斯，而在于大众的诽谤以及他们的嫉妒。虽然其他很多人，甚至也包括一些好［28b］人，都由于这种原因获罪，但我想，它还会继续让人获罪。不必担心，这不会到我为止。

但也许有人会说："什么！你难道不感到羞愧？苏格拉底，你所追求的这种事业如今毕竟让你身处死亡的危险中呀！"我会义正词严反驳他："你这个人呐，这样说［b5］可就不好了，假如你认为一个哪怕稍微有点良知的人应该计较生或死的危险，而不是在任何时候都只考虑那个处世原则：他做的究竟是正义之事还是不义之事，以及他立身行事究竟像一个勇敢高尚的人还是像一个懦弱卑鄙的人。

"因为［28c］照你的说法，在特洛亚平原战死的那些半神，尤其忒提斯之子［阿喀琉斯］，或许就该是一帮平庸之辈喽？！忒提斯之子睥睨危险，不愿忍辱偷生，那时，他一门心思要［c5］杀死赫克托尔。这位母亲作为女神，就我所知，大致说了这样一番话，'孩儿呀，如果你替友伴帕特罗克罗斯而向凶手复仇，杀死赫克托尔，你自己也会死，'她说，'因为你的大限在赫克托尔之后立即就会到来。'然而，他听了这话之后，丝毫没有把死亡和危险放在心上，反倒更［28d］怕因没有替朋友报仇而像一个卑鄙懦弱的人那样活着，'那就让我立即死去吧，'他说，'只要能够对行不义者施予惩罚，以免留在这里，在弯弓般的舰船边遭人嘲笑，成为大地的负担。'你不会认为他顾虑的是死亡和［d5］危险吧？"

雅典人，因为这样做才合于真理：一个人，其岗位无论自认为最好，抑或由统帅所安排，在我看来，都应该坚守在那个岗位上，在危险面前坚定不移，决不会反过来把死亡和其他任何东西看得比[d10]耻辱还重。我也许真的就犯下弥天大错了，雅典[28e]人，假如说，一方面，你们选出来统领我的将帅们任何时候只要给我下了命令，无论是在波提岱亚，还是在安斐波利斯，抑或是在德利俄斯附近，我那时都曾像其他任何人一样，冒着死亡的危险奉命坚守在岗位上，然而另一方面，既然神明命令我——我[e5]对此深信不疑——必须过热爱智慧的生活，也就是省察自己以及其他人，我却因为惧怕死亡[29a]或无论其他什么事情，在这样的情形下居然逃离自己的岗位，那的确就是弥天大错！要真如此，你们随便哪位都可公正地把我告上法庭，告我不信神，说我不服从神谕，怕死，自诩聪明而其实不然。

因为，诸位，我告诉你们吧，[a5]"怕死"这件事无非是自认为聪明，实则不然——不过是自以为懂得自己根本就不懂的东西罢了。因为归根结底谁也不知道，对世人来说，死没准在所有善业中实际上还是最大的恩典呢！而大家却害怕死，就好像很懂似的，[29b]以为那就是最大的恶！然而，这种自认为懂得自己并不懂的东西，岂不就是那种最应该谴责的无知吗？而我，诸位，在这方面兴许也与大多数人大相径庭，如果非要说我更智慧那么一点点，大概[b5]就在于此吧：既然我不大懂得冥府里的事情，我就认为自己不懂。但我却深深地懂得，对那些[比自己]更高的——无论神还是人——行不义，不服从他们，那就是不折不扣的恶和耻辱。

所以，与那些我知道肯定是恶的邪恶东西相比，我绝不会害怕，也不会逃避那些我不清楚实际上究竟是不是善好的东西。如果[29c]你们不听信安虞托斯的提议，现在就打算放过我——他曾说过，要么一开始就根本不应该把我带到这里来，要么既然已经带来了，就不能不投票处死我，因为他还当着你们说过，如果此时让我逃脱，你们的儿子们就会按照苏格拉底[c5]所教导的去求索，全都会被彻底败坏掉，——对于他这种提议，如果你们要求我："苏格拉底，我们这次不会听信安虞托斯，而是打算放过你，然而，须得以此为条件，那就是你不得再花时间搞你的那种研究，也不得再搞哲学，而如果[29d]你被抓住还在搞那些名堂，你就得死。"——那么，如我刚才所说，如果你们以这些为条件放过我，我就会对你们说：

"雅典人，我虽然非常敬重和热爱你们，但我宁可服从那位大神，而不是你们。只要我还有一口气在，只要我能够，我就绝不会[d5]停止热爱智慧，也就是劝勉你们，用我习惯的说话方式向我时不时碰到的你们当中的任何人指出：'最优秀的同胞们，你们作为雅典人，也就是在智慧和精神力量方面最伟大也最著名的城邦的人，居然只去关心如何才能赚取尽可能多的钱财、[29e]名望和荣誉，却既不关心也不思考明智、真理以及如何让灵魂尽可能变得最好，难道你们就不感到羞愧吗？'

"而如果你们中有人要争辩，说自己的确关心那些东西，那么，我不会放过他，也不会离开他，而是立马质问他、[e5]省察他、盘诘他。如果我认为他并没有德性，[30a]反倒冒称自己有，那我就会责备他，说他把价值最大的东西当作最不重要的，却把微不足道的东西视若珍宝。我碰到任何人都会这样做，无论是青年还是老者，无论是异乡人还是本城同胞，当然尤其要针对本邦人，因为你们在族类上与我最亲近。

[a5]"你们要知道，这可是神明的命令，而且我认为，在这个城邦中，对你们来说，还没有什么更大的好处比得上我对神明的侍奉。因为我四处奔走，所做的不过是劝说你们，无论青年还是长者，不要如此强烈地[30b]关心身体，也不要如此过度关心钱财，甚至超过关心灵魂、关心如何才能使之变得最优秀。我会说：'德性不来自钱财，相反，钱财以及世人其他所有好东西，无论私人生活还是公共生活中的，都来自德性。'[b5]如果我说这样的话居然就败坏了青年，那就算它有害好了；但如果有人说我讲的不是这些话，那简直是胡说八道。对此，"我倒是想说，"雅典人，无论你们是否听信安虞托斯，也无论你们是否放过我，我都[30c]绝不会以另外的方式行事，哪怕再死很多次！"

请不要起哄，雅典人，但请遵守我向你们提出的请求，无论我说什么都不要起哄，务请静听——我以为，你们听一听，终归会有好处。因为我接下来打算［c5］向你们讲的那些话，你们对此可能更要大喊大叫——但请你们千万不要这么做！呃，你们要搞清楚，如果你们处死我，而我恰恰又是自己刚才所说的那种人，那么，你们对我的伤害，绝不会比你们对自己的伤害更大：无论他美勒托斯还是安虞托斯，都根本伤害不了我——他实际上没这个能力，因为我知道，［30d］好人被坏人伤害，天理不容！当然，坏人也许会导致［好人］死亡、流放或被褫夺公民权——虽然此人以及其他某些人也许以为这是一件多么了不起的坏事，但我不这么认为，反倒觉得如果干出这人眼下正在干的这种事，［d5］试图不义地处死一个人，那才坏透了顶。

所以，雅典人，实际上我现在远不是在为我自己辩护，就像有人也许会认为的那样，不，而是为了你们辩护，以免你们因为投票判我的刑而错误对待［30e］神明赐给你们的礼物。因为，如果你们处死我，就不容易找到另一个这样的人了，事实上——如果可以说得更可笑的话——这个人是神明降下叮附在城邦上的，这个城邦就像一匹俊美而血统高贵的马，却因为体形硕大而慵［e5］懒，需要某种牛虻来激发，而我认为，神明派我来这个城邦，就是要起到它这种作用：激发你们每一个人、劝说你们每一个人、责备你们每一个人，［31a］整天不停地到处追着叮刺你们。诸位，另外一个这样的人毕竟不容易出现在你们面前，所以，如果你们听我的，就放了我！——当然，你们也许会很恼火，就像从瞌睡中被唤醒的人那样，兴许会［a5］拍我一巴掌。而你们倘若听信安虞托斯的话，还会轻而易举杀死我，然后在沉睡中耗完余生，除非神明关心你们，另外再给你们派一个来。

我实际上恰好就是神明赐予城邦的那样一种人，你们从下面的事实［31b］兴许就会明白：我从来不关心自己的任何事情，这些年来一直坚持不理家事，反而总是关心你们的利益，就像父［b5］兄一样，私下来到你们每个人身边，劝你们关心德性——这岂是凡夫俗子之所为！如果我从中捞到过什么好处，或者为了获取报酬才规劝你们，那还有个说头。但如今连你们自己也都看到了，那些控告者虽然在其他所有事情上如此无耻地控告我，却还没有厚颜无耻到［31c］举出证人，说我曾几何时要么收受过、要么索要过什么报酬。相反，我想，我倒可以提出充分的证据表明自己说的是真话，这个"证人"就是我的贫穷！

不过，你们也许会觉得很奇怪，正如有人所说，我虽然私下四处奔波，给人们提出［c5］诸如此类的建议，简直"多管闲事"，却竟然不肯冒险在你们那么多人面前登上演讲台，公开给城邦出谋划策。个中缘由你们已经多次听我在很多地方讲过，有一种神圣的和［31d］神灵似的东西向我显灵——美勒托斯在诉状中极力谐讽的实际上就是那个东西。从我孩提时起就这样：有一种声音，它每次降临时，总是阻止我去做我打算做的事情，却从不鼓励我去做什么。

［d5］反对我参与政治事务的，就是它，而且在我看来，它反对得太好了。因为，雅典人，你们要知道，如果我很久以前试图参与政治活动，我早就完蛋啦！这对你们以及对我自己，［31e］都不会有任何益处。请不要因为我说了真话而生我的气。——无论哪个人，即便合法地反对你们或反对其他民众，以阻止那么多不义和不法的事情在城邦中出现，都活不成。相反，［32a］如果他要真真正正为正义而战，哪怕打算多活一阵子，就必须当一个普通公民［私下干］，绝不能成为公众人物［公开干］。

对此，我会向你们提供确凿的证据，不是［a5］"言辞"，而是你们大家都看重的"行动"。那么，请听听我的经历，好让你们知道，我绝不会因为怕死，就违背正义而向任何一个人屈服，即便马上就遭灭顶之灾，也决不屈服。我要对你们讲的一些陈年旧账虽是法庭常见的说辞，却是真实的往事。

雅典人，我虽然从未在城邦中［32b］担任过其他任何官职，却曾忝列议事会之中。我们那个部族，安提俄喀斯，正好轮值主持，当时你们［议事会］因为十将军没有带回海战遇难者，打算集体判处他们——

正如你们所有人［b5］后来都认识到的，这当然违反了法律。那时，在轮值主席中，只有我一个人反对你们做任何违法之事，于是我投了反对票［不赞成交付票决］。尽管有些演说家已经打算检举告发我，要求立即逮捕法办我，尽管你们也大喊大叫地怂恿，但在我看来，自己即便冒再大的危险，也必须站在［32c］法律和正义一边，而不应该由于害怕监禁或被处死就支持你们，因为你们所提出的议案乃是不义的。

这都是城邦尚在民主统治时期的事情。但还有一次，也就是寡头制上台后，"三十巨头"［c5］派人把包括我本人在内的五个人叫到"圆厅"，命令我们把萨拉米斯人勒翁从萨拉米斯抓回来受死。当然啦，他们也给其他很多人下过很多诸如此类的命令，他们的如意算盘就是要把尽可能多的人裹挟到自己的罪行中来。然而，我当时［32d］再次以行动而非言辞表明，我根本就不在乎死——如果这样说不是太直率的话——而是在乎不要做任何不义和不圣洁的事情，这，才是我全力关心的东西！所以，那个统治集团虽然如此暴虐，但也没有吓得我［d5］去干什么不义之事。恰恰相反，我们从"圆厅"走出来后，其他四人去了萨拉米斯抓捕勒翁，而我离开后却径直回了家。我很可能因此而送命，如果那个统治集团不是很快就被推翻的话。对此，［32e］你们很多人都可以作证。

那么，假如我一直都积极参与公共事务，而且还以一种配得上勇敢高尚的人的方式去参政，也就是襄助正义事业，就像一个人总是应该的那样，把它看得比什么都重要，你们是否还会认为我能够苟活这么多年？［e5］想得美！雅典人。我办不到，其他［33a］任何人这样做也活不成。总之，我在整个一生中，即便也曾办过点儿公家的事，但可以说一直都是这样一种人，当然，我在私事上也一以贯之。我从来没有向任何违背正义的人做过哪怕丝毫的让步，不管他是别的什么人，还是被那些污蔑我的人［a5］说成我学生的人。

虽然说，我从来就不是任何人的老师，但如果人们有心听我讲，听我以此来完成自己的任务，不管他年轻还是年长，我都从来不拒绝，也不会收取了钱财才与之交［33b］谈，没有收就不交谈，而是对富人和穷人一视同仁，任由他们向我本人发问，假如他们想听一听我在回应时会说些什么。所以，他们中的某些人无论是变得更好了还是没有，公正地说，我都没有［b5］责任，因为我既没有对任何人做出任何承诺，也从来没有教任何人知识。如果有人说曾经从我这里学到过什么东西，或者曾私下听到其他任何人都不曾听到的东西，请诸位明察，这绝对不是实话。

那么，那些人究竟出于什么原因喜欢跟我一起打发那么多［33c］时间？雅典人，你们刚才都听到了，我对你们说的一切全都是真话。——那是因为他们喜欢听我省察那些自以为聪明而其实不然的人，毕竟这并非一点都不好玩。而我做这事，正如我刚才所宣布的，乃是受神明［c5］指派——神明用的是占卜和梦，而其他神圣的命运指派人们去做任何事时，也会用上各种方式。这些事情，雅典人啊，不仅都是真的，而且很容易验证。因为我如果真是在败坏［33d］青年，而且还已经败坏了一些人，那么，要么他们中的某些人长大一些之后，认识到我在他们年轻时曾经给他们提出过什么糟糕的建议，毫无疑问，他们现在必定已经亲自登台指控我，替自己报仇；要么他们若不愿意［d5］亲自出面，那些人的家人——父亲、兄弟以及其他亲人，假如他们的家人真的因为我而遭了殃的话，现在必定还耿耿于怀，也会为自己报仇。

无论如何，我看到他们中的很多人都来了，就在这里，首先就是那边的克力同，我的同庚［33e］和同区人，这位克力托布罗斯的父亲，然后是斯斐托斯人吕萨尼阿斯，这位埃斯基涅斯的父亲。还有这里的刻斐修斯人安提丰，厄庇革涅斯的父亲，此外，这里还有其他一些人，他们的兄弟一直以这种方式跟我一起打发时间：忒俄佐提得斯的儿子［e5］尼科斯特拉托斯，也就是忒俄多托斯的哥哥——忒俄多托斯既然已去世了，魂归彼方的人再也无法阻止尼科斯特拉托斯［告发我］吧——还有这里的帕拉利俄斯，德摩多科斯之子，已故忒阿格斯的兄弟。还有［34a］这位阿德曼托斯，阿里斯通的儿子，这里的柏拉图的兄长,以及埃安托多罗斯,这里的阿波罗多罗斯的兄弟。

我还可以向你们说出很多其他人的名字来,美勒托斯当然尤其应该在他自己发言时传唤他们中的某个人来作证啊。不过,如果他那时[a5]忘记了,就让他现在传唤吧——我把位子让出来——喊他讲,他是否有这样一个证人!但与此完全相反,诸位,你们会发现,他们都准备好来帮助我这个"败坏者",这个对他们的家人作恶多端的家伙——借用美勒托斯和[34b]安虞托斯的话来说。因为,那些被我彻底败坏的人亲自跳出来帮我,也许还讲得通,但那些没有被我败坏的人呢,他们的亲人们呢?!这些人如今都已老大不小了,他们对我的帮助除了正确且正义的原因之外,还能作何解释?——其实[b5]他们很清楚,美勒托斯在撒谎,而我说的却是真话。

好啦,诸位,这大概就是我要申辩的,当然还有诸如此类的其他话呢!但你们有人[34c]一想到自己,也许马上就要火冒三丈:这种人在打一场比这件更小的官司时,竟然泪流满面祈求法官开恩,还把自己的孩子们以及其他[c5]家人和一大帮朋友带上法庭,以博得最大的怜悯,而我却恰恰相反,绝不会这样做,尽管我处于这样一种大家似乎都认为是极度危险的境地。

也许有这种想法的人会对我更加心如铁石,就因为这一点而生气,[34d]他们一生气就投反对票。如果你们有人真这样做——不过鄙人并不指望自己当得起,但如果真有的话——我认为像这样对他说也算妥帖:"最优秀的人们,我当然也有家人——因为正如荷马说的那样,我绝非[d5]'来自树木,亦非出自岩石',而是人生父母养的,所以我也有家人,还有儿子,雅典同胞们,三个呢,一个已是大小伙子,另外两个还幼小。但即便如此,我也绝不会把他们中的任何人带到这里来,求你们投票放过我。"

那么,我为何不会那样做?不是因为我刚愎自用,[34e]雅典人,更不是因为我瞧不起你们。至于我是否相当勇敢地面对死亡,那是另一个问题。然而,事关声望,无论是我的,你们的,还是整个城邦的,我觉得自己那样做无论如何都不太高尚。更何况我已这把年纪，还"忝有"那个"名声"，[e5]不管它是真还是假，毕竟大家早就认为[35a]我苏格拉底在这方面超逾大多数人！因此，如果你们中有人自认无论在智慧、勇敢还是别的什么德性上都高人一等，也这样做，就太可耻啦。

我经常看到那类人，[a5]尽管也颇有名望，可是一旦受审，就会干出稀奇古怪的事，他们好像把被判死刑看作可怕的事情，仿佛你们不处死他们，他们就会不死一样。我认为他们让城邦蒙羞，很可能会让某些异乡人[35b]以为，我们雅典人里那些德性超著之士，尽管是雅典同胞们从自己人中选出来担任高官和其他荣耀职位的，但这帮家伙其实连女人都不如！1我这样说，雅典同胞，是因为我们哪怕稍微有那么点名望的人[b5]都不应该那样做，而且，如果我们要那样做，你们也不应该允许，你们反倒应该明确指出这样一点：你们对那些把那种苦情戏搬到这里来、让城邦变成可鄙笑柄的人，会判得比那些保持体面镇定的人要重得多。

所以，除了[雅典的]名声之外，诸位，我觉得[35c]乞求法官本已不对，靠乞求来获释更不对，摆事实讲道理才是正道。因为法官坐堂，不是为了徇私情而罔顾正义，而是要实事求是地判决。法官都曾宣过誓，绝不偏私自己中意的任何人，而要[c5]根据法律来审判。因此，我们不应该习惯于让你们发假誓，你们也不应该习惯于违背誓言——因为这样的话，我们双方都是在做不虔敬之事。

所以，雅典同胞们，你们可别指望我会在你们面前做出我坚信既不高尚、[35d]也不正义、更不圣洁的事情来，尤其是，以宙斯之名起誓，在这位美勒托斯控告我不虔敬之时，更是万万做不得。因为很显然，如果我说服了你们，并且靠乞求来强迫已经发过誓的你们，那么，我就是在教唆你们不要相信神明存在，那我的申辩[d5]简直就是在控告自己不信神！但事实远非如此：因为我的确信神，雅典人，控告我的人没有谁比得上。我把我[这桩案子]交给你们，也交给神明，请按照对我也对你们最好的结果来判决。

[35e] 我的确并不恼火，雅典同胞，对于 [36a] 你们投票判我有罪这一结果。造成我 [不恼火] 的因素有很多，尤其出现这样的结果，我并不感到意外，相反，两边的总票数倒是让我特别惊讶。因为，我没有料到它们居然如此 [a5] 接近，我还以为会很悬殊呢！1但现在看来，要是哪怕仅有30票改投，我就已经获释啦！或者还可以说，在我看来，即便是现在这个结果，我在美勒托斯的指控下也安然获释了——不仅我安然获释，而且如大家都非常清楚的，要是没有安虞托斯，呃，还有吕孔，一起上来控告我，他就会被判支付 [36b] 一千德拉克马的罚金，因为他没有拿到法定的五分之一票数。

但不管怎样，这位仁兄提请判我死刑。好吧。那么，雅典人，我又该向你们申请什么样的反提判？显然，[b5] 要根据我的功过来吧？我究竟有什么功过？我应该遭受什么样的人身处罚或支付多少罚金？难道就因为我终生都不安分？我没有像大多数人那样，一门心思经商挣钱、持家守业、充任将帅、领袖群伦，也不担任其他任何官职，更不掺和城邦中早就形成的朋党和宗派，因为我知道自己 [36c] 太过忠厚，如果去搞那些事情，早就小命不保啦。所以我没有去那些对你们和对我自己都丝毫没有益处的场合，反倒私底下来到你们每个人身边，去做最大的善功。正如我刚才自夸的，我出现在这些场合，[c5] 是为了试图劝说你们每个人，不要关心自己的身外之物胜过关心自己如何才能变得尽可能良善和明智，不要关心城邦外在的东西胜过关心城邦本身 [的良善和明智]，你们还当以同样的方式 [36d] 关心其他事物。

既然我是这样一种人，那么我究竟该得到什么样的待遇？当然应该是很好的待遇喽，雅典人，如果我非得真正根据我的功过提判自己之应得的话——照此看来，的确显然只有很好的待遇才配得上我呢！那么，什么样的待遇才配得上一个虽然贫穷却仍需 [d5] 过有闲暇的生活以便劝勉你们的恩人？雅典人，没有什么比请他去主席厅免费就餐更配得上这样的人，他远比你们中某位在奥林匹亚赛会上赛马、骈驾、驷车中获胜的人更配得上：那种人让你们自以为是幸福的人，而我却 [36e] 让你们真正幸福；另外，那种人根本就不需要供养，而我却需要。所以，如果我必须根据司法规定提判自己之应得，那我就提［37a］这一点：请判决我去主席厅免费吃喝!

也许你们会认为我说这些话，几乎就像我刚才谈论怜悯和乞求一样，简直大言不惭。但雅典人，实际上不是那么回事，倒不如说［a5］是这样的：我自信从未对任何人行过不义，至少没有故意行过不义，但我终究未能让你们相信这一点——那是因为我们相互交谈的时间太过短暂。要我说，假如你们有这么一条法律，就像其他城邦的人一样，不要仅仅在一天之内［37b］就作出死刑判决，而是多审几天，我就能说服你们。但眼下要在如此短的时间内消除生死攸关的诽谤，可着实不易。

虽然我自信从未对任何人行过不义，但我更不愿意对自己行不义，远不会说我自己罪有应得，［b5］为自己提出诸如此类的判决建议。我有什么好怕的？难道我居然害怕受到美勒托斯对我提出的那种处罚吗？我说过，我根本就不知道那种［死刑］处罚是福是祸！而为了替代它，我是不是干脆选择我明知是祸的某种刑罚作为对自己"罪行"的判决？

监禁，如何？［37c］但我为什么要在监狱里苟活，给每年不断任命的官老爷也就是所谓的"十一人委员会"当牢奴？

罚钱，怎么样？还可以把我关起来，直到还清为止！但这对我来说就跟刚才提出的［监禁］是一回事，因为我反正拿不出钱来缴纳罚款。

要不我就［c5］主动提出"流放"？因为你们也许本来就打算这样判我吧。那样的话，我也未免太贪生怕死啦。雅典人，莫非我真有那么愚蠢，竟然没有能力推想出：如果就连你们，我的同胞手足，都完全无法忍受我的［37d］言谈举止，因为对你们来说，我的言谈举止已经变得越来越烦人，越来越招人恨，以至于你们眼下要千方百计摆脱我，那么，难道其他城邦的人就能轻易忍受得了？完全不是那么回事，雅典人！像我这把年纪的人，一旦流亡，［d5］就要过着从一个城邦飘零到另一个城邦、再被一一驱逐出境的生活，那种生活真是"美妙无比"呀！因为我太清楚，无论我走到哪里，当地的年轻人都会像这里的一样，蜂拥而来听我讲话。假如我赶开他们，他们说服自己的长辈之后，会亲自把我撵走。[37e] 而如果我不赶他们，他们的父亲和家人为了他们自己也要轰我走。

也许有人就会说："苏格拉底，难道你就不能闭上嘴，消停一点，为了我们去过流亡生活吗？"唉，[e5] 要在这一点上说服你们一些人，可就太难啦，因为，如果我说那样做本身就是不服从神明，因而 [38a] 我绝不能缄默无为，你们必定不会相信我的话，以为我在装模作样。如果我又说，人世间最大的好事的的确确就是每天都能讲论德性，[a5] 讲论你们听到的我在省察我自己以及在省察其他人时所谈过的其他东西，如果我还说，对人而言，缺乏省察的生活根本不值得过，那么，你们就更不可能相信我说的啦。虽然事情完全就是我一再坚称的那样，但诸位，要说服你们可真不容易啊！

还有，我一直不习惯于认为自己应该遭到 [38b] 任何恶报。如果我真有钱，我会提议缴纳一笔我承受得起的罚款，因为那根本就算不上什么伤害——但我眼下的确没钱，除非你们愿意让我提出一笔我完全有能力付清的数目。我想，也许我有能力 [b5] 向你们支付一米纳银子，所以，我就提那么多。不过，雅典人，在场的柏拉图、克力同、克力托布罗斯以及阿波罗多罗斯，他们极力劝我提三十米纳，而且都亲口允诺为我担保。那么，我就改提这么多吧，他们有足够的财力，能够为这笔银子向你们作保。

[38c] 你们竟然为了 [我余生] 不多的一点点时间，雅典人，就背上骂名，被那些意图诋毁城邦的人非难，说你们杀害了苏格拉底这个"智慧者"——因为那些成心责难你们的人会把我说成智慧者，即便我自己根本就不是。[c5] 本来呀，你们要是再等上那么一小段时间，你们现在做的这件事自然而然就发生啦，因为想必你们看得出，我都这把年纪了，我的命已经够长，死期将近啦。我这番话不是 [38d] 针对你们所有人，而是对那些投票判我死刑的人说的。而且我还要对这些人这样说：雅典人，也许你们以为我被判有罪，是因为自己没有能力编出一

套什么样的话来说服你们,假如我刚才真认为自己应该［d5］无所不做且无所不说来逃脱惩罚。完全不是那么回事!

我之所以被定罪,根本不是由于我拙于言辞,而是因为我没有那么胆大妄为和厚颜无耻,愿意对你们说那些你们最乐于听的话——你们想听我悲悲戚戚哭哭啼啼,做出［38e］并说出我明确宣布不值得我去做的事情,而这些事情却是你们惯于从别人那里听到的。但我既不认为刚才身处险境就应该做出那种配不上自由人的事情,也不后悔现在作这样的申辩。相反,我宁愿选择［e5］因这样的申辩而死,也不愿意采取另外的方式申辩而生。

不论是在法庭上还是在战争中,无论是我还是其他任何人,都不应该［39a］这样做:无所不用其极以逃避死亡。因为在战斗中,显然经常有这样的情况,有的溃逃者丢盔弃甲,转身对追兵苦苦哀求,以免一死。在每一次险境中,［a5］都有其他很多做法可以逃脱死亡,假如此人胆大妄为到什么都敢做、什么都敢说。诸位,真正困难的,恐怕不是逃脱死——逃离卑劣才难乎其难呢,［39b］因为卑劣比死跑得更快。我如今已风烛残年,行动迟缓,要被跑得慢的［死］追上,而控告我的那些人灵巧迅捷,厉害无比,却被跑得更快的"恶"抓住。

我如今就要走了,因为你们判我死刑,［b5］但那些控告我的人却要被"真理"永远判定为邪恶和不义之徒。那么,我服从这项判罚,他们服从那项判罚吧。我想,事情必定会是这样的结局,而且我觉得那对大家都恰当。

［39c］接下来,我想向你们,投票判我罪刑的人,作出如下预言——因为我现在已经到了人们最能作出预言的时候,即人之将死之时。我宣布:杀害我的人呐,我死之后,你们的报应很快［c5］就会现世,而且,以宙斯之名起誓,比你们投票杀死我这样的处罚还要严厉得多!你们以为,干成了眼下这件事,就能摆脱受人盘诘的生活,但实际上,你们的结局远远适得其反,就像我曾宣布的那样。还会有更多的人来［39d］盘诘你们,只是我迄今一直都在拦着他们,所以你们没有

觉察到而已。他们会更严厉，因为他们更年轻，你们也将会更加恼羞成怒。

如果你们以为用杀人的办法，就可以让那些责备你们没有 [d5] 正确过日子的人闭嘴，那么，这如意算盘打得真不好，因为这种摆脱方法既全然办不到，也实在不高尚。相反，那种最高尚也最容易的摆脱方法，不是打压别人，而是努力把自己变得尽可能良善！对你们这些投票判我罪刑的人，作完这些预言，我也就解脱啦！

[39e] 对那些投票判我无罪的人，我乐于跟你们谈谈刚刚发生的这么一件事情，趁这会儿官老爷们还没得空，我也还没有去往我必须领死的地方。那么，诸君，请再跟我待上那么一小会儿吧。既然还有可能，[e5] 就没有什么可以阻止我们相互交谈！因为我准备像对待朋友那样，[40a] 把刚刚发生在我身上的那件事究竟意味着什么，好好讲给你们听。那就是，诸位法官——我称你们为法官，因为这才是正确的叫法——那就是在我身上发生的一件奇怪的事情。

那个惯于向我发布预言的神灵 [声音]，[a5] 以前总是极为频繁地反对我，哪怕是一些极小的事情，假如我打算做什么不恰当的事情的话。但现在，你们亲眼看到发生在我身上的这件事了吧，也许有的人认为，并且有的人确实相信，它是一桩糟糕透顶的坏事。然而，[40b] 那种神明的征兆却并没有反对过我，无论是我一大清早从家里出来，还是到这里出现在法庭上，抑或是我在发言过程中打算讲什么话的时候，统统都没反对过。可是，我在其他场合讲话时，它却老是在我说话的当儿要我闭嘴。而今 [b5] 在这件事上，不管我做什么，也不管我说什么，它一直都丝毫没反对我。

那么，我究竟该如何理解这其中的缘由呢？我且给你们这么说吧，也许在我身上发生的这件事本身就是好事，我们当中如果有人认为死是坏事，[40c] 就绝对想错了。我对此可是有无可争议的根据哟，因为我那熟悉的征兆根本就没有反对我，除非我打算做的是一件没有好处的事情。所以，我们完全可以这样来想，兴许死大有希望会是 [c5] 一件好事呢。因为，死无非就是以下两种情况之一：要么死无非就是不在了，再也感觉不到任何东西；要么如大家都晓得的说法，死就像是经历某种变化，即灵魂从今生这个地方迁移到另一个地方。

如果死就是没有任何感觉，而［40d］像睡眠，且一旦睡着了连梦都不做，那么，死可真就有着绝妙无比的好处。因为，我是这样想的，如果有人不得不挑选出这么一个睡得如此沉酣甚至连梦都不做的夜晚，再拿他自己一生中［d5］其他日日夜夜来跟那个夜晚仔细比一比，然后好好掂量掂量，说说自己一生度过的日日夜夜里，有多少能够比那个夜晚更美好、更快乐？那么我想，不要说普通老百姓，就连波斯大王也会发现，［40e］与自己其他的日日夜夜比起来，那样的夜晚实在少得可怜——所以，假如死就是那么一回事，我会说它大有好处，因为要真是那样，永恒也并不比［那］一夜更久长。

再来看另一种情况：如果死就像［e5］是一场从这里到另一个地方的远行，而且假如这个说法是真的——所有死者竟然都在"那边"，那么诸位法官，还能有什么比这更好的事情吗？因为，［41a］一个到达哈得斯的人，摆脱了这样一群所谓的法官后，就会发现据说在那里判案的才是真正的法官，他们是米诺斯、拉达曼图斯、埃阿科斯和特里普托勒摩斯，以及其他生前［a5］过着正义生活的半神。难道这样的远行还算微不足道吗？

再说，假如能够跟俄耳甫斯、缪塞俄斯、赫西俄德和荷马打交道，难道你们中还有人不愿意付出无论多大的代价吗？我说"你们"，是因为我本人哪怕再死很多次都愿意，如果那是真的。毕竟，［41b］既然我还能遇到帕拉墨德斯和忒拉蒙的儿子埃阿斯，以及其他任何因不义判决而死的古人，我会把自己的遭遇跟他们的相比，那么我自己在那里的旅居该是多么美妙啊！——我想，［b5］那不能不算赏心乐事吧——尤其让我最快乐的，就是省察和追问那里的人，就像我对付这里的人那样，看看他们之中谁是真正的智慧者，谁又虽自诩为智慧者，其实并不是。

诸位法官，人们究竟愿意付出多大的代价，来省察带领［41c］大军远征特洛亚的那位统帅［阿伽门农］，省察奥德修斯和西绪弗斯，省察能叫出名字的其他无以计数的男男女女？要知道，在那里跟他们谈话，跟他们交往，并省察他们，那真是不可思议的幸福！无论如何，那里的人总不会因此就杀人吧，［c5］毕竟，别的不说，那里的人比这里的人更幸福，而且在余下的时间里，他们一直都会是不死的呢，假如那个说法是真的。

所以说，诸位法官，你们也应该对死抱有美好的希望，还应该把这样一种观点视为真理——［41d］好人无坏事，无论生前，还是死后，都绝没有，神明不会不关心他的境况。眼下在我身上发生的这些事并非偶然，相反，我很清楚，现在就死去，摆脱俗事，［d5］才是我更好的出路。正是由于这个原因，那个征兆在哪个环节都没有制止过我，不论在那帮人控告我的时候，还是在大家投票判我［罪刑］的时候。本人丝毫没有嗔怒，尽管他们控告我和投票判决我的本意并不在此，而是成心害我。［41e］他们该为此遭到谴责。

不过，我却要向他们提出这样的请求：当我的儿子们长大成人后，诸位，如果你们认为他们关心钱财以及其他东西［e5］胜过关心美德，如果他们自以为是而其实什么都不是，那么，就请你们惩罚他们，像我折腾你们那样去折腾他们，去谴责犬子们，就像我谴责你们那样——谴责他们没有关心那应该关心的东西，谴责他们自以为有多了不起实则一文不值。如果［42a］你们做到了这一点，本人以及犬子们就算在你们手中得到公正对待啦。

就到这里吧，因为分别的时候到啦，虽然我就要赴死，你们还会继续活，但我们双方究竟哪个命数更好，谁又能知道？——呜呼，厥知惟［a5］神！

苏格拉底的申辩

章 句

题　解

　　[S乙注]柏拉图的《申辩》包含着苏格拉底就安虞托斯（Anytus）、美勒托斯（Melitus）和吕孔（Lycon）对他的双重指控所作申辩的要旨（substance）。他们对苏格拉底的两项指控是：一，引入新神，对已经得到承认的神明持有偏见；二，败坏雅典青年。苏格拉底的控告者们只是出于对他的巨大名声的恶意嫉妒，分别支持不同阶层的看法；从谴责的严重性来看，这位哲人已经成为极端不受欢迎的对象。安虞托斯代表匠人和公民（burgher）提出控告，而吕孔则支持修辞家的立场，美勒托斯则代表诗人。

　　苏格拉底的生前好友以及那些崇拜他的智慧和正直（integrity）的后人撰写过数种"申辩"：除眼前这篇以外，现在流传下来的只有两种：一篇由利巴尼俄斯[①]所作，另一篇由色诺芬在希珀尼科斯之子赫耳墨葛涅斯（Hermogenes）指导下所撰。由于苏格拉底受审时色诺芬不在雅典，他的《申辩》就被简单地打入了"冷宫"。然而，该书因为确证了上述观点，还是很有用的。吕西阿斯（Lysias）是当时名气最大的演说家，也准备了一篇辩护词，交给苏格拉底，让他在法官面前宣读。该文精雕细琢、手法高超，但苏格拉底拒绝了，认为它尽管写得漂亮，却在品质上有所不足，不能绝佳地表达出宽宏大量、坚定不移和庄严高贵，不大适合他那时所处的位置，与他以前对自己志业目标的考量不符。因此，苏格拉底宁可采用平白如话和简易朴素的方式来申辩，这种风格是

---

① 利巴尼俄斯（Libanius，约公元314—394），罗马帝国中仍坚持希腊文教的修辞学教师。

他所有时期的论辩性探讨的特征，有他一直懂得去欣赏的那种效果，所以他不愿意采用法庭演说的通用形式，他对此很不熟悉，因而在当时的情况下，采用那种辩护形式颇为冒险。

据博学的佩蒂[①]对雅典法律的摘录和评注，苏格拉底被指控违犯了并由之而被判刑的那条法律如下，乃是法典中的第二条：$\vartheta εσμὸς$ $αἰώνιος$ $τοῖς$ $Ατϑίδα$ $νεμομένοις$ $κύριος$ $τὸν$ $ἅπαντα$ $χρόνον$, $\vartheta εούς$ $τιμᾶν$ $καὶ$ $Ηρωας$, $ἐγχωρίους$ $ἐν$ $κοινῷ$, $ἐμποινίμοις$ $νόμοις$ $πατρίοις$, $ἰδίᾳ$, $κατὰ$ $δύναμιν$ $σὺν$ $εὐφημίᾳ$, $καὶ$ $ἀρχαῖς$ $καρπῶν$ $πελάνους$ $ἐπετείους$. 违犯了这条法律的人，就要被带到战神山法庭（Areopagus），在那里接受审判，正如圣保罗一样（《使徒行传》17.18），[②] 以及狄俄多罗斯，[③] 也如拉尔修《名哲言行录》所载，狄俄多罗斯被控为 $\H{A}\vartheta εος$［无神论者］。然而，苏格拉底尽管被控以相似罪名，却似乎并没有被传唤至同一个法庭，佩蒂猜测，战神山法庭只审理那些并非雅典自由民的人所犯的罪行，正如上面保罗和狄俄多罗斯之例：Licetque suspicari, civibus dicam (hujuscemodi) non fulsae scripcam spud Areopagitas, sed peregrinis tantum, quales erant male compositum par S. Paulus et Diodorus。

[B注] 我们就《申辩》要问的第一个问题是，我们在多大程度上可以把它视为一份历史文献。马上可以肯定的是，它不是苏格拉底实际发表演说的逐字复制。柏拉图不是新闻记者。另一方面，我们知道，他在审判现场（34a1，38b6），那就表明，相比于我们在其他"苏格拉底

---

① 佩蒂（Samuel Petit, 1594—1653），法国胡格诺派牧师，古典学家，东方学家，于1635年出版了《阿提卡法律》（*Leges Atticae*）。

② 《使徒行传》17:18：因保罗传讲耶稣与复活的道，他们就把他带到亚略巴古。……保罗站在亚略巴古当中，说："众位雅典人哪，我看你们凡事很敬畏鬼神。我游行的时候，观看你们所敬拜的，遇见一座坛，上面写着未识之神。你们所不认识而敬拜的，我现在告诉你们。"按："亚略巴古"，和合本意译作"法庭"，即古典时期的"战神山议事会"的音译。

③ 狄俄多罗斯（Diodorus），生活于公元前1世纪，西西里人，古希腊历史学家。

言辞"（Σωκρατικοὶ λόγοι，按：记载苏格拉底行述的文字，包括色诺芬的《回忆苏格拉底》等）中所能公正地想象的东西，柏拉图的这篇申辩几乎更接近一篇报道。没有理由认为柏拉图出现在他自称实录的其他任何论述或对话的现场。很多对话据说都发生在柏拉图孩提时代，甚至在他出生之前，而另一些则是苏格拉底与单个对话者的谈话，当时并没有其他人在场（如《游叙弗伦》和《克里同》）。我们当然会指望在苏格拉底狱中仰药之日，柏拉图作为苏格拉底的伙伴会陪在他身边，但柏拉图却特意告诉我们他没有在场（《斐多》59b10）。结果，我们至多能说的就是，那些对话大体应该记载了很可能发生过的谈话，而且它们应该没有歪曲报道苏格拉底的人格和信念。诚然，很少有学者会这样认为。但《申辩》乍看上去（prima facie）却截然不同。不仅柏拉图与苏格拉底圈子的很多其他成员一起都在法庭中，另外还有500（或501）名陪审员。除此之外，由于这场审判的轰动性，现场的观众无疑也为数众多。那么，柏拉图的目的显然是要真实地刻画苏格拉底的人品和行为，以此来为自己记忆中的苏格拉底辩护。而且，由于那帮在场者在《申辩》发表之时仍然在世，柏拉图如果对苏格拉底的态度及其辩护的主线做出虚构的解释，就会达不到自己的目的。因此，可以相当合理地提出这样的问题：我们是否可以把那篇演说视作"本质上就是苏格拉底所作的真实辩护"，就像格罗特所认为的那样，[1] 很多现代学者或多或少也这么认为。这是一个具有头等重要性的问题，因为如果肯定地回答该问题，那么《申辩》就为我们重建"历史的苏格拉底"提供了最为稳靠的基础。

尚茨（Schanz）第一个站出来反对认为《申辩》本质上是记录史实的观点，他认为自己已经证明了相反的观点。他在其1893年校勘的"导言"中，从关于柏拉图和苏格拉底的关系的传统观点开始，得出与常识相矛盾的结论，迫使所有公正的研究者重新考虑他的前提。因此，

---

[1] G. Grote. *Plato and Other Companions of Sokrates.* London: W. Clowes and Sons, 1865, V. 1, p. 281.

有必要仔细审视他的论证。

在这个问题上，尤其在德国，一些学者的观点发生了显著的变化，比如说，尤见于梅耶尔（E. Meyer）的《古代史》(*Geschichte des Alterthums*，他认为"我很难同意尚茨敏锐研究的任何一点"），维拉莫维茨的《柏拉图》卷二页50（"如果柏拉图想要为苏格拉底辩护以志对他的怀念，并证明定苏格拉底的罪乃是不公正的，那么，他就得考虑到宣读判决书的法官，还要考虑到苏格拉底的其他门徒。那么，他就一定会写下苏格拉底真正说过的思想，至少得以此为基础，还要仔细避免苏格拉底未曾说过的任何东西"）。

尚茨如是开头（Einleitung，页71）：

> 有一件事可以毫无争议：每一篇辩护词的目的，最要紧的是弱化控告，以获得无罪开释。如果被告的案子不严重，他至少会试图做出辩驳的姿态。但没有哪一个被告还会进一步放大被控诉的案件，或者以一种根本上增加辩护难度的方式来改动它。然而，这两种"蠢事"《申辩》都干了。

换言之，尚茨发现，《申辩》根本就不是一篇辩护词，他还认为苏格拉底的目的必定应该是不计代价免于受罚。然而，事实上他还是未能得免，尽管很显然，假如苏格拉底采纳了尚茨所建议的辩护路线，本来可以得免的。如果我们相信这样的说法，即吕西阿斯提议要替苏格拉底写一篇审判时宣读的演说词，无疑吕西阿斯也曾提出相似的建议（拉尔修《名哲言行录》2.5.40；按：参徐开来、溥林的译文，广西师范大学出版社，2010年）。格罗特的判断要可靠得多，他说（《希腊史》卷八，页286）：

> 读过苏格拉底的"柏拉图式申辩"的人，没有谁会希望苏格拉底曾做过任何另外的辩护。但这是一位故意放弃辩护的直接目标——说服法官——的人所发表的演说。

事实上，正如柏拉图所记述的，苏格拉底本来很乐意获得无罪开释（19a2以下），如果不需要屈服于无价值的妥协的话，因为那种妥协会说明他整个一生都是虚假的（38d3以下）。但苏格拉底并不认为生命的目标是"尽可能活得久长"（τὸ ζῆν ὁποσονδὴ χρόνον，《高尔吉亚》512d8）。如果是那样的话，他就要按必需的方式做辩护（his defence was such as it must needs be）。

可以肯定地说，色诺芬的说法并非第一手证据，因为苏格拉底受审判时，他在雅典之外很远的地方，而且他也承认自己记载的是希珀尼科斯之子赫耳墨葛涅斯告诉他的东西，无论我们从柏拉图在《克拉提洛斯》（Cratylus）中，还是从色诺芬本人在其《会饮》中对此人的描述来看，赫耳墨葛涅斯都不是一个很有见识的人。还有，如果色诺芬的《申辩》（按：全名为"苏格拉底在法官面前的申辩"，参吴永泉译《回忆苏格拉底》，商务印书馆，1984年）是真作——这一点我倒并不怀疑，那么，该书强烈地印证了柏拉图对苏格拉底态度的描写。色诺芬在书中一开头就告诉我们，其他人撰写过对那场审判的解释，他们都想方设法地逼真模仿苏格拉底的"骄傲口吻"（μεγαληγορία，按：或译作"大话"，另参施特劳斯《色诺芬的苏格拉底》，高诺英译，华夏出版社，2011年，页117），色诺芬补充说，那就证明，苏格拉底的确曾像那样讲话（ᾧ καὶ δῆλον ὅτι τῷ ὄντι οὕτως ἐρρήθη ὑπὸ Σωκράτους）。然而，色诺芬批评那些人都没有说清楚为什么苏格拉底认为死比活着更好，结果，苏格拉底的辩护方式就被说成"相当愚蠢"（ἀφρονεστέρα）。换言之，色诺芬与尚茨一样，认为柏拉图的《申辩》中的苏格拉底没有做出任何有效的辩护，但他也与尚茨一样不能否认，苏格拉底的辩护"相当愚蠢"是一个声名狼藉的事实。所以，赫耳墨葛涅斯想出了这样一个理论：苏格拉底为了摆脱年老的困窘，比如目盲、耳聋和失忆，故意惹恼人们给他定罪。如果对此还稍稍值得一评的话，很容易指出，就我们对苏格拉底体质（physical constitution）的全部了解，没有任何理由说苏格拉底无望至少再活跃十年，而且从我们对其品格的所有了解来看，他不会觉得可以随随便便放弃［那位］神明派加给他的使命，除非他认为神明亲自解放了自己（《斐多》62c7-8）：*πρὶν ἀνάγκην τινὰ θεὸς ἐπιπέμψη, ὥσπερ καὶ τὴν νῦν ἡμῖν παροῦσαν*［直到神送来某种必然，就像我们眼下面临的这种必然］（刘小枫译文）。可以清楚地看到，色诺芬认为有义务把苏格拉底的 *μεγαληγορία*［骄傲口吻，大话］接受成事实，尽管其理由超出了他的理解范围（按：历史上绝大多数学者都不看好色诺芬的能力）。

伊米什（O. Immisch）审查了色诺芬的《申辩》所使用的语言，完全确立了该书的真实性（Neue Jahrb，1900年，页450以下）。他的结论是，即便该书传到我们手中时并没有署上作者的名字，从语言学的证据来看，除了该书所具有的作者名字之外，我们几乎不能把它归于任何其他作者。用来证明它是伪作的论点主要有二。首先，据说它配不上色诺芬。我们对此的判断取决于我们自己对色诺芬的评价。于我而言，该书淋漓尽致地表现了色诺芬的特征。其次，人们认为，如果色诺芬的《申辩》是真作，就证明柏拉图的《申辩》是虚构。那会是一个严肃的问题，但其论证远不能让人信服。即便赫耳墨葛涅斯和色诺芬真的碰头商议过要给苏格拉底的 *μεγαληγορία*［骄傲口吻，大话］找出貌似合理的解释，那也只能证明这两人没有能力理解苏格拉底，这似乎就已经够了。应该看到，一般在负面意义上使用 *μεγαληγορία*［骄傲口吻，大话］一词，而赫耳墨葛涅斯和色诺芬口中的苏格拉底的确骄傲自大，让人难以忍受。

第一场演说

第一章 绪言

17a1–18a6

章 旨

[B注]李德尔（Riddell）在论述这个 προοίμιον［绪言、序曲］时，有如下看法（p. xxi）：

该绪言可以逐条与演说家的绪言完全对应。驳诉控靠者的谎言、否认控告者强加于自己的"能言善辩"的污名（另参吕西阿斯 xix. 1.2，页 152；伊赛俄斯［Isaeus］x.1，页 79）、请求原谅"我以一种你们不能习惯的方式发言"（按：参考李永斌译文）（正如伊索克拉底 xv. 179 所表达的）、借口说自己不熟悉法庭（伊索克拉底 xv. 38，页 318 的"邦民中没有哪一个人如此远离这些东西"）、恳求公正地听证（Lysias. xix. 2, 3，页 152）、请求免遭 θόρυβος［起哄］（例如另参埃斯基涅斯 ii. 24，页 31）、拒绝一种不适合老人的方式（另参伊索克拉底 xii. 3，页 233），所有这些东西，既是《申辩》"绪言"的全部内容，也常常出现在演说家口中。

这种看法当然有道理，也很重要，但其结论"该辩护的微妙修辞与历史上的苏格拉底不相吻合"，则不在点上。真实的情况毋宁是，该绪言主要是一种滑稽模仿（parody），而且这种声明自己根本不懂法庭措辞的说法（17d3），本身恰恰就是一种滑稽模仿。当然，它也是一种苏格拉底式的 εἰρωνεία［反讽，装样子］，而且就像苏格拉底拒不承认的大多数东西一样，得视为 cum grano salis［有所保留，不可全信］。实际上，不可能怀疑苏格拉底对当时的修辞极为熟悉，也不可能怀疑他很少想到用那种修辞。我们从《王制》可知，他与吕西阿斯一家过从甚密，必定饶有兴趣地目睹过吕西阿斯职业生涯的开端（按：吕西阿斯是演说家）。《斐德若》说苏格拉底滑稽地模仿吕西阿斯，而且就从这篇对话中来看，苏格拉底很熟悉伊索克拉底，还对他寄予厚望。那么，很难相信苏格拉底略过不去省察演说家，就像他省察诗人和其他每个人一样，那么，他对演说家的老生常谈必定熟极而流。此外，《斐德若》还说他试图要指出，演说家怎样才能比过去做得更好。还应加上一句，人们普遍认为苏格拉底一直在忙于修辞。阿里斯托芬的《云》视此为当然，色诺芬（《回忆苏格拉底》1.2.15）说，克里提阿斯（Critias）和阿尔喀比亚德（Alcibiades）与苏格拉底结交，是因为他们认为这能够让他们 ἱκανωτάτω λέγειν τε καὶ πράττειν[精于说话和行动]。色诺芬还提到（1.2.31），克里提阿斯和卡利克勒斯（Chalicles）制定的法令"禁止传授演讲术"（λόγων τέχνην μὴ διδάσκειν），针对的就是苏格拉底。色诺芬还补充道，的确谁也没有听苏格拉底说过要教授这门技艺，这无疑也是事实。但克里提阿斯很了解苏格拉底，绝不可能错误地认为自己的法令会影响一个众所周知丝毫无意于修辞并且对之一窍不通的人。

因此，正如在《斐德若》中，苏格拉底赋予当时的修辞术方面的老生常谈以更深的意义，从而对之有所改良，苏格拉底在《申辩》中干的也是同样的事情。那些话题的确司空见惯，但它们都是为了要引向真正的苏格拉底式悖论，即，好演说家的职责是说真话。那么，即便不能说我们眼前这部著作是一篇"一字不差"（verbatim）的报道，却也没有什么能够阻止我们认为柏拉图表达了以下观点，苏格拉底如果真提出了某种法庭演说，那也只是以法庭演说家的把戏来还治其人之身而已。

依愚见，这种看法与色诺芬既有的可能的说法（《申辩》4）并不矛盾，即"神迹"（divine sign）不让苏格拉底准备辩护词，而且那场辩护事实上也是即席而作。柏拉图在《斐德若》中，赋予苏格拉底一种罕见的即席而作的天赋，尤其是即席戏仿的才能。另参布朗斯的《希腊文学肖像》(Ivo Bruns. *Das literarische Portraet der Greichen*, 页291。我认为该书是德国学界对于我们了解苏格拉底和柏拉图做出的最好的贡献),他在某种特殊的意义上把《斐德若》中的苏格拉底视为历史上的苏格拉底,我认为是正确的。[按]此说甚谬。

[17a]你们究竟,雅典人,受了那些控告我的人怎样的影响,我不知道——反正我本人都被他们糊弄得几乎忘记自己现在的身份了,因为他们刚才说得那样令人信服![Ὅτι μὲν ὑμεῖς, ὦ ἄνδρες Ἀθηναῖοι, πεπόνθατε ὑπὸ τῶν ἐμῶν κατηγόρων, οὐκ οἶδα· ἐγὼ δ' οὖν καὶ αὐτὸς ὑπ' αὐτῶν ὀλίγου ἐμαυτοῦ ἐπελαθόμην, οὕτω πιθανῶς ἔλεγον.]

17a1: ὦ ἄνδρες Ἀθηναῖοι [雅典人],[S甲注]某些抄本省略了 Ἀθηναῖοι [雅典人]。苏格拉底本来也可以说 ὦ ἄνδρες δικασταί [法官们]。但苏格拉底似乎很有理由称那些法官为雅典人。因为雅典人不仅仅表示雅典公民,而且也指那些值得拥有雅典公民权的人。苏格拉底在大约中间的部分(29d7-8)说道:"最优秀的同胞们,你们作为雅典人,也就是在智慧和精神力量方面最伟大也最著名城邦的人。"西塞罗《论义务》1.1把那些生在雅典的人与乡巴佬(rustics)对立起来。这里的整句话可以如是理解:"你们的头脑受那些控告我的人怎样的影响",或"控告我的人的演说如何影响了你们的头脑"。关于介词带一个中性分词,参马蒂埃[①],496.3。

[S乙注]苏格拉底如此称呼那些法官,是给予他们特别的恭维,因为 Ἀθηναῖος [雅典人]不仅仅指雅典的公民,而且更为强调地指那些配得上这样一种特权的人,也就是以每一种道德品质和社会品质而著称。

[B注]这绝非一种在法庭上异常的称呼方式,但我们从下文

---

① 马蒂埃(August Heinrich Matthiae, 1769—1835),德国古典学家,著有《希腊罗马文学史手册》(*Grundriss der Geschichte der griechischen und römischen Litteratur*, 1834, 牛津版英译本, 1841),《希腊语法》等,注释中的缩写指后面这本书。

（40a2）可知，刻意避免使用更为常见的 ὦ ἄνδρες δικασταί［法官们］，乃是故意为之。苏格拉底在裁决之前，还不能断定他们配称为法官。

［SS注］另参多兹（Dodds）对《高尔吉亚》522c1-2 的重要注疏："苏格拉底不承认陪审团有权被称为 δικασταί［法官们］。"在《申辩》40a2 处，苏格拉底称呼那些投票赞成无罪释放的陪审员为法官：ὑμᾶς γὰρ δικαστὰς καλῶν ὀρθῶς ἂν καλοίην［我称你们为法官，因为这才是正确的叫法］。这个称呼只限于这些人。在 41a1 处，他提到 τουτωνὶ τῶν φασκόντων δικαστῶν εἶναι［这样一群所谓的法官］。

［D注］不要理解为 ὑμεῖς μέν, ἐγὼ δ'［你们虽……而我……］，因为整个从句不是 ὑμεῖς［你们］与 ἐγώ［我］相对。［按］尽管在语法上这两者并不相对，但在意思上却无疑存在着一种对照，《申辩》本身就是"我"和"你们"之间的对话。

［T注］"你们受到控告者的慷慨陈词怎样的影响"，他们的滔滔演讲在苏格拉底辩护之前刚刚结束。苏格拉底的审判是在"大陪审团"（Heliaea，或作"陪审法庭"）面前举行的，这是当时雅典人数最多、最为常见因而也最重要的法庭，总共由六千名雅典公民组成（尽管每个案件常常由五百人来执行审判），老百姓中还有很多看热闹的人蜂拥而至。所以可用称呼公民大会（popular assembly）成员的光荣头衔 ὦ ἄνδρες Ἀθηναῖοι［雅典人］来称呼大陪审团的成员，而不是用更为特定的称呼 ὦ ἄνδρες δικασταί［法官们］。这六千名陪审员（Heliast）已是雅典成年公民的大多数了。

［G注］苏格拉底以这种方式称呼法官们，而不是用更常见的"法官大人"（gentlemen of the jury），部分原因在于他后来会彻底拒绝承认那些投他反对票的人为"法官"。这种称呼模式，正如苏格拉底发言的其他地方，也是诉诸陪审员身为雅典公民的自豪感。［按］，此说似不到位。施莱尔马赫译作 ihr Athener［你们这些雅典人呐］，阿佩尔特（Apelt）译作：meine athenischen Mitbürger［我的雅典同胞们］。

17a1：πεπόνθατε［受影响］：［SS注］该词似乎是要暗示 πάθος 的含义，

即一种占据着头脑且打破了常规平衡的"情绪"(mood)，另参《斐德若》251a1-252c2（由 ἔρως[情欲]激起的情绪），《会饮》198c2（由 φόβος[恐惧]激起的情绪），215d6-216b3（苏格拉底的谈话给阿尔喀比亚德引起的不安）。[S丙注]"受影响"。πάσχειν 实际上具有被动意味，另参33d、42a。ὀφλισκάνω（参39b）和 φεύγω（参35d）也是同样的用法。

[B注]这句话可译为"对你们产生了什么样的影响（印象）"。这里如同其他地方一样，πάσχειν 是 ποιεῖν[做]的被动态，我们也可以说 ὅτι ὑμᾶς πεποιήκασιν...。[D注]该词形式上是中动态，实际上却是被动含义，故而后接 ὑπό[被]与属格宾语。

17a2：οὐκ οἶδα[我不知道]：[G注]引人注目的是，《申辩》以对知识的否认开始，正如它以之结束（按：42a4 的"不知道""不清楚"）。

17a2-3：ἐγὼ δ᾽ οὖν καὶ αὐτὸς ... ἐπελαθόμην[反正我本人都……忘记自己现在的身份了]，[S甲注]"我几乎都忘记自己了"，也就是说，我都开始认为自己不是自己真正所是的那个人了，说得很反讽。《斐德若》228a 和《默涅克塞诺斯》235c 也用了相同的说法。ὑπ᾽ αὐτῶν 的意思是"由于他们的演说的缘故"，正如希腊人说 ὑπὸ φόβον[由于恐惧]，ὑπὸ φιλίας[出于友爱]，ὑπὸ μίσους[因为怨恨]，ὑπὸ ἔχθρας[因敌意之故]等等。

17a2：ἐγὼ ... καὶ αὐτὸς[我本人]，[SS注]这是一个词组，中间常常由小品词或几个单词隔开，例如主格的情况参《申辩》20c1-2；《高尔吉亚》458b4、489d1、506b2；《美诺》71b1；《王制》344d5；《斐多》85b4；另外的情况参《申辩》41b1；《高尔吉亚》458c5。[D注]καὶ αὐτὸς 意为"即便我自己"，言下之意是"你们怎么可能不被影响"！

17a2：δ᾽ οὖν[反正]，[SS注]这是在重要的与不重要的以及（常常针对同一件事情）确定的与不确定的之间进行比较。丹尼斯顿在《希腊语小品词》(J. D. Denniston, *The Greek Particles*. Oxford, 1954) 页461中指出：δ᾽ οὖν 在很多情况下都接"一个由 εἰ μέν 或 ὅτι μέν 引导的间接问句，说话人不能或不必费神去回答"。

［B注］意为"无论那会怎样""无论如何"，表示事实性的说法，与某种不确定的说法相对照，另参34e2。［D注］引导一个断然的事实，与前面不确定的说法相对，意为"但无论如何"，相当于拉丁语的certe［当然，无论如何］。另参色诺芬《上行记》（旧译"长征记"）1.3.5：*εἰ μὲν δίκαια ποιήσω οὐκ οἶδα, αἱρήσομαι δ' οὖν ὑμᾶς...*［我要做的究竟对不对，我不知道，但无论如何我都会选择你们］。

17a3：*ὀλίγου*［几乎］，［S乙注］常常与*δεῖ*［必定］和*δεῖν*［应该］一起出现，也常常省略后者。

17a3：*ἐμαυτοῦ ἐπελαθόμην*［糊弄得忘记自己现在的身份］，［B注］"我完全忘记自己是谁"，这种说话方式，另参《斐德若》228a5。加上*ὑπ' αὐτῶν*，就好像*ἐπελαθόμην*［忘记］是被动态。译文："他们彻底搞得我忘记自己是谁了"。［D注］忘记我是谁，即，我自己的本质。

［SS注］不是伯内特所理解"我完全忘记自己是谁"，因为那就意味着苏格拉底几乎被劝服承认自己又作。实际上，*ἐμαυτοῦ ἐπελαθόμην*毋宁是*ἐξίσταμαι*［丧失理智、变糊涂］的同义词（《默涅克塞诺斯》235a7），相当于"控制不住自己"（get beside oneself）甚或"变得神志恍惚"，其相对的情形是*ἀναμιμνῄσκομαι ἐμαυτοῦ*（《默涅克塞诺斯》235c3），意为"恢复过来"，梅耶尔（按：非《古代史》的作者）的《柏拉图的"申辩"》（*Platons Apologie*. W. Kohlhammer Verlag，1962）页115已经指明这一点。

［按］柏拉图是公认的文学大师，他"除了非凡的智慧外，还拥有艺术家的想象、敏锐和精湛的技巧，这些都使他很难写下一个乏味而拙劣的句子，与纯理论的一般哲人形成对照"（按：参多佛，《古希腊文学常谈》，陈志强译，华夏出版社，2012，页134）。而他的高超笔法还体现在他对自己每篇对话开篇的精雕细琢之中，据说柏拉图在写《王制》开篇几个词时就煞费苦心，数易其稿（按：参见拉尔修，《名哲言行录》，III.37），"有人曾说柏拉图勤于炼句，他对自己的对话总是'精心编织'，尤其要反复修改开篇。从柏拉图好些耐人寻味的开篇来看，此

言不虚"(《〈蒂迈欧〉和〈克里提阿斯〉人物身份考》,黄薇薇译,见徐戩编,《鸿蒙中的歌声:柏拉图〈蒂迈欧〉疏证》,华东师范大学出版社,2008,页84。另参余纪元,《〈理想国〉讲演录》,中国人民大学出版社,2009年,页31)。

可惜,笔者所见的这些材料中都没有注意到《申辩》开篇的这两个词。柏拉图的《申辩》第一个实词是"你们",似可表明"苏格拉底"的申辩不是为自己而作,而是为"你们"(以及"我们")的灵魂而宣讲的一篇劝勉文字。这与后来也就是《申辩》最中心的地方明确说出的"我不是为自己申辩,而是为你们申辩"(30d6-7)遥相呼应,或者说《申辩》的开头就已经预设了最中心的"文眼"。

因此,这篇著作"名不副实",它不是"苏格拉底的申辩",而是"苏格拉底的宣谕"(如果非要说"申辩",那就是在为一种新的伦理、政治、哲学和宗教观念辩护,一言之,为政治哲学辩护)。苏格拉底不是为了救自己的命,而是为了拯救气息奄奄的高贵精神。明白这一点,整部著作后来种种非常可怪之处,也就不难理解了。斐奇诺的拉丁译文作:Qua vos ratione, o viri Athenienses, affecerint accusatores mei, nescio equidem,在结构和含义上都贴近希腊语原文。

此外,开篇第一个词 Ὅτι,类似于英语的关系词 that(或 how),在这里引导一个宾语从句,作为第一句话的谓语 οἶδα [知道] 的宾语,但在形式上这个词却把整部《申辩》当成了一个巨大无比的"宾语从句",其主谓语无疑是"苏格拉底说",这样就给读者加深了如下的印象:本文是苏格拉底自己的辩护,也间接地说明了在柏拉图作品的名称中,为什么仅有这篇著作中有"苏格拉底"字样,尽管他的所有对话都是苏格拉底的"申辩"或为苏格拉底所作的"申辩"(参施特劳斯,《柏拉图式政治哲学研究》,前揭,页54)。柏拉图仿佛仅仅在记录一篇实有其事的历史文献,最多只是在撰写一部几乎真实的"报告文学"。但这恰恰是柏拉图故意为之的一种策略,以至于19世纪以来很多学者都掉进了"历史性"和"真实性"的陷阱。

柏拉图大部分著作皆以人名作书名，但这些用作书名的人，如斐多、克里同、伊翁和斐德若等，大多数都只是书中的配角，尤其重要的是，他们大多不重要，都远远比不上苏格拉底（在形而上学家们看来，其中的帕默尼德也许是个例外）。因此，"苏格拉底的申辩"这个书名就让人觉得突兀和费解了，毕竟高明的柏拉图完全可以像对待《王制》《斐多》甚至《法义》这样的著作一样，直接或间接地让苏格拉底成为主角，而根本不必在书名中出现苏格拉底的名字。施特劳斯一句囫囵的话，"《苏格拉底的申辩》是柏拉图唯一一部苏格拉底出现在题目中的作品"（同上），让人想破脑袋。

苏格拉底称呼那些法官为"雅典人"也大有深意，既非S甲本和S乙本所认为的是一种恭维，亦非伯内特轻描淡写所解释的，这是对全体雅典人的演讲。"糊弄得忘记自己现在的身份"为意译，直译为"忘记自己"（SS注稍过头）。盖洛普译作transported；格鲁伯译作carried away in spite of myself，较为接近（特里德尼克译本亦近）。王太庆译作"认不得我自己"，似不通。笔者绞尽脑汁翻译成现在的样子后，发现福勒的洛布（Loeb）本译作forgot my own identity，可谓吾道不孤。

然而，可以说，他们根本就没有讲真话。在[a5]他们所说的众多谎言中，有一条尤其让我惊诧，他们说到这样一点：你们本来应该当心，千万不要被我骗，[17b]因为我能言善辩！［καίτοι ἀληθές γε ὡς ἔπος εἰπεῖν οὐδὲν εἰρήκασιν. μάλιστα δὲ αὐτῶν ἐν ἐθαύμασα τῶν πολλῶν ὧν ἐψεύσαντο, τοῦτο ἐν ᾧ ἔλεγον ὡς χρῆν ὑμᾶς εὐλαβεῖσθαι μὴ ὑπ' ἐμοῦ ἐξαπατηθῆτε ὡς δεινοῦ ὄντος λέγειν.］

17a3：καίτοι［然而］，[SS注]"引导说话人自己的反对意见，意在宣布或怀疑刚才所说的东西无效，或使之看上去让人吃惊"（丹尼斯顿《希腊语小品词》，前揭，页556），这里可能是第三种义项。"καίτοι后接的一个强调性词汇常常缀以γε，表示强调。"（同上，页564）

17a4：ὡς ἔπος εἰπεῖν［可以说］，[S甲注]意思是"我几乎要说"，指

后面的 οὐδὲν εἰρήκασιν［没有说］。［S乙注］类似于 ὡς ἐν (ἑνὶ) λόγῳ εἰπεῖν，意为"一言之"。对于这个短语的确切含义，存在多种不同的看法。克莱尔（Le Clere）认为该词组意在软化或限定一个看起来太唐突的表达，并把它比作法语的 pour dire le mot。魏斯克（Weiske）赞同这种看法，并提到了这个短语出现的几处地方。斯特方（Henry Stepnens）和库桑（V. Cousin）持相似的看法，将这个词组理解为 ut ita dicam，prope dixerim，a parler franchement。①

［B注］与 οὐδέν 近。该短语的常见用法是修饰过分宽泛的"全部"或"毫不"（比较拉丁语 paene dixerim［我几乎说］），近似于下文（b7）的 ἤ τι ἤ οὐδέν［几乎没有或根本没有］，亦见于22b6和d1。［S丙注］"大概说来"之意，是阿提卡方言中一种礼貌的说法，用来为一个强烈的说法致歉。

［T注］限制后面所说的，旨在为绝对否定其控告者所有说法的真实性而做出限定或致歉：可以说，他们所说的根本就没有一丝一毫是真话。另参S甲注，以及《高尔吉亚》450b。［D注］限制一个似乎太过强烈的说法。

17a4–5：μάλιστα δὲ αὐτῶν ἐν ἐθαύμασα···［在他们……有一条尤其让我惊诧］，［S甲注］αὐτῶν ἐν 意思是"那些人的一件事情"，这里的 αὐτῶν［他们］是阳性，后面的 τῶν πολλῶν［众多］也修饰 ἐν［一］。［S乙注］"但他们所提出的许多假话中，尤其有一件让我倍感惊讶"，这里的 αὐτῶν［他们］指那些控告者。

［B注］这种表达（指17a4–5）也是常见的形式。另参德莫斯忒涅斯20.143。θαυμάζω［惊讶］支配属格的 αὐτῶν（"在他们中"），这种用

---

① 斯特方（1528—1598），法文名为 Henri Estienne，拉丁名为 Henricus Stephanus，法国出版家和古典学家，用现代印刷术出版了第一个《柏拉图全集》的标准本，这个全集的页码也成为标准，以他的名字命名，即"斯特方页码"。库桑（1792—1867），法国哲学家、教育家和历史学家。

法亦见于《泰阿泰德》161b8。[T注] αὐτῶν 是所有性的属格,而 τῶν πολλῶν 是部分属格。

17a5：τοῦτο ἐν ᾧ [这样一点],[SS注] 这种不常见的组合(另参《王制》455b5)似乎用来避免两个相互依赖的以 ὡς (ὅτι) 引导的宾语从句。与此相似,在德莫斯忒涅斯18.291中,ϑαυμάζω [惊讶] 后的第一个 ὡς 由 ὅτε 所代替。[S乙注] "由之或其中",ἐν 的通常用法,尤见于品达(Pindar),用来指某物所依赖的某种方式或原因。[D注] 指提出这种说法的那一段话。[S丙注] "在他们所说的那番话中"。

17a6：ὡς χρῆν ὑμᾶς ... μὴ ... ἐξαπατηϑῆτε... [你们本来应该……不要……被骗],[S甲注] 苏格拉底指出,他的控告者的职责毫无根据,因此,他用了过去时(imperfect)的直陈式。[T注] 过去时(past tense)直陈式后面接虚拟式,意指被欺骗的危险仍然还在:"你们本来应该注意",现在也仍然应该注意,"以免你们被骗"。

[S乙注] χρῆν, ἔδει, προσῆκεν 的过去时常见的用法不是表示过去的事,而是像拉丁语 oportebat [应该] 和 debebam [必须] 一样,指某件事应该是或本来应该是,虽然实际上不是。另参西塞罗《反腓力辞》1.27：Irasci quidem vos mihi – non oportebat [你们不要生我的气,——因为这并不恰当]。因此,应该理解为:控告者在指责雅典人,说他们忽视了要防范来自苏格拉底的欺骗,因为在这场审判中,苏格拉底的品性已经是不可或缺的因素。

[B注] "你们本来应该好好防范",表明有理由把这场控告理解为没有道理。如果苏格拉底是在引用对方的原话而使用了过去时 χρῆν,那就用得很有道理,而实情很可能就是如此。[按] SS本批评了伯内特这种看法,认为应该把 χρῆν 改为 χρή。[S丙注] 在 ὅτι 和 ὡς 引导的间接引语中,直接引用的话常常保持在间接引语里。其语态也常常保持原来的语态,可以用历史时态,否则就要变为祈愿式。[按] 斯多克(Stock)认为应该用 χρή,而不是这里的 χρῆν。

17b1：δεινοῦ λέγειν [能言善辩],[S乙注] "机灵""尖锐""巧妙"

或"雄辩",与 ἰδιώτης [外行,生手] 相对。有时带一个介词。

[S丙注] 另参色诺芬《回忆苏格拉底》1.2.14中的说法：苏格拉底在讨论中玩任何人于股掌之上（按：吴永泉译为"他能随心所欲地用他的论证对待一切和他交谈的人"）。苏格拉底与柏克莱（Berkeley）一样,也有在论辩中所向披靡之名声。

[MP注] 控方显然事先已警告过陪审员们,说苏格拉底会谎话连篇。这是修辞术的职业教师及其门徒常常发起的诉讼。雅典人的演说中充斥着这种旨在反对这类攻击的免责声明。当事人常常装出一副说真话的老实人的样子（参吕西阿斯19.1.2和伊赛俄斯10.1）。苏格拉底跟那些当事人一样,也否认自己有特定的雄辩能力。然而,苏格拉底在17b4暂时停下来装模作样地思考,以为自己很可能误会了控告者所谓 δεινὸς λέγειν [能言善辩] 的意思,这就再清楚不过地展现了他的"说话技巧"。

[按] 该词表示"厉害""可怕""巧妙"和"高明"。

可真无耻,居然不怕我马上用事实驳倒他们,一旦我证明自己绝非能言善辩,我觉得,他们在这一点上就算得上无耻之极,除非他们那帮人把 [b5] 说真话叫做能言善辩——如果他们真这么认为,我倒可以承认自己是一个不与他们同流的演说家。[τὸ γὰρ μὴ αἰσχυνθῆναι ὅτι αὐτίκα ὑπ' ἐμοῦ ἐξελεγχθήσονται ἔργῳ, ἐπειδὰν μηδ' ὁπωστιοῦν φαίνωμαι δεινὸς λέγειν, τοῦτό μοι ἔδοξεν αὐτῶν ἀναισχυντότατον εἶναι, εἰ μὴ ἄρα δεινὸν καλοῦσιν οὗτοι λέγειν τὸν τἀληθῆ λέγοντα· εἰ μὲν γὰρ τοῦτο λέγουσιν, ὁμολογοίην ἂν ἔγωγε οὐ κατὰ τούτους εἶναι ῥήτωρ.]

17b1: μὴ αἰσχυνθῆναι [无耻],[T注] μή 而非 οὐ,通常带一个不定式,因为这个不定式究其本质来说,通常仅仅指一种观念："他们不应该羞耻。"

17b2: ἔργῳ [用事实],[T注] "用事实",即实际的审判。[S丙注] "用最实际的方式",与 λόγῳ [用言辞] 相对。[按] 这句话中的"驳倒"，另外还有"证明有罪"和"定罪"的意思：苏格拉底不认为自己有罪，而认为那些控告者有罪。

17b2：*ἐπειδὰν μηδ᾽ ὁπωστιοῦν*［一旦绝非］，［S甲注］加这三个词，是为了阐释刚才的 *ἔργῳ*［用事实］。法沃里努斯（Phavorinus）说阿提卡人用 *ὁπωστιοῦν* 来指 *ὁπωσοῦν*。*μηδ᾽ ὁπωστιοῦν* 的意思是"甚至一丁点都没有""绝非""绝不"。紧接的下文，我们会看到 *εἰ μὴ ἄρα* 这样的说法，意思是"也许除非"。［S乙注］另参色诺芬《居鲁士的教育》1.4.15。关于苏格拉底对自己的能力的看法，比较西塞罗《论演说家》3.16。［T注］注意这里的强调："甚至在任何意义上都没有。"

17b4：*εἰ μὴ ἄρα*［除非］，［S乙注］"除非可能"。*ἄρα* 常常加在另一个词后面，差不多起到 *που*［也许］或 *ἴσως*［或许］的作用。［B注］我们在这里第一次碰到了苏格拉底所提出的悖论，而所有这些法庭上的老生常谈都引向该悖论（另参18a5）。［SS注］反讽性的用法。

17b4：*δεινὸν καλοῦσιν οὗτοι λέγειν*［他们那帮人……叫做能言善辩］，［SS注］苏格拉底用一种倒装法，分开了固定的说法 *δεινὸς λέγειν*［能言善辩］，是在强调自己悖论性的观点，即他的对手是按自己的理解而不是根据通常的用法来表达 *δεινὸς λέγειν*［能言善辩］这个说法。［S乙注］这里应该是 *οὗτοι*［他们那帮人］，而不是某些抄本中的 *αὐτοι*［他们］，因为前者暗含轻蔑。

17b5：*εἰ μὲν γὰρ τοῦτο λέγουσιν*［如果他们真这么认为］，［T注］可以译作"如果他们是这个意思"。［S丙注］我们在这里碰到了后面不带比较性从句的 *μὲν* 的用法。另参26e；《美诺》82b，89c。我们也在经常重复出现的短语 *πάνυ μὲν οὖν* 中看到这种用法。

17b6：*ἔγωγε*［我］，［S乙注］"我的确""至少我"或"我本人"（I, for me）。尽管 *γὲ* 和 *μὲν* 一般都可译作拉丁文的 quedem，表示"的确"，且这两个小品词都具有限制性的作用，但它们也有如下区别：*μὲν* 表示整体，而 *γὲ* 表示部分主张；*μὲν* 排除其他事物，而 *γὲ* 与其他东西相区别，表示最突出的东西；因此，*μὲν* 与 *γὲ* 相对，但 *γὲ* 却没有与之相对的小品词。结果，γέ所表达的区别就可以是双重的，可以表示最小的或最大的东西。在前一种情况下，γέ更可以翻译成上述的拉丁文。

17b6：οὐ κατὰ τούτους εἶναι ῥήτωρ [是一个不与他们同流的演说家]，[S甲注] 苏格拉底用这些话来宣布，他与控告者在演说家的责任问题上持相同的看法，即应该说真话；但苏格拉底不像他们一样要说假话，因此，其含义就是"我是一个与他们不一样的演说家，因为我说真话，而不是假话"。

[S乙注] 正如费舍（Fischer）正确指出的，苏格拉底显然意在表达自己的赞同，如果这也是控告者们的看法的话，就正道来说，并且也为了证明这一点，苏格拉底不会像他们那样干，不会说假话。照控告者们的原则，苏格拉底也是演说家，因为他说真话，但却不是根据他们的做派而言，因为他们说假话。库桑将这句译为 non pas a leur maniere。κατὰ 常常用来表达比拟。

[B注]"一种远比他们更高的演说家"。短语 οὐ κατὰ 表示"不是同一个级别""不能相比较"。另参希罗多德《原史》1.121，相似的地方还有《高尔吉亚》512b7：μή σοι δοκεῖ κατὰ τὸν δικανικὸν εἶναι；[他不是处于庭辩家的层次吗？]（李致远译文）；《会饮》211d3-5：ὃ ἐάν ποτε ἴδης, οὐ κατὰ χρυσίον τε καὶ ἐσθῆτα ... δόξει σοι εἶναι [你一旦看见这美本身，就会觉得那些个金器和丽裳……都比不上啊]（刘小枫译文）；《斐德若》279a3-4：Δοκεῖ μοι ἀμείνων ἢ κατὰ τοὺς περὶ Λυσίαν εἶναι λόγους τὰ τῆς φύσεως [我觉得，就天赋方面而言，他的言辞水平比吕西阿斯更高，而且秉有更为高贵的品格]（刘小枫译文）；《王制》466b1：μή πη κατὰ τὸν τῶν σκυτοτόμων φαίνεται βίον [我们何必还要根据那些鞋匠的生活标准去看它]（王扬译文）；另参德莫斯忒涅斯21.169。因此，οὐ κατὰ τούτους εἶναι ῥήτωρ就等于 ἢ κατὰ τούτους ῥήτωρ，意思是"是他们不可比的太好的演说家"。

[D注]"不是他们那种类型"。下文有解释。[T注]"不以他们为榜样"。苏格拉底会承认，根据那种定义，他自己也是一个演说家，却不

是他们所代表的那一类演说家，因为正如苏格拉底接下来要说的，他们所说的话几乎没有或根本没有真话。[S丙注]"我是一个比他们好得多的演说家"，这也是一种 meiosis［缩减法］或 litotes［间接肯定］的用法，意在说"至少"。这种用法在柏拉图笔下随处可见，是典型的苏格拉底的 εἰρωνεία［反讽，装样子］。κατά 的特殊用法，用于表示"与……同样水平"。[按]"同流"，既指"相同水平"，更暗含"同流合污"之意，讽刺那帮不说真话的演说家。

[J注]苏格拉底这样说是打算让听众感到惊诧？他们在听到 ὁμολογοίην ἄν［我倒可以承认］时，会期待这样的下文："按他们的定义，我是一个能干的演说家。"但与此相反，苏格拉底接着说的是"我的演说风格与那帮人不同"。[按]不管苏格拉底那种风格多能干，也不是他们那种能干范儿。

他们那些人，正如我说过的，几乎没说什么真话，但你们在我这里听到的将全都是真话，宙斯在上，雅典人，而绝不像他们那种华美优雅的句子，[17c]也绝非用成语和妙字刻意修饰过的话；相反，你们将听到的是用随意想到的字词所做的即兴谈话［οὗτοι μὲν οὖν, ὥσπερ ἐγὼ λέγω, ἤ τι ἤ οὐδὲν ἀληθὲς εἰρήκασιν, ὑμεῖς δέ μου ἀκούσεσθε πᾶσαν τὴν ἀλήθειαν—οὐ μέντοι μὰ Δία, ὦ ἄνδρες Ἀθηναῖοι, κεκαλλιεπημένους γε λόγους, ὥσπερ οἱ τούτων, ῥήμασί τε καὶ ὀνόμασιν οὐδὲ κεκοσμημένους, ἀλλ' ἀκούσεσθε εἰκῇ λεγόμενα τοῖς ἐπιτυχοῦσιν ὀνόμασιν］。

17b6：οὗτοι μὲν οὖν［他们那些人］，[SS注]"回顾性和过渡性的 οὖν 与前瞻性的 μὲν 连用"（丹尼斯顿，《希腊语小品词》，前揭，页470），在离题话（这里的a4-6）中极为常见，一般还要重复离题话最后几个词作为补充。

17b7：ἤ τι ἤ οὐδὲν ἀληθὲς εἰρήκασιν［几乎没说什么真话］，[S甲注]即几乎没有说任何真话，或没有说真话。另参法尔克纳（Valckenaer）对希罗多德《原史》3.149的阐释，作者在那里比较了色诺芬的《居鲁士的教育》7.5.45。

[S乙注] 有几个抄本作此读，亦为施塔尔鲍姆（Stallbaum）所认可。ἤ τις ἤ οὐδείς 是否定性的，却只是表示怀疑：几近于无（next to none），另参希罗多德《原史》3.140。因此，按照这种读法，就应该翻译作"他们几乎没有说真话"（按：斯坦福删去了 ἤ τι ἤ，只留下了 οὐδὲν ἀληθές，认为应该理解为"根本没有真话"）。

[B注] 等同于a4的 ὡς ἔπος εἰπεῖν οὐδὲν [可以说没有]，即"几乎没有或根本没有"（little or nothing）。另参希罗多德《原史》3.140，色诺芬《居鲁士的教育》7.5.45：τούτων δὲ...ἤ τινα ἤ οὐδένα οἶδα [对此我几乎一无所知]（沈默译文），柏拉图《王制》496c4-5："那是神灵的启示，其实，这事或许另外一个人也碰到过，或许从来没人碰到过。"（王扬译文）

17b8：πᾶσαν τὴν ἀλήθειαν [全部真话]，[S甲注] 费舍将这个短语译成拉丁文的 omnem rem [全部事物，所有东西]，译得正确。[S乙注]"整个真相"与 κεκαλλιεπημένους λόγους [华美优雅的句子] 相对，正如εἰκῆ λεγόμενα [即兴谈话] 低于 κεκοσμημένους [刻意修饰]。[T注] 另参《回忆苏格拉底》4.8.9。

17b8：οὐ μέντοι μὰ Δία [宙斯在上，绝不]，[SS注]（按：SS本认为伯内特在这里加的破折号，把这句话视作插入语，这是不正确的）可以肯定地说，这里有一种视觉的转换。苏格拉底前一句说："他们，就此而言（μέν），除了谎话什么也没有讲；然而（δέ），真相，整个真相，你们都将从我这里听到。"整个思路是完整的。所以，苏格拉底不仅是在思考控告者的话语和他的话语在"内容"上的区别，而且也在考虑其"形式"上的差异。那么，就形式而言，控告者的演讲似乎精彩绝伦，苏格拉底无意在风格上与之一较高下。因此，苏格拉底接下来的话就显得稍微有些突然："你们会在我这里听到整个真相；却不是风格上的讲究，的确不是。"一般说来，μέντοι 接誓言套话，就表示强调，正如丹尼斯顿《希腊语小品词》页399-402的例子所示。但这里是在表示一种相当突然的连词省略。因此，似乎最好把 μέντοι 视为转折词。如果按其本义理解，该句子的这部分应该接在第一部分之后，这个部分就大约应该如下：λόγουσ ἀκούσεσθέ μου ἀληθεῖς μὲν παντελῶς, οὐ μέντοι κεκαλλιεπημένους γε…。

[T注]"然而，无论如何，雅典人呐，不是像他们那样用精挑细选的词汇和短语来修饰过的话语，也不是在过分仔细地做结构上的安排，但你们会听到的事实，未曾用事先想好的词语，而是用我碰巧想到的词汇来说。"[S丙注]用于发誓的副词后面跟的宾格，这种用法不容易归类。注意，νή 表示肯定性的誓言，而 μά 表示否定性的誓言，除非前面有 ναί。

17b9：κεκαλλιεπημένους γε λόγους [华美优雅的句子]，[S甲注] καλλιεπεῖν 指说得文雅而优美，因此，紧接着的 λόγοι κεκαλλιεπημένοι ῥήμασί τε καὶ ὀνόμασι（17c1）就是指用文雅的句子和优美的词藻写就的讲辞。ῥήματα 和 ὀνόματα 在言辞中有区别，后者指"词藻"，而前者指"词藻所表达的情感"。参《泰阿泰德》190e。此外，苏格拉底还提到了 λόγους κεκοσμημένους [刻意修饰过的话]，也就是用比喻和形象等修饰过的言辞。εἰκῇ，"即兴的"。τοῖς ἐπιτυχοῦσιν ὀνόμασιν [用随意想到的字词]，也就是说，没有刻意遣词造句。因为，τὰ ἐπιτυχόντα ὀνόμασι 不是像费舍所理解的"常见而平庸的词汇"，而似乎是指按其本来的意思使用那些词汇。

[S乙注]法尔克纳把 καλλιεπεῖν 解释为 uti oratione venusta et elganti [用优美而文雅的说法]，elegante dicere [说得文雅]，因此，把 λόγοι κεκαλλιεπημένοι ῥήμασί τε καὶ ὀνόμασι 解释为 orationes et sententiis venustis et verbis elegantibus composita [以文雅词藻构成的优美说法和句子]。必须注意 ῥήματα 和 ὀνόματα 在这里的区别，前者指说话人的情感，后者指用来表达情感的词汇。

[B注]"用精挑细选的短语和词汇修饰过的华丽语言"。这里不是在语法或逻辑的意义上使用 ὄνομα 和 ῥῆμα（为此可参《克拉提洛斯》

399b1 和《智术师》262a1），而是一种修辞性的用法，李德尔在评注德莫斯忒涅斯和埃斯基涅斯时已很好地阐明，*ῥῆμα* 是完整的说法，*ὄνομα* 是 *ἀπορρῆξαι*［打破，切断，突然发出的声音］。因此，很清楚，*ῥήματα* 是"表达法"或"短语"，而 *ὀνόματα* 则是单个的词汇。希腊语中没有表示"单词"的词汇，*ὄνομα* 一词就得起到这个替代的作用，实际上用作"动词"。另参《会饮》198b4–5：*τοῦ κάλλους τῶν ὀνομάτων καὶ ῥημάτων τίς οὐκ ἂν ἐξεπλάγη ἀκούων;*［辞藻和遣句之美，哪个听者不呆若木鸡？］（刘小枫译文）；199b4：*ὀνομάσει δὲ καὶ θέσει ῥημάτων*［遣词和造句］（刘小枫译文）；221e2–3：*τοιαῦτα καὶ ὀνόματα καὶ ῥήματα ἔξωθεν περιαμπέχονται*［这些辞令和句子把自己从外面包裹起来］。

［MP注］苏格拉底的遣词造句是在戏仿他想象中的那种说话风格。请注意这里词尾是押韵的（homoioteleuton，按：甚至是"同韵"），形象地再现了高尔吉亚的文风，此人是公元前5世纪最有影响力的智术师，他于公元前427年来到雅典，为柏拉图创作这篇对话提供了素材。

17b9：*ὥσπερ οἱ τούτων*［像他们那种］，［T注］省略了 *λόγοι ἦσαν*［他们说的话］。在这种比较从句中，名词可以承前省略，或者也可以用成主格。*λόγους*［句子］是 *ἀκούσεσθε*［将听到］的宾语，该词在后一个从句中而不是第一个从句中出现，就是为了强调性和肯定性地宣布他们"将要"听到的。

17c1：*ῥήμασί τε καὶ ὀνόμασιν οὐδὲ κεκοσμημένους*［也绝非用成语和妙字刻意修饰］，［B注］*κεκοσμημένους*，"有序的""排列成型的"和"有安排的"，而不是"装饰的"，该词两种意思都有，但我们需要 *εἰκῇ λεγόμενα*［即兴谈话］的反义词，正如 *τοῖς ἐπιτυχοῦσιν ὀνόμασιν*［随意想到的字词］与 *κεκαλλιεπημένους γε λόγους*［华美优雅的句子］相对（注意这里的交错安排）。另参欧里庇得斯《美狄亚》行576。

［S丙注］*ῥήμασί...ὀνόμασιν* 意为"短语和词汇"。这两个词的区别有些摇摆不定。在《克拉提洛斯》（399a–b）中，我们得知 *Διὶ φίλος*［宙斯所喜爱的人］是一个 *ῥῆμα*［成语，词组］，但省略了其中一个iota，并

把重音变成抑音，就变成了 $Δίφιλος$ [宙斯喜爱的]。从语法上严格说来，$ὄνομα$ [名词] 和 $ῥῆμα$ [动词] 是一句 $λόγος$ [话] 或命题所包含的两个部分，前者是名词，后者是动词。柏拉图举了 $ὀνόματα$ [名词] 的例子，如 $λέων$ [狮]，$ἔλαφος$ [象]，$ἵππος$ [马]，还举了 $ῥήματα$ [动词] 的例子，$βαδίζει$ [走]，$τρέχει$ [跑]，$καθεύδει$ [睡]。最简单的 $λόγος$ [话] 由一个 $ὄνομα$ [名词] 和一个 $ῥῆμα$ [动词] 组成，如 $ἄνθρωπος$ $μανθάνει$ [人学习]。另参《智术师》262a–c。

[SS注] 我们在这里还不能轻易说就是交错安排，因为这里的 $ὑμεῖς$ 和 $ἐγώ$ 不是对比关系，因为 $ὥσπερ$ $ἐγώ$ $λέγω$ [正如我说过的] 中的 $ἐγώ$ 纯属套话，根本没有任何重要意义（另参《申辩》18d8，《希琵阿斯后篇》368e1，《克里同》46d9，《克拉提洛斯》408d5 等）。像这里一样谈到言辞质量的地方，$κοσμέω$ 指"风格"（$λέξις$），正如伊索克拉底的 5.27；亚里士多德《修辞术》1404b5–8：$τῶν$ $δ'$ $ὀνομάτων$ $καὶ$ $ῥημάτων$（在亚里士多德那里，当 $ὀνόματα$ 与 $ῥήματα$ 并举时，指两种主要的词类，即名词和动词）$σαφῆ$ $μὲν$ $ποιεῖ$ $τὰ$ $κύρια$, $μὴ$ $ταπεινὴν$ $δὲ$ $ἀλλὰ$ $κεκοσμημένην$ $τἆλλα$ $ὀνόματα$（词）$ὅσα$ $εἴρηται$ $ἐν$ $τοῖς$ $περὶ$ $ποιητικῆς$ [在名词和动词中，只有普通字才能使风格显得清晰；《诗学》中提起的其他名词可以使风格富于装饰意味而不流于平凡]（罗念生译文），另参 1457b1–1458a7，1406a7–11 和 b5–18，1410b12–14。再比如 1404a14–16：$καὶ$ $ἐάν$ $τε$ $κοσμεῖν$ $βούλῃ$, $ἀπὸ$ $τῶν$ $βελτίστων$ $τῶν$ $ἐν$ $ταὐτῷ$ $γένει$ $φέρειν$ $τὴν$ $μεταφοράν$, $ἐάν$ $τε$ $ψέγειν$, $ἀπὸ$ $τῶν$ $χειρόνων$ [想恭维人，就从属于同一类而比较美好的事物中取得隐喻字；想挖苦人，就从比较丑陋的事物中取得隐喻字]（罗念生译文）。

我们可以总结说，$κοσμέω$ 的意思是指，要么用措辞、要么用形象、要么兼而用之来"修辞"语词。既然前面已经提到了文雅词汇的用法，这里的 $κοσμέω$ 很可能主要指隐喻和形象的使用。伯内特把这里的 $κεκοσμημένους$ 理解为"有序的""排列成型的"和"有安排的"，换言之，他把 $κοσμέω$ 与 $κόσμος$ [秩序] 相联系，认为它的意思是"秩序"，而不是"修饰"。然而，该词不仅在伊索克拉底和亚里士多德那里，而且在所有希腊修辞文学中，总是指风格上的"修饰"。

另外，就 ῥήμασί τε καὶ ὀνόμασιν [成语和妙字] 而言，正如李德尔和伯内特所指出的，这是修辞学上的术语，与逻辑学（和语法学）的术语不同，ὀνόματα 指一个个的单词，ῥήματα 则指短语或单词的组合。遣词造句是为了"美化自己的言辞"（καλλιεπέομαι），这样的例子有：高尔吉亚用来 Ἄρης [战神阿瑞斯] 指"战争"（DK 本的 82B6, 2.286.11），珀洛斯（Polus）用 αἰών [一生] 来指"生命"（柏拉图《高尔吉亚》448c6），以及亚里士多德《修辞术》1405b34-1406a10 所例举的一串雅号。

[按] ὄνομα 和 ῥῆμα 可指"名词"和"动词"，但这里是修辞学意义上使用的，西语译本一般都作 words and phrases，前者指"字"，后者指"词"，而前面的 logos 则指句子；笔者以为这是一个从句子到词组再到单字的不断细化的过程。苏格拉底在这里讽刺控告者善于辞令，往往用华美的句子、骈四俪六的文采和刻意雕琢的修辞来蛊惑听众。这里把它们译作"成语"和"妙字"，稍有挖苦的意味。吴飞译作"辞令和名目"，颇为准确。王太庆和水建馥译本都没有体现出这种差别和意思来。

17c2: εἰκῇ λεγόμενα [即兴谈话]，[S 乙注] 苏格拉底的守护神（genius）或天使阻止他准备一篇正式的辩护词，正如其密友赫耳墨葛涅斯所说，参色诺芬《苏格拉底的申辩》4.5-6: Ἀλλὰ ναὶ μὰ Δία, φάναι αὐτόν, καὶ δὶς ἤδη ἐπιχειρήσαντός μου σκοπεῖν περὶ τῆς ἀπολογίας ἐναντιοῦταί μοι τὸ δαιμόνιον [的确是这样，我曾有两次想着手考虑关于申辩的事，但我的守护神一直反对我这样做]（吴永泉译文；按："的确是这样"原文字面义为"但宙斯在上"，是在发誓，与柏拉图的《申辩》17b8, 26e5 接近），另参《回忆苏格拉底》4.8.5。τοῖς ἐπιτυχοῦσιν ὀνόμασιν 已由施塔尔鲍姆解释清楚，苏格拉底仅仅在说，他想用最简单和脱口而出（unpremeditated）的语言来表达真理。

[B注] εἰκῇ 相当于拉丁语的 temere，意为"随随便便地"（any how）和"正如它们碰巧而至"，没有试图精雕细琢。

[SS 注]"以一种随遇而安（happy-go-lucky）的口吻所说的东西"。

副词εἰκῇ指说话的即席（extemporaneous）或即兴（improvised）的方式，与一种仔细精心的方式相反，后者主要用在书面写作上。另参伊索克拉底4.12，12.24等等。

[MP注] 不要把苏格拉底这话当真。如前面所见，柏拉图对苏格拉底的话语可谓精雕细琢。请注意，这个句子松散的结构让人产生了即席演说的印象。

——因为我相信自己所说的都堂堂正正——而且你们谁也不要指望我以别的方式来说，因为，诸位，我这把[c5]年纪的人到了你们面前，还像毛头小伙儿一样卖弄词藻，总不太合适吧。[—πιστεύω γὰρ δίκαια εἶναι ἃ λέγω—καὶ μηδεὶς ὑμῶν προσδοκησάτω ἄλλως· οὐδὲ γὰρ ἂν δήπου πρέποι, ὦ ἄνδρες, τῇδε τῇ ἡλικίᾳ ὥσπερ μειρακίῳ πλάττοντι λόγους εἰς ὑμᾶς εἰσιέναι.]

17c2-3：πιστεύω γὰρ δίκαια εἶναι ἃ λέγω [因为我相信自己所说的都堂堂正正]，[S甲注] 也就是说，我可以正确地这样做，即不经修饰或预先想好地说话。[B注] 这些话为他免于精心措辞和矫揉造作地安排给出理由。[T注] 在这个语境中，表示公正的情感不需要修辞来装点。

[按] δίκαια，一般译作justice或just，施莱尔马赫译作gerecht。王太庆译作"正理"，水建馥译作"光明正大"，各自都有道理。原拟译作"实情"，但感觉"实情"虽与上下文相符（这里讲的就是最实在的真话），却不大合逻辑：自己既然说的是实情，就无需说什么相信与否。这个词用于辞令方面时，还有"准确"（exact）和"实在"之意，参希罗多德《原史》7.108，修昔底德《伯罗奔半岛战争志》3.44。

17c3：προσδοκησάτω [指望]，[D注] 不定过去时命令式表示"彻底禁止"。

17c4：ἄλλως [别的方式]，[J注] 如果我们把这个词理解为指εἰκῇ λεγόμενα [即兴谈话] 以外的方式——我认为这就假定了πιστεύω γὰρ δίκαια εἶναι ἃ λέγω [因为我相信自己所说的是正当的] 是插入语，并且意味着"你们千万不要指望在我这里听到精心推敲的措辞，因为鄙人依靠的仅仅是正义和真理"，那么在我看来，（像李德尔和瓦格纳[Wagner]一样）把 πλάττοντι λόγους [卖弄词藻] 理解为"不是指矫揉造作的语言，而是指假话"，很难说是恰当的。我当然认为该词组指的是语言和辞藻等方面的矫揉造作，因为这是一个年轻演说家很可能犯的毛病，而欺骗显然不是年轻人与老狐狸相区别的典型毛病。而且下文也证实了这一点：因为苏格拉底接下来请求大家原谅，假如他们听到他用自己熟悉的方式说话。

[SS注] 该词既不修饰 μηδείς [没有人，谁也不]，也不是修饰 προσδοκησάτω [指望]。事实上，ἄλλως 与 17c2 的 εἰκῇ [即兴] 一样，都修饰 λεγόμενα [谈话]。陪审团不会期望"另一种方式说的"东西，除非是即兴的和随意想到的话。一定要记住，整个句子都在讲风格，而不是讲谈话的内容，这一点相当重要。伯内特由于没有注意到这一点，而对下文的 πλάττοντι λόγους [卖弄词藻] 做出了不正确的阐释。

17c4：οὐδὲ γὰρ ἂν δήπου πρέποι [因为总不太合适吧]，[B注] 这句话与上文的 ἀκούσεσθε πᾶσαν τὴν ἀλήθειαν [将听到全部真话] 直接相连，而不是与中间所隔的插入成分相连。这句话为苏格拉底全部讲真话给出理由，而不是讲他用日常语言的原因。

[T注] 这里的 δήπου [也许，总]，与常见的情况一样，有些戏谑的味道，"愚以为"（methinks），"肯定地说"。[按] 这里的译文"总不太合适吧"，看似否定，实则肯定，现代西方语言似乎无法表达出这种妙味来。

17c5：τῇδε τῇ ἡλικίᾳ [我这把年纪]，[S乙注] 施塔尔鲍姆用拉丁语译作 non decuerit senem, qualis ego sum [像我这样的老人]（按：decuerit 似有误）。ἡλικίᾳ 这个抽象的词在这里表示具体的含义，因此它与 μειρακίῳ [毛头小伙儿] 相对。苏格拉底在公开审判的时候已七十出头。[S丙注] "对一个我这个年纪的人"。这三个指示代词，ὅδε, οὗτος 和 ἐκεῖνος，连同其派生词，大约与三个人称代词 με, σε 和 ἑ 相联系。因此，下文18c5用的是 ταύτῃ τῇ ἡλικίᾳ [那个年龄]，说话的对象就很清楚了。

17c5：μειρακίῳ [毛头小伙儿]，[S乙注] 来自 μειραξ，正如 εἶραξ 来自 εἴρω。μειράκιον 所指的年龄段，一般认为接在 ἡβῶντες [青春，弱冠，成年，十八岁] 之后。[T注] 这里的与格是受后面的分词 πλάττοντι 支配，通常暗示一种或多或少"虚假的"和错误的修饰。

[SS注] 在《默涅克塞诺斯》236c8-9，苏格拉底在开始朗诵他声称从阿斯帕西娅（Aspasia）那里听来的非常矫揉造作的 ἐπιτάφιος [墓前演说] 时，假装扭扭捏捏，因为那种高尔吉亚式的演讲术太过搞笑，似乎不适合老人。伊索克拉底也在年老的时候觉得那样一种雅致的修辞已不再适合他（12.3）。后来的修辞术教师习惯于把这种高尔吉亚式的姿态叫做 μειρακιώδη [装嫩]。进一步参见诺登《古代美文》（E. Norden, *Die antike Kunstprosa vom VI. Jahrhundert v. Chr. Bis in die Zeit der Renaissance*, Leipzig – Berlin 1902），卷一，页69，注释1。正如埃斯基涅斯1.175所说，μειράκιον 可以是年轻学生，或者那种还没有学会控制自己的情绪和表达的年轻人，另参亚里士多德《修辞术》1413a30-b1：εἰσὶ δ' αἱ ὑπερβολαὶ μειρακιώδεις...διὸ πρεσβυτέρῳ λέγειν ἀπρεπές [夸张语适合于年轻人的性格……夸张语却不宜于老年人使用]（罗念生译文）。在这个地方，他是一位年轻的演说家，而不像伯内特所认为的，是"调皮鬼"，因为这里没有任何东西谈到调皮（对此，我们可以想一想波菲利《柏拉图生平》3.5中的 ἀτηρὸν...παιδίον [淘气的小家伙]）。

[按] 艾伦译本加注释说：美勒托斯提出指控时还相当年轻，另参《游叙弗伦》2b。艾伦可能认为这里的"毛头小伙儿"或"愣头青"一词是在影射美勒托斯，但从上下文看，苏格拉底只是谈年纪与风格的匹配关系，丝毫没有涉及对手。正如很多学者已经看到的，苏格拉底在申辩时，没有运用当时最通行的方法，尤其是巴结法官、贬损对手、祈求宽宥（参SS本，页34-36），当然也就不会是在影射美勒托斯这位年轻人。实际上，苏格拉底不仅没有把美勒托斯放在眼中，甚至丝毫没有把自己的生死放在心上，连"桓魋其如予何"（《论语·述而》）和"匡人

其如予何"(《论语·子罕》)这样的想法都不曾有过，只是到了《申辩》最核心处，才轻描淡写地说"没有人能够伤害到我"（30c8，另参38b2，对观41d8），庶几近之。苏格拉底在申辩时宣讲的道理恰恰是：智者无忧、勇者无惧、义者无悔、仁者无己。

17c5：πλάττοντι λόγους [卖弄词藻]，[S甲注]是一种修辞方式，指ornare orationem [打磨语词]。[S乙注]在音乐和朗诵中，指"采用一种做作的风格"，这里就应该如此理解。其派生词πλάσμα，在音乐中指做作的修饰，与简单质朴相对，在朗诵中，则指做作和纤巧，与大胆和男子气的表演相对。

[B注]指"编故事"（telling stories），正如李德尔所指出的："不是指矫揉造作的语言，而是指假话；一个毛头小伙儿为了掩盖错误会说假话，而不是使用修辞。"毛头小伙儿不是年轻的演说家，而是调皮鬼。这是πλάττοντι λόγους的常见用法，如德莫斯忒涅斯18.121，另参《希英大词典》相关条目。正如τῇδε τῇ ἡλικίᾳ的意思是ἐμοὶ τηλικῷδε οντι [到了我这把年纪]，所以，这里的分词πλάττοντι是阳性。

[SS注]伯内特和李德尔的说法当然不符合这里的语境。毛头小伙儿与七十岁的苏格拉底相对，但问题是，什么样的说话方式才"适合"（πρέπον，becoming）老年人？这里根本就没有暗示什么"掩盖错误"。当然，πλάττω [铸造，杜撰] 总是指矫揉造作，但它究竟指形式还是指内容，取决于语境。当它指内容时，意思是"制造"或"锻造"。伯内特认为应该像αἰτίας, προφάσεις πλάττειν [找原因，提出遁词] 一样来理解。这显然有问题。我们可以"提出错误的指控"（ψευδεῖς πλάττειν αἰτίας，伊索克拉底12.25），也可以"想象出借口或托词"（προφάσεις πλάττειν，德莫斯忒涅斯25.28），但一般说来，"制作讲辞"就是"伪造（可疑的）话语"，正如Polybius（5.42.7）的ἐπιστολὴν πλάσας ὡς παρ' Ἀχαιοῦ διαπεσταλμένην，意思是"伪造一封信，就好像是阿开奥斯人送来的"。这句话不能翻译成"编故事"，因为那应该是πλάττειν μύθους，正如在柏拉图《蒂迈欧》(26e4–5)中的μὴ πλασθέντα μῦθον ἀλλ' ἀληθινὸν λόγον

[不要编故事，而要讲真话]（另参《高尔吉亚》523a1-3）。在《申辩》之外，πλάττειν λόγους似乎只出现过两次。索福克勒斯《埃阿斯》148-149：Τοιούσδε λόγους ψιθύρους πλάσσων εἰς ὦτα φέρει πᾶσιν Ὀδυσσεύς，只有Τοιούσδε才可能有"捏造"的含义："这就是奥德修斯杜撰的谣言，灌进了每个人的耳朵里。"德莫斯忒涅斯反对埃斯基涅斯的著名长篇攻击性言说中有言（18.121），τί οὖν, ὦ τλαίπωρε, συκοφαντεῖς; τί λόγους πλάττεις; τί σαυτὸν οὐκ ἐλλεβορίζεις ἐπὶ τούτοις，其含义似乎是："你为何要用言辞来瞎搞，而不是认真研究法律条文？"所以，当λόγους作宾语时，πλάττειν就必定是καλλιεπέομαι和κοσμέω的同义词（按：参《申辩》17b9和c1及注）。πλάττειν是一个修辞学术语，亦多见于4世纪的文献中，如Alcidamas的《驳智术师》12，亚里士多德《修辞术》140418-19：διὸ δεῖ λανθάνειν ποιοῦντας, καὶ μὴ δοκεῖν λέγειν πεπλασμένως ἀλλὰ πεφυκότως [说话要避免矫揉造作，相反要自然而然]，另参1408b22，"文章不要拘泥于固定的音韵格律，这会缺乏说服力，因为显得矫揉造作（πεπλάσθαι γὰρ δοκεῖ）"。当然，上引例子中，πλάττω说的是话语的修辞"形式"，而不是内容。的确，这三个例子都是完成时的被动态，要解决我们的问题，主动态形式也许会更有说服力。

[按]艾伦和福勒译作make up speeches [编选讲辞]，盖洛普译作artificial speeches [人造讲辞]，施莱尔马赫译作der Reden ausarbeitet [润色讲话]，均有道理，却意味不够。唯有格鲁伯译作to toy with words，与我的译法意近。这里的语境有两个层次，一是内容上讲真话，二是风格上讲大白话，即不加修饰随口而谈。如依前者，πλάττοντι λόγους是"编造假话"，如贴后者，则指矫揉造作地讲话。这里与上一句紧邻的"别的方式"相连，应该是指说话风格。

17c5：εἰς ὑμᾶς εἰσιέναι [到了你们面前]，[S乙注]等同于εἰς τὸ δικαστήριον [出庭]。[B注]"来到你们面前"，这里用介词εἰς是因为εἰσάγω [引进，法庭陈述]，εἰσέρχομαι [上场，出庭]，εἴσοδος [入口]才是法庭上的恰当用语，而在ἐκκλησία [公民大会]对δῆμος [民众]说话

用 προσάγω［带来］，προσέρχομαι［上前发言］，πρόσοδς［上前发言］，参下文 24d5 注。

［按］苏格拉底并没有把这场大型的司法聚会当成对自己的审判，也就没有只把那五百名陪审员当成唯一的演讲对象，他是在向全体雅典人演说，因此"到了你们面前"并不像评注者所说的具有"出庭"的意味，对苏格拉底来说，这里与其说是法庭，不如说是走上讲台。苏格拉底不在这里胡扯，不是因为这是庄严的法庭，而是由于他自认为已经年老，不适合用文雅华丽的修辞来演说——当然，演说风格不仅仅受限于年龄，"年龄"云云显然是苏格拉底的托词或"装样子"。真理（aletheia）、正理、实情和公道话（dikaia），连同他的年纪，尤其是自觉的先知身份，都不允许他花里胡哨地发表严肃的劝谕和训诫。当然，再说一遍，苏格拉底的严肃、真诚和质朴与司法无关，而是关乎他的使命以及相应地要发表的演说的内容。

当然，雅典人，我要非常诚恳地请求你们做到这一点：如果你们听到我用自己在市场里的钱庄柜台边——你们很多人在那里都听到过——以及别的地方习惯了使用的同样语言来辩护，请千万 ［17d］**不要惊讶，也不要为此起哄。**［καὶ μέντοι καὶ πάνυ, ὦ ἄνδρες Ἀθηναῖοι, τοῦτο ὑμῶν δέομαι καὶ παρίεμαι· ἐὰν διὰ τῶν αὐτῶν λόγων ἀκούητέ μου ἀπολογουμένου δι' ὧνπερ εἴωθα λέγειν καὶ ἐν ἀγορᾷ ἐπὶ τῶν τραπεζῶν, ἵνα ὑμῶν πολλοὶ ἀκηκόασι, καὶ ἄλλοθι, μήτε θαυμάζειν μήτε θορυβεῖν τούτου ἕνεκα.］

17c6：καὶ μέντοι καὶ πάνυ［当然，非常］，[SS 注] καὶ μέντοι "有时引入一个新观点。它一般接一个强烈的终止"（丹尼斯顿，《希腊语小品词》页 413）。苏格拉底在上一个句子中一直在谈自己辩护的风格，他现在要谈推论和谈话的方法，这一点对他来说至关重要。καὶ πάνυ 中的 καί 在这里是强调性的，"常常位于加强语气的和表示数量的副词和形容词之前"（丹尼斯顿，《希腊语小品词》，页 317），正如 καὶ πάλαι（18b4），καὶ πολύς，καὶ μάλα，等等。καὶ πάνυ 这个词组本身已经够强调的了，还加入

了呼语 ὦ ἄνδρες Ἀθηναῖοι[雅典人]，并且还重复使用了 δέομαι καὶ παρίεμαι[诚恳地请求]，表示进一步强调。[按]一般译本都无法体现这里的语气和意味，盖洛普勉强译作 moreover [此外]，艾伦译作 so [所以]。

17c6-7：τοῦτο ὑμῶν δέομαι καὶ παρίεμαι [我要诚恳地请求你们做到这一点]，[B注]"有一件事我乞求并恳请你们不要做"。这里指向下文要说的话，与27a9-b1的 κατ' ἀρχὰς ὑμᾶς παρῃτησάμην [正如我开始就请求过你们的]一样。正如 παραίτουμαι [恳求]一样，παρίεμαι 的意思是 deprecor [请求]，这里恰当地用于表示否定性的请求。正如 παρίημι 的意思是"我宽恕"（let off）和"我请求"（remit），那么，παρίεμαι 的意思是"让自己得到宽恕"，"我请求得到某物"。另参《王制》341b9-10：οὐδέν σου παρίεμαι [我可绝不会求你谅解]（王扬译文）。另参索福克勒斯《俄狄浦斯王》行1665，欧里庇得斯《美狄亚》行892。在《法义》742b4中，παρέμενος...τοὺς ἄρχοντας 的意思是"当他取得了执政官的谅解"。

[S甲注]鲁恩肯[1]说："这种结构的原因在于中动态的性质。正如 ἵημι 和 ἐφίημι 的意思是'我送'，那么，ἵεμαι 和 ἐφίεμαι 的意思是'我希望送给自己'，即'我渴望'，'我追求'，那么 παρίημι 的意思就是'我允许'，παρίεμαι 表示'我希望能得允给自己'，即'我祈求'，'我恳求'。"[S乙注] παρίεμαι，"我恳求"，"我想象"。蒂迈欧[2]用 παραίτουμαι [恳求]来解释该词。

[SS注]"我最真诚地恳求你们。"加上一个或几个性质相等的同义词，是最常见的对一个词进行强调的方法，亦参《申辩》28e4-5：

---

[1] 鲁恩肯（Ruhnkenius，即 David Ruhnken，1723—1798），德裔荷兰古典学家，现代希腊学创建者维腾巴赫（D. A. Wyttenbach，1746—1820）的老师，编辑并注疏了智术师蒂迈欧的《柏拉图词典》。

[2] 历史上有多位叫蒂迈欧的人，这里的蒂迈欧生卒年不详，大约生活于公元1世纪到4世纪之间，希腊哲学家，他辑录了今已失传的柏拉图著作早期评注，但加入了很多不属于柏拉图的东西，有鲁恩肯的评注本，后为科赫（Georg Aenotheus Koch）于1828年修订。

ὥς ἐγὼ ᾠήθην τε καὶ ὑπέλαβον [正如我本人一直坚信的]。这种叠加法（doubling）尤常见于演说家所使用的 δέομαι 和相似的动词。我在阅读演说家的著作时，发现了六对不同的动词，最常见的是 δέομαι καὶ ἱκετεύω [祈求，恳求]（七次，全都见于德莫斯忒涅斯和埃斯基涅斯），和 ἱκετεύω καὶ ἀντιβολῶ [祈求，恳求]（四次，见于吕西阿斯、埃斯基涅斯和托名德莫斯忒涅斯），而在由三个动词所构成的三个词组中，只有一组出现了不止一次，即 δέομαι καὶ ἱκετεύω καὶ ἀντιβολῶ（六次，见于德莫斯忒涅斯和许珀瑞得斯①）。δέομαι καὶ παρίεμαι 这种组合，除了《申辩》中的此处外，我还没有在其他地方看到过。

[按]"做到这一点"，亦可译为"做到一件事"。

17c7: ἐὰν διὰ τῶν αὐτῶν λόγων [如果使用同样的语言]，[B注] 尽管在苏格拉底口中特别不恰当，但要求以自己的方式说话亦见于德莫斯忒涅斯25.14，在这里，说话人自称是俄耳甫斯教信徒，因此，德莫斯忒涅斯或随便哪个为他撰写讲辞的人，都得让他按自己的特点来说话。

[D注] 这主要与27b1-2中对美勒托斯的谈话相关，苏格拉底在那里先提出了这样的请求：μὴ θορυβεῖν ἐὰν ἐν τῷ εἰωθότι τρόπῳ τοὺς λόγους ποιῶμαι [即便我以自己惯常的方式作出论证，也请你们不要起哄]。[SS注]"用同样的论证（方式）"。

[MP注] 苏格拉底的请求既符合常规，又有点另类（idiosyncratic）。德莫斯忒涅斯25.14中也有一个人提出类似的请求。同时，苏格拉底不会炫耀，而且特别喜欢朴实无华的例子（尽管会被普遍认为是在反讽），这在柏拉图和色诺芬笔下都已成定式。请注意，苏格拉底与美勒托斯交谈时，也提出了相似的请求。

[按] 这里的 αὐτῶν 是"同样"之意，而不是"自己"的意思，但

---

① 许珀瑞得斯（Hyperides，约前390—前322），希腊演说辞作家，"阿提卡十大演说家"之一，希腊民主制的坚定拥护者，曾从学于伊索克拉底。

说出来的毕竟还是苏格拉底早已习惯的语言，因而在内容上当然还是苏格拉底"自己的"语言——他接下来马上就说"用自己的方式说话"。这种方式当然不是标准的法庭演说风格，苏格拉底不遵守司法游戏规则，不在乎语言的论辩效力，也就是不顾个人安危，的确容易让人惊讶而起哄，他们的确无法理解苏格拉底，后来很多鼎鼎大名的哲人也未必理解。苏格拉底虽非"永有"，却无疑"自有"，有自己的境界、使命和方式。

17c8-9：καὶ ἐν ἀγορᾷ ἐπὶ τῶν τραπεζῶν [在市场里的钱庄柜台边]，[S甲注] 这些话与 καὶ ἄλλοθι 后面接的部分相连。加上 ἐπὶ τῶν τραπεζῶν，其目的是为了解释，《希琵阿斯后篇》368b 处亦同。我们在这里要理解作钱庄的柜台，在德莫斯忒涅斯笔下简作 αἱ τράπεζαι，因此，钱庄老板就叫做 οἱ τραπεζῖται。

[S乙注] 苏格拉底频繁地出现在公共场合。他习惯于一大早光顾体育场和散步场所。广场（forum）上人群聚集时，肯定可以在那里找到他，一整天都会在人最多的地方碰得到他。他交谈的对象数量众多，且交谈时间很长，谁愿意都可以加入进来。在某些抄本中，ἐπὶ τῶν τραπεζῶν 这个短语前面还有连词 καὶ [按：加上这个词就会是两个并列的地方：市场和钱庄柜台]，然而却不见于斐奇诺时代，从他的拉丁译文可知。那个连词既没有出现在《希琵阿斯后篇》368b 相似的表达中，也不符合实情，因为 τράπεζαι [钱庄柜台] 就在广场中，而且苏格拉底这里是在说自己的一个习惯，常去钱庄老板的柜台边，与经常光顾那里的有钱有势的人交谈。ἄλλοθι [其他地方] 指作坊、店铺和体育场等地，该词很特别，因为阿提卡作家与其他地方的希腊人一样，用 ἀλλαχοθι。

[B注]"在市场中钱庄老板的柜台边"。诸如 ἀγορά [市场]，ἄστυ [城镇]，ἀγρός [田地] 之类的词，一般为专名，在介词短语中不需要冠词。希腊人说 τράπεζα [柜台]，就像我们英国人说 bank（本义是"长凳"）。

［D注］在雅典，钱庄老板的柜台，以及靠近市场的店铺，是最受人喜欢的打发时间的地点，而苏格拉底也把大部分时间都花在可以碰到很多人的地方。另参吕西阿斯9.5：κἀμοὶ μὲν τὰ προειρημένα διείλεκτο ἐπὶ τῇ Φιλίου τραπέζῃ［现在事实证明我在费里俄斯的钱庄柜台那里谈了一场话］，另参24.19-20，另参色诺芬《回忆苏格拉底》4.2.1。

［S丙注］钱庄老板坐在市场中的柜台边，这一幕在19世纪的东欧小镇仍常见。苏格拉底"在市场中柜台边"的谈话倒并不罕见，参《希琵阿斯后篇》368b。

17c9：ἵνα［在那里］，［B注］即英语的where，古注T本释作ὅπου。ἵνα作为副词表示地点这种古老的用法在希罗多德和肃剧作家那里很常见，但严格的阿提卡作家避用该词。柏拉图用过几次，所以它也许是雅典人的口语。

［按］这整句亦可译为："如果你们听到我用自己在市场里的钱庄柜台边——你们很多人在那里都听到过，以及别的地方习惯了使用的同样语言来辩护。"这里谈的是用什么样方式辩护的问题。这里的μου不是分词ἀπολογουμένου的宾语，盖洛普译作defending myself，不确，也与文意不符。苏格拉底后来谈到"不是为自己辩护"时，在"自己"前面加上了一个介词ὑπὲρ［为了］，而这里没有介词。

17d1：μήτε θορυβεῖν［不要起哄］，［S甲注］动词θορυβεῖν指各种各样的喧闹和混乱，尤其当那么多陪审法官交头接耳，或为了让对方能够听到而大声说话时。μὴ θορυβεῖτε［请勿喧闹，肃静］是演说家的固定说法，用于自己要说某种可能引起听众不快的事情时。［S乙注］θορυβεῖν指"引起骚乱"，"用吵闹和杂音表达不赞成"，尤其在公共集会上。［S丙注］这是对δέομαι καὶ παρίεμαι［诚恳地请求］之后的τοῦτο［这一点］所作的补充说明和解释。

［B注］θορυβεῖν，即"打断"。另参20e4，21a5，27b1和5，30c2。θόρυβος仅仅指用杂音来表态，既可以是"赞成"，也可以是"打断"，要看语境。另参《王制》492b5-c2：Οταν ... συγκαθεζόμενοι ἀθρόοι πολλοὶ εἰς ἐκκλησίας ἢ εἰς δικαστήρια ἢ θέατρα ἢ στρατόπεδα ἢ τινα ἄλλον κοινὸν πλήθους σύλλογον σὺν πολλῷ θορύβῳ τὰ μὲν ψέγωσι τῶν λεγομένων ἢ πραττομένων, τὰ δὲ ἐπαινῶσιν, ὑπερβαλλόντως ἑκάτερα, καὶ ἐκβοῶντες καὶ κροτοῦντες, πρὸς δ᾽ αὐτοῖς αἵ τε πέτραι καὶ ὁ τόπος ἐν ᾧ ἂν ὦσιν ἐπηχοῦντες διπλάσιον θόρυβον παρέχωσι τοῦ ψόγου καὶ ἐπαίνου［每当许多人成群集伙地坐在一起，在机会上，或在法庭中，或在戏院里，或在军队驻地，或在其他什么众人汇集的场所，在喧哗声中，他们抨击某些言论和行为，吹捧另外一些，对两方面都大肆夸张，又是高吼，又是鼓掌，这还不算，他们周围的那些石头和那片地盘还不停地报以回声，把他们抨击和吹捧的声响翻了一倍］（王扬译文）。这些东西就让我们清楚地看到雅典的 δικαστήριον［法庭］和现代法庭的区别，在后者，这样一些表态要遭到"迅速打压"。在整个《申辩》中我们都必须时时记住，苏格拉底是在一个公共的集会上接受审判。柏拉图在这一点上与现代观念也有相同之处，另参《法义》876b3–6：ὅταν μηδὲ σιγῶντα ἀλλὰ θορύβου μεστὰ καθάπερ θέατρα ἐπαινοῦντά τε βοῇ καὶ ψέγοντα τῶν ῥητόρων ἑκάτερον ἐν μέρει κρίνῃ, χαλεπὸν τότε πάθος ὅλῃ τῇ πόλει γίγνεσθαι φιλεῖ［当他们不再沉默，而是像在戏院一样大声喧哗，用表示赞同和反对的叫声来依次评判每一个演说者时，整个城邦就会陷于艰难的困境中］。关于 θορυβεῖν 表示"喝彩赞同"，另参《欧蒂德谟》276d1，303b4，6。

［SS注］伯内特的理解有误，该词不是"打断"之意（按：王太庆和福勒即作此译；水建馥译作"吵闹"，更准确）。实际上，在修辞学的实践和理论上，θόρυβος 和 θορυβεῖν 总是指观众"愤愤不平"的反应，未必会打断演讲者的话头：如果演说者讲完了话，这种反应令人不快（也不利），也叫做 θόρυβος，我们不妨把它译成"抗议"或"义愤填膺的反应"，参吕西阿斯 12.73–74，德莫斯忒涅斯 19.122，托名德莫斯忒涅斯 58.50。《申辩》27b4–5 特别有趣，苏格拉底刚问过美勒托斯一个著名的"小问题"，后者还没有回答，他就对陪审团说：ἀποκρινέσθω, ὦ ἄνδρες, καὶ μὴ ἄλλα καὶ ἄλλα θορυβείτω［诸位，请让他回答，让他不要再三再四起哄］。如果我们把该词翻译成"打断"，那么，ἄλλα καὶ ἄλλα

的确切意思就不清楚了。在阿纳克西美尼[1]的《修辞术》中，θόρυβος 和 θορυβεῖν 也总是指愤怒的抗议。他在该书的第 18 章中，先对审议性演说提出建议（46.5-6 和 14，我们在那里看到观众 δυσχεραίνει [忍无可忍]，另参 45.27 和 46.5）。然后他继续讲法庭演说，详细规划了辩方在各种场合下应该怎么做：假如在其演说第一阶段出现了 θόρυβος，或者后来出现了 θόρυβος，假如抗议来自一小撮人，或者相反，来自观众中的大多数人，该如何应对（页 46.14-48.3）。在亚里士多德笔下也一样，他讨论如何发表实实在在的演说，θόρυβος 指 "不利的反应"（《修辞术》1400a9-11，1419a14-17。按：罗念生在前一处译作 "鼓噪"，后一处译作 "愤慨"）。该词只有在修辞学练习或戏剧表演中才表示 "赞同" 之意（亚里士多德《修辞术》1356b23-25，1400b30-34。按：罗念生译作 "喝彩" 和 "受欢迎"）。另参 21a5 注。

[MP 注] 尽管《申辩》本身不是法庭实录，但柏拉图特地把很多表明它根本就是如实记录的材料收录进来。现代坚决禁止在法庭上做无关喧哗，但与此不同，雅典陪审团却相当吵闹。伯内特正确地评注到（按：SS 本则认为伯内特不正确），θορυβεῖν 既指起哄，也指鼓掌。尽管苏格拉底此处的意思是前者，但他在被判有罪后，对那些投票主张从轻发落他的那些人所讲的话，其实也暗示那些铁杆支持者当时也在场（按：也起哄了，只不过是支持之意）。然而，雅典挑选陪审员的规矩，也让贿赂陪审团变得极其困难，因为潜在的陪审员都是随机指派到法庭上的。不过，无论那些观众是不是陪审员，他们都有大把机会表明自己的意见。

因为有这样的缘故：我虽活了七十岁，今天却是第一次出庭登台，

---

[1] 这里的阿纳克西美尼（Anaximenes，约前 380—前 320）是修辞学家和历史学家，不是同名的米利都哲人，也被称为朗普萨科斯的阿纳克西美尼（Anaximenes of Lampsacus），是另外一个修辞学家伊索克拉底的对手，撰写过包括论述荷马史诗在内的很多著作，现在归在亚里士多德名下的《亚历山大修辞学》（中文版《亚里士多德全集》卷九）据说就是出自他的手。

所以对这里的说话方式完全外行。就好比说，如果我恰巧真是一个异乡人，那么，你们也许会原［d5］谅我，即便我用自己从小在那里养成的乡音和方式［18a］说话。[ἔχει γὰρ οὑτωσί. νῦν ἐγὼ πρῶτον ἐπὶ δικαστήριον ἀναβέβηκα, ἔτη γεγονὼς ἑβδομήκοντα· ἀτεχνῶς οὖν ξένως ἔχω τῆς ἐνθάδε λέξεως. ὥσπερ οὖν ἄν, εἰ τῷ ὄντι ξένος ἐτύγχανον ὤν, συνεγιγνώσκετε δήπου ἄν μοι εἰ ἐν ἐκείνῃ τῇ φωνῇ τε καὶ τῷ τρόπῳ ἔλεγον ἐν οἷσπερ ἐτεθράμμην,]

17d1：ἔχει γὰρ οὑτωσί [因为有这样的缘故]，[SS注] 这个惯用法（也与ὧδε或οὕτως一起连用）引入一种带请求或说法的解释，这种请求或说法也许会让听众感到惊讶，如《会饮》204a1；另参《斐德若》247c4，伊索克拉底8.28，德莫斯忒涅斯22.39。[T注] "因为事实如此"，省略了"如下"。接下来的就是解释性从句，照例没有任何连词（即连接词省略）。[按] 盖洛普译作You see, here is the reason，颇为生动，中文或可译为"各种缘由，请听我道来"。艾伦译作for things stand thus，格鲁伯译作the position is this，准确。王太庆和水建馥都没有译出这句话。吴飞译作"因为是这样的"，恰切，后来译作"因为事实是"则稍过。

17d2：νῦν ἐγὼ πρῶτον [今天我是第一次]，[S丙注] 正如古代注疏家（Scholiast）所说，这个话具有反对指控的含义，因为苏格拉底的生活方式多年来都未曾遭人谴责。

17d2：ἐπὶ δικαστήριον ἀναβέβηκα [出庭登台]，[S乙注] 这里 δικαστήριον [法庭] 是 βασίλειον δικαστήριον [王者法庭]（按：指王者执政官主持的法庭），或"国王法庭"（regal tribunal），位于广场（forum）中，靠近 Στοά του Διὸς Ἐλευθερίου [拯救者宙斯的门廊]。"王者法庭"因 βασίλευς [国王]①或"王者执政官"（king-archon）而得名，该头衔

---

① 雅典当时有九名执政官，分别是名年执政官（Eponymos archon）、王者执政官（Archon Basileus）、军事执政官（Polemarch），以及六名立法执政官（Thesmothétai）。βασίλευς 在古风时期指官师政教集于一身的"君王"，后随着权力的下滑，逐渐成为主管宗教事务的执政官之一。

位列执政官次席，此人在王者门廊（royal portico）之间开设法庭，以处理祭司和神圣家族即克吕克家族（Ceryces）、厄提奥塔布斯等家族（Eteotabudae）之间所发生的纠纷，这是某种世袭的主管神明祭拜仪式的官职。

［B注］动词 ἀναβαίνω［登台］与介词 ἐπί 或 εἰς 搭配，要么指出现在 δικαστήριον［法庭］上（如这里），要么指出席 ἐκκλησία［公民大会］（如下文31c6）。后来的用法，常与 ἀνάβηθι［请你上台］一起配对，以表示出示证据，就支持了这样的观点：其原先的含义就是登上 βῆμα［台阶，讲坛］。然而，该词后接的恰当介词是表示 coram［在……面前］的带与格的 ἐν 和带宾格的 εἰς，逐渐让人感觉到它仅仅表示"出现在……面前"之意。这种解释比下述另外一种看法能更好地符合所有的事实，即认为 ἀναβαίνειν 指走上（elevated）普尼克斯山坡[1]和 δικαστήρια［法庭］的情况。那种观点就会让这里的话好像是在说苏格拉底从来没有到过审判现场，那就难以置信了。苏格拉底必定不止一次听过吕西阿斯甚至安虞托斯本人的演讲。他的全部意思是说，他从来没有作为当事人而出庭。关于 τόπος［地方］，另参吕西阿斯 19.55。

［S丙注］"我亲自出庭。"前缀介词 ἀνά 指登上 βῆμα［台阶，讲坛］，或走上发言的平台，另参31c，33d，36a，相似的情况见34c-d 的 ἀναβιβάζουμαι。按规矩，控方是说 εἰσάγειν，辩方是说 εἰσιέναι。说话人是说 ἀναβαίνειν［走上去］和 καταβαίνειν［走下来］。［按］色诺芬的著作 Anabasis 即作"上行记"，柏拉图《王制》第一个单词 kataben 意为"下到"。

［按］苏格拉底不可能是第一次到法庭来，原拟加上"打官司"一词，以避免误会。"登台"，直译 ἀναβέβηκα。

17d2-3：ἔτη γεγονὼς ἑβδομήκοντα［活了七十岁］，［S乙注］"七十多

---

[1] 普尼克斯（Pnyx），一座小山（实为低矮土坡），为雅典公民大会（Ecclesia）所在地，上有平滑石头，即为"讲台"。

岁"。当 ἔλαττον［更小］，πλέον［更多］和 πλειώ［更多］后面接一个数字，表示比较的介词 ἤ 常常省略。另参修昔底德《伯罗奔半岛战争志》6.95。［B注］《克里同》52e3 作 ἐν ἔτεσιν ἑβδομήκοντα［在七十年中］，可能 T 抄本的读法是正确的，苏格拉底的年岁不会比七旬冒出太多。

［S丙注］据阿波罗多罗斯的记载并为 Demetrius Phalereus 所证实的说法（拉尔修《名哲言行录》2.44），苏格拉底生于第七十七届奥林匹亚赛会的第四年，卒于第九十五届奥林匹亚赛会的第一年。第一届赛会始于公元前776年，可知其生卒年分别为公元前468年和公元前399年，苏格拉底享年就该是69岁。

17d3：ἀτεχνῶς［完全］，［S乙注］蒂迈欧的《柏拉图词典》解释作：ἀληθῶς καὶ χωρὶς πανουργίας, καὶ οἷον ἀπλάστως［真正的和迥异的骗局，就好像自然而然的］。

［B注］ἀτεχνῶς 是阿提卡口语中的副词，即便在演说家们那里也找不到，但在肃剧诗人和柏拉图那里却较常用。这个副词引导比喻、比较（ἀτεχνῶς ὥσπερ），又如《游叙弗伦》3a7 中引导一个谚语，它强调引文的贴切性，或强调明显夸张表达的准确性。英语中的 literally 有时亦是同样的用法。

［按］该词原意是"不懂技巧""不合规矩""不顾规则"，修饰形容词或副词时意为"完全"和"绝对"，此处就是这个意思。其词根是"技艺"之意，如以苏格拉底这场官司的被动和无辜来看，似可译作"无计可施"。

17d3：ξένως ἔχω τῆς ἐνθάδε λέξεως［对这里说话方式外行］，［S乙注］"因此，我绝对不熟悉这里的语言"，完整的说法是：ξένως ἔχω ἐμαυτὸν περὶ τῆς ἐνθάδε λέξεως。在阿提卡方言中，以一个副词修饰的 ἔχω［拥有］跟一个属格，显得文雅，比如目前这个例子，大多数时候表示的都是该副词的含义（按：这里的 ἔχω 大约相当于德语的功能动词），因而 ἀδυνάτως ἔχειν 的意思是"不能够"，τούτων ὀλιγώρως ἔχειν 指"忽略这些东西"。苏格拉底说 ἡ ἐνθάδε λέξις，意在指明法庭演说的特质。

[B注] 不必对这里的话太较真。就好像苏格拉底是在说他对法庭措辞一无所知，而这当儿他恰恰就在展示着自己的精通和高明。不管怎样说，柏拉图必定是故意让我们这样来理解这番话，因为苏格拉底相当清楚自己正在干什么。

[按] 王太庆译作"不懂规矩，是个大外行"，分开翻译两个副词 ἀτεχνῶς 和 ξένως，颇有意味。水建馥译作"完全是门外汉"。福勒作 utter foreigner，格鲁伯和盖洛普作 literally a stranger。"外行"即下一句的"异乡人"。这里还可以译作"完全陌生"。

17d4：ὥσπερ οὖν ἄν...[就好比说]，[S甲注] 亦参《高尔吉亚》447e，451a，《普罗塔戈拉》311b。在这些地方，ἄν 绝不是指这句话的开头部分，而是指其结论。然而，该词在结论中重复出现，也是正确的。在这些段落中，读者在一个特别强调的句子一开头，就对这个句子的结构做好了准备，结果在插入一个完整的从句后，还要重复一下 ἄν。因此，这段话似乎就要这么理解：ὥσπερ οὖν ἄν ξυνεγιγνώσκετε δήπου μοι, εἰ τῷ ὄντι ξένος ἐτύγχανον ὤν[就好比说你们原谅我了，如果我恰巧就是一个异乡人]。[按] ξυνεγιγνώσκετε 在这里不是吴飞所理解的"同意"，尽管该词的确有这个义项，其他所有译本都作"原谅"。

[S乙注] ἄν 有时是冗余的，尤其是它所在的主句被一个插入语分开时，如此处。另参索福克勒斯《安提戈涅》行466。[T注] ἄν 属于带 ξυνεγιγνώσκετε[原谅，同意，得出结论] 的结论句，与 ὥσπερ 一起用在句首（以预先告知的方法），意在宣布这个例子只是一种假定，然后该词在插入了带 εἰ 的条件句后，随着结论句的动词或另外某个重要的词汇一起重复出现。另参《高尔吉亚》447d。

17d4：τῷ ὄντι ξένος[真是一个异乡人]，[T注] 柏拉图著作中经常出现 τῷ ὄντι。ξένος[异乡人、外邦人]，虽非雅典人，仍然是希腊人，也可以出现在雅典的法庭中，会用自己本国的方言、腔调和方式来说话。比较施莱尔马赫对这里的注释。

17d5：εἰ ἐν ἐκείνῃ τῇ φωνῇ ...[用那里的乡音]，[S甲注] 也就是本

地的语言，与法庭惯用的说话风格不同。下文的 τοῦτο δίκαιον [这是公正的] 完全等于 τοῦτο ὡς δίκαιόν τι [这在某种意义上是公正的]。有很多证据表明，允许异乡人在法庭上为自己申诉。

[B注] φωνῇ，"方言"，另参《斐多》62a8：Ἴττω Ζεύς, ἔφη, τῇ αὑτοῦ φωνῇ εἰπών ["宙斯才知道吧！"他用自己的乡音说]（刘小枫译文；王太庆译作"他用土话说：'天知道嘛'"）。另参《克拉提洛斯》398d8：ἐν τῇ Ἀττικῇ φωνῇ [用阿提卡方言]。在古典时期的希腊语中，διάλεκτος 的意思是"说话方式"。亚里士多德用该词来指与诗歌措辞相对的"日常语言"（《诗术》1458b32）。在雅典帝国时代，ξένοι [异乡人] 出现在法庭中，必定很常见。安提丰（按：智术师）的《论赫洛人的谋杀》（Περὶ τοῦ Ἡρώδου φόνου）表明，ξένος [异乡人、外邦人] 据信也要当庭申诉，就像雅典公民一样。在这个案件中，辩方是一位勒斯波斯人（Lesbian），可以花钱请一个雅典人用阿提卡方言为他写一篇辩护词，但在一般情况下几乎不必如此。

[按] φωνῇ 本为"方言"和"声音"之意，但请注意：苏格拉底刻意强调自己身上一个神秘的"精灵的声音"（31d1），这个神圣的声音也是他从小就有的（d2）。苏格拉底所说的外邦人"那里的乡音"，不是"这里的语言"（关于"那里"和"这里"的对比，参《王制》330d8-e1），其实已预告了另外一种神圣的声音——苏格拉底的这种奇怪的声音对雅典人来说当然有如外邦的东西，至少为苏格拉底的"精灵的声音"或"神迹"埋下了伏笔。苏格拉底用自己的"声音"对雅典人（而不仅仅是法官们）讲话，就好比那个"精灵的声音"对苏格拉底本人说话。精灵的声音对苏格拉底说的话乃是至关重要甚至生死攸关的，苏格拉底以自己的声音对雅典人的告诫，亦当作如是观。苏格拉底在这里其实已经隐隐地表明了自己先知的身份。这或许是过度解释，却也不无可能，尤其合于全书主旨，惜乎未见有人注意到这同一个字词上的明显的深刻关联。

18a1：ἐν οἷσπερ ἐτεθράμμην [用从小养成的]，[SS注] 这个关系从句表示条件，指向它所依附的条件从句 εἰ....ἔλεγον。如果这个条件从句变成了独立的句子，这个短语还要出现，就变成了：ἐν ἐκείνῃ ἂν τῇ φωνῇ καὶ τῷ λόγῳ ἔλεγον, εἰ ἐν τούτοις ἐτεθράμμην。所以，过去完成时不带ἄν的用法相当正规。

［D注］ἐτεθράμμην意为"被养大"，属于假定的情况。另参20a的ὃς ἔμελλεν注。只有在特殊情况下才允许外国人出庭。一般说来，外邦人的ξένος［客友，按：指外邦人在他所寓居国的好友，他们相互之间都称ξένος］，或者他们的πρόξενος［外邦客人的保护者或代理人］，会代表他们出庭，当然会替他们说话。

可眼下就是这样啊，所以我向你们提出的这个请求乃是正当的，至少我这么认为，无论我的说话方式好也罢、歹也罢，都请只考虑这样一点，并把心思转到这一点上，即看［a5］我说的究竟正当与否——因为这才是法官的职责，而演说者之德则在于讲真话。［καὶ δὴ καὶ νῦν τοῦτο ὑμῶν δέομαι δίκαιον, ὥς γέ μοι δοκῶ, τὸν μὲν τρόπον τῆς λέξεως ἐᾶν—ἴσως μὲν γὰρ χείρων, ἴσως δὲ βελτίων ἂν εἴη—αὐτὸ δὲ τοῦτο σκοπεῖν καὶ τούτῳ τὸν νοῦν προσέχειν, εἰ δίκαια λέγω ἢ μή· δικαστοῦ μὲν γὰρ αὕτη ἀρετή, ῥήτορος δὲ τἀληθῆ λέγειν.］

18a1：καὶ δὴ καὶ νῦν［可眼下就是这样］，［T注］"现在也的确这样"。这个结构不常见，我们本来希望看到的是ὅτῳ καὶ νῦν，"现在也如此"，回答前面的ὥσπερ［就好像］。［D注］这里的νῦν不是与"那时"相对的"现在"之意，而是指"实际如此"，与"本来应该如此"相对。"既然我在雅典不是外邦人，而只是法庭上的外行（stranger）。"拉丁语中的nunc也是同样的用法。

［SS注］καὶ δὴ καὶ表示结论，这种用法极为罕见。丹尼斯顿在《希腊语小品词》（257.3）中认为，这个词组在这个地方应该分割为结论性的καὶ δή，并把第二个καὶ划到后面跟νῦν一起连用（"现在也"）。但καὶ δὴ καὶ这个词组是固定的单元，似乎不允许这样分割。……这里毋宁应该解释为破格文体（anacoluthon），正如丹尼斯顿正确指出的一个长而相似的句子（见《王制》420c4-e1，伯内特在此处用的标点符号有误）。

在《王制》和《申辩》中的这个地方，我们看到，先是由 ὥσπερ 引导一个"非现实模式"（modus irrealis）的比较从句，接下来对比较的运用在两种情况下都应该采用主句的形式，由 οὕτω καί 来引导。然而，由于 ὥσπερ 所带的从属性条件从句太长，于是就有了破格文体：说话人似乎把两个句子的第一部分弄成了一个独立的从句，然后把第二部分等同起来，用 καὶ δὴ καί（"当然也这样"，丹尼斯顿，《希腊语小品词》255.1）来表示比较。莱因哈德（Luise Reinhard）颇有价值的著作《柏拉图的破格文体》（*Die Anakoluthe bei Platonic*）没有提到《王制》和《申辩》中这两段话。

［按］福勒译为 so now，盖洛普译为 so in the present case as well，格鲁伯译为 so too my present，施莱尔马赫译作 eben so...auch nun，水建馥译作"既然如此"，王太庆译作"现在也这样"，吴飞译作"那么，同样，现在"。

18a2：δίκαιον［正当］，［B注］"一个正当的要求"（作表语），另参 41c8-9：χρή,...τοῦτο διανοεῖσθαι ἀληθές［还应该把这样一种观点视为真理］。［T注］"正当的"，即"一个合理的"要求。它是 τοῦτο 的同位语，并进一步由 ἐᾶν 和不定式 σκοπεῖν 来解释，这个指示代词为不定式做好了准备，并引起读者对不定式的注意。

18a2：ὥς γέ μοι δοκῶ［至少我这么认为］，［T注］"正如它至少对我来说一样"，字面意思是"我"认为。希腊人喜欢把非人称的结构转变成人称结构。

18a2：τὸν μὲν τρόπον τῆς λέξεως［我的说话方式］，［SS注］在"我的说话方式"这个短语中，正如 17d3 τῆς ἐνθάδε λέξεως 一样，λέξις 一词不是指"风格"，而是如上下文所示，指"论辩"（arguing）的方式。《王制》392c6-398b9 集中讨论了 λέξις，也叫做 εἶδος (τῆς) λέξεως（396b10-11，397b4；按，王扬译作"措辞形式"和"叙述风格"），和 τρόπος τῆς λέξεως（400d6；按，王扬译作"语言的用法"），还分析了与 ὡς λεκτέον［怎么说］相对的 ἅ λεκτέον［说什么］（392c6-8，398b7-8）。在言辞中有两种重要方式来表达人的行为，一是"叙述"（διήγησις），二是"表

现"（μίμησις，亦作"模仿"），当然，这不是一个风格问题，而是创作（composition）问题。

18a3：ἴσως μὲν ...εἴη [也罢……也罢]，[SS注] 这是苏格拉底典型的温文尔雅的保守说法，对此可参拉默曼（Lammermann）的《论阿提卡的文雅》(Von der attischen Urbanitaet, Goettingen, 1935)，尤其页34，36-37。

[T注] 在这个毫无恶意的插入语中，很难像阿斯特[1]那样在其中发现一种自我表扬，因为那不是柏拉图的风格。[按] 吴飞译作"也许更糟，也许更好"，符合原文（ἴσως ἄν，意为"也许"）。水建馥译作"说得好还是不好"，与SS本的理解相近。

18a3：χείρων...βελτίων [歹……好]，[SS注] 很显然，希腊语的比较级一般并不表示一种不大不小的程度，与拉丁语中的情况一样，比如，saepius指"足够经常""相当经常"，对此可参霍夫曼-桑蒂尔的《拉丁语及其文体学》(Hofmann-Szantyr, Lateinische Sprache und Stilistik, Muenchen 1965)，页168-169。所以我们应该把χείρων理解为"不那么好"，而不是"坏"，而把βελτίων理解为是在指当事人常用的论辩方式（17d2 τῆς ἐνθάδε λέξεως），尤其指苏格拉底的控告者的论辩方式。威特韦尔（Wittwer）在其文章《论希腊语后缀-τερος的比较功能》('Ueber die kontrastierende Funktion des griechischen Suffixes-τερος', Glotta 47, 1969, 54-110) 中的观点认为（就《高尔吉亚》500b2而言），χείρων / βελτίων这一对词仅仅表示一种相反的立场，当成对使用时，没有比较的意思。这个说法是错误的。的确，柏拉图常常用 τὸ ἀγαθόν [善] 和 τὸ καλόν [好] 来代替 τὸ βέλτιον καὶ τὸ χεῖρον [更好和更糟；按：前者是原

---

[1] 阿斯特（Georg Anton Friedrich Ast, 1778—1841），德国古典语文学家和哲学史家，编辑、评注并用拉丁语翻译了柏拉图的著作，但受流风影响，怀疑柏拉图大部分著作的真实性，是"疑古派"的代表，著有三卷本《柏拉图词典》(Lexicon Platonicum, 1834—1839)，另有多部哲学、美学和语文学著作传世。

形,后者是比较级],就像《高尔吉亚》500b2-3一样。但他对最高级也是这样处理,正如苏格拉底在《斐多》97b8-98b6关于目的论的说法一样,我们在那里连续地发现没有任何区别的βέλτιστος(97c6和8),τὸ ἄριστον καὶ τὸ βέλτιστον(d3),τὸ χεῖρον(d4),τὸ ἄμεινον(e2和4,98a5),τὸ βέλτιστον(98a8,b2),τὸ ἀγαθόν(b3),τὸ βέλτιστον καὶ τὸ χεῖρον(b5-6)。尤其重要的是如下的事实,三种程度比较的相互换用出现的地方,没有提到相对的词语(从97e1到98b3,有三处ἄμεινον[最好],两处βέλτιστον[最善],一处ἀγαθόν[善],却没有任何形式的κακόν[坏])。因此,比较级不仅仅表示这样一种对立。在亚里士多德笔下,τὸ ἀγαθόν,τὸ βέλτιον和τὸ βέλτιστον常常用作同义词。这不是一个语法的问题,而是一个哲学的问题。这种转变不是因为比较程度的混乱,而是由于"欲望"的动态结构,它总在争取达到善的最高境界。

[MP注]"也许会更糟,也许更好"。一方面,要求陪审员们不要因为苏格拉底质朴的法庭演说来判决。另一方面,也提出了这样的可能:他表面上的即兴演说也许能胜过对手,哪怕对手在修辞上训练有素。

[按]直译应为"更糟……更好"。这里的顺序是"歹好",但不符合中文习惯,所以还是把"好也罢"放在前面。

18a3-4:αὐτὸ δὲ τοῦτο[只这样一点],[T注]"就这件事",即"这么一个问题",也就是说,无论我说的是不是正当的话。这里的指示代词(为反身代词所强化,柏拉图尤其喜欢这种组合)为一个从句做好了准备,正如上文的指示代词为不定式铺好了路。[按]这里的指示代词相当于英语中的形式主语或形式宾语。[SS注]这里的αυτό是μόνον[仅仅]的同义词(《希英大辞典》相应条目的I.3)。

18a4-5:εἰ δίκαια λέγω ἢ μή[我说的究竟正当与否],[SS注]在反意性的间接问句中,第二个部分的否定词总会是μή,而且当第二部分仅仅包含否定词时(如拉丁语的necne),一般说来更是这种情况。

[按]这里的δίκαια与17c3用的是同一个词,呼应前面说的话。从这里可见,δίκαια的意思就是τἀληθῆ λέγειν[讲真话],这是演说者之德,

也就是苏格拉底汲汲以求的目标（至少表面上如此）。另参下文18a7，20d1-2。一般译作just或fair，偶有译作right者。

18a5：αὕτη ἀρετή [这才是职责]，[S甲注] 如果保留了冠词，全文就应该是这样的：αὕτη ἡ ἀρετή（即，他要看是否说了真话）δικαστοῦ ἐστιν。如果省略了冠词，意思就是"因为这是法官的德性"。因为，当代词就是主语，名词性实词作表语，那么冠词就可省略。

[S乙注] 这里的ἀρετή意为"职责"（duty）。在阿提卡作家笔下，该词一般用来指一种道德德性（moral virtue）。[D注] 代替前面中性的指示代词τοῦτο，因为其表语ἀρετή[德性，职责]为阴性。它指向前面的从句αὐτὸ...μή。对这个句子的强调，就表明雅典需要这种学说。

[SS注] ἀρετή的意思是：根据某人或某物本质的迫切要求（exigencies），他或它由之而是好的。此处即是此意，无论ἀγαθὸς δικαστής [好法官]和ἀγαθὸς ῥήτωρ [好演说者]的特性是什么。涉及某种任务时，我们可以把它翻译成"责任"或"职责"（duty）。现代的责任观来自廊下派的τὸ καθῆκον [应尽的义务]观念。在柏拉图和亚里士多德那里，该词仍然还是包含在更一般的"卓越"或"理想"（ideal，ἀρετή）概念中。进一步的分析参20b1-2的注释。

[按] "并把心思转到这一点上"和"因为这才是法官的职责"云云，似乎是在教训那些陪审法官，看起来有些唐突，但这与苏格拉底独特的申辩方式相一致：他毕竟省略了对法官的恭维。随着审判的进一步深入，我们会看到，苏格拉底的确是在"教训"人，什么"缺少省察的生活不值得过"之类的教导，就是这样的思路。苏格拉底不是"牛虻"（刺头），而是"大法官"，这场审判真正的法官！另参SS本，页34-35。

18a6：ἀληθῆ λέγειν [说真话]，[B注] 在绪言的结尾处予以强调，呼应前面17b4-5的"说真话"。这里不是修辞学上的老生常谈，尽管其他地方有可能如此。这个说法清楚地表明，苏格拉底的教导（doctrine）在于：修辞的真正目标是τὸ ἀληθές [真实的东西]，而不是τὸ πιθανόν [有说服力的东西]。

第二章　前导

18a7–19a7

章　旨

[B注]苏格拉底区分了两拨控告者，(1)以前的控告者，曾把他说成是教师，以及(2)现在的控告者，指控他革新宗教和败坏青年。从起诉的形式来看，这个顺序是完全有道理的。苏格拉底很清楚，这场官司完全来自以前的诽谤（διαβολή，或作"偏见"或"污蔑"），尽管起诉书中没有明确提到这一点。尚茨说苏格拉底本来不应该故意让人注意到一场针对他的实际上并没有发生的控告，这种说法不在点上。相反，苏格拉底觉得有必要在这件事上让起诉的不诚实本质大白于天下。控告者依靠这种偏见来证明苏格拉底有罪，但他们却没有胆量公开诉诸那个偏见。这场演说的下一个部分主要是揭露这种花招。安虞托斯无疑尽了最大努力不让这种"旧偏见"得到讨论，但苏格拉底决心要好好讨论一番。

所以，我认为正当的方式，雅典人，是首先针对那些最先加于我的虚妄的罪名以及最先提出控告的人申辩，接下来针对后来指控的罪名以及[18b]后来的控告者。[Πρῶτον μὲν οὖν δίκαιός εἰμι ἀπολογήσασθαι, ὦ ἄνδρες Ἀθηναῖοι, πρὸς τὰ πρῶτά μου ψευδῆ κατηγορημένα καὶ τοὺς πρώτους κατηγόρους, ἔπειτα δὲ πρὸς τὰ ὕστερον καὶ τοὺς ὑστέρους.]

18a7：*δίκαιός εἰμι*［我认为正当的方式］，［S乙注］拉丁语作 Me respondere par est, vel aquum est，"我正当地为自己辩护"。

［S丙注］"我要提出辩护，这是正当的。"希腊语中一般以人称形式来表达的短语，在拉丁语和英语中会以非人称的形式出现。这方面的例子不胜枚举，如《克里同》45a，《高尔吉亚》461d，521a；《默涅克塞诺斯》237d：*δικαία ἐπαινεῖσθαι*［公正地赞同］，246c：*δίκαιός εἰμι εἰπεῖν*［我可以公正地说］。我们可以比较 *τυγχάνω ὤν*［碰巧是］和 *φαίνομαι ὤν*［似乎是］之类的说法，可知希腊人偏爱人称性的表达形式。

［T注］而不是用带宾格和不定式的 *δίκαιόν ἐστι*，又是一个以人称形式表达非人称结构的例子，另参上文18a2对 *δοκῶ*［我认为］的注疏。

［SS注］上接18a4-5的 *εἰ δίκαια λέγω ἢ μή*［我说的究竟正当与否］。既然苏格拉底一开始没有打算驳斥起诉书的内容，就必须首先要论证自己的辩护计划。当一件事情很难辩说，雅典的答辩人常会努力用一连串不相关的说法来模糊主要问题，参吕西阿斯12.38。当然，如果当事人耍这样的花招，陪审员就会倾向于不信任他。在所有法庭里的自诉案件（private suits）中，双方当事人都要发誓，说他们会"就事论事"（*εἰς αὐτὸ πρᾶγμα ἐρεῖν*，亚里士多德《雅典政制》67.1），而且，可能还有一条特殊的法律禁止当事人在战神山法庭上"顾左右而言他"（*ἔξω τοῦ πράγματος λέγειν*，吕西阿斯3.46）。陪审员（Heliast）在宣誓时会说"他们会仅仅根据控告中所涉及的问题来投票"（*ψηφιεῖσθαι περὶ αὐτῶν ὧν ἂν ἡ δίωξις ᾖ*，埃斯基涅斯1.154，德莫斯忒涅斯45.50。不清楚如德莫斯忒涅斯24.149-151中所记载的誓言全文是否真实可信，但这部分是真的）。演说家们常常提到或暗指这种禁令，见吕库尔戈斯[①]的《驳勒俄克拉底》（*Leocr.*）11-13（因其明白地提到 *δίκαιον*［正当］而有助于我们理解《申辩》眼前这段话），德莫斯忒涅斯18.59，24.6，托名德莫斯

---

① 吕库尔戈斯（Lycurgus，前396—前323），雅典演说家。历史上有很多人叫这个名字，其中最著名的便是斯巴达的立法者，有几个国王也叫此名。

式涅斯57.7，33，59，60，63，58.23；进一步参见柏拉图《泰阿泰德》172e1-4，Sphettus的埃斯基涅斯，残篇25（Krauss编本的11）。从《法义》949b3-6可知，柏拉图本人采用了这条法规来治理他设想中的克里特殖民地：τὸ δίκαιον μετ' εὐφημίας διδάσκοντα καὶ μανθάνοντα ἀεὶ διατελεῖν, εἰ δὲ μή, καθάπερ ἔξω τοῦ λόγου λέγοντος, τοὺς ἄρχοντας πάλιν ἐπανάγειν［应该总是充分地阐述正当的东西，用委婉的话来教授和学习，否则，如果顾左右而言他，统治者就要把他带回正途］。

［MP注］"合理合法"（justified），很常见的用法。《申辩》反复用到了dike的派生词（如18a1，a4和a5等），这些词频繁出现，其结果就是这些词在其字面意思之外，有了主题性的内涵。它们提醒陪审团永远都应该关心那些正义的东西。此外，这些词的用意还在于激励人们从哲学上更为普遍地反思正义的本质。

18a8：τὰ πρῶτά μου ψευδῆ κατηγορημένα［最先加于我的虚妄的罪名］，［T注］"错误地指控我的那些事情"，或"对我的指控是错误的"。［SS注］ψευδῆ［虚妄、虚假］是表语性的用法。独立的主动语态结构会是：ταῦτά μου ψευδῆ κατηγοροῦσιν οἱ διαβάλλοντες。

［MP注］苏格拉底决定先搁下眼前的指控，去回应以前那帮控告者。这在司法上也许不是很好的策略，而且再次提起了苏格拉底以前（17a1）对待法官的态度问题，也提出了他是否真打算救自己一命的问题。色诺芬在其《申辩》（4）中写道，苏格拉底觉得自己已到离世的时候，所以故意激怒陪审团。

因为以前就已经有不少人在你们面前控告过我，虽然已过去了很多年，却同样没有说任何真话。我惧怕他们远甚于安虞托斯一伙人，这些人已经够厉害，然而以前那拨人更危险，诸位，他们从［b5］你们很多人孩提时代起就左右着你们，说服你们，但他们对我的控告丝毫谈不上更真实，［ἐμοῦ γὰρ πολλοὶ κατήγοροι γεγόνασι πρὸς ὑμᾶς καὶ πάλαι πολλὰ ἤδη ἔτη καὶ οὐδὲν ἀληθὲς λέγοντες, οὓς ἐγὼ μᾶλλον φοβοῦμαι ἢ τοὺς ἀμφὶ Ἄνυτον, καίπερ ὄντας καὶ τούτους δεινούς· ἀλλ' ἐκεῖνοι δεινότεροι, ὦ ἄνδρες, οἳ ὑμῶν τοὺς πολλοὺς ἐκ παίδων παραλαμβάνοντες ἔπειθόν τε καὶ κατηγόρουν ἐμοῦ μᾶλλον οὐδὲν ἀληθές,]

18b2：καὶ πάλαι πολλὰ ἤδη ἔτη［很多年前］，［S甲注］加上 πολλὰ ἔτη［很多年］，是为了更准确地凸显 πάλαι［以前］的含义。πάλαι 并不总是用来表示很久之前的时间，而是常常表示一小段时间，如数年、数月、数日等等。拉丁语的 dudum 和 jamdudum 用法相同。这些话应如是理解：καὶ πάλαι πολλὰ ἤδη ἔτη λέγοντες καὶ οὐδὲν ἀληθὲς λέγοντες，其含义是"因为在你们之前早就有人控告过我，尽管他们控告我有一段时间了——到现在已过去很多年，却没有说过任何真话。"

［R注］第一个 καὶ 只修饰 πάλαι。而在下文 καὶ οὐδὲν ἀληθὲς λέγοντες［没有说任何真话］中，又在 πολλοί 后用了一个普通的 καί。［S丙注］第一个 καὶ 只强调 πάλαι，后面的 πολλὰ ἤδη ἔτη 是对 πάλαι 的夸张。πολλὰ ἤδη ἔτη 似乎受 λέγοντες［说］支配，作它的宾语，表示时间段。

［S乙注］从阿里斯托芬在《云》中讽刺苏格拉底算来，至少已过去二十四年了。［B注］"很久以前也"，也包括如今坐在法庭中的人。

［按］S甲注、R注和S丙注都认为应该在 καὶ πάλαι 后面断句，盖洛普译得较为复杂：You see, I have been accused before you by many people for a long time now, for many years in fact, by people who spoke not a word of truth（艾伦的翻译也比较复杂，与S甲注理解相近）。而格鲁伯则翻译得更简单，据此似乎可以合并译作："因为很多年前就已经有不少人在你们面前控告过我，同样没有说任何真话。"

18b3：ἢ τοὺς ἀμφὶ Ἄνυτον［安虞托斯一伙人］，［S甲注］就是指安虞托斯及其同谋者，美勒托斯和吕孔。这里刻意提到安虞托斯，因为他是苏格拉底最可怕的对手，他在"三十僭主"（Thirty Tyrants）当政之时大捞了一把，从而暴得大名。参色诺芬《希腊志》2.3.42。

［S丙注］"安虞托斯及其助手们"，这种表达法包含的主要人物会

提到其名字。这种表达形式可追溯到荷马时代，如《伊利亚特》4.252（按：但那里的用法是普通的介词短语，与这里似乎稍异）。另参《美诺》99b：οἱ ἀμφὶ Θεμιστοκλέα，意为"忒米斯托克勒斯之流"（或忒米斯托克勒斯一伙人）。安虞托斯是控告苏格拉底的三人中最重要的一个。

［S乙注］这里的介词 ἀμφί 是分配性的（distributive）含义。安虞托斯是领导和煽动对抗苏格拉底的主要人物。因此贺拉斯（Horace）在《讽刺诗集》（按：直译为"萨图尔诗歌"）2.4.3 中说 Anyti reum［有罪的安虞托斯］，安虞托斯是土生土长的雅典人，安忒米翁（Anthemion）之子，此人在皮革生意中大获成功，获得大量财富。他所处的社会环境，连同其职业的性质，让他对这位哲人（按：指苏格拉底）以及忒俄朋珀斯（Theopompus）和阿尔喀珀斯（Archippus）（按："旧谐剧"代表人物，下文的欧珀利斯亦同）极尽讽刺挖苦之能事。安虞托斯拥有可观的财富，加上他曾协助忒拉叙布洛斯（Thrasybulus）驱逐"三十僭主"，在恢复共和自由方面使过力，便在邦民中产生了强大而广泛的影响，他在眼下这场官司中充分地利用了这一点。安虞托斯后来被判流放，退回到 Heraclea，但当地居民不允许他哪怕待上一天。参拉尔修《名哲言行录》2.38 和 2.43。

［B注］"安虞托斯和其他人"这个短语标志着安虞托斯是这场指控的真正发起人，而他无疑本身就是（幕后主使）。《美诺》中的对话据说发生在审判前仅一两年，柏拉图就想方设法让我们知道他对安虞托斯动机的看法。柏拉图在那里说，安虞托斯抗议苏格拉底针对公元前 5 世纪政坛领袖的批评，并且说（94e3-95a1）：Ὦ Σώκρατες, ῥᾳδίως μοι δοκεῖς κακῶς λέγειν ἀνθρώπους. ἐγὼ μὲν οὖν ἄν σοι συμβουλεύσαιμι, εἰ ἐθέλεις ἐμοὶ πείθεσθαι, εὐλαβεῖσθαι· ὡς ἴσως μὲν καὶ ἐν ἄλλῃ πόλει ῥᾷόν ἐστιν κακῶς ποιεῖν ἀνθρώπους ἢ εὖ, ἐν τῇδε δὲ καὶ πάνυ· οἶμαι δὲ σὲ καὶ αὐτὸν εἰδέναι［苏格拉底，我觉得你太容易说人的坏话了。不过我建议你呀，倘若你听我一句劝，你还是小心为妙——也许在其他城邦，对人作恶比对人行善更容易，在这里尤以为甚。我想你本人知道这一点］。安虞托斯扔下这句隐隐约约

的威胁，就离开了。绝对无可置疑，柏拉图想让我们明白，在他看来，安虞托斯之所以指控苏格拉底，就因为苏格拉底抨击了民主政治家。我们在柏拉图笔下从来没有听说过安虞托斯只是出于个人动机（攻击苏格拉底），但色诺芬在他的《申辩》29节却说，安虞托斯要置苏格拉底于死地，因为苏格拉底曾批评安虞托斯，说他不该把儿子也拖进自己的皮革生意中。我怀疑那种说法只是从《美诺》中推导而来的，《美诺》那段话是在讨论为什么伟大的政治家总是不能把 ἀρετή［德性］传给自己的儿子。另一方面，安虞托斯和他的朋友们竭尽全力恢复 πάτριος πολιτεία［祖制］，也就是伯罗奔半岛战争之前的温和民主制，而苏格拉底的批评对他来说必定很危险。美勒托斯的动机无疑是另外一回事。

[T注] 安虞托斯在指控苏格拉底的三人中最有名，同时敌意也最深。他是一个有大量财富而无丝毫原则的人。他于"三十僭主"时期在 Phyle［部族］中成为流亡领袖而获得人民的好感，他攻击苏格拉底部分是出于私人恩怨，部分源自职业要求（另参23e），所以他挑动美勒托斯和吕孔一同起诉。据拉尔修（《名哲言行录》2.38和39），雅典人后悔判了苏格拉底的罪，便处死了美勒托斯，并流放了安虞托斯和吕孔。格罗特不相信并驳斥了这种说法，参其《希腊史》卷八，章68。另参施塔尔鲍姆和史密斯等编的《希腊罗马传记和神话辞典》（Staullbaum, Smith et al., *Dictionary of Greek and Roman Biography and Mythology*. London: Spottiswoodes and Shaw, 1849）中的 Anytus 条目。

18b4：ἀλλ' ἐκεῖνοι δεινότεροι［然而那拨人更危险］，[S甲注] 苏格拉底似乎在指阿里斯托芬以及欧珀利斯等其他谐剧诗人对他的指控。

[S乙注] 无可怀疑，苏格拉底这里指的是阿里斯托芬在《云》中的恶语相向。但很多人有充分的理由推测，这位哲人并不是要谴责那位诗人（阿里斯托芬），因为如果阿里斯托芬是势不两立的死敌，那么柏拉图不会在《会饮》中介绍说他曾与苏格拉底有过熟悉的交谈。因此可以说，此处的话更旨在一般性地用在智术师和诗人身上，这些人起初不满足于讥讽这位哲人及其学说，后来还费神费力激起无知大众对苏格拉底

的憎恶和愤怒。从无数古代作家的证据来看，苏格拉底成了不止一个谐剧诗人的笔下人物，其中就有欧珀利斯，此人相当猛烈地批判过苏格拉底。参阿里斯托芬《云》行96的古注。

18b5：ὑμῶν τοὺς πολλοὺς ἐκ παίδων παραλαμβάνοντες…［他们从你们很多人孩提时代起就左右着你们］，［B注］动词 παραλαμβάνειν 一般用来指"收"学生，学生的父母则说 παραδιδόναι τῷ διδασκάλῳ ［送到先生处，送学堂］。这个句子的意思很清楚，大家都知道苏格拉底是 μετεωρολόγος ［天象学家］，这不是因为阿里斯托芬的《云》，而是某种远为严肃和非常久远的东西。由于雅典人在三十岁以前不能担任 δικαστής ［法官，陪审员］，因此，《云》上演的时候（前423年），尽管某些法官还只是小孩子，但大多数人必定都已相当年长了。的确，我们可以合理地假定，在那场持续了整整一代人的战争灾难的尾声，小于五十岁的 δικασταί ［法官、陪审员］应该为数不多，而且在公元前399年五十岁的人，在公元前435年之后的日子里不大可能还叫 παῖς ［小孩子］。所以，忒勒（Taylor）指出（我认为是结论性的），对阿纳克萨戈拉（Anaxagoras）的 εἰσαγγελία ［公诉］标志着一代人开始厌恶天象学家，这件事不可能晚于公元前450年（《古典季刊》第十一期，页81以下）。阿尔喀劳斯（Archelaus）是阿纳克萨戈拉的传人，苏格拉底与前者过从甚密，这个证据非常有说服力，不能置之不理（参拙著《希腊哲学》，第一部分，页124。按：J. Burnet, *Greek Philosophy. Part I: Thales to Plato*, London: Macmillan and Co., Limited. 1928。下略引）。此外，柏拉图在《斐多》中让苏格拉底自述生平（96a6以下，以及我的评注），以最显著的方式出示了其他证据。所以，阿里斯托芬对苏格拉底的刻画与大众对他的印象相一致，而那种印象在他创作《云》之前相当长的时间之前就已经形成了。关于这件事的进一步证据，参21a5的注，以及拙文《苏格拉底》（刊于 *E. R. E*，卷11）。

［D注］这是在把听众中的大多数人——他们以前就被教唆要痛恨苏格拉底——与那些没有受到这种教育的少数人作对比，部分属格 ὑμῶν ［你们中的］就表明了这一点。παραλαμβάνοντες 常常用来指照管小孩教育

的人，但这个含义在此处似乎太狭窄了。紧接着的下文意思是"不断地用控告的方式让你们对我产生偏见"，这里虽然说的是 παραλαμβάνοντες ἔπειϑόν，但对等关系取代了从属关系，κατηγόρουν［左右，控制］更清楚明白地重复了 ἔπειϑον［说服］的思想。

18b5：μᾶλλον οὐδὲν ἀληϑές［丝毫谈不上更真实］，[B注]（比安虞托斯及其他人的指控）"并不更真实"。该短语是 μᾶλλόν τι 的否定词，另参安提丰《四联演说词》(Tetr.) 的 B 部分 β.10。索福克勒斯《俄狄浦斯王》行1018。

［S丙注］"更疲于试图劝说你们以及忙于控告我"，其中的"更"（μᾶλλον）暗示以前那拨控告者更为急迫，这也是他们更为强大棘手的原因。［T注］"从你们孩提时代就吸引了你们大多数人"，似乎省略了"在他们的指导下"。

［SS注］伯内特的解释也许是对的。除了用来修饰 μᾶλλον 的 οὐδὲν 以外，我们似乎还需要另外一个否定词 οὐδὲν 来修饰 ἀληϑές（意为"没有一件事情会更真实"）。但是两个 οὐδὲν 就不是可以接受的希腊文了，除此之外，诸如 ϑαυμαστὸν λέγεις（《法义》657a3）这样的表达法，就不需要不定代词。当然，οὐδὲν 同样的情况也适用于带一个否定词的从句，如《斐德若》241c4-6：τὴν τῆς ψυχῆς παίδευσιν, ἧς οὔτε ἀνϑρώποις οὔτε ϑεοῖς τῇ ἀληϑείᾳ τιμιώτερον οὔτε ἔστιν οὔτε ποτὲ ἔσται［损害最大者，莫过于灵魂的教化——说真的，无论对世人还是神们来说，无论现在还是将来，珍贵者莫过于灵魂]（刘小枫译文）。

说有个叫苏格拉底的家伙，是个"智慧的人"，他仰思天上诸象，俯察地上万物，并把弱的说法［18c］变强。雅典人，他们竟散布我这样的"名声"！所以，他们才是可怕的控告者。［ὡς ἔστιν τις Σωκράτης σοφὸς ἀνήρ, τά τε μετέωρα φροντιστὴς καὶ τὰ ὑπὸ γῆς πάντα ἀνεζητηκὼς καὶ τὸν ἥττω λόγον κρείττω ποιῶν. οὗτοι, ὦ ἄνδρες Ἀϑηναῖοι, ⟨οἱ⟩ ταύτην τὴν φήμην κατασκεδάσαντες, οἱ δεινοί εἰσίν μου κατήγοροι·]

18b6：ὡς ἔστιν τις Σωκράτης[说有个叫苏格拉底的家伙]，[T注]"说，有个苏格拉底"。这里的引导性小品词适合用在间接引语中，在希腊语里，还常常接一个直接引语，而这在英语中却是必须省略的。[D注] τις带一个专名，传达出一种明确无误的贬损意味，"某个叫做苏格拉底的人"。

[SS注] τις带一个专名时，可以是轻蔑性的，如索福克勒斯《菲罗克忒忒斯》行442：Οὐ τοῦτον εἶπον, ἀλλὰ Θερσίτης τις ἦν[我说的不是那人，而是一个叫忒尔西特斯的家伙]（按：张竹明译作"我问的不是他，而是一个名叫特尔西特斯的"。"那人"，即奥德修斯）。

18b7：σοφὸς ἀνήρ[智慧的人]，[B注]在公元前5世纪的雅典，这不是恭维话。另参《游叙弗伦》3c6以下。

[T注]"哲人"，比较拉丁语的sapiens。在无知的大众那里，σοφός以及σοφιστής和φιλόσοφος或多或少是一种侮辱性的字眼。另参格罗特《希腊史》，卷八，页479–485。

[D、R注]这个短语实际上是在指智术师。一说σοφὸς ἀνήρ这个头衔，人们立即就会把它理解为是在称呼某一类人，另参23a和27a。这样说的时候，"哲人"的含义和让人产生的联想就是高高在上的样子（uppermost），然而也没有明确地把智术师排除在外。

[G注] sophos一般译为"智慧的"（wise），sophia译作"智慧"（wisdom）。另一个词phronesis也常常当作"智慧"，一般译作"理智"（understanding）。尽管柏拉图并没有对这两个词做出明确的区分，但在他笔下却有着不同的意味。与phronesis不同，sophia可以涵盖特定知识领域中的专门知识。此外，该词常用于反讽。因此，在某些情况下，"专家""博学之士""聪明人"或"精明者"（smart）会比"智慧者"更切合sophos的意味。

[MP注]在苏格拉底的想象中，诽谤他的人会语带轻蔑地使用这个词。在诸如公元前5世纪的雅典这种传统社会中，暗含任何创新意味的词汇都遭人疑忌，这些词汇也对公认的智慧缺乏恰当的尊敬。比如，可

参阿里斯托芬《云》对苏格拉底所办学校的描绘。色诺芬在《会饮》6.6 中给出了明确的例子,那位叙拉古人语带讥讽地对苏格拉底说道:"难道你不就是那个叫做'思想家'($\varphi\rho o\nu\tau\iota\sigma\tau\eta\varsigma$)的人么?"

18b7:$\tau\acute{\alpha}\ \tau\varepsilon\ \mu\varepsilon\tau\acute{\varepsilon}\omega\rho\alpha\ \varphi\rho o\nu\tau\iota\sigma\tau\eta\varsigma...$[他仰思天上诸象],[S甲注]$\varphi\rho o\nu\tau\iota\sigma\tau\eta\varsigma$与$\varphi\rho o\nu\tau\iota\zeta\omega\nu$同义,支配宾格,另参阿里斯托芬《云》行100, 189以下, 359, 色诺芬《会饮》6.7, 比较鲁恩肯对《回忆苏格拉底》1.2.31的注释。苏格拉底年轻时似乎花了相当多的精力去搞自然方面的哲学研究(philosophorum de natura disputationibus operam dedisse,即 physical studies),如他在《斐多》97以下亲口所说。比较色诺芬《回忆苏格拉底》4.7。

[S乙注]"天上事务的沉思者",所以贺拉斯《书信》2.12.15说: Nil parvum sapias et adhuc sublimia cures[思虑非微贱,关切亦崇高]。这里的头衔在古人眼中一般指自然哲人。苏格拉底早年似乎并不仅限于关注伦理学,而是对哲人们在物理科学方面的微妙探讨抱有浓厚兴趣,因此,人们有时径直称他为$\varphi\rho o\nu\tau\iota\sigma\tau\eta\varsigma$[思想家],并把他的学派或研究机构叫做$\varphi\rho o\nu\tau\iota\sigma\tau\eta\rho\iota o\nu$[思想所]。参阿里斯托芬《云》行95以下。

[D注]公众因为偏见而杜撰出这个说法或者诸如此类的东西,污蔑所有对自然的科学研究。早期希腊哲学以这种研究开始,也随之而结束,而且即便苏格拉底的同时代人,即智术师们,著名人物如希琵阿斯,也醉心于自然研究。

[B注]"思考天上事物的人",一个动词性的形容词或实词带一个四格宾语,这种结构在很多印欧语言中很常见。除$\check{\varepsilon}\xi\alpha\rho\nu o\varsigma$[否认的]之外,这种用法在希腊语中并不常见,尽管亚里士多德在《诗术》1448b34中说:$\tau\grave{\alpha}\ \sigma\pi o\upsilon\delta\alpha\tilde{\iota}\alpha\ \mu\acute{\alpha}\lambda\iota\sigma\tau\alpha\ \pi o\iota\eta\tau\eta\varsigma$[从他严肃的诗说来,是个真正的诗人](罗念生译文)。它在很大程度上相当于一个复合词,如阿里斯托芬《云》行360中的$\mu\varepsilon\tau\varepsilon\omega\rho o\sigma o\varphi\iota\sigma\tau\eta\varsigma$[诸天思想家](按:《古希腊语汉语词典》作"研究天体的哲学家"。罗念生没有翻译出这个词的意思,张竹明的译文与罗念生的译文惊人相似,也没有译出这个词)。

τά μετέωρα 字面意思是"天上的"或"高高的"东西，不管是天体还是我们现在在更严格意义上说的气象，如云、虹和"流星"(meteors) 等等。天文学与气象学的区别，与后来天体与月下世界(sublunary region)的分野相关。伊奥尼亚哲学还没有认识到这种区别（参拙著《早期希腊哲学》，第三版，页27）。苏格拉底在《云》（行228）中解释说，他在空中能够比在地上更好地解释 τά μετέωρα πράγματα [上界诸物]。这种研究是东方的伊奥尼亚哲人的特色，包括阿纳克萨戈拉一派，以及阿波罗尼亚的第欧根尼，他们因此而叫做 μετεωρολόγοι [天象研究家]。在阿提卡作家笔下，该词及其派生词常常暗示着某种不耐烦的轻蔑。另参《王制》488e4–489a1：μετεωροσκόπον τε καὶ ἀδολέσχην καὶ ἄχρηστόν [天象的观赏者、喋喋不休的智术家、不中用的家伙]（王扬译文），489c6：ἀχρήστους ...καὶ μετεωρολέσχας [没用的家伙和天空的观赏者]（王扬译文）。阿里斯托芬在《云》中用 μετεωροσοφιστής [诸天思想家]（行360）甚至 μετεωροφένακες [江湖星象骗子]（行333）。在伊奥尼亚方言中的同义词是著名的"狄俄佩忒斯法令"(psephism of Diopeithes)，这一法令针对阿纳克萨戈拉说：εἰσαγγέλλεσθαι τοὺς τὰ θεῖα μὴ νομίζοντας ἢ λόγους περὶ τῶν μεταρσίων διδάσκοντας [控告他不敬神事，且禁止他教授关于天界的学说]（普鲁塔克：*Per.* 32）。[按] 关于"狄俄佩忒斯法令"，参SS本，页86–87。

φροντιστής 是苏格拉底的固定绰号，阿里斯托芬称他的学校为 φροντιστήριον [思想所]或"思想工厂"。另参色诺芬《会饮》6.6：ἆρα σύ, ὦ Σώκρατες, ὁ φροντιστὴς ἐπικαλούμενος; - οὐκοῦν κάλλιον, ἔφη, εἰ ἀφρόντιστος ἐκαλούμην. - Εἰ μή γε ἐδόκεις τῶν μετεώρων φροντιστὴς εἶναι. ["那么，苏格拉底，你是不是就是那个所谓想事情的人呢？"——他说："除了被人家说成没想过事情的人之外，还有什么说法不能更好些呢？""是这样的。如果把你的脑袋切开来看看，让我们看到其实并不都是上天的事情，那么就这样了。"]（沈默译文。按：与原文出入很大。沈默译 φροντιστής 作"想事情的人"，并笺释曰：如果直接译作"思想家"或"思想者",对这个词本身而言似乎就太严肃了。)阿美普西阿斯(Ameipsias)的《孔诺斯》(Connus)与阿里斯托芬的《云》创作于同一年(前423年),也谈到苏格拉底,有一个 φροντισταί [思想家]组成的歌队。但是,φροντίς 指"思想",φροντίζειν 指"思考",是伊奥尼亚方言,而不是阿提卡方言中的用法。在阿提卡方言中,φροντίζειν 指"关注"或"留心"(一般带一个否定词),因此《云》中翻来覆去使用 φροντίς 和 φροντίζειν,乃是故意为之,目的是让雅典人听到这些词时,感觉怪不顺耳。有一个故事讲苏格拉底在波提岱亚(Potidaea)恍惚出神达一天一夜(《会饮》220c7),我们由此知道,军营中的人们交头接耳说 Σωκράτης ἐξ ἑωθινοῦ φροντίζων τι ἕστηκε [苏格拉底从一大清早起就站在那里想什么问题],其目的同样也很明显。欧珀利斯的残篇352有同样性质的线索:Μισῶ δὲ καὶ τὸν Σωκράτης τὸν πτωχὸν ἀδολέσχην, / ὅς τἆλλα μὲν πεφρόντικεν, / ὁπόθεν δὲ καταφαγεῖν ἔχοι τούτου κατημέληκεν。

[SS注] 以下评注可以作为伯内特所提供材料的补充。一个名词支配四格宾语,这种用法在希腊散文著作中相当异常,K.-G. 1.296,Anm. 4 和施维泽(Schwyzer),2.73–74(c)所引用的例子可为明证。这里的用法可以接受,主要是因为与 τὰ ὑπὸ γῆς πάντα ἀνεζητηκὼς [俯察地上万物] 对仗平行。首先,柏拉图也许正是想用一个不常见的词(φροντιστής)和一个不常见的结构,表明苏格拉底的控告者栽到他头上的那些行为的确有违常规——正如伯内特所说,其效果相当于一个复合词 μετεωροσοφιστής [诸天思想家]。其次,柏拉图也许一直想防止人们对 φροντιστής 的意思产生任何混淆,该词不应该理解为是通常由 φροντίζω τινός [思考某个人] 变来的名词,而是由相对不那么常见的 φροντίζω τι [思考某物] 变来的(对此可参《会饮》220c7,阿里斯托芬《公民大会妇女》行263,色诺芬《回忆苏格拉底》1.1.11)。值得注意的是,色诺芬在模仿柏拉图这段话时,扔掉了 τὰ ... ὑπὸ γῆς ... ἀνεζητηκώς,相应地写成 τῶν οὐρανίων ... φροντιστήν [思考天上的东西]。

18b7–8:τὰ ὑπὸ γῆς πάντα [地上万物],[B注]"地上之物"。正如

τὰ μετέωρα [天上之物] 的研究是东方的伊奥尼亚人的特点, 对地上的低级事物的研究也是意大利人 (Italiotes) 和西西里人 (Siceliotes), 尤其是恩培多克勒 (Empedocles) 的特点 (他们发现大地是球形的)。苏格拉底对恩培多克勒的学说很熟悉, 这几乎是确然无疑的, 因为早在苏格拉底年轻时那种学说在雅典就很有市场了 (参拙著《早期希腊哲学》, 第三版, 页203注释3), 而且柏拉图也在《斐多》的神话中说, 苏格拉底曾以正宗的恩培多克勒学说生动地描述了地下世界 (另参拙著对111c4以下的注疏)。另参阿里斯托芬《云》行188: (φροντιστήριον [思想所] 中的学员) ζητοῦσιν οὗτοι τὰ κατὰ γῆς [在寻找地下的东西]。

[D注] 这个短语 (其中的介词 ὑπὸ 具有不寻常的"在下面"和"被遮盖"的含义) 表明了一种广为流传的说法: 那些人的好奇心保不齐什么都不放过。阿里斯托芬《云》行184-234有趣地夸大了这种流行的看法。这里的 ἅπαντα [万物] (按: 牛津本是 πάντα) 为夸张点睛。当然, 那帮人不是在现代意义上研究地质学和古生物学。

18b8-c1: τὸν ἥττω λόγον κρείττω ποιῶν [把弱的说法变强], [B注] "把弱的说法变强", 那至少是普罗塔戈拉的意思 (参拙著《希腊哲学》第一部分, 第92节), 尽管肃剧诗人们当然是在弥尔顿所用的那种意义上使用该短语, 参《失乐园》2.112: his tongue | dropt manna and could make the worse | the better reason [他口甜如蜜滴, 愈坏的事, 愈能被说出好的道理来] (朱维之译文; 按: 接下来是"他在辩论中, 圆熟地混淆是非。他的思想卑鄙, 一心只想坏事; 对高尚的事情却逡巡不前")。阿里斯托芬更进一步夸大了这一点, 另参《云》行112-115: εἶναι παρ' αὐτοῖς φασὶν ἄμφω τὼ λόγω, | τὸν κρείττον', ὅστις ἐστί, καὶ τὸν ἥττονα. | τούτοιν τὸν ἕτερον τοῖν λόγοιν, τὸν ἥττονα, | νικᾶν λέγοντά φασι τἀδικώτερα [他说他们有两种逻辑, 其中一种叫做正直的逻辑, 还有一种叫做歪曲的逻辑, 他们讲授那后一种, 用强词夺理来取胜] (罗念生译文)。最后, 到了《云》后来的场景中, κρείττων 和 ἥττων λόγος 被人格化为 δίκαιος [正理] 和 ἄδικος λόγος [歪理] (行889以下。按: 最后歪理获胜)。阿里斯托芬也

许听说过，苏格拉底的方法是 σκέψις ἐν λόγοις[在逻各斯中考察]（《斐多》99e5 以下），这对阿里斯托芬来说足矣。

[T注]"把更弱的论点变得更强"，或者如经常看到的，"把更糟糕的原因弄得更好"。另参西塞罗《布鲁图斯》8：docere quemadmodum caussa inferior dicendo fieri superior possit。施莱尔马赫把它翻译成 unrecht zu recht mache[把不正确的变成正确]，并援引亚里士多德《修辞术》说，这样做是违背真理的，在某种程度上也许是不可能的，与对立的可能性或"明显的"真理相左。智术师很容易受到这种指控，就像自然哲人很容易被指控为研究天上和地上的每一样东西。苏格拉底的敌人的策略就是用偏见来攻击他，那些偏见在大众头脑中早已根深蒂固，或多或少都是针对"他们"（按：智术师）的，简言之，他们的策略就是要把苏格拉底与智术师混为一谈，尽管他实际上正好与此相反，在信念上和哲学上都反对智术师。另参下文 23d。

[D注]这里的控告，以及 σοφὸς...ποιῶν[聪明……变]，都在这里提出来了，而且在 19b 以嘲弄口吻正儿八经重复了一遍，无非出于修辞的目的，生动地表达了公众的偏见，而法庭亦持有那种偏见。这场指控是双重的，部分来自对那位哲学家（苏格拉底）的庸俗刻画，部分来自人们对智术师的看法，μετέωρα φροντιστής[仰思天上诸象的人]指哲学家，σοφὸς...ποιῶν[聪明……变]则指向智术师。任何修辞理论本身都必定包含了这样的建议：用最有效的方式巧妙呈现一件糟糕的事情，以此作尽量妥善的处理。该如何判断这种做法，要取决于环境和事实。今天，我们不大可能认为，律师在任何情况下都有义务不去为那种他知道是不正义的案子作辩护。雅典的流行看法似乎一直都确信智术师教授修辞术的唯一目的，无非是传授那种颠倒黑白、指鹿为马的技艺。

[G注]苏格拉底精于辩论的名声使得阿里斯托芬嘲讽他为逻辑诡辩的导师。另参《云》行 112-115。该剧也展现了"正确"和"错误"（按：张竹明译作"正理"和"歪理"）的争论，最终后者获胜（行 889-1104）。柏拉图的《欧蒂德谟》绝妙地讽刺了论辩中的诡辩

（chicanery），还将其与苏格拉底的方法做了比较。"把弱的说法变强"显然是公元前5世纪后期智术师运动的金字招牌。据亚里士多德记载，这种训练是由著名的智术师普罗塔戈拉所提供的，而且一直都不大受欢迎（《修辞术》1402a23-26）。

[SS注] 普罗塔戈拉那个雄心勃勃的说法（DK本80B6b），一直被认为是指"让不义或虚假获得胜利"，这不仅从阿里斯托芬《云》可见（伯内特的注释提到了其中最重要的相关段落），还见于纳瓦尔（Navarre）的《希腊修辞》（*La rhetorique grecque*）页230注释1所引的两段话，即色诺芬的《治家者》（*Oeconmicus*，按：又译《经济论》，见《经济论　雅典的收入》，张伯健、陆大年译，商务印书馆，1961。另参施特劳斯，《色诺芬的苏格拉底言辞——〈齐家〉义疏》，杜佳译，华东师范大学出版社，2010）11.25和伊索克拉底的15.15（略）。

[按] 似可翻译为"强词夺理"，或者强化为"颠倒黑白且强词夺理"。

18c1-2：⟨οἱ⟩ ταύτην τὴν φήμην κατασκεδάσαντες...[散布我这样的"名声"]，[S甲注] 海因多夫（Heindorf）认为这里需要加一个冠词 οἱ，但没有必要，因为这个分词就表达了为什么那帮控告者对苏格拉底来说是最危险的。他说："那些人，因为到处传播那个名声，当然就是最可怕最危险的控告者。"

[S甲注] 正如费什（Fish）所说，φήμην [名声] 后面似乎省略了μου [我的]，以免下面重复该词时让大家听起来不舒服。[T注] 指他们的力量和可怕之处的方式方法，因此不用冠词。

[B注] "那些让我身陷这些流言蜚语的人"，这种表达法语气非常强烈，指那种趁人睡觉时给他们涂污物和灌酒渣（ἑωλοκρασία，按：指酒友用它来灌已经喝醉的伙伴，这里亦可解为"泼脏水"）的行为（参德莫斯忒涅斯18.50）。另参《米诺斯》320d8-e1：Διὰ τί οὖν ποτε, ὦ Σώκρατες, αὕτη ἡ φήμη κατεσκέδασται τοῦ Μίνω ὡς ἀπαιδεύτου τινὸς καὶ χαλεποῦ ὄντος;［那么，苏格拉底啊，关于米诺斯的这个传闻，说他是个没有教养且残酷的家伙，为何会四处流传］（林志猛译文）。亦参阿里斯托芬《马蜂》行483中 καταντλεῖν［灌，吐］的用法。《希英大词典》收集了丰富的证据表明这就是该词（κατασκεδάσαντες）的常规用法，其原意和比喻意都是如此，他们举的"撒播"之意的唯一例子是吕西阿斯10.23中的说法，然而 κατεσκέδασται 的读法只是一种猜测（很多抄本作 κατεσκεύασται），他在11.8中的模仿时作 διέσπαρται［散布］。

［SS注］φήμη 指"谣言"或"名声"，这在阿提卡文献中倒不常见。在柏拉图著作中，这种用法还出现在《申辩》20c7、《王制》463d6和《治邦者》309e8，以及《法义》中的大约15个地方，与很多诗性词汇连用。

［按］最后一句话，直译为"这帮厉害的角色才是（真正）控告我的人"。

因为听到那种谣言的人，就认为研究那些东西的人根本不信神。［οἱ γὰρ ἀκούοντες ἡγοῦνται τοὺς ταῦτα ζητοῦντας οὐδὲ θεοὺς νομίζειν.］

18c2：οἱ γὰρ ἀκούοντες［因为听到的人］，［S丙注］我们在这里碰到了科学与神学对立的初期阶段，科学仅仅关注自然原因，而神学乐于偏离一般法则而把自然归因于神明的行为。

18c3：οὐδὲ θεοὺς νομίζειν［不信神］，［B注］"他们也不敬拜神明"，而非"他们不信神"。关于 θεοὺς νομίζειν 一语的含义，另参24c1注以及《游叙弗伦》3b3。它在狄俄佩忒斯法令（参18b7）中达到顶峰，对阿纳克萨戈拉的 εἰσαγγελία［公诉］即以该法令为依据。

［D注］苏格拉底被控以这项罪名，就因为上面提到的那些自然研究。控告者认为那不仅是愚蠢地浪费时间，而且还导致无神论。在色诺芬笔下的苏格拉底看来，神明早已启示了自己领域中的秘密，而他们所拣选的人应该懂得那些秘密。

［T注］"甚至不相信神明的存在"，众所周知，这就是控诉苏格拉底的一条罪状，另参下文24b，色诺芬《回忆苏格拉底》1.1.1。当时的

自然哲人授这种指控以某种似是而非（且不说正当）的口实，因为他们大多数人都摒弃了动力因，要么不承认神明，要么把神明及其工作混为一谈。这一套理论也容易转变为无神论或泛神论。西塞罗认为阿纳克萨戈拉最先把神明的存在和力量理解成宇宙的理智原因。

[S丙注]"甚至不信神"，另参下文24b和35d，《普罗塔戈拉》322a3-4：*ὁ ἄνθρωπος θείας μετέσχε μοίρας, πρῶτον μὲν διὰ τὴν τοῦ θεοῦ συγγένειαν ζῴων μόνον θεοὺς ἐνόμισεν*[这个世人分有了属神的命分。首先，由于与这个神沾亲带故，唯有这个世人信奉神们]（刘小枫译文），对此可参《默涅克塞诺斯》237d。*νομίζειν*的这种用法很常见。*ἡγεῖσθαι*[引导，相信]也是同样的用法（按：即此处的*ἡγοῦνται*[认为]）。参下文27d和e，35d，另参欧里庇得斯《赫卡柏》行800：*νόμῳ γὰρ τοὺς θεοὺς ἡγούμεθα*[因为我们凭这法律相信有神]（张竹明译文）。

[SS注]伯内特在该处的注疏中，以及在下文24c1和26c2和《游叙弗伦》3b3更详细的注疏中，认为*θοὺς νομίζειν*和*νομίζειν εἶναι θεούς*之间有毫不含糊的区别，前者指实践上的态度，意为"敬拜神明"，"承认他们"，而后者指理论上的态度，意为"相信神明（的存在）"。当然，这种区分确实存在，而美勒托斯的指控或至少其措辞，当然是在指苏格拉底对官方祭仪的认可问题，而不是指苏格拉底的个人信仰。但在柏拉图和色诺芬的著作中，这两个词组可以交互使用，没有任何明显的区别，而这种互换使用肯定不像伯内特在26c2注释中说的意味着是一种陷阱，因而翻译成"承认神明"在很多地方都适用于两个短语。……在《申辩》的这个地方，尽管用的是*θοὺς νομίζειν*，但也并不意味着拒绝参加官方祭拜，而是指无神论的某种模糊形式，换言之，指某种思辨的态度。——最近的研究倾向于否认*θοὺς νομίζειν*和*νομίζειν εἶναι θεούς*之间的任何区分，甚至还对前者作理论上的解读。另参格思里（Guthrie）的《希腊哲学史》，卷三，页237，注释2；贝克曼（J. Beckman）的《苏格拉底思想的宗教维度》(*The religious Dimension of Socrates' Thought.* Waterloo, Ont. 1979; Studies in Religion, Suppl. 7)；布里豪斯－史密

斯（Brickhouse - Smith）的《审判中的苏格拉底》（*Socrates on Trial*, Oxford, 1989），页30-34，里芙（Reeve）的《〈申辩〉中的苏格拉底——论柏拉图的〈苏格拉底的申辩〉》（*Socrates in the Apology: An essay on Plato's Apology of Socrates*, Indianapolis - Cambridge, 1989），页78-79。

［G注］"不承认神明"，从下文24b-c引用的话来看，这是对苏格拉底正式指控的罪名之一。这话模棱两可，因为这里翻译成"承认"的动词既可以指"敬拜"，也可以指"相信"，或者兼而有之。"信仰"似乎更符合这里的要旨，因为苏格拉底的时代与我们的时代一样，科学研究的兴趣与无神论相连。尤其可参《云》行358-427。苏格拉底在回应这项指控时，应该不是在说他有没有敬拜神明，而是在说他是不是否认神明存在（26c）的问题。

［W译注］译作"相信"的这个词（按：νομίζειν）也可指"承认"或"尊敬"。该词与nomos［习俗或法律］相关。对神明的信仰因此要么可以理解为内在的信念，即相信神明存在，要么理解为外在表现的敬重，例如以恰当的方式来祭祀神明。苏格拉底接下来在盘问美勒托斯时（26b-27e），就利用了"相信"和"承认"之间的模糊性。另参萨里斯（John Sallis）在《存在与逻各斯》（*Being and Logos*, Pittsburgh, 1975）页33注释8中的评注以及所引文献。

［按］νομίζειν，盖洛普、艾伦译作acknowledge，格鲁伯、福勒、魏斯特译作believe in，两个德文本都作glauben，三个主要中译本都作"信"。该词与nomos同根，在古希腊语中，"习俗""法律""合法行为""思考"和"信仰"紧密相连，参拙著：《宫墙之门——柏拉图政治哲学发凡》，华夏出版社，2005，页100。正如SS本所说，"信仰"本身就包括内心的信念和外在的表现，因而没有必要做严格的区分，我们可以化用《论语·为政》中的"非其鬼而祭之，谄也"，此语本指只祭拜自己的祖先，但亦不妨理解为"不信而祭，谄也"。此外，苏格拉底说的"研究那些东西的人"，并不是指自己，至少不是"第二次起航"后

的自己，最多指"前苏格拉底"的苏格拉底。

况且，那帮控告者人数众多，很多［c5］年来一直在控告，更有甚者，他们在你们最容易轻信的年龄就对你们说那些话，因为你们中的一些人当时还是小孩子，有些人也只是小伙子。此外，他们完全在缺席控告我，因为根本没有人去申辩！［ἔπειτά εἰσιν οὗτοι οἱ κατήγοροι πολλοὶ καὶ πολὺν χρόνον ἤδη κατηγορηκότες, ἔτι δὲ καὶ ἐν ταύτῃ τῇ ἡλικίᾳ λέγοντες πρὸς ὑμᾶς ἐν ᾗ ἂν μάλιστα ἐπιστεύσατε, παῖδες ὄντες ἔνιοι ὑμῶν καὶ μειράκια, ἀτεχνῶς ἐρήμην κατηγοροῦντες ἀπολογουμένου οὐδενός.］

18c4-5：ἔπειτά ... ἔτι δὲ καί［况且……更有甚者］，［B注］ἔπειτά 意为"其次"，尽管前面没有 πρῶτον μέν［首先］。柏拉图可以避免这样用，但完全合乎常规的用法就要求前面应该是 πρῶτον μὲν γὰρ οἱ ἀκούντες ἡγοῦνται［首先，听众就相信］。下一行的 ἔτι δὲ καί，就是"第三"之意。［T注］"然后……也还有"，或者"其次……第三也"。［按］格鲁伯译作 moreover，艾伦译作 again，福勒和魏斯特译作 besides。王太庆译作"而且"，水建馥译作"况且"。

18c6：ἐν ᾗ ἂν μάλιστα ἐπιστεύσατε［在你们最容易轻信的］，［S甲注］沃尔夫译作 tum ea aetate vobis haec dicebant, qua maxime credere possetis［他们在你们最可能相信的年纪对你们说了这些］。［S甲注］孩提时代还有可能成为滥用信任的牺牲品，而不是说法官们实际上已经受到了那些人的影响，那帮人趁别人年轻和没有经验之机，更容易向其灌输毫无根据的偏见。

［B注］"在你们最可能相信他们（的年纪）"，这是过去时态表示"可能性"的例子（S. C. G. §430）。正如 πιστεύσαιτ' ἄν 的意思是"你们有可能（或将有可能）相信"，那么，ἐπιστεύσατ' ἄν 就指"你们曾有可能相信"。

18c6-7：παῖδες ὄντες ἔνιοι ὑμῶν καὶ μειράκια［那时你们中的一些人还是小孩子，有些人也只是小伙子］，［S乙注］塞拉努斯（Serranus）读作

παῖδες ὄντες ... καὶ μειράκια ἀτεχνῶς，把 μειράκια 解释成 pueruli［小孩子］，与后面的 ἀτεχνῶς［完全］连用，以加强语气，意为"你们中有些人还是小孩子"。然而，福斯特（Forster）以及后来的校勘本采用了上述读法（按：把 μειράκια 划在后面一句中）。斐奇诺的拉丁文译法表明他同意塞拉努斯的读法。

［B 注］"你们中有些人还是小孩子，而有些人是小伙子。" μειράκια［小伙子］比 παῖδες［小孩子］更年长（另参 34d6 注），加上这种说法，是因为某些法官在提到的时候虽然可能还是 παῖδες［小孩子］，但有些人年岁可能相当大，很多人甚至可能与苏格拉底年齿相当。很显然，这里重点强调早期时候，乃是故意为之。B 抄本的读法（ἔνιοι δ' ὑμῶν，按：多了一个小品词 δ'，即 δέ）错得离奇，好像是在说 μειράκια［小伙子］比 παῖδες［小孩子］更轻信。

［T 注］解释前面的 ἂν μάλιστα ἐπιστεύσατε［最容易轻信］。注意带 ἄν 的过去时直陈式的特殊含义："你们会相信"，省略了"假如那是可能的话"，而实际上不可能。［R 注］我们应该颠倒这个 παῖδες ... μειράκια 的顺序，理解为"那时你们都很年轻，而大多数还仅仅是小孩。"

18c7：ἀτεχνῶς ἐρήμην κατηγοροῦντες［他们完全在缺席控告］，［S 甲注］ἐρήμη［审判］是一种被告没有出庭的情况下的缺席审理，辩方后来被说成是 εἰς τὴν κυρίαν οὐκ ὀφθῆναι［未到权威部门报到，未出庭］或 μὴ ἀπαντῆσαι［未看到，未出庭］。因此，ἐρήμην κατηγορεῖν 的意思是"控告一个不在场的人，而辩方已经丧失了名誉"。参佩蒂，《阿提卡法律》，页 317。

［S 乙注］以 ἐρήμην 理解的 dike［审判］，是指其中一方当事人未能出现的诉讼或审判，或者如以上情况，被告缺席。亦参德莫斯忒涅斯（赖斯克［Reisk］编本的 540.22）：δίκην δὲ τούτω λαχὼν ὕστερον κατηγορίας，εἷλον ἐρήμην［他不在，但他的案子后来也得到了判决］。根据雅典法律，被告必须在一天之内为他所受指控做出答辩，如果他没有出庭，随后也要被定罪，这种审判就叫做 ἐξ ἐρήμης καταδικασθῆναι［给予缺席审判］

和 *ἐρήμην ὀφλισκάνειν* [招致缺席审判]。但如果被告在十天之内露面，为自己的缺席说明了可信的理由，那么就撤销原来的判决，而这个程序就叫做 *δίκη μὴ οὖσα* [未生效的判决]，此后重新开始审理。另参波特（Potter）的《古希腊》（*Grec. Antiq.*），章21。

[B注]"控告的是一场缺席而需要辩护的案子"，T本古注作：*ἐρήμη δίκη ἐστὶν ὅταν μὴ ἀπαντήσας ὁ διωκόμενος ἐπὶ κρίσιν καταδιαιτηθῇ* [缺席审判就是指尽管没有出庭，控方也要求进行判决]。在 *ἐρήμην*（省略了 *δίκην*）*αἱρεῖν, ὀφλισκάνειν* 这个短语中，阴性形式更常见，尽管 *ἔρημος* 一般是表示"两种结局"的形容词。

[D注] 省略了 *δίκην*。这个宾格与 *κατηγοροῦντες* 同源。另参常见的说法 *διώκειν γραφήν* [提起一场诉讼]，*φεύγειν γραφήν* [应诉，在一件案子中当辩方]。整个句子的含义在后面补充的不是专业语言的 *ἀπολογουμένου οὐδενός* [没有人申辩] 中得到重复。"他们起诉案子总是实行缺席判决，没有人为辩方说话"，即他们在起诉中可以任意妄为。案件中任何一方当事人未能出庭，发过誓后就进入"缺席审判"的程序（*ἐρήμην καταγιγνώσκει τινός*），其中一方出庭就叫做 *ἐρήμην κρατεῖ* 或 *ἐρήμην αἱρεῖ*，省略了 *δίκην*。在这种情况下，如果控方出庭，就叫做 *ἐρήμην κατηγορεῖ*（*δίκην*），缺席的辩方则 *ἐρήμην ὀφλισκάνει δίκην*。

[T注]"在我不在场时控告我"，这个短语省略了 *δίκη* [审判]，来自司法案件，其中一方当事人没有出现。这里的 *ἀτεχνῶς*，意为"完全"（按：参上文17d3中的"完全外行"）。在福斯特之前的校勘本中，该词与前面的 *μειράκια* [小伙子] 相连。但正如施莱尔马赫正确指出的，*ἀτεχνῶς* 几乎总是与下文相连，所以把它与前面的 *μειράκια* [小伙子] 相连不大合适，因为，*μειράκια* 比前面的 *παῖδες* [小孩子] 更年长。

[按] 格鲁伯的译文增加了一些内容：they won their case by default, as there was no defense. 魏斯特译作 they accused me in a case which simply went by default, for no one spoke in my defense. 或可译作"他们竟然缺席控告要求审判我，因为当时根本就没有人为我申辩"，或"他

们玩的是缺席控告的把戏，因为没有人来申辩"，意思是说，他们的那些控告或谣言都仅是一面之词而已。这里又是控告者玩弄的一个伎俩，所以加上"此外"一词。这句话共有四个层次的意思：人数众多、多年以来一直在告（注意完成分词的用法）、利用轻信的年龄、缺席控告。

  所有这一切中最没道理的就是，我既不可能知道也叫不出[18d]他们的名字，除了我碰巧知道也叫得出名字的某个谐剧诗人之外。那些出于恶意并用诽谤来攻击我的人说服了你们，还有一些自己被说服之后又去说服其他人的人，所有这些人都最难对付。[ὃ δὲ πάντων ἀλογώτατον, ὅτι οὐδὲ τὰ ὀνόματα οἷόν τε αὐτῶν εἰδέναι καὶ εἰπεῖν, πλὴν εἴ τις κωμῳδοποιὸς τυγχάνει ὤν. ὅσοι δὲ φθόνῳ καὶ διαβολῇ χρώμενοι ὑμᾶς ἀνέπειθον—οἱ δὲ καὶ αὐτοὶ πεπεισμένοι ἄλλους πείθοντες—οὗτοι πάντες ἀπορώτατοί εἰσιν·]

  18c8：ὃ δὲ πάντων [在所有这一切中]，[D注]与下一句是同位关系。[SS注]即，ὃ δὲ πάντων (ἐστὶν) ἀλογώτατον, (ἐστὶ τοῦτο) ὅτι ...。在这种结构中，主句省略是常见的事情。莱因哈德的《破格文体》（*Anakoluthe*）页12注释2对这种结构做出了另外的解释：带 ὅ 的从句与主句是同位关系，但其思想却继续发展，就好像它是主句一样。

  [按]大多数本子都把 ἀλογώτατον 译作 absurd，魏斯特译作 unreasonable。王太庆译作"糟糕"，水建馥译作"更无理可讲"。阿佩尔特译作 tollste，施莱尔马赫译作 Uebelste。此从吴飞译法。

  18d1：εἰδέναι [知道]，[SS注]"弄清""发现"。εἰδέναι 表示不定过去时，动作开端的意味，尽管在古典散文中并不罕见，却没有引起足够的重视。一般而言，上下文已经足够清楚地表现了动作开端的确切含义，但也常常在前后加一个不定过去时（这里的 εἰπεῖν）来确认。普罗塔戈拉的80b4（D-K本）尤其重要。另参《高尔吉亚》505e4-6，《克拉提洛斯》384b1-6，《斐多》70d7-e1，伊索克拉底9.8，伊赛俄斯的8.4，德莫斯忒涅斯19.227。也许应该加上常见的演说家的套话（《申辩》32a6，德莫斯忒涅斯19.57、61和70等，亦比较柏拉图《伊翁》534c7-d4）。

18d1-2：εἴ ... τυγχάνει ὤν［除了……碰巧（知道也叫得出名字）］，［T注］绝非表示不确定的意思，因为 εἴ 表示"万一"或"当"。这里特别暗指阿里斯托芬，下文19c提到了他的名字，当然，克拉提诺斯（Cratinus）、阿美普西阿斯（Amipsias）、欧珀利斯和其他一些谐剧诗人都讥讽过苏格拉底。［S丙注］等同于拉丁语的nisi si quis。εἴ τις 是"某个人……他"，εἴ τι 指"某物……它"，以此类推。

18d2：κωμῳδοποιός［谐剧诗人］，［B注］即阿里斯托芬（《云》，公元前423年），阿美普西阿斯（《孔诺斯》，公元前423年）和欧珀利斯（《谄媚者》［Κόλακες］，① 公元前421年）。值得注意的是，谐剧诗人同一时期都在嘲笑苏格拉底，其中两人是在同一年，恰好是苏格拉底在德利昂（Delium，按：另参28e注）战斗中因勇敢而名声大噪的次年。此外，阿美普西阿斯和欧珀利斯还提到了苏格拉底的贫穷，但既然他作为重装步兵在德利昂参战，那么在公元前424年之前就不可能已经破败而至于穷困。更为可能的情况是，就在那以后，他遭到了严重的损失，而且我们会看到（28e2注），苏格拉底很可能没有参加过公元前422年的安斐波利斯（Amphipolis）战役（按：详见28e注）。这一时期的谐剧诗人为什么会这样攻击苏格拉底，我们没有明确的材料，但他们至少证明苏格拉底在雅典已经人所共知。

［S丙注］指著名的阿里斯托芬，著有谐剧《云》。欧珀利斯也把苏格拉底嘲笑成一贫如洗的饶舌者：Μισῶ δ' ἐγὼ καὶ Σωκράτην, τὸν πτωχὸν ἀδολέσχην / ὅς τἆλλα μὲν πεφρόντικεν, / ὁπόθεν δὲ καταφαγεῖν ἔχοι, τούτου κατημέληκεν（"我也恨苏格拉底，这位贫穷的闲谈者/他一直在思考其他问题，/但对他就食的地方，却毫不在意。"梅内克，《希腊谐剧残篇》［Meineke, *Fragmenta Comicorum Graecorum*］，柏林1839年，卷二，页

---

① "旧谐剧"诗人欧珀利斯在《谄媚者》（*Flatterers*）中嘲笑了挥霍无度的卡利阿斯（Callias），后者在智术师和食客们身上浪费钱财。欧珀利斯凭借该剧于公元前421年击败阿里斯托芬的《和平》而获得桂冠。

553）。阿美普西阿斯的剧作《孔诺斯》与《云》一起上演，也包含了对苏格拉底的讥讽，因为其歌队是一群"女思想家"（Phrontistae），还说孔诺斯这位墨特罗比俄斯（Metrobius）之子在苏格拉底高龄之际还在教他音乐（《欧蒂德谟》272c，《默涅克塞诺斯》235e）。参梅内克，《希腊谐剧残篇》，卷一，页203。我们还可以补充道，阿美普西阿斯当然在其剧作《旧斗篷》（Τρίβων）中也刻意拿苏格拉底开涮（见拉尔修《名哲言行录》2.28，按：斯多克的原文误作2.48）：

> ώκρατες, ἀνδρῶν βέλτιστ᾽ ὀλίγων, πολλῷ δὲ ματαιόταϑ᾽, ἥκεις
> καὶ σὺ πρὸς ἡμᾶς. καρτερικός γ᾽ εἶ. πόϑεν ἄν σοι χλαῖνα γένοιτο;
> τουτὶ τὸ κακὸν τῶν σκυτοτόμων κατ᾽ ἐπήρειαν γεγένηται.
>
> 苏格拉底，你是少有的最高尚之人，
> 多数都是最愚蠢的家伙！来吧，
> 你加入我们的行列。要坚持住。
> 我们到哪里去为你弄到一件合适的外套？
> 你那糟糕的境况是对皮匠的侮辱。（徐开来译文）

［按］下一句诗是"这人尽管饿到如此程度，也从不愿意阿谀奉承"。

18d2：ὅσοι δὲ ［那些人］，［B注］正如尚茨指出的，这些匿名的控告者与谐剧诗人不同，因为后者攻击的意图也许仅仅是为了搞笑。无疑就是这么回事。苏格拉底不大可能像《云》的意图那样严肃对待《云》本身，几年后，柏拉图在《会饮》中还说苏格拉底以最友善的方式对待阿里斯托芬。柏拉图还让阿尔喀比亚德借用《云》中对苏格拉底的描绘，来赞美后者在德利昂战役中的勇敢表现（《会饮》221b3）。

［D注］从句 οἱ δὲ καὶ αὐτοὶ πεπεισμένοι 扩大了 φϑόνῳ καὶ διαβολῇ χρώμενοι［出于恶意并用诽谤来攻击］的范围，因为接下来的 οὗτοι 包括两类人。用谈话的方式加上后来恍然大悟的东西，ἀνέπειϑοντες 的含义漫不经心地在 ἄλλους πείϑοντες 中得到了重申。严格说来，πεπεισμένοι 从属于 πείϑοντες。这种含义在逻辑上要求这样断句：ὅσοι δὲ, οἱ μὲν φϑόνῳ ... χρώμενοι, οἱ δὲ καὶ αὐτοὶ πεπεισμένοι, ὑμᾶς ἀνέπειθον，意思是"不管是出于嫉妒和恶意，还是出于无知，实际上都相信了"。这两种情况的结果都一样。

18d2-3：φθόνῳ καὶ διαβολῇ χρώμενοι［出于恶意并用诽谤来攻击我］，［S甲注］等同于 φθονοῦντες καὶ διαβάλλοντες。紧接着的是 οἱ δὲ，就好像是 οἱ μέν 插在 ὅσοι δὲ 之后。［T注］"出于嫉妒和诋毁"。

18d3：οἱ δὲ καὶ αὐτοὶ...［还有一些自己……］，［S丙注］插入的从句，以更正前面的话，正如前面18c中的 ἔνιοι δ' ὑμῶν... 一样（按：斯多克这里多加了一个小品词 δ'）。这句话译作"尽管他们中某些人在说服别人的时候，自己也许已经相信了。"

［B注］这是后来的想法。除了谐剧诗人开玩笑地攻击苏格拉底，还有人恶毒地攻击他，苏格拉底承认，也许有些人对他的攻击是严肃的，也是善意的（in good faith）。［T注］引导另一类劝说者，好在 φθόνῳ ... χρώμενοι 之前有 οἱ μέν，一类人嫉妒和诋毁，另一类人真的被说服了而认为苏格拉底有罪。

［SS注］正如伯内特正确指出的，苏格拉底在这个句子开头似乎只会谈论那些心怀敌意和质疑的人（动词 χρῆσθαι 虽语义含混，却在下文中作了很好的阐释，即 φθόνῳ 描述原因，而 διαβολῇ 说其目的）。但苏格拉底后来意识到其他人因为相信那些谣言是真实的，也会到处传播，所以在加上了一个很不对称的从句 οἱ δὲ καὶ αὐτοὶ...。在这两种情况下，苏格拉底既没有好果子吃，也不可能为自己辩护，为了强调这一点，他在主句中加上了 πάντες。因此，尽管伯内特在 οἱ δὲ καὶ αὐτοὶ 之前加的破折号是正确的，但（在 πείθοντες 之后的）第二个破折号却加错了，因为它就让主句仅仅与胸怀恶意的造谣者相关，从而让 πάντες 失去意义。如果苏格拉底一开始就打算把这两类人与谐剧诗人们对立起来，整个句子就应该是这样的：ὅσοι δὲ ὑμᾶς ἀνέπειθον, οἱ μὲν φθόνῳ καὶ διαβολῇ χρώμενοι, οἱ δὲ (ὑπ' ἄλλων) αὐτοὶ πεπεισμένοι, οὗτοι πάντες...。正是这样一些轻微的不规则之处，赋予《申辩》以流畅和生动的风格。

18d4：οὗτοι πάντες［所有这些人］，［B注］"他们全部"，不管他们是否真相信这一点。

18d4：*ἀπορώτατοί εἰσιν*［最难对付］，［S甲注］"最不可行的"，即不可信的。［B注］"最难缠的"。［B注］"最难接近"（由否定前缀 *a* 和 *πόρος* 构成），"最难以接近和说服"，另参《吕西斯》223b。

［S乙注］"最让人困惑的"。费舍把 *κατήγοροι ἄποροι* 解释为 criminatores inexpugnabiles, quod oppugnare, convincere, aut omnino non aut agre licet. 有的抄本作 *ἀπειρότατοι*，但在吕西阿斯的作品中有相似的用法，*ἄποροι προσφέρεσθαι* 指那些在辩论中很难对付的人。斐奇诺一定是采纳了前一种读法，因为他把这段话翻译为 hi comnes infiniti omnino sunt, 这显然是不正确的。

因为［d5］我现在既不可能把他们任何人传唤到这里来，也无法盘问他们，而只能完全像同影子作战一样为自己辩护以及盘问，却无人应答。所以，请你们务必重视这一点，如我刚才所说，有两类人控告我，一类是现在控告我的人，一类［18e］是我刚才说的以前那些人，你们要知道，我必须首先针对很久以前那些人作申辩，因为你们最先听到了那些人的控告，而且听到的东西比后来那批人的更多。［*οὐδὲ γὰρ ἀναβιβάσασθαι οἷόν τ' ἐστὶν αὐτῶν ἐνταυθοῖ οὐδ' ἐλέγξαι οὐδένα, ἀλλ' ἀνάγκη ἀτεχνῶς ὥσπερ σκιαμαχεῖν ἀπολογούμενόν τε καὶ ἐλέγχειν μηδενὸς ἀποκρινομένου. ἀξιώσατε οὖν καὶ ὑμεῖς, ὥσπερ ἐγὼ λέγω, διττούς μου τοὺς κατηγόρους γεγονέναι, ἑτέρους μὲν τοὺς ἄρτι κατηγορήσαντας, ἑτέρους δὲ τοὺς πάλαι οὓς ἐγὼ λέγω, καὶ οἰήθητε δεῖν πρὸς ἐκείνους πρῶτόν με ἀπολογήσασθαι· καὶ γὰρ ὑμεῖς ἐκείνων πρότερον ἠκούσατε κατηγορούντων καὶ πολὺ μᾶλλον ἢ τῶνδε τῶν ὑστέρων.*］

18d5：*ἀναβιβάσασθαι … ἐνταυθοῖ*［传唤到这里来］，［B注］省略了 *εἰς τὸ δικαστήριον*［到庭］。另参17d2的 *ἀναβέβηκα*［出庭登台］。这里用中动态（正如 *μάρτυρα παρέχεσθαι*［提供证据］）是要表明，苏格拉底是为了自己的利益而巴不得能够把以前的控告者带到他面前（另参34c4）。他想的是一场 *ἐρώτησις*［讯问］，就像他马上要对美勒托斯做的一样。

［T注］"让……来到这里"，即传唤某人出庭。注意这里中动态的

含义是"为了我的益处",另参19a的 ἐξελέσθαι [盘问]。

[D注] 比较24d,苏格拉底叫美勒托斯到讲台前来,要盘问他。

[S乙注] ἀναβιβάζειν 意为"带上前来"(按:在雅典法律中,即为"带某人上法庭作证"之意)。

[S甲注] ἀναβιβάζειν 意思是"命令某人上升""提出某人",也就是说为别人之故,以他人的名义,为了让别人好。因此,ἀναβιβάζεσθαι 是为了自己而做同样的事情,也是为了自己的目的。因此,柏拉图为何要用中动态,就很明显了。接下来的 σκιαμαχεῖν ἀπολογούμενόν [像同影子作战一样为自己辩护] 与之直接相连,结果,加上 τε 就对了。与之相关的从句是 ἐλέγχειν μηδενὸς ἀποκρινομένου [盘问,却无人应答]。《王制》470c 中的 πολεμεῖν μαχομένους τε φήσομεν καὶ πολεμίους φύσει εἶναι [他们在进行交战,双方是自然的敌人](王扬译文)是完全同样的用法。

[SS注] 另参吕西阿斯12.24。ἐνταυθοῖ 这种形式在柏拉图《申辩》中出现了三次,在《斐勒布》(15a3)和《法义》(734e3)中再次出现。在柏拉图的后期著作中,它是 ἐνταῦθα 的精挑细选的(recherche)变体。在《申辩》中,它的意思是"法庭这里"(18d5, 33d8, 40b2),而且似乎是法律术语。这一行的 ἐξελέσθαι 在这里当然就是"盘问"之意,另参21b9和29e5的注。

18d6: σκιαμαχεῖν [同影子作战],[S乙注]"同影子作斗争"。[S丙注]"但似乎是说,我们在进行申辩和盘问时,绝对得同影子作战。"

[B注]"与想象中的对手拳击"。对该词本义的最佳说明见于《法义》830c3。雅典异乡人谈到拳击手如何准备打一场比赛,并且还告诉我们如果没有人陪练时该怎么做,他说(830b6-c4):ἆρ' ἂν δείσαντες τὸν τῶν ἀνοήτων γέλωτα οὐκ ἂν ἐτολμῶμεν κρεμαννύντες εἴδωλον ἄψυχον γυμνάζεσθαι πρὸς αὐτό; καὶ ἔτι πάντων τῶν τε ἐμψύχων καὶ τῶν ἀψύχων ἀπορήσαντές ποτε, ἐν ἐρημίᾳ συγγυμναστῶν ἆρά γε οὐκ ἐτολμήσαμεν ἂν αὐτοὶ πρὸς ἡμᾶς αὐτοὺς σκιαμαχεῖν ὄντως; ἢ τί ποτε ἄλλο τὴν τοῦ χειρονομεῖν μελέτην ἄν τις φαίη γεγονέναι; [如果我们在健身时没有拳击陪练,难道我们就会害怕没有灵

魂的人的嘲笑，而不敢挂起一个没有灵魂的假人，并对着它进行自己的练习吗？而如果我们既缺乏有灵魂的对手，也缺乏没有灵魂的对手，在没有健身陪练的情况下，我们难道就不敢正大光明地同影子搏斗吗？]。现在的拳击手训练时仍然在用"空击练习"（shadow-boxing）这一说法。

[T注]"在为自己辩护的时候，似乎是在同影子作战，驳斥的时候也是如此，因为无人应答。"每一个部分的分词和不定式构成了一个复杂的观念，然后，这两个部分或两种观念由 τε καί 联为一体。这就是费舍在解释这些分词和不定式明显搞混了的原因。

[D注]这里的 τε καί 不是用来连接两个不同的想法，而是连接同一个想法的两种说法，另参 18b 中的 ἔπειϑον...。似这般两次说同一个事情，说话者更有效地表达了自己的想法，而没有出现明显的重复。但更明确的说法总会跟在比喻性表达之后。

[按] 吴飞据伯内特的解释而译作"空拳练习"，似较贴切。除格鲁伯译作 shadow-boxing 之外，其他译本大都作 fight with shadows，施莱尔马赫和阿佩尔特也作此译。水建馥译作"和一批幽灵怪影战斗"，稍过，但"同影子作战"似乎更能反映出苏格拉底的愤懑、遭遇的不公和无可奈何之感。

18d7-8: ἀξιώσατε οὖν καὶ ὑμεῖς [请你们务必重视]，[S甲注]"那么你们是否还认为"。[B注]"赐给我"。更常见的意思是"我认为"，但它的字面意思仅仅是"认为某物 ἄξιον [有价值]"，可以同等地用于任何一方。下文（e1）的 οἰήϑητε δεῖν 实际上是同样的意思。

[T注] ἀξιώσατε 等于拉丁语的 existimate，贝克尔（Bekker）、阿斯特和施塔尔鲍姆都如此翻译。

[按] ἀξιώσατε 的译法可谓五花八门，格鲁伯作 realize，魏斯特作 deem，福勒作 bear in mind，艾伦作 grant，盖洛普作 allow，施莱尔马赫作 annehmen，阿佩尔特作 aufstellen。

18d9: ἑτέρους μὲν ... ἑτέρους δὲ [一类……一类]，[SS注]作述词。

第一组是以前的控告者，第二组是新控告者。

18e1：οὓς ἐγὼ λέγω［我刚才说的］，［SS注］"我（刚才）一直在说的那些人"。现在时的 λέγω 一般可以表示先前的论点，因为它可以被视为连续性的单元（另参下文 21b1，24a6，d9，30c7，当然，用过去时也是可以的，如 20e1，26b1）。这种时态的相同用法亦见于短语 ὥσπερ ἐγὼ λέγω（17b6-7，18d8），也可以用过去时和不定过去时，在柏拉图后期著作中，甚至用完成时（参 E. des Places. *Une formule platonicienne de récurrence*, Paris, 1929, 7-13）。[1] οὓς λέγω 相当于 περὶ ὧν λέγω 的同义词，比较 20d9-e1：οὗτοι ... οὓς ἄρτι ἔλεγον，以及 26b8-9。进一步参见多兹对《高尔吉亚》490c8 的注疏。

18e1：ἐκείνους［很久以前那些人］，［T注］"那些人"，省略了"早前的"以及"更久远的"控告者。ἐκεῖνος 指"更遥远的想法"，但在此处，指后面那个词或从句。

18e2：καὶ γὰρ ὑμεῖς［也因为你们］，［S丙注］"也为了你们"。这里的 καὶ 有着充分的含义，因此，这个说法等同于 καὶ γὰρ καί。另参《美诺》97e：καὶ γὰρ αἱ δόξαι...。

［按］水建馥把最后一句形象地译作"况且他们声势浩大"。

［e5］好啦！雅典人，当然必须申辩！而且必须［19a］试着在如此短的时间内，驳倒你们长期以来一直持有的那种偏见。我当然愿意做到这一点，如果对你们和对我都有点好处，我愿意为自己作出成功的申辩。［Εἶεν· ἀπολογητέον δή, ὦ ἄνδρες Ἀθηναῖοι, καὶ ἐπιχειρητέον ὑμῶν ἐξελέσθαι τὴν διαβολὴν ἣν ὑμεῖς ἐν πολλῷ χρόνῳ ἔσχετε ταύτην ἐν οὕτως ὀλίγῳ χρόνῳ. βουλοίμην μὲν οὖν ἂν τοῦτο οὕτως γενέσθαι, εἴ τι ἄμεινον καὶ ὑμῖν καὶ ἐμοί, καὶ πλέον τί με ποιῆσαι ἀπολογούμενον·］

18e5：Εἶεν［好啦］，［S甲注］阿提卡人用这个词来表示他们不想

---

[1] 普拉瑟（Édouard des Places，1900—2000），法国古典语文学家。

就前面的话题再说什么，而是想转到另外的事情上去。该词有时也表示转折。

［S乙注］阿提卡作家用该词表示他们已经充分讨论了主题的一部分，并准备开始转到另一个部分。［T注］"好吧，就这样吧"。施莱尔马赫译作wohl。它标志着前面的已经说妥和完成，并转向另一个话题。

［SS注］（或是 $εἶεν$），"好吧"，"就那样了"，"会那样的"。这个小品词与"是"动词 $εἰμί$ 的祈愿式没有关系。不仅克瓦热（M. Croiset）用法语翻译为soit，甚至尚特兰（Chantraine）的 *DELG*（按：《希腊语词源词典》[*Dictionnaire étymologique de la langue grecque*]）中的相关词条也如此解释，这在意思上误导人，在词源学上也是错的。它的用法正如巴雷特（Barret）就欧里庇得斯《希珀吕托斯》行297的注释中所说："说话人准备继续下一点或下一步；通常是自己打算要继续下去，因此 $εἶεν$ 的作用在于给论辩中或宣布行动过程时的一个新话题和新步骤作开场白。"我们这里正是后一种情况（按：要展开新步骤）。我还会加上一句，在某种意义上，如果 $εἶεν$ 用来为接下来的东西开场，也是通过给前面的东西作断然的总结来实现的。该词通常引出一个强烈的休止（pause）和语调的变化。另参下文34b6的注释。在演说家中，只有安提丰和德莫斯忒涅斯使用 $εἶεν$ 一词。

19a1：$ἐξελέσθαι\ τὴν\ διαβολήν$［驳倒偏见］，［S甲注］也就是说，要消除你们头脑中那些关于我的糟糕看法，因为 $διαβολή$ 的意思是"糟糕看法""猜疑""为虚假的控告所动"。赫绪喀俄斯（Hesychius）[①]把 $διαβολή$ 解释成 $ὑπόπτευσις\ ἢ\ ὑπόληψις$［猜疑或偏见］。但既然苏格拉底为了消除法官们对他的糟糕评价而搬出了自己的优点，而且的确有所贡献，那么我们就容易看懂，柏拉图为什么要用 $ἐξελέσθαι$（按：中动态），而不是 $ἐξελεῖν$（按：主动态）。要把 $ταύτην\ ἐν\ οὕτως\ ὀλίγῳ\ χρόνῳ$［在如此短的时间

[①] 全称为"亚历山大里亚的赫绪喀俄斯"，公元5世纪的希腊文法学家，搜集整理成《希腊语难词词典》。

内，这个]视为对句子的强调，一方面体现在代词 ταύτην 上，一方面体现在 ἐν πολλῷ χρόνῳ [长期以来]和 ἐν οὕτως ὀλίγῳ χρόνῳ [在如此短的时间内]的对比上。

[B注] ἐξελέσθαι 的意思是"从你们脑子中消除"。另参《王制》413b6：τῶν μὲν χρόνος, τῶν δὲ λόγος ἐξαιρούμενος λανθάνει (τὴν ἀληθῆ δόξαν) [后者是由于时间，前者，由于对方的话不知不觉地剥夺了他们的信念] （王扬译文）。另参安提丰5.46。

[T注]"要在如此短的时间内，根除你们长时间都听到的诽谤（诽谤所产生的误解）。"[D注] οὕτως，"允许的"，因为审判必须在一天之内完成。

[S丙注]"在如此短的时间内让你们从这种久已形成的偏见中醒悟（disabuse）过来"。不定过去时 ἔσχετε 属于所谓的"表示最先获得的不定过去时"，如，ἐβασίλευσε 意为"他成了国王"，ἦρξε 意为"他开始统治"。下文20d的完成时 ἔσχηκα 也是同样的含义。

[G注]雅典的法庭演说有时间限制。苏格拉底在《泰阿泰德》172d-e中反思了这种时间限制对律师的束缚，还把律师的生活与哲人的闲暇进行了对比。由于陪审团用于了解情况的时间有限，而且对于他们必须判断的事情也没有任何一手经验，所以，他们的判决最多可以说是"真实的信念"（true belief），而不是"知识"（另参《泰阿泰德》201a-c）。

19a1-2：ἣν ὑμεῖς ἐν πολλῷ χρόνῳ ἔσχετε ταύτην [你们长期以来一直持有的那种]，[B注]"你们很久以前就有了"。ἔχω 的意思是"有""拥有"，其不定过去时的意思是"得到""获得"，ἐν 表示一件事情所花的时间。另参《斐多》58b8：τοῦτο δ' ἐνίοτε ἐν πολλῷ χρόνῳ γίγνεται，意思是"这件事情花了很长时间"；《斐德若》227d6-228a1：ἃ Λυσίας ἐν πολλῷ χρόνῳ κατὰ σχολὴν συνέθηκε，意思是"吕西阿斯空闲时也花了好长时间"。另参修昔底德《战争志》1.72。这种形式很常见，另参安提丰5.19。

[D注] ταύτην 表示在一个插入的由 ἥν 引导的解释性从句之后又重新

开始。

19a2-3：βουλοίμην μὲν οὖν ἂν τοῦτο οὕτως γενέσθαι［我当然愿意做到这一点］，[B注] 从这里可以清楚地看到，他当然乐意无罪释放，如果能够体面地获得（honourably secured）的话，而且还是神明的意愿的话。柏拉图笔下根本就没有赫耳墨葛涅斯或后来色诺芬所想出的那种说法。

[S甲注] τοῦτο οὕτως γενέσθαι 为下文更准确地界定，即 καὶ πλέον τί με ποιῆσαι ἀπολογούμενον，意为"我要做更多的事情，让你们抛弃对我糟糕的看法，并且相信更好的我"。[T注] τοῦτο οὕτως γενέσθαι 后面省略"消除法官们头脑中的错误印象"，并进一步由 καὶ πλέον τί με ποιῆσαι ἀπολογούμενον 来解释，其意为"用我的申辩来完善某种东西"。

19a3：εἴ τι ἄμεινον καὶ ὑμῖν καὶ ἐμοί［如果对你们和对我都有点好处］，[S甲注] 参《克里同》54b6的注释（按：人们常常用 ἄμεινον εἶναι 来代替 ἀγαθὸν εἶναι［有好处］。另参《申辩》30d1，《斐多》115a，《高尔吉亚》468b和d，《王制》410d）。

[T注] 下文说，他不仅怀疑无罪释放对他来说是不是最佳的结果，而且他并不想以这样一种方式活着，即便这样才有可能导致法官们无罪开释他。他做出的申辩与其说是在指望能够无罪释放或获得成功，毋宁说是要采用一种服从法律的形式。

[SS注] 隐约预告了下面要说的，即苏格拉底的行为给雅典带来好处（30c6-31b5，36c2-e1），也巧妙预告了苏格拉底相信神意的眷顾（30c8-9，35d7-8，39e1-42a5）。

19a4：πλέον τί με ποιῆσαι ἀπολογούμενον［为自己作出成功的申辩］，[S乙注] 苏格拉底渴望能够在法官的头脑中留下某种更好的印象，而不只是消除对手的诽谤所产生的不利影响。苏格拉底希望那种不良影响能够为相反的品质所替代，他盼望能够在申辩过程中呈现出那种品质。

[T注] πλέον τί 等于拉丁语的 proficere aliquid，"继续做某事"，"由此而得到某物"。[G注] 这与色诺芬的说法针锋相对，在色诺芬笔下，苏格拉底对于无罪开释根本没有多大兴趣。

[SS注]这样表达，就好像不定式 ποιῆσαι 的主语跟 βουλοίμην ἄν 是同一个主语。当前面那个不定式的主语不相同的时候，这种用法就很正常，比如此处。

[按]这句话殊难把握。王太庆译作"我希望进行得顺利，因为这对你们有利，也对我有利，能帮助我打赢官司"，水建馥译作"我的辩白，对你们，对我，都有好处，对我这场官司也有利，我希望能够成功"，都不够准确。吴飞译作"如果能对你们和我都好，我能圆满完成申辩，我当然愿意"。格鲁伯译作：I wish this may happen, if it in any way better for you and me, and that my defense may be successful。盖洛普译作：That is the outcome I would wish for, should it be of any benefit to you and to me, and I should like to succeed in my defence。其余如艾伦和福勒等人的译本都把 γενέσθαι 译作 happen 或 turn out，把最后一句都译成"成功申辩"云云。魏斯特的译文有些新意：I would wish it to turn out like this, if it were in any way better both for you and for me, and I would rather wish to accomplish something through my defense speech。据《希英辞典》，πλέον τί 表示"做好事""成功"（do some good, be successful）。但如果我们以 S 乙注为准，不把这里的 πλέον 理解为"充分"，而是理解为 πλείων [更多]，那么，最后这句话似乎可以翻译为"我愿意不仅仅为自己申辩而已"，这样理解有着双关的含义：我不仅仅申辩自己无罪，为自己洗刷冤屈，而且要告诉你们我更多的优秀品质；我不仅仅是为自己申辩，也是在为你们"申辩"，为你们指明生活的应然道路。但考虑到仅有 Stanford 一人如此说，故而从众翻译为"成功"。

但我知道那本身 [a5] 就很难，而且我绝不可能看不到其中的利害。既如此，就让这事顺神明之所喜去吧，但必须遵守法律，也必须申辩。[οἶμαι δὲ αὐτὸ χαλεπὸν εἶναι, καὶ οὐ πάνυ με λανθάνει οἷόν ἐστιν. ὅμως τοῦτο μὲν ἴτω ὅπῃ τῷ θεῷ φίλον, τῷ δὲ νόμῳ πειστέον καὶ ἀπολογητέον.]

19a4-5：καὶ οὐ πάνυ με λανθάνει οἷόν ἐστιν [而且我绝不可能看不到其

中的利害］，［S丙注］"而且我远没有被欺骗去相信它的那种性质。" οὐ πάνυ 的含义实际上常常指"根本没有"，相当于独立的 omnino non，但这里却有一种反讽性的"间接肯定"的效果，正如其字面意思本是 non omnino，"不全是""不大会是""几乎不"等等。另参寇普[①]所译的《高尔吉亚》附录C中对这个问题的详尽讨论，亦参李德尔本所附"摘要"的第139条，以及汤普森（Thompson）对《高尔吉亚》457e的注释。汤普森所引用的例子赞同把 οὐ πάνυ 当作一种绝对的否定，这些例子似乎就可以让他们以此为成法来理解亚里士多德《尼各马可伦理学》（1175b10-11）中的 χαίροντες ὁτῳοῦν σφόδρα οὐ πάνυ δρῶμεν ἕτερον［我们在一件事情上感到非常快乐时，绝不会转到另一件事情上］（廖申白译作"我们仅有在做一件事情只得到一般的快乐时，才会转向别的事情"）。最能说明问题的是《法义》704c5，那里用 οὐ πάνυ 来回答问题时表示强烈的否定（按：潘戈［Pangle］译作 none at all）。但即便是这个说法，也可充分地解释成阿提卡人根深蒂固的 εἰρωνεία［反讽］。

　　［按］直译为"我绝对不可能看不出那究竟是怎么回事"或"这种事情当然逃不过我的眼睛"（吴飞即作此译）。苏格拉底深知拨乱反正的困难，也不可能不知道官司的利害，说明他对法庭非常熟悉——这在民主雅典并非稀罕事。可见，他在17d3所谓"对这里说话方式外行"云云，如果不是自谦，就一定是反讽。

　　19a5：ὅμως［既如此］，［SS注］与 ὅμως 一起的连接词省略的情况在阿提卡文献中似乎非常罕见。在一个句子开头，ὅμως δέ 这样的用法极为常见（ὅμως μέντοι 倒很罕见），ἀλλ' ὅμως 也很常见（有时它可以表示一种中断，如《申辩》34d7）。……在柏拉图笔下，ὅμως 前面不是一个关于事实的说法，而是一种疑虑（如此处和《卡尔米德》173a3-4）或一种

　　[①] 寇普（Edward Meredith Cope，1818—1873），英国古典学家，著有三卷本《亚里士多德〈修辞术〉疏释》，翻译过柏拉图的《高尔吉亚》和《斐多》，批评过格罗特对智术师的赞美。

让步。

［按］格鲁伯译作even so，准确。福勒和魏斯特译作nevertheless。吴飞译作"一方面"。王扬把《王制》345a6相似用法的这个词译作"即使如此"。

19a6：ἴτω ὅπη τῷ θεῷ φίλον［按神明之所喜去发展吧］，［B注］"就按神明所喜办吧"。参索福克勒斯《俄狄浦斯王》行1458：ἀλλ' ἡ μὲν ἡμῶν μοῖρ' ὅπηπερ εἶσ' ἴτω［我的命运要到哪里，就让它到那里吧］(罗念生译文)。另参《游叙弗伦》3e3注。

［D注］τῷ θεῷ中的冠词不是指任何特定的神明，而是一种类属或集合的含义，意为"神明的意愿"或"神明"。

［按］水建馥译作"总之，谋事在人，成事在天"，颇有意思。王太庆译作"成败如何，要听神灵的意旨"，亦贴切。

第三章 驳斥

19a8–28b2

章 旨

［按］这一章是《申辩》的主体部分，占全书近四分之一的篇幅，是苏格拉底正式的"申辩"，所以伯内特的注疏本给这部分拟的标题是 The Defence of Socrates，也就是说，这部分才是"苏格拉底的申辩"。这一章分为三节：第一节（19a8-24b2），驳斥以前的控告者（伯内特作"针对以前控告者的申辩"）；第二节（24b3-28a1），驳斥新控告者，包括对美勒托斯的盘诘（伯内特作"针对美勒托斯的申辩"）；第三节（28a2-b2）是整个这一章的总结（伯内特没有单列这部分，而是把它划到下一节的内容中）。

［B注］这里解释了苏格拉底对当时自然科学的态度，与《斐多》96a6以下更充分的叙述完全一致。当然，色诺芬是从不同的角度来表现这件事情的。

那么，咱们且从头来追查一下那场控诉究竟是怎么回事——［19b］对我的诽谤就是打那里来的，而美勒托斯对我提起这场诉讼，靠的正是那种诽谤。［Ἀναλάβωμεν οὖν ἐξ ἀρχῆς τίς ἡ κατηγορία ἐστὶν ἐξ ἧς ἡ ἐμὴ διαβολὴ γέγονεν, ᾗ δὴ καὶ πιστεύων Μέλητός με ἐγράψατο τὴν γραφὴν ταύτην.］

19a8: Ἀναλάβωμεν οὖν ἐξ ἀρχῆς［咱们且从头来追查一下］，［SS注

动词 ἀναλαμβάνειν 常常指"拿起某物以便检查",如《申辩》22b2,《美诺》87e5,《王制》606e4,《治邦者》261c4。该词也可以仅仅指"检查",如此处以及《斐勒布》33c8-11:Μνήμην, ὡς ἔοικεν, ὅτι ποτ᾽ ἔστιν πρότερον ἀνα- ληπτέον, καὶ κινδυνεύει πάλιν ἔτι πρότερον αἴσθησιν μνήμης, εἰ μέλλει τὰ περὶ ταῦθ᾽ ἡμῖν κατὰ τρόπον φανερά πῃ γενήσεσθαι [记忆到底是什么,看起来首先应该得到处理,而且很有可能,在记忆之前首先应该重新处理感觉,要是我们想要使关于它们的东西按照正确的方式变得明显](李致远译文。格鲁伯英译作:It seems we have first to determine what kind of a thing memory is; in fact I am afraid that we will have to determine the nature of perception even before that of memory, if the whole subject matter is to become at all clear to us in the right way)。

ἐξ ἀρχῆς 这个短语在演说家笔下很常见,要么(如此处)在前导之后,引入证据(在申辩中就会是"驳斥"),要么引入前导本身,这倒不那么常见,参吕西阿斯1.5, 7.3, 12.3, 13.4, 32.3;伊赛俄斯2.2, 7.4;德莫斯忒涅斯34.5, 36.3, 47.3, 60.5等。

[D注] ἐξ ἀρχῆς 的意思"从中出来",另参23e的 ἐκ τούτων。后面的 ἐμή 相当于宾语性的属格,意为"针对我""对我"。下一句的关系代词 ἥ 指的是 ἡ ἐμὴ διαβολή。

[T注]"咱们重新从头开始"。苏格拉底前面曾概括性地谈到了那个指控(18b),但他现在要从头重新审视一下,就好像他此前不曾提到过一样。紧接着的 ἡ ἐμὴ διαβολή 意思是"对我的错误看法",正如 εὐνοίᾳ τῇ σῇ 的意思是"对你的好意",参《高尔吉亚》486a等。

19b1:ᾗ δὴ καὶ πιστεύων [靠的正是那种诽谤],[B注]相当于拉丁语的 qua scilicet fretus,意为"我认为(δή),美勒托斯在控告我的时候,靠的就是那些东西"。正如往常一样,苏格拉底假装不知道美勒托斯究竟在说什么,所以他退而猜测。另参《游叙弗伦》6a8注和下文31d1注。

[SS注] 小品词 δή 的常规用法是强调关系代词或关系副词,或者毋宁是强调它所表达的那种联系(丹尼斯顿,《希腊小品词》218-219),

它还可以后接一个 καί 来予以加强（同上书，页294-295）。然而，伯内特认为 δή 在这里的意思是"我认为"，还说"苏格拉底假装不知道美勒托斯究竟在说什么"。但是，首先，尽管 δή 的确可以表示反讽，有时甚至表示怀疑态度——这种用法已由丹尼斯顿完美地分析过了（页229-236），但该词即便在关系从句中真有这种功能，也很罕见。其次，苏格拉底这里所说并不在于美勒托斯指控的确切含义，而是说那种指控与大众偏见之间的关系，那种关系显然就是那种指控的原因和结果。第三，在相对应的段落23e3-24a1中，根本没有任何不确定性的迹象。

这里的分词 πιστεύων 并不是指"相信某事为真"，而是指"依靠某种东西来提供坚实的基础，或实现自己目标的充分手段"，简言之，即为"依靠某种东西"，另参修昔底德《伯罗奔半岛战争志》2.39.1，5.112.2，德莫斯忒涅斯40.20，托名德莫斯忒涅斯44.3，埃斯基涅斯1.172。πιστεύω 的这种意思在《希英大词典》著录的I.1义项中合为一体了。

［按］δή 表示某种明确的看法，故而译作"正是"。关于 πιστεύων，格鲁伯、福勒、魏斯特都翻译作trust，吴飞译作"信"（尽管吴飞据SS本加了一条简单注释），盖洛普和艾伦译作rely on，水建馥译作"靠"，王太庆译作"致使"，施莱尔马赫译作worauf［在此基础上］。从字面意思看，虽可译为"美勒托斯正是由于相信了那种诽谤之辞，才对我提起了这场诉讼"，但正如SS本明确所示，这里的问题不是美勒托斯"相信"那种诽谤之辞，而是歹毒地"利用"那些众口铄金的诋毁。

19b1-2：*Μέλητός με ἐγράψατο τὴν γραφὴν ταύτην*［美勒托斯对我提起这场诉讼］，［S甲注］参《游叙弗伦》2b1：*Τί φῄς; γραφήν σέ τις, ὡς ἔοικε, γέγραπται*［你说什么？看来有人要告你，对你提出公诉］（顾丽玲译文）。因为说 γέγραπται γραφήν 是正确的，也可以说 γράφεσθαί τινα［公诉某人］（按：这里的"公诉"与"私人诉讼"相对，前者是graphe，后者是dike，但不同于今天的"公诉"和"民诉"，参S乙注）。因此，这两种说法合并起来就有了 γράφεσθαι γραφήν τινα 这样的说法。

[S乙注] γραφή指一种对公共犯罪（public delinquent）的起诉或司法指控；相反，δίκη指一种向法庭提交的私人案件、控诉或指控。但严格说来，γραφή既可以指公共诉讼，也可以指私人诉讼。动词γράφεσθαι可以支配双宾语。

[T注]"对我提出了这样的指控"，注意这里中动态ἐγράψατο的意味。γραφή是对刑事犯罪的公共指控，δίκη既可以用于公共案件，也可以用于私人案件（按：与S乙注刚好相反），但与γραφή相对时，则指私人案件。

[S丙注] 美勒托斯的父亲也叫美勒托斯，是庇透斯（Pittheus）区的人（《名哲言行录》2.40）。《游叙弗伦》2b提到过此人，说他是一个年轻人，没什么名气，蓄着长而直的头发，胡子不多，鹰钩鼻。古代注疏家告诉我们，他是一个蹩脚的谐剧诗人，有忒腊克（按：旧译"色雷斯"）血统。我们从23e可知，他在攻击苏格拉底时装模作样代表诗人。在此六年前，《蛙》上演时，一个名叫"美勒托斯"的诗人心意叵毒，唆使人们攻击阿里斯托芬。在那出剧作中，埃斯库罗斯指控欧里庇得斯仿效了美勒托斯的σχόλια［轮唱曲］（《蛙》行1302）。我们知道，阿里斯托芬的《农人》（Γεωργοί，按：已失传）中也提到过美勒托斯，这部剧作相当早以前就上演了（按：时在公元前424年）。除非柏拉图严重地夸大了美勒托斯的年轻和籍籍无名，否则，我们大约可以认为，阿里斯托芬所说的美勒托斯，就是控告苏格拉底的那个人的父亲。这能够充分地解释苏格拉底的为什么会与诗人不睦。动手去逮捕萨拉米斯的勒翁（Leon of Salamis）的四人中，有一个人就叫美勒托斯，参安多喀德斯（Andocides）[1]的《论神秘》（On Mysteries）节94。第欧根尼·拉尔修甚至说（《名哲言行录》2.43），雅典人后悔那样对待苏格拉底，便

---

[1] 安多喀德斯（前440—前390），雅典演讲辞作家（logographer），阿提卡十大演说家之一。公元前415年，雅典军队在远征西西里前夜，赫耳墨斯神像被毁，他受到牵连。他通过告发而保命，却被迫丧失了部分公民权，并离开了雅典。见《古希腊演说辞全集：阿提卡演说家合辑》，陈钰、冯金朋、徐朗译，长春：吉林出版集团，2016。

处死了美勒托斯。狄俄多罗斯（按：见"题解"注释）甚至说得更狠（14.37）：三位控告者被一块儿处决了。但没有过硬的证据表明，判决苏格拉底有罪的那一代人真的良心发现，改变了想法。假使有什么不幸的遭遇落到安虞托斯头上，色诺芬的《申辩》（31节）不可能不提，毕竟此文撰于安虞托斯死后。美勒托斯的名字有不同的写法，$Μέλητος$ 和 $Μέλιτος$。这就是学者们所谓的"短音读作长音"（itacism）造成的混乱。不管古代的时候这是怎么回事，元音 $η$、$ι$、$υ$ 和双元音 $ει$、$οι$ 而今在希腊语中完全发同样的音，也就是发成英语中的长音 e。参汤普森的《高尔吉亚注疏》，页80。

[SS注]苏格拉底认为历来对他的控告有三个阶段：（1）以前的控告（$ἡ\ κατηγορία$），这是一小撮人的手笔，也就是上文（18d2-3）所提到的 $ὅσοι\ δὲ\ φθόνῳ\ καὶ\ διαβολῇ\ χρώμενοι\ ὑμᾶς\ ἀνέπειθον$ [那些出于恶意并用诽谤来攻击我的人说服了你们]；（2）结果（$ἐξ\ ἧς$），苏格拉底在普通人那里就有了坏名声，大家就对他产生了疑忌；（3）由于有了这些疑忌和名声（$ᾗ\ δὴ\ καὶ\ πιστεύων$），美勒托斯提出了正式的诉讼。柏拉图喜欢在某个部分的末尾重拾开头就引入的想法。在下文为"驳斥以前的控告者"这部分作结时（23c7-24a1），我们也发现同样划分为三阶段，但更扩展，也采用一种让人身临其境的形式：（1）苏格拉底到处去盘问的受害人希望报复他，并散布对他的指控（23c7-d9）；（2）靠这种伎俩，他们成功地把诽谤"塞进"了雅典人的耳中；（3）由此（$ἐκ\ τούτων$），美勒托斯、安虞托斯和吕孔把苏格拉底告上了法庭。

好啦。那些诽谤者在诽谤时究竟诽谤了些什么？比如说，他们作为控告者，发过誓后，必定会这样宣读自己的诉状： [$εἶεν·\ τί\ δὴ\ λέγοντες\ διέβαλλον\ οἱ\ διαβάλλοντες;\ ὥσπερ\ οὖν\ κατηγόρων\ τὴν\ ἀντωμοσίαν\ δεῖ\ ἀναγνῶναι\ αὐτῶν·$]

19b2：$εἶεν$ [好啦]，[SS注]"就是那么回事"。苏格拉底插入 $εἶεν$，就表示坚决认为他已经正确地表达了那个应该检讨的问题。[按]另参

18e5 对该词的注疏。

19b2：*τί δὴ λέγοντες διέβαλλον οἱ διαβάλλοντες*［那些诽谤者在诽谤时究竟诽谤了些什么］，［B注］"那些导致了这种偏见的人所说的那种东西究竟是什么？"［S丙注］这种丰满的表达法有一种深思熟虑的味道（air of deliberation），参李德尔注疏所附"词句汇要"（Digest）§262.3。

［SS注］同一个名词词根或动词词根在形式上和句法功能上稍加变化的重复（*πολύπτωτον*），这种用法即便在柏拉图所谓早期著作中都很常见（按：SS本一反学术界的定论，认为《申辩》不是早期著作）。在《申辩》中，还有如下例子：20d1-2（另参注释40c5），22e1-5，32c7，34c1-2，d2-3，36a2-3。这种语言特色，尤其像34c1-2这样的例子，会让现代读者感到有些做作。然而，柏拉图的同时代人是否有这种感受，倒是让人怀疑，而且这同一件事还可能意味着，那是否本身就是柏拉图本人的策略问题。总体而言，《申辩》的文风与苏格拉底在"绪论"（17b8-c5）中的纲领性陈述相一致，乃是非常简单质朴的，尤其弃绝了高尔吉亚式的特征。关于"多重变格"（polyptonton）这个复杂问题，需要深入地重新检讨。

［按］"多重变格"（*πολύπτωτον*，polyptonton），本指"多种情况下的"，在修辞上就是以不同的形式使用同一个词。这种修辞手法似乎在汉语中（正如在西方现代语言中）找不到对应物，勉强可等同于"堆砌"，看似重复且啰唆，实则在刻意强调。大多数译本都把这句话作了简单的处理，但盖洛普和魏斯特译出了这种修辞特色：盖洛普译作 what were my slanderers actually saying when they slandered me，魏斯特译作 what did the slanderers say to slander me。

19b3：*ὥσπερ οὖν κατηγόρων τὴν ἀντωμοσίαν δεῖ ἀναγνῶναι αὐτῶν*［比如说，他们作为控告者，发过誓后，必定会这样宣读自己的诉状］，［S甲注］其含义是"他们的控告，正如所谓的控告者们所说，应该大声朗诵"。*ἀντωμοσίαν*本来指誓言，要么是原告的誓言，他发誓说他提起的诉讼乃出于公正的原因，而非诋毁；要么是被告的誓言，他发誓说自己是清白的。此外，这个词还用于当事人呈给法官的书面声明中。

[R注] ὥσπερ 不仅修饰 κατηγόρων，还修饰 ἀντωμοσίαν 和 ἀναγνῶναι。那帮人是"准起诉人"（quasi-prosecutors），因而那就是一份"准诉状"（quasi-indictment），然而，苏格拉底"相信"要宣读一下。这里的 ἀντωμοσίαν 亦见于24b。该词像27a中的 ἀντιγραφή 一样，用来指 ἔγκλημα。ἀντωμοσία 和 ἀντιγραφή 两个词都可以恰当地说成是"辩方"的请求，在 ἀνάκρισις[预审、调查]时，或在王者执政官（archon Basileus）面前的初步程序中，以书面形式提出的，并且要发誓。但相似地，正如 ἔγκλημα 也表示书面材料和誓言，这些都可以用于这种情况。

[S乙注] 蒂迈欧的《柏拉图词典》把 ἀντωμοσίαν 解释为 γραφή κατά τινος ἔνορκος, περὶ ὧν ἠδικῆσθαι φησίν[以发誓为基础控告某人，认为那人行了不义]。在雅典，案件双方当事人都要发誓，原告发誓说 ἀληθῆ κατηγορεῖν[凭真相指控]，辩方则发誓 ἀληθῆ ἀπολογήσειν[做真实的答辩]。不管是原告还是被告所发的誓，都叫 ἀντωμοσία，该词也用于指原告诉状中的誓言，费舍称之为occusationis formula[诉讼程序]。提交给法官的诉状写在石板上，因而叫做 ἀναγνῶναι[朗读、周告]。参波特的《古希腊》，卷一，章21。

[S丙注] ἀντωμοσίαν 即"宣誓书"（affidavit）。另参24b。古人用这个词究竟指什么，一直都很不确定。据古代注疏家（按：似指S乙注中的蒂迈欧）对这个地方的说法，用于指控辩双方在庭审开始时所发的相反的誓言，一方说对方犯了罪，另一方说没有。这位注疏家还提到一个观点，正确说来，ἀντωμοσία 仅指辩方的誓言，而 διωμοσία 才指控方的誓言。下面是迈尔和舒曼（Schoemann）对整个问题作了彻底研究之后得出的结论（《阿提卡司法程序》[Der Attische Process]，1824年版，页624-625）："在古代文法学家看来，控方的誓言应该叫做 προωμοσία，而辩方的誓言则是 ἀντωμοσία，两者共同的誓言叫做 διωμοσία。而且 ἀντωμοσία 一词常常指双方的誓言（即，既指单独的，又指共同的，正如这里所选例子所示），διωμοσία 不仅指共同的誓言，也常常指其中一方

的誓言。"很明显，这里的 ἀντωμοσία 不多不少恰恰指"诉状"，表示诉状的恰当词汇本来是 ἔγκλημα，我们在下文24c中能够看到这个词。柏拉图本人在《泰阿泰德》172d9-e4中解释过该词：οἱ δὲ ἐν ἀσχολίᾳ τε ἀεὶ λέγουσι—κατεπείγει γὰρ ὕδωρ ῥέον, καὶ οὐκ ἐγχωρεῖ περὶ οὗ ἂν ἐπιθυμήσωσι τοὺς λόγους ποιεῖσθαι, ἀλλ' ἀνάγκην ἔχων ὁ ἀντίδικος ἐφέστηκεν καὶ ὑπογραφὴν παραναγιγνωσκομένην ὧν ἐκτὸς οὐ ῥητέον· ἣν ἀντωμοσίαν καλοῦσιν [那些人则总是在仓促中发言——"滴漏"之水滴滴答答催逼着他们——他们在谈话中没有考虑自己意愿的余地，原告站在旁边手持诉状，并且还在一旁宣读答辩大纲，超出此范围的话都不许说——此即所谓"誓书"]（贾冬阳译文。严群译作"出入法庭者说话总是仓皇急遽；漏壶的水催促着，不容尽所欲言；反对造在旁牵掣，宣读所谓誓书的诉讼或答辩大纲"。按，严群为"誓书"一词加注释曰："依古希腊雅典审判手续，两造分别提出书面的诉讼答辩辞，并各对其所提之辞宣誓。两造宣誓者统称为誓书 [διωμοσία]：原告所宣誓者谓之正誓书 [προωμοσία]，盖以誓证明其所诉之真实；被告所宣誓者谓之反誓书 [ἀντωμοσία]，盖以誓反证原告之诬枉"）。从这里我们可以看出，柏拉图所理解的 ἀντωμοσία 是指双方当事人对争议之点，所提出的以誓言为基础的书面材料。ἀναγνῶναι 类似于拉丁文的 recitare，常常指"读出来"。因此，ἀναγνώστης 指"训练有素的朗读者"。

[B注] ἀντωμοσίαν，"他们宣过誓的声明"。在 ἀνάκρισις [预审、调查] 或向陪审团作初步说明（preliminary instruction）时，双方都要宣誓声明。苏格拉底替先前的控告者把他们的控告编成了严格的司法形式，就是在做那场控告本来应该做的事情，如果那场控告是公开和径直提出的话。

[SS注] 因为诽谤者事实上就是控告者（如a8中的 ἡ κατηγορία [那场诉讼]），"所以"（οὖν）我们应该考察讨论他们的诉状（act of indictment），这是当事人对控告者的正常做法。

[D注] 审判一开始就要宣读控告者的正式起诉书。因为苏格拉底

提议首先讨论那场非正式的控告，就需要在自己的答辩之前谈谈（可能的）诉状中那些明确的说法。

[T注]"因此，正如"习惯上"正式的控告者"要宣读"诉状"（bill of indictment），所以"我们也必须代他们宣读诉状"。

[按] *ἀντωμοσία* 本身指"宣誓"或"誓言"，这里引申为"包含誓言在内的书面文件"，但又不是单纯的"誓书"，而主要指"诉状"，大约可以把汉语的"誓言"和"诉状"合为一个生造的词："誓状"。盖洛普译作 Let me read out their deposition, as if they were my legal accusers，属于意译，与原文有些出入。魏斯特译作 their sworn statement, just as though they were accusers, must be read。格鲁伯译作 I must, as if they were my actual prosecutors, read the affidavit they would have sworn。艾伦译得颇为简洁：it is necessary to read, as it were, their sworn indictment（福勒的译文与此接近，稍多几个字），但并未充分传达出文中的含义。上述注疏中，T注较接近原文的含义。这个句子过分简略，因而似乎必须添加很多内容，以补充完整。苏格拉底接下来替那些早期诽谤者宣读的"诉状"乃是苏格拉底根据实情虚拟的，所以，加上了"比如说"（*ὥσπερ*）和"必定"（*δεῖ*）两词。

"苏格拉底犯了罪：他痴迷于研究地上和天上的东西，把弱的说法[19c]变强，还把这些东西教授给别人。"诸如此类。["*Σωκράτης ἀδικεῖ καὶ περιεργάζεται ζητῶν τά τε ὑπὸ γῆς καὶ οὐράνια καὶ τὸν ἥττω λόγον κρείττω ποιῶν καὶ ἄλλους ταὐτὰ ταῦτα διδάσκων." τοιαύτη τίς ἐστιν·*]

19b4：*ἀδικεῖ* [犯了罪]，[B注]"有罪"，真正的 *ἀντωμοσία* [誓状]中的常规措辞（另参下文24b9）。该词一般后面接一个分词说明罪行，这里即是如此（*ζητῶν*）。*καὶ περιεργάζεται* 仅仅是补充性的，因为，以前的控告者实际上并没有说苏格拉底在法律上"有罪"，而仅仅是说他瞎忙活于毫不关己的事情。另参《斐多》70b10-c2：*Οὔκουν γ' ἂν οἶμαι, ἦ δ' ὃς ὁ Σωκράτης, εἰπεῖν τινα νῦν ἀκούσαντα, οὐδ' εἰ κωμῳδοποιὸς εἴη, ὡς ἀδολεσχῶ* καὶ οὐ περὶ προσηκόντων τοὺς λόγους ποιοῦμαι ["我兴许不会认为,"苏格拉底说,"有哪个眼下正在听的人——哪怕他是个谐剧诗人,会说我在东拉西扯,就不着边际的事情夸夸其谈"](刘小枫译文),这里 οὐ περὶ προσηκόντων 的意思是"与我毫无关系的事"。

[按]大多数译本都遵照伯内特的解释,翻译成 Socrates is guilty of wrongdoing,但盖洛普译作 Socrates is guilty of being a busybody(福勒译文亦类似),则太死板,不像法律文书;魏斯特译作 Socrates does injustice,吴飞译作"苏格拉底行了不义",都是直译。王太庆、水建馥译本均不准确。LSJ的《希英大词典》解释为:in legal phrase, *do wrong in the eye of the law*, the particular case being added in part.[法律术语,"依法律观点来看,犯了罪",具体案件还要用分词补充说明],并以《申辩》此处为例。

[S丙注]这是对真正起诉书的戏仿,真正的起诉书就是以这样的话开头。另参24b以下。这份模拟的诉状明明白白地告诉我们,苏格拉底的同胞在何种程度上误解了他的品格。人们怀疑他就是一位有无神论倾向的自然哲人,还把他视为一位肆无忌惮的智术师,让真理屈从于聪明。

19b4:περιεργάζεται[痴迷],[S甲注]本来指"仔细对待任何事情",由此指对任何事情投入了太多的关注。因而,它在此处指"关注那些根本就不属于你的东西",关注无聊、无益和无用的东西。[S乙注]"过分勤奋的打听者"。

[S丙注]"从事古怪的研究",这是普尔维斯(Purves)比较了《使徒行传》19:19 ἱκανοὶ δὲ τῶν τὰ περίεργα πραξάντων[平素行邪术的]中的形容词 περίεργα 后的看法。未受过教育的人的思想很容易从自然科学转变到巫术上去。我们在阿里斯托芬《云》行144-152还看到过对"古怪研究"的滑稽模仿,据说苏格拉底这位哲人脑子里想的是做一个实验,以确定一只跳蚤能够跳出它自己脚长的多少倍。

19b5:οὐράνια[天],[D注]省略了定冠词,因为 ὑπὸ γῆς 和 οὐράνια

是同一个序列。另参色诺芬《回忆苏格拉底》1.1.19。——在《普罗塔戈拉》315c，柏拉图嘲讽了希琵阿斯的天文学知识，在色诺芬《回忆苏格拉底》(4.7.2)中，苏格拉底劝朋友不要醉心于搞天文学研究。——阿里斯托芬在其剧中，把苏格拉底的朋友们说成俯身低头，贴近地面，研究下面的东西，同时臀部上翘，仰对苍穹，在研究天文学呢。

[按] S乙本作 ἐπουράνια（伯内特认为不妥，多了一个前缀 ἐπ-），并引用了塞涅卡《自然问题集》(*Quaestt. Naturr.*) 2.1：Caelestia etiam sublimia vocat, hoc est, nubila, imbres, nives, et humanas motura tonitrua mentes, quaecunque aer facit patiturve [天空也可称作崇高，也就是说，云、雨、雪以及闪电都会打动人类的心灵，气候的所作所为亦然]。与洛布本略异。

19c1: τοιαύτη τίς [诸如此类]，[T注]"诸如此类的东西"，苏格拉底并没有说要准确地给出诉状的内容。另参色诺芬《回忆苏格拉底》1.1.1。[D注]省略了 ἀντωμοσία [以誓言为保证的诉状] 或 διαβολή [诽谤之辞]。苏格拉底一人为这些讼词的准确性负责，因为这场控告本身就是虚构的(vague)。

因为你们自己在阿里斯托芬那部谐剧中见到过这样的说法：有个叫苏格拉底的人在那里吊着晃来晃去，就自吹是在空中行走，还胡诌了好些另外的胡言乱语，但那些东西不论[c5]大小，我对之都一窍不通啊。[ταῦτα γὰρ ἑωρᾶτε καὶ αὐτοὶ ἐν τῇ Ἀριστοφάνους κωμῳδίᾳ, Σωκράτη τινὰ ἐκεῖ περιφερόμενον, φάσκοντά τε ἀεροβατεῖν καὶ ἄλλην πολλὴν φλυαρίαν φλυαροῦντα, ὧν ἐγὼ οὐδὲν οὔτε μέγα οὔτε μικρὸν πέρι ἐπαΐω.]

19c2: καὶ αὐτοί [(你们)自己]，[B注]假定陪审团全体法官年纪都足够大，还记得《云》。这里没有加上 ὑμῶν τοὺς πολλούς [你们大多数人](18b5)或 ἔνιοι ὑμῶν [你们中的一些人](18c6)之类的限制。尽管《云》堪称典型，但 διαβολή [诽谤] 比它更古老久远。

19c2: ἐν τῇ Ἀριστοφάνους κωμῳδίᾳ [在阿里斯托芬那部谐剧中]，[S

[甲注] 阿里斯托芬的《云》上演于公元前423年，尽管有极高的艺术价值，却未获成功。这位诗人不仅未能获得一等奖，反而屈居阿美普西阿斯和克拉提诺斯之下。他似乎做了一些修改之后，于次年又把它搬上了舞台，但这个事情在很多评论家那里有争议。

[S丙注] 关于对地上和天上事物的研究，参《云》行187-201更为宽泛的讽刺；让更糟糕的原因变得更好，尤其参该剧行112-118，以及行886-1104中两种 λόγοι [道理] 的对话。

[T注]《云》可能是阿里斯托芬最杰出的作品，它把苏格拉底这位主角的上场说成是坐在空中的篮子里（就像阿提卡戏剧中用机械降下来的神明），并且在有风的地方朗诵。至于这位诗人出于什么动机带着如此明显的不公来对待这位道德哲人，则众说纷纭。有人认为阿里斯托芬是出于私怨，并且还受到苏格拉底的敌人的唆使和收买。但这种看法既与阿里斯托芬在其他地方提到苏格拉底时都用了相对尊重的口吻（《鸟》行1280，1554，《蛙》行1487）不一致，也与柏拉图在此处以及别的地方谈到阿里斯托芬时温和甚至赞美性的措辞相抵牾。

假如柏拉图视阿里斯托芬为苏格拉底的死敌，或者是阿里斯托芬导致了苏格拉底的死亡，那么他就绝对不会像在《会饮》中那样说这位诗人和这位哲人（按：阿里斯托芬和苏格拉底）以如此友好的口气交谈，更不会为这位谐剧诗人的墓碑写下这样的铭文："宙斯想为所有的恩惠（graces）寻找一个圣所时，找到了阿里斯托芬的灵魂。"有些人又认为阿里斯托芬真误会了苏格拉底的品格，把苏格拉底的学说混同于智术师们的学说，但实际上苏格拉底是反对智术师的，结果阿里斯托芬严肃认真且义愤填膺地猛烈攻击苏格拉底——而那本来应该是智术师才罪有应得的遭遇，他还把苏格拉底当成了那拨人的头儿和最能干的代表。但是，且不说如此归罪于阿里斯托芬乃是缺乏洞察力，柏拉图既没有如此严肃地看待过这个问题（正如上述考量即足以说明），苏格拉底本人也没有当真，那部谐剧上演时，他就在现场，而且还在观众面前站起身来，好让人们看到他"这位为那么多人提供'令人愉快的享受'的主角"。

苏格拉底与智术师们在饶舌的习惯、谈论的话题、推理的方式上拥有足够多的共同点和相似性,尤其是苏格拉底常常以智术师的方式来迎合他们,并且以其人之道还治其人之身,这就让人们貌似有理地把他说成"大智术师"(archon-sophist)。同样无可怀疑的是,这位极端保守的诗人也是用一种同样毫不畏惧和厌恶的态度来看待苏格拉底哲学的思辨精神和革命精神,同时也是以这种态度来看待智术师道德败坏的教导。此外,苏格拉底与阿尔喀比亚德和欧里庇得斯关系极为密切,而这两人也是主要的革新者(archon-innovator),尽管领域不同,但都是阿里斯托芬谐剧毫不容情讽刺和谴责的对象。

我们可以想象,如此多的客观现实就是苏格拉底在《云》中形象的基础。剩下的就是谐剧性的夸张和恣肆,其目的不在于恶毒的攻击,而是为了娱乐 πολυγέλοι Ἀθηναῖοι [爱笑的雅典人、爱找乐子的雅典人]。可以肯定地说,谐剧诗人为了营造不可遏止的笑声,绝对找不到比荒诞滑稽的人士、异国的打扮和苏格拉底怪异的步伐更有效果的主题了——无论朋友还是敌人,无论袍泽还是异乡人,都对此十分熟悉,因为他们见过苏格拉底站着凝神发呆,或一动身就跑过大街,他在店铺前或市场中时而让人如痴如醉,时而让人厌烦恼怒。有些人也许误解了这部剧的意图,也误解了该剧的作者,对于引起这场官司,它也许产生了一些效果,正如这场官司所示。但《申辩》提到《云》,是为了阐明大众长期以来的偏见,而没有把它说成眼下这场官司的原因。而且《云》最终败绩,也就没有在大众的脑海中留下任何不利于苏格拉底的严重后果,这一点不仅可以从它当时未获成功(因为它既没有获得任何好评,也没有获得任何奖项)可知,也可从这样的事实可知:《云》的上演与这位"道德哲人"的审判之间可是隔着24年之久。

19c3: Σωκράτη τινὰ [有个叫苏格拉底的人],[SS注] 这里的不定代词(τινὰ)与18b6中的不一样,并不表示轻蔑,而是说那部谐剧刻画了"某个"想象中的苏格拉底,而不是真实的苏格拉底。

[D注] 作 ταῦτα 的同位语。关于 τινὰ 的含义,参18b中的 τις

Σωκράτης。Σωκράτη τινὰ 这种说法暗示了，《云》中的苏格拉底与真实的苏格拉底之间绝无任何相似性，另参《云》行218-225。

19c3：περιφερόμενον [吊着晃来晃去]，[B注] "转来晃去"。这里指的是《云》行218以下，人们看到苏格拉底靠一个 κρεμάθρα [吊筐，吊钩上挂着的绳子] 晃来晃去，很显然，那个东西就是带挂钩的绳子。传统上理解的"篮子"来自该剧行226，ἔπειτ' ἀπὸ ταρροῦ τοὺς θεοὺς σὺ περιφρονεῖς [那么，你是在吊筐中鄙视神明]（按：这里的 ταρροῦ 指"平底椰条筐"），然而，这里的写法和阐释一直都有疑问。显然，ἀεροβατεῖν [在空中行走] 与"篮子"几乎不匹配。[按] "吊威亚"？

[按] 水建馥、吴飞、福勒和艾伦都译作"被搬到那里（舞台）"，似误。盖洛普和格鲁伯译作 swinging about，更为准确。

19c3：ἀεροβατεῖν [在空中行走]，[S乙注] 赫绪喀俄斯解释为 εἰς τὸν ἀέρα περιπατεῖν [走进空气中]。参阿里斯托芬《云》行225，苏格拉底在那里出场时悬吊在空中的篮子里，斯瑞西阿得斯问：πρῶτον μὲν ὅτι δρᾷς, ἀντιβολῶ, κάτειπέ μοι [我求你首先告诉我，你在那上面做什么]，苏格拉底回答说：ἀεροβατῶ καὶ περιφρονῶ τὸν ἥλιον [我在空中行走，在逼视太阳]（罗念生译文。按：斯多克译作 My feet are on the air, | my thoughts are in the sun）。毕达哥拉斯学派的阿巴里斯（Abaris）也相似地被叫做 Αἰθροβάτης [空中行走者]（波菲利：《毕达哥拉斯传》[*in. Vit. Pythag.*]，第29节）。在施塔尔鲍姆看来，由于阿里斯托芬在自己的剧中第一次把苏格拉底说成孤僻的人，并讥讽他的研究，那些博学之士就得出错误的结论，认为苏格拉底就是因此而被人指责为诽谤者和智术师。

因为，从《云》第一次上演以来，已经过去相当长一段时间。这部剧作也不成功，而且这位诗人和这位哲人后来居然过从甚密，那么阿里斯托芬要么从未想到要蓄意泼脏水，要么假如他无意间如此过分地对一个无辜和无害的对象造成了放肆（wanton）的伤害，他有很好的理由忏悔自己的错误。由此，施塔尔鲍姆推断，苏格拉底故意提到这部谐剧，立即就显示出反讽来。苏格拉底似乎在严肃地谈论一个实际上仅仅为了提供娱乐的话题,以此更为严厉地谴责那些控告者的愚蠢,以及控告者们在沸腾的敌意中,利用那些要么在事实上毫无根基的、要么仅仅来自玩笑话的论据。库桑在其《哲学辑语新编》(*Nouveaux Fragmens Philosophiques*, Paris, 1829, p. 155 以下)中如是认为:阿里斯托芬彻底地区分了苏格拉底的学说和苏格拉底的人品。

[B注]苏格拉底如此对待空气,因为"空气"在阿尔喀劳斯(Archelaus)的体系以及他带到雅典来的整个伊奥尼亚学派中都至关重要。另参《游叙弗伦》3b2注。

[按]王太庆译作"腾云驾雾",极为有趣传神。

19c4-5: ὧν ἐγὼ οὐδὲν οὔτε μέγα οὔτε μικρὸν πέρι ἐπαΐω [但那些东西不论大小,我对之都一窍不通啊],[S甲注]这是一种谚语式的说法。注意介词 περί 与它支配的名词隔着老远的距离。动词要么直接带一个属格宾语,要么带介词 περί 和一个属格宾语组成的介词短语。

[S乙注]介词 περί 支配的是这句话的第一个词 ὧν,共同作 ἐπαΐω 的宾语。οὐδὲν οὔτε μέγα οὔτε μικρὸν 是一种谚语式的表达法,费什解释作:quorum ego nihil omnino scio: quae ego prorsus ignoro。《申辩》多次出现这种表达法,另外,19d4 的 ἢ μικρὸν ἢ μέγα 也是同样意思(按:那里译作"无论多寡")。阿提卡人把 μικρὸν 写作 σμικρὸν(按:斯坦福注疏本此处就是后一种写法,而我们所依据的牛津本21b4就把这个词作 σμικρὸν)。

[R注]关系代词 ὧν 的先行词必定是 ἀντωμοσία [以誓言为保证的诉状]中所说的事情,而不是下面所说的话。[T注]这种倒置有如英语的 which I know nothing *about*。

[B注]介词 περί 倒置于它所支配的属格之后如此远的地方,这样的例子不多见。可以这样理解:因为 οὐδὲν οὔτε μέγα οὔτε μικρὸν 被视为一个副词性的表达法。另参德莫斯忒涅斯9.5,亦见下文21b4, 24a5。

在《斐多》中(96a6以下),苏格拉底讲自己年轻时对 ἡ περὶ φύσεως ἱστορία [自然研究]的兴趣,甚至更强调性地谈到了这一点。另参96c1: τελευτῶν οὕτως ἐμαυτῷ ἔδοξα πρὸς ταύτην τὴν σκέψιν ἀφυὴς εἶναι ὡς οὐδὲν χρῆμα

[最终我认为自己对这样一种考察并无天赋，简直就是一无是处]（刘小枫译文）。苏格拉底在那里也表示尊重那种 σοφία [智慧]，也就是说，他认为没有人拥有那种智慧。当然，这两个地方都存在着 εἰωθυῖα εἰρωνεία [习惯性的反讽]。苏格拉底认为自己无法获得那种智慧，仅仅因为在他单纯质朴的心中，他不可能忍住不去追问更多终极性的问题。甚至色诺芬都知道，苏格拉底很熟悉当时的科学，而且对之很不满意。他不赞成学几何学到复杂难解图形的程度（μέχρι τῶν δυσσυνέτων διαγραμμάτων），然后补充说（《回忆苏格拉底》4.7.3）：καίτοι οὐκ ἄπειρός γε αὐτῶν ἦν [因为那种东西毫无用处]。他劝人们的天文学研究不要超过去分辨以下东西的程度："不在同一轨道旋转"的天体（即那些天体的运动不能由一日旋转来解释）和行星，也不要研究行星与地球之间的距离以及它们的公转及其原因，然后还补充说：καίτοι οὐδὲ τούτων γε ἀνήκοος ἦν [因为这样的事情简直闻所未闻]（同上，4.7.5）。实际上这位阿尔喀劳斯的 ἑταῖρος（伙伴，按：指苏格拉底）必定懂得所有那些需要懂得的东西，唯有一点，他似乎认为那些东西不是知识。当然，对于苏格拉底的不满之处，色诺芬所解释的原因更多地带有他本人毕生看法的特征，而不是那位哲人（苏格拉底）的看法。色诺芬从来就不懂得苏格拉底式的 εἰρωνεία [反讽，装样子]。还需要进一步指出的是，苏格拉底在大陪审法庭，几乎不可能解释他对当时科学不满的真正原因。柏拉图在《斐多》的（苏格拉底）自传素描中谈到了那一点。

[SS注]"懂得"支配的是 περὶ τούτων，意为"对……胡说八道"。关于 οὔτε μέγα οὔτε μικρόν，另参下文 21b4, 24a5, 26b1,《斐勒布》21e1, 32e6-7, 33b3,《法义》793c7, 900e7,《书简七》349b5-6。在柏拉图之外，参德莫斯忒涅斯 19.17，托名德莫斯忒涅斯 35.17（公元前340年之前），48.44（大约公元前341年）。下文 19d4 中，ἢ μικρὸν ἢ μέγα，顺序颠倒了，是柏拉图典型的 variatio [换词]。

[S丙注]在色诺芬笔下，苏格拉底厌恶自然思辨，因为毫不实用，而且与人的利益毫不相关（《回忆苏格拉底》1.1.11–15）。关于苏格拉

底认为科学研究用处极为有限,参《回忆苏格拉底》4.7.2-8。

[按]"不论大小",亦可译作"不管重要还是琐屑"或"无论巨细"。有人译作"不论多少"(much or little)。"一窍不通",一般译作understand(或comprehend或know)nothing。苏格拉底不可能对之"闻所未闻"(吴飞译文)——阿里斯托芬的《云》早已流传开来,他的"一窍不通"之说,意在"抵赖"或反讽。

我这样说,倒不是瞧不起那种学问,假如有人真是那方面的聪明人——但愿美勒托斯不会以如此重大的罪名来控告我,让我百口莫辩——但是,雅典人,我跟那些东西真没关系。[καὶ οὐχ ὡς ἀτιμάζων λέγω τὴν τοιαύτην ἐπιστήμην, εἴ τις περὶ τῶν τοιούτων σοφός ἐστιν—μή πως ἐγὼ ὑπὸ Μελήτου τοσαύτας δίκας φεύγοιμι— ἀλλὰ γὰρ ἐμοὶ τούτων, ὦ ἄνδρες Ἀθηναῖοι, οὐδὲν μέτεστιν.]

19c5-7:καὶ οὐχ ... ἐστιν[我这样说,倒不是瞧不起那种学问,假如有人真是那方面的聪明人],[S甲注]这些话应该这样反讽地理解:"我并不蔑视和拒斥那种关于天上事物的知识,以及貌拒那种能够把糟糕的原因变得更好的技艺;不过,但愿我从来没有被美勒托斯诉以如此大的不义。"δίκην φεύγειν这种说法的意思是"被控告""被起诉",与διώκειν相对,后者的意思是"控告"。但既然φεύγειν与διώκεσθαι相同(按:前者本义是"逃",后者的原意是"追"),也就容易看出为何它应该翻译成被动态。最后一句应该阐释为:ἀλλ' ἐκεῖνο οὐχ οὕτως ἔχει· οὐ γὰρ ἐμοὶ τούτων οὐδὲν μέτεστι。

[SS注]在ὡς ἀτιμάζων中,现在分词ἀτιμάζων不管是否与ὡς连用,常常有一种最终的意义,它的意思不是"不大尊重",而是"待以嘲讽",否则理查兹(H. Richards)以及伯内特彼此相近地充分解释过的μή πως ἐγὼ ὑπὸ Μελήτου τοσαύτας δίκας φεύγοιμι[但愿美勒托斯不会以如此重大的罪名来控告我]就没有意义了。

[R注]这是很显眼的反讽。这里,苏格拉底拒绝谴责以前人人都

说他在从事的那种研究，而观众们本来很想听到这一点，原因有二：（1）首先应该研究"人的"自然（参色诺芬《回忆苏格拉底》1.1.12），（2）自然学家研究的问题真地超出了人的心智能力（同上，1.1.11），并且还得出了无用的结论（同上，4.7.6–7）。

[D注] 另参下文19e的 καὶ τοῦτό γέ μοι δοκεῖ καλὸν εἶναι，意思是"那种知识是好东西，如果谁拥有的话"。苏格拉底的言下之意就是，他怀疑谁会拥有那种知识，另参色诺芬《回忆苏格拉底》1.1.11。苏格拉底认为，从事这些研究的人痴迷忘我，因为人首先应该研究自己（同上，1.1.12以及下文38a），还因为自然学家研究的问题真的超出了人的范围，因而得出的都是无用的结论（同上，4.7.6–7）。

[T注] ἀτιμάζων [瞧不起，蔑视] 支配 ἐπιστήμην [知识，学问]。苏格拉底式的反讽清楚地表达在这个句子以及下一个插入的从句中："无论如何，但愿不要被美勒托斯控以如此严重的罪名！"其中省略了"轻视这种知识"。

[W译注] ἐπιστήμη 一般翻译成"理解"（understanding），派生自 epistasthai [理解]，其原始含义指如何做一件事的技巧或知识。在亚里士多德的著作中，该词常常翻译成"科学"，但苏格拉底对该词的使用更接近于其常规用法。我用"理解"而非"知识"来翻译该词，是为了让 ἐπιστήμη 及其同根词与 eidenai 区别开来，后者常常翻译为"知道"，也与 gignoskein 相区别，它的意思是"知道"或"认识"。

19c6：εἴ τις [假如有人]，[D注] 这种条件句表示怀疑，尽管它的形式符合逻辑，另参19e。

19c7：ἐστιν [真是]，[S丙注]"就是这样的"，即"所谓的"。对比《使徒行传》25:11：εἰ δὲ οὐδέν ἐστιν ὧν οὗτοι κατηγοροῦσί μου [他们所告我的事若都不实]。

19c7：μή πως ἐγὼ ὑπὸ Μελήτου τοσαύτας δίκας φεύγοιμι [但愿美勒托斯不会以如此重大的罪名来控告我，让我百口莫辩]，[S乙注]"不要让我被美勒托斯告发这样严重的罪名"。不大清楚斐奇诺究竟是怎样理解这句话的。

　　[B注]"但愿美勒托斯绝不会对我提起那样的诉讼，认为我那样做了。"尽管苏格拉底认为自己根本没有能力胜任那种研究，但也不惮于表达对科学的蔑视，因为他自己对科学没有感觉。这是理查兹的阐释（*Platonica*，页4），我认为当然说得对。

　　[D注]"但愿我从来都没有碰巧被美勒托斯控以如此大的罪名，竟然说我有这样一种知识。"在翻译δίκας时，最好把它处理成单数。关于ὑπό与φεύγειν的搭配，另参17a中ὑπό与πέπονθα的搭配。φύγοιμι这里相当于διώκω的被动态。

　　[按]水建馥译作"万万没想到，米利都（即美勒托斯）居然拿这么严重的问题来控告我"，误，这里是祈愿式，表示"万幸"，因为美勒托斯没有拿这条罪名来控告苏格拉底。格鲁伯译作 lest Meletus bring more cases against me，也不妥。魏斯特译作 may I never be prosecuted with such indictments，妥。这句话直译为："所幸（或但愿）我现在没有因美勒托斯告我以如此重大的罪名而辩护。"[按]为体现苏格拉底的无奈，译文处理得更口语化，故作"真没关系。"

　　19c8：ἀλλὰ γὰρ [但是真地]，[D注]"但真相是"苏格拉底并不主张那种智慧，仅仅因为他自己并不拥有（按：盖洛普即译为 but the fact is）。[T注]"但是"我必须说，"因为"……

　　[S丙注]"但的确"，这个惯用法在《申辩》中出现得特别频繁，也许因为其中的措辞是口语性的。另参下文19d，20c，25c，以及《美诺》92c，94e。这个惯用语与荷马史诗一样古老，并且总是可以用ἀλλὰ之后有所省略这一说法来解释，如《奥德赛》10.201-202：κλαῖον δὲ λιγέως, θαλερὸν κατὰ δάκρυ χέοντες· ἀλλ' οὐ γάρ τις πρῆξις ἐγίνετο μυρομένοισιν [他们不禁失声痛哭，泪水如泉涌。/他们哭泣不止，却不会有任何帮助]（王焕生译文）。梅利（Merry）如此补上了省略的部分："但他们的哭泣 [全然徒劳] 没有任何用处"。然而，施莱托（Shilleto）在对修昔底德《伯罗奔半岛战争志》1.25作注主张，γάρ的这种用法乃是其原始含义"真地"

（truly）和"真正地"（verily）的遗留，与拉丁语的 nam 和 enim 相对应。那样的话，我们就可以比较 ἀλλὰ γάρ 与维吉尔《埃涅阿斯纪》1.19 中 sed enim 的用法：Progenem sed enim Troiano a sanguine duci audierat.

19c8：οὐδὲν μέτεστιν ［没有关系］，［S 乙注］费舍解释为 οὐδὲν ἐπίσταμαι ［根本就不懂］。

［G 注］在《斐多》（96a–b）中，苏格拉底回顾了他早期的思想历程，承认自己年轻的时候对自然世界一直都有兴趣。不应该认为那个说法与苏格拉底现在的说法相矛盾，现在这个说法并不表示他对科学的东西毫无兴趣，而只是说那些东西并非自己与众不同的研究的主题。［按］绝大多数译本都译作"毫不相干"（have no share），盖洛普译作 those subject are not my conern at all ［那些东西根本不是我关注的］。

［19d］我谨请你们中的大多数人亲自作证，也希望你们相互转告和指证，那些曾经听到过我谈话的人——这种人在你们中还为数不少哩——你们当然可以都来指证：你们中是否［d5］有人曾经听到过我谈论那些东西，无论多寡。所以，你们从这一点就会知道，大多数人针对我说的其他东西也都是一路货色。［μάρτυρας δὲ αὐτοὺς ὑμῶν τοὺς πολλοὺς παρέχομαι, καὶ ἀξιῶ ὑμᾶς ἀλλήλους διδάσκειν τε καὶ φράζειν, ὅσοι ἐμοῦ πώποτε ἀκηκόατε διαλεγομένου—πολλοὶ δὲ ὑμῶν οἱ τοιοῦτοί εἰσιν— φράζετε οὖν ἀλλήλοις εἰ πώποτε ἢ μικρὸν ἢ μέγα ἤκουσέ τις ὑμῶν ἐμοῦ περὶ τῶν τοιούτων διαλεγομένου, καὶ ἐκ τούτου γνώσεσθε ὅτι τοιαῦτ' ἐστὶ καὶ τἆλλα περὶ ἐμοῦ ἃ οἱ πολλοὶ λέγουσιν.］

19d1：δὲ αὐτοὺς ［亲自］，［B 注］（按：伯内特的牛津本作 αὖ）"再次"，除了 17c9 的 ἵνα ὑμῶν πολλοὶ ἀκηκόασι ［你们很多人在那里听过］，苏格拉底还在 19c2 中要求听众为他所说的话作证：ταῦτα γὰρ ἑωρᾶτε καὶ αὐτοί ［因为你们自己也见到过］。陪审员们要见证真理，还要见证阿里斯托芬的歪曲。［SS 注］但伯内特所举的这两段话都不能特别充分地说明这里就应该是 αὖ。此外，演说家们喜欢用的是 αὐτούς（按：T 本即如此，并注曰："你们自己中的大多数人"），如吕西阿斯7.25，12.74；另参德莫斯忒涅斯18.229。

［按］洛布本、SS本和施莱尔马赫的希-德对照本都不是 $α\tilde{υ}$，而是 $αὐτούς$，而福勒和盖洛普都译作yourselves，阿佩尔特的德文作selbst，意同。格鲁伯译作on this point，似乎避开了这里的文本校勘问题（其他译本大多如此）。这里改为 $αὐτούς$，译作"亲自"。

19d1：$τοὺς\ πολλοὺς$［大多数人］，［R注］一种谦和的说法，其实指"你们所有人"，另参伊索克拉底17.23，柏拉图《王制》556b1：$τὰ\ πολλά\ τις\ τῶν\ ἑκουσίων\ συμβολαίων$［每个人都心甘情愿签订契约］（王扬译文）。［按］一般都译为"多数人"，唯有水建馥译作"在场的各位"，符合李德尔的说法。

［W译注］"多数人"（hoi polloi）在这里指陪审员中的大多数人，也暗中表明我们还可以将hoi polloi与"庸众"（vulgar multitude）一词联系起来。苏格拉底在这一段末尾谈到了辩护的困难，他说他希望（从雅典全体公民中随机选出的）陪审员中"多数人"不要听信"多数人"的造谣诽谤。［按］此说颇有意味。

19d1-2：$ἀξιῶ\ ὑμᾶς$［希望你们］，［S甲注］意思是"我希望或请求你们，请你们自己相互解释"。

19d2：$ἀλλήλους\ διδάσκειν\ τε\ καὶ\ φράζειν$［相互转告和指证］，［SS注］"使之昭然若揭"（make it quite clear），如17c6-7，也是一种强调性的耦加法（coupling，按：17c6-7的注释中用的doubling）。［R注］这是一种倒置法。$ἀλλήλους$当然是在补充说明 $φράζειν$，是一种缩略的惯用法。［按］魏斯特译作teach and tell each other。王太庆译作"彼此交换一下情报"，水建馥译作"大家彼此询问一下"，都没有传达出 $φράζειν$ 以及下文的 $φράζετε$ 的含义。吴飞译作"相互告知和展示"，近。

19d3：$πολλοὶ\ δὲ\ ὑμῶν\ οἱ\ τοιοῦτοί\ εἰσιν$［这种人在你们中还为数不少］，［B注］"那些听过我的人（$οἱ\ τοιοῦτοί$ = $οἱ\ ἀκούσαντες$）可谓为数众多"。

［MP注］从最基本的层面来看，苏格拉底仅仅是在说，陪审团中很

多人都听过他谈话。但如柏拉图所写的，这些谈话对于那些参与谈话的对手来说，常常都是让人恼羞成怒的 ἀπορία [难题] 或困惑。苏格拉底稍后总结的他与政治家、诗人和匠人的对话（21c5-22e6），绝对就是这一类型的东西。一旦回想起这些谈话，就会迅速反驳掉这样的指控：说苏格拉底从事科学思考或者教授修辞术。然而，苏格拉底让人想起这样一些谈话能否有效赢得陪审团对他的支持，那就不清楚了。

19d4：φράζετε οὖν ἀλλήλοις...[你们当然可以都来指证]，[B 注] 这似乎也是一种职业技巧（a trick of the trade），另参安多喀德斯《论神秘》1.37，1.46，1.69，德莫斯忒涅斯 47.44 和 50.3。

[SS 注] 插入了 πολλοὶ δὲ ὑμῶν οἱ τοιοῦτοί εἰσιν [这种人在你们中还为数不少] 这个句子后，又以 οὖν [当然可以] 概括性地接过了 ἀξιῶ ὑμᾶς ἀλλήλους διδάσκειν τε καὶ φράζειν [希望你们相互转告和指证] 所表达的主要思想（另参 17b6 和 40e2 的注释），并且还接了一个宾语，即间接问句 εἰ πώποτε...。丹尼斯顿的《希腊语小品词》（428.4）充分认识到了 οὖν 的这种用法，而普拉瑟的《柏拉图笔下若干连接小品词研究》（Etudes sur quelques particules de liaison chez Platon, Paris 1929）却忽视了这一点，令人吃惊。

[按] "无论多寡"（ἢ μικρὸν ἢ μέγα），福勒和魏斯特译作 either much or little，盖洛普译作 either briefly or at length，格鲁伯译作 to any extent at all。

19d5-6：ἐκ τούτου γνώσεσθε [你们从这一点就会知道]，[S 甲注] 即 ἐκ τοῦ διδάσκειν τε καὶ φράζειν...[从你们相互转告和指证的情况就会知道]。[T 注] 希腊人常常用复数的指示代词来指前面的从句，或者指一个单独的观念，而我们英语中则用单数。译作"由此"。

[SS 注] 梅耶尔《柏拉图的"申辩"》（前揭，页 56）正确地把它与德莫斯忒涅斯 18.10 做了比较：如果你们了解埃斯基涅斯对我本人和家庭的辱骂乃是不真实的，那么，τούτῳ μὲν μηδ' ὑπὲρ ἄλλων πιστεύετε (δῆλον γὰρ ὡς ὁμοίως ἅπαντ' ἐπλάττετο) [对于这些东西可千万不要相信（因为所有这些东西显然都是一路货色）]。然而，梅耶尔的评注却并不令人信

服。他说这个话题（topos）本身具有 agonistischer Natur［论战性质］，它在《申辩》中并不比其他更 sachlich berechtigt［事实上合理］，因为苏格拉底不是宇宙论者，这一点并不能证明他没有犯下 τὸν ἥττω λόγον κρείτω ποιεῖν［把弱的说法变强］的罪。然而，苏格拉底刚才已经以实际的真相证明了栽在他头上的其中一个特质其实是想象出来的，他想让陪审团得出这样的结论：仅仅以大众谣言为依据的其他事情也完全没有根据。苏格拉底现在要反驳的指控就是，说他是智术师，说他靠撒谎来战胜真理。

19d6-7：περὶ ἐμοῦ ἃ οἱ πολλοὶ λέγουσιν［大多数人针对我说的］，[T注] 把 περὶ ἐμοῦ 放在关系代词 ἅ 之前，是为了强调，"很多人说我的"。

那些事情没有一件是真的，而如果你们有些人听到说我在"教育人"，并且还收取 [19e] 钱财，那更是无稽之谈。［Ἀλλὰ γὰρ οὔτε τούτων οὐδέν ἐστιν, οὐδέ γ' εἴ τινος ἀκηκόατε ὡς ἐγὼ παιδεύειν ἐπιχειρῶ ἀνθρώπους καὶ χρήματα πράττομαι, οὐδὲ τοῦτο ἀληθές.］

19d8：Ἀλλὰ γὰρ οὔτε τούτων οὐδέν ἐστιν, οὐδέ γ'...［那些事情没有一件是真的］，[S甲注] 苏格拉底接着谈对手对他的另一项指控，说他教授学生并从中收取费用。另参阿里斯托芬《云》行98。在 οὔτε 之后恰当地加上了 οὐδέ γε，因为下一个句子是强调性的。因此，没有必要像费舍认为的那样应该写作 ἀλλὰ γὰρ οὐδὲ τούτων，也不必像贝克尔那样写作 οὔ τέ γ' εἴ τινος...。

[T注] 我们本来以为会用 οὔτε 来回答前一个句子中的 οὔτε，但 οὐδέ 更为强调，因此更适合用于引入一个具有特殊意义的新话题。[D注] 在转向一个新话题之前，先简单回顾（οὔτε ... ἐστιν），新的转折点以强调性的 οὐδέ（nor，也不）开始。ἐστιν 等同于下文 19e1 的 ἀληθές［真的］。

[SS注] ἐστιν 的意思是"是真的"，主要见于答语套话 ἔστι ταῦτα 中。但让人吃惊的是，李特尔（C. Ritter）在对柏拉图著作中的答语的详尽研究中，却没有考虑到刚才所说的这种惯用法，见《柏拉图研

究》(*Untersuchungen ueber Plato*, Stuttgart, 1888)，页11-37。这种表示"真实"的用法亦见于分词 τὸ ὄν 和 τὰ ὄντα，表示"真理"（单数的时候，如《王制》613b10，复数的时候，如《斐德若》262b2，《泰阿泰德》199b8），以及副词短语 τῷ ὄντι。其他地方倒相当罕见。亚里士多德在《形而上学》卷五章七、卷六章四和卷九章十中讨论了这种含义。

19d8：εἴ τινος ἀκηκόατε ... [如果你们有些人听到说]，[B注] 苏格拉底现在转向另一项因轻蔑而导致的指控，即把他与所谓的"智术师"混为一谈，而且值得注意的是，苏格拉底并没有让阿里斯托芬为此负责。我们从《美诺》（91c1以下）可知，安虞托斯是爱国的雅典民主派人士，强烈地反对智术师，这种歪曲很可能是因为他。苏格拉底至少有一件事与智术师相共，即他为年轻富家子弟所追捧，这些人对民主制的忠诚度值得怀疑。无论如何，那就是这场指控的缘由，因为埃斯基涅斯隔了一代之后说道（1.173）：ὑμεῖς, ὦ ἄνδρες Ἀθηναῖοι, Σωκράτην μὲν τὸν σοφιστὴν ἀπεκτείνατε, ὅτι Κριτίαν ἐφάνη πεπαιδευκώς, ἕνα τῶν τριάκοντα τῶν τὸν δῆμον καταλυσάντων [雅典人呐，你们杀害了智术师苏格拉底，就因为他似乎教过克里提阿斯，后者随三十僭主之大流推翻了民主制]（按：苏格拉底的这位学生称老师为"智术师"，说明这个词在当时不完全只有贬义）。要知道，尽管苏格拉底在这里对待"智术师"有些反讽的味道，却拒绝公开谴责他们，正如他拒绝公开声明瞧不起自然科学。在以"普罗塔戈拉"和"高尔吉亚"为名的对话中，苏格拉底煞费苦心而且谦恭地对待这两人，而且苏格拉底实际上还公开承认是普罗狄科的学生。苏格拉底对希琵阿斯倒没有那么温和，但那是因为他当时的处境更容易受到攻击。苏格拉底在任何地方都没有表现出是智术师的敌人，他对这些人的态度是一种带有敬意的调侃（respectful amusement）。另一方面，柏拉图笔下的智术师对苏格拉底也有一种屈尊俯就的兴趣（如参《普罗塔戈拉》361d7以下）。

19d9：παιδεύειν ἐπιχειρῶ ἀνθρώπους [教育人]，[SS注] 在教育首先被认为具有至关重要意义的时代，以及率先由一群专门从事这一行的人来实施的时代，这个短语就是那个时代的典型特征，亦见于伊索克拉底 8.1 中。伊索克拉底与苏格拉底不同，他并不反对"从事教育"这一观念本身，而只是夸大了自己的贡献。在那方面，伊索克拉底的确传承了大智术师们的教育活动，柏拉图接连不断地说这些人把这一点当成了自己的主要 ἐπάγγελμα［诺言、宣言］（参《普罗塔戈拉》319a3-7,《高尔吉亚》519c3-d1, e2-8,《美诺》95b1-10,《欧蒂德谟》273d8-9, 274a3-4, 另参 274e8-275a3）。诚然，美诺说高尔吉亚拒绝做出那种承诺，并嘲笑那些做出了的人（《美诺》95c1-4），他只是称自己为修辞术教师（另参多兹的《高尔吉亚笺释》，页 7，以及他对 459c6-d4 的注疏）。不过，高尔吉亚的活动在很多方面都与其他智术师相似，那么，把他算作智术师大概也是合理的。另参格思里的《希腊哲学史》(*Hist. Gr. Phil.*)，卷三，页 36 以及哈里森（E. L. Harrison）论《高尔吉亚》的文章。

［W 译注］"世人"（ἀνθρώπους，按：魏斯特译作 human being［人类］，更具讽刺意味），指人类的一员，与 aner 一词相对，后者指一个人或男子汉。在一般场合下，当一个 anthropos 并没有什么非凡之处——仅需拥有这个种类最低限度的品质即可。女人、小孩和奴隶也都是 anthropoi。而一个 aner 的独特之处则在于努力追求顶天立地的大丈夫气概，这种气概尤其见于政治和战争之中（"大丈夫气概"的希腊文为 andreia，就是希腊语表示"勇敢"的词）。英语中没有词汇符合 aner 之意，因为"人"常常用来翻译一个用作实词的形容词或代词（如，"这"有时可以翻译成"这人"）。但 anthropos 总是翻译成"人类"（参阿兰·布鲁姆［Allan Bloom］翻译的《柏拉图的王制》，New York, 1968, 页 441-442，注释 14）。

［按］παιδεύειν ἐπιχειρῶ ἀνθρώπους，一般译为 undertake to educate people，"试图教育人们"，苏格拉底的话显然具有讽刺意味，故而译作"教育人"，也可中性地译为"搞教育"。ἐπιχειρῶ 本义为"试图""动手"，似乎只有语法上的含义，类似于德文的功能动词。

19d9-e1: καὶ χρήματα πράττομαι [收取钱财]，[S甲注] 这与色诺芬《回忆苏格拉底》1.2.60中的 μισθὸν τῆς συνουσίας [交往者的听课费，报酬] 一样，色诺芬在那里作证说苏格拉底从未向学生收取任何报酬。

[S乙注] "收费"。πράττειν 有 ἀπαιτεῖν [讨还、要求] 的含义，指"要求别人的解释或账目"，那么，πράττεσθαι 就等于 ἀπαιτεῖσθαι，意思是"要回自己的账"。文中这种表达法只要用在收费教学的智术师身上，就等同于短语 μισθὸν τῆς συνουσίας πράττομαι [向交往者索要学费]。色诺芬除了在《回忆苏格拉底》1.2.60中说苏格拉底从未向学生收取任何报酬，还在其《申辩》节16中为这位哲人说了效果相同的话：ὃς παρ' οὐδενὸς οὔτε δῶρα οὔτε μισθὸν δέχομαι [从来不接受任何人的礼物或酬劳]（吴永泉译文）。

[B注] "我从事教育并从中收取钱财"。正如上下文所示，这一段话只是在明确地否认因教育人而收费，尽管苏格拉底也的确绝不会承认"教育"过任何人。这里幽默地暗示道，苏格拉底之所以没有收费，唯一的原因是他觉得自己没有能力。这正是色诺芬让安提丰一本正经对苏格拉底说的话（《回忆苏格拉底》1.6.11-13）：Ὦ Σώκρατες, ἐγώ τοί σε δίκαιον μὲν νομίζω, σοφὸν δὲ οὐδ' ὁπωστιοῦν· δοκεῖς δέ μοι καὶ αὐτὸς τοῦτο γιγνώσκειν· οὐδένα γοῦν τῆς συνουσίας ἀργύριον πράττῃ. καίτοι τό γε ἱμάτιον ἢ τὴν οἰκίαν ἢ ἄλλο τι ὧν κέκτησαι νομίζων ἀργυρίου ἄξιον εἶναι οὐδενὶ ἂν μὴ ὅτι προῖκα δοίης, ἀλλ' οὐδ' ἔλαττον τῆς ἀξίας λαβών. δῆλον δὴ ὅτι εἰ καὶ τὴν συνουσίαν ᾤου τινὸς ἀξίαν εἶναι, καὶ ταύτης ἂν οὐκ ἔλαττον τῆς ἀξίας ἀργύριον ἐπράττου. δίκαιος μὲν οὖν ἂν εἴης, ὅτι οὐκ ἐξαπατᾷς ἐπὶ πλεονεξίᾳ, σοφὸς δὲ οὐκ ἄν, μηδενός γε ἄξια ἐπιστάμενος [苏格拉底，我认为你的确是个正义的人，但你绝不是一个明智的人；我以为连你自己也意识到这一点；你并不向和你交游的人索取任何金钱的酬劳。然而，如果你认为你的一件衣服，一所房子，或你所有的任何其他东西值钱的话，你就不仅不会把它白白地给予别人，而且你索取的代价还不会比它所值的为少。所以很显然，如果你以为你的谈论有任何价值的话，你就一定也会要求人们付予适当的代价。因

此，尽管你并不因有贪心而欺骗别人，从这一点来说你是一个正义的人，但你绝不能是一个明智的人，因为你的知识是分文不值的］（吴永泉译文）。

［S丙注］这种暗示在《云》中到处可见，尤参行98-99：οὗτοι διδάσκουσ᾽, ἀργύριον ἤν τις διδῷ, λέγοντα νικᾶν καὶ δίκαια κἄδικα［只要你肯给钱，他们会教你辩论，不论有理无理，你都可以把官司打赢］（罗念生译文）。苏格拉底从未搞收费教育，这可以从其门徒明确的证据看得很清楚。比较下文31b和c，另参下文对33a的注释。然而，亚里士多德的学生亚里士多克塞诺斯（Aristoxenus）撰写过一篇苏格拉底的传记，后为拉尔修所引用（《名哲言行录》2.20），记载说苏格拉底时不时收取自愿献上的束脩（voluntary contributions）：τιθέντα γοῦν, τὸ βαλλόμενον κέρμα ἀθροίζειν εἶτ᾽ ἀναλώσαντα, πάλιν τιθέναι［的确，当他们献上之后，他就把投进来的小铜板收集起来，花完之后，他们又献］。这里的τιθέντα显然指某种捐献箱（subscription-box）。前面那个恶意伤人的单词χρηματίσασθαι［借贷，致富，弄钱］，很可能是拉尔修自己的手笔，他利用那么一点流言蜚语来取乐。那些总体上认为亚里士多克塞诺斯的证据可信的人，都立马拒绝了这个故事。但以下这种说法并非毫无可能性：苏格拉底允许朋友帮助他，而且这与他的学生们让他谈到的这种职业之间也没有什么不一致的地方。

苏格拉底极度厌恶教授德性还要收费的原因在于，（1）那是丢脸的事情（degrading），因为教师暂时把自己当成了他想课以学费的那个人的奴隶，（2）那很荒谬，因为如果道德上的益处（按：即德性）真的可以传授，变得更好的人就会急于表达自己的感恩戴德之情。对此，比较色诺芬《回忆苏格拉底》1.2.7和《高尔吉亚》520e9-10，后者做了一项测试，看那种教育是否奏效：ὥστε καλὸν δοκεῖ τὸ σημεῖον εἶναι, εἰ εὖ ποιήσας ταύτην τὴν εὐεργεσίαν ἀντ᾽ εὖ πείσεται［以至于看起来，要是行善者通过这种善行反过来会受到善待，这就是高尚（美）的标志］（李致远译文）。所有人，即便最高贵的人，都得过日子。苏格拉底未蓄私财，也不谋生。我们因此不得不总结说，他靠自愿的捐献过活。

[MP注]柏拉图对话特别强调苏格拉底拒绝参与求取财富的活动。的确,阿里斯托芬即便在《云》中毫无疑问很不友善地刻画了苏格拉底,也都采用了与柏拉图相同的视角。在《申辩》其他地方,苏格拉底明确否认自己靠跟别人谈话来挣钱(31c,33b)。雅典上流社会对那些为别人工作的人充满偏见,其理由就是这种人并不真正自由(参色诺芬《回忆苏格拉底》2.8)。对这些人来说,要指控苏格拉底收费教育的确不大靠谱。这个问题在《申辩》中有所不同:苏格拉底公开宣扬自己无知,这就意味着他没有东西也没有资格教别人;而如果他不能教育人,当然也就不能为了收费而教人。此外,正如他在下文所示,即便那些自称有智慧的人常常也不会为了收费而教学,而苏格拉底才有的那种自我知识,根本不可能降格为一种商品。

[按]希克斯(Hicks)的洛布本译作:he made money; he would at all events invest sums, collect the interest accruing, and then, when this was expended, put out the principal again。此前的杨格(C. D. Yonge)译作:he lent money in usury; And that he collected the interest and principal together, and then, when he had got the interest, he lent it again。徐开来译作"他很会赚钱:他先把本金投资出去,把利息一点点积累起来,然后花光利息,又放出本金"。这里讲苏格拉底的 χρηματίσασθαι,该词有"交易借贷"之意,还有"致富"和"弄钱"的意思,这里应该是后者。苏格拉底如此贫穷,大概不会有本钱放贷。

尽管我认为,如果真有人能够像勒翁提诺伊的高尔吉亚、科俄斯的普罗狄科和厄利斯的希琵阿斯那样教育人,这终归是好事。[ἐπεὶ καὶ τοῦτό γέ μοι δοκεῖ καλὸν εἶναι, εἴ τις οἷός τ' εἴη παιδεύειν ἀνθρώπους ὥσπερ Γοργίας τε ὁ Λεοντῖνος καὶ Πρόδικος ὁ Κεῖος καὶ Ἱππίας ὁ Ἠλεῖος.]

19e1:ἐπεὶ καὶ τοῦτό γέ μοι[尽管我认为这终归],[S甲注]没有必要认为这样说是为了污辱和讥讽智术师贪财。假如从来就没有什么人被认为那样,那么,那句话就说得很严肃。[S乙注]必须反讽性地理解这句话；苏格拉底想污辱和讥讽智术师贪财（按：与 S 甲的说法相反；另，这里的 γέ 译作"终归"）。[D 注]"尽管"。严格说来，这里必须补上一个连接性的说法。

[T 注]阿提卡人常常像使用 γάρ[因为]一样使用 ἐπεί，而且有时像拉丁语中的 quum，也可以译作"尽管"。苏格拉底对待这项指控就像对待其他罪名一样，充满了反讽，把它说成一件非常漂亮和光荣的事情，如果有人就是那么聪明并且就有能力做到那一点的话，而且他觉得必须要驳斥这一点，就因为那不是真实的。[B 注]"尽管，就那件事而言"，另参《游叙弗伦》4c3 注释。

[W 译注]καλόν（"好事"。按：魏斯特译作 noble，吴飞亦同，译为"高贵"，但几乎所有其他译本都作 a fine thing）这个至关重要的词指"美""高贵""壮丽"和"好"。该词表示某物的光芒闪闪发亮，同时具有遮蔽和照亮的能力。其含义颇为宽泛，从身体之美的表面吸引力，到言辞的内在高贵，再到有德的行为或思想上的卓越。海德格尔在《尼采》（Pfullingen，1961 年第二版，卷一，页 218-231）中讨论了柏拉图对 kalon 的理解。

[SS 注]伯内特在注疏《游叙弗伦》4c3 时说："在这样的句子中，ἐπεί ... γε 的意思似乎是'尽管'，但那仅仅是因为它要为一个没有明确阐述的对立看法给出原因。"最近，克劳斯（W. Kraus）也有相似的看法（略）。但在使用 ἐπεί ... γε 的这些地方，也许有这种意义，也许没有这种意义。伯内特译作"就那件事而言"（for the matter of that），一般来说足矣。我们有时甚至可以译作"既然我们提到了那个话题"（参 20a2 的注释）。

19e2：εἴ τις οἷός τ' εἴη[如果真有人能够]，[按]这里是祈愿式，故而加上"真"一词，表示苏格拉底怀疑：恐怕没有人能够教人。所有译本似乎都没有体现出这种意味，唯有盖洛普用斜体表示了强调：*is able to educate people*。

[S 甲注]高尔吉亚是恩培多克勒的学生，伊索克拉底的老师，本

是西西里小城勒翁提诺伊的人。他以自己的开创之功大大提升了修辞学的研究，据苏达斯（Suidas）①说，他最先把修辞变成了一种科学。高尔吉亚也以即席演讲的雄辩口才而著称，由此在整个希腊获得巨大的名声，尤其是在雅典，他在这里居住了多年。据说，他效仿毕达哥拉斯，从每个学生那里收取一百米纳（按：估计是史上最昂贵的学费）。参拉尔修《名哲言行录》9.52；西塞罗《论演说家》1.22，3.32，《布鲁图斯》章8，《论义务》2.1；泡萨尼阿斯（Pausanias）的6.17；斐洛斯特拉托斯（Philostratus）②的1.1；莫瑞尔（Morell）编的《智术师传》(*Vit. Sophist*)，页487；尤其是柏拉图的对话《高尔吉亚》。

普罗狄科是居克拉迪（Cyclades）群岛的科俄斯（Ceos）人，他花了大量精力来区分和解释字词的意义。希琵阿斯是伯罗奔半岛的厄利斯（Elis）城邦的人，西塞罗在《论演说家》3.32和《布鲁图斯》章8中在他身上花费了不少笔墨。亦比较柏拉图以他的名字命名的对话《希琵阿斯》。

［S乙注］高尔吉亚作为使节在雅典逗留了几年，从这个城邦获得了最谄媚性的评价。他通过开设公开演讲的课程而致富，为此收取每名学徒一百米纳。据泡萨尼阿斯说，高尔吉亚把自己的镀金塑像赠送给了德尔斐神庙，一生风光无限，享年105岁，而据拉尔修、苏达斯和斐洛斯特拉托斯记载，他活了109岁。

普罗狄科是古希腊修辞家和自然学家，普罗塔戈拉的学生，与德谟克利特同时代。色诺芬保存了他非常美的语言：《赫拉克勒斯的判断》。普罗狄科的教学从来都不是免费的，他特意用Epichamus最流行的格言

---

① 苏达斯，又称Suda或Souda，10世纪拜占庭的百科全书式学者，用希腊文撰写成大部头的《辞海》（Lexicon），共约3万条目。该书辑录了很多古代作家的言论，收集了大量的古书评注。

② 斐洛斯特拉托斯（约172—247），罗马帝国的希腊智术师。可参安德森，《第二代智术师——罗马帝国的文化现象》，罗卫平译，华夏出版社，2011，尤其页186-194。

来为自己的行为辩护：ἁ δὲ χεὶρ τὰν χεῖρα νίζει· δός τι καὶ λαβέ τι [一只手洗另外一只手：给什么就得什么]（按：大意是"没有耕耘就没有收获"或者"种瓜得瓜，种豆得豆"，类似于今天教育界所谓"谁受益，谁投资"）。

希琵阿斯在财富、名声和成功方面，绝不输于高尔吉亚，他的雄辩口才与高尔吉亚不相上下。拉刻岱蒙人（按：即伯罗奔半岛人，亦混同于斯巴达人）曾委他几项重要的使命，他都总是以极高的声望和显赫的荣誉完成了任务。参柏拉图《希琵阿斯》《米诺斯》和《克拉提洛斯》等各处。

[S丙注] 希琵阿斯曾担任外交官出使过不同的国家，尤其出使过斯巴达（《希琵阿斯前篇》281a 和 d）。集教授（或"专业人士"）和政治家于一身，这是此处提到的三位智术师的共同特征（同上，282b 和 c）。希琵阿斯在科学方面的特长是天文学（参《希琵阿斯前篇》285c，《希琵阿斯后篇》367e，对比《普罗塔戈拉》315c）。他习惯于开设语法和音乐方面的课程（《希琵阿斯前篇》285d，《希琵阿斯后篇》368d），他有着极强的记忆力。柏拉图说他夸口能够听一遍就记得住五十个人的名字（《希琵阿斯前篇》285e，比较斐洛斯特拉托斯的《智术师传》，页210）。

[B注] 苏格拉底提到这三人，是因为他们都还活着，普罗塔戈拉很久以前就去世了（参拙著《希腊哲学》第一部分，第89节）。

[R注] 伊索克拉底说高尔吉亚靠教书比所有同行都挣得多。然而数目却非常小：ὁ δὲ πλεῖστα κτησάμενος ὧν ἡμεῖς μνημονεύομεν, Γοργίας ὁ Λεοντῖνος [我们记得收入最高的是勒翁提诺伊人高尔吉亚]，尽管他孤身一人，也没有"公益服务"①的负担，χιλίους μόνους στατῆρας κατέλιπε [仅

---

① Liturgies，希腊语原文是 λειτουργία，雅典规定由富有公民轮流负担的公益服务，如出钱训练戏剧中的合唱队，给合唱队队员提供服装费，或者为海军提供军费等。也指敬神的事务，后演变为基督教的礼拜仪式，如圣餐礼等。

他一人就留下了一千斯塔忒尔的遗产](按：斯塔忒尔，雅典金币或银币，一斯塔忒尔金币值二十德拉克马，一斯塔忒尔银币值四德拉克马)，参伊索克拉底15.155。伊索克拉底还说（15.157），ὑποκριταί［善于表演者］运道更好。苏格拉底也的确没有说智术师收益很大，苏格拉底下面（20b）提到的数目，如欧厄诺斯的价格，才五米纳（相当于五百法郎），似乎已经超过了平均水平。伊索克拉底说（8.3），一般的价格是三或四米纳（分别相当于三百和四百法郎）。不过，据说伊索克拉底为其修辞学课程收费高达十米纳，而高尔吉亚和普罗狄科甚至收一百米纳。由于智术师的课程很密集（frequenting），所以就让学费变得高昂，还因为人们从来不觉得自己已经学够了。

［T注］苏格拉底列举了几名最受欢迎的智术师和修辞家，他们靠教授雅典富家子弟而致富。他们都是外邦人（略）。另参格罗特《希腊史》，卷八，章67。格罗特为智术师辩护，说他们是一群学识渊博和雄辩的人。无疑，他们总的来说被谴责得太厉害了，人们不分青红皂白就一通严打。但尽管他们与雅典人相比，无疑聪明而且善良，不过几乎无可怀疑的是，他们的影响大多数时候都不利于道德和宗教，他们也活该遭受柏拉图到处给予的谴责。

［SS注］苏格拉底在提到自然哲人时，用了一个直陈式的条件句（19c6-7），尽管苏格拉底在两种情况下的怀疑程度都是相等的。但柏拉图喜欢换用相似观念的表达法，此外，智术师的自负主张更为危险，因此，苏格拉底也就把反讽搞得更明显。——当主句用直陈式来支配一个假设句，那么，如果从句"跟在"主句之后，常常就会在从句中看到祈愿式。参古德温（W. W. Goodwin）[①]《希腊语语法》(*A Greek Grammar*, Macmillan and Company, 1883）的501–502以及555节。另外，

[①] 古德温（1831—1912），美国古典学家，哈佛大学希腊语教授，另著有《希腊语动词语态和时态的句法》(*Syntax of the Moods and Tenses of the Greek Verb*, Oxford 1860，后多次修订再版）等书。

施塔尔（J.M. Stahl）《古典时期希腊语动词的批评历史句法》（Kritische-historische Syntax des griechischen Verbums der klassischen Zeit, Heidelberg 1907）的页398-399举了很多例子，但他们做出了矛盾的解释，无一令人信服。毋宁说，这是一种破格文体：说话人先决绝地阐述某事，只是到了后来他感觉到有些疑问，才想到要补充一个表示可能性的假设句来表达。

因为，诸位，他们中的每一个人都能够到［e5］每一个城邦去劝服年轻人——年轻人只要愿意，本就能够免费与自己的每一个同胞交往——但他们劝说［20a］年轻人离弃旧交，跟他们交游，不仅得给付钱财，而且还要感激他们！［τούτων γὰρ ἕκαστος, ὦ ἄνδρες, οἷός τ᾽ ἐστὶν ἰὼν εἰς ἑκάστην τῶν πόλεων τοὺς νέους—οἷς ἔξεστι τῶν ἑαυτῶν πολιτῶν προῖκα συνεῖναι ᾧ ἂν βούλωνται—τούτους πείθουσι τὰς ἐκείνων συνουσίας ἀπολιπόντας σφίσιν συνεῖναι χρήματα διδόντας καὶ χάριν προσειδέναι.］

19e4：τούτων γὰρ ἕκαστος［他们中的每一个人］，［SS注］苏格拉底语带欣赏地（当然也是反讽性地）描述智术师们惊人的成功，这个句子堆砌了各种各样的从属成分而变得更长也更复杂，从而导致了动词的重复和破格文体。莱因哈特的《破格文体》（页135-136）把这种结构上的不规则归咎于苏格拉底对智术师败坏性影响的义愤，但在整个这一章中，都没有任何尖锐的词语，而只是对智术师们显得有能力完成的那种东西表现了反讽性的羡慕。

［D注］这个句子的破格结构再现了苏格拉底反讽性的惊讶。接下来说了一个令人惊讶的事实："他们付钱给那些人"，最后以"还要感谢他们"而达到高潮。为了达到最后这种效果，把本来应该与διδόντας一样是分词的προσειδέναι，用成了不定式，以便与之具有同等地位。

19e4：οἷός τ᾽ ἐστὶν［能够］，［B注］省略了πείθειν［劝说］，但在插入成分之后，又用τούτους来接续τοὺς νέους［年轻人］，于是这句话就往下说τούτους πείθουσι，好像前面没有οἷός τ᾽ ἐστίν［能够］一词。这个句子亦见于《忒阿格斯》127e8。

19e4：*ἰὼν εἰς ἑκάστην τῶν πόλεων τοὺς νέους*[到每一个城邦去劝服年轻人]，[B注]这里给出了雅典人对"智术师"所持偏见的主要原因。他们都是外邦人，却在其他民族的城邦获得了过度的（undue）影响。柏拉图让普罗塔戈拉亲自说（《普罗塔戈拉》316c5-d3）：*ξένον γὰρ ἄνδρα καὶ ἰόντα εἰς πόλεις μεγάλας, καὶ ἐν ταύταις πείθοντα τῶν νέων τοὺς βελτίστους ἀπολείποντας τὰς τῶν ἄλλων συνουσίας, καὶ οἰκείων καὶ ὀθνείων, καὶ πρεσβυτέρων καὶ νεωτέρων, ἑαυτῷ συνεῖναι ὡς βελτίους ἐσομένους διὰ τὴν ἑαυτοῦ συνουσίαν, χρὴ εὐλαβεῖσθαι τὸν ταῦτα πράτ τοντα· οὐ γὰρ σμικροὶ περὶ αὐτὰ φθόνοι τε γίγνονται καὶ ἄλλαι δυσμένειαί τε καὶ ἐπιβουλαί*[一个异乡的人物，在各大城邦转，说服那儿最优秀的青年们离开与别人在一起——无论熟悉的人还是陌生人，老年人还是年轻人——来跟他在一起，为的是他们靠与他在一起将会成为更好的人——做这种事情必须得小心谨慎。毕竟，这些事情会招惹不少的妒忌，以及其他敌意乃至算计]（刘小枫译文）。公元前5世纪，雅典年轻人投到了四海漂泊的异乡师傅门下，而到了公元前4世纪，希腊各地方的年轻人都来到雅典，拜入两个雅典人——柏拉图和伊索克拉底——门下。这种变化即由于苏格拉底。然而，除了苏格拉底和柏拉图之外，没有哪个雅典人曾跻身于一流哲学家之列。

[S丙注]人们之所以反感智术师的自负主张，主要原因就在于他们这种说法：他们虽然作为异乡人来到这个城邦，却比年轻人的亲友们更有资格教育他们。另参《普罗塔戈拉》316c和d，《希琵阿斯前篇》283e。

[SS注]在智术师开展他们的活动之前，希腊年轻人锤炼自己参与公共生活的唯一方式，就是与本帮某位有影响力的人"交往"（*συνεῖναι*），听他在议事会或公民大会上演讲，看他在法庭上辩护或作证，学他与政治盟友或对手讨论政治问题。这位年轻人（按：原文误作toung man）会报之以掌声，或者为他办点小事。那就是苏格拉底正在说的情形。《布鲁图斯》（305-307）表明，年轻的西塞罗在参加拉里

萨（Larissa）的哲人斐洛（Philo）和罗德岛的演说家墨龙（Molon）的讲课时，如何时常光临集会广场（Forum），去听政治演讲和法庭演说以及高明的法官斯盖沃拉（Quintus Scaevola）的咨议。动词 συνεῖναι 逐渐具有了"听某人的课"之意，如《高尔吉亚》455d2：Τί ἡμῖν, ὦ Γοργία, ἔσται, ἐάν σοι συνῶμεν; [我们将会有什么，高尔吉亚啊，如果我们追随你？]（李致远译文），另参《普罗塔戈拉》313b7；相关的表示动作的名词 συνουσία 也是一样的意思。

19e6：προῖκα [免费]，[S乙注] 古注曰：κατὰ δωρεάν, ἄνευ μισθοῦ [白干，免费]。

[SS注] 多兹在评注《高尔吉亚》519b3–521a1时（页365–366），认为公元前5世纪"收费教学彼时仍然是个不太体面的新现象"，然而"公元前四世纪时，情况有所变化：职业教师得到承认，大体上受到尊重"（李致远译文）。不管苏格拉底的公正无私有多么高贵，他攻击仅仅为了收费而施行教育的这种行为，与他口中所谈到的（我们十分遗憾地说，那还带有某种同情的味道）反对伯里克勒斯（按：旧译"伯里克利"）为了让民主更有效而引入的 μισθοί [薪酬] 一样，都不切实际且陈旧过时。

19e6：τούτους πείθουσι [他们劝说那里的年轻人]，[S甲注] 这两个词为 ἀνακολουθία [前后不符]（inconsequence，按：常常为了幽默的效果）提供了绝佳的例子。因为，假如前面有短语 οἷός τ' ἐστίν [能够]，那么，下文就应该接一个不定式。但这里用 πείθουσι，就好像前面没有出现 οἷός τ' ἐστίν [能够]。常见的情况是，ξυνεῖναι 和 ξυνουσία 指学习和教导，因此学生时常被称作 οἱ ξυνόντες。

[S乙注] 常见的破格文体，用于作者开启一段不得不如此的话，然而到了后文，尤其当插入了一些东西让听者忘记了结构的开端，便略过上文而转向一个新的开端。比如此处，句子开头的 τούτων 是指已经提到过的智术师们，然而说话的顺序以及言辞的重点都要求一个新的阶段，以开始这样的说法："他们谁都有能力劝服年轻人"等等。因此，接下来的议题必定是与 οἷός τ' ἐστίν [能够] 相一致的不定式 πείθειν [劝说]。

然而，在稍远处，由于提到了年轻人，还插入了环境因素，这就必须要设立一种对照（年轻人可以自由自在地与自己喜欢的同胞进行免费的交谈），于是作者就抛弃了自己的语言结构，结果就让语法连接变得不清楚了，作者觉得用第二个 τούτους 来指 νέους [年轻人] 更为自然，并开启一个新的结构：τούτους πείθουσι，意思是"那些智术师劝服年轻人"。

[S丙注] 主语 τούτων ἕκαστος 事实上是复数，但是这种单复数上的变化并不是非常令人吃惊的事情。柏拉图在著作中到处都使用口语，但没有哪一部著作有甚于《申辩》，因为其部分戏剧目标在于拿苏格拉底简单朴实的语词与法庭中矫揉造作的演说作对比。如果括号中的这些词 οἷός τ' ἐστίν 得到保留的话（按：斯多克的文本把这几个词括起来了，但似乎没有理解到柏拉图如此结构的用意），就会是一种粗暴的破格文体（violent anacoluthon），或者是一种结构上的改变。这与《忒阿格斯》（127e，128a）中一模一样的句子不一致。

[T注] 请注意，柏拉图大量使用这种不规范的结构和意想不到的变化（按：指破格文体），无疑是要保持一种口语形式的外观，这才适合于对话，更适合《申辩》中苏格拉底向法官允诺的坦率谈话。[R注] 这种结构上的变化不是无缘无故的，而是表示（反讽性的）羡慕。

20a1：συνεῖναι [交往]，[D注] 苏格拉底不会承认自己是一位老师，他的年轻朋友不是 μαθηταί [学生]（另参33a），而是 συνόντες [交往者]。所以他也用相似的语言来说其他人。另参色诺芬《回忆苏格拉底》1.6.1。[按] 暗含"从学于"之意。

20a2：χάριν προσειδέναι [还要感激]，[B注] "还感恩戴德"。《忒阿格斯》的作者还说得更清楚（128a7）：χάριν πρὸς τούτοις εἰδέναι [还要感激他们]（刘振译文）。另参《克拉提洛斯》391b10：χρήματα ἐκείνοις (τοῖς σοφισταῖς) τελοῦντα καὶ χάριτας κατατιθέμενον [给他们（智术师）付钱，并且报以感激]（刘振译文）。

[R注] 前缀 πρός 表示副词的含义（按：即"之外"），而不是表示介词的意思（按：即"对于"或"为"）。[按] προσειδέναι，意为"此

外还要知道"，也就是让年轻人还要懂得对他们感恩。最后一句直译为"他们劝说那些离开那里的交往者的人跟他们交往，同时劝说那些给了他们钱财的年轻人还要感激他们。"

这不，另外还有一个来自帕罗斯的聪明人就在这里，我听说他还在城里——因为我碰巧拜访过一个人，他在智术师们身上［a5］花费的钱财比其他人加起来都多，此人就是希珀尼科斯之子卡利阿斯。由于他有两个儿子，于是我就问他：［ἐπεὶ καὶ ἄλλος ἀνήρ ἐστι Πάριος ἐνθάδε σοφὸς ὃν ἐγὼ ᾐσθόμην ἐπιδημοῦντα· ἔτυχον γὰρ προσελθὼν ἀνδρὶ ὃς τετέλεκε χρήματα σοφισταῖς πλείω ἢ σύμπαντες οἱ ἄλλοι, Καλλίᾳ τῷ Ἱππονίκου· τοῦτον οὖν ἀνηρόμην—ἐστὸν γὰρ αὐτῷ δύο ὑεῖ—］

20a2：ἐπεὶ καὶ［这不］，［SS注］"既然我们谈到了那个话题"。这是一种相当普遍的说法，表示他刚才提到让说话人回忆起某个具体事实的原因，而那个具体事实会详细表明或确证那个说法。随后的καὶ表示这种事实乃是一种补充说明。这种间接表示原因的用法，见19e1注。［R注］这种连接性的想法表示"而且雅典跟其他地方一样，职业教师有很好的市场"。［T注］相当于γὰρ，意即"因为"，参19e注。施莱尔马赫译成德文的ja。

［按］本句第一个词ἐπεί，艾伦译作as a matter of fact，格鲁伯作indeed，盖洛普作on that topic，魏斯特作and for that matter，王太庆译作"除了他们以外"。我翻译成口语化的"这不"，表示眼下就有实例。

20a2-3：ἄλλος ἀνήρ ἐστι Πάριος ἐνθάδε σοφός［另外还有一个来自帕罗斯的聪明人就在这里］，［S甲注］即帕罗斯岛的欧厄诺斯。下文ὃν ἐγὼ ᾐσθόμην ἐπιδημοῦντα应该如是理解："我有一次知道此人就在我们城里"。苏格拉底的意思是，他没有见过欧厄诺斯本人，而是从卡利阿斯那里听到此人大概会怎么说自己。

［B注］我们从《斐多》（60d3）可知，帕罗斯的欧厄诺斯大约一个月后仍在雅典，因为刻贝斯（Cebes）用πρῴην［先前］一词来说他。柏

拉图在相对不那么重要的地方都保持了一致，足见他在这类事情上细致入微。[T注] ὂν ... ἐπιδημοῦντα，"我最近才知道他旅居在此"。

[S甲注] 从逻辑上说，这里的句子结构本来应该是：ἔστιν ἐνθάδε καὶ ἄλλος (τις) σοφὸς ἀνήρ, Πάριος。但柏拉图笔下的词序总是非常自由灵活。这里把 ἄλλος [另外的] 放在句首，是为了把这位新出现的人与已经提到的智术师"三巨头"相对照。Πάριος [帕罗斯] 后面紧跟着 ἐνθάδε [在这里]，是为了强调此人乃是外邦人。σοφὸς 这个赞美性的附加语（或雅号）因位于一个标志性的停顿之前而起强调作用。

20a4：ὃς τετέλεκε ... [他花费]，[S甲注] 意思是"他给智术师的钱比我们所有这些学哲学的人都多"。

20a5：Καλλίᾳ τῷ Ἱππονίκου [希珀尼科斯之子卡利阿斯]，[S甲注] 据普鲁塔克（Per. 24.8.3），卡利阿斯富可敌国，人称 ὁ πλούτιος [财主]。从很多材料可见，智术师主要靠他养肥的，如《普罗塔戈拉》314b 和 c，《希琵阿斯前篇》218b，色诺芬《会饮》1.5。伯克（August Böckh）[①] 的《雅典的公共经济》（The Public Economy of Athens. London: John Murray, 1828, Vol. II, 页 242 以下）谈到了这个富裕的家族。

[S乙注] 卡利阿斯的富有乃是众所周知的事情，但他挥金如土，奢靡无度。智术师不吝于把卡利阿斯的家道中落当成自己的有利条件。

[D注] 卡利阿斯家里常常挤满了智术师，他也因此（以及其他兴趣爱好）而耗尽家产，最后死于贫困。

[B注] 卡利阿斯在挥霍掉祖产之前是全希腊最富有的人之一。柏拉图《普罗塔戈拉》说他在自己家里同时招待普罗塔戈拉、希琵阿斯和普罗狄科。另参《克拉提洛斯》391b11。色诺芬把自己《会饮》的场景设在卡利阿斯家里，那儿也是欧珀利斯的谐剧《谄媚者》（Κόλακες）的

---

① 伯克（1785—1867），德国古典学家，曾从学于德国古典语文学家沃尔夫（F. A. Wolf，1759—1824，代表作为《荷马史诗导论》和《古学发微》，即 Darstellung der Alterthumswissenschaft）。这里所提到的著作原名 Die Staatshaushaltung der Athener（1817）。

故事发生地。另参吕西阿斯19.48。

［S丙注］卡利阿斯在佩莱坞斯（按：旧译"比雷埃夫斯"）还有一处豪宅，就是色诺芬《会饮》中的场景。卡利阿斯的母亲嫁给伯里克勒斯，后者是她的第二任丈夫，她与伯里克勒斯本来就是血系，并育有二子，帕拉洛斯（Paralus）和克桑提珀斯（Xanthippus，参《普罗塔戈拉》314e，315a；《美诺》94b；普鲁塔克《伯里克勒斯传》165）。柏拉图笔下很多地方都提到过他对哲学的热情，如《普罗塔戈拉》335d6-7：Ὦ παῖ Ἱππονίκου, ἀεὶ μὲν ἔγωγέ σου τὴν φιλοσοφίαν ἄγαμαι ［希珀尼科斯的儿子呀，我可是一向钦佩你的这种热爱智慧］（刘小枫译文），但这对他的性格来说似乎并没有带来任何益处，因为据说他挥霍无度、放荡不羁。他的名声毁于敌人安多喀德斯之手。

［W译注］卡利阿斯，雅典人，以其放荡腐朽的生活方式而著称，拒绝一切传统老套的东西。阿里斯托芬在《鸟》（行283-286）和《蛙》（行428-430）中为此而嘲笑过他。其父希珀尼科斯据信是希腊最富有的人，但卡利阿斯豪掷千金的习惯挥霍掉了家族的好运（吕西阿斯《谈谈阿里斯托芬的财产》[On the Property of Aristophanes] 48）。卡利阿斯是智术师们慷慨大方的赞助人，正如我们从《普罗塔戈拉》中所了解的，《申辩》19e中所提到的两三个智术师就在他府上做客。据说他曾娶了一个女子，后来又纳该女子之母作情妇，与前者生了一个儿子，后来又与岳母生了另一个儿子。他起初只承认前一个儿子，但后来承认两个儿子都是他的。苏格拉底这里反复提到卡利阿斯的"两个"儿子，也许指的就是这桩丑事，这也许是在苏格拉底审判之前数月的一场审判中成为妇孺皆知的事情。不大清楚有关卡利阿斯家事的这种说法是否确切。参安多喀德斯《论神秘》124-132，见麦克道维尔（Douglas MacDowell）的编本（牛津1962年），页10-11，204-205；另参施特劳斯《色诺芬的苏格拉底言辞》（Xenophon's Socratic Discourse, Ithaca, N. Y., 1970），页157-158（按：见杜佳中文译本，华东师范大学出版社，2010）；另参色诺芬《会饮》中的各处，以及《希腊志》6.3.3。

[按]"他在智术师们身上花费的钱财比其他人加起来都多"亦作"他付给智术师们的钱财比其他所有人都多",盖洛普和格鲁伯把 σύμπαντες 翻译成"加起来"(put together),这个词比"所有"还多一个前缀,本指"全部""总共"。

20a6: δύο ὑεῖ [两个儿子],[SS注]在公元前400年左右的雅典,双数(dual,按:这里的 ὑεῖ 就是"双数",既非单数,亦非复数)的使用,除了在某些套话中,是口语的典型特征,与正式的语言相对。眼前这段话就是柏拉图连贯使用双数最长的一段话(末尾20b6的 ὑέων 例外;柏拉图几乎总要避免绝对的一致性),而且双数形式的大量使用,就让苏格拉底的话具有一种假天真的和蔼口吻(a tone of pseudo-naive bonhomie),与曾经富有现仍自鸣得意的卡利阿斯的矜持相对照。[按]这种微妙处,任何现代语言甚至希腊语以外的任何语言似乎都翻译不出来。

"卡利阿斯,"我说,"如果你的一双儿子本来是马驹或牛犊,我们大概就会给它们找个训导师,雇请他,此人 [20b] 定当根据其固有的德性而把它们两个打造得壮美而高贵,而这样的人要么是一位驯马师,要么是一位农夫——["Ὦ Καλλία," ἦν δ' ἐγώ, "εἰ μέν σου τὼ ὑεῖ πώλω ἢ μόσχω ἐγενέσθην, εἴχομεν ἂν αὐτοῖν ἐπιστάτην λαβεῖν καὶ μισθώσασθαι ὃς ἔμελλεν αὐτὼ καλώ τε κἀγαθὼ ποιήσειν τὴν προσήκουσαν ἀρετήν, ἦν δ' ἂν οὗτος ἢ τῶν ἱππικῶν τις ἢ τῶν γεωργικῶν·]

20a7: πώλω ἢ μόσχω ἐγενέσθην [本来是马驹或牛犊],[SS注]苏格拉底在用"以小推大"(a minore ad maius)的论证方法时,喜欢用动物之类的例子开头,另参《申辩》25a13-b6(亦参27b5-6),《游叙弗伦》13a4-c5,《高尔吉亚》516a5-b3,《王制》335b6-12(下文引用的b1注),342c4-7。这里的 ἐγενέσθην 是"生下来就是"(马驹或牛犊),而非"曾经是",否则就应该作 ἤστην。

20a8: ἐπιστάτην [训导师],[B注]"监事"(overseer),苏格拉底

在这种情况下不止一次用过该词。几乎无可置疑的是，苏格拉底受了词源学的影响，很可能把该词当作了 $ἐπίσταμαι$ 的 nomen agentis［施动名词］。一个要么指"治者"要么指"知者"的词，自然很适合于他，另参《克里同》47b10 注。这个词在不知不觉中就变成了 20b5 的 $ἐπιστήμων$［懂得］。

［按］盖洛普译作 tutor，格鲁伯译作 supervisor，福勒和艾伦译作 overseer。魏斯特译作 master，不确，水建馥译作"管理人"，亦不妥。吴飞译作"教习"，佳。

20a8：$μισθώσασθαι\ ὃς\ ἔμελλεν$［雇请，此人定当］，［S 甲注］$μισθοῦν$ 意为"出租"，$μισθώσασθαι$ 则指"获得雇佣服务""购置"。［D 注］意思是"他在刚才说的情况下（$εἰ\ ...\ μισθώσασθαι$）会继续让他们……"，眼下的可能性还没有实现。

20b1：$καλώ\ τε\ κἀγαθώ$［壮美而高贵］，［按］字面义为"既美且好"。［S 丙注］雅典人常用 $καλὸς\ κἀγαθός$ 来指"君子"（gentleman），另参色诺芬《回忆苏格拉底》1.1.16。

［按］格鲁伯和盖洛普译为 excel，艾伦和福勒也相似地译为 excellent，唯有魏斯特译作 noble and good。王太庆译作"最出色的"，貌似受了英译本的影响，而水建馥译作"优良之材"，颇为切合语境。吴飞译作"美好和善好"，似已成为汉语学界的普遍看法。这里尽管是在以兽喻人或注疏家所谓"以小推大"，但字面既然是在谈驯兽，那么自然更为注重动物外表的华美和内在的纯良。

20b1：$ἀρετήν$［德性］，［SS 注］这里谈到动物的 $ἀρετή$ 时，本身没有任何反讽的意味。至于把 $ἀρετή$ 用在任何存在物之上，比较《王制》33b6-c3（苏格拉底在与珀勒马科斯谈话）。［S 丙注］注意，形容词与动词一样，可以带一个同根的宾格，比较下文 20d、20c 和 d，《美诺》93b。

［T 注］明确说明的宾格："在这种德性（或卓越）中变成了"它们。所以，色诺芬在相似的阐释中，让苏格拉底在马或牛身上用了 $δίκαιος$ ——

词，说马或牛服从它的应然法则，训练出来做它合适的工作。苏格拉底采用这样一种关于低等动物和生活琐事的说法，至少对于那些禁不住以为那些说法是针对人身的人而言，那些说法会显得陈腐老套，几近唐突冒犯。这位"至圣先师"（Great Teacher）惯于用这种教导方法。

［按］王扬译为"优秀品质"，并为《王制》33b8的 ἀρετή 加注说该词可翻译为"最佳本质""杰出品格"或"美德"等。王太庆译作"品德"，水建馥译作"才具"。吴飞译作"德性"，更为通用。

20b2：ἦν δ' ἂν οὗτος ［则此人是］，［T注］"而且此人（监事）也许已经……"带 ἂν 的过去时直陈式适合于为前面"与事实相反"的假设做结论（按：我译作"则"）。

"然而，两位令郎实际上却都是人，那么，你心里打算给他们找一个什么样的导师？谁才懂得这样一种德性，也就是做人［b5］以及做邦民的德性？我想你肯定考虑过这个问题，因为你有儿子。有那样的人，"我说，"还是没有？"［νῦν δ' ἐπειδὴ ἀνθρώπω ἐστόν, τίνα αὐτοῖν ἐν νῷ ἔχεις ἐπιστάτην λαβεῖν; τίς τῆς τοιαύτης ἀρετῆς, τῆς ἀνθρωπίνης τε καὶ πολιτικῆς, ἐπιστήμων ἐστίν; οἶμαι γάρ σε ἐσκέφθαι διὰ τὴν τῶν υἱέων κτῆσιν. ἔστιν τις," ἔφην ἐγώ, "ἢ οὔ;"］

20b3：νῦν ［实际上］，［D注］表示逻辑，而不是表示时间，意为"实际上"（as it is），另参20c的 ἔπειτα ［然而］。［按］各英文本、中文本以及施莱尔马赫的德文本都译作"现在"，只有艾伦译作 but as it is，盖洛普译作 actually。

20b4：τῆς ἀνθρωπίνης τε καὶ πολιτικῆς ［做人以及做邦民］，［B注］"人与公民的德性"（而非"政治德性"）。πολιτικός 是 πολίτης ［公民，邦民］的形容词，对此可参《高尔吉亚》452e4 的 πολιτικὸς σύλλογος，意为"公民的集会"。

［S丙注］"造就一个人和一个公民的德性"，这恰恰就是苏格拉底自称在传授的东西。［T注］"适合一个人也适合于城邦的东西"。［D注

"一个人和一个公民"的卓越自然与合于（προσήκουσαν［固有的］）牛犊的德性不同。——这个句子解释前面的 τοιαύτης［这样的］。

［SS注］"人与公民的德性"（伯内特），另参《普罗塔戈拉》322e2，323a7 和 b2，324a1。尽管用语相似，但这里的 πολιτικὴ ἀρετή 与几部对话中所说的 δημοτικὴ καὶ πολιτικὴ ἀρετή［大众的或社会的德性］大不相同，后者与"真正的"或"哲学的德性"相对（《斐多》82a10-b3，另参 68c5-69c3，尤其 69b3；《王制》500d4-9，另参 619c7-d1；《法义》710a5-b2），尽管现代学者安于自欺欺人，如格奥尔格曼斯（Görgemanns）的《柏拉图的法义》（Platons Nomoi），页 125，注释 1，以及克莱因（J. Klein）的《柏拉图〈美诺〉疏证》（A Commentary on Plato's Meno, Chapel Hill, 1965），页 39，注释 17（按：中文参克莱因，《柏拉图〈美诺〉疏证》，郭振华译，华夏出版社，2011，页 42）。——根本就没有任何理由像人们常常做的那样，把《申辩》中的苏格拉底说成脱离了城邦约束的个人主义者，恰恰相反，他总是把人类的理想既视为个人性的，又视为公民性的（civic），参《申辩》36c5-8，《高尔吉亚》527b5-6，《王制》599d4-6，当然还有整部《克里同》。

［按］这里的"做邦民"（πολιτικῆς）一词，直译为"属于邦民的"。格鲁伯译作 social kind，盖洛普译作 civic qualities，大概都是 SS 本所批评的"自欺欺人"。福勒、艾伦、魏斯特、阿佩尔特以及施莱尔马赫都译作"公民"（citizen 或 Buerger）。

20b6：ἐπιστήμων［懂得］，［S丙注］在柏拉图看来，ἐπιστήμων［懂行的人］与 ἐπιστάτης［导师］之间有一种词源学上的关联。［W译注］苏格拉底在质问卡利阿斯时，用上了"老师"（master，epistates）和"懂得的人"（epistemon）的双关语。苏格拉底暗示，唯一合适的"老师"或教育者就是那个"懂得"的人，也就是那个懂得教育技艺的人（20c）。

20b6：κτῆσιν［有］，［S丙注］"因为你有儿子"。现在时的 κτάομαι 意思是"获得"，完成时的 κέκτημαι 意思是"拥有"。κτῆσις 这个词的实际含义有时是这个意思，有时又是那个意思。例如，在《欧蒂德谟》228d 中，它的意思是"获得"，《高尔吉亚》478c 亦同。至于另一个"拥有"之意，如此处，比较《王制》331b。

［按］盖洛普的翻译加上了"我这样问"一词，亦符合上下文：I ask, because you I assume you've given thought to the matter, having sons yourself。

"当然有。"他说。"谁？"我问，"哪里的人，学费多少？""欧厄诺斯，"他说，"苏格拉底，帕罗斯人，五米纳。"［"Πάνυ γε," ἦ δ' ὅς. "Τίς," ἦν δ' ἐγώ, "καὶ ποδαπός, καὶ πόσου διδάσκει;" "Εὔηνος," ἔφη, "ὦ Σώκρατες, Πάριος, πέντε μνῶν."］

20b7：*"Τίς," ἦν δ' ἐγώ* ［"谁？"我问］，［S丙注］迅速提出的一连串问题意在表明说话人的急切。简明扼要的回答也许是为了满足这个急不可耐的人。

20b7：*ποδαπός*，［按］本指"从哪个国家来"，引申为"从哪里来"，"出生在哪里"。苏格拉底不大相信雅典有这样懂得做人和做邦民的德性的人，故而本文按其最原始的意思翻译，或多或少有些讥讽的味道："何方高人"，"哪路神仙"。"学费多少"（*πόσου διδάσκει*），直译为"他教书收多少钱"。

［D注］卡利阿斯在回答时没有浪费一个字。其他材料说欧厄诺斯是演讲术的教师和哀歌作者（另参《斐多》60d）。归在他名下的哀歌仍存于世。这里把他说成智术师和德性教师。他的教学收费低廉，有可能准确地显示出时人对其教学价值的评判，即视其人及其教学为二流。人们曾努力区分过小欧厄诺斯和老欧厄诺斯，两人都来自帕罗斯，都写过哀歌。如果真有两个欧厄诺斯，这里指的是老欧厄诺斯。

20b9：*πέντε μνῶν* ［五米纳］，［S甲注］在阿提卡，一米纳为一百德拉克马。因此，欧厄诺斯为自己的智慧收费可谓相当低廉，因为据记载，普罗塔戈拉、高尔吉亚和其他人收一百米纳。［T注］关于希腊语

的 μνᾶ［米纳］，比较拉丁语的 mina，以及英语的 money。

［S乙注］欧厄诺斯的要价似乎远没有前面提到的勒翁提诺伊的高尔吉亚等智术师过分。据福斯特说，普罗狄科每一场演讲都要向每位听众收取五十米纳（按：理解有误，详见SS本对20c1的注）。

［B注］相当于一个上等家奴（a superior οἰκέτης）的价格。与伯罗奔半岛战争之前公元前5世纪那些大智术师们所收的费用比较起来，的确相当低了。普罗塔戈拉是第一个公开自称是"智术师"并收费的人（《普罗塔戈拉》348e6以下），据说收取一百米纳（拉尔修《名哲言行录》9.52），尽管他乐意学生们随便给多少，只要他们发誓说他的教学值那个价（《普罗塔戈拉》328b5以下）。没有理由怀疑《阿尔喀比亚德前篇》119a5以下那个说法（中文见梁中和译疏：《阿尔喀比亚德》，华夏出版社，2009，页125），即伊索罗科斯（Isolochus）之子毕托多罗斯（Pythodorus），以及卡利阿德斯（Calliades）之子卡利阿斯，每人都付了一百米纳给芝诺（Zeno），而且这也与普罗塔戈拉是第一个收费的智术师这一说法相当吻合，假如我们认可柏拉图的编年而不是亚历山大里亚文法学家的综合，至少就是如此（参拙著《希腊哲学》，第一部分，第89节）。到了公元前4世纪，学费变得远为低廉。如果我们相信伊索克拉底的话（15.155），即便是高尔吉亚长达一生的积蓄，最后也不过只留下了一千斯塔忒尔（合两万德拉克马，按：即二百米纳）。

［G注］公元前5世纪末，一个德拉克马相当于公务员一天的工资。因此，欧厄诺斯的收费不像苏格拉底假装说的"适中"，而是普罗狄科为一门讲名称的课程所收取的五十德拉克马（按：疑有误）的十倍。苏格拉底把它与一门只收一德拉克马的课程相比较，而那一德拉克马是苏格拉底本人承受能力的极限（《克拉提洛斯》384b）。我们无法严肃地评价欧厄诺斯的收费，因为不知道其课程的性质和时长。无论如何，苏格拉底是在狡猾地含沙射影：对于欧厄诺斯自称要传授的东西来说，那笔学费不管是多少，都是一种讨价还价。

［按］这笔钱差不多相当于苏格拉底的所有家产。

欧厄诺斯若真［20c］有这样的技艺，且学费如此公道，那我早就祝福他喽。当然，我如果懂得那些东西，无论如何也会自吹自擂，并且趾高气扬一番。但我的确不懂，雅典人。［καὶ ἐγὼ τὸν Εὔηνον ἐμακάρισα εἰ ὡς ἀληθῶς ἔχοι ταύτην τὴν τέχνην καὶ οὕτως ἐμμελῶς διδάσκει. ἐγὼ γοῦν καὶ αὐτὸς ἐκαλλυνόμην τε καὶ ἡβρυνόμην ἂν εἰ ἠπιστάμην ταῦτα· ἀλλ' οὐ γὰρ ἐπίσταμαι, ὦ ἄνδρες Ἀθηναῖοι.］

20b9：ἐμακάρισα［早就祝福］，［SS注］比较《欧蒂德谟》中的场景：Dionysodorus 说他和他的兄弟比其他任何都更有能力传授德性（273d8-e1, 274a6-7）。［按］注意，这里的"祝福"是不定过去时，而从句用的是现在时，这种时态的差异表明苏格拉底不相信欧厄诺斯真有那种教人如何做人和做邦民的技艺。

20b9-c1：εἰ ὡς ἀληθῶς ἔχοι［他若真有］，［S乙注］希腊人常常叙述性地引用（按：即间接引用）另外一个人的话，却突然变成说话人的身份（oratorum recta），好像是被引用者自己在说话。这样一来，他们就会在说话人实际讲的话之前加上 ὡς 或 ὅτι。如上所见，苏格拉底也是这样，他在评赞过欧厄诺斯的好运气之后，重复了他对卡利阿斯的意见。

［B注］这里的祈愿式（ἔχοι），表示苏格拉底并没有允诺要对第一个说法负责。［D注］苏格拉底脑子里最先想到的说法中的 ἔχοι 和 διδάσκει，可能都是直陈式。这两个词在 ἐμακάρισα［祝福］之后都可能变成祈愿式。

20c1：ἐμμελῶς［公道］，［S甲注］似乎指的是 πέντε μνῶν［五米纳］这个公道的价格。因为 ἐμμελές 用来指没有偏离中道的东西。这个隐喻来自谨守音律和节奏的音乐家。这些话透着极大的优美典雅，因为如果苏格拉底说的是 οὕτως εὐτελῶς［如此廉价］，就会太明目张胆地嘲笑欧厄诺斯和卡利阿斯。

［T注］据施塔尔鲍姆（按：即S甲注），ἐμμελῶς［公道］有双重含义，既用于教学的"风格"，也用于学费的"价格"，意思是两方面都

"如此恰当"（字面意思是"合调"），"如此优秀地"。施塔尔鲍姆说，此处的说法极为温文尔雅（urbanity），而如果说 οὕτως εὐτελῶς [如此廉价] 这两个词，就会太明显地讥讽欧厄诺斯，也就讥讽了卡利阿斯，因此苏格拉底只用一个词，看似在赞美欧厄诺斯，实则严厉地责备了他的轻浮，又谴责其他智术师的贪财。福斯特把它译为 concinne，阿斯特作 commode，施莱尔马赫作 vortrefflich，库桑作 à bon marché。

[S乙注] 苏格拉底大概不会说，卡利阿斯的儿子从欧厄诺斯那里学来的知识在于其低廉，即上文说的 πέντε μνῶν [五米纳]。ἐμμελῶς 这种读法毫无疑问更为可取：ἐμμελῶς 来自 μέλος，字面义为"和谐的"，因此可指"合适地""雅致地"等。苏格拉底的意思同时还表达了对欧厄诺斯的热忱反反讽性的恭维，正是有了这种热忱，才会让欧厄诺斯以远低于已经提到的那些人开出的价格来从事这种重要的教育工作。据费舍说，赫绪喀俄斯把该词解释为 προθύμως [热心地]。

[B注]"适度的"（modestly，即如此公道的价格），该词的字面意思是"合调"（in tune，ἐν μέλει），与 πλημμελῶς（πλὴν μέλους = παρὰ μέλος）[跑调]（按：笔者在《克里同章句》43b10 中根据语境译为"乱弹琴"，另参《申辩》22d8）。该词表示没有出现当时流行的天价学费的情况。亚里士多德笔下的 μεγαλοπρεπής [大方的人] 能够 δαπανῆσαι μεγάλα ἐμμελῶς [恰当地大把花钱]（按：《尼各马可伦理学》1122a35，廖申白译作"有品位地花大笔的钱"），而 βάναυσος πολλὰ ἀναλίσκει καὶ λαμπρύνεται παρὰ μέλος [庸人大把花钱，无度炫耀]（按：见《尼各马可伦理学》1122a22-23，廖申白译作"毫无品味地炫耀"，页106）。在《法义》760a1 中，μέγιστα 和 σμικρότερα ἱερά [最大的和最小的神庙] 与 τὰ ἐμμελέστατα [最精致的神庙] 相区别，而亚里士多德在《政治学》（1327b15）中谈到了 πόλις μεγέθει ἐμμελεστέρα [大小更适度的城邦]。

[SS注] 对于向智术师支付的学费，我们仅有少量且零散的证据。据拉尔修《名哲言行录》9.52（DK本的80A1）和苏达斯的《辞海》γ 388（DK本的82A2）所载，普罗塔戈拉和高尔吉亚向每个学生

收费一百米纳，当然高得不大可能，因为在伯里克勒斯时代的雅典，一个自由民一天的工资也不过只有一个或一个半德拉克马（见26d10以下的注释）。《克拉提洛斯》384b3提到了普罗狄科 τὴν πεντηκοντάδραχμον ἐπίδειξιν［五十德拉克马的课程］，人们可以就 ὀρθότης τῶν ὀνομάτων［名称的正确性］受教。这不会是单独的一场演讲，而是一门课程。奈舍尔（Nestle）在《从密托斯到逻各斯》（*Vom Mythos zum Logos*, Stuttgart 1942第二版）页259谈到公元前5世纪智术师的收费时说"一门课程通常三到四米纳"，却没有给出任何参考文献。然而，其来源只能是伊索克拉底的13.3，他在那里谈到了自己时代的辩论家（他的著作《驳智术师》［Κατὰ τῶν σοφιστῶν］作于公元前390年前后）。据托名普鲁塔克 x orat. Vitt. 837c所载，伊索克拉底本人的收费是一千德拉克马（即十米纳）；而在托名普鲁塔克笔下，这条材料与德莫斯忒涅斯一个明显可疑的轶事有牵连，很可能来自我们现在还看得到的一个材料，即托名德莫斯忒涅斯35.42（大约在公元前351年）。据那条材料，一个不知名的当事人说，他的对手拉克里托斯（Lacritus）"靠的是自己的演说技巧，靠的是他付给业师的一千米纳"，他在其他地方说，这位业师就是伊索克拉底。从伊索克拉底15.87可知，其学校一门完整的课程要开三四年。既然他在13.3中所说的 ἐριστικοί［爱辩论的人］（按：指智术师）所开的课比自己开设的课程要窄得多，就可以知道他们的教学时间更短，这也就解释了他们收费更低的原因。既然欧厄诺斯不是一直都待在雅典（苏格拉底才听说此人来了，尽管这不大可能是他第一次造访这个城邦），他的课程也会比伊索克拉底所开的课程更短。所以，欧厄诺斯的收费并不会给我们以特别低的印象。也许，苏格拉底口中的 οὕτως ἐμμελῶς［如此公道］，与柏拉图笔下的苏格拉底在《斐多》（60d8-e1，61c6-9）以及《申辩》中其他地方谈起欧厄诺斯的所有话一样，都是反讽性的。此公只是二流智术师，而卡利阿斯在招待诸如普罗塔戈拉、希琵阿斯和普罗狄科这些身价不菲的演讲师时已几近倾家荡产（参柏拉图的《普罗塔戈拉》），此时的收费没有那些比欧厄诺斯名气更大的竞争对手更高，他当然足可高兴。另参弗拉斯托斯（G. Vlastos）的《苏格拉底：反讽家与道德哲人》(*Socrates, Ironist and Moral Philosopher*, Cambridge 1991）页241，注释26说："因为这种允诺乃是一种诡计，他（欧厄诺斯）的收费无论如何都昂贵得离谱。"最后，这是苏格拉底的一个主要观点，尽管说得有些戏谑，即 ἀρετή［德性］本身无价，任何价格，不管多高，在它面前都仍然少得可怜。

20c1-2：ἐγὼ γοῦν καὶ αὐτὸς［当然，我也］，［SS注］"γοῦν 最普通的用法大多数时候是引入一种说法，为至今为止（*pro tanto*）前面的说法作证据。这可很好地概括为'部分证据'"，见丹尼斯顿《希腊语小品词》，451–453 ii；另参普拉瑟的《柏拉图笔下若干连接小品词研究》(*Particules*)，前揭，页133–135。［D注］καὶ αὐτὸς 暗示欧厄诺斯对自己的教学很得意。

20c2：ἐκαλλυνόμην τε καὶ ἡβρυνόμην ἄν［自吹自擂，并且趾高气扬］，［S乙注］"我就会自庆且自夸"，费舍如是解释。赫绪喀俄斯解释作 gloriando me efferrem, jactarem me magnifice，这些话还指那种装扮上的奢侈铺张，不大用来指品味，更多地指柔弱纤巧。

［B注］这些词与 ἐμμελῶς［公道］相对。苏格拉底的意思是，他对传授做人和做邦民的德性会有一种挑剔和鄙视的态度（当然不是针对诸如五米纳这样公道的收费）。

［按］王太庆译作"洋洋得意、不可一世"，吴飞译作"美滋滋的，自我膨胀"，水建馥译作"沾沾自喜得意忘形"。盖洛普译作 giving myself fine air and graces，格鲁伯译作 price and preen myself，魏斯特译作 plume and pride myself。

20c3：ἀλλ' οὐ γὰρ ἐπίσταμαι［但我的确不懂］，［S甲注］等于说 ἀλλ' οὐ δύναμαι καλλύνεσθαι καὶ ἁβρύνεσθαι· οὐ γὰρ ἐπίσταμαι。［T注］这里的省略是很明显的："但"我不能这样表扬自己，"因为"……这里的 γὰρ 可以译作"真的"或"当然"，意思是"但我真不知道"。［S丙注］"但我实际上并不懂得那些东西"。

［D注］"但如果这些说法都不是真实的，那么，究竟什么东西导致

了我的名声？我会告诉你们全部真相。阿波罗亲口宣布说我是最聪明的人。遵从神明让我无视人们的感觉。"

你们中也许有人会这样接茬："可是，苏格拉底，[c5] 你现在为什么摊上事儿了？对你的那些污蔑又打哪里来？[Ὑπολάβοι ἂν οὖν τις ὑμῶν ἴσως· «Ἀλλ', ὦ Σώκρατες, τὸ σὸν τί ἐστι πρᾶγμα; πόθεν αἱ διαβολαί σοι αὗται γεγόνασιν;]

20c4：Ὑπολάβοι ἂν οὖν τις ὑμῶν ἴσως[你们中也许有人会这样接茬]，[B注]Ὑπολάβοι ἂν 意为"也许反驳""诉诸"，就像惯用法 ὑπολαβὼν ἔφη。另参《斐多》60c8注。

[T注] ὑπολάβοι，比较英语的 take up。

[R注] 苏格拉底虽然表面上仍在反驳"以前的控告者"，却从驳斥眼下针对他的污名，即说他是有名的 σοφός[聪明人]，转而解释人们对他展开人身攻击的原因。

[按] 一般都把 ὑπολάβοι 翻译为"问"（王太庆，艾伦），或引申为"反驳"（福勒，魏斯特），盖洛普译作 interject（吴飞亦作"插话"），格鲁伯译作 interrupt me and say。这里译作"接茬"，暗含"找茬"即"反驳"之意。

20c4：ἀλλ', ὦ Σώκρατες[可是，苏格拉底]，[SS注]"ἀλλά 后面跟一个表示拒绝的说法（这里即说苏格拉底不是宇宙论者，也不是智术师）时，引导的不是一个新的建议，而是一个问题。说话人让拒绝者来承担选择的重负。"（《希腊语小品词》9 II 1 i）柏拉图在小品词之后马上就插入了一个呼语，让问题变得更为急迫。

[D注] 戏剧化地表示反对，并用上了问句的形式——"苏格拉底必定干了什么事情才导致这样一种偏见"。所以，才在后面的 οὐ γὰρ δήπου 中用了 γάρ 一词。

20c5：τὸ σὸν τί ἐστι πρᾶγμα[你现在为什么摊上事儿了]，[B注]"你的事情""追求""职业"。πρᾶγμα 不止一次用来指那种被视为"生活方式"的哲学。另参《斐多》61c8,《泰阿泰德》168a8。从上下文来看,这里的意思不是福勒(在洛布丛书中)所翻译的"你有什么麻烦"。

[SS注] 伯内特以及沃尔夫(E. Wolff)和耶格尔(W. Jaeger)在内的其他学者理解有误,伯内特所提到的几处文献中,我们发现,τοῦτο τὸ πρᾶγμα 的意思非常简单,就是"我们刚才提到的事情",而这几个地方碰巧都在说哲学。通常的译法"你怎么啦"或"你有什么情况",当然是正确的理解。当 πρᾶγμα 表示这种意思时,一般会跟一个物主代词或一个表示所有权的属格。另参《克里同》53c8-d1(如果苏格拉底逃跑,就会破坏本邦法律,那么,他还会厚颜无耻地在其他城邦说什么正义和法律乃是至高无上的价值吗?):καὶ οὐκ οἴει ἄσχημον φανεῖσθαι τὸ τοῦ Σωκράτους πρᾶγμα;[难道苏格拉底的困境看上去不可耻吗](按:笔者在《克里同章句》据施塔尔鲍姆的注疏而译作"你难道不知道这会让苏格拉底这个老东西显得很可耻吗")。另参《希琵阿斯前篇》286e8-287a1(希琵阿斯答应帮苏格拉底解决"美"的问题,谁都不能再有任何反对意见):φαῦλον γὰρ ἂν εἴη τὸ ἐμὸν πρᾶγμα καὶ ἰδιωτικόν[我的立场普通之极,与无知者没有两样]。另参《阿尔喀比亚德前篇》104d3-4(阿尔喀比亚德不理解苏格拉底为何还在纠缠他,而其他所有人都放下了那个问题):τῷ ὄντι γὰρ θαυμάζω ὅτι ποτ' ἐστὶ τὸ σὸν πρᾶγμα[我真搞不懂你究竟怎么啦]。另参《会饮》217c6(阿尔喀比亚德认为苏格拉底迷恋自己的美色,也给了苏格拉底几次机会,然而苏格拉底并没有利用那些机会;所以阿尔喀比亚德决定正面进攻):ἰστέον ἤδη τί ἐστι τὸ πρᾶγμα[最终应该搞清楚那究竟是怎么回事]。另参德莫斯忒涅斯25.95。亦参42a4及相关注释。

[S丙注]"你如何看待这件事。"[D注]"什么是你一直在干的事情",或者更准确地说,"这跟你有什么关系"。[T注]"你的问题是什么",重点在于"你的":你拒不承认熟悉那些研究宇宙秘密的自然学家的职业,也不承认在从事劝说术教学中收益颇丰的智术师这个行当,那么,苏格拉底,"你的"生意、职业或追求又是什么呢?

[S丙注] πρᾶγμα 指"追求",或人生计划以及研究之类的。另参《欧蒂德谟》304b。这个句子中的词序强调的是"你的",意思是"那么,你(既然不把自己等同于 σοφοί [聪明人、智者])一直在干的又是什么呢?"[W译注]"你的pragma又是什么呢"这个句子可以翻译成"你的事情又是什么呢",或者"你的麻烦在哪里"。

[按]这个句子译法区别很大。魏斯特译作 what is it that you do,格鲁伯译作 what is your occupation,较为普通平实,但不合语境;王太庆译作"你的毛病又出在哪里",水建馥译作"为什么你会有麻烦",较妥。吴飞译作"你到底是怎么回事呢",不够明确。盖洛普译作 what is the difficulty in your case,似乎有些过头。这句话直译为"你的事情又是什么呢",或"为什么有(esti)你的事情"。这里显然不是在问苏格拉底的职业,而是从结果反推原因。

也许你的确没有做过其他什么'非凡'的事情,然而,那种'名声'和说法却都在那里摆着,假如你真没有做出什么与众不同的事情,就给咱们说说究竟[20d]怎么回事,免得我们草率判你。"[οὐ γὰρ δήπου σοῦ γε οὐδὲν τῶν ἄλλων περιττότερον πραγματευομένου ἔπειτα τοσαύτη φήμη τε καὶ λόγος γέγονεν, εἰ μή τι ἔπραττες ἀλλοῖον ἢ οἱ πολλοί. λέγε οὖν ἡμῖν τί ἐστιν, ἵνα μὴ ἡμεῖς περὶ σοῦ αὐτοσχεδιάζωμεν."]

20c6: οὐ γὰρ δήπου [也许没有],[B注]这是一种"反向推理"(argumentum ex contrariis),即这里所拒斥的是如下两种相容的说法:"你没有用非常的方式做事情",以及"有这样一种关于你的谣言"。在眼前这种情况中,其中一种说法用分词(带 οὐδέν,而非 μηδέν,因为它不是条件句)来表达,而 ἔπειτα 强调了前后矛盾,该词仅仅指"那后来",但暗示"尽管那样"。关于这种结构的其他形式,另参28d10的注。

20c6: οὐδὲν τῶν ἄλλων περιττότερον [没有其他"非凡"的],[S甲注]即"绝不以任何不同寻常的方式做任何事情"。紧接着的下文由分词引导 ἔπειτα,这种用法十分常见,参海因多夫对《高尔吉亚》的注疏(页

37），以及对《斐多》115的注疏。下文当如是理解："我想，关于你的那个说法不会出现，除非你与其他人行为迥异"，结果，那句话完整的说法就是 λόγος γέγονεν, ὃς οὐκ ἂν ἐγένετο, εἰ μή τι ἔπραττες [如果你没有那样做的话，那么，已经出现的那个说法也就不会出现了]。

[B注]"更不同寻常""更原始地"。τὸ περιττόν（来自 περί，"高于"）字面意思是"超过"了的东西，也就是"奇数"，即比偶数多1。该词也指"冗长"和"多余"，总有一种令人不快的含义，要么暗指"自命不凡"，要么指"爱管闲事"。另参19b4的 περιεργάζεται [痴迷]以及索福克勒斯《安提戈涅》行67：τὸ γὰρ / περισσὰ πράσσειν οὐκ ἔχει νοῦν οὐδένα [做力所不及的事是完全不明智的]（张竹明译文）。

[SS注] περιττότερον 指"过分的""不正常的"和"非同寻常"。表示区别的形容词和副词（要么是某种特定东西的区别，要么是一种规范的区别）在希腊语中常常用比较级形式，所以就有了 ἐνδεέστερος，其反义词是 περιττότερος（《高尔吉亚》487b1，《斐多》74e3等），以及 νεώτερος（《申辩》25a6等，比较24e4等，《游叙弗伦》2a1，《普罗塔戈拉》310b5），和 καινότερος（《斐多》115b5），ἀλλοιότερος（《克里同》46d6，《克拉提洛斯》402b1），ἀλλοτριώτερος（《王制》491d7），参 Wittwer《论希腊语后缀-τερος的比较功能》，其中收集的例子不齐全，其解释也不够精细。

[D注]越过了普通人的界线，促使人们怀疑。σοῦ ... πραγματευομένου 表示事实性的看法，而不是表示条件，因为这里用的是 οὐδέν，但这个观点又用略有区别的形式重新说了一遍，作为一种推测："尽管你并没有干什么'非凡'的事情，这种说法也不会落到你头上，——假如你没有干什么不寻常的事情。"这里需要对苏格拉底的名声做些解释，而且苏格拉底认为通常的解释是错误的。

[T注] οὐδὲν περιττότερον 意为"不过分"，拉丁语作 nihil aliud。Cousin 译作 rien de plus ou autrement，施莱尔马赫译作 nichts besonders，施塔尔鲍姆作 nihil curiosius。

[按]魏斯特译作uncommon，盖洛普译作out of the ordinary（格鲁伯亦近）。王太庆和吴飞译作"出格"，水建馥作"过分的"，都有道理。这里显然有反讽的意味：说话人不相信苏格拉底没有干出什么不同寻常的事情来。

20c7: ἔπειτα[然而]，[S乙注]εἶτα和ἔπειτα既指"后来"，也表"因此"，两个词都常用来表示"以斥骂的方式来责备"，首先表达的就是"愤怒"或"惊讶"的动机。[SS注]"惊讶"（mirantis），常用于分词之后，那种情况不是表示条件。[T注]"然后"，"那样的话"，"我认为，这么多的说法和讨论本来不该发生，却发生了"。在ἂν ἐγένετο规范使用的地方，一般都有γέγονεν，以表示这种谣传实际上已经发生了。

20c8: εἰ μή τι ἔπραττες[假如你真没有做出什么]，[S乙注]可以把这句话视为纯粹强调性的，因为其前提已在句子开头交待了：οὐ γὰρ δήπου[也许没有]。[S丙注]这句话只是在重复前面那个句子σοῦ γε οὐδὲν ...。当然这句是真话，因为柏拉图经常用同语反复（tautology）来表示强调。李德尔用"二元结构"这一题目来命名柏拉图文体上的这个突出特征（按：李德尔还以《伯罗奔半岛战争志》5.97和《奥德赛》2.246的相似为例）。

[B注]在条件句后以稍作改变的形式重复那个条件句，这是希腊语的典型特征，尤其是柏拉图文风的特点。此处这个例子尤其特别，整个句子并没有以条件句开头。[T注]重复第一个句子已经表达的条件，以便更清楚、更强调。这种文风显然是口语。

20d1: ἵνα μὴ ἡμεῖς περὶ σοῦ αὐτοσχεδιάζωμεν[以免我们草率判你]，[S甲注]αὐτοσχεδιάζειν一般用来指那种一时冲动就突然说话或突然做事的人，这里用在了那些形成草率判决的法官们身上。[S甲注]αὐτοσχεδιάζειν，"草率地或猛然仓促地行事"，这里用来指法官们有可能形成草率而没有根据的决定。[B注]"我们才不会形成草率的判决"，另参《游叙弗伦》5a7注释和16a2。[按]似有"避免我们草营人命"之意。

我觉得说这话的那人说得很有道理，我本人也会试着向你们证明，究竟什么东西导致了我的这种名号以及对我的诽谤。请听好了。你们中的 [d5] 某些人也许会认为我是在开玩笑。然而，请你们明察，我要给你们说的全都是真话。[ταυτί μοι δοκεῖ δίκαια λέγειν ὁ λέγων, κἀγὼ ὑμῖν πειράσομαι ἀποδεῖξαι τί ποτ' ἐστὶν τοῦτο ὃ ἐμοὶ πεποίηκεν τό τε ὄνομα καὶ τὴν διαβολήν. ἀκούετε δή. καὶ ἴσως μὲν δόξω τισὶν ὑμῶν παίζειν· εὖ μέντοι ἴστε, πᾶσαν ὑμῖν τὴν ἀλήθειαν ἐρῶ.]

　　20d3：τί ποτ' [究竟什么]，[T注] 在疑问句中，ποτέ 与拉丁语的 tandem 一样，表示诧异、惊奇、不耐烦以及另外某种生动的情感。这里虽用于间接问句中，就好像用于直接问句中一样，以表达问话人的惊奇。

　　20d3-4：πεποίηκεν τό τε ὄνομα καὶ τὴν διαβολήν [导致了这种名号以及诽谤]，[S甲注] τὸ ὄνομα 指苏格拉底的智慧名声，正如 d7 的 τοῦτο τὸ ὄνομα ἔσχηκα [获得了这样一个名号]，而 ἡ διαβολή 则指其对手的污蔑和控告。[B注]"给了我这个名号"，即，σοφός [聪明人]。

　　[SS注] 不是像拉丁语和英语中常见的 nomen 和 name，即"名声"的同义词，而是指给苏格拉底起的 σοφός 这个绰号（参23a3，进一步比较18b7；20d6-8，38c3-4）。[T注] 省略了"聪明人"的"名号"，以及与之相关的"诽谤"。

　　[D注] 即 σοφὸς λέγεσθαι [所谓的聪明人]。这是为了与上文的 φήμη τε καὶ λόγος [名声和说法] 相区别，似乎仅仅是要表明那种名声和说法带来了坏名号。διαβολήν 一词阐释 ὄνομα（按：似与诸家理解不一），表明他获得的绝非好名声。

　　20d5：παίζειν [开玩笑]，[SS注] 看上去苏格拉底是在开玩笑，这主要来自他的反讽。苏格拉底惯于"妄自菲薄"，还用最阿谀奉承的话来恭维别人的知识、机敏、权势或美貌（这就是 εἰρωνεία [反讽、装样子] 的本义，伯内特在注疏38a1时已正确地指出了这一点）。然而，苏格拉底有时似乎也说说大话（μέγα λέγειν, 20e5），眼下似乎就是这样，他说自己拥有σοφία［智慧］。但是，我们很快就会知道，他所谓的σοφία［智慧］其实非常谦卑。在这样一些情况下，他的话语总是在某种程度上一语双关（double entendre），结果他似乎不仅在戏弄（play with）自己谈话的对象，也在戏弄读者。此外，他同时还相当严肃。实际上，"游戏"（play）还有真诚（earnestness）的无忧无虑和反讽的一面，柏拉图常常将两者融为一炉。关于παιδία和σπουδή，参李特尔（C.Ritter）《柏拉图的〈法义〉》（*Platons Gesetze*, Leipzig 1896），页17-22，以及弗里斯（G. J. de Vries）发人深省的著作《柏拉图的游戏》（*Spel bij Plato*）。

［按］英文一般译为joking。苏格拉底清楚地知道，他即将说的话不会被大众所理解，反倒会被认为是在戏弄他们——甚至在包括克里同和色诺芬在内的"苏格拉底分子"都认为，苏格拉底并没有好好辩护（《克里同》: 45e4-6："打官司本身又打成那个样子，还有最后这个似乎荒唐可笑的结局"），更不用说一般人了，他们更会认为苏格拉底是在开玩笑。

20d5：εὖ μέντοι ἴστε, πᾶσαν ... ἐρῶ［然而，请你们明察，我要说的全都是］，［S甲注］另参克里同54d5-6：ἀλλὰ ἴσθι, ὅσα γε τὰ νῦν ἐμοὶ δοκοῦντα, ἐὰν λέγῃς παρὰ ταῦτα, μάτην ἐρεῖς［你要知道，这就是我眼下的想法，假如你要反驳那些话语，说了也枉然］。另参《申辩》30a5：ταῦτα γὰρ κελεύει ὁ θεός, εὖ ἴστε［因为那是神明的命令，你要知道］。

［T注］"然而，你们大可放心，我会告诉你们这个真相。"注意，这里省略了关系词ὅτι。［D注］用μέντοι来平衡μέν，以取代常见的δέ，比较38d。μέντοι的确是修饰ἐρῶ，而εὖ ἴστε则起到了状语的作用。

［按］盖洛普译作but I assure，格鲁伯和福勒相似地译作but be sure，但苏格拉底在这里保证要向陪审团说真话，似乎显得荒唐滑稽。魏斯特译作know well，吴飞译作"但你们要明白"，贴近原文。王太庆译作"其实不然"，水建馥译作"那绝不是"，系意译。ἴστε原意是"明白""知道"，而同根的ἱστορέω或其名词ἱστορία，本身就是"探察"和

"研究"之意（即后世所谓history）。如果译为"你们要知道"，似有教训口吻，于语境不合，庭审中的当事人倒是常常会说"请大人明察"。上一句的"请听好了"，亦作"且听"或"请听我慢慢道来"（吴飞译作"听清楚了"，似太强势了一点）。下文20e8和28a6中的这个词则译作最普通的"知道"。

雅典人，我并不是因为别的，而是因为某种智慧，才获得这样一个名号。那么，究竟因为什么样的智慧？也许正是那种凡人的智慧——我的确有可能在这方面比较聪明。［ἐγὼ γάρ, ὦ ἄνδρες Ἀθηναῖοι, δι' οὐδὲν ἀλλ' ἢ διὰ σοφίαν τινὰ τοῦτο τὸ ὄνομα ἔσχηκα. ποίαν δὴ σοφίαν ταύτην; ἥπερ ἐστὶν ἴσως ἀνθρωπίνη σοφία· τῷ ὄντι γὰρ κινδυνεύω ταύτην εἶναι σοφός.］

20d6：ἀλλ' ἤ［而是］，［SS注］在一个否定词后面，常常是 οὐδέν（如此处），这个词组的意思是"除了""不过"。在古典希腊语中，人们觉得这个词组就是 ἀλλά 和 ἤ 的混合（而不是 ἄλλο 或 ἄλλα 和 ἤ 的混合），因此，该句的前面部分会看到 ἄλλος 或 ἕτερος 的形式，如《申辩》34b3-4，《斐多》97d2-3。

［T注］语法书一般把这种（前面有否定词或有一个表示否定的问句的）小品词的连用，解释为等同于 ἄλλο ἤ，先变重音（ἀλλὸ ἤ），然后失去了重音（ἀλλ' ἤ）。但没有充足的理由证明这种重音的变化。此外，前面常常还有 ἄλλο，另参下文34b3-4：τίνα ἄλλον ἔχουσι λόγον βοηθοῦντες ἐμοὶ ἀλλ' ἤ ....。也许最好接受施塔尔鲍姆对《斐多》81b的解释，即，这是把两种不同的结构连成了一个。要么可以说 οὐδὲν ἄλλο ἀλλά，要么可以说 οὐδὲν ἄλλο ἤ，这两种结构于是连成了 οὐδὲν ἄλλο ἀλλ' ἤ。

20d7：ἔσχηκα［获得］，［D注］"我一直拥有并且现在还有的"。

20d7：ποίαν δὴ σοφίαν ταύτην［究竟因为什么样的智慧］，［SS注］δή 常常强调疑问代词和疑问副词（丹尼斯顿，《希腊语小品词》210，5 i）。在疑问句中，疑问代词（如此处）有表语功能时，其主语无论是实际出现还是隐含在意思当中，都保持前一个句子的状况。

[D注] 这个问句紧跟着前一句，结果就没有重复 διά。ποίαν 是表语，我们可以把这个句子扩展成 ποία σοφία ἐστὶν οὕτη δι' ἣν τοῦτο ... ἔσχηκα [我由之获得这样一种名声的智慧究竟是一种什么样的智慧]（按：此说或者太冗赘复杂）。接下来的 ἥπερ 后面有所省略，全句应该是 διὰ ταύτην τοῦτο ... ἔσχηκα, ἥπερ ...，ἥπερ 意为"正是那个"。

[T注]"请说说这是一种什么样的智慧。"这个句子接过了前一句关于 σοφίαν 的结构（即介词 διά 之后的宾格）。在对话中的问话和回答中，尤其经常省略介词。

[按] 几乎所有的译本（包括阿佩尔特的译本）都处理成独立的句子，从而省略了介词"因为"，但这里的几个词都是宾格，作承前省略了的介词的宾语。只有施莱尔马赫贴近原文翻译成：Durch was fuer eine Weisheit aber。

20d8: ἴσως [也许]，[SS注] 在这个"自夸"的段落中，苏格拉底异常小心和谦逊地说话，从 ἴσως [也许] 和 d9 的 κινδυνεύω [有可能] 和 τάχα [或许] 可见。[T注]"也许，正是那种……"

20d8: ἀνθρωπίνη σοφία [凡人的智慧]，[B注] 这当然就是苏格拉底学说的主旨。然而，必须记住，它并不仅仅指人们有时认为的"尘世的智慧"（worldly wisdom），它包含"逻辑"和"知识论"（σκέψις ἐν λόγοις [逻各斯中的思考]），也包含伦理学（ἐπιμέλεια ψυχῆς [关注灵魂]）。

[SS注] 柏拉图笔下的苏格拉底认为，人类的理解形式，也就是他自己的无知之知，介于神明的绝对知识与自以为是者的傲慢自是之间。而色诺芬笔下的苏格拉底则认为，"人的知识"毋宁是局限于人和人类事务的知识，绝不可以探究超越于人之上的以及与人无关的东西（《回忆苏格拉底》1.1.12）：καὶ πρῶ τον μὲν αὐτῶν（按：即自然哲人）ἐσκόπει πότερά ποτε νομίσαντες ἱκανῶς ἤδη τἀνθρώπινα εἰδέναι ἔρχονται ἐπὶ τὸ περὶ τῶν τοιούτων（按：即宇宙论的问题）φροντίζειν, ἢ τὰ μὲν ἀνθρώπινα παρέντες, τὰ δαιμόνια δὲ σκοποῦντες ἡγοῦνται τὰ προσήκοντα πράττειν [首先，他常问他们，是不是因为他们以为自己对于人类事务已经知道得足够了，因而就进一

步研究这一类的题目，还是因为尽管他们完全忽略了人类事务而研究天上的事情，他们还以为自己做得很合适］（吴永泉译文）。在柏拉图的对话中，苏格拉底从来没有坚持说要限制人类的研究领域，而是相反，他坚持扩大研究领域，因为除非了解部分与整体的关系，否则就不可能懂得其部分（另参《卡尔米德》156a9-c9；《美诺》81c7-e1）。

[R注]"我的智慧恰恰（περ）就是那唯一的智慧，正如我认为的（ἴσως），那种智慧才是人类所能够得到的"，即对自己无知的认识（21d，23b）。苏格拉底把这种智慧说成"知识"，因为它暗含两个东西：（1）要拥有一种标准的或理想的知识，就需要懂得获取那种知识的方法，（2）自我认识（self-knowledge），比如通过苏格拉底的自我省察体系（另参38a注），就会揭示出全部实际存在的缺点。只有获得确定性知识之后，这种无知之知才成为一种知识，而如果绝不可能存在确定性知识，那么这种无知之知就是唯一的知识。然而苏格拉底对于获得部分具有确定性的知识的信心从未动摇过，他在这里的疑虑必须限定在全部获得的可能性上。

20d8：τῷ ὄντι［的确］，[T注]"实际上"（in reality）。这一句中的ταύτην指"在这方面"，说明性的宾格。下一句的σοφίαν亦如此。

而我刚才[20e]提到的那些人，或许真是一些聪明人，要么有超越凡人智慧之上的某种大智慧，要么拥有某种我说不上来的东西——因为我本人根本不懂那种智慧，如果谁说我懂，就是在撒谎，好造我的谣。[οὗτοι δὲ τάχ᾿ ἄν, οὓς ἄρτι ἔλεγον, μείζω τινὰ ἢ κατ᾿ ἄνθρωπον σοφίαν σοφοὶ εἶεν, ἢ οὐκ ἔχω τί λέγω· οὐ γὰρ δὴ ἔγωγε αὐτὴν ἐπίσταμαι, ἀλλ᾿ ὅστις φησὶ ψεύδεταί τε καὶ ἐπὶ διαβολῇ τῇ ἐμῇ λέγει.]

20d9：οὓς ἄρτι［刚才那些人］，[B注]省略了"高尔吉亚、普罗狄科和希琵阿斯"。苏格拉底这里并没有谈到自然科学，而是在更严格的意义上谈"智术师"的学说，"智术师"一词的严格意义是普罗塔戈拉给定的。

20e1: μείζω τινὰ ἢ κατ᾽ ἄνθρωπον [超越于凡人之上的某种大智慧],[S甲注] 即"也许可以比落到普通人手里有更大的智慧"。[T注] ἢ κατ᾽ ἄνθρωπον,"比属于人的",拉丁文作 quam pro homine。

[S乙注] 费舍解释作 Majorem sapientiam quam qua in hominem cadat; Sapientiam humana excellentiorem。若不是用一个与其他东西相比较的实词,而是用形容词表示的某物之性质,这种性质与其他性质成比例,并且在程度上有所比较(拉丁语用 quam pro),那么 ἢ κατά 和 ἢ πρός 要放在比较级之后。

20e1-2: ἢ οὐκ ἔχω τί λέγω [要么拥有某种我说不上来的东西],[S甲注] 这话说得很反讽:"智术师们要么有神圣的智慧,要么一无所有。"因此,这里就不是福斯特校订的 ἢ οὐκ ἔχω τί λέγω(按:施塔尔鲍姆认为应该在句中加一逗号断开,作 ἢ οὐκ ἔχω, τί λέγω)。

[S乙注] Steph. 解释作 alioqui non habeo quod de ea dicam。福斯特认为这里的文本应该是 ἣν οὐκ…,就好像苏格拉底不晓得该用什么名称来叫智术师那种比凡人智慧更高的东西。但这里的文本似乎更为可能,因为苏格拉底只要有机会就会随心所欲地用上反讽,完全可能更易把智术师置于两难的困境中:他们要么拥有神圣的智慧,要么根本就没有。

[SS注] 当然,苏格拉底会说他们简直狂妄自大,因此他们所谓的 σοφία [智慧] 其本名应该是 ἀμαθία [无知],但苏格拉底的"文雅"(τὸ ἀστεῖον)和 εἰρωνεία [反讽] 都不允许他在这里以及在别的地方说出这样的话来。

[R注]"或者那种我不知道如何描述的智慧"。那是某种以 μείζω ἢ κατ᾽ ἄνθρωπον 表示选择性的断言,苏格拉底假装对之困惑不解。这个惯用法是缩略的方便说法。这个句子急于抛出自己的结论"表达了这一点之后",用的是一个句子来代替,免得进一步详细说明。该句尤其可以与《高尔吉亚》494d 相比较。

[D注] 苏格拉底的言下之意是,那样一种智慧要么是超越于凡人之上的,要么根本就不是什么智慧。其结构与下文联系紧密。[T注]

"否则我就不知道如何称呼它"——它当然不是凡人的智慧——我并没有诸如此类的智慧。这里的反讽意味跃然纸上。

[按]直译应为"否则我就不知道该如何说了"或"否则我就说不上来那是什么了"。盖洛普译作 otherwise i cannot explain it（格鲁伯亦似），意译；魏斯特译作 or else I cannot say what it is，贴近原文；福勒译作 or I don't know what to say，不够味。吴飞译作"要么我说不出那是什么"，王太庆译作"这种智慧我不知道怎么说"，水建馥译作"我不知该怎样来形容"。

20e1-2：οὐ γὰρ δὴ ἔγωγε αὐτὴν ἐπίσταμαι [因为我本人根本不懂那种智慧]，[SS注]暗含的意思是，真正拥有任何一种知识的人，不管是德性方面的还是技术方面的，就会对那种知识有感觉，因此对其性质至少有某种尝试性的意见。另参《卡尔米德》158e7-159a3。在希腊语中，ἐπίστασθαι ἐπιστήμην 或 τέχνην τινά 在含义上与 ἔχειν τέχνην（20c1）没有区别。

20e3：φησί [说]，[SS注]"说我真如此"。φημί 指"我确认"，οὔ φημι 指"我否认"，另参29e3和33c4注。

20e3：ἐπὶ διαβολῇ τῇ ἐμῇ λέγει [好造我的谣]，[S甲注]即"为了达到污蔑我的目的"。因为 ἐπί 指蓄意为之。关于这种物主代词代替人称代词的用法，比较《奥德赛》11.202 的 σὸς πόθος [思念你，对你的思念]，《伊利亚特》24.320，336 的 ἐμὴν ἀγγελίην，即 περὶ ἐμοῦ [向我报信的人]。《俄狄浦斯王》969 行的古注曰：τῷ ἐμῷ πόθῳ。相似地，Livius II. 1 用 regium metum 代替 metu regis，以及 III.16 用 terrorem servilem 代替 terrore servorum。

[S乙注]常常用来指"有可能"（with the prospect），"为了"。物主代词在含义上等同于人称代词的第二格。[SS注]"其目的在于让我变得可疑"：因为带与格的表示目的，另参K.-G. i 502-503。[T注]"为了污蔑我"。

雅典人，请不要起哄，就算我看上去仿佛在 [e5] 对你们说大话，

也不要［起哄］——因为我要说的话不是我自己讲的，而是我从一个值得你们信任的人那里转述的［而起哄］。至于我的那种，呃，"智慧"，无论那种智慧究竟是什么，也不管是哪一种智慧，我都会向你们提供证人，那就是德尔斐的神明。［καί μοι, ὦ ἄνδρες Ἀθηναῖοι, μὴ θορυβήσητε, μηδ' ἐὰν δόξω τι ὑμῖν μέγα λέγειν· οὐ γὰρ ἐμὸν ἐρῶ τὸν λόγον ὃν ἂν λέγω, ἀλλ' εἰς ἀξιόχρεων ὑμῖν τὸν λέγοντα ἀνοίσω. τῆς γὰρ ἐμῆς, εἰ δή τίς ἐστιν σοφία καὶ οἵα, μάρτυρα ὑμῖν παρέξομαι τὸν θεὸν τὸν ἐν Δελφοῖς.］

20e4：μοι［请（我）］，［SS注］这里以及27b1的μοι应是人称与格（ethical dative），意为"请"（please）；另参K.-G. i 423d。［按］直译应为"请不要对我起哄"。

20e4：μὴ θορυβήσητε［不要起哄］，［D注］"不要用噪声来打断我"，严格说来，指的是ἐὰν δόξω...那个时刻。在21a和30c中用的是更不那么准确的现在时："请勿打扰"。［T注］"不要对我喧哗骚动"，或者像现代集会上的说话人讲的"不要发出嘘声"（do not hiss），等于拉丁语的ne obstrepatis［请勿喧闹］。接下来的μηδ' ἐὰν，意为"即便……也不要"。

20e5：μέγα λέγειν［说大话］，［S甲注］即"说让人吃惊的事情"。［D注］其含义就是μεγαληγορεῖν［说大话，夸口］，正如μέγα φρονεῖν［傲慢、主意高、意气风发］等同于μεγαλοφρονεῖν［有高尚情操、待人宽厚］。

［B注］即"夸口"。另参《斐多》95b5：μὴ μέγα λέγε［别说大话］（刘小枫译文），索福克勒斯《埃阿斯》行386：μηδὲν μέγ' εἴπῃς［别夸口了］（张竹明译文）。μέγα λέγειν更常见的情况是表示"大声说"，但这里μέγα的用法等于μέγα φρονεῖν［傲慢、主意高、意气风发］。

［T注］恰当地指"夸口"，正如μέγα φρονεῖν表示"骄傲"。在后来的希腊语中，它指"谈论让人不可思议的东西"。但苏格拉底所说的东西是表面上的"骄傲"或"傲慢"，他害怕冒犯法官们，实际上的确冒犯了。另参色诺芬《苏格拉底向法官的申辩》1，色诺芬谈到了μεγαληγορία［说大话］（按：吴永泉错误地译为"崇高的言论"），而所有的"辩护

词"都在其申辩中把这一点归诸苏格拉底。

[S丙注]"是在说某种大话"。比较亚里士多德《尼各马可伦理学》1095a25-26：συνειδότες δ' ἑαυτοῖς ἄγνοιαν τοὺς μέγα τι καὶ ὑπὲρ αὑτοὺς λέγοντας θαυμάζουσιν [在感到了自己的无知时，又对那些提出他无法理解的宏论的人无比崇拜]（廖申白译文）。所有对苏格拉底的申辩提出解释的人都注意到了他的 μεγαληγορία [说大话]。另参西塞罗《论演说家》卷一章54对苏格拉底的描述：cum omnium sapientissimus esset sanctissimeque uixisset, ita in iudicio capitis pro se ipse dixit, ut non supplex aut reus, sed magister aut dominus uideretur esse iudicum [此人虽然在世人中最聪明、最真诚，但是他在刑事法庭上那样亲自为自己辩护，以至于令人觉得他不是请求者或被告，而是陪审员们的教师或主人]（王焕生译文）。

20e5：οὐ γὰρ ἐμὸν ἐρῶ τὸν λόγον [因为我要说的话不是]，[S乙注]苏格拉底这样说的目的，是要消除他的自以为是或狂妄自大的表象，以赢得人们的善意，所以他要提请听众注意。[S丙注] 在希腊语的句法规则中，主语要带冠词，而述语（按：即表语和宾语）不带，这个规则也适用于第二位和第三位的表语，举两个压缩了的表达法：（1）ἐρῶ λόγον [我说过这话]，（2）ὁ λόγος οὐκ ἐμὸς ἔσται [这话不会是我说的]，同样的原则也适用于第二个句子。

[B注]"我要说的话不是自己的"，另参《会饮》177a2-5：ἡ μέν μοι ἀρχὴ τοῦ λόγου ἐστὶ κατὰ τὴν Εὐριπίδου Μελανίππην· οὐ γὰρ ἐμὸς ὁ μῦθος, ἀλλὰ Φαίδρου τοῦδε, ὃν μέλλω λέγειν [于是，厄里克希马科斯说："我的话用欧里庇得斯《墨兰尼普》里的一句来起头：我要说的'这故事不是我的'，而是这位斐德若的"]（刘小枫译文）。狄俄尼索斯（Dionysius of Halicarnassus）从《聪明人墨兰尼普》（Melanippe the Wise）中引用的诗句是：κοὐκ ἐμὸς ὁ μῦθος, ἀλλ' ἐμῆς μητρὸς πάρα [这个故事不是我的，而是从家母那里听来的]（《修辞术》9.11，按：不是亚里士多德的同名著作《修辞学》），人们常常重复且模仿这句话（贺拉斯《讽刺诗集》Sat. ii.

2.2：nec meus hic sermo est［这不是我的话］）。亚里士多德在《诗学》（1544a31）中谴责了墨兰尼普的 $ῥῆσις$［话］，她的话中把某种宇宙论学说解释为一种 $παράδειγμα ... τοῦ ἀπρεποῦς καὶ μὴ ἁρμόττοντος$［不得体且不得当的典范］。亚里士多德无疑是在重复源自公元前5世纪的一种常见的批评。如果明白《聪明人墨兰尼普》中这两句诗（就像欧里庇得斯笔下的其他诗行一样）早已声名狼藉的话，那么我们就能够懂得苏格拉底为什么能够戏谑地含沙射影。

［D注］精简了的说法，通过暗中使用某种欧里庇得斯式的笔调而在听众身上更有效。另参欧里庇得斯《海伦》行513：$λόγος\ γάρ\ ἐστιν\ οὐκ\ ἐμός,\ σοφῶν\ δ'\ ἔπος$［要知道哲人说过，不是我自己说的］（张竹明译文）。精简了的相似说法，另参31c：$ἱκανὸν\ τὸν\ μάρτυρα$［足够的证据］。表语性的形容词或实词常常简略地等同于复合句的一个从句。$ἐμόν$ 和 $ἀξιόχρεων$ 都是表语，它们的位置有其特殊含义。

20e5：$ὃν\ ἂν\ λέγω$［我自己讲的］，［D注］等同于 $ὃν\ μέλλω\ λέγειν$，尽管它在形式上是一个带不定式先行词的假设性关系从句。

20e6：$ἀξιόχρεων$［值得信任］，［S甲注］恰当说来，就是指有偿还能力的人，因此，也就是值得向他托付钱财的人。拉丁语中的locuples也是一样的用法，指值得信赖的证人。

［S丙注］"但我会把它（$τὸν\ λόγον$）诉诸一个你们也许会信任的人。"很难说这里的 $ὑμῖν$［你们］，究竟应该当作紧接在 $ἀξιόχρεων$ 之后（按：意为"值得你们信任"），还是当作整个句子的成分，就好像 $ἀνοίσω$［带来］之后的dativus commodi［有利的与格］。

［B注］"充分的"，"值得信赖的"，其本义可见于下文38b9，"殷实的"，"能付得起"，指担保人之类的（= $ἐχέγγυος$［担保人，中保］）。用于证人身上时，指"值得信任"。所以苏达斯《辞海》作：$ἀξιόχρεως ... ἱκανός$［有充分保证的人］，$ἐχέγγυος$［担保人］，$ἀξιόπιστος$［值得信任的人］。另参拉丁语的locuples testis［可信的证人］。

［SS注］"值得信任"，称呼证人的恰当雅号。另参德莫斯忒涅斯

40.61：μάρτυρας ἀξιόχρεως παρασχέσθαι［带可信的人来作证］。欧里庇得斯笔下的奥瑞斯忒斯用过相同的词 ἀξιόχρεως 和 ἀναφέρειν，他在一种绝望的情况中，问那位命令他弑母的德尔斐的阿波罗："奥瑞斯忒斯，难道那位发出命令的神明还不可信吗，他会解除加在我身上的罪过。"（《奥瑞斯忒斯》行597-598：ἦ οὐκ ἀξιόχρεως ὁ θεὸς ἀναφέροντί μοι μίασμα λῦσαι，按：张竹明的译文与此有较大出入，没有译出"可信"之意。）

20e6：ἀνοίσω［提供］，［D注］常常用来表示转移责任，另参吕西阿斯12.28。

20e6-7：τῆς γὰρ ἐμῆς, εἰ δή τίς ἐστιν σοφία καὶ οἵα［至于我的那种，呃，"智慧"，无论那种智慧究竟是什么，也不管是哪一种智慧，［T注］"因为就我的智慧而言，不管我现在是否拥有，也不管是哪一种智慧"，等等。为了更吸引人，σοφία 从主句挪到了从句中。

［SS注］εἰ δή，"无论实际上是否"。丹尼斯顿，《希腊语小品词》223-224仅仅在表示"条件"的情况下提到应该把 δή 解释为"实际上"，但在眼前这个以 εἰ 引导的疑问句中，无疑也应该作如是观。

［D注］无论是技巧还是谦和的态度，都要求苏格拉底不能冲口说出 τῆς ἐμῆς σοφίας［我的智慧］之类的话。εἰ δή τίς ἐστιν 插入得恰到好处。这里的 οἵα，回指20d7的 ποίαν［什么样的］。这一句最后的 τὸν θεὸν τὸν ἐν Δελφοῖς，其位置就表示强调。

［按］魏斯特译作 of my wisdom, if indeed it is anything, and what sort of thing it is，盖洛普译作 as evidence of my wisdom, if such it actually be, and of its nature，格鲁伯简单地译作 to the existence and nature of my wisdom，福勒译作 for of my wisdom – if it is wisdom at all – and of its nature。王太庆译作"至于我的智慧是不是智慧，是哪种智慧"，吴飞译作"我的这些，究竟是否真是智慧，是什么样的智慧"，都较为准确；水建馥译作"至于我的智力如何，——如果还算得上智慧的话——至于我的智慧是种什么性质的智慧"，则不确。根据戴尔的注疏（即把 εἰ δή τίς ἐστιν 视为插入语），最稳妥的译法可能是："至于说我的——无论它

是否叫做——智慧,以及它的性质"。

20e7-8:μάρτυρα ... Δελφοῖς[证人……德尔斐],[S丙注]泽勒尔(《希腊哲学》卷二,页45,注释2)说:"没有必要否认神谕的真实性,但我们不能把它视为苏格拉底走上探究之路的主要动因。凯瑞丰如此求问皮提亚(按:即德尔斐主神阿波罗的女祭司),并且她接受了这个占问,就说明苏格拉底必定已经是众所周知的人物。"这里把神谕说成苏格拉底古怪而不受欢迎的举动的原因,一半是修辞。音律铿锵(Iambic form)的 σοφὸς Σοφοκλῆς[聪明的索福克勒斯](按:iambic意为"抑扬格"。这里的 σοφὸς Σοφοκλῆς 发音接近,有似押韵)——(皮提亚的)这种回答见于《名哲言行录》2.37,以及苏达斯《辞海》中的 σοφός 头衔,都是后来杜撰的,不过是把这里述及的皮提亚简单而否定的回答加以扩充而已。

[G注]"德尔斐的神明",即阿波罗,尽管《申辩》通篇都没有提到这个名字。阿波罗也是苏格拉底自称在侍奉的神祇(《斐多》85b)。然而,在下文苏格拉底谈到"那位神明"时,我们不大清楚他究竟指的是阿波罗,还是另外一个与希腊传统宗教中的神祇不同的人格神(personal God)。很清楚,21b,21e,22a,23a-c等处就是在直接提到阿波罗。然而,后来提到的地方(28e,30a,30e,31a,35d,41d-42a)就不大确切了,所以本人就用"神"(God)或"我的神"(my god)来翻译。

你们大概都知道凯瑞丰这个人吧。此人[21a]**是我青年时期的伙伴,也是你们大多数人的同志,最近与你们共同流亡,也跟你们一起回来。你们肯定都晓得凯瑞丰是个什么样的人,他无论做什么都莽撞毛躁。**[Χαιρεφῶντα γὰρ ἴστε που. οὗτος ἐμός τε ἑταῖρος ἦν ἐκ νέου καὶ ὑμῶν τῷ πλήθει ἑταῖρός τε καὶ συνέφυγε τὴν φυγὴν ταύτην καὶ μεθ' ὑμῶν κατῆλθε. καὶ ἴστε δὴ οἷος ἦν Χαιρεφῶν, ὡς σφοδρὸς ἐφ' ὅτι ὁρμήσειεν.]

20e8:Χαιρεφῶντα[凯瑞丰],[S甲注]阿里斯托芬《云》描述过凯瑞丰这个人，参104行和501行以下，以及对应的古注。另参色诺芬《回忆苏格拉底》2.3，柏拉图《卡尔米德》153b。[T注] 这句末尾的 *που*，意为"我想"。

[S丙注] 凯瑞丰，斯斐托斯（Sphettos）地区人，是苏格拉底最忠实的追随者，协助苏格拉底进行精神和道德的改良，据色诺芬说（《回忆苏格拉底》1.2.48），他对老师（苏格拉底）的学说没有一丁点怀疑。此人性情冲动，容易兴奋（《卡尔米德》153b）。凯瑞丰在《卡尔米德》和《高尔吉亚》中都出现了，我们从那里可知，他是那位著名教师的朋友（《高尔吉亚》447b）。凯瑞丰的外表病恹恹的，瘦削，肤色黝黑。此人遭到过包括阿里斯托芬在内的很多人攻击。凯瑞丰在苏格拉底遭审判时已然去世，斐洛斯特拉托斯说他用功太勤而影响了健康。

[B注] 凯瑞丰是苏格拉底早年在阿里斯托芬所谓 *φροντιστήριον*[思想所] 时期的 *ἑταῖροι*[伙伴、朋友]，相应地也在《云》中遭到了嘲笑。苏格拉底对斯瑞西阿得斯说（《云》行503）：*οὐδὲν διοίσεις Χαιρεφῶντος τὴν φύσιν*[你的模样和凯瑞丰一定不差什么]，后者对此回答道：*οἴμοι κακοδαίμων, ἡμιθνὴς γενήσομαι*[哎呀，那我一定是半死的人了]（罗念生译文）。因其苍白的脸色，欧珀利斯叫他 *πύξινος*[木头人]（残篇239，按：似指其"行将就木"）。凯瑞丰在阿里斯托芬的《鸟》中两次（行1296和1564）被叫做 *νυκτερίς*[蝙蝠]（按：其词根为"夜晚"）。在《鸟》行1564之前的这个段落里，他被说成是在襄助苏格拉底搞什么唯灵论的 séance [法会]，也就是召集 *ψυχή*[魂灵]。这就是苏格拉底灵魂学说的谐剧版本。

[D注] 当然，如果雅典人真不知道凯瑞丰，那么阿里斯托芬以凯瑞丰为代价开的很多玩笑都对他们不起作用（参21a3的注释）。色诺芬说凯瑞丰是苏格拉底的朋友（《回忆苏格拉底》1.2.48）：*οἳ ἐκείνῳ συνῆσαν, οὐχ ἵνα δημηγορικοὶ ἢ δικανικοὶ γένοιντο, ἀλλ' ἵνα καλοί τε κἀγαθοὶ γενόμενοι καὶ οἴκῳ καὶ οἰκέταις καὶ οἰκείοις καὶ φίλοις καὶ πόλει καὶ πολίταις δύναιντο καλῶς χρῆσθαι*[他们听苏格拉底讲学并不是为了做雄辩家或律师，

而是为了做光荣可尊敬的好人，能够对他们的家庭、亲属、仆从、朋友以及他们的国家与同胞行事端正，无可指责］（吴永泉译文，按：与原文有些出入）。

21a1：*ἐμός τε ἑταῖρος*［我的伙伴］，［B注］哲人的伙伴或其学派的成员一般就叫做他的 *ἑταῖροι*［伙伴，朋友］，该词也指政治党派的追随者。我们必须仔细区分两类人，一类是苏格拉底原来的 *ἑταῖροι*［伙伴、朋友］，如凯瑞丰，色诺芬在《回忆苏格拉底》1.6.1（19d5注释引用过）把这帮人叫做 *συνουσιασταί*［交游者］，另一帮人则是年轻的富家子弟，苏格拉底在执行公开使命时对他们有影响（23c2）。

［SS注］在柏拉图笔下，*ἑταῖρος* 这个词有着广泛的语义价值，见萨托利（F. Sartori）的 Platone e le eterie, *Historia* 7 (1958) 157–171。我们这里第一次见到的用法（*ἐμός ... ἑταῖρος*），另参《斐多》118a15和《吕西斯》204a5（亦参《智术师》216a3）；第二种用法（*ὑμῶν τῷ πλήθει ἑταῖρός*），仅仅表示在相当一般的政策路线上有着一致性，而不是一种紧密而部分保密团体的成员（《申辩》36b8的 *συνωμοσία*），另参《高尔吉亚》510a10和《书简七》325d1。

21a1：*ὑμῶν τῷ πλήθει ἑταῖρός*［你们大多数人的同志］，［S甲注］指的是"三十僭主"时期一起逃亡的雅典人。*κατιέναι* 和 *κατέρχεσθαι* 最常见的用法是说那些从流放中回到祖国的人。见阿里斯托芬的《蛙》（*Ran.* 行1274），希罗多德《原史》3.45以及珀森（Richard Porson）[①]对欧里庇得斯《美狄亚》行1011的注释。进言之，*ἐφ' ὅτι ὁρμήσειε* 是更为强调地说 *εἰ ἐπί τι ὁρμήσειε*。

［S乙注］吕西阿斯的《驳阿戈拉托斯》（*Orat. adv. Agorat.*）页94，96，99，100，108经常用 *πλῆθος* 一词来指大众意见的支持者，这里就应该作如是理解。［D注］这里的 *ἡλιασταί*［陪审员］应该理解为代表全体人民。而且这里的 *πλῆθος* 通常等同于 *δῆμος*，指民主制的党派。

---

① 珀森（1759—1808），英国古典学家。

[B注]"而且他也是民主派的坚定支持者",省略了 ἦν。明白这一点后会觉得很有趣,因为苏格拉底后半生影响的年轻人大多数都反对民主制。从阿里斯托芬的奚落中可以合理地推导出,如果凯瑞丰追随苏格拉底,代表着后者所谓毕达哥拉斯学派的一面,即禁欲和讲究灵魂的一面,那么我们必须记住,宗教的复兴更多地迎合了人民的需要,而不是迎合了满脑子自由思想的民主派,而这一点特别适用于毕达哥拉斯主义者(参拙著《早期希腊哲学》,第三版,页90,注释1)。关于 ἑταῖρος 的政治含义,参《高尔吉亚》510a9: τῆς ὑπαρχούσης πολιτείας ἑταῖρον εἶναι[成为起初就具统治地位的政制的同党](李致远译文)。

[SS注]这个短语,或者更常见的 τὸ πλῆθος τὸ ὑμέτερον,在演讲中,要么可以表示掌管整个民主政体的雅典公民大会(如31c6),要么指特定的机构(议事会、陪审团),代替公民大会处理某些公共事务,要么指民主政体本身,要么还可以如此处指民主政体的"党派"。关于最后这种用法,参安多喀德斯i. 136, 150;吕西阿斯12.66–67, 13.1, 2, 11, 18; 24.25;德莫斯忒涅斯24.111, 134,亦参31e2的注释。

[R注]这里补充提到凯瑞丰以前的事情,并非没有目的——是为了让法庭更为宽宏大量地听取接下来的故事。详细地说,要把 πλήθι ἑταῖρος 这个短语与"三十僭主"的追随者相对比,才能理解其准确含义,更具体地说,"三十僭主"的追随者就是寡头俱乐部的 ἑταῖροι [伙伴、朋友],以及"三十僭主"从其党羽中所组织的三千名重装步兵。φυγήν 指的是不包括在这三千人中的所有人随后被驱逐,这帮人(发现阿提卡不再安全时)不久就撤到了忒拜、麦伽拉、奥罗波斯(Oropus),喀尔基斯(Chalcis)和阿尔戈斯等地。人们对那场流亡让人记忆犹新,称为 ταύτην,意为"最近"。所以,伊索克拉底把它比作庇西斯特拉托斯(Pisistratus)家族治下的古老的灾难(8.123)。关于 κατῆλθε,另参吕西阿斯10.4,这个词公认用来指"三十僭主"八个月统治的终结,以及民主制的复兴,其标志就是忒拉叙布洛斯盛大的回归,以及流亡者从佩莱坞斯回到雅典。

［按］"大多数人"（πλήθει），也指民主政体。盖洛普译作"也是贵党的同志"（and also a comrade in your party），艾伦译作 and a friend of your democratic majority，福勒译作 and the comrade of your democratic party，水建馥译作"也是你们民主派的朋友"，均系意译；格鲁伯、魏斯特、王太庆、吴飞都相似地译作"你们大多数人的朋友"，都是直译。

21a2: συνέφυγε τὴν φυγὴν ταύτην［最近与你们共同流亡］，［S乙注］（伯罗奔半岛战争结束时）雅典被斯巴达将军吕桑德罗斯（Lysander）攻占，他后来指派了三十名僭主执政，一大批憎恶三十僭主统治的雅典人，纷纷退居到忒拜和麦伽拉。不久之后，他们在雅典将军忒拉叙布洛斯的带领下，返回了雅典，并恢复了共和制（republic，按：应为民主制）。参色诺芬《希腊志》卷二。这场变故仅发生在苏格拉底受审前数年，因此，τὴν φυγὴν ταύτην 表达的是一个最近的（流亡）事件。

［B注］"他最近跟你们一同流放"，公元前404年，此时的五年前。他同样参与了八个月之后的 κάθοδος［回归］。注意，苏格拉底本人则待在雅典，让法官们回想起那件事的确太不谨慎了，远不如让他们想起凯瑞丰的民主观有利。所以，那很难说就是尚茨所认为的为了 captatio benevolentiae［赢得好感或恩惠］。

［D注］没有哪个听众会不明白，这里指的是所有引人注目的民主派在四年前就已返回国内这一事件。"三十僭主"就是流放的罪魁祸首（色诺芬《希腊志》2.4.1）。这里所提到的东西，其效果在于影响法庭，以支持法官们将要听到的话。更为重要的是，苏格拉底在"三十僭主"统治时期仍留在城里，无疑就被美勒托斯指控为对雅典民主缺乏同情心——这项指控与败坏青年的指控紧密相连。

［T注］这种说法是为了让凯瑞丰得到好感。以 κατά 构成的复合词通常指回到自己的国家、城市或港口，而以 ἀνά 构成的复合词指从这样一些居所离开。离家是"上"（按：即 ἀνά），回家是"下"（按：即 κατά）。

［按］所有译本都相似地直译为"与你们一起流放、一起回来"。我

为了充分体现苏格拉底的语气，加强其证人的可信度，拉近凯瑞丰与陪审团的距离，原拟把"共同流放"意译为"共过患难"（而且此前已经有"流亡"一词），συνέφυγε 的前缀 συν- 本就是"共"之意，但思来想去似乎稍过头，有解释代替翻译之嫌，也多少容易产生误解，以为凯瑞丰与民主派流亡人士过从甚密，故从众改译。这场"出逃"（flight）更多是"流亡"，而不是正式的"流放"。

21a3：ἴστε δή [你们肯定都晓得]，[SS 注] 表示强调的 δή，相对而言常常与表示确定性和证据的词汇连用，如动词 ὁρᾶν [看] 和 εἰδέναι [知道、懂得]（丹尼斯顿，《希腊语小品词》215 ii a），以及形容词 δῆλος [显然]（同上书 205 ii）

21a3：ὡς σφοδρὸς ... [莽撞毛躁]，[B 注] "不管他有多鲁莽"，另参《卡尔米德》153b2：Χαιρεφῶν δέ, ἅτε καὶ μανικὸς ὤν ... [凯瑞丰这个人呐，就像个疯子]。这也许可以解释凯瑞丰很不满意于苏格拉底对不合法的三十僭主所作的消极抵抗（32c4 以下）。

[SS 注] 关于连接词省略（按：即 ἤν），参 20b4 注释。ἐφ' ὅτι ὁρμήσειεν 意为"至于他追求的任何东西"，等同于 πρὸς τοῦτο ἐφ' ὅτι。前一句把"凯瑞丰"一词放在了最后，参 40c5 的注释。

[D 注] 凯瑞丰天性热情。凯瑞丰和苏格拉底属于"脸色蜡黄、光着脚丫的兄弟伙"（《云》行 104，按：此处未用罗念生译文，而张竹明的译文与罗念生近）。另参勃朗宁的《阿里斯托芬的申辩》：

In me ' twas equal balanced flesh rebuked

Excess alike in stuff-guts Glauketes

Or starveling Chaerephon; I challenge both.

本段希腊文最后一个单词 ὁρμήσειεν 是祈愿式，表示过去的行为非常频繁地发生。

[按] 直译似乎是"对于他急切想干的事情，都是那么急切毛躁"。王太庆译作"行事果断不遗余力的"，水建馥译作"他办事是个热心人"，不确，几乎所有外文译本都不是这么理解的。吴飞译作"他无论

做什么事时，都是多么莽撞"，妥。

比如有一次，他去了德尔斐，竟然胆大包天，提出了这样的占[a5] 问——诸位，我一再说，请勿起哄——那就是，他问，是否有谁比我更智慧。皮提亚女祭司对此回答道，没有人更智慧。他弟弟就在这里，可以为此向你们作证，虽然凯瑞丰本人已经去世。[καὶ δή ποτε καὶ εἰς Δελφοὺς ἐλθὼν ἐτόλμησε τοῦτο μαντεύσασθαι—καί, ὅπερ λέγω, μὴ θορυβεῖτε, ὦ ἄνδρες—ἤρετο γὰρ δὴ εἴ τις ἐμοῦ εἴη σοφώτερος. ἀνεῖλεν οὖν ἡ Πυθία μηδένα σοφώτερον εἶναι. καὶ τούτων πέρι ὁ ἀδελφὸς ὑμῖν αὐτοῦ οὑτοσὶ μαρτυρήσει, ἐπειδὴ ἐκεῖνος τετελεύτηκεν.]

21a4: καὶ δή ποτε καὶ... [比如有一次]，[D注] 这是一种常见的方式，用于引入一个已泛泛谈过的东西的具体例子。

21a4: ἐτόλμησε τοῦτο μαντεύσασθαι [竟然胆大包天，提出了这样的占问]，[S甲注] μαντεύεσθαι 在这里的意思是"请求神谕、交给他"，即"请教"和"探寻"，正如色诺芬《回忆苏格拉底》1.1.6: περὶ δὲ τῶν ἀδήλων ὅπως ἀποβήσοιτο μαντευσομένους ἔπεμπεν, εἰ ποιητέα [至于那些结果如何尚难确定的事，他就打发他们去占卜，以决定行止]。[D注] μαντεύσασθαι 之后的 τοῦτο 是同源宾格，为下文 ἤρετο... 埋下伏笔，而这里的是中动态，用来指那位请教神谕的人。

21a5: ὅπερ λέγω [我一再说]，[S乙注] 这句话是插入语：柏拉图常常用 ὅπερ λέγω 或 ὃ λέγω 来指不久前说过的话。这里应理解为是在指不要 θορύβησις [起哄]，苏格拉底已不止一次抗议这种行为。

21a5: μὴ θορυβεῖτε [请勿起哄]，[SS注] 这里由于与20e4的 μὴ θορυβήσητε 相对（按：这两处时态不同，20e4是将来时直陈式，这里是现在时的命令式），也许就是一种更为紧急的吁请（按：中译似乎无法很好体现）。这种否定性的现在时命令式本身就可以（但并不是一定）表示说话人禁止的这种行为已经且正在发生。另参瑞格（C. J. Ruijgh）的文章，见 *Mnemos* 28（1985）28。在《申辩》中，向陪审团提出请勿打断的所有请求（除了一次之外），苏格拉底都为即将使用而还没有没使用的有可能让人震惊的语言而致歉：17c6-d1（苏格拉底打算用惯常的方式讲话），20e3-5（他即将引证阿波罗的话），此处（凯瑞丰真就问了是否有人比苏格拉底更智慧），27a9-b2（苏格拉底用一贯的方式问问题），30c4-6（苏格拉底打算说美勒托斯和安虞托斯不可能伤害得到他）。另参31e1。关于演说家笔下相似的段落，见托名德莫斯忒涅斯57.50和吕库尔戈斯《驳勒俄克拉底》(Lyc. *Leocra.*) 52。也许只有在30c2-3的请求才被陪审员驳回了（苏格拉底刚说过他不会放弃自己的 $ἐπιτήδευμα$ [追求]，虽九死其尤未悔），而在27b5，美勒托斯实际上是在咆哮（见彼处注疏）。另参波斯特（L. A. Post），《希腊语命令式在戏剧中的运用》，刊于《美国语文学杂志》1938年第59期，第42页注释12："对《申辩》连续出现的 $μὴ \thinspace θορυβήσητε$ 和 $μὴ \thinspace θορυβεῖτε$ 的一般解释是，当时出现了喧闹，这种解释最不可能，尽管无法反驳。"

[T注]"我再说一遍，不要发出喧闹声。"请注意，第一次这样请求时用的是不定过去时虚拟式（上文的 $μὴ \thinspace θορυβήσητε$，按：也可理解为将来时直陈式，且更为合理），但现在重复的时候却用的是现在时命令式。前者是一般性的请求，"根本不要这样做"，后者更为明确，"不要这样做"，因为你们"正在"做，而且随着我"进一步阐述"，你们"很可能"还要做，因为那会让你们尤其惊讶，而且也许还是我的叙述中最冒犯人的部分。色诺芬名下的那篇《申辩》明明白白地说，苏格拉底这部分申辩内容的确引起法官们反复表示自己的不快（《苏格拉底向法官的申辩》15，按：应为14节）。

21a5-6：$ἤρετο \thinspace γὰρ \thinspace δὴ \thinspace εἴ \thinspace τις$ [那就是，他问，是否有谁]，[S乙注] 希腊作家在一个插入语后面重续前面的话题时，一般都要重复同一个动词，或者重复一个与插入语之前的词基本上相似的词，然后再加上小品词 $γὰρ, \thinspace δὴ$ 或 $οὖν$。[T注] 希腊人在插入语后用小品词 $γὰρ, \thinspace δὴ, \thinspace οὖν$ 来接续句子，正如英语的 I say [我说]。

[B注] 当然，这不会给雅典民众留下有利的印象，可以公正地

说，如果苏格拉底没有说过这话，柏拉图是不会这样说的。这样的话也为色诺芬所证实（《苏格拉底向法官的申辩》14），色诺芬（根据赫耳墨葛涅斯的说法）对这事有种断章取义的说法，他谨慎地把这里更为折中的回答替换成了：ἀνεῖλεν ὁ Ἀπόλλων μηδένα εἶναι ἀνθρώπων ἐμοῦ μήτε ἐλευθεριώτερον μήτε δικαιότερον μήτε σωφρονέστερον［阿波罗的回答是：没有比我更自由、更正义、更能自制的人了］（吴永泉译文）。从柏拉图的记载来看，苏格拉底在接受诘难同胞的使命之前，至少在某些圈子里已有 σοφία［智慧］之名。在《帕默尼德》中，我们发现，苏格拉底在与帕默尼德和芝诺讨论 εἴδη［相，理念］的理论，那时苏格拉底还 σφόδρα νέος［相当年轻］（《帕默尼德》127c5），而且同一时期他很可能已在别的地方赢得普罗塔戈拉的好感（《普罗塔戈拉》361e2）。我们从《会饮》（216e7 以下）推断出，在围攻波提岱亚之前几年（219e5），阿尔喀比亚德还只是一个小孩子，就打算得到苏格拉底的真传，希望"听到他所知道的所有东西"（217a4）。此外，如斯斐托斯地区的埃斯基涅斯所说（《名哲言行录》2.65），大批著名的外邦人因"仰慕苏格拉底的大名"（κατὰ κλέος Σωκράτους）而来到雅典，这种情形至少在伯罗奔半岛战争之前就已开始了，而且我们从喀俄斯（Chios）的伊翁（Ion）那里得知（见残篇73，Köpke编本），苏格拉底陪伴阿纳克萨戈拉的门徒阿尔喀劳斯去了萨摩斯（Samos）岛，这个说法很可能指的是公元前441年对萨摩斯的围攻——另参《克里同》52b6 注释：我们在《申辩》28e2 以下听苏格拉底说，他在波提岱亚、安斐波利斯和德利昂服过役（另参伯内特的详细考证）。他在那里提到这些战役，就好像自己亲历过一样，另有很好的证据表明苏格拉底在三十多岁的时候也参加过围攻萨摩斯的战斗（公元前440年），另参《名哲言行录》2.23。所有这一切都表明，苏格拉底在三十岁甚至更早的时候，就已经以 σοφός［聪明人，智慧者］而著称。然而，要把这种对雅典人所承担的使命视为他活动的全部内容，却也不对。接下来我们将看到，我们要得出上面所得出的结论（18b5 注），我们在那里考察了"以前的控告者"与阿里斯托芬的《云》的关系。

21a6：ἀνεῖλεν οὖν ἡ Πυθία [皮提亚女祭司对此回答道]，[S甲注] 在《名哲言行录》(2.37) 中，皮提亚女祭司的话是：Ἀνδρῶν ἁπάντων Σωκράτης σοφώτατοι [在所有人中，苏格拉底最智慧]（徐开来译文）。而在阿里斯托芬《云》行144的古注中却是：Σοφὸς Σοφοκλῆς, σοφώτερος δ' Εὐριπίδης· Ἀνδρῶν δὲ πάντων Σωκράτης σοφώτατοι [索福克勒斯智慧，但欧里庇得斯更智慧，而苏格拉底是所有人中最智慧者]。

[S乙注] ἀνεῖλεν 指"做出神谕式的回答"，另参《回忆苏格拉底》1.3.1："神谕式地宣布"。该词在希罗多德笔下则常常指"提高声音"（要理解为 φωνην [声音] 或相似的词），由此而指"宣布一条神谕或预言"，因为那个声音是从神殿深处升上来的。（除了上文所引拉尔修和《云》的古注外）在色诺芬《苏格拉底向法官的申辩》14节中则是：ἀνεῖλεν ὁ Ἀπόλλων μηδένα εἶναι ἀνθρώπων ἐμοῦ μήτε ἐλευθεριώτερον μήτε δικαιότερον μήτε σωφρονέστερον [阿波罗的回答是：没有比我更自由、更正义、更能自制的人了]（吴永泉译文）。

[SS注] ἀναιρέω 用来指"发布神谕"，似乎起源于人们把签投进三角鼎容器内，然后皮提亚拾取一条签来回答上面所提出的问题。阿曼德里的《德尔斐阿波罗祭司的占卜》(P. Amandry, *La mantique apollinienne à Delphes*, Paris, 1950) 页25-36详细讨论了相关文本，另参方腾罗斯《德尔斐神谕》(J. Fontenrose, *The Delphic Oracle*, Berkeley, 1978) 页219-223。最有趣的文献是柏拉图《王制》卷十617c6-618a1，这里虽然没有提到德尔斐的（掷骰子）占卜 (cleromancy)，而是谈到众灵魂转世之前抛向它们的签牌：既然每个魂灵都为自己捡起一支 κλῆρος [签牌]（这些签牌决定着魂灵们的选择次序，它们可以选择回到阳世后的生活），因此这个动词就是中动态。——帕克-沃梅尔的《德尔斐神谕》(Parke-Wormell, *The Delphic Oracle, i The History; ii The Oracular Responses*, Oxford 1956) 卷一，页414-415（页403的注释22）认为，皮提亚给凯瑞丰的回答可能"是拿两颗豆子中的一颗"来决定的，一颗是肯定性的

回答，一颗是否定性的回答。在那种情况下，ἀνεῖλεν［拿起］就能出人意料地符合其原来的含义。方腾罗斯坚持认为，皮提亚总是给予口头回答，而有时也另外拿起一支签牌（或一颗签豆）。

［D注］这里提到的神谕已经不可见了，但我们有一个相当可能的替代品：Σοφὸς Σοφοκλῆς, σοφώτερος δ' Εὐριπίδης· Ἀνδρῶν δὲ πάντων Σωκράτης σοφώτατος［索福克勒斯智慧，但欧里庇得斯更智慧，而苏格拉底是所有人中最智慧者］（按：与21a6的S甲注略异）。——从凯瑞丰的占问可知，在提出这个问题之前，苏格拉底必定早已名满天下了。也许，苏格拉底突出强调的神谕中的两条箴言很大程度上就来自德尔斐：γνῶθι σαυτόν［认识你自己］和μηδὲν ἄγαν［自我控制］（按：直译应为"勿过"），这构成希腊的σωφροσύνη［审慎］，也就是这个故事或（祭司的）回答的基础。

［T注］ἀνεῖλεν意为"回答"，字面意思是"拿起、开始"，省略了"他的回答"。这个著名的回答在不同的校勘本中有不同读法，参色诺芬《苏格拉底向法官的申辩》14，拉尔修《名哲言行录》2.37，以及阿里斯托芬《云》行144的古注等。

［G注］这里翻译为"回答"的词，原来似乎指捡起一颗豆，也就是拿起一支签，但凯瑞丰这次占问的具体程序则无从知晓。

［按］所有的英文本（以及王、水的译本）都翻译为"回答"，施莱尔马赫译为"否认"（leugnete），阿佩尔特译为"做出这样的判词"（tat den Spruch）。吴飞译作"拿起签说"，符合原文，也合于历史语境。最好能够同时兼顾"拿起""占卜""回答"和"发布神谕"几层意思。笔者暂时不得已译为"对此回答道"，这里的"此"既可以指凯瑞丰提出的占问，也可以指"签豆"。

21a7: ὁ ἀδελφὸς ... αὐτοῦ［他的弟弟］，［B注］也许就是我们在色诺芬《回忆苏格拉底》2.3.1中看到的凯瑞克拉特斯（Chaerecrates）。凯瑞丰之所以没有在《斐多》中出现，从这里的说法来看就可以解释通，因为他已经去世了。那些有独创性的人有时把μαρτυρία［证据］插入演说家的文本中，于是就认可（spared）了柏拉图的文本。但正如李德尔所说，当然，"μαρτυρία［证据］应该紧随其后"。这是常规的程序，另参43a3，ἐν τῷ ἑαυτοῦ λόγῳ［在他自己的说法中］，以及那里的注释。尚茨认为这里提到凯瑞丰的弟弟，就说明那个神谕不广为人知，还认为那就暗示了这个故事纯属子虚乌有。我不能苟同这种推论。如果论点由神谕构成，很显然就必须在ἀνάκρισις［预审、听证］时作为证据提出，而且那种证词还要在审判时予以确认。真正不可信的是，柏拉图本来应该在几年后提到这条证据，那时出席了这场审判会的人大多数都还健在，实际上却并没有提出那条证据。色诺芬说（《申辩》14）祭司的回答是πολλῶν παρόντων［当着许多人的面］（吴永泉译文，按：直译为"很多人在场时"）。

［SS注］这个例子（另参上文20a2的注释）很好地说明了柏拉图"早期"著作词序很随意。每个词的位置都由说话人想在何种程度上强调句子每个要素而决定。第一个位置，ὁ ἀδελφός［兄弟］：证人的地位可谓至关重要；其后是那些要说服的对象（ὑμῖν［你们］）；此前推迟出现的αὐτοῦ［他的］，现在可以出现了；然后是οὑτοσί［本人］，就好像苏格拉底环顾四周并指向他本人（在这种情形下，οὑτοσί的位置一般都在最后，参《申辩》33d9和e3）；末尾是动词，没有任何强调意味，因为每个人都知道会出现什么。另参40c5的注释，那里讨论了完全可预见构成要素中句末位置。

［21b］请容我申述自己为什么提到了这些，因为我想告诉你们对我的诽谤是打哪里来的。我听到这个神谕后，自己就开始寻思："这位大神究竟是什么意思，他说的究竟是什么样的谜？因为我也知道［b5］自己在无论大小事情上都不智慧——那么，他说我最智慧，究竟是什么意思？他当然不会说假话，因为这不合于他的神道。"［Σκέψασθε δὴ ὧν ἕνεκα ταῦτα λέγω· μέλλω γὰρ ὑμᾶς διδάξειν ὅθεν μοι ἡ διαβολὴ γέγονεν. ταῦτα γὰρ ἐγὼ ἀκούσας ἐνεθυμούμην οὑτωσί· "Τί ποτε λέγει ὁ θεός, καὶ τί ποτε αἰνίττεται; ἐγὼ γὰρ δὴ οὔτε μέγα οὔτε σμικρὸν σύνοιδα ἐμαυτῷ σοφὸς ὤν· τί οὖν ποτε λέγει φάσκων ἐμὲ σοφώτατον εἶναι; οὐ γὰρ δήπου ψεύδεταί γε· οὐ γὰρ θέμις αὐτῷ."]

21b1：ταῦτα λέγω［提到了这些］，[SS注] 关于现在时的含义，参上文 18a1 的注释。——讲这个神谕的故事并不是为了讲而讲，而仅仅是因为它引起了人们逐渐对苏格拉底形成的敌意。

[按] Σκέψασθε 意为"看"和"考虑"，英文多译作 consider（盖洛普译作 keep in mind）。王太庆译作"我为什么要说这些事情呢"，不够准确。水建馥译作"请注意我为什么提及这件事"，吴飞译作"你们看我为什么说这些"，都符合原文。我们在这里根据苏格拉底这里非常谦和的口吻，意译为"请容我申述自己为什么提到了这些"。下一句中的 διδάξειν 本是"教"（teach）之意，盖洛普译作 explain（水建馥亦同），格鲁伯译作 inform（王太庆亦同），福勒作 tell，唯有魏斯特直译作 teach，这种硬译似不合于英语表述习惯。下文的"听到这个神谕后"，直译为"听到那些（话）"。

21b3：τί ποτε λέγει ὁ θεός［这位大神究竟是什么意思］，[SS注] 一连串极短的句子，以及苏格拉底用不同的词汇三次问同样的问题，这种方式表明了苏格拉底的困惑，也表明他是在跟自己讨论这个问题，并且从每一个角度进行了考虑，却都没有能够找到满意的答案。第二个问句（带 αἰνίττεται）比第一个（带 λέγει）更为明确：它表明苏格拉底的尴尬或困境是那位神明故意所致。其中必定还有隐藏的意思，因而这个神谕的确是费解的谜。另一方面，不能按其表面意思来理解这个回答，因为苏格拉底根本就没有知识；此外，神明不会撒谎，这也是如此确然无疑（δήπου）的事情。

21b3：τί ποτε αἰνίττεται［他说的究竟是什么样的谜］，[B注]"他的晦暗话语究竟是什么意思。"在伊奥尼亚方言中，αἶνος 指寓言（另参 Archilaus 的残篇 81：ἐρέω τιν' ὑμῖν αἶνον, ὦ Κηρυκίδη［克吕喀德呀，我要跟你讲个故事]），相应地，αἰνίσσομαι 就指"用寓言或谜语的方式讲话"（另参 27a1 的 αἴνιγμα）。

[SS 注] 苏格拉底在讨论西蒙尼德斯（Simonides）的一个说法时，认为"说谜"（αἰνίττεσθαι）的意思指措辞（ὀνομάζειν）上虽是在说一物，却意指（διανοεῖσθαι）另一个东西（《王制》332b9-c3）。诗人们惯于这样做（ποιητικῶς），但占卜者更是如此，正如克里提阿斯在《卡尔米德》164e5-7 中谈到德尔斐箴言 γνῶθι σεαυτόν [认识你自己] 时所说：λέγει πρὸς τὸν ἀεὶ εἰσιόντα οὐκ ἄλλο τι ἢ Σωφρόνει, φησίν. αἰνιγματωδέστερον δὲ δή, ὡς μάντις, λέγει [（那位神明）对不断进入神庙的人所说的话无非是"要审慎"，这就是他所说的。他说得这样隐晦，就好像占卜者会说的一样]。然而，这样的谜很容易让人误会，实际上也的确让人误解了（165a1-7）。因此，一个神灵附体的占卜者所说的话还得由一个 προφήτης [解释者] 来阐释。《蒂迈欧》就针对人们混淆这两种功能的现象提出了抗议："因此，就有习俗挑选出解释者来宣布对神谕的判断。有人把他们称作占卜者，是因为完全不懂得，他们只是由谜语或意象所给出征兆的合格代言人而已（τῆς δι' αἰνιγμῶν οὗτοι φήμης καὶ φαντάσεως ὑποκριταί），而且他们无论如何都不能被称作占卜者，而只是用绝对的正确性来阐释占卜出来的结果的人"（72a6-b5；参试特 [Taylor] 对此处的注疏。按：与谢文郁的译本有出入）。——苏格拉底在《申辩》21b4 的言论并不仅仅是在说神谕需要阐释。苏格拉底的意思与赫拉克利特用谜一般的语言所说的话完全是一回事：ὁ ἄναξ οὗ τὸ μαντεῖόν ἐστι τὸ ἐν Δελφοῖς οὔτε λέγει οὔτε κρύπτει ἀλλὰ σημαίνει [在德尔斐发布神谕的那位主人，既不说，也不隐瞒，而是给出迹兆]（22B93，DK 本），这句话中的 κρύπτει 不应该翻译为"隐藏"（hide），而要理解为"隐瞒"（suppress）和"保密"。德尔斐的神明虽然给出了神谕，却并没有免去我们反思和研究的必要，神明只是给我们以暗示。人们在探求明显的矛盾背后所隐藏的东西的过程中（22B51 和 54），就可以达到更深刻的真理，这种真理不可能靠收集信息而是要靠思想才能理解。

[D注] 苏格拉底谨慎地说，这是一种"意义不明的话"（dark saying）。有一条真实的谜一般的神谕如是说（泡萨尼阿斯 5.3.5）：γίνεται δὲ τοῖς βασιλεῦσιν（即 Temenus 和 Cresphontes）οὗτων λόγιον τόδε, ἡγεμόνα τῆς καθόδου ποιεῖσθαι τὸν τριόφθαλμον，后面半句的意思"他们应该让'三只眼的'当首领，带他们回家"。"三只眼的"是指奥克绪洛斯（Oxylus），即安德雷蒙（Andraemon）的儿子。他们在遇到奥克绪洛斯时，后者正骑在独眼的骡子上。

[按] 吴飞译作"打哑谜"，似不确。盖洛普译作 what can his riddle mean，为意译；魏斯特译作 what riddle is he uttering，为直译。王太庆把这里的两个句子合并为一个，不妥。水建馥译作"神示暗示的是什么呢"，更佳。

21b4-5：σύνοιδα ἐμαυτῷ σοφὸς ὤν [也知道自己是智慧的]，[S乙注] 亦见于欧里庇得斯《美狄亚》495：ξυνοισθά γ' εἰς ἔμ' οὐκ εὔορκος ὤν [你也承认违背了对我的誓约]（张竹明译文）：分词用的是主格，因为主语与谓语是同样的人称。

[按] 注意这里用的是"也知道"（或"同样知道"，只有盖洛普译为 I am all too conscious of），而不是"知道"。前者可以谦虚地理解为"我与你们大家一样都知道自己并不是有智慧的人"，当然不能狂妄地理解为"我与神明一样都知道"。末尾"是"动词的分词也可以理解为"有"，于是吴飞翻译为"我没有大智慧，也没有小智慧"。盖洛普译作 not being wise in any matter, great or small，魏斯特译作 I am not at all wise, either much or little（福勒的译文亦近似）。王太庆译作"我自己意识到我并不智慧，既没有很多智慧，也没有很少的智慧"，不妥。或可译为"因为我知道自己无论在大事情上还是小事情上都没有智慧"，或"因为我知道自己在小事情上都没有智慧，在大事情上就更没有智慧了"。

21b5：τί οὖν ποτε λέγει [那么，究竟是什么意思]，[T注] "那么，我说，他究竟是什么意思？" οὖν 接续前面的内容，就像上文 21a 的 γάρ。

最好把 λέγει 翻译成 "意指"（英语中的 mean），很多时候都应该如此翻译。下文之后的表达法也是同样的形式，而没有用 oratio obliqua［间接引语］：ὅτι ... λέγοι。

21b6：οὐ γὰρ δήπου［当然不会］，［D注］"当然，我并不认为"——苏格拉底的迷惑被戏剧化了。一问一答提醒听众注意说话人的讨论习惯。

21b6：ψεύδεται［说假话］，［S乙注］德尔斐的神谕以其真实可信而享有极高声誉，以至于 τὰ ἐκ τρίποδος，即从三角鼎中得出的回答，众所周知要被视为绝对可靠的真理。另参波特的《古希腊》卷一，章9。

21b6-7：οὐ γὰρ θέμις αὐτῷ［因为这不合于他的神道］，［S甲注］另参《王制》383b；埃斯库罗斯《普罗米修斯》行1032；品达《皮托凯歌》3.29和9.44。［S丙注］我们在这里看到神圣的本性越来越具有道德的内涵，这就导致了哲人对神话的"造反"（revolt）。

［B注］"那对他来说，乃是不合法的。"另参品达《皮托凯歌》9.42：καὶ γὰρ σέ, τὸν οὐ θεμιστὸν ψεύδει θιγεῖν［至于你，说谎也是不合法的呀］。柏拉图把这一点说成是苏格拉底最深刻的信念，另参《王制》382e6：πάντη ἄρα ἀψευδὲς τὸ δαιμόνιόν τε καὶ τὸ θεῖον［具有神灵和神性的东西在各方面都纯真无伪］（王扬译文。按：顾寿观译作"从任何方面说，那么，神灵和神祇都是无欺妄的"）。

［SS注］在柏拉图笔下，θεμιτός 一词只用于 οὐ θεμιτόν (ἐστιν) 这样的表达法中，后者总是具有宗教性的含义，大多数时候都相当于 (οὐ) θέμις (ἐστιν)。另参普拉瑟的《柏拉图哲学和宗教语言词典》（*Lexique de la langue philosophique et religieuse de Platon*, Paris 1964）中的相关词条，以及沃斯的《忒弥斯》（H. Vos, Θέμις, Assen 1956），页34-35。

［D注］阿波罗本质上就是真实的，当然不会撒谎。柏拉图的《王制》中的两条神学准则（canon）是：神明既善，又真诚。（按：指说真话。）苏格拉底有这种信仰，就比以前那些讲故事的人更虔敬。荷马说宙斯曾给阿伽门农托去了虚假的梦。

[G注] that would be out of question（按：没有传达出其中的宗教意味来），这是一种庄严的表达法，暗指一种宗教上的禁令，不许破坏事物的神圣秩序，因此，就是不可考虑的。另参30d和《斐多》61c-d。相信神祇撒谎或骗人"根本不可能"（out of question），这是柏拉图的基本信念，与诗学传统强烈对比，另参《王制》382c-e。

[W译注]"合法"，即themis，一个颇为崇高的字眼，其弦外之音就是神圣的奖惩（苏格拉底在30c用上了相关的词汇themiton）。关于themis的用法，参《高尔吉亚》497c。本维尼斯特（Emile Benveniste）在《印欧语言与社会》(*Indo-European Language and Society*, Coral Gables, Fla., 1973）页379-384中解释了themis的词根含义。

[按]盖洛普的译法，格鲁伯的译法it is not legitimate for him to do so，魏斯特的译法for that is not lawful for him，以及艾伦的译法it is not permitted to him，都译得太死。θέμις大写即为"忒弥斯"女神，小写多指"法律""习俗"和"正道"，其词根意思是"制定"，与"神"（theos）是同根词。οὐ θέμις是一个固定短语，指"不合习俗""不合正道"，其反义词是ἡ θέμις ἐστιν。另参拙著《古典法律论》，华东师范大学出版社，2013，章四，尤其页275-289。这里的句子直译应为"对他来说，这不合于themis"。

而且，在很长一段时间内，我都困惑不解他究竟是什么意思，后来，我极不情愿地转而以如下这类方式来探究他的话。[καὶ πολὺν μὲν χρόνον ἠπόρουν τί ποτε λέγει· ἔπειτα μόγις πάνυ ἐπὶ ζήτησιν αὐτοῦ τοιαύτην τινὰ ἐτραπόμην.]

21b7：τί ποτε λέγει [他究竟是什么意思]，[S乙注]费舍认为这里应该用λέγοι，但在文献中有很多例子都是从间接引语转为直接引语，希腊作家常常在叙述中把主动词和相伴随事件的背景视为就在眼下，所以会用现在时直陈式。

21b8：μόγις πάνυ [极不情愿]，[B注]"极不情愿"。苏格拉底要证明这位神明是一位说谎者，自然会畏缩不前，然而那正是他努力要办到的。

他似乎不害怕雅典人会把这种企图视为大不敬。事实在于，普通的雅典人根本就不敬重皮托的阿波罗神。神谕曾支持过波斯，也支持过斯巴达，而且老是跟雅典人对着干，雅典人那时是佛喀斯人（Phocians，按：即德尔斐附近的居民）的盟友。当德尔斐神谕最后支持菲利普（按：马其顿国王，亚历山大之父）时，雅典人彻底不理睬它了，而是派人去多多那（Dodona）占问神谕。因此，当欧里庇得斯让皮托的阿波罗在《伊翁》和其他地方扮演如此糟糕的角色，也没有什么大不了的。埃斯库罗斯已着此先声（另参《王制》383b所引的残篇）。

[D注] 修饰 ἔπειτα ἐτραπόμην, 顺带重复了 πολὺν χρόνον 的意思。关于这种顺带的修饰，参17b的 οὐ κατὰ τούτους [不与他们同流]，关于 πάνυ 的位置，另参19a的 οὐ πάνυ [绝对不]。

21b8: αὐτοῦ [他的话]，[S乙注] 省略了 χρησμοῦ [神谕的，神谕式的回答] 或某个相似含义的词，这在前面的 τί ποτε λέγει 中已有暗示。[S丙注] "进入它"，即进入事情本身。代词的模糊用法并不罕见，见《美诺》73c。[D注] 即 τοῦ θεοῦ [神明]，相当于 τοῦ χρησμοῦ [神谕]。紧接着的 τοιαύτην τινά, 省略了 ζήτησιν [探究，考察]，故意模糊，意为"我就以诸如此类的方式开始"。

[SS注] 这个复指代词（anaphoric pronoun，按：回指前面出现的人或物）αὐτοῦ 可以指（也可以翻译成）"即将出现的问题"（the question at hand），另参《斐德若》269d6以及弗里斯（G. J. de. Vries）对它的注疏。

[T注] 整句话意为"但最终，我费了极大的劲开始以如下的方式来检验它"（省略了'神明的谕示或意思'，即 τί ποτε λέγει）。τοιοῦτος 一般指前述的东西，τοιόσδε 则指下文（另参37a的注释），但并非绝对。下一句开头的 ἦλθον 前面没有连接词，因为这个从句与前一个从句似乎是"同位的"，是那里提到的关于检验云云更充分也更确切的说法。读者会注意到，所有这类从句或句子都省略了连词。而除了这类从句外，在希腊语中，表示相连话语的每一个从句和句子都以某个连接小品词开头，如 δέ, καί, γάρ, οὖν, 等。

[按] 或可译为："后来，虽然很不情愿，我还是转而着手以诸如此类的方式来探究他的话。"

我去找了一个以智慧著称的人，以便 [21c] 在他那里——如果有什么地方能够办到的话——证明那个神谕的表达可能有误，并且向神谕展示："此人比我更智慧，而您却说我最智慧。" [ἦλθον ἐπί τινα τῶν δοκούντων σοφῶν εἶναι, ὡς ἐνταῦθα εἴπερ που ἐλέγξων τὸ μαντεῖον καὶ ἀποφανῶν τῷ χρησμῷ ὅτι "Οὑτοσὶ ἐμοῦ σοφώτερός ἐστι, σὺ δ' ἐμὲ ἔφησθα."]

21b9-c1：ὡς ... ἐλέγξων [以便……证明有误]，[SS注] 福勒译作"想一想这里，如果有可能的话，我会证明这个说法是错误的"。的确，ἐλέγξων 可以指"盘诘"和"检测"，也可以指"驳斥"和"证明……错了"（见《希英大词典》相关词条）。但接下来的词语清楚地表明，这里应该是第二种意思。苏格拉底试图弄清楚的，是这种神谕式回答不真实。肯定地说，他刚刚说过那位神谕不可能是在撒谎，因为对那位大神来说，这样的事情乃是不可能的（21b6-7）。然而，苏格拉底事实上知道自己没有任何形式的聪明。所以，他要表明的，当然不是神明在撒谎，而是要表明那条神谕按实际情况来说不真实，而且需要特殊的阐释，才能让它变得真实。所以，哈克福斯在《柏拉图〈申辩〉的结构》（Hackforth, *The Composition of Plato's* Apology, Cambridge 1933）页89的理解就是正确的："苏格拉底为这条神谕所困惑，所以会驳斥它，会证明它是假的。"

[T注]"认为这里如果可能的话，我会驳斥它。"

[按] 苏格拉底似乎并不是要驳斥神明的意见，而是不相信神谕的传递过程，怀疑皮提亚女祭司可能把阿波罗的本意搞错了。所以，正如SS本所见，福勒的翻译是正确的：苏格拉底驳斥的不是神谕，而是神谕的表达方式（utterance）或占卜行为（divination，魏斯特译法；盖洛普相似地译作 disprove the oracle's utterance）。格鲁伯译作 refute the oracle，王太庆译作"证明神签有误"，水建馥译作"否定神给的答案"，

不妥；吴飞译作"质疑那个说法"，模糊。

21c1：τῷ χρησμῷ[神谕]，[B注]把神谕式的回答人格化了。[S丙注]"神谕"。χρησμός本来指神谕做出的回答，就像前面的τὸ μαντεῖον，但这里出于崇敬而把它人格化了，以避免给人以这样的印象：要神明负责。前面的τὸ μαντεῖον在这里的意思显然是"神明的话语"(the divine utterance)，而不是它常常表示的占卜之所。

于是，我就去仔细考察此人——没有必要提他的名字，反正是一位政治家，雅典人，我在考察此人并与他交谈的过程中得出了这样一个[c5]感受：我认为，其他很多人虽然认为这个人很智慧，他自己尤其这么认为，其实他却并不智慧——后来我试图向他指出，尽管他觉得自己智慧，可惜并非如此。[διασκοπῶν οὖν τοῦτον—ὀνόματι γὰρ οὐδὲν δέομαι λέγειν, ἦν δέ τις τῶν πολιτικῶν πρὸς ὃν ἐγὼ σκοπῶν τοιοῦτόν τι ἔπαθον, ὦ ἄνδρες Ἀθηναῖοι, καὶ διαλεγόμενος αὐτῷ—ἔδοξέ μοι οὗτος ὁ ἀνὴρ δοκεῖν μὲν εἶναι σοφὸς ἄλλοις τε πολλοῖς ἀνθρώποις καὶ μάλιστα ἑαυτῷ, εἶναι δ' οὔ· κἄπειτα ἐπειρώμην αὐτῷ δεικνύναι ὅτι οἴοιτο μὲν εἶναι σοφός, εἴη δ' οὔ.]

21c3：διασκοπῶν οὖν τοῦτον[于是，我就去仔细考察此人]，[B注]用破格文体预先说明了插入语之后的 ἔδοξέ μοι οὗτος ὁ ἀνήρ。

[SS注]在我看来，莱因哈德《柏拉图的破格文体》(Die Anakoluthe bei Platonic)页180-181，追随了赫尔曼-沃拉布(Hermann-Wohlrab)和其他人，似乎正确地标点了这个句子（按：我的中译文即遵从这种理解）。ὀνόματι γὰρ开始了一段插入语，而以 ὦ ἄνδρες Ἀθηναῖοι结束。因此，小品词καί把分词短语 διαλεγόμενος αὐτῷ 和前面的 διασκοπῶν οὖν τοῦτον（在某种意义上，它只是重申了这个观念）并列了起来。两个短语有时都被不恰当地叫做"绝对主格"（莱因哈德前引书页181拒斥了这个说法；nominativus pendens[独立主格]更正确），实际上就包含一种破格文体。K-G. ii 105-106指出，如果分词与后面的与格互参互指（如ἔδοξέ μοι的情况），那么，这种破格性的主格就极为常见，另参拙文

《书面语言与口头语言》(Written and spoken language: An exercise in the pragmatics of the Greek sentence), *Cph* 87 (1992)，页96-99。与《申辩》这句话极为接近的是《法义》686d8-9。伯内特在 διαλεγόμενος αὐτῷ 之后标点了一个破折号，似乎表明这个分词短语是由 ὀνόματι γὰρ 开始的插入语的结尾。然而，这是不可能的，因为 καὶ διαλεγόμενος αὐτῷ 不是可以让人接受的一个句子的"结尾"，这个词组与 διασκοπῶν οὖν τοῦτον 的相似性也表明，它为即将出现的助动词做好了铺垫。

21c3: ὀνόματι γὰρ οὐδὲν δέομαι λέγειν [没有必要提他的名字]，[B注]这句话已足以让脑子反应快的雅典听众想到安虞托斯。我们从《美诺》可知，苏格拉底与他打过交道，因为他在那里（90b5以下）参加了讨论。

[SS注]伯内特认为这些话是在暗指安虞托斯。我倒认为苏格拉底并不希望有明确所指，尤其因为人身攻击会转移人们对这里主要论点的注意力。与此相似，吕西阿斯12.42所提到的那些人名，对他来说完全无关紧要。

[S丙注] γὰρ 解释为什么这里只用了代词 τοῦτον [此人]，而没有用专名："我说他，因为"等等。

21c4: τῶν πολιτικῶν [政治家]，[R注]这个词本身不过是指"政治家"（statesman），本可以用来指伯里克勒斯，而且在《法义》693a中用来指以前的立法者以及古希腊（Hellas）的创建人（settlers）。但柏拉图时代的雅典人在谈到雅典时，会用 πολιτικοί 来指那一类把公共事务当成职业的人（《治邦者》303e）。他们与 ῥήτορες [演说家]不同，前者是那种谋求一官半职的人，而 ῥήτορες [演说家]则是在"公民大会"（Ecclesia）上的职业演说家。

[按]王太庆译作"政界人物"，颇为传神。水建馥译作"官员"。艾伦译作 someone in political life。一般译作"政治家"或"治邦者"。

21c4-5: πρὸς ὃν ἐγὼ σκοπῶν τοιοῦτόν τι ἔπαθον [我在考察此人时得出了这样一个感受]，[B注]"我对这种人有点经验"，即，"他给我留下了这样的印象"。另参《高尔吉亚》485b1：ὁμοιότατον πάσχω πρὸς τοὺς φιλοσοφοῦντας ὥσπερ πρὸς ...[那些搞哲学的人给我就下了同样的印象，就好像是……]。埃斯基涅斯 3.144。这里的简单动词 σκοπῶν 根据用法需要重复的是复合动词 διασκοπῶν。

[S丙注]"在他这里我探讨了这样一些经验。"关于 πάσχειν πρός τινα 这种结构，参《高尔吉亚》485b。[D注]关于 πρός 的用法，另参：πρὸς ἐμαυτὸν σκοπῶν [我脑子里就在想]，πρὸς ἀλλήλους σκοποῦμεν [我们自己就想]，以及下文 d 中的 πρὸς ἐμαυτὸν ἐλογιζόμην。[T注]"在考察此人时我得到了这样的经验"。[按]或可根据上下文翻译为"结论"，下文 22a2 同。

21c5-6：διαλεγόμενος αὐτῷ—ἔδοξέ μοι [与他交谈——我认为]，[R注]与动词连用的分词用主格的情况，并不鲜见，尽管从语法上严格说来应该用与格。另参《法义》686d；色诺芬《希腊志》7.5.18,《居鲁士的教育》8.1.18。拉丁语中也有类似的情况。

[S丙注]这里是明显的破格文体，或坦率地说，是一处糟糕的语法。在分词 διαλεγόμενος 之后，我们本指望看到 ἐλογιζόμην ὅτι 这样的结构——却在 21d 中才出现。然而，这个分词却孤零零地在一边，由此而构成了 nominativus pendens [独立主格]，其含义在无人称形式中结束。

21c6-7：δοκεῖν μὲν εἶναι σοφὸς ... εἶναι δ' οὔ [认为很智慧，其实却并不]，[SS注]实际存在的知识与仅存于人们意见（δοξοσοφία）中的知识之间的对立，是柏拉图后期对话中特别爱用的主题，如《斐德若》275a6-b2,《会饮》229c1-10,《斐勒布》48d8-49a2（另参 49d11），《法义》732a3-b2。[按]最后一句 εἴη δ' οὔ 的 εἴη [是]动词是祈愿式，故而加译"可惜"。

[21d] 结果，我由此而遭到此人以及在场许多人记恨。于是，我离开后自己就在推想，我倒是的确比这个人智慧，因为我们两人很可能都不懂得什么高贵美好的东西，但他却[d5]认为懂得自己根本就不懂

的，而我嘛，既然的确不懂，也就绝不认为自己懂。[ἐντεῦθεν οὖν τούτῳ τε ἀπηχθόμην καὶ πολλοῖς τῶν παρόντων· πρὸς ἐμαυτὸν δ' οὖν ἀπιὼν ἐλογιζόμην ὅτι τούτου μὲν τοῦ ἀνθρώπου ἐγὼ σοφώτερός εἰμι· κινδυνεύει μὲν γὰρ ἡμῶν οὐδέτερος οὐδὲν καλὸν κἀγαθὸν εἰδέναι, ἀλλ' οὗτος μὲν οἴεταί τι εἰδέναι οὐκ εἰδώς, ἐγὼ δέ, ὥσπερ οὖν οὐκ οἶδα, οὐδὲ οἴομαι·]

21d1：ἐντεῦθεν [结果]，[T注] 既指时间又指原因，可理解为"从那时起并且也因为那个原因"。

21d1：ἀπηχθόμην [记恨]，[S丙注] "让我自己为人所不喜"，比较《斐勒布》58c-d。李德尔把这个例子叫做动词的半中动态，比较35c中ἐθίζεσθαι 的注释。

21d2：πρὸς ἐμαυτὸν ... ἀπιὼν ἐλογιζόμην [离开后自己就在推想]，[S甲注] 即"我就跟自己合计"，如《斐多》85d7，《游叙弗伦》9b。[SS注] πρὸς ἐμαυτὸν 与 ἐλογιζόμην 连用，另参《希琵阿斯前篇》288a7-8 和295a5。这里的 δ' οὖν 暂时把苏格拉底的研究在受害者和旁观者那里所引起的恶意抛在一边（苏格拉底在下文22e6-23a5和23c7-24b1还会回到这个问题），是为了集中关注从第一次省察中所得出的结论。另参丹尼斯顿，《希腊语小品词》461-462。接下来的 μὲν 是 salitarium 用法的典型例子（丹尼斯顿，《希腊语小品词》380-382），实际上等同于 γε（见d6的 τούτου γε）。

21d2-3：τούτου μὲν τοῦ ἀνθρώπου [倒是的确比这个人]，[T注] 这里的 μὲν 表示另外的某个东西或指另外一个人时，可能是真的。它没有 δέ 或其他小品词与之相关，却为接下来进一步的解释埋下了伏笔。κινδυνεύει 之后的 μὲν 与 ἀλλ' 相关，此后再次接了更为普通的关联词：οὗτος μὲν ... ἐγὼ δέ。在 ὥσπερ οὖν οὐκ οἶδα 之后，要理解为还有一个 οὕτως。[按] 下一句本为无主句，因为 κινδυνεύει 在这里表示"似乎很可能"，但它的本义是"冒险"，故而盖洛普译作 I dare say [我敢说]，也颇有意味。

21d4：οὐδὲν καλὸν κἀγαθὸν εἰδέναι [不懂得什么高贵美好的东西]，[B

注]"不知道任何值得知道的东西"（按：盖洛普即译作 anything of great value）。另参《高尔吉亚》518c4–5：οὐκ ἐπαΐοντας καλὸν κἀγαθὸν οὐδὲν［他们根本不懂关于它们的美和善］（李致远译文）。

［SS注］苏格拉底并没有直截了当地否认任何形式的知识，而是说他所知道的东西并不十分重要。另参万克尔的《美和善》（H. Wankel, Kalos kai agathos, Würzburg 1961 未刊博士论文），页103，其中比较了《高尔吉亚》518c4–5。

［S丙注］καλὸν κἀγαθὸν 这种表达法一般都用阳性，表示 ne plus ultra［无以复加］的完美，此人无论内外（both without and within）都很美——这就是 γυμναστική［体育锻炼］和 μουσική［文学教化］的最终结果。关于中性的用法，比较亚里士多德《尼各马可伦理学》1099a5–6：τῶν ἐν τῷ βίῳ καλῶν κἀγαθῶν［在生命中获得高尚与善的］（廖申白译文）。

21d5：οὕσπερ οὖν［既然的确］，［B注］"正如的确"，"正如实际上"。οὖν 的原始意义还保留在这个短语中。［SS注］ὥσπερ οὖν οὐκ οἶδα, οὐδὲ οἴομαι 几乎逐字逐句复述《美诺》84b1：ὥσπερ οὐκ οἶδεν, οὐδ' οἴεται εἰδέναι，苏格拉底把这些话用在那位奴隶身上：小奴隶看到自己的错误后，认识到自己其实并不知道（ἀπορεῖ）。

［T注］不是表示一种推论，而是表示与他此前所说的他自己和别人的无知的一种关联："而我，正如事实上，也正如我已经说过的，我不知道，所以我甚至不假设自己知道。"

所以，我似乎在这个方面比此人更智慧一点点，因为我绝不认为自己懂得自己所不懂的。然后，我又去找了另外一个人，那人据说还更智慧，［21e］但我觉得结果也如此。这样一来，我就遭到那个人以及其他许多人记恨。［ἔοικα γοῦν τούτου γε σμικρῷ τινι αὐτῷ τούτῳ σοφώτερος εἶναι, ὅτι ἃ μὴ οἶδα οὐδὲ οἴομαι εἰδέναι. ἐντεῦθεν ἐπ' ἄλλον ᾖα τῶν ἐκείνου δοκούντων σοφωτέρων εἶναι καί μοι ταὐτὰ ταῦτα ἔδοξε, καὶ ἐνταῦθα κἀκείνῳ καὶ ἄλλοις πολλοῖς ἀπηχθόμην.］

21d6：σμικρῷ τινι αὐτῷ τούτῳ σοφώτερος εἶναι [在这个方面更智慧一点点]，[S甲注]参西塞罗 Adacem. 1.4。费舍错误地认为 αὐτῷ τούτῳ 是在解释 σμικρῷ τινι。因为这里的意思是："我认为自己至少在这件事情上比这个人更智慧一点点，因为对于我不知道的东西，我甚至并不认为我知道。"

[B注]"正是在这件小事上"（按：盖洛普和魏斯特即如此理解）。
[D注] αὐτῷ τούτῳ 意为"正是在这方面"，这为 ὅτι 引导的从句起了头，而后面的从句是要详细解释 σμικρῷ τινι（表示差异程度的与格）所暗示的东西。

[T注] σμικρῷ τινι 表示他更聪明的"程度"，而 αὐτῷ τούτῳ 表示"方面"。初学者要注意，μή 和 οὐδέ 的区别绝佳地体现在从句 ἃ μὴ οἶδα 中，意为"我碰巧不懂得的，我甚至不认为我懂得"。

21d7-8：ἐντεῦθεν ἐπ' ἄλλον ᾖα [然后我又去找了另外一个人]，[SS注]这里的 ἐντεῦθεν 是"那以后"的意思，纯粹只有时间上的含义，与d1的"结果"不同。动词 ᾖα 过去时可以在不定过去时的意义上使用。这里和下文22a8适合用不定过去时的含义。——另一方面，ᾖα 在这里也可以是真正的过去时，指明一件事情的背景，另参本人对《克莱托丰》的注疏，页373（按：即 Slings, Cambridge University Press 2004年版）。在下文22a8，该词可以用来开始一段叙述，另参里克斯巴伦的文章《过去时的论述功能》（A. Rijksbaron, The Discourse Function of the Imperfect），刊于氏编《追随昆纳》（In the Footsteps of Raphael Kühner, Amsterdam 1988），页237-354。

21e1-2：ἄλλοις πολλοῖς ἀπηχθόμην [我就遭到其他许多人记恨]，[S乙注]拉尔修因此在《名哲言行录》2.21中如是记载苏格拉底：πολλάκις δὲ βιαιότερον ἐν ταῖς ζητήσεσι διαλεγόμενος κονδυλίζεσθαι καὶ παρατίλλεσθαι, τὸ πλέον τε γελᾶσθαι καταφρονούμενον· καὶ πάντα ταῦτα φέρειν ἀνεξικάκως [因为他在与寻到的人进行辩论的过程中比较激烈有力，被人拳脚相加甚至扯脱头发是常有的事。在多数场合，他总是被人鄙视嘲弄，然而对所有这一

切，他都耐心忍受了］（徐开来译文）。

［SS注］没有第三、第四和一连串的受害者，而是指省察第二个人时在场的旁观者（另参d1的 πολλοῖς τῶν παρόντων，指省察第一个人时的旁观者）。只有在下一句中，苏格拉底才更为普遍地谈到了他连续不断的探究及其后果（注意比较e4的过去时 ἀπηχθανόμην 和e2的不定过去时 ἀπηχθόμην）。前面的 ἐνταῦθα 意为"然后"，"这样一来"（thus）。

［按］对于"没有谁（比苏格拉底）更智慧"这种全称否定判断（以及任何全称判断），只需要找出一个例外即足以驳斥之，证明其为假。如果苏格拉底仅仅是因"神谕"而考察别人，那么他在第一个人那里得到的结论已经完成了自己的"使命"，即证明神谕或其解释乃是错误的。但苏格拉底接下来又考察了很多人，完全"多余"！可见，苏格拉底所讲的这个占问神谕的故事本身不过是他为了全面考察世人并敦促其转向内心和灵魂的由头而已，或者说，苏格拉底占问的是他自己内在的神明：理性。苏格拉底的任务不在于验证神谕，而在于借此机会劝导和渡化世人。

此后，我又接着连续不断探访，却感觉到越来越遭人记恨，我虽因此痛苦而恐惧，但即便这样，我还是认为［e5］必须把那位神明的事情放在最重要的地位。所以，为了搞清楚这个神谕究竟什么意思，我必须去探访所有那些［22a］以懂点儿知识而著称的人。［Μετὰ ταῦτ᾿ οὖν ἤδη ἐφεξῆς ᾖα, αἰσθανόμενος μὲν καὶ λυπούμενος καὶ δεδιὼς ὅτι ἀπηχθανόμην, ὅμως δὲ ἀναγκαῖον ἐδόκει εἶναι τὸ τοῦ θεοῦ περὶ πλείστου ποιεῖσθαι—ἰτέον οὖν, σκοποῦντι τὸν χρησμὸν τί λέγει, ἅπαντας τούς τι δοκοῦντας εἰδέναι.］

21e3: ἐφεξῆς ᾖα［探访］，［B注］省略了e6的 ἐπὶ ἅπαντας...，意为"我接着又继续去"，但这个句子为后面的 ἰτέον οὖν ἐπὶ 所继续，因而 ᾖα 后面的结构不完整。

［SS注］正如 ἐφεξῆς 所暗示并由过去时 ἐδόκει（e5）所证实，这个 ᾖα 应该理解为是真正的过去时。——自荷马以来（如《伊利亚特》6.241：πάσας ἐξείης），ἑξῆς (ἐξείης) 和 ἐφεξῆς 一般都与 πᾶς 连用。

21e3-4：αἰσθανόμενος μὲν...λυπούμενος καὶ δεδιὼς ὅτι[却感觉到……痛苦而恐惧]，[B注]"我痛苦地察觉并认识到自己正在树敌。"[SS注]正常的词序应该是：αἰσθανόμενος μὲν...ὅμως δὲ ἡγούμενος，第二组跟第一组一样，也有小品词。苏格拉底坚定地决定把自己对神明的兴趣置于所有东西之上，但这种坚定导致他转向了一种独立的结构，莱因哈特没有提到这种绝妙的破格文体。

[D注]苏格拉底痛苦而恐惧地注意到自己越来越不受欢迎。αἰσθάνομαι之后由ὅτι引导的从句是一种罕见的结构，小品词很可能受到了分词的影响。在ὅμως δὲ ἀναγκαῖον ἐδόκει中，与αἰσθανόμενος μὲν连用的关联词脱离了主结构。这尤其突出了苏格拉底完成自己使命的决心。

21e4：ὅτι ἀπηχθανόμην[遭人记恨]，[S甲注]这两个词不仅从属于δεδιώς，还从属于αἰσθανόμενος和λυπούμενος。沃尔夫正确地把它们翻译为"的确看到并苦恼于我由于那个可怕的原因而遭人憎恨"（videns quidem et dolens invisum me fieri, atque ob id metuens）。

[T注]这两个词与前面的每一个分词都有联系，但其关系不同，有的表示"事实"，有的表示"原因"——ὅτι与αἰσθανόμενος相关时，必须严格地翻译为英语的that（按：引导宾语从句），与λυπούμενος和δεδιὼς相关时，意为"因为"。

21e5：τὸ τοῦ θεοῦ[那位神明的事情]，[S乙注]中性冠词带一个实词的属格表示那个变成了属格的实词所指的每一个东西，以及与之相关的、来自它的和属于它的所有东西。如欧里庇得斯《腓尼基妇女》行415：τὰ φίλων δ' οὐδέν, ἤν τις δυστυχῆι[患难中是没有朋友的]（张竹明译文，按：照这里的注疏看来，张竹明的译法似乎有误；Stanford自己的译文是：the assistance of friends is nothing ...），另参行382：δεῖ φέρειν τὰ τῶν θεῶν[the visitation of the gods]（张竹明译作：天谴必须承受）。

[B注]不应该把它"理解为"一个确定的名词。它是τὸν θεόν的迂回说法，就像修昔底德和德莫斯忒涅斯笔下的τὸ τῆς τύχης。苏格拉底也曾说过（《游叙弗伦》4e2注）。[D注]"神明的利益"，这要求苏格拉底

展示神谕的真正内涵。

21e5-6：ἰτέον οὖν, σκοποῦντι［所以，必须，为了搞清楚］，［S甲注］苏格拉底把他的所思所想与法官联系了起来："我必须走，我对自己说道（按：前面的 ἐδόκει 暗示了这一点），去找出神谕究竟是什么意思……"

［B注］"所以我必须继续"。［S丙注］可以理解为依附于 ἐδόκει，省略了不定式 εἶναι；但更可能的是，我们在这里看到的是突然转向直接引语，如"我必须走"等等。

［T注］苏格拉底在这里突然从间接叙述转到直接叙述，并且对我们说出了他在进行这种省察"时"心里所想的"原话"："因此我必须走（我想到），去研究那个神谕究竟是什么意思，向所有人……"σκοποῦντι 在词格上与 μοι［我］一致，就暗示了它是 ἰτέον 之后的原因与格。

21e6：τὸν χρησμὸν τί λέγει［这个神谕究竟是什么意思］，［S丙注］"神谕的意思"。希腊语有一个很有名的现象：后面动词的主语会变成前一个动词的宾语。我们看到的这个句子比严格遵守句法的句子更为生动。［D注］χρησμὸν 本来应该是疑问从句的主语，却提前使用了。

雅典人，以冥狗的名义起誓——因为我必须向你们说出真相——我保证这就是我的真实感受：遵从那位神明做了一番探究之后，我发现，那些名气最大的人几乎都最差劲，[a5] 而另外那些看上去更低贱的人，却因为明智，反倒更平和持中一些。［καὶ νὴ τὸν κύνα, ὦ ἄνδρες Ἀθηναῖοι—δεῖ γὰρ πρὸς ὑμᾶς τἀληθῆ λέγειν—ἦ μὴν ἐγὼ ἔπαθόν τι τοιοῦτον· οἱ μὲν μάλιστα εὐδοκιμοῦντες ἔδοξάν μοι ὀλίγου δεῖν τοῦ πλείστου ἐνδεεῖς εἶναι ζητοῦντι κατὰ τὸν θεόν, ἄλλοι δὲ δοκοῦντες φαυλότεροι ἐπιεικέστεροι εἶναι ἄνδρες πρὸς τὸ φρονίμως ἔχειν.］

22a1：καὶ νὴ τὸν κύνα［以冥狗的名义起誓］，［S甲注］对于苏格拉底"以狗的名义"或其他动物的名义发誓，有各种不同的看法，梅纳吉乌斯（Menagius）、拉尔修（《名哲言行录》2.40）和佩蒂的《杂苴新编》（Miscellaneorum libri novem，1630）收集了这些誓言。佩蒂认为，

"以狗的名义"应该理解为苏格拉底的"精灵"（daemonium）。约阿西姆·卡梅拉里乌斯（Ioachim Camerarius）[1]的Opusc. de R. R.（页28）认为狗是信仰（忠诚）的象征，因此，καὶ νὴ τὸν κύνα这句誓言几乎就等同于拉丁语的medius fidius［信仰的中保］。但在这个晦涩的主题上，我倾向于认同这样一些人的看法：苏格拉底以狗、鹅和橡树的名义发誓（参Cyrill. Alexandr. c. Julian. 6. p. 190. A.），是因为他不愿意以神明的名义发誓。参Porphyr. de Abstinent. III. 16。

[S乙注] 对于这位哲人常常使用的这种以及其他同样奇怪的誓言，比如以橡树和悬铃树起誓，究其起源和功效，古人和现代人有不同的看法，堪称悬而未决。奥林匹俄多罗斯（Olympiodorus）[2]在《柏拉图传》（Vit. Platon ex Gorg.）中把它解释为埃及的神灵阿努比斯（Anubis）。福斯特认同这样的看法：苏格拉底是以拉达曼图斯[3]为榜样和权威，故这样发誓，而拉达曼图斯避免以他们自己的这些神明的名义发誓。然而，还有一些人认为，苏格拉底使用这样的誓言是要讥讽那些为人普遍接受的神明。

[B注] 这里誓言被称作 'Ραδαμάνθυος ὅρκος［拉达曼图斯式的誓言］。认为这种誓言专属于苏格拉底的所有说法，都无视了这样的事实：在阿里斯托芬《马蜂》行83中，奴隶克桑提阿斯（Xanthias）就说过 μὰ τὸν κύνα［以狗的名义起誓］。这种誓言是一种委婉的说法，如parbleu［当然啰］，morbleu［见鬼，该死的］和Great Scott［天哪，好家伙］！我们在《高尔吉亚》482b5中看到了 μὰ τὸν κύνα, τὸν Αἰγυπτίων θεόν［凭埃及人的神狗起誓］这样的说法，但那只是顺带开的一个玩笑。不妨说，"拉

---

[1] 约阿西姆·卡梅拉里乌斯（1500—1574），德国古典学家，把大量的古希腊文献翻译成了拉丁语。

[2] 奥林匹俄多罗斯（495—570），新柏拉图主义哲学家，亚历山大里亚学派最后一位掌门人。

[3] 拉达曼图斯（Rhadamanthus），在希腊神话传说中，是宙斯和欧罗巴之子，生前为克里特一个小国的国王，死后担任冥府的法官。

达曼图斯式的誓言"这个名称表明这个习俗是俄耳甫斯教的。无论如何，阿里斯托芬在《鸟》行521中说过：Λάμπων δ' ὄμνυσ' ἔτι καὶ νυνὶ τὸν χῆν', ὅταν ἐξαπατᾷ τι [现在兰朋要骗人的时候还是用鹅立誓的]（张竹明译文）。

[SS注] 伯内特的注释应该由多兹对《高尔吉亚》482b5的注释来补充和更正；这种誓言与俄耳甫斯教没有关系。

[R注] 这里是在说阿努比斯，即狗头神，或更正确地说，豺头神。在柏拉图笔下，只有苏格拉底这样发过誓。另参阿里斯托芬《马蜂》行83。

[S丙注] 注疏家引用了克拉提诺斯①的谐剧《喀戎》（Cheirons）: οἷς ἦν μέγιστος ὅρκος ἅπαντι λόγῳ κύων,/ ἔπειτα χῆν θεοὺς δ' ἐσίγων [在所有的言辞中，用来支持最庄重誓言的是"狗"，然后是"鹅"；而以"神明"发誓者，却未曾听说]。而且克拉提诺斯还告诉我们，以"狗""鹅""悬铃树"（参《斐德若》236e即相关注疏）、"公羊"之类名义发誓，是为了避免亵渎神灵。把"狗"等同于埃及的阿努比斯（参《高尔吉亚》482b），也许仅仅是柏拉图开的一个玩笑。人们一直认为 νὴ τὸν χῆνα [以鹅的名义发誓] 是 νὴ τὸν Ζῆνα [以宙斯的名义发誓] 的幌子（disguise），就像 potz-tausend 和 morbleu 以及其他很多现代誓言一样。

[D注] 这种发誓方式乃是苏格拉底的奇思妙想（whim）。苏格拉底在《高尔吉亚》482b所发的誓言乃是一个幽默的转折。苏格拉底也许会以埃及的神明发誓，但绝少以自己敬拜的神明发誓。24e 的 νὴ τὴν Ἥραν [以赫拉之名] 是一种妇人的誓言，25c 的 πρὸς Διός [以宙斯之名发誓] 是一种庄严的誓言。

[W译注] "以狗的名义"发誓，是一种不寻常的、也许是不恰当的方式来确证某件事。希腊人常用的誓言是"以宙斯之名"（如17b，26d，35d和39c）。

———————
① 克拉提诺斯，雅典谐剧诗人，与阿里斯托芬和欧珀利斯齐名。

[按] 唯有盖洛普译为upon my word。艾伦的译注亦曰：幽默的誓言。水建馥译为"凭母狗发誓"，疑有误，*χύνα* 既可以指公狗，也可以指母狗，而埃及的阿努比斯是男神。吴飞和王太庆都译作"天狗在上"，容易产生歧义，这里的"狗"不在天上，而在冥府。水建馥注曰："苏格拉底的口头禅，没什么实际意义"，也不确。据《牛津古典词典》，阿努比斯是冥府亡灵的保护神（和判官）。很多注疏家都没有点明，苏格拉底在这里（以及《高尔吉亚》482b）之所以如此发誓，就因为狗头神（或豺头神）阿努比斯在埃及神话中还决定"真理"，这也是几乎所有英译本都把后面紧接的 *γὰρ* 译为"因为"的原因。

22a2：*δεῖ γὰρ πρὸς ὑμᾶς τἀληθῆ λέγειν* [因为我必须向你们说出真相]，[SS注] 这里正如下文b5-6一样，都是"绪言"（17b7-8，18a5-6）的回响。但尤其要注意苏格拉底对传统话题的"颠倒"。普通当事人倾向于对不是他的功劳的那些事情保持沉默。相反，苏格拉底必须克服自己极不情愿的心思，去说那些会破坏雅典"聪明人"名声的事情。[按] 也就是"说真话"，虽然有些羞于启齿。

22a2：*ἦ μήν* [我保证]，[SS注] 意思是"对我的话"，这种以 *ἦ μήν* 的直接引语发誓的情况相对罕见（丹尼斯顿，351.2）。[D注] 这是庄严誓言之后常见的肯定性开端格式。

[按] 几乎所有的译本都没有翻译出这两个词，唯有福勒的洛布本庶几近之：this, I do declare, was my experience。关于"真实"的译法，参考了盖洛普的I truly did experience something like this。

22a3：*οἱ μὲν μάλιστα εὐδοκιμοῦντες* [那些名气最大的人]，[SS注] 即政治家和诗人，与 *ἄλλοι δὲ δοκοῦντες φαυλότεροι*，也就是匠人（c9-d4）相对。技艺虽然有局限，却是一种真正的知识，比智术师和其他假装无所不能的人所拥有的伪知识（pseudo-knowledge）更高明，对此可参戈尔德施密特（V. Goldschmidt）的《柏拉图的对话》（*Les dialogues de Platon, Structure et methode dialectique*, Paris 1947）页100-102非常有启发性的解释，作者解释了柏拉图对待"伪价值"（Pseudo-Values）和

"真价值"的方法的意义。"伪价值"包括智术、修辞、伊翁的颂诗术和克拉提洛斯的词源学，"真价值"也就是"知识"和其他"德性"，可比拟为匠艺（crafts）。这种比拟意在表明，它们两者在生活中都没有什么"用处"。每一种"价值"都是在重视善的超越性，以及那种价值在我们的生活中所提出看法的超越性。

［T注］这是一个解释性的从句，所以没有连词，另参17a和21b的注释。

22a3-4：ὀλίγου δεῖν τοῦ πλείστου ἐνδεεῖς εἶναι［几乎最差劲］，［SS注］这个短语是典型的苏格拉底式用语，另参《会饮》216a4-6（阿尔喀比亚德说苏格拉底）：ἀναγκάζει γάρ με ὁμολογεῖν ὅτι πολλοῦ ἐνδεὴς ὢν αὐτὸς ἔτι ἐμαυτοῦ μὲν ἀμελῶ（与ἐπιμέλεια τῆς ψυχῆς［灵魂的关切］相对，对此可参《申辩》29e1-3，30a7-b2，另参31b5，36c5-d1，41e2-7），τὰ δ' Ἀθηναίων πράττω［他迫使我不得不同意，我自己还需要多多，我却没有关切我自己，而是让我自己忙乎雅典人的事情］（刘小枫译文）。比较《斐德若》74d5-75b2。

［S丙注］"几乎是最糟糕的"（字面意思是"在一丁点存在性中"）。τοῦ修饰εἶναι。这个短语一般接简单的不定式，要么表示人，如30d，37b，要么表示物，如35d。［T注］τοῦ πλείστου受ἐνδεεῖς支配。［D注］另参17a。δεῖν在这里的用法，似乎是πλείστου ἐνδεεῖς的文字游戏。

［按］大多数译本都作most defective（或deficient），最近得见伍兹和派克（Cathal Woods and Ryan Pack）尚未出版的译本直译作to be lacking just about the most，不够通顺。

22a4：ζητοῦντι κατὰ τὸν θεόν［遵从那位神明做了一番研究之后］，［S乙注］费舍解释说：est explorare aliorum sapientiam, auctore Apolline［在阿波罗的支持下，探究其他人的智慧］。因为有了神谕的支持，说苏格拉底在智慧上高人一等，那么，他就必定会研究其他人的说法，以证明加在他头上的判断。［S丙注］苏格拉底把神明的这个说法当成一种命令，要求他去证明其真理性。

22a4：φαυλότεροι ἐπιεικέστεροι［更低贱的人，更平和持中一些］，［B注］这是κακίους［坏人］和ἀμείμους［好人］的文雅说法。

［W译注］在日常语言中，phronesis指"明智"（being sensible），也就是以一种明智的方式说话和做事（该词在此处的字面意思是"节制地"）。亚里士多德后来赋予"节制"以更狭窄的意义："实践智慧"，也就是懂得如何更好行事的知识（与sophia相对，该词指思辨的理论智慧，参《尼各马可伦理学》卷六）。Phronesis是phrontistes（思想家、忧思者，见上文18b7）的同根词，因而可以像苏格拉底那样把节制理解为一种深思熟虑。该词在下文29e1和36c7还要出现。

［按］盖洛普译作whereas men who were supposed to be their inferiors were much better off in respect of understanding，不确；格鲁伯把最后半截的内容译作more knowledgeable，则更糟糕。福勒译作and others who were of less repute seemed to be superior men in the matter of being sensible，以being sensible译τὸ φρονίμως ἔχειν，可取。魏斯特译作while other with more paltry reputations seemed to be men more fit in regard to prudence，极好。ἐπιεικέστεροι指"适宜""公平合理""宽厚""能干"（王太庆即作此译）"正直"，在法律上有"衡平法"之意。

所以，我必须向你们说清楚，我的奔波就像是干一些苦差事一样，我其实只是证明了那条神谕已变得不可驳斥。［δεῖ δὴ ὑμῖν τὴν ἐμὴν πλάνην ἐπιδεῖξαι ὥσπερ πόνους τινὰς πονοῦντος ἵνα μοι καὶ ἀνέλεγκτος ἡ μαντεία γένοιτο.］

22a6：δεῖ δὴ［所以必须］，［SS注］这似乎是δὴ在《申辩》中纯粹表示连接的唯一例子。在20d4，这个小品词的含义介于强调和连接之间。［按］这里的"说清楚"，即24c8的"证明"。

22a6：πλάνην［奔波］，［S乙注］默埃里斯（Moeris）[1]认为，πλάνος

---

[1] Moeris，疑即Aelius Moeris，生活于公元2世纪，希腊文法学家，著书比较过阿提卡方言与他那时的希腊化语言的差别，该书现仍传世。

是阿提卡方言，而 πλάνη 则是希腊化时期的用法。费舍认为，πλάνην 一词多多少少是在暗指奥德修斯的四海飘零，苏格拉底接下来所补上的 ὥσπερ πόνους τινὰς πονοῦντος，更进一步暗示了这个说法。这位哲人的漫游和艰辛努力，就是要树立起神明的真实性（veracity），这与那位伊塔卡君主充满艰难险阻的历程有着惊人的相似。福斯特认为，这里想到的比附者是赫拉克勒斯。

［SS 注］在很多段落中，如《帕默尼德》136e1-3（另参 135e2）和《法义》683a2-3，指的是"徜徉于"或"涉猎"辩证的研究，其主旨也与《王制》504b1-3 和 c9-d1（另参《斐德若》274a2-3）中著名的 μακροτέρα περίοδος［更长的弯路］有联系。然而，这里的隐喻是在描写苏格拉底一场接一场的省察中那种乏味的差使；苏格拉底的 πλάνη 是暗示与赫拉克勒斯相比较的第一要素。

［T 注］"漫游"，即去拜访和省察那里著名的聪明人。［W 译注］"某些辛劳"让人想起赫拉克勒斯这位传统希腊英雄的著名苦役；虽不那么明显，但苏格拉底的"漫游"也许就是在指聪明的奥德修斯漫长的旅程（见荷马史诗《奥德赛》）。

22a7-8：ὥσπερ πόνους τινὰς πονοῦντος［就像是干一些苦差事一样］，［SS 注］τινὰς 正如 ὥσπερ 一样，只是在文章中为想象性的用法而辩解（比较西塞罗对 quasi quidam 的使用）。这个短语让人想起的无疑是赫拉克勒斯这一形象。另参索福克勒斯《菲罗克忒忒斯》行 1419–1420（赫拉克勒斯说）：ὅσους πονήσας καὶ διεξελθὼν πόνους ἀθάνατον ἀρετὴν ἔσχον［我吃了多少大苦，熬过来了，最后赢得不朽的荣誉］（张竹明译文），最后几个词的意思是"我赢得了不朽的荣誉"，也就是"神圣的荣誉"或"神明的地位"。

［D 注］"我的赫拉克勒斯式的苦役，我可以这样说它们。"这里的属格与 ἐμὴν 所暗示的 ἐμοῦ［我的］词格一致。苏格拉底把自己精神上的遭遇与赫拉克勒斯身体上的奋斗相比较，并且用一种半肃剧式的风格把这些"苦役"重新解释为受命于神。

22a7-8：*ἵνα μοι καὶ ἀνέλεγκτος ἡ μαντεία γένοιτο*［我其实只是证明了那条神谕已变得不可驳斥］，［S甲注］苏格拉底说，他尽了一切努力来驳斥神谕，但遇到很多麻烦之后，他甚至彻底证实了神谕的真理性，证明它是*ἀνέλεγκτος*，即"不能够被认为是错的"。

［S乙注］苏格拉底此前曾表示他的意图在于想方设法驳斥神谕。但这条神谕本身却似乎不可反驳：对苏格拉底来说，他既不愿意怀疑那位神明，也惊讶于只有他赞同自己的发现，虽历经万难，也要自由地投身于揭示最终的真理，好让人们充分相信自己的经验，即，*ἵνα μοι καὶ ἀνέλεγκτος ἡ μαντεία γένοιτο*。所以库桑说：Mais il faut schever de nous raconter mes courses et les travaux que j'entrepris pour m'asswrer de la vérité de l'oracle。

［B注］"我仅仅发现神谕被证明是相当不可辩驳的。"苏格拉底开始的想法是驳斥神谕（21b9），至少其明显的含义如此；只有在他发现了其隐藏的含义时（21b3），他才觉得应该捍卫德尔斐的神明（23b7）。因此，最后一个从句是反讽性的。用*ἵνα*（另参拉丁语的ut）来引入一个始料未及或不希望看到的而且是被视为反讽性目标的结果，这种用法可追溯到荷马时代。另参《伊利亚特》14.365，《奥德赛》18.53-54：*ἀλλά με γαστὴρ ὀτρύνει κακοεργός, ἵνα πληγῇσι δαμείω*［但是可憎的肚皮鼓励我，要我挨拳头］（王焕生译文）。这种用法在省略性口语中最常见，如《王制》337e1：*ἵνα Σωκράτης τὸ εἰωθὸς διαπράξηται*［就是，苏格拉底才好故技重施］（据伯内特此处的英译）。另参吕西阿斯1.12。因此，这里不存在篡改了文本的问题。

［R注］"目的在于发现神明的宣示绝对无可怀疑。"*μοι*［我］具有双重含义——它既指"以我为中介"（by my agency），又指"为了让我满意"。*καί*表示追加一种全世界都必须接受的论证，即证明苏格拉底在践行信仰中所获得的确定性。*μαντεία*指（1）获取神谕的程序，（2）如这里和29a，神谕所告知的事实。这种含义还明显地保存在*μαντεῖον*的含义中，该词是发出神谕的"语词形式"；*μαντεία*是*μαντεῖον*的"意义"

(meaning)。这种区别只有我们记住以下事实的情况下才能感觉得到，即，在神谕中，从语词中获得意义，这就是一种程序，这种程序恰恰就在于一种困难程度，而这种困难程度取决于神明或其先知。

［S丙注］"我是为了把神明的宣谕高高置于争辩之上。"苏格拉底尽管对神谕大惑不解，也急于证明神明的真理。李德尔区分了 μαντεῖον 和 μαντεία，认为前者指表达，后者指意义，所以 μαντεία 与 μαντεῖον 的关系，就相当于逻辑学中的判断与命题的关系。众所周知，神谕中的命题本身就很可能特别含糊其词和模棱两可，结果 μαντεῖον 与 μαντεία 会有巨大的区别，正如历史上克罗伊索斯（Croesus）和皮鲁斯（Pyrrhus）的实例。μαντεία 的主要含义指占卜的程序，这里不是赫尔曼（Hermann）通过把它与前面的 καὶ ἀνέλεγκτος 结合起来从而对文本进行修订的那种结果，因为这样一来，就把驳斥神谕当成了苏格拉底的目标。这似乎与上文21b6-7的 οὐ γὰρ δήπου ψεύδεταί γε· οὐ γὰρ θέμις αὐτῷ［他当然不会说假话，因为这不合于他的神道］相悖，而另一方面又与下文很吻合：ὡς ἐνταῦθα ἐπ' αὐτοφώρῳ καταληψόμενος ἐμαυτὸν ἀμαθέστερον ἐκείνων ὄντα［以便在他们那里当场就能发现自己比那些诗人更无知］。在这两种情况下，都存在小小的困难，但在虔敬和礼貌之间的两难困境中，不可能找到彻底的一致性。

［D注］苏格拉底假定他的观点要遭到反对，就说他觉得自己是在驳斥神谕（另参21c），而实际上他是在证明神谕不可驳斥。这种成就被说成是他的真实目的。——祈愿式的从句 ἵνα ... γένοιτο 修饰 πονοῦντος，后者代表的是过去时。

［T注］"毕竟，那个神谕最终证明是不可辩驳的"，也就是说，尽管他历尽艰辛，"也"（καὶ）是要得出一个与他一开始打算要实现的目标相反的"结论"，那个目标是要表明神谕必定错了。这似乎才是这一段争议很大的话真正的解释。

［按］施塔尔鲍姆、斯坦福和泰勒的理解似乎都有误。吴飞和王太庆的译文都有"终于"的意味，似不妥。水建馥译作"我必须设法证明

这条神示是无可非议的,所以也必须把我这次的赫拉克勒斯式的工作过程原原本本讲给你们听听",虽有错漏,但基本意思符合苏格拉底的目标:苏格拉底一开始并没有打算驳斥神谕本身,而是因为不理解神谕而怀疑人们(包括解经者以及苏格拉底本人)对神谕的理解可能有误。盖洛普译作 only to find that the oracle proved commmpletely irrefutable,妥;魏斯特译作 Indeed, I must display to you how I wandered, as if performing certain labors, so that the divination would become irrefutable for me,准确。另外,李德尔和格鲁伯等大多数人都如此理解。

拜访完那些政治家之后,我又去拜访诗人,既有肃剧诗人,也有[22b]酒神颂歌诗人,还有其他类型的诗人,以便在他们那里当场就能发现自己比那些诗人更无知。[μετὰ γὰρ τοὺς πολιτικοὺς ᾖα ἐπὶ τοὺς ποιητὰς τούς τε τῶν τραγῳδιῶν καὶ τοὺς τῶν διθυράμβων καὶ τοὺς ἄλλους, ὡς ἐνταῦθα ἐπ' αὐτοφώρῳ καταληψόμενος ἐμαυτὸν ἀμαθέστερον ἐκείνων ὄντα.]

22a9:ἐπὶ τοὺς ποιητὰς [拜访诗人],[SS注] 现代人可能惊讶于诗人居然想到要享受一种理智能力或 σοφία [智慧] 的名声。然而,那却是希腊古典时期的普遍想法,部分原因在于诗人就是一个懂得"如何"说事情的匠人,但重要的原因在于他懂得要说"什么"。自荷马以降,诗人就被认为受到了神启,非常类似于占卜者(另参21b4注):他们都分享着神明的终极知识。此外,我们还要想到,直至公元前5世纪下半叶,诗歌是思想表达最常用的方式:梭伦用哀歌体和抑扬格来写政治短论,而克塞诺芬尼(Xenophanes)、帕默尼德和恩培多克勒则用六音步诗体来讨论神学、本体论和宇宙论的问题。散文作为一种主流形式,在公元前4世纪上半叶之前都还未曾出现。

关于诗人的智慧,尤其是荷马这位同侪中 σοφώτατος [最智慧者],我们有很多证人,他们要么无视诗人的名声而在某些方面诟病他们,要么以诗人为权威,可参克塞诺芬尼(DK本21B10):ἐξ ἀρχῆς καθ' Ὅμηρον ἐπεὶ μεμαθήκασι πάντες [所有人从一开始都一直在向荷马学习]。

可参赫拉克利特：Ὁμήρῳ ὃς ἐγένετο τῶν Ἑλλήνων σοφώτερος πάντων [荷马已经成为全希腊人中最智慧的人]（DK本22B56）; διδάσκαλος δὲ πλείστων Ἡσίοδος [赫西俄德乃是最伟大的教师]（22B57）。可参品达《涅墨亚阿凯歌》7.20-24言辞甜美的荷马说了奥德修斯很多事情，都不可信，但他的 σοφία... κλέπτει παράγοισα μύθοις [智慧用故事来欺骗和误导]；柏拉图《会饮》196e1-2（为了说明爱神 [Eros] 是智慧的，阿伽通将证明爱神是位诗人，甚至可以把人变成诗人）: ποιητὴς ὁ θεὸς σοφὸς οὕτως ὥστε καὶ ἄλλον ποιῆσαι [这位神是如此智慧的诗人，以至于他能制作出别的诗人]（刘小枫译文）；德莫斯忒涅斯19.244: σοφὸς ... ὁ ποιητής [这位诗人（按指荷马）很智慧]；19.248: τῷ σοφῷ Σοφοκλεῖ [聪明的索福克勒斯]；埃斯基涅斯1.42和1.51。

这些例子足以说明问题。柏拉图笔下的苏格拉底第一个站出来，反对把诗人的能力叫做"知识"，尽管那当然也是一种能力。苏格拉底非常清楚，他是在跟传统观念对着干。在《王制》中，苏格拉底问到，诗人的作品是否与现实之间有着"三重距离"，而他就是这么认为的，或者问相反的情况（这显然就是普通大众的意见），即诗人是否真正拥有禁得起详细检查的知识（599a3-4，注意这里的措辞与《申辩》的相似性）: ἤ τι καὶ λέγουσιν καὶ τῷ ὄντι οἱ ἀγαθοὶ ποιηταὶ ἴσασιν περὶ ὧν δοκοῦσιν τοῖς πολλοῖς εὖ λέγειν [或是，不仅他们说得有一定道理，而且这些出色的诗人实质上真精通任何绝大多数人认为他们将其论说得非常精彩的东西]（王扬译文）——正是因为人们认为诗人"知道"自己已被视为教育者，所以有此观感。诗人的作品，尤其是荷马的史诗，不仅仅是在学校课程体系中扮演着重要的角色，而且尤其被认为能够提升道德品质（那些作品的教导功能无论多重要，都是其次的）: 对于成年人来说，伟大的诗歌也被认为是合理判断和正确行为为最权威的模范。阿里斯托芬《蛙》中埃斯库罗斯和欧里庇得斯之间的争论，很大程度上就为这种观念所左右，这里仅举一例（1030-1036）:"因为诗人应该这样训练人才对。试看自古以来，那些高贵的诗人是多么有用啊！俄耳甫斯把秘密的教仪传给我们，教我们不可杀生。穆塞俄斯传授医术和神示；赫西俄德传授农作术、耕种的时令、收获的季节；而神圣的荷马之所以获得光荣，受人尊敬，难道不是因为他给了我们有益的教诲，教我们怎样列阵，怎样鼓励士气，怎样武装我们的军队吗？"（罗念生译文）在德莫斯忒涅斯时代，演说家在主要的政治审判中发言时，大量地引用那些被认为就我们应该如何生活而提出了良好建议的诗人的话，另参柏拉图《法义》858d2：συμβουλὴν περὶ βίου [关于生活的建议]。埃斯基涅斯在《驳提马科斯》(Against Timarchus) 中，引用荷马四处（144，148，149，150），赫西俄德一处（129），欧里庇得斯三处（128，151，152）；德莫斯忒涅斯在《论错误的出使》(On the false Embassy) 讲辞中，重复了埃斯基涅斯所引用的一处赫西俄德和一处欧里庇得斯的诗行（243，245），还主动加上了一处索福克勒斯（247）和一处梭伦的诗歌（255；我们的抄本有39行，但引文中有缺漏，表明德莫斯忒涅斯引用更多的诗行，可惜后来散佚了）；吕库尔戈斯（Lycurgus，按：雅典演说家，而非同名的斯巴达立法者）为了煽动起爱国热情，引用欧里庇得斯五十五行诗（《驳勒俄克拉底》Leocro. 100）和图尔泰俄斯（Tyrtaeus）三十二行诗歌（107）。关于诗人的"知识"这个问题，参维尔德尼乌斯的《柏拉图与诗》(Verdenius. Platon et la poésie)，见氏著 Plato, Io, 2nd ed. (Zwolle 1959)，页5-7；氏著《荷马：希腊人的教育者》(Homer, Educator of the Greeks, Amsterdam 1970)；哈里奥特（R. Harriott）《柏拉图之前的诗歌与批评》(Poetry and Criticism before Plato, London 1969；此书没有什么洞见，但作为材料汇编亦有用处)；贝克（F. A. G. Beck）《公元前450年至前350年的希腊教育》(Greek Education 450–350 B. C. London 1964)，页117-122；维尔德尼乌斯《希腊文学批评的原则》(The Principles of Greek Literary Criticism)，刊于 Mnemos 36（1983），页14-59，尤其25-37，以及该文的参考文献。

22a9-b1：τῶν διθυράμβων [酒神颂歌诗人]，[S乙注] 苏达斯曰：διθύταμβος, ὕμνος εἰς Διόνυσον [献给狄俄尼索斯的颂歌]，也就是说，

dithyramb［酒神颂歌］意为"巴克科斯式的颂歌"（按：狄俄尼索斯在罗马神话中叫做巴克库斯）。有人说，第一位写酒神颂歌的人是大流士一世（first Darius）时期的拉索斯（Lasus Hermionensis），[①]据另外的人说，滥觞者是佩里安德罗斯（Periander，按：科林多君主，希腊七贤之一）时期的阿里翁（Arion Methymnaeus）。[②]但据品达和注疏品达《奥林匹亚凯歌》第13首的人说，酒神颂歌如此古老，其创始人已不可考；"酒神颂歌"这个词出现在阿尔喀洛科斯（Archilochus）的诗作中，而此人比拉索斯和阿里翁都更古老。该词的词源很多疑点，对此有很多不同的说法，沃修斯（Gerard Vossius）[③]的 *Institutio Poetica*（按：本书有现代翻译和注疏本，Stuttgart 2006）3.16.2有述。最常见的词源解释是 διϑύραμβος 来自 διϑύραμος，"双重的门"，也就是"那位穿越了两扇门的人"。该词据说是指巴克科斯的两次出生——来自塞墨勒（Semele）的子宫和宙斯的大腿。对于"酒神颂歌"的详细解释，参1830年版《希腊人的戏剧》(*Theatre of the Greeks*)。

［SS注］苏格拉底在这里说的 καὶ τοὺς ἄλλους［以及其他诗人］不包括谐剧诗人，因为在公众的眼中，他们当然不能像这里一样被界定为 σοφοί。这里之所以明确提到肃剧和酒神颂歌，是因为它们是雅典每年举办的两种奖金极为可观的官方竞赛。若如此，"其他诗人"就是指从事余下各种形式诗歌创作的人，《伊翁》534c3-4提到了少数几种：διϑυράμβους［酒神颂歌］... ἐγκώμια［赞歌］... ὑποχήματα［歌舞诗］...

[①] 拉索斯，希腊抒情诗人，阿尔戈利斯（Argolid）地区赫米奥涅（Hermione）城的人，故称 Lasus Hermionensis，庇西斯特拉托斯（Peisistratus）家族统治时期活跃于雅典，托名普鲁塔克的《论音乐》（*De Musica*）认为他革新了酒神颂歌。另参希罗多德《原史》7.6.3。

[②] 阿里翁，古希腊诗人和音乐家，据希罗多德《原史》1.23，为墨提姆纳人，故称 Arion Methymnaeus，由海豚驮到泰纳隆，是当时绝世无双的竖琴演奏家，最先发明了酒神颂歌。

[③] 沃修斯（1577—1649），本名 Gerrit Janszoon Vos，荷兰古典学家和神学家。

ἔπη［叙事诗］（按：旧译"史诗"）... ἰάμβους［抑扬格诗歌］。

［S丙注］比较《希琵阿斯后篇》368c和色诺芬《回忆苏格拉底》1.4.3。当柏拉图说得很技术性时，就用 διθύραμβος 专指那种讲述巴克科斯出生的歌曲，把它与作为 ὠδαί［歌］的 ὕμνοι［颂歌］、θρῆνοι［哀歌］以及 νόμοι［律歌］对立起来，参《法义》700b。

［G注］酒神颂歌是一种有着强烈情感冲击力的抒情诗，有一队歌者和舞者表演。亚里士多德认为酒神颂歌就是肃剧得以从中演化而成的艺术样式。

22b1：ἐπ' αὐτοφώρῳ［当场］，［S乙注］古人注曰：ἐπ' αὐτόπτῳ［自己察觉］，ἐπ' ὄψει［在蛇面前］（按：具体意思不详，疑为成语），苏达斯注曰：ἐπ' ὀφθαλμοῖς［在眼前］。［S丙注］"明显可知的"。本来指一个当场被抓住的（αὐτο-）贼（φώρ, fur）。

22b2：ἀμαθέστερον［更无知］，［B注］"不那么聪明"，另参《游叙弗伦》2c6注释：σοφός 和 σοφία 常见的反义词是 ἀμαθής 和 ἀμαθία，而 φρόνιμος 和 φρόνησις 则与 ἄφρων 和 ἀφροσύνη 相对。在柏拉图笔下，σοφός 和 φρόνιμος 没有任何区别，除非前者可以有反讽性的用法，如英语的 clever［聪明］，而 φρόνιμος 从不用于反讽之中。

于是，我就拿起在我看来他们用功最深的诗作来，一如既往请教他们究竟什么意思，[b5] 同时也好在他们身上学到点儿东西。但是，诸位，我简直羞于告诉你们真相——但我必须说出来。因为，可以说，对于他们亲手创作的诗歌，当时在场的所有人几乎每个都比他们讲得更好。[ἀναλαμβάνων οὖν αὐτῶν τὰ ποιήματα ἅ μοι ἐδόκει μάλιστα πεπραγματεῦσθαι αὐτοῖς, διηρώτων ἂν αὐτοὺς τί λέγοιεν, ἵν' ἅμα τι καὶ μανθάνοιμι παρ' αὐτῶν. αἰσχύνομαι οὖν ὑμῖν εἰπεῖν, ὦ ἄνδρες, τἀληθῆ· ὅμως δὲ ῥητέον. ὡς ἔπος γὰρ εἰπεῖν ὀλίγου αὐτῶν ἅπαντες οἱ παρόντες ἂν βέλτιον ἔλεγον περὶ ὧν αὐτοὶ ἐπεποιήκεσαν.]

22b2：ἀναλαμβάνων［拿起］，［SS注］"拿在手上"；参上文19a8的

注释（按：那里的中文译作"追查"）。

22b3-4：ἅ μοι ... πεπραγματεῦσθαι αὐτοῖς［在我看来他们用功最深的诗作］,［S甲注］即"似乎是他们最为勤勉地写出来的东西"。接下来的过去时分词 διηρώτων 加上 ἄν，表示行为的重复。[按] 王太庆译作"拿出我认为是他们精心炮制的得意作品来"，妙。

22b4：διηρώτων ἄν［一如既往地请教］,［S乙注］小品词 ἄν 的含义常常指"习惯于""习惯的"。德莫斯忒涅斯《论科若纳》(De Corona) 219.5-6："古代没有哪一个演说家曾产生过这样不同的影响：ἀλλ' ὁ μὲν γράφων οὐκ ἂν ἐπρέσβευσεν, ὁ δὲ πρεσβεύων οὐκ ἂν ἔγραψεν［立法者大都不出使，出使者大都不立法］。"比较索福克勒斯《菲罗克忒忒斯》行290、292。

[B注]"我要问"。历史时态直陈式带 ἄν，表示习惯性或周期性的行为。[D注] 过去时的分词 διηρώτων 带 ἄν，表示每一次都会根据情况进行重复："我每次都会问他们，他们究竟想说什么。"参下文 ἂν βέλτιον ἔλεγον，"对于他们所作的诗歌，几乎所有在场的人都会比他们（那些诗人）"说得更好（解释得更好）。

22b5：ἵν' ἅμα τι καὶ μανθάνοιμι［同时也好学到点儿东西］,［SS注］苏格拉底的主要意图（如他自己所说），是通过展示自己在知识上低人一等来驳斥神谕（参21b9-c1注）。但他出于自己招牌式的幽默说道，他也 en passant［顺带］希望能够从那些聪明人和诗人身上学到点儿东西，可谓一箭双雕。[D注] 这样一来，苏格拉底不仅可以测试神谕，"还"可以学点儿东西。

22b5：αἰσχύνομαι［羞于］,[D注] 这项发现有损于诗人的名誉，苏格拉底不愿意说出来，就在于他觉得不好意思说出那个必须说的看法，因为那是实情。当 αἰσχύνεσθαι 表示"羞于有什么想法"时，就用不定式，如此处，而不用分词形式。

22b7：ὀλίγου αὐτῶν ἅπαντες οἱ παρόντες ...［当时在场的所有人几乎都比他们］,［S乙注］这里的属格受比较级 βέλτιον［更好］的支配，指"诗人"。沃尔夫认为该词指法官，不对，因为苏格拉底明显是在谈他与诗人讨论时在场的人。

［R注］同意施塔尔鲍姆的看法，反对沃尔夫的观点，我们必须把这个短语理解为"每一次在场的人"，而不是"在场的观众"。演说家的用法证明了这一点，另参安提丰《四联剧》1.3.5：οὐδεὶς γὰρ ὅστις τῶν παρόντων οὐκ ἂν ὀκνηρότερος εἰς τὴν πρᾶξιν ἦν［因为任何一个参与的人都不像他那样毫不犹豫地干这种事］。吕西阿斯在同样意义上使用该词，但碰到的不是同样的问题。这个短语究竟用来指观众还是指法庭，区别很大，如安提丰《论歌队的舞者》14：πολλοὶ τῶν περιεστώτων τούτων τὰ μὲν πράγματα ταῦτα πάντα ἀκριβῶς ἐπίστανται［很多旁观者就在此处，他们准确地知道整件事情］。另参安多喀德斯《论神秘》139.4：οὐδ' ὑμῶν τῶν καθημένων οὐδεὶς ἂν ἐπιτρέψειεν［你们这些法官不可能不相信］。

［B注］注意这里的倒装法，我们必须把ὀλίγου与ἅπαντες和αὐτῶν（"比他们"）连起来看。这里的οἱ παρόντες，指苏格拉底省察试验时在场的"在场者"，而不是目前法庭中在场的人（按：王太庆似乎就理解错了）。

［SS注］ὀλίγου［几乎］在ὡς ἔπος γὰρ εἰπεῖν［可以说］（按：参上文17a4注）之后，多少有点重复，因而没有必要怀疑它的真实性（按：文本无误）。另参德莫斯忒涅斯19.190。

22b7：ἂν βέλτιον ἔλεγον［讲得更好］，［S甲注］全句的意思是"所有在场者都习惯于对他们亲自写的诗歌投以最高评价"（按：似乎有误，参T注）。这里的过去时ἔλεγον带ἄν也表示动作的重复（按：故而加上"每个"，上文22b4处的ἄν，则译作"一如既往"，也可以译作"习惯性地"）。

［SS注］在公元前5世纪后期，对诗歌的解释似乎已经成为一种流行的娱乐方式，也许是受了智术师的影响。在《普罗塔戈拉》339a6-347a5，苏格拉底对西蒙尼德斯献给斯科帕斯的短歌（Scolion for Scopas）奇怪的曲解，是在戏仿文本的仲裁方式，以此为托词来展示神来之笔。

所以，对于那些诗人，我很快又明白了这样一个道理，他们创作 [22c] 诗歌，靠的不是智慧，而是某种天赋和神启，就像那些神灵附体者和那些唱出神谕的占卜师一样，因为他们虽说了很多美妙的话，其实并不理解自己所说的东西。[ἔγνων οὖν αὖ καὶ περὶ τῶν ποιητῶν ἐν ὀλίγῳ τοῦτο, ὅτι οὐ σοφίᾳ ποιοῖεν ἃ ποιοῖεν, ἀλλὰ φύσει τινὶ καὶ ἐνθουσιάζοντες ὥσπερ οἱ θεομάντεις καὶ οἱ χρησμῳδοί· καὶ γὰρ οὗτοι λέγουσι μὲν πολλὰ καὶ καλά, ἴσασιν δὲ οὐδὲν ὧν λέγουσι.]

22b8-9：ἔγνων ... ἐν ὀλίγῳ [很快就明白了]，[B 注]"我没多久就发现了。"短语 ἐν ὀλίγῳ 的反义词是 ἐν πολλῷ χρόνῳ（见19a1注）。αὖ [又]，正如政治家的情形一样。

[S 乙注] 关于 ἐν ὀλίγῳ，另参《使徒行传》26.28：Ἐν ὀλίγῳ με πείθεις Χριστιανὸν ποιῆσαι [你想稍微一劝，便叫我作基督徒啊]（按：S 乙本最后一个词作 γενέσθαι）；米迦利斯（Michaelis）把这里的 ὀλίγῳ 理解为"在短时间内"，也等同于普通的解释，即"几乎"。斐奇诺把 ἐν ὀλίγῳ 翻译为 brevi [简短，短时间内]，正确。

[S 丙注]"简言之"。其含义与 ἑνὶ λόγῳ 同，Hermann 推测可以替换。李德尔比较了《会饮》217a 中的 ἐν βραχεῖ。

[SS 注] 这个句子中出现的 αὖ καὶ 引起了疑问。因为，苏格拉底在谈到政治家时，并没有说他们拥有真正的能力，他发现那种能力不是以理性知识为基础，而是以另外一个原则为基础。然而，听他现在的口气，好像他曾说过这一点（按：即政治家真有能力）。他已经做出的论证必定与《美诺》99b5-e2 的路线差不多，即成功的政治领导人，如忒米斯托克勒斯（Themistocles）、阿里斯提得斯（Aristides）、（也许还包括）伯里克勒斯和修昔底德（美勒西阿斯之子），他们所取得的成就不是来自 σοφία [智慧] 的力量，而是来自"真正的意见"，如《美诺》99b11 的 εὐδοξία，而在《美诺》其他地方和其他对话中叫做 ἀληθὴς δόξα [真实的意见] 或 ὀρθὴ δόξα [正确的意见]。这段话的末尾几乎与《申

辩》22b9-c3字字相同，不管我们是否读作 ἐνθουσιῶντες，都无甚影响。不过，两者仍有区别，《美诺》比较的是政治家和占卜者，《申辩》比较的是诗人和占卜者。αὖ καί 一词暗示，苏格拉底在《申辩》21c5-d7中已然说过与《美诺》这段内容基本相同的话。然而，我们目前这个版本的《申辩》中却没有这一类话。如何解释这一点？我认为，αὖ καί 这两个小词是《申辩》21c5-d7更早版本的残留部分，那时柏拉图还没有修订以供出版，也就是还没定稿。我认为，苏格拉底原来在《申辩》中所说的（如在《美诺》99b5-6所说的都一样）是，政治家获得成功，不是靠 σοφία[智慧]的力量。如果真是这种情况，那么，下一段中出现 αὖ καί 就相当正常了。但那时柏拉图已意识到，他可以把21b9-e5这段话的论点建构成逐渐达到高潮的形式，从而让这段话更有效力。但如果他真这样做了，并且把政治家说成是这三组人中最不聪明的，那么他在《申辩》中就不会做在《美诺》中做过的事情了，即明确承认政治家的真正成就，这种成就不仅在刚才所引的那段话中（99c1），而且在下一句中（99c7-9）也得到了诚恳承认。所以，他在关于政治家的这段话中（21c5-d7）仅指出，政治家的知识之名以及他们从中得到的自豪都毫无根据。我要说，柏拉图在修订关于诗人的这段话时，忘了删去 αὖ καί，因为这里的意思不再需要这两个词。如果这种新认识能够成立，我们也许还可以更进一步。如果我们假定柏拉图几乎同时在撰写《申辩》22b8-c3和《美诺》99b5-c5这两段话，那么就能绝佳地解释这两段话在理论和措辞上惊人的类似。既然"诗人"与占卜者之间的相似程度比"政治家"和占卜者之间的相似程度要明显得多，那么后一种相似性只有在一个相对集中的讨论中，比如在《美诺》中，才能得到让人满意的表达。所以，我认为柏拉图撰写的《申辩》21c5-7这段话的原稿，其目的在于以一种适合《申辩》"陈述"部分的方式来浓缩《美诺》99b5-c5那段话。由于柏拉图对这个结果不大满意，而且也想把苏格拉底对这三类人（按：政治家、诗人和匠人）的省察表现为一种层层递进（climax），他就重组了关于政治家的这段话。这就暗示，柏拉图在草拟

《申辩》"陈述"部分时，已经撰写了《美诺》（或至少部分内容），但还没有出版该书。

[按] SS本有过渡解释之嫌疑，因为苏格拉底只是说他"又"明白了一个道理，诗人和政治家一样，都不是靠智慧行事，因而都没有智慧。这里的"又"或"再一次"是一般含义，不是指诗人的具体表现。

22b9：ὅτι οὐ σοφίᾳ ποιοῖεν [他们创作不是靠智慧]，[B注] "他们不是靠智慧来创作"。要牢记，这里的 σοφία 是表示艺术技巧的习惯说法（regular word），尤其在音乐和诗歌中。

[按] "创作诗歌"是意译，原意是"创作那些被创作出来的东西"。在古希腊语中，"诗歌"一词就来自"创作"。

22c1：φύσει τινί [靠某种天赋]，[B注] "靠天赋"（by nature）。该词在这里的含义与习惯（ἔϑος）和教导（διδαχή）相对。品达（《奥林匹亚凯歌》2.94）正是把 φυά 与那些受过教育（μαϑόντες）的诗人的无效努力对立起来。我们可以看到，苏格拉底的看法与品达不同。这种批评意见必须特别用到欧里庇得斯头上，那种看法的含义与现代人对他的看法非常不同。

维拉尔（Verrall）博士笔下的欧里庇得斯在向苏格拉底解释他的作品时，不会有太大的困难。

[D注] 表示方式的与格（φύσει）和表示方式的分词（ἐνϑουσιάζοντες）以相似的方式描述同一个主体，所以用 καί 连接颇为恰当。φύσει，"靠天赋"，这里即指柏拉图在其他地方用 ϑεία μοίρα [托老天爷的福] 所表达的意思。凭天赋所做的事是无意识做出的，是受日常自我的表面之下的某个东西之启发而为；而有意识的行为，如果正确，就由 τέχνη [技艺] 和 σοφία [智慧] 所引导，另参《伊翁》533e–534c。

[W译注] 克罗波西（Joseph Cropsey）认为："'自然'（nature）含义很多，但主要指不以人类为中介而存在的东西或事物的原则。'自然的'首先与'人工的'相对。"然而，"自然"也展示出规则的运动和变化，与人工意图的产物相似，尽管在"自然"中并非什么明显实体

化的理智（intelligence）发起了那种运动。参克罗波西的文章《政治生活与一种自然秩序》（Political Life and a Natural Order），见《政治哲学与政治学的问题》（*Political Philosophy and the Issues of Politics*, Chicago 1977），页223。"靠天赋"创作的诗人写作时没有自己的计划和思想为指导。苏格拉底在其他地方（《伊翁》534c）谈到了这种受"神圣的命运"（theia mora）引导的创作：就像自然的产物一样，这些诗歌不允许对其秩序形式作出任何清楚的解释。

22c1：ἐνθουσιάζοντες[神启]，[B注]"来自灵启"（from inspiration），一般与"天才"相连。形容词ἔνθεος的意思是"内有神明"，因而解作"受神启"。以前的规则是说θεο在多音节派生词中缩短为θου，所以必须把θεολόγος和θεόμαντις视为新的构词。专名保持原来的缩写，如Θουκυδίδης，Θούμαντις。关于苏格拉底在这里所表达的观点，参《伊翁》533e5-8：πάντες γὰρ οἵ τε τῶν ἐπῶν ποιηταὶ οἱ ἀγαθοὶ οὐκ ἐκ τέχνης ἀλλ᾽ ἔνθεοι ὄντες καὶ κατεχόμενοι πάντα ταῦτα τὰ καλὰ λέγουσι ποιήματα[所有出色的史诗作者们作出美妙诗歌，凭的并非技艺，而是他们从神那里得到的灵感，被神凭附]（王双洪译文）。亦参德谟克利特的残篇18（Diels本）：ποιητὴς δὲ ἅσσα μὲν ἂν γράφηι μετ᾽ ἐνθουσιασμοῦ καὶ ἱεροῦ πνεύματος, καλὰ κάρτα ἐστίν[但凡靠灵感和神圣气息创作的，都是极好的诗人]。

[S丙注]"由于某种天性（instinct）和神启"，这种神启形式的诗学理论在柏拉图著作中随处可见，如《斐德若》245a，《美诺》99d，《伊翁》533d-534e。这里的分词ἐνθουσιάζοντες相当于一个方式与格。

[MP注]这个分词与ἔνθεος有关，后者字面意思是"体内有神明"，既用来指诗人的灵感，也指神灵附体（divine possession）。苏格拉底对诗人的处理，让人想起他对政治家的态度；不过，无论这个分词多有反讽意味，都透露出对他们工作的某种敬重。诗人虽然不懂得自己正在做的事情，因此也就达不到哲学的高度，但他们在某种意义上为神所启。

22c1：ὥσπερ οἱ θεομάντεις καὶ οἱ χρησμῳδοί[就像那些神灵附体者和唱出神谕的占卜师一样]，[B注]参《美诺》99c2以下。在《美诺》中，这种类比主要用于政治家身上，尽管也提到了诗人。

［SS注］这里以及《美诺》99c2-3（οἱ χρησμῳδοί τε καὶ οἱ θεομάντεις）中的两个冠词 οἱ，表明这是两类不同的人，换言之，这两个词并不是同义词。然而，我们在修昔底德《战争志》1.1中看到的 τοῖς χρησμολόγοις τε καὶ μάντεσι，只有"一个"冠词。正如阿盖尔（A. W. Argyle）的文章《χρησμολόγοι 与 μάντεις》（刊于《古典评论》，1970年，卷84，页139）正确指出的，修昔底德"并非是在同语反复"。因而，我认为苏格拉底只是简单地把两类相关而不同的人相提并论了。阿盖尔在该文中承认，他无法对这两类人做出截然的区分。但在我看来，阿盖尔暗示两类人相同就不对了。第一个词当然可以指一个与 ὁ μάντις 根本不同的人（阿里斯托芬《鸟》行960，《和平》行1047；修昔底德《战争志》2.8.2，2.21.3，另参 2.54.2）。μάντις 一般说来是被任命的公共官员，对咨询者所提的问题做出最初的回答，而 χρησμολόγος 则可能是一个老百姓（private person），储存着大量诗歌形式的 χρησμοί［神示、神谕］，有人来占问时，就说出这个或那个与"现在"所问的问题相关的现成神谕。所以，尽管阿盖尔有所怀疑，但普拉特诺尔（Platnauer）对阿里斯托芬《和平》行1046-1047的注疏是对的，但那里的注疏却没有解释另一个 χρησμολόγοι 的特征，那种人也叫做 χρησμῳδοί，并且没有解释要把 χρησμῳδοί 与 μάντις 区别开来，尽管他们都是给出"原初神谕"的人。我本人也无法解决这个问题。

［MP注］θεομάντις 是神明附体的人，这可能是好事，也可能是坏事。而 χρησμῳδοί 乃是接收或传播神谕的人。柏拉图《美诺》（99c）也一并提到了这两种人，苏格拉底在那篇对话中把他们当作语言上极不 φρόνησις［明智］的典范，这与《申辩》非常相似。

［按］盖洛普译作 seers and soothsayers，格鲁伯译作 seers and prophets（按：prophet 或"先知"均不妥），魏斯特译作 diviners and those who deliver oracles，阿佩尔特译作 Wahrsagern und Orakelsänger（妥），吴飞译作"先知和灵媒"，王太庆译作"先知和解说神签的人"。

22c2：καὶ γὰρ οὗτοι [因为他们也]，[SS注] καὶ γὰρ 在这里不是通常所表示的单纯的 etenim 之意（另参丹尼斯顿 108.2），而是修饰"因为这些人也"。丹尼斯顿（108.1）在讨论 καὶ γὰρ 的用法时，除了提到德莫斯忒涅斯 19.22 之外，只谈到了诗歌中的例子，而 K.-G. ii.338 都有涉及。

22c3：ἴσασιν [理解]，[SS注] 充分表示"知道"之意，与 ἐπιστήμη [知识] 和 σοφία [智慧] 相连。在《美诺》99b5-c5 中（见 22b8 注），我们看到了同义词的大汇聚：σοφία 和 σοφοί（b5），ἐπιστήμη（b8 和 b11），φρονεῖν（c2），εἰδέναι（c4），对此我们还应该加上 νοῦς（c8）。

在我看来，已经感受到某种状态的诗人们，也是同样的情况。而且，[c5] 我还同时感觉到，那些人凭借自己的诗作，以为自己在其他并不聪明的事情也都是最智慧的人。于是，我又离开那帮人，意识到自己在同一个方面更为高明，就像比政治家更高明一样。[τοιοῦτόν τί μοι ἐφάνησαν πάθος καὶ οἱ ποιηταὶ πεπονθότες, καὶ ἅμα ᾐσθόμην αὐτῶν διὰ τὴν ποίησιν οἰομένων καὶ τἆλλα σοφωτάτων εἶναι ἀνθρώπων ἃ οὐκ ἦσαν. ἀπῇα οὖν καὶ ἐντεῦθεν τῷ αὐτῷ οἰόμενος περιγεγονέναι ᾧπερ καὶ τῶν πολιτικῶν.]

22c3-4：τοιοῦτόν τί μοι ἐφάνησαν πάθος [已经……某种状态的诗人们，也是同样的情况]，[S乙注] 因此就有了阿里斯托芬对酒神颂歌诗人和肃剧诗人的非难，见《鸟》行 1388-1390：Τῶν διθυράμβων γὰρ τὰ λαμπρὰ γίγνεται ἀέρια καὶ σκοτεινὰ καὶ κυαναυγέα καὶ πτεροδόνητα … [我们酒神颂漂亮的词句 | 还不就是大气、阴影、苍穹、羽毛 | 之类的东西]（张竹明译文）。

[S丙注] 内在宾语的宾格。πάθος πεπονθότες 的意思是"处于某种状态之中"，比较 17a 的 ὅτι … πεπόνθατε。

[按] πάθος 和 πεπονθότες，表示"遭遇""感受"和"情感"，也表示被动的状态。魏斯特作 it was apparent to me that the poets are also affected in the same sort of way；格鲁伯作 the poets seemed to me to have had a similar expierence，为直译（福勒亦同）；吴飞译作"诗人所感到的，也

是他们的这种感觉",为硬译。盖洛普译作 in much the same situation,较妥。王太庆译作"诗人们的情况也没有什么两样",妙。直译或可作"已经感受到某种感受的诗人在我看来也是一样的",即都不知所云。分词短语 τί πάϑος πεπονϑότες 作定语修饰主语 ἐφάνησαν,τοιοῦτόν 则作后者的表语。"感受到某种感受"中的 πάϑος,似乎指"感受到了神启"。

22c5-6:ᾐσϑόμην αὐτῶν ... εἶναι ἀνϑρώπων[其他事情],[S乙注]有时动词 αἰσϑάνεσϑαι、πυνϑάνεσϑαι 和 γιγνωσκεῖν 支配属格宾语,而不是宾格宾语,如修昔底德《战争志》5.83。

[S丙注]表示感觉的动词之后接属格,接分词,而不是接不定式,就好像"看""知道"之类的动词一样。比较20a的 ἐπιδημοῦντα。

22c5:τἆλλα[其他事情],[SS注]该词也许不应该视为 ἅ 的先行词(按:与T注迥异),而是严格副词意义上的"此外"和"进一步"(另参拉丁语的 ceterum)。d7这个词只可能是这种含义(参那里的注释)。这里如此理解似乎更为可取,既因为这两段话大体相似,也因为苏格拉底不可能是在说诗人认为自己在所有并不聪明的领域里都很聪明,而是说诗人在某些领域中比较聪明(实际上,苏格拉底的意思也许是 τὰ μέγιστα,就像在说匠人一样)。[按]几乎所有其他人都不这么认为,此说乃"一家之言"。

22c6:σοφωτάτων[最聪明],[D注]与 οἰομένων 一致的谓词,又包含了 εἶναι 的主词。另参21b的 τῶν δοκούντων σοφῶν εἶναι。[S丙注] οἰομένων 在之后,表示保持的状况。

22c6:ἃ οὐκ ἦσαν[并不],[B注]省略了 σοφοί[智慧、聪明]。《伊翁》对此有详细的解释,我倾向于认为《伊翁》是柏拉图的真作。[D注]另参色诺芬《回忆苏格拉底》4.6.7:ὃ ἐπίσταται ἕκαστος, τοῦτο καὶ σοφός ἐστιν[每一个人只是在其有知识的事上才是有智慧了](吴永泉译文)。比如说,诗人索福克勒斯可以担任将军之职,刚从战争中返回的将军们也可以被推选为戏剧大赛的评委,而《安提戈涅》亦参赛了。这里的 ἅ 是说明性的宾格。

［按］王太庆译作"同时我也发现，他们凭着能写诗，就以为自己在其他方面也很智慧，其实一窍不通"，妙。

22c6：ἐντεῦϑεν［那帮人］，［SS注］即，καὶ παρὰ τῶν ποιητῶν。［S丙注］"也从他们那里"，就像拉丁语的inde和unde，ἐντεῦϑεν有时也用来指人。

22c7：τῷ αὐτῷ οἰόμενος περιγεγονέναι ᾧπερ［意识到自己在同一个方面更为高明，就像］，［SS注］这里的περιγεγονέναι支配与格，后面带表示区别的词，另参35a2的διαφέρειν。实际上，这样的与格并不常用于表示区别的"程度"，而是表示一物超越于另一物的那个领域，见《斐多》96d8-e4，我们在那里看到了αὐτῇ τῇ κεφαλῇ到διὰ τό ... προσεῖναι的转换；另参《申辩》21d6-7，那里ὅτι的从句表明，与格τινι αὐτῷ τούτῳ，是在确认苏格拉底更为聪明的领域（dativus respectus），而不是苏格拉底聪明更高的程度（dativus mensurae或mensurae discriminis）。

［B注］περιγεγονέναι后面省略了αὐτῶν［他们，自己］，因为该词已暗含在ἐντεῦϑεν中，故而无需表达出来。［T注］"认为我也以超越于政治家的同样方式超越于他们"。

最后，我去拜访一些手艺人，因为我［22d］一直都很清楚，可以说自己对此一无所知，但我以前就晓得，一定会发现他们懂得很多美好的知识。这方面我的确没有看错，他们确实知道一些我不知道的东西，这一点就比我更智慧啦。［Τελευτῶν οὖν ἐπὶ τοὺς χειροτέχνας ᾖα· ἐμαυτῷ γὰρ συνῄδη οὐδὲν ἐπισταμένῳ ὡς ἔπος εἰπεῖν, τούτους δέ γ' ἤδη ὅτι εὑρήσοιμι πολλὰ καὶ καλὰ ἐπισταμένους. καὶ τούτου μὲν οὐκ ἐψεύσθην, ἀλλ' ἠπίσταντο ἃ ἐγὼ οὐκ ἠπιστάμην καί μου ταύτῃ σοφώτεροι ἦσαν.］

22c9：τελευτῶν...［最后］，［B注］χειροτέχναι［手艺人］或δημιουργοί［匠人］是苏格拉底发现有那么一点点知识的唯一阶层。它不仅包括"手工劳动者"，也包括像斐迪阿斯（Phidias，按：雅典人，雕刻家、画家、建筑师，曾主持修建帕特农神庙，其中最美的雕塑都出自他手）和珀吕格诺托斯（Polygnotus，按：阿尔戈斯人，擅长巨幅壁画）那样的"艺术家"。希腊语中没有词汇表示与手艺和行当相区别的美术意义上的"艺术"。我们在理解雅典人对"艺术"的贡献以及对手工劳动的轻贱时，必须想到这一点。雅典人甚至没有词汇来表达这样一种思想。βάναυσος［工匠］一词虽的确暗示出诸如此类的东西，但也严格限定在有瑕疵的身体或灵魂或兼而有之的人所从事的职业。这段话很难让人相信苏格拉底本人就来自 δημιουργοί［匠人］阶层。没有任何证据表明他和父亲是雕塑家（参《游叙弗伦》11b9注）。齐默恩（A. E. Zimmern）先生对此有一些高见（《希腊共和国》[The Greek Commonwealth], Oxfod, 1911, 页266以下）。传统观念认为雅典的文明是少数人的文化，因为它把手工工作交给了奴隶，这种看法经不起严肃的推敲。大多数雅典人都是小农场主和小商人。另一方面，希腊人对待自己很真诚，不会忽视这样的事实：还有一些职业与人类最高的卓越性格格不入，即便现在也是如此。另参色诺芬《治家者》4.2。有些职业本身就是在室内坐着干的，这些职业不适合自由民。

［按］χειροτέχνας, 王太庆和水建馥译作"手艺人"，与希腊语原文十分吻合：χειρο-（手）τέχνης（艺）。英语一般译为craftsman，福勒译作hand-worker，魏斯特译作manual artisan。

22d1：ἐπισταμένῳ［知道］，［SS注］尽管伊索克拉底、吕西阿斯、伊赛俄斯和其他阿提卡文章高手常常在 ἐπίστασθαι 后面用 ὅτι（διότι, ὡς），或者后面用分词结构来表示"知道某物乃是如何如何"，然而，就我所知，柏拉图在 ἐπίστασθαι 之后仅仅用不定式来表示"知道如何做某事"，或者带一个名词性的宾语（如此处d1-3）。对于"知道那是……"，柏拉图几乎只用 εἰδέναι。ἐπίσταμαι ὡς / ὅτι 有3个例子（《拉克斯》188b6；《欧蒂德谟》296e4；《蒂迈欧》76d8-e1），与此相对，εἰδέναι 有162个例子。另参吕昂斯（J. Lyons）的《结构语义学》(Structural Semantics, Oxford 1963), 页205-207。因此，我们可以附和他说，εἰδέναι 是指理论知识，而 ἐπίστασθαι 则指实践知识。然而，对这种区别不应该生搬硬套。的确，有一个地方，即《治邦者》258d4-e7，明确提到了要把 ἐπιστήμη

[知识]划分为 γνωστική [认知性的] 和 πρακτική [实践性的]。但是，这种区别在柏拉图的哲学中并没有扮演多么大的角色，然而，亚里士多德自《论题篇》(145a15-18；另参 149a9 和 152b4) 以下，始终如一地依靠 ἐπιστήμη [知识] 的三分法，即分为 θεωρητική [思辨性的]、πρακτική [实践性的] 和 πολιτική [政治性的]。在柏拉图那里，如果没有明确的区分，ἐπιστήμη [知识] 很随意地既用于指理论知识——只要它是理性的，也用于指实践知识（如《高尔吉亚》511c4 的 ἡ τοῦ νεῖν ἐπιστήμη [游泳知识]）。

22d2：εὑρήσοιμι [发现]，[S丙注] 将来时祈愿式，只见于间接引语中。直陈式的表达应该是 οἶδα ὅτι εὑρήσω。

[按] 原意为"发现"，似乎也可以译为"巴不得"，系四川土话，意为"极其渴望"（"巴"即"巴望"之略，眼巴巴之情；"不得"即"求之不得"），以表祈愿（直译为"但愿我会发现"）。

22d2：τούτου μὲν [这方面的确]，[SS注] 关联的从句不是 d3 的 ἀλλ' ἠπίσταντο（这只是否定从句 οὐκ ἐψεύσθην 的肯定性对偶），而是 d4-5 的 ἀλλ', ὦ ἄνδρες Ἀθηναῖοι, ταὐτόν μοι ἔδοξαν...。ἀλλά 本已是一个更为生动的小品词，又进一步由呼语来强调，这就比 δέ 或 μέντοι 更能表达苏格拉底的失望。另参丹尼斯顿前引书的 5-6.2 ii。这里的意思是"我对于自己的这种期望并不失望"（按：盖洛普就把 ἐψεύσθην 译作 disappointed），ψευσθῆναι [欺骗、落空、看错] 或 ἐψεῦσθαι 所带的属格，与 ἁμαρτάνειν 所带的属格是同一类型。

[D注] 夺格性的属格，"在这方面"。

22d3：ἃ ἐγὼ οὐκ ἠπιστάμην [一些我不知道的东西]，[SS注]"某些我不知道的东西"。这里的否定词 οὐ，以及 c6 的 ἃ οὐκ ἦσαν (σοφοί) 和 29a6=29b2 的 ἃ οὐκ οἶδεν，与 21d7 和 29b8 ἃ μὴ οἶδα 中的否定词不一样，后者意为"我不知道的随便什么东西"（按：即"我什么都不懂"）。

[MP注] 我们也许应该稍微小心地对待苏格拉底所谓不懂得匠人技艺的说法。古代有一种说法，讲他跟自己的父亲索弗罗尼斯科

斯（Sophroniscus）学过手艺，据说他的父亲是一位石匠（stonecutter）。苏格拉底本人则在《泰阿泰德》中提到了自己的母亲斐纳瑞忒（Phaenarete）是一位助产婆（149a），而他（打比方）说自己就是学了母亲那种手艺，帮助其他人生育智慧。古代有关苏格拉底的文献，参内尔斯（Nails），2002，页263-269。

22d4：σοφώτεϱοι［更智慧］，［SS注］在柏拉图时代，尽管σοφός不再像以前一样是一个称呼匠人的普通名号（参《希英大词典》σοφία和σοφός词条的I.1），但在这个语境中用起来仍然不觉得有什么不妥，如《普罗塔戈拉》321d1-2和《法义》696c2。

但是，雅典人，我觉得那些能工巧匠也跟诗人有同样的毛病：由于能出色地完成本行的手艺活，每个人就号称自己在别的最重大的事情上也都最智慧。他们这种离谱大错反而［22e］遮蔽了自己那种巧智。［ἀλλ', ὦ ἄνδρες Ἀθηναῖοι, ταὐτόν μοι ἔδοξαν ἔχειν ἁμάρτημα ὅπερ καὶ οἱ ποιηταὶ καὶ οἱ ἀγαθοὶ δημιουργοί—διὰ τὸ τὴν τέχνην καλῶς ἐξεργάζεσθαι ἕκαστος ἠξίου καὶ τἆλλα τὰ μέγιστα σοφώτατος εἶναι—καὶ αὐτῶν αὕτη ἡ πλημμέλεια ἐκείνην τὴν σοφίαν ἀποκρύπτειν·］

22d5：ἔχειν ἁμάρτημα［有毛病］，［S丙注］"出于错误""犯错"。

22d5-6：ὅπερ καὶ οἱ ποιηταὶ καὶ οἱ ἀγαθοὶ δημιουργοί［那些能工巧匠也跟诗人一样］，［SS注］关于这里的两个καί，一个在关系从句中，另一个在主句中，参丹尼斯顿前引书，324.2 i，这种用法在柏拉图笔下很常见。这里的οἱ ἀγαθοὶ δημιουργοί不要像有些译者（如布雷克尼［Blakeney］，也包括伯内特）那样翻译为"我们的良匠同胞"，因为这种对"好"的爱国主义用法（另参法语un brave homme和mon brave ami中brave的用法）在希腊似乎并不存在，所以应该翻译为"能干的匠人"（另参《希英大词典》ἀγαθός条目的I 3）。

［D注］重复使用καί，在关联从句中是习惯用法，两个都可以翻译成英语的also。

22d6-7：διὰ τὸ τὴν τέχνην καλῶς ἐξεργάζεσθαι [由于能出色地完成本行的手艺活]，[SS注]"因为他们充分掌握了自己的手艺"，关于ἐξεργάζεσθαι的这种用法，另参色诺芬《会饮》4.61和《居鲁士的教育》8.2和5。[D注]这里开始在进行解释，而这是前面的从句所要求的。

22d7-8：καὶ τἆλλα τὰ μέγιστα σοφώτατος εἶναι [在别的最重大的事情上也都是最智慧的]，[S甲注]即参与国家事务的管理。[B注]特别指如何管理雅典。无疑这也是在影射安虞托斯，另参23e5注。

[S乙注]福斯特正确地指出，苏格拉底这里是反讽性地暗指公共行政，这在他自己那个时代属于最奢华的（opulent），一般也属于最无知的。那些官员徒劳而可笑的野心不仅招致哲人们的嘲笑，并且为谐剧诗人提供了丰富的素材，以施展他们最尖酸刻薄的机智。另参英国历史学家米特福德（William Mitford, 1722—1827）的《希腊史》（History of Greece，1829年版），卷四，页132以下。

[SS注]这里的τἆλλα如果不是严格意义上的副词，那么就是它的解释性同位语，这句的含义就是"他们每个人就会说自己在其他事情上，也就是在最重大的事情上，也都特别能干"。但很显然，每一个（ἕκαστος）特定的匠人在自己专长领域之外的可能知识之范围，都不在苏格拉底所谓τὰ μέγιστα之内。所以其含义只能是："他们每个人还进一步（τἆλλα）自称在最严肃的事情上也（καί）很能干。"另参上文c5注。[按]似乎仅是SS的一家之言，所有译本都翻译成other，盖洛普本译作utmost。

τὰ μέγιστα，也就是关于ἀνθρωπίνη καὶ πολιτικὴ ἀρετή [做人和做邦民的德性]的问题（20b4-5），换言之，也就是εὐδαιμονία [幸福]或τὸ εὖ ζῆν [优良生活]所依赖的问题，或最终而言，如果我们严格地从客观的观点来看待它们，也就是关于"善"的问题。戈尔德施密特的《柏拉图的对话》（Les dialogues de Platon, Structure et methode dialectique, Paris 1947）最先指出这一短语的重要性，见该书索引中的μέγιστα条目，其中提到了《阿尔喀比亚德前篇》118a7，《申辩》22d7，《高尔吉亚》

451d7和527e1,《智术师》218d2,《治邦者》285e4；在此基础上，还可以加上《高尔吉亚》487b5,《王制》497a3、504e2（这里当然指的是 τὸ ἀγαθόν [善]，另参504c2-3）和599c6-d1,《法义》688c7和890b8,《书简七》341b1。柏拉图后期著作中的这些段落清楚地表明，这是一个固定短语，尽管不是专业术语，它们再次警告我们，不要被《申辩》措辞上明显的简朴所骗了。

［按］吴飞译 τὰ μέγιστα 作"天下大事"，妙。R注曰：特别指政治学。

22d8：πλημμέλεια［离谱大错］，［S乙注］字面意思是"破坏和谐的规则"，因此引申为"错误""犯规"和"疏忽"。［B注］"不够老练"（want of tact）。该词暗含傲慢放肆之意，正如 ἐμμελῶς［公道］（20c1注）表示诚实。

［按］吴飞译作"自以为是"（盖洛普亦作arrogance），妙。"离谱"，字面义即"错弹"和"走调"。笔者在《克里同》43b10译为"乱弹琴"。

22d8-e1：ἐκείνην τὴν σοφίαν ἀποκρύπτειν［遮蔽了那种巧智］，［S甲注］即"这些人的错误和愚蠢使他们的知识黯然失色"。

［B注］ἀποκρύπτειν，"扔进阴影中"，相当于拉丁语的occultare［隐藏］（省略了 ἔδοξε，因为d5已有 ἔδοξαν），与上文22d5的 ἔχειν 一致，整个结构在插入解释性的同位语从句之后，又再次接续上。［S丙注］自以为具有普遍知识乃是一种错误，这在重要性上超过了他们特殊手艺的价值。

［SS注］"扔进阴影中""投下阴影""使之看上去不重要"。参阿尔喀达马斯（Alcidamas）的《驳智术师》30。伯内特接受了W本的读法 ἀποκρύπτειν，但不妥，应采用T本的 ἀπέκρυπτεν（按：伯内特本为现在时不定式，SS本为过去时）。

［按］笔者无法判断伯内特和SS读法的优劣，此从伯内特本。"遮蔽"，采吴飞译法，有海德格尔的意味；或可译作"给自己的巧智蒙上了阴影"。这里的 σοφία 译作"巧智"，指手艺人的专业本事，这是该词

早期用法之一。

于是，我便代表神谕问我自己，究竟宁可像我现在这样活，既不因拥有他们那种智慧而显得有那么一点智慧，也不沾染他们的无知而变得无知，还是说像他们那样，智慧、无知两者兼具。最终我对自己[e5]也对神谕回答说，我最好还是选择现在这种活法算了。[ὥστε με ἐμαυτὸν ἀνερωτᾶν ὑπὲρ τοῦ χρησμοῦ πότερα δεξαίμην ἂν οὕτως ὥσπερ ἔχω ἔχειν, μήτε τι σοφὸς ὢν τὴν ἐκείνων σοφίαν μήτε ἀμαθὴς τὴν ἀμαθίαν, ἢ ἀμφότερα ἃ ἐκεῖνοι ἔχουσιν ἔχειν. ἀπεκρινάμην οὖν ἐμαυτῷ καὶ τῷ χρησμῷ ὅτι μοι λυσιτελοῖ ὥσπερ ἔχω ἔχειν.]

22e1：ἀνερωτᾶν ὑπὲρ τοῦ χρησμοῦ[代表神谕问]，[S甲注]"代表神谕"。进言之，δεξαίμην一词指"宁愿"和"选择"，亦如其他地方一样。[S乙注]"以神谕的名义"或"代表神谕"。接下来的πότερα δεξαίμην...，意为"我是否应该选择继续像现在这样"。

[B注]"代表神谕"，而非"为神谕辩护"，因为苏格拉底仍然试图驳斥神谕。χρησμός[神谕]还是拟人化的，因而就有了e4的ἐμαυτῷ καὶ τῷ χρησμῷ。

[T注]ἀνερωτᾶν，"再次"问，就像对诗人和政治家一样。

22e2-3：πότερα δεξαίμην ἂν ..., ἢ...[究竟宁可，还是]，[SS注]δέχεσθαι像βούλεσθαι一样，常常指"宁愿"，即便没有伴随着μᾶλλον，如《斐勒布》63b3-4。尽管《申辩》这段话中的ἢ与πότερα相连，"我宁可"这种译法仍然更适合上下文。是这种意思的时候，常常用潜在祈愿式（potential optative），参普拉瑟《柏拉图哲学宗教语言词典》（*Lexique de la langue philosophique et religieuse de Platon*, Paris 1929）中的相关词条。

22e2-4：οὕτως ὥσπερ ἔχω ἔχειν, ... ἢ ἀμφότερα ἃ ἐκεῖνοι ἔχουσιν ἔχειν[像我现在这样活，……还是说像他们那样，两者兼具]，[SS注]两个对举从句惊人对称，表明柏拉图（也许希腊人都这样）不像现代读者那样对ἔχειν作及物动词和不及物动词在语义和句法上差别那么敏感。关于同根词两次重复（double polyptoton，又译"双词叠叙法"），参19b2 *διέβαλλον οἱ διαβάλλοντες*的注释。

[T注] 是中性，意为"这两种东西"，尽管它指的是两个阴性名词 *σοφίαν*[智慧]和*ἀμαθίαν*[无知]。

[S丙注] *οὕτως ὥσπερ ἔχω ἔχειν*意为"像我现在这样"（to be as I am）。这是*ἔχω*带副词的含义，如*ἔχειν καλῶς*，*ἔχειν κακῶς*等。但下文的*ἃ ἐκεῖνοι ἔχουσιν ἔχειν*，则指"拥有他们所拥有的"，即他们的知识和无知。

[按] *ἔχειν*本指"拥有"，即"拥有他们的智慧和无知"，但也指"存在的状态"，故而意译作"活着"或"活法"。为了让中文更为明晰流畅，加了一些词句。

22e4：*ἀπεκρινάμην*[回答]，[SS注]《法义》689c6-d5表达了相似的观念，雅典异乡人在那里说，具有一切可能形式的聪明的人，应该被称为*ἀμαθεῖς*[无知之徒]，并且当*καλοὶ ἐν ψυχῇ λόγοι*[灵魂中的高贵理性]（689b5-6）在这种人的灵魂中一事无成时，就应该把他们赶出公职，而具有相反性情的人应该被叫做*σοφοί*[智慧者]，委以大权，"即便如俗语所谓，他们既不能读写，也不能游泳"（*ἂν καὶ τὸ λεγόμενον μήτε γράμματα μήτε νεῖν ἐπίστωνται*, d3）。换言之，任何专门知识，如果不懂得*τὰ μέγιστα*[最重大的事情，天下大事]，就没有任何价值。

22e5：*λυσιτελοῖ*[最好选择]，[SS注]这个动词最常见的用法是指两个或多个可能性之间的"选择"，如安多喀德斯《论神秘》1.125，柏拉图《法义》662c1-2。布兰伍德（L. Branwood）的《柏拉图用词索引》（*A Word Index to Plato*, Leeds 1976）指出，柏拉图笔下九次用*λυσιτελής*，七次是比较级和最高级。

[按] 本义为"偿还"和"更有好处"。英译本一般译为profit，better off或advantage。

正是因为这样的省察，雅典人，[23a] 我遭很多人记恨，而且是最恶毒和最严重的那种，他们于是编造了很多诽谤之辞，甚至用"智慧

者"这样的名号来说我。[Ἐκ ταυτησὶ δὴ τῆς ἐξετάσεως, ὦ ἄνδρες Ἀθηναῖοι, πολλαὶ μὲν ἀπέχθειαί μοι γεγόνασι καὶ οἷαι χαλεπώταται καὶ βαρύταται, ὥστε πολλὰς διαβολὰς ἀπ' αὐτῶν γεγονέναι, ὄνομα δὲ τοῦτο λέγεσθαι, σοφὸς εἶναι·]

22e6：ἐξετάσεως [省察]，[B注] "集合" "检查"和"监督"，还能感觉到该词原来的军事含义。苏格拉底"检阅"了政治家、诗人和手艺人这三个阶层。

23a1：πολλαὶ μὲν ἀπέχθειαί [我遭很多人记恨]，[B注] 回答它的是a5的τὸ δὲ κινδυνεύει，而不是a3的ὄνομα δὲ τοῦτο λέγεσθαι，因为后者只是阐释它，而并没有反对它。διαβολαί [诽谤] 来自 [ἀπέχθειαί]，而"智慧"之名就是其中之一（另参20e3：ἐπὶ διαβολῇ τῇ ἐμῇ λέγει [就是在造我的谣]）。我们必须记住，σοφός [智慧] 之名乃是主要的διαβολή [诽谤]，另参20d3：τοῦτο δ' ἐμοὶ πεποίηκεν τό τε ὄνομα καὶ τὴν διαβολήν [导致了我的这种名号以及对我的诽谤]。

23a1：καὶ οἷαι χαλεπώταται [而且是最恶毒]，[S甲注] "迄今最痛苦和严峻的"。因为在οἷαι之前，要理解为有一个τοιαῦται，参色诺芬《回忆苏格拉底》4.8.11。[B注] "最难受和最痛苦的"，另参《会饮》220b1：ὄντος πάγου οἵου δεινοτάτου [霜冻得厉害之极]（刘小枫译文）。

23a3：ὄνομα δὲ τοῦτο λέγεσθαι, σοφὸς εἶναι [甚至用"智慧者"这样的名号来说我]，[S甲注] 加上σοφὸς εἶναι，是为了解释前面的内容。一般把不定式εἶναι放在一个表示"命名"的动词之后。另参海因多夫（Heindorf）对《泰阿泰德》160的注疏。

[B注] 直译为"结果我就被叫上了这个名号，即'智慧者'"。这里的语法相当符合规矩（in order），尽管它曾经让一些编校者困惑不已。既然"智慧"之名是主要的διαβολή [诽谤]，那么，ὥστε后面用λέγεσθαι就是正确的。因此，ὄνομα λέγεσθαι就联系紧密（等于ὀνομάζεσθαι），而τοῦτο则是谓词。其次，σοφός不是人们所说的"糟糕的语法"，因为"名号"可以用主格，即便这个句子似乎要求这个词用另外的词格（另参埃

斯基涅斯2.99）。最后，在表示命名的动词后面加上多余的 εἶναι，也相当常见，另参希罗多德《原史》4.33，《拉克斯》192a10 和《普罗塔戈拉》311e4 亦同（按：SS 本有更为详细的解释，此略）。

［D 注］由于受所引导从句的影响，这里没有用 ὄνομα δὲ τοῦτο ἐλεγόμην。引入 σοφός 是为了简短解释 ὄνομα τοῦτο 的含义。它与 ἀπέχθημαι 的主语是一致的，这个主语在说话人心中，尽管说的是与之相等的话：πολλαὶ μὲν ἀπέχθειαί μοι γεγόνασι。

［R 注］字面意思是"我被叫上了这个名号，说我是智慧者"。λέγεσθαι 的主语是省略了的"我"，而不是 ὄνομα [名号]。[S丙注] 我们本来以为会看到 τὸ εἶναι με σοφόν，这里之所以用主格，是因为苏格拉底本人就是主语。类似的情况参《会饮》173d。

［T 注］σοφός 是主格，而不是宾格，因为在说话者心中，"他自己"就是句子的主语，正如他已经变得让人厌憎——就好像他说的是 ἀπεχθὴς γέγονα，而不是 ἀπέχθειαί μοι γεγόνασι。

因为，那些旁观者每一次都会认为，在我成功驳斥别人［a5］的那个问题上，我本人就一定智慧。但很有可能，诸位，实际上只有神明才智慧，而且那条神谕的意思不过是说，人的智慧没有多大价值，甚至根本就没有任何价值。［οἴονται γάρ με ἑκάστοτε οἱ παρόντες ταῦτα αὐτὸν εἶναι σοφὸν ἃ ἂν ἄλλον ἐξελέγξω. τὸ δὲ κινδυνεύει, ὦ ἄνδρες, τῷ ὄντι ὁ θεὸς σοφὸς εἶναι, καὶ ἐν τῷ χρησμῷ τούτῳ τοῦτο λέγειν, ὅτι ἡ ἀνθρωπίνη σοφία ὀλίγου τινὸς ἀξία ἐστὶν καὶ οὐδενός.]

23a4-5：ἃ ἂν ἄλλον ἐξελέγξω [在我驳斥别人的]，[S丙注] "当我驳斥了另一个人"。ἐξελέγχω 可以带两个宾格：表示人的和表示物的。

［T 注］"我在其中碰巧驳斥过另一个人"，或者"不管是我用来驳斥另一个人的什么东西"。ἄν 让这个表达法变得不确定和一般化，要么是与关系代词（whatever）一起使用，这个关系代词一般在它前面，也常常与之连用，要么与动词（may chance）连用。

23a5: τὸ δὲ κινδυνεύει ... [但很有可能]，[S甲注]"但，神明实际上才是智慧的"，另参《王制》340d5-e1：λέγομεν τῷ ῥήματι οὕτως, ὅτι ὁ ἰατρὸς ἐξήμαρτεν καὶ ὁ λογιστὴς ἐξήμαρτεν καὶ ὁ γραμματιστής· τὸ δ' οἶμαι ἕκαστος τούτων, καθ' ὅσον τοῦτ' ἔστιν ὃ προσαγορεύομεν αὐτόν, οὐδέποτε ἁμαρτάνει [我们只不过是在文字上争论而已，说什么这医生失误、这会计失误、这语文先生失误；而我认为，他们中的每一个人，就凭我们按其特长如此称呼他，从来不失误]（王扬译文）。另参《美诺》97c，《泰阿泰德》157b，183a，207b，《王制》340d，443c9，《蒂迈欧》86d，《会饮》198d，《普罗塔戈拉》344e，《法义》803d。

[S乙注] τὸ δὲ 是省略表达，还不容易补充完整，它引入一个与前面已经说过的相反的论点，差不多相当于英语的 as however 或 but as yet。然而，有时它也是更完整的表达，如《王制》443c。

[B注] τὸ δὲ，"但实际上""然而"，相当于拉丁语的 cum tamen 和法语的 au lieu que（另参37a4）。无论这个表达法的起源是什么，在柏拉图笔下就是这种含义。[SS注]"但实际上"（伯内特），把现实与意见相对，这种对立进一步为呼格后面的 τῷ ὄντι 所强调。

[R注] τὸ δὲ，中性代词的宾格，指紧接着的整个下一句。[D注]副词，"但事实却是"。后面的 τῷ ὄντι 表示真理与大众信念（οἴονται）的比较。它等同于23b3-4的 τῇ ἀληθείᾳ。

[S丙注] 从李德尔注疏所附"词句汇要"（Digest）来看（第19节，尽管那里没有提到），也许最好用一个逗号把 τὸ δὲ 和 κινδυνεύει 隔开。引导一种相反的说法，可以译作"然而""但实际上"，或直接作"但就此而言"。接下来所说的"神"也许应该理解为阿波罗，尽管柏拉图没有打算明说。

[T注] 冠词带 δὲ，表示它与另外某物如此相对，以至于应该被视为真实。更完整的套话 τὸ δὲ ἀληθές，也常常这样用。

[按] τὸ δὲ κινδυνεύει，颇难翻译。王太庆、吴飞和水建馥都没有处理好。κινδυνεύει 在这里是"可能"之意，故而盖洛普译作 but in fact it would appear，格鲁伯译作what is probable，福勒译作but the fact is, it is likely，艾伦简作but very likely，魏斯特译作but it is likely。苏格拉底不是神明，不会高高在上地宣布只有神明才智慧云云，所以才加上了"可能"之语。后面的 τῷ ὄντι，也表示同样的意思"实际上"。

23a5-6：τῷ ὄντι ὁ θεὸς σοφὸς εἶναι [实际上只有神明才智慧]，[S乙注] 这实际上是苏格拉底费心费力要证明的大问题：与神圣的理智相比较，人的智慧一文不值。

[SS注] 柏拉图笔下的苏格拉底一以贯之地主张这种学说。然而，以前思想家的一些著作已着此先声，尤其是赫拉克利特（DK本22B78）：ἦθος γὰρ ἀνθρώπειον μὲν οὐκ ἔχει γνώμας, θεῖον δὲ ἔχει [因为人的性格不足以使之有见识，而神的本性却有] 和 ἐν τὸ σοφὸν μοῦνον λέγεσθαι οὐκ ἐθέλει καὶ ἐθέλει Ζηνὸς ὄνομα [智慧不愿意仅仅被称作"一"，也愿意被称作宙斯之名]（22B32）：它"会"接受"宙斯"之名，因为一个理智性的存在"是"最神圣的，但如果宙斯被归于一种他在神话中所具有的人形特征，如果他被认为与其他神明有着绝对的区别，那么它就"不会"接受这一名称。阿尔克迈翁（Alcmeon, DK本24B1）的 περὶ τῶν θνητῶν σαφήνειαν μὲν θεοὶ ἔχοντι, ὡς δὲ ἀνθρώποις τεκμαίρεσθαι...，似乎与赫拉克利特（22B78）说的是同一个东西。实际上，其重点刚好相反：阿尔克迈翁的主要意图是确认自己观点的可靠性，讲述神圣知识绝对可靠的这个从句，不过具有辅助性的作用。克塞诺芬尼谈论这个问题的方式与苏格拉底的观点离得就更远了（DK本21B24）：οὖλος ὁρᾷ, οὖλος δὲ νοεῖ, οὖλος δέ τ' ἀκούει [全视，而且全知，还全闻] 和 ἀλλ' ἀπάνευθε πόνοιο νόου φρενὶ πάντα κραδαίνει [神毫不费力地以他的心思左右一切]（21B25，王太庆译文）。前苏格拉底哲人要么像克塞诺芬尼那样确认神圣知识的完美性（Epicharmus的DK本23B23），要么强调人类理解力的有限性（克塞诺芬尼21B35，帕默尼德28B6，4），但他们并没有把两种观点联系起来。庞蒂科斯的赫拉克利德斯（Heraclides of Porcticus, Wehrli编本的残篇87）在其对话 Περὶ τῆς ἄπνου [论无生命者]（按：在《名哲言行录》1.12，

徐开来译作"论无气息",在8.60,溥林译作"论疾病",本义指"没有呼吸")中所讲的毕达哥拉斯之事,如果真有文献价值的话,就的确太重要了:φιλοσοφίαν δὲ πρῶτος ὠνόμασε Πυθαγόρας καὶ ἑαυτὸν φιλόσοφον, ... μηδένα γὰρ εἶναι σοφὸν [ἄνθρωπον] ἀλλ' ἢ θεόν [毕达哥拉斯最先叫出"哲学"这个名称,并称自己为哲人,……因为那绝不是(人的)智慧,而是神的]。但这两种观念,即(a)φιλοσοφία [哲学] 与 σοφία [智慧] 有着本质的区别,(2)σοφία [智慧] 只属于神明,它们的"结合"是典型的柏拉图思想,以至于我们无法讲出是否有任何可信的传统是此处文献的基础,而且即便有这样的传统,我们也说不上来其内容是什么。

23a6:τοῦτο λέγειν [意思是说],[D注] 省略了 ὅτι σοφώτατός ἐστιν [是最智慧的]。其论证过程如下:"人们相信我懂得所有我让左邻右舍都承认不懂的东西。真相完全不是这么回事,因为只有神明才拥有真正的知识。神明晦涩地说我是凡人中最聪明的,其意不过是'人的智慧毫无价值'。神明的意思并不是说苏格拉底有什么人的智慧之外的东西。他只是用了'苏格拉底'这个名字而已,因为他需要一个特别的事例。" λέγειν 所带的双宾语,极似于惯用法 κακὰ λέγειν τινά [说某些东西的坏话],另参《克里同》48a。

23a7:ὀλίγου τινὸς ἀξία ἐστὶν καὶ οὐδενός [没有多大价值,甚至根本就没有任何价值],[S甲注] 这里 οὐδενός 前的 καὶ 加强并纠正了的含义,其意思是"人的智慧几乎没有什么价值——我倒宁可说,根本就没有价值"。因此,这里没有机会写 ἢ καὶ οὐδενός。拉丁语作者完全是以同样的方式使用 atque 一词。

[SS注] 另参17b7的 ἤ τι ἢ οὐδέν [几乎没有] 和23c7的 ὀλίγα ἢ οὐδέν [甚少或者一点没有]。这种相似性,证明这里的 καί,就像在《泰阿泰德》173e4 σμικρὰ καὶ οὐδέν 中一样,感觉上相当于 ἤ。另参18c6-7注。

他看似在谈这个"苏格拉底",其实不过借用 [23b] 我的名字来发布神谕而已,拿我作一个例子,好比在说,"凡夫俗子们,你们中随便什么人，只要能像苏格拉底那样认识到，自己在智慧方面真正说来毫无价值，那么，他就是最智慧的人。"[καὶ φαίνεται τοῦτον λέγειν τὸν Σωκράτη, προσκεχρῆσθαι δὲ τῷ ἐμῷ ὀνόματι, ἐμὲ παράδειγμα ποιούμενος, ὥσπερ ἂν ⟨εἰ⟩ εἴποι ὅτι "Οὗτος ὑμῶν, ὦ ἄνθρωποι, σοφώτατός ἐστιν, ὅστις ὥσπερ Σωκράτης ἔγνωκεν ὅτι οὐδενὸς ἄξιός ἐστι τῇ ἀληθείᾳ πρὸς σοφίαν."]

23a7-8：καὶ φαίνεται τοῦτον λέγειν τὸν Σωκράτη [他看似在谈这个"苏格拉底"]，[S甲注] "而且他似乎不是说苏格拉底有这一点"（按：牛津本的 τοῦτον，在施塔尔鲍姆文本中作 τοῦτ' οὐ，故而有"不是"一语；另，S乙本亦同，并解释了这种读法的原因；S丙、福勒、艾伦、王太庆、水建馥亦此）。代词 τοῦτο 指前面已有的 τὸ σοφὸν εἶναι [是智慧的]。这种结构可比较《克里同》48a5-6：φροντιστέον τί ἐροῦσιν οἱ πολλοὶ ἡμᾶς [在意众人对我们说的什么]。另参阿里斯托芬《阿卡奈人》行580和593；索福克勒斯《埃勒克特拉》行984；欧里庇得斯《伊菲革涅亚在陶洛斯》行340，《安德罗马刻》行646。阿提卡人用 λέγειν τινά 来表示 λέγειν περί τινος。因为一般说 λέγειν τινά τι, λέγειν τινὰ ὅτι, ὡς, εἰ αὐτός，就好像说 λέγειν τινὰ ὅτι ἐσθλός ἐστι。

[B注] "他这里似乎在你们面前说到了苏格拉底，并且（δὲ 是解释性的，而不是表示转折）利用了我的名字，把我当成例子。"这里的困难来自主导思想是由分词短语来表达的，ἐμὲ παράδειγμα ποιούμενος，这种情况在希腊语中很常见（李德尔注疏所附"词句汇要"303）。由于这种表达法在英语中极不自然，我们就应该翻译成 In speaking of Socrates here before you (τοῦτον) and in making use of my name, he appears to be taking me as an illustration. 这似乎比其他人提出的任何修订意见都更通顺。

[SS注] τοῦτον ... τὸν Σωκράτη, "这个苏格拉底"，你们很了解此人，因为，αὗτος 表示熟悉的东西，另参《希英大词典》相关条目的C3b。这为下一句做好了准备：苏格拉底被选来当作例子，不是因为他本人有多

重要，而仅仅因为他在雅典乃是众所周知的人物。

［按］施塔尔鲍姆把 τοῦτο 理解为独立的代词，表示前面说到的"很智慧"这件事情，而SS认为该词修饰"苏格拉底"。盖洛普处理得比较好，他给"苏格拉底"一词打上了引号，这在英语中颇为罕见；格鲁伯译作 this man，艾伦译作 this fellow Socrates，福勒和魏斯特译作 this of Socrates。

23b1: *παράδειγμα ποιούμενος*［作一个例子］，［B注］另参 *σημεῖον ποιεῖσθαι*，"拿来"作为征兆。［按］前面的动词不定式，本义为"借用"，也有"发布神谕"之意，这里合并用之。所有的译本都只做use，但柏拉图在这里可能有意让我们联想到该词"发布神谕"的含义。

23b1-2: *ὥσπερ ἂν ⟨εἰ⟩ εἴποι*［好比在说］，［S甲注］这个句子的完整表达是 *ὥσπερ ἃ ποιοῖτο, εἴ εἴποι*。因此，我毫不怀疑，斯特方、海因多夫和贝克尔加上 *εἰ* 是对的。

［S乙注］"好像"。这些小品词如果仅仅表示一种假设，就会用祈愿式，但在这种方式中，前面的 *ἂν*，指的是条件性主题句的结论句中的祈愿式。所以拉丁语作家既用 quasi，也用 quasi si。

［T注］"就好像他会说"。省略了 *ποιοῖτο*［制作，使得］或者某个类似的动词，构成一个暗含的结论句，*ἂν* 就属于这个句子。另参17d的 *ὥσπερ οὖν ἄν*。

［D注］在这个浓缩了的短语中，仅仅 *ἂν* 即表示一个完整的从句，这里的语境已经表明了这个从句。

23b2: *ὦ ἄνθρωποι*［凡夫俗子们］，［SS注］这个称呼方式（而不是更常见的 *ὦ ἄνδρες Ἀθηναῖοι*），似乎是有意用的：神明的旨意传达给全人类（另参b5-6: *καὶ τῶν ἀστῶν καὶ ξένων*［不管是本邦人还是异乡人］；30a3-4）。比较《克莱托丰》开篇的劝勉言辞，见407b1: *ποῖ φέρεσθε, ὤνθρωποι*。另参《欧蒂德谟》278e3，尤其是《普罗塔戈拉》353a3，c5，e5，354a3，e3 和 357a5 不常见的 *ὦ ἄνθρωποι* 重复得让人吃惊，那是因为受了整个句子的影响，即352e5-6: *Ἴθι δὴ μετ' ἐμοῦ ἐπιχείρησον* πείθειν τοὺς ἀνθρώπους καὶ διδάσκειν ὅ ἐστιν αὐτοῖς τοῦτο τὸ πάθος [同我一起来试着说服世人，教他们懂得自己所经历的情感是什么]（刘小枫译文），凡人"为欲望所左右"，正如他们自己也这么说。在柏拉图笔下所有这些 ὦ ἄνθρωποι 例子中，都是一个神明或一个神样的人在说话，如，《普罗塔戈拉》343e6，《会饮》192d4，《克拉提洛斯》408b1。另参本人对《克莱托丰》407b1 的注疏。关于单数的 ὦ ἄνθρωπε，参 28b6 注。

[按] 一般译为 human beings，而格鲁伯译作 mortals [凡夫俗子]。艾伦译作 Gentlemen，不妥，失去了神明说话的意味。特里德尼克漏译了这个至关重要的词。注意，这里是苏格拉底"代天立言"。

23b3：τῇ ἀληθείᾳ [真正说来]，[SS 注] 与 δοκεῖν 相对立，这个动词在 21b9 到 22c5 这个重要的段落中出现了五次（οἴεσθαι [知道] 也出现了五次）。

[G 注]"人类的智慧几乎没有价值或者说毫无价值。"苏格拉底所代表的哲学，在这里被描写成人类的无知与神圣的知识的中间状态。哲人处于大多数人和神明之间，因为他意识到自己的无知，渴求知识，但还没有获得知识。同样的想法，强调了哲学之为"智慧之爱"这一传统定义，出现在《会饮》204a–c。

因此，我本人直到现在仍按照那位神明的旨意 [b5] 到处奔波，研究和追问我认为有智慧的人，不管本邦人还是异乡人。——一旦我认为某人不智慧，就会协助那位大神向此公指出，他并不智慧。正因为这种"无事忙"，我既没有闲暇去参与任何值得一提的城邦事务，也没工夫打理家事，而由于侍奉神明，[23c] 竟至一贫如洗。[ταῦτ᾽ οὖν ἐγὼ μὲν ἔτι καὶ νῦν περιιὼν ζητῶ καὶ ἐρευνῶ κατὰ τὸν θεὸν καὶ τῶν ἀστῶν καὶ ξένων ἄν τινα οἴωμαι σοφὸν εἶναι· καὶ ἐπειδάν μοι μὴ δοκῇ, τῷ θεῷ βοηθῶν ἐνδείκνυμαι ὅτι οὐκ ἔστι σοφός. καὶ ὑπὸ ταύτης τῆς ἀσχολίας οὔτε τι τῶν τῆς πόλεως πρᾶξαί μοι σχολὴ γέγονεν ἄξιον λόγου οὔτε τῶν οἰκείων, ἀλλ᾽ ἐν πενίᾳ μυρίᾳ εἰμὶ διὰ τὴν τοῦ θεοῦ λατρείαν.]

23b4：ταῦτ' οὖν [因此]，[B注] "那就是为什么……"，另参《游叙弗伦》4d5注。[D注] ταῦτα，副词，意为"因此"，在荷马史诗中也是这种用法。

[J注] 瓦格纳（Wagner）说，ταῦτ'等于 διὰ ταῦτ' [由于这一点]（他也许是引证了41e的 τοῦτο）。但我们已经有表示同类东西的 οὖν。如果我们把它理解为与 ζητῶ 连用，意思就是"我进行这些研究，……无论碰到谁……"，不是更好吗？

23b4：ἐγὼ μὲν [我本人]，[SS注] 一般说来，μέν 尤其"固定地"与 ἐγώ 和 ἡμεῖς 的搭配。[按] μέν 表示"的确"，起强调作用，ἐγὼ μέν 这种固定搭配可以译作 I for my part，故而译作"我本人"。

[MP注] 这句话最充分地阐述了柏拉图笔下的苏格拉底所理解的根本性的哲学悖论：真正的凡人智慧就在于认识到自己在最重要的人类生活问题上简直一无所知。

23b5：κατὰ τὸν θεόν [按照那位神明的旨意]，[T注] "根据神明"，即与他的神谕一致，或者由于尊重他的权威，另参《罗马书》8:27以及《新约》其他地方。[按] "旨意"一词据文意所加。前面的 περιιών 表示"四处走""绕圈子"，也有"循环""轮次"和"周而复始"的意思，苏格拉底"轮流"省察他人，周而复始地进行言辞轰炸。

23b5-6：καὶ τῶν ἀστῶν καὶ ξένων [不管本邦人还是异乡人]，[S甲注] 这两个属格修饰后面的 τινα。[B注] 在司法场合中，这些词就是恰当的表达。ξένοι [异乡人] 会包括普罗塔戈拉之类的"智术师"以及高尔吉亚和忒拉叙马科斯之类的修辞学家在内。

[SS注] 除了伯内特所说的包括普罗塔戈拉之类的"智术师"以及高尔吉亚和忒拉叙马科斯之类的修辞学家在内之外，也包括不同类型以 σοφία [智慧] 而著称的人，如颂诗人伊翁（另参《伊翁》532d6-7：σοφοὶ μέν που ὑμεῖς οἱ ῥαψῳδοί [但聪明人是你们颂诗人]，王双洪译文），以

及富裕而有文化的美诺（另参《美诺》70a5–6）。

［T注］"既有公民，也有外邦人，如果我认为智慧的话"，它们是 τινα 之后的部分属格。

［按］ἀστῶν 指"本城人"，引申为"本国人"，与"外邦人"相对。王太庆译作"不管他是本邦公民还是外邦侨民"，吴飞译作"公民"，大多数英译本作 citizen，均不妥。魏斯特译作 townsmen，贴近原文。

23b6：ἄν τινα οἴωμαι［我认为的人］，［S丙注］"我可以想象得到的任何人"。在 ζητῶ καὶ ἐρευνῶ 之前要加上 τοῦτον。ἄν 是 ἐάν 的缩略。ζητῶ καὶ ἐρευνῶ 两个动词带双宾语，一个指人，一个指物，即 ταῦτα。ταῦτα 等于 διὰ ταῦτα，正如亚当先生所说。比较色诺芬《上行记》4.1.21。

23b7：τῷ θεῷ βοηθῶν ἐνδείκνυμαι［协助那位大神指出］，［S甲注］即"以这种方式行事，则阿波罗的回答可以为真"。

［B注］既然苏格拉底已经发现了神谕的真正含义，他就不再试图驳斥它，而是变成神明的捍卫者。［D注］另参22e1的 ὑπὲρ τοῦ χρησμοῦ［代表神谕］。苏格拉底对阿波罗的侍奉，是为了证明自己与众不同的智慧，也证明了神明在神谕中所表现的真实性，并引导人们尊奉那条格言：γνῶθι σαυτόν［认识你自己］。

［SS注］正如斯卡德（E. Skard）的文章《论柏拉图〈申辩〉23b》（Zu Platons Apologie 23b），*SO* 24（1945）页151–153所指出的，这个短语让人想起近邻同盟（Amphictyons）在公元前590年第一次圣战后所发的庄严誓言，"绝不耕种神圣的平原，也不让别人这样做，ἀλλὰ βοηθήσειν τῷ θεῷ καὶ τῇ γῇ τῇ ἱερᾷ"［而是让神明和这片神圣的土地来帮助］（埃斯基涅斯3.109，另参120，122）。斯卡德所收集的各种文献表明，从那个时期起，这个套话就是常规近邻同盟誓言的一部分。几乎不可怀疑的是，在"这个"语境中，柏拉图是"明确地意识到神圣的基调及其文体的价值"来使用这个表达法的。——此外，我认为这个套话很可能应该理解为以下相似短语的语境含义，如，βοηθεῖν τῷ νόμῳ（吕西阿斯22.3，伊索克拉底19.49，埃斯基涅斯1.2.33）和 βοηθεῖν τῇ πόλει

(德莫斯忒涅斯，22.1)，以及柏拉图笔下的 βοηθεῖν τῷ κοινῷ (《法义》767c1)，βοηθεῖν τῷ λόγῳ (《斐多》88e2,《帕默尼德》128c6-7,《斐德若》276c8-9,《拉克斯》194c2-3,《普罗塔戈拉》341d8-9)。所有这些例子的意思都是，虔诚的人们或团体应该主动地维护某种更高存在的权利和利益，因为那种更高存在不能像凡夫俗子那样行事，也不会有同样的效果。所以，在这里，德尔斐的那位大神不可能每天都混迹于凡人之中，让他们承认自己的无知和自负，于是要依靠苏格拉底来完成这项任务。

［G注］关于"侍奉"神明，参《游叙弗伦》13d-14b，这个观念在那里有不同的阐释，而且苏格拉底自己关于"侍奉神明"的观念在那里不允许公开表达，亦参20e注。

［按］盖洛普译为 Then, as soon as I find that someone is not wise, I assist the god by proving that he is not，吴飞与此近，作"每当我发现他并不智慧，我就替神证明，指出此人不智慧"。格鲁伯译作 Then if I do not think he is，魏斯特作 And whenever someone does not seem so to me，虽含混，却符合原文。不管哪种译法，苏格拉底的"判断"，即他的"意见"（δοκῇ）似乎成了唯一的标准，而且他已经暗中把这个标准当成了那位大神阿波罗的标准，所以才会理所当然地认为自己指出他人不智慧，乃是在"协助"神明——苏格拉底有什么依据？这是在"协助"神明，还是暗中"取代"了神明，因而就是一种僭越和渎神？无论如何，苏格拉底认为这是神明交给他的使命。他受命去省察世间"智慧"的问题，所以才四面树敌，无暇邦国大事和居家私事，进而至于一贫如洗。

23b8：τι τῶν τῆς πόλεως［一点城邦的事务］，［T注］苏格拉底在柏拉图笔下（如下文31和32）以及色诺芬著作（如《回忆苏格拉底》1.6.15）的其他地方，因未曾参加国家事务而道歉。他的工作是更高级的使命，即教育一个个的邦民。

23b8-9：ἀσχολίας ... σχολή［无事忙……闲暇］，［B注］ἀσχολία 就像拉丁语的 negotium，早已变成"繁忙"之意，所以，苏格拉底能够把自己没有 σχολή［闲暇］归因于 ἀσχολία［繁忙］（按：根据语义而译作"无事忙"，"无"字体现其否定前缀 ἀ-，"忙"表示其引申意思。当然，该词在其他地方最好还是译作"没空"）。

［SS注］苏格拉底从未担任过地方或军队的官职（32a9-b1, 36b6-8），也没有在公民大会上发表过演说（31d5-7），更没有对任何人采取过政治行动（17d2）。他只是一度担任过议事会的成员（32b1），因而似乎也担任过一个月 πρύτανεις ［主席团］委员会的成员。正如大多数 πρύτανεις ［主席团］成员一样，苏格拉底曾有一天通过抓阄被指派为那个委员会的主席，在那种权利范围内主持公民大会的活动，而公民大会恰巧在那天举行（《高尔吉亚》473e6-474a1；不是阿尔吉努塞（Arginusae）审判那一天，另参伯内特对32b6的注释）。

τῶν τῆς πόλεως ... τῶν οἰκείων 这两个领域的活动，即私人活动和公共活动，也在36b6-9提到了。苏格拉底在那里解释了他为什么不愿意搀和政治，其理由虽不同，却丝毫不与这里所说的相矛盾。注意比较他的态度和伯里克勒斯在葬礼演说所描述的态度（修昔底德《战争志》2.40.2），那种态度对雅典公民来说再正常不过了。

［MP注］苏格拉底对闲暇的看法，以及他根本就没有闲暇，都再次涉及他的使命问题。请注意，苏格拉底把那道神谕阐释成一种宗教义务，就含蓄地解决了美勒托斯会提出的那种无神论的指控。进言之，如果因为呕心沥血侍奉神明导致 ἀσχολία ［没有闲暇，无事忙］，那么，就没有自由的时间或 σχολή ［闲暇］去干一位传统成年男性公民应该干的事情，比如参政和挣钱。最后，苏格拉底这种奇特的职责观，不可避免地让他与富家子弟产生联系，因为后者所处的社会地位决定了他们从孩提到成人这段时期，有大量的 σχολή ［闲暇］（23c3）去找苏格拉底谈话。

［W译注］"我自己的事情"，对译 ta oikeia，其字面意思是"自己家里的事情"或"自己以及近亲熟悉而特定的事情"。oikos这个词指"全家"和"家庭"，由此派生出oikonomike或economics，家庭管理的技艺。苏格拉底的生活方式抛弃了 ta oikeia——所有那些私人的、个人的

和专属自己的东西——转向那种能够通过谈话和思考而为所有人分享的智慧。关于oikos原先表示"家庭"的含义，参本维尼斯特《印欧语言与社会》，前揭，页251-254。

［按］"值得一提"（ἄξιον λόγου），很多译本都漏掉了这个词，盖洛普作I have had no time at all for any activity to speak of，格鲁伯意译为to any extent。吴飞理解为该词修饰"城邦事务"，水建馥认为修饰"公务或私事"，魏斯特和艾伦认为修饰"闲暇"。

23b9-c1：ἀλλ' ἐν πενίᾳ μυρίᾳ εἰμί［而竟至一贫如洗］，［S甲注］πενία与πτωχεία的区别，就像拉丁语中paupertas与egestas的区别。因此，πενία［贫穷，需要］可以用来指手艺人以及诸如此类靠双手劳动过日子的其他人，πτωχεία［行乞，赤贫］则指乞丐。参阿里斯托芬《财神》行552以下，以及诸位评注者的看法。μυρία πενία的意思是"最贫困"，法尔克纳在评注《腓尼基妇女》行1480时对这个短语有详细的阐释。苏格拉底亲口说过自己极端贫困，参色诺芬《治家者》2.3，他说即便把自己的房子和所有东西卖掉，也不过只有阿提卡的五米纳。因此，我们从色诺芬《治家者》2.3中可知，苏格拉底一般也被称作πένης［穷人］。

［SS注］μυρία意为"极端"。在阿提卡著作中，似乎只有柏拉图才用单数的μυρίος，其笔下共14见。［R注］另参《法义》677e7-8中的连珠妙语：μυρίαν τινὰ φοβερὰν ἐρημίαν［某种广袤而可怕的荒芜］，以及《王制》520c的μυρίῳ βελτίων［远更清楚］。

［S丙注］"不足为外人道的贫困"（the untold poverty）。μυρίος指任何不可胜数的东西，其明确的含义指"一万"。在柏拉图笔下，有几处是用μυρίος指πολύς［很多］。亚里士多德说该词虽是特定用法，却指普遍情况，因而更适合于诗歌，而非散文。在英语中，"千"和"数以千计"表示无穷大的数字，有时用"百万"。罗马人没有超过"六百"（sexcenti）的数字。关于苏格拉底的贫穷，比较31c、36d、38b。在38b，苏格拉底说他认为可以支付一米纳的罚款。据载，苏格拉底看到琳琅满目的货物时，自言自语道："我根本不需要的东西竟有那么多。"

（拉尔修《名哲言行录》2.25）亦参《王制》337d，色诺芬《回忆苏格拉底》1.2.1，《治家者》11.3。

［D注］据色诺芬《治家者》2.1-4，苏格拉底家产不过五米纳，这就把苏格拉底置于梭伦所划分的四个阶层中最低的一个之中，即 θῆτες［雇工］阶层。这个最低级的阶层原来本没有政治义务和政治权利，后来，Aristides 制定一部法律，赋予他们与其他阶层一样的权利。当然，苏格拉底那个时代的金钱购买力是我们这个时代（按1885年前后）的五倍甚至十倍。

［MP注］据色诺芬《治家者》2.1-4，苏格拉底说他的财产差不多值五个米纳。凭这一点就可以把他算作雅典所有在册公民中最低财产等级，即 thetes［雇工］。然而，这种财产评估却并非与所有证据相吻合。无论如何，他早年曾拥有足够的财富为自己添置重装步兵的装备。而苏格拉底事实上与最上流的圈子有明显的交往，这似乎也清楚表明，尽管他自己毫无疑问视富贵如浮云，他的家庭也有着良好的社会关系。内尔斯（2002）在其著作中搜集了苏格拉底很多资料，包括斐纳瑞忒（母亲）、凯瑞德摩斯（继父）和帕特罗克勒斯（继兄弟）。

23c1：διὰ τὴν τοῦ θεοῦ λατρείαν［我由于侍奉神明］，［S乙注］"由于我侍奉神明"。属格表示另一个名词所表示的行为或感觉的对象，当宾语用，就像在拉丁语中的情形，英语则用介词来表达，如 πόθος υἱοῦ［思念儿子］，desiderium filii［想念朋友］，不是"儿子的思念"，即不是儿子所拥有的，而是"为了儿子而思念"，如《奥德赛》11.202中的 σὸς πόθος，索福克勒斯《俄狄浦斯在科洛诺斯》行631的 τίς δῆτ' ἂν ἀνδρὸς εὐμένειαν ἐκβάλοι τοιοῦδε［但谁能拒绝这样一个人的好心好意呢］（罗念生译文。按：斯坦福所附英语翻译为 good will towards such a man，则应为"谁能拒绝向这样一个人表示好感呢"）。另参欧里庇得斯《腓尼基妇女》行1757：ξυγγόνου ὑβρίσματα，拉丁语为 injuria fratris，"对兄弟的侮辱"。διὰ τὴν τῷ θεῷ 同样可以很好地表达这个语境中的意思，λατρεία 和 ὑπηρεσία 这些名词一般可以支配它们所由之派生的动词。

[B注] 苏格拉底在这里把自己的贫穷归因于自己的使命。他早年不可能真的很穷，因为他曾在公元前432年到前424年作为重装步兵服过役，这就意味着他也有必要的财富资格，或者被认为有这种资格。

[H注] 苏格拉底既然当过重装步兵，说明曾经一度还算殷实，但由于忽视自己的私事，就很可能家道中落，愈加贫穷。

除了这些之外，还有一些追随我的年轻人——他们尤有闲工夫，都是些富家子弟——当然都是自愿的，喜欢听我省察人们，他们还[c5]常常模仿我，如法炮制去省察其他人。[Πρὸς δὲ τούτοις οἱ νέοι μοι ἐπακολουθοῦντες—οἷς μάλιστα σχολή ἐστιν, οἱ τῶν πλουσιωτάτων—αὐτόματοι, χαίρουσιν ἀκούοντες ἐξεταζομένων τῶν ἀνθρώπων, καὶ αὐτοὶ πολλάκις ἐμὲ μιμοῦνται, εἶτα ἐπιχειροῦσιν ἄλλους ἐξετάζειν·]

23c2-3：*ἐπακολουθοῦντες...αὐτόματοι*[追随……自愿]，[B注]"亦步亦趋学我的样"。其中还有恶毒的含义，说他们不需要"智术师"所使用的任何劝说术（19e6）。如果认为*αὐτόματοι*受后面紧接着的*χαίρουσι*支配，则远不在点上，应该没有人会反对用一个插入语把它与*ἐπακολουθοῦντες*分开。

[S丙注] 去听智术师——也包括苏格拉底，尽管他有着自己独特的风格——的演讲和讨论，这必须被视为希腊人中相当于我们自己的那种大学教育。

[按] 形容词*αὐτόματοι*[自愿]本来是修饰前面的分词*ἐπακολουθοῦντες*[追随]，但苏格拉底把它放在很后面，意在强调，故而与绝大多数译本不同，我也把它放在后面，并加上了"当然都是"字样。

23c3：*οἱ τῶν πλουσιωτάτων*[富家子弟]，[S甲注] 这是苏格拉底添加的话，好让人们对他的憎恨原因变得更清楚。《普罗塔戈拉》326c3-4：*καὶ ταῦτα ποιοῦσιν οἱ μάλιστα δυνάμενοι*（即，要小心他们的儿子要被教育），*μάλιστα δὲ δύνανται οἱ πλουσιώτατοι*[做这些的大多是极有能力的人——极有能力的人往往是最富有的人]（刘小枫译文）。

[B注] 那正是苏格拉底的委屈所在。苏格拉底指出，他相当清楚这一点，却鄙而视之。那不过是因为他们手上有大把的时间。

[SS注] 比较普罗塔戈拉所说的话，即富家子弟能够花更多时间在教育上（《普罗塔戈拉》326c4-6）：καὶ οἱ τούτων（即 τῶν πλουσιωτάτων [富人]）υἱεῖς, πρῳαίτατα εἰς διδασκάλων τῆς ἡλικίας ἀρξάμενοι φοιτᾶν, ὀψιαίτατα ἀπαλλάττονται [他们的儿子入学年龄特别早，离开老师又特别迟]（刘小枫译文）。这相当有趣，因为不能怀疑普罗塔戈拉倾向于寡头制。

[S丙注]"最富有的公民的儿子"。用 υἱεῖς [儿子] 补充前面的 νέοι [年轻人]，或者重复 νέοι [年轻人]，就像尤文纳尔（Juvenal）的 pinnirapi cultos iuvenes iuvenesque lanistae（3.158）。接下来的 αὐτόματοι 受 ἐπακολουθοῦντες 的修饰。苏格拉底的意思是说，那些年轻人不是正式由父亲缴费送来的，而且他跟那些年轻人之间也并非师徒关系。另参色诺芬《回忆苏格拉底》1.2.18。

[T注] 这个背景并非毫无意义，因为它指出了针对他的偏见是如何来的，以及"大众"的情感是如何被唤醒的。[按] 直译为"最富有者的儿子们"。

23c4: χαίρουσιν [喜欢]，[SS注] 关于年轻人在省察中所感受的快乐，以及"聪明人"的尴尬，另参33c2-4，《王制》539b2-7中有更充分的刻画。苏格拉底本人花时间干那项工作另有目的。此外，他并非没有能够享受到那件事幽默的一面，这从41a8-c4可见一斑：注意41b5 οὐκ ἂν ἀηδὲς εἴη [不能不算赏心乐事] 是如何呼应33c4的 ἔστι γὰρ οὐκ ἀηδές [毕竟这并非一点都不好玩]。[按] 这两处虽然都是同一个词，ἀηδές，但根据身份、语境和用意而作了不同的译法。

[按] 注意，后面的"人们"一词亦作"人类"，正好呼应23b2中苏格拉底代替阿波罗所说的"凡人"。

23c4: αὐτοί [他们]，[B注]"他们自愿地"（of their own accord，按：与前面的 αὐτόματοι [自愿] 相呼应）。

23c5: ἐμὲ μιμοῦνται, εἶτα ἐπιχειροῦσιν [模仿我，如法炮制]，[S甲注]

众所周知，εἶτα 和 ἔπειτα 常常用来表示 καὶ ἔπειτα，而 καὶ ἔπειτα 则受不定式支配。另参《泰阿泰德》151c，《欧蒂德谟》295c-d，《斐德若》63c，在后面这段话中的意思是"然后，后来"。这种结构在《申辩》中稍有不同，εἶτα 的意思是"然后"，相当于 καὶ τότε。《克拉提洛斯》411b 也是同样的用法，海因多夫除了跟《申辩》中这段话相比之外，还比较了《王制》336b。因此，Foscher 修订成 μιμούμενοι，则显然是错误的。

［SS 注］εἶτα 在疑问句之外用于连词省略的情况时，似乎是要详细说明前面的那个从句，译为"而且"（and so），另参《斐德若》229c7（以及 de Vries 对此的注疏），《王制》462a5，《智术师》230b5。［R 注］相互实践（按：似有误，因为年轻人学苏格拉底的样，不是"相互"省察，而是省察"别人"。李德尔可能是把 ἄλλους［别人］看成了 ἀλλήλους［相互］）。

［D 注］"他们模仿我，然后就着手……" εἶτα 这里所标志的不是严格的时间顺序，尽管他们打算模仿，这在逻辑上必定先于他们的模仿行为。苏格拉底在《王制》539b 中不赞成年轻人不成熟地从事这样的辩证法活动。

［MP 注］很显然，苏格拉底的动机与那些模仿他的富家公子大不相同，哪怕我们（可以合理地）认为他对德尔斐神谕的解释完全是反讽性的，而且他选择这项使命是因为"他"觉得那是最好的生活方式。对于年轻人来说，苏格拉底省察别人，简直就是一种享受，而且也是他们背叛自己长辈们的有趣方式。苏格拉底并没有彻底讨论这种动机（另参 33c4 的 ἀηδές［不好玩］）。

［按］一般翻译为 and so 或 and then，魏斯特亦作 in turn。"如法炮制"以译 εἶτα ἐπιχειροῦσιν，其字面意思是"还动手去"。

23c5：ἐπιχειροῦσιν ἄλλους ἐξετάζειν［如法炮制去省察其他人］，［S 乙注］年轻人的这种行为，以及大众后来逐渐认为的哲学"冷漠"的名声，就这样在苏格拉底口中强有力地表达出来了。比较《王制》539b2-c3: οἶμαι γάρ σε οὐ λεληθέναι ὅτι οἱ μειρακίσκοι, ὅταν τὸ πρῶτον λόγων γεύωνται, ὡς παιδιᾷ αὐτοῖς καταχρῶνται, ἀεὶ εἰς ἀντιλογίαν χρώμενοι, καὶ μιμού μενοι τοὺς ἐξελέγχοντας αὐτοὶ ἄλλους ἐλέγχουσι, χαίροντες ὥσπερ σκυλάκια τῷ ἕλκειν τε καὶ σπαράττειν τῷ λόγῳ τοὺς πλησίον ἀεί. ...καὶ ἐκ τούτων δὴ αὐτοί τε καὶ τὸ ὅλον φιλοσοφίας πέρι εἰς τοὺς ἄλλους διαβέβληνται [因为，我想，你没有忘记这一点，这些青年，当他们初次尝试到辩论，他们就像在玩游戏一样滥用它们，总把它们用于反驳，他们模仿那些反驳他们的人，自己再去反驳别人，如同一群小狗，总喜欢用话拖住和撕咬周围的人们。……由于这些缘故，他们本人以及哲学受到了别人的奚落]（王扬译文）。

由此，我想，他们发现多得不得了的人自以为还懂得点儿东西，实际上所知甚少，或者毋宁说什么都不懂。结果，那些曾遭到他们省察的人不生自己的气，反倒对我大为光火，[23d]**还说苏格拉底邪恶透顶，败坏了青年。**[κἄπειτα οἶμαι εὑρίσκουσι πολλὴν ἀφθονίαν οἰομένων μὲν εἰδέναι τι ἀνθρώπων, εἰδότων δὲ ὀλίγα ἢ οὐδέν. ἐντεῦθεν οὖν οἱ ὑπ' αὐτῶν ἐξεταζόμενοι ἐμοὶ ὀργίζονται, οὐχ αὑτοῖς, καὶ λέγουσιν ὡς Σωκράτης τίς ἐστι μιαρώτατος καὶ διαφθείρει τοὺς νέους·]

23c7: εἰδότων δὲ ὀλίγα ἢ οὐδέν [实际上所知甚少，或者毋宁说什么都不懂]，[S甲注]这比普通的读法 ἢ ὀλίγα ἢ οὐδέν 更具强调性，因为这种用法的 ἤ，表示"或毋宁"（aut potius），与 ἢ ὀλίγα ἢ οὐδέν 中的用法不同。另参《斐德若》224b（按：误，应为244b2）：βραχέα ἢ οὐδέν [甚少或者一事无成]（刘小枫译文）。

23c7: ἐντεῦθεν [结果]，[S丙注]"结果"（as a consequence）。这种憎恶让人想起了苏格拉底，因为他是这种让人讨厌的省察体系的始作俑者。

23c8: οὐχ αὑτοῖς [反倒不生自己的气]，[S甲注]这里应该是 ἀλλ' οὐχ αὑτοῖς（按：除了T注以外，大多数版本都与伯内特版相同，伯内特解释说，省略 ἀλλά 似乎正好，不是一种错误），说得很反讽："他们对我怒不可遏，但实际上他们毋宁应该生自己的气，因为他们居然被那帮小伙子给驳斥了。"常见的读法 οὐκ οὑτοῖς，不那么具有反讽性的优雅，而且很可能应该写作 οὐκ ἐνείνοις。

［SS注］在他人的帮助下，我们发现了自己的无知，这时我们应该对自己感到愤怒，而不是对那些揭示我们装模作样而让我们感到泄气的人发怒，这是典型的苏格拉底式的观念。另参《希琵阿斯前篇》286d2-4（另参292a2-b8），《泰阿泰德》168a2-6，《智术师》230b8-c2（另参戈尔德施密特《柏拉图的对话》，前揭，页29-30以及注释7和8）。参斯凌斯对《克莱托丰》的注疏，页149-158。克佛德在其文章《柏拉图高贵的诡辩术》（G. B. Kerferd, Plato's Noble Art of Sophistry），刊于《古典学季刊》48（1954），页84-90，试图表明这段话不是指向苏格拉底-柏拉图式的辩证法，他的观念已被特雷瓦斯基斯（J. R. Trevaskis）成功驳斥，参其《高贵世系的诡辩术》（The Sophistry of Noble Lineage），刊于 Phronesis 1（1955-56），页36-49。相比之下，《王制》535d9-e5所描述的态度，尽管与此有着明显的相似性，也完全不是苏格拉底式的：持有这种态度的人并不认为犯错误会有什么后果，即便自己的无知被揭示出来，也不会愤愤不平（要理解为对他们自己），反倒还因自己的愚蠢而乐不可支。——我不敢肯定伯内特采信T抄本省略 αὐτοῖς 前面的 ἀλλ' 是否正确（另参《泰阿泰德》168a4），尽管B抄本常常省略一些小词，但T抄本却远远没有这一类毛病（下略）。

［D注］相当于"而是"（instead of）。［按］这里的 αὐτοῖς 指"他们"或"他们自己"，很多人认为是在指那帮年轻人，但根据语境，应该指那些被省察而恼羞成怒的人。

23c8：καὶ λέγουσιν ...［还说］，［B注］我们最终知道了 ὅθεν μοι ἡ διαβολὴ γέγονεν［对我的诽谤是打哪里来的］（21b2）。它只是来自苏格拉底必须对他败坏青年的指控做出某种合理的解释。其真正的含义是，他教唆年轻人去揭露自己长辈的无知，但根本就谈不上那回事。当然，这实际上是对那种迫害所采用程序的批评。注意，τις 是倒装的，它修饰的是 μιαρώτατος，而不是 Σωκράτης（等于 ἐστί μιαρώτατός τις）。

23d1：τίς ... μιαρώτατος [邪恶透顶]，[SS注] 不定代词 τις 加上一个表示价值判断的形容词，这个形容词一般表示不利的方面，那么，τις 就可以前置，如《普罗塔戈拉》340e1，《王制》358a8-9。同时，τις 起到形容词名词化的效果（意思是"最卑鄙下贱的性质"）。

[S丙注] 是述语，"苏格拉底是最有害的家伙"。比较18b。

[按] 该词本义为"沾染血污"，引申为"邪恶"，也指容貌丑陋，这似乎也符合历代作家对苏格拉底的刻画。

然而，如果有人问他们，我究竟做了什么以及教导了什么，他们却无言以对，因为他们根本就不知道，因此，为了避免被人看出不知所措的窘态，他们就把人们拿来说所有搞 [d5] 哲学的人的那些现成话栽到我头上，说什么"天上诸象和地上诸物"，说什么"不信神"，说什么"把弱的说法变强"云云。[καὶ ἐπειδάν τις αὐτοὺς ἐρωτᾷ ὅτι ποιῶν καὶ ὅτι διδάσκων, ἔχουσι μὲν οὐδὲν εἰπεῖν ἀλλ᾽ ἀγνοοῦσιν, ἵνα δὲ μὴ δοκῶσιν ἀπορεῖν, τὰ κατὰ πάντων τῶν φιλοσοφούντων πρόχειρα ταῦτα λέγουσιν, ὅτι «τὰ μετέωρα καὶ τὰ ὑπὸ γῆς» καὶ «θεοὺς μὴ νομίζειν» καὶ «τὸν ἥττω λόγον κρείττω ποιεῖν».]

23d3：ἀγνοοῦσιν [他们不知道]，[SS注] 沙利文的文章《论柏拉图的〈申辩〉23c-d》（J. N. O'Sullivan, On Plato, Apology 23 c-d）让人想起了阿斯特所猜测的 ἀπορoῦσιν [他们不知所措]（按：魏斯特即译作 at a loss），见 AJPH 97（1976），页114-116。他的主要论点在于，那些模仿苏格拉底的年轻人所伤害过的人很清楚苏格拉底是以什么方式败坏了年轻人，只不过他们想给自己留点面子（d7-9对此说了很多话）。但这种看法忽视了苏格拉底有可能是在装样子（ironic，或译"反讽"）。

23d4-5：τὰ ... πρόχειρα ταῦτα [就把人们拿来说所有搞哲学的人的那些现成话]，[B注] "这些陈腐的指控"（the stock charges）随时准备扔向哲学家。这里的 ταῦτα，相当于拉丁语的 ista，乃是贬损性的（按：我们译作"那些现成话"）。关于 πρόχειρα，另参《游叙弗伦》7c12注。色诺芬把这一点概述为（《回忆苏格拉底》1.2.31）：ἀλλὰ τὸ κοινῇ τοῖς φιλοσόφοις ὑπὸ τῶν πολλῶν ἐπιτιμώμενον ἐπιφέρων αὐτῷ [只是把群众指责一般哲学家的话归在苏格拉底的身上]（吴永泉译文）。

［SS注］在《法义》967c5-d1，雅典异乡人以相似的辞令描述了普通人对那些宇宙论者的攻击，那些宇宙论者在过去不承认对天象的任何解释，除非是纯粹机械的解释："那就是对无神论的很多控告，以及对那样一些人的厌恶感所引起的；诗人们的谩骂变得尤其流行，他们把那些研究者比作对月狂吠的狗，而且还在自己的语言中运用了其他很多愚蠢的意象。"（据SS本所附英文译）在这两段话中，柏拉图都没有使用 οἱ φιλόσοφοι [哲人] 一词，而是使用了更为模糊的 οἱ φιλοσοφοῦντες [搞哲学的人]。当柏拉图用 φιλοσοφεῖν 一词来指苏格拉底式的哲人时，一般要加上诸如此类的限定词，如，ὀρθῶς [正确地]（οἱ φιλοσοφοῦντες ὀρθῶς,《斐多》67d8、e4，另参64a5、69d2；《书简七》326b2），γνησίως（真正合法地，《王制》473d2），ὑγιῶς（健全地,《王制》619d8），καθαρῶς（干净无暇地，清楚明白地,《智术师》253e5），ἀδόλως（纯粹地,《斐德若》249a1-2；按：刘小枫译作"诚实无欺"），ἱκανῶς（足够充分地,《斐德若》261a4,《王制》473d2），ὄντως（真正地,《斐勒布》57d1,《书简七》326b4）。另一方面，饶有趣味的是,《法义》这段话暗中把苏格拉底等同于他前面那些 φιλοσοφοῦντες [搞哲学的人]。尽管柏拉图在《申辩》中反复强调，苏格拉底既不是宇宙论者，也不是智术师，但柏拉图并不总是把苏格拉底描绘成完全离群索居只管自己事业的人。柏拉图在自己后期对话中，如《斐多》和《帕默尼德》，赋予苏格拉底在"哲学史"上应有的地位，可以肯定地说，这个地位相当特殊。

［S丙注］这个隐喻来自打算扔向某人的石头或其他投射物。色诺芬的《会饮》中所提到的事情绝佳地解释了这一类东西，那位表演者因为苏格拉底的谈话吸引了宾客的注意而快快不乐，就说苏格拉底 μετεώραν φροντιστής [仰思天上诸象]，并问他，苏格拉底与他之间有多少只跳蚤的距离（6.6-7）。

［D注］ταῦτα 指耳熟能详而又司空见惯的老生常谈，可见于阿里斯

托芬的《云》。

［按］"栽到我头上"，即栽赃陷害。根据本义，或可以译为"泼脏水"，但似乎太过，毕竟苏格拉底并不一概反对哲学（另参下文28e和《斐多》61a）。

23d5–6：ὅτι «τὰ μετέωρα καὶ τὰ ὑπὸ γῆς»［什么"天上诸象和地上诸物"］，［S甲注］这些词受 διδάσκων 支配，在句子末尾必须重复。［R注］与19b相比较，要把这里理解为 ζητῶ ［研究］或诸如此类的。

［B注］列举这些指控时所使用的省略方式承载了 ταῦτα 所表示的蔑视。关于这里所提到的那些指控，见24b8的 γραφή ［诉状］，以及那里的注释。

［S丙注］补充说明上文的 διαφθείρει τοὺς νέους διδάσκων ［因教导……而败坏青年］。τὰ μετέωρα καὶ τὰ ὑπὸ γῆς 这一连串的宾格，以及与之并列的不定式 νομίζειν ［信仰，敬拜］和 ποιεῖν ［变］，要理解为受 διδάσκων ［教导］支配。

［T注］前面省略了 διαφθείρει τοὺς νέους διδάσκων ［因教导……而败坏青年］，即苏格拉底教导"天上诸象和地上诸物，以及不信神"，从而败坏了青年。

［按］从语法上说，这个从句似乎并非如大多数注疏家所认为的受 διδάσκων 支配，即不是 διδάσκων 的宾语从句，而是 λέγουσιν ［人们说］的宾语从句，尽管其含义的确是在攻击苏格拉底不仅自己研究天上诸象和地上诸物以及不信神，把弱的说法变强，还教导青年这些东西，从而败坏了他们，但这里是在讨论"人们对所有搞哲学的人的那些现成话"，也就是一些攻击哲学家的陈词滥调。盖洛普的译本在这个从句之前加上了 trotting out ［信口雌黄］，可谓深得其妙。

我知道他们根本就不愿意说出已经变得再明显不过的真相——他们虽假装知道，其实一无所知。当然，我还晓得，他们由于爱慕虚名［23e］，而且狂暴蛮横，加之人数众多，一直都在异口同声且言之凿凿

说我［坏话］，［这些坏话］早已灌满了你们的耳朵，就在于他们长期疯狂地诽谤我。[τὰ γὰρ ἀληθῆ οἴομαι οὐκ ἂν ἐθέλοιεν λέγειν, ὅτι κατάδηλοι γίγνονται προσποιούμενοι μὲν εἰδέναι, εἰδότες δὲ οὐδέν. ἅτε οὖν οἶμαι φιλότιμοι ὄντες καὶ σφοδροὶ καὶ πολλοί, καὶ συντεταμένως καὶ πιθανῶς λέγοντες περὶ ἐμοῦ, ἐμπεπλήκασιν ὑμῶν τὰ ὦτα καὶ πάλαι καὶ σφοδρῶς διαβάλλοντες.]

23d7：τὰ γὰρ ἀληθῆ...[因为真相]，[S乙注]"因为我认为，他们不愿意坦白真相，即已经证明他们只不过装模作样有知识，其实他们一无所知。"

23e1：συντεταμένως[异口同声]，[S甲注]这个隐喻来自战斗中排成队列的士兵，他们排成常规队列进攻的时候，据说就是 ξυντεταγμενώς[排成战斗阵式]攻击敌人。因此，那些诽谤苏格拉底的人在这里被说成 ξυντεταγμενώς λέγειν，因为他们用诽谤来诋毁苏格拉底时，就仿佛是排成了常规队列，意即"以这样一种方式，看起来他们已经达成共识，那种方式就是最高的和最有效的诽谤方式"。πιθανῶς，即"以一种适合于说服的方式"。

[S乙注]正如费舍所说，这里的 πολλοί 意思是"坚持不懈地"（persevering），就像拉丁语中的 multi in opere，用来指那些心无旁骛专心从事任何职业的人。这种解释比一般的解释更为可取，一般人把它理解为"无数"（按：大多数译本都翻译为"人数众多"，也符合这里的语境，故而此处从众）。苏格拉底在这里使用 συντεταμένως 一词，来指其对手传播那些诽谤之词时所采用的系统手法，以及他们齐声高唱以保证其效果的种种手段。施塔尔鲍姆释作 apte ad persuadendum[适合于说服]。有些抄本写作 συντεταμένως，斐奇诺似乎把两种读法的含义统一起来了。

[B注]"强有力地"（συντεταμένως，即 vigorously），是 συντεταμένος 的副词，来自 συντείνειν，拉丁语作 nervos contendere，"拉紧每一块肌肉"（另参《游叙弗伦》12a6 的 σύντεινε σαυτόν）。[按]伯内特接下来解释了自己为什么没有采用最好抄本的原因，从略。SS本亦采用了伯内特的

读法。我们在这里采用绝大多数人的读法，仅仅在这一点上暂时抛弃牛津抄本。

[W译注]《申辩》的所有抄本都读作syntetagmenon，意思是"秩序井然"（well-ordered）。但伯内特把它修订为syntetamenon。

[按]盖洛普似乎采用了伯内特的校勘，译作vigorous。格鲁伯译作continually。福勒译作concertly[异口同声，大合唱]，与魏斯特的译法一样，都较为符合原文。"异口同声"（吴飞）和"众口一词"（王太庆、水建馥），亦为妙译。根据施塔尔鲍姆的注疏，似亦可翻译成"成群结队"，或者"结阵轮番攻击"，或者像斐奇诺那样统一两种读法而译作"井然且有力"。另外，这一句话中的 φιλότιμοι, 字面意思是"爱名誉"（吴飞即译作"爱名者"，水建馥译作"爱面子"），盖洛普意译为have reputations to protect，福勒译作jealous of their honour，格鲁伯和魏斯特译作ambitious（王太庆即译作"野心勃勃"）。

正是由于这一切，美勒托斯、安虞托斯和吕孔联手攻击我，美勒托斯替[e5]诗人、安虞托斯替匠人和[24a]政治家、吕孔替演说家来反对我。所以，正如我一开始就说过的，如果我能够在如此短的时间内驳倒你们久已形成的这种污蔑，我自己也会惊诧莫名。[ἐκ τούτων καὶ Μέλητός μοι ἐπέθετο καὶ Ἄνυτος καὶ Λύκων, Μέλητος μὲν ὑπὲρ τῶν ποιητῶν ἀχθόμενος, Ἄνυτος δὲ ὑπὲρ τῶν δημιουργῶν καὶ τῶν πολιτικῶν, Λύκων δὲ ὑπὲρ τῶν ῥητόρων· ὥστε, ὅπερ ἀρχόμενος ἐγὼ ἔλεγον, θαυμάζοιμ᾽ ἂν εἰ οἷός τ᾽ εἴην ἐγὼ ὑμῶν ταύτην τὴν διαβολὴν ἐξελέσθαι ἐν οὕτως ὀλίγῳ χρόνῳ οὕτω πολλὴν γεγονυῖαν.]

23e3: ἐκ τούτων[正是由于这一切]，[B注]"由于这一点"（而不是"他们中"，按：王太庆和魏斯特即译为"从他们那里"）。苏格拉底的意思是，现在这些控告他的人正在利用以前的诽谤，从19b1可清楚看到这一点: ἡ ἐμὴ διαβολή ... ᾗ δὴ καὶ πιστεύων Μέλητός με ἐγράψατο τὴν γραφὴν ταύτην[对我的诽谤……，而美勒托斯对我提起这场诉讼，靠的正是那种诽谤]。

［R注］"正是在这个基础上"，即故久相传的普遍偏见，因后来的私人敌意而恶化，即"我现在受到攻击"云云。如果翻译为"结果"（in the consequence of），无论对于这里的含义，还是对于该短语的习惯性用法，都太强烈了一些；翻译为"由于这一点"（unpon the strength of，按：伯内特即如此理解），也超过了希腊语的范围。另参19a。

［S丙注］"在此基础上"。

23e4-5：*Μέλητος μὲν ὑπὲρ τῶν ποιητῶν ἀχϑόμενος*［美勒托斯替诗人来反对我］，［S甲注］美勒托斯在王者执政官面前向苏格拉底提起了常规的控告，据《游叙弗伦》2b和其他地方可知，美勒托斯是一位肃剧诗人，在这一行里不算很有名，或者说不大成功。另参阿里斯托芬《蛙》行1337的古注，以及瑟尔沃尔的《希腊史》（Connop Thirlwall, *History of Greece*, London, 1935-1844），卷四，页274，注释5。从《游叙弗伦》2b-c可见，美勒托斯在控告苏格拉底时还很年轻，却傲气十足，趾高气扬。据说美勒托斯是受三十僭主之名前去萨拉米斯逮捕勒翁至雅典的四个人之一。安虞托斯，制革工安忒米翁之子，是目前为止控告苏格拉底的几个人中最有势力、积怨最深的人，所以贺拉斯在《讽刺诗集》2.4中不无道理地把苏格拉底称作Anyti reum［安虞托斯的被告］。安虞托斯富可敌国，在政治上举足轻重，并且是贵族派的反对者，被三十僭主流放过。他获得骑兵（phyle）将军头衔后，与忒拉叙布洛斯一起回到了雅典。参色诺芬《希腊志》2.3，柏拉图《书简七》中间部分。在柏拉图的对话《美诺》中，"据说安虞托斯严重地冒犯了苏格拉底，就因为其发言的顺序，而且离开时还扔下了威胁之辞，那种威胁虽未明确说出，却在这场控告中兑现了"。参瑟尔沃尔《希腊史》，前揭，卷四，页275，另参《美诺》92-94e。色诺芬意识到安虞托斯对苏格拉底的敌意还有其他一些原因，参《苏格拉底向法官的申辩》29。据说安虞托斯人品糟糕。吕孔是十位演说家之一，据梭伦的法律，这十位演说家负责为公共事务辩护。参拉尔修《名哲言行录》2.38，以及众位评注者对这段话的注疏。

［B注］美勒托斯是《申辩》中第一个提到姓名的实际控告者，另参《游叙弗伦》2b9注。不要把此人等同于同名的肃剧诗人，但这个美勒托斯也可能写过诗（很可能是颂诗）。或者说，他可能是那位肃剧诗人的儿子（我们从诉状中可知，其父也叫美勒托斯），而且苏格拉底的意思很可能是在说，他是在为家庭的利益而辩护。

［R注］我们不要把它理解为那些控告者正在代表各自的阶级行事，而仅限于说，他们曾被视为那些阶级感情的代表。

［D注］千万不能牵强附会地理解 ὑπέρ。这些控告者只是代表了各个阶层的情感。此前没有明确地提到过 ῥήτορες［演说家］。关于 ποιηταί［诗人］，参22a，关于 πολιτικοί［政治家］，参21c，关于 δημιουργοί［匠人］，另参22d。ῥήτορες［演说家］包括在 πολιτικοί［政治家］之中。在雅典，习惯于谈论公共事务的人与我们可称为职业演说家的人之间，还没有明确的界线。所有这一切都让人倾向于认为，τῶν πολιτικῶν 是后来加上的（按：参下文SS本对科贝特［Cobet］的提及），那不是柏拉图的手笔。要保留这两个词，可注意如下事实，安虞托斯像克利翁[①]一样，曾是制革工（βυρσοδέψης），他与苏格拉底发生冲突，是作为 πολιτικός［政治家］而非 δημιουργός［匠人］。

［按］ἀχθόμενος，本为"（精神上的）重压""烦恼""憎恶"和"反对"之意，英语多作 vex 或 grieve，盖洛普译作 aggrieved，格鲁伯和魏斯特译作 vexed，福勒和艾伦译作 angered，水建馥和吴飞译作"不平"。王太庆分别译作"出气、报仇、翻案"，妙。该词或有"恼羞成怒"之意。我译作"反对"，平和客气一些，或更符合苏格拉底的豁达和极高的境界。

23e5-24a1：τῶν δημιουργῶν καὶ τῶν πολιτικῶν［匠人和政治家］，［S乙注］很明显，苏格拉底此处再次暗中猛烈攻击雅典政治制度中的那个原

[①] 克利翁，雅典政治家，伯里克勒斯的继任者，事见《伯罗奔战争志》3.37以下。

则，即无知的匠人只要财富够格，就可以干涉城邦事务。安虞托斯因其富裕和影响力而被三十僭主驱逐，回来后因为参与恢复共和而赢得国内一片赞誉，从克莱斯特涅斯时代起，就跻身于上述（政治家）阶层。因此，苏格拉底提到他时，不仅说他是匠人的支持者，而且还辛辣地讽刺他为"政治家"。英国历史学家米特福德（《希腊史》，前揭）说："色诺芬开始在回忆可敬的老师时说，他感到奇怪的是，有的人怎么会被人劝说去判处这样一个显然无辜而高尚的人以死刑。"罗马历史学家克劳狄乌斯·埃利亚努斯（Claudis Aelianus，约175—235）虽然在权威性上无法望色诺芬之项背，但我认为却给出了答案，他说："苏格拉底不喜欢雅典政治制度，因为他看到，民主就是僭政，而且充斥着绝对君主制的所有毛病（Σωκράτης δὲ τῇ Ἀθηναίων πολιτείᾳ οὐκ ἠρέσκετο· τυραννικὴν γὰρ καὶ μοναρχικὴν ἑώρα τὴν δημοκρατίαν οὖσαν）。"见埃利亚努斯《历史杂文集》（Varia Historia，3.17）。亚里士多德《政治学》1312b4–6也有与他同样的看法：ἐναντίαι δ' αἱ πολιτεῖαι, δῆμος μὲν τυραννίδι καθ' Ἡσίοδον ὡς κεραμεὺς κεραμεῖ καὶ γὰρ ἡ δημοκρατία ἡ τελευταία τυραννίς［有几种政体都与僭政相对，甚至平民政体也在其中，正如赫西俄德所说："陶工厌恨陶工。"因为最末一种形式的极端平民政体已然是一种僭主制］（颜一译文）。此外，据色诺芬《苏格拉底向法官的申辩》29，苏格拉底自己也说过，他曾以自己惯有的做派相当猛烈地攻击过安虞托斯，原因是安虞托斯为了让儿子继承自己丰厚的产业，令其接受从事自己的行当所需的教育，而不是根据实际情况接受合适的教育，实情则是这个年轻人已经具有足够的能力和权力不受城邦控制。这就为反对苏格拉底提供了一个口实，那就是败坏青年。也就是说，苏格拉底打算诱使年轻人不去从事可以丰衣足食的种种行业，而沉湎于哲学生活的悠闲和懒散之中。在雅典，一旦受到这类指控，不管这种特殊的兴趣是真正算得上勤勉而有所发明，还是仅因其身而有价值，都可能以不利于被告的结果而告终。

［B注］安虞托斯是一位制皮革的师傅，就像他之前的克利翁一样，同时也是当时两三个政治领袖之一。把他说成两个阶层的代表，有现实

依据。他是那些 δημιουργοί [匠人]的典型代表,这种匠人由于懂得自己的本行,就幻想对于自己一窍不通的其他事情也都在行(22d6)。毫无疑问,苏格拉底坚持着"一人一行"(one man, one trade)的原则,在柏拉图笔下,苏格拉底把这一点当作理想城邦的基础(《王制》370b4),而这场审判温和地提醒我们,他反对商人进入政府。

[S丙注]安虞托斯是雅典多数人(popular party,按:该词现在作"人民党")的领袖(色诺芬《希腊志》2.3.42),其父以制皮革发家。因此,安虞托斯的私产使得他有双重能力 ὑπὲρ τῶν δημιουργῶν καὶ τῶν πολιτικῶν [代表匠人和政治家]。

24a1: τῶν ῥητόρων [演说家],[S乙注]吕孔协助了对苏格拉底的迫害。此人是"十演说家"之一,这"十演说家"是梭伦设立的,他们的任务是在议事会和公民大会上为城邦的利益辩护,并且推荐那些其结果可能有益于城邦的事情,劝止那些可能威胁城邦安全的事情。他们有时又叫做 Συνήγοροι [雅典城邦指定的法律检查员]。由于肆意滥用特权和影响力,或为了名声而破坏原则、贪污,他们的名声令所有好人厌恶。由此,很容易就可以看出吕孔为什么会成为苏格拉底的敌人。参阿里斯托芬《马蜂》行1292,吕孔与他同类的另一个人安提丰(Antiphon)一同出现。

[SS注]这是"演说家/修辞家"还是"政治家"(参32b8注)?吕孔在其他地方被说成政治家(他被控于公元前400年的纳乌帕克托斯海战 [Eudore Naupactus] 中当了叛徒,另参 Derenne. Les Procès d'impiété, Liège, 1930, 页131),而不是修辞家。拉尔修《名哲言行录》2.38称其为 δημαγωγός [民众领袖]。因此科贝特才提议把 τῶν πολιτικῶν 当作 τῶν ῥητόρων 的误置注释予以删除。但这里可能是在区分职业的政治家和那种既关心自己的私事又关心城邦事务的公民。

[S丙注]古注家告诉我们,吕孔出生于伊奥尼亚,属于雅典的Thoricus区。他很穷,导致克拉提诺斯和阿里斯托芬等谐剧诗人争相讽刺他。在克里特人Metagenens的人质(Ὅμηρος)事件中,他被控以更为

严重的叛国罪：

… καὶ Λύκων ἐνταῦθά που	吕孔在那里
…προδοὺς Ναύπακτον ἀργύριον λαβὼν	因收受钱财而背叛了纳乌帕克托斯
ἀγορᾶς ἄγαλμα ξενικὸν ἐμπορεύεται.	在市场上骗取了异乡人的荣耀。

我们知道，欧珀利斯在谐剧《朋友》中讥讽过吕孔的妻子罗狄亚（Rhodia）。古注家把苏格拉底的控告者等同于奥托吕科斯的父亲吕孔，色诺芬的《会饮》就记述了这个人物。那位古注家还补充说，吕孔在欧珀利斯的戏剧中作为异乡人被讥讽为"奥托吕科斯一世"。这部剧作上演于公元前420年。把这两个吕孔混为一谈，无论从年代还是其他方面来说，都几乎不可能。阿里斯托芬的《马蜂》行1301也带贬损意味地提到了一个叫吕孔的人。

［MP注］这三位控告者在柏拉图对话中没有得到很好的刻画。吕孔在其他地方都没有出现过。《游叙弗伦》开篇简短讨论过美勒托斯，而那里的对话表明，没人知道他是谁。只有安虞托斯起到了决定性的作用，他在《美诺》中与苏格拉底尖锐交锋几次后警告苏格拉底说，他这种谈话方式会给他带来麻烦（95a）。各种古代文献都记录了这样一个说法（虽然不大可信）：雅典人后来后悔了，惩罚了那些控告者（内尔斯a 2002，38）。

雅典人，[a5] 这就是我给你们的真相，我对你们说的所有这些，无论大事还是小事，都既不曾隐瞒什么，也没有掩饰什么。而且，我基本上晓得，正是这样一些东西让我遭人记恨，但这恰恰当然证明我说的是正确的，也说明那［些话］就是对我的诽谤，这也是诽谤的原因 [24b] 之所在。无论你们现在考察，还是以后考察，都会发现就是这么一回事。［ταῦτ' ἔστιν ὑμῖν, ὦ ἄνδρες Ἀθηναῖοι, τἀληθῆ, καὶ ὑμᾶς οὔτε μέγα οὔτε μικρὸν ἀποκρυψάμενος ἐγὼ λέγω οὐδ' ὑποστειλάμενος. καίτοι οἶδα σχεδὸν ὅτι αὐτοῖς τούτοις ἀπεχθάνομαι, ὃ καὶ τεκμήριον ὅτι ἀληθῆ λέγω καὶ ὅτι αὕτη ἐστὶν ἡ διαβολὴ ἡ ἐμὴ καὶ τὰ αἴτια ταῦτά ἐστιν. καὶ ἐάντε νῦν ἐάντε αὖθις ζητήσητε ταῦτα, οὕτως εὑρήσετε.]

24a4–5：ταῦτ' ἔστιν ὑμῖν, ὦ ἄνδρες Ἀθηναῖοι, τἀληθῆ[雅典人，这就是我给你们的真相]，[S甲注]"这就是我以前说过要向你们讲的真话"，苏格拉底指的是17b7-8的 ὑμεῖς δέ μου ἀκούσεσθε πᾶσαν τὴν ἀλήθειαν [但你们在我这里听到的将全都是真话]。

[SS注]"你们在我这里就得到了真相"，人称与格加上 ὅδε 或 οὗτος 再加动词 εἶναι 的用法（这种表达要"理解为"或代替了一个相应的动词），参索福克勒斯《菲罗克忒忒斯》行261，575和《埃勒克特拉》行665。

[D注]这里 ὑμῖν 是人称与格，"对你们来说，那是真的"。

24a6：ἀποκρυψάμενος … ὑποστειλάμενος [隐瞒……掩饰]，[S甲注] ὑποστέλλεσθαι 的本义是"自己退缩"和"悄悄离开"，引申为"掩饰"，此处就是这个意思。

[B注]"没有隐藏或掩饰"。ὑποστέλλεσθαι 是隐喻性的用法，本义"收帆"，在演说家中很常见，如德莫斯忒涅斯1.16和4.51，欧里庇得斯《奥瑞斯忒斯》行607亦同：ἐπεὶ θρασύνῃ κοὐχ ὑποστέλλῃ λόγῳ [既然你说话放肆，没有分寸]（张竹明译文）。

[SS注]关于不定过去时分词的用法，参《伊翁》535c5。"我毫无隐藏地说过了，也没有掩饰任何东西。"关于 λέγειν 的现在时指整个话语，参18e1注。关于这一行的 οἶδα σχεδόν，柏拉图用 εἰδέναι 的第一人称单数的现在时或过去时，屡次都要加上 σχεδόν 来减弱该动词可能暗含的自信，如《拉克斯》192c5，《斐多》63e6（另参拉丁语的 fere scio）。

24a7：ὅτι αὐτοῖς τούτοις ἀπεχθάνομαι [正是这样一些东西让我遭人记恨]，[B注]"正是这一点产生了我所受的敌意"，另参34c8。[R注] αὐτοῖς τούτοις 的字面意思是"因为同样的东西"，也就是说，我在阐述这些事实时，实际上是在重申和检验那些控告。[D注]这就是他在法庭上说的话。

[MP注] αὐτοῖς τούτοις这两个代词的先行词完全不清楚，注疏家由此分裂为两派，一些人认为它们指苏格拉底揭露他人理智上伪装的习惯（"这样一些东西"），另一些认为是在指"同样这些人"，也就是控告者们。两者理解都有道理，但第一种似乎与苏格拉底这里的主旨最为相关。

24a7-8：τεκμήριον ὅτι ἀληθῆ λέγω καὶ ὅτι...[确然地证明我说的是正确的，也说明……]，[SS注] 这里的 ἀληθῆ λέγω 意为"我是正确的"，不同于 τἀληθῆ λέγω [我说真话]。当ὅτι引导的宾语从句后面以καί连接一个或多个与此前从句相似的宾语从句时，要重复καί之后的关系连词ὅτι。语法书都没有提到这一点，但我向荷兰乌特勒支大学维尔德尼乌斯教授（W. J. Verdenius, 1913—1998）请教这个问题时，他告诉我参看英国古典学家怀斯（W. Wyse, 1860—1929）对伊赛俄斯3.15.3的注释，其中收录了伊赛俄斯5例，修昔底德、色诺芬、伊索克拉底和德莫斯忒涅斯各1例。关于τεκμήριον，另参40c1注。

[D注] 这不是一个证据，而是一个明确的"指示"。如果那不是真的，苏格拉底也就不会告诉他们，是哪一个东西引起了他们的敌意。他与雅典人的私人谈话也与此相似。这一句话中的αὕτη和ταῦτα都是述语。ὅτι引导的这两个从句表示相同的思想，但一般来说第二个从句更为具体。

[按] 据SS注，福勒、魏斯特、王太庆和吴飞译作"说真话"（格鲁伯似同），乃是错误的。盖洛普则译作I am right，正确。

24b1：ἡ διαβολὴ ἡ ἐμή [对我的诽谤]，[R注] 重点当然在διαβολή上。"这就是对我的诽谤"，即，"其中就构成了对我的偏见"。

24b1：ἐάντε νῦν ἐάντε αὖθις [无论现在还是以后]，[S甲注] ἐάντε αὖθις意思是"此后"，如《斐多》115a，《王制》466a，《高尔吉亚》447b-c和449c-d，色诺芬《会饮》1.16以及别处。ἐάντε ... ἐάντε，"无论……还是"，与εἴτε ... εἴτε的区别，就如同ἐάν与εἰ的区别。

24b2：οὕτως εὑρήσετε [都会发现就是这么一回事]，[S甲注] 省略了ὄντα，另参K-G. ii 66-67。[D注] 省略了ἔχοντα，"你们会发现我所说的"。另参《王制》360d：ταῦτα μὲν δὴ οὕτως，也省略了ἔχει。——苏格

拉底相信，至少在他死后，他会被人理解。

[B注]几乎不消说，"驳斥新控告者"（24b3—28a1）部分并不包括苏格拉底真正的辩护。那是下一个部分的事情（28d6以下），那时美勒托斯已经被彻底打发掉了。苏格拉底在这里所做的一切，不过是逼迫美勒托斯承认他依靠的实际上是以前的 $διαβολή$ [诽谤]，这一点在此前驳斥"以前的控告者"时已巧妙地涉及。但即便如此，苏格拉底受审不仅仅是因为毫无根据的、连法庭也不能合法受理的那种控告。那么，这里有必要叙述一下公元前399年的司法立场。

正如我们已经看到的（《游叙弗伦》4c4注），在王者执政官欧几里得（archonship of Euclides）面前发誓这一习俗（$συϑῆκαι$），起到了彻底修正法律并法典化的作用，而这种法典化工作在克塞纳内托斯（Xenaenetus）担任王者执政官时（公元前401年或前400年）才得以完成。欧几里得担任王者执政官之后，这些法律就生效了（$τοῖς\ δὲ\ νόμοις\ χρῆσϑαι\ ἀπ'\ Εὐκλείδου\ ἄρχοντος$），此后便不能再援用任何没有进入新法典的法律（$ἀγράφῳ\ δὲ\ νόμῳ\ τὰς\ ἀρχὰς\ μὴ\ χρῆσϑαι\ μηδὲ\ περὶ\ ἑνός$）。此外，任何法规[1]不得凌驾于法律之上（$ψήφισμα\ δὲ\ μηδὲν\ μήτε\ βουλῆς\ μήτε\ δήμου\ νόμου\ κυριώτερον\ εἶναι$ [无论是议事会还是公民大会制定的法规，均不得高于法律]）。这些条文的效力，可以让欧几里得担任执政官时所通过的所有法规失去效力，因此，尤其是直接针对阿纳克萨戈拉的狄俄佩忒斯法令（《游叙弗伦》3b7注）也失去效力。

关于帕特罗克利德斯（Patroclides）和提萨美诺斯（Tisamenus）所提出的法案，参安多喀德斯1.73以下。维诺格拉多夫[2]教授认为，狄

---

① psephism，指雅典议事会和公民大会审议通过的法案，也泛指法规和政令等。
② 维诺格拉多夫（Paul Vinogradoff，1854—1925），俄罗斯历史学家，后移居英国，对中古思想研究颇深，涉猎广泛，著述甚丰，他的作品有少量中译本：《中世纪欧洲的罗马法》，钟云龙译，北京：中国政法大学出版社，2010；《历史法学导论》，徐震宇译，北京：中国政法大学出版社，2012（此书目前只译了第一卷）；《法的常识》，陈柏龄译，台北：协志工业丛书出版社股份有限公司，1961。

俄佩忒斯法令就是迫害苏格拉底的法律依据，参《历史法学纲要》(*Outlines in Historical Jurisprudence: The Jurisprudence of the Greek City*, Oxford University Press, 1922)，卷二，页100（按：卷一的副标题是 introduction and tribul law，中译本即是此卷）。然而，从刚才提到的法律条款来看，这是不可能的，此外，它还规定了 $εἰσαγγελία$ [检控] 的程序，这种程序如果有法律效力的话，肯定被采纳了，因为它允许私人提起检控。行政法规中的条款也没有被纳入新法典中，新法典以一种特殊法令（$εἰσαγγελτικὸς νόμος$ [检控法]）规范了 $εἰσαγγελία$ [检控]。那么，无论我们对安多喀德斯的一般真实性持什么样的看法，毫无疑问的是，他对那个时代司法立场的解释都是正确的。这也为亚里士多德《雅典政制》（章40）所证实。而且，甚至更为重要的是，安多喀德斯是当着安虞托斯的面说这番话的，安虞托斯是"大赦"（Amnesty）的发起者和主要支持者，安多喀德斯在演讲结束时还要求安虞托斯出来发言支持他。凡此种种，要说他可能错误地表达了他所列举的那些条款的法律效力，就太不可信了。

由此可知，首先，苏格拉底不可能在欧几里得担任王者执政官时被指控犯了什么政治上的罪。不可能告他是 $τῶν\ ἐν\ ἄστει\ μεινάντων$ [滞留在城内]，也不可能谈及他与克里提阿斯和阿尔喀比亚德的关系，尽管这些东西无疑很为安虞托斯所看重。然而，在所有人中，安虞托斯最不可能赞同违犯"大赦"法令。他非常忠于那条法令，这简直不成问题，因为从他同时代的伊索克拉底的一篇演说可知，他忍住不去要回被"三十僭主"没收的财产，遭受了巨大的损失。当然，正是由于这个原因，安多喀德斯能够在这一年要求安虞托斯为他说话。参伊索克拉底 18.23。

不那么可信的是，安虞托斯为了搞掉苏格拉底而卑躬屈膝去利用美勒托斯的狂热。毫无疑问，正是由于他的影响，美勒托斯的 $ἀντωμοσία$ [誓状] 才会用这样模糊和晦涩的语言来表达，特别是刻意避开了任何能够让人想起狄俄佩忒斯法令的东西。没有一个词提到 $τὰ\ μετέωρα$ [天上诸象]，而且正如我们即将看到的 $καινὰ\ δαιμόνια$ [新神灵] 究竟是什么意思，也极端说不清楚。苏格拉底对所有这一切当然都非常了解，而他针对美勒托斯所做的辩护，其主要目的就是要表明，他的意思实际上就是那些他没有胆量说的东西，或者就是安虞托斯不让他说的那些话。

总而言之，对于最先控告我的人所控告的罪名，这就是在你们面前的充分辩护了。那么，对于美勒托斯［b5］这位自称的"好人和爱邦人士"，以及后来那些控告者，我接下来就试着申辩吧。［Περὶ μὲν οὖν ὧν οἱ πρῶτοί μου κατήγοροι κατηγόρουν αὕτη ἔστω ἱκανὴ ἀπολογία πρὸς ὑμᾶς· πρὸς δὲ Μέλητον τὸν ἀγαθὸν καὶ φιλόπολιν, ὥς φησι, καὶ τοὺς ὑστέρους μετὰ ταῦτα πειράσομαι ἀπολογήσασθαι.］

24b3-4：μὲν οὖν ... δέ［总而言之……那么］，［SS注］正如"回溯性和转折性的 οὖν 常常与前瞻性的 μέν 连用"（丹尼斯顿，页470-473）一样，在 μέν 从句（这里的 αὕτη）中也会看到 οὗτος 的形式，而在 δέ 从句中，也会看到指示代词或副词（这里的 νῦν）。除此之外，说话的对象也发生了变化，第一个句子末尾的 πρὸς ὑμᾶς 以及第二个句子开头的 πρὸς δὲ Μέλητον 的交错配置，就标明了这种变化。

24b4：αὕτη ἔστω ἱκανὴ ἀπολογία［这就是充分的辩护了］，［S甲注］αὕτη 是主语，意思是"这就是充分的辩护"。［S丙注］"这就是在你们面前的充分辩护了"。αὕτη 本身应该是 τοῦτο，也被转变成了述词 ἀπολογία 的格位。这是希腊语中非常普遍的结构。

24b4：πρὸς δὲ Μέλητον［那么，对于美勒托斯］，［S丙注］欧里庇得斯笔下到处都是法庭的味道。有必要比较一下他笔下的赫卡柏所说的话（《赫卡柏》行1195-1196）：καί μοι τὸ μὲν σὸν ὧδε φροιμίοις ἔχει· / πρὸς τόνδε δ' εἶμι καὶ λόγοις ἀμείψομαι［这序言是我对你说的，下面我来对他说，答复他的话］（张竹明译文）。

［D注］另参18a7-b1：ἀπολογήσασθαι ... πρὸς τὰ ὕστερον（省略了 κατηγορημένα［控告]) καὶ τοὺς ὑστέρους（省略了 κατηγόρους［控告者］）。在希腊语中，在 τοὺς δικαστάς［陪审团］、τοὺς κατηγόρους［控告者］和

τοὺς κατηγορημένα［控告］面前的辩护，都用介词 πρός，而在英语中，"法庭"前用 before，原告前用 against，罪名前用 against 或 to。

24b5：τὸν ἀγαθὸν καὶ φιλόπολιν［好人和爱邦人士］，[S甲注] 苏达斯和其他文法学家错误地认为 φιλόπολις 一词是普通希腊语，而阿提卡方言说 φιλόπατρις，但阿提卡人两个词都用。φιλόπατρις 的意思是"热爱父邦的人"，但 φιλόπολις 的意思却是"热爱城邦的人"。

[S乙注] 希腊人一般用 ἀγαθός 来表示对被称呼者的尊重，在这里是相当讽刺性的用法。[R注] ἀγαθὸν 的意思是"造福大众的人"（public benefactor）。

[B注] φιλόπολιν，"热爱城邦的"（patriotic），这是城邦时代的常用词。后来的作家使用 φιλόπατρις，表示国家性的（也就是希腊式的）爱国主义（按：即"热爱希腊"）。蛮族没有 πόλεις［城邦］，而只有 ἔθνη［种族］，他们即便属于同一个民族（nation），也只是 πατριῶται［同胞］，而不是πολῖται［邦民］（按：可见该词不能译成"公民"），该词（πατριῶται）也相应地可用于奴隶身上（如忒腊克人、叙利亚人等等）。φιλόπολις 在希腊语中没有"爱国者"的含义。

[SS注] 在雅典，控辩双方都习惯于在法庭上颂扬自己道德上和公心（civic）方面的优点（与20b4-5的 ἀνθρωπίνη τε καὶ πολιτικὴ ἀρετή［做人以及做邦民的德性］相联系），并且谩骂或讥讽对手的人品和行为。比如在"金冠"官司中，[1] 埃斯基涅斯（3.51-57，171-176，215-237）和德莫斯忒涅斯（18.252-284）就是如此。阿那克西美尼建议演说辞作者，如果陪审团既不特别偏袒也不敌视当事人，那么，当事人就应该"表扬自己那些最能打动听众的品格"，如 λέγω δὲ φιλόπολιν φιλέταιρον ⟨εὐχάριστον⟩ ἐλεήμονα τὰ τοιαῦτα［说自己爱城邦、爱同胞，对那些事情满

---

[1] 公元前330年，雅典人拟授予德莫斯忒涅斯金冠，以表彰他在马其顿高压下对祖国做出的贡献，但遭到了另一位演说家埃斯基涅斯的反对，便有了德莫斯忒涅斯著名的演说《金冠辞》。

是同情心］(36，弗尔曼［Fuhrmann］校勘本的81.2-3）。德莫斯忒涅斯（24.127）在攻击Aristocrates时，指出后者并非没有辜负其父的德性，如果其父"真是"一个超凡者的话：εἴπερ τῷ ὄντι χρηστὸς ἦν Λάχης καὶ φιλόπολις ［如果令尊拉克斯真是一位好人，也是爱邦者的话］(这个拉克斯，阿里斯托克拉特斯［Aristocrates］的父亲，很可能就是我们在《拉克斯》和《会饮》中看到的那位有着英勇事迹的将军的儿子）。

［D注］后面加上的 ὥς φησι ［自称］，说明几乎没有人会相信这是在对美勒托斯的灵魂贴金。［T注］这些雅号用得彬彬有礼，尽管不无反讽意味。

［MP注］苏格拉底显然是在引用美勒托斯刚才控告演说中的原话。苏格拉底的腔调让人想起莎士比亚《尤利乌斯·凯撒》(Julius Caesar）III (ii）中安东尼的揶揄："布鲁图斯真是一个'尊贵'的人。"

因为这帮人既然看来是另外一拨控告者，那么，咱们就再次回过头去看看他们的誓状。其大意如下：［αὖθις γὰρ δή, ὥσπερ ἑτέρων τούτων ὄντων κατηγόρων, λάβωμεν αὖ τὴν τούτων ἀντωμοσίαν. ἔχει δέ πως ὧδε·］

24b6-7：αὖθις γὰρ δή ... λάβωμεν αὖ ［因为……咱们再次回过头去看看］，［S甲注］苏格拉底说这番话的意思是，他已经驳斥了以前那些控告者的指控，现在就要来驳斥另外的控告者，而且他也想宣读一下这些人的诉状，就像他此前宣读最初控告者的诉状一样。αὖθις ... αὖ 后半句的意思是："那么，再次——咱们现在来看看他们的诉状。"

［S乙注］苏格拉底已经解释清楚其中一拨控告者的指控，现在接着驳斥那个以誓言为基础的指控，也就是另一拨反对者的指控。

［D注］αὖθις ... αὖ，"再次""轮流"。这句话明确地区分了第一批控告者和美勒托斯，前者已在大众头脑中制造了偏见。［T注］"因为现在咱们要再次检查另一方面的控告"。这里的语言暗示了检验这一点以及以前控告的正式性和严重性。

24b7：ὥσπερ ἑτέρων ［看来是另外一拨］，［B注］"就好像他们是另一拨控告者",另参19b3。αὖ,"依次"。[D注]"要懂得他们是第二拨告者"。

[S丙注]αὖ无非是在重复句子开头的αὖθις。[SS注]在这个句子中,绝对属格 τούτων 是主词,ἑτέρων κατηγόρων("第二组控告者")是谓词。

24b8：λάβωμεν τὴν τούτων ἀντωμοσίαν [咱们看看他们的誓状],[D注] 与19b对早先控告者的控告所做的一样。初看上去,最近这场控告似乎与以前的控告完全不同,但仔细审视第一个罪名,即败坏青年,却是由早先那场控告的最后一条罪状发展而来,即"还把这些东西教授给别人"。同时,不信神的指控可以指19b的第一条罪状,即研究科学问题,一般认为这种研究会导致无神论。以前的控告说苏格拉底使用诡辩论证,苏格拉底在辩护的第一部分略过不提,现在也彻底省略了。苏格拉底现在回应第一条罪状,仅仅指出美勒托斯根本没有权利打这场官司,因为这官司既然不诚实,大概也就是错误的了。苏格拉底在下一段话中做出了更严肃的回答。后面也戏谑性地提到另外的指控,并在最后表明自己对神明的坚定信仰。

24b8：πως ὧδε [大意如下],[S乙注]"诸如此类的方式"。苏格拉底并没有说要准确地复述诉状,而仅仅述其大意。据拉尔修《名哲言行录》2.40,这份诉状在柏拉图式哲学家法沃里努斯时代都还保存在雅典的众神之母居柏勒（Cybele）神庙中,那里是保存公共文件（δημόσια γράμματα）的地方。苏格拉底在辩护的时候,颠倒了针对他的控告的次序。

[SS注]苏格拉底是在随口引用诉状中的话,其标志不仅是 πως,而且他用的是间接引语。

[B注]苏格拉底并没有明说要准确地提供原话。另外还有两个版本,其中一个讲苏格拉底答应准确复述。据拉尔修《名哲言行录》2.40,法沃里努斯说,他那个时代（即罗马皇帝哈德良时代,117-138年在位）这份诉状都还保存在 Metroon [神母庙]（雅典保存档案的地方）中,内容如下：τάδε ἐγράψατο καὶ ἀντωμόσατο Μέλητος Μελήτου Πιτθεὺς Σωκράτει

Σωφρονίσκου Ἀλωπεκῆθεν· ἀδικεῖ Σωκράτης, οὓς μὲν ἡ πόλις νομίζει θεοὺς οὐ νομίζων, ἕτερα δὲ καινὰ δαιμόνια εἰσηγούμενος· ἀδικεῖ δὲ καὶ τοὺς νέους διαφθείρων. τίμημα θάνατος [本次诉状和誓言有庇托斯人美勒托斯的儿子美勒托斯作出,控告的对象是阿罗佩刻的索弗罗尼斯科斯的儿子苏格拉底。苏格拉底所犯罪行是：拒不承认城邦认可的神祇并引进其他新的神灵。他的另一罪行是,败坏青年。要求给予的惩罚是：死刑](徐开来译文)。

色诺芬说(《回忆苏格拉底》1.1.1)：ἡ μὲν γὰρ γραφὴ κατ' αὐτοῦ τοιάδε τις ἦν· ἀδικεῖ Σωκράτης οὓς μὲν ἡ πόλις νομίζει θεοὺς οὐ νομίζων, ἕτερα δὲ καινὰ δαιμόνια εἰσφέρων· ἀδικεῖ δὲ καὶ τοὺς νέους διαφθείρων [他们对他的起诉书的大意是这样的：苏格拉底违犯法律在于他不尊敬城邦所尊敬的诸神,而且还引进新的神;他的违法还在于他败坏青年](吴永泉译文)。这与法沃里努斯的记载相当一致,从各方面来看,他的记载都是真实的。当然,那不是美勒托斯提交的 γραφή [起诉书] 原件,而是调整过的最后形式,也是在 ἀνάκρισις [预审、调查] 时发过誓的版本。也只有那份文件才出现在法庭上,并且保存在档案馆中。该文件具有正确的法律形式,可见于阿里斯托芬《马蜂》行894—897：ἐγράψατο / Κύων Κυδαθηναιεὺς Λάβητ' Αἰξωνέα / τὸν τυρὸν ἀδικεῖν ὅτι μόνος κατήσθιεν / τὸν Σικελικόν. τίμημα κλῳὸς σύκινος [兹有籍属库达忒诺斯乡之狗控告籍属埃克索涅乡之拉柏斯有罪,因其独吞西西里干酪一块。罚其戴无花果树木之颈枷] (罗念生译文。按：张竹明译文也一模一样)。色诺芬没有再现这种法律形式,并用 εἰσφέρων 来替换似乎是正确的措辞 εἰσηγούμενος (按：另参施特劳斯疏)。无论如何,控告弗吕涅(Phryne)的人尤其检举她 καινοῦ θεοῦ εἰσηγήτριαν (引入新神),见 Att. Proc,页366,注释472。

另一方面,这一段话里,苏格拉底口中扼要提到的指控有着相当大的差异,尤其是诉状中所提到的罪名顺序。这里,我们必须记住,苏格拉底是在即兴演讲,因此是凭记忆在引述。如果他认为原话很重要,那么他一定会要求工作人员按常规的方式宣读诉状。因此,在他眼中,毫无疑问的是, διαφθορὰ τῶν νέων [败坏青年] 的指控是这场诉讼中唯一严重的部分，因此，他把这一条放在前面，也就再自然不过了，正如他在《游叙弗伦》2c4中所做的一样。出于同样的原因，苏格拉底在其真正的辩护之后又回到了这一点上（33c8以下），而且以一种很不同于他仅为把美勒托斯搞糊涂时所采用的方式。

说苏格拉底犯了罪，他败坏青年，不信城邦[24c]所信的神，而是代之以信奉另外的新神灵。这大概就是他们的指控——我们且来逐条省察这场控告。[Σωκράτη φησὶν ἀδικεῖν τούς τε νέους διαφθείροντα καὶ θεοὺς οὓς ἡ πόλις νομίζει οὐ νομίζοντα, ἕτερα δὲ δαιμόνια καινά. τὸ μὲν δὴ ἔγκλημα τοιοῦτόν ἐστιν· τούτου δὲ τοῦ ἐγκλήματος ἓν ἕκαστον ἐξετάσωμεν.]

24b9：ἀδικεῖν τούς τε νέους διαφθείροντα [苏格拉底犯了罪，他败坏青年]，[B注]"因败坏青年而有罪"（按：或可译为"犯了败坏青年的罪"），另参《游叙弗伦》5d9的注释。我们从《治邦者》299b-c中可知柏拉图后来如何理解这种指控，尤其参b6-c6："首先既不能称他医家，也不能称他船长，而称他谈天的人，某个闲谈的智术师；其次，因为他败坏别的年轻人，劝说他们不依据法律从事驾船术和医术，而是用自主地驾驭船只和病人，所以任何愿意的人都可以指控他们，并且把他们带上某个法庭；如果认为他劝说年轻人或老年人违反法律或成文的东西，就用极端手段惩罚他。"（刘振译文，下同）这里明显（unmistakable）是在指对苏格拉底的控告，而且它只能意味着，在柏拉图成熟的判断中，安虞托斯的真正动机在于，他怀疑苏格拉底是否忠诚于 πάτριος πολιτεία [祖传的政体]，另参《治邦者》299c6-d1："因为没有人比法律更聪明……因为他学习了已经写就的祖传习俗，就不可能对那些看法一无所知。"那正是他在《美诺》中所采取的立场（参18b2注），对观这两段话，至少能够让我们明白柏拉图对这件事的看法。

人们早就否认 διαφθορὰ τῶν νέων [败坏青年] 是一种法律意义上的罪过，我们当然也没有确切的结论性证据说明它就是。然而，它本身很可能就是这样，而且它也许非常符合埃斯基涅斯1.7所提到的梭伦制定的法律。此外，正如泰勒所指出的（《苏格拉底传》，页3以下），伊索克拉底在其名为《论交换》（Περὶ τῆς ἀντιδόσεως）的讲辞中，自称正受到 διαφθορὰ τῶν νέων［败坏青年］的指控（这个指控用在他身上指的是收费教授修辞学）。尽管公认这是虚构，但如果这种指控并不是一种可能的指控，我们就很难假定他居然会诉诸这种罪名。所以，一个很奇怪的事实就是，在我们所知极为少见的因 ἀσέβεια［不虔敬］起诉的案件中，其他指控都是附加在这个主要指控之上（如普鲁塔克 Per. 32）。ἀσέβεια［不虔敬］的指控必定是主要的指控，否则不会交到 βασιλεύς［王者执政官］手中来处理。那是一个附加的理由，以证明法沃里努斯和色诺芬保存了 ἀντωμοσία［誓状］的真正次序（按：即不虔敬之罪在前，败坏青年之罪在后）。

[MP注] 不清楚这是不是常见的指控。公元前4世纪的演说家埃斯基涅斯提到了公元前6世纪梭伦时代甚至更早时代的立法，这种立法旨在保证小孩子（παῖδες）、年轻人（μειράκια）以及年龄更大者能够"审慎"（σωφροσύνη）。但梭伦根本没有明确地说。无论如何，在这场官司之外找不到以此罪名起诉的记录。伯内特认为，伊索克拉底（公元前4世纪）在其《论交换》（περὶ τῆς ἀντιδόσεως）中假托自己因受这种指控而自我辩护，就表明那也可能是一场真实的指控。然而，我们不能认可这一点：伊索克拉底就是以苏格拉底本人为榜样，而且那在雅典也不是常见的司法实践。比如说，我们要注意伊索克拉底提到自己的年纪（《论交换》9），以及他公开承认这篇著作在法律上是虚构的，当然，此外还有数不清的地方都在效仿这一案件。还应该注意，διαφθείρω 常常具有性方面的含义。参吕西阿斯（1.92.8）。因此，这场指控既表明了道德上败坏青年，也暗示了身体上的败坏。

24c1：οὐ νομίζοντα［不信］，[B注]"不承认"，也就是按照 νόμος 即"惯例"（use and wont）的规定礼敬神明。另参色诺芬《回忆苏格拉底》4.3.16 的 νόμῳ πόλεως［城邦的法律］。这种指控是一种宗教行为上的"不信奉国教"（nonconformity），而不是宗教信仰上的不正统。在希罗多德

（此人与苏格拉底同时代而年长）笔下，带一个简单的不定式或带一个简单的宾格，作为一种习俗或惯例（institution），表示"践行"或"遵循"（observe），参《希英大词典》所列举的大量例子。这就是色诺芬如何理解这场指控的方式，在这一点上，他的证据很有价值。他笔下的苏格拉底所给出的答案就是（《苏格拉底向法官的申辩》11），每一个人，包括美勒托斯，只要愿意，都可能看到过苏格拉底在"公共"节日里以及在"公共"祭坛上"献祭"过（ἐν ταῖς κοιναῖς ἑορταῖς καὶ ἐπὶ τῶν δημοσίων βωμῶν）。实际上，没有任何证据表明，γραφὴ ἀσεβείας［不虔敬的控诉］就是一种公然的亵渎圣物或亵渎神灵的行为，影响到对国家宗教，尤其是厄琉西斯密仪（Eleusinian mysteries）的敬拜和仪轨。阿纳克萨戈拉的例子是这一原则的例外，因为这件事发生在狄俄佩忒斯法令发布之前（普鲁塔克 *Per.* 32）："控告他不敬神事，且禁止他教授关于天界的学说。"

那似乎暗示，一般的程序对于希望处理的目标来说，并不敷用，而 τὰ θεῖα μὴ νομίζοντας［不信神事］这个说法似乎是故意挑来表示忽略了宗教活动，而不是指信奉异教（heterodoxy）。所以，即便那位典型的ἄθεος［无神论者］美洛斯的狄阿戈拉斯，① 也似乎没有因为自己的看法而遭指控，而是因为对国家的 cultus［礼拜、祭仪］发表了亵渎神明的言论而遭起诉。另参吕西阿斯 6.17，最后（12.9），吕西阿斯所谓 οὔτε θεοὺς οὔτ' ἀνθρώπους νομίζει，他的意思不过是说"他既不敬重神，也不敬重人"。"不信仰"人类，这倒丝毫没有问题。关于希罗多德对 νομίζειν 一词的用法，参 1.142，4.183，5.97，2.63，尤其是 4.59。

［H 注］对于这里 νομίζω 的含义，存在着很多争论。伯内特的解读很有道理，但苏格拉底始终加上了 εἶναι［存在］，尤其见 26c2 以下和 27b4

---

① 狄阿戈拉斯（Diagoras），公元前 5 世纪出生于美洛斯（Melos），雅典诗人和智术师，反对雅典宗教，批评厄琉西斯密仪，被称为"无神论者"，因此受指控，被迫逃离雅典，后在科林多去世。

以下。27b3-28a1 这整段话的要旨是以打比方的形式，证明苏格拉底相信神明存在，而不是要证明苏格拉底敬拜神明。既然人们可以相信神明存在而又不祭拜神明，那么这种论点就无法应答一种对不正常宗教实践的指控。因此，无论那份诉状实际指控了什么，苏格拉底这样的回答就假定或有意假定那场指控与是否相信其存在有关，而与是否祭拜无关。这也与最先的"以前的控告"相一致，因为自然科学的重点既然在于自然法则，它就倾向于颠覆对神明的信仰（另参18b7注，以及18c3）。

24c1: ἕτερα δὲ δαιμόνια καινά [而代之以信奉新的神灵]，[B注] 说这句话不表示什么，比说它表示什么，要容易得多。我们从《游叙弗伦》3b2 可知，它的意思暗指"奇怪的神明"（καινοὶ θεοί, strange gods），而色诺芬（《申辩》24-25）必定是如此理解的，因为他让苏格拉底回答这个指控时说：οὔτε θύων τισὶ καινοῖς δαίμοσιν（注意：不是 δαιμονίοις）οὔτε ὀμνὺς οὔτε νομίζων ἄλλους θεοὺς ἀναπέφηνα [也没有人能指出我指着别的神起誓或提到过别的神的名字]（吴永泉译文，似有误）。然而，我们发现，在古典希腊语中，δαιμόνιον 一词没有实词性的用法（《游叙弗伦》3b5注），所以我们当然不能把这个短语翻译为"奇怪的神明"。当然，我们可以说 τὸ δαιμόνιον 这个抽象集合名词，作为 ὁ θεός [神] 的委婉说法，就好像我们可以说 τὸ θεῖον（《游叙弗伦》4e2注），但那并不足以让我们说"一个"δαιμόνιον，或者在复数的意义上使用 δαιμόνια 来表示"神"。我们也可以把 τὸ δαιμόνιον [某种神圣的东西] 说成"神迹"，但仍然不能变成复数。相反，我们必须把这里的 τὰ δαιμόνια 解释成相当于狄俄佩忒斯法令中的 τὰ θεῖα 之委婉说法，并把它理解为宗教上的敬重或实践，另参《游叙弗伦》3b6：ὡς ... καινοτομοῦντος σου περὶ τὰ θεῖα [所以……你变更宗教信仰]（王太庆译文）。相当清楚的是，从27c1以下，该词表示的是 δαιμόνια πράγματα [宗教活动、宗教事务]，而希罗多德（《原史》2.65-66）用 θεῖα πρήγματα 来表示宗教活动。这场指控为什么用如此稀奇古怪的说法，我们只能猜测了。很可能是安虞托斯在刻意回避 καινοὺς θεούς 这样的说法，那个说法是苏格拉底在《游叙弗伦》3b2 所说的美勒托斯对他的控诉。伊奥尼亚宇宙论中的"奇怪的神明"乃是老生常谈，如果把它重新翻出来说，就是违反了"大赦"法令。在那种情形下，我们能够看到为什么苏格拉底坚持讨论"以前的控告者"。另一方面，安虞托斯非常清楚，苏格拉底与毕达哥拉斯学派有关，甚至始于欧几里得担任王者执政官时（这在安虞托斯眼中，可谓至关重要）。而且，尽管苏格拉底是否持毕达哥拉斯派观点可能还很模糊，安虞托斯无疑知道，毕达哥拉斯的追随者们被当局从南意大利驱逐了，因为他们一直试图建立一个凌驾于任何国家之上的国际宗教，这个东西与 πάτριος πολιτεία［祖传的政体］的理想无论如何都无法调和。不管那是怎么回事，安全的做法是把 καινὰ δαιμόνια νομίζοντα 翻译为"践行奇怪的宗教"。

也许可以从斐洛斯特拉托斯的《阿波罗尼乌斯传》（*Apollonius of Tyana*）4.18 中推导出，τὰ δαιμόνια 的用法与厄琉西斯的 πρόρρησις［预言、公告］相似（就像苏格兰地区常常说的"用桌子搭起的栅栏"）。祭司长在那里解释自己为什么不接纳阿波罗尼乌斯入教时说"他与圣物（Τὰ δαιμόνια）的关系不大干净"，见 C. G. S. 3.168。

［SS 注］ἕτερα 不是指"另外的"（other），而是指"取代它们"（instead of them），在这个语境中完全等同于 καινά。该诉状的官方文件上是 καινὰ δαιμόνια，其间的差别没有实质性的意义，仅仅是因为柏拉图讨厌学究式的准确性。

［S 译注］色诺芬的记载与拉尔修的只有一字之差：他没有用"引入"，而是用的"带进"（《回忆苏格拉底》1.1.1，《苏格拉底向法官的申辩》10）。苏格拉底眼前在重新复述诉状的大意时，（1）颠倒了原来关于不虔敬和败坏青年罪名的指控顺序，（2）略去了"引入"一词，把这场指控的含义从"引进"变成"信奉"新的 daimonia［神灵］。

［H 注］δαιμόνια 意为"神圣的事物"。这里也有相当大的分歧。从这场辩护来看，很显然它不指"神"，因为苏格拉底先前的努力不是要表明 δαιμόνια 与 θεοί 同义，而仅仅是想说明 δαιμόνια 暗指 δαίμονες［精灵］。此外，27c1 的论点是要详细说明 δαιμόνια πράγματα。但那究竟是什么，却

恰好没有说清楚。

[MP注]直译为"神圣的东西"。这个词公开影射苏格拉底广为人知的对神迹（δαιμόνιον）的信仰，这种神迹指导他做事（亦参31c-d）。柏拉图对话中经常提到它，如《游叙弗伦》3b5-6，游叙弗伦就明确地把这场起诉与苏格拉底的神迹联系起来。当然，在柏拉图笔下，就daimonion而言，最引人注目的事情就是它仅仅在苏格拉底要做错事的时候出来阻止他（而在色诺芬的《申辩》中，苏格拉底即便做正面的事情，它也会阻止他）。比如说，苏格拉底把自己决定不参与政治这件事也归因于它（31d3-4）。这种神迹的否定作用在《申辩》后面的部分起着重要的作用。陪审团投票判苏格拉底有罪之后，他安慰那些支持他的人，说他那天早上离开家的时候，那个daimonion并没有阻止他，因此现在发生在他身上的一切事情都是最好的结果（40a-b）。

[按]δαιμόνια καινά很难翻译，盖洛普、格鲁伯和福勒译作new spiritual being，艾伦译作new divinities，魏斯特音译为daimonia，王太庆译作"新的灵机"。吴飞译作"新的精灵之事"，符合原文，但不大切合语境，中性词虽可指"事"，但这里是在谈论"神"（至少是神圣的存在物），也就是说，daimonia与前面的theos是对应的。还有一些学者认为应该翻译为"新宗教"。我认为中文"神灵"一词可以勉强对应于daimon或daimonia，既包含高于凡人的"神圣"之意，也有"精灵"的含义。详见本书附录对这个词的集中解释。

他居然说我犯了败坏青年的罪！而[c5]雅典人，我却要说美勒托斯坏了规矩，因为他简直是在一本正经拿严肃的事情来寻开心，随随便便就把人告上法庭，对于自己根本从来都"没能托思"的事情假装正经，假装关心——真就是这么回事，我会试着证明给你们看。[Φησὶ γὰρ δὴ τοὺς νέους ἀδικεῖν με διαφθείροντα. ἐγὼ δέ γε, ὦ ἄνδρες Ἀθηναῖοι, ἀδικεῖν φημι Μέλητον, ὅτι σπουδῇ χαριεντίζεται, ῥᾳδίως εἰς ἀγῶνα καθιστὰς ἀνθρώπους, περὶ πραγμάτων προσποιούμενος σπουδάζειν καὶ κήδεσθαι ὧν οὐδὲν τούτῳ πώποτε ἐμέλησεν· ὡς δὲ τοῦτο οὕτως ἔχει, πειράσομαι καὶ ὑμῖν ἐπιδεῖξαι.]

24c5：ἀδικεῖν φημι Μέλητον[我说美勒托斯坏了规矩]，[SS注]我们在这里看到了ἀδικεῖν的文字游戏。这个动词除了一般的含义之外，还有两个特殊的意思，第一种属于法律语言（指"犯法"），第二种属于游戏和运动的语言（指"犯规""欺骗"和"作弊"），我们在这里看到的是第二种含义，而前面b9（诉状）则是第一种含义。关于这种"玩弄"（sporting）的含义，另参《阿尔喀比亚德前篇》110b1-5：Πολλάκις σοῦ ἐν διδασκάλων ἤκουον παιδὸς ὄντος καὶ ἄλλοθι, καὶ ὁπότε ἀστραγαλίζοις ἢ ἄλλην τινὰ παιδιὰν παίζοις, οὐχ ὡς ἀποροῦντος περὶ τῶν δικαίων καὶ ἀδίκων, ἀλλὰ μάλα μέγα καὶ θαρραλέως λέγοντος περὶ ὅτου τύχοις τῶν παίδων ὡς πονηρός τε καὶ ἄδικος εἴη καὶ ὡς ἀδικοῖ[当你还是个孩子时我常听到——从你老师那里或其他什么地方——你玩骰子或其他游戏时，不像有些人那样并在意公不公正，你会大声而果敢地对玩伴说，他不按规矩玩，他在耍赖]（梁中和译文），阿里斯托芬《云》25（斐狄庇得斯梦见他正在赛马）：Φίλων, ἀδικεῖς. ἔλαυνε τὸν σαυτοῦ δρόμον[斐隆啊，你在耍花招，回到你的道上去]。ἀδικεῖν也同样可以用来指"破坏谈话的规则"，如《欧蒂德谟》287c7-8和《泰阿泰德》167e1-168a2（见下一句的注释）。所以《申辩》中这句话意为："美勒托斯说我犯了法，但我说他是在骗人。"

[按]盖洛普、格鲁伯和艾伦都译作is guilty of，福勒译作wrongdoer，魏斯特译作does injustice。王太庆译作"作恶多端"。吴飞译作"行了不义"。苏格拉底接下来所说的美勒托斯的行径，都还谈不上犯罪，至多算在"做人"方面"犯规"。

24c5：ὅτι σπουδῇ χαριεντίζεται[一本正经地拿严肃的事情寻开心]，[S甲注]χαριεντίζεσθαι来自χαρίεις，"诙谐欢快的"，可以指"欢快地开玩笑或逗趣"，意同，因此，完全可以指"开玩笑"和"闹着玩"。因此σπουδῇ χαριεντίζεται指"正儿八经地开玩笑"。对于美勒托斯来说，他把这样毫无根据的污名栽到苏格拉底头上，要假装自己关心年轻人的教育，这看上去就是 χαριεντίζεσθαι，即"闹着玩"和"开玩笑"。但是，因为他指控苏格拉底败坏青年，并且是严肃而狂热地提出了那种控告，他就被说成 σπουδῇ χαριεντίζεται。接下来说的是 ῥᾳδίως，"鲁莽地"。下面（24c6）的 εἰς ἀγῶνα καθιστάς，意为"控告"。

[S乙注] 古注家释曰：εὐτραπελίζεται, σκώπτει [太严肃地开玩笑]。因为美勒托斯控告苏格拉底根本没有能力犯的罪，还说苏格拉底热衷于教导年轻人，而苏格拉底没有觉得如此，这就可说是 χαριεντίζεσθαι，即"开玩笑"或"嘲弄"。但在提到美勒托斯指控苏格拉底败坏青年，以及这场铁板钉钉的指控时，这位哲人（按指苏格拉底）说美勒托斯 σπουδῇ χαριεντίζεται，这是一种严肃的想法，却差不多要受到讽刺原因的影响。

[R注] "以庄严的形式开玩笑"，这是矛盾修辞法（oxymoron）。法律之设置，本来是要庄严对待事情，其后果也十分严肃，却被他仅仅拿来取乐。

[B注] "他是一个庄严的吊儿郎当的人"，或说"他是在演一场庄严的闹剧"。其含义是说美勒托斯这个绝对认真的人，其实是一个 pince-sans-rire [故作严肃的假正经]（另参希腊化时期的 σπουδογέλοιος）。下文26e7, 27a7 和 d6 重复了这个指控。

[SS注] 这里以及下面的27a2 和 d6，χαριεντίζεσθαι 都是 παίζειν [游戏、开玩笑、逗小孩子] 的同义词，在27a7 中为后者所取代。——其含义似乎是"他以严肃的方式玩游戏"，但实际上却不老实，还犯了规。伯内特的翻译以及他的注疏都不在点上。下文26e7, 27a7 和 d6 重复了这种指控。实际上，似乎很难把 σπουδῇ χαριεντίζεται 从句子的连续性中割裂开来：接下来的 ῥᾳδίως 暗示，美勒托斯在不恰当的地方，也就是在结果极端严肃的时候轻率行事；在 προσποιούμενος σπουδάζειν 中，分词表示的是与 χαριεντίζεσθαι 或 παίζειν 一样的意思，而 σπουδάζειν 支配 σπουδῇ，因此，σπουδῇ 不与美勒托斯的行为相关，而是他用来开玩笑的那件事情的严肃性相关。在苏格拉底看来，美勒托斯行为中不正确的地方，是他在死刑案件这样严肃的事情上寻开心，也是在需要格外仔细审查的问题上找乐

子。所以，苏格拉底混用 σπουδή 和 παιδιά，尽管它们各自的规则根本不同。《泰阿泰德》167e1-168a2 中有相似的思路和完全相同的用语。美勒托斯出错的地方恰恰就在于没有坚守 σπουδή 和 παιδιά 的恰当区别。哈利维尔（Halliwell）说："χάρις, χαρίεις 等词，尽管常常用来赞同一些令人愉快的机智行为，有时也用于不赞成的诉求"，见 CQ 41（1991），页284，他引用了欧里庇得斯的残篇492.2 N2，德莫斯忒涅斯18.138。出自柏拉图的例子，还要加上《泰阿泰德》168d2。

[S丙注] 这里一个矛盾修饰法（oxymoron）的例子，或者故意自相矛盾。关于这种演讲风格，参法拉（F. W. Farrar）的《希腊语句法》（*Greek Syntax*, London, 1866），第315节C部分。李德尔译作"以庄严的形式开玩笑"。

[D注] 这是一种 ὀξύμωρον ［自相矛盾而带有机锋的话］，因为 χαριεντίζεσθαι 与 παίζειν 义近，后者的名词 παιδιά，是 σπουδή 的反义词。"美勒托斯戏谑地对待一件严肃的事情（一场事关生死的控告），就好像整个事情只是一场玩笑。"

[T注] 拉丁语译作 serio ludit，字面意思是"真诚地开玩笑"。这是"矛盾修饰"手法的一个例子。后面的分词从句解释了它的意思。美勒托斯似乎只能"开玩笑，装腔作势骗人"，尽管他"假装觉得如此关心一些事情（如教育青年和礼敬神明），而对那些事情又从未严肃地思考过"，而且，他鲁莽地（ῥᾳδίως）让人受审（εἰς ἀγῶνα καθιστὰς ἀνθρώπους）时，又干了一件"严肃的事情"。

[MP注] "认真地愚弄"。苏格拉底认为这桩官司乃是精心（而且不恰当）设计的玩笑，由此提前嘲讽了美勒托斯。σπουδῇ ［严肃，一本正经］一词所体现的"关心"（稍后在24c7 的 σπουδάζειν 和 24c8 的 κήδεσθαι ［关心］中又重新提起），预告了苏格拉底借美勒托斯之名而使用的一系列不间断的双关语，以及与后者名字有关联的词汇，如 ἐμέλησεν（24c8, 26b2），μέλον（24d4），μεμέληκεν（24d9, 25c3），ἀμέλειαν（25c3）。但苏格拉底的说法仍然是反讽性的，因为把严肃和戏谑揉在一起，常常是他

的典型手法。比如可参《斐德若》(234d7)，《高尔吉亚》(481b7)，《普罗塔戈拉》(336d3)，在这几处，他的对手简直说不清楚苏格拉底是不是在开玩笑。早前苏格拉底开始讲述德尔斐神谕时（20d5的 παίζειν），很显然就是这种情况。

[按] 盖洛普译作 trifling in a serious matter，格鲁伯译作 dealing frivolously with serious matters，福勒译作 jokes in earnest，魏斯特译作 jest in a serious matter。字面意思"拿如此严肃的事情开玩笑"，但如果按照施塔尔鲍姆等人的理解和古人的注疏，把 σπουδῇ 理解为修饰 χαριεντίζεται，则可译作"一本正经地开玩笑"。

24c6：ῥᾳδίως εἰς ἀγῶνα καθιστὰς ἀνθρώπους [随随便便就把人告上法庭]，[B注] ῥᾳδίως，拉丁语作 temere，"轻松地"，即"鲁莽地"，另参《克里同》48c4：τῶν ῥᾳδίως ἀποκτεινύντων [草菅人命]。εἰς ἀγῶνα καθιστὰς ἀνθρώπους，"把人告上法庭"。是固定的表达法，类似于"见官"，完全可以用复数。另参安提丰《四联演说词》(Tetr.) 的第三部分之1.1，吕西阿斯19.6和27.6，色诺芬《斯巴达政制》8.4。

24c7-8：ὧν ... ἐμέλησεν [对于自己"没能托思"]，[B注] 苏格拉底在整个这一段话都是在用 Μέλητος [美勒托斯] 这个名字玩文字游戏。

[SS注] μέλει μοι 与教育问题相关，另参《拉克斯》179b1，187c6。[D注] ὧν 解释了 ἐμέλησεν，οὐδὲν 是副词，"完全不"。τούτῳ 比 αὐτῷ 表示更多的情感。

[J注] 一般都说 ὧν 受 ἐμέλησεν 支配。但我注意到在希腊语和拉丁语中有很多例子，在两个不同结构中，其中一个有时可以提取出相同的意思，有时提取出或多或少相似的意思。因此，在大多数这些例子中，我倾向于认为，作者也许不是仅仅想到了其中一种结构，他也许觉得，这些话表达了普遍的含义，或者表达了他想表达的意思，并且觉得那种形式已经让他满意了：但他事先并没有进一步在语法上精心地推敲。

例如，以我最先想到的为例，见西塞罗的《论友谊》9.29：Quibus rebus ad illum primum motum animi et amoris adhibitis admirabilis quaedam exardescit benevolentiae magnitudo［当它们与心灵和爱的那种第一冲动相结合时，就会油然激起某种巨大的情谊］（王焕生译文），quibus rebus adhibitis 既可以当作"绝对夺格"，也可以当作"工具夺格"，在罗马人看来，这种情况其实并没有什么区别。那么，把这个原则用于柏拉图这段话中，我们也可以把 ὧν 视为受前面的 περί 支配，这符合不在关系代词前面重复介词的习惯用法：因为在与 μέλει 连用时，περί 接属格和单独使用属格，都很常见。

［G注］苏格拉底在质问美勒托斯时反复提到"关心"一词，这是在用控告者的名字开玩笑，"美勒托斯"一词的第一个音节也是"关心"这个动词和名词的词根。

［W译注］"关心"在希腊语中是 meletē："美勒托斯"（Meletus）听上去就像"关心"。苏格拉底用他的名字来玩双关的游戏，以证明这位叫做"关心"的老兄其实并不关心。

［按］ἐμέλησεν 本义为"关心"，我音译作"没能托思"，发音近于"美勒托斯"，意带双关。

24c8：πειράσομαι καὶ ὑμῖν ἐπιδεῖξαι［我会试着证明给你们看］，［SS注］καί 的含义是强调这样一个事实，这里所讨论的问题可以让听众跟说话人一样清楚明白。在这种情况下，分词既可以与主语连用，也可以与 ὑμεῖς［你们］连用，另参德莫斯忒涅斯30.5，托名德莫斯忒涅斯43.2（约成书于公元前370-368年）。

［D注］"你们也会看到这一点"，"你们会像我一样看到这一点"。

那么，到这里来，美勒托斯，告诉我：你难道不［24d］认为让年轻人变得尽可能好乃是至关重要的事情吗？——我当然这么认为。［καί μοι δεῦρο, ὦ Μέλητε, εἰπέ· ἄλλο τι ἢ περὶ πλείστου ποιῇ ὅπως ὡς βέλτιστοι οἱ νεώτεροι ἔσονται; Ἔγωγε.］

24c9：καί μοι δεῦρο, ὦ Μέλητε, εἰπέ［那么，到这里来，美勒托斯，告诉我］，［B注］雅典司法程序中还没有盘问证人这一项，但另一方面，哪一方都有权利质问另一方，被质问的一方不能拒绝回答（参下文25d2）。另参德莫忒涅斯46.10。吕西阿斯的《驳厄拉托斯忒涅斯》（*Against Eratosthenes*）第25节就有一场 ἐρώτησις［讯问］，尽管非常简短，亦参22.5。在《驳阿戈拉托斯》（*Against Agoratus*）中，有两处表示一种 ἐρώτησις［讯问］，一处由 ἀπόκριναι δή μοι［我应诉］引导，另一处由 καί μοι ἀπόκριναι［我应诉］引导。埃斯库罗斯在《欧墨尼得斯》（*Eumenides*，一译"复仇女神"或"善好者"）中再现了雅典司法程序的这种特征（行586以下）。亚里士多德在《修辞术》1418b39以下，就 ἐρώτησις［讯问］的正确方法给了一些暗示，并且提到了《申辩》中的这个地方（另参27d9注）。

苏格拉底并没有勉强用一些严肃的论点来驳斥美勒托斯，他的目的仅仅是要表明控告者并不懂得自己的 ἀντωμοσία［誓状］。因此，他没有抗议这种论证太"诡辩"。苏格拉底有权利也有必要指出，这场诡称的控告不过是一种借口，而让人们明白这位有名无实的控告者甚至不懂得这场指控究竟意味着什么，则能最有效地做到这一点。从艺术上来说，这场质问起到了烘托下面严肃部分的作用。

ἐρώτησις［讯问］的第一部分（24c4-26a7）讨论的是败坏青年的指控。

苏格拉底诱使美勒托斯说出，其他所有的雅典人都让年轻人变得更好，而只有苏格拉底一人在败坏他们，这与所有的推理都相悖（24c4-25c4）。这是真正的苏格拉底式的观点，这一观点在《克里同》中得到了发展（47a以下）。

［SS注］这种表达式已为毕凌斯（Grace H. Billings）研究过了，尽管不大充分，参氏著《柏拉图著作中的转折艺术》（*The Art of Transition in Plato*，学位论文，Chicago 1920，重印于1979年，New York - London），页54。这里不存在前一个话题向下一个话题转移的问题，而是一个全新的开始，因为前面那些句子是对陪审团说的，而这个句子以及接下来的话是对美勒托斯说的。δεῦρο 引导一个命令式，而不是常见的

ἴσθι［你知道］或 φέρε［你说］，在散文中倒不常见。在柏拉图笔下，我只找到一处，《克拉提洛斯》422c2。作为一种不带命令式的劝诫，见于《王制》445c1 和 477d7。在其他地方，如《泰阿泰德》144d7，其意思是狭义的。

［R注］苏格拉底接下来对美勒托斯的盘问，尽管很自然地为苏格拉底展示自己独特的天才提供了舞台，却是合理合法按照惯常的 ἐρώτησις［讯问］来说的，双方都必须在对方的要求下做出回答。

［T注］δεῦρο 指"到这里来"(hither)，要理解为一个 ἄγε［来吧！］，或代替 ἔρχου［过来！］。有时亦见于《伊利亚特》和《奥德赛》，柏拉图其他著作中也有。法律允许双方在官司中互相"质问"，并强迫被问方回答，参下文 25d 注。也许很少有人对法律作出过如此美妙的解释，因为苏格拉底懂得如何用自己的问答法来使用法律。

［按］盖洛普译作 step forward，格鲁伯译作 come then，福勒、艾伦和魏斯特译作 come here，王太庆和吴飞译作"来吧"。

24c9-d1：ἄλλο τι ἢ περὶ πλείστου ...［难道你不认为至关重要吗］，［S 乙注］ἄλλο τι 用于问句中，但也只用于这样的问句，仿佛意在"引出一种承认或坦白"；这种表达法从不仅仅用来提供信息。因此，其意思是"难道你不认为它非常重要吗"，"难道你不是非常热切地盼望它吗"，ἄλλο τι ἢ περὶ πολλοῦ 这种形式也很常见，但如果省略了 ἢ（按：斯坦福就省略了），问的就仅仅是 ἄλλο τι，而不是句子的其他成分，即不是对 ὅπως ὡς βέλτιστοι οἱ νεώτεροι ἔσονται 这部分产生疑问。将来时直陈式解释的是 ὅπως，这时主动词表示将来要发生的事情。因此，那种时态会出现在现在时（如此处）、将来时和过去时的结构中。

［B注］BW 抄本作 περὶ πολλοῦ。尽管最高级不那么常见，意思却更佳："难道它不是你的主要关切吗？"

［T注］ἄλλο τι 这种用法，或更完整的形式 ἄλλο τι ἢ，尤其在柏拉图著作中，常常用来单纯地问问题，暗示一个肯定性的答案，就像 οὐκοῦν 或拉丁语的 nonne［难道不是］，也许仅仅是更为强烈的肯定性含义，翻

译为"难道你不"。接下来的 ὅπως 带将来时直陈式,比它带不定过去时虚拟式,更能表示确定性和连续性。这里的目标是要表达年轻人永恒不变的卓越状态。

那好,请过来,告诉这些[陪审]人:谁让他们变得更好?你显然知道的,因为你毕竟很关心嘛。由于你发现,如你所说,是我败[d5]坏了他们,就把我带到这些[陪审]人面前来控告我——过来说说那个让人变得更好的人,向这些[陪审]人揭发这人是谁。——你看,你看,美勒托斯,你默不作声,就没什么可说的?可是,你不觉得羞愧吗,这不恰好充分证明我所说的——你根本就"没能托思"过?但[d10]也要说呀,我的好人,是谁把他们变得更善良一些的?——法律。[Ἴθι δὴ νῦν εἰπὲ τούτοις, τίς αὐτοὺς βελτίους ποιεῖ; δῆλον γὰρ ὅτι οἶσθα, μέλον γέ σοι. τὸν μὲν γὰρ διαφθείροντα ἐξευρών, ὡς φῄς, ἐμέ, εἰσάγεις τουτοισὶ καὶ κατηγορεῖς· τὸν δὲ δὴ βελτίους ποιοῦντα ἴθι εἰπὲ καὶ μήνυσον αὐτοῖς τίς ἐστιν. — Ὁρᾷς, ὦ Μέλητε, ὅτι σιγᾷς καὶ οὐκ ἔχεις εἰπεῖν; καίτοι οὐκ αἰσχρόν σοι δοκεῖ εἶναι καὶ ἱκανὸν τεκμήριον οὗ δὴ ἐγὼ λέγω, ὅτι σοι οὐδὲν μεμέληκεν; ἀλλ' εἰπέ, ὠγαθέ, τίς αὐτοὺς ἀμείνους ποιεῖ; Οἱ νόμοι.]

24d3:δὴ νυν [那好],[SS注]接一个命令式,比单纯的 δή 更为急迫(丹尼斯顿,前揭,页218 iii)。伯内特说,除了这里,只有《法义》688e3、693d2 和 737a4 才有 δὴ νυν 的用法(后面两处也接了一个命令式)。可对参《智术师》224c9,亦见于《王制》445c1。

24d4:μέλον γέ σοι [因为你毕竟很关心嘛],[S乙注]斯特方旁批曰:quum id tibi curae sit [你关心此事]。那些"无人称的动词",或者"无人称"的结构,如果依赖于这样一个"动词"(常见的是一个"不定式",或者一个类似于 ὅτι 所引导的句子)的前置词,严格说来这个前置词应作为该动词的真正主语,这种结构作为一种 casus absoluti [绝对用法],有两种不同的用法:1、当它只是一种"时间"关系,就应该是属格;2、在其他任何结构中,就要用"中性宾格",如,εἰρημένον αὐτοῖς παρεῖναι οὐκ ἤκουσι, 意思是"他们没有来, 尽管他们已被告知（εἴρηται）要出场", 而且所有一般所谓"无人称"的"动词"都是这种用法: διὰ τί μένεις, ἐξὸν ἀπιέναι, "你已经自由了, （允许你）离开（ἔξεστιν）, 但你为什么还留下来了呢?"

[B注] 又在暗指"美勒托斯"的名字。[SS注] 在分词从句中, γε 常常表示原因（因为……）, 见丹尼斯顿, 前揭, 143.3。

[D注] μέλον 是绝对宾格（accusative absolute）。下文的意思是"你发现谁在败坏他们之后, 就把我带到这个法庭上来进行控告。"

[T注] "尤其（γε）因为你如此关心它", 要把这个小品词理解为与前面的问题相连, 它与之构成一个绝对宾格。

24d4-5: τὸν ... διαφθείροντα ἐξευρών, ὡς φῄς, ἐμέ [你发现, 如你所说, 是我败坏了他们], [SS注] 相当于 ἐξευρών ... ὅτι ὁ διαφθείρων εἰμὶ ἐγώ, 正如美国古典学家吉尔德斯利芙（B. L. Gildersleeve, 1831—1924）所说（《古典希腊语句法》, 1900年, 卷二, 页686）, 这是一种"关联从句"（clause of identification）。关于 ὄντα 的省略, 另参 K.-G., 2.66-67。刚好在 ἐμέ 之前插入 ὡς φῄς, 是为了特别强调这个代词。ὡς φῄς 是常见的法庭用语, 说话人引用另一方当事人的话语, 但怀疑或否认这话的真实性。亦参吕西阿斯 12.26, 德莫斯忒涅斯 19.171 和 221, 柏拉图《申辩》24b5 等。苏格拉底在对话性讨论中常常用这个套话, 如《申辩》25e4,《游叙弗伦》7e9,《默涅克塞诺斯》77e5 和 92d8。另参 33c4 注。

24d5: ἐμέ, εἰσάγεις τουτοισί [就把我带到这些（陪审）人面前], [S甲注] 动词 εἰσάγειν 要么是在说官员, 这时该词指"允许控告者根据某条法律而起诉某人""允许采取行动"; 要么指起诉人, 这时它的意思是"告上法庭"或者"指控", 如此处。在这两种含义之下, 该词都要理解为 εἰς δικαστήριον [上法庭], 如 17c 的 με εἰσάγοι τις εἰς δικαστήριον, 或者要理解为这一类意思。这段话加上了 τουτοισί, 就补上了那种表达的位置。参 Meier 和 Schoemann（《阿提卡司法程序》, 页 709, 注释 19）。

[S乙注] 诉讼本身就是 δίκη εἰσαγώγιμος, 当事人叫做 εἰσαγωγεύς。这

里的 τουτοισί 等同于 εἰς δικαστήριον [上法庭]。

[B注]"你把我带到这里的法官面前来"。提起诉讼或把人告上法庭的常规用语是 εἰσάγειν，常规结构是 εἰσάγειν εἰς (τοὺς) δικαστάς，如《蒂迈欧》27b2，或者 εἰς (τὸ) δικαστήριον，如下文 25d5、29a2、26a2。在这种意义上，εἰσάγειν 的被动态是 εἰσιέναι，另参 17c5 和 29c2，尽管在《高尔吉亚》521c4 和《法义》915c3 中是 εἰσαχθεὶς εἰς δικαστήριον。相关实词，见《克里同》45e3：ἡ εἴσοδος τῆς δίκης εἰς τὸ δικαστήριον ὡς εἰσῆλθεν [通向法庭的官司之门]。这似乎是这种意义上的 εἰσάγω 带与格的唯一例子，但该动词在其他意义上也带与格，因此，不能像科贝特那样认为是不可能的。

[S丙注] ἐμέ 似乎有双重功能：一是 τὸν διαφθείροντα 的述词，同时又是 εἰσάγεις 的直接宾语，"因为发现他们，如你所说，败坏于我之手，就把我带到他们跟前来控告我"。

24d7：Ὁρᾷς, ὦ Μέλητε [你看，你看，美勒托斯]，[S甲注]像这样把动词 ὁρᾷς 放在前面，是用来表示嘲笑。比较阿里斯托芬《云》662、669；《马蜂》393；《和平》330；《蛙》1136、1245。欧里庇得斯《埃勒克特拉》行 1121。接下来整个这段话与其说是法庭演讲，毋宁说表现了苏格拉底式的论辩风格。

[按] 这里的问句似乎不合逻辑：美勒托斯默不作声，并不需要他本身看出来。所以，盖洛普和格鲁伯译成陈述句。为了符合语境，我采用了吴飞的译法，加上了"什么"，这个不需要回答的问句，实际上就是在陈述当前的事实。

24d8：καίτοι [可是]，[SS注]"常常标志着从前提到前提的转换，几乎都是从小前提到大前提的转换"（丹尼斯顿，前揭，561.3）；大多数情况下，"三段论的结论都让人去想象。一般是小前提在先，大前提继之，常常以修辞问题的形式出现"（同上，562.ii）。αἰσχρόν 不是 τεκμήριον 的属性，而是独立的词语。

24d9：τεκμήριον [证明]，[D注] 可以假定，如果美勒托斯知道，他肯定会说。尽管他沉默不语不是一种绝对的证据，因为他也许还有其他动机，但那是他无知的"象征"（indication）。

24d9：σοι οὐδὲν μεμέληκεν［你根本就"没能托思"过］，［B注］又在就"美勒托斯"的名字玩文字游戏。按：或译"你从来就没关心过"。

24d9：ἀλλ᾽ εἰπέ［但也要说呀］，［SS注］ἀλλά带命令式的常规用法是置于话语的末尾，"作为牢靠的和最终的请求"（丹尼斯顿，前揭，14）。它重复最初的命令式，另参《王制》328a9-b1：ἀλλὰ μένετε καὶ μὴ ἄλλως（重复327c9的μένετ᾽ αὐτοῦ）。

24d10：ἀμείνους［更良善］，［R注］"更好的公民"，也就是对他人更好的人，而上文的βελτίους［更好］的意思严格说来，是指他们自己更好。

24d11：Οἱ νόμοι［法律］，［B注］这是每一个雅典民主派会很自然作出的回答，而且还会很自然地接着说，一个人和一个邦民的善要从自己的同胞那里学来。苏格拉底只是在让美勒托斯以一种更为夸张的形式给出安虞托斯在《美诺》（92e3）中三思之后给出的同样回答。

［24e］但我问的不是这个，最了不起的家伙呀，而是问，哪个人最先懂得这个东西，即法律？——这些人，苏格拉底，这些法官们。——你是什么意思，美勒托斯？他们能［e5］够教导年轻人，把他们变得更好？——当然。——究竟是他们所有人都能，还是有的能，有的不能？——他们所有人都能。［Ἀλλ᾽ οὐ τοῦτο ἐρωτῶ, ὦ βέλτιστε, ἀλλὰ τίς ἄνθρωπος, ὅστις πρῶτον καὶ αὐτὸ τοῦτο οἶδε, τοὺς νόμους; Οὗτοι, ὦ Σώκρατες, οἱ δικασταί. Πῶς λέγεις, ὦ Μέλητε; οἵδε τοὺς νέους παιδεύειν οἷοί τέ εἰσι καὶ βελτίους ποιοῦσιν; Μάλιστα. Πότερον ἅπαντες, ἢ οἱ μὲν αὐτῶν, οἱ δ᾽ οὔ; Ἅπαντες.］

24e1：οὐ τοῦτο ἐρωτῶ［我问的不是这个］，［D注］"那不是我的问题"。

24e2：πρῶτον［首先］，［B注］"首先"（to begin with）。［按］大多数译本都与伯内特的解释一样，福勒和艾伦译作 in the first place，魏斯特译作 first of all。

24e3：Οὗτοι ... οἱ δικασταί [这些人，法官们]，[B注]"这些绅士，法官们"。科贝特删去了 οἱ δικασταί，而写作 οὗτοί [这些人]。那就破坏了回答中的犹豫色彩，损坏了句子。

[D注]"这些人，法官们"。严格说来，24e4 的 οἵδε 只包括庭审现场的 ἡλιασταί [陪审员]，但显然他们代表着所有的 δικασταί [法官]（按：指所有现场的陪审员，以及在抽签中没有选中却有资格担任陪审员的雅典公民，实际上就是指所有雅典成年人）。

24e3-25a6：δικασταί ... ἀκροαταί ... βουλευταί ... ἐκκλησιασταί [法官们……听众们……议员们……公民大会的成员们]，[SS注]四次用 -ται 结尾的词（按：为了保持这种语言特色，本书翻译这些复数名词时，都加上"们"，尽管"听众们"一词在汉语中似乎有语义重复之嫌），这肯定是故意的，尤其因为 ἐκκλησιασταί [公民大会的参与者] 不是一个常用词（所以伯内特对 25a5 的注疏是正确的；亚里士多德对这个词用得相当频繁），它强调了问题的层次（gradation）。除此之外，也许还是对安提丰 5.94 所示范的一种修辞风格特征的戏仿。亦参《高尔吉亚》452e1-3，那看起来也像是戏仿。

24e4：Πῶς λέγεις [你是什么意思]，[SS注]不是"你怎么那样说"的意思，乔伊特（Jowett）似乎就这么理解，但他翻译得不准确（loose translation）: What, do you mean to say, Meletus, that they are able to instruct and improve youths? 这句语只是"你说什么"的意思，如同《吕西斯》208a4-7 中的例子。在肃剧中，常见的 πῶς εἶπας 也是同样含义，另参埃伦特《索福克勒斯词典》（F. Ellendt, Lexicon Sophocleum, Berlin: Sumptibus Fratrum Borntraeger, 1872），676a。因为"你怎么那样说"的希腊文是 πῶς τοῦτο λέγεις，如《欧蒂德谟》279d5-6，《会饮》202c5,《泰阿泰德》152d1。

24e4-5：παιδεύειν οἷοί τέ εἰσι καὶ βελτίους ποιοῦσιν [能够教导并把他们变得更好]，[SS注]前面讨论智术师时，已暗中把 παιδεύειν [教育] 等同于 βελτίους ποιεῖν [变得更好]，我们在那里先看到 παιδεύειν（19d9 和

e2），然后是 καλώ τε κἀγαθώ ποιήσειν τὴν προσήκουσαν ἀρετήν［根据其固有的德性而把它们两个打造得壮美而高贵］（20b1-2；另参b4-5）。

以赫拉之名起誓，那真是一个好消息，你说居然有那么多［e10］帮助者！这些听众们又怎样呢，也能把他们变得更好，［25a］还是不能？——他们也能。——议员们又如何？——议员们也能。——［a5］那么，美勒托斯，那些公民大会中的人，也就是公民大会的成员们，难道就不败坏比他们更年轻的人吗？还是说那些人全都会让年轻人变得更好？——那些人也都会让人变得更好。——那么，看起来，除了我，所有雅典人都在让人变得［a10］高贵善良，竟然只有我一个人在败坏他们！你就是这个意思吧？——那完全就是我的意思。［Εὖ γε νὴ τὴν Ἥραν λέγεις καὶ πολλὴν ἀφθονίαν τῶν ὠφελούντων. τί δὲ δή; οἱ δὲ ἀκροαταὶ βελτίους ποιοῦσιν ἢ οὔ; Καὶ οὗτοι. Τί δέ, οἱ βουλευταί; Καὶ οἱ βουλευταί. Ἀλλ᾽ ἄρα, ὦ Μέλητε, μὴ οἱ ἐν τῇ ἐκκλησίᾳ, οἱ ἐκκλησιασταί, διαφθείρουσι τοὺς νεωτέρους; ἢ κἀκεῖνοι βελτίους ποιοῦσιν ἅπαντες; Κἀκεῖνοι. Πάντες ἄρα, ὡς ἔοικεν, Ἀθηναῖοι καλοὺς κἀγαθοὺς ποιοῦσι πλὴν ἐμοῦ, ἐγὼ δὲ μόνος διαφθείρω. οὕτω λέγεις; Πάνυ σφόδρα ταῦτα λέγω.］

24e9：Εὖ ... λέγεις［那真是一个好消息］，［B注］"那可是一个好消息"，另参 εὖ ἀγγέλλεις。在思考的时候，我们必须重复 λέγεις，以支配 πολλὴν ἀφθονίαν，但意思稍有不同，指"你谈到"。

［D注］λέγεις 由 εὖ 修饰，其含义作为支配 ἀφθονίαν 的动词而继续发挥。

［按］盖洛普与伯内特理解相同，译作 what welcome news，格鲁伯译作 very good，福勒和魏斯特译作 well said［说得好］。这里的反讽意味非常明显。

24e9：νὴ τὴν Ἥραν［以赫拉之名起誓］，［S甲注］色诺芬笔下的苏格拉底也这样起誓，见《回忆苏格拉底》1.5.5, 3.10.9, 3.11.5。［S乙注］在希腊，男人们也常常以女神之名起誓。

[W译注]"以赫拉之名起誓"是女性的誓言（参多兹对《高尔吉亚》449d5的注疏）。赫拉，宙斯之妻，是"婚姻和生活，尤其是妇女性生活的女神"。她"也常常与孩子的生育和抚养相关"（《牛津古典词典》相关词条）。

24e9-10：τῶν ὠφελούντων[帮助者]，[S甲注]即τῶν βελτίους ποιούντων。

24e10：τί δὲ δή[又怎样呢]，[SS注]在苏格拉底的归纳过程中，τί δὲ用来引入一个在内容和形式上与前一个问题相平行的新问题。一般说来，正如在25a3的 Τί δέ, οἱ βουλευταί中，在句法结构上没有任何影响，最好简单地翻译为"而且"（and），所以那一句话意为"还有那些议员们呢"。

[T注]δέ（按：T抄本为δαί，即δή的加长版，SS本认为这种写法不正确）表示惊讶或吃惊，仅仅用于带τί和πῶς的问题中。

[按]盖洛普译作how about[the audience here in court]，格鲁伯译作what about，魏斯特颇为模糊地译作What, then，福勒的处理似乎更为适中：but how about this。吴飞译作"那怎样呢"。SS本的解释与这些译者的理解不完全相同。

24e10：οἱ δὲ ἀκροαταί[这些听众们]，[B注]"听众"，即法庭中的观众。从荷马以降，δέ常常用来引导生动活泼的问题。[W译注]也包括苏格拉底的一些熟人。

[SS注]BWY抄本的οἵδε οἱ ἀκροαταί，看起来比伯内特所采用的T抄本更可取。这个句子并不属于一个可以由δέ引导同一类问题（冒犯伯内特），丹尼斯顿（前揭，173-177）已经很好地说明了这一点。阿提卡法庭讲辞从未用οἱ ἀκροαταί这个词来指陪审团成员之外的那些观众。那些观众通常被称作οἱ (ἔξωθεν) περιεστηκότες[（外面的）围观者]，如德莫斯忒涅斯20.165, 25.98, 54.41；埃斯基涅斯2.5和3.207；狄纳科斯[①]的1.30,

---

① 狄纳科斯（Dinarchus，约前361—前291），科林多人，早年移居雅典，阿提卡十演说家的最后一位，演讲词作家。

66和2.19。然而，我们还发现了分词 οἱ ἀκροώμενοι，如吕西阿斯14.46，德莫斯忒涅斯19.196，另参埃斯基涅斯1.77，117和173。

25a3：Τί δέ, οἱ βουλευταί [议员们又如何呢]，[S甲注] 雅典有两个议事会（senate）：Areopagus，即 βουλὴ ἡ ἐξ Ἀρείου πάγου [来自阿瑞斯山（即战神山）的议事会]，以及由梭伦创立的"五百人议事会"（βουλὴ ἡ τῶν πεντακοσίων）。这里可以指任何一个议事会。下文的 Ἀλλ' ἆρα ... μὴ οἱ ἐν τῇ ἐκκλησίᾳ，参《普罗塔戈拉》312a7-8：Ἀλλ' ἆρα, ὦ Ἱππόκρατες, μὴ οὐ τοιαύτην ὑπολαμβάνεις [不过，希珀克拉底，兴许你并没有以为]（刘小枫译文），和《欧蒂德谟》290e。

[G注] 雅典议事会有五百人，每年在十个部族年满三十岁以上的男丁中各选五十人组成。议事会与官员们联合处理国家事务，并为公民大会准备议事日程（参《游叙弗伦》3c注，亦参下文32b注。

25a5：Ἀλλ' ἆρα [那么，难道]，[SS注] "那么，但是"，也就是说"如果是这么回事"，但是，既然每个公民在法律上都有权成为公民大会的一员，难道就不能说全体公民（civic body）也在败坏青年吗？"

[D注] 带 μή 的问题，默认会有否定性的回答。这里对 ἆρα 的使用，标志着苏格拉底列举各色人等已到最后阶段。只剩下 ἐκκλησιασταί [公民大会的参与者]。"雅典有人在败坏青年。我们已经看到，那不是别的什么人，我希望不是这些绅士们！"但从 πάντες ἆρα Ἀθηναῖοι [竟是所有雅典人]云云来看，这种说法荒唐无比。

[S丙注] 要记住，οὐ 期望的回答是"不"，而 μή 期望的回答是"是"。

25a5-6：ἐκκλησιασταί [公民大会的成员们]，[S乙注] 有两种人都可以这样称呼，一种是积极参与论辩的人，一种是仅仅站在一旁聆听雅典 Ἐκκλησίαι 或公开集会事务的人。见波特的《古希腊》(Grec. Antiq.)，卷六，章17。

[B注] ἐκκλησιαστής 这个不常见的术语也见于《高尔吉亚》452e2 和《欧蒂德谟》290a3。所有这些例子中似乎都是要把这种形式调整成

那种与之相关的形式上去。这种解释也同样适用于德国古典学家波尼茨（Hermann Bonitz, 1814—1888）的《亚里士多德著作索引》（*Index Aristotelicus*, Typis et impensis G. Reimeri, 1870）所引的所有亚里士多德著作中的例子。规范的表达是 οἱ ἐκκλησιάζοντες（另参阿里斯托芬的著作名称 Ἐκκλησιάζουσαι）。我们在这里看到，作出这种调整，实际上是后来的想法。

[MP注]"公民大会的成员"在普尼克斯开会，这是雅典卫城西南边的一座小石山。公民大会在理论上是由所有公民组成的（也就是所有成年男性）。然而，ἐκκλησιασταί 是一个不大常用的词，所以伯内特说它是 οἱ ἐν τῇ ἐκκλησίᾳ［参加公民大会的人］的委婉表达，他可能是对的，那似乎是一种事后的想法（"你可以把它叫做 ecclesiastai"）。

25a6：τοὺς νεωτέρους［比他们更年轻的人］，[S甲注] 至少要年满十八或二十岁，才能参加公民大会。参德国德国古典学家舒曼（G. F. Schoemann, 1793—1879）的《论雅典公民大会》（*De Comitiis Atheniensium*, Sumptibus E. Mauritii, 1819），页76以下。这里很显然，νέοι 和 νεώτεροι 都是十八岁以下的年轻人。[按] 所有译本都直接处理作"败坏青年"。

那你可就把如此大的不幸栽到我头上啦！请回答我：你是否认为对于马也同样如此？你是否 [25b] 认为所有人都可以把它们变得更好，而只有某一个人会败坏它们？抑或与此完全相反，只有某一个人或极少数人，也就是驯马师，才有能力把它们变得更好，而普通大众即便跟马打交道并且使用马匹，也会败坏它们？[b5] 美勒托斯，对于马匹和对于其他所有动物来说，难道不都一样？[*Πολλήν γέ μου κατέγνωκας δυστυχίαν. καί μοι ἀπόκριναι· ἦ καὶ περὶ ἵππους οὕτω σοι δοκεῖ ἔχειν; οἱ μὲν βελτίους ποιοῦντες αὐτοὺς πάντες ἄνθρωποι εἶναι, εἷς δέ τις ὁ διαφθείρων; ἢ τοὐναντίον τούτου πᾶν εἷς μέν τις ὁ βελτίους οἷός τ' ὢν ποιεῖν ἢ πάνυ ὀλίγοι, οἱ ἱππικοί, οἱ δὲ πολλοὶ ἐάνπερ συνῶσι καὶ χρῶνται ἵπποις, διαφθείρουσιν; οὐχ οὕτως* ἔχει, ὦ Μέλητε, καὶ περὶ ἵππων καὶ τῶν ἄλλων ἁπάντων ζῴων;]

25a12：μου κατέγνωκας δυστυχίαν［把不幸栽到我头上啦］，[S乙注]"你宣判我大大的不幸"。由 κατα（"反对"，带属格）构成的复合动词，表示一种对人或物不利的行为，就把那个人或物用作属格，同时把作为这个动词的受动对象的物用作宾格。

[B注]"你可让我倒霉到家了"（that is a great misfortune you lay at my door）。καταγιγνώσκειν τί τινος 的意思是把一种缺点和错误"栽赃"或"嫁祸"给某人，参《游叙弗伦》2b1注，另参德莫斯忒涅斯30.38：τοσαύτην ὑμῶν εὐήθειαν κατέγνωκεν。这里的意思不是福勒所译的"你判给我如此大的不幸"（you have condemned me to great unhappiness，按：格鲁伯和艾伦亦作此译）。

[SS注]"如果我们相信你的话，我发现自己处于极为尴尬的窘境中"，这似乎是一个流行的短语，另参伊索克拉底2.12和15.212。——καταγιγνώσκω τί τινος 的原始意义是"发现某物对某人不利"（按：或"某物在某人身上不适宜"）。

[按]只有盖洛普的译文采用了SS本的理解，即 Then I find myself, if we are to believe you, in a most awkward predicament。水建馥、王太庆和吴飞相似地译作"你让我倒大霉了"。

25a12：ἀπόκριναι［回答］，[MP注]美勒托斯现在必定要为其夸张和无耻地迎合陪审团（如24e8的 ἅπαντες）的虚荣心而付出代价。如果真"只有"苏格拉底败坏青年，而其他任何人都在提升他们，那么，正如苏格拉底所说，"那就太多恩人呐"！但如果关心青年就如同关心马匹一样（20a2-c3），就几乎不可能只有一个人在伤害他们，而其他每个人——无论这些人一生中是否曾经骑过马——都在提升他们。这就是苏格拉底的典型手法：训练有素的专家才会干得最好。这种思想也为《王制》所描绘的理想城邦中的劳动分工提供了基础。

25a13：περὶ ἵππους［对于马］，[D注]这个问题无疑让美勒托斯很吃惊，但那完全是苏格拉底的方式，他会在非常熟悉的东西中为自己的论证找到类比。对此可参《克里同》47b。下一句的 οἱ ποιοῦντες，省略了 δοκοῦσιν [他们认为]。

25a13-b2：οἱ μὲν βελτίους ... ὁ διαφθείρων [变好……败坏]，[S甲注] 从前文来看，对于 πάντες ἄνθρωποι，我们必须理解为还有一个 δοκοῦσι [他们认为]，完全类似于《希琵阿斯后篇》379d 和《吕西斯》212d。这些词包含了对 οὕτω σοι δοκεῖ ἔχειν 的解释，因此没有加上连接词。另参《高尔吉亚》479b。

25b1：πάντες ἄνθρωποι [所有人]，[SS注] "每个人"。在这样的短语中，冠词要省略，参吉尔德斯利芙，前揭，2.651。[S丙注] 从前面无人称的 δοκεῖ 来看，这里要加上 δοκοῦσι，比较《美诺》72d。[按] 大多数译本都作 "所有人"，此从众。按照SS本的翻译，既然每一个人都有这个能力，那么苏格拉底也必然忝列其中；但又说苏格拉底例外，则自相矛盾。不过，翻译为 "所有人"，旨在彰显苏格拉底 "一个人" 与 "所有人" 的对立或张力。

25b2：τοὐναντίον τούτου πᾶν [与此完全相反]，[SS注] 整个句子的同位语一般放在前面，而且用的是宾格，如《泰阿泰德》153c8-d1。另参李德尔注疏所附（词句汇要》(Digest) 第13-14节。

[S丙注] 应该把这几个词理解为 δοκεῖ 的主语，又为后面同位的 εἷς μέν τις 所解释。李德尔的看法与此不同，参李德尔注疏所附 "词句汇要" (Digest) 第13节。

[D注] 副词性宾格。在《克里同》47b 中，苏格拉底没有诉诸多数而无知的人，而是诉诸少数人，或者那一个有特殊知识的人。[T注] "所有与此相反的"。

25b2：εἷς μέν τις... [某一个人]，[B注] 这里运用的是典型的苏格拉底的 ὁ ἐπαΐων [懂行者] 学说，只有这种人才适合成为一个 ἐπιστάτης [导师]。这种学说在《克里同》47b 以下得到了充分的发挥，参笔者对那里的注疏。

25b3-4：*oἱ ... πολλοί*［普通大众］，［SS注］不是"大多数人"，而是"民众""普通人"，也就是说，根据语境，要么（如这里）指与专家相对的外行，要么（如柏拉图笔下大多数时候）指那种按本能和流行意见行事的人，与哲人相对，哲人总是努力服从logos的指导。

［D注］这里的*δὲ*从句是从属性的，*δὲ*可以翻译作"而"（while）。

25b2：*περὶ ἵππων*［对于马匹］，［SS注］柏拉图在重申自己已经以某种方式详细阐释过的观念时，喜欢在文体上稍加变化。尽管这里与a13用的是同一个动词，但却用属格替代了那里更为规范的宾格，即*περὶ ἵππους*。

——当然完全一样，无论你和安虞托斯否认还是承认。因为对于青年们来说，如果只有一个人败坏他们，而其他所有人［25c］都帮助他们，那咱们的年轻人可就洪福齐天啦！但［事与愿违］，美勒托斯，因为你本人就充分表现出从来没有想到过青年们，你还明确地展示出自己的漠不关心，也就是说，你对于把我告上法庭的那些事由，根本就没有关心过！［*πάντως δήπου, ἐάντε σὺ καὶ Ἄνυτος οὐ φῆτε ἐάντε φῆτε· πολλὴ γὰρ ἄν τις εὐδαιμονία εἴη περὶ τοὺς νέους εἰ εἷς μὲν μόνος αὐτοὺς διαφθείρει, οἱ δ' ἄλλοι ὠφελοῦσιν. ἀλλὰ γάρ, ὦ Μέλητε, ἱκανῶς ἐπιδείκνυσαι ὅτι οὐδεπώποτε ἐφρόντισας τῶν νέων, καὶ σαφῶς ἀποφαίνεις τὴν σαυτοῦ ἀμέλειαν, ὅτι οὐδέν σοι μεμέληκεν περὶ ὧν ἐμὲ εἰσάγεις.*］

25b6：*πάντως δήπου*［当然完全一样］，［SS注］尤其在柏拉图笔下，*δήπου*常常在回答中与*πάντως*连用。［D注］在此之前，苏格拉底稍微等了一下，好让美勒托斯有机会回答（按：我们用破折号来表示这种停顿）。

［按］盖洛普等人都译作Of course it is，魏斯特译作of course it is, in every way。水建馥意译作"反正道理就是如此"，王太庆译作"都是这样的"，吴飞译作"一定是的"。

25b6：*ἐάντε ... οὐ φῆτε ...*［无论……否认］，［S甲注］文法家一般认为，在*εἰ, ἐάν, ἵνα, ὄφρα, ὅπως*，以及同类的其他词语后面，应该用*μή*，

而不是用 οὐ。然而，如果在意思上与动词如此贴近，以至于实际上与之构成了一个完整的观念，那么我们就可以使用 εἰ οὐ 这样的词组，那是正确的。但这只在 οὐ φάναι 的形式下使用，其字面意思是"说不"，相当于"否认"。当在这个意义上使用它时，总是用 οὐ φάναι，尽管前面有条件性的小品词。

[S乙注]"无论你和安虞托斯否认还是承认"。[D注] οὐ φῆτε 当作一个词来用，意为"否认"，所以 οὐ 没有必要改成 μή。从这些从句的摆放次序来看，答案很显然是"是"。

[SS注] 在一些短语中，否定词与动词连用，就可以使用 οὐ，尽管一般说来应该使用 μή。这种情况尤其适用于 οὔ φημι，"说不""否认"。另参吕西阿斯 13.76，古德温《希腊语语法》的 384 节，他指出，也有使用 μή 的情况。——这里的否定词前置，是因为它是最相关的词。

25b7：εὐδαιμονία ... περὶ τοὺς νέους [年轻人可就洪福齐天啦]，[SS注]正如伯内特在注疏《斐多》64d8（τὰς περὶ τὸ σῶμα θεραπείας）时指出的，περί 带宾格，可以代替依赖于名词的一个属格。这里就是主语的属格（"我敢说，咱们的青年人就非常幸运了"，按：盖洛普即作此译）。我并不像弗里斯那样认为，要尽可能不把它们视为同义词，参其发表在 *Mnemos.* 8（1955）的文章，页 295。很多译者（如乔伊特、施莱尔马赫、萨林 [Salin] 和克瓦热）翻译这个结构的时候，把它视为 irrealis [非现实的]。这种潜在的（"弱化的"）祈愿式是苏格拉底温文尔雅的口吻。

25b8：εἰ εἷς ... διαφθείρει [如果一个人败坏]，[S甲注] 另参 37c5-7：πολλὴ μεντἄν με φιλοψυχία ἔχοι, ... εἰ οὕτως ἀλόγιστός εἰμι [我也未免太贪生怕死啦，……莫非我真有那么愚蠢] 和 30b5-6,《泰阿泰德》171b,《斐多》69e,《阿尔喀比亚德前篇》122b, 109c, 114e, 116d,《普罗塔戈拉》340e（海因多夫在注疏这一段话时举了更多例子，包括拉丁作家如贺拉斯《讽刺诗集》2.3.154）。苏格拉底说话的时候假定，美勒托斯以前确信的东西乃是正确的。"如果实际上（如你所说）只有一个人在败坏年轻人，他们可就太幸运了。"

［T注］现在时直陈式的使用，暗示承认那种假定是真的乃是一种反讽："如果（真的如你所说）只有一个人败坏他们"。接下来的 οἱ ἄλλοι，意为"其余的"或"其他所有人"。

［MP注］μόνος 与 εἰ 一起，强调美勒托斯的说法荒谬绝伦，即除苏格拉底而外，"每一个"雅典人都有益于年轻人。苏格拉底的辛辣嘲讽依靠的是其如下比喻的有效性：训练马匹和训练年轻人变得"尽可能好"。柏拉图对话经常质疑的问题，就是德性（ἀρετή，或"卓越"）是否是一种知识，在什么样的情况下才可以像其他科目一样可以教授。苏格拉底此处提出这个比喻，仅仅是为了讥讽美勒托斯。

25c1：ἀλλὰ γάρ［但，因为］，［SS注］表示停止，另参19c8和26a8，"完全没有必要反复讨论这一点"。［T注］"但"不是那样的，"因为"；或者"但实际上"。

［J注］我们在这里看到的是关联小品词的有趣例子。ἀλλά 由 ὅμως 回答，而 μέν（在 τοῦτο 之后）由 δέ 回答。所以，如果补上 ἀλλὰ γάρ 所暗含的省略成分，其意思就大致是：但是（ἀλλά），并不是真的必须往下说）因为（γάρ）这个充分的论点（μέν）已经很清楚，我还是（ὅμως）要继续讨论下一点（δέ）。

［按］魏斯特译作 but in fact。这里是在否认上一句的意思：该句的谓语是祈愿式，故而我补出"事与'愿'违"。

25c3：ἀμέλειαν ... μεμέληκεν［漠不关心……关心过］，［B注］又是在玩"美勒托斯"之名的文字游戏。

苏格拉底认为，如果人们能够帮助邻居，那么就没有人会使之变得更坏，因为他本人会首当其冲遭殃（25c5-26a7）。［按］参24c9的注疏。

［S丙注］苏格拉底自始至终都在拿美勒托斯的名字玩文字游戏，比较24c-d和26b。关于柏拉图笔下另外的双关语，参李德尔的注疏所附"词句汇要"（Digest）第323节。

［T注］拿美勒托斯的名字开涮："哦，关心的人啊（Careful One），

你表现了你的'缺乏关心',而你'从不关心'。"

25c3: ὅτι οὐδέν σοι ... [也就是说,你根本就没有],[D注]补充解释 τὴν σαυτοῦ ἀμέλειαν。这些话巧妙地把我们带回上一章的末尾(按:即24c4-9),苏格拉底在那里说他会试着证明美勒托斯漠不关心,因而没有权利打这场官司。这里至少是在拿"美勒托斯"的名字来玩双关(亦参26b),反复出现的 μεμέληκε [关心过] 想法(表达各有不同,24c 的 ἐμέλησεν 和 περὶ πολλοῦ ποιεῖ,24d 的 μέλον γέ σοι 和 μεμέληκεν),为此做好了铺垫。相似的文字游戏,另参索福克勒斯《俄狄浦斯王》行397: ὁ μηδὲν εἰδὼς Οἰδίπους [一个根本不懂的俄狄浦斯];《会饮》185c4: Παυσανίου δὲ παυσαμένου [泡萨尼阿斯泡到这里](刘小枫译文);莎士比亚《理查二世》2.1: Old Gaunt indeed, and gaunt in being old, ...| Within me grief hath kept a tedious fast; | Gaunt am I for the grave; gaunt as a grave [真是老刚特,因年老而干瘦:内心的忧伤逼得我经常禁食;……我干瘦得该进坟墓了,也干瘦得像是一座坟墓了](梁实秋译文)。另外,περὶ ὧν 即 τούτων περὶ ὧν。

[c5] 接下来,美勒托斯,请你以宙斯之名发誓后告诉我们,究竟与善良的邦民还是与卑劣的邦民一起生活更好?我的好伙计,请回答吧!因为我问你的可不是什么难题。难道卑劣的人不是任何时候都会对自己身边的人作恶,而正直的人会对他们行善?——[c10] 当然。
[Ἔτι δὲ ἡμῖν εἰπέ, ὦ πρὸς Διὸς Μέλητε, πότερόν ἐστιν οἰκεῖν ἄμεινον ἐν πολίταις χρηστοῖς ἢ πονηροῖς; ὦ τάν, ἀπόκριναι· οὐδὲν γάρ τοι χαλεπὸν ἐρωτῶ. οὐχ οἱ μὲν πονηροὶ κακόν τι ἐργάζονται τοὺς ἀεὶ ἐγγυτάτω αὑτῶν ὄντας, οἱ δ' ἀγαθοὶ ἀγαθόν τι; Πάνυ γε.]

25c5: ὦ πρὸς Διὸς Μέλητε [美勒托斯,请你以宙斯之名发誓],[B注]另参《美诺》71d5。其他地方的 ὦ πρὸς Διός 和 ὦ πρὸς θεῶν,都没有与呼格连用。然而,另参《法义》662c6: ὦ πρὸς Διός τε καὶ Ἀπόλλωνος, ὦ ἄριστοι τῶν ἀνδρῶν [我的好人呐,请你们以宙斯和阿波罗的名义起誓]。

[S丙注] 看上去 ὦ 好像真是在修饰呼格 Μέλητε，中间只是用一个含混的表达法隔开了，那种表达法在立誓时是一种非常普通的说法。相似的情况见于《美诺》71d。但我们在其他地方发现了同一种表达法根本就不带呼格，那么，这种想法就得抛弃，如下文26e，比较《王制》332c5：Ὦ πρὸς Διός, ἦν δ' ἐγώ, εἰ οὖν τις αὐτὸν ἤρετο [宙斯在上，我说，倘若某人问他]（王扬译文）。

[D注] 这种语词顺序凸显了美勒托斯的名字，而他似乎受之有愧。严格说来，Μέλητος 指一个被关心和爱戴的人，而不是一个有爱心的人。但在双关语中，人们可以不拘小节。

[T注] 把 πρὸς Διός 置于 ὦ 和 Μέλητε 之间，也是在贯彻前面几个句子围绕这个名字的语言游戏："你这位在宙斯面前的关心者"（O thou before Jupiter Careful One）。

25c6：οἰκεῖν ἄμεινον [生活得更好]，[SS注] 在柏拉图笔下，οἰκεῖν（进一步由一个副词或介词短语修饰）作 ζῆν [生活] 的同义词，倒并不鲜见，如《斐多》67c9，《王制》557a5，《治邦者》301d5（我在此处与斯肯普 [J. B. Skemp] 的看法相同，而迪埃 [Diès] 有不同的解释），《斐勒布》63b3。普拉瑟的《柏拉图哲学和宗教语言词典》（相关词条的第二部分）另外举了四个例子，然而，其中只有一个（《法义》880e1）是正确的，其余三个例子中的 οἰκεῖν 都是以 πόλις 做主语，意思是"被统治"，另参《希英大词典》相关词条的II.2。

25c6：ἐν πολίταις χρηστοῖς ἢ πονηροῖς [与善良的邦民还是与邪恶的邦民]，[S丙注] 这些形容词的位置使得它们具有了谓词的意味，译作"与好同胞或坏同胞一起生活，哪种更好"。[按] 这里的 χρηστοῖς [善良] 也指有益、有利、正直、诚实和仁慈（这里译作"正直的人"）。πονηροῖς [邪恶] 也指辛劳、拙劣、糟糕、卑鄙。本书统一译作"卑劣"。

25c6：ὦ τάν [我的好伙计]，[B注]"我的好人"（my good sir），此处是这个口语在柏拉图（真正的）著作中唯一出现过的地方。尽管学界对此有很多看法，但都没有找到 τάν 让人信服的词源学说明。它在意思上偶尔也表示复数。

[SS注]最近有两人讨论过这个说法，弗里斯的《论希腊人的一个称呼方式》(Remarks on a Greek Form of Address)，刊于 *Mnemos.* 19 (1966)，页 225-230（与我们此处相关的在 228-229 页），和佛斯的《关于 ὦ τᾶν 的补充评注》(B. R. Voss, Zusaetzliche Bemerkungen zu ὦ τᾶν)，刊于 *Mnemos.* 21 (1968)，页 366-373（与我们此处相关的在 367 页）。他们两人都正确地强调了 ὦ τᾶν 一词总是传递出的那种居高临下的优越感。大多数学者都为 ταν 标上滑音（弯曲符号），而伯内特标的是昂音（尖音）。最近的辞典学家（lexicographer）和古典语文学家要么根本不提这个问题（如施维泽和范德雷斯 [Vendreys]），要么仅说该词存在两种形式（如 LSJ，弗里斯科 [Frisk] 和尚特兰）。

[S丙注]对于这种神秘的称呼，的确不清楚其起源和含义，仅知道那是一种礼貌的表达法外。它既是复数，也是单数。另参《希英大词典》的 ἔτης 和 τᾶν 词条。

[按]盖洛普、格鲁伯和魏斯特简单地译作 Sir，福勒译作 my friend，艾伦译作 dear friend，王太庆译作"朋友"，水建馥译作"我的朋友"。吴飞译作"伙计"，颇为传神，能够很好地表达 SS 注中所谓"居高临下的优越感"。

25c8: τοὺς ἀεὶ ἐγγυτάτω αὐτῶν ὄντας [任何时候都对自己身边的人]，[S甲注]即"任何时候与他们都最近的人"。[B注]"他们在某个特定的时刻……"，ἀεί = ἑκάστοτε [每次]，"时时"，"暂时"。

[T注] ἀεί 前面有冠词（τοὺς），后面接分词（ὄντας），意思是"在每一种情况下"，即"每一次"，符合这里的假定。[D注]即，那些自始至终与他们有联系的人。

[按]王太庆译作"随时随地"，妙。盖洛普译作 at any given time，合于伯内特的注疏。从原文来看，可译作"难道卑劣的人不是任何时候都会对自己身边的人作恶"。苏格拉底这个说法稍显绝对，毕竟虎毒不食子，兔子不吃窝边草。

[25d] 那么，是否有人居然愿意被所交往的人伤害，更甚于愿意得到他们的帮助？我的好人，请接着回答！因为法律命令你回答。有那种愿意被伤害的人吗？——当然没有。——[d5] 再者说，你带我到这里来，理由是我败坏青年，把他们变得卑劣，我究竟有意还是无意？——我认为你有意。[Ἔστιν οὖν ὅστις βούλεται ὑπὸ τῶν συνόντων βλάπτεσθαι μᾶλλον ἢ ὠφελεῖσθαι; ἀποκρίνου, ὦ ἀγαθέ· καὶ γὰρ ὁ νόμος κελεύει ἀποκρίνεσθαι. ἔσθ' ὅστις βούλεται βλάπτεσθαι; Οὐ δῆτα. Φέρε δή, πότερον ἐμὲ εἰσάγεις δεῦρο ὡς διαφθείροντα τοὺς νέους καὶ πονηροτέρους ποιοῦντα ἑκόντα ἢ ἄκοντα; Ἑκόντα ἔγωγε.]

25d2：ἀποκρίνου [请接着回答]，[SS注] 与c6中过去不定式的ἀπόκριναι相对，这里的意思是"接着回答"。

[D注] 这个命令式暗含着一个停顿（按：c6的ἀπόκριναι是不定过去时命令式，这里是现在时命令式）。美勒托斯扭扭捏捏不愿作答，可谓昭然若揭。他看过苏格拉底的交谈，也许是在担心苏格拉底要把他引入荒唐境地。不过，美勒托斯也许有理由认为这样一些问题在法庭上与该案无关，也就不需要回答。所以，美勒托斯在27b拒绝回答与本案似乎没有多大关系的问题。

25d2-3：καὶ γὰρ ὁ νόμος κελεύει ἀποκρίνεσθαι [因为法律命令你回答]，[S甲注] 苏格拉底在这里所说的话，亦见于德莫斯忒涅斯46.10。

[SS注] 在《法义》956e5-6，柏拉图利用了雅典法律的这一条款：ἀποκρίσεων ... ἀνάγκας [你必须作出回答]。

25d6：καὶ πονηροτέρους ποιοῦντα [变得卑劣]，[S乙注] 斐奇诺的拉丁译本中省略了对这个词组的翻译；然而，正如费舍所说，它的意思已暗含在前面的διαφθείροντα [败坏] 中。

什么？你竟然这么说，美勒托斯？你小小年纪就比我这么一大把年纪的人聪明那么多，居然懂得坏 [d10] 人任何时候都会对 [25e] 自己最近的人作恶，好人则会对他们行善，而我却那么无知，竟然不懂得：

如果我对交往者做了什么卑鄙可恶之事，就有从他们那里得到相应恶报的危险，结果我竟然还如你所说，有意干出那样坏的一件事？[Τί δῆτα, ὦ Μέλητε; τοσοῦτον σὺ ἐμοῦ σοφώτερος εἶ τηλικούτου ὄντος τηλικόσδε ὤν, ὥστε σὺ μὲν ἔγνωκας ὅτι οἱ μὲν κακοὶ κακόν τι ἐργάζονται ἀεὶ τοὺς μάλιστα πλησίον ἑαυτῶν, οἱ δὲ ἀγαθοὶ ἀγαθόν, ἐγὼ δὲ δὴ εἰς τοσοῦτον ἀμαθίας ἥκω ὥστε καὶ τοῦτ' ἀγνοῶ, ὅτι ἐάν τινα μοχθηρὸν ποιήσω τῶν συνόντων, κινδυνεύσω κακόν τι λαβεῖν ὑπ' αὐτοῦ, ὥστε τοῦτο ⟨τὸ⟩ τοσοῦτον κακὸν ἑκὼν ποιῶ, ὡς φῂς σύ;]

25d8：Τί δῆτα [什么？你竟然这么说]，[按]盖洛普译作really，格鲁伯译作what follows，福勒和魏斯特译作what then，艾伦译作how can that be，水建馥译作"这是怎么说起"，王太庆译作"怎么"，吴飞译作"那怎样"。据《希英大词典》，δῆτα在问句中大多数时候表示推论或结果，τί δῆτα译作what then，有时表示愤慨，也表示"所以你竟敢"（so thou hast dared）。根据这里的语境，苏格拉底显然对美勒托斯的回答表示惊讶、愤慨和反对（参SS对下一句的注疏），而不是"那又怎样"所表示的无赖要横，更不是从"故意败坏青年"进一步往下推论，而是一种坚定的反驳和制止（盖洛普、艾伦和水建馥的译文较为可取）。或可译为"你说什么"，"你为何这么说"，或"你怎么会这样想"，或抑扬拖长的"什么——"。

25d8-9：τοσοῦτον σὺ ἐμοῦ σοφώτερος εἶ... [你比我聪明那么多]，[SS注]为了更加规范，这个长句应该拆分成以下两种模式之一：

A、τοσοῦτον σὺ ἐμοῦ σοφώτερος εἶ [你如果比我聪明那么多]
ὥστε (a) σὺ μὲν ἔγνωκας...，[那么 (a) 你肯定懂得……]
(b) ἐγὼ δὲ ἀγνοῶ... [(b) 而我不懂……]
B、(b) σὺ μὲν οὕτω σοφός εἶ [(b) 你如果真是如此聪明]
ὥστε ἔγνωκας...，[那么你就懂得……]
(a) ἐγὼ δὲ δὴ εἰς τοσοῦτον ἀμαθίας ἥκω [(a) 如果我真变得如此无知]
ὥστε ἀγνοῶ... [那么就不懂得]

但让苏格拉底如此震惊的，似乎并不在于一个非常年轻的人甚至能够比一个非常老的人更有洞见（σοφία）——那样，苏格拉底就不得不承认美勒托斯是正确的，也不在于美勒托斯尽管缺乏经验，居然发现了 d10–e1 中所说的真理，而是在于"知识的狂妄"（conceit of knowledge, ἀμαθία）令人震惊，显得不可置信，而据美勒托斯的回答，这种狂妄在所有人中，尤以苏格拉底为最。因为最后一点在 B 中比在 A 中表达得更为有力，这个句子以 A 模式开始，又在第二个要素，即（b）的开头，转换成了模式 B。伊索克拉底 6.84 也有相似的转换。然而，此处这段话的文体更为灵活。苏格拉底对这种想法太过惊讶，所以他又增强了自己的反应，为已经得到修饰的第二个要素增加了一个新的结果从句（consecutive clause），即 e4，因为这个结果从句在原来句子的设想中，本来是没有位置的。让人颇为奇怪的是，莱因哈德居然没有注意到这种复杂的破格文体，以及它所传递的有趣心理。从形式上说，e1–3 这个部分（即 B 的 b 部分）与《王制》343c1–4 相似：（忒拉叙马科斯对苏格拉底说）καὶ οὕτω πόρρω εἶ περί τε τοῦ δικαίου καὶ δικαιοσύνης καὶ ἀδίκου τε καὶ ἀδικίας, ὥστε ἀγνοεῖς ὅτι ἡ μὲν δικαιοσύνη καὶ τὸ δίκαιον ἀλλότριον ἀγαθὸν τῷ ὄντι, τοῦ κρείττονός τε καὶ ἄρχοντος συμφέρον...［关于正义之事、正义、非正义之事、非正义，你站得离它们如此之远，以致你无法认识，正义和正义之事实质上是一种供别人享受的美物，它给强者和统治者带来利益］（王扬译文）。在 τοσοῦτον σοφώτερος 中，与比较级连用的一般是 τοσούτῳ，另参吕西阿斯 2.16 和色诺芬《居鲁士的教育》7.5.80。

25d9：τηλικόσδε［这个年纪］，［B 注］参《游叙弗伦》2b8：美勒托斯是 νέος τις καὶ ἀγνώς［一个（我）不大熟悉的年轻人］。

［S 丙注］"你在你这个年纪就比我这个年纪都聪明得多？"这些代词（另参 17c4–5 的 τῇδε τῇ ἡλικίᾳ 的注释）在这里的含义恰恰与通常含义相反（按：即下面 D 注所谓"交错顺序"）。τηλικόσδε 指说话人自己，参下文 34e 和 37d,《克里同》49a,《泰阿泰德》177c；τηλικοῦτος 指另外一

个人，见《普罗塔戈拉》361e,《高尔吉亚》466a和489b。在《克里同》43b, τηλικοῦτος 既用以指第一人称，也指第二人称，或者说没有人称上的分别。

[D注] 根据上下文，τηλικοῦτος 和 τηλικόσδε 可以不同地译作"如此年轻"或"如此年长"，另参下文26e。注意交错的顺序：

$$\begin{matrix} σύ & \longrightarrow & ἐμοῦ \\ τηλικούτου & \longleftarrow & τηλικόσδε \end{matrix}$$

[T注] τηλικούτου 指"在我这个年纪"，省略了"如此年长的"，七十岁，另参17d。τηλικόσδε 指"在你那个年纪"，省略了"如此年轻的"，另参23e注释。这两个词意思相同，既可以指"如此年长"，也可以指"如此年轻"，根据语境而定。

[H注] 美勒托斯当然比苏格拉底年轻很多，这里的言外之意是：年轻人很难有资格说自己比年长的人更有智慧。请注意，分词短语 τηλικούτου ὄντος [小小年纪] 和 τηλικόσδε ὤν [一大把年纪]，其出现顺序与代词 σύ [你] 和 ἐμοῦ [我] 相反，也就是 a-b-b-a 句式。这种常见的修辞手法叫做"交叉结构"(chiasm)。

25d9：σὺ μὲν ἔγνωκας [你就已懂得],[D注]这个从句在思想上是从属性的，"而你已晓得"。另参25b的"εἷς μὲν..."和28e的"ὅτε μὲν..."。

[S丙注] 22b的不定过去时 ἔγνων 表示一种行为，而这里的完成时 ἔγνωκας 表示一种状态，也就是那种行为的结果。ἔγνων 意思是"我意识到", ἔγνωκας 是"你处于那种已经知道的状态中"，因此就是"你知道"之意。下文27a的将来时 γνώσεται，可以译作"发现", 33d该词的不定过去时亦此。[按]前一个词 ὥστε 表示结果。

25e1-2: ἐγὼ δὲ δὴ εἰς τοσοῦτον ἀμαθίας... [而我却那么无知], [S乙注]带一个介词的中性冠词 τοῦτο, τοσοῦτο 和 τόδε，常常接一个属格，表示一种定义，如修昔底德1.49，而拉丁语的 eo 带属格，表示推理的必然性。紧接着的 ἥκω 是那一类动词突出的例子，它们的含义可以打断时态的连续性，不译为"我来了"，而译为"我已经到了"，即"我在这里"（按：引申为"达到"一定程度），另参《克里同》43a9：Ἄρτι δὲ ἥκεις ἢ πάλαι ［你刚到，还是来了一阵子］；欧里庇得斯《赫卡柏》1。所以，这里的意思是"我已经愚蠢到这样的程度，竟然不知道"。

［SS注］另参伊索克拉底6.84，即25d8-9注释所引证的破格文体。
［D注］ἀμαθίας表示程度的部分属格，与τοσοῦτον连用。

25e2：ὅτι … ［也就是说］，［D注］解释τοῦτο，另参26b。接下来的μοχθηρόν是阳性，述词性宾语，不是与κακόν τι（25c8，d10和e3）同类的宾格。

25e3：κακόν τι λαβεῖν ὑπ᾽ αὐτοῦ［从他们那里得到相应的恶报］，［B注］"从他那里得到一些害处"。ὑπό是正确的，因为κακόν τι λαβεῖν作被动态。而ὑπ᾽ αὐτοῦ也是正确的，另参色诺芬《治家者》1.8：(κἂν) ὑπ᾽ αὐτοῦ κακὰ λαμβάνῃ。

［S丙注］ὑπ᾽ αὐτοῦ意为"在他手中"（at his hands）。κακόν τι λαβεῖν实际上是被动态。

［按］从d8到e4，这七行是一个很长的问句，是一种语带惊讶的反问，结构严密，层层推进，一气呵成，表现了苏格拉底的愤慨。大多数译本都拆成了几个问句。

［e5］在这一点上，我可不相信你，美勒托斯，而且我知道，其他任何人也根本不会相信你。而我要么没有败坏他们，要么即便败坏了他们，［26a］也纯属无意，因此，你在这两种情况下都错啦。如果我无意中败坏了他们，法律不会因为这样一些［无意的］过错就要求你把我带到这里来，而会私下对我教育和训诫。［ταῦτα ἐγώ σοι οὐ πείθομαι, ὦ Μέλητε, οἶμαι δὲ οὐδὲ ἄλλον ἀνθρώπων οὐδένα· ἀλλ᾽ ἢ οὐ διαφθείρω, ἢ εἰ διαφθείρω, ἄκων, ὥστε σύ γε κατ᾽ ἀμφότερα ψεύδῃ. εἰ δὲ ἄκων διαφθείρω, τῶν τοιούτων [καὶ ἀκουσίων] ἁμαρτημάτων οὐ δεῦρο νόμος εἰσάγειν ἐστίν, ἀλλὰ ἰδίᾳ λαβόντα διδάσκειν καὶ νουθετεῖν·］

25e5-6：οἶμαι δὲ οὐδὲ ἄλλον ... οὐδένα［而且我知道其他任何人也根本不会］，［S甲注］即πείθομαί σοι，一般说来，在οἶμαι δὲ καί之后，都要承前省略这个词组，另参《游叙弗伦》3e5。

［SS注］柏拉图笔下的苏格拉底喜欢这样卖弄，好像他最让人吃惊的悖论理所当然为每一个人所接受。参《高尔吉亚》474b2-10，他在这里证明这个双重的主题，即宁可遭受不义也不行不义，宁可为过错赎罪，也不逃避惩罚。伊索克拉底相反的观点值得注意，参12.117-118。

25e6-26a1：εἰ διαφθείρω, ἄκων ...［要么即便败坏了他们，也纯属无意］，［B注］在ἄκων之后，省略了διαφθείρω，译为"如果我败坏了他们，那也是无意的"。省略那个词，就让论证过程突然中断。我们希望特别强调ἄκων，而后面省略διαφθείρω，正好就达到了这样的效果。

［SS注］另参盖瑟的《柏拉图笔下的劝勉与忠告》(K. Gaiser, *Protreptik und Paränese bei Platon*, Stuttgart 1959)，页181，注释30，盖瑟在讨论《游叙弗伦》11b-e时正确地指出，苏格拉底所谓"无意"，不是指他的"无知"，而是指他的κομψότης［优雅］。盖瑟广泛地提到了《希琵阿斯后篇》373b6-9，《王制》336e2-4，《高尔吉亚》488a2-4，还提到了《申辩》25e6-26a1（也就是现在这段话）和37e5-6，然而最后这一处（按：即《申辩》37e5-6）与无知造成的"无心之错"没有关系。

［D注］ἄκων这个动词补充说明从句中的εἰ διαφθείρω。苏格拉底认为，所有罪过不是有意的，即οὐδεὶς ἑκὼν ἁμαρτάνει［没有人故意犯错］。在他看来，假如人们真的知道什么是正确的，就没有人会作恶。这里从严格的实践观点来对待这件事情。

［T注］接下来的παύσομαι之后也省略了ποιῶν。苏格拉底整个这一段话的基础是，德性与知识并存。谁也不可能伤害他人而不伤害自己，任何人只要"知道"这一点，就绝不会对另一个人作恶，因为他会马上伤害到自己，而没有人会有意这样做。这就是苏格拉底在此处的论点。亦

见色诺芬《回忆苏格拉底》3.9.5，苏格拉底推论道，谁如果"懂得"审慎、注意和道德上的卓越，就不会选择其他任何东西甚于这些德性。因此，这些德性是溶于知识或智慧中的。每个人如果"知道"什么是最好的，就会"做"那种看起来对他最好的事情，他会那样"做"，因此就做得对。亦参色诺芬《回忆苏格拉底》4.2.20；亚里士多德《欧德谟伦理学》1.5；《普罗塔戈拉》345，《高尔吉亚》460。

[S译注] 苏格拉底不承认自己有意败坏青年（另参37a），他依据的道理是：人类绝不会干一件明知或认为对自己有害的事情。在苏格拉底看来，所有的坏事都会反害自身，所以所有的坏事都是无意中干出来的，可通过消除无知来治愈。这种学说就是所谓的"苏格拉底悖论"之一，常常被概括为"德性即知识"这一口号，详细的阐述见《美诺》77b-78a和《普罗塔戈拉》352a-358b。

26a1：κατ' ἀμφότερα [在这两种情况下]，[SS注] "根据两个方面"，因而指"在两种情况下"。关于这种两难境地中的相似表达，另参高尔吉亚的Palam. 26和德莫斯忒涅斯25.38。

26a2-3：τῶν τοιούτων ... ἁμαρτημάτων ... εἰσάγειν [这样一些过错，带到]，[B注] "就因为这样一种（无意的）过错就告上法庭"。这里的属格表示罪名，与φεύγειν [辩护]（按：本义为"逃跑"）和διώκειν [控告]（按：本义为"追逐"）之类的司法术语连用。καὶ ἀκουσίων解释τῶν τοιούτων。

[SS注] τοιούτων καὶ ἀκουσίων中的καί意思是"即"（that is），另参维尔德尼乌斯的文章，见Mnemos. 9（1956）249，以及Hermann Bonitz（1814-1888）的《亚里士多德著作索引》，前揭，词条καί, 357b13-18。

26a3：νόμος ... ἐστίν [法律会]，[S乙注] νόμος除了主要表示"法律"之外，还表示以自然法则为基础的"习俗""习惯"或"惯例"（usage），这里应该是最后一种含义。因为，对于这样一些因无意和无知所产生的错误来说，显然应该采取最有益和有效的方法，即私下的劝告和训诫，而不是正式而公开的指控。因此，不像Rudinger所理解的那样,需要什么特定的法律,这里的文本已经说得很清楚,对于这里所讨论的问题来说,尤其如此。参费舍的解释。

26a3–4: διδάσκειν καί νουθετεῖν [教育和训诫],[B注] "教育和谴责",是 διδάσκειν [教育] —νουθετεῖν [谴责] —κολάζειν [惩罚] 这个渐进系列中的前两项。正如下文(a6)明确阐述的,只有在第三项(按:即"惩罚")中,控告才是有道理的。

[SS注] νουθετεῖν 偶尔 "可以" 暗含使用暴力之意,如《法义》700c6–7 和 879d5。在大多数地方,正如在此处,νουθετεῖν 与 διδάσκειν 即便有区别,也很微弱,两个词常常连用,比如《王制》399b4–5: δεομένου ... διδαχῇ καί νουθετήσει [力图用教诲来责备](王扬译文),和《法义》845b4–5: νουθετήσαντα καί διδάξαντα(与 πληγαῖς κολάζειν [鞭笞] 相对)。《智术师》229e1–230a3 区分了严厉与温和的 διδασκαλική [教育术]。然而,两者的结合叫做 νουθετητική [训诫术]。

[按] νουθετεῖν,盖洛普译作 admonition,福勒、艾伦和魏斯特相似地译作 admonish,格鲁伯译作 exhort,水建馥译作 "劝阻",王太庆和吴飞译作 "警告"。

因为很显然,我如果受到了这方面的教育,必定会停止无意中在做的事情。[a5] 而你却拒绝与我交游,也不愿意教导我,就把我带到这里来,但法律只要求把应该受惩罚的人,而不是应该受教导的人带到这里来。[δῆλον γὰρ ὅτι ἐὰν μάθω, παύσομαι ὅ γε ἄκων ποιῶ. σὺ δὲ συγγενέσθαι μέν μοι καὶ διδάξαι ἔφυγες καὶ οὐκ ἠθέλησας, δεῦρο δὲ εἰσάγεις, οἷ νόμος ἐστὶν εἰσάγειν τοὺς κολάσεως δεομένους ἀλλ' οὐ μαθήσεως.]

26a4: ἐὰν μάθω [如果我受到了这方面的教育],[B注] "如果我得到了教育"。μανθάνειν 实际上是 διδάσκειν 的被动态。[S丙注] "如果我得到了指导"。μανθάνω 实际上是 διδάσκω 的被动态,就像 πάσχω 之于 ποιέω, θνήσκω 之于 κτείνω, κεῖμαι 之于 τίθημι, ὀφλισκάζω 之于 καταδικάζω, εἰσιέναι 之于 εἰσάγειν。

[按] 尽管注疏家们指出了该词的被动含义，但译者大多处理为 learn 或 learn better，只有福勒译作 I am told about it。水、王、吴三个中译本都正确地看到了它的被动含义，分别译为"受训导""受劝告""得到了教诲"。

26a4: παύσομαι ὅ γε ἄκων ποιῶ [就会停止无意中在做的事情]，[S甲注] 必须理解为还有一个分词 ποιῶν，因为 παύεσθαί τι 这样的说法是不正确的。海因多夫猜测，应该在文本中补上 ποιῶν 一词。

[B注] "我会停止自己无意中正在做的事情"。如果先行词省略了，一个关系从句的结构就可以表示任何情况，而不管关系词是什么（另参《游叙弗伦》3c9注）。因为 παύσομαι 支配属格，那么，这里的关系从句就相当于一个属格名词。《斐德若》242c1 的 ἀεὶ δέ με ἐπίσχει ὅ ἂν μέλλω πράττειν [它总是阻止我做我正要做的事]（刘小枫译文），情况与此完全相同。这比那种认为很生硬地省略了 ποιῶν 的观点要简单得多。司法术语 Ἀθηναίων ὁ βουλόμενος οἷς ἔξεστι (= τούτων οἷς ἔξεστι) 就是一个很好的例子。

苏格拉底诱使美勒托斯承认，他指控苏格拉底的罪名是彻底的无神论，然后再表明这一点与诉状不一致，因为诉状中说的是苏格拉底引入 καινὰ δαιμόνια [新神灵]（26a8-28a1）。[按] 关于美勒斯指控的另一罪名，参24c9的注疏。

美勒托斯自会马上掉入陷阱，因为我们已知那些研究自然科学的人一般被人认为忽视了敬拜神明（18c3）。即便那些人使用了 θεοί [神明] 一词来说"混沌、呼吸和空气"，但雅典的普通人相当正确地认为，那些人不是在人们普遍接受的意义上使用该词。阿里斯托芬把苏格拉底称作 Μήλιος [墨罗斯岛上的人] 时（《云》行830），无疑说苏格拉底是 ἄθεος [无神论者]。

另一方面，苏格拉底也有充分的理由认为，美勒托斯加上一条"引入 καινὰ δαιμόνια [新神灵]"的指控时，就默默地放弃了无神论的指控，因为，接受 δαιμόνια [神灵]，就暗含着对 δαίμονες [精灵，神灵] 的接受，因而就是接受 θεοί［神明］。这种论证无疑纯属语言上的论证，但要对付美勒托斯，已足矣。这种论证至少让这一点很明确：没有人在"神明"（divinities）的意义上来理解 δαιμόνια［神灵］。另参 24c1 注。

［SS 注］关系代词之后的 γε 让这个从句有了因果的含义（丹尼斯顿，前揭，141–142，2 i）。诸多抄本都写作 ὅ γε（按：SS 本写作 οὕ γε），为了说明这种情况，编者们就假定省略了 ποιῶν，正如伯内特正确指出的，这种省略"很生硬"。但伯内特的注疏似乎也不令人信服（略）。

26a5：συγγενέσθαι［与……交游］，［SS 注］就像老师与学生的关系，另参 19e6 的 συνεῖναι 以及那里的注疏。后面的 ἔφυγες καὶ οὐκ ἠθέλησας，另参德莫斯忒涅斯 20.138。［D 注］ἔφυγες 意为"你拒绝"（you decline）。苏格拉底为美勒托斯提供了各种各样拒绝的机会。

所以，雅典人，这一点［26b］我已经说得很清楚：这些事情无论大小，美勒托斯都从来"没能托思"过。不过，美勒托斯，还是要请你给我们说说，你为什么认为我败坏了青年？莫非显然就在于你写的诉状中提到的，我教他们不信［b5］城邦所信的神，而是信另外的新神灵？难道你不是说我因为教他们这些东西而败坏了他们？——完全如此，那正是我说的。［Ἀλλὰ γάρ, ὦ ἄνδρες Ἀθηναῖοι, τοῦτο μὲν ἤδη δῆλον οὑγὼ ἔλεγον, ὅτι Μελήτῳ τούτων οὔτε μέγα οὔτε μικρόν πώποτε ἐμέλησεν. ὅμως δὲ δὴ λέγε ἡμῖν, πῶς με φῂς διαφθείρειν, ὦ Μέλητε, τοὺς νεωτέρους; ἢ δῆλον δὴ ὅτι κατὰ τὴν γραφὴν ἣν ἐγράψω θεοὺς διδάσκοντα μὴ νομίζειν οὓς ἡ πόλις νομίζει, ἕτερα δὲ δαιμόνια καινά; οὐ ταῦτα λέγεις ὅτι διδάσκων διαφθείρω; Πάνυ μὲν οὖν σφόδρα ταῦτα λέγω.］

26a8：ἀλλὰ γάρ［所以］，［SS 注］如 25c1 一样，表示终止。比较 26a8–b3 与 25c1–6，可以有趣地看到柏拉图 variatio［换词］的艺术：在 c5，呼格与命令式连用，在 b3，呼格与疑问句连用。我们第一次看到的是 ἡμῖν εἰπέ［告诉我们］，第二次看到的是 λέγε ἡμῖν［给我们说说］，词序相反，现在时替代了不定过去时，诸如此类。［D 注］标志着一种转折。

［按］盖洛普译作 very well，格鲁伯译作 and so，魏斯特译作 but in

fact，只有福勒的译文与 SS 本的注疏相合：but enough of this, for。艾伦、水建馥和王太庆都没有译出这个词组，吴飞译作"然而"。施莱尔马赫译作 doch［但是，然而］。

26b2：ἐμέλησεν［"没能托思"过］，［B注］再次拿美勒托斯的名字开玩笑。

26b3：ἢ δῆλον δὴ ὅτι［莫非显然就在于］，［S甲注］这里加上 ἢ，似乎是要更正他以前说的话。意思是"但是，我为什么问？很明显嘛"，或"那真是显而易见的嘛"。紧接着的 κατὰ τὴν γραφήν，要理解为 ἐμὲ φῄς διαφθείρειν τοὺς νεωτέρους［你说我败坏青年］。

［S甲注］ἢ 常用于问句中，如此处，这时前面不确定的问题就变得更确定了，另参柏拉图《帕默尼德》137。

［SS注］在有 δῆλος 的情况下，重点在于 δή，这在柏拉图笔下很常见；另参丹尼斯顿，前揭，205 ii，以及我对 21a3 的注疏。

［D注］苏格拉底预料到了这个答案。

26b5-6：οὐ ταῦτα λέγεις［难道你不是说……这些东西］，［S甲注］要把 ταῦτα 与后面的分词 διδάσκων 连起来理解。［B注］ταῦτα 是 διδάσκων 的宾语（"交错顺序"）。［T注］ταῦτα 放在前面是为了强调。

［G注］美勒托斯诉状中的两条罪名在这里联系起来了，即"败坏青年"就在于教给他们无神论学说。这就让苏格拉底能够通过论证这种无神论的指控乃自相矛盾，从而彻底推翻整个诉状。那种指控的部分原因即在于敌人对哲学全无所知（23d）。但苏格拉底还需要应对与无神论学说无关的"败坏"问题。关于这一点，苏格拉底会在下文，尤其是在 29d-31b 和 33a-34b 来完成。关于诉状中这两条罪名的联系，另参 24c 注。

26b7：Πάνυ μὲν οὖν ...［完全如此］，［D注］美勒托斯同意，并倾尽全力说出这一点。

那么，美勒托斯，请你向他们，也就是向我们正在谈论的神明起誓，说得更明确些，这既是为了我，也是为了现场这些［陪审］人［26c］。因为我还是不能明白，你的意思究竟是说我教他们相信神明存在——那样的话，我自己也就相信神明存在，因而不是彻底的无神论者，当然也就没有犯这方面的罪——不过那些神却不是城邦所信的神，而是另外的神，你就是因为这一条［c5］指控我，说我信另外的神，还是说，你认为我本人完全不信任何神，还把这种思想教给其他人？——这就是我的意思：你根本就不信神！［Πρὸς αὐτῶν τοίνυν, ὦ Μέλητε, τούτων τῶν θεῶν ὧν νῦν ὁ λόγος ἐστίν, εἰπὲ ἔτι σαφέστερον καὶ ἐμοὶ καὶ τοῖς ἀνδράσιν τουτοισί. ἐγὼ γὰρ οὐ δύναμαι μαθεῖν πότερον λέγεις διδάσκειν με νομίζειν εἶναί τινας θεούς—καὶ αὐτὸς ἄρα νομίζω εἶναι θεοὺς καὶ οὐκ εἰμὶ τὸ παράπαν ἄθεος οὐδὲ ταύτῃ ἀδικῶ —οὐ μέντοι οὕσπερ γε ἡ πόλις ἀλλὰ ἑτέρους, καὶ τοῦτ' ἔστιν ὅ μοι ἐγκαλεῖς, ὅτι ἑτέρους, ἢ παντάπασί με φῂς οὔτε αὐτὸν νομίζειν θεοὺς τούς τε ἄλλους ταῦτα διδάσκειν. Ταῦτα λέγω, ὡς τὸ παράπαν οὐ νομίζεις θεούς.］

26b8：τοίνυν［那么］，［SS注］"那么"（then），谈话中典型的小品词，在阿里斯托芬和柏拉图的对话段落中最为常见。在柏拉图笔下大约一半的例子中，该词都与命令式（这里就是 εἰπέ）或劝告性的虚拟式连用。参普拉瑟《柏拉图笔下若干连接小品词研究》（Particules），前揭，页285-286和292。

26b8-9：ὧν νῦν ὁ λόγος ἐστίν［我们正在谈论的］，［S甲注］属格 ὧν 受 λόγος 支配，而并非像有些学者所理解的作介词 περί 的宾语。因为我们不仅可以说 λέγειν περί τινος，有时还可以说 λέγειν τινά。我们说 λόγος περί τινος 和 λόγος τινός，都是正确的。因为苏格拉底也可能说过 οὓς νῦν λέγομεν，这比另外的结构 περὶ ὧν νῦν λέγομεν 更符合这里的意思。同样的结构亦见于《卡尔米德》156a，欧里庇得斯《美狄亚》行541，索福克勒斯《安提戈涅》行11。

［B注］即 οὓς νῦν λέγομεν，"我们现在正谈论的那个人"，相当不同于 περὶ ὁ λόγος ἐστίν。

[D注] 即 οὕς λέγομεν。更常见的是前面有一个介词。另外，比较修昔底德《战争志》1.140.3 的 τὸ Μεγαρέων ψήφισμα 与 1.139.1 的 τὸ περὶ Μεγαρέων ψήφισμα。这个属格在很多情况下前面都没有介词，尤其是那种适合用 περί 的地方。

26b9–c1：καὶ ἐμοὶ καὶ τοῖς ἀνδράσιν [这既是为了我，也是为了现场这些（陪审）人]，[SS注]"既为了我的利益，也为了陪审团诸公的利益"（这里是表示利益的与格），而不是如福勒所译的"对我以及对陪审团的诸公"（to me and to the gentlemen of the jury），也不是克瓦热译的"向这些法官以及向我"（à ces juges et à moi）。另参下文 27b8–9。[按] 只有盖洛普和艾伦翻译为 for me，其余的都译为 to me（施莱尔马赫也相似地译为 mit mir）。此外，我们故意把"这些人"处理作"陪审的诸公"，以表明那些"陪审员"的确是陪着苏格拉底在受审，而审理那些陪着受审者的法官，就是苏格拉底。

26c1：πότερον [究竟]，[B注] 答案在 c5 的 ἢ παντάπασι 以下。[D注] 第二个成分在 c5 中以 ἢ παντάπασι 开头。

26c1–2：ἐγὼ γὰρ οὐ δύναμαι μαθεῖν πότερον λέγεις διδάσκειν με νομίζειν εἶναί τινας θεούς [因为我还是不能明白，你的意思究竟是说我教他们相信神明存在]，[J注] 值得注意的是——很可能前人已经注意到了，在《申辩》这个句子中，连续八个词里就有六个是动词或动词的变体——ἐγὼ γὰρ οὐ [δύναμαι μαθεῖν πότερον λέγεις διδάσκειν με νομίζειν εἶναί] τινας θεούς（按：即方括号中的六个词，我们以下划线表示）：不是在同一个时态上重复使用的动词，而是在语法上各自独立的动词！这种语法特性（如果我可以这样说的话）值得注意，语音（sound）的重复也值得注意。对于像柏拉图这样水平的作家，我们必须认为这种搭配一定是有意为之，其目的在于强调发音和含义。还有其他一些段落也与此相似，都是一大堆动词（如下文 29a），但我还没发现哪一处有这里引人注目。

26c2：νομίζειν εἶναί τινας θεούς [相信神明存在]，[B注] 苏格拉底悄悄加上 εἶναι，就是在利用 νομίζω 的含混性，该词接宾格和不定式时，意思是"认为"(think)。希罗多德笔下也有这种用法,参《原史》3.16: Πέρσαι ... θεὸν νομίζουσι εἶναι πῦρ [波斯人认为神就是火](按:亦作"波斯人信神为火")。苏格拉底决心揭示美勒托斯的真实意思,所以他必须证明:对 δαιμόνια (πράγματα)[神灵(之事)] 的信仰,就暗含着对 δαίμονες [神灵] 的信仰。

[SS注] 不是像伯内特所理解的那样(按:即不是"悄悄加上 εἶναι"),苏格拉底为了利用 νομίζειν 的模糊性,毫无疑问是故意"插入" εἶναί 的,参18c3注。接下来26c2的 ἄρα 是指示性的(按:T注为"我本人也相应地")。

26c3: τὸ παράπαν [彻底的],[SS注] 该词组绝大多数时候都用于否定性从句中,如《法义》885c7-8和908b4-5。可以说,这里的否定词被否定前缀a-所取代了(另参《法义》898d11-e1),但 τὸ παράπαν 也出现在肯定性从句中,如《高尔吉亚》450d9-e1,表示"一般说来"(in general)。下面两行之后(c5),苏格拉底在同样语境的否定性从句中说 παντάπασιν,美勒托斯在回答时(c7)则重新提到了 τὸ παράπαν。

26c4: τοῦτο [这一条],[D注] 代指下一行的 ὅτι ἑτέρους (νομίζω)。

[T注] 整句话的意思不是"不管城邦所承认的神的确就与之相同",而是"其他的,那就是你指控我的,(说我教育他们去相信还存在)其他的神;或者你是否认为我本人根本就既不相信任何神明,而又把这种学说教给他们"。注意这个有些复杂而不规范的句子中最后一部分 οὔτε ... τε 的关联。

26c5-6: οὔτε ... τε [不……还],[SS注] 这是常见的连用方式,把前面的否定从句与后面的肯定从句连接起来,见丹尼斯顿,前揭,568.4。

26c7: τὸ παράπαν οὐ νομίζεις θεούς [根本就不信神],[S丙注] 这是大部分同时代人对苏格拉底的印象。阿里斯托芬《云》(247-248)中,苏格拉底对斯特瑞普西阿得斯(Strepsiades)的回答足够明白地表达了这种印象:ποίους θεοὺς ὀμεῖ σύ; πρῶτον γὰρ θεοὶ / ἡμῖν νόμισμ' οὐκ ἔστι [你凭什么天神起誓?在我们这里,天神不是通用的钱币](罗念生译文)。此外，还有一个栽到他头上的绰号，Μήλιος［米洛斯人］(《云》行831)，当然是在影射狄阿戈拉斯，此人的诨名即为ἄθεος［无神论者］，见西塞罗《论神性》(De Nat. Deor.)卷一，章一和章二十三（按：参石敏敏中译本）。

［T注］在 νομίζειν［相信］或 ἡγεῖσθαι［相信有］之类的动词后面的 θεούς［神］，一般要省略冠词，意为"信神"(believe in gods)。

［26d］美勒托斯，你这个奇怪的家伙，你凭什么这样说？难道我与其他人不一样，甚至居然既不把太阳也不把月亮信为神明？——没有，我以宙斯之名起誓，法官大人，因为他说［d5］太阳是石头，月亮是尘土。[Ὦ θαυμάσιε Μέλητε, ἵνα τί ταῦτα λέγεις; οὐδὲ ἥλιον οὐδὲ σελήνην ἄρα νομίζω θεοὺς εἶναι, ὥσπερ οἱ ἄλλοι ἄνθρωποι; Μὰ Δί', ὦ ἄνδρες δικασταί, ἐπεὶ τὸν μὲν ἥλιον λίθον φησὶν εἶναι, τὴν δὲ σελήνην γῆν.]

26d1：Ὦ θαυμάσιε Μέλητε［美勒托斯，你这个奇怪的家伙］，［按］盖洛普译为 Meletus, you strange fellow，格鲁伯相似地译作 you are a strange fellow, Meletus，艾伦简单地译作 my dear Meletus，魏斯特译作 you amazing man，只有福勒译得较为不同：you amaze me。王太庆译作"古怪的美勒托斯"，吴飞译作"奇怪的美勒托斯"，都合于原文；水建馥译成"美勒托斯，太奇怪了"（可想象出苏格拉底一副无辜的神情）。亚当在注疏《克里同》44b5 的 ὦ δαιμόνιε Σώκρατες［鬼精灵的苏格拉底哟］时说："这是雅典社会最常见的打招呼的方式。这个形容词原先表示'比凡人更高级'(more than human)，在荷马史诗中，一般是用来表示责备的诨称(epithet)，在阿提卡还表示那种糅合了进谏（比如此处）或讽刺的喜爱之情。ὦ μακάριε 是同样的用法或含义（按：《古希腊语汉语词典》作'我的好先生''我的好人'）。其他同类的表达法有：ὦ βέλτιστε［最亲爱的朋友］，ὦ ἄριστε［最好的朋友］，ὦ λῷστε［最要好的朋友］，ὦ θαυμάσιε［可敬的朋友，神奇的朋友］，前三种（讽刺性地）表示'我卓越的朋友'(my excellent friend)或'我的好家伙'(my fine fellow），最后一种表示'亲爱的先生'（my dear sir，有进谏之意）。具体含意的细微差别，常常只能在翻译的时候大声读出来（in translating aloud），凭音调来揣摩。"在《克里同》48b3 中，苏格拉底也称呼老朋友克里同为 ὦ θαυμάσιε，我们在那里翻译为"可敬的朋友"。该词略有讥讽意味。

26d1：ἵνα τί ταῦτα λέγεις［你凭什么这样说］，［S甲注］赫尔曼认为，ἵνα τί 包含了一种省略，现在时的结构应该是：ἵνα τί γένηται，过去时是 ἵνα τί γένοιτο。

［S乙注］ἵνα τί，"为什么"或"何以"，是一种省略的形式，用于表达现在时或过去时的 γένηται 或 γένοιτο。舒特根（Schoettgen）更倾向于理解为 ἵνα τί 中有完成时 γέγονεν，并把这个短语补充为 τί γέγονεν, ἵνα，如《使徒行传》7.26 的 Ἵνα τί ἀδικεῖ τε ἀλλήλλους［为什么彼此欺负呢］。另参 Terent. Phorm. 3.3：Quamoberem ut quidnam facturus，其中的 ut quidnam 就相当于 ἵνα τί。法国古典学家达西耶（A. Dacier, 1651—1722）把这个问题理解为反讽性的，并因此推断出，苏格拉底意在揭露雅典人的愚蠢，因为他们把太阳和月亮奉为神明。但这位评注者似乎忘记了，太阳和月亮不仅是波斯人和其他蛮族国家宗教崇拜的主要对象，也为希腊人所敬拜，他们以阿波罗和阿尔忒弥斯（即罗马神话中的狄安娜［Dianna］）的名义来崇拜太阳和月亮，而且以这些神的名字建造了一个共同的神庙。如今众所周知的是，尽管苏格拉底没有参与到自己国家更为粗俗的迷信中，而是给人一种虔诚地信仰一个伟大的"第一因"的印象，且总是谴责多神论所具有的极端荒谬性，但他仍然未能免于，而我们更不能指望他能够免于体系上的错误。无助的理性也许有能力改造这种体系，却绝不可能毁灭它。因此，他很可能是在严肃地向美勒托斯提出这个问题，而他后来在否认这个与他的信仰格格不入的理论时，则更为严肃。

［B注］省略了 γένηται，相当于拉丁语的 ut quid，这句话意为"是什么让你那样说"，另参《会饮》205a2-3：Ἵνα τί δὲ βούλεται εὐδαίμων εἶναι ὁ βουλόμενος;[意愿幸福的人究竟为了什么而意愿](刘小枫译文),亦见于阿里斯托芬《云》行1192: ἵνα δὴ τί τὴν ἕνην προσέθηκ'[可是他为什么要规定一个"旧日"呢](罗念生译文)。

[SS注]在古典时期的阿提卡地区,这个短语在柏拉图笔下似乎只出现过两次(这里以及《会饮》205a2),在阿里斯托芬笔下出现了四次,在德莫斯忒涅斯那里出现过一次(19.257)。在最后这个例子中(按:即德莫斯忒涅斯那里),该词组出现在一个非常庄严和动情的地方,正如古德温所做的那样(《希腊语语法》第331节),似乎最好不要把它归入口语的范畴。

26d1-2: οὐδὲ ἥλιον οὐδὲ σελήνην ...[甚至既不把太阳也不把月亮……],[B注]这个论点要紧的地方在于,Helios[太阳]和Selene[月亮]并不是雅典公共宗教的固定崇拜对象。在这个时候,它们还不等于阿波罗和阿尔忒弥斯(C. G. S. 卷4,页136以下,卷2,页457以下),而且雅典零星的赫利俄斯(Helios)崇拜痕迹也是后来的事情。我们从阿里斯托芬《和平》行406以下看到,赫利俄斯和塞勒涅(Selene)正在把希腊出卖给蛮族人,原因在于: Ὁτιὴ νὴ Δία / ἡμεῖς μὲν ὑμῖν θύομεν, τούτοισι δὲ / οἱ βάρβαροι θύουσι[宙斯作证,我们祭祀你们,而蛮族人祭祀他们](按:"他们"即指日神赫利俄斯和月神塞勒涅)。苏格拉底故意提出这个问题,因为他希望指出,美勒托斯的真实想法是要把他与阿纳克萨戈拉学派联系起来——尽管美勒托斯不可能这样说,因为狄俄佩忒斯法令由于"大赦"而失效——从而揭示出以前的诽谤的真实本质。苏格拉底通过在 νομίζω 之后加上 εἶναι 做到了这一点。不能指望哪个雅典人会敬拜赫利俄斯和塞勒涅,但雅典人也许会"认为他们是神明",因为赫利俄斯是罗得岛的大神,而塞勒涅在厄利斯及其他地区得享香火。

[SS注]"甚至不是太阳或月亮",第一个 οὐδὲ 是副词,第二个是连词。参丹尼斯顿,前揭,193的最后一段;K. - G. ii 294。

[S丙注]据《会饮》220d所述,苏格拉底曾向太阳祈祷过。古人视太阳和月亮为神圣存在物,更何况它们还人格化为阿波罗和阿尔忒

弥斯。在《奥德赛》中，赫利俄斯似乎与阿波罗不同（比较《奥德赛》8.271 与 8.323）。在（托名）柏拉图的著作 Ὅροι [《释词》][①] 中，对"太阳"的定义（据赫尔曼对柏拉图著作的校勘）有两点：（1）ζῷον ἀίδιον [永恒的生物]，（2）ἔμψυχον τὸ μέγιστον [最大的有灵生命体]。

[D 注] οὐδὲ ... οὐδὲ，"甚至没有……也没有"（not even…nor yet）。接下来的 ἄρα 表示，苏格拉底以一种戏谑性的反讽口吻来回应美勒托斯的说法。每一个有宗教头脑的希腊人都崇敬太阳。没有任何呼求比对 ἥλιος πανόπτης [俯视一切的太阳] 的呼求更庄重和真诚。因此，这种呼求总会在肃剧所创造的动情情景中见到。埃阿斯（Ajax）扑向自己的宝剑而深陷绝望时（按：见索福克勒斯《埃阿斯》行 846 以下），以及在岩石上怒不可遏的普罗米修斯（按：见埃斯库罗斯《被缚的普罗米修斯》行 88 以下），他们两人都向太阳大声呼喊。伊翁在接手神庙中安宁的职位前，首先快乐地看了看太阳。赫拉克勒斯和阿高厄（Agaue）一旦能够清楚地认出太阳，就从疯狂中清醒过来。这里暗示，苏格拉底习惯性地敬拜这位并非人手所造的神明，而《会饮》220d 对此还表现得更清楚明白。

[T 注] 不是像 οὔτε ... οὔτε [既不……也不] 那样的单纯的关联词，而是强调性的"甚至没有……也没有"之意。这话暗示，苏格拉底居然不信如此广受敬拜的太阳和月亮，简直太不可信了。ἥλιον 和 σελήνην 前面都没有冠词。

26d2：ἄρα [居然]，[SS 注] 该词尽管具有逻辑上的含义（"那么"），但如果不表示连接性的意思，常常处在句子相对靠后的位置，参丹尼斯顿，前揭，41 IV。

26d4：Μὰ Δί' [没有，我以宙斯之名起誓]，[S 甲注] 对于这个词组，我们要从前面说过的 οὐ νομίζει θεούς [不信神] 来理解。因为比代

---

① 《释词》（Definitions），（托名）柏拉图所作，是柏拉图"全集"中的一种。对"太阳"的定义在文本的 411a7–b2。

（Budaeus）[1]已经正确地指出过，μὰ Δία本身不是一种否定，我们常常必须根据这个句子前面的部分来补充否定的意味。

[SS注] 可以用来表示 οὐ μὰ Δία的含义，参《高尔吉亚》489e2（以及多兹对此处的注疏），《欧蒂德谟》293c5，《斐勒布》36a4，《阿尔喀比亚德前篇》130c7，《德摩多科斯》(Demodocus，按：学术界普遍视其为伪作) 385e1 和 386a2；埃斯基涅斯1.88。《欧蒂德谟》292a6作 μὰ τὸν Δία。当然，这个惯用法在谐剧诗人笔下极为常见。

26d4：ὦ ἄνδρες δικασταί [法官大人]，[B注] 美勒托斯用上了苏格拉底避免使用的称呼（另参17a1注）。

26d4：τὸν μὲν ἥλιον λίθον ... [太阳是石头]，[B注] 苏格拉底巧妙地诱使美勒托斯脱口说出自己自始至终的真实想法（另参《游叙弗伦》3b2注）。阿纳克萨戈拉的学说已臭名昭著（参拙著《早期希腊哲学》，第三版，第133节），而且苏格拉底曾经是其继承人阿尔喀劳斯的 ἑταῖρος [伙伴、门徒]，但那不可能是苏格拉底受指控的原因。如果这场指控依据的是狄俄佩忒斯法令，苏格拉底早就回答说，那部法令因"大赦"而无效，因而就有理由提起 παραγραφή [反诉、抗辩]，这就让他有权利第一个发言，也有权利让进一步的程序暂停下来，直到那个问题（按：即"反诉"）得以解决。

26d5：τὴν δὲ σελήνην γῆν [月亮是尘土]，[S丙注] "月亮即土"（And the moon earth）。γῆν很可能意在解释那用来构成月亮的材质（substance）。但翻译成"月亮就是一颗地球"（and the moon an earth），可能更符合阿纳克萨戈拉的学说，因为据说他相信理性的动物不只是我们这个世界才有，而且月亮上既有山丘和山谷，也有居住地（按：愚以为"尘土"暗含着earth的意思，即"尘世"）。

[G注] 尽管太阳和月亮不是雅典官方祭拜的对象，但也广泛被人视为神圣的东西。在《克拉提洛斯》（397c-d）中，苏格拉底把这种信

---

[1] Budaeus，即 Guillaume Budé（1467—1540），法国古典学家。

仰归于"希腊最早期的人",另参《法义》886c-e,887d-e。苏格拉底明确地把太阳和其他天体视为"神明",见《王制》508a。

你以为你是在控告阿纳克萨戈拉吗,我亲爱的美勒托斯?你如此藐视法庭中的这些[陪审]人,竟然以为他们如此没有文化,甚至不晓得克拉左美奈的阿纳克萨戈拉的大作中,满篇都是诸如此类的言论?
[Ἀναξαγόρου οἴει κατηγορεῖν, ὦ φίλε Μέλητε; καὶ οὕτω καταφρονεῖς τῶνδε καὶ οἴει αὐτοὺς ἀπείρους γραμμάτων εἶναι ὥστε οὐκ εἰδέναι ὅτι τὰ Ἀναξαγόρου βιβλία τοῦ Κλαζομενίου γέμει τούτων τῶν λόγων;]

26d6:Ἀναξαγόρου[阿纳克萨戈拉],[S甲注]据拉尔修《名哲言行录》2.8,克拉左美奈(Clazomennae)的阿纳克萨戈拉教导说,太阳是μύδρον διάπυρον[火红炽热的金属],有些人把它理解为燃烧着的铁质物体,另外一些人理解为石头,苏格拉底本人即如此理解,在色诺芬《回忆苏格拉底》4.7.7中,苏格拉底使出浑身解数来驳斥阿纳克萨戈拉这种观点。这位哲人(苏格拉底)说,月亮上有οἰκήσεις[居住者],有λόφους[山脊]和φάραγγας[峡谷],即是说,月亮就是土。美勒托斯把这些观点栽到苏格拉底头上,因为苏格拉底曾从学于阿尔喀劳斯,而后者以前是阿纳克萨戈拉的学生。阿纳克萨戈拉生于公元前500年,卒于公元前428年。

[S乙注]阿纳克萨戈拉,第七十届奥林匹亚赛会的第一年生于小亚细亚的克拉左美奈,是阿那克西美尼的门徒,后者又是阿纳克西曼德的与闻者和助手,一般认为阿纳克西曼德是伊奥尼亚学派的创始人,阿纳克西曼德是第一个在公共学校教授哲学的人。阿纳克萨戈拉二十岁时移居雅典,在这里勤奋而成功地学习了雄辩术和诗歌。据罗马讽刺诗人(satyrist)贺拉斯的《书信》1.2所载,阿纳克萨戈拉精通荷马史诗,由此作为一个作家和道德家而享有极高声誉。米利都学派的名声也把他吸引到了那里,他在那里以极大的热情和崇拜的心情研究了阿那克西美尼及其前人的哲学学说,在那里待了一些年头后,返回雅典,然后在雅典

私下举办哲学演讲，他的学生中有欧里庇得斯和伯里克勒斯，有人说，还包括苏格拉底和雅典政治家兼将军忒米斯托克勒斯（Themistocles）。他的高尚品德（high character），以及他公开嘲笑某些流行的迷信，招致同时代人的忌恨，也招来了雅典祭司阶层的敌意。阿纳克萨戈拉被抓进监狱，并被判处死刑，但在伯里克勒斯的影响下，判决改为罚款和流放。他因此退到了朗普萨科斯（Lampsacus，今土耳其境内），在那里去世，享年72岁，当地居民以如下墓志铭表达了他们对其成就的评价：ἐνθάδε, πλεῖστον ἀληθείας ἐπὶ τέρμα περήσας | οὐρανίου κόσμου, κεῖται Ἀναξαγόρας [阿纳克萨戈拉在这里安息，他把宇宙天体的究竟探问到底，获得了许多真理]（徐开来译文）。据普鲁塔克的证据，同时也符合柏拉图和亚里士多德的说法，阿纳克萨戈拉是伊奥尼亚哲人中第一个把心灵（mind）与质料（matter）区分开来的人，而且他把质料的改变归因于一个至高无上的纯粹理智的掌控：Νοῦς ὁ διακοσμῶν τε καὶ πάντων αἴτιος [努斯不仅是万物的原因，也是万物秩序的原因]。阿纳克萨戈拉判断，月亮就像地球一样可以居住，月亮上也有山丘、山谷和湖泊等等。因此，美勒托斯就把这样的指控 τὸν ἥλιον λίθον ... εἶναι, τὴν δὲ σελήνην γῆν 栽到苏格拉底头上，他晓得苏格拉底即便不是阿纳克萨戈拉本人的学生，也听过阿纳克萨戈拉的学生阿尔喀劳斯（Archelaus）的课。据拉尔修《名哲言行录》2.11和亚历山大里亚的克雷芒（Clemens），阿纳克萨戈拉是第一个 βιβλίον ἐξέδωκε συγγραφῆς [公开发表自己所著书籍]的人，但据其他人说，阿纳克西曼德才是第一个，他着手撰写了自然科学原理的作品，另外一些人说是斐瑞居德（Pherecydes），此人生于斯居罗斯（Scyrus）岛，是毕达哥拉斯的第一位老师。参Lucret. 1.83以下。

[B注]"你以为你是在控告阿纳克萨戈拉"，暗示美勒托斯极其不合时宜（out of date）。如果我们接受忒勒（Taylor）的观点（我当然觉得必须接受），即，阿纳克萨戈拉的审判大约发生在公元前450年（《古典学季刊》卷11，页81以下，以及拙著《早期希腊哲学》，第三版，第124节），那么这一点就更加显而易见了。

[SS注]没有伯内特所说的那种"暗示",苏格拉底的意思仅仅是,美勒托斯既对教育事务一无所知,也对自然哲学一窍不通。

　　[S丙注]阿纳克萨戈拉在其家乡克拉左美奈有钱有势,但他把祖产散给了亲友们,二十岁去了雅典,正好是波斯人入侵之时(公元前480年),在雅典花了三十年时间研究自然哲学。他对真理的一些猜测似乎非常成功,比如,他认为月亮的光亮来自太阳(《克拉提洛斯》409b),他还教导说,物质是永恒的和不灭的,并认为"变异"和"坏灭"不过是"合"与"分"的别名而已(里特尔和普瑞勒[Preller]《希腊罗马哲学史》,1838年,第49节)。不过,让他在哲学史上占有一席之地的是,他认为理智(nous)是宇宙中所有运动和秩序的原因。关于他的审判和死因,有种种矛盾的说法。阿纳克萨戈拉是一个思想高尚的人,对于探究自然的秘密有着极大的热情。当被问到他为何而生时,他回答:"沉思太阳、月亮和天。"

　　[D注]苏格拉底对于这种"俯视一切的太阳"的真实想法,也许在色诺芬的《回忆苏格拉底》4.7.7有所体现,色诺芬插话驳斥了阿纳克萨戈拉的观点。此外,关于苏格拉底对阿纳克萨戈拉的批评,更值得注意的地方是《斐多》97c-99d,那里对阿纳克萨戈拉做了尖锐批评:他在披露自己教条性的观点时,ἀμελήσας τὰς ὡς ἀληθῶς αἰτίας λέγειν[并不在乎说出真正的原因](98e1),从他的专业来说,这的确没有怎么用到nous[努斯]。

　　[G注]阿纳克萨戈拉据说曾因为发表关于太阳和月亮的构成成分的言论而被指控为异端,但就其真实性以及受审日期存在颇多争议。我们眼前这段话不能证明那件事曾发生过。如果阿纳克萨戈拉真的因此而遭到过指控,那么美勒托斯把一件与苏格拉底的信仰和行状毫无关系的事情翻出来说,也的确暴露了他的无知。

　　[W译注]阿纳克萨戈拉,克拉左美奈人(在小亚细亚海岸,伊奥尼亚地区),在雅典生活和教学,当时苏格拉底还是一个年轻人。他是伯里克勒斯的朋友,后者是雅典与斯巴达开战初期的政治领袖。与

其他所谓"前苏格拉底哲人"一样，阿纳克萨戈拉试图对事物的本质（nature）作出解释，提出一种 physiologia ［自然学］（即关于"自然"的学说）。他公开教导说，不需要诉诸城邦的神明或传统，也能理解事物的本质。他由此暗示，城邦的神明只是因习俗或法律而存在，不是因本性（by nature）或真实（in truth）而存在（对"前苏格拉底哲学"的总体讨论，见《法义》886a-892c）。阿纳克萨戈拉遭到了不虔敬的指控，说他违反了一条法令，即"不信神，或者教导关于天上事情的学说"。他为了免遭迫害而逃离了这个城邦（普鲁塔克《希腊罗马名人传》中的伯里克勒斯传，第32节）。他的著作残篇见柯尔克和瑞文的《前苏格拉底哲人》（G. S. Kirk and J. E. Kaven, Cambridge 1957），页362-394。另参《斐多》97b-99c。

26d6：οὕτω［如此］，［D注］该词既修饰后面的καταφρονεῖς，也修饰ἀπείρους。γράμματα与μαθήματα的关系，完全等同于拉丁语中litterae与disciplinae的关系。

26d7：ἀπείρους γραμμάτων［没有文化］，［B注］"没有读写能力"，"文盲"（illiterate）。这明确地告诉我们，雅典已经有一个有阅读能力的大众群体（reading public）。

［SS注］这个短语的全部意思就是"文盲"。伯内特取其狭义为"没有读写能力"，并说这里的意思"只能是指给他们自己阅读（阿纳克萨戈拉的）书"。尽管我没有办法证明我的怀疑，我还是认为，苏格拉底想的不是年轻人自己读，而是听一个ἀναγνώστης［朗读者］在ὀρχήστρα［歌舞场］中大声为观众朗读。从上下文可知，这里的γράμματα不是指字母或文字（按：几个译本都译为letters），而是指书籍或图书资料（literature），见《帕默尼德》127c3：ἀκοῦσαι τῶν τοῦ Ζήνωνος γραμμάτων［听人读芝诺的著作］；单数的γράμμα指"一本"书，如《帕默尼德》128a2-3。因此，"文盲"（illiterate）也可用来指"对文献著作不熟悉"（按：吴飞译作"不通文墨"，妙）。

［MP注］即指"没有文化"（uncultured）。伯内特认为这标志着

雅典有一群在大庭广众中朗读的人。这在某种程度上当然是对的。在阿里斯托芬发表于公元前 405 年的《蛙》(行 52) 中，狄俄尼索斯神谈到了朗读欧里庇得斯肃剧的事情。亦参欧里庇得斯《厄瑞克透斯》(Erechtheus，或发表于公元前 422 年) 辑语 369。然而，不能从字面意思来理解苏格拉底的话。在公元前 5 世纪末之前，都缺乏证据说有私人图书馆和实体书籍 (substantial book)。参哈里斯 (Harris，1989) 和托马斯 (Thomas，1989、1992)。不管苏格拉底的时代雅典有没有在大庭广众中朗读的人，这些人都不可能包括整个陪审团在内。

26d8：ὥστε οὐκ εἰδέναι [甚至不晓得]，[S丙注] 按照语法规则，ὥστε 接直陈式时，要用 οὐ，接不定式时，用 μή。这两种表达形式的区别在于，直陈式显著地表示那个事实，而不定式反而把那件事视为前情的自然产物，或者更简要地说，直陈式表达真实的情况，而不定式表示逻辑结果。当要求用不定式来表示从直接引语变成间接引语时，这种区别就消失了，οὐ 就可以改成 μή。因此，当重点要强调事实时，直接引语中的 οὐ 还会保留在间接引语中。这里的直接引诱就应该是：οὕτως ἄπειροί εἰσιν, ὥστε οὐκ ἴσασι。

[D注] 这里使用 οὐ，是因为苏格拉底希望表达这个说法最肯定性的形式：οὕτως ἄπειροι γραμμάτων εἰσίν ὥστε οὐκ ἴσασι ὅτι ... 。在 ὥστε 之后的不定式从句中，生动地使用 οὐ 代替 μή，并不鲜见，尤其是在使用直陈式或不定式都没有区别的地方。

26d8：τὰ Ἀναξαγόρου βιβλία [阿纳克萨戈拉的大作]，[S丙注] 阿纳克萨戈拉的主要著作是一部讨论自然的书，拉尔修 (《名哲言行录》2.6) 告诉我们，那本书"以令人愉悦而庄严的文体写成"。

26d9：τούτων τῶν λόγων [诸如此类的言论]，[SS注] "这样的说法"。

更有甚者，年轻人是从 [d10] 我这里学到那些东西的吗？有时，他们充其量花上一个德拉克马就能在 [26e] 剧场里的表演中"购买"到那些东西，如果他苏格拉底谎称那些学说是自己的 [原创]——遑论那些言论如此荒谬！——他们有就可能会嘲笑苏格拉底。话说回来，以宙斯之名起誓的人，在你看来，我真会这么认为？难道我不相信神明存在？——[e5]我以宙斯之名起誓，你当然不相信，无论如何你都不信！[καὶ δὴ καὶ οἱ νέοι ταῦτα παρ' ἐμοῦ μανθάνουσιν, ἃ ἔξεστιν ἐνίοτε εἰ πάνυ πολλοῦ δραχμῆς ἐκ τῆς ὀρχήστρας πριαμένοις Σωκράτους καταγελᾶν, ἐὰν προσποιῆται ἑαυτοῦ εἶναι, ἄλλως τε καὶ οὕτως ἄτοπα ὄντα; ἀλλ', ὦ πρὸς Διός, οὑτωσί σοι δοκῶ; οὐδένα νομίζω θεὸν εἶναι; Οὐ μέντοι μὰ Δία οὐδ' ὁπωστιοῦν.]

26d9：καὶ δὴ καὶ [更有甚者]，[S甲注]"而且这些年轻人确实从我这里学到了这些东西"。苏格拉底是在反讽性地复述他以为出自美勒托斯之口的那些话。海因多夫删掉了καὶ δὴ καὶ之前的标点符号，就让这些词从属于前面的ὅτι，这种结构在我看来太过牵强。

[SS注] καὶ δὴ καὶ这个词组一般为前面从句所表达的普遍法则引入一个具体的例子（丹尼斯顿，前揭，256.2），它表明，正在讨论的这个例子并非意料之外，而且符合那个法则，其字面意思是"当然……也"。我们在这里看到的，似乎是这种用法反讽性的变调：如果人们像美勒托斯那样，假定陪审团完全没有受过教育，"当然也就可以认为"年轻人会把从苏格拉底那里听到的那些奇怪学说当成苏格拉底自己的独创，而其实那些年轻人非常清楚，那些学说其实是阿纳克萨戈拉的主张。丹尼斯顿（257.5）的解释并不令人信服，他认为καὶ δὴ καὶ "在表示惊讶的问句中与καὶ δή同义"（另参250 ii）。但那种意义的καὶ δή——如果有那种含义的话，本身就非常罕见。

[S丙注] καὶ δὴ καὶ意为"而且我认为"。[D注]"而且你现在希望人们相信这是来自我的"。[T注]"此外也"（and moreover also）。接下来的句子是反讽性的，ἃ是πριαμένοις的宾语。[按]一般作"此外"理解。

26d9-e1：ταῦτα παρ' ἐμοῦ μανθάνουσιν... πριαμένοις [从我这里学到那些东西…"购买"]，[SS注]年轻人偶尔花钱去买的，不是"书籍"，而是阿纳克萨戈拉学说的内容。这里根本就没有暗示年轻人会购买书籍。

26d10-e1：δραχμῆς ἐκ τῆς ὀρχήστρας πριαμένοις [花一个德拉克马就能在剧场里的表演中"购买"到]，[S甲注] 正如福斯特正确指出的，我们从来没有听说过在 orchestra [乐队] 那里展销书籍的事情。——原先进入剧场不需要花任何钱，但很多人集会的时候会发生拥挤和骚乱，其中有些人没有权利进入剧场。那时雅典唯一的剧场是用木头搭建的，其架构显然会破损，而这种事故也发生过，为了避免这种糟糕的事情，他们就决定出租（let）座位：用来表示这种做法的短语就是 θέαν ἀπομισθοῦν [出租剧场座位] 和 θέαν ἀγοράζειν [购买剧场座位]。座位由农夫或剧场承租人来出租，他们就叫做 θεατρῶναι [剧场承租人]，或 θεατροπῶλαι [剧场出租人]，或 ἀρχιτέκονες [建筑管理者]，如德莫斯忒涅斯《金冠辞》所说。普通价格是两个奥波洛（据德莫斯忒涅斯），也有人说有时最高价格可达一个德拉克马。但这位哲学家（按：指阿纳克萨戈拉）的这些学说怎么可能会在剧院中学到？可以肯定的是，戏剧诗人常常在自己的剧作中插入哲人们的观点，要么予以赞扬，如欧里庇得斯经常在自己的肃剧中暗中提到阿纳克萨戈拉的观点，要么予以谴责和讽刺，我们知道阿里斯托芬就是这么干的。苏格拉底在这段话中主要是在暗指欧里庇得斯，因为后者是第一个在舞台上介绍阿纳克萨戈拉关于太阳和月亮观点的人（参法尔肯 [Valcken] 和珀森等人的评注）。整个这段话意思如下："美勒托斯说我认为太阳是石头，月亮是尘土。但法官们肯定知道，这是阿纳克萨戈拉的学说。如果我自称引入了这种观点，年轻人哪怕从戏剧诗人的作品中就会发现，我把这种学说据为己有乃是虚荣心作祟，也就会理所当然地讥笑我。"

[S乙注] 达西耶对这里的理解是，苏格拉底是指用一个德拉克马去乐队（演奏处）购买阿纳克萨戈拉著作的可能性，那些书就摆在乐队（演奏处）那里，按这个价格销售。但这种假设没有丝毫根据。众所周知，ὀρχηστρα [乐队演奏处] 是剧场的一部分，是一个平整的地方，比最低的座位还低 12 英尺，部分场地包含在洞穴范围内，一部分延伸在外，左右构成一个较长的平行四边形。参巴克姆的《古希腊人的剧场》

(P. W. Buckham, *The Theatre of the Greeks: Or the History, Literature, and Criticism of the Grecian Drama; with an Original Treatise on the Principal Tragic and Comic Metres*,Cambridge：J. Smith 1825)，第三章，第二部分，以及巴克科斯剧场的设计图（ plan of the theatre of Bacchus)。在雅典，肃剧作家和谐剧作家都有这样的习惯，在舞台上借合唱队来介绍哲人们的格言和学说。例如，欧里庇得斯就惯于做这种事情，尤其是介绍他的老师阿纳克萨戈拉，因而被很多人称作 ὁ σκηνικὸς φιλόσοφος [舞台哲学家]。福斯特猜测，苏格拉底在这里直接暗指欧里庇得斯《奥瑞斯忒斯》中埃勒克特拉的言辞（982-986）：μόλοιμι τὰν οὐρανοῦ μέσον χθονός ⟨τε⟩ τεταμέναν αἰωρήμασιν πέτραν ἁλύσεσι χρυσέαις, φερομέναν δίναισι, βῶλον ἐξ Ὀλύμπου, ἵν' ἐν θρήνοισιν ἀναβοάσω γέροντι πατέρι Ταντάλῳ [但愿我能去到那用黄金的绳索吊挂在天地中间的悬岩上——它是漩涡从奥林波斯摔出来的一块——唱着哀歌，向那个生了我们家的，亲眼见了那罪恶祖先们的年老坦塔罗斯大声说话]（张竹明译文）。在这个例子中，由于诗人使用了坦塔罗斯头上悬石这一意象，有人就认为他是在表达阿纳克萨戈拉的学说：要敬重太阳。由此可以得出结论：哲人们的观点（ sentiments) 主要由合唱队来表达，如上引《奥瑞斯忒斯》，而 orchestra 就是分配给合唱队的位置。据拜占庭的佛修斯（ Photios，810—893）所著《辞海》，οὗ καὶ οἱ χοροὶ ᾖδον [指挥合唱队的人]（按：希腊文疑有误）常常参与戏剧的活动，以合唱队的κορυφαῖος [队长]为中介参与对话，所以苏格拉底的意思是说，如果他把那些学说归到自己头上，就会遭人嘲笑，因为最多花一个德拉克马就可以在剧场中搞到一个座位的观众，必定已经不约而同地嘲笑他了：εἰ πάνυ πολλοῦ，意思是"甚至最多"或"最高的价格"，完整的表达是 εἰ ἀντὶ πάνυ πολλοῦ τιμήματος 或 ἀργυρίου。雅典剧场的座位原先不要钱，但后来人们对免费入场起了争执，也发生了混乱，极其多的人千方百计要搞到这种免费的特权，于是人们就发起并通过了一条法律，入场时每人固定缴纳一个德拉克马。这个规定几乎没有顾及更为贫穷的阶层，伯里克勒斯绝不会放过任何讨好大众的机会，便废除了这条规定，并颁行了一条法令，价格减为两个奥波洛（Obolus，按：一个德拉克马等于六个奥波洛，一个普通人一天的工资大约两个奥波洛）。即便如此，这些钱也可用公共基金来支付。然而，从《申辩》此处文本来看，似乎最佳座位才有一个德拉克马的高价，而普通座位的价格是两个奥波洛。另参巴克姆，《古希腊人的剧场》，前揭，第三章，第二部分。

[R注] 购买的不是书，而是学说。ἐνίοτε [有时] 意思是说，如果他们碰巧会观看一部宣扬这些学说的戏剧，比如欧里庇得斯《奥瑞斯忒斯》982。正如施塔尔鲍姆所指出的，达西耶误解了这句话的意思，的确让人觉得奇怪，他竟然想，那个时候用一个德拉克马也许就可以能买到阿纳克萨戈拉的一册书。但实际上，那时雅典的一本书价格极为不菲。

[B注] "充其量"，字面意思是"如果你以一个非常高的价格（来买它们）"。另参《阿尔喀比亚德前篇》123c6 和《高尔吉亚》511e1。编辑家们对于这本书如此低廉的价格表示惊讶，但我们必须记住，该书篇幅非常小，因而它的价格也就低。在没有版权的情况下，根本不需要支付"稿费"，也没有任何配送或广告宣传费用。书商只需要花费很小的本钱在有文化的奴隶身上（假设每人五米纳），并提供莎草纸和墨水。

关于 ὀρχήστρα，这个名称不仅指狄俄尼索斯大剧院的乐队，也指市场（Agora）的一个部分，那里矗立着哈尔摩狄俄斯（Harmodius）和阿里斯托吉通（Aristogeiton）的雕像（哈尔摩狄俄斯和阿里斯托吉通是公元前514年杀死僭主希帕库斯的英雄）。蒂迈欧（按：不是柏拉图笔下同名的人物）的《柏拉图词典》提到了这一点，这足可说明，柏拉图著作的早期阐释者就把这一段话理解为是在指市场中的那个地方。没有证据表明书市（τὰ βιβλία，Pollux [珀吕克斯][1] ix.47）在那里，但几乎不

---

[1] 全名 Julius Pollux，拉丁名为 Ioulios Poludeukes，出生于埃及，公元2世纪的希腊文法学家、修辞家和智术师，在雅典学园教授过修辞学，著有十卷本的《名物辞典》（Onomasticon），此书对史密斯（William Smith）的《希腊罗马古典辞典》（Dictionary of Greek and Roman Antiquities）影响极大。

可能对这里的话作另外的理解。旧观点认为苏格拉底的意思是在说人们可以付费去观看欧里庇得斯的肃剧，从而也就"从乐队那里"买到了阿纳克萨戈拉的观点，这种说法根本不可能成立。进入剧场的价格只有两个奥波洛。此外，正如尚茨指出的，观众不可能以这种方式知道那就是阿纳克萨戈拉的学说，这就是全部的情况。剧中那些学说也完全可能是苏格拉底的学说，因为大家都知道苏格拉底与欧里庇得斯过从甚密。尤为重要的是，καὶ οἴει αὐτοὺς ἀπείρους γραμμάτων εἶναι 这些话只能表示自己朗读那本书。那就是决定性的了。

[S丙注] 这段话的含义有三种看法：（1）狄俄尼索斯大剧院如果没有演出，它的 orchestra 就用来卖书，阿纳克萨戈拉的书偶尔会在那里买到，售价远低于一个德拉克马。

（2）去剧场看戏的人很可能要为一场为期三天的表演支付一个德拉克马，这种人对阿纳克萨戈拉的学说很感兴趣，而那种学说已经变成雅典公共精神资源（common mental stock）的一部分。欧里庇得斯尤其受到了新学说的影响，如《奥瑞斯忒斯》行983。

（3）ὀρχήστρα 在这里的意思是市场（Agora）中用于公共表演的地方，很可能书籍也在这里销售。智术师蒂迈欧的《柏拉图词典》对该词给出了第二种含义，即，τόπος ἐπιφανὴς εἰς πανήγυριν, ἔνθα Ἁρμοδίου καὶ Ἀριστογείτονος εἰκόνες [召开公民大会的地方，那里有哈尔摩狄俄斯和阿里斯托吉通的雕像]。从阿里斯托芬《公民大会妇女》行681-682可知，哈尔摩狄俄斯的雕像在市场中。

也许最后一种观点是正确的。一本哲学著作在雅典以一个德拉克马之低的价格买到，正如亚当所指出的，如果把这一点与柏拉图另外一个说法（《高尔吉亚》511d）连起来看，就不那么让人吃惊了：把一个人的所有财产和家人从 Pontus 或埃及搬到雅典，两个德拉克马的价格也算很高了。

[D注] 有些学者称，这句话是指某些肃剧的合唱诗在表达哲学观念，还说那时的"德拉克马"应该是剧院一张"季票"（season-ticket）

的价格。但更为自然的理解是，阿纳克萨戈拉的著作 Περὶ Φύσεως [《论自然》] 并不珍稀罕见或难以搞到，很可能会以公道的价格买到一本二手书。该书并不总是有现货，价格也多有变化。因此，苏格拉底所说的 ὀρχήστρα，很可能不是狄俄尼索斯大剧院的合唱队，而是广场的一个部分，参多尔普菲尔德的《希腊剧场》（W. Dörpfeld, *Das griechische Theater: Beiträge zur Geschichte des Dionysos-Theaters in Athen und anderer griechischer Theater*, Barth & von Hirst, 1896）。

[T注]"充其量一个德拉克马"，这是剧场经理能够合法地为一个座位收取的价钱。一般的价格是两个奥波洛（参德莫斯忒涅斯《金冠辞》28），由国库支付。另参伯克的《雅典的公共经济》（August Böckh, *Die Staatshaushaltung der Athener*），前揭，2.13；史密斯的《希腊罗马古典词典》（W. Smith, *A Dictionary of Greek and Roman Antiquities*, London 1842，按：这里所提到的剧场规制在该词典第一版第955–959页，第二版1120页以下）。哲人们的学说被带到了舞台上，部分是评论，如在欧里庇得斯的肃剧中，部分是嘲讽，如在阿里斯托芬的谐剧中。有些人认为这里指的不是舞台的表演，而是在乐队所在位置销售阿纳克萨戈拉的著作。另参施莱尔马赫对此处的解释。但正如福斯特很好地指出的，我们从来没有听说过在那里买书的事情。

[G注] ὀρχήστρας，"在书摊上"。ὀρχήστρα 是广场的一个区域。年轻人可能在那里听人朗读过阿纳克萨戈拉的著作，就像苏格拉底说他曾听人读阿纳克萨戈拉的书（《斐多》97b）。如果是这样的话，一个德拉克马的费用应该是听阿纳克萨戈拉学说的价格，而不是买他的书（按：哲学著作可以变成评书？）。

[MP注] 这段话众说纷纭，大多数注疏家和译者在发表自己意见时，基本上都不会承认还有另外的解释。这些解释分为三类。第一种，ὀρχήστρας 指市场中跳舞的平台，书籍就在那里售卖（Dyer and Seymour 1908, Adam 1914, Grube 1988, Rose 1989, Helm 1997）。第二种，ὀρχήστρας 指狄俄尼索斯剧场舞台前面跳舞的平台，因此，这里

影射的是欧里庇得斯和其他人吟唱阿纳克萨戈拉学说的那些剧作。第三，*ὀρχήστρας* 指狄俄尼索斯剧场舞台前面跳舞的平台，歌队也在那里唱歌，而在一年大部分时间里，那里显然都没有演出，故而充当书市之用（Croiset 1920，Tredennick 1967，Nails 2002）。然而，无数人都反对这样一些解释。简言之，对于第一种来说，没有任何证据表明市场上有一个跳舞的平台可以支持这个让人生疑的解释，而且古代文献也没有说市场上有一个叫做 *ὀρχήστρας* 的地方。对于第二种解释，既然剧场有乐队，注疏家就指向肃剧中那些反映阿纳克萨戈拉学说的段落。但没有哪一个段落仅仅是在抄录这位哲学家的学说。进言之，没有记录表明剧场门票价格超过了两个奥波洛，也就是苏格拉底提到价格的三分之一。第三种解释最不利的地方在于，我们必须假定有一个书市——除了《申辩》此处之外，没有任何其他过硬的证据。但我们倾向于支持第三种解释，因为它所需的假设最少。同时，还值得一提的是，*ὀρχήστρας* 一词在公元前5世纪的文献中很少出现（参 Bosher 2007），因此所有解释在某种程度上都一定是凭空想象的。

［W译注］年轻人在受训成为军事指挥官时，每天分得一个德拉克马的口粮。一个普通士兵的口粮是四个奥波洛（六个奥波洛为一个德拉克马）。不能工作的贫穷伤残人士的食物救济金是每天两个奥波洛，大概能够应付最低限度的生存需求。所以，一本书一个德拉克马是相当少的一笔钱（亚里士多德《雅典政制》42.3 和 49.4）。"乐队"（orchestra）显然是市场的一个区域，书籍就在那里销售（参伯内特对 26e1 的注释）。

［按］*ὀρχήστρα*，本义指（合唱队）跳舞的地方，位于观众和舞台之间，也是合唱队所处的位置，后来表示"乐队"；该词还有另外一个含义，指"市场"（Agora）的一个部分（《希英大词典》在这个义项下引用了《申辩》此处文本，即认为这里的 *ὀρχήστρα*，应该是指市场中的一个区域）。从各位注疏家的观点来看，伯内特自认为"买书"的观点是"决定性的"，但实际上可能不是，他与D注、W译注和S丙注

的看法似乎不如S甲注、S乙注、SS注和T注更有说服力。实际上，不管orchestra指大剧院还是指外面市场中的一个公共剧场，都与"书摊"或"书店"无关。绝大多数人了解哲学家的学说，很可能不是通过"阅读"，而是"观看"戏剧时"听"别人朗读的——苏格拉底在《斐多》中的回忆，也说自己"听到"（97b8）过阿纳克萨戈拉的学说。从《申辩》这里来看，"购买"（πριαμένοις）的宾语是 ἅ，这个关系代词的先行词是 ταῦτα，而它在主句中作动词 μανθάνουσιν 的宾语，这个动词的意思是"学习"或"了解"，那么，ἅ 所代指的代词 ταῦτα 就不可能是"书"，而是"学说"，即中性的"这些东西"（王太庆译作"这路货色"），因为我们不会说学习到一本书。所以，年轻人花钱去购买的，的确是"去听阿纳克萨戈拉的学说"（参R注）。这个从句直译成英语即为which it is possible for those who could sometimes buy for at most a drachma from the orchestra to laugh at Socrates, if...（这个译文与大多数英译本都不同，唯与魏斯特译本稍近），其中，καταγελᾶν 是现在时不定式，作无人称谓语 ἔξεστιν 的宾语，而与格 πριαμένοις 作真正的主语。这里的orchestra，似乎是以部分代替整体，指"剧场"（王太庆译作"在剧场里"），或可译作"戏剧乐舞表演中"；水建馥把整句话译得更显白："因为有时剧场票价便宜，只一个德拉克马就能买到戏票，青年们就会去看苏格拉底把这种奇谈怪论拿过来当作他自己的发明，博得大家一笑"，并加注以为是在指阿里斯托芬攻击苏格拉底的那部谐剧《云》。当然，从《斐多》97c来看，也有可能指"购买书籍"，也就是买到阿纳克萨戈拉著作的抄本。

26e2：ἄλλως τε καί[遑论]，[D注]"甚至不需要考虑那些学说的稀奇古怪之处，那些年轻人也必定很清楚，那些学说并不是我的主张。"[T注]"尤其当它们如此荒唐时"，字面意思是"由于其他原因，它们也（尤其）如此荒唐"。

[R注]那些年轻人必定知道这些学说不是我的，"更不要说这些学说如此稀奇古怪"，如要剽窃，就太显眼了。施泰因哈特（Steinhart）很好地指出，ἄτοπα 的意思不是"荒谬"，而是"不同寻常"或"独特怪异"

(peculiar)。从词源学来看，其意思指那种无法归属到任何已知地方或起源的东西。他还进一步指出，无论是苏格拉底还是柏拉图，都未曾把这些观念当成"荒诞"而予以拒绝。另参《法义》886d这个著名的段落，柏拉图在那里尽管赞成神明存在，却拒绝就这些立场展开争论。

[按] 从D本和T本对28c2 οἵ τε ἄλλοι καί 的注释来看，这里应该译作"尤其"（吴飞译作"特别是"。苏格拉底"不敢"把那些理论"贪为己有"，不仅因为大家都很熟悉那些东西，而且还因为那些学说荒谬绝伦，苏格拉底躲之唯恐不及。

26e2：οὕτως ἄτοπα ὄντα [如此荒谬]，[B注]"如此奇怪"，"如此怪异"（singular），以至于创造它们的人不可能忘掉。在《斐多》98c2中，苏格拉底说他早年对阿纳克萨戈拉的那本书很失望，就用了同样的字眼。他说，阿纳克萨戈拉并没有真正把"思想"（Mind，按：即nous）用作"原因"，而是把所有的因果性（causality）归结为 ἀέρας ... αἰθέρας καὶ ὕδατα ... ἄλλα πολλὰ καὶ ἄτοπα [气、以太、水和其他很多稀奇古怪的原因]（按：王太庆把这里的 ἄτοπα 译作"莫名其妙"）。必须记住，对于公元前5世纪下半叶受过教育的雅典人来说，阿纳克萨戈拉的宇宙论的确是一种倒退（retrograde）。比如说，阿纳克萨戈拉还主张地球是平的，而毕达哥拉斯早就发现地球是球形的，这在雅典必已众所周知（参拙著《早期希腊哲学》，第三版，第135节）。我们在《斐多》（97d8–e1）中得知，这个问题，即 πότερον ἡ γῆ πλατεῖά ἐστιν ἢ στρογγύλη [大地究竟是扁平的还是圆球形的]，正是苏格拉底曾希望能够从阿纳克萨戈拉的那本著作中得到一些启示的问题之一，但他似乎落空了。这就是忒勒的观点（另参26d6注）。如果阿纳克萨戈拉在伯罗奔半岛战争刚好开始之前一直都待在雅典，我们就无法理解苏格拉底居然与他没有私人交道。色诺芬也意识到苏格拉底批评过阿纳克萨戈拉的宇宙论，不管是直接地还是很可能间接地从柏拉图那里晓得的。另参《回忆苏格拉底》4.7.6–7：κινδυνεῦσαι δ᾽ ἂν ἔφη καὶ παραφρονῆσαι（精神错乱）τὸν ταῦτα（省略了 τὰ οὐράνια）μεριμνῶντα οὐδὲν ἧττον ἢ Ἀναξαγόρας παρεφρόνησεν ὁ μέγιστον φρονήσας ἐπὶ τῷ τὰς τῶν θεῶν μηχανὰς ἐξηγεῖσθαι [他还说，那些胆敢探究这些事的人，和阿纳克萨戈拉一样，都有丧失神智的危险，阿纳克萨戈拉以能解释神明的造化而夸耀，因而丧失了神智]（吴永泉译文）。苏格拉底批评的其中一种理论正是《申辩》此处提到的东西（τὸν μὲν ἥλιον λίθον, 26d4）。不一定要相信苏格拉底曾以这种方式说到过阿纳克萨戈拉，但相当可能的是，色诺芬正确地指出，苏格拉底坚持认为这样一些研究与自我认识相比，不如后者重要。另参《斐德若》229e4-230a1：ἐμοὶ δὲ πρὸς αὐτὰ（神话的思考）οὐδαμῶς ἐστι σχολή· τὸ δὲ αἴτιον, ὦ φίλε, τούτου τόδε. οὐ δύναμαί πω κατὰ τὸ Δελφικὸν γράμμα γνῶναι ἐμαυτόν· γελοῖον δή μοι φαίνεται τοῦτο ἔτι ἀγνοοῦντα τὰ ἀλλότρια σκοπεῖν [我可没一点儿闲暇去搞这些名堂。至于原因嘛，亲爱的，就是这个：我还不能按德尔斐铭文做到认识我自己。连自己都还不认识就去探究与自己不相干的东西，对我来说显得可笑]（刘小枫译文）。

26e3：ἀλλ᾿, ὦ πρὸς Διός, οὑτωσί σοι δοκῶ [话说回来，以宙斯之名起誓的人呐，在你看来，我真会这么认为]，[SS注] ἀλλὰ中断了关于阿纳克萨戈拉的离题话，是为了回到26c1-6中这个根本的问题上来（另参丹尼斯顿前揭书，8，第一段话的末尾）。在 ὦ πρὸς Διός 中，ὦ 是插入语（interjection），在诗歌中可与命令式连用（《希英大词典》相关词条的II.1），但在散文中，似乎只出现在问句里，如此处和《普罗塔戈拉》309d3，《王制》332c5，《欧蒂德谟》281b4-5；德莫斯忒涅斯21.98和166，29.32；色诺芬《居鲁士的教育》6.2.15。

[D注] 另参25c5的 ὦ πρὸς Διὸς Μέλητε [美勒托斯，请你以宙斯之名义起誓]。苏格拉底没有说完这句话，很可能为难于找不到一个合适的雅号（按：指给"美勒托斯"加一个合适的雅号，苏格拉底已经不知道该如何称呼他了）。——这标志着转向了第二项关于无神论的指控，因此美勒托斯被迫重复了他的指控。苏格拉底一直在把人们的注意力转到那种被视为事实陈述的指控的荒谬性上。现在，他把这种指控视为一种意见性的说法（οὑτωσί σοι δοκῶ），并强调美勒托斯不可能真正认同这一

种意见，因为它与美勒托斯自己另外一个看法相矛盾。

[T注]"因此"彻底而绝对地。

[按]这句话的译法颇有意思，盖洛普译作 In God's name, do you really think me as crazy as that，格鲁伯译作 Is that, by zeus, What you think of me，福勒译作 But for heaven's sake, do you think this of me，魏斯特译作 But before Zeus, is this how I seem to you，吴飞译作"宙斯面前的人啊，我在你看来是这样的吗"。ὦ πρὸς Διός，本来是用来称呼美勒托斯的话（或可译为"你敢以宙斯之名起誓吗），暗中讽刺美勒托斯随随便便以宙斯之名起誓。

但你这个人却不可信，美勒托斯，我觉得，甚至连你都不会相信自己这些话。雅典人，这家伙在我看来太狂傲、太放肆，他完全由于某种狂傲、放肆和少不更事，才提起这场诉讼。[27a]因为他就像是在编造谜语来考验人："究竟苏格拉底这位智慧者会不会感觉到我是在寻开心，会不会看得出我说的话自相矛盾，或者我会不会就这样骗倒他以及其他听众？"因为在我看来，此人在诉状中本身[a5]就说得自相矛盾，他好比是在说："苏格拉底犯了罪，因为他不信神，而又信神。"这简直就是开玩笑嘛！[Ἄπιστός γ' εἶ, ὦ Μέλητε, καὶ ταῦτα μέντοι, ὡς ἐμοὶ δοκεῖς, σαυτῷ. ἐμοὶ γὰρ δοκεῖ οὑτοσί, ὦ ἄνδρες Ἀθηναῖοι, πάνυ εἶναι ὑβριστὴς καὶ ἀκόλαστος, καὶ ἀτεχνῶς τὴν γραφὴν ταύτην ὕβρει τινὶ καὶ ἀκολασίᾳ καὶ νεότητι γράψασθαι. ἔοικεν γὰρ ὥσπερ αἴνιγμα συντιθέντι διαπειρωμένῳ "Ἆρα γνώσεται Σωκράτης ὁ σοφὸς δὴ ἐμοῦ χαριεντιζομένου καὶ ἐναντί' ἐμαυτῷ λέγοντος, ἢ ἐξαπατήσω αὐτὸν καὶ τοὺς ἄλλους τοὺς ἀκούοντας;" οὗτος γὰρ ἐμοὶ φαίνεται τὰ ἐναντία λέγειν αὐτὸς ἑαυτῷ ἐν τῇ γραφῇ ὥσπερ ἂν εἰ εἴποι· "Ἀδικεῖ Σωκράτης θεοὺς οὐ νομίζων, ἀλλὰ θεοὺς νομίζων." καίτοι τοῦτό ἐστι παίζοντος.]

26e6-7：Ἄπιστός γ' εἶ ...[但你这个人却不可信]，[B注]"你所说的根本不可信，而且我认为，对你自己来说也一样"（按：意即你自己也都不信）。希腊人喜欢用人称表达法，但这在英语中就不自然了。苏格拉底的意思是，美勒托斯几乎不理解自己的指控，以至于可以毫不费力让他自相矛盾。

［R注］美勒托斯作出肯定回答的那个问题，不是问苏格拉底究竟是不是无神论者，而是问：他（美勒托斯）是否认为苏格拉底是无神论者，即 οὑτωσί σοι δοκῶ［在你看来，我真会这么认为］。苏格拉底对此的回答是"很好，其他人都不会相信那一点，我可以很有把握地说，你本人也不相信"，即，我相当肯定，你自己都知道你说的东西不是真的。

［D注］暗指25e5的 ἐγώ σοι οὐ πείθομαι［我可不相信你］。

［按］盖洛普译作 I can't believe you, Meletus, nor, I think, can you believe yourself，格鲁伯译作 You cannot be believed, Meletus, even, I think, by yourself，魏斯特译作 You are unbelievable, Meletus, even, as you seem to me, to yourself（较为贴近原文）；王太庆译作"你的话没人信，美勒托斯，连你自己也没法信"，吴飞译作"美勒托斯，你让人无法相信，在我看来，连你自己都无法相信自己"。

26e8: ἀτεχνῶς［完全］,［B注］"正是"（just），参《游叙弗伦》3a7注。

26e9: ὕβρει τινὶ καὶ ἀκολασίᾳ καὶ νεότητι［由于某种狂傲、放肆和少不更事］,［SS注］前面两个几乎同义的词成双成对地使用，并不鲜见，如《王制》403a2,《法义》884a6-7；伊索克拉底8.119；第一个词与第三个词连用，见《法义》716a6-7。

［S甲注］苏格拉底暗指美勒托斯年纪轻轻。

［MP注］这不是肃剧中那种形而上学性的 ὕβρις［肆心］，而是阿提卡法律明确规定的一种罪行。肃剧意义上的 ὕβρις［肆心］会招来神明的惩罚。一般说来，如果明目张胆无视别人的权利，就犯了 ὕβρις［侮辱］罪。这种行为如果与年轻人的恶作剧扯上关系，那么感觉上就会和缓得多（见德莫斯武涅斯54.13-14），苏格拉底在这里似乎只指这一点，即 νεότητι［青年，少不更事］。亦请注意苏格拉底反复提到美勒托斯不严肃（24c5, 27a3, 27a7）。这里简直是高度的反讽，因为苏格拉底正被人指控为一个坏公民，而他却用一种直指公民权核心的罪名来指控美勒

托斯。

［按］*ὑβριστής καὶ ἀκόλαστος*，盖洛普译作 impudence and insolence，格鲁伯译作 insolent and uncontrolled，福勒译作 violent and unrestrained，魏斯特译作 insolent and unrestrained，王太庆译作"粗暴、放肆"，吴飞译作"自负、放肆"。苏格拉底这里似乎不是在引用阿提卡法律，所以本译不依 MP 注。

27a1：*ἔοικεν ... ὥσπερ αἴνιγμα συντιθέντι διαπειρωμένῳ*［他就像是在编造谜语来考验人］，［S 甲注］斐奇诺正确地解释了这一点：videntur enim ceu aenigma quoddam componere, tetans, an Socrates。*ἔοικεν* 与分词连用的情况，参《斐多》87e。

［S 乙注］表达说话人谦虚谨慎，比 *συντίθησαι καὶ διαπειρᾶται* 更文雅，另参《居鲁士的教育》8.8.7。

［B 注］"编谜语来试探我"，第一个分词（*συντιθέντι*）从属于第二个分词（*διαπειρωμένῳ*）。

［MP 注］"他就像编谜语来试探的人"，字面意思是"在试探的时候"（*διαπειρωμένῳ*）。这里绝佳地展示了苏格拉底式的反讽：对话者一方明明是在犯错，却说他是在试探苏格拉底。

［SS 注］*ἔοικεν* 引入一种比较，而这种比较一般表示道歉（另参《希英大词典》的相关词条之 II），如《斐德若》270d9-e1：*Ἡ γοῦν ἄνευ τούτων μέθοδος ἐοίκοι ἂν ὥσπερ τυφλοῦ πορεία*［不经这些，进路就像是瞎子摸路］（刘小枫译文）。*αἴνιγμα συντιθέντι διαπειρωμένῳ* 是限定结构 *αἴνιγμα συντίθησι διαπειρώμενος* 的分词形式，其中的分词是意动性的（conative），因此相当于一个目的从句，"他编了一个谜语来检验我"，"看看我是否会掉进陷阱"；另参下文 e3-4：*ταῦτα ... ἀποπειρώμενος ἡμῶν ἐγράψω*［提起诉讼来考验咱们］，这里的话对伯内特关于 a1 的观点不利，他说"第一个分词从属于第二个分词"。

［T 注］"因为他似乎就像是在编造一个谜语来检验一个问题，即苏格拉底这位聪明人是否真的知道。"在早期抄本中，这两个分词之间有

一个连词 καί，但柏拉图常常使用两个或更多的分词，也不加连词，尤其像这里，一个分词所表示的动作是另一个分词的准备动作，所以这里的含义是：他编了一个似乎谜一样的东西"来"测试，另参《高尔吉亚》464c6-7：τέτραχα ἑαυτὴν διανείμασα, ὑποδῦσα，意思是她把自己划分为四份，"以此"溜进去或"为了"溜进去。

27a2：γνώσεται Σωκράτης ὁ σοφὸς δὴ ἐμοῦ χαριεντιζομένου [苏格拉底这位智慧者会不会感觉到我是在寻开心]，[B注] χαριεντιζομένου，即 σοφιζομένος，另参24c5注。

[R注] 在阿提卡希腊语中，在表示"知道""看见"和"假装"之类的词后面用属格，似乎要有一个带分词的名词来限定。而在表示"提及"之类的词后面，则不用如此限定。

[SS注] γιγνώσκω（意为"觉得"和"意识到"）之后的宾语再加分词，可以是属格，受到了与该词同义的 αἰσθάνομαι 的影响，因为该词在这种情况下支配属格，如22c5。这里的δή是典型的"反讽"用法的例子，丹尼斯顿（前揭，234.6）绝佳地描写道："δή 常常表示那些话不应该按其表面的客观意思来理解，而是表示某种仅仅为人所相信或反讽性提出的东西是真实的。因此，常常具有插入一个逗号的效果。"《申辩》提到苏格拉底所谓"聪明"的地方，见18b7，20d6-7，35a2，38c3-4。至于 χαριεντιζομένου，它并不像伯内特所说的那样与 σοφιζομένου 相同，而是与 a7 的 παίζοντος 相同，另参 d6 以及 24c5 的注。

[T注] γιγνώσκω 尽管一般接宾格，有时也接属格，与其他表示精神状态的动词一样。

[MP注] 正如丹尼斯顿（1954）所指出的，δή 常常用来表示引号："苏格拉底这位'智慧者'"。在苏格拉底的想象中，美勒托斯对自己的智慧之名满肚子愤慨，所以要编"谜语"来试探。当然，刚才其实都已经看得很清楚了，苏格拉底极为瞧不起美勒托斯的能力，所以他设想美勒托斯会妒忌自己"浪得"智慧之名，这本身就是反讽。

[G注] "谜语……我巧妙的自相矛盾"，其中，苏格拉底所说的美

勒托斯的"谜语"就在于这个自相矛盾的说法,即"苏格拉底信神而又不信神。古希腊的谜语常常以自相矛盾的悖论形式出现。挑战之处在于找出那个同时既是X又不是X的东西,比较英语谜语"门在什么时候不是门"。精心制作的那类谜语,不低于由六个自相矛盾的说法组成,见《王制》479b-c。关于一般而言的希腊谜语,参拙文,刊于K. J. Boudouris编的《伊奥尼亚哲学》(*Ionian Philosophy*, Athens, 1989),页123-135。

27a7: παίζοντος [开玩笑],[D注]"一个人在开玩笑时所说的话"(the part of a man in jest, 或译"一个开玩笑的人"),关于特征的述谓与格(predicate genitive)。

[按]前一句似可译为"苏格拉底犯了不信神的罪,也犯了信神的罪。",盖洛普译成 and yet that is sheer tomfoolery [而这完全就是愚蠢之举]。水建馥译作"这简直是开玩笑",王太庆译作"这不是开大玩笑吗",吴飞译作"这真是开玩笑"。

那么,诸位,请你们跟我一起来考察,他的话在我看来何以就是那个意思。而你,美勒托斯,回答我们!正如[27b]我一开始就请求过你们的,即便我以自己惯常的方式作出论证,也请你们一直都记住,不要对我起哄。[Συνεπισκέψασθε δή, ὦ ἄνδρες, ἤ μοι φαίνεται ταῦτα λέγειν· σὺ δὲ ἡμῖν ἀπόκριναι, ὦ Μέλητε. ὑμεῖς δέ, ὅπερ κατ' ἀρχὰς ὑμᾶς παρῃτησάμην, μέμνησθέ μοι μὴ θορυβεῖν ἐὰν ἐν τῷ εἰωθότι τρόπῳ τοὺς λόγους ποιῶμαι.]

27a8: συνεπισκέψασθε δή [那么,请你们跟我一起来考察],[SS注]"我请求你们跟我一起来考察",即"通过我将展示给你的问题"。

27a8: ἤ μοι φαίνεται [在我看来何以],[S甲注]即,"在我看来,他就是这个样子"。因为苏格拉底一开始已经表明美勒托斯的不一致,后者既否认又承认苏格拉底相信神明的存在。

[B注]"正是在此基础上我认为这就是他的意思"。接下来的ταῦτα λέγειν,即27a5的Ἀδικεῖ Σωκράτης θεοὺς οὐ νομίζων, ἀλλὰ θεοὺς νομίζων [苏

格拉底犯了罪，因为他不信神，而又信神］。后面a9-b1的 ὅπερ ... παρῃτησάμην［正如我请求］，另参17c6注；b1的 μὴ θορυβεῖν［不要起哄］，另参17d1注。

［SS注］我怀疑伯内特的翻译是否正确。一般说来，ᾗ的意思是"如何"，而不是"为何"。的确，《希英大词典》相关词条的II.2说"因此"（therefore）也是它的一个含义，并引用了修昔底德《战争志》1.25和2.2等处。但《战争志》那些地方的意思有如拉丁语的itaque（"所以，其结果"或"结果是"），都与"为何"之意大不相同。在《希琵阿斯前篇》292b9-10：Οὐκοῦν εἴπω σοι καὶ ᾗ αὐτὸς οἴομαι δικαίως ἂν τύπτεσθαι ταῦτα ἀποκρινόμενος中，尽管福勒把ᾗ译成了"为何"（why），但我倒认为ᾗ修饰 δικαίως ἂν τύπτεσθαι，意思就是"在我看来，假如我作出那种回答，怎么就会活该挨打呢"。如果我对ᾗ这种用法的理解是正确的话，那么在《申辩》27a8中，这个副词就不是修饰 φαίνεται（我认为这个词与《希琵阿斯前篇》中的 οἴομαι 一样，都是苏格拉底半真半假的谦逊谨慎的范例），而是修饰 λέγειν。果如是，则 ταῦτα 应该指苏格拉底刚才为美勒托斯的诉状（Ἀδικεῖ Σωκράτης θεοὺς οὐ νομίζων, ἀλλὰ θεοὺς νομίζων）所赋予的意思，而 λέγειν 就应该翻译成"意思是"（to mean），如21b3-4的 Τί ποτε λέγει ὁ θεός, καὶ τί ποτε αἰνίττεται，就应该译为"这位神明究竟是什么意思，他用这个谜语来暗示什么"（按：我们译作"这位大神究竟是什么意思，他说的究竟是什么样的谜"）。在我看来，苏格拉底此处是在说，他要搞清楚诉状中的这些罪名是"如何"包含了这样一个矛盾的（按：T注亦如此认为）。答案就是，那些罪状以一种欺骗和狡诈的方式包含了矛盾，而这种欺骗在于 δαιμόνια 一词的使用。苏格拉底将通过首先表明 δαιμόνια 暗含 δαίμονες 之意，其次 δαίμονες 暗含 θεοί 之意，来揭穿这种把戏。一旦揭示出这些含义，矛盾就大白于天下了。

［T注］"他似乎就以这种方式对我说了这些（矛盾的话）。"

［D注］这句话中的 ταῦτα，即 Ἀδικεῖ Σωκράτης θεοὺς οὐ νομίζων, ἀλλὰ θεοὺς νομίζων.» καίτοι τοῦτό ἐστι παίζοντος.

[按]盖洛普译作just how that appears to be his meaning，较为接近SS本的理解，而格鲁伯则直接翻译成how he appears to contradict himself。艾伦译作why it appears to me that this is what he is saying，颇能代表大多数译者的看法。吴飞译作"为什么在我看来他是这么说的"。

27a9：ὑμεῖς δέ[也请你们]，[SS注]苏格拉底为了概述自己要提出的论点的逻辑结构，已经在向陪审团说话了，然后又转向美勒托斯，以引入自己的第一个问题。但就在那时，苏格拉底意识到他的一连串问题是自己对话的典型风格，可能会招致陪审员们作出不利的反应。于是，苏格拉底在进一步质问美勒托斯之前，再次转向陪审团，请求他们不要抗议，即便他以自己习惯了的方式进行讨论。柏拉图如此表明苏格拉底在改变想法，就给人以这样的印象：苏格拉底那一瞬间是在即席演讲。

27b2：ἐν τῷ εἰωθότι τρόπῳ[以自己惯常的方式]，[S乙注]苏格拉底用他惯常的质问方法，从对手的回答中推导出自己的结论。

[SS注]"如果我作出我的论证……"ἐν与τρόπος连用的情况不大见（另参《希英大词典》词条τρόπος的II.3。ἐν τῷ εἰωθότι τρόπῳ的意思是"在……限度内"，也就是"根据"；比较《克里提阿斯》121b7-8;《法义》869c5、874c6和917b2。

[S丙注]即，通过使用苏格拉底式的推理——苏格拉底接下来就要用上这种方式。

[T注]"用我惯常的方式"，即问答法。[D注]τοὺς λόγους中的冠词，几乎具有物主代词的含义（按：即"我的"）。

[G注]即一问一答，另参17c-d。在接下来的质问中，苏格拉底就像在20a-b中一样，也表现为喜好朴素的例子和比喻。

是否有这样一种人，美勒托斯，他虽相信世人之事的存在，却不相信存在着世人？[b5]诸位，请让他回答，让他不要再三再四起哄——是否有人不相信有马，却相信有马之事？或者说不相信有吹簧管的人，却相信有吹簧管之事？不会有这样的人吧，最优秀的人儿！——如果阁

第三章　驳斥　373

下不想回答，那么，我就要替你向其他这些［陪审］人作答。你至少得回答我下面这个问题：［27c］是否会有人相信神灵之事，却不相信存在着神灵？——没有这样的人。［Ἔστιν ὅστις ἀνθρώπων, ὦ Μέλητε, ἀνθρώπεια μὲν νομίζει πράγματ' εἶναι, ἀνθρώπους δὲ οὐ νομίζει; ἀποκρινέσθω, ὦ ἄνδρες, καὶ μὴ ἄλλα καὶ ἄλλα θορυβείτω· ἔσθ' ὅστις ἵππους μὲν οὐ νομίζει, ἱππικὰ δὲ πράγματα; ἢ αὐλητὰς μὲν οὐ νομίζει εἶναι, αὐλητικὰ δὲ πράγματα; οὐκ ἔστιν, ὦ ἄριστε ἀνδρῶν· εἰ μὴ σὺ βούλει ἀποκρίνεσθαι, ἐγὼ σοὶ λέγω καὶ τοῖς ἄλλοις τουτοισί. ἀλλὰ τὸ ἐπὶ τούτῳ γε ἀπόκριναι· ἔσθ' ὅστις δαιμόνια μὲν νομίζει πράγματ' εἶναι, δαίμονας δὲ οὐ νομίζει; Οὐκ ἔστιν.］

27b3：Ἔστιν ὅστις ἀνθρώπων ...［是否有这样一种人］，［B注］接下来的论证有两个步骤，必须仔细区分：（1）信 δαιμόνια（πράγματα），意味着相信 δαίμονες（27b3-c10），（2）信 δαίμονες，就意味着信 θεοί（27c10-e3）。接下来b4前的 οὐ νομίζει 后面省略了 εἶναι［存在］。

［SS注］尽管依赖于 ὅστις 的部分属格 ἀνθρώπων 似乎本来就是很自然的用法，另外除了31e2之外，我在柏拉图著作中没有找到另外的例子（如与 ὁστισοῦν ... ἀνθρώπων 相对，见《欧蒂德谟》303e6-7和《王制》335b3等）。这种用法在阿里斯托芬笔下出现过一次（《和平》736），从未见于吕西阿斯、伊索克拉底或德莫斯忒涅斯。对于后面的，W. Fahr 的著作《信神》（Θεοὺς νομίζειν. Zum Problem der Anfänge des Atheismus bei den Griechen, Hildesheim 1969）页144中，敏锐地提到了《王制》476c2-4：Ὁ οὖν καλὰ μὲν πράγματα νομίζων, αὐτὸ δὲ κάλλος μήτε νομίζων μήτε, ἄν τις ἡγῆται ἐπὶ τὴν γνῶσιν αὐτοῦ, δυνάμενος ἕπεσθαι, ὄναρ ἢ ὕπαρ δοκεῖ σοι ζῆν;［那么，如果一个人认识美丽的事物，但他不认识美的本身，即使有人可以带他去认识它，他仍不能跟随，你看，这人是清醒地还是做梦般地活在世上？］（王扬译文）。这两段话只在形式上相似，内容上不相似，因为《申辩》此处与"相论"（theory of Forms，按：又作"理念论"）无关。

［D注］苏格拉底再次使用了归纳的方法，但在25a中，情况是如此

清楚明了,所以他用一个例子也就够了;这里,他在把原则运用于所讨论的问题之前,用了三个例子。

[MP注]苏格拉底现在开始解释美勒托斯"谜语"的矛盾之处。有两部分,首先,相信神圣的东西($\delta\alpha\iota\mu\acute{o}\nu\iota\alpha$),就意味着相信神性($\delta\alpha\acute{\iota}\mu o\nu\epsilon\varsigma$);其次,神性就是神($\vartheta\epsilon o\acute{\iota}$)。这个问题在最初的控告中并不重要。然而,从那以后,苏格拉底就诱使美勒托斯控告他是一个彻头彻尾的无神论者(26c),那么现在就可以绕开不信国教这一指控,转而集中精力反驳美勒托斯最新的指控。

[W译注]这里的$\pi\rho\acute{\alpha}\gamma\mu\alpha\tau\alpha$译作"事情"(matter),就是我们碰到和处理的东西,或者我们每天都要涉及的事情。该词在另外的语境中译作"事务"(affairs)或"麻烦"(就如英语中的what's the matter)。[按]盖洛普译作phenomena,格鲁伯译作activities,福勒和艾伦译作things pertaining to,水建馥和王太庆译作"事情",吴飞译作"事"。

27b5:$\varkappa\alpha\grave{\iota}\ \mu\grave{\eta}\ \check{\alpha}\lambda\lambda\alpha\ \varkappa\alpha\grave{\iota}\ \check{\alpha}\lambda\lambda\alpha\ \vartheta o\rho\upsilon\beta\epsilon\acute{\iota}\tau\omega$[让他不要再三再四起哄],[S乙注]要这样设想,美勒托斯完全意识到了苏格拉底所考虑的对象,同样意识到了那种准确无误的技巧不可能不成立,于是,他发觉不能再做出让步而陷入困境,而要找一些无关的事情来咆哮一番,以转移法官的注意,避免落入太过强大的敌人手中。

[B注]"不要一次接一次地打断"。美勒托斯觉得自己上当了。关于这种表达法,另参色诺芬《上行记》1.5.12、7.6.10,《居鲁士的教育》4.1.15。

[SS注]不是"不要一次接一次地打断"(伯内特译文),而是"不要提出那么多混乱的反对"(and not make a lot of confused objections),另参17d1注(按:斯凌斯认为不应该把$\vartheta o\rho\upsilon\beta\epsilon\tilde{\iota}\nu$译为"打断",所以这里就应该理解为"他应该回答,诸位,而不是发出各种各样愤怒的叫声")。雷尼汉(R. Renehan)私下与我交谈时认为,应该把这里的$\vartheta o\rho\upsilon\beta\epsilon\acute{\iota}\tau\omega$[他起哄]更正为$\vartheta o\rho\upsilon\beta\epsilon\tilde{\iota}\tau\epsilon$[你们起哄],那么这里的意思就会是"让他回答,不要老是打断他"。当然,在$\mathring{\alpha}\pi o\varkappa\rho\acute{\iota}\nu\epsilon\sigma\vartheta\omega$[要他回答]之后误用$\vartheta o\rho\upsilon\beta\epsilon\acute{\iota}\tau\omega$,也是很自然的。但我深信流传下来的这个文本

也是正确的，(1) 在此处的语境中，我认为，"让他回答"应该是 ἐᾶτε αὐτὸν ἀποκρίνεσθαι，而不是这里的 ἀποκρινέσθω；(2) 27c4 的 μόγις ἀπεκρίνω ὑπὸ τουτωνὶ ἀναγκαζόμενος [因为你终于回答了，尽管太勉强，而且也是被这些（陪审）人所迫] 有力地支持了 θορυβείτω 的读法，假如苏格拉底十行之前就不得不要求法官们制止抗议，好让美勒托斯回答问题，那么，27c4 这句话就不是一点点的古怪了；(3) 如果法官们真吼叫了，这种修订才是可以接受的，但他们也许没有吼叫（直到 30c2），另参 21a5 注；(4) μή...θορυβεῖτε 之类的表达法用来引入让人吃惊的说法，但苏格拉底在 27b3-4 不得不重复的自己在 27a9-b2 作出请求的这段话中，没有什么特别让人吃惊的东西。此外，在紧跟着的 ἔσθ᾽ ὅστις ἵππους 一句中，请注意在 ἀνθρώπεια、ἱππικά、αὐλητικά 与最后的 δαιμόνια 之间所展现出的文体上典型的 variatio [换词]。

[S丙注] "而不要总是作出某些新的干扰"。[R注] 只是用一些不相干的说法来代替回答，我们大致可说"吵闹"(brawling)。

[D注] "总是想方设法来干扰"。这个宾格支持同根的 θόρυβον 和 θορυβεῖν 的类比。美勒托斯在这里没有作答。另参 25d。下文 c4-5 的话，即 ὑπὸ τουτωνὶ ἀναγκαζόμενος [被这些陪审员所迫]，表明法庭希望美勒托斯作出回答，但这是非正式的，很多法官大吼"回答"，而不是主管官员的决定。当然，正如这里所记载的，在这样一种审查中，发生了很多"拖延"(waits)。

27b6: αὐλητάς [吹簧管的人]，[G注] 苏格拉底所说的"乐手"，特指 aulos 的演奏者，一般翻译为"笛子"，但在英语中没有那种管乐。这种乐器更近似于双簧管或单簧管。

27b7: ὦ ἄριστε ἀνδρῶν [最优秀的人儿]，[SS注] 尽管苏格拉底没有把美勒托斯当真，但他的方式还是保持了最低限度的温文尔雅。29d7 表明，这个呼语表达的是高度评价和热情（按：似乎过度诠释了，尽管"温文尔雅"之说成立，但苏格拉底大概不会对这个年纪轻轻就满口胡言、随随便便把人告上法庭却并不理解自己控告内容的小伙子有多高的评价）。

［按］盖洛普译作 excellent fellow，格鲁伯译作 my good sir，福勒和魏斯特译作 best of men，吴飞译作"最好的人"；王太庆译作"我的大好人"，颇有讽刺之意。

27b8：*εἰ μὴ σὺ βούλει*［如果阁下不想］，［SS 注］代替的是 *εἰ μὴ σὺ ἐθέλεις*［如果你不愿意］。意思不是"如果你拒绝回答"，而是"如果你不想回答"，这再次显示了礼貌客气。后面的 *ἐγώ σοι λέγω...*，意为"为了你的利益"，另参上文 26b9 和《高尔吉亚》515c3-4：*ὡμολογήκαμεν ἢ οὔ; ἀποκρίνου. ὡμολογήκαμεν· ἐγὼ ὑπὲρ σοῦ ἀποκρινοῦμαι*［我们是不是已经同意了？请你回答呀！我会代你回答］（李致远译文）。

27b9：*ἀλλὰ τὸ ἐπὶ τούτῳ γε*［至少下面这个问题］，［B 注］"我的下一个问题"。这个短语并不简单地等同于 *τὸ μετὰ τοῦτο*［在此之后］，而是介绍一个其他人引入的陈述（或问题，如此处）。

［SS 注］*ἀλλά* 意为"至少"（另参拉丁语的 at），见丹尼斯顿，前揭，13.3。如果 *ἀλλά* 是这个意思，"强调性的字词常常用 *γε* 来做限制修饰"（同上，12.2）。

［S 丙注］"无论如何，下一个问题"，即前面所说的话打算引向的这个问题。比较《高尔吉亚》512e4：*τὸ ἐπὶ τούτῳ σκεπτέον*［那么继之而来的，就应该考察］（李致远译文），正如寇普所说，除非那仅仅是副词性的用法，意为"随即"。这个短语更常见的是 *τὸ μετὰ τοῦτο*，比较《克拉提洛斯》391b，《普罗塔戈拉》355a，《克里同》49e。

［D 注］"至少回答下一个问题"。

27c1-2：*ἔσθ' ὅστις δαιμόνια μὲν νομίζει ... δαίμονας δὲ οὐ νομίζει*［是否会有人相信神灵之事，却不相信存在着神灵］，［S 甲注］在柏拉图笔下，*δαιμόνια* 似乎是一个形容词，西塞罗也如此理解，见《论神性》1.54。

［B 注］这个句子清楚地表明，（1）*δαιμόνια* 的意思就是 *δαιμόνια πράγματα*，（2）苏格拉底故意利用了 *νομίζει*［信奉］和 *νομίζει εἶναι*［相信是］的模糊性。

第三章　驳斥　377

[SS注] 在 $δαιμόνια$ 后面加上 $πράγματα$，不能叫做似是而非（sophistic），因为如伯内特在24c1注释中令人信服地指出的，$δαιμόνια$ 在诉状文本中是形容词。可以比较《游叙弗伦》3b7的 $περὶ τὰ θεῖα$ 以及c1的 $περὶ τῶν θείων$，与《美诺》81a6的 $περὶ τὰ θεῖα πράγματα$。

[T注] $δαιμόνια$ 在这里是形容词，所以西塞罗在《论神性》1.54把 $τὸ δαιμόνιον$ 译为 divinum quiddam。施莱尔马赫和施塔尔鲍姆（见他们对此处的注释）认为，色诺芬、柏拉图和亚里士多德都认为该词在诉状中就是这个意思。当然，如果苏格拉底把它当作一个名词的话，即不是作形容词表示"神圣的事物"，而是表示"神明"，那么，苏格拉底要表明控告他的人整个明显前后不一致，就要容易得多，他就会省掉自己从 $ἱππικὰ πράγματα$ 和 $ἀνδρώπεια πράγματα$ 之类而来的所有论证和阐释。诉状的说法指的是神圣的声音或诫谕，苏格拉底坦白地说那就是他所听到的，并且以之为生活的指导（另参31d及注释），而那种东西可以更恰当地叫做"神圣的事物"（按：或"神物"），而不是"神明"。

[MP注] 在对话中引入"神圣的东西"，这对苏格拉底的论证来说十分重要。苏格拉底虽然现在还没有谈到那个通常阻止他参与政治生活的"神迹"（divine sign），但他后面（31d-e）会讨论到，并且指控美勒托斯将其妖魔化。然而，苏格拉底这里扯上了 $δαιμόνια$ 和 $θεοί$，就给他如下主张奠定了基石：信仰这两个东西都绝对不是相互矛盾（或非法）的。《游叙弗伦》这篇对话发生在苏格拉底审判之前，开篇就讨论了美勒托斯提起的这场官司。苏格拉底的对话人游叙弗伦假定，诉状中所提到的"引入新神"（《申辩》24c）就是苏格拉底的 $δαιμόνιον$ 的代称（code）。

你让我太高兴啦，因为你终于开口回答，尽管太勉强，而且也是被这些[陪审]人所[c5]迫。——好哇，你说我相信并且传授有关神灵的事情，且不管这种神灵实际上是新的还是古老的，那么，根据你的说法，无论如何我都相信神灵之事吧——你在诉状中还庄严起誓承认过这一点。[Ὡς ὤνησας ὅτι μόγις ἀπεκρίνω ὑπὸ τουτωνὶ ἀναγκαζόμενος. οὐκοῦν δαιμόνια μὲν φῄς με καὶ νομίζειν καὶ διδάσκειν, εἴτ' οὖν καινὰ εἴτε παλαιά, ἀλλ' οὖν δαιμόνιά γε νομίζω κατὰ τὸν σὸν λόγον, καὶ ταῦτα καὶ διωμόσω ἐν τῇ ἀντιγραφῇ.]

27c4：Ὡς ὤνησας ὅτι ... [你让我太高兴啦，因为]，[S甲注]"我多么感激你终于回答我了"。卡索朋[①]在注疏珀尔修斯（Persius，34—62）的《讽刺诗集》1.5.112时指出，ὀνῆσαι像拉丁语的juvare [像年轻人]一样，常常具有delectare [高兴] 而非βοηθεῖν [帮助] 的意思。

[S乙注] 海因多夫曰：Ut me juvisti eo quod agre aliquando respondisti. 这里应该是"让人高兴"，而非"帮助"之意，所以库桑译作que tu m' obliges de repondre enfin。斯特方把ὤνησας读作ὤκνησας，也为斐奇诺所采纳，又为费舍所认可，后者把ὡς ὤκνησας译作quam cunctatus es! quam tergiversatus es! quam longas nexuisti moras! ——好像是在指苏格拉底的惊讶：他最终迫使美勒托斯作出了回答，出乎他的意料。此外，费舍还把这个句子随后的部分ὅτι μόγις ἀπεκρίνω ὑπὸ τουτωνὶ ἀναγκαζόμενος [你终于开口回答，尽管太勉强]，理解为是在解释美勒托斯这种扭扭捏捏的性质。然而，这种理解却遭到了拥护现有读法的人强烈反对，这些反对者认为，如果那样校勘，就会把这个句子后面半截视为毫无必要的重复。施塔尔鲍姆宁可读作ὡς μ' ὤνησας。

[B注] "你回答了就太好了，尽管勉强，而且出于被迫。"苏格拉底要为自己的三段论找到大前提，而现在让对方招供出了这个大前提。关于这个短语，另参《希琵阿斯后篇》373a，阿里斯托芬《吕西斯特拉特》行1033。

[SS注] 一般说来，表达帮助了别人或让他人高兴就用ὀνίημι，再接一个补充说明的分词，如《希琵阿斯前篇》301c6的ὀνίνης ἀεὶ νουθετῶν [你经常的告诫就是一种帮助]。我没有找到该词接ὅτι的其他例子（阿

[①] 卡索朋（Isaac Casaubon，1559—1614），古典学家、古典语文学家，生于法国，后移居英国，被称为欧洲当时最博学的人。其子梅里克·卡索朋（Méric Casaubon，1599—1671）亦是古典学家。

里斯托芬《吕西斯特拉特》行1033与此不相干）。

[S丙注]"你太好了"（How kind of you）。[T注]"你帮了多大的忙啊，你是那么地乐于助人。"

[按]盖洛普译作How good of you to answer, albeit reluctantly and under compulsion from the jury, 格鲁伯译作thank you for answering（福勒亦似此）；艾伦译作how obliging of you to answer, 语带讽刺；魏斯特译作How you gratify me by answering；水建馥译作"多亏大家相助，你迫不得已总算做了答复，谢谢！"王太庆译作"多承你在各位的敦促下终于开了金口"，稍嫌尖刻；吴飞译作"太好了，你终于回答了，虽然是吞吞吐吐，在这些人的逼迫下回答的"。

27c5：οὐκοῦν δαιμόνια ...[好哇，神灵的事情]，[B注]这是小前提，在诉状中已得到承认。"不管新还是旧，我至少（ἀλλ' οὖν ... γε）承认某种神圣的事物。"

[SS注]一个无名作者把整个论证做了全新的转折，亚里士多德《修辞术》（1398a15-17）以一种浓缩的方式从此人那里采用了此处：ἄλλος（省略了 τόπος τῶν δεικτικῶν ἐνθυμημάτων）ἐξ ὁρισμοῦ, οἷον τί τὸ δαιμόνιόν ἐστιν· "ἆρα θεὸς ἢ θεοῦ ἔργον; καίτοι ὅστις οἴεται θεοῦ ἔργον εἶναι, τοῦτον ἀνάγκη οἴεσθαι καὶ θεοὺς εἶναι."[另一个是定义部目。例如，精灵不过是神或神的创造物。"凡是相信神的创造物存在的人，必然相信神存在"]（罗念生译文）。有很好的理由认为亚里士多德的素材就来自忒俄德克特斯[①]的《苏格拉底的申辩》，参贝特-索普的《阿提卡的演说家》（Baiter-Sauppe, *Oratores Attici: Verba oratorum cum adnotationibus criticis*, Hoehr, 1843），卷二，页335（是对247a39的补充），以及索尔姆

---

① 即法塞利斯的忒俄德克特斯（Theodectes of Phaselis），约生于公元前405年到公元前400年之间，于公元前344年之后去世，伊索克拉底的学生，后从学于柏拉图，与亚里士多德相交甚好，也写过一篇《苏格拉底的申辩》。

森（F. Solmsen）为 RE[①] 撰写的条目 Theodektes 1, col. 1734. 33-42。亚里士多德《修辞术》1419a7-12 中的论证模式直接来自《申辩》;《修辞术》1419a11-12 引用了《申辩》27d9-10 并做了小改动 τίς ἂν ἀνθρώπων θεῶν μὲν παῖδας ἡγοῖτο εἶναι, θεοὺς δὲ μή。

这里的 οὐκοῦν，引入三段论或省略推理（enthymeme）的小前提；小前提常常在大前提之前，参普拉瑟《柏拉图笔下若干连接小品词研究》，前揭，页 160-165，丹尼斯顿，前揭，434 b a。接下来的 καὶ νομίζειν καὶ διδάσκειν，意思是 καὶ αὐτὸν νομίζειν καὶ ἄλλους διδάσκειν νομίζειν。

[G注] 苏格拉底的逻辑颇为可疑。他在这里挑出了美勒托斯诉状中的原话（24b-c），那里提到的是"神灵之事"（daimonia, spiritual beings），但是并没有把这个名词翻译为 27b 这个比喻中必不可少的"现象"（pragmata, phenomena，按：我们翻译为"事"）。而且，由于那个比喻很有说服力，美勒托斯现在被迫承认，苏格拉底认可"神灵"（daimones）的存在。关于"神灵"的地位，即神与人的中间环节，参《会饮》202d-203a，以及 23a 注。

27c6：εἴτ' οὖν καινὰ εἴτε παλαιά [且不管这种神灵实际上是新的还是古老的]，[SS注] 在反意从句 εἴτ'... εἴτε... 中，柏拉图喜欢在其中一个成分（通常是第一个）或两个成分前用强调性的 οὖν（"实际上"）来表示强调，见丹尼斯顿，前揭，418-419，普拉瑟《柏拉图笔下若干连接小品词研究》，前揭，页 7-9；另参下文 34e5。

27c7：ἀλλ' οὖν [无论如何]，[SS注]"无论如何"，一般（如此处）后接 γε，与 δ' οὖν 意思相同（见 17a2 和 21d2 注），即"以消除第二个或无关的，……以恢复主要的问题"（丹尼斯顿，前揭，443-444.4；另参

[①] RE，即《古典古学实用百科全书》(die Real-Encyclopädie der classischen Alterthumswissenschaft) 的缩写，又简称《宝利辞典》，德国大型古典学工具书，由宝利（Augst Pauly, 1796—1845）最初编纂，第一卷出版于 1839 年，后经历代学者增订扩充，于 1980 年正式出齐，1975 年德国 Metzler 出版社推出五卷简编本，称为 Der Kleine Pauly，英文版 Brill's New Pauly 近年在陆续推出。

普拉瑟《柏拉图笔下若干连接小品词研究》，前揭，页212-222）。ἀλλ' οὖν与δ' οὖν的区别在于，ἀλλ' οὖν并不要求其结构与前一个成分平行。后面的κατὰ τὸν σὸν λόγον是论战中的常用套话（按：D注，仅仅是重复前面26c5的φῄς），如《王制》334d5，《美诺》92a2-3，《欧蒂德谟》286e2；伊索克拉底11.43。

[T注]"但我无论如何还是相信神明的"，不管那些神明是新的还是旧的，即，尽管诉状中所指控的那些神明是一些新神。

[R注]为了让推论更为合理，这里的δαιμόνια和前面的δαιμόνια πράγματα应该理解为意思相同，但必须承认，它们的意思并不相同。然而，必须注意，这种曲解原来是美勒托斯干出来的，他关于δαιμόνια καινά的指控，完全建立在苏格拉底的τὸ δαιμόνιον基础上。虽然苏格拉底的意思是"神圣的力量"（divine agency），但美勒托斯把它歪曲成一种神圣的存在物。所以，美勒托斯这里的模棱两可不过是搬起石头砸自己的脚（按：此说似乎过度解释）。与此相比，苏格拉底用这个词指自己的监管者时，其含义毫无争议，31c形容词θεῖόν τι καὶ δαιμόνιον的含义也是明明白白的。

27c7-8：διομόσω ἐν τῇ ἀντιγραφῇ[你在诉状中还庄严地起誓]，[S甲注]这里的ἀντιγραφή与ἀντωμοσία一样，即"诉状"。原告向法官提交诉状时，必须发誓说他并非出于恶意而提起这场诉讼。美勒托斯已发过这样的誓。

[S乙注]绝大多数版本写作διομόσω，为斐奇诺所认同，而鲁恩肯对智术师蒂迈欧的《柏拉图词典》中διωμοσία的注疏也支持那些拉丁译文。但此处的读法几乎没有什么疑问，因为苏格拉底希望指出，他相信某些主事的精灵（genius）或神明具有保护作用，他的这种信仰不仅是美勒托斯口头承认时认可了的，而且这位控告者以誓言为基础的诉状中也白纸黑字承认了的。此外，阿提卡作家使用的是ὀμοῦμαι，而不是ὀμόσω，因此这里就不应该是διομόσω。见蒂迈欧的《柏拉图词典》和苏达斯的《辞海》（略）。

[B注] διωμόσω相当于ἀντωμόσω（另参ἀντωμοσία［誓状］）。这类复合词中的前缀δια-表示相互关系和争论。关于ἐν τῇ ἀντιγραφῇ，另参Harpocr.（按：不详）所谓Πλάτων δὲ ἐν τῇ Σωκράτος ἀπολογίᾳ τὸ αὐτὸ καλεῖ ἀντωμοσίαν καὶ ἀντιγραφήν［柏拉图在《苏格拉底的申辩》中引用了誓状和答辩状的原文］。它很可能意味着官方审查过的ἀντωμοσία［誓状］副本（copy），另参19b3注。

[S丙注] 与ἀντωμοσία一样，ἀντιγραφή一般说来指辩方的请求，但其含义已延伸，可指诉状。[R注] 也叫做ἔγκλημα，正如它已经被称为ἀντωμοσία。另参19b注。

[D注] 更为严格地说，指被告提交作为答辩的书面宣誓书，很少（如此处）指原告的"诉状"或"书面宣誓书"。

而如果我相信神灵之事，那么我当然就必定相信神灵喽！难道不是这样？肯定是这样嘛！[c10] 既然你不回答，我就视为你同意了。难道我们不都认为[27d] 神灵要么就是神明，要么是神明的子嗣？你说是不是？——当然是。［εἰ δὲ δαιμόνια νομίζω, καὶ δαίμονας δήπου πολλὴ ἀνάγκη νομίζειν μέ ἐστιν· οὐχ οὕτως ἔχει; ἔχει δή· τίθημι γάρ σε ὁμολογοῦντα, ἐπειδὴ οὐκ ἀποκρίνῃ. τοὺς δὲ δαίμονας οὐχὶ ἤτοι θεούς γε ἡγούμεθα ἢ θεῶν παῖδας; φῂς ἢ οὔ; Πάνυ γε.］

27c9: ἔχει δή［肯定是这样嘛］，[SS注]"是的，就是这样的"。在肯定性的回答中，δή强调前面问题中所重复的那个词，参丹尼斯顿，前揭，227.14。

[D注] 在οὕτως ἔχει之后，以回答"是"来重复前面的。相似地，这个简单的动词在复合动词后，也要重复一次，如《克里同》44d。

27c10: τίθημι γάρ σε ὁμολογοῦντα［我就视为你同意了］，[B注]"我认为你承认这一点。"苏格拉底完全可以这样做，因为美勒托斯已经承认了大前提和小前提，而这就是结论。

[SS注]"我推想你是在同意"，即"我假定你同意"，另参《高尔

吉亚》481c1：πότερόν σε θῶμεν。所以迈德维希（Madvig）据众多抄本把 φῶμεν 这个词校订为 θῶμεν，乃是正确的，参多兹对此处的注疏：νυνὶ σπουδάζοντα ἢ παίζοντα [现在是在严肃探讨，还是在开玩笑]（李致远译文）。

[S丙注]"沉默即同意"这个说法，似乎来自对话中的规则。另参亚里士多德《辩谬篇》168a3-4：ὁμολογοῦσι τῷ μὴ ἀποκρίνεσθαι τὸ ἐρωτώμενον [同意这一点而不回答所问的问题]。

27c10-d1：τοὺς δὲ δαίμονας ... [神灵]，[B注]这是论证的"第二步"（另参27b3注），其结论是：相信 δαίμονες [精灵，神灵]就意味着相信 θεοί [神明]。

27d1：ἤτοι θεούς γε ἡγούμεθα ἢ θεῶν παῖδας [我们认为要么就是神明，要么是神明的子嗣]，[SS注] ἤτοι ... γε ... ἢ...,"要么……要么……"。在柏拉图笔下这个常见的词组中，附属词 τοι 总是与第一个 ἢ 连写，让人注意这种非此即彼，但明显不是强调第一个成分，参丹尼斯顿，前揭，553.7。我们不能说这种对立是希腊宗教术语中的固定说法。在通行的语言中，尽管 δαίμων [精灵，神灵] 也属于神圣存在物的世界，却不是真正敬拜的对象，因而让人觉得与那些大神相比，不总是那么神圣。另参瑞典古典语文学家尼尔森（M. P. Nilsson, 1874—1967）的《希腊宗教史》（*Geschichte der griechischen Religion*, C.H.Beck, 1967），卷一，页216-217；德国古典语文学家伯克特（W. Burkert, 1931—）的《古风和古典时期的希腊宗教》（*Griechische Religion der archaischen und klassischen Epoche.* Stuttgart 1977；按：该书最后一个字SS本作Periode，似误），页279-282。

[S丙注]关于神灵（精灵）的性质和职责（office），见《会饮》202e-203a。他们被认为是神与人的居间者，καὶ γὰρ πᾶν τὸ δαιμόνιον μεταξύ ἐστι θεοῦ τε καὶ θνητοῦ [所有精灵都居于神和有死的凡人之间]（刘小枫译文）——他们是所有占卜和预言的来源，而且一般说来也是超自然产物的中介。下面就是自称为柏拉图的追随者的 Apuleius 为"神

灵"所做的定义：genere animalia, animo passiva, mente rationalia, corpore aeria, tempore aeterna［鬼怪是一类生灵，有充满性情的心灵、理性的心志、空气的身体、永恒的寿命］（吴飞译文），圣奥古斯丁《上帝之城》9.8引用了这句话。对于犹太人来说，神灵（daemon）被认为是邪恶的死人的鬼魂（spirit），参约瑟夫斯《犹太战争》（Bellum Judaicum）7.6.3。[①]另一方面，赫西俄德说神灵是黄金时代那些人的灵魂，参《劳作与时令》行120-123。我们在欧里庇得斯《阿尔刻斯提斯》行1002-1004中发现，这种转变乃是可能的，至少在英雄时代如此：Αὕτα ποτὲ προύθαν' ἀνδρός, | νῦν δ' ἔστι μάκαιρα δαίμων · χαῖρ', ὦ πότνι', εὖ δὲ δοίης［这女人曾经为救丈夫而死，如今成了有福的神灵。祝你好运，王后啊，请保佑我们］（张竹明译）。

［D注］这里所给出的定义与希腊从荷马到柏拉图的惯例都不一致。在荷马笔下，θεός和δαίμων既可以指特定的某位神明，也可以泛指诸神，这两个术语完全可以换用。它们之间的区别——如果有什么区别的话，更在于从它们派生而来的形容词上，而不是在于这两个名词本身。赫西俄德《劳作与时令》行108-125把那种监视凡人的保护神（guardian spirits）称为δαίμονες：对于这些δαίμονες的级别，赫西俄德说，他们来自生活在地球上的黄金时代的人。赫西俄德在θεοί［神明］、δαίμονες［神灵］和ἥρωες［英雄］之间做出了区分，泰勒斯（Thales，西方第一位哲学家）也有这种区分。柏拉图把他的想象建立在《会饮》202d13-e5的说法之上：πᾶν τὸ δαιμόνιον μεταξύ（之间）ἐστι θεοῦ τε καὶ θνητοῦ... Ἑρμηνεῦον καὶ διαπορθμεῦον（阐释与护卫）θεοῖς τὰ παρ' ἀνθρώπων καὶ ἀνθρώποις τὰ παρὰ θεῶν, τῶν μὲν τὰς δεήσεις καὶ θυσίας, τῶν δὲ τὰς ἐπιτάξεις τε καὶ ἀμοιβὰς（命令与回报）τῶν θυσιῶν［所有精灵都居于神和有死的凡人之间……把来自世人的祈求和献祭传述和转达给神们，把来自神们的指令和对献祭的酬赏传述和转达给世人］（刘小枫译文）。

[①] 约瑟夫斯（Flavius Josephus, 37—100），著名犹太历史学家。此书已有中译本。

[T注] δαίμονες 在荷马和古希腊早期的诗人那里与 θεοί 同义，在柏拉图及其同时代作家的笔下，δαίμονες 更特定地指更低级的神祇，在更高级的神与凡人之间建立一条中介和联系的纽带。在普鲁塔克和古希腊晚期作家那里，该词有时既指超乎凡人世界的好的存在者，也指那个世界中坏的存在者，因此"接近于"《新约》中的恶魔或邪恶的神怪。

27d1：φῄς ἢ οὔ [你说是不是]，[B注]"是不是"（yes or no）。[SS注] 另参《王制》475b4：τοῦτο … φάθι ἢ μή，"请用是或不是来回答这个问题"。

[按] 盖洛普、格鲁伯和福勒都译作 yes or no，艾伦译作 correct，魏斯特译作 do you affirm this or not，几个中译本都译作"你说是还是不是"。

所以，既然我信神灵——诚如你所说，又假如那些神灵就是 [d5] 某种神明，那么，这完全就是我说你在"出谜语拿我们寻开心"所表达的意思：你说我不信神，又说我信神，因为我毕竟信神灵。再说，如果神灵乃是神明的子嗣，也就是要么与宁芬仙子、要么与其他某些女人所诞的某种众子——据说神灵的确就是她们生的，那么，有哪一个 [d10] 人会信神明的子嗣，而不信神明？[Οὐκοῦν εἴπερ δαίμονας ἡγοῦμαι, ὡς σὺ φῄς, εἰ μὲν θεοί τινές εἰσιν οἱ δαίμονες, τοῦτ' ἂν εἴη ὃ ἐγώ φημί σε αἰνίττεσθαι καὶ χαριεντίζεσθαι, θεοὺς οὐχ ἡγούμενον φάναι με θεοὺς αὖ ἡγεῖσθαι πάλιν, ἐπειδήπερ γε δαίμονας ἡγοῦμαι· εἰ δ' αὖ οἱ δαίμονες θεῶν παῖδές εἰσιν νόθοι τινὲς ἢ ἐκ νυμφῶν ἢ ἔκ τινων ἄλλων ὧν δὴ καὶ λέγονται, τίς ἂν ἀνθρώπων θεῶν μὲν παῖδας ἡγοῖτο εἶναι, θεοὺς δὲ μή;]

27d4：εἴπερ δαίμονας ἡγοῦμαι… [如果我信神灵]，[B注] 亦见于 d7 的 ἐπειδήπερ γε δαίμονας ἡγοῦμαι。这个条件从句在结论句之后稍加变化又重复了一遍（a b a），这是柏拉图的惯用手法。如果 δαίμονες 仅仅是 θεοί 的另一个说法（another word），那么，cadit quaestio [问题无须继续讨论]。在荷马笔下，很难在 θεός 和 δαίμων 之间找出什么区别，而在后来的作家那里，尤其是在柏拉图本人的笔下，δαίμονες 作为一种中间存在物这种观念就变得很重要了。尤其另参《会饮》202d13。

［SS注］εἴπερ相当于拉丁语的siquidem，意即"既然"（since）。这个原因从句涵盖了分别由 εἰ μέν 和 εἰ δ' αὖ 引导的两种可能性。这一行的 ὡς σὺ φῄς，另参24d5注。

［D注］这是一个下辖两个可选条件的条件句，（1）εἰ μὲν θεοί εἰσιν οἱ δαίμονες［要么那些神灵本身就是神明］，（2）εἰ δ' αὖ οἱ δαίμονες θεῶν παῖδές εἰσι［要么那些神灵还是神明的子嗣］，其结论就是：θεοὺς ἡγοῦμαι εἶναι［我相信神明存在］。——"如果我信δαίμονες［神灵］，我就必定信θεοί［神明］，因为δαίμονες要么是θεοί，要么是παῖδες θεῶν［神明的子嗣］"。

27d5：τοῦτ' ἂν εἴη...［这就是］，［B注］"我认为这就是你天才（巧妙）的谜语。"关于αἰνίττεσθαι，见21b3注，关于χαριεντίζεσθαι，见24c5注。

［T注］"这就会是我在那一点上（27a）所说的，你出谜语，你开玩笑，居然说我不信神，而另一方面又说我信神，因为我不管怎样都是信神灵的。"最后一个从句重复了（已经在句子开头交代了的）前提，从而与结论中的主要论点联系更为紧密。——柏拉图这种笔法并不鲜见，这是他的一种文体，以使之类似于谈话中的语言。

27d5-6：ὃ ἐγώ φημί σε αἰνίττεσθαι καὶ χαριεντίζεσθαι［我说你在出谜语拿我们寻开心所表达的意思］，［SS注］即 ὃ ἐγώ φημί, (φάσκων) σε αἰνίττεσθαι καὶ χαριεντίζεσθαι，"这完全就是我说你在给我们出谜语并拿我们寻开心所表示的意思"。在这样的情况中，表示verbum dicendi ["说"动词] 的分词（这里就是）可以省略，另参《法义》731e1-2：τοῦτο δ' ἔστιν ὃ λέγουσιν ὡς φίλος αὑτῷ πᾶς ἄνθρωπος φύσει τέ ἐστιν，"那就是他们在说每个人都天然是自己的朋友时心里所想的"，比较英格兰（E. B. England）的翻译，that is that which people mean *when they say* that everybody is naturally dear to himself，以及普拉瑟的翻译 c'est ce qu'on entend *quand on dit que*...（斜体是笔者所加）。

［A注］"这将是我刚才所说的你的谜语和玩笑话，也就是说，我不

信神，而仍然的确信神"。τοῦτο 指下面的 φάναι。

[按] 盖洛普译作 this is precisely what I claim when I say that you are presenting us with a riddle and making fun of us，格鲁伯译作 this is what I mean when I say you speak in riddles and in jest，魏斯特译作 then this would be what I assert that you are riddling and joking about，都比较合乎原文。王太庆译作"那你就是在像我说的那样编谜语、开玩笑"，吴飞译作"这就是我说的你出的谜和玩笑"，都比较简略。或可译作"这就是我为什么说你是在出谜语和寻开心"。

27d6：φάναι [你说]，[SS 注] 作为一种同位语，重复的是不定式 αἰνίττεσθαι καὶ χαριεντίζεσθαι [出谜语并寻开心]。下一行的 αὖ... πάλιν，另参《拉克斯》193d6，《王制》507b6，以及《申辩》24b6-7 注。

[D 注] φάναι 附加在 τοῦτο ὅ σε... 之上，是为了解释它，与它有着相同的主语。所有这一切都回指 27a 的 θεοὺς οὐ νομίζων ἀλλὰ θεοὺς νομίζων [我既不信神又信神]。

27d8：εἰ δ' αὖ οἱ δαίμονες θεῶν παῖδές [再说了，如果神灵乃是神明的子嗣]，[SS 注] 正如我在 d1 的注疏中所说，这不大可能是传统的观念，而是 pour les besoins de la cause [为了原因之需] 而引入到这里的。在柏拉图明确采信那个时代观念的段落中，ἥρωες [英雄] 才是神明与凡人结合所生的孩子，见《克拉提洛斯》398c11-d2，《王制》391d1-2，《法义》853c4-5。那位智术师在《希琵阿斯前篇》中要对两类 ἥρωες [英雄] 作出区分，一类是神明的后代，一类不是，他这样区分似乎仅仅为了让自己从矛盾中解脱出来。进一步的文献，参普拉瑟《柏拉图哲学宗教语言词典》中的 δαίμων 和 ἥρως 词条。

[G 注] 神灵（spirit）有时由大神与宁芬仙子或凡人所生。在苏格拉底的戏谑比喻中，马与神明相当（correspond），驴与其性伙伴相当，而骡子则与神灵相当。希腊语的"骡子"（hēmionos，意思是"半驴"），与"半神"（hēmitheos）词形完全一样，后者在下文 28c 用来指阿喀琉斯和其他英雄。这种词形上的类似表明这个比喻可能是出自柏拉图之

手。亚里士多德《修辞术》1419a5-12大体概述了现在这个论证。

27d8-9：νόθοι τινὲς ἢ ἐκ νυμφῶν［要么与宁芬仙子所诞的某种众子］，［S乙注］苏格拉底这样说就与大众信仰相合了，即神灵是大神与宁芬仙子（nymph，按：即"山林水泽女神"，水建馥译作"下界女神"，王太庆形象地译为"仙姑"，吴飞译为"仙女"）或另一类女子（ἢ ἐκ τινων ἄλλων）结合所生的后代。这不是苏格拉底现在的攻击任务，尽管那种信仰肯定不是他自己的看法，因为苏格拉底接受了毕达哥拉斯的理论，即神灵或天使以及英雄都来自神明，都由他们所生，就好像光线来自发光体。在《蒂迈欧》中，他也谈到天使或神灵的身世，他认为那种身世不是人性所能达到的。关于亚里士多德、德谟克利特和伊壁鸠鲁对那些低级的人格神（intelligence）的看法，另参恩菲尔德（William Enfield，1741—1797）的《哲学史》(*The History of Philosophy: From the Earliest Times to the Beginning of the Present Century*, London, 1791)，下卷，第9章第1节，第13章和第15章。

［B注］请注意，nymph［宁芬仙子，山林水泽女神］是一帮女神。这里提到宁芬仙子，是为了引导说明demigods［半神半人］的性质，他们的父亲是大神，母亲也是神明，如阿喀琉斯，下文（28c1）明确地称他为ἡμίθεος［半神］，因为其母忒提斯（Thetis）也被称为θεός［神明］（28c5）。正是由于这一点，这场论证末尾（28a1）加上μήτε ἥρωας［又不是英雄］就变得合理了。

［SS注］弗伦克尔（Fraenkel）的文章《论"苏格拉底的申辩"》(Socratis Apologia)，页98，恰当地比较了《法义附言》986b5-8：μηδεὶς ... νομίσῃ πάντων ἡμῶν ὡς οἱ μὲν θεοί εἰσιν αὑτῶν（即天上的力量），οἱ δ᾽ οὔ, μηδ᾽ ὡς οἱ μὲν γνήσιοι, οἱ δὲ τοιοῦτοί τινες οἵους οὐδὲ θέμις εἰπεῖν ἡμῶν οὐδενί（即νόθοι）［不会有人认为，他们一些是神，另一些不是，也不会一些是合法的，而另一些却不应谈及］（崔嵬译文）。柏拉图如果不是ex professo［公开地］讨论神学问题，他常常紧贴传统的神话观点和用语，尤其是在argumentum ad hominem［迎合对方的论证］中，如此处。但如果他

要提出某种在神学（即自然神学 [the astral one]）上站得住脚的哲学原则时，如在《法义附言》中（假如他是该书作者的话），他就会驳斥那种把半神视为神明的私生子的说法。这里，νόθοι [众子] 之后的 τινές [某种]，不显眼地对那种说法表示了怀疑。

[按] νόθοι，颇难翻译。英译多为 bastard [私生子]，施莱尔马赫译作 unächte；水建馥译作"婚外子女"，王太庆译作"私生子"；吴飞译作"庶子"。该词与我们所谓"私生子"意思不尽相同，主要指男性公民与奴隶或妓女所生的孩子，在雅典还指父亲为本邦公民而母亲为外邦人的那些孩子（这里似乎就是此种含义）。该词用于动物则指"杂种"或"劣种"。"众子"，指嫡子以外的儿子，近于"庶子"。《仪礼·丧服》"众子，昆弟之子。"郑玄注曰："众子者，长子之弟及妾子，女子子在室亦如之。士谓之众子，未能远别也，大夫则谓之庶子，降之为大功。"又，《圣经·约伯记》1:6（和合本）："有一天，神的众子，来侍立在耶和华面前，撒但也来在其中。"

27d9：ὧν δὴ καὶ λέγονται [据说神灵的确就是她们生的]，[S甲注] 另参《高尔吉亚》453e1-2：Πάλιν δὴ ἐπὶ τῶν αὐτῶν τεχνῶν λέγωμεν ὧνπερ νυνδή [且回过头来，让我们讲讲刚才那些技艺]；《斐多》76d3：ἦ ἐν τούτῳ (χρόνῳ) ἀπόλλυμεν ἐν ᾧπερ καὶ λαμβάνομεν [难道我们是在把握到这些知识的当儿磨灭掉这些知识的]（刘小枫译文）。另参《拉克斯》192b。

[S乙注] 另参欧里庇得斯《希珀吕托斯》行474，修昔底德1.28。所以，这里的 ὧν 本来指一个与介词连用的 τινων ἄλλων，但介词省略了。

[B注] ὧν，即 ἐξ ὧν，如果前面用了这个介词，介词并不总是与关系词一起重复。[R注] 即 ἐξ ἄλλων ὧν τινων。[D注] ὧν δὴ καὶ λέγονται 意为"从那些的确说过那些话的人"。

[SS注]"传统每每（in each case）说他们乃是（神明的）孩子们。"关于 λέγομαι 的这种用法，另参下文41a3，和40c7，e5–6和41c7中的 τὰ λεγόμενα，另参40c7注。这样的传统辑录于赫西俄德《神谱》的最后一

个部分（965-1020），以及归在赫西俄德名下的《列女传》(Catalogue of Women)中。关于关系代词后面的 δή καί，参丹尼斯顿，前揭，294-295 B I i 和 218-219，9 i。

[S丙注] 译作"与其他母亲，如你们所知，与那些被说成母亲的人"。虽然像李德尔那样把 ἔκ τινων ἄλλων ὧν 视为相当于 ἐξ ἄλλων ὧν τινων [随便其他什么母亲]，倒颇有意思，但可能最好把它视为普通的关系词前的代词省略，因为前面已经用了这个介词。如色诺芬《会饮》4.1.4。

[W译注] 苏格拉底影射大神与凡人交合而生孩子的那些臭名昭著的故事。

27d9-10：τίς ἂν ἀνθρώπων ... [那么，有哪一个人会]，[B注] 亚里士多德在《修辞术》中把这里当作第二类 ἐρώτησις [讯问] 的例子（1419a5-12）：δεύτερον δὲ ὅταν τὸ μὲν φανερὸν ᾖ, τὸ δὲ ἐρωτήσαντι δῆλον ᾖ ὅτι δώσει· πυθόμενον μὲν γὰρ δεῖ τὴν μίαν πρότασιν μὴ προσερωτᾶν τὸ φανερὸν ἀλλὰ τὸ συμπέρασμα εἰπεῖν, οἷον Σωκράτης, Μελήτου οὐ φάσκοντος αὐτὸν θεοὺς νομίζειν, εἰρηκότος δὲ ὡς δαιμόνιόν τι λέγοι, ἤρετο εἰ οὐχ οἱ δαίμονες ἤτοι θεῶν παῖδες εἶεν ἢ θεῖόν τι, φήσαντος δὲ «ἔστιν οὖν», ἔφη, «ὅστις θεῶν μὲν παῖδας οἴεται εἶναι, θεοὺς δὲ οὔ;» [第二种好机会是在前提之一是真实可靠的，你问对方另一个前提，显然他就会承认的时候。发问者在问出第二个前提的答案以后，不应当再问起那个真实可靠的前提，而应当直接提出结论，例如苏格拉底在美勒托斯控告他不信神的时候问美勒托斯，他本人是否说过有精灵存在的话；在美勒托斯承认之后，苏格拉底问道："精灵是不是神的孩子或者有神性的东西？"美勒托斯回答说："当然是。"于是苏格拉底问道："难道有谁相信神的孩子们存在而不相信神存在？"]（罗念生译文）。要看到，亚里士多德也像往常一样凭记忆在引用。实际上，苏格拉底的确 ἐρωτᾶν τὸ φανερόν [在说自己笃信]，即信 δαιμόνια 就意味着信 δαίμονες。

27d10：θεοὺς δὲ μή [而不相信神明]，[SS注] 在表示"想"（这里就是 ἡγέομαι）的动词后，否定不定式一般用 οὐ（古德温《希腊语语法》，前揭，第685节），尽管在不少地方也发现了用 μή，如下文37a5

和 b2πέπεισμαι 后面（这两种情况下，信仰的精神力量无疑在否定性的选择中起了作用）。然而，这里的情况却类似于一个反意间接疑问句（参18a4-5注），也就是类似于一个同位语，它要么由（τε）καί要么由μέν...δέ连接，它的第二个成分有一个词与否定词连用，或者καί与否定词连用。在这种情况下，否定第二个成分既可用 οὐ，也可用 μή，另参 K.-G. 2.192, Anm. 2。

因为这与如下说法［27e］一样奇怪，好比有人相信马和驴的孩子，即骡子的存在，却不相信马或驴的存在！［ὁμοίως γὰρ ἂν ἄτοπον εἴη ὥσπερ ἂν εἴ τις ἵππων μὲν παῖδας ἡγοῖτο ἢ καὶ ὄνων, τοὺς ἡμιόνους, ἵππους δὲ καὶ ὄνους μὴ ἡγοῖτο εἶναι.］

27e1：ὥσπερ ἂν εἴ...［好比……］，［B注］"仿佛一个人要相信存在着母马的孩子，或者也许是母驴的孩子。"我们谈及母亲（ἢ ἐκ νυμφῶν ἢ ἔκ τινων ἄλλων［要么与宁芬仙子、要么与其他某些女人所生］），那就意味着，我们必须把 ἵππων 和 ὄνων 当成阴性的。骡子的父亲本来是驴子而母亲是马，但也有驴骡（hinny），其父为马，而其母为驴。这与上文所提到的两类 θεῶν παῖδες［神明的子嗣］是一致的：一类是凡间男子与宁芬仙子所生的孩子，一类是神明与凡间女子所生的孩子。关于 ἥρωες［英雄］的这种分类，另参《克拉提洛斯》398d1。那么，τοὺς ἡμιόνους 就是蓄意加上以暗示 τοὺς ἡμίθεος［半神］。西蒙尼德斯把阿纳克西拉斯[①]的骡子称为 ἀελλοπόδων θύγατρες ἵππων［蹄如疾风的马的女儿］（《残篇》7；按：罗念生译作"风一般快的马的女儿们"，参这一句话后面的注释）。

［A注］省略了 ἄτοπον εἴη［奇怪］。下面的 ἢ καὶ ὄνων 意思是"或者如

[①] 阿纳克西拉斯（Anaxilas），雷吉昂（Rhegium）地方的僭主，僭主希耶罗（Hiero）的岳父。关于西蒙尼德斯与希耶罗的"对话"，参色诺芬《希耶罗》（见刘小枫编《驯服欲望》，贺志刚、程志敏等译，华夏出版社，2002），另参施特劳斯《论僭政——色诺芬〈希耶罗〉义疏》，何地译，华夏出版社，2006。

果你喜欢，也可以说是驴子"。另参《斐德若》269a。是很早的时候一位误解了其意思的人篡入的。另外一种看法认为并非篡入，而 καί 之前的 ἤ 才是衍文，这种看法虽为闵舍尔（Münscher）τοὺς ἡμιόνους 和尚茨所接受，却显然是错误的：因为那样的话，这里所讨论的比喻就意味着，美勒托斯指控苏格拉底既不信神，也不信宁芬仙子，而情况并非如此。此外，要解释文本中引入 τοὺς ἡμιόνους，比解释 καί 之前插入 ἤ 更为容易。苏格拉底选择例证的时候相当武断和随意。另参上文 20a7 的 εἰ μέν σου τὼ ὑεῖ πώλω ἢ μόσχω ἐγενέσθην [如果你的一双儿子本来是马驹或牛犊]。

27e1：ἵππων ... παῖδας [马的孩子]，[SS 注] 关于 παῖδας 用来指动物，另参阿尔喀劳斯残篇 179（魏斯特编本）；埃斯库罗斯《阿伽门农》行 50。维拉尔《论埃斯库罗斯的〈阿伽门农〉》(A. W. Verrall, *The 'Agamemnon' of Aeschylus*, London 1904) 页 195-196 指出了由 παιδ- 构成的复合词用于指动物，如欧里庇得斯《美狄亚》行 1407 的 παιδοφόνος λέαινα [杀子的母狮]；《瑞索斯》行 549 的 παιδολέτωρ [杀害孩子者]，说的是夜莺；《伊翁》行 175 的 μὴ παιδουργεῖν [不是要养育儿女] 说的是鸟儿。一般情况下，τέκνον 而非 παῖς 才是指动物后代的词，παῖς 只在诗歌中才这样用，而且那种情况显然也很罕见。尽管如此，我们眼前这个例子（按：即《申辩》此处）当然没有诗歌的味道，这个词得理解为来自 27d1、d8 和 d10 的 θεῶν παῖδας (-ες) [神明的子嗣]。然而，柏拉图不大可能是在暗指下一条注释所引的西蒙尼德斯那句诗，因为那里也是在说骡子。

27e1-2：ἡγοῖτο ἢ καὶ ὄνων [相信和驴]，[S 乙注] 福斯特最先提出要删去小品词 ἤ，也为施莱尔马赫所接受。假如贝克尔不是囿于众多抄本的权威性的话，也会乐意跟随。费舍为现有读法做了辩护，认为骡子的父亲要么是马，要么是驴。沃尔夫也正确地保留 ἤ，并把它译为 vel asinorum。

[SS 注] 这里的 ἤ 当然应该加上括号。骡子不是"马的后代，也不可能是驴子的后代"，而是一头公的驴"和"一头母的马"和"驴

子之类的动物所生的后代，或者相反。伯内特在27e1的注释中说，必须把 ἵππων 和 ὄνων 当成阴性，似乎不对，因为这里的语境无关乎动物的性别。这种解释可为亚里士多德《修辞术》1405b23-28所证实：καὶ ὁ Σιμωνίδης, ὅτε μὲν ἐδίδου μισθὸν ὀλίγον αὐτῷ ὁ νικήσας τοῖς ὀρεῦσιν, οὐκ ἤθελε ποιεῖν, ὡς δυσχεραίνων εἰς ἡμιόνους ποιεῖν, ἐπεὶ δ' ἱκανὸν ἔδωκεν, ἐποίησε | χαίρετ' ἀελλοπόδων θύγατρες ἵππων· | (PMG 515) καίτοι καὶ τῶν ὄνων θυγατέρες ἦσαν [那个获得骡车竞赛胜利的人只给了西蒙尼德斯很少的报酬，西蒙尼德斯因此不愿意为他写合唱歌，像是不高兴为"半驴"写诗似的；可是在那人给够了报酬的时候，他就写道："欢迎呀，风一般快的马的女儿们"，尽管她们也是驴的女儿]（罗念生译文）。在我看来，ἤ 是以前对下一行中 ἵππους δὲ καὶ ὄνους μὴ ἡγοῖτο εἶναι 的 καὶ 的校订（或者是以前的评注）。见下一条注释。

27e2：ἵππους δὲ καὶ ὄνους [马或驴]，[SS注] 即"会否认马或者驴子的存在"。如果我们承认骡子的存在，就"要么"否认马，"要么"否认驴子的存在，这就会很荒唐。那种认为只有否认"两者"的存在才算荒唐的说法是不对的。这种二者必居其一当然是柏拉图故意摆出来的，它原则上可从 καὶ 而知，就如同18c6-7和23a7（参那里的注释）。但在目前的语境中，καὶ 相当误导人，因为前面的 ἵππων ... καὶ ὄνων 意思是"马与驴"。因此，我认为这里原来的文本应该是 ἵππους ... ἤ ὄνους，而 ἤ 由于受到 ἵππων ... καὶ ὄνων 的影响而错误地替换成了 καὶ。我假定，这个错误可以在文本传抄的过程中得以查明，ἤ 是写在旁边（in margine）作为对第二个 καὶ 的校订而加上的。在后来的传抄阶段，这种校订被误认为是表示第一个 καὶ 之前所省略的。

　　这么说吧，美勒托斯，你提起这场诉讼无非是为了以此来考验我们，要么就是你根本不知道 [e5] 该用什么真正的罪名来控告我，难道不是吗？！[ἀλλ', ὦ Μέλητε, οὐκ ἔστιν ὅπως σὺ ταῦτα οὐχὶ ἀποπειρώμενος ἡμῶν ἐγράψω τὴν γραφὴν ταύτην ἤ ἀπορῶν ὅτι ἐγκαλοῖς ἐμοὶ ἀληθὲς ἀδίκημα·]

27e3：ἀλλά［这么说吧］，［SS注］如26e3一样，是为了终止论证。［按］一般译为but（或者干脆不译），盖洛普译作in short，佳。

27e3：οὐκ ἔστιν ὅπως ... οὐχὶ［难道不是以此］，［S乙注］"你千方百计提出这篇诉状。"

27e3-4：ταῦτα οὐχὶ ἀποπειρώμενος ἡμῶν［无非是以此来考验我们］，［B注］"通过对我们这样试探"，即上文（27a1）所说的考验 διαπειρωμένῳ Ἆρα γνώσεται ...［考验人，究竟会不会感觉到］。

［SS注］ἀποπειρώμενος 重提27a1的 διαπειρωμένῳ（参彼处注释）。ἡμῶν［我们］不仅有苏格拉底，也包括陪审团和那些旁观者。另参27a3-6的 ἐξαπατήσω αὐτόν（即苏格拉底）καὶ τοὺς ἄλλους τοὺς ἀκούοντας［我骗倒了他以及其他听众］。下一行（e4）的 τὴν γραφὴν ταύτην 应该加上括号，把这个词组当作 ταῦτα 的边注而删去。这里不可能两者都保留，在我看来，尚茨建议删去 ταῦτα，简直是馊主意。首先，这个代词在句子中位置很正确：它是 ἐγράψω 的宾语，但为了表示强调而与之分开了。其次，τὴν γραφὴν ταύτην 不是这里所要准确表达的意思，因为"试探考验"与诉状的形式有关，而与内容无关。

［D注］ἡμῶν［我们］即苏格拉底和法官们（按：苏格拉底把自己当成了法官）。［T注］οὐχὶ 修饰 ἐγράψω；ἀποπειρώμενος 表示目的的结束，"为了考验我"，而 ἀπορῶν 表示原因："因为你不知所措"。

27e5：ὅτι ἐγκαλοῖς ...［该用什么来控告］，［SS注］一个非常谨慎的间接问句。

［D注］这无疑是苏格拉底对美勒托斯（23d）的真实看法，而此前的所有话语仅仅是为了让法庭认识到这场指控有多么愚蠢和自相矛盾。祈愿式表示美勒托斯原来（按：参26c5）对 τί ἐγκαλῶ［为何要指控］的反应，这里也许应该保留虚拟式。

［按］如果不把它理解为间接疑问句，或可译为"你根本就找不到真正的罪名来控告我"，似乎更符合苏格拉底自认无罪的观点。但正文中的译法同时也表明苏格拉底清楚自己与城邦的诸多不和确有"罪愆"

之嫌，只是年轻蠢笨的美勒托斯不知道而已。

无论你打算用什么法子去劝服某个哪怕稍微有点理智的人，说一个人相信有神灵之事，也相信有神明之事，但又说这同一个人既不相信[28a]有神灵、也不相信有神明、更不相信有英雄——那绝对办不到！
[ὅπως δὲ σύ τινα πείθοις ἂν καὶ σμικρὸν νοῦν ἔχοντα ἀνθρώπων, ὡς οὐ τοῦ αὐτοῦ ἔστιν καὶ δαιμόνια καὶ θεῖα ἡγεῖσθαι, καὶ αὖ τοῦ αὐτοῦ μήτε δαίμονας μήτε θεοὺς μήτε ἥρωας, οὐδεμία μηχανή ἐστιν.]

27e5-6：ὅπως δὲ σύ τινα πείθοις ... [无论你用什么办法去劝服某人]，[S乙注]"但不管你用什么办法，你绝对不可能说服哪怕资质平庸的人去相信，同一个人居然会相信神灵和神明的性质，而又不相信本身还存在着神灵、神明和英雄。"另参斯特方和施塔尔鲍姆的理解。

[SS注] 与 οὐδεμία μηχανή ἐστιν (τίς μηχανή ἐστιν 等) 连用，正如与 ἀνάγκη ἐστι, ὥρα ἐστί, σχολή ἐστι 和之类的词连用时，正规的结构是不定式，在柏拉图笔下至少有十个例子。与 ὅπως 连用的例子在希罗多德笔下有一见（2.160）。在《申辩》此处的这句话中，我们几乎感觉不到异常，因为从句在主句之前。

[D注] 苏格拉底这里终结其论证，因为如下说法在道理上是矛盾的：同一个人（1）既是彻头彻尾的无神论者，（2）又信 δαιμόνια [神灵之事]。谁信 δαιμόνια，就必定信 θεοί [神明]。第二个 τοῦ αὐτοῦ 必须被视为多余的。ὅπως 的意思是"怎样"或"由之"，与 μηχανή 连用。

27e6：καὶ σμικρὸν νοῦν ἔχοντα [哪怕稍微有点理智]，[SS注] 这里的 καὶ 与28a4和b7一样，"表示最低限度"（丹尼斯顿，前揭，293.2）。

27e6-28a1：ὡς οὐ τοῦ αὐτοῦ ... οὐδεμία μηχανή ἐστιν [同一个人……]，[S甲注] 意思是"你绝不可能劝说任何一个人同时相信神灵的和神圣的事情，而又同时相信神灵、神明和马的存在"。从前面的论证来看，很显然，这些形容词与实体性的名词正好相对。

[B注] 初看上去有些疑问，但这里的意思无疑就是如此。苏格拉底一直在戏弄美勒托斯，而这个句子（应该读快一点）故意要让美勒托斯喘不过气来。然而，如果我们花点时间来慢慢看，就会逐渐发现这个句子的意思相当正确。首先就是，一个信 δαιμόνια 的人，必然会信 θεῖα（27e6-7 τοῦ αὐτοῦ ἔστιν καὶ δαιμόνια καὶ θεῖα ἡγεῖσθαι [一个人相信有神灵之事，也相信有神明之事]）。这是论证的"第二步"（另参 27b3 注），而且毫无疑问的是，美勒托斯应该相信，任何有头脑的人都会认为那是错的。我们用 καὶ αὖ 把论证的"第一步"颠倒过来了，第一步论证是说信 δαίμονες [神灵] 就意味着信 θεοί [神明]（注意这里的交错论证）。毫无疑问，这个人（τοῦ αὐτοῦ [他] 就是同时信 δαιμόναι [神灵之事] 和 θεῖα [神明之事] 的人）应该不会信 δαίμονες 和 θεοί。μήτε ἥρωας 这两个词增添了麻烦，因为迄今还没有提到过"英雄"。然而，可以参见 d8 注，那里明显地暗示了"英雄"。

[SS注] 另参吕西阿斯 3.44，12.41；托名德莫斯忒涅斯 46.6。

[R注] 这里的 οὐ，不是像在同一个句子中有两个否定词一样仅仅是重复冗余的，而是表示荒谬不合理。它是对下面要出现的否定词 οὐδεμία 的困惑和期待。

[A注] 我接受魏克莱因（Wecklein）的校勘，他认为 θεῖα 之后，缺失了 καὶ δαίμονας καὶ θεούς，而 αὖ τοῦ αὐτοῦ 之后缺失了 μήτε δαιμόνια μήτε θεῖα。只有这样，才能解释从 καὶ δαιμόνια καὶ θεῖα 的肯定表达方式转变到 μήτε δαίμονας μήτε θεούς 的否定表达。另外一种选择（不那么好）是把 ὡς 之后的 οὐ 和 καὶ αὖ 之后的 τοῦ αὐτοῦ 括起来（克拉尔 [Kral] 即如此），那样的话，目前的文本就说不通了。译作："但你不可能说服任何一个哪怕只有最低限度理解力的人去相信，同一个人会不相信超自然的和神圣的东西，也不相信神灵和神明，或再说一遍，同一个人不会相信超自然的和神圣的东西，也不会不相信神灵和神明。"苏格拉底以一个相当于这样的句子，即信（或不信）δαιμόνια 和 θεῖα，就意味着信（或不信）

δαίμονες 和 θεοί，来松散而强调性地总结该书这一章的论证。μήτε ἥρωας，如果是正确的，只能是上面所解释的"神灵"两种意思的第二种，即，"宁芬仙子或其他某些母亲的儿子"，我们至少会指望 μήτε ἥρωας 摆在 μήτε θεούς 之前。我同意大多数编者的看法，认为它们是衍文。

［S丙注］这句译作："但你要劝说任何一个稍微有点头脑的人，去相信同一个人有可能相信那些关于神圣存在物和神明的事情，而另一方面又不相信神圣存在物或神明或英雄，那是绝对不可想象的。"正如李德尔所说，οὐ 是不合理的，不过是对下面要出现的否定词 οὐδεμία 的困惑的期待。如果有人认为这种解释太大胆，他可以从这些话中提取出这样的意思，而同时保留 οὐ 一词的本来含义——"但你要说服任何一个稍微有点头脑的人，说一个人有可能相信那些关于神圣存在物的事情，而同时又不相信那些关于神明的事情，而且，这个人还不相信神圣存在物、神明或马，那是绝对不可想象的。"果如此，其推理就会是这样的：你承认我相信 δαιμόνια，而你却否认我相信 θεῖα，而且还更为荒唐的是，你同时又承认我相信 δαιμόνια，却否认我相信 δαίμονες 或任何一类超自然的人格性居间神。

［T注］我把 οὐ 放在括号中，因为该词虽见于大多数抄本，也为贝克尔和施塔尔鲍姆所接受，但他们以及其他任何编者都不能解释和翻译该词，因而为福斯特、费舍、阿斯特、库桑和施莱尔马赫所删（按：D注本中甚至没有这个词；R注似较合理，故而可以保留）。

28a1：δαίμονας ... θεούς ... ἥρωας［神灵……神明……英雄］，［SS注］柏拉图笔下还有几处使用这一串名词的地方：《克拉提洛斯》397d9-e1（伯内特以为是衍文而加了括号，但梅里狄尔（Méridier）正确地认为它们是正文），《王制》427b6-7，《法义》717b2-4，738d2，801e2-3，818c1。人们提过这样的问题：为什么这里提到了 ἥρωες［英雄］，而在论证中却没有提到他们。伯内特（27d8 和 e1 注）认为，柏拉图用 δαίμονες 这个词来指男神和凡间女子的后代，而把凡人父亲和神明母亲的后代叫做 ἡμίθεοι［半神］或 ἥρωες［英雄］；在他看来，27d9 的 ἢ ἔκ τινων ἄλλων［要么与其他某些女人］就暗示了第二种说法。然而，在《申辩》中也好，在柏拉图其他著作中也好，都根本找不到这种模糊区分的任何痕迹。《克拉提洛斯》398c11–d2（上文27d8注释 εἰ δ' αὖ...时已引用过）明确地把这两种后代都包含在 ἥρωες［英雄］的范畴之内，而《王制》391c8–d7把"忒修斯、波塞冬与佩里托俄斯（Pirithous）的儿子、宙斯的儿子"，都称为 θεοῦ παῖς［神明的子嗣］和 ἥρωες［英雄］，也就是把伯内特的分类中不能称为 ἥρωες［英雄］的两位半神半人（demigods）都叫做 θεοῦ παῖς［神明的子嗣］和 ἥρωες［英雄］。因此，如果我们这段话中的 μήτε ἥρωες 是正确的（这三个例子中的其他例子强烈支持 μήτε ἥρωες 是正确的），那么我们就可以推测，柏拉图在谈半神圣（semi-divine）的存在者时，不仅是用不寻常的 δαίμονες，而且也用了另一个更符合习俗的术语来表示他们。关于这种措辞，亦参下文对28c1 τῶν ἡμιθέων［半神］的注释。

［按］最后一句 οὐδεμία μηχανή ἐστιν，一般译为there is no device（吴飞译作"你也没办法"），盖洛普译作 there is no conceivable way（王太庆译作"这是无法设想的"）。或可译作"都绝对无计可施"。全句的意思是：而你以这样的方式去说服一个哪怕稍有头脑的人，那么你是绝对找不到办法（说服他）的。

总之，雅典人，我绝对没有犯美勒托斯诉状中所指控的罪，我认为不需要做更多的辩护，因为刚才这些已经足够了。你们要清楚地知道，我前面［a5］所说的很多人对我产生大大的仇恨，倒是真的。假如我被判有罪的话，这才是定罪的原因，也就是说，祸不在美勒托斯，也不在安虞托斯，而在于大众的诽谤以及他们的嫉妒。虽然其他很多人，甚至也包括一些好［28b］人，都由于这种原因获罪，但我想，它还会继续让人获罪——不必担心，这不会到我为止。[Ἀλλὰ γάρ, ὦ ἄνδρες Ἀθηναῖοι, ὡς μὲν ἐγὼ οὐκ ἀδικῶ κατὰ τὴν Μελήτου γραφήν, οὐ πολλῆς μοι δοκεῖ εἶναι ἀπολογίας, ἀλλὰ ἱκανὰ καὶ ταῦτα· ὃ δὲ καὶ ἐν τοῖς ἔμπροσθεν ἔλεγον, ὅτι πολλή μοι ἀπέχθεια γέγονεν καὶ πρὸς πολλούς, εὖ ἴστε ὅτι ἀληθές ἐστιν. καὶ τοῦτ' ἔστιν ὃ ἐμὲ αἱρεῖ, ἐάνπερ αἱρῇ, οὐ Μέλητος οὐδὲ Ἄνυτος ἀλλ' ἡ τῶν πολλῶν διαβολή τε καὶ φθόνος. ἃ δὴ πολλοὺς καὶ ἄλλους καὶ ἀγαθοὺς ἄνδρας ᾕρηκεν, οἶμαι δὲ καὶ αἱρήσει· οὐδὲν δὲ δεινὸν μὴ ἐν ἐμοὶ στῇ.]

[按] 苏格拉底最后总结道，刚才与美勒托斯的交锋其实并不重要，因为真正让他身陷官司的，不是现在这帮控告者，而是很久以来人们恶意的诽谤。苏格拉底认为，他已经向法庭充分证明了这一点，而且他清楚地知道，像他这样因"众口铄金"或大众的敌意而"蒙冤"的情况，既不始于他，也不会止于他。

28a2：Ἀλλὰ γάρ... [总之]，[SS注] 与26a8一样，标志着思路的终止，同时，苏格拉底不再对美勒托斯说话，转而向陪审团陈述。后面的 ὡς μὲν ἐγὼ οὐκ ἀδικῶ 受 ἀπολογίας 支配，后者是 ἀπολογέομαι 的动名词，可以带 ὡς 引导的从句，如《斐多》69d7-e1。这个句子表示辩方的要求，而不是他对这种要求所提出的论证。

[D注] 这标志着一种转折。结束一个话题是为了给另一个话题让道。[A注] 另参19c8。

[T注] 苏格拉底在这里为直接的辩护画上了句号，说不需要更多的论证，因为他要害怕的不是诉状和控告者，而是大众——不是证据或论证，而是大众的偏见和激情。接下来的意图主要还不在于避免被判刑，因为判刑早在他意料之中，甚至也不在于免遭大家的不愉快，而是要说明自己的品格，维护自己的使命，证明这样的真理，即更为公正的法官会欣赏他的优点——以后更好的年代会敬重他，把他当作传教士（missionary）和烈士。

[按] 盖洛普译作 but in fact，福勒译作 well then，魏斯特译作 but in fact，施莱尔马赫译作 jedoch，水建馥译作"好啦"，吴飞译作"然而"。

28a3：οὐ πολλῆς μοι δοκεῖ εἶναι ἀπολογίας [我认为不需要做更多的辩护]，[S乙注] "我似乎根本不需要做多大的辩护"，另参《高尔吉亚》461a：

οὐκ ὀλίγης συνουσίας ἐστίν［它需要的可不是简短的谈话］（按：这是按斯坦福的英译翻译的，李致远译作"需要不少聚谈"）。

［SS注］关于属格的这种谓语性用法，另参《高尔吉亚》461a7-b2，另参K.-G. 1.373。

28a4：ἱκανὰ καὶ ταῦτα［刚才这些已完全足矣］,［B注］这种省略形式，在演说家那里极为常见，另参吕西阿斯12.79和7.9。苏格拉底在这里再次表明，他并不像前面自称的那样对法庭 λέξις［风格］相当陌生。这一行末尾的 ἐν τοῖς ἔμπροσθεν，另参23a2以下。

［SS注］这里（按：另参27e6）的 καὶ 也"表示最低限度（从高潮下降）"，另参丹尼斯顿，前揭, 293.2。［S丙注］ταῦτα指"你们所听到的"，比较17c5 τῇ τῇ ἡλικίᾳ［这把年纪］的注释。

28a5：ἀπέχθεια ... πρὸς πολλούς［很多人……仇恨］,［S甲注］"很多人的仇恨"，而不是"对很多人的仇恨"，另参《希英大词典》的 πρός 词条。［SS注］后面紧接的 εὖ ἴστε 是命令式，不是直陈式（按：我们在20d5译作"明察"）。

28a6：ὃ ἐμὲ αἱρεῖ［我被判有罪的原因］,［S甲注］即"那会导致我被判刑"，因为 εἱρεῖν δίκην 和 εἱρεῖν τινά τινος 表示"因为某一方而惹上官司"。因此，在德莫斯忒涅斯《驳米迪阿斯》（In Midam，赖斯克编本的页518，巴特曼［Buttmann］编本的页15）中，οἱ ἑλόντες［判官］是 οἱ ἑαλωκότες［罪犯］的反义词。

［S乙注］斐奇诺和所有的拉丁文译本都错误地把 αἱρήσει 译作 perimet，在法庭上仅仅指"定罪"，与任何具体的处罚无关。该词也可以恰当地用于战事中，表示俘虏敌人，或者猛攻一座城池，因而像其他这一类词汇一样，转用到法庭上，意为 facere ut reus condemnetur judicum sententiis（费舍语）。

［B注］"就像要定我的罪"。这种 praesens propheticum［表示将来时的现在时］尤其常见于与 αἱρῶ［抓、选、判］和 ἁλίσκομαι［被抓、被判］之类的动词连用之时，可参吉尔德斯利夫《古典希腊语句法》第

194 节。

[A 注] 整句话意为"如果我被判有罪的话，那么这就是导致我被判刑的原因"，字面意思是"如果它的确定了我的罪的话"。διαβολή 和 φθόνος 在这里要视为起诉人，因为 αἱρεῖ 是指赢得官司的起诉人，ἁλίσκεται 则指输掉官司的被告，另参《法义》941d 和 937b。

28a7–8：ἀλλ' ἡ ... διαβολή τε καὶ φθόνος [而在于诽谤和嫉妒]，[S 甲注] 费舍曾指出，这些词应该删去，因为前面的 τοῦτο 已经表达了相同的意思，但加上这些词是为了更强调地表达前面的想法。

[S 乙注] 正如费舍正确指出的，这些词应该删去，因为前面的 τοῦτ' ἔστιν 已经表达了这个意思。然而，古代作家常常有这样的习惯，在一个句子中断之后，一般会加上一些词，使句子前面的成分得到更好的说明，或者更为生动地让人想起这个主题。

[SS 注] 这些词意在让我们想起 18d2 的 φθόνῳ καὶ διαβολῇ [出于恶意并用诽谤]。

[D 注] 苏格拉底认为正是这种诽谤导致他被判刑，所以，与回答正式的指控相比，他花了更多时间来解释这种偏见。

[T 注] 这个说法强调性地重复并解释了句子开头的 τοῦτ'。这种口语中的重复（另参 27d 注）在对偶句中尤其常见。

28a8–b1：πολλοὺς καὶ ἄλλους καὶ ἀγαθοὺς ἄνδρας [其他很多人，甚至也包括一些好人]，[B 注] "其他很多好人也都"。第一个 καί，不是与第二个 καί 并列，而是 πολλοὶ καὶ ἄλλοι [其他很多人也] 这个短语与 πολλοὶ καὶ ἀγαθοί [很多好人] 合并。

[SS 注] 阿那克西美尼（修辞家，而非哲学家，参 17d1 疏）有一段话强烈推荐说，发言人应该消除谣言（διαβολή，按：或译诽谤、污蔑）给他带来的猜忌。这段话就证明了苏格拉底这种想法乃是一种修辞的套路。可以肯定地说，阿那克西美尼的那段话与商议演说的 exordium [前言] 直接相关，但他也暗示他的手法也适用于法庭演讲。

[A 注] "其他很多好人也"。第一个 καί（也）就像 εἴ τις καὶ ἄλλος 中

的 καί，第二个 καί（和）的用法是根据常规短语 πολλοὶ καὶ ἀγαθοί 而来的[很多好人]。

［D注］代替的是 καὶ ἄλλους πολλοὺς καὶ ἀγαθούς，第二个 καί 是惯用法，把 πολλούς 与第二个形容词连接起来。另参 πολλοὶ καὶ σοφοὶ ἄνδρες。

28b1：αἱρήσει[还会继续定罪]，［B注］关于 οἶμαι 后面的这个限定动词，另参《高尔吉亚》460a3。同样的结构亦类似于 οἶμαι δὲ καί 之后常见的宾格用法（另参《游叙弗伦》3e5注）。

［按］魏斯特和艾伦都理解为"定我的罪"，但一般都翻译为"还会继续这样做"；吴飞把这个词直译为"拿下"（见他的注释），妙。

28b1-2：οὐδὲν δὲ δεινὸν μὴ ἐν ἐμοὶ στῇ[不必担心，这不会到我为止]，［S甲注］即，"对我来说，根本就不存在是最后一个因为大众的嫉妒和仇恨而被判刑的人的危险。"比较《斐多》84b4：οὐδὲν δεινὸν μὴ φοβηθῇ[没有危险，也就不必害怕]。

［B注］"不要担心它会止于我。"关于 οὐδὲν δεινόν，另参《斐多》84b4，《高尔吉亚》520d5和《王制》465b8。关于 ἵστασθαι[站立，停止]的无人称用法，另参亚里士多德《尼各马可伦理学》1142a29。

［R注］"这个规则不会有因我的案子而终结的危险。" οὐδὲν δεινόν 的这种用法是固定搭配，另参《高尔吉亚》520d：οὐδὲν δεινὸν αὐτῷ μὴ ἀδικηθῇ[我们不必担心他会遭到伤害]；οὐδὲν δεινὸν μὴ φοβηθῇ，"我们不必担心灵魂会感到害怕。""担心"（apprehension）说的是对谈话人及其听众的影响，使得它们对所讨论的意外事件非常上心。所以，苏格拉底这里的话半是反讽，他似乎对不利于自己的规则特别上心。στῇ也是一种惯用法，类似于无人称动词，也就是要理解为一种模糊的主格，"事件的过程"。στῇ字面意思是"变得静止"（come to a stand-still），施塔尔鲍姆（按即S甲注）这里搞错了。

［A注］"它们不会有突然止于我的危险"，即"绝不要担心我会成为他们最后一个牺牲品"。

［S丙注］στῇ 的主语是前面28a8的 ἃ δή（按：D注，δή 意为"当然"

[盖洛普即译为 certainly]，暗指众所周知以及大家都承认的事实）。这个句子很有意思，因为它也许给了我们如何理解一个带 οὐ μή 的常见结构的钥匙。李德尔引用了《斐多》84b 和《高尔吉亚》520d，但请参见下文 29d4-5 οὐ μὴ παύσωμαι 的注释。

［按］直译为"不必担心它万一止于我"。如 S 丙注，στῇ 的主语是 ἅ，即上一句的"诽谤和嫉妒"，但这里的意思似乎是指"因诽谤和嫉妒而获罪"这件事。水建馥译为"这种风气"，并注曰："苏格拉底这句话，预见到这种煽动人民打倒某人之风还将继续下去，可以算是有先见之明。直至七十年后，亚里士多德几乎遭到苏格拉底同样的命运。亚历山大死后，亚里士多德就感到不妙，果然雅典人要以渎神罪（asebeia）控告他。他说他不想使雅典人再一次犯错误，遂于公元前 322 年逃离雅典，移居优卑亚岛的卡尔喀斯城，次年即病逝。"其实，类似事情，远不止于苏格拉底和亚里士多德。

第四章　离题

28b3–34b5

章　旨

　　[S甲注] 苏格拉底为辩护的实质性部分作了总结后，现在开始讨论与这个话题有关的其他方面。他首先申诉说，自己有成为大众怨恨的牺牲品的危险，但同时又坚持认为，好人应该把德性和正义看得比生命本身更重要。

　　[S乙注] 苏格拉底以质朴而动人的口才传讲这样的价值：好人应坚守职责，保持正直，生命中根本不应该考虑坚持高尚原则而带来的损失。

　　[B注] 苏格拉底批驳完美勒托斯之后，开始自己严肃的申辩。这种申辩在形式上是离题话，但实质上是这篇讲辞最重要的部分。苏格拉底一丁点都不可能在法庭上像这样说话。当然有相当数量的陪审员可以算得上理解苏格拉底。无论如何，我们这里看到的是柏拉图本人眼中对指控的真正答辩。这一部分的引言用上了荷马笔下阿喀琉斯的例子，提高了演讲的风格（tone），胜于他对付美勒托斯所用的恰当的论辩辞令（fence）。

　　[D注] 苏格拉底"离题"去谈他的生活。这一章的基调在于"不义比死亡更坏"，见28b、29b、32a和d以及33a。另参《克里同》48c1–2：καὶ ἐὰν μὲν φαίνηται δίκαιον, πειρώμεθα, εἰ δὲ μή, ἐῶμεν [如果看起来是正义的，我们不妨一试，而如果不正义，咱们就算了吧]。另参《高尔吉亚》

469b8–9: μέγιστον τῶν κακῶν τυγχάνει ὂν τὸ ἀδικεῖν [最大的坏处碰巧就是行不义] 和 522e1–3: αὐτὸ μὲν γὰρ τὸ ἀποθνῄσκειν οὐδεὶς φοβεῖται, ὅστις μὴ παντάπασιν ἀλόγιστός τε καὶ ἄνανδρός ἐστιν, τὸ δὲ ἀδικεῖν φοβεῖται [因为任何人只要不是完完全全没有理性且没有勇气，就不害怕死亡本身，而是害怕行不义]（李致远译文）。苏格拉底表明了他的生活是如何受该原则引导的，并举出了他服膺该原则的例子。这一章后面半截解释了他为什么躲避公共事务，然后，他再次回到了美勒托斯说他败坏青年的指控，还表示自己惊讶于那些受害者或其亲属没有现身法庭来帮美勒托斯的忙。

[D注] 刚才所说已足以回应美勒托斯的指控。但即便被判有罪，那也是因为大众的偏见。会不会有人说我应该为自己招致这种恶意而感到羞愧？当然不会有。一个有责任心的人不应该考虑会不会送命。苏格拉底一生中曾冒着生命危险服从军事指挥官的命令，难道他就不应该服从神明的命令吗？即便雅典人现在错误地对待他，也不会阻止他继续献身于神明。

但也许有人会说："什么！你难道不感到羞愧？苏格拉底，你所追求的这种事业如今毕竟让你身处死亡的危险中呀！" 我会义正词严反驳他："你这个人呐，这样说 [b5] 可就不好了，假如你认为一个哪怕稍微有点良知的人应该计较生或死的危险，而不是在任何时候都只考虑那个处世原则：他做的究竟是正义之事还是不义之事，以及他立身行事究竟像一个勇敢高尚的人还是像一个懦弱卑鄙的人。[Ἴσως ἂν οὖν εἴποι τις· "Εἶτ' οὐκ αἰσχύνῃ, ὦ Σώκρατες, τοιοῦτον ἐπιτήδευμα ἐπιτηδεύσας ἐξ οὗ κινδυνεύεις νυνὶ ἀποθανεῖν;" ἐγὼ δὲ τούτῳ ἂν δίκαιον λόγον ἀντείποιμι, ὅτι "Οὐ καλῶς λέγεις, ὦ ἄνθρωπε, εἰ οἴει δεῖν κίνδυνον ὑπολογίζεσθαι τοῦ ζῆν ἢ τεθνάναι ἄνδρα ὅτου τι καὶ σμικρὸν ὄφελός ἐστιν, ἀλλ' οὐκ ἐκεῖνο μόνον σκοπεῖν ὅταν πράττῃ, πότερον δίκαια ἢ ἄδικα πράττει, καὶ ἀνδρὸς ἀγαθοῦ ἔργα ἢ κακοῦ."]

28b3: Ἴσως ἂν οὖν εἴποι τις [但也许有人会说]，[SS注] 在停顿之后引入一种反对，很常见的是 ἴσως 带一个表示"说""解释"或"想知道"

之类有隐含祈愿意味的动词，并以 τις 或与之相当的词为主语（色诺芬《回忆苏格拉底》1.2.19；《申辩》20c4、31c4、37e3）。在伊索克拉底笔下，有三个用 τάχα 的例子。小品词总是 οὖν（略）。

28b3：Εἶτ᾽ οὐκ αἰσχύνῃ [什么！你难道不感到羞愧吗]，[S甲注] 小品词 εἶτα 在疑问句中表示惊讶和愤慨。

[SS注] εἶτα "用于问句或感叹句中，表示惊讶、愤慨、轻蔑和讥讽等等"（《希英大词典》该词条的第二部分），在柏拉图生动的笔法中很常见，如《克里同》43b1，《希琵阿斯前篇》290a7，《欧蒂德谟》287b2 和 302c6，《王制》338d7。苏格拉底为什么应该感到羞愧，见拙著（*Plato's Apology of Socrates*. Leiden: Brill, 1994），页128以下。

[A注] "什么！你难道不羞愧吗？" 小品词 εἶτα（ἔπειτα）引入一个表达愤慨或惊讶的问题，如阿里斯托芬《云》行1214：εἶτ᾽ ἄνδρα τῶν αὑτοῦ τι χρὴ προϊέναι [什么？一个人应该这样把钱白白扔掉吗]（罗念生译文）；以及《云》行226：ἔπειτ᾽ ἀπὸ ταρροῦ τοὺς θεοὺς ὑπερφρονεῖς [那么，你鄙视神是从吊筐里……]（罗念生译文）；《王制》519d8：Ἔπειτ᾽ ... ἀδικήσομεν αὐτούς [这样的话，我们岂不是得罪了他们]（王扬译文）。另参上文20c注。

[D注] 一个想象中的对话者所提出的问题。εἶτα 表示不耐烦。从马上要举出的事实来看，苏格拉底的人格似乎有些不理智（unreasonable）。

[按] εἶτα，很多译本都没有翻译出来，福勒、盖洛普和魏斯特直译作 then，施莱尔马赫也译作 denn。后面的 τοιοῦτον ἐπιτήδευμα ἐπιτηδεύσας 作 "羞愧" 这个动词的宾语，而 "身处死亡的危险中" 是定语从句，修饰分词短语 τοιοῦτον ἐπιτήδευμα ἐπιτηδεύσας。

28b4：ἐπιτήδευμα [事业]，[SS注] 在柏拉图笔下，该词以及由同一个词根派生的其他词有几个例子虽然有着强烈的伦理和教育的内涵，却不像 βίος 那样是专门表示 "生活方式" 的词汇，另参《申辩》38a5，《高尔吉亚》500c7-8，《王制》600b3-4，以及普拉瑟《柏拉图哲学和宗教语言词典》βίος词条所收集的其他例子。这一行的 κινδυνεύεις 是整个这段话的关键词，另参b6、c3、c9、d4、d8和e4。

［按］τοιοῦτον ἐπιτήδευμα ἐπιτηδεύσας 这个短语，盖洛普译作 to have pursued a way of life（水建馥译作"你追求这样的生活道路"，似与SS本的解释不同），格鲁伯译作 to have followed the kind of occupation，福勒和魏斯特译作 of having followed the sort of pursuit；王太庆译作"你不断地追求"，吴飞译作"为了忙于这些事情"。我认为或可译为"你这种汲汲求索"，或"你苦心经营的这么一种营生"。"死亡的危险"即"杀身之祸"（吴飞即作此译）。对方所说的"营生"或"求索"或"事业"，语带反讽轻蔑之意，在他们这种普通人眼中，活着比什么都强。这句话的意思是说，你苦心孤诣，其实是找死。

28b5：δίκαιον λόγον［义正词严］，［W译注］苏格拉底这里所用"正义的言辞"（just speech），是要故意回应阿里斯托芬的《云》，他在《云》中被说成是对"正义的言辞"漠不关心或者充满敌意，而"正义的言辞"在剧中人格化为一个角色。

［按］本义为"正义的话语"。施莱尔马赫译作 billige Rede。盖洛普译作 but it may be fair for me to answer him as follows，格鲁伯译作 I should be right to reply to him，系意译。福勒译作 just reply，王太庆译作"正当的回答"，直译。吴飞译作"我义正词严地回应他"，佳。

28b5-9：Οὐ καλῶς λέγεις ... ἢ κακοῦ［这样说可就不好了……或懦弱卑鄙］，［SS注］另参多兹对《高尔吉亚》521a2-522e8（页368）的注疏："苏格拉底选择了自己的生活方式，因而也选择了自己的死亡方式，眼睁睁地看到自己的死亡。这个论证不是为了说服某个卡利克勒斯，也说服不了他（参522c）。但对柏拉图来说，如弗里德伦德（Friedländer）所言，苏格拉底受审是'至关重要的实验'，检测了两个相反的生活方式的价值，最终确立了苏格拉底使命的权威。"（李致远译文）

［按］Οὐ καλῶς λέγεις，盖洛普译作 you are sadly mistaken，格鲁伯和艾伦译作 you are wrong（水建馥亦同），意译；魏斯特译作 what you say is not noble，福勒译作 you do not speak well，吴飞译作"那你说得真不美"；王太庆译作"你这话欠妥"，较文雅而客气。

28b5：ὦ ἄνθρωπε[你这个人呐]，[SS注]这个非常冷淡而近于倨傲的表达法，表明苏格拉底觉得自己与那些持这一评判标准的人之间几乎没有什么共同之处。对于 ὦ ἄνθρωπε 表达同样意思的其他例子，另参《希琵阿斯前篇》，其中那个虚构的反对者，即 σχέτλιος[不依不饶的人]（289e7），已经把苏格拉底称为 ὦ τετυφωμένε σύ[你这个疯子]（290a5），而且对苏格拉底不理智的回答感到厌倦，就对他说（292d3-6）：αὐτὸ γὰρ ἔγωγε, ὤνθρωπε, κάλλος ἐρωτῶ ὅτι ἐστίν, καὶ οὐδέν σοι μᾶλλον γεγωνεῖν δύναμαι ἢ εἰ μοι παρεκάθησο λίθος, καὶ οὗτος μυλίας, μήτε ὦτα μήτε ἐγκέφαλον ἔχων[老兄（my man），我在问你什么是美本身，如果你老是躲在石头里，而且是磨盘里，充耳不闻，心不在焉，我当然不可能让你听我的]。另参《普罗塔戈拉》314d6-7（卡利阿斯不大耐烦的看门人把苏格拉底和希珀克拉底关在了门外）：ὦ ἄνθρωποι ... οὐκ ἀκηκόατε ὅτι οὐ σχολὴ αὐτῷ[你们这些家伙啊，没听见说他本人没空闲]（刘小枫译文），330d6-8：ἀγανακτήσαιμ' ἂν ἔγωγ', ἔφην, τῷ ἐρωτήματι, καὶ εἴποιμ' ἄν· Εὐφήμει, ἄνθρωπε[我说，我兴许会光火起来，而且兴许会说：扯淡，你这家伙]（刘小枫译文）；《高尔吉亚》518c2-3：Ἄνθρωπε（这里省略了 ὦ，另参多兹的注疏），ἐπαΐεις οὐδὲν περὶ γυμναστικῆς[常人，你根本不懂健身术]（李致远译文）；《王制》329c2-3：καὶ ὅς, Εὐφήμει, ἔφη, ὦ ἄνθρωπε[对方回答道，别提了，老弟！]，以及 337b1-4：Ὅπως μοι, ὦ ἄνθρωπε, μὴ ἐρεῖς ὅτι ἔστιν τὰ δώδεκα δὶς ἓξ μηδ' ὅτι τρὶς τέτταρα μηδ' ὅτι ἑξάκις δύο μηδ' ὅτι τετράκις τρία· ὡς οὐκ ἀποδέξομαί σου ἐὰν τοιαῦτα φλυαρῇς[伙计，可别告诉我十二是六乘二，或是二乘六，或是三乘四，因为我不会从你那里接受这样的蠢话]（王扬译文）。然而，对于《高尔吉亚》452b5，我们怀疑它究竟是不是命令的语气。

[按]盖洛普译作 fellow，福勒、格鲁伯和艾伦译作 sir，魏斯特译作 you human being（注曰：表示轻蔑），施莱尔马赫译作 liebe Mensch，

水建馥译作"阁下",王太庆译作"老兄",吴飞译作"这位"(或可加上"仁兄")。我的译法"你这个人呐"中的"人"字或可重读或拉长音调。

28b6:εἰ οἴει δεῖν κίνδυνον ὑπολογίζεσθαι [假如你认为应该计较……的危险],[S甲注] 另参《克里同》48d3-5:κἂν φαινώμεθα ἄδικα αὐτὰ ἐργαζόμενοι, μὴ οὐ δέῃ ὑπολογίζεσθαι οὔτ' εἰ ἀποθνήσκειν δεῖ παραμένοντας καὶ ἡσυχίαν ἄγοντας, οὔτε ἄλλο ὁτιοῦν πάσχειν πρὸ τοῦ ἀδικεῖν [如果我们劳神费力做的那些看起来不正义,恐怕就不应当计较如果坚持不动静静等待是否必定送命,也不应当计较要遭受的其他任何苦难,而是要先考虑是否行了不义]。比较《申辩》这部分的结尾。

[S乙注] ὑπολογίζεσθαι, 即 φροντίζειν [思考、关注], 费舍释曰: movere, rationem habere。

[B注] ὑπολογίζεσθαι 意为"考虑",一个来自"记账"的比喻,字面意思是 per contra [根据对方账册] 而来的账目(另参《克里同》48d4,按:那里译作"计较")。因此,κίνδυνον 是"冒险",而不是"危险"之意,加上 τοῦ ζῆν ἢ τεθνάναι 是因为那是冒险所做的一种抉择。人们"拿生命来冒险",也"冒死的危险"。

[A注]"如果你认为一个人应该考虑生或死的问题"。ὑπολογίζεσθαι 意思是愿意去思考那种与我们正在追求或应该追求的思路相反的东西。另参《高尔吉亚》480c7-8:τὸ ἀγαθὸν καὶ καλὸν διώκοντα, μὴ ὑπολογιζόμενον τὸ ἀλγεινόν [追求既好且美的东西而不考虑疼痛](李致远译文)。在《拉克斯》189b 中,ὑπόλογον ποιούμενος 等于 ὑπολογιζόμενος。

28b7:τοῦ ζῆν ἢ τεθνάναι [生或死],[SS注] 当生和死被视为评价和选择的非此即彼的目标时,文章中的规范用词是 τεθνάναι,而不是 ἀποθανεῖν,另参《希琵阿斯前篇》304e3、《高尔吉亚》483b2、《斐多》62a5(参伯内特的注疏); Her. 1.31; 安多喀德斯 1.125; 伊索克拉底 5.47 和 55、10.53、《书信》7.9。但另参伊索克拉底 9.3。

[A注] 冠词只出现了一次,因为 ζῆν ἢ τεθνάναι 是一个单独的概念,

差不多等同于 *πότερον βιώσομαι ἢ ἀποθανοῦμαι* [究竟是生还是死]。

[T注] 后面的 *ἄνδρα* 强调"人"，而不仅仅是"人类"。它是 *ὑπολογίζεσθαι* 的主语。

28b7: *ὅτου τι καὶ σμικρὸν ὄφελός ἐστιν* [一个哪怕稍微有点良知的人]，[B注]"一个稍有用处的人"。另参《游叙弗伦》4e9（按：顾丽玲译为"出息"），《克里同》46a2, 54a9（我译为"用处"），以及《法义》中的几处。

[SS注]"一个哪怕稍微有点自尊自重的人"（按：盖洛普即作此译）。关于这种想法，另参《高尔吉亚》512d8-e5：*μὴ γὰρ*（在直陈式中表示谨慎的主张）*τοῦτο μέν, τὸ ζῆν ὁποσονδὴ χρόνον, τόν γε ὡς ἀληθῶς ἄνδρα ἐατέον ἐστὶν καὶ οὐ φιλοψυχητέον, ἀλλὰ ἐπιτρέψαντα περὶ τούτων τῷ θεῷ καὶ πιστεύσαντα ταῖς γυναιξὶν ὅτι τὴν εἱμαρμένην οὐδ' ἂν εἷς ἐκφύγοι, τὸ ἐπὶ τούτῳ σκεπτέον τίν' ἂν τρόπον τοῦτον ὃν μέλλοι χρόνον βιῶναι ὡς ἄριστα βιοίη* [因为至少作为真正的男人，不应该允许自己活得时间太长，且不应该热爱活命，而是把关于这些东西的考虑托付给神，并信服女巫们说的，没有任何一个人可以逃脱自己的命运。那么继之而来的，就应该考察：以什么方式才能在他打算生活的那段时间内活得最好]（李致远译文）。

[R注]"一个稍微有点价值的人"。*καὶ* 与 *σμικρόν τι* 连用这种惯用法很常见，见注疏所附"词句汇要"（Digest）第132节。

[按] *ὄφελός*，意为"帮助""好处""益处"。一般译为 worth 或 any good（worth），施莱尔马赫译作 nur weiniges nuz，王太庆译作"一个有点用处的人"，吴飞译作"有点人格的人"。或可译作"正直"。

28b8-9：*πότερον ... πράττει ... ἀνδρὸς ἀγαθοῦ ἔργα ἢ κακοῦ* [他做的究竟……立身行事究竟像一个勇敢高尚的人还是像一个懦弱卑鄙的人]，[SS注]"他究竟像一个勇敢高尚的人还是像一个懦夫那样行事"。

[按] 艾伦的译法与SS注一致，而绝大多数译本都理解为"一个好人还是坏人做的事"，似乎不通。关键是如何理解 *ἀνδρὸς* 和 *ἔργα*，前者可译作"人"，也可理解为"勇敢"，后者还可以翻译成"事业"，或可译

作"以及他追求的是勇敢高尚的还是邪恶卑鄙的事业"。

"因为［28c］照你的说法，在特洛亚平原战死的那些半神，尤其忒提斯之子［阿喀琉斯］，或许就该是一帮平庸之辈喽？！忒提斯之子睥睨危险，不愿忍辱偷生，那时，他一门心思要［c5］杀死赫克托尔，这位母亲作为女神，就我所知，大致说了这样一番话，［φαῦλοι γὰρ ἂν τῷ γε σῷ λόγῳ εἶεν τῶν ἡμιθέων ὅσοι ἐν Τροίᾳ τετελευτήκασιν οἵ τε ἄλλοι καὶ ὁ τῆς Θέτιδος υἱός, ὃς τοσοῦτον τοῦ κινδύνου κατεφρόνησεν παρὰ τὸ αἰσχρόν τι ὑπομεῖναι ὥστε, ἐπειδὴ εἶπεν ἡ μήτηρ αὐτῷ προθυμουμένῳ Ἕκτορα ἀποκτεῖναι, θεὸς οὖσα, οὑτωσί πως, ὡς ἐγὼ οἶμαι·］

28b9：φαῦλοι［一帮平庸之辈］，［B注］"可怜的家伙"（poor creature）、"傻瓜"（当然不是福勒所译的"糟糕"）。那位反对者仅仅因为自己的愚蠢才会认为苏格拉底应该感到羞愧。φαῦλος的意思在很大程度上取决于它的上下文。这里是 ἄνδρα ὅτου τι καὶ σμικρὸν ὄφελός ἐστιν 的反义词。

［SS注］"平庸的"（second-rate，或作"二流货色"），恰好与荷马史诗中的英雄所代表的那种人相对，见《伊利亚特》6.208：αἰὲν ἀριστεύειν καὶ ὑπείροχον ἔμμεναι ἄλλων［总争当优秀，要赶过别人］（刘小枫译文；罗念生译作"要永远成为世上最勇敢最杰出的人"）。不仅谓词放在了句首，而且在主语之前还插入了 τῷ γε σῷ λόγῳ，更表示了强调，很多译者都漏掉了这一点。

［按］盖洛普译作 inferior creature（格鲁伯译作 inferior people），魏斯特译作 paltry［无价值、不足取］，施莱尔马赫译作 Elende［不幸］；水建馥译作"都不是好样的"，王太庆译作"没什么了不起"，吴飞译作"微不足道"

28c1：ἂν τῷ γε σῷ λόγῳ εἶεν［照你的说法或许就该是］，［D注］ἂν ... εἶεν 意为"必定是"，或"必定被视为"。见《古典希腊语句法》，页437、442。

[SS 注] ἄν ... εἶεν 意为"或许就是"（were or are, I dare say），这种可能的语气不是很多译者所理解的"会是"或"可能会是"，因为那样就把这里当成了 ἄν ... ἦσαν。τῷ γε σῷ λόγῳ 意思是"凭你的原则来看"或"作为你的原则之结果"，与 27c7 的 κατὰ τὸν σὸν λόγον [根据你的说法] 稍有区别。

28c1：τῶν ἡμιθέων [半神]，[B 注] 这个词用来指荷马史诗中的英雄，乃是正确的。另参《伊利亚特》12.23：ἡμιθέων γένος ἀνδρῶν [半神的人的种族]；赫西俄德《劳作与时日》159：ἀνδρῶν ἡρώων θεῖον γένος, οἳ καλέονται ἡμίθεοι [一个神样的英雄种族，他们被称为半神]（D 注：他也把围攻忒拜和特洛亚的英雄算在此列）。

[SS 注] 这个术语一般是在抒情诗中用来指荷马史诗中的英雄，维尔德尼乌斯很好地解释了该词的含义，参 *Mnemos.* 25（1972）7-8。在柏拉图笔下，该词只出现在这里和 41a4，以及《克拉提洛斯》398c11-d2（很重要的是，那里讨论 ἥρως 的词源，认为该词派生自 ἔρως，见上文 27d8 注）；而在其他地方，柏拉图用的是 ἥρως（参 27d8 注和 28a1 注），而伊索克拉底则用了十二次 ἡμίθεος，与之相比，ἥρως 只有三次。这一行后面的 ἐν Τροίᾳ，意为"特洛亚平原"，因为在荷马史诗中总是这么说，如《奥德赛》5.306-307：τρὶς μάκαρες Δαναοὶ καὶ τετράκις, οἳ τότ' ὄλοντο Τροίῃ ἐν εὐρείῃ [那些达那奥斯人要三倍四倍地幸运，他们战死在辽阔的特洛亚]（王焕生译文）。

28c2：οἵ τε ἄλλοι καὶ [尤其是]，[S 丙注]"而尤其"（and above all）。[T 注]"特别是"（especially），其字面意思是"其他人以及（尤其）是忒提斯之子"。关于 ἄλλως τε καὶ 表示"尤其"，另参 26e2 注（按：我在那里译作"遑论"）。

28c2：καὶ ὁ τῆς Θέτιδος υἱός [忒提斯之子]，[B 注] 这里指的是《伊利亚特》18.94 以下，帕特罗克洛斯死后，忒提斯出现在阿喀琉斯面前。同样的场景也暗含在《会饮》179e1 以下（按：SS 本补充到，亦见于埃斯基涅斯 1.150，其中《伊利亚特》18.95-99 由工作人员向陪审团朗读）。

[SS注] 没有直接用 Ἀχιλλεύς [阿喀琉斯]，因为其母的神仙地位可以让他比大多数史诗英雄都地位更高。此外，用父母的名字，一般是用父亲的名字来称呼某人，在文章中并不鲜见（更不用说诗歌中了），尤其是在呼格中，如《希琵阿斯后篇》373a6,《拉克斯》180d7,《卡尔米德》158b1,《吕西斯》207b8 和 209a5,《欧蒂德谟》278e2 和 279d1-2，但还用于其他情况下，如《王制》580b9（这里是在玩 Ἀρίστωνος 和 ἄριστος 的文字游戏）。

[A注] 这里的场景指的是《伊利亚特》18.70 以下。忒提斯在帕特罗克洛斯刚刚被杀后就出现在阿喀琉斯面前，向他预告了他如果为倒下的战友报仇会遭到的宿命，但阿喀琉斯以高贵的言辞（行97-123）表达了自己宁死也要复仇的决心。

[D注] 任何以阿喀琉斯为例的话都很能说明问题。希腊人对这位英雄的极大热忱表现在无数刻画阿喀琉斯行止的艺术作品中。

28c3-4：παρὰ τὸ αἰσχρόν τι ὑπομεῖναι [与忍辱偷生相比]，[S甲注]"与忍受任何丢脸的事情相比"，"与屈从于任何丢脸的事情相比"，即"以免有人会说他并不关心挚友帕特罗克洛斯之死"。παρά 接宾格有时表示一种比较。

[B注] "与耻辱比较起来"，"当另外的选择是耻辱时"（Church 译文）。[S丙注] παρά 的词根含义是"在旁边"，因此可以轻易地引申为比较的作用。

[A注] 另参色诺芬《回忆苏格拉底》1.4.14：παρὰ τἆλλα ζῷα ὥσπερ θεοὶ ἄνθρωποι βιοτεύουσι [人与其他动物相比，生活得像神明一样]。

[按] 一般译为"与忍受某种耻辱相比"，ὑπομεῖναι，本义是"待在后面"，有"偷生"（survive）之意。另，τοῦ κινδύνου κατεφρόνησεν 本为"蔑视危险"之意，或可译为"宁可高傲地把危险踩在脚下，也不愿忍辱偷生"。

28c4：προθυμουμένῳ [一门心思]，[W译注] 译作"急切"（to be eager），其词根是 thym-，由之派生出 thymos（意为"愤怒"或"心"。

按：亦可译作"肆心"或"血气"）。阿喀琉斯卓然是一个具有超常 thymos 的人，而苏格拉底不是（按：未必尽然，苏格拉底依然血气方刚）。另参《王制》卷二至卷三，铺陈了 thymos 的性质。

28c4：θεός［女神］，［SS 注］在阿提卡的文章中，θεά 只用于固定的短语中（另参《希英大词典》相关词条），以及为了避免混淆，如上文 27d8 注所引《克拉提洛斯》那段话。

［A 注］注意，在最好的阿提卡文章中，θεός 而非 θεά，才是唯一表示"女神"的正字。

［D 注］以一种不平凡的方式加上 θεὸς οὖσα，是因为这个语境有着不平凡的意义。忒提斯的话不仅显示了一个母亲天然会为儿子的遭遇揪心，也让人想到了一位女神准确无误的智慧。

"'孩儿呀，如果你替友伴帕特罗克洛斯而向凶手复仇，杀死赫克托尔，你自己也会死'，她说，'因为你的大限在赫克托尔之后立即就会到来。'然而，他听了这话之后，丝毫没有把死亡和危险放在心上，反倒更［28d］怕因没有替朋友报仇而像一个卑鄙懦弱的人那样活着，'那就让我立即死去吧，'他说，'只要能够对行不义者施予惩罚，以免留在这里，在弯弓般的舰船边遭人嘲笑，成为大地的负担。'你不会认为他顾虑的是死亡和［d5］危险吧？"［ "Ὦ παῖ, εἰ τιμωρήσεις Πατρόκλῳ τῷ ἑταίρῳ τὸν φόνον καὶ Ἕκτορα ἀποκτενεῖς, αὐτὸς ἀποθανῇ—αὐτίκα γάρ τοι," φησί, "μεθ' Ἕκτορα πότμος ἑτοῖμος"—ὁ δὲ τοῦτο ἀκούσας τοῦ μὲν θανάτου καὶ τοῦ κινδύνου ὠλιγώρησε, πολὺ δὲ μᾶλλον δείσας τὸ ζῆν κακὸς ὢν καὶ τοῖς φίλοις μὴ τιμωρεῖν, "Αὐτίκα," φησί, "τεθναίην, δίκην ἐπιθεὶς τῷ ἀδικοῦντι, ἵνα μὴ ἐνθάδε μένω καταγέλαστος παρὰ νηυσὶ κορωνίσιν ἄχθος ἀρούρης." μὴ αὐτὸν οἴει φροντίσαι θανάτου καὶ κινδύνου;"］

28c6：Ὦ παῖ［孩儿呀］，［B 注］代替的是《伊利亚特》18.95 中的τέκος。

［SS 注］关于柏拉图对待荷马史诗文本的方式（manner），参拉巴

贝《柏拉图笔下的荷马史诗》(J. Labarbe, *L'Homère de Platon*, Liège 1949), 页340-344。此外, 柏拉图显然意识到了这里两个 αὐτίκα [马上] 的表现力 (expressive value): 他两次在该副词之后插入 φησί [说] (c8 和d2), 从而强调了这种重复, 这一点也许因插入的话语而变得模糊。

28c6: τιμωρήσεις [复仇], [B注] 该词是将来时直陈式, 作"警告性的"(monitory) 条件从句。

[T注] 该动词后面接的与格, 表示"替某人复仇", 同时还接一个宾格, 表示"向谁或什么东西复仇"。这句话的意思是"如果你要为你的朋友帕特罗克洛斯向杀害他的人报仇", 或者我们也可以说"向杀害你朋友帕特罗克洛斯的人复仇"。

28c8: φησί [说], [SS注] 这里以及d2 的 φησί, 其主语并不分别是忒提斯和阿喀琉斯, 而是"这位诗人"或"文本", 这样说可能冒犯了众译者、评注者和拉巴贝。此外, 柏拉图在不定过去时 εἶπεν (c4) 和 ὠλιγώρησε (c9) 之后, 会用 ἔφη (两次), 另参《王制》391b3-4: *Πατρόκλῳ ἥρωϊ, ἔφη, κόμην ὀπά σαιμι φέρεσθαι* [给了英雄帕特罗克洛斯, 并说, 让我把头发献给他] (王扬译文; 这里引用的是《伊利亚特》23.151)。当柏拉图在紧接前面语境的引文中间插入现在时的 φησί [说] 时, 这个动词的主语总是那位诗人 (或诗歌本身), 大多数情况下就是荷马, 如《伊翁》537a8 和538c2,《希琵阿斯后篇》370b4,《高尔吉亚》484b6 (这里是指品达),《美诺》95e5 (指忒俄格尼斯),《克拉提洛斯》391e5 和402b5,《王制》363b3 (指赫西俄德),《法义》681e3 和718e4 (指赫西俄德) 以及 771a1。在这十三处文献中, 只有两处对 φησί 的主语有疑问或感到模棱两可, 一处是《伊翁》537a8, 其主语很可能是涅斯托尔, 但这里的语境 (a1 和c2) 强烈地驳斥了这种解释。另一处是《希琵阿斯后篇》370b4, 没有什么理由不把阿喀琉斯视为 φησίν 的主语, 除非把其他所有段落当作证据。拉巴贝(《柏拉图笔下的荷马史诗》, 前揭, 页40, 注释1) 错误地把《会饮》174d2 引为证据, 因为在那一段话中, ἔφη 的主语是苏格拉底, 正如a9 的 ἦ δ' ὅς 和b3 的 ἔφη 的主语也是他。所有这些例子在上下文中都清楚地标注成了引文，所以，动词 φησί 究竟涉及谁或什么东西，应该毫无疑义。然而，如果引文只有寥寥数语，而且已经尽人皆知，或者说前面的语境不能确定这几个词就是引文，那么，一般都有明确表达出来的主语，而该动词既可以是现在时，也可以是不定过去时，如《普罗塔戈拉》315b9,《美诺》76d3,《泰阿泰德》170e2,《斐勒布》66c8,《法义》660e7（指图尔泰俄斯），《书简》11.359a1-2。严格说来，如果单独（absolutely）使用 φησί，那么就没有主语可以补充，既不能补充成"这位诗人"，也不能补出他的名字，其意思仅仅是"文献上说"（says the text），而不管这个文献是一首诗或一份文件，还是（在后来的作家那里）一部权威著作，如《斐德若》258a4-5:"Ἔδοξέ πού φησιν τῇ βουλῇ ἢ τῷ δήμῳ ἢ ἀμφοτέροις [他会宣称，"承蒙议事会"或者"承蒙乡亲"——或者两者都提到]（刘小枫译文）。弗里斯对这里的注疏，我不敢苟同。φησιν 的主语不是 a6 的 ὁ συγγραφεύς，因为后者是 a6 λέγει（以及间接地是 a5 εἶπεν）的主语，所以这里的意思是"这已为议事会决定了"，正如文献所说，难道不是吗（πού）？演说家笔下很多地方都毫无疑义地证明了这一点，如德莫斯忒涅斯 20.69，埃斯基涅斯 3.110；还可进一步参考德莫斯忒涅斯 19.278、279 和 298，45.28，托名德莫斯忒涅斯 44.68 和 41.36，埃斯基涅斯 1.13、19、22、28、29、3.14、21、44、67、111、121、126、138，吕西阿斯 13.5。所以，φησίν 不是指前面几行所提到的那个人，而仅仅指文献本身。在柏拉图《卡尔米德》164e5-6 就德尔斐铭文 Γνῶθι σεαυτόν [认识你自己] 而言的 λέγει πρὸς τὸν ἀεὶ εἰσιόντα οὐκ ἄλλο τι ἢ Σωφρόνει, φησίν [他对进来的人说的无非是"要节制"，这就是他说的]（按：这里的"他"既可以指德尔斐神庙中那位大神阿波罗，也可以指"认识你自己"这个话，SS 认为是后者）中，这种对圣言的解释本身就被视为等同于原来的表达法。

[按] 大多数人（包括施莱尔马赫）都认为 φησί 的主语是"她"（忒提斯），译作 she says（福勒）或 she declares（魏斯特），唯有盖洛普译作 so runs the poem，与 SS 注本的理解一致。如果把第二个 φησί 理解

为 "阿喀琉斯说"，不符合这里的语境，因为其他动词都是不定过去时。另，*πότμος* 本指 "降临到某人头上的东西"，也就是 "命运"，尤其是杀人者的死亡，亦可作 "定数"。盖洛普译作 doom，福勒和格鲁伯译作 death，艾伦和魏斯特译作 fate，施莱尔马赫译作 Ende。

28c8：*ὁ δὲ τοῦτο ἀκούσας*［然而，他听了这话之后］，［S甲注］插入 *ὁ δὲ*，是因为句子太长。规范的语法结构应该是：*ὅς τοσοῦτον τοῦ κινδύνου κατεφρόνησεν, ὥστε ... ἀκούσας ταῦτα ... ὠλιγώρησε*。因此，这就是一种破格文体。

［B注］（上接 28c4 的 *ὥστε*）因为有插入语而时常出现的破格文体。
［A注］接在 28d4 后的 *ὥστε*，这种情况下没有 *δέ* 倒更规范：这里的破格文体是因为忒提斯的话语占用了大量篇幅。

［SS注］对于这种破格文体，另参拙著《*Plato's Apology of Socrates*，前揭》，页 132。吕库尔戈斯《驳勒俄克拉底》99 有一个相似的例子。斗胆冒犯伯内特，我认为 c7-8 中没有插入语。

［D注］此时，前面的 *ὥστε* 已经忘掉了。对忒提斯话语的长篇解释让这种结构上的转换十分自然。这个从句看似独立的句子，实则前面有一个关联从句。

28c9：*τοῦ μὲν θανάτου καὶ τοῦ κινδύνου*［死亡和危险］，［SS注］这是一个很好的例子，可以说明 "重言法"（hendiadys）如何自然生成的。下面的 d4-5，柏拉图为了换个说法而省略了冠词。

［A注］*θανάτου* 前面写出了冠词，是因为已经提到了阿喀琉斯的宿命（*πότμος*），另参下文 29a6-7 的 *οἶδε μὲν γὰρ οὐδεὶς τὸν θάνατον* ...［因为归根结底谁也不知道，死亡］。

28d1：*δείσας τὸ ζῆν κακός*［怕像一个卑鄙懦弱的人那样活着］，［SS注］表示情感或其外在表现的动词的分词，几乎总是用表示动作开始的不定过去时，如 *φοβηθείς*（28e6 和 32c2），*ἡσθείς, χαλεπήνας, ὀργισθείς*（34c8），*τρέσας, δακρύσας, γελάσας, μειδιάσας*。

［A注］"过懦夫的生活"。*τὸ ζῆν* 是 *δείσας* 的直接宾语，另参修昔底

德《战争志》1.136.1。

[T注] κακὸς ὤν 表示活着比死亡更可怕的"状态"，意思是"像一个坏人那样活着"，即像一个不忠诚的朋友和一个懦弱的士兵那样。

28d1：τοῖς φίλοις [替朋友们]，[SS注] 苏格拉底用这种"普遍化的"复数，开始在伦理和客观的思路上解释荷马笔下阿喀琉斯的情感与主观上的活动和反应。在苏格拉底看来，这位大英雄作为荣誉心和良知的典范，体现了对行为准则的忠诚，而不是痴迷于个人复仇的欲望。苏格拉底在 d2 所说的 δίκην ἐπιθείς τῷ ἀδικοῦντι [对行不义者施予惩罚]（按：魏斯特认为这里的 δίκην 应该译为"惩罚"，该词也指"正义"），实际上是一种道德化的阐释，这已经超越了荷马史诗所能证明的范围：《伊利亚特》18.99 的 ἐπαμῦναι [挽救] 和 18.93 的 ἀποτεῖσαι [复仇]（按：牛津本为 ἀποτίση）与一种正义的理想毫无关系。

28d2：Αὐτίκα ... [立即]，[B注]《伊利亚特》18.98-99 的原文是：αὐτίκα τεθναίην, ἐπεὶ οὐκ ἄρ᾽ ἔμελλον ἑταίρῳ | κτεινομένῳ ἐπαμῦναι [那就让我立即死吧，既然我未能挽救朋友免遭不幸]，18.104 的原文是：ἀλλ᾽ ἧμαι παρὰ νηυσὶν ἐτώσιον ἄχθος ἀρούρης [却徒然坐在船舶前，成为大地的负担]（王焕生译文）。这里用 κορωνίσιν [弓形] 代替了《伊利亚特》原文中的 ἐτώσιον [徒然]，这仅仅意味着柏拉图像往常一样是凭记忆引用的。最熟悉的文献最容易误引，而且要在莎草纸写成的书卷上核对原文，也不是一件很容易的事情。另，28c7 的 αὐτίκα...，另参《伊利亚特》18.96：αὐτίκα γάρ τοι ἔπειτα μεθ᾽ Ἕκτορα πότμος ἑτοῖμος [你注定的死期也便来临，待赫克托尔一死]（王焕生译文）。

[S丙注] 阿喀琉斯的话（《伊利亚特》18.98-126）特别杂乱无章，但柏拉图已经抓住其要旨了。[T注] 这是把荷马史诗两个地方的话语汇集起来说（《伊利亚特》18.98 和 104）。

28d2：δίκην ἐπιθείς τῷ ἀδικοῦντι [对行不义者施予惩罚]，[MP注] 也就是对赫克托尔实施惩罚。这种表达复仇的成语绝佳地概述了希腊传统观念对报复性正义的理解。

28d3：καταγέλαστος［遭人嘲笑］，［SS注］该词表明了"耻感文化"的标准，阿德金斯的《荣誉与责任》(A. H. W. Adkins, *Merit and Responsibility*, Oxford 1960，各处）已指出，这些标准可以让人了解荷马社会的所有价值判断。值得注意的是，苏格拉底尽管就在此时用完全不同的标准代替了羞耻，却仍然没有彻底抛弃它。维尔德尼乌斯教授善意地提醒我注意斯内尔的《希腊戏剧的场景》(B. Snell, *Szenen aus griechischen Dramen*, Berlin 1971）页19–21。亦参诺克斯《英雄的脾气：索福克勒斯肃剧研究》（B. M. W. Knox, *The Heroic Temper, Studies in Sophoclean Tragedy*, Berkeley – Los Angeles 1964），页175，注释89。

28d3：κορωνίσιν［弯弓般的］，［SS注］在我看来，柏拉图虽然喜欢随心所欲地（carelessly；按：其他评注者说的是loosely）引用，却仍然模糊地意识到了原文是ἐτώσιον（《伊利亚特》18.104；按：另参伯内特对28d2的注疏），因为只有那个词才会引起καταγέλαστος［嘲笑］。另参《泰阿泰德》176d4的γῆς ἄλλως ἄχθη［徒劳地成为大地的负担］，这里的ἄλλως（意为"徒劳"，in vain）证明柏拉图晓得原文是什么。

［A注］苏格拉底并没有说要准确地引用（参28c5），而是οὑτωσί πως［大致如此］。

［S丙注］柏拉图和亚里士多德凭记忆引用荷马史诗时，都会犯点小错。当然，在某些情况下，他们那个时代的文本与我们也许有所不同。

28d4：μὴ αὐτὸν οἴει［你不会认为他］，［S乙注］否定词用于疑问句中是为了更为强调地肯定。［T注］"你不认为，是吗"，暗示一种希望，即你不会这么认为。

雅典人，因为这样做才合于真理：一个人，其岗位无论自认为最好，抑或由统帅所安排，在我看来，都应该坚守在那个岗位上，在危险面前坚定不移，决不会反过来把死亡和其他任何东西看得比［d10］耻辱还重。［Οὕτω γὰρ ἔχει, ὦ ἄνδρες Ἀθηναῖοι, τῇ ἀληθείᾳ· οὗ ἄν τις ἑαυτὸν τάξῃ ἡγησάμενος βέλτιστον εἶναι ἢ ὑπ' ἄρχοντος ταχθῇ, ἐνταῦθα δεῖ, ὡς ἐμοὶ δοκεῖ, μένοντα κινδυνεύειν, μηδὲν ὑπολογιζόμενον μήτε θάνατον μήτε ἄλλο μηδὲν πρὸ τοῦ αἰσχροῦ.]

28d6：τῇ ἀληθείᾳ[真理]，[SS注]"事实上"(in truth)，真理与反对者的错误意见针锋相对。注意苏格拉底在这里以及下文提出他在道德上十分肯定的格言时所表现出的绝对信心。苏格拉底的"无知"与怀疑论或不可知论毫无关系。

28d6-7：οὗ ἄν τις ἑαυτὸν τάξῃ[一个人，其岗位无论自认为]，[SS注]德莫斯忒涅斯（18.221，另参18.63）也谈到，公元前338年他在雅典与忒拜同盟的谈判中主动采取的一个行动，也就是投身于前后相续的每个阶段中，因为没有人能够做得比他更好。τάξις在下一句话中有着极为重要的意义，而柏拉图在这里引入这种τάξις观念，就把第一步（普遍原则）与第二步联系起来了。我们也许应该把βέλτιστον这句翻译为"因为他把它视为自己的职责"，自从（也直到）廊下派兴起之后，希腊人才有了专门表示"职责"的词汇，另参18a5注。

28d7：ἡγησάμενος ... ἢ ὑπ' ἄρχοντος ταχθῇ[认为……抑或由统帅所安排]，[S甲注]为了让ἢ看起来并非错加上的，应注意，同样的结构在句子后面部分是看不到的，因为在我们本来以为会看到ἢ ὑπ' ἄρχοντος κελευσθείς的地方，却加上了ἢ ὑπ' ἄρχοντος ταχθῇ。

[B注]ὑπ' ἄρχοντος，意为"被他的指挥官"。如我们在下文所见，苏格拉底自视为神明的一名士兵，他绝不可能违背大神的命令。这与"神迹"(divine sign) 毫无关系，因为后者只是给出谨慎而否定的暗示。

28d8：μένοντα κινδυνεύειν[在危险面前坚定不移]，[SS注]"在危险面前坚定不移"，与29a1的λίποιμι τὴν τάξιν[逃离自己的岗位]相对。

[MP注]这里的隐喻来自重装步兵的战斗情形，在这种（阵列）战斗中，大家要想活命，每个人都必须坚守自己被指派的位置，这一点可谓生死攸关。

28d9-10：μηδὲν ὑπολογιζόμενον ... πρὸ τοῦ αἰσχροῦ[而决不会反过来看

得比耻辱还重]，[S甲注]另参《斐多》99a2-4：εἰ μὴ δικαιότερον ᾤμην καὶ κάλλιον εἶναι πρὸ τοῦ φεύγειν τε καὶ ἀποδιδράσκειν ὑπέχειν τῇ πόλει δίκην ἥντιν' ἂν τάττῃ[若非我相信，出逃和摆脱承受城邦颁布的无论什么判决都不如承受判决更正义、更美]（刘小枫译文）。另参《克里同》54b3-4：μήτε παῖδας περὶ πλείονος ποιοῦ μήτε τὸ ζῆν μήτε ἄλλο μηδὲν πρὸ τοῦ δικαίου[不要把孩子、生命和其他劳什子看得比正义更为重要]。另参《申辩》29b8。这种情感可以比较《克里同》51b-c，那里讨论的是要敬重服从本国法律的人。

[B注]"把避免蒙受耻辱考虑在其他所有东西之先"，亦见于《克里同》48d3-5：μὴ οὐ δέῃ ὑπολογίζεσθαι οὔτ' εἰ ἀποθνῄσκειν δεῖ παραμένοντας καὶ ἡσυχίαν ἄγοντας, οὔτε ἄλλο ὁτιοῦν πάσχειν πρὸ τοῦ ἀδικεῖν[恐怕就不应当计较如果坚持不动静静等待是否必定送命，也不应当计较要遭受的其他任何苦难，而是要先考虑是否行了不义]。

[R注]ὑπολογιζόμενον意为"给予对抗性的评价"，字面意思是"相反地思考"。前缀ὑπο-丝毫不含有我们在运算过程中的"减法"之意，而是表示面对相反方向的意思。

[A注]苏格拉底首先想到的是逃跑所带来的耻辱，其次才会想到死亡的危险。参《会饮》179a5：πρὸ τούτου τεθνάναι ἂν πολλάκις ἕλοιτο[他多半会选择战死]（刘小枫译文）。

我也许真的就犯下弥天大错了，雅典[28e]人，如果说一方面，你们选出来统领我的将帅们任何时候只要给我下了命令，无论是在波提岱亚，还是在安斐波利斯，抑或是在德利昂附近，我那时都曾像其他任何人一样，冒着死亡的危险奉命坚守在岗位上。[ἐγὼ οὖν δεινὰ ἂν εἴην εἰργασμένος, ὦ ἄνδρες Ἀθηναῖοι, εἰ ὅτε μέν με οἱ ἄρχοντες ἔταττον, οὓς ὑμεῖς εἵλεσθε ἄρχειν μου, καὶ ἐν Ποτειδαίᾳ καὶ ἐν Ἀμφιπόλει καὶ ἐπὶ Δηλίῳ, τότε μὲν οὗ ἐκεῖνοι ἔταττον ἔμενον ὥσπερ καὶ ἄλλος τις καὶ ἐκινδύνευον ἀποθανεῖν,]

28d10：δεινὰ ἂν εἴην εἰργασμένος[我也许真的就犯下弥天大错了]，[S

[甲注]海因多夫在注疏《高尔吉亚》518e时，认为这里的 ἐργάζεσθαι 用来指 ποιεῖν[做]。但前者在意思上要比后者更强烈（按：译为"我就会犯下了弥天大罪"）。

[S乙注] εἰ 接直陈式和祈愿式的区别在这一段话中表现得特别明显。直陈式（ἔμενον）表示已经发生的明确事实，而祈愿式（下文29a1的 λίποιμι）表示一种仅仅在想象中的和可能的行为。

[B注]"这对我来说会是一直奇怪的行为，如果⋯⋯然而在那些场合中⋯⋯，在这种情况下我应该⋯⋯"这是另一种形式的"悖谬推理"（argumentum ex contrariis），参20c6注。

[SS注]在主句中以 δείνωσις 形式出现的修辞手段里，δεινός 意为"奇怪"，带有轻蔑的含义，因而可作"震惊""荒唐"和"可耻"。当然，这个潜在祈愿式并没有否认过往经历中那些事实的真实性（完成时表示那些东西就是他的行状，与现在仍有关联）；这里表达为纯粹想象的，是假设从句中所表达的那种比较，而它之所以是想象性的，就因为它的第二个部分，即 λίποιμι τὴν τάξιν[逃离自己的岗位]，是仅仅为了论证而提出的假设。

28e1：οἱ ἄρχοντες[统帅们]，[S甲注]指卡利阿斯、克利翁和希珀克拉底，后者在德利昂战斗中任总指挥官。苏格拉底当时在雅典步兵中服役，在敌人的追迫中是唯一全身而退的人，还救了学生阿尔喀比亚德一命。克利翁在忒腊基或马其顿城市安斐波利斯的战斗中任指挥官，被斯巴达将军布拉西达斯（Brasidas）击败，当时苏格拉底也有优异的表现。卡利阿斯在波提岱亚围攻中丧生，那座小城位于伊斯忒摩斯（Isthmus），连接着帕勒涅（Pallene）半岛和马其顿，与忒腊克毗邻。雅典人在该小城前遭遇了一场小规模的战斗，当时颇为年轻就参加了这场远征的阿尔喀比亚德负了伤，苏格拉底救了他。苏格拉底一直想获得一枚作战勇猛的勋章，虽然终于赢得了，却把勋章赠与自己最喜爱的学生，事见拉尔修《名哲言行录》2.22以下、阿忒奈俄斯（Athenaeus，按：又译雅典那乌斯，公元2世纪的演说家和文法学家）的4.15、西塞罗《论预言》1.54，普鲁塔克《阿尔喀比亚德传》1.56以下。

[MP注] 公元前5世纪雅典的很多官员都是抽签选出来的。这的确就是苏格拉底本人"卸任"的 βουλή [议事会] 职位，而他也许还是其中的主要官员。βουλή [议事会] 是由五百人组成的机构，为 ἐκκλησία [公民大会] 准备素材（见色诺芬《回忆苏格拉底》4.4.2以及《希腊志》1.7）。然而，军事指挥官却是（投票）选举出来的，如下文 εἵλεσθε [选] 可见。

28e1-6：εἰ ὅτε μέν [如果一方面]，[S甲注] 巴特曼指出，一个句子如果出现了两个 μέν 和两个 δέ，整体上就变得更为强调。

[SS注] 关于双重的 μέν 和 δέ，见丹尼斯顿，前揭，385-386，ii b。这是柏拉图反修辞（anti-rhetorical）的典型文体，以避免 ὅτε δέ... 和 τότε δέ 的对称结构，反而用上了绝对属格和 ἐνταῦθα。

[S丙注] 这个句子的结构非常值得注意。分解为最简单的形式后，就达到这样的结果：如果现在我这样做的话就会是一件奇怪的事情（条件句），假如我配得上那位神明赋予我的职责，却害怕死亡或其他任何东西（结论句）。但结论句却因一种比较而变得复杂，一方面是苏格拉底应对其人间指挥官的行为，另一方面是他假定的对其神明指挥官的行为。这种比较由两个从句完成，前一个从句中的条件句和结论句中都有 μέν，而在后一个从句的条件句和结论句中都由 δέ 来回答。小品词的相似用法，参《美诺》94c 和《高尔吉亚》512a。

[A注] "如果指挥官……，我那时坚守了自己的岗位，但现在，神明……"苏格拉底说，如果他坚守了凡人指派的岗位，却擅离神明指派的岗位，那将是丢脸的前后矛盾。插入 τότε μέν 和 ἐνταῦθα 是为了让这种比较更为直接也更具有强调的效果：τότε 一个字就概述了 ὅτε μέν ... Δηλίῳ 这个句子，而 ἐνταῦθα 则概述了 τοῦ δὲ θεοῦ ... ἄλλους 这个句子（另参下文32d的和38a的）。施塔尔鲍姆从伊索克拉底47引用了一个完全相似的例子。亦参《美诺》94c-d 和《克里同》50e-51a，以及下文29d。

[D注] 条件句是为了限制结论句 δεινὰ ἂν εἴην εἰργασμένος，"我就会

干了一件可怕的事情"，而这个条件句包括了过去各种各样的行为，这些行为在未来某个假定的时间要遭到鄙视。条件句分为两个部分，一个以 μέν 为标志，（以假定的形式）讲述了过去众所周知的事实，另一个以 δέ 相区别，讲述将来某个与现在的情形相联系的情况。对苏格拉底来说，这种肆无忌惮的行为就会是这种事实与信念的"混合"，而他以前可是尽职尽责地做人，将来某个时候会配得上神明指派的岗位——"如果那时我站得稳行得正，我现在就对得起自己的岗位"。分别重复 μέν 和 δέ，是为了说清楚问题，另参32d。如果先行词在关系词前面，这种重复就显得不自然了。——重点在于强调 δέ 从句，另参25b和d。

28e1：ἔταττον [下了命令]，[SS注]（这里以及e3）不是 τάττοιεν，因为苏格拉底想的不是指挥官分派给他的所有岗位，"不管那是些什么东西"，而只是他现在提到的这三次特定的情况。[D注]重提前面的 τάξη 和 ταχϑῇ。[按] 一般译为"安排"；后面这个词则译为"奉命"。

28e1-2：οὓς ὑμεῖς εἵλεσθε ἄρχειν μου [你们选出来统领我的]，[B注] 所有军事指挥官的选拔都是举手表决（χειροτονία），而不是投票选举。陪审员一般被称为 ὑμεῖς，因为他们代表着最有司法水平的人。尚茨把这里的结构与吕西阿斯30.29作了比较。

[A注] ὑμεῖς 等于 ἄνδρες Ἀθηναῖοι [雅典人]，而不仅仅是 δικασταί [陪审员]。每年举手表决选举十位将军。[D注] 陪审员被视为民众的代表，而民众则有一个委员会。将军是由公民大会举手表决选举产生。

28e2：ἐν Ποτειδαίᾳ [在波提岱亚]，[B注] 时在公元前432年，苏格拉底大约三十七岁。阿尔喀比亚德在《会饮》(219e5以下) 讲述了苏格拉底在那场战役中的表现。苏格拉底有一次在那里呆呆地站了二十四小时，也在那里救了阿尔喀比亚德一命。苏格拉底的军事记录相当有名，我们在评价他的性格时，绝不应该忘掉这个事实。

[D注] 波提岱亚，科林多在喀尔喀狄刻（Chalcidice）的殖民地，后来成为雅典的附属盟友，但又没有完全断绝原先与科林多建立起来的联系。马其顿国王佩尔狄卡斯利用了这种分裂的骑墙态度，劝说波提

岱亚人叛离雅典，而波提岱亚人的确在公元前432年叛变了，他们虽有伯罗奔半岛人的支援，却被卡利阿斯指挥的雅典军队打败。长达整整两年的时间里，这座小镇在陆上被包围，在海上被封锁，最终与围困者签订了城下之盟。在波提岱亚这场军事行动中，据说苏格拉底救了阿尔喀比亚德一命，参《会饮》219e-220e。阿尔喀比亚德说苏格拉底应该拥有那枚颁给他本人的勋章。安斐波利斯之战发生在公元前422年。雅典人战败，将军克利翁在溃败中丧生，而斯巴达的将军布拉西达斯也为胜利付出了生命的代价。德利昂是奥罗波斯（Oropus）附近的一块禁地（inclosure），有阿波罗的神庙。奥罗波斯是一个边境城镇，时而被雅典人占领，时而被波伊俄提阿人管辖。这场战斗队雅典军队来说是一场严肃的考验，以失败告终，将军希珀克拉底亦殉国。

[S丙注]在《卡尔米德》(153a-b)中，苏格拉底刚从波提岱亚的战斗中归来。苏格拉底在德利昂战斗溃败时脸上表现出坚定的信心，这比匆匆忙忙从敌人手中逃命，更能说明问题。阿尔喀比亚德当时骑在马上，还了以前欠苏格拉底的人情，掩护他撤退（《会饮》221a-b，《拉克斯》181b）。

28e2：ἐν Ἀμφιπόλει[在安斐波利斯]，[B注]这是唯一提到苏格拉底参加过战斗的地方。大家（尤其是我）都认为这指的是公元前422年那场著名的战斗，克利翁和布拉西达斯因而丧生；但这种说法也存在着严重的困难。我们知道，克利翁麾下只有一千二百名重装步兵（修昔底德《战争志》5.2）。非常不可能的是，为了组建那样一支力量而必须征召一批岁数很大的人来进行一场远距离征战，而苏格拉底那时已经四十七岁。似乎更为可能的是，这里指的是公元前437年至前436年与安斐波利斯的建立同时发生的那场战斗，那时苏格拉底才三十二岁左右。如果他参加了公元前440年对萨摩斯（Samos）的围攻（另参《克里同》52b6注），那么就能可靠地推定，苏格拉底在那场战斗和波提岱亚战斗之间的其他地方服役。无论我们采信哪一种观点，这三场战斗都不符合年代顺序。也许可以更容易地假定，波提岱亚战斗和更早的安斐波利斯战斗调换了顺序，而不是说波提岱亚战斗发生在德利昂战斗（公元前424年）和安斐波利斯战斗之间。

[SS注]伯内特的理解可能有误。实际上，我们知道公元前437年至前436年年波利斯建立时既没有远征军，也没有任何重要的战斗，而这里与另外两场著名的战斗一起提到的那场遭遇战，会让公元前4世纪早期的每一个希腊人把这里理解为是在指公元前422年所发生的事情。关于那时的安斐波利斯，参帕帕斯塔弗鲁的《安斐波利斯：历史与材料汇编》（J. Papastavrou, *Amphipolis. Geschichte und Prosopographie*, Leipzig 1936），页11-22；迈格斯的《雅典帝国》（R. Meiggs, *The Athenian Empire*, Oxford 1972），页195-196和333-338。

28e2：ἐπὶ Δηλίῳ [在德利昂附近]，[B注]不是ἐν Δηλίῳ，因为德利昂不是一座城镇，而是德利昂的阿波罗的神庙和道场（另参色诺芬《回忆苏格拉底》3.5.4）。苏格拉底那时大约四十五岁，但不存在两年后安斐波利斯战斗中的那种（理解上的）困难。雅典人这次πανδημεί [全军出动]攻城略地（修昔底德《战争志》4.90），希珀克拉底手下至少有七千常规重装步兵。在这样的情形下，一个四十五岁的人非常可能会被征召入伍。据《会饮》221a2以下的描述，阿尔喀比亚德生动地讲述了苏格拉底在撤退时的沉着冷静和坚毅勇敢。阿尔喀比亚德骑在马上，与苏格拉底和拉克斯在一起，他还认为与拉克斯相比，苏格拉底的举止更为可取。在《拉克斯》181b1，拉克斯还亲口说，如果其他人都像苏格拉底那样做，雅典就会免于溃败之厄。

[SS注]关于其地形学，现在可参普里切特的《古希腊地形学研究》（W. K. Prittchett, *Studies in Ancient Greek Topography*, Berkeley – Los Angeles 1969），页24-36（Delion战役）。

[T注]这里用ἐπί，而不像前面用ἐν，原因似乎在于德利昂本身是指阿波罗的"神庙"，尽管这个城镇也使用这个名称，但以前的联盟禁止把它延展到包括周边的地区，而战斗正是在那里进行的。

[W译注]修昔底德的历史著作记载了雅典与斯巴达之间的这三场

战斗（波提岱亚，1.56-65，2.58和70；安斐波利斯，5.6-10；德利昂，4.90-101）。波提岱亚战斗虽然获胜，却代价不菲，而且没有什么成效，而安斐波利斯和德利昂战斗都以雅典人惨败结束。每一场战斗中，给苏格拉底下命令的指挥官都丧了命。参阿纳斯塔普罗的文章《人与公民：〈苏格拉底的申辩〉研究刍议》（George Anastaplo, Human Being and Citizen: A Beginning to the Study of the *Apology of Socrates* ），刊于《人与公民》（*Human Being and Citizen*, Chicago 1975），页24。

28e3：ὥσπερ καὶ ἄλλος τις［就像其他人］，［B注］"就像其他很多人一样"（like many another），这是一种比较客气的说法，其效果正好与εἴ τις καὶ ἄλλος相反。

［SS注］伯内特把这个短语定性为"一种比较客气的说法"（a modest one），还说"其效果正好与εἴ τις καὶ ἄλλος相反"。但我看不出有什么理由这么说。修昔底德《战争志》1.142.9的τὸ δὲ ναυτικὸν τέχνης ἐστὶν ὥσπερ καὶ ἄλλο τι，当然应该被理解为"甚于其他东西"（more than other things），另参戈姆[①]对此处的注疏。［按］几乎所有译本都相似地译作like anyone else，与SS注本的理解不同，而符合伯内特的注疏。如果按照SS本的理解，则应译为"就像其他人且甚于其他人"。

［D注］"就像一名好战士，苏格拉底谦虚地谈起自己的贡献。"柏拉图对话中散见而又重复提到的苏格拉底在这些战斗中的英勇事迹，说明雅典人都知道。

然而另一方面，既然神明命令我——我［e5］对此深信不疑——必须过热爱智慧的生活，也就是省察自己以及其他人，我却因为惧怕死亡［29a］或无论其他什么事情，在这样的情形下居然逃离自己的岗位，那的确就是弥天大错！要真如此，你们随便哪位都可公正地把我告上法庭，告我不信神，说我不服从神谕，怕死，自诩聪明而其实不

[①] 戈姆（A. W. Gomme, 1886—1959），英国古典学家，著有 *A Historical Commentary on Thucydides*. Oxford, 1956 等。

然。[τοῦ δὲ θεοῦ τάττοντος, ὡς ἐγὼ ᾠήθην τε καὶ ὑπέλαβον, φιλοσοφοῦντά με δεῖν ζῆν καὶ ἐξετάζοντα ἐμαυτὸν καὶ τοὺς ἄλλους, ἐνταῦθα δὲ φοβηθεὶς ἢ θάνατον ἢ ἄλλ' ὁτιοῦν πρᾶγμα λίποιμι τὴν τάξιν. δεινόν τἂν εἴη, καὶ ὡς ἀληθῶς τότ' ἄν με δικαίως εἰσάγοι τις εἰς δικαστήριον, ὅτι οὐ νομίζω θεοὺς εἶναι ἀπειθῶν τῇ μαντείᾳ καὶ δεδιὼς θάνατον καὶ οἰόμενος σοφὸς εἶναι οὐκ ὤν.]

28e4-5：τάττοντος ... με δεῖν ζῆν [命令……我必须过……生活]，[B注] "当神明指派我去过热爱智慧的生活"。δεῖν 常常是冗余的，就像这里一样。雅典普通人毫无疑义会认为苏格拉底是在说德尔斐神谕，但对于很了解他的人来说，他的意思当然不止于此。在相当不同的意义上说，他是阿波罗的仆人（参《斐多》85a2注）。

[SS注] "既然神明命令我"（乔伊特和施莱尔马赫都作此译），而非 "当神明指派我"（伯内特；福勒和克瓦热亦似），尽管 τάττοντος 当然可以是 "过去时的分词"。神明的命令具有持久的效力，而且仍然有关系，另参30a5。

28e4-5：ὡς ἐγὼ ᾠήθην τε καὶ ὑπέλαβον [我对此深信不疑]，[SS注] "正如我完全相信"。使用同义词是一种强调的方式，另参17c6注。鲁德伯格（Gunnar Rudberg）搜集了另外的例子，参其《苏格拉底的言辞》（Sokrates' Reden），刊于 SO 24（1945）14。然而，他引用的第二个词是第一个词的同义词，还引用了其他只是反义词或解释词的例子。后面的 δεῖν 在一个表示命令的动词之后，从逻辑上说是多余的，但并不罕见，另参下文35c7-8；《王制》473a5-7。

[D注] "正如我认为和理解的"，——也许是在特指颁赐给凯瑞丰的那个神谕（按："没有人更智慧"，见21a）。

[按] 盖洛普译作 as I became completely convinced，与SS注一致；格鲁伯和艾伦译作 as I thought and believed，福勒译作 as I believed and understood，魏斯特译作 as I supposed and assumed，水建馥译作 "据我领会"，王太庆译作 "这是我深信而理解的"，吴飞译作 "我认为并意识

到"。必须从事哲学工作，虽然这（很可能）是他从凯瑞丰转来的神谕中推导而来的，但苏格拉底仍然深信不疑。

28e5：φιλοσοφοῦντά ... ζῆν［热爱智慧的生活］，［B注］苏格拉底把τὸ φιλοσοφεῖν［热爱智慧］视为自己生命中的志业，另参下文29c8和d5。亦见于《会饮》218a3-5，阿尔喀比亚德说自己是τὴν καρδίαν γὰρ ἢ ψυχὴν ... πληγείς τε καὶ δηχθεὶς ὑπὸ τῶν ἐν φιλοσοφίᾳ λόγων［心，或者灵魂……是遭热爱智慧的言辞打击和咬伤的啊］，218b3：πάντες γὰρ κεκοινωνήκατε τῆς φιλοσόφου μανίας τε καὶ βακχείας［你们所有人共同分享着热爱智慧的疯狂及其酒神信徒式的沉醉］（刘小枫译文）。从这些段落（以及其他很多地方）来看，同样非常清楚的是，苏格拉底并没有在流俗的意义上使用该词。这种流俗的意义暗含于希罗多德（1.30）中，也残存于伊索克拉底那里，后者在"文化"（culture）的意义上使用"哲学"一词。我在其他地方（《早期希腊哲学》，第三版，页278，注释1）指出过，有理由把该词更深意义的用法归诸毕达哥拉斯及其追随者。苏格拉底（就我们能够理解的而言，第一次）引入雅典的就是这种含义。

［S丙注］"以研究哲学来度过余生之职责"。δεῖν可以很恰当地被视为同根的宾格，有一种倾向认为它是多余的。［D注］δεῖν从属于τάττοντος所暗含的"说法"中，重复了"命令"这一观念。

［按］绝大多数译本都把后面紧接着的καί译作and，只有盖洛普处理成by，较为合理。正如很多评注家意识到的，苏格拉底的"热爱智慧"与当时流行的"哲学"所"研究"的自然现象不同，所以，我们认为，这里的καὶ ἐξετάζοντα ἐμαυτὸν καὶ τοὺς ἄλλους［省察自己以及其他人］应该是对"热爱智慧"的具体解释，因而我们把καί译作"也就是"。另参下文29d5：φιλοσοφῶν καὶ ὑμῖν παρακελευόμενός，而下文29b6中ἀδικεῖν καὶ ἀπειθεῖν的καί，也当如此理解（盖洛普译作acting unjustly in disobedience）。

28e6：ἐνταῦθα δὲ［在这样的情形下居然］，［R注］ἐνταῦθα重复的是τοῦ θεοῦ τάττοντος ...，δὲ表示这是结论句。

[按] 几乎所有译本都没有翻译 ἐνταῦϑα，只有吴飞把 ἐνταῦϑα ... φοβηϑείς 译作"从这里逃走"，但分词虽有"逃离"之意，但这里是"惧怕"的意思，支配后面的"死亡"。ἐνταῦϑα，"这样的情形下"，即指"在神明下达了命令的情况下"，亦可译为"在这当儿"。另参29b3以及S丙注。

28e6：λίποιμι τὴν τάξιν [逃离自己的岗位]，[SS注] 卡利尼（A. Carlini）的文章，Maia 21（1969）273-274，发现安提芳涅斯[①]对这一段话的戏仿：οἴμοι τάλας, ὡς ἄδικον ὅταν ἡ μὲν τύχη λίπη τινὸς τὴν τάξιν, ὁ δὲ τρόπος μένη（科克 [Kock] 编本的残篇257）。然而，安提芳涅斯实际上并没有提到苏格拉底的哲学，而是在说 λιποτάξιον [擅离职守] 的刑事罪责，正如他在残篇129中所说的一样；另参柏拉图（按：不是哲人柏拉图，而是喜剧诗人）喜剧残篇7（科克编本）以及阿里斯托芬残篇808（科克编本）。

[A注] 仍然受 εἰ 支配。这里的祈愿式当然表示将来可能发生的时间：ἔμενον [坚守] 和 ἐκινδύνευον [冒险] 指现在已成往事的实际情况。另参下文34c的 εἰ ... ἐδεήϑη τε καὶ ἱκέτευσε [祈求开恩]。

[D注] 如此措辞是为了表示 λιποταξίου γραφή [擅离职守罪]，这是一个刑法的专业术语。任何人被判 λιποταξία，都会被处以 ἀτιμία，即剥夺公民权。

29a1：δεινὸν τἂν εἴη [那的确就是弥天大错]，[SS注] "是啊，那的确会是不可思议的。"τοι 是对听众讲话（另参丹尼斯顿，前揭，537），该词的使用，以及可能还有连词的省略，都强调重复出现的 δεινόν。伊索克拉底10.12中的 μεντἂν 也是相似的用法。然而，连词省略可能是破格文体造成的，所以这里没有开始一个新的句子，另参32b5注。

[T注] "那的确会是一件奇怪的事情"，重复或再次提起这部分开

[①] 安提芳涅斯（Antiphanes，约前408—前334），古希腊谐剧作家，著作甚丰，现仅存一些残篇。

头的 δεινὰ ἂν εἴην εἰργασμένος［我也许就真的犯下弥天大错了］。下一行开头的 ὡς ἀληθῶς 中，除了修饰最高级外，还可以强调某些副词和形容词。这里省略了相关的指示词（οὕτως），也省略了一个适当的动词，完整的说法应当是：εἰσάγοι οὕτως ὡς ἀληθῶς εἰσάγοι...。关于 εἰσάγοι εἰς δικαστήριον，另参24d注。

［按］盖洛普译得较为生动：yes, that would be unthinkable（与SS注一致）；格鲁伯译作 that would have been a dreadful thing，福勒译作 it would be a terrible thing（魏斯特亦似），王太庆译作"这是一件坏事"，吴飞译作"可怕之事"。我译作"弥天大错"，暗含"弥天大罪"之意，以同"擅离职守"之罪相呼应。

29a2：τότ᾽ ἄν με δικαίως εἰσάγοι τις［你们随便哪位都可公正地把我告上法庭］，［SS注］顺着 δείνωσις 的悖论性用法（按：即28d10的 δεινὰ 和29a1的 δεινόν），这又是苏格拉底逆转立场的典型手法（参拙著，页140-142,183），亦见于35d2-5。不忠于哲学的理想和方法就要遭到惩罚的观念，参《希琵阿斯前篇》292a2-b11（注意b6和b9的 δικαίως）。

29a3：ἀπειθῶν τῇ μαντείᾳ［不服从神谕］，［B注］ἀπειθεῖν 是一个很庄严的动词，一般用来指不服从神明或国家（另参下文b6）。阿提卡人常用来表示"不服从"的词是 ἀπιστεῖν（参下文29c1注）。

［SS注］苏格拉底不会认可理论与实践、信念与行动的分离。如果人们真诚地相信神明的确存在，而且具有完美的洞见（另参23a5-6），那就不可能会想到不服从他们。而如果他想象着自己也有绝对的知识，那就相当于说自己高人一等（20d7-e2；另参23a6-7和b2-4），而且那种说法也与敬畏神明互不相容。

［S丙注］这个分词短语是对 οὐ νομίζω θεοὺς εἶναι 的解释，"如果我不遵从"等。苏格拉底仍然在说，神谕好像直接命令他去过这种古怪的生活。比较22a4的 κατὰ τὸν θεόν［遵从那位神明］和23b5的 ζητῶ καὶ ἐρευνῶ κατὰ τὸν θεόν［按照那位神明的旨意研究和追问］这句的注释。

29a3：οἰόμενος σοφὸς［自诩聪明］，［D注］说的是21b1-23c1。这是

对前一个从句 δεδιὼς θάνατον [贪生怕死] 的解释，两个句子都从属于 ἀπειθῶν τῇ μαντείᾳ [不服从神谕]。

因为，诸位，我告诉你们吧，[a5] "怕死" 这件事无非是自认为聪明，实则不然——不过是自以为懂得自己根本就不懂的东西罢了。因为归根结底谁也不知道，对世人来说，死没准在所有善业中实际上还是最大的恩典呢！而大家却怕死，就好像很懂似的，[29b] 以为那就是最大的恶！[τὸ γάρ τοι θάνατον δεδιέναι, ὦ ἄνδρες, οὐδὲν ἄλλο ἐστὶν ἢ δοκεῖν σοφὸν εἶναι μὴ ὄντα· δοκεῖν γὰρ εἰδέναι ἐστὶν ἃ οὐκ οἶδεν. οἶδε μὲν γὰρ οὐδεὶς τὸν θάνατον οὐδ' εἰ τυγχάνει τῷ ἀνθρώπῳ πάντων μέγιστον ὂν τῶν ἀγαθῶν, δεδίασι δ' ὡς εὖ εἰδότες ὅτι μέγιστον τῶν κακῶν ἐστι.]

29a4：τοι [我告诉你们吧]，[MP注] "我向你们保证"（I assure you）。θάνατον [死] 是 δεδιέναι [惧怕] 的宾语。怕死，则不符合理性（irrational），因为它假定了我们拥有足够的知识去理解：总有某种东西乃是可怕的。因此，沉溺在这种非理性的恐惧中，其实就是在假装懂得自己并不懂。也就是说，这与苏格拉底碰到的那些政客、诗人和匠人所具有的经验完全相同。

[按] 绝大多数译本都没有翻译出 τοι，唯有盖洛普译作 you see。他们或者以为该词只是在强化小品词 γάρ。该词可以译作 "让我来告诉你们" 或 "老实对你们说"（let me tell you，见《希英大词典》对 τοι 的解释），这里或许可以为了凸显苏格拉底的谦逊而译作 "要我说呀"。苏格拉底隐含的意思是：你们这帮人如此怕死，其实是无知。

29a5-6：δοκεῖν σοφὸν εἶναι [自认为聪明]，[S丙注] "似乎聪明"，可补上 τινα。关于这种省略，另参《美诺》81d。

29a6：μὴ ὄντα [实则不然]，[SS注] 与 a4 的 οὐκ ὤν [其实不然] 相连。柏拉图得把否定词换成 μή，因为这个分词受支配，而后者又是不定式 εἶναι 的主语，另参《帕默尼德》162a1-3，那里在 εἰ 之后原来的 οὐκ ὄν 替换成了 μὴ ὄν。

29a6: *δοκεῖν γὰρ εἰδέναι ἐστὶν ἃ οὐκ οἶδεν*[不过是自以为懂得自己根本就不懂的东西罢了]，[S甲注] 这句话的完整表达是：*ἔστι γὰρ ἐκεῖνο*（即 *τὸ θάνατον δεδιέναι*）*δοκεῖν εἰδέναι ἃ οὐκ οἶδεν*。关于第三人称 οἶδεν 的不定用法，另参《卡尔米德》167b；《王制》506c4-5：*οἰόμενον ταῦθ᾽ ἃ οἴεται ἐθέλειν λέγειν*[他想到什么，一定愿意说出]（王扬译文）。

[SS注] 这里的否定词 οὐκ，另参 22d3 注。οἶδεν 省略了主语，另参多兹对《高尔吉亚》456d2 的注疏。

[A注] *ἃ οὐκ οἶδεν* 后面省略了 τις，常常根据前面的不定式的主语来理解，如《欧蒂德谟》289b，以及下文 39d。拉丁语中也有类似的情况，如西塞罗《论善恶的目标》(*De Fin.*) 3.20：primum est officium ... ut se conservet。

29a6-7：*οἶδε ... τὸν θάνατον οὐδ᾽ εἰ τυγχάνει*[懂得……死没准]，[SS注] Croiset 错误地在 θάνατον 后面打了个逗号，就把 οὐδ᾽ 当作了连接词（"也不"），似乎 οἶδε 有两个宾语（θάνατον 和 εἰ 从句），并翻译成 personne ne sait ce qu'est la mort, ni si elle n'est pas 等。但那样的话，原文就该是 *οἶδεν οὐδεὶς τὸν θάνατον, τί ἐστιν οὐδ᾽ εἰ* ...。此外，苏格拉底也不会有这样的想法。对他来说，正如对他那个时代和他那个年龄的每一个希腊人来说，死不过是灵肉的分离（另参《高尔吉亚》524b3-4 和《斐多》67d4-5）。实际上，在这样的句子中，οὐδ᾽ εἰ 是 εἰ καί 的否定形式，可见于数行之后（29b8-9）的 *ἃ μὴ οἶδα εἰ καὶ ἀγαθὰ ὄντα τυγχάνει*[我不清楚实际上究竟是不是好的事情]，其中的 καί 是强调性的（"我对此真不知道它们的确就不是神恩"）。关于表示强调的用法，参丹尼斯顿，前揭，316-323，但他似乎没有注意到强调性的 οὐδέν 与强调性的 καί 相一致，另参 38a1-2：*ἐάντ᾽ αὖ λέγω ὅτι καὶ τυγχάνει μέγιστον ἀγαθὸν ὂν ἀνθρώπῳ*[如果我又说，人间最大的好事的确就是]。与 οὐδ᾽ εἰ 连用的情况，另参《法义》727d4-5：*ἐλέγχων ὡς οὐκ οἶδεν οὐδ᾽ εἰ τἀναντία*（如 c4 一样，是副词性用法，等同于 *τοὐναντίον*）*πέφυκεν μέγιστα εἶναι πάντων ἀγαθῶν ἡμῖν τὰ περὶ τοὺς θεοὺς τοὺς ἐκεῖ*，桑德斯（Saunders）的英译绝佳地理解了这一句，据

此译为中文："无论我们在另一个世界与神明的相遇实际上可能不是我们所能碰到的最好的事情。"另参《王制》368b7-c2（见下文29d4注）。见弗里斯发表在 *Mnemos.* 32（1979）的文章，页163-164，以及维尔德尼乌斯的文章《ΟΥΔΕ："根本不"》，同上，页164；以及拙著（Slings）对《克莱托丰》的注疏（Cambridge University Press 2004），页363-364。

［A注］从句的主语变成了主动词的宾语，而当动词是 εἰδέναι 时常常发生这种情况，如下文29d。译作"没有人那么清楚地（οὐδέ）晓得死也许不是"。

［D注］预先表达了 οὐδ' εἰ ὁ θάνατος，"甚至不管是否"，即无论死实际上也许不是。因此，他基本上不知道死就是最大的恶。"死"前面的冠词用法，参28c注。

29a7：οὐδ' εἰ τυγχάνει［没准实际上］，［B注］"无论它是否真的并非如此"。

［SS注］当现在时词根的 τυγχάνω 带一个现在分词，并不必然指"运气""巧合"或诸如此类的意思：它大多数时候只是更加强调这个分词所表达的动作意味。LSJ在这方面的翻译是误导性的。

［按］ἀγαθῶν，一般译为 goods（艾伦和魏斯特），福勒、盖洛普和格鲁伯译作 blessings。我分别译作"善业"和"恩典"，以符合苏格拉底的生死观。

29a8：δεδίασι［大家怕］，［SS注］即指大多数人，也就是那些与苏格拉底想法不同的人，关于这种观念，另参《斐多》68d5-6：τὸν θάνατον ἡγοῦνται πάντες οἱ ἄλλοι（与 οἱ ἐν φιλοσοφίαι ζῶντες［过哲学生活的人］相对）τῶν μεγάλων κακῶν（εἶναι）［所有其他人都认为死是种种大恶之一］（刘小枫译文）。

［A注］这种时态（如 δέδοικα）的长形大多数情况下用单数，而短形则用复数。

［按］后面的 εὖ εἰδότες，直译为"很清楚"（魏斯特即如此理解），盖洛普译作 know for certain（水建馥译为"认定"），吴飞译作"明确

知道"。

然而，这种自认为懂得自己并不懂的东西，岂不就是那种最应该谴责的无知吗？而我，诸位，在这方面兴许也与大多数人大相径庭，如果非要说我更智慧那么一点点，大概［b5］就在于此吧：既然我不大懂得冥府里的事情，我就认为自己不懂。但我却深深地懂得，对那些［比自己］更高的——无论神还是人——行不义，不服从他们，那就是不折不扣的恶和耻辱。[καίτοι πῶς οὐκ ἀμαθία ἐστὶν αὕτη ἡ ἐπονείδιστος, ἡ τοῦ οἴεσθαι εἰδέναι ἃ οὐκ οἶδεν; ἐγὼ δ', ὦ ἄνδρες, τούτῳ καὶ ἐνταῦθα ἴσως διαφέρω τῶν πολλῶν ἀνθρώπων, καὶ εἰ δή τῳ σοφώτερός του φαίην εἶναι, τούτῳ ἄν, ὅτι οὐκ εἰδὼς ἱκανῶς περὶ τῶν ἐν Ἅιδου οὕτω καὶ οἴομαι οὐκ εἰδέναι· τὸ δὲ ἀδικεῖν καὶ ἀπειθεῖν τῷ βελτίονι καὶ θεῷ καὶ ἀνθρώπῳ, ὅτι κακὸν καὶ αἰσχρόν ἐστιν οἶδα.]

29b1：καίτοι …［然而］，［B注］"但可以肯定地说，这正是那种应该谴责的愚蠢"，代词照例要与谓词的性保持一致。这里说的是21d5的内容。这里校订成的καίτοι，虽仅以Eusebius为依据，但它符合这里的语境。如果照大多数抄本（读作καὶ τοῦτο），我们就必须把它与αὕτη ἡ ἐπονείδιστος连起来理解，意为"这种应该谴责的愚蠢"（我们已说过）。

［SS注］伯内特正确地采用了优西比乌（Eusebius）的校勘，而没有采用斯托拜乌（Stobaeus）的BTW本的写法。由于下面有αὕτη，因而καὶ τοῦτο是不可接受的（τοῦτο不过是对αὕτη的注释，按：即误植如正文）。在小前提之后，καίτοι是常规的引导性小品词，而大前提是以一种问句的形式来表达的（丹尼斯顿，前揭，562-563 ii）。［按］其他各本（包括施莱尔马赫和阿佩尔特）皆作καὶ τοῦτο，其注疏或有可取之处。

［S甲注］καὶ τοῦτο中的καὶ在这里要强调性地发音，正如那些表示相反意思的句子那样。稍后的ἡ τοῦ οἴεσθαι εἰδέναι ἃ οὐκ οἶδεν，意思是"就在于人们认为他知道自己所不知道的"。

［S乙注］柏拉图《斐德若》245c9：τοῦτο πηγὴ καὶ ἀρχὴ κινήσεως［这才是运动起来的本源和开端］（刘小枫译文），西塞罗的《图斯库路姆论

辩集》(*Tusc. Disp.*) 1.23.53译作hic fons, hoc principium est movendi。亦见于《斐多》73d8：τοῦτο δέ ἐστιν ἀνάμνησις [这就是回忆嘛]（刘小枫译文）。这个中性的指示代词，作为这个命题的主语一样，似乎用在它所代指的那个词表示强调性区别的地方。

[A注]"为什么不是这样的"，关于καί的用法，比较《高尔吉亚》519c。关于谓词中的冠词，另参上文18c。[R注]不是冗言，而是指"这除了那同一个值得谴责的无知又是什么呢"。后面的τοῦ οἴεσθαι是属格，解释ἀμαθία。

[D注]τοῦτο不与ἀμαθία同性，这比另一种可能的说法αὕτη πῶς οὐκ ἀμαθία ἐστὶν αὕτη ἡ...更为流畅。[T注]"而且这一点，这种无知怎么可能不被谴责，即，认为自己知道自己并不知道的东西"。

[按] 盖洛普译作and yet ... must surely，格鲁伯译作and surely，都是陈述句，符合伯内特和SS的理解。水建馥译作"明明不知道的事，却自以为知道，岂不是其愚无比吗"，王太庆译作"以不知为知，岂不是最糟糕的无知吗"，吴飞译作"认为知道自己不知道的事，这不是极为可耻的无知吗"。

29b1：πῶς οὐκ ἀμαθία ἐστὶν ... [岂不就是……的无知]，[SS注]另参《法义》863c2-6：διχῇ μὴν διελόμενος αὐτό（即正在讨论的话题：ἄγνοια [无知] 是ἁμαρτήματα [犯错误] 的原因）ὁ νομοθέτης ἂν βελτίων εἴη, τὸ μὲν ἁπλοῦν αὐτοῦ κούφων ἁμαρτη μάτων αἴτιον ἡγούμενος, τὸ δὲ διπλοῦν, ὅταν ἀμαθαίνῃ τις μὴ μόνον ἀγνοίᾳ συνεχόμενος ἀλλὰ καὶ δόξῃ σοφίας, ὡς εἰδὼς παντελῶς περὶ ἃ μηδαμῶς οἶδεν [然而，立法者最好把它分为两种，那种简单的无知就是轻微错误的原因。而双重的无知在于人们缺乏学识，这种人不仅无知，而且还认为自己很智慧，以为自己完全懂得自己根本就不懂的东西]。《智术师》229c1-10区分了两种，最糟糕的那种ἄγνοια [无知] 应该叫做ἀμαθία [缺乏学识]，也就是τὸ μὴ κατειδότα τι δοκεῖν εἰδέναι [虽不知，却以为知]。关于这个语境中的ἀμαθία [缺乏学识]，另参25d8注。

29b2：αὕτη ἡ ἐπονείδιστος［那种最应该谴责的］，［SS注］"应受谴责的那种"，因为它是一种恶，而对鸡毛蒜皮之事的无知则不是。［D注］限制 ἀμαϑία，让人回想起21b-23e的内容，因而就成了某种同位语。

29b3：τούτῳ［如此］，［B注］"如此之多"（by this much），表示程度差别的与格，如b4的 τῳ（按：T注译为 in any thing，我按伯内特的理解将表示程度的这个词译作"那么一点点"）和 τούτῳ（省略了 φαίην διαφέρειν）。καὶ ἐνταῦϑα，"在这种情况下也"，如上文所提到的情况，见21d5,22c6,22e4。因此，ἄν暗含 φαίην σοφώτερος εἶναι［说我更智慧］之意。

［R注］"在这方面我也认为自己与此处的大多数人不同，如果我要说自己在哪一方面比其他人更聪明，应该说就是这方面，即……"前后两个 τούτῳ 都与同一个事实相关，都从属于同一个 ὅτι 从句，——由此而汇聚成一种格外的强调。另参《高尔吉亚》484e。τούτῳ ἄν 之后的省略，是为了体面地避免自吹自擂。

［D注］先后两个 τούτῳ 是为了更大的效果。两个词都在表达同一种优越感。请注意之后的省略这一聪明之举。苏格拉底由此就避免了对自己太过铺排性的赞美，与20e相同。关于主句的省略，另参25e的 ἤ...ἄκων。［T注］τούτῳ ἄν 意为"我要说（我更聪明）就是在这方面"。［按］伯内特将 τούτῳ 理解为表示程度的差异，而大多数人认为它表示某方面的差异（但这种理解似乎与 ἐνταῦϑα 重复了）。

29b3：καὶ ἐνταῦϑα［在这方面也］，［SS注］"尤其在那方面更是"：苏格拉底不仅在一般的意义上劝导人们，他不懂得什么重要的事情（21d3-6和23b3-4），而且尤其表明，他对身后事一无所知。

［A注］"这里也"，下文的 διαφέρω 意为"我比……更好"，如34e。［S丙注］"在这方面也"，即牵涉到怕死。

29b4：εἰ δή［如果非要］，［SS注］"如果真是"或"如果终究"（丹尼斯顿，前揭，223-224.11），苏格拉底极不情愿地承认自己在 σοφία［智慧，聪明］方面高人一等。［D注］δή 即如神谕所说。

29b5：οὕτω［于是］，［S乙注］该词常用于分词之后，因而其含义在于重复，以表示强调。[A 注] 使用该词，是因为 οὐκ εἰδώς 等于 ὥσπερ οὐκ οἶδα。[D 注] οὕτω 总结前面的分词从句，其含义差不多相当于 "相似地"，另参《美诺》80c。

[SS 注]《希英大词典》相关词条 I 7 部分在提到这里时，认为 οὕτω 是在分词之后引入结论句。但首先，这种用法表示分词所表达的动作晚于主动词所表达的动作，或者是主动词的一个条件，但这里的情况并非如此。此外，在这样的情况下，我们一般看到的是 οὕτω δή，而不是 οὕτω καί，而在这里是不可能的。实际上，οὕτω καί 强调的是实际情况（οὐκ εἰδώς），这与苏格拉底对它的看法（οἴομαι οὐκ εἰδέναι）相一致；另参 21d5: ὥσπερ οὖν οὐκ οἶδα, οὐδὲ οἴομαι（省略了 εἰδέναι）[既然的确不懂，也就绝不认为自己懂]。

29b6: ἀδικεῖν [行不义], [SS 注] 一个动词描述行为的道德品质，要摆在表达那个动作的词之前，因为那种资格决定了苏格拉底的判断。

29b6: τῷ βελτίονι [（比自己）更高明的], [S 乙注] 塞拉努斯注曰 περιφραστικῶς [迂回的说法]（按：即英语的 periphrastic）。βελτίων 在这里指那种在权威和影响方面都超过他人的人。所以贺拉斯在《书信》1.10.34 用 melior [好的] 来代指 potentior [强有力的]: Cervus equum pugna melior communibus herbis Pellebat，而且那些人被称为 optimates [贵族]，他们在公共领域拥有相当可观的权力。斯特方把它释作 meliori 或 praestantiori [杰出的人]，费舍同意这种说法，并把它解释为 sapientiori [智慧的人] 和 prudentiori [审慎的人]。

[SS 注] 从苏格拉底的角度来说，这就相当于 τῷ σοφωτέρῳ [更智慧]。神明是绝对 σοφός [智慧的]。后面的 κακὸν καὶ αἰσχρόν [恶和耻辱]，是 τὸ ἀγαθόν 两个基本方面的对立面，即 τὸ ὠφέλιμον [有益] 和 τὸ καλόν [高尚]。

[T 注] τῷ βελτίονι καὶ θεῷ καὶ ἀνθρώπῳ, "更好的，无论是神还是人"（按：格鲁伯即译为 one's superior, be he god or man）。

29b7: οἶδα [我却懂得], [SS 注] 请注意这个动词的位置：一个相当长句子的末尾，这就表示特别的强调（按：我的翻译故而加上了"深深地"，同样，"不折不扣"也是为了表示强调而加）。苏格拉底相信这个关键点，这显得尤为突出，因为他仅仅坚持认为自己对诸如身后事之类严肃的问题无知。另参28d6注。

所以，与那些我知道肯定是恶的邪恶东西相比，我绝不会害怕、也不会逃避那些我不清楚实际上究竟是不是善好的东西。如果［29c］你们不听信安虞托斯的提议，现在就打算放过我——他曾说过，要么一开始就根本不应该把我带到这里来，要么既然已经带来了，就不能不投票处死我，因为他还当着你们说过，如果此时让我逃脱，你们的儿子们就会按照苏格拉底［c5］所教导的去求索，全都会被彻底败坏掉，［πρὸ οὖν τῶν κακῶν ὧν οἶδα ὅτι κακά ἐστιν, ἃ μὴ οἶδα εἰ καὶ ἀγαθὰ ὄντα τυγχάνει οὐδέποτε φοβήσομαι οὐδὲ φεύξομαι· ὥστε οὐδ' εἴ με νῦν ὑμεῖς ἀφίετε Ἀνύτῳ ἀπιστήσαντες, ὃς ἔφη ἢ τὴν ἀρχὴν οὐ δεῖν ἐμὲ δεῦρο εἰσελθεῖν ἤ, ἐπειδὴ εἰσῆλθον, οὐχ οἷόν τ' εἶναι τὸ μὴ ἀποκτεῖναί με, λέγων πρὸς ὑμᾶς ὡς εἰ διαφευξοίμην ἤδη［ἂν］ὑμῶν οἱ ὑεῖς ἐπιτηδεύοντες ἃ Σωκράτης διδάσκει πάντες παντάπασι διαφθαρήσονται, ］

29b7：πρὸ οὖν τῶν κακῶν ὧν ... ［与那些邪恶的东西相比］，［S甲注］这个结构很有意思，因为 φοβεῖσθαι 和 φεύγειν πρὸ τῶν κακῶ... ἃ μὴ οἶδα，用来代替 φοβεῖσθαι μᾶλλον τὰ κακὰ ἃ οἶδα ὅτι κακά ἐστιν ἢ ταῦτα ἃ μὴ οἶδα εἰ ἀγαθὰ ὄντα τυγχάνει。介词 πρὸ 的这种用法，另参28d10

［S乙注］苏格拉底刚才说过，在没有正当理由的情况下，不服从比他更好的无论神还是人，在他看来，既是犯罪，也是耻辱。现在他接着说，他绝不应该害怕或想方设法逃避那种就他所知也许是一种恩典的东西，而不应该受到他认为的确是"恶"的那些东西太大的影响。

［D注］κακά 与 ὧν 相连，正如下一行的 ἀγαθὰ 与 ἃ 相连。［T注］"因此与我知道肯定是恶的那些邪恶的东西相比，我绝不会害怕、也不会逃避那些并非恶而且碰巧还可能是善的东西"，即，我绝不会逃避后者更甚于前者，绝不会逃避不确定的而胜于那些确定的东西。

29b8：ὧν οἶδα［我知道肯定］，［S丙注］当先行词是属格（如此处）或与格时，而关系词是宾格的情况下，关系词的形态同化（attraction）在希腊语中就很常见。后面的 ἃ μὴ οἶδα 意为"我不可能懂得的东西"。用 μή，是因为句子是假设性的——"如果我对一件东西的性质有疑问，我就不会害怕它，而更怕我知道是恶的东西。"紧随的 εἰ καὶ ἀγαθὰ ὄντα τυγχάνει 意为"无论它们也许不是好的"，在这种情况下，英语要求用一个否定词，而希腊语不用（按：大多数译本都没有按照这种理解加上一个否定词）。

29b9：ὥστε οὐδ᾽ εἴ με νῦν ὑμεῖς ἀφίετε ...［即便你们现在就打算放过我］，［S乙注］斯特方认为这段话有省略，补充完整后应该是：ὥστε οὐδ᾽ εἰ με νῦν ὑμεῖς ἀφίοιτε θέλοιμι ἂν ὑφ᾽ ὑμῶν ἀφίεσθαι，或者 ἀξιώσαιμι ἄν...。但 οὐδ᾽ 的意思要么指苏格拉底坚定地拒绝以无罪释放为代价而改变自己的行为，要么可以假定，那就是这位哲人很熟悉的众多障碍之一，如此一来，该词的意思就意味着在一个或多个插入语后面延迟出现了，甚至由于这样引入的那些话题更为重要，它的意思后来忘记补上了。

［B注］οὐδ᾽ εἴ 暗示了诸如 μὴ παύσωμαι φιλοσοφῶν［绝不停止热爱智慧］之类的结论句，但这个结构却为一个讲安虞托斯的从句所打断，并以一种变化了的形式在c5 εἴ μοι ... 中重新接上，再现于d1 的 εἰ οὖν με ...，b9 的 εἰ ... ἀφίετε 也改成了d2的 εἰ ... ἀφίοιτε，以配合结论句 εἴποιμ᾽ ἄν ...。像这样不断延迟重复条件句，是为了在结论句到来时增加强调的色彩。

［S丙注］这个句子长得出奇。条件句三次以不同的形式重复，第一次是直陈式，表示一种客观的可能性，后两次以祈愿式出现，表示一种主观的可能性，或一种被设想为可能的情况，结论句以d2的 εἴποιμ᾽ ἂν ὑμῖν 开始，而以e2的 φροντίζεις 结束。

［D注］οὐδέ 意为"甚至不"。这暗示了一种结论"如果我接受它的话"。

29c1：ἀφίετε［打算放过］，［SS注］这里以及c7和d2的 ἀφίοιτε 是意动现在时，"如果你们打算放了我"。评审团当然不会做这样的交易，因为被告发表第一场演说后，陪审团得投票决定"有罪"还是"无罪"，并且在被告提出 ἀντιτίμησις［相反的量刑］（按：英语译作 counter-penalty）之后，陪审团还得在两种 τιμήματα［惩罚方式，量刑］中做出选择。苏格拉底之所以想到这种可能性，正是为了论证而已。另参拙著（*Plato's Apology of Socrates*. Leiden: Brill, 1994），页 157–159。

［D注］εἰ ἀφίετε, εἰ οὖν ἀφίοιτε（d2），εἴποιμ᾽ ἄν：说话人为 εἴ μοι εἴποιτε 补充了解释性细节，以及用各种方式来重复释放他所需要的条件，直到更弱的从句 εἰ ἀφίοιτε 自然而然冲口而出，这与他开始所说的话相比，不仅仅是逻辑上的条件，他还把无罪释放仅仅说成是一种可能性。

29c1：Ἀνύτῳ ἀπιστήσαντες［不听信安虞托斯的提议］，［S甲注］ἀπιστεῖν, ἄπιστος 和 ἀπιστία, 不仅用来指那些"不相信、不信任别人的人"，也指那些"由于不相信他人而拒绝服从其命令的人"。

［B注］"拒绝按安虞托斯吩咐你们的去做"。通行本作 ἀπειθήσαντες, 而上文当然用的是 ἀπειθεῖν。然而，那是一个庄重的字眼（见29a3注），阿提卡人一般用 ἀπιστεῖν 来表示"不服从"（亦见于希罗多德《原史》6.108 和肃剧诗人的作品）。如果使用像 ἀπειθεῖν 这样的字眼来说不要做安虞托斯要求他们去做的事情，也许太过夸张了。

［R注］"不相信"安虞托斯所提出的苏格拉底为什么应该死的理由，而非"拒绝采纳安虞托斯的建议"而处死苏格拉底。因而，该词不与紧接着的下文（ὃς ἔφη ... ἀποκτεῖναί με）相连，而与它们后面的话（λέγων ... διαφθαρήσονται）相连。施塔尔鲍姆与此理解相异。

29c1：ὃς ἔφη ...［此公曾说过］，［B注］这肯定就是从作为 συνήγορος［代讼人］的安虞托斯的话语中引用的原话。这话意味着，无论怎么理解都非常清楚的是，他希望苏格拉底在审判之前就离开雅典。由于苏格拉底没有选择这样做，死刑就不可避免了。在埃斯基涅斯 1.192 中有相似的论证。在某些情况下，最好不要起诉人，胜于起诉后又不能定罪。《克里同》45e3-4 也暗示过，苏格拉底完全有可能避免受审：ἡ εἴσοδος τῆς δίκης εἰς τὸ δικαστήριον ὡς εἰσῆλθεν ἐξὸν μὴ εἰσελθεῖν［通向法庭的官司之门本来可以不进去的]。

29c1-3：*ἢ ... οὐ δεῖν ... ἢ ... οὐχ οἷόν τ' εἶναι* [要么不应该……要么就不能]，[SS注] 与陈述式 *ἢ ... οὐκ ἔδει ... ἢ οὐχ οἷόν τ' εἶναι* 相一致。*δεῖν* 替代了独立的 *ἔδει*，另参德莫斯忒涅斯22.21，那里的 *φησὶ δεῖν* 与23的 *προσῆκεν* 和28的 *χρῆν* 相一致。托名德莫斯忒涅斯59.112中有相似的论证。

[A注] 在这个长句中，其条件句最先生动地以直陈式表达出来，显得是指现在发生的事情，后来又用不同的动词（*εἴπιτε*）以祈愿式重复了一遍——这个动词还是不能足够生动地表达，最后又用原来的动词以祈愿式再重复了一次，随之就是以祈愿式表达的结论句。条件句之所以重复，是因为在它和结论句之间有好几个从句插入。

29c1：*τὴν ἀρχήν* [一开始就根本]，[S甲注] *ἀρχήν* 的意思是"根本"（prorsus，按：S乙注曰"从一开始"、"根本"）。稍后的 *ἀποκτεῖναί*，如在31a5一样，意为"投票判处死刑"，这种意思亦见于色诺芬《回忆苏格拉底》4.8.5，在那里是 *ἀπολύειν* [释放] 的反义词。这个句子的结构也很有意思：*εἰ ... ἀφίετε, εἰ ... εἴποιτε* 以及 *εἰ οὖν ἀφίοιτε*，小品词 *οὖν* 表示说话人回到以前在说的话题上了。

[B注] "根本"，在规范的阿提卡方言中，仅用于有否定词的情况中。

29c2：*δεῦρο εἰσελθεῖν* [带到这里来]，[B注] "被带到法庭上"，*εἰσέρχομαι* 实际上是 *εἰσάγω* 的被动态（24d5注）。*δεῦρο* [这里] 等于 *εἰς ἡμᾶς* [到你们面前] 或 *εἰς τὸ δικαστήριον* [出庭]，另参26a6的 *δεῦρο δὲ εἰσάγεις* [就把我带到这里来]。

[MP注] 拒绝出庭打官司，就意味着只能流亡，而苏格拉底在《克里同》中说到了这种可能性。伯内特（1924）认为，这个短语再现了安虞托斯的原话，这倒有可能。不过，没有任何证据表明安虞托斯任何诸如此类的话曾得以公开发表，尽管在托名苏格拉底学派的文献中，有一篇《控告苏格拉底》出自珀吕克拉特斯（Polycrates）之手，而伊索克拉底也提到过这篇文章（*Busirus* 4）。当然，柏拉图很可能是凭记忆引用

的，对安虞托斯的说法只是引述其大意，但很显然，柏拉图费尽心机使其"看上去好像"是苏格拉底在引述。苏格拉底来到法庭，对于支持者和辩护者来说，这本身已让人感觉是一种挑衅行为。这样一种解释当然与苏格拉底在整篇演讲中的行为若合符节，从他固执地拒绝称呼观众为"法官"，以及从他后来为自己提议的"惩罚"，都可见一斑。

[G注]安虞托斯也许更愿意让苏格拉底自愿离开雅典，而不是面对正式的指控。但既然苏格拉底不愿意放弃自己的行为，那就需要起诉他了。指控就必然要整死他，同时也指望辩方提出流放作为替代。苏格拉底这里表明他对这个情势非常了解。苏格拉底后来（37d–38b）拒绝了支持者的好意。另参《克里同》45e。

29c3：λέγων πρὸς ὑμᾶς [因为他还当着你们说过]，[SS注]更应是"当着你们的面说"，而非"对你们说"（ὑμῖν，另参《高尔吉亚》493b7–c1 的 ὁ πρὸς ἐμὲ λέγων。

29c3：εἰ διαφευξοίμην [如果让我逃脱]，[B注]使用将来时的祈愿式，表明安虞托斯使用了告诫性的结论句 εἰ διαφεύξεται，"如果他从你们手中逃脱"。另参埃斯基涅斯的 1.192。

[D注]另参19c。安虞托斯说："如果苏格拉底没有被告发，他的邪恶交往就会被人忽视；一旦上了法庭，他的案子只会有一个审判结果。放了他，就是认可他的异端邪说。"

29c4–5：ἤδη [ἂν] ... διαφθαρήσονται [此时……会被败坏掉]，[B注]在阿提卡作家笔下，所有与将来时直陈式连用的 ἂν 也许都应该校删掉，而一般说来也很容易做到（《古典希腊语句法》，第432节）。在眼前这种情况下，ἂν 也许是因为 ἤδη 中音节 δη 的重复，而 δή 与 ἂν 在安色尔写法（uncial writing）中完全可以互换。亦参30b8注。

[SS注] ἂν 与将来时（无论是直陈式、祈愿式、不定式还是分词）的用法是一个 quaestio vexata [争讼不休的问题]，不可能在一条注疏中说得清楚。然而，有几种看法或有助益（按：斯坦福认为文本此处应该有 ἂν）。

［A注］διαφευξοίμην就是直接引语中的διαφεύξομαι：将来时的祈愿式几乎没有另外的用法，参古德温的《希腊语动词语态和时态的句法》，前揭，页43。美勒托斯说的是ἂν διαφθαρήσονται，也可以保留在间接引语中（《希腊语动词语态和时态的句法》，前揭，页257）：将来时祈愿式不与ἄν连用（同上，页67和第197节）。ἄν与将来时直陈式连用，偶见于阿提卡方言中，另参《会饮》222a,《王制》615d。这在早期诗歌中相当常见（同上，页65）。亦参下文30c。

［R注］将来时直陈式与ἄν连用的情况相当普遍。这里修饰的是διαφθαρήσονται。后面的ἐπιτηδεύοντες是一种转折，不能用于其他地方，在这里的位置不对。请注意，διαφθαρήσονται本身并没有受到oratio obliqua［间接引语］的影响，应该认为这是正常的，因为它所指的事情在苏格拉底提到之时尚属未来。柏拉图在这一类结构中从不任意违反语法规则。可以说，这里的διαφευξοίμην同样指的是将来的事情，但并没有假定那件事会真的发生。

29c5：διδάσκει［教导］，［SS注］安虞托斯可能这样说，但苏格拉底本人却绝对不承认自己是一名教师。

——对于他这种提议，如果你们要求我："苏格拉底，我们这次不会听信安虞托斯，而是打算放过你，然而，须得以此为条件，那就是你不得再花时间搞你的那种研究，也不得再搞哲学，而如果［29d］你被抓住还在搞那些名堂，你就得死。"——［—εἴ μοι πρὸς ταῦτα εἴποιτε·«Ὦ Σώκρατες, νῦν μὲν Ἀνύτῳ οὐ πεισόμεθα ἀλλ' ἀφίεμέν σε, ἐπὶ τούτῳ μέντοι, ἐφ' ᾧτε μηκέτι ἐν ταύτῃ τῇ ζητήσει διατρίβειν μηδὲ φιλοσοφεῖν· ἐὰν δὲ ἁλῷς ἔτι τοῦτο πράττων, ἀποθανῇ» —］

29c6：πρὸς ταῦτα［对于他这种提议］，［SS注］"面对那一点"，即面对安虞托斯所提出的应该处死苏格拉底这一要求。由于安虞托斯的说法相当长，苏格拉底觉得有必要让这个句子以另外的方式开头。

29c6：Ὦ Σώκρατες［苏格拉底］，［SS注］呼格位于句首，是要强调这种警告乃是真诚的。主句极为简洁，其动词 ἀποθάνῃ 又放在句末，是为了强调那种威胁。

29c7: ἐφ' ᾧτε［以此为条件］，［S乙注］ὥστε 的意思是"以……为条件"。严格说来，这应该是 ἐπὶ τούτῳ ὥστε，就如修昔底德《战争志》3.114，3.34 和 75，5.94，7.82。但由于关系词本来指的是指示代词，所以要说 ἐπὶ τούτῳ，ᾧ，或 ᾧτε，或者重复介词：ἐπὶ τούτῳ，ἐφ' ᾧτε。

［T注］ἐπὶ τούτῳ μέντοι，ἐφ' ᾧτε 的意思是"然而，这个条件就是你不再……"，ἐφ' ᾧτε 等同于 ὥστε，因而后面接不定式。

29c8-d1: ἐὰν δὲ ἁλῷς［而如果你被抓住］，［SS注］这个句子表明，在一种威胁或承诺中，条件句并不是非得用 εἰ 加将来时来表达。

那么，如我刚才所说，如果你们以这些为条件放过我，我就会对你们说："雅典人，我虽然非常敬重和热爱你们，但我宁可服从那位大神，而不是你们。只要我还有一口气在，只要我能够，我就绝不会［d5］停止热爱智慧，也就是劝勉你们，用我习惯的说话方式向我时不时碰到的你们当中的任何人指出：［εἰ οὖν με, ὅπερ εἶπον, ἐπὶ τούτοις ἀφίοιτε, εἴποιμ' ἂν ὑμῖν ὅτι «Ἐγὼ ὑμᾶς, ὦ ἄνδρες Ἀθηναῖοι, ἀσπάζομαι μὲν καὶ φιλῶ, πείσομαι δὲ μᾶλλον τῷ θεῷ ἢ ὑμῖν, καὶ ἕωσπερ ἂν ἐμπνέω καὶ οἷός τε ὦ, οὐ μὴ παύσωμαι φιλοσοφῶν καὶ ὑμῖν παρακελευόμενός τε καὶ ἐνδεικνύμενος ὅτῳ ἂν ἀεὶ ἐντυγχάνω ὑμῶν, λέγων οἷάπερ εἴωθα,］

29d1: οὖν［那么］，［SS注］οὖν 表示"中断后又重新开始"之意（按：盖洛普译为 well），在柏拉图笔下的条件从句中很常见，参丹尼斯顿，前揭，428-429；普拉瑟的《柏拉图笔下若干连接小品词研究》，前揭，页 52。

［T注］οὖν 表示重新开始，相当于"我说"。要注意，同一个结论句重复说了两次，因为这个句子在结论句出现之前，那个几乎相同的条件句开头出现了三次（εἴ με νῦν ὑμεῖς ἀφίετε ... εἴ μοι πρὸς ταῦτα εἴποιτε ... εἰ οὖν με, ὅπερ εἶπον, ἐπὶ τούτοις ἀφίοιτε），仅仅在形式上稍有变化。

29d2：*ἀφίοιτε*［你们放过］，［SS注］这种主题性的形式和主题性的重音符号，亦见于色诺芬《希腊志》6.4.3 的 *ἀφίοιεν*，参布拉斯（F. Blass，1843—1907，德国古典学家）《新约圣经语法》(*Grammatik des neutestamentlichen Griechischen*, Göttingen 1979)，卷二，页213，而 *προοῖτο*（同上，页215）则不是主题性的重音符号；另参亚里士多德《论灵魂》432a8 的 *ξυνίοι*。

29d2：*ἐγὼ ὑμᾶς* ...［我……你们］，［SS注］苏格拉底试图显得谦恭有礼的这种典型做法，是为了能够弱化他的拒斥所产生的影响，否则就会显得粗鲁无礼。在柏拉图笔下，苏格拉底总是魅力和礼貌（*τὸ ἀστεῖον*）的典范。另参拉默曼《论阿提卡式的文雅及其在语言中的效果》(*Von der attischen Urbanität und ihrer Auswirkung in der Sprache*, Göttingen 1935) 未刊博士论文，页45—46，他比较了《斐德若》228e1-2 和《普罗塔戈拉》335d6-336a2，另参下一条注释所引文献。

29d2-3：*ὦ ἄνδρες Ἀθηναῖοι*［雅典人］，［A注］比 *ὦ Ἀθηναῖοι* 更打动人（impressive）。30c 中的称呼也是如此。［按］但苏格拉底在整个《申辩》中都是如此称呼。

29d3：*ἀσπάζομαι μὲν καὶ φιλῶ*［虽然敬重和热爱］，［S甲注］*ἀσπάζεσθαι* 的意思是"以拥抱来致意"（salutare），*φιλεῖν* 则是"以亲吻来致意"。这席话意为"我以感激和愉悦的心情来赞颂和敬重你们的好意与仁慈"。另参《法义》689a。

［B注］"我对你们有着最大的敬意和喜爱"，另参《王制》607a1-5：*φιλεῖν μὲν χρὴ καὶ ἀσπάζεσθαι ὡς ὄντας βελτίστους εἰς ὅσον δύνανται καὶ συγχωρεῖν Ὅμηρον ποιητικώτατον εἶναι καὶ πρῶτον τῶν τραγῳδοποιῶν, εἰδέναι δὲ ὅτι ὅσον μόνον ὕμνους θεοῖς καὶ ἐγκώμια τοῖς ἀγαθοῖς ποιήσεως παραδεκτέον εἰς πόλιν*［你应该热爱和欢迎他们，鉴于他们是优秀之极的人物，并且承认荷马是最富有诗意的诗人，是一切悲剧诗人的先驱，尽管如此，你自己心中应该明白，只有赞美天神的颂歌和赞美优秀人物的颂词才可被当作诗歌接入城邦］（王扬译文）。

第四章 离题 447

［SS注］"我非常在意你们"（I care very much for you），这里是在强调性地使用同义词（另参17c6和28e4注）。让人吃惊的是，《希英大词典》著录 $\dot{\alpha}\sigma\pi\dot{\alpha}\zeta\varepsilon\sigma\vartheta\alpha\iota$ 时，只说它有"友好地欢迎""致意"和诸如此类的意思，却没有说它还有"喜欢"（be fond of）之意，这个含义并不鲜见，如《吕西斯》217b4，《王制》474d7和479e10（另参480a3），《法义》689a7；吕西阿斯2.75，托名德莫斯忒涅斯52.23。

［R注］见S甲注。当然，这两个词通过转意，用来说那些行为其实表达感激之情。亦请注意，这种转意对两个词都有作用：并不是说 $\varphi\iota\lambda\tilde{\omega}$ 已经表达了一种情感，然后才因此转向 $\dot{\alpha}\sigma\pi\dot{\alpha}\zeta o\mu\alpha\iota$。它们在这个短语中合并使用，这就要求它们应该具有相同的性质。

［S丙注］"我是你们非常卑微的仆人"，字面意思是"我拥抱并亲吻你们"。《普罗塔戈拉》335e1的 $\dot{\varepsilon}\pi\alpha\iota\nu\tilde{\omega}\,\varkappa\alpha\dot{\iota}\,\varphi\iota\lambda\tilde{\omega}$ ［赞赏和热爱］（刘小枫译文），也是相似的用法。

［按］盖洛普译作I have greatest fondness and affection of you，格鲁伯译作I am grateful and I am your friend，福勒译作I respect and love you，艾伦译作I hold you in friendship and regard，魏斯特译作I salute you and cherish you，阿佩尔特译作euere Güte und Freundlichkeit weiß ich sehr zu schätzen［我知道你们的好意和友情］，水建馥译作"我尊敬你们，热爱你们"，王太庆译作"我敬爱你们"，吴飞译作"我向你们致敬，爱你们"。

29d3-4: $\mu\tilde{\alpha}\lambda\lambda o\nu\,\tau\tilde{\omega}\,\vartheta\varepsilon\tilde{\omega}$ ［那位大神，而不是］，［S乙注］斯特方把这里比作《使徒行传》5:29: $\pi\varepsilon\iota\vartheta\alpha\rho\chi\varepsilon\tilde{\iota}\nu\,\delta\varepsilon\tilde{\iota}\,\vartheta\varepsilon\tilde{\omega}\,\mu\tilde{\alpha}\lambda\lambda o\nu,\,\tilde{\eta}\,\dot{\alpha}\nu\vartheta\rho\dot{\omega}\pi o\iota\varsigma$ ［顺从神，不顺从人，是应当的］。

［MP注］这段话是西方"公民不服从"（civil disobedience）思想的奠基性文献，更一般地说，也展示了公共举止与私人信仰之间的冲突（亦参索福克勒斯《安提戈涅》）。［按］苏格拉底的思想与现代兴起的"公民不服从"之间似乎没有多大联系（见R. A. McNeal. *Law and Rhetoric in the Crito*. Frankfurt am Main: Peter Lang, 1992, pp. 96–

102, 140-143），尽管近年的研究对此津津乐道（H. A. Bedau (ed.). *Civil Disobedience in Focus*. London: Routledge, 1991，以及何怀宏编，《西方公民不服从的传统》，吉林人民出版社，2001——这两本书都把《克里同》放在第一篇的位置，大概都认为苏格拉底是这种理论的奠基人。另参David Daube. *Civil Disobedience in Antiquity*. Edinburgh, 1972）。

29d4：ἕωσπερ ἂν ἐμπνέω καὶ οἷός τε ὦ［只要我还有一口气在，只要我能够］，［SS注］"只要我活着，只要我能够"。在希腊语中，ἐμπνέω似乎并不具有戏剧性，因此，如果把它翻译成"只要我的肉体还能呼吸"，就没有保留原来的语气，另参阿里斯托芬《地母节妇女》行926，Herodas的1.90。这个成语另参《王制》368b7-c2：δέδοικα γὰρ μὴ οὐδ᾽ ὅσιον ᾖ παραγενόμενον δικαιοσύνῃ κακηγορου μένῃ ἀπαγορεύειν καὶ μὴ βοηθεῖν ἔτι ἐμπνέοντα καὶ δυνά μενον φθέγγεσθαι［我又不能不给点帮助，因为我怕这是一种不虔诚的行为，当正义受到污蔑时，自己站在一旁听而任之，不给予任何帮助，尽管自己还在呼吸、还有能力说话］（王扬译文）。

［S乙注］西塞罗《归返后告人民书》（*Post reditum ad Quirites*）第10节有云：dum anima spirabo mea［只要我还活着］。

29d4-5：οὐ μὴ παύσωμαι φιλοσοφῶν［就绝不会停止热爱智慧］，［SS注］这些异乎寻常的强调话语表达了苏格拉底生活方式的真正要义。沃尔夫的《柏拉图的〈申辩〉》（*Platos Apologie*, Berlin 1929）页40恰当地比较了欧里庇得斯《疯狂的赫拉克勒斯》行673-679：οὐ παύσομαι τὰς Χάριτας ταῖς Μούσαισιν συγκαταμειγνύς, ἡδίσταν συζυγίαν. μὴ ζῴην μετ᾽ ἀμουσίας, αἰεὶ δ᾽ ἐν στεφάνοισιν εἴην· ἔτι τοι γέρων ἀοιδὸς κελαδῶ Μναμοσύναν［我将不停地把美惠女神和文艺女神结合在一起，使之成为最美的群体。但愿我总能参加合唱队头戴花冠，不离开文艺的队伍而待在粗人中间。是的，我这老年合唱队的队员还去高唱记忆中的往事］（张竹明译文），合唱队的γέρων ἀοιδός［老年合唱队的队员］（亦见110行）公开宣称，由于人世无常，他不会放弃自己用歌声来赞颂赫拉克勒斯的胜利这一神圣的使命。另参维拉莫维茨的《欧里庇得斯的〈赫拉克勒斯〉》（Wilamowitz, *Euripides*

Herakles, Weidmannsche Buchhandlung, 1895），页 356-359。柏拉图在写下这个句子时，是否意识到了它与欧里庇得斯那段话的相似性，我不敢贸然下断语。

［A 注］"我不会停止热爱智慧。" οὐ μή 是一种强烈的否定词，与将来时虚拟式或直陈式连用，用以表达强调性的拒绝，参古德温《希腊语动词语态和时态的句法》，前揭，页 102。也许不要把它解释成 οὐ (δέος ἐστί) μή。这里，将来时受不定过去时虚拟式支配，在荷马史诗中相当常见，这里没有什么好奇怪的，不像有些学者所认为的那样，以 σ 为标志的将来时（sigmatic future）本身（像拉丁语的 faxo）就是以 σ 为标志的不定过去时（按：将来时和不定过去时的时态标志都是 σ），如 ἔδ-ο-μαι 和 πί-ο-μαι 都是用来表示将来时态的第二型不定过去时虚拟式。另参古德温同一著作的附录二。

29d6：ἐνδεικνύμενος［指出］,［S 甲注］该词与 23b7 中的用法一样，τῷ θεῷ βοηθῶν ἐνδείκνυμαι ὅτι οὐκ ἔστι σοφός［协助那位大神，指出此公并不智慧］。

［A 注］这种劝勉继之以 ὦ ἄριστε ἀνδρῶν ... οὐκ ἐπιμελεῖ οὐδὲ φροντίζεις（29d7-e3），而这种论证进一步在 29e 中得到解释。ὅτῳ ἄν ἀεὶ ἐντυγχάνω ὑμῶν 更为贴切地界定了 ὑμῖν［你们］。

29d6：ὅτῳ ἄν ἀεὶ ἐντυγχάνω ὑμῶν［向我时不时碰到的你们当中任何人］,［SS 注］苏格拉底在整个这段话中（另参 30a3 和 e7 以及 31b4）坚持这样的事实：他通过私下接触，而非在大庭广众中发表演说，来完成自己的使命。在"回答第二种反驳"时，这种想法会得到更充分的展开。

［T 注］这里的 ἀεί 意为"持续不断地"或"时不时"。

"'最优秀的同胞们，你们作为雅典人，也就是在智慧和精神力量方面最伟大也最著名的城邦的人，居然只去关心如何才能赚取尽可能多的钱财，［29e］名望和荣誉，却既不关心也不思考明智、真理以及如何让灵魂尽可能变得最好，难道你们就不感到羞愧吗？' [ὅτι «Ὦ ἄριστε ἀνδρῶν, Ἀθηναῖος ὤν, πόλεως τῆς μεγίστης καὶ εὐδοκιμωτάτης εἰς σοφίαν καὶ ἰσχύν, χρημάτων μὲν οὐκ αἰσχύνῃ ἐπιμελούμενος ὅπως σοι ἔσται ὡς πλεῖστα, καὶ δόξης καὶ τιμῆς, φρονήσεως δὲ καὶ ἀληθείας καὶ τῆς ψυχῆς ὅπως ὡς βελτίστη ἔσται οὐκ ἐπιμελῇ οὐδὲ φροντίζεις;»]

29d7：ὦ ἄριστε ἀνδρῶν [最优秀的同胞们]，[SS注] 这里的语气与28b4-d5相当不同。苏格拉底在那里义愤填膺地斥责了那个无名的反对者，此人试图诱使他像卑鄙懦弱之徒那样行事。而在这里，他的直言多少有点唐突。他真诚地敬重和热情地爱戴他们，所以敦促大街上那些有充分理由为自己祖国而自豪的雅典人，一定要意识到那种noblesse oblige [高贵的义务]。这种热烈的语气表明，苏格拉底也以自己是一个雅典人而自豪。这种自豪感应该鼓舞着每一个雅典人，另参德莫斯忒涅斯18.68（按：即著名的《金冠辞》）。

[MP注] 苏格拉底用这个常见而温和的称呼来打击雅典人的狂妄自大。正是因为雅典人不愿意致力于ἀρετή [德性]，才导致苏格拉底对他们批评有加。

[按] 盖洛普译为excellent friend，格鲁伯译作good sir，福勒译成most excellent man，艾伦译作you are the best of men，施莱尔马赫译作bester mann，阿佩尔特译成mein Bester，水建馥译作"最优秀的人民"，王太庆译作"高贵的公民啊"，吴飞译作"最好的人"。

29d7：πόλεως τῆς μεγίστης [最伟大的城邦]，[B注] 这种描述几乎与公元前399年的雅典不相称，但柏拉图让苏格拉底用上了伯里克勒斯时代的语言，也是一种高明的手法，因为苏格拉底的确是伯里克勒斯时代的人。这句话后面的σοφία和ἰσχύς也是在伯里克勒斯时代的意义上来使用的，指的是已经逝去的那个雅典在艺术上的辉煌和帝国的强大力量。这个结构可参德莫斯忒涅斯19.69。

[SS注] 在这样的语境中，μέγας不是表示数量，即不是表示国土面

积或人口数量，其含义更偏重"主要""引导性的"或"主要的"，另参《王制》494c5，修昔底德《战争志》2.65.5和5.111.4。

[A注]"一个在智慧和力量方面最伟大也最著名的城邦"。εἰς 指"在某方面"，另参下文35a。Ἀθηναῖος 等于 Ἀθηνῶν ὤν，因此才有了 πόλεως（参古德温《希腊语语法》，前揭，页195末尾）。

[D注] πόλεως 是 Ἀθηνῶν 的同位语，后者暗含于 Ἀθηναῖος 中。另参22a。

29d8：σοφίαν καὶ ἰσχύν[智慧和精神力量]，[S甲注] ἰσχύν 这里不是指力量，而是指精神的伟大和强有力，因为后面的话表明与 ἰσχύν 相对的是对财富、荣誉和赞颂的渴望。

[S乙注]斐奇诺错误地把 ἰσχύν 的意思解释成 potentia，该词在这里表示"豁达"（magnanimity）和"决心"，要蔑视财富和世俗的辉煌。身外的显赫地位要有精神来确立，这并不罕见，如色诺芬《苏格拉底向法官的申辩》34节，就用 ῥώμη[身体力量]来作 γενναιότης[高贵品质] 的同义词。很明显，从苏格拉底接下来所说的话看，ἰσχύν 与那种对财富的关切和高官显爵的追求格格不入。

[SS注] εἰς σοφίαν，"在文化领域"。公元前5世纪后期到公元前4世纪初期，当时的作品数次提到，雅典在这个领域声望卓著，的确领袖群伦。另参《普罗塔戈拉》319b3-4（苏格拉底对普罗塔戈拉说）：ἐγὼ γὰρ Ἀθηναίους, ὥσπερ καὶ οἱ ἄλλοι Ἕλληνες, φημὶ σοφοὺς εἶναι[我，还有其他希腊人会说，雅典人是有智慧的人]，337d3-6（普罗狄科说）：ἡμᾶς ... σοφωτάτους δὲ ὄντας τῶν Ἑλλήνων, καὶ ... νῦν συνεληλυθότας τῆς τε Ἑλλάδος εἰς αὐτὸ τὸ πρυτανεῖον τῆς σοφίας[我们……在希腊人中最智慧，眼下聚集在希腊的这样一个地方，聚集在这智慧的主席团大厅]（刘小枫译文）。在阿里斯托芬的《云》299-312，云神来到雅典后，颂扬了雅典美轮美奂的宗教节日，以及戏剧和酒神颂歌方面的竞赛。修昔底德笔下（2.38.1）的伯里克勒斯说起了"精神的很多放松方式，全年定期举办竞赛和宗教节日，家家户户都打扮得优雅而富有品位"。在欧里庇得斯笔下，"修昔

底德"（其韵律和文风是亚历山大里亚之前的）把雅典称为"希腊中的希腊"（Ἑλλάδος Ἑλλὰς Ἀθῆναι, Anth. Pal. 7.45.3）。雅典乃是 τῆς Ἑλλάδος παίδευσις［希腊人的学校］（修昔底德《战争志》2.41.1），这句伯里克勒斯的名言不是指雅典的文化成就，而是说雅典在制度和政治生活领域为其他希腊人树立了榜样。此外，ἰσχύ 一词的意义还在于可以断定《申辩》的写作日期，另参拙著（Plato's Apology of Socrates），前揭，页19-21。

29d8-e1：χρημάτων ... δόξης καὶ τιμῆς ... φρονήσεως δὲ καὶ ἀληθείας［钱财……名望和荣誉……明智和真理］，［B注］这个清单暗示了"灵魂三分法"的学说，因为这三者分别是 τὸ ἐπιθυμητικόν［欲望］、τὸ θυμοειδές［血气］和 τὸ λογιστικόν［理性］的对象。我们以 Posiodonius 为依据，认为上述灵魂三分学说实际上是毕达哥拉斯学派的。参《斐多》68c2注。在柏拉图笔下，φρόνησις 与 σοφία 没有任何区别，另参《游叙弗伦》2c6注。

［S丙注］在外在的善当中，χρήματα［钱财］是最低的，而 δόξα καὶ τιμή［名望和荣誉］则是最高的；φρόνησις［明智］和 ἀλήθεια［真理］是内在的善，没有人能够拿走或掌控。

［D注］这里的 μέν 从句，也是从属性的，另参25b和d。这里的要点不在于说关心财富和身体的力量是可耻之举，而是说，关心这些东西却忽视灵魂才是丢脸之事。

29d9：οὐκ αἰσχύνῃ［难道你们就不感到羞愧吗］，［SS注］看上去苏格拉底是在不知不觉而谨慎地重复那位反对者（28b3）的 οὐκ αἰσχύνῃ［你难道不感到羞愧吗］。正如在《申辩》中经常发生的事情，他这位被告，反倒为陪审团提出真正的行为标准和关于 τὸ καλόν［高贵］与 τὸ αἰσχρόν［可耻］的真正观念。比较《高尔吉亚》522c4-e1：卡利克勒斯问苏格拉底，一个人由于没有能力去奉承而在法庭上无法为自己开脱，他是否觉得这个人可敬（καλῶς ἔχειν），苏格拉底肯定了这一点，并说，假如这个人能够运用最有效的辩护策略，来表明自己在凡人和神明面前是无辜的，却没有运用那种辩护策略，那他就很丢脸（αἰσχυνοίμην ἄν, 522d5）。

29e1：δόξης καὶ τιμῆς［名望和荣誉］，［SS注］用两个同义词，（与前者相比）是为了更强调后者，并表明后者更重要。

［MP注］在柏拉图的所有对话中，这两个词都显得十分可疑，苏格拉底在解释自己的追求时，批评同胞们过度依赖那些"看似"最好的东西，而在这个过程中，苏格拉底是在向很多"看似"聪明实则未必的人讲话（21c-22e）。τιμή［荣誉］是荷马笔下英雄们的核心价值，意味着就要承认自己对于社会团体的价值。实际上，整个《伊利亚特》的情节都围绕着阿喀琉斯失去τιμή而展开的，而这是阿伽门农一手造成的。这种含义在公元前5世纪仍然可见，这个词常常指公共职务和社会声誉。这些荣誉本身并没有任何害处，但苏格拉底认为那些鲜廉寡耻的人把荣誉当成一种手段，以打造出一种功成名就的"表象"，实际却忽视了"卓越"（ἀρετή）本身。

29e1-2：φρονήσεως δὲ καὶ ἀληθείας καὶ τῆς ψυχῆς［明智、真理和灵魂］，［SS注］这三个不是同义词，这三个联系紧密的词更为充分地描述了第三个即最高级别的善的事物。努力获得洞见显然就是在关注真理这个知识的对象。因此，ἐπιμελεῖσθαι τῆς ψυχῆς［关心灵魂］或 ἑαυτοῦ［自己］，就等同于ἐπιμελεῖσθαι ἀρετῆς［关心德性］（31b5和41e5）。对苏格拉底来说，φρόνησις［明智］就是真正的（par excellence）ἀρετή［德性］。另参拙文《论〈劝勉篇〉的残篇5a》（On Fragment 5a of the Protrepticus）所收录的文献，刊于杜林（I. Düring）和欧文（G. E. L. Owen）编《公元前4世纪中叶的亚里士多德与柏拉图》（Aristotle and Plato in the Mid-Fourth Century, Göteborg 1960），页89。

［D注］"而同时……"，好像与一个ἐπιμελεῖ［关心］相对立，这就离开了分词结构，另参21e。

29e1-2：τῆς ψυχῆς［灵魂］，［B注］苏格拉底似乎是希腊人中第一个把ψυχή［灵魂］说成是知识与无知、善与恶之所在（seat）的人，参拙著《苏格拉底的灵魂学说》（The Socratic Doctrine of the Soul），British Academy，1915-1916，页243以下。其结论就是，人的主要责任在

于 "关心自己的灵魂"（ἐπιμελεῖσθαι τῆς ψυχῆς ὅπως ὅτι φρονιμωτάτη καὶ βελτίστη ἔσται [关心灵魂，以臻最智慧和最美好之境界]），有时更为简洁地说成 ἐπιμελεῖσθαι ἀρετῆς [关心德性] 或 ἐπιμελεῖσθαι αὑτοῦ [关心自己]，因而《阿尔喀比亚德前篇》130a7以下所谓 "自我"（αὐτός）即 "灵魂"（ψυχή）这一说法就颇为重要了。这种措辞另参下文e2、3b2、31b5、36c6、39d7、41e4，亦见《拉克斯》186a5：προθυμούμενοι αὑτοῖν ὅτι ἀρίστας γενέσθαι τὰς ψυχάς [要想方设法让他们的灵魂变得最好]。这个 ἐπιμέλεια ψυχῆς [关心灵魂] 法则是苏格拉底学说的要义。这个学说在伊索克拉底那里也有大量的踪迹，但几乎不可能是借自柏拉图的，因为柏拉图比他年纪小很多。另参伊索克拉底15.290，而这里的措辞无疑是苏格拉底式的，我们从《斐德若》（278e5以下）可知，伊索克拉底是苏格拉底的 ἑταῖρος [友伴]。

[H注] 灵魂是赋予肉体以生命的原则。灵魂从一开始就被认为是不朽的，这丝毫不让人惊讶，因为生命原则本身怎么可能死呢？这不是苏格拉底最先提出来的道理，但把灵魂说成是知识和道德之所在，他却是第一人。在苏格拉底看来，灵魂的这些能力才是一个人所拥有的最重要的东西，灵魂也是比其他任何东西都更值得关心的。

29e2-3：οὐκ ἐπιμελῇ οὐδὲ φροντίζεις [既不关心也不思考]，[SS注] 规范的结构应该是 οὐκ ἐπιμελούμενος οὐδὲ φροντίζων，但轻度的破格文体可以让这个问题变得更紧迫。同义词表示强调，但更为重要的是，这些同义词可以让句子更好地达到平衡，否则，δέ [但是] 从句与μέν [虽然] 从句的比较就会显得太贫弱。

[A注] 这个说法比 οὐκ ἐπιμελούμενος οὐδὲ φροντίζων 更为直接和生动，虽然后面这种表达法更符合逻辑，另参21e注。

"而如果你们中有人要争辩，说自己的确关心那些东西，那么，我不会放过他，也不会离开他，而是立马质问他、[e5] 省察他、盘诘他。如果我认为他并没有德性，[30a] 反倒冒称自己有，那我就会责备他，说他把价值最大的东西当作最不重要的，却把微不足道的东西视若珍宝。我碰到任何人都会这样做，无论是青年还是老者，无论是异乡人还是本城同胞，当然尤其要针对本邦人，因为你们在族类上与我最亲近。[καὶ ἐάν τις ὑμῶν ἀμφισβητήσῃ καὶ φῇ ἐπιμελεῖσθαι, οὐκ εὐθὺς ἀφήσω αὐτὸν οὐδ' ἄπειμι, ἀλλ' ἐρήσομαι αὐτὸν καὶ ἐξετάσω καὶ ἐλέγξω, καὶ ἐάν μοι μὴ δοκῇ κεκτῆσθαι ἀρετήν, φάναι δέ, ὀνειδιῶ ὅτι τὰ πλείστου ἄξια περὶ ἐλαχίστου ποιεῖται, τὰ δὲ φαυλότερα περὶ πλείονος. ταῦτα καὶ νεωτέρῳ καὶ πρεσβυτέρῳ ὅτῳ ἂν ἐντυγχάνω ποιήσω, καὶ ξένῳ καὶ ἀστῷ, μᾶλλον δὲ τοῖς ἀστοῖς, ὅσῳ μου ἐγγυτέρω ἐστὲ γένει.]

29e3：φῇ ἐπιμελεῖσθαι [说自己的确关心那些东西]，[SS注]"说他的确关心"，φημί意为"断言"，30a1的φάναι亦同；另参20e3注。

[按] 后面的ἀφήσω，就是29c1和7的ἀφίοιτε，意为"放过"。苏格拉底的意思是，你们虽然愿意以某种条件放过我，我未必领情，但如果你们有什么过错，我是绝不会放过你们的，因为这在苏格拉底看来，引人向善、让人关心灵魂、变得明智和热爱真理，乃是他的分内之责，义不容辞，也不容置疑。

29e4–5：ἐρήσομαι ... ἐξετάσω ... ἐλέγξω [质问……省察……盘诘]，[B注]注意循序渐进的高潮："我要质问他，省察他，让他认错。"[SS注]"我要省察他们，逼迫他们做出解释"，另参39c7。

[D注] 这些词代表了苏格拉底为难同胞的进程。先以一两个无害的"问题"开始，他的方法很快就是让人不舒服的"详察"（ἐξετάσω），最后以"让人承认"（ἐλέγξω）无知而告终。接下来的φάναι δέ，意为"而他却如此声称"。

[按] ἐλέγξω，英译本几乎都作test。施莱尔马赫译作ausforschen [探问]，阿佩尔特译作ins Gebet nehmen。水建馥和王太庆译作"盘问"。以上译法均可。吴飞译作"羞辱"，虽符合词典中的第一条含义，似过头了，不符合苏格拉底的诘难方式。17b2的同根词ἐξελεγχθήσονται译作

"驳倒"（另参22a8的 ἀνέλεγκτος，23a3的 ἐξελέγξω），18d5和7的 ἐλέγχειν 译作"盘问"，这里也应该是后一种意思。

30a1：ὀνειδιῶ [责备]，[SS注]"我会说：'你才可耻。'"动词 ὀνειδίζω 和 αἰσχύνομαι 在句法上联系紧密。——另参《王制》347b1-3：ἢ οὐκ οἶσθα ὅτι τὸ φιλότιμόν τε καὶ φιλάργυρον (= φιλοχρήματον) εἶναι ὄνειδος λέγεταί τε καὶ ἔστιν [难道你不知道，贪图荣誉或金钱，不只是据说是、其实就是耻辱]（王扬译文）。这是 οἱ ἐπιεικέστατοι (b1) 的看法，他们在这个语境中实际上就是 φιλόσοφοι [哲人]，尽管柏拉图为了避免详细讨论的麻烦而没有用这个词。

[按]英译大都作reproach（几个中译本也依此理解），唯有盖洛普译作 I shall say, 'shame on you'，与SS本的解释一致。我此处译为"责备"，语气更为温和。

30a1-2：τὰ πλείστου ἄξια ... τὰ δὲ φαυλότερα [把价值最大的东西……微不足道]，[SS注]从最高级转变为比较级，这与柏拉图避免机械对称的倾向相一致。除此之外，柏拉图在讨论价值的等级（scale）时，一般从"好"到"更好"然后到"最好"，或者顺序相反；同样的情况也适用于同义词和反义词。例如，可参《斐多》97b8-98b6那段讲目的论的著名文字，18a3注引用了其中的例子。

30a2：καὶ νεωτέρῳ καὶ πρεσβυτέρῳ [无论是青年还是老者]，[SS注]苏格拉底虽然已经说过，他的行动针对的是所有人，但他直到现在才明确地说，他的行动不会因年轻人而有所保留。他在这里说明了这一点，并在a8再次说明，以之作为讨论那个败坏青年的控告的预备措施。尽管苏格拉底展开盘诘时，"在场"（οἱ παρότες，21d1，22b7，23a4）的大多数人都是年轻的贵族（23c2-3；另参33b9-c4），他的哲学活动却绝不仅限于针对年轻人。下文（33a5-b8；参33a7注），苏格拉底会更为详尽地回到这一点。

[A注]苏格拉底这里没有用宾格，而是用与格，因为他所做的一切都是为了他们好（Dativus Commodi）[T注]更常见的情况是，表示

"做"和"说"的动词带的间接宾语和直接宾语都用宾格。

［MP注］"我要盘问无论异方人还是本国公民。"苏格拉底拒绝顺从自己的同胞，这会被很多人视为一种挑衅。实际上，苏格拉底唯一认可的甚至是更严格地批评他们。这种前所未有的举止标志着那种普遍人性论的哲学观念登上历史舞台。

30a4：μᾶλλον δὲ τοῖς ἀστοῖς, ὅσῳ μου ἐγγυτέρῳ ἐστὲ γένει［当然尤其要针对本邦人，因为你们在族类上与我最亲近］，［S甲注］比较39d2,《高尔吉亚》458a，相似地，我们可以认为在μεῖζον之前有一个τοσούτῳ。比如在《王制》472a8-b1：Ὅσῳ ἄν, ἔφη, τοιαῦτα πλείω λέγῃς, ἧττον ἀφεθήσῃ ὑφ᾽ ἡμῶν［"你这种话说得越多，"他说，"你被我们释放的机会就越少"］（王扬译文），我们必须认为之前还有一个τοσούτῳ。拉丁作家也用同样的结构。

［B注］这些话标志着苏格拉底与四处流动的"智术师"不同。当我们所谓"国籍"成问题时，准确的法律术语乃是ἀστός［本城人］，它与ξένος［异乡人］和μέτοικος［侨民］相对。另参伯里克勒斯制定的法律，把ὅς ἂν μὴ ἐξ ἀμφοῖν ἀστοῖν ᾖ γεγονώς［（父母）不是出生于两座城镇的人］（亚里士多德《雅典政制》26.4）排除在公民体之外。

［SS注］ἐγγυτέρῳ ... γένει这个表达法，以及更为常见的最高级（οἱ）ἐγγυτάτω γένει，常常用来讨论亲属的权力，尤其是继承权，或者讨论他们对活着的或已故亲人的义务。伊赛俄斯笔下有十九见（他常用γένους来表示部分属格），另外的例子见于 Corpus Demosthenicum［德莫斯忒涅斯全集］的私人演说中，如43.10和44.6。在柏拉图其他著作中也能找到几个例子，要么是严格意义上的例子，如《希琵阿斯前篇》304d3（γένους），《法义》774e7（同上），866b1（-τατα）；要么是转喻性的用法，如《智术师》265a2。苏格拉底这里所说的话，应该在《克里同》（50e7-51c3）中"法律"所说的话的意义上来理解，"法律"说祖国应该被当作父亲和母亲，因而同胞就应该被他视为兄弟。进一步比较《申辩》31b4-5，苏格拉底说他对待年轻人就像父亲和兄长一样，会关心他

们道德上的进步。

［S丙注］副词 ἐγγυτέρω 的这种表语性用法使它真正变成了一个不变格的形容词。［T注］ἐγγυτέρω 后面既可以接属格，也可以接与格，表示"对之"有一种"亲近"。"与某物"或"就某物而言"接近的东西也可以用属格或与格，但两者都是属格或与格就不符合语法了。表示"与"或"为"的与格可以接实词。

［MP注］γένει 这个与格表示尊敬。苏格拉底在这里揭示了他所理解的哲学的另一个悖论，哲学虽然追求一直独立于历史之外的绝对真理，然而这种追求却是扎根于公民-哲人（citizen-philosopher）所处的地域政治条件。

［a5］"你们要知道，这可是神明的命令，而且我认为，在这个城邦中，对你们来说，还没有什么更大的好处比得上我对神明的侍奉。因为我四处奔走，所做的不过是劝说你们，无论青年还是长者，不要如此强烈地［30b］关心身体，也不要如此过度关心钱财，甚至超过关心灵魂、关心如何才能使之变得最优秀，我会说：［ταῦτα γὰρ κελεύει ὁ θεός, εὖ ἴστε, καὶ ἐγὼ οἴομαι οὐδέν πω ὑμῖν μεῖζον ἀγαθὸν γενέσθαι ἐν τῇ πόλει ἢ τὴν ἐμὴν τῷ θεῷ ὑπηρεσίαν. οὐδὲν γὰρ ἄλλο πράττων ἐγὼ περιέρχομαι ἢ πείθων ὑμῶν καὶ νεωτέρους καὶ πρεσβυτέρους μήτε σωμάτων ἐπιμελεῖσθαι μήτε χρημάτων πρότερον μηδὲ οὕτω σφόδρα ὡς τῆς ψυχῆς ὅπως ὡς ἀρίστη ἔσται, λέγων ὅτι］

30a5：κελεύει ὁ θεός［神明的命令］，［SS注］23b5-6 已说过，那位神明希望苏格拉底既影响本邦公民，也能对外国人产生影响。εὖ ἴστε 是命令式。下面的 μεῖζον ἀγαθὸν 引入的观念在 30c2-31c3 中会进一步发挥。

［D注］另参 28e4 的 τοῦ δὲ θεοῦ τάττοντος［既然神明命令］。苏格拉底在前面的部分似乎把他侍奉神明说成是为了证明神谕（23b），但这里毋宁是在总体上谈论自己的使命（vocation）：担任正道的教师和劝诫者。

30a6-7：τῷ θεῷ ὑπηρεσίαν［对神明的侍奉］，［S甲注］另参 23c1 的 διὰ τὴν τοῦ θεοῦ λατρείαν，也可以是 διὰ γὴν τῷ θεῷ λατρείαν，因为动名词的

用法常常与原来的动词相同。

[MP注]"侍奉"(service)。这个比喻来自船上桨手的从属地位，他们坐在其桨橹(ἐρετμοί)的旁边(字面意思是"下面")。然而，我们注意到一个饶有兴味的事实，桨手乃是雅典海军的脊梁。他们也是城邦中最支持民主的一派，因为他们主要是那些捉襟见肘而不能当重装步兵的公民。苏格拉底却不是雅典民主的铁杆拥趸。让政治权力与社会地位这一外在标志剥离开来，是真正从哲学上反思国家的性质、其领导人及其利益相关者最必要的第一步。因此，苏格拉底侍奉神明，就像桨手一样，是在干一个受传统意识形态所鄙夷的行当——苏格拉底对这种意识形态表示怀疑，但这个行当在他看来对城邦及其公民的福祉却是至关重要的。

30a8-b1:μήτε σωμάτων ἐπιμελεῖσθαι ... [不要关心身体], [S乙注]"既不渴求身体上的东西，也不渴求富裕，而胜于以同样的热情追求灵魂上的东西"，我们不可能注意不到，这位哲人的高贵情感虽隐晦地以异教迷信为基础，却是多么崇高而美丽的慰藉。既然这种让人着迷的精神自我训练的实践同样也有着惊讶和羡慕的对象，那就必须记住，理性不过是我们内在的黎明，而启示才是天上的曙光(day-spring)，只有它才能让理性之光成长起来。

30b1: μηδὲ οὕτω σφόδρα [不要如此如此强烈], [S甲注] μήτε之后用的是μηδὲ，因为这些词似乎构成了一个新的句子。通常的版本作μήτε ἄλλου τινὸς οὕτω σφόδρα，似乎是某位文法学家插入以解释其含义。比较36d5-7以及彼处注释。

[A注] μηδὲ与πρότερον和οὕτω σφόδρα连用，译为"早于，或如此严肃认真以至于"。在πρότερον之后，我们本来以为会看到ἤ，但ὡς起到了解释后面οὕτω σφόδρα的作用。有几个例子是在希腊语的比较级后面用ὡς或ὥσπερ，另参36d。

30b1-2: ἐπιμελεῖσθαι ... τῆς ψυχῆς [关心……灵魂], [SS注]苏格拉底典型的说法，在伊索克拉底那里也能找到，如9.41，13.8和25.250，

另参7.32，15.180-185和290（最后这个地方在伯内特对29e1的注疏中有部分引用；无论如何，《论财产交换》[Antidosis] 受到了柏拉图《申辩》的影响）。但伊索克拉底的意图处处都与柏拉图相当不同，他在8.8甚至表达了与柏拉图争论的意思。最重要之点在于，伊索克拉底认为钱财、荣誉、权势地位和安全乃是人的最高价值，而苏格拉底在《申辩》中断然否认了这种观点。参12.244，而《高尔吉亚》490a6-491a6则强烈地驳斥这种论调；另比较15.217和9.40与《高尔吉亚》470d5-473e5；比较《书信》7.5与《申辩》28b5-29a1。

[MP注] ἐπιμελεῖσθαι 受 πείθων [劝说] 支配。苏格拉底在这里化用了公元前5世纪雅典政治制度中用来表示公共关切的词汇，应该承担明确规定的义务，人们必须以"义务"（office）之名对此负责。韦伯（Weber, 1986）认为，这种举动并非偶然随意的，而是也与苏格拉底以个人伦理这个角度重新阐述的公民修养联系在一起，可谓充满洞见。其结果就是，"照苏格拉底所说，ἐπιμέλεια τῆς ψυχῆς [关心灵魂] 就好像担任公共职务那样自然而然"。

[按] 苏格拉底不是不让人关心身体和身外之物，如钱财，而是反对把这些东西看得比灵魂更重，直译为"不要关心身体和钱财而不同时更为强烈地关注灵魂"。子曰："已矣乎！吾未见好德如好色者也。"（《论语·卫灵公》）意同。

30b2: λέγων [说]，[T注] 注意这个观点（sentiment），即更高的善包含更低的，更大的包含更小的。

"'德性不来自钱财，相反，钱财以及世人其他所有好东西，无论私人生活还是公共生活中的，都来自德性。'[b5] 如果我说这样的话居然就败坏了青年，那就算它有害好了；但如果有人说我讲的不是这些话，那简直是胡说八道。对此，"我倒是想说，"雅典人，无论你们是否听信安虞托斯，也无论你们是否放过我，我都 [30c] 绝不会以另外的方式行事，哪怕再死很多次！"[《Οὐκ ἐκ χρημάτων ἀρετὴ γίγνεται, ἀλλ' ἐξ ἀρετῆς χρήματα καὶ τὰ ἄλλα ἀγαθὰ τοῖς ἀνθρώποις ἅπαντα καὶ ἰδίᾳ καὶ δημοσίᾳ.» εἰ μὲν οὖν ταῦτα λέγων διαφθείρω τοὺς νέους, ταῦτ' ἂν εἴη βλαβερά· εἰ δέ τίς μέ φησιν ἄλλα λέγειν ἢ ταῦτα, οὐδὲν λέγει. πρὸς ταῦτα,» φαίην ἄν, « ὦ ἄνδρες Ἀθηναῖοι, ἢ πείθεσθε Ἀνύτῳ ἢ μή, καὶ ἢ ἀφίετέ με ἢ μή, ὡς ἐμοῦ οὐκ ἂν ποιήσαντος ἄλλα, οὐδ' εἰ μέλλω πολλάκις τεθνάναι.»]

30b2-3：οὐκ ἐκ χρημάτων ... ［不是来自钱财］，［A注］苏格拉底一直不断地表明，德性或知识乃是财富和幸福唯一可靠的基础。另参《回忆苏格拉底》4.5.6和4.8.6（以及1.6.9）。柏拉图《阿尔喀比亚德后篇》146e指出，如果没有德性或关于善的知识，那么，所有其他知识肯定都是有害的，《欧蒂德谟》281b。苏格拉底在理论上和实践上都拒绝了谚语 χρήματα χρήματ' ἀνήρ ［钱财才让人成为人］（品达《伊斯忒墨涅斯》2.11）之类的说法[①]：他是雅典最贫穷的人（另参上文23c）。

［S丙注］就一个共同体而言，德性有益于物质财富，这是无可争议的事情。困难在于说服单独的个体相信德性有益于自己的个人利益，因为在这些个体的想象中，并不总是这么回事。苏格拉底在《回忆苏格拉底》中也坚持认为德性有益于物质财富，例如，可参苏格拉底与阿里斯提珀斯（Aristippus）的谈话，讨论自制的好处。比较亚里士多德《政治学》卷七，章一。

［按］《大学》有云："富润屋，德润身，心广体胖。"（6章）又云："仁者以财发身，不仁者以身发财。"（10章）意近。

[①] 英译为 money, money makes the man，或译：有钱才叫人。这句话大约相当于我们的俗语"钱钱钱，命相连"。维尔纳尼乌斯对品达此处注曰："这种观念最早见于荷马史诗《奥德赛》11.359–360：πλειοτέρῃ σὺν χειρὶ φίλην ἐς πατρίδ' ἱκέσθαι, καί κ' αἰδοιότερος καὶ φίλτερος ἀνδράσιν εἴην ［因为我可以带着更多的财宝返故乡，那时所有人对我更加敬重］（王焕生译文）。亦参赫西俄德《劳作与时日》行313，庇阿斯（Bias）的10.3，阿尔喀俄斯（Alcaeus）360。贫居闹市无人问，是因为友谊靠互利互惠来维系的。希腊文重复使用 χρήματα，在修辞上是一种反复法（anadiplosis），有一种感伤的意味。"

30b3：ἀλλ' ἐξ ἀρετῆς χρήματα ...［相反，钱财来自德性］，［B注］"善（goodness）让金钱和其他一切对人有好处。"主语是 χρήματα καὶ τὰ ἄλλα ἅπαντα，述语是 ἀγαθὰ τοῖς ἀνθρώποις。我们当然千万不能翻译成"钱财来自德性"！这个例子说明交错的词序会严重误导人。既然苏格拉底现在 ἐν πενίᾳ μυρίᾳ（一贫如洗，23b9），他不可能把 ἀρετή［德性］推荐为良好的投资对象。

［SS注］伯内特认为 χρήματα καὶ τὰ ἄλλα ἅπαντα 是主语，ἀγαθὰ τοῖς ἀνθρώποις 是述语，然而，这种解释不能接受。这两个在观点上针锋相对的要素如能对应，需要以下条件：(1) 这个句子应该以 χρήματα 结尾，而且还要把 καὶ τὰ ἄλλα ἅπαντα 视为后来的想法；(2) γίγνεται 在这两个地方都应该理解为"来自"。此外，把 ἅπαντα 并置在一起，表明 ἀγαθὰ 不能与 τὰ ἄλλα 分离。如果柏拉图想表达伯内特所理解的那种意思，当然不会用这种含混和误导性的方式来说。

［D注］真正的财富储藏在品格之中；意外之财（windfalls）在经验的强化下，当然是好东西，这会造就一个所谓成功者的品格，但还要加上运气。这就是 ἀρετή（精于正确生活的艺术），即智慧（σοφία）。这实际上是苏格拉底的世间发财理论（theory of getting on in the world），在色诺芬《回忆苏格拉底》中随处可见。

30b4：καὶ δημοσίᾳ［还是公共生活］，［SS注］尽管苏格拉底常常找一个个的人谈话，但他的行为准则（ethics）对公共生活（civic life）的关注，丝毫不亚于对私人生活的关注。另参36c5-8和上文20b4-5，后一处地方顺便提到"德性"乃是 ἀρετή ἀνθρωπίνη καὶ πολιτική［做人以及做邦民的德性］。另参《高尔吉亚》521d6-8那个著名的悖论：Οἶμαι μετ' ὀλίγων Ἀθηναίων, ἵνα μὴ εἴπω μόνος, ἐπιχειρεῖν τῇ ὡς ἀληθῶς πολιτικῇ τέχνῃ καὶ πράττειν τὰ πολιτικὰ μόνος τῶν νῦν［我相信，我同少数雅典人一起——免得我说唯我一人，但今人之中唯独我——着手真正的治邦技艺并实践政治事务］（李致远译文）。

［G注］整句话译作 it is not wealth that produces goodness; rather, it is from goodness that wealth, and all other benefits for human beings, accrue to them in their private and public life. 这种译法是通常的翻译，让苏格拉底说出了某些学者认为不恰当的观点。伯内特评论道，苏格拉底强调过自己因为侍奉神明而陷入极端的贫困，"不可能把 ἀρετή［德性］推荐为良好的投资对象"，相反，伯内特认为这句话的意思是指，只有通过善，财富或其他任何东西才对人类有益处（按：吴飞即如此理解）。这种观念在《美诺》87e-89a、《欧蒂德谟》279a-281e、《法义》661a-d以及柏拉图的托名作品《厄吕克西阿斯》(Eryxias)中得到了发展。然而，伯内特的观点尽管得到了最近几个学者的支持，却把一个几乎不可能的笔调（strain）加在了希腊人头上。如果按照这种通常的方式来翻译，这个句子就必定指善（尽管并非总是或必然）与财富和其他外在的好处相伴。《王制》612b-613e和亚里士多德（《政治学》1323a8-b7）捍卫了这种立场。我们不必认为苏格拉底的意思是指，人们应该"为了"获得财富之类的东西而追求善，他的意思仅仅是说，那些获得了善的人，一般也就会获得其他好处。SS本如此理解文本时，恰如其分地比较了《马太福音》6:33中基督的话："你们要先求他的国和他的义，这些东西都要加给你们了。"

30b5：εἰ μὲν οὖν ταῦτα ...［如果这样的话居然］，［D注］"如果这就是败坏青年，我就犯了所指控的罪。但真理不可能败坏他们，因此我对真理的言说不可能有任何坏处，因此，我就没有犯下所指控的罪。"

30b5-6：ταῦτ' ἂν εἴη βλαβερά［那就算它有害好了］，［SS注］"你可以认为我那些话有害"，那是"颠覆性的"。但这是如此荒唐，没有哪个雅典人会那样说。βλαβερά正式宣布"对第二种反驳的回答"，其中 ὠφέλιμον / βλαβερόν［有益/有害］的观念与"对第一种反驳的回答"中的 καλόν / αἰσχρόν［高贵/可耻］起着同样的作用。

［S丙注］"我该说，那会是极其有害的。"［T注］"这些"教导和劝说"必定是有害的"。比较色诺芬《回忆苏格拉底》1.2.8："这样一个人怎么可能败坏青年，除非德性的培育本身就是败坏性的。"

30b6：οὐδὲν λέγει［简直是胡说八道］，［SS注］很有礼貌地替代了 ψεύδεται。我不能同意《希英大词典》λέγω 词条的 III.6，说这里以及阿里斯托芬《鸟》行 66 中的这种表达法意思是"撒谎"（按：水建馥这里即译为"撒谎"）；《鸟》行 66 中的 οὐδὲν λέγεις 意思明显是"胡说八道"。

［A注］即 λέγει τι，意为"他说了"。［T注］"他什么也没有说"，即"他完全错了"。另参《拉克斯》195b。所以 λέγει τι 指说了点什么，即说得很好也很真实。另参《克里同》46d，色诺芬《回忆苏格拉底》2.1.12。［按］英译一般作 talk nonsense，不够礼貌（SS 语），吴飞译作"说得不对"，似更妥。

30b7：πρὸς ταῦτα［对此］，［S乙注］施塔尔鲍姆注曰：harum rerum habita ratione, quocirca。所以索福克勒斯《埃勒克特拉》行 382 作 πρὸς ταῦτα φράζον，意为"因此""所以""考虑到"。［A注］"因此"，常见于肃剧作家笔下。

［B注］"面对那一点"（对此）。πρὸς ταῦτα 带一个命令式表示蔑视，它暗示说话人已打定主意，不可能更改，所以对方做事必须"考虑到那一点"。这种表达法在肃剧中很常见，如欧里庇得斯的残篇 910，亦参《卡尔米德》176c8。

30b7：φαίην ἄν［我倒是想说］，［SS注］与 29d2 的 εἴποιμ' ἄν［我就会说］并不对应。自 29e3 以下，苏格拉底所说的话已不再是对陪审团建议的直接回答。因此，毋宁指"我要说"，"如果要我说的话"，其功能在于减弱 πρὸς ταῦτα（另参伯内特精妙的注疏）和那一对非此即彼的命令式的突兀性。

30b7-8：ἢ πείθεσθε ... ἢ μή［无论你们是否听信］，［T注］即，无条件地——不要像 29c 那样，还提出什么有条件的释放动议。"既然我在任何情况下都不会（ἄν 暗指一种条件）以另外的方式行事，即便我必定要死（严格而强调地说'死了'）很多次，也绝不改变。"

［按］盖洛普译得很有意思：you may listen to Anytus or not, as you please; and you may let me go or not, as you please, because there is no chance of my acting otherwise, even if I have to die many times over. 格鲁伯把中动态的 πείθεσθε 译作 believe，魏斯特译作 obey，水建馥和王太庆译作"照办"，吴飞译作"说服"。

30b8-c1：οὐκ ἂν ποιήσαντος [绝不会……行事]，[B 注] 代表 οὐκ ἂν ποιήσαιμι，意为"我绝不可能以另外的方式行事"。[D 注]"我保证绝不会改变自己的方式。"

30c1：οὐδ' εἰ μέλλω πολλάκις τεθνάναι [哪怕再死很多次]，[S 甲注]"即便我会死几次也不"。值得一提的是，希腊人如果想重点强调死亡的痛苦，就用死亡本身的状态和情形来说死亡之前的痛苦。另参《克里同》43c9-d1：ἦ τὸ πλοῖον ἀφῖκται ἐκ Δήλου, οὗ δεῖ ἀφικομένου τεθνάναι με [船从德洛斯回来了吗，它一到我就得死]，这是一种比 ἀποθνήσκειν με 更为强调的表达法。另参《申辩》38d4-5，39e3，41a7-8。

[B 注]"死很多次"（to die many deaths）。正如 ἀποθνήσκειν 的意思是"正在死去"（to be dying），完成时 τεθνάναι 在这样的短语中一般用来指"去死"，另参 41a8。亦参德莫斯忒涅斯 9.65 和阿里斯托芬《蛙》行 613。

[A 注] 在这个短语中一般用的是 τεθνάναι，而我们本以为会看到 ἀποθνήσκειν，它与后者的区别在于语气要稍稍强一些。亦参下文 39e。

[D 注] τεθνάναι 是 ζῆν [活] 的绝对反义词，"一个死一千次的人"。然而，这种对立却没有严格坚持，另参 39e，《克里同》43d。

[按] 这句话的英语译法比较一致。这里直译为"即便会死很多次，我也绝不会（以另外的方式行事）"。水建馥译作"反正哪怕要我死一百回"，王太庆译作"我行我素，虽百死而不悔"，吴飞译作"虽九死而不悔"。"虽九死其犹未悔"，语出屈原《离骚》，前面一句是"亦余心之所向善兮"。

请不要起哄，雅典人，但请遵守我向你们提出的请求，无论我说什么都不要起哄，务请静听——毕竟，愚以为，你们听一听，将来会有好处。因为我接下来打算［c5］向你们讲的那些话，你们对此可能更要大喊大叫——但请你们千万不要这么做！［Μὴ θορυβεῖτε, ὦ ἄνδρες Ἀθηναῖοι, ἀλλ' ἐμμείνατέ μοι οἷς ἐδεήθην ὑμῶν, μὴ θορυβεῖν ἐφ' οἷς ἂν λέγω ἀλλ' ἀκούειν· καὶ γάρ, ὡς ἐγὼ οἶμαι, ὀνήσεσθε ἀκούοντες. μέλλω γὰρ οὖν ἄττα ὑμῖν ἐρεῖν καὶ ἄλλα ἐφ' οἷς ἴσως βοήσεσθε· ἀλλὰ μηδαμῶς ποιεῖτε τοῦτο.］

30c2：μὴ θορυβεῖτε［请不要起哄］，［S甲注］苏格拉底现在进入另一个话题。他继续表明，他被判刑以及他的死亡，对于雅典城邦来说，乃是巨大的损失和伤害。

［S乙注］像前面部分一样，苏格拉底向雅典人也向自己，继续为了公共利益而辩护。因为他证明了，他被判刑和被处死对于城邦来说，会伴随着相当大的伤害和损失，而且在申诉过程中，他还继续展示自己不屈不挠的品格以及语言上的随性，这种随意的语言偶尔还夹杂着明智的反讽，这就是他一生所作的讨论的特征，西塞罗由此评论道，柏拉图所刻画的苏格拉底在法庭上为自己的生活辩护时，不像一个恳求者或罪犯，而更像法官们的教员和导师。

［B注］另参17d1注。我们毫不怀疑，苏格拉底刚才那番话肯定引起了一阵骚动。陪审员们也许觉得苏格拉底对美勒托斯的诘难很有趣，但竭尽所能地（按：最为糟糕地）藐视Demos［公众］，就是另外一回事了。那就是色诺芬所谓苏格拉底的μεγαληγορία［大话］，色诺芬觉得太难以理解，尽管自己无法否认它。

［按］伯内特似乎没有读懂色诺芬《苏格拉底向法官的申辩》这篇文章的用意，我认为其意图有三：（1）注解柏拉图的《申辩》，或曰解释苏格拉底出于何种"想法"或用意在法官面前作那些不可思议（找死）的辩护；（2）消除柏拉图过分拔高苏格拉底形象可能对宗师所产生的负面影响；（3）把苏格拉底的真正"申辩"或"想法"隐藏起来，同时告诉我们苏格拉底的教导中什么东西最重要，比如，（柏拉图所强调的苏格拉底的）智慧不能与节制或审慎割裂开来，后者甚至比前者更为

重要。

[A注] 整个这部分内容应该与《高尔吉亚》521c以下对比着阅读，苏格拉底在那里相似地主张，他的使命给予雅典人最大的恩惠，并预言，如果他居然被陪审员判了刑，那么，这场审判就会像一名医生在一票孩子们充任的陪审团面前受到一个厨师的指控。

[T注] 另参21a注。苏格拉底这里进入了另一个话题，并且如此自由奔放且胆大包天地说话，不仅表示自己意识到自己的无辜，而且还断言自己身负神圣的使命，又说这样的悲悯不是针对自己，反倒是针对他们，如果他们拒绝他的教导并判处他死刑的话。凡此种种，他们要么必定会认识到他在智慧上高人一等，要么会因他的狂傲而必定勃然大怒。有些现代评注者，如Ast，认为这种自鸣得意以及《申辩》其他一些地方简直难以忍受，完全不是苏格拉底的风格。但这里难道没有那种苏格拉底式的反讽吗？难道就没有苏格拉底式的坦率、无畏和真诚吗？应当记住，苏格拉底自始至终都表现出是在维护哲学、宗教和神明，而不是把自己说成正义和真理的化身。

30c2：ἐμμείνατέ μοι [请遵守我]，[B注]"请求遵守"。ἐμμένω带与格的用法本来指遵守一种协议、承诺或契约（ἀμμένειν τῇ ὁμολογίᾳ, τῇ συνθήκῃ, ταῖς σπονδαῖς 等）。这里的ἐδεήθην指我请你做出的承诺（17d1和20e4）。

[T注] 请对我维持我对你们的请求，即，"对我沿用我向你们请求的"。

30c4-6：καὶ γὰρ ... μέλλω γάρ ... εὖ γὰρ ἴστε [毕竟……因为我要……你们]，[D注] 第一个 γάρ 与 ἀκούειν 密切相连，第二个回溯到主句 μὴ θορυβεῖν，解释说话人为什么要一而再、再而三地请求。第三个 γὰρ 的意思是"现在"或"那么"，是解释性的，而不是表示原因，仅仅指苏格拉底打算向法庭所作的新陈述。这种用法尤其常见于 ὃ δέ（τὸ δέ）μέγιστον 和 δεινότατον 之后，也见于 σημεῖον δέ 和 τεκμήριον δέ，以及柏拉图和演说家们引入并喜欢使用的其他惯用法之后。

[按] ὀνήσεσθε，"得到好处""得到帮助"，这里是将来时中动态，所以译作"将来会有好处"。这里的意思是说，你们听了我的演讲，将来对你们自己有好处。

30c4：μέλλω γὰρ οὖν ἄττα ὑμῖν ἐρεῖν [因为我接下来打算向你们讲的那些话]，[SS注] 在普拉瑟看来（《柏拉图笔下若干连接小品词研究》，前揭，页126），这里以及《会饮》218b8和《蒂迈欧》77b1-2（γὰρ οὖν）中的 οὖν "在离题或插入语之后重续谈话的正题"。这种分析似乎不对，重续性的 οὖν 是一个连接小品词，而不是强调性的小品词，但在 γὰρ οὖν 中，γὰρ 才具有连接的含义，而 οὖν 仅仅是在强化 γὰρ（丹尼斯顿，前揭，445–448）。

[A注] 这里的 γὰρ 解释了苏格拉底为什么再次请求大家静听。[T注]"因为我现在要（οὖν 表示相应地与那种请求一致）说其他一些事情，（除了已经说过的而外）你们也许会叫唤起来"。这个句子与 γὰρ οὖν 相连（比只用 γὰρ 联系更紧密），它不是与前面紧邻的从句相连，而是与再前面的句子（ἐμμείνατε）相连。

[S丙注] ἄττα 是不定代词的中性复数，要与 ἅττα 区别开来，后者即 ἅ ἄττα，是 ὅτις 的中性复数。

[按]"大喊大叫"（βοήσεσθε）比"起哄"（θορυβεῖτε）更能表示大家听到苏格拉底接下来所讲"大话"后的惊讶和愤怒。

呃，你们要搞清楚，如果你们处死我，而我恰恰又是自己刚才所说的那种人，那么，你们对我的伤害，绝不会比你们对自己的伤害更大：无论他美勒托斯还是安虞托斯，都根本伤害不了我——他实际上没这个能力，因为我知道，[30d] 好人被坏人伤害，天理不容！[εὖ γὰρ ἴστε, ἐάν με ἀποκτείνητε τοιοῦτον ὄντα οἷον ἐγὼ λέγω, οὐκ ἐμὲ μείζω βλάψετε ἢ ὑμᾶς αὐτούς· ἐμὲ μὲν γὰρ οὐδὲν ἂν βλάψειεν οὔτε Μέλητος οὔτε Ἄνυτος—οὐδὲ γὰρ ἂν δύναιτο—οὐ γὰρ οἴομαι θεμιτὸν εἶναι ἀμείνονι ἀνδρὶ ὑπὸ χείρονος βλάπτεσθαι.]

30c6：εὖ γὰρ ἴστε [你们要搞清楚]，[A注] γὰρ 在这里是引导性的，不应该翻译出来，比较20e7的 *Χαιρεφῶντα γὰρ ἴστε που*［你们大概都知道凯瑞丰这个人吧］。

30c7：*οἷον ἐγὼ λέγω*［恰恰又是刚才所说的］，［SS注］"正如我刚才所说的"，这里的现在时与18e1中的 *οὓς ἐγὼ λέγω* 用法相同（参彼处注释）。

30c7：*μείζω βλάψετε*［伤害更大］，［S乙注］按照 *ποιεῖν τινα κακά*［把某人变坏，对某人使坏］这个短语来类推，动词 *ὠφελεῖν*、*βλάπτειν* 和其他表示"做"的词，不仅可以带一个表示人的宾格，还可以另外带一个形容词中性复数的宾格，而英语则用副词"更"（more）或"非常"（very）。

［SS注］*οὐκ ἐμὲ μείζω βλάψετε ἢ ὑμᾶς αὐτούς* 是对 *οὐκ ἐμὲ βλάψετε ἀλλ' ὑμᾶς αὐτούς* 的间接肯定（litotes）。这种习语上的变化在修昔底德斯笔下很常见，但在柏拉图那里却很罕见。

［S丙注］"你们对我的伤害不会比你们自己的大"，这是阿提卡用语中根深蒂固的 *εἰρονεία*［反讽］的又一实例。比较19a *καὶ οὐ πάνυ*…注。后面的 *ἂν βλάψειεν* 意为"不大可能伤害到我"，是阿提卡方言的将来时。

30c8：*ἐμὲ μὲν γὰρ*…［因为……我］，［SS注］在 *ἐμέ* 之后，我们也许就不应该把 *μέν* 理解为d2 *μέντοι* 的准备，而要理解为独立的用法（另参23b4及注释）。*ἀποκτείνειε μεντἂν* 这个句子跟在插入语 *οὐ γὰρ οἴομαι…βλάπτεσθαι* 的后面，表示一种后来的想法。

30c8：*οὔτε Μέλητος*［无论他美勒托斯］，［D注］这比继续使用第二人称更为彬彬有礼。

30c9：*οὐδὲ γὰρ ἂν δύναιτο*［他实际上没这个能力］，［T注］"因为他甚至不能够"，省略了"即便他想"。*ἂν* 指一种言下之意的条件。［S丙注］从前面的 *οὔτε Μέλητος οὔτε Ἄνυτος* 来看，这里的 *δύναιτο* 是单数。

30c9-d1：*οὐ γὰρ οἴομαι θεμιτὸν εἶναι*［因为我知道，天理不容］，［S甲注］即"我认为它不合于神圣智慧的法则"（neque legibus divinae sapientiae respondere）。这里用 *ἀμείνονι ἀνδρί* 代替常见的 *ἀμείνω ἄνδρα*，是

因为这些话与 θεμιτὸν εἶναι 紧密相连。详见《高尔吉亚》513e,《王制》407c, 342b 和《斐德若》242b。

［B注］相当于拉丁语的 fas［神法］,就是我们所说的"允许"(permitted)。苏格拉底极为庄重地表达了自己最为重要的信念。能够对一个人所做的唯一真正的伤害,就是把他变成最糟糕的人,那是因为唯一真正的伤害就是对灵魂的伤害。另参《克里同》44d6 以下。

［SS注］这种表达法的宗教含义,参拙著(*Plato's Apology of Socrates*),前揭,页147-148 以及注释52。41d1-2是相似的观念,却更为明确地指神意(divine Providence),另参拙著,第十一章。［S丙注］θεμιτόν,"为神法所允许"。

［A注］跟在后面的不定式加与格相当于 ἔξεστι 或 προσήκει。另参《斐多》67b 和《蒂迈欧》30a: θέμις δὲ οὔτ' ἦν οὔτ' ἔστι τῷ ἀρίστῳ δρᾶν ἄλλο πλὴν τὸ κάλλιστον［因此,最优秀的人以前不允许、现在也不允许做其他什么事情,而只能做最高贵之事］(谢文郁译作"他是完善的;除了做好事外,他不会做其他的事")。柏拉图的这种说法为古代作家反复引用,如厄庇克特托斯(Epictetus,又译"爱比克泰德")和普鲁塔克。

［T注］既然不合于自然之法和神明之法,当然在事物的本质上来说就是不可能的。施莱尔马赫译作 nicht in der Ordnung, Cousin 译作 pas... au pouvoir。

［MP注］θεμιτόν 这个形容词来自 θέμις,指"已制定的",引申为"法律、权利"。该词具有某种庄严性,常常与神圣法规相联系。在赫西俄德《神谱》中(行901),提坦女神忒弥斯是宙斯的第二个妻子,乃是神圣权威的化身。

［按］盖洛普译作 it is out of question,格鲁伯译作 it is permitted(合于 B 注),魏斯特译作 it is lawful,施莱尔马赫译作 es ist nicht in der Ordnung;福勒译作 it is not God's will,阿佩尔特译作 es verträgt sich nicht mit der göttlichen Weltordnung,水建馥译作"神意",王太庆译作"神灵不许",吴飞译作"渎神违法",似乎更符合 themis 的古意。另参

21b6-7 οὐ γὰρ θέμις αὐτῷ [因为这不合于他的神道] 这一句的注释。关于 themis 的含义，请参 R. Hirzel. *Themis, Dike und Verwandtes: Ein Beitrag zur Geschichte der Rechtsidee bei den Griechen.* Hildesheim: Georg Olms Verlagsbuchhandlung, 1966；另参拙著《古典法律论》（华东师范大学出版社，2013 年，章四）。

30d1：ἀμείνονι ἀνδρί [好人]，[T 注] "因为"一个好人被一个"最坏的人"伤害了，以代替 ἀμείνονα ἄνδρα，即"一个好人"云云。其意图在于让这个短语与 οὐ θεμιτὸν εἶναι [不合天道、天理不容] 联系得更紧密。苏格拉底这个著名的说法从最早的时候即被广泛引用和评注。另参 Epic. Encheir. 52；Max. Tyr. Diss. 18.8；Plut. de Tranq. 17，不仅为哲学家而且也被基督教的教父们所引用和评注，如俄里根（Origen）和忒俄多瑞托斯（Theodoret）等。正如普鲁塔克所解释的，并且在《克里同》45d 中详细阐述的那样，这种说法的理由在于，不管有多少坏人，也不管有多大的力量，他们都不可能把好人变坏或者把聪明人变傻，而那才是唯一可能落到人头上的恶。

当然，坏人也许会导致 [好人] 死亡、流放或被褫夺公民权——虽然此人以及其他某些人也许以为这是一件多么了不起的坏事，但我不这么认为，反倒觉得如果干出这人眼下正在干的这种事，[d5] 试图不义地处死一个人，那才坏透了顶。[ἀποκτείνειε μεντἂν ἴσως ἢ ἐξελάσειεν ἢ ἀτιμώσειεν· ἀλλὰ ταῦτα οὗτος μὲν ἴσως οἴεται καὶ ἄλλος τίς που μεγάλα κακά, ἐγὼ δ' οὐκ οἴομαι, ἀλλὰ πολὺ μᾶλλον ποιεῖν ἃ οὑτοσὶ νῦν ποιεῖ, ἄνδρα ἀδίκως ἐπιχειρεῖν ἀποκτεινύναι.]

30d1-2：ἀποκτείνειε ... ἢ ἐξελάσειεν ἢ ἀτιμώσειεν [导致死亡、流放或公民权被褫夺]，[S 甲注] ἀποκτείνειν 的意思是"导致一个人被判刑和被处死"，ἐξελαύνειν 则指"导致一个人遭到流放的惩罚"，ἀτιμάζειν 意为"导致一个人要么失去所有的权利和公民身份特权，要么至少失去其中最重要的部分"。这就是 ἀτιμία [公民权丧失] 的三种情况或三种程度，见迈尔《阿提卡司法程序》所收集的奖惩内容（Bonis Damnat），前揭，页101以下和137以下（按：拉丁原文为740以下）。

［S乙注］ἀτιμία意为"丧失公民权"或"公开的耻辱"（public disgrace），有三种情况：1、罪犯保住了自己的财产，但被剥夺了一些权利，责成其他公民来执行。2、罪犯被剥夺公民权，并且也被罚没财物，就像那些欠国库债务的人，直到还清债务为止。3、罪犯本人以及他的孩子和后代被剥夺自由民的公权和私权。参波特的《古希腊》，前揭，卷一，章25。斐奇诺和达西耶跟着波特把ἀτιμάσειεν（按：即ἀτιμώσειεν的异文）理解错了。

［B注］ἢ ἀτιμώσειεν，"或会剥夺我的公民权"，另参《王制》553b4-5：ἢ ἀποθανόντα（=ἐξελασθέντα）ἢ ἐκπεσόντα ἢ ἀτιμωθέντα καὶ τὴν οὐσίαν ἄπασαν ἀποβαλόντα［或是死，或是流放，或被剥夺一切权利，抛弃一切家产］（王扬译文）。众抄本均作ἀτιμάσειεν，其意为"他也许会让我丧失名誉"或"鄙视我"。埃尔姆斯利（Elmsley）从斯托拜乌（卷三，页150，15，Hense编本）恢复了正确的读法ἀτιμώσειεν。本注所引《王制》553b这一句，尽管ADM三个抄本都作ἀτιμωθέντα，F抄本却作ἀτιμασθέντα。这种混乱并不鲜见，因为人们已经遗忘了ἄτιμος和ἀτιμῶ这个专业术语在阿提卡法律中的意义。在《法义》762d5-6 περὶ τὰς τῶν νέων ἀρχὰς ἠτιμάσθω πάσας［他会丧失一切资格担任属于年轻人的任何官职］中，如亚当所说，其含义更为普遍，但尚茨的读法也许是正确的。抄写员由于不懂动词ἀτιμοῦν的含义，结果就把荷马时代的动词ἀτιμάω（即阿提卡方言中的ἀτιμάζω）悄悄篡入了伊索克拉底的15.175：τοὺς δὲ συκοφαντοῦντας ἀτιμητέον［羞辱告密者］（按：应为"剥夺告密者的公民权"），科贝特校订为ἀτιμωτέον。

［SS注］在《高尔吉亚》一个很长的段落中，苏格拉底和珀洛斯（Polus）反复提到（466b11-c2，c9-d3，468b4-6，c2-3，d1-2，e8-9和470b2-3）各种各样的惩罚，后来的演说家继而将之施于对手头上，即死刑、流放和没收财产，在其中一个地方（468e8-9），"财产充公"

为"监禁"所代替。值得注意的是,《高尔吉亚》中从未提到公民权（civic rights）的丧失。《申辩》中以罚没财产可供代替监禁,是因为苏格拉底穷成那个样子（23b9–c1 和 31c3）,根本没有财产可供罚没,因此,如说"罚没"对他不算很大的伤害,简直不得要领。另参 37c4 和 39b1–2。

［S丙注］请注意这里的爱奥利亚方言（Aeolic form）以及后面跟的两个动词。［T注］这里的 *ἀποκτείνειε* 不仅指判死刑,更多地指死刑判决的执行,但它与后面两个动词相像,都具有原因性的含义,即,"导致"对我的死刑、流放和剥夺公民权的判决。*ἀτιμάσειεν* 不是像某些学者所理解的那样指一般性的"羞辱",而是指"公民权"的"剥夺"。

［D注］公民的 *ἀτιμία* 包含公民权的部分或全部丧失。在全部丧失公民权的情况下,国家会把 *ἄτιμος*［丧失公民权的人］视为死人,也就是说,此人已经遭到了"公民身份的死亡"（civil death）,而他的财产既然没有公认的主人,就会被没收。

［按］盖洛普译作 the latter, of course, inflict death or banishment or disenfranchisement,颇为干净利索,没有像其他人那样在句末加译"我"（原文并没有这个词）,表示一般性的情况:坏人总会造成好人的死亡、流放或被剥夺公民权,所以我在翻译时,承前补上了"好人"和"坏人"字样。阿佩尔特译得更为繁复:Ja, mich ums Leben bringen, mich in die Verbannung treiben, mich der Burgerrechte berauben, das kann er vielleicht ［是啊,他也许能害我以生命、处我以流放、褫我以民权］。*ἀτιμώσειεν*,只有魏斯特译作 dishonor（吴飞亦译作"羞辱"）,并加注曰:"希腊文的另一种写法会把'羞辱'（atimaseien）变成'罚以公民权的丧失'（atim ō seien）,但在主要的一些抄本中找不到依据。"魏斯特还特意注明"参见伯内特的 30d2 注",但他显然不认可伯内特的注释以及绝大多数人的译法。

30d2: *ἀλλὰ ταῦτα οὗτος μὲν* ...［但我不这么］,［SS注］"他可以把这些惩罚加在我头上,但我并不认为那就是巨大的伤害。"正如在 *μέν / δέ*

[虽然，但是]的比较中，几乎总是只有第二个成分才是一种对等关系，δέ引导的从句才是第二个成分的相关部分，而μέν引导的从句则具有一种让步的意味（"尽管他有不同的看法"）。柏拉图这里用的是ἀλλά，而不是δέ，因为这里的对子是：他可以合法地对我施加惩罚，在我眼中，"却并非"（ἀλλ' ... οὐ）什么真正的伤害。此外，这里的οὗτος，不是前一个句子模糊的χείρων ἀνήρ [坏人]，而是如法庭演说中常常所指的另一方，即美勒托斯，此人在d4中是用οὑτοσί来代指的。

30d3：καὶ ἄλλος τίς [以及其他某些人]，[A注]"以及其他很多人"。τίς的这种用法，另参修昔底德斯《战争志》2.37。[T注]"但这伙人（即控告者）也许认为，其他很多也可能认为，这是很大的坏事。"这里的τίς无限延伸，就像英语中的many a。

30d4：ἀλλὰ πολὺ μᾶλλον [反倒……坏透了顶]，[S甲注]要理解为οἴομαι μέγα κακόν。

[按]盖洛普译作rather, I believe a far greater evil to try to kill a man unjustly, as he does now，与其他译本的理解有所（魏斯特的译法近之：but rather doing what this man here is now doing – trying to kill a man unjustly，艾伦亦近），即认为这种不义地杀死一个人才是大得多的恶，而这种恶未必会返及施恶者，使之遭到更大的恶报。格鲁伯的理解代表了大多数人的看法：I think he is doing himself much greater harm doing what he is doing now, attempting to have a man executed unjustly；施莱尔马赫译作wie dieser jetzt tut, einen Andern widerrechtlich suchen hinzurichten，阿佩尔特译作sondern weit mehr die Handlungsweise, in der er sich jetzt gefällt, indem er es unternimmt ungerechterweise einen Menschen ums Leben zu bringen，更为冗长。王太庆译作"我认为他现在做的这件事，不义杀人，只会给他自己更大损害"，吴飞译作"而是认为，现在做这事（即试图不义地杀人）的人对自己带来了大得多的伤害"。从下文来看，害人者必会害己，苏格拉底不是为自己申辩，而是为了"你们"，但这里的关系代词是ἅ，既可以理解为"人"，也可以

理解为"事"，但指"人"的时候，似乎应该用与格，而这里显然是宾格，所以，它只能理解为"所做之事"（相当于英语的what从句），而不是"做事之人"，即施恶者本人。πολὺ μᾶλλον的字面意思是"远甚于"（much more than），这里或可译作"那才是远远大得多的坏事"。不义才是坏。

30d5：ἐπιχειρεῖν ἀποκτεινύναι [试图处死]，[S乙注] 忒俄多瑞托斯（Theodoret）校订为 ἐπιχειρῶν ἀποκτεῖναι，这不对，因为ἀποκτεινύναι是阿提卡方言，而ἀποκτεῖναι是希腊化时期的用语（参默埃里斯和费舍的注疏）。

[SS注] 据我在柏拉图全集中所做的统计，ἐπιχειρέω支配不定式的情况共有243例，其中216例是现在时，只有27例是不定过去时。斯多尔克《希罗多德笔下动态不定式的语体用法》（P. Stork, *The Aspectual Usage of the Dynamic Infinitive in Herodotus*, Groningen 1982）页109-132认为，表示"开始""准备""试图"和"打算"的动词，以及动词μέλλω，在希罗多德笔下绝大多数时候都接现在时，而ἐπιχειρέω五次都是支配现在时的不定式，从来都不是支配不定过去时的不定式。

所以，雅典人，实际上我现在远不是在为我自己辩护，就像有人也许会认为的那样，不，而是为了你们辩护，以免你们因为投票判我的刑而错误对待 [30e] 神明赐给你们的礼物。[νῦν οὖν, ὦ ἄνδρες Ἀθηναῖοι, πολλοῦ δέω ἐγὼ ὑπὲρ ἐμαυτοῦ ἀπολογεῖσθαι, ὥς τις ἂν οἴοιτο, ἀλλὰ ὑπὲρ ὑμῶν, μή τι ἐξαμάρτητε περὶ τὴν τοῦ θεοῦ δόσιν ὑμῖν ἐμοῦ καταψηφισάμενοι.]

30d6：πολλοῦ δέω ἐγὼ ὑπὲρ ἐμαυτοῦ ἀπολογεῖσθαι [我远不是在为我自己辩护]，[T注]"我远不是为了我自己而辩护。"注意，插入和并置 ἐγώ 和 ὑπὲρ ἐμαυτοῦ，是为了强调。

30d7：ἀλλὰ ὑπὲρ ὑμῶν [不，而是为了你们辩护]，[S丙注] "不，是为了你们"，可以因 ἀπολογεῖσθαι [辩护] 而补充 λέγω [说] 之类的字眼。

30d7-e1：μή τι ἐξαμάρτητε ... καταψηφισάμενοι [以免你们因投票判刑

而错误对待],[S甲注]"以免你们鲁莽地拒绝了阿波罗赐给你们的恩典,他命令我谴责你们的错误和邪恶,劝勉你们追求德性",与格 $ὑμῖν$ 受 $δόσιν$ 支配。

[S乙注]"以免你们因为投票判了我的刑而无论如何都冒犯了神明赐给你们的礼物",$περί$ 接宾格常常表示"针对"和"反对"（adversus, against），如阿里斯托芬《云》990。

[T注]与格 $ὑμῖν$,受 $δόσιν$ 支配。另参30a注。苏格拉底的意思是,阿波罗把他赐给或派给雅典人,是要当他们的监视者和谴责者。

因为,如果你们处死我,就不容易找到另一个这样的人了,事实上——如果可以说得更可笑的话——这个人是神明降下叮附在城邦上的,这个城邦就像一匹俊美而血统高贵的马,却因为体型硕大而慵[e5]懒,需要某种牛虻来激发,而我认为,神明派我来这个城邦,就是要起到它这种作用:激发你们每一个人、劝说你们每一个人、责备你们每一个人,[31a]整天不停地到处追着叮刺你们。[$ἐὰν γάρ με ἀποκτείνητε, οὐ ῥᾳδίως ἄλλον τοιοῦτον εὑρήσετε, ἀτεχνῶς—εἰ καὶ γελοιότερον εἰπεῖν—προσκείμενον τῇ πόλει ὑπὸ τοῦ θεοῦ ὥσπερ ἵππῳ μεγάλῳ μὲν καὶ γενναίῳ, ὑπὸ μεγέθους δὲ νωθεστέρῳ καὶ δεομένῳ ἐγείρεσθαι ὑπὸ μύωπός τινος, οἷον δή μοι δοκεῖ ὁ θεὸς ἐμὲ τῇ πόλει προστεθηκέναι τοιοῦτόν τινα, ὃς ὑμᾶς ἐγείρων καὶ πείθων καὶ ὀνειδίζων ἕνα ἕκαστον οὐδὲν παύομαι τὴν ἡμέραν ὅλην πανταχοῦ προσκαθίζων.]

30e1: $ἐὰν γάρ με ἀποκτείνητε$［因为如果你们处死我］,[SS注]另参安多喀德斯1.144-146: $σκέψασθε τοίνυν καὶ τάδε, ἄν με σώσητε, οἷον ἕξετε πολίτην· ὃς πρῶτον μὲν ... ἔτι δὲ ... Ἔχει δὲ καὶ ὑμῖν, ὦ ἄνδρες, οὕτως· ἐάν με νυνὶ διαφθείρητε, οὐκ ἔστιν ὑμῖν ἔτι λοιπὸς τοῦ γένους τοῦ ἡμετέρου οὐδείς ...$［你们现在想一想,如果你们救我一命,就会拥有一个怎样的好公民:此人是第一个……而且……诸位,你们看,情况就是这样的:如果你们今天处死了我,那么,你们就对我们家族斩尽杀绝了……］。梅耶尔的《柏拉图的"申辩"》（前揭）页19和注释43也引用了这段话。对于安多喀

德斯来说，这仅仅是辅助性的论证；而在苏格拉底看来，他对城邦的服务责无旁贷，因此，这场官司对于雅典来说，可谓至关重要。

30e2：ἀτεχνῶς［事实上］，[B注]"确实"（literally），另参18c7和d6以及《游叙弗伦》3a7注。后面的 εἰ καὶ γελοιότερον εἰπεῖν，为别出心裁的比喻而致歉。

[T注]"事实上，尽管这种比附也许太可笑，……附着……。"προσκείμενον 除了指"被附着在"这种被动的含义外，也包括主动的含义，即"强加"或"采取行动"（按：所以译作主动意味的"降下叮附"），正如"牛虻"之于"马匹"，以符合这里所选的词。

30e2-3：εἰ καὶ γελοιότερον εἰπεῖν［如果可以说得更可笑的话］，[SS注]非常滑稽的地方，不在于把城邦比作一匹马，一种高贵的动物（另参《希琵阿斯前篇》288b8-c5），这种动物从来不用于牵引或负重，而在于自比为一只牛虻，一种让人讨厌的昆虫，而且这种昆虫似乎根本就没有任何用处。

[R注]指的不是紧接在后面的话，即，不是指的 προσκείμενον τῇ πόλει ὑπὸ τοῦ θεοῦ，而是指再后面的那个比喻。[A注]另参《高尔吉亚》486c2-3：εἴ τι καὶ ἀγροικότερον εἰρῆσθαι［要是说得更粗野点儿］（李致远译文）。[S丙注]这里省略了 δεῖ 或类似的字眼。

[D注]"如果我可以用一个滑稽的语言形象"，他抛出这句话，是要让听众准备好，他要对接下来的严肃话题作幽默的处理。详细考察这个比喻就会发现，苏格拉底不信任那些位高权重的人。

［按］盖洛普译作 if i may put the point in a somewhat comical way（艾伦译法与之相近），格鲁伯译作 though it seems a ridiculous thing to say（魏斯特译法近之），福勒译作 to use a rather absurd figure，水建馥译作"打个奇怪的比喻吧"，王太庆和吴飞译作"打个不恰当的比方"（颇为含蓄）。

30e3：προσκείμενον τῇ πόλει［降下叮附在城邦上］，[S甲注]这些词的解释取决于 μύωπος，它既可以指"马刺"，也可以指"牛虻"，也就是一只很大的蚊蝇，会骚扰和激怒牛。对此，可参英国学者布隆菲尔德（C. J. Blomfield，1786—1857）对埃斯库罗斯《被缚的普罗米修斯》行583的词汇评注。我们倾向于把这里解释为"牛虻"，这样更符合 εἰ καὶ γελοιότερον εἰπεῖν，而且还在于 προσκεῖσθαι、προστεθηκέναι 和 προσκαθίζειν，用在"牛虻"上，比用在"马刺"上更合适。因为 προσκείμενον τῇ πόλει ὑπὸ τοῦ θεοῦ 不仅仅指"由神明加诸或给予国家的"（有人就持这种观点），而且 προσκεῖσθαι 包含了"强迫"和"敦促"的意思，所以这里的恰当含义是"神明给予以敦促国家的"。这个词常常用来说那些激怒和骚扰别人的动物，但我从来没有看到有哪个文献认为这个词是用于马夫身上的。προσκαθίζων 一词差不多可以作同样的解释，苏格拉底用该词来指自己刚刚所说的比喻。

[S乙注]斐奇诺、塞拉努斯、沃尔夫和施莱尔马赫等人把 μύωψ 理解为"马刺"，他们认为苏格拉底把自己说成是马夫或马车夫，受神明的指导和驱使，用马刺去刺激一匹高贵而慵懒的骏马精神奕奕地动起来，这匹马就是（雅典）共和国，而"马刺"就代表着自己的谈话和劝勉。从前面的话 εἰ καὶ γελοιότερον εἰπεῖν 来看，根据"牛虻"的这种含义，以及说话人习惯的风格，理解为"牛虻"可能更有说服力，也更正确，可以把苏格拉底的话理解为是在自比"牛虻"，牛虻附着并激励一匹俊美却懒惰甚至沉睡着的动物，以这样一种刺激保持它的活力。后一种解释（按：即"牛虻"）不仅更符合这里的场景，而且也符合辩论的语言。

[B注]προσκείμενον 即拉丁语的 additum，"附加"，προστιθέναι 的完成时被动态，另参e6的 προτεθηκέναι。[按]本义为"放置"，这里结合"神明"以此而转译作"降下（叮附）"，以区别于下面的"派来"（προστεθηκέναι，与 προσκείμενο 是同一个词，前者是主动态，后者是被动态）。

30e4：ἵππῳ μεγάλῳ［俊美的马］，［SS注］体格被认为是美的基本要素；另参亚里士多德《尼各马可伦理学》1123b6-8：ἐν μεγέθει γὰρ ἡ μεγαλοψυχία, ὥσπερ καὶ τὸ κάλλος ἐν μεγάλῳ σώματι, οἱ μικροὶ δ' ἀστεῖοι καὶ σύμμετροι, καλοὶ δ' οὔ［因为大度意味着大，正如俊美意味着身体修长。身材矮小的人只能说是标致，匀称，而不能说俊美］（廖申白译文）。

30e4：νωθεστέρῳ［慵懒］，［B注］"相当懒惰的"。苏达斯解释为 βραδυτέρῳ［更慢］。［按］因为体型硕大而"慵懒"或"昏睡"，似乎都说不通，这也许是文化差异造成的理解困难吧。英语一般译作 sluggish（伯内特、盖洛普、格鲁伯、福勒和魏斯特都作此译），该词既可以译作"迟缓"，也可以译作"怠惰"。苏达斯的注疏似乎更为可取；王太庆译作"年龄未老而行动迂缓"，虽加了一些不大相干的词，但"行动迂缓"，也颇合理。

［A注］"有点懒惰"，"有点昏昏欲睡"。δεομένῳ ἐγείρεσθαι，意为"需要刺激"，省略了"从这种昏睡状态中"，另参下文36d。我们在《泰阿泰德》153b-c中得知，懒惰和躺着休息对灵魂和身体都是致命的。

［MP注］把雅典比附成一匹高贵而慵懒的马，这倒不是在奉承。这种比喻与伯里克勒斯在"葬礼演说"中把雅典颂扬成"希腊人的学校"（《战争志》2.41）形成尖锐的对比。

30e5：ὑπὸ μύωπός τινος［某种牛虻］，［B注］"被某种牛虻"（tabanus，法语的taon）。这个意思来自本段的整个思路，尤其来自31a1的 πανταχοῦ προσκαθίζων，"到处追着叮刺"，以及a4的 κρούσαντες（参彼处注释）。很多编校者（包括尚茨）认为 μύωψ 在这里用的是次要的含义，即"马刺"，根本就不值一驳。根本就不可能因被比作 γελοιότερον［更可笑］而辩护。

［A注］τινος（像拉丁语的quidam）为这种比附而致歉。苏格拉底用这个比喻可能是在暗指伊娥（Io）的故事，即埃斯库罗斯《被缚的普罗米修斯》行674以下：κεραστὶς δ', ὡς ὁρᾷτ', ὀξυστόμῳ μύωπι χρισθεῖσ' ἐμμανεῖ σκιρτήματι ἧσσον ...［我的头上长出犄角，正如你看见，被毒刺尖锐的牛虻蛰得狂蹦乱跳］（王焕生译文）。在《美诺》80a中，苏格拉底被比作"电鳗"（νάρκη），就因为他的话语具有使人麻痹的作用（a4-6）：δοκεῖς μοι παντελῶς, εἰ δεῖ τι καὶ σκῶψαι, ὁμοιότατος εἶναι τό τε εἶδος καὶ τἆλλα ταύτῃ τῇ πλατείᾳ νάρκῃ τῇ θαλαττίᾳ[说句笑话，你真像那种扁平的海鱼，就是所谓电鳗，无论在外形上还是在其他方面都像，把我完全制服了]（王太庆译文）。苏格拉底在其他地方还自比为助产士（《泰阿泰德》149a 以下，格罗特《希腊史》，卷八，页252以下）。凡此种种，都让我们有理由赋予 μυώψ 更为滑稽的"牛虻"而非"马刺"的含义。

[S丙注] μυώψ 从这里所具有的本来含义"牛虻"，经过一个可以理解的转变，就成了"马刺"，见于亚里士多德的弟子 Theophrastus 的说法。

[D注]这是幽默地对待目前的处境。首先，雅典人被比作一匹马，因一只嗡嗡作响的马蝇（horse-fly）的烦扰而不能动弹。这里没有强迫人们接受马的隐喻，而是详细阐释了 μυώψ 的隐喻："苏格拉底让他们不得安生，整天挑逗他们（προσκαθίζων），还不允许他们哪怕小憩一会儿；他们在打瞌睡的时候（31a4 的 οἱ νυστάζοντες），他却不断地骚扰。然后，他们不耐烦地拍向（κρούσαντες）他，永远摆脱了他的纠缠。"

[MP注]这是《申辩》最有名的段落，把苏格拉底描绘成惹人厌的"蚊蝇"，连续不断地骚扰其同胞。很多读者都看到了苏格拉底这种比喻与伊索寓言的联系，以希罗多德和"旧谐剧"为参照来看，这种联系在公元前5世纪可谓人尽皆知。这种联系值得好好探究一番。《斐多》开篇就以戏剧形式展示了苏格拉底的死亡过程，我们由此得知苏格拉底在狱中花了一些时间把伊索寓言改编成了诗歌。

[按]这种令人讨厌的昆虫（译者家乡人称之为"牛蚊子"）虽然叮咬的是"马"，故而有人以为应该译作"马虻"，但"牛虻"不止叮咬"牛"，也叮咬"马"和其他动物，包括人。尤为关键的是，"牛虻"是汉语中的习惯说法，而在中文大型工具书中，似乎也找不到"马虻"这样的说法。

30e5-6：οἷον δή μοι ... τοιοῦτόν τινα[而我……它这种作用]，[S甲注]加上 τοιοῦτόν τινα 来作 οἷον 的同位语，是为了让后面的话与句子的这个部

分联系更紧密。[A注]"即便像……的这样一个人"。τοιοῦτόν τινα引入关系从句，更为准确地解释οἷον所暗含的内容。

[SS注] οἷον δή着重再提那种比喻，"是的，神明把我附加给城邦，正像是一只牛虻"，而τοιοῦτόν τινα则用来引入ὃς ὑμᾶς...，即描述苏格拉底所要起到的"作用"。[T注] οἷον由于被后面的τοιοῦτόν τινα所修饰，意为"这一类的东西"。τοιοῦτόν τινα之所以放在这里，是为了更容易地引入后面的从句。[按]如果按照这种理解把这句话翻译成"我认为神明就是派遣我这样一种东西来这个城邦"，在汉语中就显得有些不伦不类。

[D注]字面意思是"神明似乎用这种能力把我强加于这个国家，——这个东西（实际上）从未停止……"这里重复翻译了προσκείμενον（ὑπὸ τοῦ θεοῦ），是为了避免太过字面化处理的尴尬。注意，οἷον实际上不仅简单地指μύωψ，而且在指向它（牛虻）的时候，似乎还表达了让马匹产生活力。μύωψ也指"马刺"，而且在这段话的部分内容中，这种含义似乎一直在（说话人）脑海中。

30e6-7: προστεθηκέναι ... ἐγείρων [派来……激发]，[SS注]让人想起e3的προσκείμενον和e5的ἐγείρεσθαι；它们的作用在于保持那种比喻的生动性。另一方面，这些措辞把苏格拉底对他人的"唤醒"刻画为规劝性的，正如《克莱托丰》408b5-c4（另参斯凌斯的注疏，页118-119）。关于ὀνειδίζειν，另参30a1、41e6和《高尔吉亚》526a4（与παρακαλεῖν连用），以及《克莱托丰》408e5（与προτρέπειν连用，见Slings的注疏，页347-348）。——ἐγείρων καὶ πείθων καὶ ὀνειδίζων这三个分词，用古德温的话说，是"视情况而定的"（circumstantial），是对παύομαι的"补充"。

30e7: ἕνα ἕκαστον [每一个人]，[B注]苏格拉底坚持自己诉求的个人特征。另参31b4和36c3。[A注]是καὶ πείθων καὶ ὀνειδίζων的宾语。

31a1: οὐδὲν παύομαι ... προσκαθίζων [不停……追着叮刺你们]，[A注]"一整天、每时每刻、从来没有停止地扑向你们"，参《高尔吉亚》517c6: οὐδὲν πανόμεθα εἰς τὸ αὐτὸ ἀεὶ περιφερόμενοι [我们从来没有停止永远在相同的东西周围绕来绕去]（李致远译文）。另参色诺芬《回忆苏格拉底》4.4.10：οὐδὲν παύομαι ἀποδεικνύμενος［从未停止指出］。

［按］προσκαθίζων，本义为"坐在旁边"。A 注理解为 darting down upon，"扑向"，亦通（水建馥译作"扑在你们身上"）；盖洛普译作 alighting on，即"（像牛虻一样）停在你们身上"，颇为准确；格鲁伯译作 i find myself in your company，亦通，但语意不足（王太庆译作"紧跟着你们"；而吴飞译作"安顿你们"，语意高妙，似太过）。我们译作"追着叮刺你们"，是为了更为形象生动地表达苏格拉底四处诘难别人的习惯做法。或可简单译作"追逐"。

诸位，另外一个这样的人毕竟不容易出现在你们面前，所以，如果你们听我的，就放了我！——当然，你们也许会很恼火，就像从瞌睡中被唤醒的人那样，兴许会［a5］拍我一巴掌。而你们倘若听信安虞托斯的话，还会轻而易举杀死我，然后在沉睡中耗完余生，除非神明关心你们，另外再给你们派一个来。［τοιοῦτος οὖν ἄλλος οὐ ῥᾳδίως ὑμῖν γενήσεται, ὦ ἄνδρες, ἀλλ᾽ ἐὰν ἐμοὶ πείθησθε, φείσεσθέ μου· ὑμεῖς δ᾽ ἴσως τάχ᾽ ἂν ἀχθόμενοι, ὥσπερ οἱ νυστάζοντες ἐγειρόμενοι, κρούσαντες ἄν με, πειθόμενοι Ἀνύτῳ, ῥᾳδίως ἂν ἀποκτείναιτε, εἶτα τὸν λοιπὸν βίον καθεύδοντες διατελοῖτε ἄν, εἰ μή τινα ἄλλον ὁ θεὸς ὑμῖν ἐπιπέμψειεν κηδόμενος ὑμῶν.］

31a3-5：ὑμεῖς δ᾽ ἴσως ... ῥᾳδίως ἂν ἀποκτείναιτε［你们也许……还会轻而易举杀死我］，［S 甲注］注意这里一连串的分词，因此沃尔夫如此翻译："但你们，也许被冒犯了，就像被唤醒的瞌睡者，会拍打我，并且遵照安虞托斯的提议，会暴躁地杀死我：然后你们会在有生之年毫无打扰地沉沉睡去，直到神明因为关心你们而另外派一只（牛虻）来。"这仍然沿用了前面的比喻。

［SS 注］ἴσως τάχ᾽ ἄν 和 τάχ᾽ ἴσως τάχ᾽ ἄν 在柏拉图笔下是常见的冗言，尤其见于后期对话的冗长文体中，参阿斯特《柏拉图词典》中的 ἴσως 和 τάχα 词条。

［S 丙注］τάχ᾽ ἄν 仅仅用来强化 ἴσως，"但你们也许会暴跳如雷"。

［T注］读者会注意到异常的一连串分词，有些可以翻译成动词；ἄν 让分词（κρούσαντες）具有了可能的含义："但你们也许由于被冒犯了，就像睡着了的人从梦中被唤醒，会拍打我，如果听了安虞托斯的话，还会急躁地处死我。"

31a4：οἱ νυστάζοντες ἐγειρόμενοι［从瞌睡中被唤醒的人］，［SS注］即 οἳ ἂ νυστάζοντες ἐγείρωνται，意为"从瞌睡中醒来的人"。另参《法义》747b3-5（学习算术的好处）：τὸ δὲ μέγιστον, ὅτι τὸν νυστάζοντα καὶ ἀμαθῆ φύσει ἐγείρει καὶ εὐμαθῆ καὶ μνήμονα καὶ ἀγχίνουν ἀπεργάζεται［它最大的好处在于，能够唤醒那些天生就昏昏欲睡的无知者，使他学得好、博闻强识和机智灵敏］。随着这种新的比喻，之前的比喻稍微发生了一点转变：我们能够想象得到，一只虻蝇到处嗡嗡作响，激怒的不是一匹马，而是一个昏睡的人，这个人试图猛拍或者甚至要杀死一只烦人的昆虫。

31a4：κρούσαντες［拍一巴掌］，［B注］即R注所谓"就那么一拍"，正如你们对μύωψ［牛虻］那样。这与那种认为μύωψ指"马刺"的看法相当不合。这是那个停在昏睡的人身上的牛虻让他醒过来，然后此人轻轻一拍就杀死了它。

［SS注］关于这里三次使用ἄν，另参古德温《希腊语语法》的§223；作者在§224指出，条件性分词的附近尤其易于有两个ἄν，另参41a7注。

［MP注］这个意象虽然符合苏格拉底之为蚊蝇的比喻，但在他的想象中，拍扁他的不是恼怒的马，而是受安虞托斯忽悠的雅典人。这个词的意思是"打"，但也指"通过拍打来检测"，以检验陶罐是否破裂了。

31a5：πειθόμενοι Ἀνύτῳ［听信了安虞托斯的话］，［SS注］这是29c1 Ἀνύτῳ ἀπιστήσαντες［不听信安虞托斯的建议］的反义词。苏格拉底始终把安虞托斯说成一个有影响力的人，这个人的权威比美勒托斯的论证似乎更能打动陪审员。

31a5：ῥᾳδίως［轻而易举］，［B注］"轻轻地"或"不假思索地"，另参24c6（按：那里译作"随随便便"）。

31a6：εἰ μή ...［除非……］,［B注］"除非为了你们好而另外给你们派一个来"。动词 ἐπιπέμπειν 一般用在神明身上（参《希英大词典》）。另参《斐多》62c7：πρὶν ἀνάγκην τινὰ θεὸς ἐπιπέμψῃ［直到神明宣布某种必然性］。《斐德若》245b6：ὁ ἔρως ... ἐκ θεῶν ἐπιπέμπεται［神们遣来爱欲］（刘小枫译文）。另参《克里同》46c5注：相当于拉丁语的 immittens，"为我们所设"，"落到我们头上"。该词用作这个意义时，一般指神明，而且在技术上几乎就是神明的"天罚"（visitation）。另参欧里庇得斯《腓尼基妇女》行810：ἂν ὁ κατὰ χθονὸς Ἅιδας Καδμείοις ἐπιπέμπει［好像是哈得斯从地下派来祸害卡德默亚人的］。

我实际上恰好就是神明赐予城邦的那样一种人，你们从下面的事实［31b］兴许就会明白：我从来不关心自己的任何事情，这些年来一直坚持不理家事，反而总是关心你们的利益，就像父［b5］兄一样，私下来到你们每个人身边，劝你们关心德性——这岂是凡夫俗子之所为！ ［ὅτι δ' ἐγὼ τυγχάνω ὢν τοιοῦτος οἷος ὑπὸ τοῦ θεοῦ τῇ πόλει δεδόσθαι, ἐνθένδε ἂν κατανοήσαιτε· οὐ γὰρ ἀνθρωπίνῳ ἔοικε τὸ ἐμὲ τῶν μὲν ἐμαυτοῦ πάντων ἠμεληκέναι καὶ ἀνέχεσθαι τῶν οἰκείων ἀμελουμένων τοσαῦτα ἤδη ἔτη, τὸ δὲ ὑμέτερον πράττειν ἀεί, ἰδίᾳ ἑκάστῳ προσιόντα ὥσπερ πατέρα ἢ ἀδελφὸν πρεσβύτερον πείθοντα ἐπιμελεῖσθαι ἀρετῆς.］

31a7：ὅτι δ' ἐγὼ τυγχάνω ...［而我实际上恰好］,［T注］"但我现在恰好是（τυγχάνω ὢν）那样一个人，是神明赐予这个城邦的，你们可以从以下事实看出来。"苏格拉底要证明的事情是他的人格，人们完全可以认为他身负神圣的使命；证据就在于他"忘我"而"无私"地献身于其他人的最高利益，而他认为这就是某种超出凡人的东西（οὐ γὰρ ἀνθρωπίνῳ ἔοικε）。比较库桑对此处的翻译以及施塔尔鲍姆的注疏。

31b1：οὐ γὰρ ἀνθρωπίνῳ ἔοικε［这岂是凡夫俗子之所为］,［S甲注］"似乎与人类的动机不符"，因为人们更关心自己的事情，胜于关心陌生人的事情，更顾及自己的安全，甚于别人的安全。

[S乙注] 每个人都最关心与自己的好处和利益最相关的事情，这在雅典尤为突出，忽视自己的义务和国家的义务，几乎构不成犯罪。

[B注] "不像是仅仅发生在人类身上的样子"，即它似乎是某种超出人力范围的东西。"仅仅人类的动机是绝不能解释的"。这里清楚地表明，苏格拉底原来并不是穷人。

[SS注] 当时普遍接受的看法是，杰出人士不应该为了提升他人的福祉而忽视自己的利益，参希罗多德1.97.1：戴俄刻斯（Deioces）得享正义之名，是因为他能保留每一个地方来的人的差异性，即便在不堪重负的情况下，他也拒绝继续担任仲裁者；另参德谟克利特残篇68b253（DK本）。

[A注] 这里的 γάρ，另参上文20e的 Χαιρεφῶντα γὰρ ἴστε που [你们大概都知道凯瑞丰这个人吧]。ἔοικε 参26e。ἀνθρωπίνῳ 指适合 ἄνθρωπος [人类] 的行为方式，这里即 τῶν ἑαυτοῦ ἐπιμελεῖσθαι [关心自己的事]。苏格拉底把自己的无私说成是受命于神的证据。

[D注] γάρ 引入对 ὑπὸ τοῦ θοῦ 的解释，不需要翻译。

[G注] 苏格拉底论证到，他的使命所具有的纯粹仁爱本质，表明它来自神明。全然为了别人的利益，这对人来说不是自然而然的，但对神来说，却再自然不过了。另参《游叙弗伦》3d和15a。

[按] 盖洛普译作 it would not seem to be in human nature，魏斯特译作 it does not seem human，并注曰："更直接的译法是'不像是人'。"

31b2：τῶν οἰκείων [家事]，[S丙注] 这里指的是与家庭相关的事情，与那种纯粹个人性的事物相区别。苏格拉底的妻子克桑提佩（Xanthippe）也有苦楚。

[T注] 整句话译作"让我的私人事务遭到了忽视"，字面意思是"我让自己远离它们，而让它们被忽略"。ἀνέχεσθαι 表达一种优越性，因此带的是属格，一般情况带宾格。需要注意的是，ἀνέχεσθαι 和 πράττειν 都表示"过去持续的"行为，换言之，它们都是"过去时"。

31b3：τὸ ὑμέτερον πράττειν [关心你们的利益]，[SS注] πράττειν τὸ

αὑτοῦ（如《王制》407a1 和《斐德若》247a6）和 πράττειν τὰ αὑτοῦ（《高尔吉亚》526c3-4、《王制》433a8 和《治邦者》307e3-4）之间，似乎没有任何区别。两种表达法都可以指"关心自己的利益"（这里就是此意）或"在乎自己的事情""限于自身的活动领域"。

31b3：ἰδίᾳ ἑκάστῳ προσιόντα［私下来到你们每个人身边］，［SS 注］这个说法为第二场反驳（c4-5）埋下了伏笔。后面的 ἢ ἀδελφὸν πρεσβύτερον［或者就像兄长一样］，取代了已过世的父亲，充当自己尚未成年的兄弟的 ἐπίτροπος［管理人］（按：即我们所谓"长兄当父"），另参下文 33d6、e3-4 和 34a2。另参 30a4 注。

［MP 注］苏格拉底的公开行为与美勒托斯在 26a3 所说的大不一样。柏拉图在这两处使用 ἰδίᾳ［私下］一词，就是为了强调这种对比。苏格拉底实际上把哲学设立为一种发生在 δῆμος［公民社会］之外的超越民主之上（extrademocratic）的事业（另参 30b4），它同时又能在雅典民主制下界定社会生活的核心要素。苏格拉底的所作所为会被某些人视为对现存政治秩序的威胁，这当然是有道理的。

31b4：ὥσπερ πατέρα［就像父亲一样］，［S 丙注］这里用宾格，是因为前面有介词 περί。"正如一个父亲或兄长会……"

31b5：ἐπιμελεῖσθαι ἀρετῆς［关心德性］，［B 注］即 ἐπιμελεῖσθαι τῆς ψυχῆς ὅπως ἔσται ὡς βελτίστη［关心如何才能让灵魂变得最优秀］。

如果我从中捞到过什么好处，或者为了获取报酬才规劝你们，那还有个说头。但如今连你们自己也都看到了，那些控告者虽然在其他所有事情上如此无耻地控告我，却还没有厚颜无耻到 [31c] 举出证人，说我曾几何时要么收受过、要么索要过什么报酬。相反，我想，我倒可以提出充分的证据表明自己说的是真话，这个"证人"就是我的贫穷！

［καὶ εἰ μέν τι ἀπὸ τούτων ἀπέλαυον καὶ μισθὸν λαμβάνων ταῦτα παρεκελευόμην, εἶχον ἄν τινα λόγον· νῦν δὲ ὁρᾶτε δὴ καὶ αὐτοὶ ὅτι οἱ κατήγοροι τἆλλα πάντα ἀναισχύντως οὕτω κατηγοροῦντες τοῦτό γε οὐχ οἷοί τε ἐγένοντο ἀπαναισχυντῆσαι παρασχόμενοι μάρτυρα, ὡς ἐγώ ποτέ τινα ἢ ἐπραξάμην μισϑὸν ἢ ᾔτησα. ἱκανὸν γάρ, οἶμαι, ἐγὼ παρέχομαι τὸν μάρτυρα ὡς ἀληϑῆ λέγω, τὴν πενίαν.]

31b5：καὶ εἰ μέν τι［而如果……什么］，[A 注] 这是科贝特的读法，Göbel 读作 καὶ εἰ μέντοι τι，但似乎应为 καίτοι εἰ μέν τι。καίτοι 相当于拉丁语的 quamquam，即 and yet［而］，更准确地符合这里的意思，另参《斐多》73a9-10：καίτοι εἰ μὴ ἐτύγχανεν αὐτοῖς ἐπιστήμη ἐνοῦσα καὶ ὀρϑὸς λόγος, οὐκ ἂν οἷοί τ' ἦσαν τοῦτο ποιῆσαι［可是，倘若他们身上不曾有知识和正确的理，恐怕就没能力做到这一点］（刘小枫译文），以及65b。

31b7：εἶχον ἄν τινα λόγον［那还有个说头］，[A 注] 即，我应该被人理解，"我的解释应该是可以理解的"，另参下文 34b。后面的 νῦν δέ，意为"但情况是"（but as it is），参上文 18a1 καὶ δὴ καὶ νῦν 的注释。

[D 注]"那么，我至少应该有些道理"。另参上文的 ἀνϑρωπίνῳ ἔοικε［似乎是凡夫俗子所为］。他致力于其他人的事情，忽视自己的私事，尤其还毫无报酬，这不符合"人"性；所以，这样一个人必定受到了神明的影响。——很多雅典人很可能认为，苏格拉底忽视自己的工作，乃是因为他这个人太懒，还会认为，他乐于向别人展示其近乎一无所知，无非是因为他身上那有害而可怜的精灵（spirit）。

[T 注]"我就应该有些道理了"，也就是说，即便不提神圣的使命，我的行为一般说来也足以说明问题。

[MP 注] λόγον［说法］，即为自己忽视私己之事做些合理论证。苏格拉底反讽性地采纳了同胞们的思维模式，以此暗示同胞们仅仅在乎物质追求。

[按] 盖洛普译作 my actions could be explained，格鲁伯译作 there would be some sense to it（福勒近之），魏斯特译作 it would be somewhat reasonable，施莱尔马赫译作 so hätte ich noch einen Grund［那么我还有点理由］，阿佩尔特译作 so wäre mein Verhalten vielleicht begreiflich［那么我的行为也许还可理解］，水建馥译作"那还可说"，王太庆译作"那

就是别有用心",吴飞译作"那还有些道理"。"那还有个说头",口语；或可译作"那还有得一说"。英译者把这里理解为是在继续阐释"岂是凡夫俗子之所为",亦可理解为在解释下面的内容。

31b7: ὁρᾶτε δὴ καὶ αὐτοί [连你们自己也都看到了],[SS注] δὴ 强调人们所看到的证据（更一般的情况是,它要诉诸听者的知识或理性）,因而都放在 ὁρᾶν 和 δῆλος 之后（丹尼斯顿,前揭,215 ii）。这里的 ὁρᾶτε 是直陈式,另参《高尔吉亚》461a5: ὁρᾶις δὴ καὶ οὑτός [你自己确实也看到了],以及《申辩》40a7: ἅπερ ὁρᾶτε καὶ αὐτοί [你们亲眼看到了吧]。

31b8: ἀναισχύντως οὕτω [如此无耻地],[SS注]《希英大词典》οὕτως 词条 B 部分:"οὕτω 或 οὕτως 的位置,大多数时候都在它所限定的词'之前',但在诗人笔下,则在'之后'。"然而,如果认为后置的 οὕτω(ς) 仅仅出现在诗歌中,那就错了（《希英大词典》"补编"曰:"所谓'大多数时候'应指'在散文中几乎总是如此'。"在柏拉图笔下,如此处和《会饮》198b3,放在后面的 οὕτω(ς) 具有强化的含义,在其他地方,则具有缩减的意思,如《普罗塔戈拉》351c7,《法义》633c9,《希琵阿斯后篇》368a8。后置的 οὕτω(ς) 表示强化的意义,在德莫斯忒涅斯笔下更为常见,参雷丹茨和布拉斯的《德莫斯忒涅斯的新"腓力辞"》(Rehdantz–Blass, *Demosthenes' neu Philippischen Reden* ii 2^4, Leipzig 1886) 索引中的 οὕτω(ς) 条目,那里也收录了其他作家的例子。——这里指的是 17a3–b4。

31b9: οὐχ οἷοί τε ἐγένοντο ἀπαναισχυντῆσαι [却还没有厚颜无耻],[S乙注]"不能如此厚颜无耻地说"。[D注]主导观点不在这个不定式中,而在后面的分词中。另参28b、29d 和《克里同》53c。

[B注] ἀπαναισχυντῆσαι,"厚颜无耻地说"。另参德莫斯忒涅斯 29.20: οὗτος δὲ τὸ μὲν πρῶτον ἀπηναισχύντει [他起初试图厚颜无耻地对待此事],以及 54.33。前缀 ἀπ- 与 37a3 的 ἀπαυθαδίζομαι 词头意思相同。

[SS注] 这似乎是 ἀπαναισχυντῆσαι 唯一用作及物动词的地方；它在其他地方绝对都用来指"厚颜无耻地撒谎",亦参德莫斯忒涅斯 29.20、

45.44 和 54.33；托名德莫斯忒涅斯 43.42 和 48.6。οὐχ οἷοί τε ἐγένοντο，"不能够"；ἐγενόμην 起到的是 εἰμί［是］的不定过去时的作用，另参 33a6 和《吕西斯》223b8。

［R 注］他们无疑会有这样的说法，另参 19d，但他们发现不大可行的是把支撑证据带到法庭上来。也就是说，从语法上讲，ἀπαναισχυντῆσαι παρασχόμενοι μάρτυρα 这个句子主要的意图在于主句，而不在动词 ἀπαναισχυντῆσαι 之上。

［A 注］ἀπαναισχυντεῖν 意思是"在否认"（ἀπ-）别人所说的什么事情时坚持无耻地撒谎。前面的 τοῦτό γε 指的是后面的 ὡς ἐγώ ... ᾔτησα，而 ἀπαναισχυντεῖν 之类表示"反驳"的动词，如 ἀντιλέγειν ἀμφισβητεῖν［反驳所争议的问题］，一般说来会接一个 ὡς 从句，以表示自己的立场，而不是自己所反对的东西。另参亚里士多德《政治学》1287b23 和《王制》476d。这里译作"不能够带一个证人来，并且厚颜无耻地说我曾经"。

［S 丙注］"他们不能够无耻到这样的程度，竟然举出一个证人来。"这个句子的重点在分词从句上。另参李德尔的"词句汇要"（Digest）第 303 节，并比较 31d。

31c1-2：ἢ ἐπραξάμην ... ἢ ᾔτησα［要么收受……要么索要］，［T 注］"我既没有收取也没有向任何人索取报酬"。πράττεσθαι 即拉丁语的 exigere（ex-agere），德文的 ausmachen，英语的 make money。

31c2-3：ἱκανὸν ... τὸν μάρτυρα［充分的证据］，［A 注］"我所提供的证据已很充分"，ἱκανόν 当然是表语性的，另参 20e6：εἰς ἀξιόχρεων ὑμῖν τὸν λέγοντα ἀνοίσω［我从一个值得你们信任的人那里转述的］。关于τὴν πενίαν，另参 23b9-c1：ἐν πενίᾳ μυρίᾳ εἰμί［一贫如洗］。

［D 注］即 παρέχομαι μάρτυρα καὶ ὁ μάρτυς ὃν παρέχομαι ἱκανός ἐστιν［我可以提供证据，而且我所提供的证据非常充分］。在这一点上不需要特定的证人。

［T 注］"因为很充分的"，我认为，"就是我所提供的证据（注意 τὸν

μάρτυρα 中的冠词），即我说的是真话，也就是我（众所周知的）贫穷。"

不过，你们也许会觉得很奇怪，正如有人所说，我虽然私下四处奔波，给人们提出 [c5] 诸如此类的建议，简直"多管闲事"，却竟然不肯冒险在你们那么多人面前登上演讲台，公开给城邦出谋划策。个中缘由你们已经多次听我在很多地方讲过，有一种神圣的和 [31d] 精灵似的东西向我显灵——美勒托斯在诉状中极力谐讽的实际上就是那个东西。[Ἴσως ἂν οὖν δόξειεν ἄτοπον εἶναι, ὅτι δὴ ἐγὼ ἰδίᾳ μὲν ταῦτα συμβουλεύω περιιὼν καὶ πολυπραγμονῶ, δημοσίᾳ δὲ οὐ τολμῶ ἀναβαίνειν εἰς τὸ πλῆθος τὸ ὑμέτερον συμβουλεύειν τῇ πόλει. τούτου δὲ αἴτιόν ἐστιν ὃ ὑμεῖς ἐμοῦ πολλάκις ἀκηκόατε πολλαχοῦ λέγοντος, ὅτι μοι θεῖόν τι καὶ δαιμόνιον γίγνεται [φωνή], ὃ δὴ καὶ ἐν τῇ γραφῇ ἐπικωμῳδῶν Μέλητος ἐγράψατο.]

31c4: Ἴσως ἂν οὖν ... [不过，你们也许觉得很奇怪]，[B 注]苏格拉底继续解释他远离政治的原因，而我们在这里最终碰到了苏格拉底所谓"神迹"（divine sign）的东西。这是目前为止它最重要的禁止，但也在以下两个方面与其他的禁止完全相同：（1）它是否定性的，（2）它指向的是结果，而不是对错。

[R 注]苏格拉底远离政治的主要原因，不是他不可能身处公共位置而不牺牲自己的原则甚或生命，而是他觉得自己的使命是一种道德性的和私人性的使命；从他的观点来看，去纠正某个特定的政策，显然不如影响个人以及让政治家提高行政水平重要。

[D 注]苏格拉底并没有把远离政治视为本身就值得称赞的东西，这一点可由他与卡尔米德斯的对话所证实（色诺芬《回忆苏格拉底》3.7.1）：ἀξιόλογον μὲν ἄνδρα ὄντα καὶ πολλῷ δυνατώτερον τῶν τὰ πολιτικὰ τότε πραττόντων, ὀκνοῦντα δὲ προσιέναι τῷ δήμῳ（对人民说话）καὶ τῶν τῆς πόλεως πραγμάτων ἐπιμελεῖσθαι [可尊敬的、远比当时执政的人们更有本领，却迟疑不敢向百姓讲话，而且畏缩不愿管理城邦事务]。苏格拉底着重问卡尔米德（3.7.2）：Εἰ δέ τις, ἔφη, δυνατὸς ὢν τῶν τῆς πόλεως πραγμάτων ἐπιμελόμενος τήν τε πόλιν αὔξειν（提高公共福祉）καὶ αὐτὸς διὰ τοῦτο τιμᾶσθαι, ὀκνοίη δὴ τοῦτο πράττειν, οὐκ ἂν εἰκότως δειλὸς νομίζοιτο;［"如果一个人，"苏格拉底继续说道，"能够管好城邦的事务，增进城邦的福利，而且因此使自己受到尊敬，却畏缩而不这样做，把他看作一个懦夫，难道不是很恰当的吗？"］（吴永泉译文）。亦参该书1.6.15。关于苏格拉底在公共生活中的一点点经验，另参32b和《高尔吉亚》473以下。

31c4：ὅτι δὴ ...［正如有人所说］，［SS注］在谈到"反讽性的" δὴ 时，丹尼斯顿（前揭，229）指出："难以分类，因为在有些语境中的用法具有反讽的味道，但在另外的语境中则没有。"在八种分类中（229-236），有些情况下 δὴ 指的是这样的事实：所说的话不仅仅是真实的，因为只是有人提到或认为如此。丹尼斯顿把我们此处的文本列入第八类（236），包含"δὴ 所能表达的各种细微的反讽、讽刺和义愤。在我看来，这里根本就没有诸如此类的反讽；这个小品词表示 ἄτοπον ［奇怪］一词不是从苏格拉底的角度来说的，而是从那位假想的反对者的角度而言的。苏格拉底认可那些事实，但他认为用 καὶ πολυπραγμονῶ 来描述他并不合适。我们可以把 ὅτι δὴ 译作"即，正如有人所说"（按：只有盖洛普作此译）。另参 ἄρα 的指示性用法，对此可参40e6注。

31c5：ταῦτα συμβουλεύω ［提出诸如此类的建议］，［S乙注］即31b6-7的 ταῦτα παρακελεύεσθαι，费舍释曰：cohortari ad studium sapientiae et virtutis。

［SS注］在"回答第一种反驳"时，苏格拉底用了几个动词来表明自己的规劝活动，即 παρακελεύομαι 和 ἐνδείκνυμαι（29d5-6，另参31b6），πείθω（30a8、e7和31b5），ἐγείρω（30e7）。他在这里选用了 συμβουλεύω，下文也用了该词，也用在了其他著作中（如《拉克斯》180e1和《欧蒂德谟》304b1），是因为该词也可以指给出政治方面的建议（31c6）。

31c5：πολυπραγμονῶ ［多管闲事］，［S乙注］意为"管别人的闲事"，苏格拉底用这个说法来表达雅典人对他产生偏见的原因。［A注］它是 τὰ ἐμαυτοῦ πράττω ［管好自己的事情］的反义词。

[B 注] 省略了 ταῦτα, 意为"插手别人的闲事", 另参 b3 的 τὸ ὑμέτερον πράττειν ἀεί [总是关心你们的利益]。另参《王制》433a8–9：τὸ τὰ αὑτοῦ πράττειν καὶ μὴ πολυ πραγμονεῖν [干自己的事, 不多管闲事]（王扬译文；按：这就是苏格拉底最初的"正义"定义）。严格说来, 苏格拉底并非 ἀπράγμων [不涉政治、逍遥]（有时这可算作一种德性）, 而是说他于"私"（ἰδίᾳ）是 πολυπράγμων [多管闲事], 于"公"（δημοσίᾳ）则是 ἀπράγμων [不涉政治、逍遥]。他当然会招来伯里克勒斯演讲中所暗含的那种非难（修昔底德 2.40.2）：μόνοι γὰρ ... μηδὲν τῶνδε（省略了 τῶν πολιτικῶν）μετέχοντα οὐκ ἀπράγμονα, ἀλλ' ἀχρεῖον νομίζομεν [因为只有我们并不把那些不参加（政治）的人看作逍遥自在, 而是视其为一无用处]。

[D 注]"我是一个爱管闲事的人（busybody）", 另参 19b4 的 περιεργάζεται [痴迷] 和 33a 的 τὰ ἐμοῦ πράττοντος [自己的任务]。如果没有神圣的使命, 就不能证明这一点。柏拉图始终在否定的意义上使用该词。另参《高尔吉亚》526c。苏格拉底这里所用该词, 有一种微妙的反讽在焉。他的事情就是去关心别人的事情, 因此他远不是真正的 πολυπράγμων [多管闲事]。另参色诺芬《回忆苏格拉底》3.11.16：καὶ ὁ Σωκράτης ἐπισκώπτων（开玩笑）τὴν αὑτοῦ ἀπραγμοσύνην（无所事事）, Ἀλλ', ὦ Θεοδότη, ἔφη, οὐ πάνυ μοι ῥᾴδιόν ἐστι σχολάσαι· καὶ γὰρ ἴδια πράγματα πολλὰ καὶ δημόσια παρέχει μοι ἀσχολίαν [苏格拉底拿自己的悠闲生活开玩笑地说道：但是, 赛阿达泰, 我可是个极不容易得到闲工夫的人。因为有许多私事和公事简直使我忙得不可开交]（吴永泉译文）。

[MP 注] 苏格拉底在这里挪用了一个具有固定公共含义的词, 并赋予它新的私人性的含义。πολυπραγμοσύνη [搞政治阴谋] 在公元前 4 世纪晚期是备受谴责的术语, 指那种主宰着雅典生活的民主派和寡头派之间的政治斗争。寡头们反对他们所以为的其他城邦事务中民主派的骚扰, 并把自己称作 ἀπράγμονες, 意思是说他们懂得如果管好自己的事情（按：也就是不掺和政治, 或在政治上不乱来）, 与敌人的"繁忙"相对。在阿里斯托芬《鸟》中, 两位公民离开雅典, 去寻找一个可以平静生活的

τόπος ἀπράγμων [清静的地方]。与此相反，在伯里克勒斯的葬礼演说中，修昔底德让民主派伯里克勒斯这样说道（2.40）："只有我们才不会把那种不参与公共生活的人视为关心自己的事情（ἀπράγμονα），而是视为毫无价值的人（ἀχρηστόν）。"柏拉图笔下的苏格拉底挑战这样的观点，即πολυπραγμοσύνη [搞政治阴谋]只能作为公共事业的一部分而存在，并为自己的那种"事业"（business）找出充分的理由。在其他地方，哲人的ἀπραγμοσύνη [闲适，无事于心，逍遥]，才（反讽地）赢得了一种自豪。比较《高尔吉亚》526c4，以及多兹的注疏；亦比较《王制》433a。

31c6：ἀναβαίνων εἰς... [当……的面登上演讲台]，[B注]"出现在公民大会上"（盖洛普即作此译），另参17d2注。[A注] ἀνα- 指的是βῆμα [台阶、讲台、审判台]或讲台，也许就是"登上"演讲台（Weissenborn对此处的评述）。另参17d2的ἐπὶ δικαστήριον ἀναβέβηκα [出庭登台]注。

[SS注] ἀναβαίνων εἰς τὸ πλῆθος τὸ ὑμέτερον这种习语组合不见于演说家笔下，尽管πλῆθος τὸ ὑμέρον十分常见。[S丙注]另参17d2注。李德尔对这一段的解释有所不同，认为ἀναβαίνων是指普尼克斯山（普尼克斯）："正如著名的πᾶς ὁ δῆμος ἄνω καθῆτο [所有民众都坐在其上]，见德莫斯忒涅斯《金冠辞》169。"

[MP注]注意柏拉图的生花妙笔用两个表示动作的分词来比较"登上讲台"向公民大会演讲，以及"四处奔波"对私人讲话。

31c6：συμβουλεύειν τῇ πόλει [给城邦出谋划策]，[SS注]它是一个固定表达法（《高尔吉亚》455d2-3，埃斯基涅斯1.29）。συμβουλεύειν是一个规范的术语，用来指在公民大会上提出建议（《普罗塔戈拉》319c2、d1和6），公民大会的顾问（adviser）就是它的σύμβουλος（德莫斯忒涅斯18.189、192、212；埃斯基涅斯2.157和165），在公民大会上所作的演讲（δημηγορίαι）属于τὸ συμβουλευτικὸν γένος τῶν λόγων [建议性的演说类]（亚里士多德《修辞术》1358b7-10；另参阿纳克西美尼2，弗尔曼校勘本，11.4-5）。

31c7: τούτου δὲ αἴτιόν ἐστιν ...［个中缘由］，［B注］"神迹"在这里出场的方式，肯定排除了控诉中提到了它的可能性。它被当作法庭都很熟悉的东西引进来，但此前并没有提到过它。另参《游叙弗伦》3b5注，以及忒勒的《苏格拉底传》(*Var. Soc.*)，卷一，页13以下。还可以补充一点，如果诉状中无论以任何形式提到过"神迹"，苏格拉底都有义务对此作出回应，这对苏格拉底来说，不费吹灰之力。色诺芬（《回忆苏格拉底》1.1.3）指出，他也许已经作出过这种回应。无论如何，柏拉图如果要为自己的"回忆苏格拉底"辩护，当然要从那个角度来处理这场官司。

31c7: ὃ ὑμεῖς ἐμοῦ ...［你们……我］，［B注］这当然表明，谁也不能把这种"神迹"当作 ἀσέβεια［不虔敬］的证据。既然苏格拉底是在自己的辩护中提到它，就几乎不可能认为它是指控他的基础。

31c8: θεῖόν τι καὶ δαιμόνιον...［有一种神圣的和精灵似的东西］，［B注］另参《忒阿格斯》128d2-5。很清楚，θεῖόν τι 和 δαιμόνιόν τι 这两个词之间没有任何区别，而且两者都是形容词性的。［A注］"某种神圣而超自然的东西"。

［T注］"神圣而通神（demoniacal）的东西"，如果我们可以从词源学角度出发，在"超出凡人"（superhuman）的意义上使用 demoniacal 的话，那么可以说它来自 δαίμονες［精灵］。

［G注］苏格拉底在这里确认，他众所周知的神秘"征兆"（sign）已经被用来证明"引入新的精神性实在"（spiritual realities）的指控。另参《游叙弗伦》3b。在40b和41d，这种征兆没有出现，可谓至关重要。柏拉图笔下提到这种征兆的其他地方有：《欧蒂德谟》272e，《王制》496c，《泰阿泰德》151a，《斐德若》242b-c。色诺芬在《回忆苏格拉底》1.1.1-9和4.8.1-2以及《申辩》12-13中给出了相当不同的解释，那种征兆不限于警告苏格拉底不要做已打算好的事情，还鼓励他给其他人出主意。另参柏拉图托名作品《忒阿格斯》128d-131a。色诺芬把这种征兆比作传统的占卜，让苏格拉底对事情有了天赐的预感，靠科学知识是不

可能预知的。

［H注］这究竟是一种什么东西，苏格拉底没有明说（vague），但这里的形容词却强调了，它对苏格拉底来说是一种真实而重要的东西，这里的形容词表明它与神明有关系。在40b1，他称之为 τὸ τοῦ θεοῦ σημεῖον［神明的征兆］，而在《王制》496c3，则称之为 τὸ δαιμόνιον σημεῖον［神明的启示］（王扬译文），现在习惯上叫做"神圣的征兆"（the divine sign，或作"神迹"）。

［按］盖洛普和格鲁伯译作 a certain divine or spiritual sign，福勒相似地译作 something divine and spiritual，魏斯特译作 something divine and daimonic。施莱尔马赫译作 etwas Göttliches und Daimonisches，阿佩尔特译作 göttliches und dämonisches Zeichen。水建馥译作"神灵启示"，王太庆译作"神物或灵机"，吴飞译作"神性的精灵的声音"。

31d1：γίγνεται［显灵］，［B注］"向我显灵"（comes to me；按：王太庆译作"附在我身上"），常用来说"神迹"，另参《游叙弗伦》3b5注。［D注］δαιμόνιον 后面也许省略了 σημεῖον［征兆］，指内在的监视者。

31d1：φωνή［声音］，［S乙注］有些人认为插入这个词，目的是解释前文。但 θεῖόν τι 在所有的抄本中都有，也为福斯特所赞同。费舍把该词当作单纯的旁注而不予理睬，因为下面d2-3的 τοῦτ᾽ ἔστιν ἐκ παιδὸς ἀρξάμενον, φωνή τις γιγνομένη 使之毫无必要。

［B注］所有抄本都加上了的 φωνή 一词，在这里只能表示"作为一种声音"之意，但那显得非常不协调。下文（d3）才是它应该出现的地方。很多编者跟随福斯特删掉了它（按：故而不译出）。

［按］尚茨本、洛布本以及最新的MP本，都删去了这个词。修订后的"牛津古典文本"（1995年版）也将其当作衍文删去了。

31d1：ὃ δὴ καὶ...［而实际上］，［B注］这种措辞与19b1的 ᾗ δὴ καὶ πιστεύων...［靠的正是那种诽谤……］完全一样，因而必须用同样的方式来阐释。正如我们已经看到的那样，苏格拉底说他毫不明白美勒托斯的真正用意，这种想法也在游叙弗伦身上出现过，后来也为色诺芬所采信，但那说明不了任何问题（《游叙弗伦》3b5注）。安虞托斯不可能把 δαιμόνιον σημεῖον［神灵的征兆］和任何形式的 καινὰ δαιμόνια［新神灵］混为一谈。那种观点只有在人们习惯于谈论苏格拉底的"精灵"（Genius）之时，才显得有道理。ὃ δή（quod scilicet）和 ἐπικωμῳδῶν 的要旨，无非就在于此。苏格拉底反讽地认为，他"终于"搞明白了美勒托斯这场怪诞控告的真实含义。这完全是事后诸葛亮。不幸的是，苏格拉底这里的反讽与其他地方一样，都被当成了 au pied de la lettre［不折不扣的字面含义］。

［SS注］没有理由像伯内特那样，认为这里和19b1的 δή 意为"我认为"且是反讽性的。正如我们在c4的 ὅτι δή 注释中所见，δή 在相当多种语境中都可能是反讽性的，但它从不用在关系代词之后。在这个地方，丹尼斯顿如是描述它的准确含义（218.9）："通常强调先行词的重要性，或强调它与后面的意思完全相同。"他在谈到关系从句中的 καί 时说："常常与前面的 δή 连用，如此处。"（294，1̊i）其含义是"某种神圣而超自然的东西在我身上发生了，美勒托斯在其诉状中语带讥讽所暗示的就是它（的特征）。"

［A注］"如你们所知（δή），正是那样"。下文的 ἐπικωμῳδῶν 由 26e 以下的内容予以解释。尤其是，美勒托斯把苏格拉底的 δαιμόνιον 说成一个人格神而予以夸张的讽刺。［S丙注］"实际上这就是美勒托斯在其诉状中所嘲弄的那个东西"。

31d1-2：ἐπικωμῳδῶν Μέλητος ἐγράψατο［美勒托斯极力谐讽的］，［S甲注］苏格拉底暗指 ἀντωμοσία［誓状］中的话，ἕτερα δὲ δαιμόνια［新神灵］。ἐπικωμῳδῶν 意思是"嘲笑"，"为了搞笑才说的"，因为 κωμῳδεῖν 和 διακωμῳδεῖν 与 διασύρειν［嘲讽］、σκώπτειν［嘲笑］和 χλευάζειν［讥讽］的意思完全相同。原因在于，坏人在旧谐剧中是要蒙羞的。

［S乙注］"遭到大家的嘲笑"。正如施勒格尔（Schlegel）所说，由于旧谐剧的实践，整个谐剧诗本身就是一个巨大的笑话，而它本身又还包含很多不同的笑话。

[SS注]美勒托斯讥讽了那种神迹,并且歪曲了它,把它说成一种相当人格化和私人性的现象,就好像它表现了公共崇拜中的一种革命。

[R注] *ἐπικωμῳδῶν* 的意思似乎是"挑出来予以讽刺"。*σκώπτειν* 是"嘲讽"之意,而 *ἐπισκώπτειν* 则是嘲笑某人身上的某个特征。

[D注]让人想起苏格拉底前面的话:美勒托斯不诚实。[T注]来自古代谐剧的"污蔑"和"讽刺"方式。这里指的是美勒托斯诉状中的 *ἕτερα δαιμόνια καινά* [代之以新的神灵](按:一般译作"别的新神")。

[MP注]尽管 *ἐπικωμῳδῶν* 这个词在古典作品中仅出现过这一次,但非复合词的形式在演说辞中却以更为一般的"讽刺"之意而出现。参吕西阿斯24.18,也是一场指控,而其对手也是在开玩笑(另参27a7)。然而,在被称为"原先的控告者"中,最杰出的代言人就是阿里斯托芬的《云》,苏格拉底在谈到这一点时,不可能在没有谈到正儿八经的事情以此把两批控告者结合起来的情况下,就用谐剧当成比喻。

从我孩提时起就这样:有一种声音,它每次降临时,总是阻止我去做我打算要做的事情,却从不鼓励我去做什么。[*ἐμοὶ δὲ τοῦτ' ἔστιν ἐκ παιδὸς ἀρξάμενον, φωνή τις γιγνομένη, ἣ ὅταν γένηται, ἀεὶ ἀποτρέπει με τοῦτο ὃ ἂν μέλλω πράττειν, προτρέπει δὲ οὔποτε.*]

31d2-3: *ἐμοὶ δὲ τοῦτ'... φωνή τις γιγνομένη* [从我……就这样,有一种声音降临],[A注]"从孩提时代起,它就伴随我了,某种声音出现在我脑海中(come to me),当它出现时……"关于 *γιγνομένη*,另参《游叙弗伦》3b。*ἐκ παιδὸς ἀρξάμενον*,即拉丁语的 iam inde a puero,另参18b5的 *ἐκ παίδων* 注。

31d3-4: *ἀποτρέπει με τοῦτο ὃ ἂν μέλλω πράττειν* [阻止我去做自己打算要做的事情],[B注]关于 *ἀποτρέπειν* 的用法,另参下文。另参《泰阿泰德》151a3: *ἐνίοις μὲν τὸ γιγνόμενόν μοι δαιμόνιον ἀποκωλύει συνεῖναι* [有时那个神迹向我显灵,禁止我与他们交往]。不定式要用两次,既受 *ἀποτρέπει* 支配,又受 *μέλλω* 支配。另参《斐德若》242c1。

31d4: προτρέπει δὲ οὔποτε [却从不鼓励我去做什么]，[S乙注] 另参西塞罗《论占卜》1.54: Hoc nimirum est illud quod de Socrate accepimus, quodque ab ipso in libris Socraticorum saepe dicitur: esse divinum quiddam, quod δαιμόνιον appellat, cui semper ipse paruerit numquam impellenti, saepe revocanti [这当然就是我们听苏格拉底所说的，也是他在其门徒的著作中常常说到的：他有一种自己称之为 δαιμόνιον 的神祇，他总是尊奉祂，因为祂从不逼迫他，倒是常常制止他]。

[T注] 阿斯特把这个说法当成一个论据，说明《申辩》不是柏拉图写的，因为它与色诺芬（《回忆苏格拉底》4.8.5）和其他人的说法不一致，即神明影响力（divine influence）既有否定的性质，也有肯定的一面。但《忒阿格斯》128d几乎有完全相同的语句（按：故而很多学者认为《忒阿格斯》也是伪作）。尽管色诺芬（以及柏拉图在其他地方，如《斐德若》242b-c等）似乎认为那种声音既有劝阻作用，也有说服作用，但那只是对这一"事实"的一般性陈述，而我们此处则是对"方式"更为确定和准确的解释；因为，这种差别毕竟是表面的，而非事实上的，就在于对他不应做的事情所进行的劝阻，必然也包含对他应该做什么的教导。另参40a-c，以及施莱尔马赫对此处的注释，又及罗宾斯疏释《回忆苏格拉底》著作的附录（按：即 Robbins, *Xenophon's Memorabilia of Socrates*. New York: D. Appleton and Company, 1863）。

至于这种声音或如其他地方（40a）所谓神迹或神谕（ἡ μαντικὴ ἡ τοῦ δαιμονίου... τὸ τοῦ θεοῦ σημεῖον）的性质，虽有很多讨论，但这个问题也许还可说 sub judice [尚在未定之天]。有人提出，苏格拉底认为自己受某个特殊的 δαίμων [精灵，神灵] 指导，也就是保护神（guardian genius）或守护神（tutelar divinity），其特殊的职能，如果不是唯一职能的话，就是引导他并保护他。但在这里却得不出这种结论，实际上在柏拉图或色诺芬提到这个话题的其他段落中，也凑不成这种看法。另一些人则走向了对立的一极，得出了如下结论：苏格拉底的 δαίμων [精灵，神灵] 无非是理性的声音，被视为他灵魂中神明的声音。但这与那些相反的一极所持的看法同样不符合这段话中苏格拉底措辞的意义。费心费力比较了柏拉图和色诺芬的用语，再加上普鲁塔克、西塞罗以及后世作家对这个问题所做的阐述之后，我认为以下看法几乎没有留下什么让人怀疑的余地：苏格拉底的 δαίμων 和 θεῖόν τι καὶ δαιμόνιον 的意思，非常接近于神圣的教导和指引，每一个年龄段的好人都认为，与人打交道正是靠那种东西，那些靠祈祷和使用恰当方法的人就会得到那种东西，所谓恰当的方法，部分在于灵魂之中，然而却不是"来自"灵魂，而是来自上天，部分是外在的神迹、征兆、预言、梦境和幻觉。另参下文33c5-7：ἐκ μαντείων καὶ ἐξ ἐνυπνίων καὶ παντὶ τρόπῳ ᾧπέρ τίς ποτε καὶ ἄλλη θεία μοῖρα ἀνθρώπῳ καὶ ὁτιοῦν προσέταξε πράττειν［神明用的是占卜和梦，而其他神圣的命运指派人们去做任何事时，也会用上各种方式］。当然，《申辩》并没有暗示一种只有苏格拉底才有的守护神，而且在《回忆苏格拉底》中苏格拉底明确宣布，同样的神圣教导是所有人都能够得到的（1.1.3-4, 1.4.15 和 18；4.3.13 和 4.8.1）。亦参普鲁塔克对这个问题的有趣探讨，《论苏格拉底的守护神》(*De Genio Socratis*)。

［MP注］在柏拉图笔下，苏格拉底的"神迹"的作用完全是否定性的，因此，无论如何不能把它引证为是在指示苏格拉底哲学的内容。既然那种 δαιμόνιον［精灵般的东西］只说"不"，与神示更常见的喋喋不休的形式正好相反，那么，苏格拉底只能自己去思考那种干涉背后的理由。然而，苏格拉底这里却用那种思考来证明自己（相对的）不参与公民生活其实有道理。这与他听到（那个）神谕时的表现相似，他当时的检验行动也仅仅间接与神明的话相关。合并观之，这些轶事可以帮助我们把苏格拉底的哲学方法理解为是在对传统虔敬观作相当特殊的重新解释。

［按］参沃德尔（D. Wardle, *Cicero on Divination*, Oxford: Clarendon Press, 2006, p. 402）对这一段话的注疏：西塞罗忠实地再现了这种声音的否定方面，并且把它仅限于指导苏格拉底一个人。尽管古代晚期的学者把 daimonion 阐释为"一种内在的人格化 daimon，一种护卫性的

精神（spirit）或精神向导"（多兹，Supernormal Phenomena in Classical Antiquity, 刊于 *PSPR*. 1971, 221；另参 Apul. *De deo Soc*. 17ff.；Procl. *In Alc*. 78-83c；Olympiod. *In Alc*. 21-23c），但苏格拉底本人和柏拉图更为含混的语言表明，他们有意避免使用 daimon 一词，因为苏格拉底的向导是独一无二的，而每个人都有 daimon。另参《王制》496c-d；M. A. Joyal, "The Divine Sign Did Not Oppose me", 刊于 M. A. Joyal 编 *Studies in Plato and the Platonic Tradition*（New Brunswick, NJ, 1997），尤其页 57-58；以及 M. A. Joyal, "Tradition and Innovation in the Transformation of Socrates' Divine Sign", 刊于 L. Ayres 编 *The Passionate Intellect*（New Brunswick, NJ, 1995），这两篇文章都谈到了这种观念的详细发展过程以及更多的古代证据。这句话盖洛普意译作 yet never gives positive direction。魏斯特译作 but never urges me forward。格鲁伯译作 but it never encourages me to do anything（吴飞亦作此译），较为贴切。

[d5]反对我参与政治事务的，就是它，而且在我看来，它反对得太好了。因为，雅典人，你们要知道，如果我很久以前试图参与政治活动，我早就完蛋啦！这对你们以及对我自己，[31e]都不会有任何益处。 [τοῦτ᾽ ἔστιν ὅ μοι ἐναντιοῦται τὰ πολιτικὰ πράττειν, καὶ παγκάλως γέ μοι δοκεῖ ἐναντιοῦσθαι· εὖ γὰρ ἴστε, ὦ ἄνδρες Ἀθηναῖοι, εἰ ἐγὼ πάλαι ἐπεχείρησα πράττειν τὰ πολιτικὰ πράγματα, πάλαι ἂν ἀπολώλη καὶ οὔτ᾽ ἂν ὑμᾶς ὠφελήκη οὐδὲν οὔτ᾽ ἂν ἐμαυτόν.]

31d5：τοῦτ᾽ ἔστιν ὅ μοι ἐναντιοῦται τὰ πολιτικὰ πράττειν [反对我参与政治事务的，就是它]，[B 注] 在《王制》496c3，苏格拉底把他远离政治归因于那个"征兆"，就如这里一样。他说（c3-5）：τὸ δ᾽ ἡμέτερον οὐκ ἄξιον λέγειν, τὸ δαιμόνιον σημεῖον· ἢ γάρ πού τινι ἄλλῳ ἢ οὐδενὶ τῶν ἔμπροσθεν γέγονεν [我自己的情况不值一提，那是神灵的启示，其实，这事或许另外一个人也碰到过，或许从来没人碰到过]（王扬译文）。

31d6：παγκάλως ... δοκεῖ ἐναντιοῦσθαι [在我看来，它反对得太好了]，

[B注] 当然，神迹从未解释它为什么禁止，而苏格拉底只好猜测。苏格拉底自然而然地试图找出神迹要避免的是什么样的糟糕后果，最后得出的结论就是，如果他参与政治，那么就会危及他的使命。他恐怕很久以前就不能活命了，那也就为他一直给予同胞的好处画上了句号。这应该是他远离政治的充分理由，但如他继续解释的，无论是死亡的可能性还是别的什么东西，都不会让他不顾神明的肯定性命令，而神迹与此没有丝毫关系。[按] 亦可译作"它反对得完全正确"。

[MP注] 既然 δαιμόνιον [精灵般的东西] 只说"不"，与一般神明发送指示时往往长篇大论相反，那么苏格拉底只能自己去思考神明介入背后的理由。然而，苏格拉底在这里却利用自己思考的结果来为自己（相对而言）不卷入社会生活做辩护。这与他在听到神谕后的举止十分相似，他奉旨省察他人，也仅仅与神明的话语有着间接的关系。综合起来看，这些奇闻轶事有助于我们把苏格拉底的哲学方法等同于一种对传统宗教虔诚作出的高度异质化的解释。

31d7: εἰ ἐγὼ πάλαι ἐπεχείρησα ... πάλαι [如果我很久以前试图……早就]，[A注] 重复使用 πάλαι，不仅增强了修辞效果，而且极大地强化了其含义。如果（像科贝特和尚茨那样）删去第一个，苏格拉底就只是在说："如果我参与了政治，我很久以前就丧命矣。"而他的意思似乎是："如果我很久以前就参与政治，那我很久以前就已命丧黄泉。"他暗示，在他的（政治上的） début [崭露头角] 和死亡之间，不过只有短短的间隔。

[SS注] 科贝特删除第一个 πάλαι，当然是正确的。伯内特在评注时引用了亚当的注释（按：伯内特也承认科贝特也许是对的）。然而，问题不在于他平生或早或晚介入政治，而在于如果他扮演了政治上的角色，他能否得免一死。因此，第一个 πάλαι 是错误的强调，而第二个才相当正常。我们可以很好地说："如果我参与了政治，很久以前就送了命。"此外，双重的 πάλαι 在修辞上语气太重（a heavy rhetorical ring），这本身就让它在《申辩》中变得不可信。第一个 πάλαι 就是现有柏拉

图对话的抄本，尤其《斐多》中很多错误的预期描写法或重复手法的例子之一，而雅赫曼《柏拉图的文本》（G. Jachmann, *Der Platontext*. Göttingen 1942）已经正确地批评过这一点——尽管该作者在文本史方面的看法让人不敢苟同。《斐多》63d4 的 *πάλαι* 也是类似的情况，而 d5 的则是正确的。《申辩》中另一个完全相同的东西在 33d7-8（*καὶ τιμωρεῖσθαι*）。

31d8：*ἀπολώλη* [完蛋]，[S乙注] 费舍注曰：*ἀπόλλυσθαι*, ejici e patria, aut in vincula conjici, aut morte damnari [要么被逐出母邦，要么被关进大牢，要么被判处死刑]。躲过这种处罚的人就叫做 *σώζεσθαι*。在 *ἀπολώλη καὶ .. ὠφελήκη* 中，过去完成时主动态和中动态最早的写法是以 *εα* 结尾，见于荷马史诗和希罗多德笔下，如完成时的中动态在《奥德赛》4.434 中为 *πεποίθεα*，在希罗多德 9.58 中为 *συνηδέατε*。正如词首增音也发生了变化一样，词尾 *εα* 有时变成了 *η*，因此阿提卡和多里斯方言就有了 *ᾔδη* 和 *κεχήνη*，而有时又变成了 *ει*，可加上 *ν*。

[SS注] 在古典时期的文章中，带有"阿提卡"重叠词素的过去完成时没有词首增音（*ἠκηκόη* 例外）。在埃斯基涅斯 1.95 中，两种拼法都见于抄本中。

[A注] 关于 *οὔτ' ἂν ... οὔτ' ἂν*，沃拉布（Wohlrab）比较了《会饮》196e6：*οὔτ' ἂν ἑτέρῳ δοίη οὔτ' ἂν ἄλλον διδάξειεν* [他就既不能拿给别人也不能教给别人]（刘小枫译文）。

31d8：*οὔτ' ἂν ἐμαυτόν* [对我自己也没有]，[SS注] 这种观念在下文（36c2-3）中也有重复，是说：苏格拉底针对其他人的省察，同时也针对自己，可见于 28e5-6：*φιλοσοφοῦντά με δεῖν ζῆν καὶ ἐξετάζοντα ἐμαυτὸν καὶ τοὺς ἄλλους* [我必须过热爱智慧的生活，也就是省察自己以及其他人]，以及 38a3-5：*ἑκάστης ἡμέρας περὶ ἀρετῆς τοὺς λόγους ποιεῖσθαι καὶ τῶν ἄλλων περὶ ὧν ὑμεῖς ἐμοῦ ἀκούετε διαλεγομένου καὶ ἐμαυτὸν καὶ ἄλλους ἐξετάζοντος* [每天都能讲论德性，讲论你们听到的我在省察我自己以及在省察其他人时所谈过的其他东西]。因此，他的活动对自己的好处，不亚于对他的

那些谈话对象。苏格拉底在《王制》（496c8-d5）中描绘一个哲人在败坏的城邦中还坚持正义地行事会遇到什么后果时，表达了同样的想法：οὐδ' ἔστι σύμμαχος μεθ' ὅτου τις ἰὼν ἐπὶ τὴν τῷ δικαίῳ βοήθειαν σῴζοιτ' ἄν, ἀλλ' ὥσπερ εἰς θηρία ἄνθρωπος ἐμπεσών, οὔτε συναδικεῖν ἐθέλων οὔτε ἱκανὸς ὢν εἷς πᾶσιν ἀγρίοις ἀντέχειν, πρίν τι τὴν πόλιν ἢ φίλους ὀνῆσαι προαπολόμενος ἀνωφελὴς αὑτῷ τε καὶ τοῖς ἄλλοις ἂν γένοιτο［他们也找不到什么盟友，合伙去援助和挽救正义事业，相反，如同一个人遇上了一群野兽，他不想和它们一同作恶，但自己又没有足够的能力和这帮充满野性的家伙作对，还没等他能给城邦和朋友们造福，就早早身败名裂，给自己、给别人没有带来任何好处］（王扬译文）。

［按］这里的过去完成时很难体现，魏斯特处理得比较好：and I would have helped neither you nor myself，盖洛普亦近似：and should have been of no use either to you or to myself，但汉语似乎不好处理。苏格拉底的意思是说，如果我早早地"死于非命"（水建馥译法），那么，我此生对你们和我自己所带来的那么多益处，也就都不存在了——苏格拉底一直认为自己不事生计，像牛虻那样到处找人的麻烦，乃是造福人类，当然，也造福自己。

请不要因为我说了真话而生我的气。——无论哪个人，即便合法地反对你们或反对其他民众，以阻止那么多不义和不法的事情在城邦中出现，都活不成。相反，［32a］**如果他要真真正正为正义而战，即便打算多活哪怕一阵子，就必须当一个普通公民**［私下干］**，绝不能成为公众人物**［公开干］。［καί μοι μὴ ἄχθεσθε λέγοντι τἀληθῆ· οὐ γὰρ ἔστιν ὅστις ἀνθρώπων σωθήσεται οὔτε ὑμῖν οὔτε ἄλλῳ πλήθει οὐδενὶ γνησίως ἐναντιούμενος καὶ διακωλύων πολλὰ ἄδικα καὶ παράνομα ἐν τῇ πόλει γίγνεσθαι, ἀλλ' ἀναγκαῖόν ἐστι τὸν τῷ ὄντι μαχούμενον ὑπὲρ τοῦ δικαίου, καὶ εἰ μέλλει ὀλίγον χρόνον σωθήσεσθαι, ἰδιωτεύειν ἀλλὰ μὴ δημοσιεύειν.］

31e2：ὑμῖν［你们］，［SS注］当事人在民众法庭上用ὑμεῖς［你们］

来指公民大会的议案（acts）或公民大会的大多数民主派，如参吕西阿斯10.4（略）。传统的解释认为雅典陪审团在行使司法功能的时候就是 δῆμος［民众、民主］本身（并进一步假定，ἐκκλησία［公民大会］就是雅典民主的最高机构）。这种假设遭到了汉森（M. H. Hansen）的痛击，尤参 *GRBS* 19（1978）127-146，修订后收录于《雅典公民大会》（*The Athenian Ecclesia*, Copenhagen，1983，页139-160）和《再论雅典公民大会》（*The Athenian Ecclesia II*, Copenhagen 1989，页213-218）。汉森指出，δῆμος 从来不表示除公民大会（Assembly）之外的任何民主机构，它不能用作 δικαστήριον［陪审团］的同义词，而且常常与后者相对，如上引吕西阿斯8所示。但我们的用法又比这样一个简单的事实更为丰富，这个事实就是：很多法庭成员实际也参加过刚才所提到的"公民大会"，正如汉森所说，这很可能不符合上引吕西阿斯10（该文献无论如何都没有提到公民大会的议案）。人民法庭的陪审员被视为好像就是雅典人，并不是出于对 δῆμος［民众、民主］至高无上地位的尊重，而是因为修辞家们这样做大有好处，要么在于雅典光辉的历史反映在陪审员身上，要么在于他们那时在道德上要受到雅典过往决议的束缚（吕西阿斯13）。亦参 M. Ostwald. *From Popular Sovereignty to the Sovereignty of Law: Law, Society, and Politics in Fifth-century Athens*, Berkeley, 1986, 34, n. 131。

　　［T注］苏格拉底表明自己绝不是民众领袖（demagogue），甚至不是民主派。苏格拉底以此表示自己与雅典大多数文化人和哲学家站在一边，并同情他们，因为这个阶层的人对雅典民主几乎不抱尊重，也没有什么好感，他们也没有什么理由去跟民主打交道。但事情还不止于此，苏格拉底不屈不挠的真诚与坚定常常使他似乎抱有"反对"当局的态度，无论当局是民主制还是贵族制，他都被认为相当不切实际（impracticable）。比较下文苏格拉底对公民大会决议的拒斥，以及他拒绝服从三十僭主的命令去抓捕和"引渡"受到迫害的流亡者；另参色诺芬《回忆苏格拉底》4.4.2。

［按］γνησίως本义是"属于一个家族"，也就是"合法出生"的，引申为"真正的"（英语一般译作genuinely，吴飞译作"坦诚地"），因而也有"合法"之意。

32a1：ἀναγκαῖόν ἐστι ...［必须］，［B注］亚当说："柏拉图（按：引者原文以斜体显示强调，中文以楷体示之）似乎借这个令人难忘的句子，明确地宣布放弃自己早年的政治抱负。"我引用这个句子，是把它当作普遍存在的错误阐释柏拉图的例子。我们也完全可以根据莎士比亚剧作中的话"别了，长久的别了，我的一切的权势"（梁实秋译文；朱生豪译作："再见？我全部的宏伟事业从此不再见了"），就认为莎士比亚宣布放弃自己要当国务大臣的打算。后面的 τὸν ... μαχούμενον，即 τὸν μέλλοντα μαχεῖσθαι，意为"真的打算为正义而战的人"。

［SS注］τῷ ὄντι意为"实际上"，不仅仅是像很多政治家所做的那样，金玉其表而已。

32a2：καὶ εἰ μέλλει ὀλίγον χρόνον σωθήσεσθαι［即便打算哪怕多活一阵子］，［S甲注］赫尔曼（Hermann）在评注Viger.著作的页832中表明 καὶ εἰ 和 εἰ καί 有区别。他说："καὶ εἰ 是'即便'之意；καί 指条件，因此表明那种条件是不确定的，为'即便如此''如果'之意。因此，καὶ εἰ 用来指我们假设为真的东西，而不是用来指我们宣布为真的东西。另一方面，εἰ καί 是'尽管'之意，放在了条件性小品词后面，并不指那个小品词，也不表示那种条件本身是不确定的。因此，εἰ καί 表示那种东西真实存在，而不仅仅是假定性的。但 εἰ καί 也被视为'即便'，而非'尽管'之意，在这种情况下，不应该把 καί 理解为与 εἰ 连用，而是与后面的词连用。拉丁语etiam si的用法与之类似。"

［S乙注］καὶ εἰ ἀθάνατος ἦν，意为"即便我是不死的"，εἰ καὶ θνητός εἰμι，意为"尽管我是必死的"。［SS注］καί修饰的不是 εἰ，而是 ὀλίγον；另参丹尼斯顿，前揭, 301 ii。

［A注］καὶ εἰ 意为"即便"，而 εἰ καί 仅仅表示"尽管"（etsi）。这种表达法差不多相当于 εἰ μέλλει καὶ ὀλίγον χρόνον σωθήσεσθαι，却不如后者那

么强调。柏拉图似乎借这个令人难忘的句子，明确地宣布放弃自己早年的政治抱负，而他在《高尔吉亚》中则最终宣布放弃，参513a和515c以下。

32a2：*ἰδιωτεύειν ἀλλὰ μὴ δημοσιεύειν* [当一个普通公民（私下干），而不是成为公众人物（公开干）]，[S乙注] 费舍注曰：vitam privatam agere, privatum esse [过私人生活，就等于是普通公民]；*δημοσιεύειν* 即 *πράττειν τὰ πολιτικὰ πράγματα*, remp. administrare, magistratum esse [诸如管理和统治之类的]。

[B注]"（必须）私下做，而不是公开做"，这些词一般用于生意场和职业领域，尤其是医疗，从而把我们所谓"私人事业"与国家大事区分开来。比较《高尔吉亚》514d3-5：*κἂν εἰ ἐπιχειρήσαντες δημοσιεύειν παρεκαλοῦμεν ἀλλήλους ὡς ἱκανοὶ ἰατροὶ ὄντες* [例如，如果我们着手服公役，号召彼此，仿佛我们是合格的治病者]（李致远译文），同一著作e3-8：*εἰς τοσοῦτον ἀνοίας ἐλθεῖν ἀνθρώπους, ὥστε, πρὶν ἰδιωτεύοντας πολλὰ μὲν ὅπως ἐτύχομεν ποιῆσαι, πολλὰ δὲ κατορθῶσαι καὶ γυμνάσασθαι ἱκανῶς τὴν τέχνην, τὸ λεγόμενον δὴ τοῦτο ἐν τῷ πίθῳ τὴν κεραμείαν ἐπιχειρεῖν μανθάνειν, καὶ αὐτούς τε δημοσιεύειν ἐπιχειρεῖν* [世人竟然进入如此不理智的[境地]，以至于在干私活时碰巧制作许多东西，而且成功树立很多东西并充分锻炼技艺之前，常言道，就着手"在大酒瓮上学陶艺"，不仅自己试图着手服公役，而且号召其他这类人服公役]（李致远译文）。苏格拉底说（521d6）：*μετ' ὀλίγων Ἀθηναίων, ἵνα μὴ εἴπω μόνος, ἐπιχειρεῖν τῇ ὡς ἀληθῶς πολιτικῇ τέχνῃ καὶ πράττειν τὰ πολιτικὰ μόνος τῶν νῦν* [我同少数雅典人一起——免得我说唯我一人，但今人之中唯独我——着手真正的治邦技艺并实践政治事务]（李致远译文），但他只有把自己限定在私人事业上，才能够做到那一点（按：即"从事政治"或"参与政治活动"）。

[S丙注] 以-ενω结尾的动词来自名词，无论是实词还是形容词性的名词，表示处于该名词所表示的状态中。

[T注] 在色诺芬《回忆苏格拉底》1.6.15中，苏格拉底解释了他为

什么不参与政治，他能够通过把尽可能多的人教育成好公民和能干的政治家，这比他亲自参与国家事务，更能影响和有益于城邦。

［按］盖洛普译作 act in private capacity rather than a public one，格鲁伯译作 lead a private, not a public life（魏斯特和艾伦近之），福勒译作 be a private citizen, not a public man，施莱尔马赫译作 ein zurückgezogenes Leben führen, nicht ein öffentliches，阿佩尔特译得较为复杂 schlechterdings sich auf den Einzelverkehr beschränken und auf die Beteiligung an den öffentlichen Angelegenheiten verzichen，王太庆译作"那就只能当一名平头老百姓，决不能做官"（水建馥亦似），吴飞译作"他必须私下干，而不是参与政事"（与B注近）。《希英大词典》对这两个词释曰：occupy a private station, opp. δημοσιεύω, Pl. *Ap.* 32a, *R.* 579c；generally, to be a public man, opp. to ἰδιωτεύω, id=Plat.。此处含义颇为微妙，主要表示"私下"和"公开"做事，又表示当一个普通人，而不是当一个公众人物，近于"韬光养晦"。

对此，我会向你们提供确凿的证据，不是［a5］"言辞"，而是你们大家都看重的"行动"。那么，请听听我的经历，好让你们知道，我绝不会因为怕死，就违背正义而向任何一个人屈服，即便马上就遭灭顶之灾，也决不屈服。我要对你们讲的一些陈年旧账虽是法庭常见的说辞，却是真实的往事。［Μεγάλα δ᾽ ἔγωγε ὑμῖν τεκμήρια παρέξομαι τούτων, οὐ λόγους ἀλλ᾽ ὃ ὑμεῖς τιμᾶτε, ἔργα. ἀκούσατε δή μοι τὰ συμβεβηκότα, ἵνα εἰδῆτε ὅτι οὐδ᾽ ἂν ἑνὶ ὑπεικάθοιμι παρὰ τὸ δίκαιον δείσας θάνατον, μὴ ὑπείκων δὲ ἀλλὰ κἂν ἀπολοίμην. ἐρῶ δὲ ὑμῖν φορτικὰ μὲν καὶ δικανικά, ἀληθῆ δέ.］

32a4：Μεγάλα δ᾽ ἔγωγε ...［我……确凿的］，［B注］苏格拉底继续提出两个反对当时政府的例子，丝毫不考虑对自己可能产生的后果。这里与"神迹"毫无关系。指导他的不是那个神迹，而是他自己对什么是合法（νόμιμον）与正确（δίκαιον）的判断。

［SS注］倒装是为了强调 μεγάλα。当 μέγας 与 τεκμήριον 连用时，意

思是"结论性的"（conclusive，按：盖洛普即作此译），如40c1，而这两个词也常出现在柏拉图笔下，如《伊翁》534d4-5，《普罗塔戈拉》341e1，《克里同》52b1，《克拉提洛斯》436c2-3，《会饮》196a5，《王制》360c5；也常见于演说家口中，他们还把它与 σημεῖον [迹象，证据] 连用，如德莫斯忒涅斯19.115和241，托名德莫斯忒涅斯42.24，47.77，59.82和93；埃斯基涅斯1.25，2.103、141，3.46、177、238；吕库尔戈斯《驳勒俄克拉底》129；进一步的文献，可参梅耶尔的《柏拉图的"申辩"》，前揭，页51，注释121。——据亚里士多德《修辞术》1357b3-10，τεκμήριον 是一种必然性的证据（ἀναγκαῖον），而 σημεῖον 则仅仅是一种迹象或线索，其结果不过是一种可能的假设。阿那克西美尼（7、9和12）的用语不那么准确，但结果是一样的。然而，这里的 τεκμήρια 是两个例子，以证实31e2-32a3所提出的一般法则（上引《伊翁》那段话也是一样的）；下文40c1（如同上引《克里同》和《克拉提洛斯》），该词指一种非正式的argumentum e contrario [反面论证]：如果非a，就有理由期待b；既然非b，则a。

32a4-5：οὐ λόγους ἀλλ᾽ ὃ ὑμεῖς τιμᾶτε, ἔργα [那不是"言辞"，而是你们大家都看重的，"行动"]，[R注]"你们大家都习惯于高度赞赏的，生命中的行动。"（苏格拉底所说的）ὑμεῖς，不是指个体，而是一般性地表示雅典人，他们在公民大会或陪审团中起到评判者的作用，——"你们很容易受到这类请求的影响"。这里普通的 τόπος，以一种微妙的形式在辩护词中再现自己过去的贡献；这种做法另参吕西阿斯12.38。因此，苏格拉底紧接着又说，他"要利用一个普通的话题，也就是适合法庭特点的话题"。

[A注] 对苏格拉底和智术师常见的嘲讽就是，他们更多地沉溺于言辞，而不是付诸行动（按：即我们所谓"光说不练"），参阿里斯托芬《云》行1003：στωμύλλων κατὰ τὴν ἀγορὰν τριβολεκτράπελ᾽, οἷάπερ οἱ νῦν [像现在这样到市场里去谈天儿，开玩笑]（罗念生译文）。在雅典的保守派看来，行动似乎比言辞更好（ὃ ὑμεῖς τιμᾶτε），另参《云》行986。

32a5: *ἵνα εἰδῆτε...*［好让你们知道］，［SS注］正如梅耶尔的《柏拉图的"申辩"》（前揭，页47和注释99）所指出的，演说家一般用这个套话来引入听众从后面说的话中自己都能够得出的结论。

32a6: *ὅτι οὐδ' ἂν ἑνί ...*［绝不向任何一个人］，［B注］"不仅没有任何我会屈服的人，……而且我即便准备丧命，也不屈服。" 在 *ἀλλὰ καί* 之前省略 *οὐ μόνον*［不仅］之类的说法，更强调这个句子（K.–G. 525.5），而同时 *οὐδ' ἂν ἑνί* 比 *οὐδενὶ ἄν* 远远更多强调色彩。插入语 *μὴ ὑπείκων δέ* 表示 *εἰ δὲ μὴ ὑπεικάθοιμι*（因此用了 *μή*）。这个句子的重点和强烈的感情色彩稍稍放得不是地方。如果苏格拉底说 *ἀλλὰ κἂν ἀπολοίμην μὴ ὑπείκων*，就显得相当平顺了。

［SS注］关于在 *οὐδέ* 和某种形式的 *εἷς* 之间插入 *ἄν*，居纳-布拉斯（Kühner-Blass）的《新约圣经语法》（前揭，卷一，页632）只是说 sehr häufig［相当常见］；而迈斯特汉斯-施维泽的《阿提卡铭文的语法》（Meisterhans-Schwyzer, *Grammatik der attischen Inschriften*[3], Berlin 1900, Hildesheim, 1971重印）则根本就没有提到这种现象。在《柏拉图全集》中（不包括托名作品）只有二十五例（其中只有五例有 *ἕν*），却有六十例是 *οὐδεὶς ἄν*（其中35例是 *οὐδέν*）。在 *οὐδέ* 和 *ἄν εἷς*（等）之间从来不曾有过小品词。与此相似，还可以插入一个介词（Kühner-Blass 提到了这一点），如《斐多》100c5,《斐德若》245d2,《帕默尼德》156c2 和《法义》887e8。

［T注］"我不会向任何一个人屈服。" *ὑπεικάθοιμι* 是一种加强词义的形式，而没有用 *ὑπείκοιμι*。以 *αθειν* 和 *υθειν* 等等结尾的词，都是强调词。有人（按：如斯多克）认为这种加强的形式是不定过去时，但它们没有像不定过去时那样重读，也没有不定过去时的含义。下一句之所以是 *ὑπείκων*，因为不需要强调。

32a8: *μὴ ὑπείκων δέ*［也绝不屈服］，［R注］意为"但作为毫不屈服的代价，已准备好立即就义"。［A注］与这里最接近的是色诺芬《居鲁士的教育》3.1.27（按：这里有异文，斯凌斯、李德尔、克瓦热等人都认为这里应该是 ἅμα κἂν ἀπολοίμην，而亚当认为是 ἅμα καὶ ἅμα ἂν ἀπολοίμην）。

32a8：φορτικὰ μὲν καὶ δικανικά［一些陈年旧账，虽是法庭常见的说辞］，[S甲注] φορτικὰ 本来指"沉重"和"麻烦"，因此指"傲慢说出的东西"。赫绪喀俄斯释曰：φορτικά· τὰ γελοῖα［可笑的事情］。古人的集注把 δικανικός 解释为"法庭的发言者"和"辩护人"。但既然辩护者总要夸大其词、文过饰非甚至傲慢自负地说话，因此 δικανικά 正如《泰阿泰德》128e 中一样，用来指那些"讨厌的、麻烦的、自以为是的和荒唐的东西"。通常翻译成"法庭的"和"司法的"，但这样的翻译完全不在点上。[S乙注]"傲慢而任性的"。

[B注]"法庭上司空见惯的常事"，另参《高尔吉亚》482e3 的 φορτικὰ καὶ δημηγορικά，意为"民众演说家常用的伎俩"（按：李致远译作"适合大众演说的东西"）。苏格拉底的意思是，他即将要说的话就类似于吕西阿斯之流让其委托人去说的。φορτικόν 和 ἐπαχθές（塞涅卡《论恩惠》2.2.1 的 molestum...onerosum）尤其用来指庸俗的自吹自擂。另参德莫斯忒涅斯 5.4。

[SS注] 当事人夸大自己的道德品质，参 24b5 及注释。这种吹嘘常常是夸大了的，甚或没有事实根据，而苏格拉底只会说出简单的真话。[S丙注]"我要给你们讲一个庸俗的故事，虽带有法庭的味道，却是真实的。"

[R注] φορτικὰ 在这里的含义很简单，就是"普通"或"一般"（vulgar），而不是像费舍和其他人认为的那样，指"自吹自擂"（self-assertion）或"品德败坏"，因为这种含义（1）会让 ἐρῶ ὑμῖν 显得生硬甚至刺耳，（2）与 δικανικά 不协调，因为傲慢自大的口气不是人们对法官讲话的特点，（3）不符合《高尔吉亚》482e3–5 中那段类似的话：εἰς τοιαῦτα ἄγεις φορτικὰ καὶ δημηγορικά, φάσκων τὴν ἀλήθειαν διώκειν, ἃ φύσει μὲν οὐκ ἔστιν καλά, νόμῳ δέ［你把讨论带入这些如此粗俗不堪的、适合大众演说的东西里——你却号称追求真理——带入那些不凭自然但凭礼法

而美（可取）的东西里］（李致远译文）。与此相似，δικανικά也是一个毫无趣味（colourless）的词汇，——不是"干瘪"意义上的"讼师特色"（lawyerlike，按：吴飞译作"讼师的陈词滥调"），也不是"好争吵"（streitsüchtig，如施泰因哈特所认为），而就是"法庭发言人的特色"之意。

［A注］φορτικὰ，即ἐπαχθῆ，也就是费舍所谓gravia auribus et molesta，意思是听众会厌恶（认为是一种负担或φόρτος）的一种糟糕的品位，如此处的自吹自擂。δικανικά意思是常常在法庭上听到的那种东西。这里可译作"听上去就像傲慢的和法庭惯常的话"。

［T注］"的确有些讨厌和乏味"。δικανικά主要指"法庭上的请求"，往往乏味琐碎。有些人认为它在此处的意思是"吹牛"。

［MP注］苏格拉底要讲那些奇闻轶事能够支持自己的说法，但既然是由苏格拉底自己所讲，就显得是在自吹自擂，并因而有点"俗气"（vulgar）。此外，法庭上不乏被告提醒陪审团说他们为城邦做了多少奉献，正是由于这个原因，不太厚道的听众会把苏格拉底的举动视为在辩护人身上司空见惯的事情。与大多数人在这种情形下所听到的不同，苏格拉底暗示说，他要讲的可是真话。这些故事都是精心挑选的。第一个故事表明苏格拉底坚持自己的看法，反对民主制下愤怒的大多数人。第二个故事发生在三十僭主短命的统治时期。苏格拉底选择这两个故事，有效地表明自己追求真理的立场，他在政治上属于无党派，也拒绝作恶。然而，苏格拉底这样做，也只能指望得到那些跟他一样超越党派忠诚的陪审员的支持。

［按］φορτικὰ，"陈年旧账"，意译，本为普通而乏味的事情。苏格拉底接下来要讲述自己的往事，实为"英雄事迹"，却如此自谦地称之为"陈芝麻烂谷子"。

雅典人，我虽然从未在城邦中［32b］担任过其他任何官职，却曾忝列议事会之中。我们那个部族，安提俄咯斯，正好轮值主持，当时你

们［议事会］因为十将军没有带回海战遇难者，打算集体判处他们——正如你们所有人［b5］后来都认识到的，这当然违反了法律。[ἐγὼ γάρ, ὦ ἄνδρες Ἀθηναῖοι, ἄλλην μὲν ἀρχὴν οὐδεμίαν πώποτε ἦρξα ἐν τῇ πόλει, ἐβούλευσα δέ· καὶ ἔτυχεν ἡμῶν ἡ φυλὴ Ἀντιοχὶς πρυτανεύουσα ὅτε ὑμεῖς τοὺς δέκα στρατηγοὺς τοὺς οὐκ ἀνελομένους τοὺς ἐκ τῆς ναυμαχίας ἐβουλεύσασθε ἁθρόους κρίνειν, παρανόμως, ὡς ἐν τῷ ὑστέρῳ χρόνῳ πᾶσιν ὑμῖν ἔδοξεν.]

32a9-b1：ἀρχὴν οὐδεμίαν ... ἦρξα［从未担任过任何官职］，［S甲注］"我从未担任过任何公职"。βουλεύειν正如在其他很多地方，指"成为五百人议事会的成员"。从这五百人中选出五十人来主持这个议事会，为期三十五天，被称为πρυτάνεις［（轮值）主席（团）］。这五十人中，抽签选出十人来主持议事会，为期七天，这些人被称为προέδροι［执行主席］，而其首领则叫做ἐπιστάτης［总主席，主持主席］，或ἐπιστάτης τῶν προέδρων［执行主席的总主席］，或如色诺芬《回忆苏格拉底》1.1.18中的ἐπιστάτης ἐν τῷ δήμῳ［百人公民会的总主席］（按：吴永泉译作"人民大会的主席"），或如色诺芬《回忆苏格拉底》4.4.2中的ἐπιστάτης ἐν ταῖς ἐκκλησίαις［公民大会的总主席］（按：吴永泉译作"议会主席"）。德国古典学家舒曼（G. F. Schoemann, 1793—1879）的《论雅典公民大会》（De comitiis Atheniensium, Sumptibus E. Mauritii, 1819）第七章更充分地讨论了这个问题。当提出如何处罚那些将军的问题时，苏格拉底正好是他那个部族安提俄喀斯的ἐπιστάτης［总主席］。他如何推脱自己的职责，色诺芬《希腊志》1.7.14、15和38有相关记载。这里所提到的十位将军（在一场战争中，这是常见的数目），在公元前406年与拉刻岱蒙人（Lacedaemonian，按：即伯罗奔半岛人）争夺阿尔吉努塞岛屿的海战中取得了胜利。战后，他们没有亲自参加阵亡将士的葬礼，而是让ταξίαρχαι［部族首长］去应付。他们为此遭到了公开的起诉并被判处死刑。至于他们是否全都被处死了，参瓦尔克纳（Valckenar）对色诺芬《回忆苏格拉底》1.18的注疏。——b3的ἀναιρεῖσθαι（按：即文中的

ἀνελομένους），意为"把死尸收起来埋葬"。注意，这里说的是 τοὺς ἐκ τῆς ναυμαχίας，而不是 τοὺς ἐν ναυμαχίᾳ [在海战中的那些人]（按：参B注）。这种短语由冠词、名词和介词复合而成，那个介词最适合用于与这个短语由相连的动词。

[S乙注] 注意，ἀρχή 一词不能恰当地用于指议事会的职务。总主席掌管公章（玉玺）、城堡钥匙和国库。

[B注] βουλή [议事会] 整体上是一种 ἀρχή [管理机构]，本身就负有责任（ὑπεύθυνος），但个体的 βουλευτής [议员] 则没有 ἀρχή（按：即"不是当官的"，尽管现代人很难想象"议员"或"参议员"居然不是当官的）。因此，我们在这里看到了 ἄλλος 一词的习惯用法在希腊语中如此普遍。

32b1：ἐβούλευσα δέ [却曾忝列议事会之中]，[B注]"但我曾经当过议事会的成员"。这里的时态并不说明这是苏格拉底唯一一次担任 βουλή [议事会] 成员。实际上，不定过去时是用来表示过去不断重复的动作的恰当时态。因为我们从亚里士多德那里得知（《雅典政制》62.3），一个人可以两次担任议事会的成员，而且正如我们即将看到的（32b6注），我们有充分的理由认为，这是苏格拉底第二次担任这个职位。重复任职必定非常普遍，否则的话，在这三十年间会选出15000名公民进入 βουλή [议事会]。此外，我们从 πρυτάνεις [轮值主席团] 名单可知，从每一个 deme [区] 选出的数目是恒定的，只是根据各 deme [区] 的大小而有所变化。而且很显然，必定还有很多 δημόται [同一个区的公民] 没有时间参加 βουλή [议事会] 或负担不起，而有的人出于种种原因而不受欢迎（undesirable）。由于 πρόκρισις [抽签] 仍然存在（35b1注），我们可以确信，苏格拉底的追慕者，比如克里同，会把他推到阿洛佩刻（Alopece）区的名单上。苏格拉底接受这种提名，与此也没有什么不一致的地方。在轮到自己时就去担任 βουλευτής [议员]，并不是参与政治，而是完成一个公民的职责，就像服兵役一样。

[D注] 在五百人议会面前，摆着要交由公民大会处理的问题。这

个议会要准备预案（προβούλευμα），并发起讨论。但公民大会有时会绕开这个预案，并责成议会提出其中一部分来解决。

［T注］"我从未担任过其他职位，但我曾经是（五百人）议会的成员。"注意，ἐβούλευσα与ἦρξα是同一个时态（不定过去时）。

32b1-2: ἡμῶν ἡ φυλὴ Ἀντιοχίς［我们那个部族，安提俄喀斯］，［B注］正式的说法是ἡ Ἀντιοχὶς φυλή，但出现了第二人称的定语ἡμῶν，就有了变化。另参《美诺》70b1和色诺芬《阿格西劳斯》1.10。

［A注］加上Ἀντιοχίς，是为了附加说明"我们那个区，即安提俄喀斯"。另参《斐多》57a以及阿切尔-辛德（Archer-Hind）的注疏。有些评注者主张删去Ἀντιοχίς。

32b2: πρυτανεύουσα［轮值主持］，［B注］十个部族各选五十人组成五百人议事会，这五十人在每个部族中靠抽签的形式选出担任为期三十五或三十六天的βουλή［议事会］的常委会（standing commission；参亚里士多德《雅典政制》43.2。按：施塔尔鲍姆认为主席才"抽签"选）。这个委员会的成员叫做πρυτάνεις［轮值主席］，而那个所属部族则叫做πρυτανεύειν［轮值主持］。他们尤其要决定哪些事情要提交ἐκκλησία［公民大会］。

［A注］每个πρυτανεία［轮值任期］即（阴历）一年的十分之一，三十五或三十六天，闰年为三十八或三十九天。在πρυτάνεις［轮值主席团］这个机构中抽签选出一位总主席（president，ἐπιστάτης τῶν πρυτάνεων），任期一昼夜，同一个人不能两次担任这个职务。总主席掌管国库和档案馆（Μητρῷον，按：本义为"神母庙"，即雅典存放国家档案的地方）的钥匙，也掌管国印（State seal）。苏格拉底那时担任公民大会以及πρυτάνεις［轮值主席团］的主席，要把问题交给票决（ἐπιψηφίζειν）。

［T注］"担任主席"（presiding），即"充任轮值主席"，既管议会，也管公民大会。苏格拉底在决定那些将军命运那一天正好是抽签选出的总主席，但他拒绝把这项不合法的提案交给公民大会投票。

32b2-4: ὅτε ὑμεῖς ... ἐβουλεύσασθε［当时你们打算］，［B注］"当你们

以议事会决议的形式决定"。议事会可以用 *ὑμεῖς*［你们］来代指，正如 *δικαστήριον*［陪审团］也可以，因为它代表着雅典人民。色诺芬在《希腊志》（1.7.4 以下）对阿尔吉努塞海战（公元前 406 年）之后对那些将军的审判有长篇的解释，但与往常一样，他在细节上相当模糊。格罗特充分地讨论了这个问题（《希腊史》，卷四，页 411 以下），他谴责了雅典人的行为，尽管他托称当时的情况情有可原。他对这场审判的解释仍然是最好的。这里所说的是卡利克塞诺斯（Callixenus）提出的决议，提交到了议事会，并作为议事会的决议提交给了公民大会（色诺芬《希腊志》1.7.9）。结果，要给每个部族发两个耳瓶（urn，按：用于投石子，即投票），传令官宣布 *ὅτῳ δοκοῦσιν ἀδικεῖν οἱ στρατηγοὶ οὐκ ἀνελόμενοι τοὺς νικήσαντας ἐν τῇ ναυμαχίᾳ, εἰς τὴν προτέραν ψηφίσασθαι, ὅτῳ δὲ μή, εἰς τὴν ὑστέραν*［你们认为这些将军中，谁因为没有带回海战中的胜利者而有罪，就投到前面这个陶瓮中，谁无罪，就投到后面那个陶瓮中］（按：徐松岩译作"凡是认为诸位将军在最近的海战中对落水的英雄们坐视不救有罪的，把票投到第一个票瓮中；凡是认为他们这样做无罪的，把票投入第二个票瓮中"，不妥；尤其"凡是认为他们这样做无罪的"，更是不通）。

［SS 注］伯内特采用 T 本而写作 *ἐβουλεύσασθε*（BW 本是 *ἐβούλεσθε*），肯定是不正确的，因为苏格拉底这里所说的事情在议事会上还没有发生，而是在公民大会上发生的事情。在那个时刻，公民大会上的大多数人仅仅"想"一次性投票集体判处将军们，但"还没有决定"要这样做。苏格拉底说的是他反对大众和演说家"试图"达到的目标，但还没有达到。如果前面是不定过去时 *ἐβουλεύσασθε*，下文 c2 的现在分词 *βουλευομένων* 就不合逻辑，但后者在 *ἐβούλεσθε* 之后则相当正常。

［按］*ἐβουλεύσασθε*，盖洛普和格鲁伯译作 wanted，福勒和魏斯特译作 wished，艾伦译作 decided，阿佩尔特译作 wolltet，水建馥译作"要把"，王太庆译作"要想"，只有吴飞根据伯内特注疏译作"通过决议"。根据 SS 注以及各家译法，这里还只是"想"，尚未形成"决议"。

32b2-3：*τοὺς δέκα στρατηγούς*［十将军］，［S 乙注］雅典每年任命

十位将军，称为 Στρατηγοί，受命指挥所有的军队和备战，按他们认为最好的方式去处理军务。他们在任期内常常一同接受委派指挥军队，后来发现没有必要，也许还是不明智之举。所以，尽管每年还是继续任命同样数目的将军，但他们不是每个人都必须参战，而是一两位或更多的将军才亲临前线，视情况而定。忒拉叙布洛斯和阿尔喀比亚德被革职后，任命的是科农（Conon）、狄俄墨冬（Diomedon）、勒翁、伯里克勒斯（Pericles）、厄拉西尼德斯（Erasinides）、阿里斯托克拉底（Aristocrates）、阿尔克斯特拉托斯（Archestratus）、普罗托马科斯（Protomachus）、忒拉绪洛斯（Thrasyllus）和阿里斯托格尼斯（Aristogenes），也就是文中所说的十将军。阿尔吉努塞海战时，八位将军都在船上，阿尔吉努塞是勒斯波斯和大陆之间的一座小岛（按：这场战役也被称为"勒斯波斯海战"），卡利克拉提达斯（Callicratidas）指挥的拉刻岱蒙的舰队在那里遭遇了科农指挥的雅典舰队。雅典在这场遭遇战中，有二十五艘船沉没或失去战斗力。在这场以拉刻岱蒙人失利而告终的战斗结束时，雅典人举行了一场军事会议来讨论下一步应该采取什么样的行动。狄俄墨冬提出，收拢破损舰船和阵亡将士，并安抚那些还活着的人，他们要么还漂浮在船只碎片上，要么拼命挣扎着还在海上漂游。厄拉西尼德斯则提议，整个舰队应该去支援科农。忒拉绪洛斯不同意两人的意见，他自己的看法占了上风：四十六艘船留下来收拢残船，其余开往缪提勒涅（Mitylene）。但没有将军来指挥执行第一项任务的小分队；这项任务交给了忒拉墨尼斯（Theramenes）和忒拉绪布洛斯（Thrasybylus），这两人曾当过海军的高官，但那时只是三列桨战船的船长。将军们同时随大部队开赴缪提勒涅。两支部队都因风暴而受挫，所有船只被迫在阿尔吉努塞躲避，因而只好任由破损舰船的船员丧命。这八位将军战后回到雅典，其中六位遭到了这样的指控，他们是狄俄墨冬、伯里克勒斯、吕西阿斯、厄拉西尼德斯、厄拉西尼德斯和忒拉绪洛斯（另外两位普罗托马科斯和阿里斯托格尼斯还与科农在萨摩斯）。在阿尔喀德摩斯（雅典颇受欢迎的演说家）和刚才提到过的忒拉墨尼斯

（因为没有责任而成为主要的控告者）的指控下，这六位将军被判处死刑。苏格拉底作为轮值主席之一，出于很多理由（除了其不合法之外）极力反对这场诉讼；因为每一位被告都应该在不同的日子接受审判，这是 Canonus 法令中的条款，也得到了伯里克勒斯的亲戚欧吕普托勒摩斯（Euryptolemus）和与之私交甚笃的狄俄墨冬的强烈要求，但都毫无效果。参色诺芬《希腊志》1.7.10，波特《古希腊》(Grec. Antiq.)，卷一，章5；米特福德的《希腊史》，前揭，卷三，页434—459。

[B注] 严格地讲，这个说法不准确，因为科农没有遭到指控，而阿尔克斯特拉托斯已经过世。此外，另外还有两人拒绝返回雅典，也只能缺席审判。因此，实际上只有六位被处死，包括（大名鼎鼎的）伯里克勒斯和阿斯帕西娅的儿子伯里克勒斯。我们只能认为，οἱ δέκα στρατηγοί [十将军] 这个惯用法太过流行，以至于说话人自然而然随口说出。柏拉图对这个事实必定相当清楚，因为他当时已成年，而且无疑就在现场。在《回忆苏格拉底》（1.1.18）中，色诺芬"明显说得更不准确"（李德尔语），因为他说：ἐπιθυμήσαντος τοῦ δήμου παρὰ τοὺς νόμους ἐννέα στρατηγοὺς μιᾷ ψήφῳ ... ἀποκτεῖναι πάντας [民众渴望违反法律一次性投那九位将军的票，……并把他们全部处死]（按：吴永泉此处译文似不明晰）。亚里士多德的说法更糟糕，他说（《雅典政制》34.1）：τοὺς δέκα στρατηγοὺς ... κριθῆναι μιᾷ χειροτονίᾳ πάντας, τοὺς μὲν οὐδὲ συνναυμαχήσαντας（即科农和阿尔克斯特拉托斯），τοὺς δ' ἐπ' ἀλλοτρίας νεὼς σωθέντας [这十位将军经过一次表决而被统一定罪，尽管实际情况是一些将军的确没有参加战斗，而另一些将军本身则是被其他船只救起的]（冯金鹏译文）。

[A注] 当雅典人得知这帮人没有努力地捞救遇难船只上的人，也没有在战后着手搜寻阵亡将士的尸体，这场辉煌的胜利就变成了耻辱和义愤。拉尔修《名哲言行录》无疑是以柏拉图为依据，也犯了同样的错误。ἀναιρεῖσθαι 固定用来指战后搬运死尸，另参《王制》614b4-6：ἀναιρεθέντων ... τῶν νεκρῶν ... ὑγιὴς μὲν ἀνῃρέθη [他们搬运尸体，也搬走了这具完好无损的]。

[S丙注] 阿尔喀比亚德取得大胜之后，于公元前 407 年回到雅典，很快就失宠了，而他此前是雅典军队独一无二的司令官（ἁπάντων ἡγεμὼν αὐτοκράτωρ [统领三军的全权将军]）。他被革职后，雅典任命了十位将军来取代他的职位。翌年（公元前 406 年），科农、勒翁和厄拉西尼德斯在缪提勒涅被卡利克拉提达斯率领的斯巴达军队围困。狄俄墨冬用十二艘船去解救他们，但毫无效果，其中十艘随即被俘。随后雅典人倾巢出动，派了一百二十艘军舰去救。他们的舰队来到了阿尔吉努塞，勒斯波斯附近的一些岛屿，卡利克拉提达斯以劣势搦战。结果雅典人大获全胜，以损失二十五艘舰船的代价俘获了敌方七十艘舰船。参加这场战斗的有八位将军，而科农还被卡利克拉提达斯留下，由厄特俄尼科斯（Eteonicus）指挥的舰队围在缪提勒涅。而勒翁，我们猜测，则在试图返回雅典报告科农情况的途中被俘（《希腊志》1.6.21）。吕西阿斯也许从雅典派出去接替他。色诺芬没有多谈阿尔克斯特拉托斯，但我们知道，他死于缪提勒涅。战后，雅典将军开会决定，留下四十七艘归忒拉墨尼斯、忒拉叙布洛斯和其他人指挥，捞救十二艘已经开始进水的船的幸存者，他们自己则率军继续攻击厄特俄尼科斯麾下围困缪提勒涅的军队。随之而来的一场大风暴让两支部队都束手无策。雅典国内的人对将军们的行为极为不满，解除了科农之外所有将军的职务，因为科农当时的情况让他免遭谴责。参加战斗的八位将军中，两人（普罗托马科斯和阿里斯托格尼斯）没有回到雅典，其余六人回来后发现已遭到大家的谴责，最重要的控告者就是忒拉墨尼斯，他指责将军们没有找回失踪的水手。当时群情激奋，最终一个叫卡利克塞诺斯（Callixenus）的议员被说服后，建议集体审判那些将军，如果有罪，就应处死。起初有些 prytanes [轮值主席] 拒绝把这个动议提付票决，因为这不合法，但他们怕犯众怒而顺从了，只有苏格拉底例外。苏格拉底的反对尽管堂堂正正，却无果而终。通过了对这八位将军的死刑判决后，六位在场的将军被处决。《默涅克塞诺斯》243c-d 表明了大众情绪的力量，与历史上这件事相符。

[T注]每个部族在战端初开时各选出一名将军。更为常见的是，只有三名将军被派出指挥战斗，其余留在国内掌管军部。这些将军受审，表明希腊人极为看重葬礼的神圣性。尽管将军们取得了胜利，但在阵亡者被埋葬以前，都不算完成了任务或履行了职责。所以，在为双方英雄阿喀琉斯和赫克托尔举行葬礼之前，《伊利亚特》都不完整。埃阿斯（Ajax）以及索福克勒斯笔下的安提戈涅也出于同样的目的而在大限来临之前，多活了相当长一段时间，这个目的就在于让其他希腊听众和读者心灵安定，远离那种虔诚的恐怖：也就是他们还没有得到安葬。如果那些批评荷马史诗的人恰当地考虑到了这一点，就不会在《伊利亚特》中发现一种与全书不统一的论调。

32b3：τοὺς ἐκ τῆς ναυμαχίας[海战遇难者]，[B注]这里的介词用的是 ἐκ，而不是 ἐν，因为 ἀναιρεῖσθαι 实际上是表示动作的动词。在这种语境下，这个短语颇为规范。另参吕西阿斯 12.36。

[D注]不仅指死者，还包括那些漂浮在水上命悬一线的士兵。关于 ἐκ 的用法，另参《上行记》1.2.3，那里的 τοὺς ἐκ τῶν πόλεων 等于 ἐκ τῶν πόλεων τοὺς ἐν ταῖς πόλεσιν ὄντας。这里更为完整的表达是：οὐκ ἀνελομένους ἐκ τῆς θαλάσσης τοὺς ἐν τῇ ναυμαχίᾳ ἀπολωλότας。

［按］ἀνελομένους τοὺς ἐκ τῆς ναυμαχίας，盖洛普译作 rescue the survivors from the naval battle（格鲁伯似之），福勒译作 pick up the slain after the naval battle（艾伦亦似），魏斯特译作 pick up the men from the naval battle；施莱尔马赫译作 in der Seeschlacht Gebliebenen begraben hatten［没有埋葬海战遇难者的遗体］，阿佩尔特译作 um Rettung der Schiffbrüchigen nach der Seeschlacht bemüht hatten，与之相似。水建馥译作"为阵亡将士收尸"，王太庆译作"未葬海战阵亡士兵"，吴飞译作"注意运回阵亡将士的很多尸体"。看来盖洛普和格鲁伯的理解可能有误，而魏斯特的译法虽模糊，却可能更符合这里的语境。因风暴所阻，幸存者和遇难者最终都没有被带回。《希英大词典》注曰：take up for burial，并明确引用了《申辩》32b。另参 S 甲和 A 注。

32b4：ἀθρόους κρίνειν［集体判处］，［S甲注］"收集选票，同时针对所有被告"，μιᾷ ψήφῳ［一颗小石子］（参《回忆苏格拉底》1.1.88），而法律规定每一次分别只给一个人投票，正如我们在色诺芬《希腊志》卷一末尾看到的 κρίνειν δίχα ἕκαστον［分别给每人投票］。因此，他加上了 παρανόμως［违法地］，即 παρὰ τοὺς νόμους［违反法律］，亦如《回忆苏格拉底》1.1.18和4.4.2。

32b4：παρανόμως［违反法律］，［SS注］这个副词后置，就表示着重强调。这是苏格拉底对他这句话所叙述内容的评论。这种文体手段在柏拉图笔下相对罕见，但在德莫斯忒涅斯那里却很常见。另参 G. Ronnet《德莫斯忒涅斯政治演说文体研究》（*Etude sur le style de Démosthène dans les discours politiques*, Paris 1951），页52–55。关于比较从句（ὡς ... ἔδοξεν）不针对整个主句，而只是针对一个词（παρανόμως），另参德莫斯忒涅斯19.155。

［R注］在于两个方面，（1）他们遭到 ἀθρόοι［集体］审判（参瑟尔沃尔的《希腊史》，前揭，卷四，附录二，那里表明，不要把分别审判的权利追溯到Cannonus法令），（2）并没有听取他们自己的辩护；因为最先向公民大会提出的是非正式的指控，他们（色诺芬《希腊志》1.7.5）βραχέως ἕκαστος ἀπελογήσατο, οὐ γὰρ προυτέθη σφίσι λόγος κατὰ τὸν νόμον［每个人只能简短辩护，因为法律规定他们不能被聆讯］（按：直译为"根据法律，对他们来说，言辞是不能被提出的"。徐松岩译作"因为按照雅典的法律，他们无权在人民大会上进行详细的阐述"，洛布丛书译作 for they were not granted the hearing prescribed by the law），而且他们在根本没有被聆讯的情况下被判决。

［A注］在审判这些将军时，卡利克塞诺斯提议，给每一个部族分发两个陶瓮，一个投"有罪"，一个投"无罪"，而所有将军都将被集体（ἀθρόοι）判决（按：T注为"一起"）。这与所谓的 Καννώνου ψήφισμα 法令直接对抗，该法令特别规定，一次对两个或更多的被告投票乃是不合法的（色诺芬《希腊志》1.7.34，另参赫绪喀俄斯《希腊语难词词

典》中的 *Καννώνου ψήφισμα* 条目）。卡利克塞诺斯受到了欧吕普托勒摩斯的 *γραφὴ παρανόμων*［违法公诉］的威胁，后者因为害怕牵连进那些将军的指控中而最终被迫收回了自己的公诉申请。结果，某些 *πρυτάνεις*［轮值主席］宣布自己不会提付表决，但他们所有人最终都不再反对，只有苏格拉底例外（《希腊志》1.7.15）：*οὐκ ἔφη ἀλλ' ἢ κατὰ τοὺς νόμους πάντα ποιήσειν*［他说自己绝不会做违背法律的事情］。当时另外两处记载（色诺芬《回忆苏格拉底》1.1.18 和 4.4.2；虽然我不敢肯定，但柏拉图《高尔吉亚》473e 以下也在暗指这回事）暗示，苏格拉底当天是 *ἐπιστάτης*［总主席］，并拒绝提付表决（*ἐπιψηφίζειν*），尽管格罗特支持这种看法，但证据的一致性还是很成问题。关于 *ὡς ἐν τῷ ὑστέρῳ ... ἔδοξε*，另参《希腊志》1.7.35：*καὶ οὐ πολλῷ ὕστερον μετέμελε τοῖς Ἀθηναίοις*［没过多久雅典人就后悔了］。色诺芬说他们对卡利克塞诺斯恨之入骨，活活把他饿死了。

［D注］这场审判无疑是 *ἀνόμως*［不合法］，因为（1）集体审判，这不符合雅典司法惯例，也不符合Cannonus法令；（2）将军们没有合理的时间准备和进行辩护；（3）公民大会（popular assembly）严格说来不是法庭，没有权利判处死刑。三十年后，这些将军的命运又在雅典海军司令喀布吕阿斯（Chabrias，按：即主管海军的将军）身上重演，他于公元前376年在纳克索斯（Naxos）大获全胜，但一心追击敌人而忽视了搜救遇难船只上的人员和埋葬死者。

32b4-5：*ὡς ἐν τῷ ὑστέρῳ χρόνῳ*［后来］，［S丙注］雅典人不久之后就对自己仓促鲁莽的行为感到后悔。导致那些将军被处决的卡利克塞诺斯和其他人被提起诉讼，但他们在受审之前趁骚乱逃跑了。卡利克塞诺斯于公元前403年返回雅典，当时很多人从佩莱坞斯（Piraeus）回来，但他遭到普遍的厌恶，最后饿死（色诺芬《希腊志》1.7.34-35）。

那时，在轮值主席中，只有我一个人反对你们做任何违法之事，于是我投了反对票［不赞成交付票决］。尽管有些演说家已经打算检举告发我，要求立即逮捕法办我，尽管你们也大喊大叫地怂恿，但在我看

来，自己即便冒再大的危险，也必须站在［32c］法律和正义一边，而不应该由于害怕监禁或死亡就支持你们，因为你们所提出的议案乃是不义的。［τότ᾽ ἐγὼ μόνος τῶν πρυτάνεων ἠναντιώθην ὑμῖν μηδὲν ποιεῖν παρὰ τοὺς νόμους καὶ ἐναντία ἐψηφισάμην· καὶ ἑτοίμων ὄντων ἐνδεικνύναι με καὶ ἀπάγειν τῶν ῥητόρων, καὶ ὑμῶν κελευόντων καὶ βοώντων, μετὰ τοῦ νόμου καὶ τοῦ δικαίου ᾤμην μᾶλλόν με δεῖν διακινδυνεύειν ἢ μεθ᾽ ὑμῶν γενέσθαι μὴ δίκαια βουλευομένων, φοβηθέντα δεσμὸν ἢ θάνατον.］

32b5：τότ᾽ ἐγὼ μόνος ［（而）那时只有我一个人］，［SS注］这种质朴简洁的措辞与前面的 ὕστερον πᾶσιν ὑμῖν ［你们所有人后来］形成了鲜明的对比（按：如果翻译成"唯独我"，似乎不够响亮和强调）。后来，那件不可挽回的事情真的发生了，每一个人都意识到，那个程序是不合法的；但在那个生死攸关的时刻，苏格拉底独木难支。正如丹尼斯顿所说（前揭，页xlv），这里省略了转折连词（按：即"而"），是一种"戏剧手法"，加强了表达效果。注意 τότε 与不需要连接小品词的 ἐνταῦθα 和 ἐντεῦθεν 不一样，不是一种"指向后面的副词"（backward-pointing adverb）。在柏拉图笔下，τότε 只有在变换了说话人的情况下开始一个句子才不需要连接小品词，除了后期著作中的三次例外（《蒂迈欧》53a2、《法义》835a2 和 900a6；而在《美诺》95c8 中不是开始一个新句子）。还有一种可能，这里是由 b2 的 ὅτε 所引起的破格文体，结果这个完整句（period）包含两个主句的谓语；如果是这样，在 τότ᾽ 之前就应该打逗号，而不是句号。另参我对《王制》389a3–7 的注疏，刊于 *Mnemos.* 43（1990）344–345。出于相似的理由，我们应该考虑在 29a1 的 τάξιν 后面打上逗号，而不是句号。亦参 Slings 对 41e2–7 的注释。

32b6：ἠναντιώθην ὑμῖν μηδὲν ποιεῖν ［反对你们做任何］，［S甲注］苏格拉底不会提付票决。［H注］μηδὲν，"任何事情"。

［R注］这些说法的准确含义究竟是什么？ἠναντιώθην 是"拒绝交付票决"之意？在格罗特看来，这仍不确定，他说，就色诺芬的记载而

言，"基本上不能坐实苏格拉底就是 Epistates [总主席]"(《希腊史》，章六四)。再说，ἐναντία ἐψηφισάμην 是指什么样的行为 (act)？最好详细看看这些材料。(a) 色诺芬《回忆苏格拉底》1.1.18 (希腊文略，下同)；(b) 同上，4.4.2; (c) 色诺芬《希腊志》1.7.9-15; (d) 托名柏拉图的《阿克西俄科斯》(Axiochus) 368d; (e)《高尔吉亚》474a——正如 Luzac (似即 Jean Luzac, 1746—1807, 荷兰历史学教授) 敏锐地指出的，这段话是以苏格拉底式的反讽作伪装而展现的历史事实。苏格拉底之为总主席，至少是 a、b 和 d 可能的结论，更不用说 e 了；b 和 d 进一步支持了这一点 (按：这两则材料明确说苏格拉底是总主席，参 S 丙注)，因为那些材料暗示他表达了自己的观点 (carried his point)，而这只有在他身为总主席的情况下才有可能做得到。因此，必定指苏格拉底拒绝把问题提付票决，正如可靠的相关材料 d 所示，其结果就是把议程延期到了第二天，那时主持会议的总主席更为圆滑。另一个句子 ἐναντία ἐψηφισάμην，与 ἠναντιώθην 一样，都与 μόνος τῶν πρυτάνεων [在轮值主席中，只有我一个人] 相连，这个句子的结构也必然指向这个结论。那么，不承认 ἐναντία ἐψηφισάμην 指公民大会最后投票的理由是，(1) 苏格拉底不可能是投票的少数派中唯一的一位轮值主席，因为那时已有几位轮值主席逐渐认识到那项议案 (bill, 即"动议") 是不合法的。(2) 但如果他真的是唯一的一位，又会如何？那也没有多大的区别：少数派的人数也不少，而他和其他轮值主席都只能有一票。所以，如果相似地认为 ἐναντία ἐψηφισάμην 指的是紧接在最后投票之前的那个阶段，就会与材料中所提到的除了苏格拉底之外另外还有人反对的说法相矛盾。再说了，如果认为 ἐναντία ἐψηφισάμην 指的是在那项议案被采纳为 προβούλευμα [预案] 之前所进行的争论，那么，就会让它的含义与 ἠναντιώθην ὑμῖν 的意思相去甚远，而后者与它可是成对的啊。此外，这个句子还会让 μόνος τῶν πρυτάνεων 变得毫无意义 (flat)，因为轮值主席在议事会中根本就起不到举足轻重的作用。还剩下一种可能，本身也似更有道理，即，ἐναντία ἐψηφισάμην 指公民大会议程的第一个阶段，作为 κῆρυξ [公民大会召集人，传令官]宣读的 *προβούλευμα*［预案］的准备，那项预案要提交给 proedri［执行主席］，而他要与 nomothetae［立法者］一起宣布它是否与现行法律相抵触。这才是法律条文遭到苏格拉底明确反对的时刻。因此，我们可以（至少有很大的可能性）把 *ἐναντία ἐψηφισάμην* 说成是苏格拉底在谴责议案不合法，而那时适逢 proedri［执行主席］和 nomothetae［立法者］正联席考察那项议案。前后倒置（hysteron proteron）在希腊语中很正常：*ἠναντιώθην ... νόμους*，而不是此前更早的"反对"写在前面，是因为它在苏格拉底的整个程序中，乃是最显著的和至高无上的行为（act）。对于苏格拉底这种更享盛名的反对提付票决，可比较埃斯基涅斯归在同时代的德莫斯忒涅斯的行为（2.84）。

公民大会为了捍卫现行法律，会采取各种形式对提案进行一系列的审查：（1）*προβούλευμα*［预案］要提交给执行主席，他与 nomothetae［立法者］磋商后宣布预案是否与现行法律相抵触；如果通过，就由 *κῆρυξ*［公民大会召集人，传令官］宣读。（2）此后，任何公民都可以认真提出 *ἀντωμοσία*［誓状］，意在对预案的发起人提起 *γραφὴ παρανόμων*［违法公诉］。（3）或者总主席会拒绝提付票决，当然，如果他的拒绝不恰当，也会承担 *ἔνδειξις*［指控］的责任（按：要遭到指控）。（4）其他执行主席（我们可以假设是大多数）也可以用同样的方式驳斥其他人同意的预案。参埃斯基涅斯 2.65 和 3.39，另参舒曼的《论雅典公民大会》，前揭，章十一。

［S丙注］"反对你们做任何与法律相悖的事情"。这里用否定词是因为这个表达法是预期描写（proleptic）。这种反对意在让人不要做非法之事。法语中的习惯用法在这种情况下与希腊语的表达法相类似：J'empêchais que vous ne fissiez rien contre les lois。我们从《阿克西俄科斯》368d 中得知，那些将军的反对者们第二天组成了一个人数众多（packed）的委员会来达到自己的目标。

［D注］*ἠναντιώθην* 表示否定的意思，因此，按照希腊语的习惯，要在后面重复否定词。

32b6-7：*καὶ ἐναντία ἐψηφισάμην*［于是我投了反对票］，［B注］"并投

票反对它"（and voted against it），即反对卡利克塞诺斯的提议，即便其提议为其同仁所采纳（b2注）。色诺芬对此给我们讲得稍微详细一点。他说（《希腊志》1.7.12），欧吕普托勒摩斯和其他人在公民大会上坚持认为，卡利克塞诺斯以议事会的名义所提出的决议是不合法的，但他们因为喧哗和威胁而被迫放弃自己的 προκλήσεις［提议］。即便在议事会以前的会议中，有些轮值主席也说，他们不会把这个不合法的 διαψήφισις［投票］提交公民大会审议，但卡利克塞诺斯站起来成功地恐吓了他们，结果他们中除了苏格拉底之外都统一这么办了。这里没有一个字提到苏格拉底当时是 ἐπιστάτης τῶν πρυτάνεων［轮值主席团的总主席］，也没有说他以公民大会主席的身份拒绝把这个问题交付票决。那种说法只有在《回忆苏格拉底》（1.1.18 和 4.4.2）中才显而易见，而且难以让人相信的是，如果那是真事，色诺芬的《申辩》和《希腊志》对此竟不置一词。格罗特和梅耶尔（E. Meyer）都不相信这一点。总体而言，色诺芬在撰写《回忆苏格拉底》之前肯定读遍了柏拉图的"苏格拉底对话"，很可能就受到《高尔吉亚》中一段话（473e6）的误导，苏格拉底在那里说，有一次他担任 ἐπιστάτης［总主席］，由于不知道如何把一个问题提付票决（γέλωτα παρεῖχον καὶ οὐκ ἠπιστάμην ἐπιψηφίζειν）而遭到笑话。即便所谓的"苏格拉底式反讽"也几乎不能把这句话说成是在描述此处的情形。公民大会没有心思笑话人。此外，就我所能判断的而言，如果 ἐπιστάτης［总主席］拒绝提付票决，就会暂时推迟议程，而这就是《阿克西俄科斯》（368d6以下）这篇没有任何历史价值的对话（按：归在柏拉图名下，通常认为是伪作）在讨论会议过程时所作的解释。色诺芬在《希腊志》中的描述只是一种勇敢而徒劳的抗议，尽管一开始并不是只有苏格拉底一个人支持这种做法，但他是唯一坚持到底的 πρύτανις［轮值主席］，因此才有相当的资格说："在轮值主席中，只有我投了反对票。"英属北部罗德西亚地区（Northern Rhodesia在非洲）的大法官麦克唐奈尔（P. J. Macdonnell）先生在寄给我的一份很有价值的备忘录中最先向我指出了，把《高尔吉亚》中所说的话等同于此处所描述情况的困难之所在。我想，他没有注意到格罗特（和梅耶尔）已经说过这一点了。

［SS注］"我投票反对"，即，正如我们在色诺芬《希腊志》1.7.15所见，轮值主席团投票决定是否要把卡利克塞诺斯的动议中所描述的程序提交给（προϑήσειν）公民大会裁决。

［A注］不大清楚这话的准确含义，但当然不会（像沃拉布等人认为的那样）指苏格拉底作为总主席拒绝提付票决。这句话要么指（a）苏格拉底在轮值主席团的审议结果交付票决之前对其提出的抗议，要么指（b）他在公民大会上的投票。色诺芬的记载（《希腊志》1.7.14–16）明显支持第一种观点。ψηφίσασϑαι并不必然指注册投票，可清楚地见于《会饮》177d6–7: Οὐδείς σοι ... φάναι τὸν Σωκράτη, ἐναντία ψηφιεῖται ［没谁会投票反对你的，……苏格拉底说，起码我不会否定］（刘小枫译文）。

［S丙注］我们怀疑这些词是篡入的注释（按：所以斯多克把这几个词括起来了）。苏格拉底反对大众意志的方式就是完全拒绝把问题交付票决，这也是他作为主席的权力。李德尔认可了这几个词，并用"前后倒置"（hysteron proteron）来说明这是苏格拉底在议案提交给人民之前对议事会所投的反对票。

32b7–8: ἐνδεικνύναι με καὶ ἀπάγειν ［检举告发我，要求立即逮捕法办我］，［S甲注］ἐνδεικνόναι指"向官员告发"，ἀπάγειν指"引开一个正在犯罪被抓住的人，以便让此人马上就得到惩罚"，这种行为就叫做ἔνδειξις和ἀπαγωγή。［S乙注］ἔνδειξις引申为"指控"，ἀπαγωγή则指"收监"。［S丙注］"告发我或立即逮捕我"。

［B注］"告发我并立即逮捕我"。当被告ἐπ' αὐτοφώρῳ ［当场］被抓住，就可以使用所谓ἀπαγωγή ［逮捕］的程序。尽管常常并提ἔνδειξις和ἀπαγωγή，但ἀπαγωγή之前并不必然都有ἔνδειξις。显然，ἔνδειξις这种程序本来用在欠了国库的债的公职人员身上，这种法律拟制加以引申也许也能用来处理那些违规的官员。他们这样做就有可能会遭到罚款，因此作为一种公共债务人就会是ἄτιμοι ［被剥夺公民权的人］，在法律上失去行为能力。这种程序的优点在于它避免了常规而正式的审判，可立

即予以处罚。因此，它在革命时期大为流行（参 *Dict. Ant.* 的 Apagoge 和 Endeixis 词条）。亚里士多德对四百人大会建立过程的解释对我们这个问题也很有启发（《雅典政制》29.4）。他告诉我们，第一步是剥夺轮值主席的自由裁量权，强迫他们把所有提议都提付票决（πρῶτον μὲν ἔγραψαν ἐπάναγκες εἶναι τοὺς πρυτάνεις ἅπαντα τὰ λεγόμενα περὶ τῆς σωτηρίας ἐπιψηφίζειν，冯金鹏译作"他们首先提议，议事会主席团应该就公共安全的每个议案进行表决"）。然后，他们废除了所有 γραφαὶ παρανόμων、εἰσαγγελίαι 和 προσκλήσεις［违法法令的公诉、荐举和传唤］，并颁布法令规定，任何人要诉诸这种法律手段，都有可能遭到 ἔνδειξις 和 ἀπαγωγή。当然，这在公元前406年还没有成为法律，但相当可能的是，民主派会利用其对手在革命时期所打造的武器来威胁轮值主席。实际上，ἔνδειξις 和 ἀπαγωγή 这种程序虽然不适用于苏格拉底，却在公元前4世纪都还保留着，用来处理那些违反了法律的 πρύτανεις［轮值主席］和 προέδροι［执行主席］。另参德莫忒涅斯24.22中关于"法律"的说法，很多评论者对于其中罚金数目之小表示惊讶，但如果我们把它仅仅视为一种法律拟制，意在让 ἀπαγωγή 得以可能，就很自然了。

［SS注］关于这种程序，参汉森《对罪犯、失去公民权者和逃犯的逮捕、控告和引捕：公元前4世纪雅典司法研究》(M. H. Hansen, *Apagoge, Endeixis and Ephegesis against kalourgoi, Atimoi and Pheugontes. A study in the Athenian Administration of Justice in the Fourth Century B. C.*, Odense 1976)，页15和30—32。色诺芬的叙述中并没有明确提到这种威胁，但在卡利克塞诺斯的表态中有所暗示，后者反对那些宣布拒绝提出 γνώμη［动议］的人。他威胁说要把他们与将军们一起审判。既然将军们已经在议事会的命令下被收监（《希腊志》1.7.3），也必然会逮捕那些反对公民大会意愿的轮值主席。ἔνδειξις 和 ἀπαγωγή 正是那种处理现场被抓住的嫌犯的快速程序。

［R注］"我要被停职（suspension）或逮捕"。对这种程序不同的解释中，最好的是德国法学家海夫特（August Wilhelm Heffter, 1796—

1880）的《雅典的法院规程》(Athenäische Gerichtsverfassung, Köln 1822)，页195。ἔνδειξις这种程序最先用于欠公家债务的官员，也用于背离法律规定的程序来主持公民大会的轮值主席和执行主席。在后来的情况中，违犯者要被罚款，还要遭ἔνδειξις，而ἔνδειξις不仅是征收罚款的方便法门，还有解除其职务的直接效果，直到他们付清罚款。只有thesmothetae [立法者] 才有ἔνδειξις的审判管理权。珀吕克斯说这种程序属于王者执政官（archon Basileus），这种说法没有理由。而他对ἔνδειξις的定义 ὁμολογουμένου ἀδικήματος, οὐ κρίσεως ἀλλὰ τιμωρίας δεομένου [对于大家一致认为犯了罪的人，应该不经审判而直接惩处]，虽为某些人所仰仗，却被海夫特说成不过是"悦耳动听的话"而已。ἀπαγωγή比ἔνδειξις适用范围更广。此外，它的目标是对犯人进行拘押，而在ἔνδειξις中则不必如此。ἔνδειξις是禁止性的程序，而ἀπαγωγή则是立即逮捕的程序。ἀπαγωγή的审判管理权的主体是"十一人委员会"，他们签署逮捕令（海夫特，前揭，页210），并说明抓捕的理由（吕西阿斯13.86），而且在罪犯受到法律审判后，负责执行那个判决。

[A注] "起诉并逮捕我"。ἔνδειξις和ἀπαγωγή是简明的程序模式，用于明显而公认的违法案件。前者通常适用于没有合法权利就行使政治权利或政治特权。向archon告发后，犯人才会被立即逮捕（珀吕克斯8.49。按：R注已反驳过这一点）。后者一般用于现场抓到的对生命和财产的侵犯：犯人要交给"十一人委员会"（ταῖς ἔνδεικα，参下文37c），并立即受到法定的惩罚。在目前这种情况下，苏格拉底反对其他轮值主席的决议，会被认为是越权。

[按] ἐνδεικνύναι，英语一般都译作"告发"或"起诉"，三个中译本都译作"弹劾"，过于现代。轮值主席不是真正的官员，更不是统治者，谈不上"弹劾"。

32b8：τῶν ῥητόρων [有些演说家]，[SS注] 据康纳《公元前5世纪雅典的新派政治家》(W.R. Connor, The New Politicians of Fifth-Century Athens, Princeton 1971) 页116，"到公元前5世纪20年代，ῥήτωρ一词似

乎已经成为'政治家'的流行代名词"。柏拉图没有提到这些"演说家"的名字,我们从色诺芬那里知道,就是吕喀斯科斯(Lyciscus),尤其是卡利克塞诺斯。ὑμῶν κελευόντων καὶ βοώντων,另参德莫斯忒涅斯14.122。
[D注] 注意 ῥητόρων 和紧随其后的 ὑμῶν 的交错配列。

32b8: ὑμῶν κελευόντων καὶ βοώντων [尽管你们也大喊大叫地怂恿],
[B注] 从这一段话或《希腊志》中的记载,都不大清楚所有这一切是否都在议事会或公民大会上发生过。第一种假设更有可能。议事会也向"陌生人"(stranger, ἰδιῶται,私人)开放,尽管会在必要时命令这些闲杂人等退席。另参德莫斯忒涅斯19.17和埃斯基涅斯3.125。关于 βοώντων,色诺芬说(《希腊志》1.7.12): τὸ δὲ πλῆθος ἐβόα δεινὸν εἶναι, εἰ μή τις ἐάσει τὸν δῆμον πράττειν ὅ ἂν βούληται [大多数人大声吼道:如果有人不允许人民做自己想做的事情,那就太可怕了](徐松岩译作"大多数人不断地大声叫喊,说如果人们的任何意愿因受到阻挠而未能实现,那可是荒谬绝伦的",洛布本译作 but the greater number cried out that it was monstrous if the people were to be prevented from doing whatever they wished)。一个叫做吕喀斯科斯的人实际上还提议,那些拒不服从的轮值主席应该与那些将军一样遭到投票判决(τῇ αὐτῇ ψήφῳ κρίνεσθαι ᾗπερ καὶ τοὺς στρατηγούς)。亦参1.7.14: οἱ δὲ ἐβόων καλεῖν τοὺς οὐ φάσκοντας (省略了 προθήσειν) [那些喊叫者要传唤不同意的人](徐松岩译作:"民众的喊叫声随之再次响起。他们高喊:'谁不同意,就传唤谁!'")。

[A注] 另参贺拉斯《歌集》3.3.2: non civium ardor prava iubentium. 多灵的《弗勒凯森年鉴》(Döring, Fleckeisen's *Jahrbuch*),1879,页16)认为,贺拉斯在写这首著名颂诗的开篇时就想到了这一段话。

[按] κελευόντων,英语一般译作 urge,吴飞译作"发号施令"(魏斯特译作 ordering),似不妥(尽管该词有"命令"之意,《希英大词典》著录有 to urge or drive on, urge, exhort, bid, command, order),因为民众没有资格发号施令,他们只是通过大喊大叫来影响政法事务。王太庆译作"怂恿"(Gruge 译作 egg on),更好。

32b8-c1：μετὰ τοῦ νόμου καὶ τοῦ δικαίου ... διακινδυνεύειν［即便冒再大的危险……站在法律和正义一边］，［SS注］另见伊索克拉底14.42。μετά接与格表示"站在……一边"，参《希英大词典》μετά词条A II。我们在下文e3-4的ἐβοήθουν τοῖς δικαίοις中发现了相同的观念。索福克勒斯《菲罗克忒忒斯》行1251的ξὺν τῷ δικαίῳ τὸν σὸν οὐ ταρβῶ φόβον［正义在我一边，不怕你的恐吓］（张竹明译文），其含义毋宁是"正义在我这一边"，即τοῦ δικαίου βοηθοῦντός μοι。

32c2：μεθ' ὑμῶν γενέσθαι［支持你们］，［B注］"支持你们"（to side with you，或"站在你们一边"）。［SS注］另参伊索克拉底16.5。

32c2：μὴ δίκαια βουλευομένων［因为议案乃是不义的］，［SS注］这个分词是描述性的（"因为你们打算做的事情与正义不合"），而不是条件性的。在δεῖ和χρή等带一个不定式的情况下，否定词通常是οὐ，因为感觉上它是针对主动词，而不是针对不定式，但μή也相当正常，如《斐勒布》33b2-3，色诺芬《回忆苏格拉底》4.6.6，伊索克拉底5.79，德莫斯忒涅斯22.26和29.11。当一个动词支配的间接分词（circumstantial participle）要求用μή的时候，它的否定词也会是μή，如这里的情况（另比较29a6的μὴ ὄντα和a4的οὐκ ὤν）。

32c3：δεσμόν［监禁］，［SS注］暗指ἀπάγειν（b7及注释）所表示的逮捕和监禁。

［A注］"监禁"。这种意义的δεσμός，其复数就是δεσμοί, δεσμά即"镣铐"（chains）。另参卢瑟福[1]的《普吕尼科斯新编》（*The New Phrynichus, being a revised text of the Ecloga of the Grammarian Phrynichus*, by W. G. Rutherford, London, 1881），页253。

［按］水建馥和王太庆译作"坐牢"，但在雅典的判决中，没有"坐

---

[1] 卢瑟福（William Gunion Rutherford, 1853—1907），英国古典学家。普吕尼科斯（Phrynichus），又叫Phrynichus Arabius或Phrynichus Atticista，公元2世纪的文法学家和修辞学家。公元前6世纪和公元前5世纪也有两位同名戏剧作家。

牢",所谓"监禁",只是审判或处决之前的短时间拘禁。吴飞译作"被捕",不妥。

这都是城邦尚在民主统治时期的事情。但还有一次,也就是寡头制上台后,"三十巨头"[c5]派人把包括我本人在内的五个人叫到"圆厅",命令我们把萨拉米斯人勒翁从萨拉米斯抓回来受死。当然啦,他们也给其他很多人下过很多诸如此类的命令,他们的如意算盘就是要把尽可能多的人裹挟到自己的罪行中来。[καὶ ταῦτα μὲν ἦν ἔτι δημοκρατουμένης τῆς πόλεως· ἐπειδὴ δὲ ὀλιγαρχία ἐγένετο, οἱ τριάκοντα αὖ μεταπεμψάμενοί με πέμπτον αὐτὸν εἰς τὴν θόλον προσέταξαν ἀγαγεῖν ἐκ Σαλαμῖνος Λέοντα τὸν Σαλαμίνιον ἵνα ἀποθάνοι, οἷα δὴ καὶ ἄλλοις ἐκεῖνοι πολλοῖς πολλὰ προσέταττον, βουλόμενοι ὡς πλείστους ἀναπλῆσαι αἰτιῶν.]

32c4-5: οἱ τριάκοντα αὖ μεταπεμψάμενοί με πέμπτον αὐτὸν ["三十巨头"派人把包括我本人在内的五个人叫来],[S甲注] 第94届奥林匹亚赛会的第一年(公元前404年),吕桑德罗斯在羊河(Aegospotami)打败雅典人,占领雅典城,并任命了三十名僭主,有时叫做 οἱ τριάκοντα [三十人委员会,即三十僭主],如此处以及色诺芬《回忆苏格拉底》4.4.3,有时叫做 τριάκοντα πάντων ἄρχοντες αὐτοκράτορες [拥有绝对权力管理所有事务的三十僭主],如柏拉图《书简七》324c6-d1,有时叫做 οἱ περὶ Κριτίαν [克里提阿斯一伙人](徐开来译作"克里提阿斯及其同僚"),如拉尔修《名哲言行录》2.24。με πέμπτον αὐτὸν 意为"我和其他四人"。另参色诺芬《希腊志》2.2.17: ᾑρέθη ... δέκατος αὐτός [他本人以及所带领的其他九人]。修昔底德《战争志》1.46 的 πέμπτος αὐτός,评注家释曰: ἀντὶ τοῦ αὐτὸς μετ' ἄλλων τεσσάρων [在他之外还有四人],据安多喀德斯说,其中就有美勒托斯。

[S乙注] μεταπέμπεσθαι 有时指"派一个人去抓另一个人",也指"派一个人作为全权代表",如此处,也为后来的话 προσέταξαν ἀγαγεῖν ἐκ Σαλαμῖνος Λέοντα τὸν Σαλαμίνιον 所支持。

[SS注] πέμπτον αὐτὸν，参多佛（K. J. Dover）的文章'Δέκατος αὐτός'，刊于 JHS, 80（1960），页61-77（收录于《希腊人及其遗产》，牛津，1988，页159-180）。该文指出，一个序数词加 αὐτός 所指的那个人，对同事并没有权威；另参弗纳拉《公元前501年至前404年雅典将军名录》（Ch. W. Fornara, *The Athenian Board of Generals from 501-404*, Wiesbaden 1971），页29-36。所以，这个短语并不能暗示苏格拉底在这五人中高于其他四人而负责逮捕勒翁这件可憎的任务。

[A注] οἱ τριάκοντα，"三十人"。要到狄俄多罗斯（Diodorus，公元前1世纪的希腊历史学家）时，才被称为"三十僭主"（按：此时还不宜译作"三十僭主"，英语都译作 the Thirty，王太庆译作"三十巨头"；但我们只在正文中加以注意，而在注疏中照顾现在的阅读习惯而不加区分）。另参格罗特《希腊史》，前揭，卷八，页27以下。后面的，πέμπτον αὐτὸν 指"与其他四人"（按：直译为"我第五"，"我恭陪五人之末座"，也许并不表示谦虚，因为这是一种固定的表达法，即"包括我自己在内的五个人"）。

[S丙注] "三十人"的名字见于色诺芬《希腊志》2.3.2，其灵魂人物就是克里提阿斯。他们是在吕桑德罗斯的主持下由人民选出来的，其表面的目的是要汇编雅典的法律。后面的 πέμπτον αὐτὸν 意为"与其他四人"。这个短语漂亮而简洁，为法语所仿效，如伏尔泰《路易十四的世纪》(*Siècle de Lous XIV*)，章12：Il échappe à peine lui quatrième。

[D注] 这里的 αὖ 意为"反过来"（in turn，按：大多数译本都没有体现出这个词，魏斯特译作 again，王太庆译作"有一回"，妥）。民主派和寡头派不管在其他方面有多抵牾，都共同憎恨苏格拉底的独立性。

[H注] 雅典在整个公元前5世纪都是民主制，除了公元前411年至前404年之间存在过短暂的寡头制。公元前404年，斯巴达任命（按：表面上为"民选"）了三十名寡头（格鲁伯注曰：这是严酷的寡头制。按：据亚里士多德，寡头制和僭主制很多方面是相通的），给雅典建立

新的（寡头）制度，但这帮人篡夺了绝对权力。

[按]这里的"上台"，直译应为"变成"，其希腊原文 ἐγένετο 是中动态，意思是城邦"自己"（且为了自身利益）而变成了寡头制，似乎语带讥讽。更为要紧的是，这三十人明明是僭主，但苏格拉底却故意以寡头名之，难道是因为"僭主"这个名称实在太过臭名昭著，而且苏格拉底受审时即便没有三十僭主的余孽参与，现场不少人也与他们有着这样那样的紧密关系，所以苏格拉底故意用更为温和的"寡头"一词？笔者所见材料似乎都没有涉及这个问题。

32c5：εἰς τὴν θόλον [到"圆厅"]，[S甲注]据泡萨尼阿斯说（1.5），θόλος 是 τὸ βουλευτήριον τῶν πεντακοσίων [五百人议事会]附近的一座公共建筑，轮值主席每天在那里就餐（按：即"伙一食"）和献祭。它因酷似乌龟（testudinis）而得名（按：《希英大词典》著录为"锥顶圆形建筑"）。勒翁，生于萨拉米斯，但为雅典公民，为避免成为垂涎其财富的三十僭主的牺牲品，自愿流放到萨拉米斯，参色诺芬《希腊志》3.3.39。

[S乙注]蒂迈欧《柏拉图词典》释曰：θόλος· οἶκος περιφερής, ἐν ᾧ οἱ πρυτάνεις συνειστιῶντο [圆形建筑，轮值主席一起就餐之处]。它因拱顶圆形而得名；据蒂迈欧说，它也因一直都是粮仓（πορῶν ταμιεῖον）而被称为 Πρυτανεῖον [主席厅]（按：似因其为"供给仓库"而就近成了轮值主席的"伙食团"，也顺便成了主席们办公的地方，故为政府大厅。但SS本认为圆厅与政府大厅是两个不同的地方，参36d7注）。

[B注]"进入圆形大厅"（Rotunda）。亚里士多德《雅典政制》43.3：οἱ δὲ πρυτανεύοντες αὑτῶν πρῶτον μὲν συσσιτοῦσιν ἐν τῇ θόλῳ, λαμβάνοντες ἀργύριον παρὰ τῆς πόλεως [首先，当值主席团领取城邦发放的一笔伙食补助，在圆顶厅一起用餐]（冯金鹏译文）。它也因其形状而叫做 Σκιάς（"伞厅"、"遮阳厅"）。三十僭主当然把这座建筑据为己有。

[SS注]关于这座建筑，参汤普森-威切利的《雅典的市场》（Thompson-Wycherley, *The Agora of Athens*, Princeton 1972），页41—46；

特拉弗洛斯的《古代雅典图解词典》(John Travlos, *Pictorial Dictionary of Ancient Athens*, London 1971), 页553-559。我们眼前这段话是说ϑόλος之为三十僭主政府所在地的唯一证据；从吕西阿斯13.37可知，它也是那时议事会的会场。

［A注］ϑόλος位于Μητρῷον（"神母庙"，雅典存放国家档案的地方）和βουλευτήριον［议事会］附近，在Areopagus［战神山］东北部山底的平地上。

［按］盖洛普译作round chamber，格鲁伯译作Hall，魏斯特音译为Tholos，水建馥和王太庆译作"圆厅"，吴飞译作"圆宫"，似可译作"圆形议事厅"。

32c6：Λέοντα τὸν Σαλαμίνιον［萨拉米斯人勒翁］，［S乙注］勒翁因富裕著称，曾是32b2-3注释中提到的十将军之一。三十僭主上台时卸职，主动流放回桑梓萨拉米斯。新政府的主要特点在于贪得无厌，丝毫不亚于其残暴，新政府曾警告勒翁说，如果他留在雅典，就会因巨额财富而丧命。结果似乎只是来得晚了一些，他的性格也没能救得他一命。

［B注］安多喀德斯在同一年关于神秘仪式亵渎神灵的演讲中提到了这件事，他说（1.94）：Μέλητος δ' αὖ οὑτοσὶ ἀπήγαγεν ἐπὶ τῶν τριάκοντα Λέοντα, ὡς ὑμεῖς ἅπαντες ἴστε, καὶ ἀπέϑανεν ἐκεῖνος ἄκριτος［然后美勒托斯就这样奉三十僭主之命抓捕了勒翁，正如你们大家都晓得的，后者未经审判就被处死了］。另参吕西阿斯13.44和12.52。从这些记载可知，当时有很多类似的情况，但勒翁这件事似乎引起了特别的义愤。另参《希腊志》2.3.39（略）。我们知道，这件事当时给柏拉图留下了深刻的印象，最终说服了他不能在三十僭主治下进入公共生活，尽管有些人（克里提阿斯和卡尔米德斯）还是他的近亲。比较《书简七》324d8以下：τά τε ἄλλα καὶ φίλον ἄνδρα ἐμοὶ πρεσβύτερον Σωκράτη, ὃν ἐγὼ σχεδὸν οὐκ ἂν αἰσχυνοίμην εἰπὼν δικαιότατον εἶναι τῶν τότε, ἐπί τινα τῶν πολιτῶν μεϑ' ἑτέρων ἔπεμπον, βίᾳ ἄξοντα ὡς ἀποϑανούμενον, ἵνα δὴ μετέχοι τῶν πραγμάτων αὐτοῖς, εἴτε βούλοιτο εἴτε μή· ὁ δ' οὐκ ἐπείϑετο, πᾶν δὲ παρεκινδύνευσεν παϑεῖν πρὶν ἀνοσίων αὐτοῖς ἔργων γενέσθαι κοινωνός［在其他事情上，他们试图派我敬爱的朋友、年老的苏格拉底——我几乎可以毫不害羞地说，他是那时最正义的人——与其他人一起用武力抓一个公民回来处死，以便让他参加到他们的事务中来，而不管他愿意还是不愿意。但他拒不服从，冒着所有的危险，也不愿当他们冒犯神灵事业的参与者］（按：接下来的话大意是，当我看到所有这一切，以及其他诸如此类并非小事的情形，我简直不能忍受，自己就从当时的邪恶之中抽身退出）。三十僭主很清楚，苏格拉底绝不是民主派的朋友，所以，当他们非法篡权时，苏格拉底并没有离开雅典。克里提阿斯和卡尔米德无疑信任他，他们没有意识到他如此坚定地尊重法律，而这就是《克里同》的主题。

［A注］贺拉斯《歌集》3.3.3 似乎就是指的这件事：non vultus instantis tyranni［也不为僭主的脸色而动容］。另参塞涅卡《书信》28.8：Triginta tyranni Socratem circumsteterunt, nec potuerunt animum eius infringere［虽有三十僭主环伺苏格拉底身边，亦不能打垮其精神］。

［H注］勒翁是民主派的领袖，有着极高的威望。大多数民主派领袖都逃到其他城邦了。苏格拉底虽然一直都是民主制的批评者，却无需逃跑，尽管这件事也许是当局意在检验他对新政府的忠诚，或者如他所暗示的，也许意在让他卷入三十人的统治之中。

［按］据伊索克拉底 7.67，像这样未经审判就处死的，达一千五百人之多。H注曰："勒翁显然未经审判就被处死了，因为 ἀποθνήσκω 常常用来作 ἀποκτείνω 的被动态。"故而我译作"受死"，亦可译作"（不经审判就）处死"。

32c6-7：οἷα ... ἄλλοις ... πολλοῖς πολλὰ［很多人……很多诸如此类的］，［MP注］注意，柏拉图在此处煞费苦心地用上了交错结构（abba），他显然希望让人特别注意到这一点，以此让苏格拉底和他本人与三十僭主保持距离。这当然很有必要，因为很多人看到苏格拉底经常批评雅典民主制，就会得出结论，认为苏格拉底支持三十僭主。这样的感觉还因如下事实而得到强化：三十僭主之一的克里提阿斯（柏拉图的舅舅），就是一直都围绕在苏格拉底身边的年轻人之一。实际上，柏拉图在《普罗塔戈拉》和《卡尔米德》里都是如此刻画的。不要把这里的克里提阿斯混同为其同名的祖父，后者是《蒂迈欧》和《克里提阿斯》的主要谈话者，而《克里提阿斯》也因此得名（关于这家人的家谱，参内尔斯，2002，pp. 106–111）。与此相似，色诺芬的《回忆苏格拉底》（1.2.30）也费尽心机想表明，苏格拉底不是寡头制的支持者，还说甚至在克里提阿斯掌权之前，苏格拉底跟他就关系不睦。为了阐明人们为何对他们充满敌意，色诺芬讲了一个克里提阿斯追求欧蒂德谟的故事，这个故事引出了苏格拉底这样的评价："克里提阿斯似乎有猪一样的感受：他再也离不开欧蒂德谟，就像猪离不开擦痒的石头一样。"

32c7：οἷα δή [当然，诸如此类]，[SS注] 形容词性的οἷος之后加δή，"有一种轻蔑的调子，基本上就是反讽或蔑视"（丹尼斯顿，前揭，220 v a）。后面的πολλοῖς πολλὰ，这种同根词的重复（polyptonton）一般说来在文体上并不具有什么特别的效果，见吉格利-威斯的《古希腊同根名词的重复》（B. Gygli-Wyss, *Das nominale Polyptoton im älteren Griechischen*, Göttingen 1966），页47–48，以及费林的《高尔吉亚之前的希腊人的重复修辞及其使用》（D. Fehling, *Die Wiederholungsfiguren und ihr Gebrauch bei den Griechen vor Gorgias*, Berlin 1969），页230。然而，从三次倒装的搭配（οἷα ... πολλὰ, ἄλλοις ... πολλοῖς, ἐκεῖνοι ... προσέταττον）来看，这里的确具有文法上的效果。

[A注] 不是状语，而是προσέταττον的直接宾语。

32c8：ἀναπλῆσαι αἰτιῶν [裹挟到自己的罪行中来]，[S甲注] "沾染过失和罪行"，以便让尽可能多的公民因为拥护僭主们而看似背叛了自由事业。ἀναπιμπλάναι一词指"污染"和"沾染"，参鲁恩肯（Ruhnkenius）对注疏家蒂迈欧《柏拉图词典》的讨论（前揭，页30）。

[S乙注] 综合色诺芬、吕西阿斯和柏拉图的记载来看，三十僭主这一时期的手段令人发指。贪婪和报复占了主流，很多人因私怨而被

处死，很多人仅仅因为富裕而送命。每一个杰出之士都被处决或抓起来了；但为了获得足够多人的支持，三十僭主就采取地狱般的手段，逼迫人们参加到罪行中，把他们绑架到自己的利益链中来。人们由于害怕僭主政体，就卷入了同样的罪行里，并憎恨同样的情绪，于是他们就与三十僭主成了"同道"（common cause）。另参米特福德《希腊史》，前揭，卷四，页46。$ἀναπληρώσας$，苏达斯释曰：$ὁ\ δὲ\ Πλάτων\ ἀντὶ\ τοῦ\ μολύνας$［柏拉图用来说被污染的人］，意为"已被传染或污染的"，该动词在这个意义上也用来描述雅典的瘟疫，见修昔底德《战争志》2.51。德国古典学家盖斯纳（Johann Matthias Gesner，1691—1761）在《新语新知的罗马辞典》（*Novus Linguae et Eruditionis Romanae Thesaurus*，1749）的impleo词条中，把该词与李维4.30作了比较。

［B注］"沾染了他们行为的坏名声"，"连累"（compromise）。动词（$ἀνα-$）$πίμπλημι$指"感染"，另参修昔底德《战争志》2.51.4。该词后来用于指谋杀（$φόνος$）的$μίασμα$［污染］，另参安提丰《四联演说词》（*Tetr.*）的A部分a.10。吕西阿斯在反对厄拉托斯忒涅斯（Eratosthenes）的演说（12.93）中，也注意到三十僭主政策的同样方面。另参伊索克拉底18.17。

［R注］$ἀναπλῆσαι$这个词像拉丁语的implere，习惯用于表达污染，因此这里作"卷入"解。另参《斐多》67a。［T注］"卷入他们自己的罪行中"。

［A注］"卷入"。这个动词用来指把一个人卷入某种不愉快或糟糕的事情中，如阿里斯托芬《阿卡奈人》行847：$δικῶν\ ἀναπλήσει$［叫你染上官司］（黄薇薇译文；张竹明译作"叫你吃官司"）。因此，它常常指"污损"，如阿里斯托芬《云》行1023。

［D注］在这样的事情上为三十僭主办事，就成了他们的帮凶，都害怕民主制的恢复，因为这意味着要惩罚他们。

然而，我当时［32d］再次以行动而非言辞表明，我根本就不在乎

死——如果这样说不是太直率的话——而是在乎不要做任何不义和不圣洁的事情，这，才是我全力关心的东西！[τότε μέντοι ἐγὼ οὐ λόγῳ ἀλλ' ἔργῳ αὖ ἐνεδειξάμην ὅτι ἐμοὶ θανάτου μὲν μέλει, εἰ μὴ ἀγροικότερον ἦν εἰπεῖν, οὐδ' ὁτιοῦν, τοῦ δὲ μηδὲν ἄδικον μηδ' ἀνόσιον ἐργάζεσθαι, τούτου δὲ τὸ πᾶν μέλει.]

32d1：ἔργῳ αὖ［再次以行动］，［SS注］"以行动来反对"，因为苏格拉底投票反对Callixenus的提议本身也是一种行动。

[MP注] 重复使用副词αὖ［再次］，是要强调苏格拉底行事凭靠正义，而不是臣服于这种那种政治制度。民主派做事不义时，苏格拉底作出抵抗。后来，寡头派"转而"(αὖ)掌权时，苏格拉底"再次"(αὖ)表现出不怕死。

32d1-2：ἐμοὶ θανάτου μὲν μέλει ... οὐδ' ὁτιοῦν［我根本就不在乎死］，[S乙注] 费舍释曰：moveor mote nullo prorsus modo；塞拉努斯解释为：εἰ μὴ ἀγροικότερον. ὡς μεἀγροικότερον，这种理解似乎为斐奇诺所采纳。然而，它们的意思是一样的，因为苏格拉底意在为一个词的使用而道歉，这个词尽管很有表现力，却很可能会被文雅而严谨的雅典人视为随便（homely）或不雅。

[按] 直译为"人们对死的关心对我来说根本就不是什么事"，也就是，人们把死当成大事，我却不这么想。盖洛普译作I couldn't care less about death（格鲁伯近似），福勒译作I did not care a whit for death，魏斯特译作I do not care about death in any way at all，吴飞译作"我宁愿死"。

32d2：ἀγροικότερον［太直率］，[B注]"相当直率"（blunt）。在柏拉图笔下，ἀγροικία一般指不考虑用委婉的说法，一种让人不快的直来直去的说话方式，并且使用那些会冒犯高雅趣味的表达法。另参《高尔吉亚》462e6：μὴ ἀγροικότερον ᾖ τὸ ἀληθὲς εἰπεῖν［恐怕说出真话就更粗野喽］，486c2：εἴ τι καὶ ἀγροικότερον εἰγῆσθαι［要我说得更粗鲁点儿］，另参508e7和《欧蒂德谟》283e2。在法庭上说些与它可能施加的最严重的惩罚毫不相干的话，基本上就是对法庭的不尊重。

[SS注]在伯内特看来，"在法庭上说些与它可能施加的最严重的惩罚毫不相干的话，基本上就是对法庭的不尊重"。然而，这不是此处的真正要旨。μὲν ... δέ ... 句式中所表达的对照，丝毫不是要引起陪审团的注意，或者让人去注意陪审团可能指控的惩罚。苏格拉底所说的"死"，并不指美勒托斯所要求的，而是三十巨头威胁他的话。伯内特前半句话倒更在点子上："在柏拉图笔下，ἀγροικία 一般指不考虑用委婉的说法，……使用那些会冒犯高雅趣味的表达法。"换言之，这个说法重在措辞，而不重在意义。这里容易冒犯他人的是苏格拉底骄傲自豪的语气。他对大多数人称作最危险的东西（另参34c6-7：κινδυνεύων, ὡς ἂν δόξαιμι, τὸν ἔσχατον κίνδυνον [我处于这样一种大家似乎认为是极度危险的境地]）毫不在意，就可以被解释为是对其他人——而不仅仅是对陪审团——的傲慢和蔑视。苏格拉底拒绝向陪审团求饶时，解释了他这么做的原因（34d8-e1，另参37a3 的 ἀπαυθαδιζόμενος）。在忒腊克那个酷寒的冬天，雅典远征军中苏格拉底的那些战友们对他行为的反应与陪审团的反应完全一样：当同志们尽可能暖和地把自己严严实实包裹起来时（《会饮》220b4-c1，阿尔喀比亚德说），οὗτος δ' ἐν τούτοις ἐξῄει ἔχων ἱμάτιον μὲν τοιοῦτον οἷόνπερ καὶ πρότερον εἰώθει φορεῖν, ἀνυπόδητος δὲ διὰ τοῦ κρυστάλλου ῥᾷον ἐπορεύετο ἢ οἱ ἄλλοι ὑποδεδεμένοι, οἱ δὲ στρατιῶται ὑπέβλεπον αὐτὸν ὡς καταφρονοῦντα σφῶν [他穿着他往常穿的那样一类外套，打赤脚在冰上走，比别的穿鞋的人还轻松。兵士们都斜眼看他，以为他看不起他们]（刘小枫译文）。苏格拉底表面上的傲慢体现在行为上，而这里则体现在过分自信的语言上。关于这个惯用法，另参《高尔吉亚》508e6-509a2：ταῦτα ἡμῖν ἄνω ἐκεῖ ἐν τοῖς πρόσθεν λόγοις οὕτω φανέντα, ὡς ἐγὼ λέγω, κατέχεται καὶ δέδεται, καὶ εἰ ἀγροικότερόν τι εἰπεῖν ἔστιν, σιδηροῖς καὶ ἀδαμαντίνοις λόγοις [上面这些已经在前面的论证中向我们这样显明的结论，要我讲，就被坚持下来并被绑在一起，要是说得更粗野点儿，用钢铁般坚固的言辞绑在一起，这看起来就像这样坚固]（李致远译文）。在《申辩》这段话中，苏格拉底的语气很难说是不那么直截了当（categorical），而且 εἰ μὴ ἀγροικότερον ἦν εἰπεῖν 这句话修饰了紧接着的 οὐδ' ὁτιοῦν，正如在《高尔吉亚》中，这个套话反映在 σιδηροῖς καὶ ἀδαμαντίνοις λόγοις［用钢铁般坚固的言辞］之上。ἀγροικότερον，"相当直率"，"有点儿粗野"（多兹对《高尔吉亚》462e6的注疏）；关于这个比较级的确切含义，参K.-G. 2.305-306。威特韦尔在其文章《论希腊语后缀 –τερος 的比较功能》（'Ueber die kontrastierende Funktion des griechischen Suffixes –τερος', *Glotta* 47, 1969, 54-110）页83和89-90中认为，在《申辩》此处及类似的地方，让人能够感觉到一种与"精细、有教养和文雅说话方式"的比较。当然就是这么回事：ἄγροικος［乡下的，粗野的］是 ἀστεῖος［城里的，文雅的］（按：即英语的urbane及其拉丁语词源urbanus）的反义词。但它比较的是语词，而且不是用后缀 –τερος 来表达的，因为事实上这里并没有用 ἀστειότερος 来比较，而 ἀγροικότερος 是常见的用法；阿里斯托芬的残篇685（科克编本）或706（K.-A.编本）对这种区别给出了极好的解释。

［A注］这种歉意表达，乃是一个不完整的结果句的条件句，另参《欧蒂德谟》283e。［D注］另参30e。一种省略了条件句而且与事实相反的假设，用于表示踟蹰（或犹豫）。

［按］盖洛普译作rather crudely，格鲁伯译作rather vulgar，福勒和魏斯特译作too crude，只有Allan译作rather blunt，符合伯内特和SS的注疏。三个中文本译作"粗鲁"或"粗俗"。苏格拉底不怕死，不是"粗鲁"或"粗俗"的问题（尽管该词主要是这种含义），而是太直白和自信，他的直言不讳对于普通怕死的人来说，的确太"硬梆梆"了一点。这里的"圣洁"，亦作"虔敬"。从上下文来看，苏格拉底主要关心的是"正义"。

32d3：τούτου δὲ τὸ πᾶν μέλει［这才是我全力关心的东西］，［S甲注］"我完全、竭尽所能地关注"（按：英译本似乎都翻得不够好）。另参色诺芬《居鲁士的教育》1.6.13：τὸ πᾶν διαφέρει［完全不一样］。后面的 ἐκπλήττειν 意为"打动或感动某人，以至于让他似乎变成另一个人了。"

［SS注］关于带冠词和 δέ 的实词短语后面用代词 αὗτος 且带 δέ 来复指

的用法，参丹尼斯顿，前揭，184 ii。紧接着的 τὸ πᾶν，与 d2 的 οὐδ' ὁτιοῦν [根本不] 相对。

[A注] 以一个词 τούτου 来概括 τοῦ δὲ ... ἐργάζεσθαι 整个句子，以便为 θανάτου μὲν [虽死] 提供更为强调性的反题，另参 28e 的 εἰ ὅτε μέν ... ἐνταῦθα δέ [如果说一方面……在这样的情形下居然] 这一句的注释和 38a 对 ταῦτα δέ 的注释。随后的 τὸ πᾶν 是状语，另参《蒂迈欧》72b。

[S丙注] "这，我说，就是我所有的关切。" δέ 强调的是 τούτου。δέ 的这种用法可与 καὶ ... δέ 中的用法相比较。

所以，那个统治集团虽然如此暴虐，但也没有吓得我 [d5] 去干什么不义之事。恰恰相反，我们从"圆厅"走出来后，其他四人去了萨拉米斯抓捕勒翁，而我离开后却径直回了家。我很可能因此而送命，如果那个统治集团不是很快就被推翻的话。对此，[32e] 你们很多人都可以作证。[ἐμὲ γὰρ ἐκείνη ἡ ἀρχὴ οὐκ ἐξέπληξεν, οὕτως ἰσχυρὰ οὖσα, ὥστε ἄδικόν τι ἐργάσασθαι, ἀλλ' ἐπειδὴ ἐκ τῆς θόλου ἐξήλθομεν, οἱ μὲν τέτταρες ᾤχοντο εἰς Σαλαμῖνα καὶ ἤγαγον Λέοντα, ἐγὼ δὲ ᾠχόμην ἀπιὼν οἴκαδε. καὶ ἴσως ἂν διὰ ταῦτα ἀπέθανον, εἰ μὴ ἡ ἀρχὴ διὰ ταχέων κατελύθη. καὶ τούτων ὑμῖν ἔσονται πολλοὶ μάρτυρες.]

32d4: ἐκείνη ἡ ἀρχή [那个统治集团]，[SS注] 这里的 ἀρχή 不是"统治"（sovereignty；按：魏斯特），而是"掌权的这个集团"（另参《希英大词典》相关条目的 II 4。按：那里主要说的是复数的用法），如下文 37c2。——关于这种观念，另参吕西阿斯 12.29：εἰ μὲν γάρ τις ἦν ἐν τῇ πόλει ἀρχὴ ἰσχυροτέρα（比三十巨头），ὑφ' ἧς αὐτῷ（对 Eratosthenes，此人是三十巨头之一）προσετάττετο παρὰ τὸ δίκαιον ἀνθρώπους ἀπολλύναι, ἴσως ἂν εἰκότως αὐτῷ συγγνώμην εἴχετε· νῦν δὲ ... [因为城邦假如有更大的权威集团，对他下令可以违反正义地处死人们，你也许还有理由原谅他，但实际上……]。

[A注] ἐκείνη ἡ ἀρχή 即"三十巨头"。下面的 ὥστε 不是修饰 οὕτως

ἰσχυρὰ，而是修饰 ἐξήλθομεν。[T注]"因为，我（其词形和位置都表示强调），尽管（三十巨头的）统治那时如此强横霸道，也没有惧怕"。后面的 ἤγαγον Λέοντα，指勒翁被处死。

[按]盖洛普译作 regime，格鲁伯和福勒译作 government，魏斯特译作 rule，艾伦直接译成 oligarchy，施莱尔马赫译作 Regierung，阿佩尔特连到后面的 ἰσχυρὰ 译作 Schreckensregiment。水建馥译作"政权"，王太庆和吴飞译作"政府"。ἰσχυρὰ，英译本一般做 strong 或 powerful（该词也有 forcible 和 violent 等意思），水建馥译作"势力大"，王太庆译作"大权在握"，吴飞译作"强硬"。

32d6：οἱ μὲν τέτταρες ...[其他四人]，[B注]从前引安多喀德斯可知，四人中就有那位当庭抨击苏格拉底的美勒托斯。但安多喀德斯指出（1.94），在"大赦"之时（按：即公元前403年忒拉叙布洛斯恢复民主后宣布的"大赦"），勒翁的儿子们可能对美勒托斯提起了 δίκη φόνου [谋杀罪的指控]，美勒托斯只有在 ὅτι τοῖς νόμοις δεῖ χρῆσθαι ἀπ' Εὐκλείδου ἄρχοντος [欧克莱德斯（Eucleides）担任执政官以来所通过的法律将仍然有效]的情况下才能免罪（按：即公元前403年仲夏之后）。人们怀疑不能把这个美勒托斯等同于控告苏格拉底的那位美勒托斯，这是唯一的严肃理由。乍一看，无疑会让人惊讶的是，苏格拉底不应该提到自己共同参与抓捕勒翁的行动。但此时美勒托斯已经被彻底处理掉了，而不在这里把他考虑进去，比哪怕稍微把他牵扯进来，效果要好得多。苏格拉底这句话极为严肃，就会因诸如此类的东西而被削弱。苏格拉底不可能屈尊去比较他自己的行为和美勒托斯的行为。

32d7：ᾠχόμην ἀπιὼν οἴκαδε [我离开后径直回了家]，[S甲注]"我径直回家了"。[SS注]重复动词以强调这种对比。[D注]据狄俄多罗斯14.5，苏格拉底积极反对三十巨头处决忒拉墨尼斯。

[S乙注]与表示"离开"的这类简单动词不同，其分词常常与οἴχομαι [走]连用，如《伊利亚特》2.71：ᾤχετ' ἀποπτάμενος [飞走了]，另参希罗多德《原史》1.157：ᾤχετο φεύγων [他逃走了]。塞涅卡在《论

灵魂的宁静》（De Tranquillitate Animi，章三）提到苏格拉底此处的行为时，说道：inter triginta tyrannos liberum（Socratem）incessisse［在三十僭主时期，（苏格拉底）也自由自在地谴责］。

32d8：*εἰ μὴ ἡ ἀρχὴ διὰ ταχέων κατελύϑη*［如果那个统治集团不是很快就被推翻的话］，［S乙注］三十巨头的统治从其开始到被忒拉叙布洛斯推翻，共持续了四年（按：疑有误；从其被推翻到苏格拉底的审判，才是四年）。

［B注］三十巨头的统治总共持续了八个月（色诺芬《希腊志》2.4.21）。［S丙注］这一年末，三十巨头被废黜，雅典从各个部族各选一人，组成十人委员会（《希腊志》2.4.23）。

32e1：*πολλοὶ μάρτυρες*［很多证人］，［B注］我们必须假定，在这一点上召唤证人，符合雅典的惯例（另参34a3注）。苏格拉底非常清楚，这场指控的真正原因（ground）在于安虞托斯认为苏格拉底对民主制的忠诚度值得怀疑。苏格拉底在勒翁事件上的举止，以及他对那种观点的辩护，乃是最为强有力的论点，而且他也有权最大限度地利用那件事，因为他在这样做的时候丝毫没有妥协。

［SS注］审判程序很可能被这些证人打断了，尽管苏格拉底也很有可能请求这些陪审员当他的证人。

［按］"你们很多人"（意译）包括陪审团中的成员，直译为"对你们来说，会有很多证人"。盖洛普译得较为复杂：There are many witness who will testify before you about those events［有很多证人都会在你们面前就这些事情作证］。

那么，假如我一直都积极参与公共事务，而且还以一种配得上勇敢高尚的人的方式去参政，也就是襄助正义事业，就像一个人总是应该的那样，把它看得比什么都重要，你们是否还会认为我能够苟活这么多年？［e5］想得美！雅典人。我办不到，其他［33a］任何人这样做也活不成。［*Ἆρ' οὖν ἄν με οἴεσθε τοσάδε ἔτη διαγενέσθαι εἰ ἔπραττον τὰ δημόσια,* καὶ πράττων ἀξίως ἀνδρὸς ἀγαθοῦ ἐβοήθουν τοῖς δικαίοις καὶ ὥσπερ χρὴ τοῦτο περὶ πλείστου ἐποιούμην; πολλοῦ γε δεῖ, ὦ ἄνδρες Ἀθηναῖοι· οὐδὲ γὰρ ἂν ἄλλος ἀνθρώπων οὐδείς.]

32e2-4：εἰ ἔπραττον τὰ δημόσια ... ἐποιούμην［假如我一直都积极参与公共事务］，［S甲注］因为前面有不定过去时 διαγενέσθαι ἄν，人们就会以为后面是 εἰ ἔπραξα ... ἐποιησάμην，但这里用过去时就不对了，因为苏格拉底说的不仅是过去，也包括现在，也就是从过去持续到现在的行为。后面的 οὐδὲ γὰρ ἂν ἄλλος ἀνθρώπων οὐδείς，要理解为省略了 διεγένετο。

［SS注］这个不真实的条件句暗示的事实是 ἀλλ᾽ οὐκ ἔπραττον，而非 ἀλλ᾽ οὐ πράττω，因此其含义就是"如果我曾经常参与政治的话"，而不是"如果我参与过政治的话"。这里的过去时表示一种不真实的假设。另参古德温《希腊语语法》的410和413节。

［D注］开头九行是对前面内容的总结，从33a5起就转向了苏格拉底的教学问题。［T注］τοσάδε ἔτη 意为我生活的"那么多年"。

32e3：πράττων［参政］，［SS注］该词是条件性的，意为"如果我作为政治家曾拥护过那些正确的东西"，另参《美诺》71e2-4（美诺说）：αὕτη ἐστὶν ἀνδρὸς ἀρετή, ἱκανὸν εἶναι τὰ τῆς πόλεως πράττειν, καὶ πράττοντα τοὺς μὲν φίλους εὖ ποιεῖν, τοὺς δ᾽ ἐχθροὺς κακῶς［男人的德性在于此：其能力足以承担城邦事务，为朋友们做好事，而对敌人则损之］（按：即所谓扶友损敌）。后面的 ἀξίως ἀνδρὸς ἀγαθοῦ 与 ἐβοήθουν 连用，正如 ὥσπερ χρὴ 与 ἐποιούμην 连用。

［H注］后面的 ἀξίως ἀνδρὸς ἀγαθοῦ 意为"以一种配得上好人的方式"。［按］ἀγαθοῦ，一般译作"好"，盖洛普译作"勇敢"，我们在前面译作"勇敢高尚"，参28b8-9注。

32e3-4：ἐβοήθουν τοῖς δικαίοις［襄助正义事业］，［B注］"已捍卫过这种正确的东西"（had defended the right），这里的 δικαίοις 是中性。另参32a1：τὸν ... μαχούμενον ὑπὲρ τοῦ δικαίου［为正义而战］。前面e3的 πράττων

后面省略了 τὰ δημόσια。

［SS注］另参《王制》496d1（31e1注疏中曾引用过）：ἐπὶ τὴν τῷ δικαίῳ βοηθεῖαν［援助正义事业］（王扬译文）；368b7-c2（29d4注疏引用过）；亦参23b7。

［A注］这种中性复数指不同的场合："在每种情况中都正义的东西。"［D注］中性，表示"无论什么正义的东西"，抽象观念的具体表达方式。［T注］ὥσπερ χρή意为"正如一个人应该"总是去做的，这种意思暗含在其现在时中。最后一句省略了διεγένετο，意为"假如还要生活许多年的话"。

［按］πολλοῦ γε δεῖ，所有英文本都译作 far from it，施莱尔马赫和阿佩尔特都译作 weit gefehlt，中译本作"根本不可能"或"当然不能"。《希英大词典》πολλοῦ 词条 III 部分有 far 之意，另参 30d6：πολλοῦ δέω ἐγὼ ὑπὲρ ἐμαυτοῦ ἀπολογεῖσθαι［我远不是在为了我自己辩护］，δεῖ本为"需要"。这句话直译为"差得远"（但语意似乎不够强），本义为"那需要的就太多了"，或者说"想得到的太多了"，当然就是"想得美"了："想"对应于"需要"，"美"对应于"多"。或者如时下俗语"你想多了"。

总之，我在整个一生中，即便也曾办过点儿公家的事，但可以说一直都是这样一种人，当然，我在私事上也一以贯之。我从来没有向任何违背正义的人做过哪怕丝毫让步，不管他是别的什么人，还是被那些污蔑我的人［a5］说成我学生的人。［ἀλλ' ἐγὼ διὰ παντὸς τοῦ βίου δημοσίᾳ τε εἴ πού τι ἔπραξα τοιοῦτος φανοῦμαι, καὶ ἰδίᾳ ὁ αὐτὸς οὗτος, οὐδενὶ πώποτε συγχωρήσας οὐδὲν παρὰ τὸ δίκαιον οὔτε ἄλλῳ οὔτε τούτων οὐδενὶ οὕς δὴ διαβάλλοντες ἐμέ φασιν ἐμοὺς μαθητὰς εἶναι.］

33a1：ἀλλ'［总之］，［SS注］该词标志一种中断，并引入一种扼要的重述（另参丹尼斯顿，前揭，8 ii）。［D注］"不管它在别人那里是怎么样的，至于说我，……"

33a2：τοιοῦτος φανοῦμαι［一直都是这样一种人］，［S甲注］代词由稍

后的 οὐδενὶ πώποτε συγχωρήσας οὐδὲν παρὰ τὸ δίκαιον［我从来没有向任何违背正义的人做过哪怕丝毫让步］来解释。[B注] τοιοῦτος ... ὁ αὐτὸς οὗτος 由后面的 οὐδενὶ πώποτε... 来解释。

[SS注] 后面省略了 ὤν，该词常常隐去（古德温《希腊语语法》，前揭，902节；K.-G. 2.66-67）。ὤν 在此处可以是"过去分词"（古德温《希腊语语法》140节），使得句子的含义是"你们会发现，我一直都是那样一种人"。φανοῦμαι 或 φανήσομαι 带一个分词，用来表示一个公正的人在详细考察诸般事实后都会得出的结论，这种用法在演说家笔下极为常见，如吕西阿斯12.23、13.79和2.26（最后部分）；托名安多喀德斯4.32；伊索克拉底16.44、18.16和63、19.17；伊赛俄斯 8.4和11；德莫斯忒涅斯22.47和69、29.38、36.15和38、38.11和38（与《申辩》此处极为相似）；埃斯基涅斯1.4。正如《申辩》其他地方一样，这是在故意模仿法庭演说。后面的 ὁ αὐτὸς οὗτος，另参托名德莫斯忒涅斯44.12-13（略），以及德莫斯忒涅斯18.28 的 οὗτος εὑρέθης。

33a3: οὐδενὶ πώποτε συγχωρήσας οὐδὲν παρὰ τὸ δίκαιον［我从来没有向任何违背正义的人做过哪怕丝毫让步］，[SS注] 重新接续苏格拉底在32a6-7所说的公共生活: οὐδ' ἂν ἑνὶ ὑπεικάθοιμι παρὰ τὸ δίκαιον［绝不会违背正义而向任何一个人屈服］，但现在的焦点在于私人关系。

33a5: ἐμοὺς μαθητὰς εἶναι［我的学生］，[S甲注] 也许是在暗指阿尔喀比亚德和克里提阿斯，他们的恶行据说就来自苏格拉底的教导。另参色诺芬《回忆苏格拉底》1.2.12以下。

[B注] 尤其是克里提阿斯和阿尔喀比亚德。苏格拉底并没有把这句话栽到美勒托斯或 οἱ κατήγοροι［控告者］头上，而是归诸某些未具名的人，他们才把它用来 διαβάλλοντες ἐμέ［污蔑我］。因为有"大赦"，所以他们很难把指控的重点放在这个方面，但苏格拉底非常清楚，那些人以及法官们脑子里就是这样想的。我们根据伊索克拉底可知，珀吕克拉托斯数年后发表的一篇安虞托斯可能会发表的演说（如果后者真的发表了的话），很大程度上就利用了这一点（另参11.5）。一代人之后，埃斯

基涅斯相当直率地说（1.173）：ὑμεῖς, ὦ ἄνδρες Ἀθηναῖοι, Σωκράτης ... τὸν σοφιστὴν ἀπεκτείνατε, ὅτι Κριτίαν ἐφάνη πεπαιδευκώς［雅典人呐，你们因为苏格拉底似乎教育过克里提阿斯，就把他这位智者处死了］。那无疑反应了当时流行的看法。色诺芬也竭尽全力驳斥这种指控，他说（《回忆苏格拉底》1.2.26），克里提阿斯和阿尔喀比亚德一旦从苏格拉底那里得到了他们想学到的东西，就把他隔离（desert）在政治之外（按：据《回忆苏格拉底》1.2.31，克里提阿斯等当权派对于不断批评现实政治的"老师"苏格拉底恨之入骨，专门颁布针对他的法令，禁止包括他在内的所有人传授演讲术）。

［S丙注］色诺芬在《回忆苏格拉底》中总是说"苏格拉底的伙伴"，而不是他的门徒，如1.6.1的 οἱ συνόντες αὐτῷ［跟他交往的人］，οἱ συνουσιασταί［跟他打过交道的人］，4.8.2的 οἱ συνδιατρίβοντες［与他一起打发时间的人，跟随他的人］，οἱ συγγιγνόμενοι［一起交谈的人，请教他的人］，οἱ ἑταῖροι［伙伴们］，οἱ ὁμιλοῦντες αὐτῷ［跟他结交的人］，οἱ συνήθεις［一起生活的人］，4.2.1末尾的 οἱ μεθ' ἑαυτοῦ［追随他的人］，1.2.60的 οἱ ἐπιθυμηταί［仰慕者］。阿里斯提珀斯在提到柏拉图时，也说他把苏格拉底说成 ὁ ἑταῖρος ἡμῶν［我们的伙伴/同志］。另参格罗特《希腊史》1884年版，卷八，页212，注释3。我们在这份清单上还可以加一个 ὁμιλητής［请教者］，见《回忆苏格拉底》1.2.12和48。

［D注］οὔτε ἄλλῳ 也许是要让人们注意到这样一个事实：在32c–d所说的事件中，苏格拉底并没有受到他此前与克里提阿斯交往的影响。从色诺芬在《回忆苏格拉底》对苏格拉底的辩护可见，控告者们着意强调苏格拉底的邪恶教导和缺乏约束。［H注］连续五个复合否定词，表示一种单一的否定意思（另参18d5注）。

［G注］苏格拉底可能是在专门暗指他以前的两位伙伴，他们后来成为雅典民主制臭名昭著的敌人，即阿尔喀比亚德和克里提阿斯。前者是一位才华横溢却刚愎任性的政治家，后来背叛了雅典，转而帮助敌人，他是柏拉图的《会饮》（212d–223a）中的主角。而克里提阿斯是一

位肆无忌惮的寡头,后来成了三十巨头的领军人物。由于这两人后来恶贯满盈的"事迹",人们普遍怀疑是苏格拉底"败坏"了他们。色诺芬详细地反驳了这种看法(《回忆苏格拉底》1.2.24-47),他说:"政治把他们引向苏格拉底,而他们也因为政治而离开了他。"(1.2.47)

[W译注]苏格拉底转弯抹角地针对这样的说法:克里提阿斯和阿尔喀比亚德乃是他的学生。控告者不可能明确地提到这种说法,因为公元前403年民主制恢复之后的"大赦令"禁止抽签对所犯罪行提起诉讼。另参伯内特注疏的页100-101对公元前399年司法形式的讨论。克里提阿斯和阿尔喀比亚德两人都在年轻时与苏格拉底有过交道,但两人后来都变成了臭名昭著的民主派和寡头派人物。的确,克里提阿斯作为三十巨头之一,要为抓捕和处决萨拉米斯的勒翁负责。在色诺芬笔下,克里提阿斯据说是"所有寡头派人物中最暴烈和嗜杀成性的人",而阿尔喀比亚德"变成了民主派中最放纵、最傲慢和最强横的人"(1.2.12)。

虽然说,我从来就不是任何人的老师,但如果人们有心听我讲,听我以此来完成自己的任务,不管他年轻还是年长,我都从来不拒绝,也不会收取了钱财才与之交[33b]谈,没有收就不交谈,而是对富人和穷人一视同仁,任由他们向我本人发问,假如他们想听一听我在回应时会说些什么。[ἐγὼ δὲ διδάσκαλος μὲν οὐδενὸς πώποτ' ἐγενόμην· εἰ δέ τίς μου λέγοντος καὶ τὰ ἐμαυτοῦ πράττοντος ἐπιθυμοῖ ἀκούειν, εἴτε νεώτερος εἴτε πρεσβύτερος, οὐδενὶ πώποτε ἐφθόνησα, οὐδὲ χρήματα μὲν λαμβάνων διαλέγομαι μὴ λαμβάνων δὲ οὔ, ἀλλ' ὁμοίως καὶ πλουσίῳ καὶ πένητι παρέχω ἐμαυτὸν ἐρωτᾶν, καὶ ἐάν τις βούληται ἀποκρινόμενος ἀκούειν ὧν ἂν λέγω.]

33a5-6: διδάσκαλος ... οὐδενὸς πώποτ' ἐγενόμην [我从来就不是任何人的老师],[B注]至于说阿尔喀比亚德,上文所引的伊索克拉底的话(11.5)证实了这一点,他说:Ἀλκιβιάδην ἔδωκας αὐτῷ μαθητήν, ὃν ὑπ' ἐκείνου μὲν οὐδεὶς ᾔσθετο παιδευόμενον, ὅτι δὲ πολὺ διήνεγκε τῶν ἄλλων ἅπαντες ἂν ὁμολογήσειαν [你把阿尔喀比亚德交给他当学生,但从来没有人觉得苏格

拉底曾教过他，大家都同意，阿尔喀比亚德似乎与其他所有人都很不相同]。那也与柏拉图对此事的记载相吻合，尤其符合《会饮》(217a2以下)中的阿尔喀比亚德的讲辞。阿尔喀比亚德曾试图赢得苏格拉底的好感，那时他还是一个小孩子，至多不过十五岁，而且，尽管柏拉图说他长大后还继续崇拜苏格拉底，但他从来没有说过阿尔喀比亚德是苏格拉底任何形式的门徒，甚至也没有说他是苏格拉底亲密圈子中的成员。克里提阿斯的情况也如此。

[R注]苏格拉底的意思（参下文b）是，他没有教过任何 μάθημα [学生]，即他没有专业知识，即便对于 καλοκαγαθία [高贵良善]，他也从来没有公开说自己就是教师。另参《拉克斯》208d，他拒绝 ἐπιμελεῖσθαι [关照]尼喀阿斯之子。苏格拉底试图传授的毋宁是一种思想习惯，正如泽勒尔所说："不过分看重现成的真理，而是要唤醒对真理和德性的感觉；不是要把自己的信念强加给他人，而是要试探他们。"

[S丙注]比较色诺芬《回忆苏格拉底》1.2.3：καίτοι γε οὐδεπώποτε ὑπέσχετο διδάσκαλος εἶναι τούτου（即 τοῦ καλοὺς καὶ ἀγαθοὺς εἶναι）[当然，他并没有公开说自己就是这样一位教师]。

33a6–7：εἰ δέ τίς ... ἐπιθυμοῖ ἀκούειν [如果人们有心听]，[S甲注]苏格拉底把 τὰ ἐμαυτοῦ [自己的事情]说成是阿波罗命令他做的事情，即他应该省察并谴责人们的错误，并劝勉同胞追求德性。

33a6–7：λέγοντος καὶ τὰ ἐμαυτοῦ πράττοντος [讲，以此来完成自己的任务]，[SS注]"当我在讲的时候以及（如此来）完成自己的任务时"。在《王制》中，406e2（τὰ ἑαυτοῦ πράττων [继续从事自己的事业]）与 d6–7（τῆς ... προκειμένης ἐργασίας ἀμελοῦντα [丢下面前摆着的工作不管]）相对；433a8–9 的 τὰ αὐτοῦ πράττειν [干自己的工作]由 μὴ πολυπραγμονεῖν [不多管闲事]所阐明。苏格拉底这里所说的任务是那位神明（23b7–c1、28e4–6、29b6–7 和 30e3–31a1）给他规定的，也就是考察并劝说他们努力臻于 ἀρετή [德性]。因此，当他关注其他人的私人行为，这不能叫做 πολυπραγμονεῖν [多管闲事]，尽管反对者会这么叫。——关于 λέγειν 的含义，另参下文33b3对 λέγω 注。

[S丙注] 也就是实现自己的神圣使命。比较28e、29d和33c。苏格拉底在《高尔吉亚》中说（526c3-4），最可能得到拉达曼图斯[①]赏识的灵魂，就是那种存在于身体上 φιλοσόφου τὰ αὑτοῦ πράξαντος καὶ οὐ πολυπραγμονήσαντος ἐν τῷ βίῳ [只做自己的事情而终生都不多管闲事的哲人的灵魂]。

[D注] 人们对此有不同的看法（按：即不同的理解，或褒或贬）。

33a7: εἴτε νεώτερος εἴτε πρεσβύτερος [无论他年轻还是年长]，[SS注] 这证明苏格拉底不是一名教师，因为只有年轻人才有老师。苏格拉底的对话者既有年轻人，也有成年人，这在上文（30a2和8）中明确说过了，并且在《申辩》很多地方都有暗示（17c9、19d1-3、29d5-7、30e7、31b3-5、36c3-5、37c7-d2、38a4-5、41b5-6和e2-7）。另参30a2注。

33a8: χρήματα μὲν λαμβάνων [收取钱财]，[S甲注] 暗示智术师贪财。[B注] 前面一个词 οὐδὲ 否定的是由 μέν 和 δέ 引导的联合从句，"如果我收了费才讲，如果我没有收费，我也不会拒绝讲授"。

[A注] 苏格拉底拒绝收费，这就是他与智术师众多区别的一个方面，另参色诺芬《回忆苏格拉底》1.2.6，苏格拉底说那些收费教学的人把自己变成了奴隶（τοὺς δὲ λαμβάνοντας τῆς ὁμιλίας μισθὸν ἀνδραποδιστὰς ἑαυτῶν ἀπεκάλει），因为他们就不再能够自由地谈论自己所喜欢的话题。苏格拉底曾与智术师安提丰有过一次交谈，后者认为免费教学就等于承认你的教导毫无价值，苏格拉底甚至更为严厉地指出：τήν τε γὰρ ὥραν ἐὰν μέν τις ἀργυρίου πωλῇ τῷ βουλομένῳ, πόρνον αὐτὸν ἀποκαλοῦσιν, ἐὰν δέ τις, ὃν ἂν γνῷ καλόν τε κἀγαθὸν ἐραστὴν ὄντα, τοῦτον φίλον ἑαυτῷ ποιῆται, σώφρονα νομίζομεν· καὶ τὴν σοφίαν ὡσαύτως τοὺς μὲν ἀργυρίου τῷ βουλομένῳ πωλοῦντας σοφιστὰς [ὥσπερ πόρνους] ἀποκαλοῦσιν, ὅστις δὲ ὃν ἂν γνῷ εὐφυᾶ ὄντα διδάσκων

---

① 拉达曼图斯（Rhadamanthys），宙斯与欧罗巴之子，生前是一位聪慧的国王，死后成为冥府判官。

ὅ τι ἂν ἔχῃ ἀγαθὸν φίλον ποιεῖται, τοῦτον νομίζομεν, ἃ τῷ καλῷ κἀγαθῷ πολίτῃ προσήκει, ταῦτα ποιεῖν.［如果一个人把他的美貌出卖给任何愿意购买的人，我们就称他为娈童；但是，如果一个人和一个钦佩光荣和高尚事物的人做朋友，我们就说他是个有见识的人；同样，人们把一些为金钱而出卖他们的智慧的人称做诡辩者，这也仿佛就是在说，智慧的出卖者。但是，一个人如果和他所知道是有才德的人交朋友，把自己所知道的好东西都教给他，我们就认为他所做的不愧为一个光荣和善良的公民］（吴永泉译文）。

33b2：παρέχω ἐμαυτὸν ἐρωτᾶν［任由他们向我本人发问］，［S甲注］"我给机会来讯问我"。后面的话 καὶ ἐάν τις βούληται ἀποκρινόμενος ἀκούειν，要解释为 καὶ παντί, ὅστις ἂν βούληται ἀκούειν，因为 ἄν τις 是文雅地说 ὅστις ἄν。[S乙注] 主动态的不定式 ἐρωτᾶν［提出问题］表示被动的意思。

［B注］"我给他们机会来质疑自己"。这句话不可能指"我打算问问题"（Church）。尽管提问的人一般也会反过来被提问，但这里无疑不是这个意思。苏格拉底是在解释他被视为一名教师这件事是怎么来的。关于 παρέχω 的用法，另参《斐德若》228e1 和《美诺》70c1。宾语（object）常常省略，如《高尔吉亚》456b4。

［SS注］正如伯内特正确指出的，这句话是说，苏格拉底任由任何想质问他的人随便质问。当 παρέχω 接一个与格和一个不定式，与格所表示的那个人总是不定式的主语。整个句子相当于 παρέχω ἐμαυτὸν ἐᾶτε τις βούληται ἐρωτᾶν ἐμοῦ ἀποκρινομένου ἐᾶτε (βούληται) ἀποκρινόμενος ἀκούειν ὧν ἂν λέγω。辩证法就是一种问答游戏，一个人请另一个人解释自己的意见，轮到自己时，也解释自己的看法，另参《高尔吉亚》462a3-5：ἐν τῷ μέρει ἐρωτῶν τε καὶ ἐρωτώμενος, ὥσπερ ἐγώ τε καὶ Γοργίας, ἔλεγχέ τε καὶ ἐλέγχου［轮番提问与被提问，就像我本人与高尔吉亚一样——那么，就请你反驳与被反驳］（李致远译文）。在这个句子的第一部分（到b2的 ἐρωτᾶν 为止），苏格拉底的伙伴提问，第二部分，这位伙伴给出答案。因此，我们与伯内特的看法相反，应该把 ἀποκρινόμενος 与 τις 联系起来理

解；这样一种倒装法会被曲解，也有误导性。

[A注]"我提请被询问"。ἐρωτᾶν的主语当然是"富人和穷人"。所以καλός ἰδεῖν的意思就是"公正地看"，即其他人可以公正地看。这种意思，另参《斐德若》228e，《高尔吉亚》456b和《普罗塔戈拉》348a。

[D注]关于这里的πένητι，控告者似乎是在利用苏格拉底与富家年轻子弟的交往大做文章。

33b3: ἀποκρινόμενος ἀκούειν ὧν ἂν λέγω[听一听我在回应时会说些什么]，[B注]"听一听我在回应时说的什么"（倒装句）。我们在理解时必须重复παρέχω ἐμαυτόν，"我在侍奉他时"。另参《普罗塔戈拉》348a6-7：κἂν μὲν βούλῃ ἔτι ἐρωτᾶν, ἕτοιμός εἰμί σοι παρέχειν ἀποκρινόμενος[如果你还想问，我仍旧让自己回答你]（刘小枫译文）。在《申辩》此处，我们不能把ἀποκρινόμενος与τις联系起来理解，除非我们错误地翻译了παρέχω ἐμαυτὸν ἐρωτᾶν。

[SS注]从上一个注释来看，ὧν ἂν λέγω与ὧν ἂν ἐρωτῶ是一回事。对话的实践，以及苏格拉底在《泰阿泰德》148e6-151d6这段著名的段落中对自己的μαιευτική[助产术]的描述，表明任何人提出问题都会导致一场讨论，另参《申辩》27b2：ἐὰν ἐν τῷ εἰωθότι τρόπῳ τοὺς λόγους ποιῶμαι[即便我以自己惯常的方式作出论证]。苏格拉底是"说话"的人，而其他人则"听"（并回答）。对此可参《王制》595b9-c6，苏格拉底在那里说，不管我们多么喜爱荷马史诗，但对于埋藏其中的危险，我们应该"说"（b8和c3的ῥητέον以及b10的λέγειν），而不是保持沉默。格劳孔同意了，苏格拉底追问（c5）：Ἄκουε δή, μᾶλλον δὲ ἀποκρίνου[那你就听，最好是答]，格劳孔回答Ἐρώτα[问吧]（张文涛译文）。所以，"说"与"问"是一回事，参与者的作用如果是被动的，就是"听"，如果是主动的，就是"答"（另参《高尔吉亚》458e1-4）。

[R注]这是一种温和的说法，即"如果他打算，我就准备质疑他"。[A注]"而且如果任何人想回答并且听我打算说的。"苏格拉底的意思是，他更惯常用问题而非答案来说。

第四章　离题　553

　　[D注] 苏格拉底的 συνουσία [交往者] 的典型特征。——ἀκούειν，与 ἐρωτᾶν 一样，在 παρέχω 之后，表达目的："我准备好回答了，但如果有人很愿意回答，并且听我那时会说什么。"

　　[H注] 条件句的结论句必须补上与前一句类似的东西 παρέχω ἐμαυτὸν ἀκούειν，"我提请自己被倾听"（即，让他们来听听我）。因此，ἀποκρινόμενος 必须理解为修饰 λέγω，而不是 βούληται（这是一种倒装，把连在一起的词语分开）。对于 βούληται ... ἀκούειν，我们会指望看到 ἀποκρινάμενος，因为这样一个人不可能同时既在回答又在倾听，正如渐进性的分词所示。

　　[按] 最后一句，各家译法差别很大。盖洛普译作 and to anyone who may wish to answer in response to questions from me。格鲁伯译作 if anyone is willing to answer my questions and listen to what I say。福勒译得更为奇怪：I ask questions, and whoever wishes may answer and hear what I say。魏斯特译作 and whether wishes to answer, he may hear what I say。王太庆译作"我先问，愿意答的可以答，答了再听我说"。吴飞译作"谁要想听我说什么，就要回答我的问题"。

　　所以，他们中的某些人无论是变得更好还是没有，公正地说，我都没有[b5]责任，因为我既没有对任何人做出任何承诺，也从来没有教任何人知识。如果有人说曾经从我这里学到过什么东西，或者曾私下听到其他任何人都不曾听到的东西，请诸位明察，这绝对不是实话。[καὶ τούτων ἐγὼ εἴτε τις χρηστὸς γίγνεται εἴτε μή, οὐκ ἂν δικαίως τὴν αἰτίαν ὑπέχοιμι, ὧν μήτε ὑπεσχόμην μηδενὶ μηδὲν πώποτε μάθημα μήτε ἐδίδαξα· εἰ δέ τίς φησι παρ' ἐμοῦ πώποτέ τι μαθεῖν ἢ ἀκοῦσαι ἰδίᾳ ὅτι μὴ καὶ οἱ ἄλλοι πάντες, εὖ ἴστε ὅτι οὐκ ἀληθῆ λέγει.]

　　33b3：τούτων ἐγώ ... [某些人……我]，[S乙注] τούτων，阳性，与 τὴν αἰτίαν ὑπέχοιμι 连用。[B注] τούτων ... τις 与 b5 的 ὧν ... μηδενί [他们没有人] 紧密相连，并由它来回答。

33b4-5：οὐκ ἂν δικαίως τὴν αἰτίαν ὑπέχοιμι［公正地说，我都没有责任］，［S甲注］"这不能正确地归咎于我。"αἰτίαν ὑπέχοιμι一般有负面含义，用于指那种值得谴责的人。［B注］"让我来负责，就不公平了。"δίκην, λόγον ὑπέχειν之类的短语很常见。另参《王制》403c1：ψόγον ἀμουσίας ... ὑφέξοντα［他将会被人指责为缺乏音乐教养］（王扬译文）。［T注］"对于这些人（即所谓的门徒），公正地说，我不应该负责，我对他们任何人都不曾允诺……"

33b5：ὧν μήτε ὑπεσχόμην ...［既没有做出任何承诺］，［SS注］在原因从句中，否定词常常是μή。据古德温（580节），只有当关系从句是条件性的时才会如此。但此处的话不符合这种情况。参施塔尔的《古典时期希腊语动词的句法批评历史》（J. M. Stahl, Kritisch-historiche Syntax des griechischen Verburus der klassischen Zeit）前揭，770.3，其中引用了《伊翁》534d3和《欧蒂德谟》302c1-2。ὑπισχνέομαι表示"公开承认"，另参《普罗塔戈拉》319a3-5（苏格拉底对普罗塔戈拉说）：δοκεῖς γάρ μοι λέγειν τὴν πολιτικὴν τέχνην καὶ ὑπισχνεῖσθαι ποιεῖν ἄνδρας ἀγαθοὺς πολίτας［你对我说的似乎是治邦术，而且许诺造就好城邦民］（刘小枫译文）。伊索克拉底在《论财产交换》（15章）中反驳批评他的人时，详细（尤其199-208）讨论了ὑποσχέσεις（201；另参75），也就是一名教师对学生做出的合理承诺。然而，更为常见的是ἐπαγγέλλομαι和ἀπάγγελμα，如，《普罗塔戈拉》319a6-7（这位智术师对上引话语的回答）：Αὐτὸ μὲν οὖν τοῦτό ἐστιν, ἔφη, ὦ Σώκρατες, τὸ ἐπάγγελμα ὃ ἐπαγγέλλομαι［没错，苏格拉底，他说，我承诺的正是这个承诺］（刘小枫译文）；另参色诺芬《回忆苏格拉底》1.2.8：Σωκράτης δὲ ἐπηγγείλατο μὲν οὐδενὶ πώποτε τοιοῦτον（即传授德性）οὐδέν, ἐπίστευε δὲ ...［苏格拉底并没有对任何人这样明白表示过，但他深信］（吴永泉译文）。

［D注］ὑπεσχόμην也许指一种侧面的推动力，让人做出普罗塔戈拉就自己的教学所做出的那种承诺。苏格拉底本人并没有从事这种严格意义上的职业，他没有任何现成的技艺或技艺的法则来教授。他的指导

领域如此宽广，以至于可以毫不含糊地说，在雅典所接受 διδάσκειν［教］的和 μανθάνειν［学］的意义上，他的学生从他身上学不到任何东西。他们从他那里学不到任何 μάθημα［学问］，也无法获得任何（有用）知识——他让他们自己去寻找知识。柏拉图说，苏格拉底拒绝当尼喀阿斯的老师（《拉克斯》200d）。苏格拉底不教授任何确定的东西，但他通过对问题的探究，消除了那种妨碍人们获得自己有能力去获得的知识的障碍。参见他对自负的 Εὐθύδημος ὁ καλός［美男子欧蒂德谟］的成功处置，色诺芬《回忆苏格拉底》4.2。

33b7：ἰδίᾳ ὅτι μή ...［私下……不曾］，［SS 注］ἰδίᾳ 在这里不应该理解为前面（31b4 和 33a2，另参 32a2）所使用的意义。至于说自己的私人谈话，苏格拉底否认曾经有过什么"特许"（privileged）的时候，即他没有对一小撮密友传授秘密学说。苏格拉底的圈子总是"公开的"，它与毕达哥拉斯式的秘密团体或政治 ἑταιρία［党派］毫无关系。后面的关系从句 ὅτι μή 具有条件性的含义，因为它相当于 εἰ μή ὅτι καὶ οἱ ἄλλοι ἅπαντες παρ' ἐμοῦ ἀκούουσιν，因此，否定词用的是 μή。一般说来，ὅτι μή 完全等同于（不带关系代词的）εἰ μή，另参古德温，前揭，550 节。

33b7：οἱ ἄλλοι πάντες［其他任何人］，［A 注］"其他任何人"，相当于拉丁语的 alius quivis，而 πάντες οἱ ἄλλοι 则等于 ceteri omnes［其他所有人］。

［D 注］与 b7 的 ἰδίᾳ 正好相对，代替了更为常见的 δημοσίᾳ［公开地］。苏格拉底让人注意到他谈话的地方乃是公共场所（17e），以及他对所有人提供的谈话机会就是均等的。

33b8：ἀληθῆ λέγει［实话］，［SS 注］"（不）正确"（另参 24a7 注，按：那里的 ἀληθῆ λέγω 意为"我是正确的"，不同于 τἀληθῆ λέγω［我说真话］）。苏格拉底直到 34b5（另参彼处注释）才控诉有人没说真话。［按］但大多数译本都作 telling the truth。水建馥译作"那是彻头彻尾地撒谎"，王太庆译作"那是说瞎话"。

那么，那些人究竟出于什么原因喜欢跟我一起打发那么多 [33c] 时间？雅典人，你们刚才都听到了，我对你们说的一切全都是真话。——那是因为他们喜欢听我省察那些自以为聪明而其实不然的人，毕竟这并非一点都不好玩。[Ἀλλὰ διὰ τί δή ποτε μετ᾽ ἐμοῦ χαίρουσί τινες πολὺν χρόνον διατρίβοντες; ἀκηκόατε, ὦ ἄνδρες Ἀθηναῖοι, πᾶσαν ὑμῖν τὴν ἀλήθειαν ἐγὼ εἶπον· ὅτι ἀκούοντες χαίρουσιν ἐξεταζομένοις τοῖς οἰομένοις μὲν εἶναι σοφοῖς, οὖσι δ᾽ οὔ. ἔστι γὰρ οὐκ ἀηδές.]

33b9：ἀλλὰ διὰ τί δή ποτε [那么，究竟出于什么原因]，[SS注] ἀλλά可以用来表示"说话人预料到另一方很可能会反对"（丹尼斯顿，前揭，8 iii；按：盖洛普即加上了一句 you may ask）。这种情况也可以出现在问句中，如此处和色诺芬《上行记》2.5.23。苏格拉底这里（33c1-3）所指的相关段落是23c2-4，他在那里明确地说，这些追随者是"年轻人"；而他在33c8-34b5整个段落中暗中承认了这一点。

33b9-c1：χαίρουσί ... διατρίβοντες [喜欢……打发时间]，[S乙注] 表达任何精神情绪的动词，会支配分词作宾语，说明其引导原因，拉丁语用quod或者带不定式的宾格来表达。当第二个动词指的是与第一个动词不同的主语时，就会根据这些动词的不同结构而使用属格、与格和宾格。χαίρειν和 ἥδεσθαι带与格宾语，参下文的χαίρουσιν ἐξεταζομένοις。

33c1：πᾶσαν [一切]，[SS注] 该词前面没有连接小品词，因为这个句子说的是与前面ἀκηκόατε所说的同一件事情。

33c2：ὅτι [那是因为]，[B注] "那是因为"，回答τί δή ποτε。比较《游叙弗伦》3b。

33c3：ἐξεταζομένοις [省察]，[B注] 该词是与格，因为它与χαίρουσιν连用。上文（这里所暗指的）23c4的相关词是属格，因为它与ἀκούοντες连用。在两种情况下，句法取决于最近的动词。

[SS注] χαίρω和 ἥδομαι十分常见的是支配主格分词，除此处以外，补充结构和与格分词似乎并没有见于其他阿提卡文献中；然而，在荷马

史诗中却有三处（《伊利亚特》5.682，《奥德赛》10.419和19.463），都与 χαίρω 连用。

33c3：οὐκ ἀηδές [并非一点都不好玩]，[SS注] 形容词与副词 ἀηδῶς 连用这种间接肯定法在柏拉图笔下十分常见，如《申辩》41b5，《普罗塔戈拉》335c6，《游叙弗伦》3e1，《斐德若》229a5 和 265c4，《泰阿泰德》143b2，《法义》652a6 和 779b4。对于这种观点，另参《智术师》230c1–3。

[按] Rowe 直接译成肯定性的 and it has its delights（水建馥和王太庆也都译作"觉得很有趣"）。大多数译本直译为 not unpleasant。或可译作"并非毫无乐子可言"（盖洛普译作 not unamusing）。但对于被省察的人来说，苏格拉底的这种游戏的确相当不好玩。

而我做这事，正如我刚才所宣布的，乃是受神明 [c5] 指派——神明用的是占卜和梦，而其他神圣的命运指派人们去做任何事时，也会用上各种方式。这些事情，雅典人啊，不仅都是真的，而且很容易验证。 [ἐμοὶ δὲ τοῦτο, ὡς ἐγώ φημι, προστέτακται ὑπὸ τοῦ θεοῦ πράττειν καὶ ἐκ μαντείων καὶ ἐξ ἐνυπνίων καὶ παντὶ τρόπῳ ᾧπέρ τίς ποτε καὶ ἄλλη θεία μοῖρα ἀνθρώπῳ καὶ ὁτιοῦν προσέταξε πράττειν. ταῦτα, ὦ ἄνδρες Ἀθηναῖοι, καὶ ἀληθῆ ἐστιν καὶ εὐέλεγκτα.]

33c4–5：ἐμοὶ δὲ τοῦτο ... προστέτακται ὑπὸ τοῦ θεοῦ πράττειν [而我做这事，……乃是受神明指派]，[B注] 因此，不是靠仅仅禁止性的"神迹"（divine sign）。[S丙注] 这里如此特别强调的苏格拉底对自己神圣使命的坚定信念，就是在评价苏格拉底人品时需要纳入考虑的主要因素。

[SS注] 这里是双重的对立，一方面是苏格拉底与自己圈子里的年轻人相对立，另一方面是与他们省察那些自以为聪明实则不然的人各有不同的出发点：苏格拉底的动机是服从神圣的命令，而他的年轻朋友则受参与省察会获得的乐子所驱动。

[MP注] 苏格拉底坚称，他的经验应该在希腊宗教经验的传统模式

中来理解。他已经详细讨论过阿波罗给他的神谕。苏格拉底在《斐多》开篇，讲他反复做着一个梦，他把这个梦解释成在鼓励他追求一种献身哲学的生活。然而，请注意，此处c4的 οὐκ ἀηδές [一点不好玩]，似乎承认他现在的这种生活方式也有附加的好处。

33c4：ὡς ἐγώ φημι [正如我刚才所宣布的]，[SS注] 意为"你们可以认为那是我说的"，这个短语会让所说的话具有挑衅的语气，参《申辩》36c4，38e1，39c8；《高尔吉亚》450c2；《王制》466b7 (ὡς ἡμεῖς φαμεν [我们所称的])；吕西阿斯13.75。因此，其功能与 ὥσπερ ἐγὼ λέγω 以及类似的表达法相当不同，后者指刚才所说的话；所以，伯内特对36c4的注释（"不仅仅相当于 ὅπερ λέγω"）具有误导性。另参普拉瑟. *Une formule platonicienne de récurrence*，前揭，页14。προστέτακται ὑπὸ τοῦ θεοῦ，另参28e4的 τοῦ δὲ θοῦ τάττοντος [既然神明命令]，30a5的 ταῦτα γὰρ κελεύει ὁ θεός [因为那是神明的命令]，以及23c1的 τὴν τοῦ θεοῦ λατρείαν [侍奉神明]。

［按］这个短语在下文36c4再次出现，比较18d8的 ὥσπερ ἐγὼ λέγω 和30c7的 οἷον ἐγὼ λέγω，另参29d1的 ὅπερ εἶπον。这里的 φημι 具有强烈的语气，盖洛普译作 I must tell you，魏斯特译作 as I affirm，福勒译作 as I believe（王太庆译作"我认为"）；格鲁伯和Rowe译得比较温和：as I say（吴飞译作"正如我说的"）。

33c5：ἐκ μαντείων [用占卜]，[B注] 即德尔斐神谕，如果阐释得正确，可以被理解为一种命令。

33c5：ἐξ ἐνυπνίων [用梦]，[B注] 关于苏格拉底对梦境的重视，另参《克里同》44a6以下和《斐多》60e2以下。在这一点上，我们也许可以追溯到俄耳甫斯教的影响。俄耳甫斯的教义认为"灵魂"只有在身体睡着时才会活跃起来。另参品达的辑语131。

［SS注］另参《斐多》60e4-61a4，正如伯内特正确指出的，该处不仅表明苏格拉底赋予梦境重要性，还直接确证了苏格拉底在此处所说的话，因为梦境的各种形式（另参60e5-6：ἄλλοτ᾽ ἐν ἄλλῃ ὄψει φαινόμενον

[做梦的时间方式各异])总是给苏格拉底同样的指示，即 μουσικὴν ποιεῖν [制作音乐]（按：可参《斐多》60e-61a）。对于苏格拉底来说，这就意味着 φιλοσοφεῖν [哲思]，而 φιλοσοφεῖν [哲思] 与省察自己和别人密不可分：《申辩》28e5-6: φιλοσοφοῦντά με δεῖν ζῆν καὶ ἐξετάζοντα ἐμαυτὸν καὶ τοὺς ἄλλους [必须过热爱智慧的生活，也就是省察自己以及其他人]；29c7-8: μηκέτι ἐν ταύτῃ τῇ ζητήσει διατρίβειν μηδὲ φιλοσοφεῖν [你不得再花时间搞你的那种研究，也不得再搞哲学]；另参 29d5-6: φιλοσοφῶν καὶ ὑμῖν παρακελευόμενός τε καὶ ἐνδεικνύμενος [搞哲学，就是劝勉并向你们指出]；38a3-5: ἑκάστης ἡμέρας περὶ ἀρετῆς τοὺς λόγους ποιεῖσθαι καὶ τῶν ἄλλων περὶ ὧν ὑμεῖς ἐμοῦ ἀκούετε διαλεγομένου καὶ ἐμαυτὸν καὶ ἄλλους ἐξετάζοντος, [每天都能讲论德性，讲论你们听到的我在省察我自己以及在省察其他人时所谈过的其他东西]。关于柏拉图对梦的看法，参 P. Vicaire. Platon et la divination，刊于 *Revues des études grecques* 82 (1970) 333–350; R. G. A. van Lieshout. *Greeks on Dreams*（Utrecht 1980）103–106。

[A注] 苏格拉底第一次见到柏拉图的前一天晚上，据说就梦到了一只小天鹅在他膝盖上停了一会儿，然后突然向空中飞去，发出了甜美的声音（拉尔修《名哲言行录》3.5）。

[MP注] 尽管凯瑞丰求问德尔斐神谕这个故事（20e6-21e2）多少有些反讽意味，但此处反复强调梦境，似乎就是要表明，他的哲学追求是建立在深刻的个人因素之上，最终也就是建立在超理性（transrational）的基础之上。苏格拉底在其他地方提到睡梦时，都将其解释为神明的指导或鼓励（《克里同》44a,《斐多》60e），而唯有在这里苏格拉底把梦说成他的人生使命的动力来源。

33c6: παντὶ τρόπῳ [各种方式]，[S乙注] 雅典人认为，靠梦、牺牲、鸟和猫等等来占卜，就能察知神明对人的喜恶。[T注] 在这些方式中，色诺芬（《回忆苏格拉底》1.1.3）明确提到了 οἰωνοῖς [鸟迹]，θυσίαις [牺牲]，φήμαις [声音]，συμβόλοις [预兆]。

[G注] 神灵的其他沟通形式可以包括神明直接向凡人现身，或者

还包括人类的理智，这被认为是神明赐予的能力。

33c6：ᾧπέρ τίς ποτε καὶ ἄλλη θεία μοῖρα ...［其他神圣的命运……］，［B注］我们并不把 ἄλλος 用在（translate）这样的短语中：εἴπερ τίς ποτε καὶ ἄλλος［如果有人曾做过］。短语 θεία μοῖρα 意为"天恩"（divine dispensation）或"神意"。

［SS注］在这个语境中，θεία μοῖρα 这个短语要么可以把"神意"等同于神明本身，要么可以把它界定为一种"天恩"，即神明对于特定情况下具体个人的意志。在柏拉图笔下，这种区别不是很分明。在目前这段话中，ἄλλη 指第二种含义，而 προσέταξε（另参 c4–5 的 προστέτακται ὑπὸ τοῦ θεοῦ）则是第一种意思。两种含义的变化在柏拉图哲学理论中没有任何意义。关于柏拉图笔下 θεία μοῖρα 的用法，参 J. Souilhe. La θεία μοῖρα chez Platon, 收录于 Festgabe J. Geyser. *Philosophia perennis*（Regensburg 1930）i. 11–25；J. van Camp et P. Canart. Le sens du mot θεῖος chez Platon（Louvain 1956）428（Index analytique 中的词条 μοῖρα, θεία）。

［A注］μοῖρα 指 μόρ-ια［份额，命运］的时候，与 εἴ-μαρ-ται［命中注定］有关。［H注］καὶ ἄλλη，"甚至另一种"，καὶ 有些冗余。［R译注］难道苏格拉底这里是要告诉我们，不要太把神谕对凯瑞丰的回答这个故事当真？他肯定在说的一件事情是，被神明赋予一项任务，在种类上与其他人（如诗人和占卜者，他们自称受"神启"）所说的类似讲法没有任何区别。

［按］θεία μοῖρα，盖洛普译作 divine injunction，格鲁伯译作 divine manifestation，魏斯特译作 divine allotment，施莱尔马赫译作 göttliche Schickung，阿佩尔特译作 göttliche Wille。

33c7：ταῦτα［这些事情］，［SS注］c2–7 的回答不是针对 b9–c1 的问题，因为驱使年轻人参与苏格拉底省察行动的动机，以及神明把自己的命令传达给苏格拉底的方式，都不能算作"容易证实"。这个指示代词指的是苏格拉底在 33a5–b8 中所说的话；另参拙著，*Plato's Apology of Socrates*，前揭，章八，页 172。［D注］即阐述他与雅典年轻人的关系。

33c8：εὐέλεγκτα［很容易验证］，［S甲注］该词一般用来指"可以很容易驳斥的东西"，但这里的意思是"可以很容易检验并发现是真是假的东西"，因为 ἐλέγχειν 一词不仅指"驳斥"，也指"检验，以证明其他人错了"。因此，该词可以（采纳塞拉努斯）译作"如果它们不是真的，就很容易驳斥。"

［S乙注］在上文有 ἀληθῆ［真］的情况下，该词的意义已经超出了普通的用法，可译作"容易认定"。［B注］"容易举证"，如果不真实的话，容易驳斥。苏格拉底接下来表明可能需要的那种驳斥。

因为我如果真是在败坏［33d］青年，而且还已经败坏了一些人，那么，要么他们中的某些人长大一些之后，认识到我在他们年轻时曾经给他们提出过什么糟糕的建议，毫无疑问，他们现在必定已经亲自登台指控我，替自己报仇；［εἰ γὰρ δὴ ἔγωγε τῶν νέων τοὺς μὲν διαφθείρω τοὺς δὲ διέφθαρκα, χρῆν δήπου, εἴτε τινὲς αὐτῶν πρεσβύτεροι γενόμενοι ἔγνωσαν ὅτι νέοις οὖσιν αὐτοῖς ἐγὼ κακόν πώποτέ τι συνεβούλευσα, νυνὶ αὐτοὺς ἀναβαίνοντας ἐμοῦ κατηγορεῖν καὶ τιμωρεῖσθαι·］

33d1：χρῆν［必定已经］，［A注］即拉丁语的 oportebat［必定已经］，而非 oporteret［必定］。在给一个不完整的条件句作结时，如果有表示必然性或可能性之类的动词（χρῆν ἔδει ἐξῆν εἰκὸς ἦν 等），ἄν 一般就要省略，除非（极为罕见）"主要的想法已经包含在表示必然性的动词中了"，参古德温，《希腊语动词语态和时态的句法》，前揭，页152。χρῆν 实为 χρὴ ἦν，即拉丁语的 necesse erat，而在 ἐχρῆν 中，词首的 ε 是因为类推的作用。条件句 εἰ ... διαφθείρω, τοὺς δὲ διέφθαρκα（第一时态参25b注）再分为两个析取子句 εἴτε ... ἔγνωσαν 和 εἰ δὲ μὴ ... ἤθελον。εἰ δὲ μὴ 代替了更为自然的 εἴτε（另参40c 的 εἴτε 后面40e 中所接的 εἰ δ' αὖ），这尤其出现在中间插入了 ὅτι νεοῖς ... τιμωρεῖσθαι 从句的情况下，并且补充强调第二种可能性。最后，在重复原来的条件句之时，在 εἴπερ ... οἰκεῖοι 中用的是动词 πάσχω 的第二时态（ἐπεπόνθεσαν：暗示他们并没有受到伤害）。

[T注]"他们肯定会"。该词的过去时表示他们"没有"那样做。

33d1-4：εἴτε... εἰ δὲ ...［要么……而如果……］，[B注]这里的语法稍有破格之处，导致下文d6的εἴπερ...重复了结论句。[T注]句首的εἰ γὰρ δή，意为"因为如果真的"。

[SS注]这种破格文体，我们在下文40c9-e4还会找到一个例子（εἴτε δὴ ... εἰ δ' αὖ），参丹尼斯顿，前揭，506-507 ii。这里除了语言上的不规则之外，还有思想上的转变。这个句子的开头就好像有两种可能的局面：(a)要么这些年轻人自己在一段时间之后逐渐意识到，苏格拉底给他们的道德带来了坏处，这样的话他们就可以亲自对苏格拉底采取行动；(b)要么他们的亲人意识到苏格拉底的恶劣影响，现在就可以收拾他了。但随着句子的展开，人们发现苏格拉底处在第一种可能性上，就会进一步看到两种可能性：(a')要么那些年轻人察觉到了苏格拉底给他们造成的伤害，因此要求予以惩罚；(b')要么他们觉得那没什么，但他们不能代表自己率先采取行动，因此，他们的亲戚应该站出来帮他们。

33d2：ἔγνωσαν［认识到］，[B注]"已经发现"。[A注]"曾察觉到"，另参上文22b的ἔγνων注释（以及S丙对25d的ἔγνωκας注释）。

33d3：κακόν ... τι συνεβούλευσα［提出过什么糟糕的建议］，[S乙注]这一点，以及κακόν τι πεπονθέναι，又及下文的κακὰ ἐργάζεσθαι，指的是针对苏格拉底的指控，说他已经把那些跟他交往的人领上歧途，并且在他们头脑中灌输了对城邦的仇恨和对神明的蔑视。[SS注]另参31c5对συμβουλεύω的注释。

33d3-4：αὐτοὺς ἀναβαίνοντας［亲自登台］，[B注]省略了ἐπὶ τὸ βῆμα［上审判台］，另参17d2注。下文（34a3）暗示，美勒托斯还可以让他们来作证。[SS注]即拉丁语的ipsos［亲自］，如d5的αὐτοί，与他们的父亲和其他亲人相对照。

33d4：καὶ τιμωρεῖσθαι［替自己报仇］，[SS注]关于这些词的真实可靠性，参d7注。

要么他们若不愿意[d5]亲自出面,那些人的家人——父亲、兄弟以及其他亲人,假如他们的家人真的因为我而遭了殃的话,现在必定还耿耿于怀,也会为自己报仇。[εἰ δὲ μὴ αὐτοὶ ἤθελον, τῶν οἰκείων τινὰς τῶν ἐκείνων, πατέρας καὶ ἀδελφοὺς καὶ ἄλλους τοὺς προσήκοντας, εἴπερ ὑπ' ἐμοῦ τι κακὸν ἐπεπόνθεσαν αὐτῶν οἱ οἰκεῖοι, νῦν μεμνῆσθαι καὶ τιμωρεῖσθαι.]

33d4-5: εἰ δὲ μὴ αὐτοὶ ἤθελον [他们若不愿意亲自出面],[SS注]这样一种指控在真相之后很久才到来(d2的 πρεσβύτεροι γενόμενοι [长大一些]),就相当于承认,他们在孩提时代接受了苏格拉底的糟糕建议并根据它来行事;果如是,他们现在就会羞于出来反驳苏格拉底。

33d5: τῶν ἐκείνων [那些人的],[B注]是 οἱ ἐκείνων 的属格。这似乎不能视为不妥。另参《泰阿泰德》169e7 ἐκ τοῦ ἐκείνου λόγου [从他的理论来看](ἐκείνου 受 τοῦ λόγου 支配)。

33d6: ἄλλους τοὺς προσήκοντας [其他亲人],[SS注]"其他一些亲人"。ἄλλος 后面接的定语性的分词或形容词就要带冠词,即便其所指是不定的:只有当分词(形容词)是表语性的时(如22a5),才可以省略冠词。"其他那些亲人"应该是 τοὺς ἄλλους τοὺς προσήκοντας,另参27a3-4的 τοὺς ἄλλους τοὺς ἀκούοντας [其他听众]。参《普罗塔戈拉》324b4-5,《王制》575c5,《欧蒂德谟》289d4-5,《克莱托丰》408b2,《法义附言》986a2。如果觉得 προσήκοντες 是一个实指性的名词,(De Strycker打算删去的) ἄλλους 之后的冠词当然就是错的。

[D注]详细列举之后,再把 τοὺς προσήκοντας 作为同位语引入以总括,因此用上了冠词。

33d7-8: νῦν μεμνῆσθαι καὶ τιμωρεῖσθαι [现在必定还耿耿于怀,也会为自己报仇],[B注]重复d4的 καὶ τιμωρεῖσθαι,就产生了某种效果,而如果 νῦν μεμνῆσθαι 单独使用,会显得语气很弱。[T注] μεμνῆσθαι 在句子的对立成分中受 χρῆν 支配,其含义仍然未变。

[SS注]我不同意伯内特的说法。在我看来,两个 καὶ τιμωρεῖσθαι 在

任何希腊作家那里都是文体学上不能忍受的问题，在柏拉图那里更不可接受；其中一个应该删去。31d7 注释讨论了类似的重复。唯一的问题是第一个抑或第二个 καὶ τιμωρεῖσθαι 才是伪造或重复。虽然可以说，d4 的 κατηγορεῖν 本身已经足够明确，然而，如果单独地看，μεμνῆσθαι 非常含混，需要进一步说明，如德莫斯忒涅斯 18.176 和 307。但对于这里，在第二种情况下，μεμνῆσθαι 就是在重复说 κατηγορεῖν καὶ τιμωρεῖσθαι，因此，尽管有所压缩，也足够清楚，简洁却更有效。我倾向于删去第二个，因为在 T 本（和 Y 本）中都没有；这种写法也许是很久以前的变文，尽管如伯内特正确指出的，这种省略"也许是由于串句脱文"（homoeoteleuton）。所以，还有一种可能，应该删去 d4 的 καὶ τιμωρεῖσθαι，而保留 d7-8 中的该词。

［A 注］Cron 认为这句话就等于 μνησικακεῖν。大多数编校者都拒不承认 καὶ τιμωρεῖσθαι，但既然它出现在最好的抄本中，而且意思甚佳，我不觉得把它括起来有多合理，尽管上文已经出现了该词组。

［按］这里的 καὶ τιμωρεῖσθαι 可能不是衍文，因为其主语已经发生了变化：此前是年轻人为自己报仇，现在是其亲属因为家人遭殃而替自己报仇。另外，μεμνῆσθαι 本义为"记忆"和"想起"，一般译作 recall 或 remember，盖洛普译作 put it on record ［记录在案］，Rowe 译作 mindful。中文的"耿耿于怀"兼顾多种含义。

无论如何，我看到他们中的很多人都来了，就在这里，首先就是那边的克里同，我的同庚［33e］和同区人，这位克里托布罗斯的父亲，然后是斯斐托斯人吕萨尼阿斯，这位埃斯基涅斯的父亲。［πάντως δὲ πάρεισιν αὐτῶν πολλοὶ ἐνταυθοῖ οὓς ἐγὼ ὁρῶ, πρῶτον μὲν Κρίτων οὑτοσί, ἐμὸς ἡλικιώτης καὶ δημότης, Κριτοβούλου τοῦδε πατήρ, ἔπειτα Λυσανίας ὁ Σφήττιος, Αἰσχίνου τοῦδε πατήρ,］

33d8：πάντως［无论如何］，［B 注］"无论如何"，"不管怎样"，所以对此不可能有任何问题。

[SS注]"无论如何"。在句子开头处，πάντως要么省略连词（如《高尔吉亚》497b8，《会饮》175b6，《泰阿泰德》143a8），要么与δέ连用（如这里，以及《希琵阿斯后篇》368b2，《会饮》173b7，《法义》625b1），或者与γάρ连用（《泰阿泰德》146c5）。πάντως δέ的作用大体上相当于δ' οὖν：它表示接下来的话确然无疑而且很重要，与此前很可能有些可疑或无关的句子相对照。

33d8: πάρεισιν ... ἐνταυϑοῖ[来了，就在这里]，[S甲注]赫绪喀俄斯注曰：ἐνταῦϑα，错。因为παρεῖναι εἴς τινα τόπον不仅仅用来表示παρεῖναι ἔν τινι τόπῳ，而是好像两个句子已经合并使用，即它表示"来到一个地方并且在那里忙碌着"。另参《普罗塔戈拉》310a2-3: Τί οὖν οὐ διηγήσω ἡμῖν τὴν συνουσίαν, εἰ μή σέ τι κωλύει, καϑεζόμενος ἐνταυϑί[要是不耽误你什么事儿的话，何不对我们详细说说你们在一起的事。来坐这儿]（刘小枫译文）。[S乙注]"已经来了，就在这里"（have come to be present here）。

[B注]παρεῖναι常常用作行为动词（按：不是系动词），另参德莫斯忒涅斯1.8。它实际上是παραγίγνομαι的完成时。

33d9: Κρίτων οὑτοσί[那边的克里同]，[S甲注]克里同与柏拉图接下来那部对话的书名和主角是同一个人。他是ἡλικιώτης[同庚]，或与苏格拉底年龄相同；而且δημότης[同区]，或同一个部族（按：该词译为"同宗"或"同族"都不恰当），即Ἀλωπεκή。另参Harpocration、赫绪喀俄斯和拜占庭的斯特方对Ἀλωπεκή的解释。

[B注]在《欧蒂德谟》中（306d5），克里同在请教苏格拉底如何教育克里托布罗斯的问题，后者ἡλικίαν ἔχει καὶ δεῖται τινος ὅστις αὐτὸν ὀνήσει[已到了一定的年纪，需要有人来让他受益]。从眼前这段话来看，他似乎是在追随苏格拉底，而且至少在某种程度上也因与他的交往而受益匪浅。克里托布罗斯是苏格拉底去世时在场的诸人之一（《斐多》59b7）。在色诺芬那里，我们还听到了很多关于他的说法，但都不是让人愉快的印象（《回忆苏格拉底》1.3.8和10）。色诺芬的《会饮》

对此人有正式的刻画，很显然，可敬的赫耳墨葛涅斯的确对他有很糟糕的看法。我们从斯斐托斯的埃斯基涅斯所著《特劳格斯》①所了解的情况也可以证实这一点，克里托布罗斯是对话中的一个角色，苏格拉底讥讽他 ἐπ' ἀμαθίᾳ καὶ ῥυπαρότητι βίου [过着一种无知而堕落的生活]，这里的 ῥυπαρότης 一定表示灵魂上的堕落，因为人人都说，家道殷实的克里同的这个儿子一等一地讲究。也许克里托布罗斯的 ῥυπαρότης [堕落]，是要与戒律精严的毕达哥拉斯一道人仅仅外在的肮脏邋遢相对比。当然，我们并不倾向于像埃斯基涅斯、赫耳墨葛涅斯和色诺芬那样，认为克里托布罗斯已经败坏得无可救药，苏格拉底无论如何也不可能如此憎恶他，而只是认为他需要一名良医。

[SS注] 由于居家邻近且属于同一代人，克里同与苏格拉底有着长期的亲密关系，因而比其他任何人都更了解苏格拉底，也有能力准确地领会苏格拉底对年轻的克里托布罗斯究竟产生了什么样的影响。另参托名德莫斯忒涅斯 53.4。

[A注] 这位克里同是苏格拉底最忠实的朋友之一。他在劝说苏格拉底越狱无果后，也满怀深情地分享了后者最后的时光中：苏格拉底对克里同说了自己最后的遗言（《斐多》59b，60a，63e，115a 以下）。在《欧蒂德谟》中，苏格拉底说自己同两位智术师狄俄尼索多罗斯（Dionysodorus）和欧蒂德谟的会面与克里同有关。没有任何根据认为克里同是任何哲学著作的作者。克里同的儿子克里托布罗斯是一位俊美的少年（色诺芬《会饮》4.10 以下），在色诺芬的《治家者》中作为对话者出现。在《回忆苏格拉底》中，苏格拉底戏谑地责备他亲吻了阿尔喀比亚德美貌的儿子。至于本文所提到的其他人，吕萨尼阿

---

① 特劳格斯（Telauges），毕达哥拉斯学派的苦行者（有人说他就是毕达哥拉斯的儿子），赫耳墨葛涅斯的朋友。埃斯基涅斯以之为名写了一篇对话，苏格拉底在其中批评了特劳格斯极端的苦行禁欲，同时批评了克里同的儿子克里托布罗斯的放纵，他主张一种节制或中道的生活方式。

斯（Lysanias）、安提丰、尼科斯特拉托斯（Nicostratus）、忒俄佐提得斯（Theozotides）、忒俄多托斯（Theodotus）、帕拉洛斯（Paralus）或埃安托多罗斯（Aeantodorus），不详。埃斯基涅斯模仿高尔吉亚的风格撰写苏格拉底式的对话。他的对话（只有一些不重要的残篇存世；按：比较B注）的文风在古代广受赞誉。据说他很穷，靠授课挣钱（ἔμμισθοι ἀκροάσεις [向听众收取费用]，拉尔修《名哲言行录》2.7.62）。还说他在小狄俄尼修斯宫廷中度过一段时间。他对苏格拉底的忠诚最令人动容（πένης εἰμὶ καὶ ἄλλο μὲν οὐδὲν ἔχω, δίδωμι δέ σοι ἐμαυτόν [我虽贫穷而别无所有，却愿把自己奉献给您]，《名哲言行录》2.34），从他的著作来看（阿忒奈俄斯 13.611d 以下），他的品格 ἐπιεικὴς καὶ μέτριος [平和持中且得体合宜]，但从吕西阿斯指控他的演讲来看（吕西阿斯辑语1，Scheibe编本），他的行为是否如他的理论那般好，还大有可疑。

33e1：Λυσανίας [吕萨尼阿斯]，[S甲注] 苏格拉底份子埃斯基涅斯的父亲，被称作 ὁ Σφήττιος [斯斐托斯人]，是因为他来自 δῆμος Σφηττός [斯斐托斯区]，即 δῆμος φυλῆς Ἀκαμαντίδος [阿卡曼提斯族所在的区]。安提丰被称为 ὁ Κηφισιεύς [刻斐西亚人]，因其来自 δῆμος Κήφισος [刻斐西亚区]，属于 φυλή Ἐρεχθηΐδος [厄瑞克忒伊斯族]。

[S丙注] 事迹不详，但要与《王制》330b 中所说的克法洛斯的父亲区别开来。我们可以把柏拉图这个说法撇开，而像拉尔修（《名哲言行录》2.60）那样，认为埃斯基涅斯是腊肠贩卡里诺斯（Charinus）的儿子。

33e2：Αἰσχίνου [埃斯基涅斯]，[B注] 斯斐托斯的埃斯基涅斯，通常被称作苏格拉底派的埃斯基涅斯（Aeschines Socraticus），以区别于那位同名的演说家。埃斯基涅斯也撰写 Σωκρατικοὶ λόγοι [苏格拉底式言辞]（按：这在苏格拉底去世后的雅典乃是相当流行的文体和题材），相当一部分辑语仍存世。阿里斯提德斯（Aelius Aristides）大量引用过埃斯基涅斯的《阿尔喀比亚德》（按：与柏拉图的著作同名），而且他的引文得到了 Grenfell 和 Hunt 出版的莎草纸残篇的补充（*Oxyrhynchus Papyri*，第

13部分，1608号）。尽管人们对其对话加以考证后普遍认为它们最为忠实地重现了苏格拉底的方式，但仍值得注意，《阿尔喀比亚德》中的苏格拉底更像柏拉图笔下的苏格拉底，而不那么像色诺芬笔下的苏格拉底。其他被视为真作的对话名为《米尔提亚德斯》(Miltiades)、《卡利阿斯》(Callias)、《阿克西俄科斯》（按：也有一篇同名的著作归在柏拉图名下）、《阿斯帕西娅》(Aspasia，苏格拉底在该对话中推荐人们从学于阿斯帕西娅)、《特劳格斯》（苏格拉底在其中与极端的毕达哥拉斯派的人谈话），和《瑞农》(Rhinon)。埃斯基涅斯似乎一直很穷，当然在财力上捉襟见肘，因为阿忒奈俄斯（13.611d以下）留下了吕西阿斯指控他的一篇演讲的残篇，控告者说，希望埃斯基涅斯作为苏格拉底的门徒，能够还清债务。我们从《斐多》(59b8) 可知，埃斯基涅斯也给苏格拉底送了终。

[S丙注] 古代有一部归在他名下的对话集，第欧根尼（《名哲言行录》2.60-61）把其中几部视为伪作。有流言说其余的对话实际上是苏格拉底本人的著作，是那位哲人去世后由克桑提佩交给埃斯基涅斯的，参阿忒奈俄斯 13.611e 的 ὡς οἱ ἀμφὶ τὸν Ἰδομενέα φασίν [正如伊多墨纽斯一伙人所说]。比较《名哲言行录》2.60，同一件事情是依据厄勒特里亚的墨涅德摩斯来说的。甚至据说他的朋友阿里斯提珀斯在麦伽拉听到他公开宣读时，也大声说他是剽窃者（《名哲言行录》2.62）。埃斯基涅斯似乎因为惯于过好日子而终生穷困潦倒，因为苏格拉底建议他"向他学习，节衣缩食"（同上）。苏格拉底去世后，埃斯基涅斯做上了香料生意，但破产了。演说家吕西阿斯对他的指控把他的行为说成当时最堕落者。他被迫去西西里碰运气时，柏拉图没有理睬他，却受到了阿里斯提珀斯的欢迎，并把他介绍到狄俄尼修斯的宫廷中，因向后者献上了自己的对话而获得礼物。据说他一直待在叙拉古，直到被那位僭主赶走。他回到雅典后，不敢贸然与柏拉图和阿里斯提珀斯的学派比高下，只好靠公开演说和为法庭写诉状为生。他的文风主要是在模仿高尔吉亚。一个有趣的归纳推理的例子就是西塞罗从他的著作中所引的（De Inv. 1.31），

说阿斯帕西娅穿着衬裙就开始给色诺芬及其妻子上道德课。

还有这里的刻斐西亚人安提丰，厄庇革涅斯的父亲，此外，这里还有其他一些人，他们的兄弟一直以这种方式跟我一起打发时间：忒俄佐提得斯的儿子［e5］尼科斯特拉托斯，也就是忒俄多托斯的哥哥——忒俄多托斯既然已去世了，魂归彼方的人再也无法阻止尼科斯特拉托斯［告发我］吧——还有这里的帕拉利俄斯，德摩多科斯之子，已故忒阿格斯的兄弟。［ἔτι δ' Ἀντιφῶν ὁ Κηφισιεὺς οὑτοσί, Ἐπιγένους πατήρ, ἄλλοι τοίνυν οὗτοι ὧν οἱ ἀδελφοὶ ἐν ταύτῃ τῇ διατριβῇ γεγόνασιν, Νικόστρατος Θεοζοτίδου, ἀδελφὸς Θεοδότου—καὶ ὁ μὲν Θεόδοτος τετελεύτηκεν, ὥστε οὐκ ἂν ἐκεῖνός γε αὐτοῦ καταδεηθείη—καὶ Παράλιος ὅδε, ὁ Δημοδόκου, οὗ ἦν Θεάγης ἀδελφός·］

33e2–3：Ἀντιφῶν ... Ἐπιγένους πατήρ［安提丰……厄庇革涅斯的父亲］，［B注］色诺芬提到厄庇革涅斯时，说他是苏格拉底的 συνόντες［交往者］之一。他身体状况极为糟糕，苏格拉底建议他多锻炼。更为重要的是，柏拉图把他列入了苏格拉底临终时的在场者名单（《斐多》59b8）。

［A注］厄庇革涅斯是苏格拉底的爱徒之一（《回忆苏格拉底》3.12），老师离世时他亦在场（《斐多》59b）。德摩多科斯（Demodocus）在雅典小有名气（some mark），比苏格拉底略年长（《忒阿格斯》127e），似乎把自己的儿子忒阿格斯托付到苏格拉底门下，其子因身体羸弱而无法参加政治生活（ὁ ... Θεάγους χαλινός［受到约束的忒阿格斯］，《王制》496b）。阿德曼托斯是柏拉图的兄长。阿波罗多罗斯因容易激动而被称为 μανικός［疯疯癫癫］（《会饮》173d），他一直没离开过苏格拉底，在恩师去世时比其他人都更伤心（《斐多》117d，按：另参色诺芬《苏格拉底向法官的申辩》28）。

［S丙注］要与《帕默尼德》（126b）中的安提丰区别开来，那里的安提丰是毕里兰佩斯（Pyrilampes）的儿子，也是柏拉图同母异父的哥

哥（half-brother）。还要与智术师安提丰区别开来，此人出现在色诺芬《回忆苏格拉底》1.6中。这里的安提也许与《默涅克塞诺斯》236a中的拉姆努斯的（Rhamnusian）安提丰是同一个人。

33e3：τοίνυν［此外］，［B注］表示从父亲到兄长的转折。因此，οὗτοι是指示性的用法。［A注］表示向新的一系列关系转折。这种用法（即，"此外"）在柏拉图笔下并不鲜见（如《王制》603b），而在阿提卡演说家那里则非常多。［T注］不是推论性的，而是表示转折。

［SS注］"进言之"（further）。丹尼斯顿（575.2）把τοίνυν的这种用法说成是"在一个系列中引入一个新话题"。他指出（577.5），在转折性的词之前通常有一个强烈的停顿，但这里在句法上仅有一点点断裂。

33e4：ἐν ταύτῃ τῇ διατριβῇ γεγόνασιν［一直以这种方式跟我一起打发时间］，［B注］"以这种方式跟我一起打发时间"。διατριβή在这里不像《游叙弗伦》2a2（参彼处注释）表示花时间的地方，而是指花时间的方式。另参《吕西阿斯》204a1、《斐德若》227b6、《会饮》177d1、《王制》475d4和《泰阿泰德》172c9。我们从这些段落中就会看到该词如何逐渐表示"研习"，甚至（像其同义词σχολή）表示"学校"。然而，这里不是那种意思，因为苏格拉底不是在说他的ἑταῖροι［伙伴们］，而是说那些为他的使命所吸引的年轻人。关于该词含义的进一步演化，另参37d1注。

［SS注］διατριβή从普通的"消遣"之意，发展为"研究"之意，以及更为明确的"在老师指导下的共同理智训练"之意。最后一种用法在伊索克拉底那里很常见，尤见于《论财产交换》（15），该书受到《申辩》的强烈影响，如175（略）和242。作为διατριβή这个意义上的同义词，伊索克拉底用的是φιλοσοφία［热爱智慧］, παιδεία［教育］, μελέτη［训练］（如12.19, 7-28, 262-263）。与之相关的动词是συνδιατρίβω（《论财产交换》12.200和251；另参《拉克斯》180d3、《会饮》172c5），以及προσδιατρίβω（《泰阿泰德》168a3）。在埃斯基涅斯笔下，διατριβή指一种更高等级教育的机构，1.132：ὡς ἐν παλαίστραις καὶ διατριβαῖς γεγονώς［似

乎已变成了一所角斗学校和高等研究院］，175（讲的是德莫斯忒涅斯，他作为教授修辞学的老师，在学生面前炫耀自己最近在一个政治案件中的成功）：*σεμνυνόμενον ἐν τῇ τῶν μειρακίων διατριβῇ*［拿腔拿调在对孩儿们的课堂上讲到］。

［按］盖洛普意译作 have spent time with me in these studies，其余的人都简单直译。

33e4：*Νικόστρατος Θεοζοτίδου*［忒俄佐提得斯的儿子尼科斯特拉托斯］，［B注］雅典人的一块碑刻名录上出现过此人（*C. I. A.* ii. 2.944）。名字 *Θεοζοτίδης* 代表 *Θεοσδοτίδης*（因为，*ζ* = *σδ*，另参 *Ἀθήναζε* 等）。［S丙注］色诺芬《会饮》6.3 中有一个演员也叫这个名字，但我们没有任何理由认为他们是同一个人。

33e6：*ἐκεῖνός γε αὐτοῦ*［魂归彼方的人再也……他］，［B注］即 *Θεόδοτος ... Νικοστράτου*（*ἐκεῖνος* 完全可以用来说死者）。尼科斯特拉托斯是哥哥，而与苏格拉底相交往的忒俄多托斯是弟弟。由于忒俄多托斯已经去世，不可能说服自己的哥哥违背自己的意愿去作证。没有理由像亚当那样认为，"*καταδεῖσθαι* 等于拉丁语的 deprecari，即请求某人不要做某事"。该词不见于其他任何地方，尽管 *καταδέω* 相当常见。毋宁说前缀 *κατα*- 表示被压制住了的反抗。

［D注］"他至少"，即 *ὁ ἐκεῖ*［那边的人］，等于 *ὁ ἐν Ἅιδου*［冥府中的那个人］，最后才提到 *Θεόδοτος* 的名字，但更为遥远。

［按］这里把"那里的人"翻译为"魂归彼方的人"，是为了更加清楚指已经去世的忒俄多托斯。同样为了避免误会，把这里的"他"译成人名，即尼科斯特拉托斯。"告发我"乃是根据文意所加，吴飞即如此处理。

33e6：*καταδεηθείη*［阻止］，［S甲注］（按：该本作 *καταδεῖσθαι*）"用恳求来战胜并说服任何人"，因为这里的含义是"忒俄多托斯不可能恳求他的兄长尼科斯特拉托斯不要控告我，并做出不利于我的证言"。

［R注］前缀 *κατα*- 暗示省略了所有的保留和修改：这里在一种很糟

糕的意义上表示一种无原则的策略。[S丙注]"结果，他至少不可能对他产生任何不恰当的影响。"[D注]省略了"不要指控苏格拉底"。

33e7：Παράλιος ... ὁ Δημοδόκου [帕拉利俄斯，德摩多科斯之子]，[B注]我们从《忒阿格斯》127e1可知，阿纳居罗斯（Anagyrus）的德摩多科斯比苏格拉底年长，曾经在城邦中担任过最高官职。他也许就是修昔底德《战争志》4.75中所提到的425/4年的στρατηγός [将军]。在柏拉图的"托名作品"中有一篇以他名字命名的对话。Παράλιος的写法是根据一块碑铭校勘的（C. I. A. ii. 2.660），尽管T抄本作 Πάραλος（按：S丙就如此拼写，并指明要与伯里克勒斯的儿子帕拉洛斯区别开来），而BW抄本作 Πάραδος（把Λ写成了Δ）。

[MP注]大多数抄本都写作 Πάραλος，但根据碑铭校补（*Inscriptiones Graeci* II² 1400），此人在公元前390年时是一名司库。然而，这个名字并不常见，这种校补很可能是错误的。

33e7：Θεάγης [忒阿格斯]，[B注]过去时 ἦν 暗示他已亡故。苏格拉底在《王制》中说他是那种因为受糟糕身体"束缚"而只能搞哲学的人（496b6-c3）εἴη δ᾽ ἂν καὶ ὁ τοῦ ἡμετέρου ἑταίρου Θεάγους χαλινὸς οἷος κατασχεῖν· καὶ γὰρ Θεάγει τὰ μὲν ἄλλα πάντα παρεσκεύασται πρὸς τὸ ἐκπεσεῖν φιλοσοφίας, ἡ δὲ τοῦ σώματος νοσοτροφία ἀπείργουσα αὐτὸν τῶν πολιτικῶν κατέχει [甚至我的朋友忒阿格斯所戴的笼头也能套住某人；因为忒阿格斯具备着一切让他脱离哲学的因素，然而，躯体患有的疾病阻止了他，不让他去参与城邦的事务]（王扬译文）。对话《忒阿格斯》尽管不是出自柏拉图之手，却对我们了解苏格拉底颇为重要。该对话说忒阿格斯被乃父德摩多科斯引到苏格拉底那里。

还有[34a]这位阿德曼托斯，阿里斯同的儿子，这里的柏拉图的兄长，以及埃安托多罗斯，这里的阿波罗多罗斯的兄弟。我还可以向你们说出很多其他人的名字来，美勒托斯当然尤其应该在他自己发言时传唤他们中的某个人来作证啊。不过，如果他那时[a5]忘记了，就让他

现在传唤吧——我把位子让出来——喊他讲，他是否有这样一个证人！

[ὅδε δὲ Ἀδείμαντος, ὁ Ἀρίστωνος, οὗ ἀδελφὸς οὑτοσὶ Πλάτων, καὶ Αἰαντόδωρος, οὗ Ἀπολλόδωρος ὅδε ἀδελφός. καὶ ἄλλους πολλοὺς ἐγὼ ἔχω ὑμῖν εἰπεῖν, ὧν τινα ἐχρῆν μάλιστα μὲν ἐν τῷ ἑαυτοῦ λόγῳ παρασχέσθαι Μέλητον μάρτυρα· εἰ δὲ τότε ἐπελάθετο, νῦν παρασχέσθω—ἐγὼ παραχωρῶ—καὶ λεγέτω εἴ τι ἔχει τοιοῦτον.]

34a1：Ἀδείμαντος, ὁ Ἀρίστωνος[阿德曼托斯，阿里斯同的儿子]，[B注]从这一段来看，阿德曼托斯显然比柏拉图年长很多，前者当时约二十八岁。阿德曼托斯 in loco parentis[代替父母]来支持他，并被算作 πρεσβύτεροι ἤδη ἄνδρες[这些人如今都已老大不小了]（34b2）。既然他和哥哥格劳孔在《王制》中都还相当年轻，这与那篇对话发生的日期就有着重要的关联。阿德曼托斯无疑是民主制的 persona grata[宠儿，受欢迎的人]，因为他与吕西阿斯的哥哥珀勒马科斯交情甚笃，而珀勒马科斯在此前五年就死于三十巨头之手。关于柏拉图的家庭，参拙著《希腊哲学》，第一部分，158节。

[MP注]据说柏拉图的父亲阿里斯同把自己的祖谱追溯到多德罗斯（Dodrus），传说中的雅典国王，并由此再追溯到波塞冬（《名哲言行录》3.1）。阿里斯同的妻子（按：即柏拉图的母亲）同样身世显赫，因为她把梭伦算作自己的先祖。他们的三个儿子详略不等地出现在了柏拉图对话中。阿德曼托斯和格劳孔是《王制》中苏格拉底的主要对话者，并在《帕默尼德》开头简短出现过。他们两人的兄弟，也就是实际写作这些对话的人（按：即柏拉图），颇为腼腆。

34a1：Πλάτων[柏拉图]，[B注]这是柏拉图提到自己（不算《书简》）的三个地方之一。其他一处在下文38b6，该处提到，假如法庭接受罚款的动议，他和其他人愿意为之担保，另一处在《斐多》59b10，斐多说他认为柏拉图在苏格拉底被处死之时身体不适（而没有来）。

34a2：Ἀπολλόδωρος[阿波罗多罗斯]，[B注]此人是柏拉图《会饮》的叙述者，总是被说成苏格拉底最狂热的崇拜者之一（另参173d4

以下）。色诺芬把他的名字与安提斯忒涅斯[1]并举（《回忆苏格拉底》3.11.17：Ἀπολλόδωρόν τε τόνδε καὶ Ἀντισθένη οὐδέποτέ μου ἀπολείπεσθαι ［阿波罗多罗斯和安提斯忒涅斯从来都不曾离开过我］)，所以，他似乎属于苏格拉底圈子中的同一个派别，与《会饮》所提到的κακηγορία ［诽谤］倾向和其他特征非常吻合。色诺芬《苏格拉底向法官的申辩》28节告诉我们，他ἐπιθυμητὴς μὲν ὢν ἰσχυρῶς αὐτοῦ (Σωκράτους), ἄλλως δ' εὐήθης ［虽对他（苏格拉底）敬爱有加，却有些呆傻］。他是苏格拉底去世时的在场者之一，那时他的情绪相当失控（《斐多》59a9，117d3）。

［D注］这里所提到的在场的十一人中，只有四位（或加上厄庇革涅斯，则为五位）在苏格拉底去世时在场，阿波罗多罗斯、克里同、克里托布罗斯和埃斯基涅斯。

［MP注］除了此处之外，埃安托多罗斯不为人所知。

34a3-4：ἐχρῆν μάλιστα μὲν ... παρασχέσθαι ［当然尤其应该传唤］，［A注］"应该恰当地传唤"。μάλιστα μὲν 意为 "最佳的方式"（as the best course），次好的方式在接下来εἰ δὲ从句所得出的结论句中。另参《欧蒂德谟》304a以下。

［T注］μάλιστα μὲν 与 εἰ δὲ τότε 相关联。美勒托斯传唤这些证人的"最佳"时间，也就是他"尤其应该"传唤他们的时候，是在自己向法庭"陈述理由"（argument）之时；"但如果他那时忘记了"云云。

34a3-4：ἐν τῷ ἑαυτοῦ λόγῳ ［在他自己发言时］，［B注］"在他自己的话语中"（按：或可译为"用他自己的话来说"）。如前所说（21a7注，32e1注），雅典的司法允许辩方在发言过程中传唤证人，为此κλεψύδρα ［壶漏］也就停止了。除了预审（ἀνάκρισις）中已经写下的证据之外，其余一概不准，也不能相互盘问（24c9注），所以，耽误的时间并不多。证人只是站在βῆμα ［台］上，对γραμματεύς ［书记员］向他宣读的证词

---

[1] 安提斯忒涅斯（Antisthenes），希腊哲学家，苏格拉底的学生，小苏格拉底学派的创始人。

表示同意。

[S丙注]"在他自己发言的时间里"。

34a5：ἐγὼ παραχωρῶ[我把位子让出来]，[S甲注]即"我给予他这样做的特权"。因为，谁也不允许在被告辩护的时候打断他，不允许用无关的事情来缩减其规定的辩护时间——以壶漏来计算。控方一定要在辩方开始答辩之前，全部阐述完与自己一方相关的问题。

[S乙注]但如眼前这种并不鲜见的情况一样，如果辩方觉得自己掌握着真相，正义也在自己一方，就会向控方提出挑战，让控方来反驳自己，并自愿让出一部分分派给自己的辩护时间，让对手用辩方提出的一些矛盾证据来调整自己的指控。另参波特的《古希腊》（Grec. Antiq.），章21。

[B注]省略了 αὐτῷ τοῦ βήματος[把这个台位给他]，即"我把自己的位子让给他"。另参安多喀德斯1.26：παραχωρῶ, εἴ τις ἀναβαίνειν βούλεται[如果有人想登台讲话，我把这个位子让给他]，埃斯基涅斯3.165：παραχωρῶ σοι τοῦ βήματος ἕως ἂν εἴπῃς[如果你有话要说，我就把讲台让给你]。说话人提议让对手占用靠 κλεψύδρα[壶漏]分派给自己的时间（德莫斯忒涅斯18.139：ἐν τῷ ἐμῷ ὕδατι[在我的时间内]按：直译为"我的水钟计时之内"），虽然并不鲜见，但这段话的意思似乎是，没有记录于 ἀνάκρισις[预审]中的证据要取得对方的同意。那也显然是吕西阿斯20.11中的含义。

[SS注]除了伯内特用来支持其解释的这些段落之外，梅耶尔的《柏拉图的"申辩"》（前揭）页57和注释145还引用了很多文献；加上《法义》956e6的 παρακαταβάσεις[到场]（潘戈和桑德斯都译作attendance），司法上的 ἅπαξ λεγόμενον[一次性发言]，最先讨论其含义的是格尔奈（L. Gernet）的 *Platon, Les Lois*（Paris 1951再版），导论，页cxli注释3（末尾）。——雅典法庭有三个 βήματα[讲台]，当事人不发言时各占一个，第三个是当事人和发言时的证人作证时所占（按：第三个才是发言席）。对此，参L. Gernet. *Démosthène, Plaidoyers civils*（Paris

1957），卷二，页240注释4（然而，参考文献应该是埃斯基涅斯2.59和3.165、209），另参吕西阿斯10.15和20。

［D注］苏格拉底提议用分派给自己的时间，给美勒托斯展示证据的机会，——但这个提议无论如何都是无效的，因为在审判中，不能提出预审时所没有提供的证据。

但与此完全相反，诸位，你们会发现，他们都准备好来帮助我这个"败坏者"，这个对他们的家人作恶多端的家伙——借用美勒托斯和[34b]安虞托斯的话来说。因为，那些被我彻底败坏的人亲自跳出来帮我，也许还讲得通，但那些没有被我败坏的人呢，他们的亲人们呢？！这些人如今都已老大不小了，他们对我的帮助除了正确且正义的原因之外，还能作何解释？——[b5]其实他们很清楚，美勒托斯在撒谎，而我说的却是真话。[ἀλλὰ τούτου πᾶν τοὐναντίον εὑρήσετε, ὦ ἄνδρες, πάντας ἐμοὶ βοηθεῖν ἑτοίμους τῷ διαφθείροντι, τῷ κακὰ ἐργαζομένῳ τοὺς οἰκείους αὐτῶν, ὥς φασι Μέλητος καὶ Ἄνυτος. αὐτοὶ μὲν γὰρ οἱ διεφθαρμένοι τάχ᾽ ἂν λόγον ἔχοιεν βοηθοῦντες· οἱ δὲ ἀδιάφθοροι, πρεσβύτεροι ἤδη ἄνδρες, οἱ τούτων προσήκοντες, τίνα ἄλλον ἔχουσι λόγον βοηθοῦντες ἐμοὶ ἀλλ᾽ ἢ τὸν ὀρθόν τε καὶ δίκαιον, ὅτι συνίσασι Μελήτῳ μὲν ψευδομένῳ, ἐμοὶ δὲ ἀληθεύοντι;]

34a6：τούτου πᾶν τοὐναντίον [与此完全相反]，[B注]"完全相反"，与接下来的句子相对（不是受 εὑρήσετε 支配）。

34a7：τῷ διαφθείροντι [败坏者]，[S甲注] 这里的同位语表示说话人反讽的语气。另参《克里同》51a4-7等。[SS注] 从25c7-d7可知，与前面紧接着的 τῷ διαφθείροντι 是同义词。ἑτοίμους 后面省略了 ὄντας，关于这个分词的省略，参33a2注。

34a8-34b1：ὥς φασι Μέλητος καὶ Ἄνυτος [借用美勒托斯和安虞托斯的话来说]，[SS注] 这是当事人在引述对方针对自己的一个不利说法时的规范套话。这里明确提到安虞托斯，因为"败坏"青年主要是一种政治性的指控。另参拙著 Plato's Apology of Socrates，前揭，页92-94和

174–175。［按］直译为"正如美勒托斯和安虞托斯所说"。

34b1：αὐτοὶ μὲν γὰρ ...［因为……那些人］，［SS注］"我接下来提到了亲人们的态度，因为，唯一让他们来支持我的动机就在于，他们知道我所解释的自己与年轻人的谈话究竟意味着什么（真相）。"关于 μὲν γὰρ ... δὲ ...，另参30d2注。［D注］这里的 γὰρ 表示"这个事实证明了［我］无罪，因为你能如何解释这一点呢？"

34b1-2：λόγον ἔχοιεν βοηθοῦντες［帮助，还讲得通］，［S甲注］"会怀着某种目的为我辩护"，也就是说，他们不可能与一个不虔敬且堕落的人过从甚密，而且他们也不会认为自己就是坏人。

［S乙注］"还有理由来为我辩护"，唯恐他们看上去是轻率地在跟一个不虔敬的邪恶之徒打交道，而他们自己的品格也容易受到其污名的牵连。

［B注］"他们的行为还大可解释"，另参31b7注（按：本义为"那还有些道理"，我们在那里译作"那还有个说头"，接下来的 τίνα ἄλλον ἔχουσι λόγον 则译为"作何解释"）。所以，下文b3说 τίνα ἄλλον ἔχουσι λόγον...，而 τὸν ὀρθόν τε καὶ δίκαιον（省略了 λόγον）毫无争议地表明，这个短语中的 λόγος 指"原因"或"解释"。

［SS注］因为如果苏格拉底被定罪，也就意味着那些年轻人也有罪，毕竟他们的行为被认为受他的"教学"所驱使。

34b3：οἱ τούτων προσήκοντες［他们的亲人们］，［S乙注］"他们的亲人"，亦见欧里庇得斯《埃勒克特拉》行337的 ὁ ἐκείνου τεκών，即"他的父亲"。修昔底德尤其喜欢把分词用作实词，在这种情况下分词常常带一个属格的或所有格的名词，如1.128，1.36，2.19等。

34b4：ἀλλ' ἢ τὸν ὀρθόν τε καὶ δίκαιον［除了正确且正义的原因之外］，［S甲注］众所周知，ἀλλ' ἤ 这种形式用来表示"除非"，一般前面还有一个否定词。［A注］"除了真实而可靠的东西之外，他们对我的支持还会有其他什么说法吗？"

［S乙注］ἀλλ' ἤ 表示"除了"或"除非"，因此一般要跟一个否定

词或表示否定的疑问词。要把 οὐκ ... ἀλλ' ἤ 解释为由于说话人或作者的疑虑或无知而提议要省略一个句子成分，而这个省略的成分要靠与前面的词连接起来，如阿里斯托芬《和平》行475–476的 οὐδὲν Ἀργεῖοι πάλαι ἀλλ' ἤ κατεγέλων τῶν ταλαιπωρουμένων ［这些阿尔戈斯人，他们是一点力没出，他们只是嘲笑我们，嘲笑我们的艰辛］（张竹明译文；按：不够准确。张竹明似据旧版洛布本的英文译出。若据新版洛布本则应为："这帮阿尔戈斯人很长时间都没有帮忙，反倒嘲笑其他人的艰难困苦。"直译应为"阿尔戈斯一直没……，反而嘲笑遭难的人。"），即表示 ἀλλ' ἤ κατεγέλων, ἤ οὐκ οἶδ' ὅτ ἐποίουν。所以这里的意思是 ἀλλ' ἤ τὸν ὀρθόν τε καὶ δίκαιον λόγ. ἔχ. ἤ οὐκ οἶδ' ὅν τίνα ἄλλον ...。

34b5：συνίσασι Μελήτῳ μὲν ψευδομένῳ ［他们很清楚，美勒托斯在撒谎］，［SS注］συνίσασι 表示"他们非常清楚，并且也能作证"。苏格拉底在这里的措辞直言不讳地与30b5–6 εἰ δέ τίς μέ φησιν ἄλλα λέγειν ..., οὐδὲν λέγει ［但如果有人说我讲的不是这些话，那简直是胡说八道］和33b6–8 εἰ δέ τίς φησι ..., εὖ ἴστε ὅτι οὐκ ἀληθῆ λέγει ［而如果有人说……请诸位明察，这绝对不是实话］相比较。正如在Exordium［前言］的17a4–b5一样，苏格拉底把控告自己的人叫做厚颜无耻的说谎者。

［H注］"他们都知道美勒托斯（是在）说谎"，即"他们也知道他……"（另参22c9注）。接下来的 ἀληθεύοντι 意为"说真话"。

第五章　结语

34b6–35d8

章　旨

［S甲注］苏格拉底接下来继续向法官解释他的坚定和刚毅。他表明了自己为何不会效仿其他人去求得法官怜悯。首先，这种方式配不上人们对他的尊重；其次，那会违背法律。

［S乙注］利用眼泪，让妻子和女儿苦苦哀求，以避免严厉的判决，这倒并不鲜见，如阿里斯托芬《财神》333，《马蜂》566和976。

［B注］苏格拉底拒绝根据习俗 ad misericordiam［诉诸怜悯］地恳求。我们从许珀瑞得斯的《为优克塞尼珀斯辩护》（*Pro Euxenippo*）41节可知，这完全是理所当然的事情："优克塞尼珀斯啊，我已经竭尽全力帮你了。你需要做的其他事情，就是请求法官大人允许你把朋友们和孩子们带上来。"色诺芬认为这种诉求不合法，显然搞错了，另参《回忆苏格拉底》4.4.4："苏格拉底习惯性地绝不愿意在法庭上做任何违背法律的事情，而假如他做得稍微有分寸一点，本可以轻而易举就被法官释放了，但他宁可守法而死，也不愿违法偷生。"（吴永泉译作："但他在受审的时候却决不肯做任何违法的事情，尽管如果他稍微适当地从俗一点，就可以被法官释放，但他却宁愿守法而死，也不愿违法偷生。"）这绝非不合法的事情，而是苏格拉底认为他自己和雅典都不值得这样做而已。

［D注］苏格拉底没有按惯例亲口向法官求情，而是详细地讲到，提出这样的请求有辱尊严，且不正义，也不虔敬。

好啦，诸位，这大概就是我要申辩的，当然还有诸如此类的其他话呢！但你们有人[34c]一想到自己，也许马上就要火冒三丈：这种人在打一场比这件更小的官司时，竟然泪流满面祈求法官开恩，还把自己的孩子们以及其他[c5]家人和一大帮朋友带上法庭，以博得最大的怜悯，而我却恰恰相反，绝不会这样做，尽管我处于这样一种大家似乎都认为是极度危险的境地。［Εἶεν δή, ὦ ἄνδρες· ἃ μὲν ἐγὼ ἔχοιμ' ἂν ἀπολογεῖσθαι, σχεδόν ἐστι ταῦτα καὶ ἄλλα ἴσως τοιαῦτα. τάχα δ' ἄν τις ὑμῶν ἀγανακτήσειεν ἀναμνησθεὶς ἑαυτοῦ, εἰ ὁ μὲν καὶ ἐλάττω τουτουῒ τοῦ ἀγῶνος ἀγῶνα ἀγωνιζόμενος ἐδεήθη τε καὶ ἱκέτευσε τοὺς δικαστὰς μετὰ πολλῶν δακρύων, παιδία τε αὑτοῦ ἀναβιβασάμενος ἵνα ὅτι μάλιστα ἐλεηθείη, καὶ ἄλλους τῶν οἰκείων καὶ φίλων πολλούς, ἐγὼ δὲ οὐδὲν ἄρα τούτων ποιήσω, καὶ ταῦτα κινδυνεύων, ὡς ἂν δόξαιμι, τὸν ἔσχατον κίνδυνον. ］

34b6：Εἶεν δή［好啦］，［SS注］关于εἶεν的用法，见18e5注。这段话让我们清楚地看到它的含义是回溯性的，因为它接了一个由μέν引导的句子，表示前面说过的话；可进一步比较《吕西斯》204e9-10。

［按］以上就算苏格拉底的申辩吧。但他本来还有诸如此类的其他话可以说，加上这里的祈愿语气，则可表明这不是真正的申辩，而是对你们的演讲。

34b7-c1：τάχα δ' ἄν τις ὑμῶν ἀγανακτήσειεν ... εἰ...［你们有人……也许马上就要火冒三丈］，［SS注］表示情感的动词，如θαυμάζω［惊讶］，αἰσχύνομαι［感到耻辱］，ἀγανακτῶ［恼怒］等，后面接εἰ引导的从句，常常用来表示情感的原因。其含义与ὅτι引导的宾语（或原因）从句基本上没有区别，但语气更为谦和，具有τὸ ἀστεῖον［文雅］的特色；参古德温书，前揭，494-496节；K.-G. 2.369-370。这种从句并不真是条件从句，因此用了否定词οὐ（c5-6），另参古德温书，前揭，386节。

[按] *ἀγανακτήσειεν* 本指"恼怒",一般翻译为 angry 或 vex(王太庆译作"不快"),而盖洛普和艾伦译作 offended[被冒犯],吴飞译作"受刺激"。我们为了加强对比而把语气译得稍微强烈了一些,而《希英大词典》也著录 feel a violent irritation[暴跳如雷],或可以译作"(心里)很不舒服"。

34c1-2:*ἐλάττω ... ἀγῶνος ἀγῶνα ἀγωνιζόμενος*[打一场更小的官司],[S甲注]"打一场不那么危险的官司",亦见《游叙弗伦》3e。

[SS注]在希腊人看来,"叠叙"和"词源修辞法"(figura etymologica)①都不是修辞手法,另参笔者对19b2-3的 *διέβαλον οἱ διαβάλλοντες* 的注释。关于 *ἀγῶνος* 后接 *ἀγῶνα*,参费林《重复修辞以及希腊人在高尔吉亚之前的运用》,前揭,页232-233。

[MP注]"打一场比这个更小的官司"。苏格拉底使用这些修辞手法以避开传统法庭表演的种种过场。*ἐλάττων ἀγών* 不是大案、要案,因此更不需要苏格拉底所拒绝的那种法庭表演。

34c1-5:*εἰ ὁ μὲν ... ἐγὼ δὲ οὐδὲν ἄρα ...*[他……而我却恰恰相反,绝不],[B注]这是常规的析取条件从句。另参28d10注。小品词在这种句法中很常见,表示惊讶于两个选言判断居然可以拿来比较:"然而,看起来我绝不会做这种事情。"李德尔简洁地译作"那将会发现我……"。亦参37d3。

34c1:*ἀναμνησθεὶς ἑαυτοῦ*[一想到自己],[SS注]正常的说法应该是 *ἂν ... ἀγανακτήσειεν εἰ αὐτὸς μὲν ... ἐγὼ δὲ ...*,但说话人插入分词 *ἀναμνησθείς*[想起]以强调反对者本人与所涉事实脱不了干系。所以,作为主语 *αὐτός* 补足语的 *μέν* 从句,就用预期描写的手法而成了分词的宾

---

① figura etymologica[词源修辞法],指具有相同词源的派生词紧挨着交替使用,这些词意思不同,也不仅仅是同一个词的变格变位,在现代语言中演变为"同源宾语结构"(cognate object construction),如 live a happy life, sing a sad song, die a quiet death 等。这里指连续三个单词都是相同的词根,即 *ἀγῶνος ἀγῶνα ἀγωνιζόμενος*。

语，词形也变为 ἑαυτοῦ。然而，μέν 从句却不能没有主语，所以，柏拉图写的是 ὁ μέν。

[MP注]"想起自己"，即想起自己的行为。后接的 μέν...δέ 从句正好解释了人们也许会想起和记恨的事情。苏格拉底的说法不像那些不熟悉雅典法庭内部运行机制的现代读者所认为的那样牵强。雅典人一生中总有一些机会参与司法程序并担任陪审员（与那些很少进城的乡下人不同），这倒并不鲜见。公元前5世纪的雅典是一个相当"好讼"的社会。财产继承官司很常见，商业合同上纠纷也很常见。宗教问题上犯事，如果被察觉到了的话，也会被人告上法庭。与我们现在一样，法庭也是政治事务的工具。曾经当过被告的陪审员也可以想办法证明自己的行为是无辜的，因为就连"聪明的苏格拉底"都像他们一样竭尽全力免遭处罚。苏格拉底想象着，自己拒绝祈求他们的怜悯会让他们恼羞成怒。

34c3-4：παιδία τε αὑτοῦ ἀναβιβασάμενος[还把自己的孩子们带上法庭]，[B注]另参18d5注。这种情况很常见，另参吕西阿斯20.34，德莫斯忒涅斯19.301，21.99和186。

34c6：ἄρα[恰恰相反]，[S甲注]在这样的段落中，表示如果做那种与所说相反的事情就太荒谬了，因而绝不赞成。这种表达就是逻辑学家所说的 reductio ad absurdum[归谬推理]，无论说话人是在阐述自己的意见还是别人的看法。海因多夫在《斐多》68a的注疏中收集了一些例子，另外还可补充《王制》600d等。

[SS注]用于对比论证，参普拉瑟的大作《柏拉图笔下若干连接小品词研究》，前揭，页264-268；丹尼斯顿《希腊语小品词》中的讨论远远不够。

[A注]表示惊讶：苏格拉底竟然在同样的情况下与其他人行事大不相同，似乎太奇怪了。这里的意思与37c-d和《克里同》46d一样，亦参《蒂迈欧》51c（意为"毕竟"）和《申辩》40e。

34c6：καὶ ταῦτα κινδυνεύων, ὡς ἂν δόξαιμι[处于这样一种大家似乎都认为……的危险]，[B注]"而且我在面临他看起来极度的危险时也"。

插入语 ὡς ἂν δόξαιμι 指的是 τὸν ἔσχατον［极度］，但采用了人称表达形式。苏格拉底本人并不把死亡看得 ἔσχατος κίνδυνος［极度危险］。

［SS注］相当于 ὡς ἂν ἡγήσαιντο οἱ πολλοί，意思是"正如大家所认为的"，即大家不接受真正的价值评判标准。

34c6-7：τὸν ἔσχατον κίνδυνον［极度危险］，［MP注］即"死刑"。苏格拉底把自己的行为和陪审员的行为，与各自情景相关的严肃性相对比。

也许有这种想法的人会对我更加心如铁石，就因为这一点而生气，[34d] 他们一生气就投反对票。如果你们有人真这样做——不过鄙人并不指望自己当得起，但如果真有的话——我认为像这样对他说也算妥帖：［τάχ' ἂν οὖν τις ταῦτα ἐννοήσας αὐθαδέστερον ἂν πρός με σχοίη καὶ ὀργισθεὶς αὐτοῖς τούτοις θεῖτο ἂν μετ' ὀργῆς τὴν ψῆφον. εἰ δή τις ὑμῶν οὕτως ἔχει—οὐκ ἀξιῶ μὲν γὰρ ἔγωγε, εἰ δ' οὖν—ἐπιεικῆ ἂν μοι δοκῶ πρὸς τοῦτον λέγειν λέγων ὅτι］

34c7-8：αὐθαδέστερον ἂν πρός με σχοίη［会对我更加心如铁石］，［B注］"会对我强硬起来"（will harden himself against me，Church 译文）。αὐθάδης 的正确含义是"顽固"和"固执"。

［S甲注］就因为被告没有恳求或者祈望开恩，法官们拒绝无罪开释被告，尽管这样做符合被告的具体情况。可译为"会更顽固地对我抱有偏见"。下文的 εἰ δ' οὖν 后面要理解为有 τις ὑμῶν οὕτως ἔχει。

［MP注］"不依不饶"。ἔχω 加副词，常常当作成语用，表示"处于某种状态"中。

34d1：οὐκ ἀξιῶ μὲν γὰρ ἔγωγε［不过鄙人并不指望自己当得起］，［A注］可理解为"我认为你们不必这样"。苏格拉底希望让人明白，他只是在打一场可能的官司，而不必然是一场真正的官司（因此这里用上了 τάχ' οὖν 和 εἰ δή）。εἰ δ' οὖν 中的 οὖν 表示中断后的继续。

［MP注］ἀξιῶ，"指望"，也指"值得"。苏格拉底反讽性地说，他认为陪审员们不会有这样的反应，因为这样的行为不值他们一哂。

[S乙注]也许可以更恰当地译作"我并不想当然地认为"或者"我不承认它是一种原则",从第二种意思派生出了哲学词汇 ἀξίωμα[荣耀、名声、价值、品格]。苏格拉底的意思绝不是:法官们一定要善待那种人,他凭良心拒绝了自己在当前情况下应该做出的选择。但苏格拉底以假定的语气对他们说(εἰ δ' οὖν),他们有人也许受到了这种情绪的影响,所以苏格拉底才用上了这些话,意思即如上述。库桑就是这样理解此处的,尽管他未能指出 ἀξιῶ 的准确含义。斐奇诺根本就没有看到这层意思。

[按]另参38a 和41e 的"应该遭到",而19d1作"希望"。ἀξιῶ 有两种意思:值得、指望,为了突显该词的双关含义,不得已稍作重复,把该词译作"指望",同时加上"当得起"(即"值得")。直译可简单作"我不认为有"或"我本人可不希望(看到这一点)"。这里明显是在讽刺对方,不值得跟我这种人过不去。

"最优秀的人们,我当然也有家人——因为正如荷马说的那样,我绝非[d5]'来自树木,亦非出自岩石',而是人生父母养的,所以我也有家人,还有儿子,雅典人呐,三个呢,一个已是大小伙子,另外两个还幼小。但即便如此,我也绝不会把他们中的任何人带到这里来,求你们投票放过我。"[Ἐμοί, ὦ ἄριστε, εἰσὶν μέν πού τινες καὶ οἰκεῖοι· καὶ γὰρ τοῦτο αὐτὸ τὸ τοῦ Ὁμήρου, οὐδ' ἐγώ "ἀπὸ δρυὸς οὐδ' ἀπὸ πέτρης" πέφυκα ἀλλ' ἐξ ἀνθρώπων, ὥστε καὶ οἰκεῖοί μοί εἰσι καὶ ὑεῖς γε, ὦ ἄνδρες Ἀθηναῖοι, τρεῖς, εἷς μὲν μειράκιον ἤδη, δύο δὲ παιδία· ἀλλ' ὅμως οὐδένα αὐτῶν δεῦρο ἀναβιβασάμενος δεήσομαι ὑμῶν ἀποψηφίσασθαι.]

34d3-4: εἰσὶν μέν πού τινες καὶ οἰκεῖοι[我当然也有家人],[SS注]μέν 是引导性的,由下文d7的 ἀλλ' ὅμως 予以回答。梅里多尔(R. Meridor)在 Mnemos 杂志1982年第35期上发表的文章(页339)指出,丹尼斯顿错误地认为 μέν... ἀλλ' ὅμως 不见于论文中,因为在柏拉图《吕西斯》219b6-8中还有一处例证。丹尼斯顿(页323)正确地认为 καί 是强调性的，καί 与 εἰσίν 相搭配。不可否认，它的位置比较异常，但既然有 μέν，还有两个附属词，基本上就不能有另外的语序。——如果这种解释不成立的话，那么，καί 的意思应该这样来理解："对于我刚才所说的话，我不仅仅有支持者，还有亲戚。"

34d4：τοῦτο αὐτὸ τὸ τοῦ Ὁμήρου [正如荷马所说的那样]，[B注] 典出《奥德赛》19.163：οὐ γὰρ ἀπὸ δρυός ἐσσι παλαιφάτου οὐδ' ἀπὸ πέτρης [你定然不会出生于岩石或古老的橡树]（王焕生译文）。这些话是佩涅洛佩向自己还没认出来的奥德修斯说的。她的意思是，他不是 terrae filius [寒门之子]。稍有不同的引用见于《王制》544d7-e1：ἢ οἴει ἐκ δρυός ποθεν ἢ ἐκ πέτρας τὰς πολιτείας γίγνεσθαι, ἀλλ'οὐχὶ ἐκ τῶν ἠθῶν τῶν ἐν ταῖς πόλεσιν [或者你认为，这些政治体制是'橡树'或'岩石'的产儿，而并非来自在城邦中那些人的性格]（王扬译文，并注曰："橡树"或"岩石"的产儿，近似俗语，说话者不认为对方有什么古老神奇、无法说清的出身背景。在荷马的《奥德赛》中 [19.162-163]，佩涅洛佩曾对化装成乞丐的丈夫奥德修斯这么说道："不管怎样，告诉我，你来自哪个氏族。你当然不会来自橡树或传说中的岩石。"这一表达法又见于荷马《伊利亚特》22.126；赫西奥德《神谱》行35），还见于《斐德若》275b8。

[A注]"正如荷马所说"。τοῦτο αὐτὸ 是宾格，与后面的词同格，另参《泰阿泰德》183e。τὸ λεγόμενον，"正如有这样的说法"，也差不多是同样的意思，πᾶν τοὐναντίον 以及类似的表达法也当作如是观。这里的典故出自《奥德赛》19.163，这是一个古老的谚语，说第一个人来自树木和岩石（按：另参《西游记》中孙悟空的身世）。οὐδ' ἐγώ 意为 ne ego quidem，省略了"比他们"。我原先认为这里应该是 τοῦτο αὖ τὸ τοῦ Ὁμήρου，αὖ 指 28c，但我现在认为那些抄本是正确的。

34d4-5：ἀπὸ δρυός οὐδ' ἀπὸ πέτρης [绝非来自树木，亦非出自岩石]，[SS注] 拉巴贝《柏拉图笔下的荷马史诗》，前揭，页340-344，认为柏拉图这里引用的是《奥德赛》19.163，而这个版本的第163行后面是 ἀλλ' ἐξ ἀνθρώπων，163a 的前半行在其他地方找不到证据。在我看来，这种说法肯定要不得。不仅这半句诗具有很强的散文体语气（prosaic ring），而且荷马史诗中在句法学和辞典学上与163a类似的语境中（J. Latacz 的《早期希腊史诗辞典》ἄνθρωπος词条下收录了该词作为第二格复数出现在六步格中不同韵律位置的情况），似乎也找不到 ἀνθρώπων 正好放在诗句某部分（penthemimeres）之前的例子。然而，拉巴贝的假设应该被否决，因为这半句诗行在荷马史诗的语境中根本就没有作用。佩涅洛佩曾问过伪装成乞丐的奥德修斯，他究竟是谁，来自何方，他本人及父母身居何处。奥德修斯以悲伤为由避免回答，他一想到自己过去与现在的状态之差异就悲伤不已（19.106-123）。佩涅洛佩回答说，自己也是从幸福跌入最为痛苦的境地，所以她坚持要奥德修斯无论如何告知自己的身世（19.162-163）。在这种史诗文体中，这句诗显然是一种谚语（παλαιφάτου [古老的传说]），应该就是王后所说的最后一句话。其含义由前一句明确界定（即 εἰπὲ τεὸν γένος [告诉我你的氏族]；另参19.105），因此，任何画蛇添足都会削弱其含义。然而，在《申辩》中，πέφυκα [出生] 和 ἀλλ' ἐξ ἀνθρώπων [但来自人类] 这些词代替了没有引用的上一行诗句（按：即《奥德赛》19.162）。洛斯（G. Lohse）的文章《柏拉图引荷马研究》（刊于 Helikon，1965年，页249）也不认可拉巴贝假定的163a的内容，但他的论证太粗略。

[按] πέφυκα ... ἐξ ἀνθρώπων 本义为"生于凡人之怀"（born from human beings）。此处译文采用王太庆颇为口语化的译文"人生父母养的"，原文没有"父母"，但福勒和盖洛普的译文都加上了这个词。

34d6：ὦ ἄνδρες Ἀθηναῖοι [雅典人呐]，[SS注] 苏格拉底提到自己那三个即将成为孤儿的孩子时，充满了柔情，因此这里用了呼格。与苏格拉底目前的处境相对照，虚构的反对者的模糊意象逐渐褪去——尽管刚才（d3）他还称呼这些人为 ὦ ἄριστε [最优秀的人]，结果苏格拉底马上就转向了自己真正的听众，陪审团的成员们。整句话是文体上的杰作，它不仅包含了饱含情感的语言，因而包含了语词的精雕细琢或谋篇布局，而且由于其稍显急速的转变，以及不引人注目的细节，层层叠加，逐渐勾勒出了苏格拉底处境的全貌。

34d6-7：*καὶ ὑεῖς γε, ... τρεῖς*〔还有儿子，三个呢〕，〔B 注〕另参《斐多》116b1-2：*δύο γὰρ αὐτῷ ὑεῖς σμικροὶ ἦσαν, εἷς δὲ μέγας*〔两个儿子本身还是很小，另一个更大〕。后者，*μειράκιον ἤδη*〔已经是小伙子了〕（《申辩》34d7），据色诺芬说，叫做"朗普罗克勒斯"，色诺芬说他是 *τὸν πρεσβύτατον υἱόν*〔长子〕。另外两个儿子叫做"索弗罗尼斯科斯"（也是其祖父之名，所以可能是次子）和"默涅克塞诺斯"。我们从《斐多》60a2 可知，最小的那个孩子还未免于父母之怀。由此推知，苏格拉底很晚才娶克桑提佩（Xanthippe），接近七十岁时还同她生了一个孩子。我们不知道克桑提佩是什么样的人，但她的名字表明她系出贵族，她的长子的名字"朗普罗克勒斯"也表明了这一点。柏拉图笔下没有丝毫迹象表明克桑提佩是泼妇。相反，她在《斐多》中还被刻画成对自己的丈夫饱含深情。我们从色诺芬那里得知，安提斯忒涅斯（Antisthenes）不喜欢她；她如果出身名门的话，也可能不是很喜欢苏格拉底。这无疑就是她倒霉名声的来源。

〔A 注〕*ὥστε καί* 中的 *καί* 意为"也"或"还"，正如刚才（d3-4）*εἰσὶν μέν πού τινες καὶ οἰκεῖοι* 中的 *καί*。把 *ὑεῖς*〔儿子〕与 *τρεῖς*〔儿子〕分开，是为了表示强调。

〔MP 注〕苏格拉底拒绝恳求陪审团开恩，并不意味着他是没有家庭的厌世孤人，而是表示他具有很高的道德水准。

〔H 注〕*παιδίον* 一般指七岁以下的孩子。

那么，我为何不会那样做？不是因为我刚愎自用，〔34e〕**雅典人，更不是因为我瞧不起你们。至于我是否相当勇敢地面对死亡，那是另一个问题。然而，事关声望，无论是我的、你们的，还是整个城邦的，我觉得自己那样做无论如何都不太高尚，更何况我已这把年纪，还"忝有"那个"名声"，**〔e5〕**不管它是真还是假，毕竟大家早就认为**〔35a〕

我苏格拉底在这方面超逾大多数人！［τί δὴ οὖν οὐδὲν τούτων ποιήσω; οὐκ αὐθαδιζόμενος, ὦ ἄνδρες Ἀθηναῖοι, οὐδ' ὑμᾶς ἀτιμάζων, ἀλλ' εἰ μὲν θαρραλέως ἐγὼ ἔχω πρὸς θάνατον ἢ μή, ἄλλος λόγος, πρὸς δ' οὖν δόξαν καὶ ἐμοὶ καὶ ὑμῖν καὶ ὅλῃ τῇ πόλει οὔ μοι δοκεῖ καλὸν εἶναι ἐμὲ τούτων οὐδὲν ποιεῖν καὶ τηλικόνδε ὄντα καὶ τοῦτο τοὔνομα ἔχοντα, εἴτ' οὖν ἀληθὲς εἴτ' οὖν ψεῦδος, ἀλλ' οὖν δεδογμένον γέ ἐστί τῳ Σωκράτη διαφέρειν τῶν πολλῶν ἀνθρώπων.］

34d9：αὐθαδιζόμενος［刚愎自用］，［B 注］"因为固执"，"由于狂妄自大"（Church 译文）。另参 34c7 注。［S 乙注］西塞罗《图斯库路姆论辩集》1.29 论及苏格拉底：Adhibuitque liberam contumaciam, a maginitudine animi ductam, non a superbia。

［A 注］另参上文 34c7-8。34e1 的 ἀλλά 之后本来应该有分词来平衡 αὐθαδιζόμενος，但苏格拉底没有说 ἀλλ' ἔχων θαρραλέως πρὸς θάνατον καὶ οἰόμενος οὐ καλὸν εἶναι...，而是选择了一种表达形式，能避免让人想到自己在面临死亡时的勇气，并且能够更加强调那种试图打动法官的做法的耻辱性。

［MP 注］"自行其是"（acting at my own pleasure，自得其乐，特立独行），即不考虑听众的期许。该词由 αὐτό［自己］和 ἥδομαι［高兴］构成。另参 34c8 几乎同义的 αὐθαδέστερον ...σχοίη［更加心如铁石］。

34e1：θαρραλέως［相当勇敢地］，［MP 注］整篇演说中不断出现的主题就是人类对死亡的恐惧。苏格拉底认识到它在决定人类行为上的强大力量，并认为必须抵抗这种恐惧。苏格拉底后来在抚慰其支持者的演讲中设想了两种不会导致我们焦虑的死亡方式（40c-41c）。苏格拉底现在暂时停下来，因为他意识到自己已经走得太远。假如苏格拉底迫使听众去思考他们的道德观，以及他本人如何勇敢地面对死亡，这也许进一步地疏离了那些听众，使得他们甚至更无法接受他的哲学。所以他把自己的个人勇敢说得无关紧要（ἄλλος λόγος），继续把话题扯到大家都会明白的东西上，即雅典的声望（e2 的 δόξα）

34e2：πρὸς δ' οὖν δόξαν［事关声望］,［A 注］"但从我的和你们的声望来说，无论如何都"。δ' οὖν 另参 17a1-2 注。

34e4-5：καὶ τοῦτο τοὔνομα ἔχοντα［"忝有"那个"名声"］,［S 甲注］"因为有了这样一种智慧的名声"。苏格拉底为了不让这话听起来太狂妄自大，就加上了 εἴτ' οὖν ... ψεῦδος。千万不要认为这里应该写作 ψευδὲς，因为形容词 ἀληθὲς 常常与名词 ψεῦδος 相对（按：另参 B 注）。参《克拉提洛斯》430a，阿里斯托芬《蛙》行 628。

［A 注］另参 23a2：ὄνομα δὲ τοῦτο λέγεσθαι, σοφὸς εἶναι［甚至用这样的名号来说我："智慧者"］。关于 εἴτ' οὖν ἀληθὲς εἴτ' οὖν ψεῦδος，另参《法义》934d，索福克勒斯《俄狄浦斯王》行 1049，《游叙弗伦》3d。这里的 εἴτ' οὖν... εἴτ' οὖν 与 27c 不是一回事，27 c 的 οὖν 是"因此"之意。

34e5-35a1：ἀλλ' οὖν δεδογμένον γέ ἐστί...［毕竟大家早就认为］,［B 注］"无论如何，（人们一口咬定）苏格拉底在某件事情上超过了绝大多数人"，另参《游叙弗伦》4e9。

［A 注］苏格拉底的意思是说，他拥有 unco guid［自以为是，自命清高］[①] 的名声。27c 的 τῳ Σωκράτῃ 几乎就是"了不起的苏格拉底"之意，另参《泰阿泰德》166a 和《斐德若》258a。

因此，如果你们中有人自认无论在智慧、勇敢还是别的什么德性上都高人一等，也这样做，就太可耻啦。我经常看到那类人，［a5］**尽管也颇有名望，可是一旦受审，就会干出稀奇古怪的事，他们好像把被判死刑看作可怕的事情，仿佛你们不处死他们，他们就会不死一样。**［εἰ οὖν ὑμῶν οἱ δοκοῦντες διαφέρειν εἴτε σοφίᾳ εἴτε ἀνδρείᾳ εἴτε ἄλλῃ ἡτινιοῦν ἀρετῇ τοιοῦτοι ἔσονται, αἰσχρὸν ἂν εἴη· οἵουσπερ ἐγὼ πολλάκις ἑώρακά τινας ὅταν κρίνωνται, δοκοῦντας μέν τι εἶναι, θαυμάσια δὲ ἐργαζομένους, ὡς δεινόν τι

---

① unco guid, 意为"心胸狭窄""过分信教"和"自以为是"（self-righteous），典出苏格兰诗人彭斯（Robert Burns, 1759—1796）的一首诗 *Address to the Unco Guid, Or the Rigidly Righteous*，王佐良译作"好得出奇者，即古板的正经人"。

οἰομένους πείσεσθαι εἰ ἀποθανοῦνται, ὥσπερ ἀθανάτων ἐσομένων ἂν ὑμεῖς αὐτοὺς μὴ ἀποκτείνητε·]

35a2：εἴτε σοφίᾳ εἴτε ἀνδρείᾳ［无论在智慧、勇敢］，[SS注]专门挑选出这两种"德性"，是因为人们在任命某人担任公职时会特别考虑这两点。

35a3：τοιοῦτοι ἔσονται［这样做］，[MP注]"就会像那样"，即干一些毫无价值的事情而坏了好名声。在条件从句中使用将来时的陈述句，而不是虚拟式或祈愿式，表明说话人强烈的情感倾向。

35a3：αἰσχρὸν［可耻］，[SS注]与34e3的καλόν［高尚］相对，这个想法在下文35a8的αἰσχύνην ... περιάπτειν［蒙羞］得以继续。

35a4：οἵουσπερ［那类人］，[SS注]在一个新句子的开头，这种关系形容词相当于复指对应物（这里相当于τοιούτους），由后面的分词δοκοῦντας和ἐργαζομένους中予以说明，就好像33a2-3的τοιοῦτος由συγχωρήσας来解释。[MP注]"这类人"。

35a4-5：δοκοῦντας μέν τι εἶναι［尽管也是颇有名望的人物］，[A注]"被认为是大人物""有名望的人"，另参41e。[MP注]"似乎是个什么东西"，即"有好名声"。

35a5：θαυμάσια δὲ ἐργαζομένους［就会干出稀奇古怪的事］，[A注]"展示出惊人的热忱"。柏拉图把θαυμάσια (θαυμασιτὰ) ἐργάζεσθαι当作成语，相当于πάντα λίθον κινεῖν。另参《王制》474a2-3：δεῖν διατεταμένους ὡς θαυμάσια ἐργασομένους［一齐向你涌来，准备干出什么骇人之事］（王扬译文）。另参《会饮》212d，《泰阿泰德》151a。

[B注]"以非凡的方式来做"。这个短语有时也可以指"表现出惊人的热忱"（Adam），但这里不合适。另参《会饮》213d3。

[S甲注]"却以让人惊异的方式来做，就好像他们认为"。海因多夫认为接下来的ὡς修饰δεινόν，我认为不对，它表示原因或理由，修饰οἰομένους，意即"好像以为自己真的会遭受可怕的事情"。

35a5—6：δεινόν τι［可怕的事情］，［SS注］"闻所未闻的事情"，"可耻的事"，见28d10注。［SS注］苏格拉底把讨论带回到对死亡的非理性恐惧上。

我认为他们让城邦蒙羞，很可能会让某些异乡人［35b］以为，雅典人里那些德性超著之士，尽管是他们从自己人中选出来担任高官和其他荣耀职位的，但这帮家伙其实连女人都不如！［οἵ ἐμοὶ δοκοῦσιν αἰσχύνην τῇ πόλει περιάπτειν, ὥστ' ἄν τινα καὶ τῶν ξένων ὑπολαβεῖν ὅτι οἱ διαφέροντες Ἀθηναίων εἰς ἀρετήν, οὓς αὐτοὶ ἑαυτῶν ἔν τε ταῖς ἀρχαῖς καὶ ταῖς ἄλλαις τιμαῖς προκρίνουσιν, οὗτοι γυναικῶν οὐδὲν διαφέρουσιν.］

35a8：αἰσχύνην τῇ πόλει περιάπτειν［让城邦蒙羞］，［B注］περιάπτειν字面意思是挂在脖子上，当护身符（περίαπτον，περίαμμα），但一般都用作比喻义，与ὄνειδος［责备］、αἰσχρὰν δόξαν［可耻的想法］以及诸如此类的词连用。在阿里斯托芬《阿卡奈人》行640中的含义较为中性。另参《书简》334b2和德莫斯忒涅斯20.10。

35b1—3：οὓς ... προκρίνουσιν［选出来］，［B注］这个句子（很奇怪，一直被忽视了）为公元前399年存在着所谓的κλήρωσις ἐκ προκρίτων［投票选举］制度提供了铁证。προκρίνειν一词是术语，指草拟"最终候选人名单"（short leet），而且，除非靠选举或某种同等的商议选举办法来完成，否则这个论证就是荒谬的。在雅典，找不到任何证据说明低级别的行政官员"仅仅"靠抽签选出。同样的结论也可以根据亚里士多德的说法（《雅典政制》62.1）得出，在某个不确切的年代，很可能是在公元前4世纪，曾经是从区（deme）中抽签选举官员，后来则是从整个部族抽签选举官员。亚里士多德给出的原因是，以前是按照"区"来分配最高官员的名额，这只能意味着"区"把自己的提名权卖给了πρόκριτοι［候选人］，因为抽签的机会不是一种可以售卖的东西。从这则文献还可以看到，最初对βουλή［议事会］的提名权仍保留在"区"里（另参32b1注）。当然，στρατηγοί［将军］和其他军事指挥官总是由ἐκκλησία

[公民大会]直接选出。很可能 προκρισις[抽签]在公元前5世纪就废除了，但即便如此，这种制度在"四百人"执政时又恢复了，而且在三十巨头倒台后温和的宪政民主（constitutional democracy）中还保留着。同一年，美勒托斯（如果是他的话）惊讶于安多喀德斯还把自己说成 κληρωσόμενος τῶν ἐννέα ἀρχόντων[九个执政官中抽签选出来的]。他很可能当了 βασιλεύς[王者执政官]，所以掌管厄琉西斯密仪（吕西阿斯6.4）。那至少暗示了某种候选资格。亦参吕西阿斯31.33（约公元前398年）。

[SS注]我不同意伯内特的说法，προκρίνω 与 κλήρωσις ἐκ προκρίτων[抽签选举]没有任何关系，为此可参罗兹（Rhodes）对亚里士多德《雅典政制》8.1的评注及其所引文献。该词最常见的意思是"在其他人中选择""遴选"和"选举"（《希英大词典》该词条 I 1a），进一步参考柏拉图《书简七》335b5，色诺芬《回忆苏格拉底》3.5.19，伊索克拉底7.22–23和12.145。我强烈质疑该词在任何语境中表示一种候选人的"初选"（《希英大词典》该词条 I 1b），由此可以后来靠投票而任命官员。就算选举之后还有第二道程序，其依据也不是前缀 προ-，而是明确提到了 κλήρωσις（κληρόμαι，λαγχάνω）[抽签]。苏格拉底主要是在说将军的选举，也在说使团成员和委员会的选举。

[H注]ἑαυτῶν ... προκρίνουσιν，译作 choose before themselves 或 prefer to themselves。

[按]οὓς αὐτοὶ ἑαυτῶν ... προκρίνουσιν 这个分句颇难处理，几个中译本都没有体现出 ἑαυτῶν 一词来，盖洛普本译作 whom they select from their own member，格鲁伯译作 whom they themselves select from themselves，阿佩尔特译作 denen ihre Mitburger selbst vor sich den Vorzug。比较简单明了的译法应该是"他们虽然被雅典人亲手选出来"。

35b2：καὶ ταῖς ἄλλαις τιμαῖς[和其他荣耀职位]，[B注]尤其是神职。伊赛俄斯8.19中有明显的例子表明，在 πρόκρισις[抽签]之后，δημόται[同区人]中的妻子们指定了一名女祭司。亦参德莫斯忒涅斯57.48。

[MP注]公元前5世纪，很多官员任命都由抽签决定，尤其是需

他们的忠诚胜过能力的情况下。其他官员，尤其是军事指挥官，则靠选举。参亚里士多德《雅典政制》61. 这里的 ἀρχαί [官职] 和 τιμαί [荣誉] 很可能是同义词，如亚里士多德《政治学》1281a31 的 τιμὰς γὰρ λέγομεν τὰς ἀρχάς [因为我们认为官职就是荣誉]。

35b3：γυναικῶν [女人]，[SS注] 这个词坦率地表达了柏拉图笔下的苏格拉底对妇女获得"德性"——尤其是 σοφιά [智慧] 和 ἀνδρεία [勇敢]——的能力评价很低。我们在《斐多》的两段话中也有同样的印象，甚至还要更强烈一些，斐多在对话中是叙述者，但也引用了苏格拉底的话："克桑提佩一看见我们就大声嚷嚷，像妇人们惯常说那类事情那样说：'苏格拉底啊，行内人与你说话，你与他们说话，现在可是最后一回啦。'苏格拉底看了克里同一眼，'克里同啊，'他说，'让谁带她回家去吧。'于是，与克里同一起的几个人把又哭又捶胸的克桑提佩带走了。"（60a3-b1，刘小枫译文）

"（当朋友看到苏格拉底喝下毒药，便再也忍不住泪如泉涌）。可阿波罗多罗斯呢，在这段时间之前就不停在哭，这时更嚎啕大哭起来，悲恸不已，使得在场的人中没有哪个不哭出声来，只有苏格拉底自己除外。这个人却说：'你们在干什么，真奇怪！我不就是起码为了这才把妇女们送走嘛，免得她们这样弹错音调。而且我还听说，人终了时应该肃静。所以，你们安静吧，要坚强！'"（117d3-e2，刘小枫译文）

从这些材料来看，妇女本身的特点在于其敏感性，以及她们抑制不住想表达自己的情感，尤其 φόβος [恐惧] 和 λύπη [悲痛] 的需要，亦参《王制》387e9-10，395d5-e4。可以肯定，柏拉图在《王制》455c4-456c3 中主张，妇女与男人的差别仅在于体力较差，而在其他所有方面，尤其是哲学方面的天赋（456a4），都与男人相同，但就在这部著作中（469d7），柏拉图理所当然地谈到了 γυναικείας τε καὶ σμικρᾶς διανοίας [妇人和小人之见]（王扬译文；按：Chris Emlyn-Jones 和 William Preddy 译作 a pettty womanly mentality），这种含蓄的判断也可在《泰阿泰德》171e5-6 中《书简八》355c3-4 得到印证。关于柏拉图笔下厌憎妇女的文字，参 P. Shoery《柏拉图说了什么》(*What Plato Said*. Chicago 1933) 页 632（评注《法义》731d）和页 636（评注《法义》781a）。另参 40c2 注。

［MP 注］这种漫不经心的厌恶女人的说法在现代人听来很刺耳，但在彼时彼地却并不罕见。

［G 注］柏拉图著作中有很多地方诋毁妇女，此为一处。公开表现情感，尤其展示悲伤，被认为是女性的特色，是在放纵我们本性中"女人的一面"。另参《斐多》60a，117d-e，《王制》387e，395d，469d，605d-e；关于苏格拉底与女人的关系，另参下文 41c。

我这样说，雅典人，是因为我们哪怕稍微有那么点名望的人［b5］都不应该那样做，而且，如果我们要那样做，你们也不应该允许，你们反倒应该明确指出这样一点：你们对那些把那种苦情戏搬到这里来、让城邦变成可鄙笑柄的人，会判得比那些保持体面镇定的人要重得多。［ταῦτα γάρ, ὦ ἄνδρες Ἀθηναῖοι, οὔτε ἡμᾶς χρὴ ποιεῖν τοὺς δοκοῦντας καὶ οὖν ὅπῃ τι εἶναι, οὔτ᾽, ἂν ἡμεῖς ποιῶμεν, ὑμᾶς ἐπιτρέπειν, ἀλλὰ τοῦτο αὐτὸ ἐνδείκνυσθαι, ὅτι πολὺ μᾶλλον καταψηφιεῖσθε τοῦ τὰ ἐλεινὰ ταῦτα δράματα εἰσάγοντος καὶ καταγέλαστον τὴν πόλιν ποιοῦντος ἢ τοῦ ἡσυχίαν ἄγοντος.］

35b4: ἡμᾶς［我们］，［S 甲注］常见的版本作 ὑμᾶς［你们］，这很糟糕，因为接下来的话是 οὔτ᾽, ἂν ἡμεῖς ποιῶμεν, ὑμᾶς ἐπιτρέπειν［如果我们要那样做，你们也不应该允许］。其意思是："我们既不能做那些事，而如果我们做了，你们也不会接受或容忍那些事"。相似的说法见 35c5-6：οὔτε ἡμᾶς ἐθίζειν ὑμᾶς ἐπιορκεῖν οὔθ᾽ ὑμᾶς ἐθίζεσθαι［我们不应该习惯于让你们发假誓，你们也不应该习惯于违背誓言］。καὶ ὁτιοῦν εἶναι 意思是"自认为哪怕有一丁点智慧的人"（按：B 本是 καὶ ὁπηοῦν τι εἶναι）。另参色诺芬《居鲁士的教育》1.6.12，《斐多》78d，《斐勒布》59c 和 60e，《希琵阿斯前篇》291d，《法义》639a。完全相同的用法见《王制》422e 和 538d。常见版本中的 καὶ ὁπητιοῦν 也很糟糕，因为这样一来，这个词组就不从属于动词 εἶναι，而是放在 ὁπωστιοῦν 这样的词之中。

第五章　结语　595

[A注] 应为 ὑμᾶς，当你们被指控时，参上文34c。ὑμᾶς 和 ἡμεῖς 形成对照,（在一个更小的程度上）ποιεῖν 和 ἐπιτρέπειν 也是一种对照:"你们"（被指控时）不应该这样做，如果"我们"这样做了，你们（作为法官）就不会接受。

[B注] "你们（当受审时）"。这样的理解是因为 τοὺς δοκοῦντας καὶ ὁπηοῦν τι εἶναι [哪怕稍微有那么点名望的人]，明显指35a2的 ὑμῶν οἱ δοκοῦντες διαφέρειν...[你们中有人自认……高人一等]。

[SS注] 福斯特猜测这里应该是 ἡμᾶς，这一猜测已为大多数校勘者所接受（克瓦热错误地据为己有），也为亚美尼亚文译本所证实。伯内特根据BTW抄本而认为此处应该是 ὑμᾶς，他说，τοὺς δοκοῦντας καὶ ὁπηοῦν τι εἶναι 指的是35a2的 ὑμῶν οἱ δοκοῦντες διαφέρειν...。这虽有道理，却不足以证明其论点。35a2中的 ὑμῶν [你们] 指的是全体雅典公民，与a8的 τῶν ξένων [异乡人] 相对。但苏格拉底在这里反对的是"法官们"以及他们的职责（b7的 καταψηφιεῖσθε [判刑]），这一点以 ὑμεῖς 来表明（b5的 ὑμᾶς ἐπιτρέπειν [你们允许]）；他也反对那种习惯于在舞台上哭哭啼啼的"被告"（b5的 ἂν ἡμεῖς ποιῶμεν），故而以 ἡμεῖς 来表明。同一个代词 ὑμεῖς 不可能像伯内特所采信的那样，在同一个选言结构（οὔτε... οὔτε）中，先代指被告（b4,"当你们受审时"，如伯内特的释义），然后又代指法官（b5）。b4-5的 τοὺς δοκοῦντας... 当然是在重申a2的 ὑμῶν οἱ δοκοῦντες διαφέρειν，但后一个短语只是在归纳34e4-35a1中对这个特定的辩护人苏格拉底所说的话，苏格拉底享有一种不同类型人物——σοφός [聪明人]——的 δόξα [名声]。

[按] 抄本各异，事关重大，牵涉到苏格拉底的态度。绝大多数版本都作"我们"（包括王太庆和水建馥的译本），吴飞据伯内特仍坚持读作"你们"。

35b5: καὶ οὖν ὅπῃ τι εἶναι [哪怕稍微有那么点],[B注] 另参《王制》538d3: τοὺς καὶ ὁπηοῦν μετρίους [在各方面都进退有度的人]（王扬译作"通情达理"）。

[SS注] 伯内特编本作 καὶ ὁπηοῦν τι εἶναι（另参 Wilamowitz 的《柏拉图》，卷二，页347），不妥，应该保留 BTW 抄本的写法。[A注]"哪怕只有一丁点"。另参《普罗塔戈拉》353d。

35b7: τὰ ἐλεινὰ ταῦτα δράματα εἰσάγοντος [把那种苦情戏搬到这里来]，[S甲注] ἐλεινὰ δράματα 指那种激起了观众同情心的悲剧。εἰσάγειν，"带到法庭上来"，也就是被告哭哭啼啼地把自己的妻子、孩子和亲戚带来，以影响法官的心态，博得同情。

[B注]"把这些悲伤的戏剧搬上舞台"。εἰσάγω 除了表示"带上法庭"（24d5注），还有另一术语含义，表示"上演"或"创作"一部戏。我们可以从阿里斯托芬《阿卡奈人》行11中看到这种形式的原型，用来表示把一个角色带上舞台。另参《王制》381d5-7：μηδ' ἐν τραγῳδίαις μηδ' ἐν τοῖς ἄλλοις ποιήμασιν εἰσαγέτω Ἥραν ἠλλοιωμένην [别让他改变赫拉的盲目，把她引入悲剧或者其他诗作中]（王扬译文）。另参《法义》838c5。

[按] 这里的 εἰσάγω 一语双关，中文无法体现出"带上（妻儿等）"和"上演（苦情戏）"。对这种人更要倾向于判他们有罪，我们在这里按照中国人的思维习惯翻译为：这种事情当然是犯罪，所以更要判重一点。雅典法庭有两道程序，先判决是否有罪，然后在控辩双方所提出的刑罚中选一种作为判决。这里本来应该是："那种把博取同情的把戏拿到这里来演从而让城邦变成可鄙笑柄的人，相比于那些保持体面镇静的人，你们更要判他们有罪。"

35b8: καταγέλαστον [可鄙笑柄]，[SS注] 这里如常见的那样，应该是"可鄙"，而不是"可笑"。

35b8: ἡσυχίαν ἄγοντος [保持体面镇定的人]，[SS注]"保持自己的镇定与尊严"。这个短语的道德内涵可清楚地见于《斐多》117e2：ἀλλ' ἡσυχίαν τε ἄγετε καὶ καρτερεῖτε [所以，你们安静吧，要坚强]（刘小枫译文，下同）；117e2 前面的话是 ἀκήκοα ὅτι ἐν εὐφημίᾳ χρὴ τελευτᾶν [而且我还听说，人终了时应该肃静]（另参35b3注）。这两处文献均可与《法义》949b2-4（应该如何打官司）作比较。

所以，除了［雅典的］名声之外，诸位，我觉得［35c］乞求法官本已不对，靠乞求来获释更不对，摆事实讲道理才是正道。因为法官坐堂，不是为了徇私情而罔顾正义，而是要实事求是地判决。法官都曾宣过誓，绝不偏私自己中意的任何人，而要［c5］根据法律来审判。［Χωρὶς δὲ τῆς δόξης, ὦ ἄνδρες, οὐδὲ δίκαιόν μοι δοκεῖ εἶναι δεῖσθαι τοῦ δικαστοῦ οὐδὲ δεόμενον ἀποφεύγειν, ἀλλὰ διδάσκειν καὶ πείθειν. οὐ γὰρ ἐπὶ τούτῳ κάθηται ὁ δικαστής, ἐπὶ τῷ καταχαρίζεσθαι τὰ δίκαια, ἀλλ' ἐπὶ τῷ κρίνειν ταῦτα· καὶ ὀμώμοκεν οὐ χαριεῖσθαι οἷς ἂν δοκῇ αὐτῷ, ἀλλὰ δικάσειν κατὰ τοὺς νόμους.］

35b9：Χωρὶς δὲ τῆς δόξης［除了名声之外］，［S甲注］"但除了名声之外"，"且把我自己的名声放在一边"（按：从B注来看，苏格拉底这里不是说的自己的名声，而是雅典的）。另参《克里同》44b7-9：ἀλλὰ χωρὶς μὲν τοῦ ἐστερῆσθαι τοιούτου ἐπιτηδείου οἷον ἐγὼ οὐδένα μή ποτε εὑρήσω, ἔτι δὲ καὶ πολλοῖς δόξω［而是除了失去这样一位我再也找不到的挚友以外，很多对你和我都了解得不够清楚的人还会认为］，见拙注。另参《法义》814c，《会饮》173c和184b。另参希罗多德《原史》1.93。35c1的ἀποφεύγειν意思是"安全逃脱"，"无罪释放"（按：本拟译为"安然逃罪"。另参29c4的διαφευξοίμην［逃脱］）。

［B注］"除了雅典的好名声这个问题之外，……也不正确。"

［A注］苏格拉底已经表明那是不光彩的事情，另参34d。苏格拉底所说的δίκαιόν（just），也许既指法律上的正确，也指道德上的正确，因为他在色诺芬《回忆苏格拉底》4.6.6和4.4.12中（φημὶ γὰρ ἐγὼ τὸ νόμιμον δίκαιον εἶναι［我认为合法即正义］），把νόμιμον［合法］等同于δίκαιον［正义］。

［MP注］"除了声名狼藉之外"（35a4中所讨论的）。乞求怜悯也很糟糕，因为它会败坏司法，会导致陪审员根据同情心而不是根据正义来判案。"我认为乞求是不对的，而且靠乞求达到无罪释放的人也不对。"

[按] 很多评注者看出了定冠词 τῆς 的特别用意，但大都认为它指向"我"（的名声），这里的语境应该是在谈"雅典的名声"。接下来的 διδάσκειν καὶ πείθειν 字面意思是"教育和说服"，但在这里似乎不妥（被告大概不能在这种场合下充当陪审员的"教师"。

上文的 δίκαιόν，一般译作"正义的"（just）或"正确的"（right）。注意这里语词上的关联，一是 δόξης [名声]、δοκεῖ [觉得] 和 δοκῇ [中意]，二是 δίκαιόν [正确、对、正道]、δικαστής [法官]、δίκαια [正义] 和 δικάσειν [审判]。SS注本提示，托名德莫斯忒涅斯35.43的 οὔτε διδάξαι οὔτε πεῖθεν，麦克道维尔（D. M. MacDowell）译作 can't explain or convince（*Demosthenes, Speeches 27-38*. University of Texas Press, 2004, p. 145）。

διδάσκειν καὶ πείθειν，大多数英译本都作"教导和劝说"（teach and persuade），吴飞即作此译，但这种译法于情于理都不合，因为当事人大概没有资格（不会，也不敢）去教育法官，虽然实际上苏格拉底这场申辩本身就是一种教导。διδάσκειν 一词不仅有"教育"之意，还有"解释""以论点表明"和"证明"之意。水建馥译作"提供证据，使他相信"，比较符合这里的语境。王太庆翻译为："说明真相，以理服人"，妥。我此处采用意译，更符合汉语思维。

35c2-3：ἐπὶ τούτῳ..., ἐπὶ τῷ καταχαρίζεσθαι... [为了……徇私情]，[S甲注] 另参《高尔吉亚》474e6-7：οὐ δήπου ἐκτὸς τούτων ἐστίν, τὰ καλά, τοῦ ἢ ὠφέλιμα εἶναι ἢ ἡδέα ἢ ἀμφότερα [大概也不外乎这些：那些美的东西，要么因为有益，要么因为令人快乐，要么因为两者都是]（李致远译文）。καταχαρίζεσθαι τὰ δίκαια 意思是："牺牲正义去偏袒"，"为了施恩他人而罔顾正义"。

[S乙注] 指示代词放在不定式之前，似乎就是要让人更加注意紧接的下文。

[A注] 阐述 33a2 的 τοιοῦτος φανοῦμαι [一直都是这样一种人]。καταχαρίζεσθαι，"因偏私而屈服"，一般指因某种"错误"做出的让步

（这就是前缀 κατά 的含义，另参 κατακερδαίνειν［不当得利］）。亦见于《高尔吉亚》513d：μὴ καταχαριζόμενον ἀλλὰ διαμαχόμενον［并不向下取悦，而是坚持战斗］（李致远译文）。另参亚里士多德《政治学》1271a3。这里应该译作"因偏袒而丧失正义立场"。

［MP注］ἐπὶ τούτῳ 意为"考虑到这一点"。这个短语预告了下面两个关节不定式（articular infinitive）。

［按］καταχαρίζεσθαι 和下文的 χαριεῖσθαι，本义是"施恩"（如吴飞译本。R注曰："他会对自己觉得可以施恩的对象施恩"），在法律上则指"偏袒"。καταχαρίζεσθαι τὰ δίκαια 本义是"错误地把正义当成恩惠施与他人"。

35c4：ὀμώμοκεν［宣过誓］，［B注］从演说家们所引用的一些片段可拼凑出誓词原文：ψηφιοῦμαι κατὰ τοὺς νόμους καὶ τὰ ψηφίσματα τοῦ δήμου τοῦ Ἀθηναίων καὶ τῆς βουλῆς τῆς πεντακοσίων, περὶ δ' ὧν ἂν νόμοι μὴ ὦσι, γνώμῃ τῇ δικαιοτάτῃ καὶ οὔτε χάριτος ἕνεκα οὔτ' ἔχθρας. καὶ ψηφιοῦμαι περὶ αὐτῶν ὧν ἂν ἡ δίωξις ᾖ, καὶ ἀκροάσομαι τῶν τε κατηγορούντων καὶ τῶν ἀπολογουμένων ὁμοίως ἀμφοῖν. ὄμνυμι νὴ τὸν Δία, νὴ τὸν Ἀπόλλω, νὴ τὴν Δήμητρα, καὶ εἴη μέν μοι εὐορκοῦντι πολλὰ καὶ ἀγαθά, ἐπιορκοῦντι δ' ἐξώλεια αὐτῷ τε καὶ γένει.［我将根据法律、雅典公民大会和五百人议会的选举结果进行投票，对于法律没有明文规定的事物，我将依据最公正的判断，既不偏私，也不仇视。我将根据所控告的事情本身来投票，我将听取控方和辩方的意见，对双方一视同仁。我就这些事情向宙斯、向阿波罗、向德墨忒尔发誓，如果我发的是真誓，就会得到很多好东西，但如果我发了伪誓，我和我的家人后代都会由此而遭毁灭］。

［A注］"而且他曾宣过誓，不是施恩，而要判决"。οὐ χαριεῖσθαι ... αὐτῷ 指的是誓言中的 οὔτε χάριτος ἕνεκα［既不偏私］：οὐ 用在这里（尽管更常见的是 μή，［按］H注认为 οὐ 不是修饰不定式，而是修饰 ὀμώμοκεν，否则就应该用 μή。但此说似乎不如A注）很可能是因为苏格拉底希望让法官们在脑海里生动地想起那些誓词。

因此，我们不应该习惯于让你们发假誓，你们也不应该习惯于违背誓言——因为这样的话，我们双方都是在做不虔敬之事。所以，雅典人，你们可别指望我会在你们面前做出我坚信既不高尚、[35d] 也不正义、更不圣洁的事情来，尤其是，以宙斯之名起誓，在这位美勒托斯控告我不虔敬之时，更是万万做不得。[οὔκουν χρὴ οὔτε ἡμᾶς ἐθίζειν ὑμᾶς ἐπιορκεῖν οὔθ᾽ ὑμᾶς ἐθίζεσθαι· οὐδέτεροι γὰρ ἂν ἡμῶν εὐσεβοῖεν. μὴ οὖν ἀξιοῦτέ με, ὦ ἄνδρες Ἀθηναῖοι, τοιαῦτα δεῖν πρὸς ὑμᾶς πράττειν ἃ μήτε ἡγοῦμαι καλὰ εἶναι μήτε δίκαια μήτε ὅσια, ἄλλως τε μέντοι νὴ Δία πάντως καὶ ἀσεβείας φεύγοντα ὑπὸ Μελήτου τουτουΐ.]

35c5-6: οὔτε ... ἐθίζειν ... οὔθ᾽ ... ἐθίζεσθαι [我们不习惯……你们也不习惯于], [SS注] 原告常常争辩，如果陪审团因为被告的劝说而自甘顺服，就为普通人树立了糟糕的先例，同样也为未来的陪审员树立了坏榜样，参吕西阿斯14.22（《控阿尔喀比亚德》）: ἐὰν δὲ μηδὲν ἔχοντες δίκαιον κελεύσωσιν αὐτοῖς χαρίζεσθαι, μεμνῆσθαι χρὴ ὅτι διδάσκουσιν ὑμᾶς ἐπιορκεῖν καὶ τοῖς νόμοις μὴ πείθεσθαι, καὶ ὅτι λίαν προθύμως τοῖς ἀδικοῦσι βοηθοῦντες πολλοὺς τῶν αὐτῶν ἔργων ἐπιθυμεῖν ποιήσουσι [但如果他们没有丝毫正义可言，就命令你们偏袒他们，你们必须记住，他们是在教唆你们违背誓言、不遵法律，而他们热心帮助罪犯的行为，就会让其他很多人不惮于做同样的事情]。另参德莫斯忒涅斯24.218（这篇演说的最后一句话）。苏格拉底从当代法庭演说中借用了这个话题，但他如一贯所为那样，转变了这个话题的含义：他希望树立高标准，不是旨在伤害对手，也不是为了自己逃脱惩罚，而是要确保自己以及负责的陪审员的行为符合正义和宗教职责。

[按] 这里的"发假誓"即前面注释中的"发伪誓"（ἐπιορκεῖν），该词还有"违背誓言"之意：发了誓而不遵守，既是"破誓"，也是"发假誓"。

35c7: μὴ οὖν ἀξιοῦτέ [所以，……你们可别指望], [S甲注] "因此

不会认为"。下文的遣词造句值得注意：ἃ μήτε ἡγοῦμαι καλὰ εἶναι，正常的语序应该是ἃ ἡγοῦμαι μήτε καλὰ εἶναι。

35c8-d1：μήτε δίκαια μήτε ὅσια [也不正义、更不圣洁的事情]，[SS注] 这种对仗很传统，如《王制》615b7（王扬译作"胸怀正义、心底虔诚"，另参《治邦者》301d2,《法义》663b2。这是法庭演说的老生常谈，尤其在前言部分（如吕西阿斯13.3，伊索克拉底14.2），但更多见于结束语中（如吕西阿斯13.97，伊赛俄斯6.65，德莫斯忒涅斯21.227）。

35d1-2：ἄλλως τε μέντοι ... [尤其是]，[S甲注]"其他时候以各种方式，尤其是现在美勒托斯控告我不虔敬之时"。[按] 施塔尔鲍姆的校勘本与伯内特校勘本有异：ἄλλως τε πάντως νὴ Δία, μάλιστα μέντοι...。

[B注]"特别是当……"（and most particularly as...）。ἄλλως 进一步由插在它和 πάντως 中间的 μέντοι νὴ Δία 所强调（另参《游叙弗伦》4b3注），另参阿里斯托芬《云》行1269。尽管找不到叠用 μέντοι（νὴ Δία）和 πάντως 的例子，但也没有理由怀疑这里的文本。

[SS注] 在柏拉图笔下找不到 ἄλλως τε ... πάντως 的其他例子，尽管在埃斯库罗斯那里有三处（《普罗米修斯》行636，《波斯人》行689，《欧墨尼得斯》行726）。词组 μέντοι νὴ Δία 强调 πάντως 在柏拉图笔下也是孤例（μέντοι νὴ Δία 这个词组本身倒是相当常见）。当然，μέντοι 也是强调性的（丹尼斯顿，前揭，页399-404）。

[A注] 这里的意思是，"是的，以宙斯之名起誓，在其他任何情况下以及尤其现在"。

[R注]"但是，以宙斯的名义起誓，尤其是，我因美勒托斯所控告的不虔敬之罪还在受审呢。"这里的倒装引人注目。拆分使用 ἄλλως τε πάντως καί 这个短语，是为了容纳 μέντοι νὴ Δία（这也是一个常见的顺序，参《斐多》65d、68b、73d,《王制》332a），后者未见于其他可见的材料中。这种插词法（tmesis）之所以可能，而且也不损害文章的简明性，是因为 ἄλλως τε πάντως καί 是一个足够熟悉的短语，允许这种分割，也能为人所理解。因此，贝克尔武断地将这句校订为 ἄλλως τε πάντως νὴ Δία μάλιστα μέντοι καί，就太离谱了。

[MP注] ἄλλως τε，"尤其是"，后面的 μέντοι νὴ Δία 更加强调这一点。苏格拉底通过堆砌小品词和副词，延迟了自己不虔敬地为一项"不虔敬"的指控所做的反讽和悖谬性的辩护，并由此使之悬而未决。

[按] ἄλλως，"否则""除非""无论如何"。短语 ἄλλως τε καί，意为"否则……并且"，即"尤其"（《希英大词典》著录曰：both otherwise and ..., i.e. especially, above all），如SS注所云，由 πάντως 所强化，也就是说，ἄλλως τε ... πάντως 是一个短语，表示强调性的"尤其是"。但这样理解似乎不能充分表示苏格拉底这里的话语的反讽意味（所有译本都未体现 πάντως），反而S甲注的 quum alias omnino, tum maxime nunc 中的 omnino（英语通常为 altogether 或 utterly）译出了并且能够很好地对应于 πάντως。伯内特翻译为 most，以修饰 particularly。我试图把 πάντως 这个副词理解为是在修饰前面的 πράττειν [做]；该词译为"万万"或"无论如何"，另参33d8。这里的意思应该是"在任何场合都不能做，尤其现在"。

因为很显然，如果我说服了你们，并且靠乞求来强迫已经发过誓的你们，那么，我就是在教唆你们不要相信神明存在，那我的申辩 [d5] 简直就是在控告自己不信神！但事实远非如此：因为我的确信神，雅典人，控告我的人没有谁比得上。我把我 [这桩案子] 交给你们，也交给神明，请按照对我也对你们最好的结果来判决。[σαφῶς γὰρ ἄν, εἰ πείθοιμι ὑμᾶς καὶ τῷ δεῖσθαι βιαζοίμην ὀμωμοκότας, θεοὺς ἂν διδάσκοιμι μὴ ἡγεῖσθαι ὑμᾶς εἶναι, καὶ ἀτεχνῶς ἀπολογούμενος κατηγοροίην ἂν ἐμαυτοῦ ὡς θεοὺς οὐ νομίζω. ἀλλὰ πολλοῦ δεῖ οὕτως ἔχειν· νομίζω τε γάρ, ὦ ἄνδρες Ἀθηναῖοι, ὡς οὐδεὶς τῶν ἐμῶν κατηγόρων, καὶ ὑμῖν ἐπιτρέπω καὶ τῷ θεῷ κρῖναι περὶ ἐμοῦ ὅπῃ μέλλει ἐμοί τε ἄριστα εἶναι καὶ ὑμῖν.]

35d2-3：εἰ πείθοιμι ... βιαζοίμην [如果说服……强迫]，[S甲注] 要理解为 χαρίζεσθαί μοι τὰ δίκαια [对我偏私而罔顾正义]（或：把正义当成

恩惠赐予我）。下面从句的语序应该是 διδάσκοιμι ἂν ὑμᾶς μὴ ἡγεῖσθαιεἶναι θοὺς εἶναι。

[B注] 这里以一种奇怪的方式表现了 πειθώ [说服] 与 βία [暴力] 这一固定的对仗。说服法庭本身没有任何问题，所以我们必须把 τῷ δεῖσθαι 理解为既从属于 πείθοιμι，也从属于 βιαζοίμην，后者因此而具有矛盾修辞法的效果。

[SS注] 此处可理解为"如果我曾尝试说服并且强迫你们"。

[按] 这里再次出现了 πείθοιμι 和 διδάσκοιμι 这个对子，前面35c2译作"摆事实讲道理"。

35d3-4：θεοὺς ... μὴ ἡγεῖσθαι ... εἶναι [不要相信神明存在]，[B注] 迅速转向了 θοὺς οὐ νομίζω，正如我们前面已经看到的，其含义远远不止"信神"。当然，如果以神明之名发假誓，就是在该词最充分的意义上表示一个人 οὐ θοὺς νομίζω [不信神]。下文d6中的 νομίζω 实际上就是"我敬畏神"（按：参《创世记》42:18）。

35d3-5：τῷ δεῖσθαι βιαζοίμην ... ἀπολογούμενος κατηγοροίην ἂν ἐμαυτοῦ [靠乞求来强迫……我的申辩就是在控告自己]，[SS注] 这是典型的 oxymoron [矛盾修辞法]。ὀξύμωρος [矛盾修辞法] 一词未见于希腊文中，我们只是从塞尔维乌斯①《维吉尔〈埃涅阿斯纪〉评注》7.295中知道这个词，这个证据表明当时的修辞学理论没有涉及这种修辞手法。这里也不是一种修辞性的装饰。它强调 ἐλεινολογία [苦情说法]（按：这个词似乎并不见于希腊文中，而是由 ἐλεινός 和 λόγος 拼接而成，前缀可参35b7的 ἐλεινά）和 ἱκετεία [乞求] 对苏格拉底和陪审团来说应该都是绝对不可接受的。

[A注] 如下文d4-5的 ἀπολογούμενος κατηγοροίην [我的申辩就是在控告]一样，是矛盾修辞法，"靠乞求来强迫"。另参22a的 ὀλίγου δεῖν τοῦ

---

① 塞尔维乌斯（Servius，全名 Maurus Servius Honoratus），公元4世纪晚期至5世纪早期的罗马文法学家，以评注维吉尔的诗作而著称。

πλείστου ἐνδεεῖς εἶναι［几乎都最差劲］。

35d4：ἀτεχνῶς［简直］，［SS注］"完全""事实上""简直"（literally），这个副词一般用来引入"比喻、比较和谚语"（伯内特对《游叙弗伦》3a7的注释），这里用于表示oxymoron［矛盾修辞法］："它强调那种明显夸张的表达大体上是精确的"（同上）。［按］另参17d3、18c7、26e8和30e2注。

［MP注］ἀπολογούμενος κατηγοροίην ἄν，"我就是在试图辩护的时候控告自己"。这里没有闲笔废话。请注意柏拉图惜墨如金的文体如何凸显了苏格拉底的悖论。

［A注］"而我的辩护实际上是一场控告。"

35d7：ὑμῖν ἐπιτρέπω［交给你们］，［SS注］苏格拉底并不是在把它留给掌管天意的神明来决定这一同样的意义上提议由陪审团来裁决（见下一条注释）。他很清楚，陪审团的大多数成员都缺乏正义的知识。他在"前导"（18e4-19a5）中早说过，难以在得允的很短的辩护时间内消除根深蒂固的偏见，他在第二场演说中将重复这一点（37a6-7；另参37a6注）。但他被卷入了一场司法程序中，他也同意应该遵守其本来的过场（另参19a6-7）。这就是他在《克里同》中拒绝越狱的原因，正如"雅典法律"所说，"你是否认为那个城邦还能够继续存在而不是已被推翻，如果在该城邦中，已生效的判决没有丝毫力量，反倒被私人弄得［b5］不再有效而遭毁灭"（50b2-5）？

［按］ἐπιτρέπω，参35b5的ἐπιτρέπειν，那里的意思是"允许"。该词在司法上意为"提交""交托"，即entrust to（王太庆即译作"相信"）。

35d7：τῷ θεῷ［神明］，［SS注］特别值得注意的是，这里（的"神明"一词）已经从复数的ὡς θεοὺς οὐ νομίζω，转变成了单数的ἐπιτρέπω ... τῷ θεῷ。在《申辩》的某些段落中（21b3、e5，22a4、23a5、b5、c1），ὁ θεός清楚地指"阿波罗"，也就是给苏格拉底和凯瑞丰发布神谕的大神。然而，再往后走，就不再那么直接指阿波罗了（28e4，30a6、e3，31a6-8），在这些地方，ὁ θεός似乎应该理解为泛泛而言的"神明"，而不是"(德尔斐的)大神",第一场演说的最后一句中(按:即此处)尤其如此。苏格拉底这里所说的"神明"是掌管天意的大神,如果有人信神并且按照神的意愿来生活,神就会关照他(另参41c9-d2)。人不能清楚地洞察到神明对世界的统治,因为他常常不能确然地知道什么对他有好处,而什么又有坏处(42a3-5,比较29a6-b7;亦参《斐德若》结尾处279b8-c3中苏格拉底的祈祷,[按]这段祈祷中,即"把智慧看作财富")。因此,凡夫俗子最好的办法莫过于信神。统管整个世界的神,不可能是万神殿那么多神中的一位。因此,我们是否应该同意伯内特在评注《克里同》最后一句（Ἔα τοίνυν, ὦ Κρίτων, καὶ πράττωμεν ταύτῃ, ἐπειδὴ ταύτῃ ὁ θεὸς ὑφηγεῖται [那就到此为止吧,克里同,咱们就这样办,既然这是神指引的]）时所说的话——"这里无疑不是指任何特定的神明。这些话肯定是一神论的"？伯内特的第一句话是对的,但第二句就不可接受了。希腊人并没有一神论,因为他们从不就神明世界的独一性（unity）和复多性（plurality）提出任何质疑。依照维拉莫维茨要言不烦的说法,对希腊人来说,神明就是Prädikatsbegriff [述谓概念]（《柏拉图》,卷一,页271-272;《希腊人的信仰》,卷一,页18-19）。希腊人会追问什么样的实在（reality）可以叫做神圣的（divine）甚或可以叫做神明,但他们不那么关心大神或众神明有什么根本属性之类的问题。他们把神圣者视为形态多样的整体,这不仅是普通人的看法,也是哲学家们的高见（包括克塞诺芬尼、柏拉图、亚里士多德、廊下派哲人、中期柏拉图主义者、新柏拉图主义者）。神明存在,也存在着各种层次的神圣之物。在宗教还属于个人事务的领域中,尤其在信靠神助上,祈祷中的宗教表达似乎自然而然形成一对一的对话（按:祈祷者与神明一对一的对话）。我认为,那就是苏格拉底所感觉到的自己与神圣实在的关系,正如他在《申辩》此处所说的话。苏格拉底终身服侍（23b9-c1;另参29a6, 31a7-8, 37e5-6）且把身家性命都托付给了的那位神明,不再是万神殿中某个与其他神明相对的特定成员,而仅仅是大神,可具体地体现为神圣而超越性的个体。然而,这是一种"真正的（vécue）宗教",而不是神学的思辨。因此，无论是苏格拉底还是柏拉图，都没有从实际上承认一个神的存在而得出"法律上"（de iure）的一神论，在那样一位神明之下"事实上"（de facto）已容不得其他神明。这里从容地由集合名词 θεοί 转向这种个人宗教形式的 θεός，θεοί 并没有标明任何一位神明，该词符合传统宗教语言。这就是35d3–d7和41d2–42a5中所发生的事。

［T注］这个从句与前一个句子（νομίζω τε ...）相关，这种联系暗示：他平静地仰赖神明在这场生死攸关的审判中所发出的指示，并且特别地以此"表明"自己信神。需要注意的是，苏格拉底在这里用的是单数的"神"，尽管刚才用的是复数。他也许指德尔斐的大神，他以前常常特别以单数形式谈到这位神明（另参20e以下），这位大神以神谕的形式在他有难的时候间接参与进来，现在这位神也会给他好报。这个词也可能指最高的神明，正如柏拉图和色诺芬的记载所示，苏格拉底常常特别挑明，并把这种神明与较低级的神灵区别开来（另参色诺芬《回忆苏格拉底》4.3.13）。

苏格拉底说完上述虔诚的顺服和信仰后，为其辩护的首要部分作一总结，并把有罪还是无罪的问题交给法官们。法官们以微弱优势宣布了他有罪。问题还没完：应该给他什么样的处罚呢？关于法官在控方和辩方之间选择处罚提议的程序，参格罗特《希腊史》，前揭，卷八，章68，另参史密斯（W. Smith）《希腊罗马古典词典》（前揭）的 ἀγῶνες ἀτίμητοι καὶ τιμητοί 词条。比方说，假如苏格拉底提出流放以代替死刑，无疑就会免于死刑，另参37c和《克里同》52c。但他轻蔑地拒不认罪，甚至还要求以应得的奖赏代替处罚，法官都极为反感（offence），就判了他死刑。《申辩》第二部分继续写他自认为究竟应该受到什么样的审判才合适。

第二场演说

第六章　意料之中

35e1–36b2

章　旨

[S甲注]"申辩"的前面部分应该是在第一次投票之前对法官们说的，余下部分则是苏格拉底被判有罪之后说的。因此，现在就要根据他的罪责来决定如何处罚。有两种方式，一种是 ἀτίμητος [非提判性案件]，法律已经规定了如何处罚；另一种是 τιμητή [提判性案件]，法律赋予法官自由裁量权以决定如何处罚。因此，我们在阅读古代作家笔下的诉讼时，必须小心区分这是两类案件中的哪一类。苏格拉底的案子无疑属于 τιμητή [提判性案件]。这一类诉讼通常采取如下程序：首先，控方和辩方各做陈述，法官第一轮投票决定被告是否有罪。然后，如果罪不至死，而法律又没有规定具体的处罚，那么，法官们还要继续决定如何处罚，也就是说，要问辩方，他觉得自己应该受到什么样的处罚，是否接受控方所提出的处罚意见，或者自己提出一种更公正的处罚。这就叫 ἀντιτιμᾶσθαι [反提判]。参迈尔和舒曼《阿提卡司法程序》，前揭，页724以下。接下来，法官再次投票，判决这个案子。关于这两类诉讼，即 ἀτίμητος [非提判性案件]和 τιμητή [提判性案件]，见《阿提卡司法程序》，前揭，页171–193。但由于苏格拉底被控不虔敬，很自然就要问那种控告是否属于 τιμητόν [提判性的]。因为人们自然会认为，法律会判那种攻击国家宗教的人以极刑，尤其是我们还知道几个被控不虔敬的

人都已被处死。但我们不仅从这篇《苏格拉底的申辩》，从德莫斯忒涅斯的《控告提摩克拉底》中也可知，情况显然不是这样的。

[S乙注] 苏格拉底仍然可以照常乞求，在某种程度上设法让法官免罪。但如果认可法官的判决，苏格拉底自己还可以提出三种处罚方式：无期监禁，[①]罚款或者流放。但这种告罪与苏格拉底的品格严重不符，对他前面所做辩护的真实性和真诚性之损害亦不可小觑。苏格拉底明确意识到自己无罪，所以他并未提出哪种处罚，反而要求奖赏，并且仅仅为了在一定程度上劝说朋友们以满足他们的愿望，安抚他们的忧虑，才亲自提出了罚金数目，请朋友缴纳，因为他本人是没有这个财力的。

从其起诉书来看，这件案子是否应该划作 ἀγῶνες ἀτίμητοι [非提判官司]，一直都存在争议，但的确有不少量刑程度不同的刑事案件以及一些民事案件，其处罚结果都取决于法官的自由裁量。很明显，眼前这场审判就属于这一类，正如西塞罗在《论演说家》1.1（按：此处有误，似应为 I.LIV，即1.232）所说："苏格拉底被判刑，并且不只有一轮投票，在那轮投票中陪审员们判定惩罚还是释放，而且还有第二轮投票，按照雅典法律他们应该再投一次票。在雅典，在被告被判受处罚之后，如果罪行不是刑事性的，那么要对惩罚进行评估：当陪审员们（按照法律）需要进行第二次投票的时候，陪审员们要询问被告，他本人认为最高应受怎样的惩罚"（王焕生译文）。据色诺芬《苏格拉底向法官的申辩》节25中所载，苏格拉底被判刑后，仍然说自己无罪，就算对他的每一项指控都完全成立，但根据任何已知的法律，他的"罪行"也远远达不到极刑的程度。伯克（August Böckh）那部在古典研究中极具价值的著作《雅典的公共经济》（前揭，卷二，页97以下），对违法行为的赔偿主体、罚金和处罚方式都有巧妙而大量的讨论。

[①] 雅典似乎没有无期徒刑一说，更没有长期监禁的刑罚，监狱的数量和规模太小，不足以支持这种判决。雅典审判地点（即 Agora，也是会议地点）附近的几间牢房，仅用于短期拘押候审者和死刑犯（如《克里同》中的苏格拉底）。

[B注] 苏格拉底被判有罪，但不是被绝大多数人判处的。尽管苏格拉底的 civisme [公民意识] 不大靠得住，但雅典人都知道他是一个好公民，一个勇敢的战士。如果不是安虞托斯这位臭名昭著的骑墙派（moderate man）的特殊态度，苏格拉底无疑会被无罪释放。雅典普通民众很难相信安虞托斯会为一场毫无根据的指控负责。他的影响显然足以让安多喀德斯无罪释放。

这是一种 ἀγὼν τιμητός [提判官司]，即法律没有规定如何处罚的案子，这种官司要由法庭来决定，用司法术语来说，就是 τιμᾶν ὅτι χρὴ παθεῖν ἢ ἀποτεῖσαι [提判究竟应该给予人身的抑或金钱上的处罚]（[按]《希英大词典》释曰：are opposed to denote personal or pecuniary penalties）。在这样的案件中，既然法庭只能在控方和辩方所提的两种处罚中选择，自己不能提出另外的处罚，那么，控方就会为了自己的利益提出比实际希望的更重的处罚，而辩方为了自己的利益也会提出替代性的处罚，这种处罚要足够重，好让法庭有可能接受。我们完全可以肯定，安虞托斯让美勒托斯提出死刑的建议，是为了确保苏格拉底会提出流放作为死刑的替代。然而，苏格拉底根本就不买安虞托斯的账。

[35e] 我的确并不恼火，雅典人，对于 [36a] 你们投票判我有罪这一结果。其原因有很多。出现这样的结果，我并不感到意外，相反，两边的总票数倒是让我特别惊讶。因为，我没有料到它们居然如此 [a5] 接近，我还以为会很悬殊呢！[Τὸ μὲν μὴ ἀγανακτεῖν, ὦ ἄνδρες Ἀθηναῖοι, ἐπὶ τούτῳ τῷ γεγονότι, ὅτι μου κατεψηφίσασθε, ἀλλά τέ μοι πολλὰ συμβάλλεται, καὶ οὐκ ἀνέλπιστόν μοι γέγονεν τὸ γεγονὸς τοῦτο, ἀλλὰ πολὺ μᾶλλον θαυμάζω ἑκατέρων τῶν ψήφων τὸν γεγονότα ἀριθμόν. οὐ γὰρ ᾠόμην ἔγωγε οὕτω παρ᾽ ὀλίγον ἔσεσθαι ἀλλὰ παρὰ πολύ·]

35e1：Τὸ μὲν μὴ ἀγανακτεῖν ... [我的确并不恼火]，[SS注] 这个句子以一个带 μέν 的从句开头，描写判决对苏格拉底的影响，好似接下来

会有一个带 δέ 的从句，表达苏格拉底的反提议（counterproposal），如 περὶ δὲ τῆς τιμήσεως...[那么，对于这样的提议……]。但正常的思维顺序却由被告对计票结果的评论所打断。然而，对其有效性的讨论却在36b3中以 δ' οὖν 岔开，后者在某种意义上呼应了 μέν。

[T注] 定冠词 τὸ 更为清楚地表明这个不定式是整个句子的宾语，没有这个冠词也成立。

36a2: συμβάλλεται [造成]，[B注] 在 συμβάλλεται [导致、造成] 之后，我们以为会接 εἰς 或 πρὸς τὸ μὴ ἀγανακτεῖν，但这个不定式放在了句首，以示强调，已经判决的结果倒放在后面（在《王制》331b1中也有 συμβάλλεται 接的破格文体，尽管那里因插入 εἰς τοῦτο 而有所弥补）。所以，苏格拉底接下来说的是 καὶ οὐκ ἀνέλπιστόν，而不是更合逻辑的 καὶ ὅτι οὐκ ἀνέλπιστόν...。换言之，这个句子的第二部分本身就分离了，变成独立成分。那也是柏拉图笔下常见的手法，以给人说真话的印象。接下来的 ἐπὶ τούτῳ τῷ γεγονότι，意为"作为这样的结果"。当然，ἀνέλπιστόν 在这里就是"没有想到"之意。

[A注] Τὸ μὲν μὴ ἀγανακτεῖν 在句首位置，会让人以为接下来会有某个类似于 παρέχει 的动词来支配它们，但苏格拉底代之以 συμβάλλεται，因为该词更适合 ἄλλα τέ μοι πολλὰ 中的 πολλά。柏拉图故意让句子结构松松散散，是为了让这种话看起来像真实说过的一样。

[MP注] 整个句子结构松散，模仿即兴演讲的句法。

[按] 把这些松散的句子完整排列后，应直译为"使我对于你们投票判我有罪这一结果并不恼怒的原因有很多"，这样一来，韵味尽失；但如果完全按照希腊文顺序翻译，又不通顺，却又必须尽量保持原来"即兴演讲"的风格，为此只好稍加重复。《希英大词典》对这一句解释为：many circumstances contribute to my feeling no vexation, and especially...。

36a2: καὶ οὐκ ἀνέλπιστόν μοι γέγονεν [我并不感到意外]，[S甲注] "还没有与我的经验相左"，因为 ἐλπίς 和 ἐλπίζειν [希望] 及其派生词要么用

于表示希望，要么表示恐惧。请注意这种表达法的简洁性，完整的表达应该是：*καὶ δὴ καὶ τοῦτο, ὅτι οὐκ ἀνέλπιστόν μοι γέγονε*。

[R注] 从语法上讲，这个从句与该句前面部分联系虽不流畅，但也符合语言习惯。采用极为简略的形式，是为了直达句子特定的要点。施塔尔鲍姆的补充不正确。毋宁说，这是一种更短的表达方式，它本身也是完整的，只是与句子一开始设定的意图不大符合而已。

36a2-3：*τὸ γεγονὸς τοῦτο* [出现这样的结果]，[SS注] 尽管似乎没有人怀疑过这几个词，但它们放在 *ἐπὶ τούτῳ τῷ γεγονότι* 之后，也不大合情理（weak），后一个短语是为了让 *γέγονεν* 的主语更显眼。此外，这个句子的末尾再次用上了这个分词 *γεγονώς*，但意思完全不同（参伯内特对该处的注释，后一种意思在柏拉图笔下的例子见《默涅克塞诺斯》82d2-3, 83c1、e7, 84e2-3, 85b1、6；《泰阿泰德》147e6, 148a1-2）。我猜测，*τὸ γεγονὸς τοῦτο* 是篡入正文的注释，意在让如此"理解"的理由更加明晰。亦参40c6中对 *τὸν τεθνεῶτα* 的注释。

36a4：*τὸν γεγονότα ἀριθμόν* [总票数]，[B注] "总数"。动词 *γέγνεται* 通常用来表示增加的结果，或者一般用来表示等于某个总数。

36a5-6：*οὕτω παρ' ὀλίγον ἔσεσθαι* … [居然如此接近]，[S甲注] 费舍正确地翻译为："我没有想到投我无罪票的人与投我有罪票的人在数量上居然没有多悬殊；相反，我认为投票支持我的人在数量上会远远少于投票反对我的人。"

[B注] "分歧是如此之小"，"它们会如此接近"。在这个短语中，*παρά* 接宾格，表示差异的幅度。另参德莫斯忒涅斯22.3, 23.205, 24.138; 许珀瑞得斯《为优克塞尼珀斯辩护》28节。*οὕτω παρ' ὀλίγον* 中的介词的位置很正常（另参40a5的 *πάνυ ἐπὶ σμικροῖς* [哪怕小事]）。副词修饰整个短语，而不是仅仅修饰形容词。

[A注] "如此接近"，字面意思是"以如此小的"。修昔底德《战争志》7.71.3。*οὕτω παρ' ὀλίγον* 类似于 *οὕτως ἐπὶ μεγάλης σπουδῆς* [如此火热]（《会饮》192c），*ὡς διὰ βραχυτάτων* [如此简短]，*οὐδὲ δι' ἑτέρων* [别无它

选], 或 *πάνυ ἐπὶ σμικροῖς*（下文40a），在这样的表达法中，介词通常置于副词和形容词之间。

但现在看来，要是哪怕仅有30票改投，我就已经获释啦！［*νῦν δέ, ὡς ἔοικεν, εἰ τριάκοντα μόναι μετέπεσον τῶν ψήφων, ἀπεπεφεύγη ἄν.*］

36a6–7：*εἰ τριάκοντα μόναι μετέπεσον*［要是哪怕仅有三十票改投］，［S甲注］*μεταπίπτειν*，正如费舍正确翻译的，指"转而另投"，"投入另外一个票箱中"。斯特方本的 *τρεῖς*［三］（按：施塔尔鲍姆即采用这一读法）已经根据最佳的一些抄本改为 *τριάκοντα*［三十］。苏文[①]在其论著《论阿里斯托芬的〈鸟〉》中，引用了伯克《雅典的公共经济》中的这种观点，伯克据拉尔修《名哲言行录》2.41认为反对苏格拉底的共有281票，"正如柏拉图的文本所表明的，我们究竟如何看待拉尔修关于苏格拉底审判的记载，以及苏格拉底的同时代人对此如何判决，这似乎并不重要。非常清楚的是，这位作者（按：指拉尔修）表述的意思令人生疑，因为他的话显得是在说，赞成和反对苏格拉底的相差281票。如果拉尔修的说法正确，我们必须同时考虑这两处文献才能得出结论：1、要么判案的有556人，因为如果一方281票反对他的话，既然相差3票，而278票就打平，那么，赞成者就是275票。2、要么法官总人数为557，苏格拉底得了276张赞成票，如果还是采信281之数，那么，苏格拉底就会以279对278获胜（按：不清楚作者的算法）。舒曼（《阿提卡司法程序》，前揭，页139）认为法官总数是559，但这肯定不对。［按］施塔尔鲍姆接下来还引用了几大段苏文的话（略），以证明"三十"之数来自拉尔修不可靠的记载，而实际应为"三"。总人数也可能不到500，因为有的人因病或其他原因没有参加投票。

---

① 苏文（Süvern，全名 Johann Wilhelm Süvern，1775—1829），德国学者、政治家。他于1827年7月19日和26日在柏林宣读了《论阿里斯托芬的〈鸟〉》，该书于1830年出版，有汉密尔顿（William Hamilton）的英译本。

[S乙注] 费舍花了很大功夫来比较和调和各种相互冲突的权威抄本，最终得出结论：审判苏格拉底的法官共有556人。其中281人认为苏格拉底有罪，175人认为他无罪。要是前者中有三票倒向后者，两边的票数就持平了，根据雅典法律，苏格拉底就会被释放。另参欧里庇得斯《埃勒克特拉》行1265，《伊菲革涅亚在陶洛斯》行1469。斯特方、达西耶和其他人把 τρεῖς [三] 校订为 τριάκοντα [三十]，费舍很正确地驳斥了这一说法，因为这样大一个数字几乎不可能再接 μόναι [仅仅] 这个词（按：T注也认同这种看法）。

[B注] 拉尔修的说法（《名哲言行录》2.41）与这里完全不合。如果我们假定常规陪审团为500人，那么，投票结果就是280比220。转投30票就会让票数相等，并让苏格拉底获释（《阿提卡司法程序》，页938）。公元前4世纪的确有201、401和1001名陪审员的情况，其意显然在于避免票数相等，但我们并不知道这种做法是何时引入的，甚至不知道它是否广为采用。显而易见，它与票数相等即可获释这一规定不合（埃斯基涅斯3.252即清楚表明票数相等即无罪释放）。BW抄本读作 τριάκοντα，T本页边也如此，通行本读作 τρεῖς [三]，那只是对T本中的 τρίς [三倍] 所作的"修改"，因此根本就不可信。值得注意的是，拉尔修的数字（281人）是所有投反对票的总人数，如果我们假定法庭有501人的话，那个奇数可能是美勒托斯。但拉尔修的说法（或者他依据的材料）很可能是错误的。

[SS注] 这句话中的 ὡς ἔοικεν 表明，不要把计数结果完全当真。既然500是一场 γραφή [公共案件] 中法官的正常人数，必然有280人投票认为"有罪"，220票认为"无罪"。陪审团有201人、501人或1001人之类的说法，在公元前4世纪下半叶还找不到证据（按：另参G注）。参哈里森的《雅典法律》(Harrison, *The Law of Athens*. Oxford, 1971)，卷二，页47，注释2和3；布里豪斯－史密斯的《受审的苏格拉底》(Brickhouse-Smith, *Socrates on Trial*. Oxford, 1989)，页26。

[按] 拉尔修2.41载："他（苏格拉底）以281票被判有罪，比那些

同意判他无罪的票要多。"（徐开来译文）人们通常据此认为，陪审团共有501人（一说500人，每个区50人，10个区，故此。而501人之说可能加上了一位专门负责主持这场审判的"王者执政官"。但SS注认为没有501之说），判决结果是280比220（R注认为是281比220）。如果这里校订为"3票"，而陪审团为500人，且全部都到齐的话，那么最终结果将是253比247（但奇怪的是几乎没有人讨论到这种可能性）。也有学者认为苏格拉底在这里说的应该是"31票"，不足为凭，不录。最可靠的说法还是伯内特和SS本。另外，还有没有这样的可能：苏格拉底的意思本来是想说，两边的票数相差（而不是改投）30，那么，陪审团仍为500人的话，有罪票就是265，无罪票235，这样看起来差别就更不悬殊了。当然，即便按照主流说法，280与220之间的差异已不算小了，但仍然远超苏格拉底的预期（他原以为绝大多数人都会投有罪票），所以才会觉得如此接近。

或者还可以说，在我看来，即便是现在这个结果，我在美勒托斯的指控下也安然获释了——不仅我安然获释，而且如大家都非常清楚的，要是没有安虞托斯，呃，还有吕孔，一起上来控告我，他就会被判支付[36b]一千德拉克马的罚金，因为他没有拿到法定的五分之一票数。
[Μέλητον μὲν οὖν, ὡς ἐμοὶ δοκῶ, καὶ νῦν ἀποπέφευγα, καὶ οὐ μόνον ἀποπέφευγα, ἀλλὰ παντὶ δῆλον τοῦτό γε, ὅτι εἰ μὴ ἀνέβη Ἄνυτος καὶ Λύκων κατηγορήσοντες ἐμοῦ, κἂν ὦφλε χιλίας δραχμάς, οὐ μεταλαβὼν τὸ πέμπτον μέρος τῶν ψήφων.]

36a7：μὲν οὖν [或者还可以说]，[SS注]"或毋宁说"（or rather），正是丹尼斯顿（前揭，475.3 i）所谓这组小品词"转折用法"或其他地方所谓"纠正用法"的力证。苏格拉底的意思在于，他不是用modus irrealis [非已然语气]（按：指上一句的虚拟语气）说自己可以免罪，而是说，他能从美勒托斯的控告中安然脱身。丹尼斯顿（页478底部）的分析可谓切中肯綮："说话人反对自己的话，实质上就是在发起一场跟自己的对话。"他补充说（页479），普拉瑟《柏拉图笔下若干连接小品词研究》(页113)确信《法义》728a2是"柏拉图笔下连续讲辞中的唯一例子",然而,这种用法在对话中很常见(前揭,475.3 i)。实际上,普拉瑟误解了《申辩》36a7,以为(页90)μέν是预备性的,尽管后面没有接带δέ的从句,也没有与之相当的从句,还说οὖν是结论性的,但显然不是。

36a7：καὶ νῦν [即便是现在这个结果],[MP注]"即便现在"。[按]盖洛普译作 even as things stand [即使按照现在的情况来看],准确。格鲁伯以及其他很多译本都没有体现出 καὶ νῦν 的意思来,更没有翻译出 μὲν οὖν 的意味。

[按]这句话还可译为"美勒托斯也没有告倒我",或者"摆脱美勒托斯的魔掌",或者"打赢了美勒托斯挑起的这场官司"。ἀποπέφευγα,一般为"逃脱"之意,也指"打赢官司""宣告无罪";格鲁伯译作 have been cleared on,盖洛普译作 have been cleared of,而上一句他们都将其译作 acquit。

36a8-9：εἰ μὴ ἀνέβη Ἄνυτος καὶ Λύκων [要是没有安虞托斯,呃,还有吕孔,一起上来],[S甲注]既然安虞托斯和吕孔是美勒托斯的 συνήγοροι [共同告发人] 或 σύνδικοι [共同起诉人](按:《希英大词典》收录的义项似乎并不全),他们发起了这场控告,他们也有资格跟美勒托斯一样,在审判时发言反对苏格拉底。另参迈尔和舒曼《阿提卡司法程序》,前揭,页707以下。

[B注]吕孔只是安虞托斯的跟屁虫,所以这里在提到他的名字之前,动词用的是单数,后来才变为复数([按]尽管主语是两个人,Ἄνυτος καὶ Λύκων,但谓语 ἀνέβη 却是第三人称单数!作为补足语的分词 κατηγορήσοντες 又是复数。虽意味深长,惜乎汉语无法表达,只能拆分成两个短句,中间加一个语气词,表现苏格拉底即兴演说中突然想起还有另一个控告者)。从这里可以清楚看到,安虞托斯和吕孔乃是 συνήγοροι [共同告发人]。当然,安虞托斯才是策划者(moving spirit),但是,如果由他出面来担任主要控告者,那么就难免给这场控告以政治性的表象。

这无疑就是让美勒托斯来谈 καινὰ δαιμόνια [新神灵]的原因。有迹象表明（另参29c1注），διαφθορὰ τῶν νέων [败坏青年]的指控留给了安虞托斯。

阿雷塔斯[①]的B评注把这个吕孔混同于奥托吕科斯（Autolycus）的父亲（参色诺芬《会饮》），完全不靠谱。他再次被自己关于谐剧作家的手册误导了。另参《游叙弗伦》2b9注。

[T注]他们站上发言席以帮助美勒托斯控告苏格拉底。

36a9-b2：κἂν ὦφλε χιλίας δραχμάς...[他就会被判支付一千德拉克马的罚金……]，[S甲注]如果控告者没有获得五分之一的票数，就会被罚一千德拉克马，还要被剥夺"部分公民权"（ἀτιμία），并被禁止再控告他人。另参 Meier 和 Schoemann《阿提卡司法程序》，前揭，页734以下。苏格拉底在这里说的意思是，美勒托斯如果没有安虞托斯和吕孔的帮助，就不可能获得赞成票的五分之一，因为仅凭他的影响力，还不足以赢得对苏格拉底的有罪判决。费舍在这里理解错了，而施莱尔马赫的解读是正确的。

[B注]苏格拉底真是绝了，他假装认为：美勒托斯、安虞托斯和吕孔各自必定只有三分之一的票数，这样的话，美勒托斯就只有93$\frac{1}{3}$票（按：以总数280计），不足500的五分之一。因为法律规定，如果 γραφή [公共案件]的控告者没有获得最低五分之一的票数，就要被罚一千德拉克马。这是为了防止虚假诉讼（frivolous prosecution [按]又作"轻浮诉讼"，与 malicious prosecution [恶意诉讼]不同）。

[R注]苏格拉底半开玩笑式地暗讽三位控告者是一丘之貉，说多数票（按：即280票）来自这三位仁兄的联合影响：但如果每一个控告者都分到多数票的三分之一，美勒托斯获得的票就不足100，也就是不

[①] 阿雷塔斯（Arethas），大约生于公元860年，希腊人，拜占庭学者，曾求学于君士坦丁堡，评注过包括柏拉图在内的很多古代思想家的著作。因为在卡帕多西亚（今土耳其的开塞里）的凯撒利亚（今属巴勒斯坦）担任过大主教，又名 Arethas of Caesarea。

足总人数的五分之一。这场控告虽以美勒托斯之名发起，但难以对付的却是安虞托斯。

［SS注］οὐ μεταλαβὼν τὸ πέμπτον μέρος τῶν ψήφων 是常用的短语（斯多克 phrase），也许引自相关的法律文本，参德莫斯忒涅斯 18.266,34.7,58.6，托名德莫斯忒涅斯 26.9，埃斯基涅斯 2.14。

［H注］苏格拉底幽默地指出，既然控告者是三个人，280张有罪票平均分成三份的话，那么苏格拉底得的无罪票就比他们三人中的任何一个分有的有罪票都要多。

［A注］在刑事审判（γραφαί）中，如果控方没能获得五分之一的票数，就会被罚一千德拉克马，并被剥夺将来以类似罪名控告的权利。在很多民事案件（δίκαι）中，控方在这样的情况下会支付控告数目的六分之一，即控告数目中的每一德拉克马就要被罚一个奥波洛，希腊语叫做 ἐπωβελία。① μεταλαβὼν 意为"接受……的一部分"，后接表示"部分"的词的宾格，其他地方则用与格。注意 τὸ πέμπτον μέρος 中的定冠词 τὸ：这种特定的"五分之一"可谓众所周知。

［T注］苏格拉底的意思是说，美勒托斯在三位控告者中影响不是最大的，假如他一个人提起诉讼的话，不可能获得现在三个人共同告发所获得实际票数的三分之一，也就没有获得总票数的五分之一。注意冠词 τὸ 的准确含义：根据众所周知的法律规定的"这个"数目。

［R注］τὸ πέμπτον μέρος，不是"五分之一"之意，而是"这个"（the）必不可少的"五分之一"（按：汉语似乎无法体现这种定冠词的强调性用法，只能意译为"法定的"）。

［按］μέρος，票数、份额，也指"命运"。

---

① ἐπωβελία，"六一罚率"，由介词 ἐπί［按照］和 ὀβελός［奥波洛］（六分之一德拉克马）构成，《希英大词典》释曰：fine of an obol in the drachma, i.e. one-sixth of the sum at which the damages were laid, paid as compensation to the defendant by the plaintiff in case the latter failed to gain one-fifth of the votes。

第七章 恩善需赏

36b3-37a1

章 旨

［SS注］（按：编译自 E. de Strycker and S. R. Slings. *Plato's Apology of Socrates*. Leiden: Brill, 1994, pp. 186-191）这一部分也许是整个《申辩》最精彩、实际上也是最令人震惊的篇章。苏格拉底根本不把判决当回事，因为这种判决不是建立在客观事实基础上的。苏格拉底在任何情况下也绝不会因为怕死而放弃自己的使命。但我们在任何地方都可以看到，苏格拉底的态度并不是对其他人的意见或对陪审团高高在上的判决不屑一顾，而只是保持着对真理和正义的绝对忠诚。不过，在这个部分中，苏格拉底并没有谈到神圣的使命，而只是谈到自己之所以不接受惯常生活方式、反倒选择一种完全不同生活方式的个人原因。苏格拉底在这里完全根据自己的推理来阐述，而不再诉诸神明。苏格拉底为了劝勉他人关心德性，从而不事经济，一生贫穷，他的这种高尚行为无论对公民还是对城邦都是极大的恩泽，当然应该得到公众和政府的奖赏，比如去市政大厅免费用餐就是一种极大的荣耀，尽管苏格拉底根本就不在乎这样的虚名。苏格拉底并不是伸手要这样的荣誉，而只是为了表明他值得受到如此对待。

苏格拉底这种提议看上去就是在公然挑衅陪审团，不仅不准陪审团判他有罪，反倒要求城邦把他养起来，还要给他足够的自由，让他从事（具有颠覆性的）哲学活动——而刚才判他有罪，恰恰是因为他的这种活动。当然，苏格拉底应该无意于激怒陪审团，不过他的提议也太不严肃了。苏格拉底既不清高，也不疯狂，只是就事论事。据说，这样一来，苏格拉底的伦理观念就比亚里士多德更高尚，后者的megalopsychos［心气高、伟大］只是高高在上地俯视那些不完美的人，但苏格拉底却竭尽所能去帮助他们，即让他们知道自己无知，从而去追求真正的知识。苏格拉底的伦理学建立在神圣而超验的理想之上，是要让人意识到自己的限度，更要把自己的一切献给同胞。而亚里士多德的伦理学却是一种人类中心主义（anthropocentric）的立场，对人根本就没有这样的效果。

［按］《孟子·尽心上》所谓"穷则独善其身，达则兼济天下"，固然难得，已足称圣贤。而苏格拉底更进一步，"穷亦兼济天下"，实在如其所说，"这岂是凡夫俗子之所为"（οὐ γὰρ ἀνθρωπίνῳ ἔοικε，31b1；直译为"这哪里还像是凡人"）。

但不管怎样，这位仁兄提请判我死刑。好吧。那么，雅典人，我又该向你们申请什么样的反提判？显然，[b5] 要根据我的功过来吧？我究竟有什么功过？［Τιμᾶται δ' οὖν μοι ὁ ἀνὴρ θανάτου. εἶεν· ἐγὼ δὲ δὴ τίνος ὑμῖν ἀντιτιμήσομαι, ὦ ἄνδρες Ἀθηναῖοι; ἢ δῆλον ὅτι τῆς ἀξίας; τί οὖν;］

36b4-5：Τιμᾶται δ' οὖν μοι ὁ ἀνὴρ θανάτου［但不管怎样，这位仁兄提请判我死刑］，［S甲注］控方总是在诉状中插入自己认为被告应该受到的什么惩罚，如果法律对此没有明确规定的话。

［B注］"他提议对我判处死刑。"在这里，双方就是τιμᾶσθαι［提判］和ἀντιτιμᾶσθαι［反提判］（为自己），陪审员就叫τιμᾶν［评判］（为他人；按：自己提出判决的建议，就用ὑποτιμᾶσθαι）。官司用宾格，有罪方用与格，惩罚提议用属格（原意是价值属格）。另参《法义》880c8以下，当然下文（b4）的ὑμῖν［你们］不能这样理解，它是"人称"（ethical）与格。γραφή［诉状］的末尾以τίμημα θάνατος［死刑提议］特

别标明所提议的处罚（另参24b8注）。

[SS注] δ' οὖν，"无论如何"（anyhow，按：只有盖洛普体现出来了，译作but anyhow），无论你们怎么看待我的论证，另参17a2注（按：那里译作"反正"）。以主格形式出现的 ὁ ἀνήρ，可以起到一种复指代词（anaphoric pronoun）的作用（按：即"他"，吴飞即作此译），另参《希英大词典》该词条的VI 2，这里与 ἐγώ [我]相对（按：翻译为"仁兄"，语带讽刺，因为美勒托斯根本谈不上"仁"）。

36b3：ἤ δῆλον ὅτι τῆς ἀξίας [显然，要根据我的功过来吧]，[S甲]"但我为什么要问"或"那的确是很清楚的吗"？

[B注] τῆς ἀξίας，"我的应得"（my deserts）。另参 κατ' ἀξίαν, ὑπὲρ τὴν ἀξίαν, τῆς ἀξίας τυγχάνειν 这一类短语。[MP注]这里用属格，是因为暗示用了 τιμή [评估、价值、提判]一词。

[按]大多数译本都将这句转为陈述句了。ἀξίας，本义为"价值"，引申为价值或功过的"评价"，这里表示根据一个人的功过价值给予相应的奖罚，英译作deserve，merit和due，吴飞译作"品行"，王太庆和水建馥都译作"应得"。此前译作"荣誉""重视""价值""值得""重要""认为""指望"，这里更多地指"罪责"，译作"显然，（定罪）要依应得吧"，即现代人所谓"罪罚相当"的原则——但麻烦的是苏格拉底不承认自己有罪，尽管已然被判有罪。如果翻译成"功过"，既有功也有过，就无法符合下一句所谓"遭罚"，但苏格拉底的意思恰恰就在于自己有功也遭罚！苏格拉底的"自作自受"语带双关。

在实际的审判场合，提判者会提出过重的量刑，反提判者的申请往往又过轻，但如果轻得太离谱，无疑就会让法官选择控方的提议，间接认可了对方的量刑，从而放弃了自己的反提判权，这无异于把自己的命运拱手相让——苏格拉底恰恰就是这样做的。因此，有罪一方也要根据自己的功过来"反提判"。

我应该遭受什么样的人身处罚或支付多少罚金？难道就因为我终生

都不安分？我没有像大多数人那样，一门心思经商挣钱、持家守业、充任将帅、领袖群伦，也不担任其他任何官职，更不掺和城邦中早就形成的朋党和宗派，［τί ἄξιός εἰμι παθεῖν ἢ ἀποτεῖσαι, ὅτι μαθὼν ἐν τῷ βίῳ οὐχ ἡσυχίαν ἦγον, ἀλλ' ἀμελήσας ὧνπερ οἱ πολλοί, χρηματισμοῦ τε καὶ οἰκονομίας καὶ στρατηγιῶν καὶ δημηγοριῶν καὶ τῶν ἄλλων ἀρχῶν καὶ συνωμοσιῶν καὶ στάσεων τῶν ἐν τῇ πόλει γιγνομένων,］

36b5：παθεῖν ἢ ἀποτεῖσαι［遭受人身处罚或支付罚金］，［S甲注］这是审判中常见的话，παθεῖν指当事人所受的处罚，ἀποτεῖσαι指罚金。参迈尔和舒曼《阿提卡司法程序》，前揭，页739以下。整个句子可以译成："那么又该如何？我应该因为自己安静的一生而遭到什么处罚或支付多少罚金，但……"

［B注］"我所遭受的或付出的"。这个短语一方面包括监禁、流放和死刑，另一方面包含罚款或赔偿，它是正宗的司法用语。另参德莫斯忒涅斯21.47和24.105。

［A注］"遭受或支付"：第一个词包括δεσμός［监禁］、φυγή［流放］、θάνατος［死刑］和ἀτιμία［剥夺公民权］，第二个指罚款。另参色诺芬《回忆苏格拉底》2.9.5。

36b5-6：ὅτι μαθὼν［难道就因为］，［B注］这是一个奇怪的说法，在古典希腊时期只出现了4次，意思似乎是"因为"，附加了非难或劝诫的含义。另参欧珀利斯的残篇357。另外的例子见柏拉图《欧蒂德谟》283e,《普罗塔戈拉》353d：ὅμως δ' ἂν κακὰ ἦν, ὅτι μαθόντα χαίρειν ποιεῖ καὶ ὁπηοοῦν［它们就是坏的事情，只因为它们不管怎样都造成享受］（刘小枫译文）。最后这个例子尤其值得注意，因为它接了一个中性的主语。这个短语显然是口语，无法与τί μαθών分割开来，但绝对不是科贝特校订的τί μαθών。迄今还没有真正满意的解释。我们只能说，既然τί μαθών逐渐让人觉得是一种愤愤不平或斥责性的"为什么"，那么，ὅτι μαθών就会让人觉得是一种愤愤不平或斥责性的"因为"的意思。

[A注] propterea quod［由于］，强调性的"因为"，原意为"头脑中已经想过"（按：盖洛普即译成 for having taken it into my head）。正如阿里斯托芬《阿卡奈人》行826，这个短语就是要把一个直接的问句严格地表达成间接问句：但这里的疑问色彩实际上已经消失了。ὅτι μαθών 字面意思是"体会到"，用于相似地表达"因为"的意思。

[K注]"因为我打定主意"，是 τί μαθών 的间接形式。字面意思是"因为得知"，μαθών 指明原因上的联系。

[按] 水建馥译作"因为"，吴飞直译作"要知道"，王太庆没有译出这个短语。

36b6：ἐν τῷ βίῳ［终生］，[B注]"我的整个一生"。李德尔说是"我一生的安排（disposal）中"，但这个短语本身的含义是特定的。

36b6：οὐχ ἡσυχίαν ἦγον［不安分］，[B注]这个否定过去时意为"我不会"或"不能保持安静"。

[SS注] 这个短语实际上相当于 ἐπολυπραγμόνουν［爱管闲事］。ἡσυχία［安静］是 ἀπραγμοσύνη［无事于心］（按：又作"不管闲事"，引申为"远离政治""闲散逍遥"）的同义词，另参 Ehrenberg：Polypragmosyne: a Study in Greek Politics，刊于 JHS 67（1947）46-47（后收录于 Polis und Imperium, Zurich – Stuttgart, 1965, 页 467-468 及各处）。文中引用了修昔底德1.70.8，伊索克拉底15.151和227，托名德莫斯忒涅斯7.70。当然，从下文36c3的 ἰδίαι ἕκαστον［私下每个人］来看，苏格拉底这里的意思与31c4-5中的 πολυπραγμοσύνη ἰδίαι［爱管闲事的平头百姓］相同。另参37e3。

[按] ἡσυχία，本义指安静，这里译作"安分"，前面35b8译作"体面镇定"。下文37e3译作"消停一点"，38a1作"缄默无为"。

36b6-7：ἀλλ' ἀμελήσας ὧνπερ οἱ πολλοί［虽然我没有像大多数人那样，一门心思］，[S甲注]要理解为 ἐπιμελοῦνται，因为一个否定性的动词出现在句子前面，且在相反的意义上使用，这个肯定性的动词就常常省略。下文的 δημηγορία 在这里指那种在公民大会上发表演说的人的职业。

尽管这种人不是执政官中的一员，但加上 τῶν ἄλλων ἀρχῶν，也并非错误，因为这里的 ἄλλος 用法与《高尔吉亚》473c7-d1 ὑπὸ πολιτῶν καὶ τῶν ἄλλων ξένων [被邦民们和其他外邦人] 中的一样，即，καὶ τῶν ἄλλων, ξένων ὄντων [其他人，尽管他们是外邦人]。因此，这个句子的意思就是："我从来不曾把利益、家业、军事指挥、在民众中的影响这些东西放在心上；另外，我也没有觊觎公共职位，搞阴谋诡计或煽风点火。"因此费舍的校勘不正确，尤其是他根本就没有证明 δημάχοι 在雅典也叫做 δημιουργοί。众所周知，伯罗奔半岛战争之后，全希腊到处充斥着内讧和骚乱。ἐπεικής 常常与 φοῦλος 相对，表示"好、开明（liberal）和正义"。

[A注] 要理解为 ἀμελήσας，比较希罗多德 7.104。τῶν ἄλλων ἀρχῶν...，"其他任何东西——政治职位、政治俱乐部和派系"（τῶν 修饰 ἄλλων）"城邦中发生的任何事情"。意为"俱乐部（政治集团）"和"秘密社团"。政治俱乐部（《泰阿泰德》173d 为 ἑταιρίαι）为公元前411年（修昔底德 8.63 以下，格罗特《希腊史》卷七，页250）和前404年（吕西阿斯《驳厄拉托斯忒涅斯》43-44，格罗特《希腊史》卷八，页25）的寡头革命可谓立下了"汗马功劳"。柏拉图在《法义》856b 中如是阐述自己对这种革命性秘密小团体的态度："无论谁把法律当成奴隶，让城邦依附于一些小团体，而且试图依靠暴力和煽动内乱非法地达成这一切"，一旦查明有罪，这种人就要受到审判并处以死刑。

[SS注] 苏格拉底要回答 τί ἄξιός εἰμι παθεῖν ἢ ἀποτεῖσαι [我应该遭受什么样的处罚或支付多少罚金] 这个问题，只需要谈谈他为了雅典的利益实际做了些什么，而不需要交代他本人拒绝追求的目标。但整个句子意在让我们想起苏格拉底在三种 βίοι [生活] 之间做选择的价值评判标准。χρηματισμοῦ τε καὶ οἰκονομίας 是两种主要的挣钱行当，一方面是贸易和放贷，另一方面是管理不动产。

36b8: δημηγοριῶν [领袖群伦]，[S乙注] 这句话中的 δημηγορία 指"公共场所的长篇大论"（popular harangue），或者人们苦心经营的这种领域，但不能叫做 ἀρχή [官员]。苏格拉底接下来的话暗指当代的麻烦时局，正如刚才已经表明的，他参与这些事情都是为国家带来荣誉、为自己带来荣耀。

［B注］δημηγοριῶν与στρατηγιῶν对举，这里必定用来指δημηγόρος［民众领袖］的职位或ἐκκλησία［公民大会］中的领导，不仅仅指这种人的演说。另参德莫斯忒涅斯18.60：πρὸ τοῦ πολιτεύεσθαι καὶ δημηγορεῖν ἐμέ，意为"在我进入政治生涯之前"。可以说，苏格拉底的意思是，他绝对没有"政治野心"（parliamentary ambition）。他不属于德莫斯忒涅斯（19.295）所说的οἱ στρατηγιῶντες καὶ προστασίας ἀξιούμενοι［将军和领导之属］这个阶层。下面的καὶ τῶν ἄλλων ἀρχῶν，应为"而且一般说来，包括官职"，这是ἄλλος的概括性用法，而很难像Adam那样把τῶν ἄλλων理解为中性，与后面的词语是同位语。

［按］王太庆的译法非常典雅和精妙："我这个人，一辈子忙忙碌碌，无意于多数人所关注的事情，不图钱财，不治生业，不当将帅，不求闻达，城邦里喧腾的这种热闹活动，诸如宦海浮沉，勾心斗角，党同伐异等等，一概不闻不问，自以为忠厚有余。"

36b8：συνωμοσιῶν［朋党］，［B注］李德尔译作"政治集团"（club）和"秘密社团"（caucuses）。另参《泰阿泰德》173d4，修昔底德《战争志》8.54，这里所说的"俱乐部"最先的宗旨是帮寡头组织的成员搞到官位，在他们受审的时候帮他们免罪，这种组织在公元前5世纪末期的"大革命"中扮演了非常重要的角色。

［MP注］该词字面意思是"为一个盟约而共同发誓"。政治集团长期以来都存在于雅典社会中，尤见于显贵家族。这样的集团在民主制下常常受人猜疑，被假定为反政府阴谋的温床。这样的恐惧尽管有时被夸大了，却也并非毫无根据。公元前411年的革命者就与政治集团过从甚密，如修昔底德所述（8.54），就在民主制快被推翻的前几周里，他们常常与佩桑德罗斯（Peisander）商议。他们在三十僭主短暂统治之中也卷得极深。因此，苏格拉底这里提到συνωμοσίαι，［朋党］也不是毫无现实政治考虑的随口一说，而是间接表态，他没有跟积极反对民主的颠覆

性集团结盟。

[按]这个问句非常长,从36b-d2,共15行,翻译成汉语时必须截成几个问句,以排比的形式表现苏格拉底继续自己的无罪辩护,他的一连串反问发人深省,更惹得陪审团大为光火。

因为我知道自己[36c]太过忠厚,如果去搞那些事情,早就小命不保啦。所以我没有去那些对你们和对我自己都丝毫没有益处的场合, [ἡγησάμενος ἐμαυτὸν τῷ ὄντι ἐπιεικέστερον εἶναι ἢ ὥστε εἰς ταῦτ' ἰόντα σῴζεσθαι, ἐνταῦθα μὲν οὐκ ᾖα οἷ ἐλθὼν μήτε ὑμῖν μήτε ἐμαυτῷ ἔμελλον μηδὲν ὄφελος εἶναι,]

36b9-c1:ἡγησάμενος ἐμαυτὸν ... ἐπιεικέστερον εἶναι [我知道自己……太过忠厚],[SS注]正常的语序应该是ἡγησάμενος ἐπιεικέστερος εἶναι,但这个不定式的主语应该特别强调,因此就必须用宾格来表示。αὐτός ... ἐπιεικέστερος在语法上也说得通,但就会以一种不相干的方式把苏格拉底与其他人相对照。比较38b8的αὐτοὶ δ' ἐγγυᾶσθαι [亲口允诺担保]。

36c1:ἐπιεικέστερον [太过忠厚],[S乙注]"自认为足够诚实,并靠着这样的行为确保自己的安全"。[B注]"太好",是βελτίω [更好]的一种文雅的说法。εἰς ταῦτ' ἰόντα意为"靠着它们"。

[SS注]伯内特错误地把εἰς ταῦτ' ἰόντα译为"靠着它们"。苏格拉底的意思不是说他太诚实,以至于既不会靠着经济的或政治的活动来保证自己的安全,好似这样一些追求能够达到安全这一目的——这些追求本身就是目的。这句话与31e2-33a3相关,诚实的人(ἐπιεικής)与32e3 ἀξίως ἀνδρὸς ἀγαθοῦ [配得上高尚之士]中的ἀνὴρ ἀγαθός [高尚的人]和32a1的τὸν τῷ ὄντι μαχούμενον ὑπὲρ τοῦ δικαίου [真真正正为正义而战的人]完全相同。这样一个诚实的人,如果参与了政治和经济事务,就没有指望能够逃脱死亡(36c1的σῴζεσθαι,另参31e2的σωθήσεται和32a2的σωθήσεσθαι [活]),因为在这两个领域中,他都会碰到鲜廉寡耻的对手。整个这一段话中的ἰέναι意思都一样(c1的ἰόντα,c2的ᾖα,c3的ἰών,c4的ᾖα),即"打理"或"从事",而不是"依靠""诉诸"或"求

助于"之意。当然，我们在31e2-33a3中只看到诚实的人在雅典"从政"很危险，但没有说老实人做生意也危险。但在眼前这个语境中，政治远为重要，因为这里用了五个名词性实词来描述它，而经济行为只用了两个。

［按］前面译作"平和持中"（22a5），"妥帖"（34d2）。

36c2：ἐνταῦθα μὲν οὐκ ᾖα［所以我没有去那些场合］，［S甲注］注意 ἐνταῦθα的这种用法，下文几行之后再次出现。另参《斐勒布》57b,《王制》445b,《默涅克塞诺斯》248c,《高尔吉亚》494e；色诺芬《上行记》1.10.13；索福克勒斯《菲罗克忒忒斯》行377。这种表达法与33d8中 ἐνταυθοῖ的用法刚好相反（参彼处注释），因为那里已经以同样的方式表明，当表示静止的动词与表示位置动态的副词连用时，动静的两种想法都统一在一个介词下；相反，表示动作的动词与一个表示静止的副词连用也照此看待。这必定是出于希腊人的思维活动所致，他们习惯于用同一个句子成分来统合不同的观念。

［B注］"我并没有采取什么手段。"正如我们从下一行可见，ἐνταῦθα 表示 ἐπί ταῦτα, ἰέναι ἐπί接宾格，意思是"参加"和"从事"。另参《高尔吉亚》514c4：ἰέναι ἐπὶ τὰ δημόσια ἔργα［从事公共工作］,《王制》558b7：ἐπὶ τὰ πολιτικὰ ἰών［走向政治事业］。ἐνταῦθα跟一个表示动作的动词（如英语的there代替thither），另参《高尔吉亚》494e9和《王制》445b5，以及吕西阿斯3.34。接下来的 οἳ ἐλθών...，意为"从事那种我本人没有任何用处和前途的事情"。

［A注］阿提卡最好的文章中"是"动词（εἰμί）的过去时写作 ᾖα, ᾖεις 或 ᾔεισθα, ᾔει 或 ᾔειν（元音前），复数用 ᾖμεν, ᾖτε, ᾖσαν，而不是 ᾔειμεν，双数用 ᾔτον, ᾔτην。

反倒私底下来到你们每个人身边，去做最大的善功。正如我刚才自夸的，我出现在这些场合，[c5]是为了试图劝说你们每个人，不要关心自己的身外之物胜过关心自己如何才能变得尽可能良善和明智，不

要关心城邦外在的东西胜过关心城邦本身［的良善和明智］，你们还当以同样的方式［36d］关心其他事物。［ἐπὶ δὲ τὸ ἰδίᾳ ἕκαστον ἰὼν εὐεργετεῖν τὴν μεγίστην εὐεργεσίαν, ὡς ἐγώ φημι, ἐνταῦθα ᾖα, ἐπιχειρῶν ἕκαστον ὑμῶν πείθειν μὴ πρότερον μήτε τῶν ἑαυτοῦ μηδενὸς ἐπιμελεῖσθαι πρὶν ἑαυτοῦ ἐπιμεληθείη ὅπως ὡς βέλτιστος καὶ φρονιμώτατος ἔσοιτο, μήτε τῶν τῆς πόλεως, πρὶν αὐτῆς τῆς πόλεως, τῶν τε ἄλλων οὕτω κατὰ τὸν αὐτὸν τρόπον ἐπιμελεῖσθαι］

36c3：ἐπὶ δὲ τὸ ἰδίᾳ ἕκαστον ἰών... ［反倒私底下来到你们每个人身边］，［B注］苏格拉底再次强调自己使命（另参30e7注）的个体性质。照希腊语的惯用法来看，这个从句的第二个部分从属于自己，是独立的，而本来应该是 οἳ δ' ἰὼν ἔμελλον εὐεργετεῖν...。在我看来，ἰών是多余的，因为ἐπὶ τὸ εὐεργετεῖν就可以直接跟在ἐνταῦθα ᾖα后面，因而尚茨把它括起来了。然而，在希腊人看来，ἰών旨在平衡ἐλθών，正如ἐνθαῦθα ᾖα平衡ἐνταῦθα μὲν οὐκ ᾖα，所以我把括号去掉了。

36c4：ὡς ἐγώ φημι［正如我刚才自夸的］，［B注］"正如我断定的"，指的是最高级τὴν μεγίστην［最大的］。这个短语不仅仅等同于ὅπερ λέγω［如我所说］。

［按］多个译本都漏掉了这个短语。另参33c4（那里译作"正如我刚才所宣布的"），SS本注疏对伯内特此处的解释提出了批评（另参SS本对24d4-5的注释）。在笔者看来，既然苏格拉底自以为是对全体同胞做善事，从谦虚的角度来说，当然有些"自吹"的色彩，故稍加变化，以示强调；亦可译作"自诩"。另，前面的动词εὐ-εργετεῖν［做善功、做好事、施恩惠］和名词εὐεργεσία，由εὐ和词根ἔργον构成，指"好"的"功德""善行"，英文多译作benefactor。

36c5-6：τῶν ἑαυτοῦ μηδενὸς ... ἑαυτοῦ［不要关心自己的身外之物……自己］，［B注］这只不过是另一种方式要求人们ἐπιμέλεια ψυχῆς［关心灵魂］（29e1注），因为ψυχή［灵魂］是与身体和包括财富和荣誉在内的身外之物相对立的自我，而其他的则仅仅是自我的"所有物"或"附属物"。

[MP注] 苏格拉底再次强调，关心自己乃是人类生活最重要的事情。苏格拉底所拒斥的公共活动本质上并非一定就坏，假如公共活动所追求的不仅仅是为了增加履历，而是为了灵魂的自然活动，即学会审慎。然而，问题在于，既然这些活动都是公开的，那么，其结果一定程度上就取决于其他人毫不审慎的行为，而其他人的欲望完全是不可控的。即便有了苏格拉底式的审慎，也不足以保护自己，当前的官司就是明证。在民主制中要摆脱这一困境，唯一出路就是劝服自己的同胞改弦更张，让他们也去关心"自我"。苏格拉底毕生献身于这一使命。

36c7-8：τῶν τῆς πόλεως [城邦外在的东西]，[B注] 这些东西应是国家的财富和荣耀之类的。此处乃是苏格拉底政治理论的概括，该理论原则上把 ἐπιμέλεια τῆς πόλεως [关心城邦] 等同于 ἐπιμέλεια ἑαυτοῦ [关心自己]。把荣誉和财富当成自身目标的国家不是真正的国家。那也是《王制》中的观点，那里只是把此处所孕育的东西说得更直白了。

[SS注] "城邦的财产"。苏格拉底这里想到的是《高尔吉亚》455d8-e1所提到的公共设施：τὰ νεώρια ταῦτα καὶ τὰ τείχη τὰ Ἀθηναίων καὶ ἡ τῶν λιμένων κατασκευή [这些船坞和城墙，雅典的骄傲，以及港口装备]（另参b6-7，517c2，519a2-3）。——尽管苏格拉底总是试图通过私人谈话（36c3的 ἰδίᾳ）来劝服其他人相信他关于真正的善的观点，但他的谈论对象却不仅限于私人生活，而是个人与城邦都考虑了进去。另参30b4的 καὶ ἰδίᾳ καὶ δημοσίᾳ [无论是私人生活还是公共生活]。

[MP注] 一个城邦作出的决定都是为了获得财富、物资、威望以及诸如此类的东西（即 τῶν τῆς πόλεως），那就表明这种城邦的本质上根本配不上那些东西。与个体一样，如果城邦没有更高的道德理想，那么财产和荣誉就成了坏东西。

36c8：αὐτῆς τῆς πόλεως [城邦本身（的良善和明智）]，[A注] 关于苏格拉底这个人物形象，可对比柏拉图在《泰阿泰德》173c以下对理想哲人的刻画："这些人的的确确从幼年起就不晓得前往市场的路，不知道法庭、议事厅在哪儿，也不知道城邦中其他公共会场之所在。法律和政令，无论宣读还是文告，他们既不看也不听，派别争夺权位的重大事务、集会、宴饮乃至和吹笛女寻欢作乐，这些东西，他们甚至做梦也没梦见过。城邦中某个人出身高贵还是低贱，某人的劣性是否从父系或母系遗传，他对这事儿的关注就像谚语所说，不比对海水有多少知道得更多。"（贾冬阳译文）

[SS注] 我们也应该把此处理解为 ἐπιμεληθείη ὅπως ὡς βελτίστη καὶ φρονιμωτάτη ἔσοιτο [关心如何才能变得尽可能良善和明智]。这是苏格拉底的表达方式，他认为城邦应该尤其关心 εὐνομία [良法、善治]。既然我们知道 ἐπιμελεῖσθαι ἑαυτοῦ [关心自己] 与 ἐπιμελεῖσθαι τῆς ψυχῆς [关心灵魂] 实际上并没有什么区别，我们大可猜测，在人身上，ψυχή [灵魂] 乃是结构性和组织性的原则，调控着身体所有部分和器官的运行，因此，在城邦里，也应该有一个相似的原则来协调城邦所有成员的活动。这种原则就是 πολιτεία [政治制度] 或宪章。然而，值得注意的是，柏拉图从来没说宪章是"国家的灵魂"，但这种说法却能在伊索克拉底那里找到：城邦的灵魂无非就是政治制度，它的能力跟明智对身体所拥有的能力一样大。灵魂就是商议所有事务的机构，旨在守卫良善，避免灾祸（7.14。大约十五年后作者在12.138中几乎原封不动地重复了同样的观点）。与梅耶尔的《柏拉图的"申辩"》（前揭，页101-102）相反，有必要坚持这一点：此处的 αὐτὴ ἡ πόλις [城邦本身] 与"理念论"没有丝毫关系。在梅耶尔看来，柏拉图在这段话中把 αὐτό [自身]、ἐν πᾶσι ταυτόν [其全部]、ἔχον μίαν ἰδέαν [有一个理念] 和 εἶδος [形相] 的统一体与可感现实的杂多性对立了起来。然而，此处的语境是以等级观念为前提，既然有等级，我们就应该对某些东西比对其他东西多一些关照：无关乎 ἕν [一] 与 πολλά [多] 的认识论和本体论问题。

既然我是这样一种人，那么我究竟该得到什么样的待遇？当然应该是很好的待遇喽，雅典人，如果我非得真正根据我的功过提判自己之应

得的话——照此看来，的确显然只有很好的待遇才配得上我呢！那么，什么样的待遇才配得上一个虽然贫穷却仍需［d5］过有闲暇的生活以便劝勉你们的恩人？［—τί οὖν εἰμι ἄξιος παθεῖν τοιοῦτος ὤν; ἀγαθόν τι, ὦ ἄνδρες Ἀθηναῖοι, εἰ δεῖ γε κατὰ τὴν ἀξίαν τῇ ἀληθείᾳ τιμᾶσθαι· καὶ ταῦτά γε ἀγαθὸν τοιοῦτον ὅτι ἂν πρέποι ἐμοί. τί οὖν πρέπει ἀνδρὶ πένητι εὐεργέτῃ δεομένῳ ἄγειν σχολὴν ἐπὶ τῇ ὑμετέρᾳ παρακελεύσει;］

36d2-3：εἰ δεῖ γε ... τιμᾶσθαι［如果非得要提判］，［A注］"如果我非得提判自己实际之应得"。这里的 δεῖ［必须、非得、应该］起强调作用，因为苏格拉底暗示，他有权根据法律提出自己真正应得的反提判：后来（38b）他作出让步，提议罚款三十米纳。

［按］前一句的 τί οὖν εἰμι ἄξιος παθεῖν 在 b3 也出现过，那里译作"我应该遭受什么样的人身处罚"，这里的话锋有所变化，实际并非什么好"下场"，苏格拉底此说稍有讥讽，亦显悲凉。

36d3：καὶ ταῦτά γε［照此看来，的确］，［B注］"的确，那也是"。在表达 idque，et quidem 的时候，常常用 καὶ ταῦτα，而不是 καὶ τοῦτο。关于此处 γε 的用法，另参《王制》420a2 和《智术师》238a1。上文 26e6 甚至用的是 καὶ ταῦτα μέντοι。

36d4：εὐεργέτῃ［恩人］，［S甲乙注］为国家（雅典）作出过杰出贡献的公民和外邦人会被授予 εὐεργέτης 的称号（也常常加上 σωτήρ［救星］的头衔）。多维勒①《论卡里同②》（Lips 编本，页 317）：Viri principes, immo reges reipublicae Athleniensis εὐεργέτας τοῦ δήμου γραφῆναι ceu eximium decus adfectaverunt［伟大的人们，就连君王们也要追求雅典"彪炳史册的民众大恩人"的不朽荣耀］。另参德莫斯忒涅斯《驳厄拉西尼德斯》

---

① 多维勒（Jacques Philippe d'Orville，1696—1751），荷兰古典语文学家，著有《驳卡里同》。

② 卡里同（Chariton），古希腊小说家，著有现存最古老的爱情小说《卡利罗娥》（Callirhoe）。

24.185，吕西阿斯《为珀斯特拉托斯辩护》的第19节。古代碑铭中有很多例子。

[B注]"就是你们的恩人"，指上文（c 3）的 εὐεργετεῖν［做善功、做好事、施恩惠］，而不是人们一向所以为的官方头衔，该头衔有时授予外邦统治者和雇佣将军。该头衔虽也时常随公民权一起颁授，却找不到任何例子说它曾授予过土生土长的公民（γένει πολίται）。施塔尔鲍姆（按：即上一段的S甲）所引用的材料欲表明它是一种官方的殊荣，其实完全是另外一回事。色诺芬在《方式与方法》①3.11中说，很多 ξένοι［异乡人］应该有所贡献，εἰ μέλλοιεν ἀναγραφήσεσθαι εὐεργέται［如果他们打算把自己的名字记在"恩人"名录里的话］。德莫斯忒涅斯19.330（李德尔所举例子）指的是菲利普的使节们。德莫斯忒涅斯23.185（亚当所举例子）更不能证明 εὐεργέτης 这一称号会授予本邦公民。这里所用的词是 πολίτης［公民］、εὐεργέτης［恩人］、στέφανοι［金冠获得者］、δωρεαί［封地获得者］，指的是 ξένοι［异乡人］卡里德摩斯（Charidemus），此人还同时被颁授了公民权和头衔。吕西阿斯13.72也是如此。

[SS注]伯内特说 εὐεργέτης 这一头衔在古典时期从来没有正式授予过本邦公民，他也许是对的。另参 Busolt - Swoboda,《希腊国家》(Griechische Staatskunde. Munich, 1920, 1926)，卷二，页1246-1247；R. Meiggs - D. Lewis,《公元前5世纪末之前的希腊历史铭文选》(A Selection of Greek Historical Inscriptions to the End of the Fifth Century B. C. Oxford 1969版及再版)；M. N. Tod,《公元前403年至前323年的希腊历史铭文选》(A Selection of Greek Historical Inscriptions, ii. From 403

---

① "方式与方法"，希腊文为 Πόροι ἢ περὶ Προσόδων，这篇作品意在探讨如何让雅典摆脱财政上的困境（方法包括向没有公民权的异乡人征税以增加国库收入），中译作《雅典的收入》（张伯健、陆大年译，北京：商务印书馆，1961）。拉丁文译作 de Vectigalibus，简称 de Vect.。

to 323 B. C. Oxford 1948），页338。然而，演说家们却不仅随意把以前土生土长的公民说成 τῆς πόλεως εὐεργέται [城邦的恩人]，如埃斯基涅斯1.132和140（两次说到哈尔摩狄俄斯和阿里斯托吉通），以及3.257-259（分别指的是梭伦、阿里斯提德斯和忒米斯托克勒斯），而且还把当代人说成城邦的恩人，如德莫斯忒涅斯20.67，19.280，托名德莫斯忒涅斯59.93，许珀瑞得斯《反菲利普辞》(In Phil.)第5节，吕库尔戈斯《驳勒俄克拉底》51。

雅典人，没有什么比请他去主席厅免费就餐更配得上这样的人，他远比你们中某位在奥林匹亚赛会上赛马、骈驾、驷车中获胜的人更配得上：那种人让你们自以为是幸福的人，而我却 [36e] 让你们真正幸福；另外，那种人根本就不需要供养，而我却需要。所以，如果我必须根据司法规定提判自己之应得，那我就提 [37a] 这一点：请判决我去主席厅免费吃喝！[οὐκ ἔσθ' ὅτι μᾶλλον, ὦ ἄνδρες Ἀθηναῖοι, πρέπει οὕτως ὡς τὸν τοιοῦτον ἄνδρα ἐν πρυτανείῳ σιτεῖσθαι, πολύ γε μᾶλλον ἢ εἴ τις ὑμῶν ἵππῳ ἢ συνωρίδι ἢ ζεύγει νενίκηκεν Ὀλυμπίασιν· ὁ μὲν γὰρ ὑμᾶς ποιεῖ εὐδαίμονας δοκεῖν εἶναι, ἐγὼ δὲ εἶναι, καὶ ὁ μὲν τροφῆς οὐδὲν δεῖται, ἐγὼ δὲ δέομαι. εἰ οὖν δεῖ με κατὰ τὸ δίκαιον τῆς ἀξίας τιμᾶσθαι, τούτου τιμῶμαι, ἐν πρυτανείῳ σιτήσεως.]

36d6：μᾶλλον ... πρέπει οὕτως [比……更配得上]，[按] 各注疏者对此处的文本有疑问，S甲注和S乙注认为此处文本虽不合常规，却也符合希腊人经常采用的随意说话的方式，并以《王制》526c和《米诺斯》318e为例。Adam和SS本认为 οὕτως 是衍文。

36d7：ἐν πρυτανείῳ σιτεῖσθαι [去主席厅免费就餐]，[S甲注] πρυτανεῖον 是一处城堡，梭伦的法律就保存在那里，见泡萨尼阿斯1.18。为国作出重大贡献的人能够得允每天去那里就餐，称之为 σιτεῖσθαι [就餐，用膳]，这在希腊人那里堪称殊荣，参西塞罗《论演说家》1.54等。ἵππος 与 κέλης 一样，由一位驭者驾一匹马，ξυνωρίς 是两匹马拉的车，

ζεῦγος 则是三匹或四匹马拉的车。一般用 νενίκηκεν Ὀλύμπια 来表示 νενίκηκεν Ὀλυμπίασι。胜者的荣耀丝毫不亚于神圣的荣誉。

［按］σιτεῖσθαι 以及下文 37a1 的 σιτήσεως，意思本来只是简单的"就餐"，没有"免费"之意，但此处显然表示免费招待国家有功人士以及外宾，所以根据文意加上了"免费"二字。假如要更进一步表明苏格拉底的狂狷和反讽，甚至可把 37a1 的"免费吃喝"译作"白吃白喝"。这里也可以译成"请判我去主席厅享用美餐"。希腊语本来颇为简洁，如果翻译成现代语言时严格一一对应，则很多意思都体现不出来，因而西语翻译也往往会加一些词，比如盖洛普此处就译作 free meal。

［MP 注］马车比赛可以说是奥林匹亚赛会以及其他主要的体育赛会上最显赫的事情了，因为它为有钱人和野心家提供了一个机会来公开地展示自己的不凡实力。苏格拉底打算扭转城邦对成功运动员的痴迷，并建议把荣耀给他，而不给运动员，认为那将会更合适。因为每个人都会由于同胞的成就而骄傲，结果就会产生幸福的"表象"（appearance）。

［A 注］不要把它与上文提到的轮值主席用餐的"圆厅"相混淆。那里是灶神赫斯蒂亚（Hestia）的道场，相当于罗马的灶神维斯塔神庙。

［B 注］πρυτανεῖον 是城邦的 κοινὴ ἑστία［公共灶房］。这里所说的是王政时代残留的习俗，国王会邀请尊贵的客人共同用餐。这样的特权通常赐给奥林匹亚赛会（以及很可能其他重大赛会）上的获胜者、杰出的将军、某些家族的代表（如哈尔摩狄俄斯和阿里斯托吉通的后人）。获此殊荣的人叫做 παράσιτοι［陪餐人］，[1] 而ἀείσιτοι（按：查无此词，疑即"食客"）这一名称是后起的，只有在 παράσιτος 一词降而指 5 世纪所谓的κόλακες［阿谀奉承的食客］之后，才开始使用。颇为好玩的是，伊索克拉底把苏格拉底这个提议窃为己有，他说（15.95）：δικαίως ἂν ἔχοιτέ μοι

---

[1] 本义为"在旁边吃饭的人"，往往会对恩主极尽逢迎之能事，即英语 parasite 的词源，指"食客""清客""帮闲""谄媚者"，后引申为"寄生虫"。神职人员亦可在"公共食堂"免费用餐。

πλείω χάριν ἢ τοῖς δι᾽ ἀρετὴν ἐν πρυτανείῳ σιτουμένοις［你们应该感谢我，胜过感谢那些因功在主席厅（免费）就餐的人］。

尚茨认为，假如我们把它推断为当时"某种对贫穷公民的供养"，就完全糟蹋了这段话的效果。整段话的要旨完全没有必要解释成：苏格拉底是在提出一种会让法庭感到极端荒谬的要求，好像苏格拉底倚老卖老，不打算付膳食费（按：old-age pension，本指"养老金"）。那就是让色诺芬倍感疑惑的 μεγαληγορία［骄傲、大话］。无疑，人们也许一直都把这个词与后世联系起来，从而多有滥用，但都与此处无关。Timocles 的残篇 8 和 15 证明了 παράσιτοι［陪餐人］一词乃是用来指以应酬为业的人。另，ἱπποτροφία［养马］被视为家财万贯的标志（按：A 注亦曰，只有富人才玩得起马车比赛）。

［SS 注］该建筑位于"大市场"（Agora）外，靠近雅典卫城北侧，参汤普森－威切利的《雅典的市场》(*The Agora of Athens*, Princeton 1972)，页 46-47。也许有必要指出，"主席厅"（Prytaneum）与"圆厅"（Tholos）不是同一幢建筑，参 32c5 注，但两者有时被混用；把"圆厅"称为"雅典的第二主席厅"，同样不正确。格鲁本的《古代世界大辞典》(G. Gruben, *Lexicon der alten Welt*, Zuerich, 1965) 的相关词条就错了。另参罗兹（Rhodes）对亚里士多德《雅典政制》3.5 和 24.3 的注疏。轮值主席们（Prytaneis）在"圆厅"用膳，而由国家授予荣誉的人则在"主席厅"就餐。另，σιτεῖσθαι 是现在时不定式，表明这种供养应该无限期继续下去。

［G 注］苏格拉底提议自己应该在主席厅免费就餐，这是在要求获得一般只有杰出人物才能有的待遇。他为了能够继续干自己正好遭到指控的事情而提出这样的要求，也够放肆（brazen）的了。陪审团根本没有权力应允这样的请求，而他自己也很清楚这一点。的确，他显然半心半意希望被人认为是在蔑视法庭（37a）。他认为哲人也应在公众中获得可与体育英雄相匹敌的认可，这让人想起了克塞诺芬尼的一首诗。参 J. H. Lesher《科洛丰的克塞诺芬尼》(*Xenophanes of Colophon*. Toronto, 1992)，页 55-61 和 74。

[按] 既然 πρύτανις 意为"（轮值）主席"，则 πρυτανεῖον 当为"主席厅"，《古希腊语汉语词典》即作此译（徐开来、溥林译《名哲言行录》2.42亦然），据说原指"粮仓"（参32c5注）。王太庆译作"国宾馆"，颇为传神，但容易引起误会。吴飞译作"政府大厅"，水建馥译作"市政厅"。

36d9-e1：δοκεῖν εἶναι ... εἶναι [自以为是……真正是]，[B注] 这种对照因为埃斯库罗斯《七将攻忒拜》中的一句诗（行592）而几乎成了广为流传的格言：οὐ γὰρ δοκεῖν ἄριστος ἀλλ' εἶναι θέλει [不要希望似乎成为最优秀的人，而要真正成为最优秀者]（按：王焕生译作"勇气不在显露，而在内含"，似有较大出入）。另参《王制》361b7-8：ἄνδρα ... κατ' Αἰσχύλον οὐ δοκεῖν ἀλλ' ἀγαθὸν ἐθέλοντα [如埃斯库罗斯所说，希望自己并非名义上、而是本质上是优秀的人]（王扬译文）。

36e2：κατὰ τὸ δίκαιον [根据司法规定]，[SS注] 这个短语不是修饰 τιμᾶσθαι（如果是那样的话，τῆς ἀξίας 就会是多余的），而是修饰 δεῖ："因此，如果像司法所要求的，我要根据自己之应得提出一个建议的话。"

第八章　实质提判

37a2–38b9

章　旨

　　[MP注]苏格拉底承认，如果他被流放异地，新地方那些年轻人的父母毫无疑问也会赶他走。这个说法似乎与他刚才的主张相矛盾，他刚才说，如果他真败坏了青年，那么这些年轻人的父兄就会成群结队来告发他，而美勒托斯就会把他们当作证人（33e8–34b5）。苏格拉底刚才这样说，显然拿准了美勒托斯没有邀请这些人来作证这一事实。但即便在刚才，那些与苏格拉底交往的人的父母并非所有都在场，而且也不是所有的父兄都与到法庭的那些人有着相同的感觉。如同其他很多地方一样，苏格拉底这里是在玩弄（play with）观众，拿支持他的人寻开心，同时又在激怒那些诽谤他的人，假装把他们当成自己这一方的辩护证人。

　　但在《克里同》中，苏格拉底更严肃地提起过流亡的问题。克里同反复敦促苏格拉底接受朋友们的帮助，逃离雅典，苏格拉底在回答中设想了"雅典法律"站出来挑战他，假如他决定离开的话。"雅典法律"轻蔑地指出，苏格拉底跟他们（按：即雅典法律）生活了七十年，都没有反对过，但现在雅典法律的决定对他不利时，他却突然需要去找一个新城邦。然而，他们说，这会比他所想象的要困难得多：

　　　　如果你去了某些最近的城邦，要么去忒拜，要么去麦伽拉——

两者都治理得很好，那么，苏格拉底，对于他们的政体来说，你是作为敌人而到来，那些心忧自己城邦的人，要对你侧目而视，把你视为法律的破坏者，而且你还会证实法官们的意见，他们认为自己以前正确地判了这个案子——任何人如果是法律的破坏者，都很可能被视为年轻人和没有理智的人的败坏者。那么，你要逃离治理得好的城邦和安分守序的人们？这样做的话，难道你的生命还将值得过？还是说，你要接近这些安分守序的人，恬不知耻地与他们谈话——苏格拉底啊，你好意思跟他们谈什么样的道理？莫非谈你在我们这里说的那些，什么德性和正义，以及习俗和法律，乃是凡人最有价值的东西云云？(《克里同》53b-c，见程志敏、郑兴凤，《克里同章句》，华夏出版社，2017，页20)

你会怎么看待"雅典法律"的说法？一个国家的公民一定要服从这个国家哪怕不义的法律？你是否想生活在一个拥有不义法律的共同体中？对苏格拉底来说，流亡生活会是什么样子？他是否有能力融入一个新社会，或者说他是否会老老实实过日子？但他已经说过，他在雅典反正是不可能安安静静的，而是要继续忠于阿波罗。这一点是否足以解释他挑衅性地拒绝提出一个可以接受的反提判？

苏格拉底很显然是一个有分裂力量的人（divisive figure）。他质疑现行制度秩序，批评雅典民主制度。尽管他在宗教实践上表面看起来还算正统，但他持续不断质疑所有关于知识的主张，暗中鼓励年轻人干同样的事情，还时常提到自己的daimon，这些当然都会被视为是在葬送雅典既有的公民宗教的真理性。此外，他在法庭上还拿年轻人来说事，而这帮年轻人都在模仿他，去盘诘自己的长辈，这很自然就会让很多人视为是在鼓励大不敬，因而也就是在败坏青年。这种事情当然可见于阿里斯托芬的《云》。从这个角度来看，苏格拉底提议说他应该被当作奥林匹亚赛会的胜出者，这会给很多人造成厚颜无耻之极的印象。因此，毫不奇怪的是，投票赞成死刑的人，甚至多于投票说他有罪的。

也许你们会认为我说这些话，几乎就像我刚才谈论怜悯和乞求一样，简直大言不惭。但雅典人，实际上不是那么回事，倒不如说［a5］是这样的：我自信从未对任何人行过不义，至少没有故意行过不义，但我终究未能让你们相信这一点——那是因为我们相互交谈的时间太过短暂。要我说，假如你们有这么一条法律，就像其他城邦的人一样，不要仅仅在一天之内［37b］就作出死刑判决，而是多审几天，我就能说服你们。[Ἴσως οὖν ὑμῖν καὶ ταυτὶ λέγων παραπλησίως δοκῶ λέγειν ὥσπερ περὶ τοῦ οἴκτου καὶ τῆς ἀντιβολήσεως, ἀπαυθαδιζόμενος· τὸ δὲ οὐκ ἔστιν, ὦ ἄνδρες Ἀθηναῖοι, τοιοῦτον ἀλλὰ τοιόνδε μᾶλλον. πέπεισμαι ἐγὼ ἑκὼν εἶναι μηδένα ἀδικεῖν ἀνθρώπων, ἀλλὰ ὑμᾶς τοῦτο οὐ πείθω· ὀλίγον γὰρ χρόνον ἀλλήλοις διειλέγμεθα. ἐπεί, ὡς ἐγᾦμαι, εἰ ἦν ὑμῖν νόμος, ὥσπερ καὶ ἄλλοις ἀνθρώποις, περὶ θανάτου μὴ μίαν ἡμέραν μόνον κρίνειν ἀλλὰ πολλάς, ἐπείσθητε ἄν.]

37a3：ὥσπερ περὶ τοῦ οἴκτου καὶ τῆς ἀντιβολήσεως［就像我刚才谈论怜悯和祈求］，［S甲注］苏格拉底指的是他前面说的，他不会像其他被告一样，费心让法官怜悯（οἴκτον），也不会哭哭啼啼哀求。这就是他这里所说的ἀντιβόλησις或ἀντιβολία。既然ἀντιβολεῖν等同于ἱκετεύειν，那么，ἀντιβόλησις也就等同于ἱκετεία。

37a3-4：ἀπαυθαδιζόμενος［大言不惭］，［按］该词颇难处理，本义是"任性固执"和"胆大包天"（34c7和34d9的同根词作"心如铁石""刚愎自用"），英语多作 arrogantly（格鲁伯）和 effrontery（盖洛普），王太庆译作"说大话"，吴飞译作"大放厥词"。或可译作"肆无忌惮""傲气十足"。

37a4：τὸ δὲ［但实际上］，［SS注］"但实际上"，在这种意思中，τὸ δὲ大多数时候都是副词性的主格，但这里和39c7中，τό都是主语。

37a5：ὦ ἑκὼν εἶναι［至少没有故意干过］，［S甲注］即"按照我的意图来说"，这里本身不等于ἑκών。

［B注］"我确信自己没有对任何人犯下罪行"，ἑκὼν εἶναι意为"至

少故意地"（该短语仅用于否定句中）。这里指的是 25e6-26a1 的 ἢ εἰ διαφθείρω, ἄκων [要么即便败坏了他们，也纯属无意]。这里不是在暗指苏格拉底"无人故意作恶"的学说。主格 ἑκών 表明 μηδένα 是 ἀδικεῖν 的宾语，而不是主语。以 μηδένα 来表达 οὐδένα，这种用法在表达郑重声明时相当常见。

37a6：ὑμᾶς τοῦτο οὐ πείθω [但我终究未能让你们相信这一点]，[B注]"我没法让你们跟我想得一样"。既然 πείθειν 表示成功让人信服，οὐ πείθειν 则表示未能做到这一点。

37a6：ὀλίγον ... χρόνον [太过短暂]，[SS注] 因为苏格拉底卷进去的这种案子事关重大，在这样短的时间内，不可能让一个未曾受过哲学训练的听众就所讨论的问题获得任何真正的洞见。另参《高尔吉亚》455a2-6，"因此，演说者不是在法庭上和其他群氓面前关于种种正义与不义之事的教导者，而仅仅是令人信服者；因为他多半儿没有能力在短时间内向如此众多的群氓教导如此重大的事务"（李致远译文），以及多兹对 455a5 的注疏，他在那里提到了《泰阿泰德》201a7-b6 和《法义》766d8-e3。另参《高尔吉亚》513c7-d1。

37a7：διειλέγμεθα [交谈]，[SS注] 苏格拉底早就说过，他的辩护没有按照修辞原则来撰写发言稿（另参 17b7-c5 和 18a1-3），而是一场简单和非正式的谈话，他常常只对一个他认为不大能够接受他所说的听者讲话。

37a7：εἰ ἦν ὑμῖν νόμος [如果你们也有这么一条法律]，[SS注] 苏格拉底的这场审判，让柏拉图直到老年之时都还在自己的刑法典中如此规定：在死刑案件中（θανάτου πέρι，《法义》855c6），应该连续划拨三天时间来审理（855e1-856a8）。另参 766e1-3。

37a8：ὥσπερ καὶ ἄλλοις ἀνθρώποις [就像其他城邦的人一样]，[B注] 这样的例子见于斯巴达。普鲁塔克《斯巴达人的格言》（*Apophth. Lac.* 217a-b）：有人问他（按：即 Anaxandridas），为什么长老们来作出死刑判决时总要耗费好几天时间，而且为什么被告已经无罪开释，却仍然要遭到起诉。他说："他们花上多么多天才作出判决，是因为如果他们在死刑问题上铸成大错，可就再也难以撤回改判了。"]（参普鲁塔克《道德论丛》，席代岳译，吉林出版社集团2015年，卷一，页505）。另参修昔底德《战争志》1.132.5：*χρώμενοι τῷ τρόπῳ ᾧπερ εἰώθασιν ἐς σφᾶς αὐτούς, μὴ ταχεῖς εἶναι περὶ ἀνδρὸς Σπαρτιάτου ἄνευ ἀναμφισβητήτων τεκμηρίων βουλεῦσαί τι ἀνήκεστον* [而是遵守习以为常的处理自己问题的方式：如果没有无可辩驳的证据，他们不会匆忙对一位斯巴达人作出不可挽回的决议]。人们一向认为苏格拉底赞赏斯巴达法律和习俗，因此他这里的暗示简直比他刚才的说法更不高明（politic）。

[按] 英译本多作"就如同在其他地方"（王太庆与此相合，译作"也同别处一样"）。句末原文为"你们就能被说服"，此处把被动态改成了主动态，作"我就能说服你们"，以符合中文表述。

但眼下要在如此短的时间内消除生死攸关的诽谤，可着实不易。虽然我自信从未对任何人行过不义，但我更不愿意对自己行不义，远不会说我自己罪有应得，[b5] 为自己提出诸如此类的判决建议。我有什么好怕的？难道我居然害怕受到美勒托斯对我提出的那种处罚吗？我说过，我根本就不知道那种 [死刑] 处罚是福是祸！ [*νῦν δ' οὐ ῥᾴδιον ἐν χρόνῳ ὀλίγῳ μεγάλας διαβολὰς ἀπολύεσθαι. πεπεισμένος δὴ ἐγὼ μηδένα ἀδικεῖν πολλοῦ δέω ἐμαυτόν γε ἀδικήσειν καὶ κατ' ἐμαυτοῦ ἐρεῖν αὐτὸς ὡς ἄξιός εἰμί του κακοῦ καὶ τιμήσεσθαι τοιούτου τινὸς ἐμαυτῷ. τί δείσας; ἦ μὴ πάθω τοῦτο οὗ Μέλητός μοι τιμᾶται, ὅ φημι οὐκ εἰδέναι οὔτ' εἰ ἀγαθὸν οὔτ' εἰ κακόν ἐστιν;*]

37b1：*οὐ ῥᾴδιον* [着实不易]，[SS注] 同样的想法以不同的说法出现在了"前导"部分的末尾（19a1–5）和"驳斥以前的控告者"部分的末尾（24a1–4）。苏格拉底此处的重复，再次强调他不是因为美勒托斯的控告而有罪，而是因为以前的诽谤以及由此而引起的敌意，另参28a4–8。

37b2：*μεγάλας διαβολὰς ἀπολύεσθαι* [消除生死攸关的诽谤]，[B注]

"洗清我自己的重大罪名"。在这种语境中，一般用 ἀπολύοϑμαι。另参《王制》499e2：ἀπολυόμενος τὴν τῆς φιλομαϑείας διαβολὴν [消除他们对于哲学的诽谤]（王扬译文）；《斐德若》267d2：ἀπολύσασϑαι διαβολὰς [打消造谣中伤]。

37b2：πεπεισμένος δὴ [我尽管自信]，[SS注] 这个分词接续 a5 的 πέπεισμαι [我自信]。这种重复的词语最常见的是伴随着 οὖν，但这个分词最典型的用法是在破格文体之后重复使用（丹尼斯顿，《希腊语小品词》，前揭，页428–428）。

37b3：πολλοῦ δέω [更不愿意]，[SS注] 相当于 τὸ παράπαν οὐ μέλλω [不会有这一切]。

37b 5-6：τί δείσας; ἦ μὴ πάϑω ... [我有什么好怕的？难道我居然害怕会遭到]，[S乙注]"有什么可怕的呢（难道我要默认对自己的惩罚吗）？难道我不是最不应该遭受美勒托斯强加给我的处罚吗？"这里的意思是说，苏格拉底不会容许自己有起诉书所提的被判处死刑的可能，转而坚称自己无罪，否则如果因为恐惧而主动提出罚金，那么这种可疑的主张就是不义的。

[SS注] 另参色诺芬《希腊志》1.7.25-26：τί δὲ καὶ δεδιότες σφόδρα οὕτως ἐπείγεσϑε; ἦ μὴ οὐχ ὑμεῖς ὃν ἂν βούλησϑε ἀποκτείνητε καὶ ἐλευϑερώσητε [你们如此急迫，究竟在害怕什么？你们莫不是在想处死或释放]。正如丹尼斯顿（《希腊语小品词》，前揭，页283.2）所指出的，ἦ "常常以疑问式的措辞对刚才的提问引入一种建议性的回答"。

而为了替代它，我是不是干脆选我明知是祸的某种刑罚作为对自己"罪行"的判决？监禁，如何？[37c] 但我为什么要在监狱里苟活，给每年不断任命的官老爷也就是所谓的"十一人委员会"当牢奴？罚钱，怎么样？还可以把我关起来，直到还清为止！但这对我来说就跟刚才提出的 [监禁] 是一回事，因为我反正拿不出钱来缴纳罚款。要不我就 [c5] 主动提出"流放"？因为你们也许本来就打算这样判我吧。[ἀντὶ τούτου δὴ ἕλωμαι ὧν εὖ οἶδά τι κακῶν ὄντων τούτου τιμησάμενος; πότερον δεσμοῦ; καὶ τί με δεῖ ζῆν ἐν δεσμωτηρίῳ, δουλεύοντα τῇ ἀεὶ καθισταμένῃ ἀρχῇ, τοῖς ἕνδεκα; ἀλλὰ χρημάτων καὶ δεδέσθαι ἕως ἂν ἐκτείσω; ἀλλὰ ταὐτόν μοί ἐστιν ὅπερ νυνδὴ ἔλεγον· οὐ γὰρ ἔστι μοι χρήματα ὁπόθεν ἐκτείσω. ἀλλὰ δὴ φυγῆς τιμήσωμαι; ἴσως γὰρ ἄν μοι τούτου τιμήσαιτε.]

37b8: πότερον δεσμοῦ[监禁，如何]，[B注]（省略了τιμησάμενος）"比如说，监禁"。在对雅典公民的刑罚中，实际上没有监禁，尽管在公民欠国库债务的情况下，他们会被监禁到付清为止（另参c2注。按：另参S甲注）。这里的意图主要是为了引出下一条建议。

[SS注] 伯内特此处的注疏很难说是正确的，因为在柏拉图和其他作家笔下，监禁常常与其他特定的处罚相提并论，如死刑、流放、褫夺公民权、没收财产、罚款和肉刑。参《申辩》32c2-3：φοβηθέντα δεσμὸν ἢ θάνατον [由于害怕监禁或死亡]；《高尔吉亚》480c8-d3：ἐὰν μέν γε πληγῶν ἄξια ἠδικηκὼς ᾖ, τύπτειν παρέχοντα, ἐὰν δὲ δεσμοῦ, δεῖν, ἐὰν δὲ ζημίας, ἀποτίνοντα, ἐὰν δὲ φυγῆς, φεύγοντα, ἐὰν δὲ θανάτου, ἀποθνῄσκοντα [如果确实行了不义，该打，就服从鞭打；如果该囚禁，就服从捆绑；如果该罚款，就赔偿；如果该放逐，就逃亡；如果该死，就受死]（李致远译文）；《法义》890c4-5；托名安多喀德斯4.3；托名吕西阿斯4.21-22；在德莫斯忒涅斯（第24篇演讲词）那里，说话人表明，梭伦的法律允许对某些罪行处以监禁（103，114-115和122），在 ἀγὼν τιμητός[提判官员]（按：即法律没有规定如何处罚的案子）中，监禁就在一般性的τί χρὴ（τὸν καταγνωσθέντα）παθεῖν ἢ ἀποτεῖσαι [应该（对罪犯）处以什么样的处罚，抑或是处多少罚金]范围内；在119、146-148和151-152中，最终可以看到，监禁不仅仅是一种强制上缴国库罚金的措施，它本身也是一种处罚。参亚里士多德《雅典政制》67.5。另参哈里森，《雅典法律》(*The Law of Athens*. Oxford, 1971)，卷二，页177。《申辩》中的这句话意指终身监禁，可从此处根本没有提到时间（term）看出（比较c2-3），

也可从（c1-2）*δουλεύοντα τῇ ἀεὶ καθισταμένῃ ἀρχῇ, τοῖς ἕνδεκα* [给每年不断任命的官老爷也就是所谓的"十一人委员会"当牢奴] 推断出。

37c1-2：*τῇ ἀεὶ καθισταμένῃ ἀρχῇ* [每年不断任命的官老爷]，[B注]"向目前当令的执政官"。没有任何理由怀疑它指的是 *τοῖς ἕνδεκα* [十一人委员会]，没有后者，意思就不清楚了。关于"十一人委员会"的功能，另参亚里士多德《雅典政制》52.1，那里讲，人们任命他们尤其是为了 *ἐπιμελησομένους τῶν ἐν τῷ δεσμωτηρίῳ* [管理监狱]。

[H注] *ἀεί*，本为"总是"，也指"每一种情况"，"不时"（from time to time），而《希英大词典》释为"暂时"（for the time being）。[按] 大多数译本都按照伯内特和《希英大词典》的理解，只有吴飞译作"每届"，盖洛普译作 annually。

37c2：*τοῖς ἕνδεκα* [十一人委员会]，[S乙注] 这些官员从十个部族中选出，每一个部族一名，再加上一名 *γραμματεύς* [书记官]，凑成十一之数。他们也因其职务的性质而叫作 *νομοφύλακες* [法律护卫者；护法]，主要负责监督处决罪犯，管理那些移交到公共监狱的人。而他们中在法庭上担任法官的人则叫作 *Παράβυστον μέσον* [隐蔽法庭中的人]。①

37c2：*ἀλλὰ χρημάτων* [罚钱，怎么样]，[B注]（省略了 *τιμησάμενος*）"或者罚金"。接下来的 *καὶ δεδέσθαι ἕως ἂν ἐκτείσω* 意思是"并且监禁直到我付清为止"。具体法律条文，另参德莫斯忒涅斯 24.105 和 21.47。德莫斯忒涅斯控告提摩克拉底的这篇演讲（第24篇）是我们在这个问题上所依据的主要材料。提议 *δεδέσθαι ἕως ἂν ἐκτείσῃ* [监禁至付清为止]，乃是判决的一部分，专业术语叫作 *προστίμημα* [附加处罚]。提摩克拉底被控 *παρανόμων* [违法]，因为他让下面这条法律得以通过：如果 *ὀφείλοντες τῷ δημοσίῳ* [欠公债的人] 发誓说自己会在第九个月（prytany）付款，并且能够找到三个担保人，就能获得自由。

---

① *Παράβυστον*，本义指"在旁边"或"在角落"里，引申指"处在一个隐蔽地方的法庭"，而"隐蔽法庭"就是十一人委员会办公的地方。

37c3：ἀλλὰ ταὐτόν ... ὅπερ νυνδὴ ἔλεγον［但这跟刚才提出的是一回事］，［B注］"与我刚才说的完全一样"，即课以罚款并监禁至付清为止，无论如何都与监禁完全没有两样。

［S乙注］对苏格拉底来说，这就相当于无限期的拘押，因为他找不到任何法子来付清罚款，所以就等同于让自己立即被十一人委员会羁押。

［A注］ἀλλά引入一种反对意见。前一句话也用ἀλλὰ χρημάτων［金钱］，而不是用更为常见的ἤ［或者］，是因为第一条提议已经被拒绝了。接下来的νυνδὴ等于ἀρτίως，意思是"刚才"，在柏拉图笔下多次出现。这里指的是上文（23c1）：ἐν πενίᾳ μυρίᾳ εἰμὶ διὰ τὴν τοῦ θεοῦ λατρείαν［由于侍奉神明，竟至一贫如洗］。在《斐德若》277a6的 Νῦν δὴ ἐκεῖνα ἤδη, ὦ Φαῖδρε, δυνάμεθα κρίνειν, τούτων ὡμολογημένων［那么，既然我们就这些已经取得一致，斐德若，我们现在有能力来判定那些事情了］（刘小枫译文）这句当中，νῦν δή等于nunc demum［现在终于］，亦见于《王制》353a：Νῦν δὴ οἶμαι ἄμεινον ἂν μάθοις［那么现在，我想，你更明白了］（王扬译文）。

［SS注］ἀλλά在第一种提议被拒绝后，引入另外一个选项。在演说家那里，第二个选项常常也接一个由ἀλλά开头的反对项，以此来提出一种不愿接受的建议，这种修辞手法叫作ὑποφορά［自问自答］，说话人就可以当着大家的面自我辩论，于是可以排比出一串的ἀλλά，比如此处，以及安多喀德斯1.148。然而，柏拉图与众不同的地方就在于不想严格按照修辞手法来，因此用ἀλλὰ δή来代替第三个ἀλλά，并且第四处没有用ἀλλά，以求有所变化。更重要的是，我们在《申辩》中常常见到，他刻意让外表上与修辞手法相似的地方变得极为不同：苏格拉底拒绝了陪审团希望他自己提出的那种严格符合原则和正义的简单方案。

37c3：τιμήσωμαι ...τιμήσαιτε［提出……判］，［B注］中动态用于当事人，主动态用于法官（"为自己"和"为他人"判处），另参36b3注。

［按］τιμήσωμαι［提出］，中动态，即"自己给自己"，故而译作

"主动提出"。大多数译本都做"也许你们能够接受",与原文有些出入。

那样的话,我也未免太贪生怕死啦。雅典人,莫非我真有那么愚蠢,竟然没有能力推想出:如果就连你们,我的同胞手足,都完全无法忍受我的 [37d] 言谈举止,因为对你们来说,我的言谈举止已经变得越来越烦人,越来越招人恨,以至于你们眼下要千方百计摆脱我,那么,难道其他城邦的人就能轻易忍受得了?完全不是那么回事,雅典人![πολλὴ μεντἂν με φιλοψυχία ἔχοι, ὦ ἄνδρες Ἀθηναῖοι, εἰ οὕτως ἀλόγιστός εἰμι ὥστε μὴ δύνασθαι λογίζεσθαι ὅτι ὑμεῖς μὲν ὄντες πολῖταί μου οὐχ οἷοί τε ἐγένεσθε ἐνεγκεῖν τὰς ἐμὰς διατριβὰς καὶ τοὺς λόγους, ἀλλ᾽ ὑμῖν βαρύτεραι γεγόνασιν καὶ ἐπιφθονώτεραι, ὥστε ζητεῖτε αὐτῶν νυνὶ ἀπαλλαγῆναι· ἄλλοι δὲ ἄρα αὐτὰς οἴσουσι ῥᾳδίως; πολλοῦ γε δεῖ, ὦ ἄνδρες Ἀθηναῖοι.]

37c6:φιλοψυχία[贪生怕死],[B注]"怯懦",在死亡面前退缩,留恋"宝贵的生命"。该词来自 ψυχή [灵魂] 最通俗的含义,指生命中最不敢冒险失去的东西,即人们终将"放弃"的"魂魄"(ghost)。另参拙著《苏格拉底的灵魂学说》(*The Socratic Doctrine of the Soul*. British Academy, 1915-1916),页253。亦见欧里庇得斯《赫卡柏》行315:πότερα μαχούμεθ᾽ ἢ φιλοψυχήσομεν [我们是参战呢还是贪生怕死呢],以及行348:κακὴ φανοῦμαι καὶ φιλόψυχος γυνή [我将显得是一个胆小怕死的女子](张竹明译文);《赫拉克勒斯的儿女》行517-518:Τί δεῦρ᾽ ἀφίκεσθ᾽ ἱκεσίοισι σὺν κλάδοις αὐτοὶ φιλοψυχοῦντες [你为什么拿着请愿的树枝到这里来,贪生怕死的人们](张竹明译文)。

[MP注]某些带 φιλο- 的复合词,不是简单地表示"爱",而是表示"过度的爱"。在阿里斯托芬《马蜂》中,人被说成 φιλόκυβος [痴迷赌博](行75)和 φιλοπότης [嗜酒如命](行79)。与此相似,φιλοψυχία 意为"对生命(过度)的爱",引申为"怯懦"。

[按] φιλο-ψυχία 字面本来是"爱-灵魂",指"爱惜生命",进而指"胆怯"。王太庆译作"喜欢活命",乃是直译。吴飞译作"贪生怕死"。

注意：接下来的形容词"愚蠢"（ἀλόγιστός）和动词"推想"（λογίζεσθαι）是同根词，在汉语中难以体现它们的联系。ἀλόγιστός 或可译作"没脑子"。

37c7-d3：ὅτι ὑμεῖς μὲν ... ἄλλοι δὲ ἄρα [如果就连你们都……那么难道其他城邦的人却]，[A注]语带讥讽。第二个问句本来应该是 ἄλλοι δὲ ἄρα πολὺ ἥττων ...。把这个从句变成了一个独立的问句（按：S乙注也说第二个句子是独立的），并且由 πολλοῦ γε δεῖ [想得美；绝不可能] 强调性地回答，这样就增强了它的修辞效果。

[B注] ἄλλοι δὲ ἄρα，意为"那么，是不是其他也可能"。这里因修辞而破格。本来应该是"其他人更不可能"，但这里用上了疑问句式，就增强了效果。

[SS注] 这种"对比论证"（arguments par contraste）实际上就是"更强论证"（arguments a fortiori），第二个句子包含着 ἄρα，常常采用疑问句形式，因此就造成了破格，参普拉瑟《柏拉图笔下若干连接小品词研究》，前揭，页265-268；丹尼斯顿《希腊语小品词》37.3（太简略），最好的例子见吕西阿斯12.36。

37d1：διατριβὰς [举止]，[B注]"谈话"（几乎就是"说教"）。这是上文（33e4）所解释的意思的自然延伸，这里似乎才首次出现。后来，διατριβή一词就像法语中的 conférence [讲座]，普遍用来表示巡演的哲学家发表的通俗演讲，而犬儒学派的 διατριβή 所具有的指责性质，很好地解释了它与现代语言 diatribe [谴责、冗长议论] 一词的关联。紧接着加上了 καὶ τοὺς λόγους，是为了让意思更加清楚，另参《高尔吉亚》484e2-3：ἐπειδὰν αὖ εἰς τὰς ὑμετέρας διατριβὰς ἔλθωσιν καὶ τοὺς λόγους [一旦反过来进入你们那些消遣和说辞]（李致远译文）。

[按] 盖洛普和罗伊的译文与伯内特的理解一致，都作 discourse，福勒相似地译作 conversation，格鲁伯则译作 company；王太庆译作"举止"，可取。H注认为该词在这个时候还不是"冗长议论"的意思，而是"花时间的方式"或"生活方式"，尽管它也可以暗指"讨论"。29c8

和 33c1、e4 的 διατρίβειν，意为 "花时间" 或 "打发时间"，也可以指打发时间的方式，如又长又臭的演讲，当然也可以指严肃地打发时间，比如研究。

37d1-2：βαρύτεραι γεγόνασιν καὶ ἐπιφθονώτεραι [变得越来越烦人，越来越招人恨]，[B注] "太累赘可厌"。那就是任何 βαρέως φέρει [不堪重负] 的人所具有的 βαρύ [乏味]（另参 d3 的 οἴσουσι ῥᾳδίως [轻易忍受]）。其词性和词格跟随那个重要词语 διατριβὰς，对于后者，καὶ τοὺς λόγους 是后来想起才加上的。

[MP注] 尽管 γίγνομαι 常常用作 εἶναι 的同义词，但这里用前者，因为其重点在于 "变成"。人们对苏格拉底言词不断累积的怨恨久而久之就 "变成" 了恼怒。在《高尔吉亚》中，苏格拉底的对手卡利克勒斯奉劝他放弃哲学，卡利克勒斯承认，哲学虽然在审慎方面有好处，但长大成人后就让人恼怒并显得孩子气了（485a-486c）。卡利克勒斯一语成谶，有如先知般说道：这样的人如果被人告上法庭，被迫为自己的死刑控诉作出辩护时，简直一筹莫展。

像我这把年纪的人，一旦流亡，[d5] 就要过着从一个城邦飘零到另一个城邦、再被一一驱逐出境的生活，那种生活真是 "美妙无比" 呀！因为我太清楚，无论我走到哪里，当地的年轻人都会像这里的一样，蜂拥而来听我讲话。假如我赶开他们，他们说服自己的长辈之后，会亲自把我撵走。[37e] 而如果我不赶他们，他们的父亲和家人为了他们自己也要轰我走。 [καλὸς οὖν ἄν μοι ὁ βίος εἴη ἐξελθόντι τηλικῷδε ἀνθρώπῳ ἄλλην ἐξ ἄλλης πόλεως ἀμειβομένῳ καὶ ἐξελαυνομένῳ ζῆν. εὖ γὰρ οἶδ᾽ ὅτι ὅποι ἂν ἔλθω, λέγοντος ἐμοῦ ἀκροάσονται οἱ νέοι ὥσπερ ἐνθάδε· κἂν μὲν τούτους ἀπελαύνω, οὗτοί με αὐτοὶ ἐξελῶσι πείθοντες τοὺς πρεσβυτέρους· ἐὰν δὲ μὴ ἀπελαύνω, οἱ τούτων πατέρες δὲ καὶ οἰκεῖοι δι᾽ αὐτοὺς τούτους.]

37d4-6：ἐξελθόντι [流亡]，[S甲注] 这句乃是正话反说（ironically）。正如费舍指出的，动词 ἐξέρχεσθαι 说的是 "流亡"，而 φεύγειν 则是 "流

放"，21a2 的 κατῆλϑε（即 κατέρχομαι），意思是"从流放中回来"。最后加的这个不定式 ζῆν，通常在指示代词后面，是为了增加这个表达法的含义。

［SS注］"如果我流亡"（if I go into exile，参伯内特对此处的注释），这种用法另见下文 e4（ἐξελϑὼν ζῆν），《克里同》45b8、53a7；《王制》575b1。ἀπελϑών［离开、流亡］的相似用法，见《法义》864e5；吕西阿斯24.25；托名安多喀德斯4.5。在所有这些地方，动词都是不定过去时分词形式。

［按］ἐξελϑόντι，本义是"从……离开""从……出来"，《希英大辞典》著录为"离开城邦以避免被判刑"（withdraw from the country to avoid trial），意为"（主动）流亡"。当然，苏格拉底提出的主动流亡已是经过法庭审理的结果，与"流放"没有什么区别。苏格拉底刚才主动提出的判决就是 φυγῆς［流放］。而英文很难区分这两个词，比如伯内特把前者释作 if I went into exile，后者为 if I were an exile（A注为 I live in exile）。

37d5：ἄλλην ἐξ ἄλλης πόλεως ἀμειβομένῳ［从一个城邦飘零到另一个城邦］，［B注］"从一个城邦更换到另一个"。这里的 πόλεως 本来应该是 πόλιν，但希腊语中有一个调节到最近结构的原则。另参色诺芬《上行记》5.4.31。

［SS注］这里描述了苏格拉底离开一个城邦到另一个城邦寻找容身之所的（诸多）时刻；καὶ ἐξελαυνομένῳ 指苏格拉底从新居住地被赶走的（诸多）时刻。《智术师》224b1-2 证明传世文本是正确的，不需要校订（但科贝特加校订为 πόλιν，而维拉莫维茨《柏拉图》卷二页347则删去了 πόλεως）。另，d7 的 ἀπελαύνω［赶走］，与 ἐξελαύνω［驱逐］有区别（按：两者词根相同，前缀不一，一个是 apo-，一个是 ex-）。

［按］若要更好地体现苏格拉底所描述的这种境况，那么此处译文可加上"栖栖遑遑"。苏格拉底假想的这种生活跟孔子"接淅而行"的境遇虽然不可同日而语，但暇不暖席的困厄却有共通之处，要之，都是

"累累然若丧家之狗"。但原文实无,故忍痛删去。

37d8: αὐτοί [亲自],[B注]"他们主动地"(of their own accord)。一会儿是年轻人发起,一会儿是长者们动手。我不明白这个句子有什么疑难。雅典许多父亲准备提供有利于苏格拉底的证据(34a7),就说"另外的城邦"憎恨苏格拉底拐走了他们的儿子,与这个句子根本没有什么矛盾。正如亚当切中要害地指出的,在《美诺》80b4-7中,美诺也说过同样的事情:καί μοι δοκεῖς εὖ βουλεύεσθαι οὐκ ἐκπλέων ἐνθένδε οὐδ' ἀποδημῶν· εἰ γὰρ ξένος ἐν ἄλλῃ πόλει τοιαῦτα ποιοῖς, τάχ' ἂν ὡς γόης ἀπαχθείης [我认为没有乘船离开这里漂流在外,简直想得极为周全:因为一个异乡人在其他城邦像这样行事,你有可能被当成巫师而被带走]("你有可能被人当成巫师")。

[G注]不清楚(a)其他城邦的年轻人为什么要通过向自己的父母施压来赶走苏格拉底;如果苏格拉底有意赶开年轻人,那么(b)他为什么会认为他受到的对待一定跟雅典的年轻人对他不一样?另一方面,如果苏格拉底不赶开年轻人,那么也不明白为什么他们的长辈会认为他简直不受欢迎,而苏格拉底在33d-34a中所列举的那些亲戚却是支持他的。也许,苏格拉底有理由相信,其他共同体不会像雅典那样容忍无拘无束的理智探索。

37e1: οἱ τούτων πατέρες [他们的父亲],[A注]这与34a显然不一致(按:伯内特认为不存在不一致的现象),这种不一致也不能说整段话乃是描述一致纯粹假定的场景就可以消除的。很可能苏格拉底知道他在雅典之外更不受人宽容,至少在斯巴达,苏格拉底不会受到太久的宽容:正如格罗特在《希腊史》(卷八,页299)正确指出的,即便在柏拉图式的"理想国"中,苏格拉底"也不会得允追求自己的使命超过一个星期"。

[S丙注]这里就碰到了一个难题,也就是所谓的复杂推论(complex constructive):

如果我赶年轻人走,他们会驱逐我;

如果我不赶他们走,他们的父母会驱逐我;

所以,无论我是否赶他们走,我都要被驱逐,要么是被年轻人,要么是被他们的父母。

[按]绝大多数译本都理解为:如果我赶开他们,这帮年轻人会劝说自己的长辈,由长辈们出面撵我走;只有盖洛普认为是这帮年轻人在说服(或请求)自己的长辈后,亲自动手把我撵走(但为什么呢)。从语法结构来看,撵走我的,的确是这帮年轻人(另参B注)。另外,最后的 δι' αὐτοὺς τούτους,H本和格鲁伯译作 on their behalf,盖洛普译作 on their account。这里的"他们"究竟指"他们的父亲和家人",还是指那帮年轻人?换言之,那些父亲和家人究竟是为了年轻人还是为了他们自己而把苏格拉底赶走?看样子,最后"他们自己"很可能指父亲和家人,当然其目的是间接地保护自己的子弟免受苏格拉底败坏。

也许有人就会说:"苏格拉底,难道你就不能闭上嘴,消停一点,为了我们去过流亡生活吗?"唉,[e5]要在这一点上说服你们一些人,可就太难啦,因为,如果我说那样做本身就是不服从神明,因而[38a]我绝不能缄默无为,你们必定不会相信我的话,以为我在装模作样。[Ἴσως οὖν ἄν τις εἴποι· "Σιγῶν δὲ καὶ ἡσυχίαν ἄγων, ὦ Σώκρατες, οὐχ οἷός τ' ἔσῃ ἡμῖν ἐξελθὼν ζῆν;" τουτὶ δή ἐστιν πάντων χαλεπώτατον πεῖσαί τινας ὑμῶν. ἐάντε γὰρ λέγω ὅτι τῷ θεῷ ἀπειθεῖν τοῦτ' ἐστὶν καὶ διὰ τοῦτ' ἀδύνατον ἡσυχίαν ἄγειν, οὐ πείσεσθέ μοι ὡς εἰρωνευομένῳ·]

37e4: ἡμῖν [为了我们],[B注]这是人称与格(按:H本认为是"表示利益的与格")。苏格拉底已经说过(c5),法庭无疑会同意流放的判决,这里只是再次提起。《克里同》和《斐多》中同样也有这样的假设。

[A注]"请告诉我们,难道你就不能够离开雅典去生活。"

[按]整句话或可译为:"苏格拉底,你要是闭上嘴,安安静静过老实日子,那么你为了我们而主动流亡后,难道还活不下去不成?"或译为:"你管住嘴,安分一点,难道就不能为了我们而过流亡的生活吗?"

苏格拉底到了别的城邦后，如果老老实实做人，活命是不成问题的，但这与他的神圣使命相冲突。

37e6：τῷ θεῷ ἀπειθεῖν［不服从神明］，［B注］另参29a3注。请注意，尽管苏格拉底的神圣使命主要针对他自己的同胞，但也不仅限于针对他们（另参30a3）。

［SS注］另参29b6：ἀπειθεῖν τῷ βελτίονι καὶ θεῷ καὶ ἀνθρώπῳ［不服从比自己高明的，无论是神还是人］。——尽管神明给苏格拉底指派的使命主要是对雅典而言的，也就是帮助雅典的公民纠正自己的错误（30d6-e1；31a8），但他的使命也不仅限于雅典人（23b2, b5-6, 30a3-4）。因此，即便苏格拉底流亡了，神明的命令也仍然有效。

38a1：ὡς εἰρωνευομένῳ［以为我在装模作样］，［B注］"把这个借口视为狡猾的规避"（regarding this pretext as a sly evasion）。诸如εἴρων、εἰρωνεία、εἰρωνεύομαι之类的词只是苏格拉底的对手用在他身上的，总是具有不利的含义。εἴρων指靠狡猾的借口逃避自己责任的人（如苏格拉底自称无知。按，《希英大词典》释曰：dissembler, one who says less than he thinks）。请注意，法庭从来没有打算认真对待那道神谕，尽管法官们非常清楚，的确有过那道神谕。苏格拉底倒是很认真，但是当他说起"不服从神明"，他真正所想的是与德尔斐的神谕完全不同的东西。

［S乙注］εἰρωνεία专门用在苏格拉底身上，指一种论证方法，首先承认自己无知，再提出挑剔的问题；对手的回答最后会是自己所驳斥的东西，因而常常展示出可笑的矛盾。

［A注］"相信我，那不是当真的。"苏格拉底的εἰρωνεία［反讽］，显然就在于不能当真的自白以及某种形式的免责声明：随便那种都是某种形式的自贬，或者是道德上，或者是智力上，其反义词是ἀλαζονεία［吹嘘］。参《会饮》216d以下，那里有两个例子，第一个，苏格拉底继续假装在爱欲中，实则没有；第二个，他自称不知道自己其实已经知道的。关于词根 -ερ的含义，另参verba dare［说空话，欺骗］，见寇普《亚里士多德"修辞术"疏释》，卷二，页63（按：那里释作该词原初的

本来含义，即 dissimulation or cunning)，另参泽勒尔《希腊哲学》卷二，页 107，注释 3。

［G注］苏格拉底指的是他的"反讽"(eirōneia)，这是他的敌人对他的指控，常常被解释为不真诚地否认自己拥有知识。尽管该词的作用在此处有所不同，但这里仍有"不真诚"的味道。陪审团会认为，苏格拉底把神意扯进来，只是作为一个拒绝放弃哲学的借口。

［按］这里的 εἰρωνευομένῳ 是与格，表示方式或手段，即苏格拉底把神谕当成了给自己不服从法官的借口。格鲁伯直译作 ironical，福勒译作 jesting，王太庆和吴飞亦作"讥讽"，水建馥译作"开玩笑"，只有盖洛普译作 practising a sly evasion，依从了伯内特的注解。对于苏格拉底著名的 εἰρωνεία，刘小枫译作"装样子"，十分符合苏格拉底的面相，即"装模作样"，或可稍加变化译作"装神弄鬼"（还可译作四川土话"装疯迷窍"）或"鬼把戏"。这里的含义其实就是"拉虎皮扯大旗"，找借口，所以这里无论如何不能译成"反讽"或"讽刺"。可能更好的译法是"装疯卖傻"。

　　如果我又说，人世间最大的好事的的确确就是每天都能讲论德性，［a5］讲论你们听到的我在省察我自己以及在省察其他人时所谈过的其他东西，如果我还说，对人而言，缺乏省察的生活根本不值得过，那么，你们就更不可能相信我说的啦。虽然事情完全就是我一再坚称的那样，但诸位，要说服你们可真不容易啊！［ ἐάντ' αὖ λέγω ὅτι καὶ τυγχάνει μέγιστον ἀγαθὸν ὂν ἀνθρώπῳ τοῦτο, ἑκάστης ἡμέρας περὶ ἀρετῆς τοὺς λόγους ποιεῖσθαι καὶ τῶν ἄλλων περὶ ὧν ὑμεῖς ἐμοῦ ἀκούετε διαλεγομένου καὶ ἐμαυτὸν καὶ ἄλλους ἐξετάζοντος, ὁ δὲ ἀνεξέταστος βίος οὐ βιωτὸς ἀνθρώπῳ, ταῦτα δ' ἔτι ἧττον πείσεσθέ μοι λέγοντι. τὰ δὲ ἔχει μὲν οὕτως, ὡς ἐγώ φημι, ὦ ἄνδρες, πείθειν δὲ οὐ ῥᾴδιον.］

　　38a2：καὶ τυγχάνει ... ὄν［的的确确就是］，［B注］"那真实如此。"［A注］即，那样做不仅仅是责任，而且（καὶ）也是我的兴趣之所在。

[SS注] 另参29a7-8的注。

38a5：ἐμαυτὸν καὶ ἄλλους ἐξετάζοντος [省察我自己以及省察其他人]，[SS注] 另参28e5-6：ἐξετάζοντα ἐμαυτὸν καὶ τοὺς ἄλλους [省察自己以及他人]。苏格拉底的省察有两个目标；它针对省察者自己，丝毫不亚于针对他的对话者。自我省察这一观念早在赫拉克利特那里就已出现了，见DK本22B101：ἐδιζησάμην ἐμεωυτόν [吾省吾身]。最早见证了这条辑语（Adversus Coloten 1118c）的普鲁塔克，把它与德尔斐箴言 γνῶθι σεαυτόν [认识你自己] 联系起来，当然，正如普鲁塔克所说的，这句箴言对苏格拉底至关重要。

38a5：ὁ δὲ ἀνεξέταστος βίος [缺少省察的生活]，[B注] "未经省察的生活不值得过。"另参《克里同》47d9-e1。[S甲注] 这句话还是前接38a2的 ὅτι，而不是像沃尔夫所理解的那样乃是一句插入语（按：因此翻译时加上了"如果我还说"）。

[A注] 苏格拉底力求把自己大加赞美的这种质询性训导方法带给所有跟他谈话的人。被质问的那位回答者其实就是他本人，这就是苏格拉底总把这项工作与德尔斐箴言 γνῶθι σεαυτόν [认识你自己] 相等同的原因。它所引发的探寻乃是多重性的：

（1）对自己天资和性情的了解，其目的在于为了自己和他人最大的善而活着，参色诺芬《回忆苏格拉底》4.2.25：ἑαυτὸν ἐπισκεψάμενος, ὁποῖός ἐστι πρὸς τὴν ἀνθρωπίνην χρείαν, ἔγνωκε τὴν αὑτοῦ δύναμιν [先考察过自己如何才能对人类有用，才能够算得上认识了自己]。

（2）回顾自己生命中一直以来有过的实际用处，参《拉克斯》187e，以及下文39c。

（3）检讨自己的看法：其连贯性、一致性以及形成过程。其结果就是：意识到自己的无知，意识到自己这一认识的基础。参《回忆苏格拉底》3.9.6，《智术师》230b-d。

（4）探究人类生活和行动的原则，而对自己天性的了解是其先决条件，如《阿尔喀比亚德前篇》133c，《回忆苏格拉底》1.1.16。

但这种省察并不仅仅是为了考察而考察的一种训导，而是一种准备，让人有资格获得文化和进步，在行动中让知识与理性方法联系起来，为自己和为国家而做得最好，参《阿尔喀比亚德前篇》124d,《拉克斯》188b。

苏格拉底似乎用上了自己所能找到的最强烈的字眼来表明这种训导之不可或缺，参《回忆苏格拉底》1.1.16, 3.9.6,《智术师》230d,《希琵阿斯前篇》304e。

难道就没有什么原因吗？从人们迫切的现实需要、不完善的观察以及低下的道德品质而得到的这些流行的看法，比它们的根底更不那么可靠。苏格拉底正是由于深恶痛绝这种漫天的错误和因循的规则（但同时智术师却把它们当作自己体系的质料），他才被迫努力在"理性真理"（reasoned truth）的基础上重建人类的看法。

［SS注］据寇尔特的文章《论〈苏格拉底的申辩〉与高尔吉亚〈为帕拉墨德斯一辩〉及其与柏拉图对高尔吉亚式的修辞之关系》(J. A. Coulter, The Relaltion of the *Apology of Socrates* to Gorgias' *Defense of Palamedes* and Plato's Critique of Gorgianic Rhetoric), *HSCPh* 68 (1964), 页269–303, 尤其页294, 柏拉图的这句名言"不仅仅化用了帕拉墨德斯绝望的说法，而且也是一种挑战和修正"，见高尔吉亚《为帕拉墨德斯一辩》21节的 βίος δὲ οὐ βιωτὸς πίστεως ἐστερημένωι [失去他人信任的生活不值得过]。另参菲弗－海尔《作为颠倒戏仿性修辞的〈申辩〉》(D. D. Feaver – J. E. Hare, The *Apology* as an Inverted Parody of Rhetoric), *Arethusa* 14 (1981), 页205–216; 希斯金《苏格拉底的申辩是戏仿吗？》(K. Seeskin, Is the Apology of Socrates a Parody?), *Philosophy and Literature* 6 (1982), 页94–105; 里芙的《〈申辩〉中的苏格拉底》，前揭，页7–8; 布里豪斯－史密斯的《审判中的苏格拉底》，前揭，页50注释7。但我不同意这些观点。柏拉图很可能知道高尔吉亚这篇辞藻华丽的演讲，但我认为寇尔特（某种程度上是在追随其他人）在那篇演讲和柏拉图的《申辩》之间所找到的"任何"相似性，其实都没有多大意

义。在上引那个句子中，帕拉墨德斯认为，如果他背叛了希腊人，他的命早就不在了：他在希腊人和蛮族那里都将找不到庇护所，因为哪里的人都不会信任他了，而且"不受（其他人）信任的生活简直无法忍受"。但《申辩》中的这个句子的意思却大不相同：它是对整个《申辩》所展示的苏格拉底的 ἐπιτήδευμα［追求］简明表述。而《为帕拉墨德斯一辩》中的那句话不过是旨在证明被告无罪的众多论证中的一种，与帕拉墨德斯的生活观（如果他有这样一种观念的话）毫无关系。在柏拉图笔下，让生活无法忍受的是忽视了人们应该亲自照管的东西，那种东西可以通过自己的努力而获得。但对高尔吉亚来说，只有当生活中缺乏那种只有别人才会获得的东西时，生活才让人无法忍受。这两句话的含义、目的和语境都截然不同。诸如 (ὁ) βίος οὐ βιωτός 或 (ὁ) βίος ἀβίωτος（或者中性形式的 οὐ βιωτόν ἐστιν, ἀβίωτόν ἐστιν）之类的表达法并不罕见，因此不足以说明这两句话有什么联系。它已出现在《为帕拉墨德斯一辩》第20节。再说，我们在下列材料中还见得到它：索福克勒斯的《俄狄浦斯在科洛诺斯》行1692，阿里斯托芬《财神》行197，德莫斯忒涅斯21.120，托名德莫斯忒涅斯40.28，安提芳涅斯（中期谐剧诗人）190.10（科克编本）和188.10（K.-A.编本），斐勒蒙（米南德的同代人和对手）90.7-8和93.7（科克编本）以及96.7188.10（K.-A.编本）。这句名言迄今最常见的还是在柏拉图笔下：除了《申辩》此处，还见于《默涅克塞诺斯》246d6，《会饮》216a1，《王制》407a5和b1, 445a7和b1，《治邦者》299e8，《法义》926b6，《书简七》340c4。除此之外，我们还可以加上三次重复的修辞性问句：ἆρα βιωτὸν ἡμῖν ἐστιν［我们的生命还值得一过吗］，由 Οὐδαμῶς［绝不］回答，见《克里同》47d9, e3和6。另参《高尔吉亚》512a7以及多兹的注释。没有任何理由假定柏拉图在写《申辩》这句名言时想到了高尔吉亚《为帕拉墨德斯一辩》中的那句话。我在此详细讨论这个问题，是因为它是 Coulter 文章最重要的论证，而其他所有"相似性"都是表面上的，因而在此不再置喙。

此外，ἀνεξέταστος 一词的传统译法（"未经省察的生活"）暗示该词只能够在被动态的意义上来理解，但它毋宁指"缺少省察的生活"（without examination），其间既没有"省察"也没有"被省察"的位置。由否定前缀 ἀ-构成的形容词，而动词词根以及带后缀 -τος 的词本身既有被动含义，也有主动的意味，比如 ἄπρακτος, ἄφθεγκτος, ἀναγώνισοτς, ἄγνωσοτς 等。另参德布如纳《希腊语构词理论》（A. Debrunner, *Griechische Wortbildungslehre.* Heidelberg, 1917）第62, 105和193节；尚特兰《古希腊语的名词构成》（P. Chantraine, *La formation des noms en grec ancien.* Paris, 1933；再版于1968），页306-307。——相似的说法见雷尼汉《希腊辞书注释》（R. Renehan, *Greek Lexicographical Notes.* Goettingen, 1982），页27-28。另，伯内特在 οὕτως 之后加了一个逗号，并把 ὡς ἐγώ φημι 当作一个或多或少独立的比较从句，意思就跟36c4一样了，但这种读法的可能性更小（weaker；按：另参下一句话的S甲注）。

[MP注] ἀνεξέταστος 词源上与 ἐξετάζοντος 相关，正如 βιωτός 之于 βίος。苏格拉底在如此邻近的篇幅中并置这两组词，就是高度反讽的标志（按：接下来他认为这种风格乃是高尔吉亚式的修辞，已为SS本所驳斥，尽管他还引用SS本注疏）。

[H注] 该词既有主动的含义"没有去省察"（unexaming），也有被动的含义"没有被省察过的"（unexamined），也许"缺少省察"（按：即SS本的理解）保持了必要的模糊性。

[按] 在苏格拉底看来，哲学的任务就在于"省察自己以及他人"（28e5）。关于该词的用法，另参22e6, 23c4-5, 8, 24c3, 29e5, 33c3, 以及下文41b5、8, 41c3。但问题是，苏格拉底没有问：每个人都（可能）是哲学家吗？每个人都应该甚至必须过那种日子吗（另参此处的A注）？"吾日三省吾身"和"反身而诚"恐非君子圣人不能为也。

还有，我一直不习惯于认为自己应该遭到 [38b] 任何恶报。如果我真有钱，我会提议缴纳一笔我承受得起的罚款，因为那根本就算不上什么伤害——但我眼下的确没钱，除非你们愿意让我提出一笔我

完全有能力付清的数目。我想，也许我有能力 [b5] 向你们支付一米纳银子，所以，我就提那么多。[καὶ ἐγὼ ἅμα οὐκ εἴϑισμαι ἐμαυτὸν ἀξιοῦν κακοῦ οὐδενός. εἰ μὲν γὰρ ἦν μοι χρήματα, ἐτιμησάμην ἂν χρημάτων ὅσα ἔμελλον ἐκτείσειν, οὐδὲν γὰρ ἂν ἐβλάβην· νῦν δὲ οὐ γὰρ ἔστιν, εἰ μὴ ἄρα ὅσον ἂν ἐγὼ δυναίμην ἐκτεῖσαι, τοσούτου βούλεσϑέ μοι τιμῆσαι. ἴσως δ' ἂν δυναίμην ἐκτεῖσαι ὑμῖν που μνᾶν ἀργυρίου· τοσούτου οὖν τιμῶμαι.]

38a8：καὶ ἐγὼ ἅμα [还有，我]，[R注] 此处追加一个原因："如果沉默是可能的话，也绝不亚于一种恶，因而我应该谢绝它，不要加诸我身。"[按] 一般译作"同时我"。

38b1：εἰ μὲν γὰρ [如果]，[B注] 这是对他认为自己不可能应得任何 κακόν [恶报] 的这一说法的解释。死也许不是什么坏事，罚款当然就更不是了，除非数目太大付不起因而要被监禁，这就像流放一样，糟糕透顶。苏格拉底并没有质疑法庭裁决的合法性（另参《克里同》），只是怀疑他们的智慧。因此，他提出小额罚款，丝毫没有前后矛盾。当然，色诺芬没能看到这一点，才会费尽心机否认苏格拉底曾应承罚款之事，见《苏格拉底向法官的申辩》23节：κελευόμενος ὑποτιμᾶσϑαι（即 ἀντιτιμᾶσϑαι "反提判"）οὔτε αὐτὸς ὑπετιμήσατο οὔτε τοὺς φίλους εἴασεν（这里显然是有意在跟柏拉图对着干），ἀλλὰ καὶ ἔλεγεν ὅτι τὸ ὑποτιμᾶσϑαι ὁμολογοῦντος εἴη ἀδικεῖν [当法官们命令他反提判时，他不但自己不提，也不让朋友们提，反倒说，如果提了，就等于承认自己有罪]（另参《回忆苏格拉底》，吴永泉译，商务印书馆，1984，页193-194）。尚茨采信了色诺芬对这事的解释，并提出了这样的"理论"：以前一直有种恶毒的流言蜚语，说柏拉图与那些同样愿意为苏格拉底代付罚款的朋友们不睦。尚茨认为此处的说法以及下文（38b6）就是一种虚构，意在抵制刚才那种闲话。

[H注] 这里的 γάρ 不是解释前面的说法，而是解释造成前面说法的原因："（我这样说）是因为如果的确……"（另参20b5注）

38b2: οὐδὲν γὰρ ἂν ἐβλάβην［因为那根本就算不上什么伤害］，［B注］在苏格拉底看来，对一个人真正的伤害就是让他变得更糟糕，而仅仅支付罚款根本无法造成这样的效果。另参30c9。

［A注］对苏格拉底来说，蚀财似乎算不得什么坏事，所以他觉得提议罚款也没有什么不好。［按］在30c7-8，ἐβλάβην译作"伤害"。

［SS注］"因为那样我不会遭受任何损失。"这里的不定过去时是要表明，苏格拉底用一种irrealis［非现实］来指过去的事情（另参古德温《希腊语法》，前揭，第410节）。他想到的是刚才（37c2-4）自己拒绝提议罚款的那个时刻。

38b2-3：νῦν δὲ οὐ γὰρ ἔστιν［但我眼下的确没有钱］，［S甲注］在νῦν δὲ之后，应该理解为接的是οὐ δύναμαί μοι τιμήσασθαι χρήματων。有人认为这里不应该有逗号，因为希腊人习惯于一个接一个很快速地表达自己的想法，在这种表达法中似乎要把两个部分连成一个整句。

［S乙注］很多编本都把νῦν δὲ与后面的词连起来理解，但这样就没办法解释γὰρ了（按：S乙本与S甲本一样，在νῦν δὲ后面加了一个破折号，因而就变成了两个句子。但伯内特和李德尔都不这么认为，后者在自著注疏本附录149节有长篇论述）。这里让话语中断（aposiopesis），则更为正确。另参柏拉图《会饮》180c6-7：εἰ μὲν γὰρ εἷς ἦν ὁ Ἔρως, καλῶς ἂν εἶχε, νῦν δὲ οὐ γάρ ἐστιν εἷς［倘若爱若斯是一个，你的说法倒还算美，可实际上爱若斯不是一个啊］（刘小枫译文），暗含着οὐ καλῶς ἔχει。接下来的εἰ μὴ ἄρα，有时并不像讽刺性的nisi forte［除非真的］一样，表达一种条件。

［A注］"但实际上——不，我没钱"（按：Adam也像S甲本一样，在νῦν δὲ后面加了一个破折号）。严格说来，带γὰρ的这个从句假定了在νῦν δὲ之后有οὐ τιμῶμαι。但希腊人很可能意识不到这里或者带ἀλλὰ γάρ的句子省略了什么词（另参19c注）。

38b5：μνᾶν ἀργυρίου［一米纳银子］，［A注］这显然就是苏格拉底总身家的五分之一了（按：据色诺芬《治家者》2.3，苏格拉底的家产总共只有五米纳）。"米纳"不是银币，而是一笔相当于四英镑的钱。

〔B注〕把一"米纳"说成相当于四英镑的钱，诸如此类的说法有误导性。首先，它根本不是一种银币，而是一笔一百银德拉克马的钱，其次，那时的银价远高于现在。要换算出这笔钱的大致数量，唯一的办法就是关注一米纳的购买力，也就是它在当时相当于多少东西的价格。我们从亚里士多德那里（《尼各马可伦理学》1134b21）知道，一米纳大致相当于一名战俘的赎金。拉尔修（《名哲言行录》2.41）说苏格拉底提议罚款二十五德拉克马，又补充道，欧布利德斯（Eubulides）说苏格拉底提出的是一百德拉克马，刚好一米纳。据希罗多德（《原史》6.79），伯罗奔半岛战争时期一名战俘的赎金是两米纳，而从德莫斯忒涅斯（19.169）来看，菲利普甚至（为每名战俘）索要三米纳甚至五米纳。不过，那种情况似乎很少见。

〔H注〕这句话中的 που（"我想"。按：盖洛普和罗伊译出了这个微妙的小词）表明苏格拉底随随便便提出了这笔罚款：他真不在乎。

〔按〕据说当时一个劳动力的日工资约为一德拉克马，那么，一米纳（100德拉马克）就不是一笔小钱（也就是一般人三四个月的工资），但这个提议（如果被接受的话）与苏格拉底可能被判的"罪"相比起来，无疑也算太轻了。

不过，雅典人，在场的柏拉图、克里同、克里托布罗斯以及阿波罗多罗斯，他们极力劝我提三十米纳，而且都亲口允诺为我担保。那么，我就改提这么多吧，他们有足够的财力，能够为这笔银子向你们作保。〔Πλάτων δὲ ὅδε, ὦ ἄνδρες Ἀθηναῖοι, καὶ Κρίτων καὶ Κριτόβουλος καὶ Ἀπολλόδωρος κελεύουσί με τριάκοντα μνῶν τιμήσασθαι, αὐτοὶ δ' ἐγγυᾶσθαι· τιμῶμαι οὖν τοσούτου, ἐγγυηταὶ δὲ ὑμῖν ἔσονται τοῦ ἀργυρίου οὗτοι ἀξιόχρεῳ.〕

38b6：*Πλάτων δὲ ὅδε*〔不过，在场的柏拉图〕，〔B注〕这里是柏拉图三次提到自己的第二次（另参34a1注）。至于克里同和克里托布罗斯，另参33d9；关于阿波罗多罗斯，另参34a2。从这段话来看，（克里同的儿子）克里托布罗斯有自己独立的财产，也为色诺芬《治家者》所证实。

［MP注］这里记录的是柏拉图唯一一次露面的地方，他在其他地方只提到了苏格拉底去世时自己因病不在场（《斐多》59b）。ὅδε是指示性的，表示"这里的柏拉图"。

［S丙注］犹太历史学家提伯里阿斯（Justus of Tiberias）[①]保存或杜撰了一则轶事——柏拉图在苏格拉底遭审判时还非常年轻，他登上了审判台，刚说到"我虽然不习惯于在公开场合讲话"，就被陪审员们吼下去了。见拉尔修：《名哲言行录》2.41：

> 提柏里阿斯人伊乌斯托斯在其《花冠》一书中说，审判正在进行时，柏拉图登上审判台，刚开始说"雅典人啊，在登上这台子的所有人中，虽然我是最年轻的一个……"，法官们就大声叫喊："下去！下去！"（徐开来译文）

38b7：τριάκοντα μνῶν［三十米纳］，［B注］我们可以从吕西阿斯16.10推导出，一个中产家庭（moderate fortune）的男子要给妹妹作嫁妆，这笔钱已经相当可观了。

［G注］这似乎是罚金的正常数额。另参20b注。

38b8：αὐτοὶ δ' ἐγγυᾶσθαι［亲口允诺担保］，［S甲注］要理解为省略了φασί，省略的词已包含在前面的κελεύουσί中。

［A注］有了他们的担保，苏格拉底就可以免于牢狱之灾，而他的确视监禁为恶事。

[①] 提伯里阿斯，生于公元1世纪，著有列王传记，今失传。此人是约瑟夫斯（Titus Flavius Josephus）的同时代人和政敌。从此处的注疏来看，拉尔修的《名哲言行录》2.41的轶事可能就来自他，而这位犹太历史学家的记载可能来自文中那位民众领袖伊乌斯托斯，因为提伯里阿斯凭空杜撰的可能性不大。

[SS注]当然,苏格拉底这样说还远远不够,这四位朋友必须亲自当众同意支付所担保的这笔钱。

[MP注]在间接陈述中,暗含着一个表示"说"的动词。该词的基本意思是"共同保证",意思是一旦一人拖欠或违约,另一人就会接过他的债务。这里只是"答应支付"之意,因为这笔钱实际上远远超过了苏格拉底的家产总和。

[按]虽然该词在《希英大词典》中著录作"为他人担保",但苏格拉底根本就没有能力支付,因而这帮朋友不(仅仅)是为苏格拉底担保,而是"承诺"直接替他付钱。不过,照字面意思译为"担保",则更尊重原文。

38b9:$ἀξιόχρεῳ$[有足够的财力],[B注]"能胜任的"(sufficient),这里是在严格的法律意义上使用(等于solvendo[有偿付能力],另参20e6注),另见《法义》871e3和914d2。

[按]20e6译作"值得信任",但此处有所不同。盖洛普和格鲁伯都译作sufficient[有这个能力],罗伊和MP注分别译作creditworthy和trustworthy,似不妥。这几位朋友是否值得信赖,那仅仅是针对苏格拉底而言的,法庭不关心这一点,法庭在乎的是担保人是否有足够的财力来偿付。所以这里的意思是:这帮朋友有这样的能力,胜任担保人之职责——故而据文意译作"有足够的财力"。

第三场演说

第九章 最后预言

38c1–39d9

章　旨

[B注] 此时第二次暂停，法官们投票。据拉尔修《名哲言行录》（2.42）载，此次又比刚才多了80人投死刑票，结果就是300票比200票。我们没有办法查考这一点，但从苏格拉底 ἀντιτιμᾶσθαι [反提判] 时的态度来看，应该不奇怪。

维拉莫维茨认可尚茨的意见，即第三场演说完全是虚构的，他认为苏格拉底不大可能得允发表这样的演说，而且即便苏格拉底的确演讲过，陪审员，尤其那些投票定他有罪的人，也不大会留下来听。这个论断在我看来站不住脚（按：李德尔认为此事难有定论）。即便在普通案件中，被判有罪的人在最终移交给十一人委员会之前，必定还有很多手续，而苏格拉底的这件案子却并不普通。在审判苏格拉底的前一天，阿波罗的祭司在（前去进香的）圣船的船首上挂上了花环，船从德洛斯岛回来之前，雅典不能处死苏格拉底（《斐多》58a6以下）。那无疑是无法预料的难点，因为谁也没有料到结局会是死刑。因此，在（圣船回来之前）这段时间内如何处理苏格拉底，就成了一个问题，这需要在法庭上定下来。《斐多》提到克里同曾 πρὸς τοὺς δικαστάς [向陪审团] 保证苏格拉底不会试图逃跑，而这只能指在审判之后和法庭休庭之前这段时间。毫无疑问，克里同希望能够让苏格拉底在接下来的一个月内免遭拘押，但他的动议显然被拒绝了。

在色诺芬笔下，苏格拉底被判死刑后也发表了一番讲话（《苏格拉底向法官的申辩》24节：ὡς ... τέλος εἶχεν ἡ δίκη [审判结束之后]），但我不认为这则材料有多重要，因为它只能说明色诺芬读过柏拉图的《申辩》。然而，那的确表明这种演说在那个场合中绝非完全不可能，而色诺芬跟尚茨和维拉莫维茨一样，都对此有很好的判断。尚茨和维拉莫维茨想到的似乎是苏格拉底正坐在被告席上，这时两位法警已准备好，一旦审判结束就马上把他带到牢房去。

[S甲注]《申辩》余下的部分是苏格拉底在法官们第二次投票后所说的话。在这部分演讲词中，我们仍然见到了让人景仰的言论自由、勇气以及灵魂的沉稳安详，以至于西塞罗令人信服地认为，苏格拉底讲话时，不像一个哀求者，也不像被告，而是像审判他的那些法官们的长官或主人（magister aut dominus）。

[T注] 苏格拉底最后提出相对而言那么一小笔罚金，以及他在这个问题上的一系列言论，都表明他不认真。因此色诺芬否认他曾提出过相反的和更低的赔偿金。苏格拉底不是真想保命，他必定早就预见到法官们不会接受这样一种替代死刑的处罚，而控方在诉状中指明要求判处他死刑。苏格拉底也必定早就知道，他随随便便的言辞、戏谑的反讽，尤其是他傲慢地认为自己完全无罪，不仅不该遭到处罚，甚至还值得奖赏，会招致法官们的敌意，至少招致已经判他有罪的那些人的敌意，这些人不得不在控辩双方所提的意见中作出选择时，当然会选控方的主张判他死刑。另参西塞罗《论演说家》1.54：Socratis responso sic judices exarserunt, ut capitis hominem imnocentissimum condemnarent [苏格拉底的回答使陪审员们非常生气，以至于他们判处这位无辜的人死刑]（王焕生译文。按：此处应为1.233）。

[38c] 你们竟然为了[我余生]不多的一点点时间，雅典人，就背上骂名，被那些意图诋毁城邦的人非难，说你们杀害了苏格拉底这个

"智慧者"——因为那些成心责难你们的人会把我说成智慧者,即便我自己根本就不是。[c5]本来呀,你们要是再等上那么一小段时间,你们现在做的这件事自然而然就发生啦,因为想必你们看得出,我都这把年纪了,我的命已经够长,死期将近啦。[Οὐ πολλοῦ γ' ἕνεκα χρόνου, ὦ ἄνδρες Ἀθηναῖοι, ὄνομα ἕξετε καὶ αἰτίαν ὑπὸ τῶν βουλομένων τὴν πόλιν λοιδορεῖν ὡς Σωκράτη ἀπεκτόνατε, ἄνδρα σοφόν — φήσουσι γὰρ δὴ σοφὸν εἶναι, εἰ καὶ μὴ εἰμί, οἱ βουλόμενοι ὑμῖν ὀνειδίζειν — εἰ γοῦν περιεμείνατε ὀλίγον χρόνον, ἀπὸ τοῦ αὐτομάτου ἂν ὑμῖν τοῦτο ἐγένετο· ὁρᾶτε γὰρ δὴ τὴν ἡλικίαν ὅτι πόρρω ἤδη ἐστὶ τοῦ βίου θανάτου δὲ ἐγγύς.]

38c1: Οὐ πολλοῦ γ' ἕνεκα χρόνου [竟然为了不多的一点点时间],[A 注]"为了在时间上不大的收获,雅典人,你们就会背上处死苏格拉底的名声,为此受到唾骂。"苏格拉底的意思是:你们判我死刑,但我本来就活不长了(他已七十高龄),因此,你们不值得付出声名狼藉的代价。

[R 注]苏格拉底在告诉雅典人,他们无需等太久,就可以免遭处死他这一骂名,让天道自然进行就好了。"毕竟只不过一小段时间,就能防止他们自己会主动承担的谴责。"ἕνεκα 在这里所表达的效果不是最终的原因,其含义不是"你们会因为夺去了我本来就所剩无几的生命而惹来谴责",而是"一小段时间就是你们招致谴责的原因"(按:两句话意思似乎相近)。因此,"一小段时间"不是从现在算起直到处决他,而是从处决他算起直到他寿终正寝。

[B 注]"你们通过……这样做只不过赢得了一小段时间。"不能说苏格拉底是用这种论点来劝说法庭开释自己:他是在死刑判决下达之后才这样说的。我提出这一点,是因为帕皮尼①在其《基督的故事》(Storia di Cristo)一书中歪曲了这个问题。

[T 注]苏格拉底(现已七十岁)来日无多,因此不值得他们为了

---

① 帕皮尼(Giovanni Papini, 1881—1956),意大利作家,著述甚丰,有十一卷本全集传世。

扑灭自然进程中很快就要到头的火焰而浪费功夫惹一身麻烦。

[按]现有的几个中译本都错了（S丙亦然），英译本都译出了ἕνεκα (for the sake of)。这些雅典人为了苏格拉底所剩无几的生命而煞费苦心判他死刑，实为不智——与苏格拉底接下来的ἄνδρα σοφόν形成直接的对比。看来，苏格拉底之有智慧，与大众相比，的确实至名归。

38c1-2：ὄνομα ἕξετε καὶ αἰτίαν [背上骂名，被人非难]，[S甲注] ὄνομα ἔχειν 本来表示很好的意思（按：指"有名声"），"应赞美"或"值得庆祝"，但在这里却是"应受非难或责备"之意。αἰτίαν ἔχειν本义是"被指控"或"成为被告"，因而在此处就是"受批评或责备"，但该词组还是最常用于美好的意思。另参卡索朋（按：见27c4疏）对阿忒奈俄斯（Athenaeus）《餐桌哲学家》（Δειπνοσοφισταί）的注疏，9.2。由于 ὄνομα ἕξετε καὶ αἰτίαν这个短语具有被动的含义（按：B注释作αἰτιᾶσθαι），所以后面接的是ὑπό [被]。

38c2：τῶν βουλομένων τὴν πόλιν λοιδορεῖν [那些意图诋毁城邦的人]，[SS注]从公元前4世纪初期到卡罗尼亚（Chaeronea）战役（公元前338年），一直有一场笔墨官司，争论雅典和斯巴达各自对整个希腊的功绩。这场论争中最早而且无论如何最有教益的文献，也许就是修昔底德的著作，也正因为最富于教益，其观点就不是爱国主义的。在伊索克拉底的演说中，我们感受到了很多对立观点的回声，如整个第四篇（尤其1a）、6.16-31、42-43、81-84，7.3-12，8.75-89、95-103，12.40-107（尤其62-69）、200-261。在苏格拉底身上发生的事情当然会被雅典的敌手所利用，他们会指出：雅典著名的自由和宽容不过是空洞的理想。柏拉图在这里似乎就是指这种争辩。

38c3：ἄνδρα σοφόν [智慧者]，[SS注][按：指20d6-9，21d6-7，22c6-8，23a2-5，27a1-4。]也许柏拉图想到的是赫拉克利特22B121（DK本）：ἄξιον Ἐφεσίοις ἡβηδὸν ἀπάγξασθαι πᾶσι καὶ τοῖς ἀνήβοις τὴν πόλιν καταλιπεῖν, οἵτινες Ἑρμόδωρον ἄνδρα ἑωυτῶν ὀνήιστον ἐξέβαλον φάντες· ἡμέων μηδὲ εἷς ὀνήιστος ἔστω, εἰ δὲ μή, ἄλλῃ τε καὶ μετ' ἄλλων [应该把以弗所的成

年人全都绞死，并把城邦交给未成年人，因为他们驱逐了自己最优秀的人赫尔墨多洛斯，居然还扬言："哪一个人都不能成为我们中最优秀的人，如果有这样的人，就让他滚去其他地方，跟其他人待着去"](按：另参拉尔修《名哲言行录》9.2，中文见徐开来、溥林译，广西师范大学出版社，2010，页433）。

38c6：ὑμῖν τοῦτο ἐγένετο[你们正在做的这件事就发生啦]，[S甲注]即ἐμὲ τεθνάναι δή，后者作为补充语，显然是从其他几个抄本中篡入的。海因多夫希望予以保留，但想校订为τὸ ἐμὲ τεθνάναι δή。但海因多夫显然错了，从马蒂埃（《希腊语法》，前揭）的468b可知。接下来的πόρρω ἤδη ἐστὶ τοῦ βίου，意为"我年事已高，来日无多"。相似的说法另参普鲁塔克的《德莫斯忒涅斯传》846e。

我这番话不是[38d]针对你们所有人，而是对那些投票判我死刑的人说的。而且我还要对这帮人这样说：雅典人，也许你们以为我被判有罪，是因为自己没有能力编出一套什么样的话来说服你们，假如我刚才真认为自己应该[d5]无所不做且无所不说来逃脱惩罚。完全不是那么回事！我之所以被定罪，根本不是由于我拙于言辞，而是因为我没有那么胆大妄为和厚颜无耻，愿意对你们说那些你们最乐于听的话——你们想听我悲悲戚戚哭哭啼啼，做出[38e]并说出我明确宣布不值得我去做的事情，而这些事情却是你们惯于从别人那里听到的。[λέγω δὲ τοῦτο οὐ πρὸς πάντας ὑμᾶς, ἀλλὰ πρὸς τοὺς ἐμοῦ καταψηφισαμένους θάνατον. λέγω δὲ καὶ τόδε πρὸς τοὺς αὐτοὺς τούτους. ἴσως με οἴεσθε, ὦ ἄνδρες Ἀθηναῖοι, ἀπορίᾳ λόγων ἑαλωκέναι τοιούτων οἷς ἂν ὑμᾶς ἔπεισα, εἰ ᾤμην δεῖν ἅπαντα ποιεῖν καὶ λέγειν ὥστε ἀποφυγεῖν τὴν δίκην. πολλοῦ γε δεῖ. ἀλλ' ἀπορίᾳ μὲν ἑάλωκα, οὐ μέντοι λόγων, ἀλλὰ τόλμης καὶ ἀναισχυντίας καὶ τοῦ μὴ ἐθέλειν λέγειν πρὸς ὑμᾶς τοιαῦτα οἷ' ἂν ὑμῖν μὲν ἥδιστα ἦν ἀκούειν— θρηνοῦντός τέ μου καὶ ὀδυρομένου καὶ ἄλλα ποιοῦντος καὶ λέγοντος πολλὰ καὶ ἀνάξια ἐμοῦ, ὡς ἐγώ φημι, οἷα δὴ καὶ εἴθισθε ὑμεῖς τῶν ἄλλων ἀκούειν.]

38d3: *ἴσως με οἴεσθε* ...［也许你们以为］，［S乙注］"也许你们会认为，我之所以被定罪，是因为自己不善言辞，没有能够说服你们，假如我认为自己有责任运用一切言辞和行为来逃避惩处的话。"接下来d5的 *ἅπαντα ποιεῖν* 和39a1的 *πᾶν ποιῶν*，施塔尔鲍姆释作 omnem lapidem movere ［翻遍每块石头、千方百计］，nihil intentatum reliquere［不遗余力、无所不用其极］。另参《游叙弗伦》8c5。

38d4: *ἑαλωκέναι*［被定罪］，［SS注］*ἁλίσκομαι* 的功能与 *αἱρέω* 的被动态相同（另参28a6-7注），该动词在司法意义上使用，另参《希英大词典》*ἁλίσκομαι* 词条的 II 2。

38d6: *ἀπορίᾳ μὲν ἑάλωκα*［我之所以被定罪，是因为拙于］，［B注］另参《高尔吉亚》522d7-522e1：*εἰ δὲ κολακικῆς ῥητορικῆς ἐνδείᾳ τελευτῴην ἔγωγε, εὖ οἶδα ὅτι ῥᾳδίως ἴδοις ἄν με φέροντα τὸν θάνατον*［但要是我确实因为缺乏谄媚的演说术而命终，我完全知道，你就会看见我轻松地承受死亡］（李致远译文）。另参色诺芬《回忆苏格拉底》4.4（34b6注已引）。

［MP注］苏格拉底式的反讽常常利用普通词汇或短语潜在的矛盾义项。这里的 *ἀπορία*，本来指人们不知道说什么（*ἀπορία λόγων*）时所造成的困惑，这里却用来指苏格拉底"无能"（即拒绝），不能做他必须做的事情——无论它多么丢脸——以免被判有罪（*ἀπορία ... τόλμης καὶ ἀναισχυντίας*）。

38d8：*ὑμῖν μὲν*［你们］，［SS注］带 *δέ* 之类的从句，如果说出来了，就相当于 *ἐγὼ δὲ οὐκ ᾤμην δεῖν λέγειν πρὸς ὑμᾶς*［我不认为应该向你们说］。但是，苏格拉底一想到这一点就很生气：有些法官全然没有荣誉感，十分乐于看到苏格拉底在他们面前自贬。这个句子不断加长和膨胀，这个带 *δέ* 的从句变成了一个新的和独立的句子。

但我既不认为刚才身处险境就应该做出那种配不上自由人的事情，也不后悔现在做这样的申辩。相反，我宁愿选择［e5］因这样的申辩而死，也不愿意采取另外的方式申辩而生。不论是在法庭上还是在战争

中，不论是我还是其他任何人，都不应该 [39a] 这样做：无所不用其极以逃避死亡。因为在战斗中，显然经常有这样的情况，有的溃逃者丢盔弃甲，转身对追兵苦苦哀求，以免一死。在每一次险境中，[a5] 都有其他很多做法可以逃脱死亡，假如此人胆大妄为到什么都敢做、什么都敢说。[ἀλλ' οὔτε τότε ᾠήθην δεῖν ἕνεκα τοῦ κινδύνου πρᾶξαι οὐδὲν ἀνελεύθερον, οὔτε νῦν μοι μεταμέλει οὕτως ἀπολογησαμένῳ, ἀλλὰ πολὺ μᾶλλον αἱροῦμαι ὧδε ἀπολογησάμενος τεθνάναι ἢ ἐκείνως ζῆν. οὔτε γὰρ ἐν δίκῃ οὔτ' ἐν πολέμῳ οὔτ' ἐμὲ οὔτ' ἄλλον οὐδένα δεῖ τοῦτο μηχανᾶσθαι, ὅπως ἀποφεύξεται πᾶν ποιῶν θάνατον. καὶ γὰρ ἐν ταῖς μάχαις πολλάκις δῆλον γίγνεται ὅτι τό γε ἀποθανεῖν ἄν τις ἐκφύγοι καὶ ὅπλα ἀφεὶς καὶ ἐφ' ἱκετείαν τραπόμενος τῶν διωκόντων· καὶ ἄλλαι μηχαναὶ πολλαί εἰσιν ἐν ἑκάστοις τοῖς κινδύνοις ὥστε διαφεύγειν θάνατον, ἐάν τις τολμᾷ πᾶν ποιεῖν καὶ λέγειν.]

38e5：τεθνάναι ἢ ἐκείνως ζῆν [宁愿死，也不愿意采取另外的方式而生]，[S甲注] 要把 ἐκείνως 理解为是在修饰 ἀπολογησάμενος。前面的 τότε 表示"在你们判决我之前"。接下来的 οὔτε ...ἐν δίκῃ οὔτ' ἐν πολέμῳ，另参《克里同》51b8-9：καὶ ἐν πολέμῳ καὶ ἐν δικαστηρίῳ [在战斗中、在法庭上]。

38e6：ἄλλον οὐδένα [其他任何人都不应该]，[K注] 苏格拉底很可能在影射安虞托斯，据狄俄多罗斯说，安虞托斯曾被卷进一项 προδοσία [叛国案]，因为他曾经被派带领三十条三列桨战船去从斯巴达人手下解救皮洛斯（Pylos），但他失败后，却通过行贿而免遭定罪。

39a2-3：τό γε ἀποθανεῖν [（以免）一死]，[B注] "死"。这里由 γε 来强调，是因为下文39a7-b1说明白的想法：ἀλλὰ πολὺ χαλεπώτερον πονηρίαν [逃离卑劣才难乎其难呢]。

[MP注] "你们当然能够免于死。"整个这一段话中的"跑"与"追"也表示法律上的"辩"与"控"。因此，苏格拉底在这里是在使用双关。毫不奇怪，扔掉自己的"武器"或"盾牌"（以便能够更快地撤退或投降），会被视为严重背离优秀士兵的行为准则。一旦被证明犯有

这样的罪，就会丧失公民权（安多喀德斯 1.74）。而指控某人"丢弃盾牌"，指挥者就可能吃"诽谤"官司（吕西阿斯 10.9）。因此，苏格拉底自诩无论遇到什么样的危险（28e），都不会（像打比方）丢盔弃甲来保命，也不会（像字面意思或打比方）放弃自己被指派的岗位职责，从而暗示了自己具备最高的公民德性。

[SS注] 阿尔喀洛科斯（Archilochus）用半是天真半是挖苦的口吻吹嘘自己这样干过（魏斯特编本，残篇 5）：

有个忒腊克人捡到盾牌欢天喜地，那是我
极不情愿留在树林里的完美而绝好的装备。
但我却得救了呀！我要那块盾牌来干什么？
丢就丢呗，我还会搞到另一块丝毫不差的！

在柏拉图的刑法典中，有一条法律涉及这种罪行（《法义》944e5-945a2）：Ἀνὴρ ὃς ἂν ὄφλῃ δίκην ὡς αἰσχρῶς ἀποβαλὼν ὅπλα πολεμικά, τούτῳ μήτ' οὖν τις στρατηγὸς μήτ' ἄλλος ποτὲ τῶν κατὰ πόλεμον ἀρχόντων ὡς ἀνδρὶ στρατιώτῃ χρήσηται μηδ' εἰς τάξιν κατατάξῃ μηδ' ἡντινοῦν [一个在审判中因可耻丢弃其战斗武器获罪的人绝不堪做男性士兵，任何将军和其他战争统帅也不可派遣给他任一职位]（林志猛译文）。在雅典，无论谁丢弃了盾牌（ῥίψασπις）或其他武器，都会被视为临阵脱逃，要被处以λιποταξίου γραφή [擅离职守罪]。

[A注] γε 强调 τό ἀποθανεῖν，"至少从死亡中"，省略了"如果不是靠不要脸"。

39a5-6：ἐάν τις τολμᾷ [如果此人胆大妄为到敢于]，[S甲注] 即，如果有人能说服自己这样干，如果有人竟然如此厚颜无耻。另参色诺芬《回忆苏格拉底》2.1.31：τίς ἂν εὖ φρονῶν τοῦ σοῦ θιάσου τολμήσειεν εἶναι [哪一个头脑清醒的人敢于跟你相处]。另参《克里同》53e1：ἐτόλμησας οὕτω γλίσχρως ἐπιθυμεῖν ζῆν [你居然还有脸面如此贪婪地渴望活命]。

[SS注]"如此无耻以至于……",该动词常见的用法,另参38d7的 τόλμης καὶ ἀναισχυντίας。

[按]依据SS本,τόλμης和ἀναισχυντίας这两个词表达同一个意思,即"厚颜无耻"。但我们在38d7中分别翻译成"胆大妄为和厚颜无耻",而在《克里同》53e1中的ἐτόλμησας译成"有脸",该词本义指"勇敢",引申为"过分胆大"和"鲁莽"。这里仍然按照常规的译法,作"胆大妄为"。

诸位,真正困难的,恐怕不是逃脱死——逃离卑劣才难乎其难呢,[39b]因为卑劣比死跑得更快。我如今已风烛残年,行动迟缓,要被跑得慢的[死]追上,而控告我的那些人灵巧迅捷,厉害无比,却被跑得更快的"恶"抓住。我如今就要走了,因为你们判我死刑,[b5]但那些控告我的人却要被"真理"永远判定为邪恶和不义之徒。那么,我服从这项判罚,他们服从那项判罚吧。我想,事情必定会是这样的结局,而且我觉得那对大家都恰当。[ἀλλὰ μὴ οὐ τοῦτ' ᾖ χαλεπόν, ὦ ἄνδρες, θάνατον ἐκφυγεῖν, ἀλλὰ πολὺ χαλεπώτερον πονηρίαν· θᾶττον γὰρ θανάτου θεῖ. καὶ νῦν ἐγὼ μὲν ἅτε βραδὺς ὢν καὶ πρεσβύτης ὑπὸ τοῦ βραδυτέρου ἑάλων, οἱ δ' ἐμοὶ κατήγοροι ἅτε δεινοὶ καὶ ὀξεῖς ὄντες ὑπὸ τοῦ θάττονος, τῆς κακίας. καὶ νῦν ἐγὼ μὲν ἄπειμι ὑφ' ὑμῶν θανάτου δίκην ὀφλών, οὗτοι δ' ὑπὸ τῆς ἀληθείας ὠφληκότες μοχθηρίαν καὶ ἀδικίαν. καὶ ἐγώ τε τῷ τιμήματι ἐμμένω καὶ οὗτοι. ταῦτα μέν που ἴσως οὕτως καὶ ἔδει σχεῖν, καὶ οἶμαι αὐτὰ μετρίως ἔχειν.]

39a6:ἀλλὰ μὴ οὐ τοῦτ' ᾖ χαλεπόν[真正困难的恐怕不是],[A注]μὴ相当于nescio an,"我反倒认为"。这里的意思是"恐怕困难的地方不在这里"。另参《高尔吉亚》:462e6:Μὴ ἀγροικότερον ᾖ τὸ ἀληθὲς εἰπεῖν[说出真话恐怕就更粗野喽](李致远译文)。古德温《希腊语法》,前揭,页92。要理解为后面有某个表达恐惧或担心的动词,这种情况常见于比如柏拉图《普罗塔戈拉》313e。从柏拉图起,μὴ带一个陈述句,有时表示"也许",如《美诺》89c,更常见于亚里士多德,还特别加上了,如

《尼各马可伦理学》1172a33 等。这种句法明显起源于柏拉图《卡尔米德》163a。

[B注] *μή* 的假定性用法，在柏拉图笔下有三十五见，但在其他作家那里却几乎闻所未闻。这无疑是口语表达。在亚里士多德之前，除了柏拉图以外，唯一的例子就是希罗多德《原史》5.79 和德莫斯忒涅斯 1.26。

[SS注] 相似的说法见《高尔吉亚》522e1-3：*αὐτὸ μὲν γὰρ τὸ ἀποθνήσκειν οὐδεὶς φοβεῖται, ὅστις μὴ παντάπασιν ἀλόγιστός τε καὶ ἄνανδρός ἐστιν, τὸ δὲ ἀδικεῖν φοβεῖται* [因为任何人只要不是完完全全没有理性且没有勇气，就不害怕被杀死本身，而是害怕行不义]（李致远译文）;《王制》486b1：*Οὐκοῦν καὶ θάνατον οὐ δεινόν τι ἡγήσεται ὁ τοιοῦτος* [难道这样的人会认为死亡是一种可怕的东西]（王扬译文）（*ὁ φιλόσοφος* [哲人] 与 b3 的 *δειλὴ καὶ ἀνελεύθερος φύσις* [胆小和带有奴性的本质] 相对），以及埃斯基涅斯 2.181。

[MP注] "我认为并不困难。" 这是虚拟语气在谨慎说法中的习惯用法。

39a7-b1：*πονηρίαν* [卑劣]，[B注] 这里与其说是 "卑劣"，不如说是 "卑劣之人的名声"。另参 39b5 及注。苏格拉底的意思不是说控告他的人正试图摆脱邪恶，他已经想到的是 *ὀφλεῖν θάνατον* [被判死刑] 与 *ὀφλεῖν πονηρίαν* [被判定为卑劣之人] 的对照。

[按] 这一段话有三个近义词，*πονηρίαν*, *κακίας*, *μοχθηρίαν*，都表示"邪恶"，因而英译本几乎都把它们译作 wickedness。吴飞分别译作 "邪恶""恶" 和 "罪恶"。王太庆把两者都译作 "邪恶"，最后一个意译成 "卑鄙龌龊"。我分别译作 "卑劣""恶" 和 "邪恶"。

39b1：*θᾶττον γὰρ θανάτου θεῖ* [因为比死跑得更快]，[A注] 戴尔把这句译作 "比命运飞得更快"。请注意强调性的 *θεῖ* 首字母所产生的头韵（alliteration）效果，另参索福克勒斯《俄狄浦斯王》行 371，那里对眼瞎的讥讽因重复了 *τυφλός* 一词的首字母 *τ* 而得到了加强：*τυφλὸς τά τ' ὦτα τόν τε νοῦν τά τ' ὄμματ' εἶ* [既然你又聋又笨又瞎]（张竹明译文）。

[SS注] 惹人注目的首韵修辞表明这是一条古老的谚语，尽管我们既不是从古代作家也不是从《希腊谚语集》(paroemiographi) 那里知道它的。此外，这里的语境本身没有暗示什么种族观念。因此，苏格拉底必定是在用一个听众都很熟悉的格言。它似乎杂糅了两种意象：(1) 一个奔跑着的人被一快一慢两个敌人追赶——看起来就像是这条格言所具有的意象；(2) 一快一慢两个奔跑着的人被一个敌人追赶。苏格拉底以 (1) 开始，其中，死就是跑得慢的，而 κακία [恶] 就是跑得快的敌人。在 θᾶττον ... θανάτου θεῖ 之后，又变成了另一意象：跑得慢的人正在被跑得慢的敌人追赶，跑得快的人被跑得快的敌人追赶，两人都赶上了。这条谚语的变文出现在《伊利亚特》9.502-507：

> 祈求女神们是伟大的神宙斯的女儿，
> 他们腿瘸，脸皱，眼睛斜着观看，
> 他们总算是留心追随蛊惑女神，
> 蛊惑女神强大，腿快，远远地跑在
> 她们前面，首先到达大地各处，
> 使人迷惑，祈求女神在后面挽救。（罗念生译文）

柏拉图《会饮》中的一个说法（195a8-b3）与此相近：阿伽通把"老年女神"（τὸ γῆρας）描绘成迅捷的追赶者，她最终会抓住每一个人，而唯有爱神（Eros）不可能被"老年"赶上。

[按] 这里所谓"首韵"，即三个词都是以 θ 开头。戴尔（Dyer）的英译 flies faster than fate 能够体现这种修辞手法（都是以 f 开头），但中文就难以表现了。

39b1：ἅτε βραδὺς ὢν καί ... [行动迟缓]，[S甲注] 苏格拉底也许指的是《奥德赛》8.329：κιχάνει τοι βραδὺς ὠκύν [敏捷者被迟钝者捉住]（王焕生译文）。接下来的 δεινοὶ καὶ ὀξεῖς 即"强壮而迅速"。或许这里本来应该是 καίπερ δεινοὶ καὶ ὀξεῖς，但苏格拉底利用 ἁλῶναι 一词的模糊性来玩文字游戏，该词的意思即指在奔跑中赶上来的人，也指输掉官司而被判罪的人。

[A注] δεινοὶ καὶ ὀξεῖς 指"聪明而尖锐"，亦见于《泰阿泰德》190a2-4：ὅταν δὲ ὁρίσασα, εἴτε βραδύτερον εἴτε καὶ ὀξύτερον ἐπάξασα, τὸ αὐτὸ ἤδη φῇ καὶ μὴ διστάζῃ, δόξαν ταύτην τίθεμεν αὐτῆς [当它做出了决断，无论是徐徐得之还是豁然而出，它就得出了一致的主张，并且不再为怀疑所分裂，我们就称这个为它的意见]（贾冬阳译文），这里的 ὀξύτερον [豁然] 与 βραδύτερον [徐徐] 相对。

39b3：ὀξεῖς [迅捷]，[SS注] ὀξύς 一词表示"迅捷"，似乎在阿提卡（作家中）没有另外出现过。当它与 βραρύς（按：误，应为 βραδύς [慢]）相对，则具有"反应快"和"敏捷"之意，其（通常的）反义词是 ἄτολμος [胆怯]，ἡσύχιος [安静]，ῥᾴθυμος [漫不经心]（如《高尔吉亚》463e2，《王制》526b6-7，修昔底德《战争志》8.96.5）。此处之所以选用这个词，是因为它结合了两层意思，一是比赛者的迅捷（这是它的主要意思），二是控告者的"熟练机敏"（adroitness）。柏拉图惯于把这种"世俗的智慧"拿来与哲人的笨拙和天真幼稚相对比，那样的哲人忽视且看不起所有这类"尘世"（mundane）机巧。而哲学的"非世俗性"（unworldliness）是"反柏拉图"争辩所喜欢的话题。柏拉图及其门徒对这种批评非常上心，如参《高尔吉亚》484c4-486d1，521b4-522c8，《王制》517d4-e3，《泰阿泰德》172c3-176a2；亚里士多德《哲学的劝勉》（Walzer 和 Ross 编本）残篇5，B41-44（杜林编本）。

39b4：καὶ νῦν ἐγὼ μὲν [我如今]，[A注] 这一句话以及下一句话以 καὶ 开头，具有某种庄严的气氛（按：中文颇难体现）。

[SS注] 这一句话与上一句话（b1）都是以四个完全一样的词开头，当然让人奇怪。很可能柏拉图原先并不打算用两种说法来表达同一种最初的想法，他本来想在两者中选一种，但在发表《申辩》时一不小心两句话都保留下来了。

39b4-5：θανάτου δίκην ὀφλών [判死刑]，[S甲注] "被判处死刑"

(morte multatus)。这个表达法并不鲜见，鲁恩肯在《蒂迈欧的〈柏拉图词典〉》（页262）有详细的讨论。苏格拉底为了拿这个词开玩笑，后面又加上了 ὑπὸ τῆς ἀληθείας ὠφληκότες μοχθηρίαν καὶ ἀδικίαν，即，"你们会被真理定罪和判刑，被谴责为邪恶和不义"。接下来的 τῷ τιμήματι ἐμμένω，意思是"我已准备好遭受你们加给我的惩罚"。接下来的 μετρίως ἔχειν 等同于 εὖ 或 ὀρθῶς，关于 μέτρια 表示"对任何人都合适或适宜的任何东西"，另参格雷维乌斯[①]和海因修斯[②]对赫西俄德《劳作与时日》行306的注释。

［SS注］ὀφλών 与这一行后面的 ὠφληκότες 意思正好相对。苏格拉底在一场全然是历史偶然（historical accident）的审判中被陪审员判处有罪，这一点从此处的两个分词的对立就可以看出，ὀφλών 是不定过去时分词，表示某种已经达到终结点的事情，而 ὠφληκότες 是完成时分词，表示一种恒在的情况（permanent situation。按：因此我们加上了"永远"二字），另参《书简七》325a5-7（按：应为325b5-7）：κατὰ δέ τινα τύχην αὖ τὸν ἑταῖρον ἡμῶν Σωκράτη τοῦτον δυναστεύοντές τινες εἰσάγουσιν εἰς δικαστήριον ［可由于某种机运，一些当权者又把我们的友伴苏格拉底告上法庭］（彭磊译文）。另，此处以及下一行的 οὗτοι，不是指陪审员（b4 的 ὑφ' ὑμῶν 已指他们），而是指控告者。

［按］直译为"我因为你们而犯了死罪"，也就是说，苏格拉底不承认他的罪行，他的死刑乃是"你们"强加的。

39b5-6：ὠφληκότες μοχθηρίαν καὶ ἀδικίαν ［判定为邪恶和不义之徒］，［B注］"被认为有着邪恶和做坏事的罪名"。尽管 ὀφλισκάνω 带宾格一般用来表示"处罚"（36a9），但也常常引申指"犯法"（offence），另参希

---

① 格雷维乌斯（Johann Georg Graevius，1632—1703），德国古典学家，著有十二卷本的《罗马古代宝典》（*Thesaurus antiquitatum Romanarum*，1694—1699），他对赫西俄德、路吉阿诺斯（Lucian，旧译"琉善"）、卡图卢斯和西塞罗等人的注疏至今亦有很好的参考价值。

② 海因修斯（Daniel Heinsius，1580—1655），荷兰古典学家。

罗多德《原史》8.26：Τριτανταίχμης ὁ Ἀρταβάνου δειλίην ὦφλε πρὸς βασιλέος；索福克勒斯《安提戈涅》行470：μωρίαν ὀφλισκάνω［判定我傻的人］；以及德莫斯忒涅斯1.26和4.42等。

［G注］ὑπὸ τῆς ἀληθείας ὠφληκότες，"被真理判刑"。关于"真理"的人格化（按：即拟人化），另参《克里同》48a，《会饮》201c，《斐多》91c，《王制》597e。

39b6：καὶ ἐγώ τε ... καὶ οὗτοι［我……他们］，［A注］"我承担我的审判结果"（即死刑），"他们承担他们的"（即耻辱）。

［SS注］正如苏格拉底回想起的，一小会儿之前（38d6-e5），他拒绝向法官们哀求，现在则提醒他的听众们想一想他的τίμησις［处罚提议］：他没有为此而后悔。另一方面，控告他的那些人却没有能力重新考虑他们自己的态度，这就是完成时分词ὠφληκότες所表达的意思。另参托名德莫斯忒涅斯53.18，此处说控告者还可以改变他们的τίμησις［处罚提议］。

［按］这句话的意思是，"我遵守我的处罚提议，他们也一样"，或"那就让我服从这个惩罚，他们也要服从他们的"（吴飞译文）。ἐμμένω的意思本是"遵守"之意（abide by，很多译本也如此处理）。如果像盖洛普那样理解为and just as I accept my penalty, so must they［就正如我接受对自己的处罚，他们也必须这样］，似乎就把苏格拉底看得太俗了。他不是想以自己的死亡来对控告者发起自杀式攻击，他不需要临死还要拉几个人垫背，大概不是说"我接受对我的处罚，但你们也跑不脱"。这句话或可意译为"我收自己的因缘，他们得他们的果报"。原拟译作"就让我过我的独木桥，他们走他们的阳关道"，虽不如"我接受我的处罚，他们接受他们的"更加贴近原文，但各有所报却是这里的主旨，而且此译法加强了反讽的意味。如此翻译的理由是SS的注疏。但我最终放弃了这种过分"文学化"的译法。

39b 7-8：ταῦτα μέν που...［我想，事情］，［B注］"所以，我敢说，它必定如此，而且我认为那是极好的。"（μετρίως是καλῶς的文雅说法）

[A 注] 最后的 οὕτως καὶ ἔδει σχεῖν..., 意思是"结果必然如此, 我认为很好"。另参 19a4-5: οἶμαι δὲ αὐτὸ χαλεπὸν εἶναι, καὶ οὐ πάνυ με λανθάνει οἷόν ἐστιν [但我知道那本身就很难, 而且我绝不可能看不到其中的利害]。

[SS 注] οὕτως ... σχεῖν 意思是"事情必定变成这样", 不定过去时 σχεῖν "表示动作开端"。καὶ ἔδει, 意为"已然如此", 强调性的 καὶ 修饰 ἔδει, 另参 34d3 注。至于 μετρίως ἔχειν, 那是因为对一个正义的人来说, 死亡不是什么坏事, 另参苏格拉底接下来（尤其 41c9-d7）对"好陪审员"说的话。

[39c] 接下来, 我想向你们, 投票判我罪刑的人, 作出如下预言——因为我现在已经到了人们最能作出预言的时候, 即人之将死之时。我宣布: 杀害我的人呐, 我死之后, 你们的报应很快 [c5] 就会现世, 而且, 以宙斯之名起誓, 比你们投票杀死我这样的处罚还要严厉得多! 你们以为, 干成了眼下这件事, 就能摆脱受人盘诘的生活, 但实际上, 你们的结局远远适得其反, 就像我曾宣布的那样。还会有更多的人来 [39d] 盘诘你们, 只是我迄今一直都在拦着他们, 所以你们没有觉察到而已。[Τὸ δὲ δὴ μετὰ τοῦτο ἐπιθυμῶ ὑμῖν χρησμῳδῆσαι, ὦ καταψηφισάμενοί μου· καὶ γάρ εἰμι ἤδη ἐνταῦθα ἐν ᾧ μάλιστα ἄνθρωποι χρησμῳδοῦσιν, ὅταν μέλλωσιν ἀποθανεῖσθαι. φημὶ γάρ, ὦ ἄνδρες οἵ ἐμὲ ἀπεκτόνατε, τιμωρίαν ὑμῖν ἥξειν εὐθὺς μετὰ τὸν ἐμὸν θάνατον πολὺ χαλεπωτέραν νὴ Δία ἢ οἵαν ἐμὲ ἀπεκτόνατε· νῦν γὰρ τοῦτο εἰργάσθε οἰόμενοι μὲν ἀπαλλάξεσθαι τοῦ διδόναι ἔλεγχον τοῦ βίου, τὸ δὲ ὑμῖν πολὺ ἐναντίον ἀποβήσεται, ὡς ἐγώ φημι. πλείους ἔσονται ὑμᾶς οἱ ἐλέγχοντες, οὓς νῦν ἐγὼ κατεῖχον, ὑμεῖς δὲ οὐκ ᾐσθάνεσθε·]

39c1: Τὸ δὲ δὴ μετὰ τοῦτο [而接下来], [B 注] "接下来"（in the next place, 意为"其次、然后"）, 这是该短语固定的含义。我们不能像尚茨那样认为它是"至于未来而言"的意思（按: 另参 A 注）。紧接着的 ἐπιθυμῶ ὑμῖν χρησμῳδῆσαι, 另参色诺芬《回忆苏格拉底》30 节:

ἀνέθηκε μὲν καὶ Ὅμηρος ἔστιν οἶς τῶν ἐν καταλύσει τοῦ βίου προγιγνώσκειν τὰ μέλλοντα（见下一条注释）, βούλομαι δὲ καὶ ἐγὼ χρησμῳδῆσαί τι [苏格拉底接下去又说，荷马曾把预知未来的能力归于那些快要死的人，我现在也想预言一点未来的事情]（吴永泉译文）。色诺芬的这种说法明显是借用了柏拉图，但色诺芬拿过来却只是为了预言安虞托斯的儿子结局会很糟糕。色诺芬对民主派领袖有着个人性的深仇大恨，唯有柏拉图摆脱了这种狭隘的情感。

39c2-3：ἐν ᾧ μάλιστα ἄνθρωποι χρησμῳδοῦσιν [到了人们最能作出预言的时候]，[S甲注]古人认为，临近死亡时的想法更为神圣，濒死的人能够预见并预知未来的事情，见西塞罗《论占卜》1.30。尤斯塔修斯[①]在对《伊利亚特》的注疏中也讨论了这个问题（Rom.编本，页1089）。

[S乙注]古人相信，人离死亡（后来灵魂便与肉体分离）渐近，将死者就被赋予了预见的能力，而且人的精神（spirit）从物质的羁绊中解脱出来后，会混合天界（celestial world）更相宜的元素，因此就能够预言人间事物的进程。另参《伊利亚特》22.358，《埃涅阿斯纪》4.622（按：戴尔另加上了10.739；R注和K注还加上了莎士比亚《理查二世》2.1）。临近生命结束时，就有了预言的灵启，这种例子在《圣经》中也不鲜见，参《创世记》49章，《申命记》33章等。

[B注]"我现在已到了这样的阶段。"另参即将死去的帕特罗克洛斯所作的预言（《伊利亚特》16.851以下），以及快要死去的赫克托尔的预言（《伊利亚特》22.358以下）。临近死亡的人能够预言，这一信念来自 ψυχή [灵魂] 的原始观念，即"四肢活动，则灵魂沉睡"（品达，残篇131），但这种信念却揭示了灵魂在睡梦中和死亡时具有神圣性。色诺芬（在《回忆苏格拉底》中却似乎刻意避免尤斯塔修斯所持的那种观点）笔下的濒死的居鲁士说（《居鲁士的教育》8.7.21-22）：ἡ δὲ

---

① 尤斯塔修斯（Eustathius of Thessalonica, 1115—1195），希腊学者，以注疏荷马史诗《伊利亚特》和《奥德赛》名世。

τοῦ ἀνθρώπου ψυχὴ τότε δήπου θειοτάτη καταφαίνεται καὶ τότε τι τῶν μελλόντων προορᾷ· τότε γάρ, ὡς ἔοικε, μάλιστα ἐλευθεροῦται [在睡觉的时候，人的灵魂便会显示出它最具有神性的本色，并且能够把握住转瞬即逝、突然出现的东西，因为在这种时候，它或许与自由最为接近]（沈默译文）。

[A注] 西塞罗《论占卜》1.63以下：Appropinquante morte multo est divinior（省略了 animus），即，"灵魂在濒死时就会更为神圣"。西塞罗接着以一个罗德岛人（Rhodian）为例，详细阐述了将死之人的预言能力，此人说出了六个跟他年龄差不多的人的名字，并预言他们将来死亡的先后顺序。这种信仰在很多先民那里十分普遍。另参《斐多》85a。

[MP注] 神谕在《申辩》中是反复出现的主题，苏格拉底一直在强调他所选择的生活方式跟凯瑞丰所求到的神谕是有联系的。颇为反讽的是，现在由苏格拉底来向刚刚投票判处他的那些人发布预言。色诺芬在他的那篇"苏格拉底的申辩"中，也用了这个动词，但苏格拉底在那里的预言更露骨和直接（《申辩》30节）。

39c3-4：φημὶ γάρ [我宣布]，[SS注] 这两个词放在句首，这个位置就给苏格拉底的断言赋予了强烈甚至绝对（categorical）的语气。

[K注] 接下来的 ἀπεκτόνατε [杀害]，说得好像他已经被杀死了，法官那个判决就是明证。[按] 该词是完成时，故而K注如此理解，但加上一个"了"字，翻译成"杀死了我的人呐"，殊不合汉语习惯。

39c4：τιμωρίαν ὑμῖν ἥξειν [你们的报应……现世]，[S乙注] 据拉尔修和其他人说，苏格拉底的这个预言结果还真灵验了。雅典人天性易变，很快找到借口对那几个最不公正和毫不仁慈的控告者实施了严厉的报复。美勒托斯被撕成了碎片（按：原文如此。难道雅典有"车裂"或"五马分尸"？《名哲言行录》2.43只是说"处死了美勒托斯"），其他控告者及其党羽要么被驱逐流放，要么自行了断，而雅典人同时找到各种可能的办法来纪念苏格拉底，把他当作共和国的恩人。

[G注] "我一死，报应也会落到你们头上。"与下面41d那种宽恕的精神形成颇令人惊讶（curious）的对比，这个部分有一种挑衅的、几

乎报复性的口吻。"为苏格拉底报仇的人"也许就是那些曾经运用其方法来省察其他人的年轻门徒（23c）。但没有证据表明这样的行为在苏格拉底死后变得更盛了。据拉尔修（《名哲言行录》2.106和3.6），柏拉图和其他门徒很快就去了麦伽拉。

39c5-6：ἢ οἵαν ἐμὲ ἀπεκτόνατε [比你们投票杀死我这样的处罚]，[S甲注]"胜过你们加诸我的处罚，即判我死刑"。接下来的 τοῦ διδόναι ἔλεγχον τοῦ βίου，意思是"从你们被省察因而受到谴责的生活中"。

[B注] οἵαν ἐμὲ ἀπεκτόνατε 是 οἵαν τιμωρίαν τετιμώρησθε ἐμὲ ἀποκτείνοντες 的简略表达。

[MP注] τοῦ διδόναι ἔλεγχον 这个关联不定式修饰 ἀπαλλάξεσθαι。苏格拉底对自己的生活和事业的辩护，以及他坚持认为每个人都需要具备在讨论中（διδόναι ἔλεγχον）为自己的行为和态度辩护的能力，明确地把他置于西方文学中的忏悔传统之滥觞的地位。这种自传体传统被很多人追随，从奥古斯丁的《忏悔录》到蒙田、卢梭、富兰克林（Benjamin Franklin）、亚当斯（Henry Adams）以及许多其他人的著作。

39c7-8：πολὺ ἐναντίον [远远适得其反]，[SS注] ἐναντίος 有时可以被视为一个比较级，因此可以接 ἤ（ἐναντίος ἤ 如同 μείζων ἤ，如《王制》425a4，497e6,《泰阿泰德》175d6，吕西阿斯12.54）；相似地，它也可以带 πολύ（如 πολὺ μείζων）。最后一句的 ὑμεῖς δὲ οὐκ ᾐσθάνεσθε [只是你们没有察觉到而已]，即省略了 κατέχοντός μου αὐτούς [我拦着他们]。

[按] 原译为"你们搞错啦，结果远远适得其反"。

[MP注] 请注意 κατεῖχον 不大常见的词首增音形式。那些听过苏格拉底谈话的年轻人，毫无疑问要兴奋不已地在他们的长辈们身上实践苏格拉底的技艺，另参33b-c。然而，在雅典还有另外一些更为严肃的人也在践行着"苏格拉底式"的谈话，我们应该想到阿波罗多罗斯（另参34a2和38b8）和阿里斯托得莫斯之类的人，他们刻意模仿苏格拉底，甚至于也像一个白痴那样光着脚到处溜达的程度。然而，最重要的当然是柏拉图本人，他的对话除了纪念苏格拉底以外，就是时常批评雅典及其人民。

39c8：πλείους ἔσονται［还会有更多的人］，［B注］苏格拉底虽然很可能说过这样的或诸如此类的话，但它无论如何都是《苏格拉底传》(viri socratici) 的安排而已。柏拉图试图在苏格拉底死后，通过让苏格拉底的声音再次响起而把这句话展示出来。人们一直把 οὓς νῦν ἐγὼ κατεῖχον［只是我迄今一直都在拦着他们］这样的字句用来支持这样的论点，也并非毫无道理，即柏拉图的所有著作都不是在苏格拉底去世之前撰写的。当然，那应该是自明的。

［S丙注］格罗特看到这种预言并没有实现，就以此认为苏格拉底在《申辩》中的辩护在历史上是真实的。也许对于柏拉图来说，各种各样的苏格拉底学派之兴起，就已经应验了那个预言。

他们会更严厉，因为他们更年轻，你们也将会更加恼羞成怒。如果你们以为用杀人的办法，就可以让那些责备你们没有［d5］正确过日子的人闭嘴，那么，这如意算盘打得真不好，因为这种摆脱方法既全然办不到，也实在不高尚。相反，那种最高尚也最容易的摆脱方法，不是打压别人，而是努力把自己变得尽可能良善！对你们这些投票判我罪刑的人，作完这些预言，我也就解脱啦！［καὶ χαλεπώτεροι ἔσονται ὅσῳ νεώτεροί εἰσιν, καὶ ὑμεῖς μᾶλλον ἀγανακτήσετε. εἰ γὰρ οἴεσθε ἀποκτείνοντες ἀνθρώπους ἐπισχήσειν τοῦ ὀνειδίζειν τινὰ ὑμῖν ὅτι οὐκ ὀρθῶς ζῆτε, οὐ καλῶς διανοεῖσθε· οὐ γάρ ἐσθ᾽ αὕτη ἡ ἀπαλλαγὴ οὔτε πάνυ δυνατὴ οὔτε καλή, ἀλλ᾽ ἐκείνη καὶ καλλίστη καὶ ῥᾴστη, μὴ τοὺς ἄλλους κολούειν ἀλλ᾽ ἑαυτὸν παρασκευάζειν ὅπως ἔσται ὡς βέλτιστος. ταῦτα μὲν οὖν ὑμῖν τοῖς καταψηφισαμένοις μαντευσάμενος ἀπαλλάττομαι.］

39d4：ἐπισχήσειν［让……闭嘴］，［按］几乎所有的译本都处理为"阻止"，亦可。该词另有"关闭"和"关上"之意，故而译作"闭嘴"，意即悠悠之口不能靠杀人堵上。39d3 的 ἀγανακτήσετε，本义是"恼怒"，另见34c1和35e1。

39d5-6：αὕτη ἡ ἀπαλλαγή［这种摆脱方法］，［B注］即c7的τοῦ διδόναι ἔλεγχον τοῦ βίου［受人盘诘的生活］。［A注］"摆脱的方式"。

第九章　最后预言　683

39d7：μὴ τοὺς ἄλλους κολούειν [不是打压别人]，[S甲注] κολούειν本来指"切断"和"肢解"，在这里引申为"阻止任何事情，使之不能完成"，"中断某人的事业"，"控制某人，让他不敢做自己想做的事情"。前面d2的 καὶ χαλεπώτεροι [更严厉]，省略了 τοσούτῳ [如此大，这么多]。

[A注]"不要压制其他人"。另参《欧蒂德谟》305d5-7：ἐν δὲ τοῖς ἰδίοις λόγοις ὅταν ἀποληφθῶσιν, ὑπὸ τῶν ἀμφὶ Εὐθύδημον κολούεσθαι [但每当他们自己的言辞被抓住时，便是欧蒂德谟身边的那些人将其断绝]（万昊译文）。

[MP注]"但那种（慰藉）非常好而且容易，不要压制别人，相反自己准备变得尽可能好。" παρασκενάζειν [努力（准备）]与 κολούειν [打压] 平行，因此描述了另一种 ἀπαλλαγή [摆脱方法]。决定采取一切方法变得尽可能好，就可以叫做对痛苦生活的"慰藉"或"摆脱"。苏格拉底在《高尔吉亚》中大量讨论这同一个主题，他努力让卡利克勒斯相信，活得没有节制的僭主是最痛苦的人（另参《王制》卷一和九）。然而，苏格拉底这里不是要论证那种观点，最好把它理解为一种轻微的破格文体，好让苏格拉底去对比这两个不定式。

39d8-9：ταῦτα μὲν οὖν ὑμῖν τοῖς καταψηφισαμένοις [对你们这些投票判我罪刑的人]，[SS注] 这里话锋一转，可比较吕西阿斯（12.95）从他对"城邦"这一方的法官所说的某些恐吓性的推荐话语，转到对那些属于"佩莱坞斯"这一方的人所说的更为暖心的建议。

[按] 最后一个单词 ἀπαλλάττομαι，就是37d2、39c6-7，d5和41a1的"摆脱"，几乎所有人都译作"离开"，这里或者是在双关：（一）苏格拉底说完之后，就该去受死，从而告别人世，即，"摆脱生命（的羁绊）"；（二）苏格拉底对之作出预言的那些人即便借用杀人的办法，也无法摆脱后来人对他们的盘诘，但苏格拉底在预言之后，却能够轻松而高尚地摆脱这帮人，因为苏格拉底自己已经修炼到"尽可能良善"的程度。这里译作"解脱"，就是力图保住双关的味道。艾伦的译本认为伯内特的解释可能还不够，应该还有更多的含义，参《论财产交换》18-20，以及《名哲言行录》2.43。

第十章　生死告白

39e1–41c7

章　旨

[MP注]苏格拉底的 $\delta\alpha\acute{\iota}\mu\omega\nu$ 究竟什么性质，长期以来都争论不休。很多现代读者容易把它比作良知的声音。我们跟古人不同，生活在现代心理科学建立起来的世界里，也有了弗洛伊德对超我（superego）、自我（ego）和本我（id）的分析。古代的那种观念说，有一种内在的声音，在我们要做错事时警告我们，对我们来说就太陌生了。以前的作家对苏格拉底的 $\delta\alpha\acute{\iota}\mu\omega\nu$ 的理解大不相同。公元2世纪的哲学家兼传记作家普鲁塔克，在其《论苏格拉底的个人神灵》(On the Personal Deity of Socrates)中，实际上就把它假定成一种个人性的守护神，在天上俯视着苏格拉底以及其他一些幸运儿，并指导着他们（588b–593a）。这显然是后来兴起的旨在保护人的天使观念的先驱。然而，无论是现代人还是普鲁塔克，他们的理解都严重地搞错了时代。在色诺芬的《申辩》中，苏格拉底亲自把他的daimon与当时流行的占卜经验做过直接的比较，而那种占卜经验并没有引起什么特殊的看法：

> 至于说到新神，我只是说神明的声音向我显明，指示我应该做的事罢了，这怎么能说是引进新神呢？而且那些根据飞鸟的鸣声和人们的语言来求得神的启示的人，毫无疑问，也都是凭声音来判断的呀。难道还有人会争论打雷是否发出响声或者它是否最大的预

兆吗？难道守候在三足鼎旁的普骚女祭司本人不也是通过声音来传达神明旨意的吗？此外，神明预知未来的事，并把它指示给他所愿意指示的人，肯定也是如此；我所说的和众人所说、所想，完全一样。只是他们把那预示未来的事物叫做灵鸟、神谕、兆头、先知，而我则是把它叫做守护神（δαιμόνιον）罢了。（12—13，吴永泉译文）

简言之，苏格拉底在这里力证他的 δαίμων 真不是什么非同寻常的东西。

这个部分是《申辩》整体上最后的神话和诗学的终曲。一方面，从戏剧的角度来看，它的目的是要安抚支持苏格拉底的人：刚才发生的绝不是什么灾难。另一方面，从这部对话作品来看，这部分显然在整个著作的架构中起着某种作用。

苏格拉底毕生致力于宣扬一种理性的研究进路。那么，柏拉图让苏格拉底在这里引入一段冗长的神话，这种离题之举似乎就太怪异了。实际上，色诺芬对这场演讲的记录就没有这一类材料。但不管历史上的苏格拉底是否在受审时或任何地方讲过这个话题，柏拉图显然都认为这是《申辩》恰当的结尾方式。这种关于死后生活的神话学附言，在很多方面都类似于《王制》《高尔吉亚》和《斐多》收尾的方式。

我们不大明白他采用这种策略的意图，当然，这三篇对话实在太过复杂，不可能在这里详细分析。不过，我们可以就这种离题的神话在《申辩》中究竟起到什么作用稍微说两句。在离题的神话中，我们从尘世的审判转移到了超越的层面上，前者的焦点在于凡人琐碎的恐惧、焦虑和妒忌，而在超越性的水平上，人类的这些局限性即便没有得到彻底的超越，至少也不再是我们灵魂的主要束缚。

这里的神话本身就表现了苏格拉底形式特别的反讽。这里的神话并非支持苏格拉底的那些人必须同意的逻辑前提，他们不会把它当成苏格拉底质询和回应的一个部分。实际上，对这个问题根本就没有过哲学上的检审。由于苏格拉底是根据道听途说（τὰ λεγόμενα）来构建自己对死后生活的想象，所以支持他的那些人虽然有待思考它，却并没有被要求一定要认可它。有了这样一种可用的经纬范围（latitude），苏格拉底就可以自由自在地把冥府（Hades）想象成哲学家的天堂（尽管对那些肉眼凡胎的对话者来说，也许这一想象并不那么惬意），这种理解与那些很快就要处死他的雅典人心理状态截然不同。因此，这样一种论述与其说是在论证不可知未来的性质，不如说是为当下提供了一个反讽性的视角。

［39e］对那些投票判我无罪的人，我乐于跟你们谈谈刚刚发生的这么一件事情，趁这会儿官老爷们还没得空，我也还没有去往我必须领死的地方。那么，诸君，请再跟我待上那么一小会儿吧。既然还有可能，［e5］就没有什么可以阻止我们相互交谈！因为我准备像对待朋友那样，［40a］把刚刚发生在我身上的那件事究竟意味着什么，好好讲给你们听。［Τοῖς δὲ ἀποψηφισαμένοις ἡδέως ἂν διαλεχθείην ὑπὲρ τοῦ γεγονότος τουτουῒ πράγματος, ἐν ᾧ οἱ ἄρχοντες ἀσχολίαν ἄγουσι καὶ οὔπω ἔρχομαι οἷ ἐλθόντα με δεῖ τεθνάναι. ἀλλά μοι, ὦ ἄνδρες, παραμείνατε τοσοῦτον χρόνον· οὐδὲν γὰρ κωλύει διαμυθολογῆσαι πρὸς ἀλλήλους ἕως ἔξεστιν. ὑμῖν γὰρ ὡς φίλοις οὖσιν ἐπιδεῖξαι ἐθέλω τὸ νυνί μοι συμβεβηκὸς τί ποτε νοεῖ.］

39e1-2：ὑπὲρ τοῦ γεγονότος τουτουῒ πράγματος ［刚刚发生的这么一件事情］，［A注］"有利于这件即将通过的事情"。苏格拉底接着说，死亡对他不是一件坏事。这里的 ὑπέρ 意思不仅仅是 περί，尽管在阿提卡人文献中尤其是亚里士多德笔下，ὑπέρ 常常等于 περί。另参上文23e4（按：那里翻译为"替"，本义是"为了"。或可译作"代表"）。

［B注］这里的 ὑπέρ 就等于 περί，正如在演说家那里常常看到的那样。这种用法在柏拉图笔下当然不常见，但亚当的解释"有利于这件即将通过的事情"却不那么令人信服。

［按］"刚刚发生的这么一件事情"应该是40a3以下的"神迹"或"精灵"故事。

39e2-3：ἐν ᾧ οἱ ἄρχοντες ἀσχολίαν ἄγουσι ［趁这会儿官老爷们还没得

空］，［S甲注］即"十一人委员会正忙着"。按照惯例，法官们会把判刑遭处罚的人移交给十一人委员会，后者的职责就是命令自己的助手们把罪犯带到监狱里，并对之施以规定的处罚。ἐν ᾧ，意为"同时""当……的时候"，另参《王制》498b，《泰阿泰德》196e和190e。接下来的οἱ ἐλθόντα ... τεθνάναι，即εἰς τὸ δεσμωτήριον［进监牢］(按：A注亦同)。

［B注］法官们在回家之前还有一些事情要决定，可以自然地推想，βασιλεύς［王者执政官］和十一人委员会在把这些事情正式提交给法庭之前，还会商量一下。

［MP注］很可能他们需要安排如何把苏格拉底转移到监狱去。如果他们一直都以为苏格拉底会乖乖地流亡，那么他们现在很可能措手不及、毫无准备。

39e3：ἐλθόντα με δεῖ τεθνάναι［去往我必须领死］，［MP注］"我必须走了，并且被处死。"实际上，我们从《斐多》(58a-c)和《克里同》(43c9-d6)可知，处决苏格拉底的事情推后了好一段时间。我们很容易忘记，柏拉图在撰写《申辩》时，他当然知道处决推后了。

39e4：τοσοῦτον χρόνον［那么一小会儿］，［SS注］"这么短的时间"。τοσοῦτος和τοσόσδε既可表示大数额(如时间)，也可表示小数量，另参《希英大词典》τοσοῦτος词条，以及下文41e1。［MP注］即，官老爷所允许的时间范围内。

39e5：διαμυθολογῆσαι［相互交谈］，［S甲注］即拉丁文的confabulari［谈论］，另参《斐多》70b5-7：ἀλλὰ τί δὴ ποιῶμεν; ἢ περὶ αὐτῶν τούτων βούλει διαμυθολογῶμεν, εἴτε εἰκὸς οὕτως ἔχειν εἴτε μή;［可是，我们该做什么呢？或者你愿意我们来讲讲故事，说说这些事情看似就是如此，抑或不是］(刘小枫译文)。

［B注］"相互交谈"。该词毫无"神话"之意。伊奥尼亚的μῦθος (等于阿提卡的λόγος)还保存在复合词中，其意思无非是διαλεχθῆναι［交谈］。

［S丙注］请注意，这里没有用διαλέγεσθαι，也许是因为柏拉图打算

给自己41a-c中的想象套上缰绳。关于 μῦϑος［神话］与 λόγος［理论］的区别，另参《斐多》61b3-4：ἐννοήσας ὅτι τὸν ποιητὴν δέοι, εἴπερ μέλλοι ποιητὴς εἶναι, ποιεῖν μύϑους ἀλλ' οὐ λόγους［我才想到，一位诗人如果算得上诗人，就得制作故事而非制作论说］（刘小枫译文）。另参《普罗塔戈拉》320c 和 324d,《高尔吉亚》523a。

［MP注］该词在柏拉图笔下极少出现，另外还有两次都出现在明显思辨的语境中，一次是《法义》的开头处（632e4），另一次是《斐多》（70b6）当中对灵魂不朽的证据的讨论。从 διαλέγειν（39e1）转变到 διαμυϑολογῆσαι，这表明话题要转到更为思辨的语域，因为苏格拉底打算对他认为跟自己合得来的那些人讨论自己对死后生活的看法（按：这种解释稍显牵强，似乎很难成立）。

［K注］苏格拉底这样说，是要向大多数深陷悲痛和焦虑的朋友们保证，尽管他刚才被人判处死刑，但他的灵机却镇定无扰，他不仅还完全能够继续就威胁他的死亡问题作一番哲学交谈，而且尤其急迫地想以这种交谈来安抚他们。注意，接下来的句子中五次出现 γὰρ 一词。

［按］διαμυϑολογῆσαι 这个词在《柏拉图全集》中共出现了三次，一般译作"交谈"即可，虽然该词的主干是"神话"和"故事"。《斐多》70b6（刘小枫译作"讲讲故事"），《法义》632e4（林志猛译作"交谈"，我译作"神侃"）。《申辩》此处，王太庆译作"敞开来扯一扯"，吴飞译作"聊聊天"。

40a1：ἐϑέλω［准备］，［B注］"我准备"把你们当成我的朋友而向你们解释（但我肯定不会屈尊对剩下的人这样做）。请注意，ἐϑέλω 在柏拉图笔下从来不表示"我希望"（βούλομαι）。在看起来有这种意义的地方，总会解释成另外一个意思。我认为，我们完全可以想象，苏格拉底的支持者簇拥着他，听他这场最后的演说。苏格拉底不大可能在 βῆμα［审判台］上发表这场最后的演讲。最后的 τί ποτε νοεῖ，意思是"它的意思究竟是什么"。［按］"准备"把你们当朋友，难道还不是朋友？苏格拉底只是随口说说（有如口头禅），或者这只是一种习惯用法，并没有特别的含义？

40a1-2：τὸ ... συμβεβηκὸς[发生的事]，[MP注]"发生在我身上的那件事"。苏格拉底把这场判决理解为是以他以前跟神迹打交道为根据的，那个神迹以前总是否决并阻止他干错事。这一天当中，δαιμόνιον[神灵]一直没有出现过，这就让苏格拉底间接地确信，他的所作所为正符合了神意。关于δαιμόνιον的讨论，另参24c1。

那就是，诸位法官——我称你们为法官，因为这才是正确的叫法——那就是在我身上发生的一件奇怪的事情。那个惯于向我发布预言的神灵[声音]，[a5]以前总是极为频繁地反对我，哪怕是一些极小的事情，假如我打算要做什么不恰当的事情的话。[ἐμοὶ γάρ, ὦ ἄνδρες δικασταί—ὑμᾶς γὰρ δικαστὰς καλῶν ὀρθῶς ἂν καλοίην—θαυμάσιόν τι γέγονεν. ἡ γὰρ εἰωθυῖά μοι μαντικὴ ἡ τοῦ δαιμονίου ἐν μὲν τῷ πρόσθεν χρόνῳ παντὶ πάνυ πυκνὴ ἀεὶ ἦν καὶ πάνυ ἐπὶ σμικροῖς ἐναντιουμένη, εἴ τι μέλλοιμι μὴ ὀρθῶς πράξειν.]

40a2：ἐμοὶ γάρ[我]，[SS注]γάρ引入已经宣布过的东西（丹尼斯顿在《希腊语小品词》，前揭，59.2），下文40a4和b7也是同样的用法。

40a2：ὦ ἄνδρες δικασταί[诸位法官]，[SS注]参伯内特对17a1的注疏。苏格拉底在这里既不是在赞扬陪审团成员们的能干，也不是在赞扬他们公正，因为苏格拉底深信，几乎没有人懂得什么是正义从而准备按照正义的要求来行事。因此，苏格拉底在整个辩护过程中，从来没有用过ὦ ἄνδρες δικασταί[法官大人]来称呼陪审团，而前面唯——次出现这个称呼，乃出于美勒托斯之口，当时他不是在回答苏格拉底，而是向陪审团说的，美勒托斯很恰当地用上了那个词（26d4）。

40a3：ὀρθῶς ἂν καλοίην[这才是正确的叫法]，[B注]"我要在该词恰当的意义上来使用它。"到目前为止，苏格拉底一直都只称呼ὦ ἄνδρες Ἀθηναῖοι[雅典人呐]。既然苏格拉底的听众都同情他，那么他也就可以更加明确地谈论死亡的本质问题，尽管比不上跟《斐多》中那些"少而精"（fit though few）的听众谈得那么明确。至于ὀρθῶς指"在该词本来的意义上"，另参《斐多》67b4及我的注疏。

[按] 伯内特在《斐多》67b4中释作 in the true sense of the word 和 have a right to the name。吴飞译作"我叫你们法官，才叫得对了"，比较贴近原文。

40a4：εἰωθυῖά μοι μαντικὴ ἡ τοῦ δαιμονίου[那个惯于向我发布预言的神灵（声音）]，[S甲注]我不同意施莱尔马赫的说法，他认为 ἡ τοῦ δαιμονίου 是（篡入正文的）注释，因为柏拉图习惯于把那个东西叫做 τὸ δαιμόνιον，还因为他在用一个名词性实词，如 μαντικὴ[占卜，神谕]，φωνή[声音]，或 σημεῖον[神迹]，来表达同一个东西时，要么不加任何修饰词，要么加上 τοῦ θεοῦ，而不是加 τοῦ δαιμονίου。尽管找不到每一个方面都跟这句话相似的其他例子，我也认为保险的做法还是遵从所有这些抄本。我甚至认为此处的确需要这样的词句。因为，εἰωθυῖά μοι μαντικὴ 会显得较为含混，我们不大明白 μαντικὴ 所描述的那个东西究竟是什么意思，因此，他加上了 ἡ τοῦ δαιμονίου，意思是"也就是由于我以前提到过的那个精灵"，毕竟，ἡ μαντικὴ 不是指那个东西（精灵）本身，即，不是指苏格拉底在谈起自己的 δαιμόνιον 所指的那个东西，而是指 δαιμόνιον 的效果。

[S乙注] 即 φωνή[声音]。苏格拉底在前面（31d3）说到过这种 φωνή，把它叫做 θεῖόν τι καὶ δαιμόνιον[某种神圣的和精灵似的东西]，某种具有仙气的和天使般的东西。苏格拉底在此处更直接地把它说成他的护卫精灵即 τοῦ δαιμονίου 所具有的警示和劝诫的作用。施莱尔马赫把 ἡ τοῦ δαιμονίου 当作 μαντικὴ 的释文而予以删除，但苏格拉底显然是想在这里表达他的精灵中介起作用的方式，及其所起作用的性质。

[B注] 施莱尔马赫可能是对的，他认为这些词是衍文，人们插入这些文字时，尚把 δαιμόνιον 视为熟悉的精灵。即便这几个词是原文，在柏拉图作品中也是独一无二的，因为他只有两次说到过 τὸ δαιμόνιον，一次是《游叙弗伦》3b5，一次是《泰阿泰德》151a4，两处都与 γίγνεσθαι 连用，而且柏拉图似乎刻意避免在间接格（oblique case）中使用这个表

达法。《忒阿格斯》128e5虽然是 ἡ φωνὴ ἡ τοῦ δαιμονίου，但那里正好是标明一种"非柏拉图式"的对话。

[SS注] 如我们前面（33c4-7）所见，苏格拉底认为神意（divine message）可以通过各种各样的渠道传达给凡人，而这些渠道总体上构成"占卜"，即 μαντική，神谕和睡梦。我们在这里第一次听说苏格拉底的"神迹"（divine sign）也包含在这个总体中。色诺芬（《回忆苏格拉底》1.1.2-4）也把这种神圣的声音算在 μαντική 内，但那是一种非常辩白性的方式，其目的是要表明，引起美勒托斯猜疑的 δαιμόνιον σημεῖον [神迹] 是一种相当正常的现象，符合希腊宗教思想的传统范畴。柏拉图绝没有辩白性的意图，毕竟审判已结束，苏格拉底是对那些投票判他无罪的人说话。因此，与色诺芬的记载相比，此处才是理解"神迹"更好的语境。正如伯内特所说，ἡ τοῦ δαιμονίου 也许是衍文，"可追溯至 δαιμόνιον 被认为是大家很熟悉的精灵之时"。还有，在古典希腊语中，τὸ θεῖον 和 τὸ δαιμόνιον 常常用来指"神性"和"天"。因此，这里的含义就是"通常会向我显灵的神明的神示"（that kind of message from divinity that normally comes to me）。但是，正如伯内特所指出的，τὸ θεῖον 和 τὸ δαιμόνιον 这样的表达法很少用于间接格中。

[按] 虽然伯内特认为这几个词是误植的衍文，但他也将其保留在自己的校勘本中。新版"牛津古典文本"（1995年）保留了，而最新的MP本也没有删去。另，μαντική，大多译作 prophetic power，但与39c的 χρησμῳδῆσαι 似乎无法区分。该词也有"先知"的意思。此处实难处理，字面意思是"我惯有的那种神灵般（或神圣）的预言能力"，原拟依据S甲本的理解，译作"那个惯于向我发布神示的灵机，也就是我一直都有的那种精灵似的东西［的声音］"，意思可能更清楚些，但稍嫌啰唆。

40a5-6: πάνυ ἐπὶ σμικροῖς [哪怕是一些极小的事情]，[S甲注] 本来的词序应该是 ἐπὶ πάνυ σμικροῖς，因为 πάνυ 起强调作用。亦见于《欧蒂德谟》305c9和e1，《斐多》110c，《王制》509b，《游叙弗伦》14e，《克拉提洛斯》413c。

［B注］"在相当微不足道的场合"（关于这里的词序，另参36a4注）。这种用法更好的例子见《欧蒂德谟》272e2-4：καὶ ἤδη ἐν νῷ εἶχον ἀναστῆναι· ἀνισταμένου δέ μου ἐγένετο τὸ εἰωθὸς σημεῖον τὸ δαιμόνιον. πάλιν οὖν ἐκαθεζόμην（令人欣喜的是，他结果没有与那些伟大人物即欧蒂德谟和狄俄尼索多罗斯擦肩而过）［随即便有了起身离开的念头。当我正站起来时，那常伴随我的精灵现身了。于是我再次坐下］（万昊译文）；《斐德若》242b8-c2：Ἡνίκ' ἔμελλον, ὠγαθέ, τὸν ποταμὸν διαβαίνειν, τὸ δαιμόνιόν τε καὶ τὸ εἰωθὸς σημεῖόν μοι γίγνεσθαι ἐγένετο—ἀεὶ δέ με ἐπίσχει ὃ ἂν μέλλω πράττειν—καί τινα φωνὴν ἔδοξα αὐτόθεν ἀκοῦσαι（结果他在离开之前还能够向那位被自己得罪了的神明净罪）［我正想要跨过这水溪时，我的好人儿，那个精灵般的东西和它惯有的迹象就到我身上啦。它总是阻止我做我正要做的事——我觉得这一刻听见某个声音］（刘小枫译文）。正如我们在前面（31c7以下）所看到的，那种"神迹"最重要的禁令就是制止苏格拉底参政，但即便如此，那也仅仅是从后果来看的。所以，这里的 εἴ τι μέλλοιμι μὴ ὀρθῶς πράξειν，意思仅仅是"假如我要做什么不恰当（amiss）的事"，也就是某种不幸的倒霉事，而不是"假如我要做什么错事"，下文（c3）的 εἰ μή τι ἔμελλον ἐγὼ ἀγαθὸν πράξειν［除非我打算干的是一件没有好处的事情］就清楚地说明了这一点（另参彼处注释）。

［SS注］这一行里两次出现 πάνυ，也许要强调其口语文体（另参39e1的 διαλεχθείην 和e5的 διαμυθολογῆσαι），而a7的两处 -ί，也是同理。但也许不仅于此：柏拉图也许想强调自己论证所依靠的双重对比，即"常见"对"未见"，"无关紧要"对"至关重要"。关于此处的词序，可参H. Thesleff的《早期和古典希腊语中的强化手法研究》(*Studies on Intensification in Early and Classical Greek*, Helsingfors 1954），页70。

40a6：εἴ τι μέλλοιμι μὴ ὀρθῶς πράξειν［假如我打算要干什么不恰当之事的话］，［SS注］另参下文b3的 μέλλοντί τι ἐρεῖν［打算讲什么话］。这里的 πράξειν 显然要在最宽泛的意义上来理解（也就是包含"说"，另参b5的注释）。δαιμόνιον［神灵］在其他地方的行为表明，苏格拉底所谓 μὴ ὀρθῶς πράξειν，不是指道德上不正确的行动，而是指去做其结果会显得不那么有利的行为。ὀρθῶς πράξειν 本来的意思是"做正确的事情"，要么以伦理为标准（如《美诺》97c1和《高尔吉亚》488a2），要么以τέχνη［技艺］的要求为根据（如《卡尔米德》171b9和e4，《欧蒂德谟》280a8，291c10和301d2）；它有时也伴以成就和成功，如《欧蒂德谟》280a7-8的ἀνάγκη（省略了τὴν σοφίαν）ὀρθῶς πράττειν καὶ τυγχάνειν［必然行动得当、时机得宜］（万昊译文），另参a6的εὐτυχεῖν；《普罗塔戈拉》332a6-7：Πότερον δὲ ὅταν πράττωσιν ἄνθρωποι ὀρθῶς τε καὶ ὠφελίμως［要是人们做事情既正确又有益］（刘小枫译文），以及b1-2：οἱ μὴ ὀρθῶς πράττοντες ἀφρόνως πράττουσιν［那些不正确地做事的人岂不是做事没节制］（刘小枫译文）。伯内特的解读是正确的。

但现在，你们亲眼看到发生在我身上的这件事了吧，也许有的人认为，并且有的人确实相信，它是一桩糟糕透顶的坏事。然而，［40b］那种神明的征兆却并没有反对过我，无论是我一大清早从家里出来，还是到这里出现在法庭上，抑或是我在发言过程中打算讲什么话的时候，统统都没反对过。可是，我在其他场合讲话时，它却老是在我说话的当儿要我闭嘴。而今［b5］在这件事上，不管我做什么，也不管我说什么，它一直都丝毫没反对我。[νυνὶ δὲ συμβέβηκέ μοι ἅπερ ὁρᾶτε καὶ αὐτοί, ταυτὶ ἅ γε δὴ οἰηθείη ἄν τις καὶ νομίζεται ἔσχατα κακῶν εἶναι· ἐμοὶ δὲ οὔτε ἐξιόντι ἕωθεν οἴκοθεν ἠναντιώθη τὸ τοῦ θεοῦ σημεῖον, οὔτε ἡνίκα ἀνέβαινον ἐνταυθοῖ ἐπὶ τὸ δικαστήριον, οὔτε ἐν τῷ λόγῳ οὐδαμοῦ μέλλοντί τι ἐρεῖν. καίτοι ἐν ἄλλοις λόγοις πολλαχοῦ δή με ἐπέσχε λέγοντα μεταξύ· νῦν δὲ οὐδαμοῦ περὶ ταύτην τὴν πρᾶξιν οὔτ᾽ ἐν ἔργῳ οὐδενὶ οὔτ᾽ ἐν λόγῳ ἠναντίωταί μοι.]

40a7：συμβέβηκέ［发生］，［MP注］该词的主语是第一个从句之后的ταυτί。这个句子为苏格拉底重新评价自己所遇到的"可怕"现状提供了平台。如果情况真是看上去那么可怕的话，那个δαιμόνιον［精灵般的东西、神灵］就会劝阻苏格拉底不要去追求自己一直追求的东西。苏格拉底论证道：既然它没有劝阻，那么事情的后果和结果就必定不糟糕。

40a7-8：ἅ γε δὴ οἰηθείη ἄν τις καὶ νομίζεται [也许有的人认为，并且有的人确实相信]，[A注] νομίζεται 的主语是由 ἅ γε 提供的首语重复的代词。在连接词之后的代词（按照英语惯用法）如果是一种间接格，那么首语重复的代词就要表达出来，如《高尔吉亚》452d，《泰阿泰德》192a，《王制》505e。同样的惯用法也见于拉丁语中，如西塞罗《演说家》9节，而且英语中也不是没有，如 Against his Deity, which then I knew not, Nor did believe in him——按：英国剧作家马辛杰（Philip Massinger, 1583—1640）的话。

[B注] καὶ νομίζεται，"而且也一般被视作……"。根据规则，关系词在另一个场合中可以不重复。

[SS注] καί 经常连接两个从句，第二个从句是第一个的逻辑结果。这句话意思是"也许会被合理地认为，以及实际上被视作"。另参特伦克纳《阿提卡口语叙述中 kai 的特征》(S. Trenkner, *Le style kai dans le récit attique oral.* Assen 1960)，页36及下页。尽管苏格拉底拒不认为死是坏事，但他理解并且甚至把自己当成（参40c1注）那些如此认为的人。οἴομαι 用来指某种特定场合中形成的意见，而 νομίζω 则指一种确信，另参《王制》584d3-7：Νομίζεις τι, εἶπον, ἐν τῇ φύσει εἶναι τὸ μὲν ἄνω, τὸ δὲ κάτω, τὸ δὲ μέσον; —Ἔγωγε.—Οἴει οὖν ἄν τινα ἐκ τοῦ κάτω φερόμενον πρὸς μέσον ἄλλο τι οἴεσθαι ἢ ἄνω φέρεσθαι ["你是否相信，"我说，"事物的本性中有上、中、下三个部分？""我相信。""那你是否认为，当某人从下部移到了中部，他还能有别的什么想法，不相信自己往上移了？"]（王扬译文。按：似乎没有体现出这两个词的差别）。另参581d10-e1。

40b1-6：ἠναντιώθη ... ἠναντίωταί [反对……一直（没）反对]，[SS注] 不定过去时（按：即 ἠναντιώθη）指在某种特定场合中（没有）发生的单一事件，后面用完成时（按：即 ἠναντίωταί），是因为那件事在一段持续到现在的时间内根本就没有发生。T抄本把b6也改成了 ἠναντιώθη，要么是想调整得更加规范，要么是因为执拗而犯的错误。

40b1：*τὸ τοῦ θεοῦ σημεῖον*［神明的征兆］，［B注］"神明的征兆"。如果还需要什么证据的话，那么，这个短语就证明了，毫无疑问有着某种特别的 *δαιμόνιον* 或 "神灵"（genius）。这种"神迹"既是 *θεῖόν τι*［神样的东西］，也是 *δαιμόνιόν τι*［精灵似的东西、神灵］（31c8），然而，却既不是一位 *θεός*［神明］，也不是一个 *δαίμων*［精灵］。

40b2：*ἀνέβαινον ἐνταυθοῖ ἐπὶ τὸ δικαστήριον*［到这里出现在法庭上时］，［S乙注］见西塞罗《论占卜》1.54（按：这是旧时的章节标法，现通行的标法应为1.124）："然而，那位哲人在被亵渎神灵地判决有罪之后，还说了一番更庄严和神圣的话：他会死得心平气和，因为他在离家时，以及他登上审判台为自己辩护时，神明都没有给予任何迹象表明有什么坏事要发生，就像以往一样。"

［A注］"来到这里出庭的时候"。西塞罗《论占卜》1.124中把 *ἀνέβαινον* 的前缀 *ἀνα*- 理解得太字面化了。另参17d2的 *ἐπὶ δικαστήριον ἀναβέβηκα*［出庭登台］。

［B注］西塞罗《论占卜》1.124至少表明他学到的就是这样来阐释 *ἀναβαίνω*。紧接着的 *οὔτε ἐν τῷ λόγῳ οὐδαμοῦ*，意思是"在我的发言中没有任何一点"。

［SS注］*ἀνέβαινον* 的意思是"我出现（在法庭）"。另参伯内特对17d2的注疏。另参《欧蒂德谟》305c2，安多咯德斯1.23。西塞罗《论占卜》1.124中的 illud suggestum, in quo causam dixerat, ascendenti，翻译出的是词源意思而不是在文本中的意思。

40b4：*λέγοντα μεταξύ*［说话的当儿］，［S甲注］"在我说话的这个时候"，"在我说话中间"。另参《忒阿格斯》128e，《王制》336a。

［S乙注］*μεταξύ* 无论如何都要精炼地与表示"之间"（inter）这种意思的分词连用，就像拉丁语的 dum 与动名词连用，也像英语的 while、during 或 in the middle of 一样。

［SS注］这个说法无法为柏拉图其他著作所证实：那个 *δαιμόνιον*［精灵般的东西、神灵］阻止行动，而不是阻止言辞，另参《斐德若》

242b8-c3，它在那里不让苏格拉底过河，除非他先说一番悔罪的话，当然，它在理论上也阻止了苏格拉底讲出他以前那套关于爱神（Eros）的说辞。但要想到，至少是"戏剧性"的对话中，柏拉图在一段话中间如何去描述苏格拉底被自己的 δαιμόνιον 所阻，也的确不容易。

[按]或可译作"谈兴正浓"或"讲得兴高采烈时"。这里的"闭嘴"与前面39d4的 ἐπισχήσειν 是同一个词，一般译作"阻止"。

40b4-6：νῦν δὲ ... ἠναντίωταί μοι[而今……反对我]，[SS注]在插入了一个对比句子（b3-4）后，这个句子重新讲述了b1-3已经说过的话，因此就是ABA结构，另参多兹对《高尔吉亚》452e6的注疏以及附录中对aba结构的解释。

40b5：περὶ ταύτην τὴν πρᾶξιν[在这件事情上]，[A注]"在这件事情上"。πρᾶξις[事情]既包括 ἔργον[行]，也包括 λόγος[言]。

那么，我究竟该如何理解这其中的缘由呢？我且给你们这么说吧，也许在我身上发生的这件事本身就是好事，我们当中如果有人认为死是坏事，[40c]就绝对想错了。我对此可是有无可争议的根据哟，因为我那熟悉的征兆根本就没有反对我，除非我打算做的是一件没有好处的事情。[τί οὖν αἴτιον εἶναι ὑπολαμβάνω; ἐγὼ ὑμῖν ἐρῶ· κινδυνεύει γάρ μοι τὸ συμβεβηκὸς τοῦτο ἀγαθὸν γεγονέναι, καὶ οὐκ ἔσθ᾽ ὅπως ἡμεῖς ὀρθῶς ὑπολαμβάνομεν, ὅσοι οἰόμεθα κακὸν εἶναι τὸ τεθνάναι. μέγα μοι τεκμήριον τούτου γέγονεν· οὐ γὰρ ἔσθ᾽ ὅπως οὐκ ἠναντιώθη ἄν μοι τὸ εἰωθὸς σημεῖον, εἰ μή τι ἔμελλον ἐγὼ ἀγαθὸν πράξειν.]

40b6：τί οὖν αἴτιον εἶναι ὑπολαμβάνω[那么，我究竟应该如何理解这件事的缘由呢]，[S甲注]没有很好的理由像斯特方和其他人那样把这里的问号换成逗号：这的确会大大减弱这段话的活力和生动性。柏拉图常常让他笔下的人物质问自己，并回答自己的问题。稍后的 οὐκ ἔσθ᾽ ὅπως 意思是"绝不"，紧接着的文字可比较《欧蒂德谟》272e3-4：ἀνισταμένου δέ μου ἐγένετο τὸ εἰωθὸς σημεῖον τὸ δαιμόνιον[当我正站起来时，那常伴随我的精灵现身了](万昊译文)。

[SS注]梅耶尔说苏格拉底"在logos的帮助下,反思了其使命的理性而又可理解的原因"(《柏拉图的"申辩"》,前揭,页74;另参158),可谓大错特错。苏格拉底并没有思考那种发布 σημεῖον [神迹]的无名的神力,而是试图理解那种神力在审判过程中没有出现究竟意味着什么。与 αἰτία 一样,αἴτιον 不完全是那种产生出一种与自己不同的结果之"原因",而更多的时候是表示一种"解释"。另参《王制》508e3-4:"善的理念"就是 αἰτία ἐπιστήμης καὶ ἀληθείας [知识和真理的原因](按:SS本认为不是"原因",而是认为这里应该解释为:"善的理念就是知识与真理",与通常的理解大有出入)。

[按]只有盖洛普与SS本一致,译作 what do I take to be the explanation for that,但译得太过生硬。大多数人译作"原因",似乎也不算错。

40b6-8:ὑπολαμβάνω... ὑπολαμβάνομεν [理解……想],[SS注]同一个词用在两行中指两种不同的假设。我认为不是有意要造成什么特别的效果,也许柏拉图在第二处用这个词(按:即 ὑπολαμβάνομεν)来作 οἰόμεθα 的同义词,后者出现在接下来的从句中(另参28e4注)。

40b7:κινδυνεύει γάρ... [也许],[S丙注]"也许刚发生的这件事对我来说是件好事情。"另参色诺芬《苏格拉底向法官的申辩》5节:Ἦ θαυμαστὸν νομίζεις εἰ καὶ τῷ θεῷ δοκεῖ ἐμὲ βέλτιον εἶναι ἤδη τελευτᾶν [难道你以为,即使在神明看来,我现在死去更好,也是奇怪的事吗](吴永泉译文)。色诺芬那篇文章的主旨在于主张苏格拉底决意求死。色诺芬告诉我们,当苏格拉底打算准备一篇辩护词时,那个 δαιμόνιον [精灵般的东西、神灵]阻止了他(《回忆苏格拉底》4.8.5和《申辩》4节)。

[SS注]苏格拉底的无知是其性格的根本特征,因此才会有对这个显而易见之说法的修正。另参b8的 οὐκ ἔσθ' ὅπως [绝不]:死亡也许是好的,但肯定不是坏事。见40c3注。

40b8-c1:ἡμεῖς...ὅσοι οἰόμεθα [我们当中如果有人认为],[SS注]

这种说法似乎是精心设计的，以允许两种不同的解释，一种是"我们大家（包括苏格拉底）都认为死是坏事"（按：MP本即如此认为），另一种是"我们中有些人（并不必然包括苏格拉底）认为……"（盖洛普和格鲁伯即此）。在29b7-9，苏格拉底曾说死很可能是好事，而不是坏事，而在30c2-4，苏格拉底又否认了那是一件极大的坏事。因此，苏格拉底很显然不包含在这群人之中。但是应该注意这里的含混性，因为这种含混性可以让苏格拉底显得是跟"好的法官"在一条战壕中（按：汉语很难体现这种含混性）。

40c1：τεκμήριον[根据]，[SS注]不是"证据"的意思，否则就会与κινδυνεύει相矛盾，而是"象征"（indication，按：或"表示"），另参福拉斯托斯的《苏格拉底：反讽家与道德哲人》，前揭，页283注释147。参32a4注。

[按]同样的词语在32a4中译作"确凿的证据"，大部分译者都理解为"证据"，只有盖洛普译作every ground，较妥。水建馥译作"有力的证明"，亦佳。吴飞译作"巨大征兆"，可能是据SS本。

40c3：μή τι ... ἀγαθὸν πράξειν[做的是一件没有好处的事情]，[B注]"以某种方式告别"，等同于εὖ πράξειν[再见]（按：这是《王制》一书最后两个词）。我们从下一个句子就可以清楚地看到，只有这个后果的性质才是成问题的。[A注]"如果我不会以一种很好的方式告别"。

[SS注]不能简单地等同于εὖ πράξειν[再见]（恕我冒犯伯内特），而是"带来某种好事情"，由下一句中的ἀγαθὸν αὐτὸ εἶναι[是一件好事]重新表达出来。另参阿里斯托芬《和平》行215，《财神》行341。如果没有定冠词，柏拉图全集中很少见到ἀγαθόν作πράττειν的宾语的情况，更看不到ἀγαθά作其宾语的情形。在这里以及《阿尔喀比亚德后篇》141d2-4，τυραννίδος ἐπιθυμήσαντες ... ὡς ἀγαθόν τι πράξαντες[热切地争取获得僭主权力，认为这是在做一件好事]（戴晓光译文），ἀγαθὸν πράξειν意思是"带来某种好事情"；《会饮》181b6-8"做的好事"，一般是ἀγαθὰ πράττειν，另参《卡尔米德》163e4，《普罗塔戈拉》355b2，《高

尔吉亚》468a5-6 和 500a3；τὸ ἀγαθὸν πράττειν, 见《高尔吉亚》506c8。比较 40a6 的 εἴ τι μέλλοιμι μὴ ὀρθῶς πράξειν［假如我打算做什么不恰当的事情］, 我对这个句子的解释, 表明它差不多跟 εὐτυχεῖν［成功、顺利］是一回事。苏格拉底所谓 τι ... ἀγαθόν, 指的是"死"。他现在公开地说出在 35d7-8 仅限于暗示的话：死是好事情, 至少对他而言。

所以, 我们完全可以这样来想, 兴许死大有希望会是［c5］一件好事呢。因为, 死无非就是以下两种情况之一：要么死无非就是不在了, 再也感觉不到任何东西；要么如大家都晓得的说法, 死就像是经历某种变化, 即灵魂从今生这个地方迁移到另一个地方。如果死就是没有任何感觉, 而［40d］像睡眠, 且一旦睡着了连梦都不做, 那么, 死可真就有着绝妙无比的好处。［Ἐννοήσωμεν δὲ καὶ τῇδε ὡς πολλὴ ἐλπίς ἐστιν ἀγαθὸν αὐτὸ εἶναι. δυοῖν γὰρ θάτερόν ἐστιν τὸ τεθνάναι· ἢ γὰρ οἷον μηδὲν εἶναι μηδὲ αἴσθησιν μηδεμίαν μηδενὸς ἔχειν τὸν τεθνεῶτα, ἢ κατὰ τὰ λεγόμενα μεταβολή τις τυγχάνει οὖσα καὶ μετοίκησις τῇ ψυχῇ τοῦ τόπου τοῦ ἐνθένδε εἰς ἄλλον τόπον. καὶ εἴτε δὴ μηδεμία αἴσθησίς ἐστιν ἀλλ' οἷον ὕπνος ἐπειδάν τις καθεύδων μηδ' ὄναρ μηδὲν ὁρᾷ, θαυμάσιον κέρδος ἂν εἴη ὁ θάνατος—］

40c4: Ἐννοήσωμεν δὲ καὶ τῇδε...［所以, 我们完全可以这样来想］,［S 甲注］这一部分吸引了古典作家的特别注意, 如优西比乌[①]的《福音入门》(Praeparatio evangelica), Vigerus 编本, 页 661；斯托拜乌斯的《文选》(Sermones), 119, 页 605。西塞罗《图斯库路姆论辩集》(Tusc. Disp.) 1.41 把这段话翻译成了拉丁文。忒俄多瑞托斯 (Theodoret) 的 Therapeut. Serm., 11, 页 651, 引用了这段话的开头, 并表示赞同。普鲁塔克《呈阿波罗》(Consolat. Ad Apollon) 页 107 页提到了它。比较色诺芬《居鲁士的教育》8.7.19, 临死的居鲁士谈到了跟苏格拉底大同小

[①] 优西比乌 (Eusbius of Caesarea 或 Eusebius Pamphili, 约 260/265—339/340), 希腊的基督教史学家, 圣经注释家。

异的道理。

[SS注]"咱们且来考虑一下这个问题,也用这种方式。"另参《法义》742c6-d1: ταῦτα δ' ὅτι βέλτιστ' ἐστὶν πόλει ἐπιτηδεύματα ἐπιτηδεύειν, ὧδε ἄν τις σκοπῶν ὀρθῶς ἂν αὐτὰ διακρίνοι[这些是让城邦遵循的最好措施,能发现它们的是这类人:他正确地探究事务](林志猛译文)。相似的情形(即从μῦθος[神话]到λόγος[理论]),另参《普罗塔戈拉》324d7。

40c5: δυοῖν γὰρ θάτερόν[以下两种情况之一],[S乙注]不能认为苏格拉底这里是在怀疑灵魂的不朽,他坚信灵魂不朽,这一点已在《斐多》中充分而令人满意地展现出来了。他在这里是在影射哲人们的两种矛盾的观点,有的哲人认为肉体死后灵魂继续存在,而另外的哲人则认为灵魂随肉体而消失。苏格拉底论证道,在两种情况下,死都不是坏事,它就像一场永恒且无梦的睡眠,当然就不会有因过去和现在的环境而产生的快乐或痛苦的感觉,如果死仅仅是肉体特有的属性,精神完全不受影响,那么精神不仅在凡俗的皮囊消失后继续存在,而且还会享受到与正义的人交流所产生的纯粹而完美的幸福。然而,必须这样理解:苏格拉底在讨论这两种情况时,只是针对那些跟他一样的人,他们的生命已经确定能进入未来的福乐中,而在这位高尚圣人的学说和训诫中,在不同于坟墓的世界里对罪人的永恒惩罚,比起前者(的永福)来说,是更为显著的特征。

[B注]这个两难推理(在思想史上)一直重复出现。奥勒留①《沉思录》(7.32)说,ἤτοι σβέσις ἢ μετάστασις[要么消亡,要么弃世](何怀宏译作"或者是毁灭,或者是改变"。按:μετάστασις有"改变"之意)。我们不要以为苏格拉底对这个问题真有什么怀疑,而要看到,他一定是从普通雅典人的角度去看待它,雅典的凡夫俗子对人的不朽没有任何清晰的观念(见下一条注释)。

---

① 奥勒留(Marcus Aurelius,121—180),罗马皇帝,公元161年至180年在位,廊下派思想家,著有《思想录》(有多个中译本)。

40c6-7：οἷον μηδὲν εἶναι ... τὸν τεθνεῶτα［无非就是不在了……死］，[B注] 荷马让很多人熟知了这个观点，无疑大多数法官都知道它，只要他们思考过这个问题。他们中的一些人也许有另外的也就是厄琉西斯秘教（Eleusinian mysteries；见下一条注释）带给他们的信仰，而那种秘教没有什么明确的不朽学说。大众对此的看法见《尼各马可伦理学》1115a27（按：见S乙注引）。

[A注] "就像不再存在，而且死人失去了对事物的所有感觉"，这种结构另参40e。关于 μηδὲν εἶναι（这里的 μηδὲν 无词尾变化）表示"成为虚无"（to be nothing），另参索福克勒斯《埃阿斯》1231：ὅτ᾿ οὐδὲν ὢν τοῦ μηδὲν ἀντέστης ὕπερ［可如今，你，一个小人物，保护一个没用的东西］（张竹明译文）。

[按] οἷον μηδὲν εἶναι 不宜译成过分哲学化的语言，如王太庆的"死可能是绝对的虚无"，或盖洛普的 to be dead is to be existence，或罗伊的 the dead are nothing。水建馥译作"真正从此一了百了"，吴飞译作"什么也不存在"。海契（Heitsch）的德文注疏本译作 Der Tod ist entweder so etwas wie nicht sein，符合原文，和MP注本一样，把 οἷον 理解为 οἷον ἐστι。也许"不在了"这种平实而大众化的语言更符合此处语境。

40c7：κατὰ τὰ λεγόμενα［正如大家都晓得的说法］，[B注]"正如我们被告知的"。翻译成"根据普遍的信念"当然是错误的。这个说法限定在某种"秘教"的范围内，而在秘教语言中，τὰ λεγόμενα［言辞］与 τὰ δρώμενα［仪式］相对。即便在"厄琉西斯赛会"①中，据说入了会的人在死后比没有入会的人境况更好，但俄耳甫斯教在这个问题上却相

---

① 厄琉西斯赛会（Eleusinia），据《牛津古典词典》（Oxford Classical Dictionary），指在厄琉西斯（Eleusis）举办的赛会，期间也有很多祭祀活动（因而也可译作"厄琉西斯教仪"）。但据尼尔森（Martin Nilsson，1874—1967，瑞典古典学家）说，拉科尼亚（Laconia）有一座德墨忒尔-厄琉西斯的庙宇。"厄琉西斯"除了是神名，也是一座城的名字，但这个名称使用得很早，不可能受到女神"厄琉西斯"的影响。

当不同。在俄耳甫斯教义中，净化了的灵魂在离开后会跟神明待在一起，它本身也是一位神明。另参《斐多》63c5-7：εὔελπίς εἰμι εἶναί τι τοῖς τετελευτηκόσι καί, ὥσπερ γε καὶ πάλαι λέγεται, πολὺ ἄμεινον τοῖς ἀγαθοῖς ἢ τοῖς κακοῖς [满怀期盼，会有某种东西给这些已经终了的人，而且，如老早就有的说法，给好人的东西会远比给坏人的好得多]（刘小枫译文），这句话必须对照70c5-8来阅读，即 παλαιὸς μὲν οὖν ἔστι τις λόγος οὗ μεμνήμεθα, ὡς εἰσὶν ἐνθένδε ἀφικόμεναι ἐκεῖ, καὶ πάλιν γε δεῦρο ἀφικνοῦνται καὶ γίγνονται ἐκ τῶν τεθνεώτων [我们记得有个古老的说法，说的是灵魂从这边到那边后会再回到这儿，从死者中再生]（刘小枫译文），这话指的就是俄耳甫斯教和毕达哥拉斯学派所谓"转世"（παλιγγενεσία，按：字面意思即"再生"）的学说。同样的说法亦见于《王制》330d7-e1，克法洛斯本来是西西里人，他说：οἵ τε γὰρ λεγόμενοι μῦθοι περὶ τῶν ἐν Ἅιδου, ὡς τὸν ἐνθάδε ἀδικήσαντα δεῖ ἐκεῖ διδόναι δίκην [人间流传的那些有关冥间的故事，比如，一个昔日在世间作恶的人必须在那里服刑]（王扬译文），这种观念并不是常见的希腊宗教的内容。我们大家都没有觉得它有多奇怪，仅仅是因为基督教把它变得广为人知。苏格拉底在单独与克里同交谈时，借助"法律"之口，化用了这种学说（《克里同》54b5），但在公开的法庭上（《申辩》）却不是想当然就能说出口的。至福岛（Islands of the Best）和塔尔塔罗斯①不大切题，因为它们只对上天眷顾的少数人以及少数不可救药的罪人开放，他们完全逃脱了死亡，并且保持着肉身。

［SS注］伯内特认为40c7、e6和41c7中的 λεγόμενα 指"俄耳甫斯"教义："在秘教语言中，τὰ λεγόμενα [言辞] 与 τὰ δρώμενα [仪式] 相对。"

---

① 塔尔塔罗斯（Tartarus），古希腊神话中的深渊，冥府中最阴暗的地方，原来关押战败后的提坦巨神（《伊利亚特》8.13-16,《神谱》行119、713-735），后来指关押接受了审判的罪恶者的灵魂的地方（参《高尔吉亚》523b,《王制》616a4），可谓"地狱中的地狱"。

此外，阿尔特也这么认为，见《柏拉图灵魂神话中的此世与彼岸》(K. Alt, Diesseits und Jenseits in Platons Mythen von der Seele)，刊于《赫耳墨斯》110（1982），页285和注释40。我所见到的唯一例子就是盖伦[①]的《论人体各部分之功用》(De usu part.)；按：全称是 De usu partium corporis humani) Helmreich编本的8.14和1.418.20-22，此处当然并不表明 λεγόμενα 是神秘崇拜的专用术语（而且即便它是，也没有证据说明柏拉图那个时代就这样用了）。在柏拉图笔下，τὰ λεγόμενα 除了指"某种情况下所说的话"以外，就指"大众的意见"，另参《帕默尼德》127e9-10：διαμάχεσθαι παρὰ πάντα τὰ λεγόμενα ὡς οὐ πολλά ἐστι [抛弃所有旧说，去主张'不是多'] (曹聪译文；按：SS本的希腊文与牛津本略有不同)；《王制》365b4-5和495c7，亦参《法义》782d2：σφόδρα λεγόμενά [普遍所持的意见]。另参27d9注。

40c7-8：μεταβολή … μετοίκησις τῇ ψυχῇ [变化……灵魂的迁移]，[S乙注] 另参西塞罗《图斯库路姆论辩集》(Tusc. Disp.1.12。按：通行编码为1.27)：mortem non (ita) interitum esse omnia tollentem atque delentem, sed quandam quasi migrationem commutationemque vitae [死亡不是一切皆湮灭和烟消云散，而是生命的转移和改变]。塞涅卡《书简》65：Mors quidem est, aut finis aut transitus [死亡既是终结又是逝去]。[按] 只有Stanford认为这里应该是与格，而不是属格。施塔尔鲍姆对此有详细的说明。

[B注]"生命和处所的变换"。μετοίκησις 一词在这个语境中似乎是俄耳甫斯教和毕达哥拉斯学派的专门用语。无论如何，至关重要的是要注意到：（柏拉图让）苏格拉底在这里用上了与《斐多》一模一样的语言。另参《斐多》117c2-3：τὴν μετοίκησιν τὴν ἐνθένδε ἐκεῖσε εὐτυχῆ γενέσθαι [从这边迁居到那边一路顺风罢]（刘小枫译文）。这表明苏格拉

---

① 盖伦（Galen, 129—200/216），又称 Aelius Galenus 或 Claudius Galenus 或 Galen of Pergamon，罗马帝国时期希腊最著名的医学家。

底此处是指他在后来的对话中完全一样的"(灵魂)不朽学说",苏格拉底把它当成自己的个人信仰来详细阐述。有鉴于此,我不可能把《斐多》的这种学说视为柏拉图的,而不是苏格拉底的。

[SS注]"某种变化,也就是一种迁移"。μεταβολή可以指任何形式的变化,实质方面的、环境方面的优势,甚至指位置上的变化(另参《希英大词典》相关词条的II.4),这种含义由于μετοίκησις而变得更清楚,加上该词的时候还带上了"解释性"的καί。《斐多》117c2-3并不能(像伯内特所认为的那样)说明μετοίκησις是一个表示"灵魂转移"的专用词语:该词表示"转世"(metempsychosis,不是《申辩》此处的含义),而且只有在后来的作家笔下才有这种含义,见埃利安(Aelian)《自然史》12.7所引用的恩培多克勒的残篇31B127(D.-K编本),但这个名词却不在引文之中。另参杨布里科(Iamblichus,约245–325)的《毕达哥拉斯传》(Vit. Pyth.) 85,Deubner编本的50.2。μετοικέω一般指"侨居",很少指"迁移"(多见于诗歌中),在欧里庇得斯《希珀吕托斯》行836–837中喻指死亡:τὸ κατὰ γᾶς θέλω, τὸ κατὰ γᾶς κνέφας μετοικεῖν σκότωι θανών, ὦ τλάμων[我真想可怜地死了,住在地下的黑暗里](张竹明译文)。另参巴雷特(Barrett)对此的注疏。

40c8:τοῦ ἐνθένδε[从今生],[B注]用这个词来指τοῦ ἐνθάδε[在这里],是因为一词暗含了"动"的观念。在宗教用语中,ἐνθάδε[这里]指"此世今生",ἐκεῖ[那里]指"另一个世界"。该词(ἐνθάδε)在《斐多》中出现过不止一次(按:十七次),参我对《斐多》61e1的注疏,以及阿里斯托芬《蛙》行82。下一行的καὶ εἴτε在一段很长的插话之后由e4的εἰ δ' αὖ所回答。

[S丙注]这是一种简洁的表达法(pregnant construction),类似于οἱ ἐκ τῆς πόλεως ἔφυγον[从城邦逃离的人]。

40c9-d1:μηδεμία αἴσθησίς ἐστιν ἀλλ' οἷον ὕπνος[没有任何感觉,却像睡眠],[SS注]除非人们打算接受一个相当别扭的轭式修饰法,否则,ἐστιν就是实意动词,而不是系动词(与主语所暗含的"死人"相联系,

这能符合 οἷον ὕπνος，但不符合 μηδεμία αἴσθησίς），因此它的意思就是"如果没有意识，但……"。接下来的 ἐπειδάν 从句是一个限制性的修饰语，即"当……的这种睡眠"。

40d1：μηδ' ὄναρ μηδὲν ὁρᾷ [甚至连梦都不做]，[SS 注]"甚至根本不做梦"（远不那么受严肃的心烦意乱所折磨），而不是"一个梦都没有"，"一个梦都有"应是 μηδὲ ἓν ὄναρ。

[G 注] 字面意思是"甚至看不到一个梦"。在古希腊习语中，梦总是"看到的"，这种说法反映了古风时期的观点，即梦是从特定视角感觉到的形象。另参 33c 注，以及多兹《希腊人与非理性》，前揭，页 104-106。另参《克里同》44a6。

40d1-2：θαυμάσιον κέρδος… [绝妙无比的好处]，[S 乙注] 亚里士多德尽管是在柏拉图学园中成长起来的，却从此处相同的原则中演绎出了非常不同的结论（按：伯内特认为亚里士多德只是在叙述"大众对此的看法"），见《尼各马可伦理学》1115a26-27：φοβερώτατον δ' ὁ θάνατος· πέρας γάρ, καὶ οὐδὲν ἔτι τῷ τεθνεῶτι δοκεῖ οὔτ' ἀγαθὸν οὔτε κακὸν εἶναι [死是最可怕的东西，因为它就是到头了，而且对死人来说，任何东西不再被认为是好的或坏的]（廖申白的译文："死就是所有事物中最可怕的事物。因为死亡就是终结，一个人死了，任何善恶就不会再降临他头上"，有误）。然而，伊壁鸠鲁却用这种苏格拉底式的论点驳斥对死亡的恐惧，他认为通过哲学的教导就能克服之：死亡不是应该恐惧的对象，因为我们活着的时候，死亡还没来；而当死亡到来的时候，我们已经不在了，所以死亡跟活人无关，也跟死人无关。见恩菲尔德，《哲学史》，前揭，卷一，页 514。

[SS 注] κέρδος 往往用来指"更低"的价值，另参《王制》345a3 和 a7，不义比正义 κερδαλεώτερον [更有利]；366a2 的 τὰ δ' ἐξ ἀδικίας κέρδη ἀπωσόμεθα [我们就得放弃非正义给人的种种利益]；《法义》662c1-2：λυσιτελοῦντα μὲν ἄλλα ἐστὶ καὶ κερδαλέα, δικαιότερα δὲ ἄλλα [某些东西是有用的、有利的，而其他东西更为正当]（林志猛译文）以及 862c6。如果

死亡是一种更低级的好事，那么它就不会是灵魂的利益。苏格拉底运用了一种基于普遍的善的观念的个人性（ad hominem）论证（d6 的 ἄμεινον καὶ ἥδιον）。

［按］盖洛普、福勒和罗伊都把 κέρδος 译作 gain。另参 40e2 注。

　　因为，我是这样想的，如果有人不得不挑选出这么一个睡得如此沉酣甚至连梦都不做的夜晚，再拿他自己一生中［d5］其他日日夜夜来跟那个夜晚仔细比一比，然后好好掂量掂量，说说自己一生度过的日日夜夜里，有多少能够比那个夜晚更美好、更快乐，那么我想，不要说普通老百姓，就连波斯大王也会发现，［40e］与自己其他的日日夜夜比起来，那样的夜晚实在少得可怜——所以，假如死就是那么一回事，我会说它大有好处，因为要真是那样，永恒也并不比［那］一夜更久长。［ἐγὼ γὰρ ἂν οἶμαι, εἴ τινα ἐκλεξάμενον δέοι ταύτην τὴν νύκτα ἐν ᾗ οὕτω κατέδαρθεν ὥστε μηδὲ ὄναρ ἰδεῖν, καὶ τὰς ἄλλας νύκτας τε καὶ ἡμέρας τὰς τοῦ βίου τοῦ ἑαυτοῦ ἀντιπαραθέντα ταύτῃ τῇ νυκτὶ δέοι σκεψάμενον εἰπεῖν πόσας ἄμεινον καὶ ἥδιον ἡμέρας καὶ νύκτας ταύτης τῆς νυκτὸς βεβίωκεν ἐν τῷ ἑαυτοῦ βίῳ, οἶμαι ἂν μὴ ὅτι ἰδιώτην τινά, ἀλλὰ τὸν μέγαν βασιλέα εὐαριθμήτους ἂν εὑρεῖν αὐτὸν ταύτας πρὸς τὰς ἄλλας ἡμέρας καὶ νύκτας—εἰ οὖν τοιοῦτον ὁ θάνατός ἐστιν, κέρδος ἔγωγε λέγω· καὶ γὰρ οὐδὲν πλείων ὁ πᾶς χρόνος φαίνεται οὕτω δὴ εἶναι ἢ μία νύξ.］

　　40d2：ἐγὼ γὰρ ἂν οἶμαι［因为，我是这样想的］，［S甲注］ἂν 修饰的是 40e1 的不定式 εὑρεῖν。这是在很长一段插话后重复使用的，同样的道理，后面的 δέοι 和 οἶμαι 也重复了。

　　［A注］重复 δέοι 是为了让意思更清楚。σκεψάμενον εἰπεῖν 等于 σκέψασθαι καὶ εἰπεῖν，从逻辑上讲，另外两个分词 ἐκλεξάμενον 和 ἀντιπαραθέντα 从属于 σκεψάμενον。

　　［SS注］由于 εἰ 引导的从句太长，主句中的谓语就要重复。在 εἰ 从句中，有两个分词和一个关系从句，这种扩充就使得谓语 δέοι 也有必要重复。这种双重的破格文体部分来自苏格拉底的重复风格：d3 到 d7 多

次重复 νύκτα［夜］，d5 和 7 也重复了"自己的生命"。

［MP注］如果有人数一数自己过的那种无梦睡眠的夜晚，他就会发现这样的夜晚与所有其他夜晚相比实在少得可怜。这个极其复杂的句子的基本意思是，如果死就像一个宁静的夜晚，只不过长久得多，那无疑会是一件好事情。从语法上说，间接引语中就有了一种"可能性很小的将来时态"的条件从句，[1] 由 ἐγὼ ...ἂν οἶμαι 引导（d8重复了 ἂν οἶμαι，以表示强调）。条件句没有变化，而结论句则是宾格＋不定式的结构。

40d3：ταύτην τὴν νύκτα［这么一个夜晚］，［SS注］苏格拉底自始至终都在假定：一个人一生中只有一个这样的夜晚（亦见 d5 和 d7）。这种假定当然是由他的这种比较所引起的：一方是未曾意识到的永恒，一方只不过是一个无梦的夜晚（e3-4）。紧接着的 οὕτω κατέδαρθεν，意思是"他睡着了，并且以这种方式入睡"，另参《会饮》223c1：καταδαρθεῖν πάνυ πολύ［倒头一阵好睡］（刘小枫译文）。

40d6：ἄμεινον καὶ ἥδιον［更美好更快乐］，［SS注］这两个词并置，表明论证中有瑕疵，这种情况在柏拉图笔下非常常见。苏格拉底不可能凭借这个假定就表明死亡是一件 ἀγαθόν［好事］。只有在同样是个人性（ad hominem）的论证中，苏格拉底才把这两个概念等同起来，即《普罗塔戈拉》351b6-c1：Τί δ' εἰ ἡδέως βιοὺς τὸν βίον τελευτήσειεν; οὐκ εὖ ἄν σοι δοκεῖ οὕτως βεβιωκέναι; — Ἔμοιγ', ἔφη. — Τὸ μὲν ἄρα ἡδέως ζῆν ἀγαθόν, τὸ δ' ἀηδῶς κακόν.［"要是他快乐地活着终了自己的生命呢？你不觉得他这样就是很好地活过？""我觉得是。"他说。"也就是说，快乐地生活是好，不快乐地生活是坏。"］（刘小枫译文）只有《高尔吉亚》中的卡利克勒斯才把"快乐"与"好"相等同（495a3），但卡利克勒斯被驳倒了。苏格拉底自己的评价出现在《克里同》48b8-9：Τὸ δὲ εὖ（省略了 ζῆν）καὶ καλῶς καὶ δικαίως ὅτι ταὐτόν ἐστιν, μένει ἢ οὐ μένει［美好生活本身就是高贵

---

[1] future-less-vivid condition，语法术语，指在表达将来不大可能发生的事情时，条件句用祈愿性的 εἰ，而结论句用祈愿性的 ἄν。

和正义的生活，是不是还这么认为］。

40d8：μὴ ὅτι ἰδιώτην τινά［不仅普通老百姓］，［A注］μὴ ὅτι如果接的是ἀλλά或ἀλλὰ καί，意思是"不仅"（如此处）；而如果接ἀλλ' οὐδέ（相当于拉丁语 sed ne - quidem），则指"不仅不"（相当于拉丁语 non modo）。如果μὴ ὅτι引导的是两个平衡从句中的第二个，第一个从句包含否定词，那么其意思就是"更不用说"（nedum），另参《斐德若》240d7-e2：ἃ καὶ λόγῳ ἐστὶν ἀκούειν οὐκ ἐπιτερπές, μὴ ὅτι（更不用说）δὴ ἔργῳ ἀνάγκης ἀεὶ προσκειμένης μεταχειρίζεσθαι［这些即便说起来也让人听着不爽，更不用说行为上总是在强迫的逼迫下去应对］（刘小枫译文）；《王制》398e3-4：ἄχρηστοι γὰρ καὶ γυναιξὶν ἃς δεῖ ἐπιεικεῖς εἶναι, μὴ ὅτι ἀνδράσι［因为，这些东西甚至对言行必须高雅的女人来说都没任何用处，更别说对男人］（王扬译文）。

［B注］即 ne dicam privatum，"我不是说的普通老百姓"，字面意思是"不要以为我的意思是……"。

［SS注］就像英语中的 never mind 在句子中当副词用时，μὴ ὅτι这个短语在层层推进过程中（climax）的第一个句子中意思是"不仅"或"不仅不"，在第二个句子中则是"更不用说"。优西比乌《福音入门》13.10.10和2.188（Mras和普拉瑟编本）中以οὐχί代指μὴ ὅτι，显然是是一种轻视（trivialisation）。μὴ ὅτι常常导致破格问题，如《斐德若》240d7-e2，另参《会饮》207e4-208a3，《书简七》329e2-6。这个词组在这里使原来的主语τινα（d2）更加明确，e1中重复时则代之以αὐτόν。与伯内特一样，我相信，把αὐτόν理解为"他自己"并认为它指τὸν μέγαν βασιλέα［波斯大王］，乃是错误的：这种解读需要一种修辞上相当高明的倒装法，而与这里的语气和文体都相当不搭配。

40d8：τὸν μέγαν βασιλέα［波斯大王］，［A注］"大王"或"波斯大王"，固定用来指那种集人间所有福气于一身的人。见《高尔吉亚》470e4-5：Δῆλον δή, ὦ Σώκρατες, ὅτι οὐδὲ τὸν μέγαν βασιλέα γιγνώσκειν φήσεις εὐδαίμονα ὄντα［很显然，苏格拉底，你甚至不会肯定自己认识波斯大王是否幸福］

（李致远译文）。另参《美诺》78d 和《智术师》230d。

[SS注] 在谚语中，他就是 εὐδαιμονία [幸福] 的象征，如《高尔吉亚》470e4-5,《欧蒂德谟》274a6-7。比较《申辩》这句话与《高尔吉亚》接下来的那段话，就会发现苏格拉底这里仍然是从大众的价值观这个角度来论证的，参 470e6-9：Καὶ ἀληθῆ γε ἐρῶ· οὐ γὰρ οἶδα παιδείας ὅπως ἔχει καὶ δικαιοσύνης. {ΠΩΛ.} Τί δέ; ἐν τούτῳ ἡ πᾶσα εὐδαιμονία ἐστίν; {ΣΩ.} Ὥς γε ἐγὼ λέγω, ὦ Πῶλε [苏格拉底："对，我确实还会这样说；因为，我不知道他拥有怎样的教育和正义。"珀洛斯："为什么？全部幸福就在于此？" 苏格拉底："至少像我讲的，确实如此，珀洛斯噢"]（李致远译文）。《智术师》230d8-e3 中一段话能够印证并阐释《高尔吉亚》中的这段话：καὶ τὸν ἀνέλεγκτον αὖ νομιστέον, ἂν καὶ τυγχάνῃ βασιλεὺς ὁ μέγας ὤν, τὰ μέγιστα ἀκάθαρτον ὄντα, ἀπαίδευτόν τε καὶ αἰσχρὸν γεγονέναι ταῦτα ἃ καθαρώτατον καὶ κάλλιστον ἔπρεπε τὸν ὄντως ἐσόμενον εὐδαίμονα εἶναι。值得注意的是，在《申辩》此处，εὐδαιμονία [幸福] 只用在第二个从句中，没有用在第一个从句里。

[G注] "波斯大王"在大众眼中乃是幸福的化身（另参《高尔吉亚》470e,《欧蒂德谟》274a）。苏格拉底的意思不是说睡而无梦的夜晚就是"幸福的"，而是说，在一个人的一生中，哪怕是大王的一辈子里，只有极少数的日夜过得"更好且更惬意"（40d）。苏格拉底只有在自己的一种选择性假设中，才能指望幸福或"好运"（eudaimonia），那就是在死后能够碰到并省察以往的英雄们（41c）。

40d8-e1：εὐαριθμήτους ἂν εὑρεῖν αὐτὸν ταύτας [会发现自己那样的夜晚少得可怜]，[S甲注] 代词 αὐτὸν 指的是 τὸν μέγαν βασιλέα，是为了加强其含义："大王自己"。这句话中的 εὐαριθμήτους... ἡμέρας，意思是"能够很容易数的日子"，这里指"极少"（按：吴飞译作"屈指可数"，王太庆译作"实在不多"），而 πρός 表示比较："如果它们与其他的日日夜夜相比"，所以接下来 41b4 才是 τὰ ἐμαυτοῦ πάθη πρὸς τὰ ἐκείνων [把自己的遭遇跟他们的相比]。

[A注] αὐτὸν等于拉丁语的ipsum［他自己］，指 τὸν μέγαν βασιλέα［波斯大王］，这是为了更好地强调而被 εὐαριθμήτους ἂν εὑρεῖν 分隔开了（按：施塔尔鲍姆也这么认为，但伯内特不认可，我做了模糊处理：既指"有人"，也指"波斯大王"和"普通老百姓"）。

[B注] 我认为，αὐτὸν不可能像Adam所说的那样，等于ipsum，指 τὸν μέγαν βασιλέα［波斯大王］。它应该是回指40d2的 εἴ τινα，而 μὴ ὅτι ἰδιώτην τινά, ἀλλὰ τὸν μέγαν βασιλέα 才是插入语。

[T注] 不消说，希腊人所谓的"大王"就是波斯的君主，他们富甲天下，威权无边。把死亡比作夜晚和睡眠，古往今来一直是诗人中尤其常见的比喻，另参《伊利亚特》14.231和16.672，《奥德赛》13.80；卡图卢斯5.5，贺拉斯《歌集》1.28.15。

[SS注] 这里的 ταύτας 指一个人所拥有的比（苏格拉底所假定的一个）无梦之夜更好的日日夜夜。苏格拉底并不是说，一个无梦之夜就是一个人一生中最快乐的时光，而是说，任何人都不会有多少日子比这个无梦之夜更加快乐。

40e2：κέρδος［大有好处］，[A注] 即"收益"（gain；按：另参40d2注）。苏格拉底没有用 ἀγαθὸν［好事］，是因为这种状态"既不好也不坏"，即如亚里士多德《尼各马可伦理学》1115a26所说的 ἔτι τῷ τεθνεῶτι δοκεῖ οὔτ' ἀγαθὸν οὔτε κακὸν εἶναι［而且对死人来说，任何东西不再被认为是好的或坏的］。而另一方面，据说正因为死亡乃是一了百了，所以它最可怕的。另参伊壁鸠鲁的说法，见《名哲言行录》10.39：Ὁ θάνατος οὐδὲν πρὸς ἡμᾶς· τὸ γὰρ διαλυθὲν ἀναισθητεῖ· τὸ δ' ἀναισθητοῦν οὐδὲν πρὸς ἡμᾶς［死亡与我们无关。因为身体分解后就失去了感觉，而没有感觉的东西与我们无关］（溥林译文）。

[按] 吴飞把这里和40d2都译作"好处"（英文通常译作gain或advantage），吾从之。王太庆则把两处分别译作"好处"和"得益匪浅"。

40e3：καὶ γὰρ οὐδὲν πλείων［因为并不更长］，[S甲注] πλείων 意思

是"更长"。西塞罗把这句话译作 perpetuitas consequentis temporis similis futura est uni nocti[未来有多少日子能够跟这样一个夜晚相比](按：出自《图斯库路姆论辩集》1.97）。比较欧里庇得斯《美狄亚》行25：*τὸν πάντα συντήκουσα δακρύοις χρόνον*[一直哭着，日益憔悴]；以及行1096（按：应为行1100，且与原文有出入）：*κατατρυχομένους τὸν ἅπαντα χρόνον*[一生操心发愁]（张竹明译文）。《王制》618b7 *ὁ πᾶς κίνδυνος*[全部的危险]（王扬译文）。《高尔吉亚》470e。

[S乙注]这段话的意思是"因为我认为，如果有人被迫选择了睡而无梦的夜晚，并且与他生命中其他日日夜夜相对比，被迫（我再重复一遍）思考并说出，在他活着的时候究竟有多少个日夜比这一晚更好更惬意；我认为（我要说）不仅普通老百姓，就连位高权重的至高统治者本人，都会发现它与其他日日夜夜相比，很容易数得出来（即，很少）"。也就是说，如果我们同意，在生活中，悲伤和痛苦与快乐和安宁简直严重不成比例，那么我们就必须承认，后者的享受非常有限而且短暂，而前者的影响却是绵绵无期。

[A注]B抄本此处写作 *πλείων*，意思是"比……更长"，显然是荒谬的（按：亚当认为应该是 *πλεῖον*）。斐奇诺译作 nihil plus quam（并不比……更多）。

[B注]"不是长一点点"。我看不出为什么亚当要认为这"显然是荒谬的"。这里的要点正在于：一个熟睡的人意识不到一夜的时间与永恒究竟有什么区别。当然，*πολὺς χρόνος* 是"长时间"的常规表达，因而 *πλείων* 的意思就是"更长"。

40e3：*ὁ πᾶς χρόνος*[永恒]，[SS注]"永恒"。另参《斐多》107c2-4：*εἴπερ ἡ ψυχὴ ἀθάνατος, ἐπιμελείας δὴ δεῖται οὐχ ὑπὲρ τοῦ χρόνου τούτου μόνον ἐν ᾧ καλοῦμεν τὸ ζῆν, ἀλλ' ὑπὲρ τοῦ παντός*[既然灵魂不死，就需要不仅为了我们所谓的今生而且要为了万世而关心自己的灵魂]（刘小枫译文）；《美诺》86a9，《法义》721c3和661c2，《王制》363c6和546a3（*ὁ ἅπας χρόνος*），《蒂迈欧》38c2和36e5（*ὁ σύμπας χρόνος*）。与此相对照，*πᾶς ὁ* χρόνος 则指当时语境所界定的整个一段时间，如上文40a4-5的 ἐν μὲν τῷ πρόσθεν χρόνῳ παντί [以前总是]。只有在《法义》中，ὁ πᾶς χρόνος 和 πᾶς ὁ χρόνος 这两种表达方式可以互换，即677c8。

40e3：οὕτω δή [要真是那样]，[SS注]"在这种假设之下"。这个短语在柏拉图笔下的其他地方都没有出现在一个从句或句子的中间：它最多被一个单词（一般是καί）所分隔。δή 如果不是表示一种反讽，至少也表示某种保留态度，参31c4 ὅτι δή 的注疏。这句话最后的 μία νύξ，就是"一个无梦之夜"。

再来看另一种情况：如果死就像 [e5] 是一场从这里到另一个地方的远行，而且假如这个说法是真的——所有死者竟然都在"那边"，那么诸位法官，还能有什么比这更好的事情吗？因为，[41a] 一个到达哈得斯的人摆脱了这样一群所谓的法官后，就会发现据说在那里判案的才是真正的法官，他们是米诺斯、拉达曼图斯、埃阿科斯和特里普托勒摩斯，以及其他生前 [a5] 过着正义生活的半神。难道这样的远行还算微不足道吗？[εἰ δ᾽ αὖ οἷον ἀποδημῆσαί ἐστιν ὁ θάνατος ἐνθένδε εἰς ἄλλον τόπον, καὶ ἀληθῆ ἐστιν τὰ λεγόμενα, ὡς ἄρα ἐκεῖ εἰσι πάντες οἱ τεθνεῶτες, τί μεῖζον ἀγαθὸν τούτου εἴη ἄν, ὦ ἄνδρες δικασταί; εἰ γάρ τις ἀφικόμενος εἰς Ἅιδου, ἀπαλλαγεὶς τουτωνὶ τῶν φασκόντων δικαστῶν εἶναι, εὑρήσει τοὺς ὡς ἀληθῶς δικαστάς, οἵπερ καὶ λέγονται ἐκεῖ δικάζειν, Μίνως τε καὶ Ῥαδάμανθυς καὶ Αἰακὸς καὶ Τριπτόλεμος καὶ ἄλλοι ὅσοι τῶν ἡμιθέων δίκαιοι ἐγένοντο ἐν τῷ ἑαυτῶν βίῳ, ἆρα φαύλη ἂν εἴη ἡ ἀποδημία;]

40e4：εἰ δ᾽ αὖ [再来看另一种情况，如果]，[MP注]"另一方面，如果"。αὖ，意为"再次"，重新提起刚才说的那两种可能性。我们可注意到一个饶有兴味的事，苏格拉底在这里并没有提到那种归在毕达哥拉斯学派名下的灵魂转世学说，而这种学说（显然）为柏拉图在诸如《美诺》和《王制》之类的对话中所化用，比如《美诺》对其加以发展，认为学习是对过往生命的回忆，而《王制》则以俄尔（Er）神话结束。俄尔的濒死体验展现了灵魂如何选择自己将怎样度过下一次转化成肉身后的生命过程。

40e4：οἶον ἀποδημῆσαί...［就像远行］，［B注］"就像踏上旅程"。苏格拉底这里再次不知不觉用上了《斐多》中的语言，另参《斐多》61e1-2：πρέπει μέλλοντα ἐκεῖσε ἀποδημεῖν διασκοπεῖν τε καὶ μυθολογεῖν περὶ τῆς ἀποδημίας τῆς ἐκεῖ［适合去那边的人是，考察并用故事讲述这趟去那边的远行］；以及67b10-c2：ὥστε ἥ γε ἀποδημία ἡ νῦν μοι προστεταγμένη μετὰ ἀγαθῆς ἐλπίδος γίγνεται［眼下这趟吩咐我的远行，就伴随着美好的希望］（刘小枫译文）。这又是一条证据，表明柏拉图即便在撰写《申辩》这个极早的时期，也认为把《斐多》中的学说归于苏格拉底乃是相当合适的。接下来e6的 πάντες οἱ τεθνεῶτες［所有的死人］，不只是少数天恩拣选的人，如至福岛上的居民。

［SS注］ἀποδημῆσαί 这个动词用来指离开自己的国家，一般是临时性的，另参《克里同》52b4-7：οὔτ᾽ ἐπὶ θεωρίαν πώποτ᾽ ἐκ τῆς πόλεως ἐξῆλθες, ὅτι μὴ ἅπαξ εἰς Ἰσθμόν, οὔτε ἄλλοσε οὐδαμόσε, εἰ μή ποι στρατευσόμενος, οὔτε ἄλλην ἀποδημίαν ἐποίησω［你（苏格拉底）从来不走出城邦，哪怕是去看赛会，除了去过一次伊斯忒摩斯之外，你也未曾因为别的事情去过任何地方，除了当兵打仗之地而外，你也从来没有像其他人那样曾背井离乡去异国］。但既然 μετοικέω（按：即40c8的 μετοίκησις［迁移］）一般指侨居状态，而且在指出国旅行时似乎还有一种诗意的味道，那么当重点在于"旅行"时，ἀποδημέω 一词就更适合苏格拉底的风格了，另参41a5。

40e6：ἆρα［竟然］，［SS注］这是"指涉性的"用法（另参丹尼斯顿《希腊语小品词》38.2），强调这样的事实：说话人所讲的观点，不一定就是他自己的（按：MP释作"我认为"）。另参26c2和37d3，以及拙著《克莱托丰疏释》，前揭，页335。

［按］H注对这个词表示怀疑，盖洛普译作indeed。我译作"竟然"，另参26d2；其他地方多译作"难道"。

40e6-7：τί μεῖζον ἀγαθὸν［还能有什么更好的事情］，［SS注］对每

一个人来说，死亡实在是一件好事情——在"好"这个词完整的意义上，也就是说，根据苏格拉底的价值标准（与d6的 ἄμεινον καὶ ἥδιον［更美好、更快乐］相对），因为（另参e7的 γάρ），一旦碰到了真正正义和智慧的人，就可以让每一个人都能更好地照料自己的灵魂。最先提到法官们，是由于刚刚在苏格拉底身上发生了这场官司（另参41a1的 ἀπαλλαγεὶς τουτωνὶ τῶν φασκόντων δικαστῶν εἶναι［摆脱了这样一群所谓的法官后］），但41a7的 ἐπὶ πόσῳ ἄν τις δέξαιτ' ἂν ὑμῶν［你们中还有人难道不愿意付出无论多大的代价］，就表明这种说法的确是一种普遍的真理。只有从41a8的 ἐπεὶ 以下，苏格拉底才开始搞清楚这种选择对他来说究竟意味着什么。41a1的 ἀπαλλαγεὶς 这个分词与这一行前面的 ἀφικόμενος 相一致：到了哈得斯（即死了），就自动让每一个人摆脱了阳世的人。

41a2-3：οἵπερ καὶ［在那里］，［SS注］"此外、还有"。他们在阳世生活中的确是真正的法官，也在阴曹地府被视为法官。柏拉图绕开了人死后是否有一场审判的问题（按：此说似乎不妥）。

［MP注］苏格拉底再次谈到了他的对手。根据希腊传统的说法，死者的灵魂继续以无肉身的形式存在着，要么是在哈得斯，要么是在多多少少明确界定过的天堂，如至福岛之类——苏格拉底考虑到这种希腊传统的身后观，所以才提到三组人：法官、诗人和英雄，所有这些人在《申辩》中都具有非常重要的象征意义。

41a3：Μίνως τε καὶ Ῥαδάμανθυς［米诺斯、拉达曼图斯］，［S甲注］敬重阴曹地府的判官及其职位，《高尔吉亚》523e这一段话很值得注意。这似乎是阿提卡普通人的看法，可能来自厄琉西斯秘教传说，即特里普托勒摩斯（Triptolemus）以及其他英雄，他们生前正义虔敬，后来成了阴曹地府的判官。特里普托勒摩斯不仅教会雅典人农耕，而且赐给他们非常智慧的法律，因此他被叫做 θεσμοφόρος［制定法律的］（按：古希腊神话中，有很多神明都被赋予这个头衔，如德墨忒尔、佩尔塞福涅甚至狄俄尼索斯）。

［R注］这些名词都是主格，以符合插入的关系从句，"有如最近

的结构"。其他地方都没有说特里普托勒摩斯是死人的判官。荷马颂诗《德墨忒尔颂》行153说他在阳世坐堂判案。希腊人中只有柏拉图在此处和《高尔吉亚》523e说埃阿科斯是死人的法官,但很多罗马人却都这样说。但同样的原则也可以用来解释人们把这两人说成在阴曹地府主事。这四位都与他们当地的秘教或神秘崇拜有关。米诺斯与克里特的秘教相关,那里众所周知受到了俄耳甫斯教的影响。拉达曼图斯是米诺斯的继任者,也是后者的同胞。埃阿科斯是埃吉纳(Aegina)的英雄,那里正是俄耳甫斯教的发源地(Pausan. II. 30, Origen adv. Cels. Vi. 290 c 22, Lucian, Navig. 15)。当然,特里普托勒摩斯与厄琉西斯有关。这些法官都是很好的例子,可以说明这样一个事实:希腊神话的某些特征一开始是(小圈子)神秘崇拜的产物,后来才逐渐传到普通大众那里。同样的道理也适用于这四位后面附加的那些 ἄλλοι τῶν ἡμιθέων [其他半神]。荷马史诗提到了拉达曼图斯(《奥德赛》7.323),因此他在秘教之前就是法官了,但荷马史诗只说他是阳世而非阴间的法官。

[A注]这里提到的三个人(都是宙斯的儿子),据说,拉达曼图斯审判来自亚洲的人,埃阿科斯审判来自欧洲的人,而米诺斯则担任公断者(referee)。《高尔吉亚》(523以下)里面的整个神话都应该与《申辩》此处对勘阅读。据某些说法,特里普托勒摩斯是国王厄琉西斯的儿子:他的出现常常与德墨忒尔崇拜有关。在荷马的《德墨忒尔颂》(行149以下),特里普托勒摩斯被说成是阳世的法官,但据李德尔说,唯有《申辩》此处把他说成死人的法官(按:H注认为这是雅典人加上去的)。

[B注]这份名单毫无疑问是俄耳甫斯教派的。我们是通过拉丁诗歌熟悉这三位死人判官,除了这里以及《高尔吉亚》(523e8以下)那个俄耳甫斯神话之外,他们没有出现在古希腊作品其他中。德莫斯忒涅斯虽然提到这三人都是正义的楷模,但没有任何理由假定德莫斯忒涅斯把他们想成是审判死人的法官。在《奥德赛》的"鬼魂篇"(Nekyia)中,米诺斯在给死人判案,正如他以前曾给活人断案子(11.568-571),但没有

说他是判生前所犯的罪孽。在品达笔下（《奥林匹亚赛会颂》2.77以下），拉达曼图斯在至福岛上当法官，毫无疑问是在审判已故的罪人（按：至福岛上生活的不都是通过了审判的好人吗）。埃阿科斯是埃吉纳的法官和立法者，也是诸神的仲裁者（《伊斯忒摩斯赛会颂》8.23以下），但即便是品达，虽然说到埃吉纳及其司法情况，也绝不知道埃阿科斯是死人的判官。因而很显然，苏格拉底不是在说任何普遍认可的教义。我们自然就可推理出：苏格拉底的这些话尤其是对那些受到过俄耳甫斯教影响的审判员说的。在一个500人的陪审团里，这样的审判员必定还不少。

41a4：*Τριπτόλεμος* [特里普托勒摩斯]，[B注] 这是文献中唯一把特里普托勒摩斯说成是死者法官的地方，尽管他在阿提卡的瓶画上与埃阿科斯和拉达曼图斯在一起，代替了米诺斯的位置，后者在雅典自然不受欢迎（按：原因在于米诺斯强迫雅典人每年进贡七对童男童女等）。这看上去就好像雅典的俄耳甫斯信徒试图以这种方式把自己的教义与厄琉西斯教联系起来。这种倾向的另一个例子就是把欧摩尔珀斯（Eumolpus）说成缪塞俄斯（Musaeus）的儿子（《王制》363c3）。

[MP注] 这里出现特里普托勒摩斯，不大说得通（按：伯内特似乎说通了），此人与厄琉西斯神秘教联系更紧密，尽管他在《荷马的德墨忒尔颂》（行473）中被说成是 *θεμιστοπόλος* [掌管法律的]（按：此处与施塔尔鲍姆上一条注疏有细微差异）。

41a4：*τῶν ἡμιθέων* [半神]，[SS注] 另参28c1注。米诺斯、拉达曼图斯和埃阿科斯是严格意义上的半神。至于特里普托勒摩斯的父母究竟是谁，有不同说法，另参希文（F. Schwenn）为《古典古学实用百科全书》（*RE.*）撰写的相关词条（页229–230）。"生前被证明是正义的其他半神"也许包括阿喀琉斯在内，他认为与正义相比，死亡并不重要，另参28b8-9：*πότερον δίκαια ἢ ἄδικα πράττει* [他干的究竟是正义之事还是不义之举]。

再说，假如能够跟俄耳甫斯、缪塞俄斯、赫西俄德和荷马打交道，难道你们中还有人不愿意付出无论多大的代价吗？我说"你们"，是因为我本人哪怕再死很多次都愿意，如果那是真的。毕竟，[41b] 既然我还能遇到帕拉墨德斯和忒拉蒙的儿子埃阿斯，以及其他任何因不义判决而死的古人，我会把自己的遭遇跟他们的相比，那么我自己在那里的旅居该是多么美妙啊！——[ἢ αὖ Ὀρφεῖ συγγενέσθαι καὶ Μουσαίῳ καὶ Ἡσιόδῳ καὶ Ὁμήρῳ ἐπὶ πόσῳ ἄν τις δέξαιτ᾽ ἂν ὑμῶν; ἐγὼ μὲν γὰρ πολλάκις ἐθέλω τεθνάναι εἰ ταῦτ᾽ ἔστιν ἀληθῆ. ἐπεὶ ἔμοιγε καὶ αὐτῷ θαυμαστὴ ἂν εἴη ἡ διατριβὴ αὐτόθι, ὁπότε ἐντύχοιμι Παλαμήδει καὶ Αἴαντι τῷ Τελαμῶνος καὶ εἴ τις ἄλλος τῶν παλαιῶν διὰ κρίσιν ἄδικον τέθνηκεν, ἀντιπαραβάλλοντι τὰ ἐμαυτοῦ πάθη πρὸς τὰ ἐκείνων—]

41a6：Ὀρφεῖ ... καὶ Μουσαίῳ [俄耳甫斯、缪塞俄斯]，[A注] 俄耳甫斯和缪塞俄斯是两位希腊伟大的神话游吟诗人。他们被认为对自己国家的宗教和一般而言的文明作出了巨大贡献，参阿里斯托芬《蛙》1030-1033：Ὀρφεὺς μὲν γὰρ τελετάς θ᾽ ἡμῖν κατέδειξε φόνων τ᾽ ἀπέχεσθαι, Μουσαῖος δ᾽ ἐξακέσεις τε νόσων καὶ χρησμούς. [俄耳甫斯把秘密的教仪传给我们，教我们不可杀生，缪塞俄斯传授医术和神示。]（罗念生译文。按：张竹明的译文分节有问题，而且把"我们"翻译成了"你们"。这里是古典诗学的一则重要材料，值得全文照录。埃斯库罗斯："一位诗人应该这样训练人才对。试看自古以来，那些高贵的诗人是多么有用啊！……赫西俄德传授农作术、耕种的时令、收获的季节；而神圣的荷马之所以获得光荣，受人尊敬，难道不是因为他给了我们有益的教诲，教我们怎样列阵，怎样鼓励士气，怎样武装我们的军队吗？"）

[B注] 俄耳甫斯和缪塞俄斯配成一对，在《普罗塔戈拉》316d8 和《王制》364e3 中代表俄耳甫斯教。

[SS注] 请注意，这个句子的结构与前一个是平行的：四个专名（按：即人名）之后，有一个带潜在祈愿式（按：即假定情形下将来会发生的事情）的反问句。

［MP注］希腊人把这四个人都视为历史上真实存在的人物，尽管现在大多数学者对于俄耳甫斯和缪塞俄斯是否确有其人心存怀疑。在《申辩》之中，诸如荷马和赫西俄德这样的诗人都存在某种问题。尽管这些诗人声望卓著，但他们却代表着一种对启示智慧的信赖，这种智慧本质上是非理性的，因而与苏格拉底眼中的哲学不相容。苏格拉底对陪审团说（22c2-3）："他们虽说了很多美妙的话，但其实并不理解自己所说的东西。"（按：此说不确。）

41a7：ἐπὶ πόσῳ ... ὑμῶν［你们……无论多大的代价］，［A注］"你们当中的某些人难道不会为它而牺牲吗！"另参希罗多德《原史》3.38。希腊语常常用疑问句式的地方，英语则用感叹句。

［B注］"你们那么多人都不会付出这样的代价吗？"西塞罗翻译成quanti tandem aestimatis［那终究是多高的价值啊］（按：在《图斯库路姆论辩集》1.98）。另参色诺芬《回忆苏格拉底》2.2.8：Ἀλλὰ νὴ Δία, ... λέγει ἃ οὐκ ἄν τις ἐπὶ τῷ βίῳ παντὶ βούλοιτο ἀκοῦσαι［以宙斯之名起誓，没有。但她说的话任何人一辈子都不愿意听的］。

41a7：ἐγὼ μὲν γὰρ［我说"你们"，是因为］，［SS注］γὰρ表示间接的原因，意思是"我说'你们'，是因为我自己"，另参19e1。

［按］仅有盖洛普严格按照SS本的注解来翻译：I say 'you', since I personally。其实，如果径直译作"我……"似乎也通。

41b1：θαυμαστὴ ... ἡ διατριβὴ αὐτόθι［在那里的旅居多么美妙］，［S甲注］沃尔夫很好地翻译成conversatio delectabilis, si colloqui licebit cum ...［愉快的交谈，如果我能够与……交谈的话］。帕拉墨德斯因奥德修斯使诡计而被怀疑叛国，结果被希腊军队用石头砸死。见维吉尔《埃涅阿斯纪》2.81。埃阿斯（Ajax Telamonius）是继阿喀琉斯之后希腊人中最勇敢的人，因为阿喀琉斯的甲胄从他手中被夺走，不公正地判给了奥德修斯，结果埃阿斯就疯了，清醒后便饮剑自杀。

［B注］这些话正好暗示了苏格拉底对另世（按：即冥府）的兴趣与一般的俄耳甫斯信徒不大一样。虽可肯定，苏格拉底对俄耳甫斯教义

有好感,并从那个源泉吸取灵感,但同样可以肯定的是,他是以某种装模作样的谦卑态度来讨论俄耳甫斯信仰的细节。他马上就感受到了那种信仰有可能是滑稽可笑的。在《斐多》中,他的态度跟这里完全一样。他肯定地说(63b5以下),他死后会跟神明们在一起,而且他也希望能够与故去的义人打交道,但他对这一点不大肯定。

41b1–2:ὁπότε ἐντύχοιμι [既然我还能遇到],[SS注]这个词组不是直接与θαυμαστὴ ἂν εἴη相连,否则仅就苏格拉底见到帕拉墨德斯、埃阿斯以及其他因不公正判决而死的人这一点来看,他的旅居就不那么了不起了。相反,应该把ὁπότε从句看作b3的ἀντιπαραβάλλοντι这一串词序的限定修饰。我想,这就是两种常规表达的感觉错合:"如果我任何时候碰到帕拉墨德斯和埃阿斯,并能够跟他们交换看法,我的逗留就会非常了不起。"

41b2:Παλαμήδει [帕拉墨德斯],[B注]荷马史诗中没有提到,但最先出现在《居普里亚》①(艾伦编本的残篇21)中,据说他是在捕鱼时被狄奥墨德斯和奥德修斯淹死的。《申辩》此处所指的是肃剧作家改编过的版本,说奥德修斯在帕拉墨德斯营帐里藏了金子,并伪造了一封信来损害他的名声,然后奥德修斯控告他叛国,于是帕拉墨德斯就被联军用石头砸死了。埃斯库罗斯、索福克勒斯和欧里庇得斯都写过名为《帕拉墨德斯》的肃剧,而高尔吉亚则撰写了Παλαμήδους ἀπολογία [为帕拉墨德斯一辩],今存,收录在布拉斯(F. Blass)编的托伊布纳(Teubner)版"安提丰文集"中(页159以下)。因此,这个故事广为人知。在色诺芬笔下,苏格拉底也在被判死刑后提到帕拉墨德斯来安慰自己(《苏格拉底向法官的申辩》26节):παραμυθεῖται δ' ἔτι με καὶ

---

① 《居普里亚》(Cypria)是归在荷马名下的一系列史诗中的一部,这些史诗与《伊利亚特》和《奥德赛》构成了上古关于忒拜和特洛亚的完整故事,因而被称作"英雄诗系"。《居普里亚》讲述特洛亚战争的起源及其与阿芙罗狄忒的关系,这位女神的驻地就在居普里斯(cyprus),该剧因此得名。参《英雄诗系笺释》,崔嵬、程志敏译,华夏出版社,2011。

720 《苏格拉底的申辩》集注

Παλαμήδης ὁ παραπλησίως ἐμοὶ τελευτήσας· ἔτι γὰρ καὶ νῦν πολὺ καλλίους ὕμνους παρέχεται Ὀδυσσέως τοῦ ἀδίκως ἀποκτείναντος αὐτόν [在这方面，那和我处于仿佛情况而被处死的帕拉墨德斯也鼓舞了我。直到现在，帕拉墨德斯所提供给我们的美妙颂歌的题材也不是比那不义地处死他的奥德修斯所提供的要多得多]（吴永泉译文）。这就引出了这样的故事（拉尔修《名哲言行录》2.44），说欧里庇得斯在自己的《帕拉墨德斯》中提到了苏格拉底之死，尽管那部肃剧发表的时间比苏格拉底之死早了16年，而且欧里庇得斯比苏格拉底先去世！

41b2：Αἴαντι τῷ Τελαμῶνος [忒拉蒙之子埃阿斯]，[B注] 另参《奥德赛》11.545以下。这里的情况与帕拉墨德斯大不相同，因为埃阿斯是自杀的。然而，埃阿斯之死是因为 ὅπλων κρίσις [盾牌案][1]中的不义，因而也完全可以说他是死于 διὰ κρίσιν ἄδικον [不义的审判]。

[MP注] 帕拉墨德斯和埃阿斯这两位英雄都是寡廉鲜耻的奥德修斯的受害者。求婚者们在向海伦求爱时，发誓要保护她免遭诱拐。在海伦被帕里斯带走因而特洛亚远征开始发动的时候，奥德修斯装疯，以躲避参战。然而，他的诡计却被帕拉墨德斯发现了，被迫兑现自己的誓言。奥德修斯后来陷害了帕拉墨德斯。

我想，[b5] 那不能不算赏心乐事吧——尤其让我最快乐的，就是省察和追问那里的人，就像我对付这里的人那样，看看他们之中谁是真正的智慧者，谁又虽自诩为智慧者，其实并不是。诸位法官，人们究竟愿意付出多大的代价来省察带领 [41c] 大军远征特洛亚的那位统帅 [阿伽门农]，省察奥德修斯和西绪佛斯，省察能叫出名字的其他无以计数的男男女女？要知道，在那里跟他们谈话，跟他们交往，并省察

---

[1] 盾牌案，字面意思是盾牌的审理。阿喀琉斯去世后，他那块由火神亲手打造的著名盾牌的归属就成了问题：埃阿斯和奥德修斯在抢回阿喀琉斯的尸体时都立了功，后因雅典娜帮助奥德修斯，埃阿斯没有得到那块盾牌便发了疯，并在清醒后羞愧自杀，这就是"盾牌案"。

他们，那真是不可思议的幸福！无论如何，那里的人总不会因此就杀人吧，[c5] 毕竟，别的不说，那里的人比这里的人更幸福，而且在余下的时间里，他们一直都会是不死的呢，假如那个说法是真的。[ὡς ἐγὼ οἶμαι, οὐκ ἂν ἀηδὲς εἴη—καὶ δὴ τὸ μέγιστον, τοὺς ἐκεῖ ἐξετάζοντα καὶ ἐρευνῶντα ὥσπερ τοὺς ἐνταῦθα διάγειν, τίς αὐτῶν σοφός ἐστιν καὶ τίς οἴεται μέν, ἔστιν δ᾽ οὔ. ἐπὶ πόσῳ δ᾽ ἄν τις, ὦ ἄνδρες δικασταί, δέξαιτο ἐξετάσαι τὸν ἐπὶ Τροίαν ἀγαγόντα τὴν πολλὴν στρατιὰν ἢ Ὀδυσσέα ἢ Σίσυφον ἢ ἄλλους μυρίους ἄν τις εἴποι καὶ ἄνδρας καὶ γυναῖκας, οἷς ἐκεῖ διαλέγεσθαι καὶ συνεῖναι καὶ ἐξετάζειν ἀμήχανον ἂν εἴη εὐδαιμονίας; πάντως οὐ δήπου τούτου γε ἕνεκα οἱ ἐκεῖ ἀποκτείνουσι· τά τε γὰρ ἄλλα εὐδαιμονέστεροί εἰσιν οἱ ἐκεῖ τῶν ἐνθάδε, καὶ ἤδη τὸν λοιπὸν χρόνον ἀθάνατοί εἰσιν, εἴπερ γε τὰ λεγόμενα ἀληθῆ.]

41b4：ὡς ἐγὼ οἶμαι...［我想］，[B注]"我想那不是坏事。"我给这个短语加上了标点，把它理解为插入语，让它的含义更加突出，还可以把这个结构引到下一个句子中，就彻底规范了。除了 ἐμοί 一致的与格 ἀντιπαραβάλλοντι 变为同样符合语法的宾格 ἐξετάζοντα，后者是由不定式 διάγειν 决定的。

[S丙注] οὐκ ἂν ἀηδὲς εἴη 只不过重复了一开始就有的那个结论句，即 θαυμαστὴ ἂν εἴη ἡ διατριβὴ αὐτόθι [我自己的旅居在那里是多么美妙啊]。这是一种二元结构。另参德尔注疏的 §207。

41b5：καὶ δὴ τὸ μέγιστον [尤其最快乐]，[A注]"而且尤其"，引入一种递进关系，另参上文26d注。τὸ μέγιστον 意为"主要的事情"，宾格，是这个句子的同位语，另参 34d 注。不定式 διάγειν 是因为前面的 οὐκ ἂν ἀηδὲς εἴη，疑问词连接 ἐξετάζοντα καὶ ἐρευνῶντα。

[SS注] 这本来是后面句子的同位语，这个关键的从句导致了一个破格的不定式：διάγειν 的用法，使 τὸ μέγιστον 显得是主语，它重复的是 41b1 的 ἡ διατριβή。相似的情况见《克里同》45e1–46a1。

[MP注] 苏格拉底在考虑这样的可能性：如果传统故事中关于死亡

的说法是真的，他就能够继续在那里省察荷马、赫西俄德以及其他摆脱了人类生命局限的人。这里的 καὶ δὴ καί 意思是"此外"。在破折号之后稍有破格，因为这里的结构在 τὸ μέγιστον（ἐστι...）之后转变成了宾格+不定式。

[按] A 注本此后还有一个小品词，即 καὶ δὴ καί，S 乙本、MP 本亦然，但 S 甲本、伯内特本、SS 本和 H 本都没有最后那个 καί。这句话或可译作"尤其重要的是"。

41b7: καὶ τίς [谁]，[SS 注] 不是 41a7 那个平行从句中的 τις ὑμῶν [你们中有人]，因为苏格拉底是在谈自己的活动以及那些活动会给自己带来的 εὐδαιμονία [幸福]。假定其他人都会乐于见到苏格拉底会省察阿伽门农、奥德修斯和西绪佛斯，这当然是一种幽默；但我认为，τις ὑμῶν 也让这种幽默非常明显。τις 在这里等于英语的 one 和法语的 un。

41b8-c1: τὸν ἐπὶ Τροίαν ἀγαγόντα τὴν πολλὴν στρατιάν [带领大军远征特洛亚的那位]，[SS 注] 奥德修斯这位特洛亚战争中希腊人里的 πολυτροπώτατος [最诡计多端、最狡猾者]（《希琵阿斯后篇》364c6-7），以及西绪佛斯被认为（可能）之所以都犯了自负见识过人的毛病，这是很显然，但为什么要这样说阿伽门农呢？而且，为什么要以这种含沙射影的方式提到阿伽门农呢？也许柏拉图脑子里想着的就是那种常常被人提起的看法，即阿伽门农当上联军的统帅不是由于他的战略天赋，而是有其他原因，另参欧里庇得斯《伊菲革涅亚在奥利斯》行 337-342（按：剧中说阿伽门农以收买人心的办法获得指挥权），修昔底德《战争志》1.9.3，伊索克拉底 12.76。

41c1: Ὀδυσσέα ... Σίσυφον... [奥德修斯和西绪佛斯]，[A 注] Σίσυφον 之名很可能与 σοφός [智慧者、聪明人] 有关。另参荷马史诗中的 ἀσύφηλος，意即 insipiens [不聪明、愚蠢]（按：中文似乎都没有如此翻译，见《伊利亚特》9.647 和 24.767）。西绪佛斯，科林多国王，传说中以背叛和欺骗而臭名远扬，见《奥德赛》11.593 以下。

[B 注] 当然，πολύμητις Ὀδυσσεύς [足智多谋的奥德修斯]（按：亦

可译作"诡计多端的奥德修斯")以及 ὃ κέρδιστος γένετ' ἀνδρῶν [人间最富计谋]的西绪佛斯(《伊利亚特》6.153)明显就是荷马史诗中那种 δοκοῦντες εἶναι σοφοί [自以为有智慧的人]。

[MP注]把这两人配成对,不是闲笔。苏格拉底刚才对埃阿斯和帕拉墨德斯的同情,就已经为我们不同情奥德修斯埋下了伏笔。这种看法并非闻所未闻。尽管奥德修斯的人品在《奥德赛》中大受颂扬,但传统中还有其他材料强调他自私自利的两面性,尤其可见索福克勒斯的《菲罗克忒忒斯》。在《申辩》苏格拉底所提出的伦理语境中,奥德修斯就是那种急急忙忙"宣告"自己是好人而并不真正"是"好人的说话者之典范。他与西绪佛斯相连,颇为恰当,因为后者在分到自己那块著名的石头之前,曾靠花言巧语而离开了哈得斯一小会儿。另一个不同的传统在古代颇有代表性地把奥德修斯说成西绪佛斯的私生子,材料见甘茨的《早期希腊神话》(T. Gantz, *Early Greek Myth: A Guide to Literary and Artistic Sources*. The Johns Hopkins University Press, 1993),页175–176。

41c2: καὶ ἄνδρας καὶ γυναῖκας [男男女女],[SS注]在《申辩》中,虽然苏格拉底没有提到他过去的哲学生涯中有什么女性对话者,但考虑到大多数雅典妇女深居简出的生活方式,这一点就没有什么好奇怪的。然而,应该指出,阿尔喀比亚德在颂扬苏格拉底时,明确说妇女们也听过苏格拉底的 λόγοι [话语]或其转述,见《会饮》215d3–6: ἐπειδὰν δὲ σοῦ τις ἀκούῃ ἢ τῶν σῶν λόγων ἄλλου λέγοντος, κἂν πάνυ φαῦλος ᾖ ὁ λέγων, ἐάντε γυνὴ ἀκούῃ ἐάντε ἀνὴρ ἐάντε μειράκιον, ἐκπεπληγμένοι ἐσμὲν καὶ κατεχόμεθα [但我们谁要是听你的言辞,或是听别人讲你的言辞,即便这讲的人极为低劣,无论女人、男人还是年轻人在听,我们都会被镇住和被掌握](刘小枫译文)。撰述苏格拉底行状的作家的确偶尔描写过苏格拉底与妇女交谈的情况,只不过那些妇女不是在雅典出生的自由民,比如《会饮》中的第俄提玛,埃斯基涅斯笔下的"阿斯帕西娅",色诺芬《回忆苏格拉底》(3.11)中的忒俄多特。苏格拉底说了那么多话,表明他最看重斯巴达和克里特的 εὐδαιμονία [幸福](参《克里同》52e5–

6），而在这两个国家中，不仅男人为自己的 παίδευσις［教养］感到非常自豪，女人亦然（《普罗塔戈拉》342d2-4）。但他这里想到的是过去那些众所周知的智慧的女人，他可以说出她们的名字（ἢ ἄλλους μυρίους ἄν τις εἴποι），比如萨福，她就在 παλαιοὶ γὰρ καὶ σοφοὶ ἄνδρες τε καὶ γυναῖκες［有智慧的古代男人和女人］之列（《斐德若》235b7-8 和 c3），她说出并写出情欲方面的事情；还有那些女祭司，她们宣讲灵魂不朽，并且在 περὶ τὰ θεῖα πράγματα［关于神明的事务］方面很聪明（《美诺》81a5-b1）。当然，不可否认的是，柏拉图笔下的苏格拉底表现出了很多明确的厌女（misogynic）特征。另参 35b3 注。

41c3-4: ἐξετάζειν ... εὐδαιμονίας［省察……幸福］，[S乙注] 苏格拉底这样说，意在省察他想要打交道的那些人生前所接受的原则和感觉，以及他们实际上具有或他们以为自己那时候具有的智慧。他进行这样的探寻、发起这样的对话，是为了不让他们的错误和生涩在他们的尘世苦难已经过去的时候，还继续伴随着他们，依然很容易被驳倒。

[A注] "无限的幸福"（Church 译文）。另参修昔底德《战争志》1.118.2: ἐπὶ μέγα ἐχώρησαν δυνάμεως［他们也达到了权利的巅峰］（按：Adam 引文与此有出入，最后一个词是 eudaimonias），以及柏拉图《泰阿泰德》175a7: ἄτοπα αὑτῷ καταφαίνεται τῆς σμικρολογίας［他们见地之鄙屑令他惊讶］（贾冬阳译文）。

[B注] "无法形容的幸福"（按：或 "无法言说的幸福"）。这种属格的用法亦见 εὐδαίμων（《斐多》58e3），εὐδαιμονίζω（《克里同》43b7），以及 θαυμάζω 和 θαυμάσιος（色诺芬《上行记》2.3.15）。同理，《泰阿泰德》175a7。

[SS注] 伯内特把这个属格与那种由表示"羡慕"的动词及相关习语所支配的属格相比较，也许是搞错了，这里更可能是 ἀμήχανον 之后的部分属格，该词的意思是"难以计数的"（亦见 K.-G. 1.278 b；另参 ἀμήχανον ὅσον）。这个短语看上去就像是 ἀμήχανον εὐδαιμονία 不自然的变体（另参《会饮》218e2 的 ἀμήχανον κάλλος［不可思议的美］，和《王制》

509a6），正如《王制》579b1 的 ἐν παντὶ κακοῦ εἴη，其实就是指 κακῷ。

41c4：τούτου γε ἕνεκα[因此]，[B 注]即 τοῦ διαλέγεσθαι καὶ ἐξετάζειν。脱离了躯壳的 ψυχή[灵魂]，就不能还被判死刑了。这一行前面一点的 πάντως，意思是"无论如何"。

[SS 注]这里的 γε，不是表示限制（"那里的人不会因为那一点而杀你"），而似乎是把 τούτου γε ἕνεκα 标记为这个余下部分的强调性开端（"那绝不是那里的人杀你的原因"）。

41c5：οἱ ἐκεῖ[那里的人]，[MP 注]"那里的人"。既然他们已经死了，官府能够施与的惩罚大概就很有限了。路吉阿诺斯（Lucian）对希腊文学和哲学的讽刺作品，《真实的故事》（按：见《路吉阿诺斯对话集》，周作人译，中国对外翻译出版公司，2003 年，页 559-616。罗念生等译《琉善哲学文选》没有收录这篇文章，商务印书馆，1980 年），讲述了作者拜访至福岛的奇幻之旅。路吉阿诺斯深受《申辩》的影响，他所想象的正是苏格拉底描绘的那种地方。那里共存着历史人物和神话角色，苏格拉底整天与年轻人交谈，话题涉及许拉斯（Hylas）、纳喀索斯（Narcissus）和雅辛托斯（Hyacinthus），让（法官）拉达曼图斯不胜其烦，法官威胁说要把苏格拉底扔出岛外（2.17）。

41c6：ἤδη τὸν λοιπὸν χρόνον[在余下的时间里一直]，[SS 注]ἤδη 标志着 λοιπός 所表示的这段时间的开始，另参《斐多》61c10-d2：καθῆκε τὰ σκέλη ἐπὶ τὴν γῆν, καὶ καθεζόμενος οὕτως ἤδη τὰ λοιπὰ διελέγετο[苏格拉底让双脚踩在地上，谈接下来的东西时，他都这样子坐着]；90d5-6：καὶ ἤδη τὸν λοιπὸν βίον μισῶν τε καὶ λοιδορῶν τοὺς λόγους διατελοῖ[从此厌倦说法，对说法骂骂咧咧地度过余生]（刘小枫译文）。另参《斐德若》256c5-6："在此之后（从他们死亡那一刻算起），他们在余下的（所有）时间里就变得不朽了"（按：刘小枫译为"过完这生后，对余下的生世他们还会采取同样的生活方式"）。

41c6-7：εἴπερ γε τὰ λεγόμενα ἀληθῆ[假如那个说法是真的]，[B 注]另参 40c7 注。如果我们意识到，苏格拉底这里是在表达一种对大多数雅典人都陌生和新奇的学说，那么我们就无法想当然地怀疑上述两种选择（40c5以下）中究竟哪一种才表达了他自己的看法。他在下一句中得出这样的推论："正义者的灵魂在神明手中。"

［MP注］苏格拉底讲这些故事的用意是在于安慰，但他不愿意说那些故事就是真的，甚至不说"他"相信这些故事。他在这里作出的假定与40e5和41a8一样。

第十一章　临别托孤

41c8–42a5

章　旨

[S乙注]这个简单却本质上崇高的结语,与整部《申辩》的基调完美一致。要在那些充满阴暗和邪恶感情的陪审员面前表现这种正直和清白,那是徒劳的,因为那种阴暗和邪恶的感情在他们智谋的范围和品质上更加肆无忌惮,因而也就更有效果,也更成功。最含混和最无理由的谎话却用来针对最清楚不过的真理,诽谤和嫉妒忙于错误地表达那种智慧而有益的哲学所作出的友善提议:带有道德寓意的劝勉却被当成堕落的意图,对邪恶的纠正被污蔑为一种傲慢,劝人向善被判定为一种罪行。控告者获胜了,雅典的历史记录被一种近于无双无俦的耻辱所玷污了。但这场致命控告的迫害对象在整个过程中都勇敢无畏,并平静地迎接了迫害的结果。他宽恕了控告者,尽管他是唯一的当事人,但他蔑视那样的动机,因为它会从整体上影响社会的安宁福祉。末了,他对控告者们说:"现在是分别的时候了——对我而言,去死;对你们而言,去活;但哪一个才是幸福的天命,唯有神明才说得清。"其中的善(goodness)是多么让人景仰,有了这种善,就能很好地懂得如何在完全相反的感情中相互适应,也能让一个人充满了对生命的热爱,足以让他毫不费力地安身于这片大地,而那正是自己的一切努力所需的基础。正是这种善让人能够怀抱更加纯粹和更加光荣的希望:随时准备舍弃自

己的生命。

所以说，诸位法官，你们也应该对死抱有美好的希望，还应该把这样一种观点视为真理——[41d] 好人无坏事，无论生前还是死后，都绝没有，神明不会不关心他的境况。眼下在我身上发生的这些事并非偶然，相反，我很清楚，现在就死去，摆脱俗事，[d5] 才是我更好的出路。正是由于这个原因，那个征兆在哪个环节都没有制止过我，不论在那帮人控告我的时候，还是在大家投票判我[罪刑]的时候。本人丝毫没有嗔怒，尽管他们控告我和投票判决我的本意并不在此，而是成心害我。[41e] 他们该为此遭到谴责。[Ἀλλὰ καὶ ὑμᾶς χρή, ὦ ἄνδρες δικασταί, εὐέλπιδας εἶναι πρὸς τὸν θάνατον, καὶ ἕν τι τοῦτο διανοεῖσθαι ἀληθές, ὅτι οὐκ ἔστιν ἀνδρὶ ἀγαθῷ κακὸν οὐδὲν οὔτε ζῶντι οὔτε τελευτήσαντι, οὐδὲ ἀμελεῖται ὑπὸ θεῶν τὰ τούτου πράγματα· οὐδὲ τὰ ἐμὰ νῦν ἀπὸ τοῦ αὐτομάτου γέγονεν, ἀλλά μοι δῆλόν ἐστι τοῦτο, ὅτι ἤδη τεθνάναι καὶ ἀπηλλάχθαι πραγμάτων βέλτιον ἦν μοι. διὰ τοῦτο καὶ ἐμὲ οὐδαμοῦ ἀπέτρεψεν τὸ σημεῖον, καὶ ἔγωγε τοῖς καταψηφισαμένοις μου καὶ τοῖς κατηγόροις οὐ πάνυ χαλεπαίνω. καίτοι οὐ ταύτῃ τῇ διανοίᾳ κατεψηφίζοντό μου καὶ κατηγόρουν, ἀλλ᾽ οἰόμενοι βλάπτειν· τοῦτο αὐτοῖς ἄξιον μέμφεσθαι.]

41c8: εὐέλπιδας εἶναι [抱有美好的希望]，[B注]"拥有美好的希望"。这一点在当前语境中也非常重要，因为，ἐλπίς [希望] 就是俄耳甫斯教用来表达"信仰"的词。另参《斐多》63c5：ἀλλ᾽ εὔελπίς εἰμι εἶναί τι τοῖς τετελευτηκόσι [我反倒会满怀期盼，会有某种东西给这些已经终了的人]（刘小枫译文）。同样，《王制》中（331a）的克法洛斯也引用了品达笔下已经俄耳甫斯化的关于 ἐλπίς [希望] 的颂诗，并比较坏人的 κακὴ ἐλπίς [坏的希望] 和义人的 ἀγαθὴ ἐλπίς [好的希望]。

41c9: ἕν τι τοῦτο διανοεῖσθαι ἀληθές [把这么样的一种观点视为真理]，[S甲注] 在希腊语的用法中，τι 用在 τοῦτο 之前，首先可表示代词 τι 通常所具有的含义，其次可更准确地限制或界定其含义，所以这句可理解为"一件事情，也就是这件，要被视为真实的"。接下来 41d3 的 ἀπὸ τοῦ αὐτομάτου，意思是"偶然""意外"，"不是出于神明的谋划和意愿"。41d4-5 的 ἀπηλλάχθαι πραγμάτων 即"凡人的事情"，要加上劳作和辛苦的观念。

[B 注] ἀληθές，意为"作为一种真理"，作为表语，是为了强调。另参 18a1-2：καὶ δὴ καὶ νῦν τοῦτο ὑμῶν δέομαι δίκαιον [可眼下就是这样的呀，所以我对你们的这个请求乃是正当的]。

[SS 注]"一条真理，即这种"。另参《王制》601d1-2：Περὶ ἕκαστον ταύτας τινὰς τρεῖς τέχνας εἶναι, χρησομένην, ποιήσουσαν, μιμησομένην; [关于每种事物，都有这样三种技艺——用来使用的、用来制作的、用来模仿的]（张文涛译文）；《法义》916d6-8：κιβδηλείαν δὲ χρὴ πάντα ἄνδρα διανοηθῆναι καὶ ψεῦδος καὶ ἀπάτην ὡς ἕν τι γένος ὄν,（此处不必加逗号）τοῦτο ᾧ τὴν φήμην ἐπιφέρειν εἰώθασιν οἱ πολλοί [人人都要明白，掺假、说谎、好欺诈乃是同一类，多数人惯于给出这个声明]（林志猛译文）；如果不带数词，可参上文 21d6 的 σμικρῷ τινι αὐτῷ τούτῳ σοφώτερος εἶναι（即如伯内特所理解的"正是在这件小事上"）;《帕默尼德》149e8-9：Οὐκοῦν ἐστόν γέ τινε τούτω εἴδη, τό τε μέγεθος καὶ ἡ σμικρότης [不就有这两个样式，"大"与"小"吗]（曹聪译文）。在这个习语中，一般指向前方，但也不是没有变化，另参《高尔吉亚》472c3：οὗτός τις τρόπος ἐλέγχου，意思是"这种特殊类型的证据"（按：李致远译作"这样一种反驳方式"）。伯内特把 ἀληθές 翻译成"作为一种真理"，他恐怕是对的，因为在柏拉图笔下，这个名词由 οὗτος 或 τις 修饰时，从来没有带冠词。而如果这里不可能是 τοῦτο τὸ ἀληθές，那么就没有什么理由把 ἀληθές 当作谓词。我再补充一些例子：《泰阿泰德》144c2，《斐勒布》18b7-8，《斐德若》265c9，《王制》487c2-3 和 597b5，《法义》683a7、685e3-4 和 722c8-9。但《法义附言》的作者在这种情况下却的确用了冠词，见 974b2。

[MP 注]"这样一种东西才是真实的"，与苏格拉底刚绘声绘色所描述的 τὰ λεγόμενα [（大众或传统的）说法] 相对照，而后者仅仅"可能"是真的。

41d1: οὐκ ἔστιν ἀνδρὶ ἀγαθῷ κακὸν οὐδὲν ...［好人无坏事］，［B注］《王制》卷十（613a4-b1）以同样的措辞反映了同样的学说：Οὕτως ἄρα ὑποληπτέον περὶ τοῦ δικαίου ἀνδρός, ἐάντ' ἐν πενίᾳ γίγνηται ἐάντ' ἐν νόσοις ἤ τινι ἄλλῳ τῶν δοκούν των κακῶν, ὡς τούτῳ ταῦτα εἰς ἀγαθόν τι τελευτήσει ζῶντι ἢ καὶ ἀποθανόντι. οὐ γὰρ δὴ ὑπό γε θεῶν ποτε ἀμελεῖται ὃς ἂν προθυμεῖσθαι ἐθέλῃ δίκαιος γίγνεσθαι καὶ ἐπιτηδεύων ἀρετὴν εἰς ὅσον δυνατὸν ἀνθρώπῳ ὁμοιοῦσθαι θεῷ［因此，对于一个正义的人，我们必须假定，无论他遭到了贫困、疾病，还是别的什么看起来坏的事情，最终，这些事对他来说都会是某种好事，无论在生前，还是在死后。因为，神们无论如何都不会忽视这样一个人的——他急切渴望变得正义，同时一心一意践行美德，在人所能及的范围内跟神相像］（张文涛译文）。最后的笔调是毕达哥拉斯学派的观点。另参《泰阿泰德》176b1-2：ὁμοίωσις θεῷ κατὰ τὸ δυνατόν［尽可能"像神"］（贾冬阳译文）。

［SS注］注意这个"逐渐增强"的结构：每一个后续的成分都比前一个包含更多的信息，也都更加强调，一直到相应的οὔτε ... οὔτε。这种逐渐加强的次序在包含着实词ἐστί［有］的从句中很常见。另参拙文《书面语言与口头语言》（前揭）页99注释19。此外，这种结构让柏拉图能够把ἀγαθῷ［好］和κακόν［坏］并置起来。

［S丙注］苏格拉底的这个句子达到了廊下派主义（Stoicism）最崇高的顶峰，用宗教信仰和希望予以调和。

［按］吴飞译作"好人不会有恶报"，王太庆译作"一个好人不会遇到不祥"。盖洛普译作（格鲁伯的译法亦似）nothing can harm a good man，似与希腊原文不大合，更偏向一种解释。

41d3: τὰ ἐμά［在我身上发生的那些事情］，［SS注］省略了πράγματα，意思是"在我身上发生的那些事情"。这个名词需要从前一个从句中补充完整，而该名词在那里有不同的含义（按：盖洛普即把前一个从句的πράγματα译成fortune。《古希腊语汉语词典》有"境况"一义）。

41d4-5：ὅτι ἤδη τεθνάναι ... βέλτιον ἦν μοι［现在就死去，才是我更好的出路］，［S乙注］另参杨格（Edward Young，1683—1765，英国诗人）《夜思录》3.495-500和511-515：

> Death is victory;
> It binds in chains the raging ills of life:
> Lust and ambition, wrath and avarice,
> Dragg'd at his chariot-wheel, applaud his power.
> That ills corrosive, cares importunate,
> Are not immortal too, O death! is thine.
> And feel I, death! no joy from thought of thee,
> Death, the great counsellor, who man inspires
> With ev'ry nobler thought and fairer deed!
> Death, the deliverer, who rescues man!
> Death, the rewarder, who the rescu'd crowns!

41d4-5：ἀπηλλάχθαι πραγμάτων［摆脱俗事］，［B注］这个短语相当口语化，它的意思几乎就是"从我的辛劳中抽身出来休息"。我不能同意李德尔的看法，他认为这是指年老所带来的各种麻烦。那是色诺芬的看法，不是柏拉图的。我宁可比较22a7的ὥσπερ πόνους τινὰς πονοῦντος［就像是干一些苦差事一样］。［A注］"摆脱麻烦"。

［SS注］既然死亡对苏格拉底来说是好事，准确地说，死亡在他的价值体系中是"小善"，那么我们就没有任何理由像伯内特那样，拒绝认为πράγματα指年老所带来的麻烦，后者乃是"小恶"。我认为，如果把πράγματα解释成指神圣的使命所要求的持续不断的努力，那就完全错了：苏格拉底通过省察他人，也在省察自己，因此也就是在照料灵魂——摆脱那种麻烦对他来说无论如何都算不上更好。这个短语还出现在《王制》406e3，也用来指某人通过死亡来摆脱疾病（τελευτήσας πραγμάτων ἀπηλλάγη，按：王扬译作"摆脱烦恼"）。伯内特错误地宣称这个短语是口语化的，但它在谐剧中相当常见，在演说家口中亦然，参吕西阿斯25.12，29.10，32.23，德莫斯忒涅斯1.8，4.13，36.2，67.5，在其他演说家那里还能见到四次。

41d5：διὰ τοῦτο καί［正是由于这个原因］，［SS注］καί在表示"因此"的那种说法之后，指前一个说法在解释一个先前已经提到或假定已众所周知的事实（前面常常有 δή，这是在诉诸读者的知识或洞见）。加上καί，有时会有细微的差别，如此处，理解为"那也是……的原因"。但更常见的是没有这种细微差别，καί只是强调性的，理解为"正是因为那个原因才……"，另参丹尼斯顿在《希腊语小品词》，前揭，307-308，亦参我的《克莱托丰注疏》，前揭，页302和379。

41d7：οὐ πάνυ［丝毫都没有］，［R注］这里如同其他地方一样，仅表示一种直接坦率的拒绝。苏格拉底像这样说就很好了："我没有理由不高兴。"他的 εἰρωνεία［反讽、装样子］无论如何都不会让他说出"我远远没有到不高兴的程度"之类的话来。

［按］该词组一般英译作hardly或scarcely，而伯内特释作not very，似意有不足。

41d8：κατεψηφίζοντό ... κατηγόρουν［在投票判罪刑的时候，在控告的时候］，［SS注］这里用过去时，是因为苏格拉底关注的是控告他的人和投票判他死刑的人在投票和控告的当儿究竟有什么样的意图。一个很有意思的相似例子见欧里庇得斯《疯狂的赫拉克勒斯》行284-286：ἡμᾶς δ᾽, ἐπειδὴ δεῖ θανεῖν, θνήσκειν χρεών μὴ πυρὶ καταξανθέντας, ἐχθροῖσιν γέλων διδόντας, οὔμοί τοῦ θανεῖν μεῖζον κακόν［既然我们必须死，让我们不要被火烧死，供我们的仇人开心，这于我们是比死更大的不幸］（张竹明译文）。关于κατηγόρουν，另参24b3注。另，41e1的τοῦτο，意思是"只有这个"，"这件小事"，另参39e4注。

不过，我却要向他们提出这样的请求：当我的儿子们长大成人后，

诸位，如果你们认为他们关心钱财以及其他东西［e5］胜过关心德性，如果他们自以为是而其实什么都不是，那么，就请你们惩罚他们，像我折腾你们那样去折腾他们，去谴责犬子们，就像我谴责你们那样——谴责他们没有关心那应该关心的东西，谴责他们自以为有多了不起实则一文不值。如果［42a］你们做到了这一点，本人以及犬子们就算在你们手中得到公正对待啦。就到这里吧，因为分别的时候到啦，虽然我就要赴死，你们还会继续活，但我们双方究竟哪个命数更好，谁又能知道？——呜呼，厥知惟［a5］神！［τοσόνδε μέντοι αὐτῶν δέομαι· τοὺς ὑεῖς μου, ἐπειδὰν ἡβήσωσι, τιμωρήσασθε, ὦ ἄνδρες, ταὐτὰ ταῦτα λυποῦντες ἅπερ ἐγὼ ὑμᾶς ἐλύπουν, ἐὰν ὑμῖν δοκῶσιν ἢ χρημάτων ἢ ἄλλου του πρότερον ἐπιμελεῖσθαι ἢ ἀρετῆς, καὶ ἐὰν δοκῶσί τι εἶναι μηδὲν ὄντες, ὀνειδίζετε αὐτοῖς ὥσπερ ἐγὼ ὑμῖν, ὅτι οὐκ ἐπιμελοῦνται ὧν δεῖ, καὶ οἴονταί τι εἶναι ὄντες οὐδενὸς ἄξιοι. καὶ ἐὰν ταῦτα ποιῆτε, δίκαια πεπονθὼς ἐγὼ ἔσομαι ὑφ᾽ ὑμῶν αὐτός τε καὶ οἱ ὑεῖς. ἀλλὰ γὰρ ἤδη ὥρα ἀπιέναι, ἐμοὶ μὲν ἀποθανουμένῳ, ὑμῖν δὲ βιωσομένοις· ὁπότεροι δὲ ἡμῶν ἔρχονται ἐπὶ ἄμεινον πρᾶγμα, ἄδηλον παντὶ πλὴν ἢ τῷ θεῷ.］

41e1-2：αὐτῶν ... τιμωρήσασθε［向他们……惩罚］，［SS注］从第三人称复数转变为第二人称复数，这表明，自 τοὺς ὑεῖς μου 以下，苏格拉底既对控告他的人，同时也对全体陪审团讲话（我认为不仅仅是对那些投票判他死刑的人讲话）。因此，为了让这种转变更加平顺，称呼都从 ὦ ἄνδρες δικασταί［诸位法官］变成了 ὦ ἄνδρες［诸位］。在整个《申辩》中，苏格拉底一直在把 ὦ ἄνδρες 用作 ὦ ἄνδρες Ἀθηναῖοι［雅典人呐］的变体，但在第一次用 ὦ ἄνδρες δικασταί 之后，他就不再使用 ὦ ἄνδρες。最老那一代演说家（如安提丰、安多喀德斯）以及某些后起的演说家（如伊赛俄斯、狄纳科斯、吕库尔戈斯）几乎只用 ὦ ἄνδρες（正如吕西阿斯在其第一篇演说词中的用法一样，但在他另外的演说词中则不是这样）。

［G注］如果以为苏格拉底是在向那些投票反对他的陪审员提出自己最后的请求，就会让人感到很奇怪。同样让人惊讶的是，既然苏格拉

底在39b–d已经对他们说了那样一番话，这里再说，如果他的儿子们被恰当地告诫过了，他就是从他们那里得到了"正义的所得"，那么似乎最好把最后的请求理解为向整个陪审团说的。

［MP注］苏格拉底反讽性地请求控告他的人对他的儿子们负起道德提升的责任，因为他死后就不会在那里担负这一责任了。

［按］此处颇为难解：既然苏格拉底要谴责投票杀死他的那些"坏人"，为何马上又郑重其事地把自己的孩子们托付给这帮鲜廉寡耻的人照顾？MP注所谓"反讽"似乎还缺乏更为充足的解释，亦没有足够的说服力。吴飞说："一个可以考虑的解释是，苏格拉底在和支持他的人说要谴责杀害他的人时，他暗示，整个雅典就是伤害他的凶手。"（《苏格拉底的申辩》，前揭，页219）虽可备一说，却无实据。莱波维兹认为，苏格拉底希望儿子在控告者的教导下成为像他们那样的普通人，更似猜测（见《苏格拉底的反讽答辩》，蒋明磊译，华东师范大学出版社，2015年）。布里豪斯－史密斯则认为苏格拉底既反讽又真诚（Brickhouse – Smith, *Routledge Philosophy Guidebook to Plato and the Trial of Socrates*. Routledge, 2004, p. 184）。持"反讽说"的还有施特劳斯（Bary Strauss），但他认为苏格拉底这位"被指控败坏青年"的罪犯是在向迫害他的"指控者"和"陪审员们"请求（参 *Fathers and Sons in Athens: Ideology and Society in the Era of the Peloponnesian War*. Routledge, 1993, p. 204以及251n.50）。

在柏拉图笔下，苏格拉底对自己的孩子们似乎缺少关爱，至少因自愿赴死而未能尽到做父亲的责任——他的老朋友甚至如此谴责他：

> 我还认为，你也把你的儿子们一并断送到那些人手中了，而你本来能够把他们抚养长大、教育成人，你却一走了之，把他们丢在身后，对你来说，他们似乎就只能如此听天由命了：他们很可能会成为那种在孤苦无依之中习惯于孤儿生活的可怜虫。要么就不该生下这些孩子，要么就该与他们始终共患难，抚养和教育他们，但我

认为，你却选择了最漫不经心的道路。相反，一个男人如果选择当善良而勇敢的人，就应该选择这些辛劳，尤其对于一个终生都在宣谕要关心德性的人来说，更应如此。(《克里同》45c8-d8）

这无奈地暗示了他的儿子们可能遭遇的种种非难，那将是他们的天命，从而暗示，即便如此，苏格拉底也没有后悔，他不受世俗之牵绊。

难道他对神明的虔敬以及对自己审慎使命的关切超越了一切，竟而至于必须把孩子交给"敌人"来教导吗？或者就因为敌人控告他"败坏青年"，就赌气让控告者在自己孩子身上做实验：你们不是懂得什么叫败坏青年吗，那你们来？这种庸俗的推测显然更不成立。但值得注意的是，苏格拉底并没有要求对方从正面教育自己的儿子，而是要他们"像自己一样"从反面"惩罚"自己的孩子。这里语带讥讽，显然不是问题，问题在于，苏格拉底为什么要这么说？

苏格拉底极为重视对"儿子"的教育，尤其是对克里同的儿子，因为儿子就是青年，而苏格拉底的使命就在于帮助这些年轻人懂得什么是值得过的生活，那么难道自己的儿子就不是儿子？这种"非常不寻常的"举动，以其决然缺乏对儿子的柔情（weak-kneed sentimentality），让现代人觉得简直有些冷漠（cool），即便不能说他冷酷（callous），比如乌兹利（A. D. Woozley）就认为苏格拉底对儿子的态度"冷漠得让人很不舒服"（distasteful detachment，见 *Law and Obedience: The Arguments of Plato's* Crito, London, 1979, p. 121；另参 J. Beversluis. *Cross-examining Socrates: A Defense of the Interlocutors in Plato's Early Dialogues*. Cambridge University Press, 2000, p. 65n. 11）。

在一般人看来，无情未必真豪杰，怜子如何不丈夫！不过，苏格拉底不愿意把儿子带到法庭上来哭哭啼啼哀求法官，虽说展示了自己不与世俗同流合污的高洁，但是不是也多多少少顺便体现了父亲的关爱和柔情呢？

苏格拉底请求"控告者"，却马上转向全体陪审员说话，的确不大好理解，或有两种可能，（一）如大多数注疏家所说，苏格拉底是对全体陪审团讲的（也许可以把 αὐτῶν 翻译为"包括他们在内的人"），但也可以理解为（二）他就是在对控告他以及投票判他死刑的人说的。仅仅从这里的原文来看，苏格拉底是在向"他们"，也就是向控告他以及投票反对他的人讲话，而且是用第二人称，"你们要"，这样理解会更具有戏剧性。至于下文的 ὦ ἄνδρες [诸位]，当然可以指他的"敌人"——或者苏格拉底本来就没有敌人，即便他们应该受到谴责？苏格拉底最后所谓 δίκαια πεπονθώς [就算得到公正的对待了]，显然是针对那些不公正对待他的人，因此更加说明苏格拉底是在反向托孤。苏格拉底显然不是真正的"托孤"，而是在借此表明自己最终的立场：关心灵魂，否则遭天谴。

41e2-7：τοὺς ὑεῖς μου... οὐδενὸς ἄξιοι [我的儿子们……一文不值]，[SS 注] 传统的断句让第一个 ἐὰν 从句受 τιμωρήσασθε 支配，而第二个 ἐὰν 从句则受 ὀνειδίζετε 支配，这种理解不合逻辑，因为 ὀνειδίζετε 引导的 ὅτι 从句支配着两个 ἐὰν 从句所表达的内容："惩罚他们，如果他们关心错误的事情，并且如果他们自以为是，就因他们关心错误的事情和自以为是而责备他们。"最好认为这个句子中有两次连接词省略（该句一开始就省略了连接词），第二个省略了的连接词本来应该在 e5 的 μηδὲν ὄντες 之后。在这个语境中，把它视为省略了连接词，似乎更有说服力，也似乎更为恰当：因此 ὀνειδίζετε 就变成了对 τιμωρήσασθε... λυποῦντες 的一种解释或限定。还有另一种解释，我们可以假定在这个句子中，有两个谓词，另参 32b5 注。

41e3：ταὐτὰ ταῦτα λυποῦντες [那样去折腾他们]，[R 注] 孜孜不倦用警告和规劝来折腾他们。

41e4：χρημάτων ἢ ἄλλου του ...ἐπιμελεῖσθαι ... [关心钱财以及其他东西]，[B 注] 在 του 之后，省略了 τιμῆς。这场演讲的结尾重复了苏格拉底的基本学说，即 ἐπιμέλεια ψυχῆς [关心灵魂]。

41e5：καὶ ἐὰν δοκῶσί [如果以为]，[SS 注] 既然这个动词与 41e3-4

的 ἐὰν ὑμῖν δοκῶσιν 具有不同含义和结构，为了清晰之故就要重复连接词。

［MP注］"如果他们似乎自以为是"。即便到了演讲结束的时候，苏格拉底仍继续坚持"似"与"是"的截然区分。亦参41e6-42a1。

42a1：δίκαια πεπονθὼς ἐγὼ ἔσομαι［我就算得到公正的对待］，［SS注］正如伯内特所指出的，这个表达法更准确的含义是"得到自己正义的应得"，另参《欧蒂德谟》301a2-3：καὶ ἡγούμην δίκαια πεπονθέναι ὅτι ἔκραξα［因为我的牢骚，我想我活该遭此麻烦］（万昊译文）。《高尔吉亚》476e2-3：Οὐκοῦν ὁ κολαζόμενος δίκην διδοὺς δίκαια πάσχει［是不是施行正义之事］（李致远译文）。这里必须使用将来完成时，因为当苏格拉底的儿子能够被这样处理的时候，苏格拉底都已经死去很久了。

42a1-2：αὐτός τε καὶ οἱ υἱεῖς［本人以及犬子们］，［SS注］"与我的儿子们一起"。有一个相似的段落告诉我们这个表达法本身值得注意，这个段落就是《欧蒂德谟》307c3-4：θαρρῶν δίωκε καὶ ἄσκει, τὸ λεγόμενον δὴ τοῦτο, αὐτός τε καὶ τὰ παιδία［追求并践行它，有如那俗话所说，你自己和你的孩子们都该这样］（万昊译文）。亦参《王制》372b6：εὐωχήσονται αὐτοί τε καὶ τὰ παιδία［和孩子们一起痛快地吃了起来］（王扬译文）。它可能是法律用语，另参法规中有关荣誉称号的规范用语 οὗτον καὶ τοὺς παῖδας（ἐκγόνους），意为"及其孩子（子嗣）"。

42a2：ἀλλὰ γὰρ ...［就到这里吧，因为……］，［S甲注］西塞罗《图斯库路姆论辩集》1.41（按：通行编码为1.99）：sed tempus est iam hinc abire, me, ut moriar, vos, ut vitam agatis. utrum autem sit melius, dii inmortales sciunt, hominem quidem scire arbitror neminem［分别的时间到了，我去死，你们继续活。然而，这两种哪一个更好，天神知道，我想，没有哪一个凡人知道］。同样的道理见《泰阿泰德》145b6-7：Ὥρα τοίνυν ... σοὶ μὲν ἐπιδεικνύναι, ἐμοὶ δὲ σκοπεῖσθαι［所以，……此刻正是时候让你展示，让我考察］（贾冬阳译文）。同位语的强有力形式，即 αὐτος τε καὶ οἱ υἱεῖς，另参《王制》414d，《克里同》50e4，《会饮》221d。

［SS注］表示突然中断，在一种正式讲话的末尾显得非常口语化；

这种用法从未见于演说家之口。

[S丙注] 字面意思是"但（我不会再说什么了）因为……"。这里可译作"但就够了——现在到分别的时候了"。另参19c。

42a2：ὁπότεροι δὲ ἡμῶν... [我们双方究竟哪个]，[B注] 这里也是在欧里庇得斯笔下出现过的那种学说的回响（按：残篇638，收录于柏拉图《高尔吉亚》492e10–11）：τίς δ' οἶδεν εἰ τὸ ζῆν μέν ἐστι κατθανεῖν, τὸ κατθανεῖν δὲ ζῆν; [可谁知道，是否生就是死，/ 死就是生]（李致远译文）。

42a4：ἐπὶ ἄμεινον πρᾶγμα [命数更好]，[B注] "更好"（to a better lot）。这显然是 ἄμεινον πράττειν 的名词形式，πρᾶγμα 的这种用法在字典中没有得到充分认识（按：SS本提醒参照20c5注）。后面的 πλὴν ἤ，应该解释作 ἀλλ' ἤ（另参20d6注）。

[按] 字面意思是"（到达）更好的境况"，或"才算得上更好的事"。H本释作 course of action 或 mode of life。此处采用盖洛普译文 better destiny，而格鲁伯也译作 better lot，水建馥也译作"命运"。当然，这种译法最终的权威来自《希英大词典》对 πρᾶγμα 的解释，其中明确说《申辩》42a此处的 πρᾶγμα 应解释作 fortunes、cause 或 circumstances。

正如伯内特所说，这实际上是古希腊语中常见的 εὖ πράττειν 的另一种说法（或 ἀγαθὸς πρᾶγμα 的比较级），本来指"做得好"，也指"过得好"，常用于书信中的问候和祝福（与 εὐδαιμονεῖν "祝你幸福"同根同义），也见于演说结尾的告别辞（因而往往可以译作"再见"）——《王制》最后就以这个短语结尾，一般译作"行事顺遂"（张文涛译文；王扬则译作"过得很顺利"）。《斐多》（58e6和95c3）也是在指一个人的最终命运的语境中使用这个短语。

πρᾶγμα 一般指"事情"，也指完成了的事情（动词 πράττειν 本身就有"获得"和"完成"的意思），当然就是"结局"，因而这句话可以译作"我们双方哪个的结局更好"，或者"我们双方的生死，究竟哪一方才算得上好事"。《希英大词典》著录为 fortunes，并特意提到此处（即《申辩》42a）。另参《克里同》53d1，据S甲注，此处的 τὸ πρᾶγμα 指人，故而我在《克里同》53d1译作"苏格拉底这个老东西"。苏格拉底这句话也许同时具有多重含义，实在不好处理成恰当的中文。

苏格拉底在最后关头说这样的话，既是对双方"结局"的评判，也是冷静而从容地赴死，同时也是践行或兑现自己的神圣使命：哪怕以生命为代价，也要为城邦做事（这句话中的 πρᾶγμα 本义）。

42a4：πλὴν ἢ [厌……惟]，[R注] 这种搭配完全等同于 ἀλλ' ἢ。这两个小品词在这种搭配中具有同样的性质，都以自己的几种方式引入那种与前面普遍否定性的情况不一样的例外状态。πλὴν 指"它不是任何人可知的，——除了（与此相反）它为神明所知"；用 ἢ，则不那么刺耳难听，意思是"它不是任何人可知的，然而或者（只有）神明可知"（按：这种解释似乎太繁琐了，参SS注）。

[SS注] 当 πλὴν 后面接一个不可能变成属格的单个短语时，就用 πλὴν ἢ，除非这个短语包含代词 τις [某人]。但在阿提卡散文和谐剧中（不包含亚里士多德），只有三例：(ἢ) 阿里斯托芬《云》行361和734；伊索克拉底12.258；阿里斯托芬《鸟》行601；柏拉图《治邦者》286d5-6；色诺芬《希腊志》4.2.21。

42a5：τῷ θεῷ [神]，[SS注] 柏拉图对作品的最后用词特别考究，如《斐多》118a17 的 φρονιμωτάτου καὶ δικαιοτάτου [最明智、最正义]，《王制》621d2-3 的 εὖ πράττωμεν [行事顺遂]，《斐德若》279c8 的 Ἴωμεν [我们走吧]（刘小枫译文）。这里无疑让读者想起苏格拉底的神圣使命以及他对神意的信奉。

[MP注] 与19a6一样，这里也不是明确指哪位神明。不过，柏拉图选择 θεῷ 作为演讲的最后一词，重申苏格拉底把自己毕生的工作刻画为侍奉神明（另参23c1的 τοῦ θεοῦ λατρείαν），并再一次不言而喻地拒绝了对其不虔敬的指控。

[G注] 苏格拉底的结束语，表明他并没有因具有知识——尤其是关于死亡的知识（另参29a-b）——而错误地自负（另参21d和23b）。最后这番话表达了对神明的诚挚信仰，也是《克里同》结尾的意思。另

参《申辩》20e注和《克里同》54e注。

［Gr注］或"那位神明"。苏格拉底可能指那位指导他的神灵；但我们在他最后这句话同时也是《申辩》的结语中，似乎能听到更深刻的一神论意味。另参42a注。

［按］最后这三个单词比较简单，没有歧义，意思是"除了神"（吴飞即作此译）。王太庆和水建馥都译作"只有神知道"。为了遵照原文把"神"这个字翻译到最后，这对于英语等西方语言来说不是难事。我译作"呜呼，厥知惟神"，或可作"噫，其惟神乎"。

附　录

τὸ δαίμων 释义

[R注] δαίμων一词既可以指 θεός，也可以指比 θεός 低级的超自然存在（spiritual being）。不管指哪一类，其独特含义都在于，它指"与人打交道"的一种存在。从荷马到柏拉图，δαίμων 都不断以这种意思出现：在柏拉图《会饮》202d-203a 中，δαίμων 的这种含义非常明确，尽管那里所主张的原则是 θεὸς ἀνθρώπῳ οὐ μίγνυται [绝地天通]（按：直译为"神人相分"），所有的 μαντική [占卜] 都是 δαίμων 的领域。因此，δαιμόνιος 指一种与神圣力量（agency）之间的联系，而 τὸ δαιμόνιον 有时则指这样一种力量，有时则指力量的载体（agent）本身。所以，亚里士多德在《修辞术》中说（1398a15-16）：τὸ δαιμόνιον οὐδέν ἐστιν ἀλλ' ἢ θεὸς ἢ θεοῦ ἔργον [精灵不过是神或神的创造物]（罗念生译文；Bekker 本作 ἆρα θεὸς ἢ θεοῦ ἔργον），因此，埃斯基涅斯的说法（3.117）ἴσως δὲ καὶ δαιμονίου τινὸς ἐξαμαρτάνειν αὐτὸν προαγομένου [也许为某种神圣的力量引导而犯错]，就是含糊不清的了，对于这一特点，可以对勘柏拉图《斐德若》242e2：εἰ δ' ἔστιν, ὥσπερ οὖν ἔστι, θεὸς ἤ τι θεῖον ὁ Ἔρως [要是爱若斯存在——而他的确存在，无论作为神还是至少作为某种神样的东西存在]（刘小枫译文）。

我们在色诺芬的《回忆苏格拉底》1.1.2 中看到，以上两个含义这个词都体现了：διετεθρύλητο γὰρ ὡς φαίη Σωκράτης τὸ δαιμόνιον ἑαυτῷ σημαίνειν· ὅθεν δὴ καὶ μάλιστά μοι δοκοῦσιν αὐτὸν αἰτιάσασθαι καινὰ δαιμόνια εἰσφέρειν [因为苏格拉底到处说精灵用神迹指导他，我想他被控引入新神

主要就在于此吧]。苏格拉底用 τὸ δαιμόνιον 指一种神圣的力量，而美勒托斯则把它歪曲为一种神圣存在的含义。苏格拉底在《申辩》31d1 用 ἐπικωμῳδῶν 这样的说法表示，他的立场乃是讽刺性的（caricature），并做了符合自己意思的阐释，即 δαιμόνια πράγματα [精灵之事、宗教事务]。从其他地方也可清楚看到苏格拉底不是在谈论一种存在者，如《申辩》31c8-d1: ὅτι μοι θεῖόν τι καὶ δαιμόνιον γίγνεται [有一种神圣的和精灵似的东西向我显灵]，或《斐德若》242b 的 τὸ δαιμόνιόν τε καὶ τὸ εἰωθὸς σημεῖον γίγνεσθαι [那个精灵般的东西和它那惯有的迹象就到我身上啦]（刘小枫译文），或《欧蒂德谟》272e3-4 的 τὸ εἰωθὸς σημεῖον τὸ δαιμόνιον [惯有的神迹]，或《泰阿泰德》151a 的 τὸ γιγνόμενόν μοι δαιμόνιον [降临到我头上的神灵]。柏拉图熟知大家关于 δαίμων 具有位格（personal）的观念（《法义》730a,《蒂迈欧》90a），但他从未把这个名称用来指刚才所说的现象（按：即神圣存在者）。即便忒阿格斯（Theages）（正如策勒所说，参氏著 II.65，注释 2）也没有赋予 τὸ δαιμόνιον 以位格（personality，按：即作为存在者）。《忒阿格斯》128e 的 Ἡ φωνὴ ἡ τοῦ δαιμονίου [神圣的声音] 含混不清。柏拉图的用法有时是形容词性的（如 τὸ δαιμόνιον σημεῖον），有时用作实词。从语法上说，色诺芬本人仅限于后一种用法——仍然仅指神圣力量（divine agency）。策勒（Zeller）注意到，把苏格拉底的 δαίμων 解释成一种存在者，只是他的控告者们的做法（西塞罗把它译为 divinum quiddam，而不是 genius，参《论占卜》1.54），后来的普鲁塔克、新柏拉图主义者和拉丁教父才复活了这种含义。

那么，δαιμόνιον σημεῖον [神迹、神灵的征兆] 的性质和功能是什么呢？我们先来看看色诺芬怎么说。主要段落有《回忆苏格拉底》1.1.2-5、4.3.12-13、4.8.1、4.8.5-6、4.8.11,《会饮》8.5，还必须加上《回忆苏格拉底》1.1.19。由此我们看到，色诺芬并没有告诉我们苏格拉底的 δαιμόνιον 的性质，只说它是一种工具，凭借这一工具，神圣的暗示不求自来地传达给他。（除非我们承认色诺芬的《申辩》第 12 节所谓 θεοῦ μοι φωνὴ φαίνεται [对我来说就是神的声音] 是苏格拉底的话）他坚持用的领域，即它是"所有神圣的欲望、所有良好的建议，以及所有正当的工作"的作者（按：似为祈祷语）。

因此，如果我们抛弃苏格拉底本人的解释，从而倾向于把这个现象说成出自心理学的普通原因，如果我们仅限于采信色诺芬的解释，那么，我们这么说也还是可以令人满意的。色诺芬所有提到它的地方都支持这种观点，即，它是一种迅速的判断行为，由训练有素的主体所具有的知识来指导，是从原因推导出结果，但对此过程并无意识。在一个由节制和自我认识所净化的，目的如此单一、不受低级目标扰乱的，又具有如此强大的自然禀赋，尤其是观察和归因禀赋的头脑中，这种预言和预判的能力几乎就会变成一种当下感知。但必须承认，柏拉图叙述中的某些特征与这种观点会有那么一点点不相合。柏拉图（《王制》496c）认为这种天赋乃是独一无二的，这不必麻烦去论证，因为色诺芬（《回忆苏格拉底》4.8.11）说它乃是苏格拉底"独一无二"的特点，即，苏格拉底是 $\varphi\rho\acute{o}\nu\iota\mu o\varsigma$ $\delta\grave{\epsilon}$ $\check{\omega}\sigma\tau\epsilon$ $\mu\grave{\eta}$ $\delta\iota\alpha\mu\alpha\rho\tau\acute{\alpha}\nu\epsilon\iota\nu$ $\kappa\rho\acute{\iota}\nu\omega\nu$ $\tau\grave{\alpha}$ $\beta\epsilon\lambda\tau\acute{\iota}\omega$ $\kappa\alpha\grave{\iota}$ $\tau\grave{\alpha}$ $\chi\epsilon\acute{\iota}\rho\omega$ $\mu\eta\delta\grave{\epsilon}$ $\check{\alpha}\lambda\lambda o\upsilon$ $\pi\rho o\sigma\delta\epsilon\tilde{\iota}\sigma\theta\alpha\iota$, $\dot{\alpha}\lambda\lambda'$ $\alpha\dot{\upsilon}\tau\acute{\alpha}\rho\kappa\eta\varsigma$ $\epsilon\tilde{\iota}\nu\alpha\iota$ $\pi\rho\grave{o}\varsigma$ $\tau\grave{\eta}\nu$ $\tau o\acute{\upsilon}\tau\omega\nu$ $\gamma\nu\tilde{\omega}\sigma\iota\nu$[那样智慧，以致在分辨好坏上从来没有错误过，而且不需要别人的忠告，单凭自己就能分辨它们]，这就是对这种现象所做的理性化的描述。但认为苏格拉底从很早年的时候就享有这种天赋，就与刚才所提出的解释不完全相合，即与那种认为（天赋）能力源于观察、经验、道德训练或思想习惯的看法不合。

再者，正如我们已经看到的，柏拉图笔下两处相互联系的 $\sigma\eta\mu\epsilon\tilde{\iota}o\nu$[征兆]的例子，排除了将其解释为一种判断行为的可行性。那种东西无论多么具有穿透力，都绝不是一种判断，它提醒原本打算跨越那条小溪的苏格拉底，并禁止他在欧蒂德谟和同伙们偶然闯入时离开座位。如果我们承认这些特写具有历史真实性，那么，我们就必须彻底放弃对该现象进行理性化处理的所有企图，并回到苏格拉底的解释，并视其为最终依据。但首先，我们已经看到，有理由反对接受他的解释。其次，这两个例子的历史可能性面临着这样的事实：尽管在普鲁塔克那里有与其类似的说法，但它们与色诺芬和柏拉图所给出的其他例子都不相像，因为（就算把《忒阿格斯》视为伪作而放在一边不谈）其他所有例子都暗示，这种警示所禁止的行动过程不是因其偶然的结果，而是因其自身缺少的某种东西而有偏颇（prejudicial），而且行为人被阻止行动的这个过程，是通过一连串手段，而不是通过一连串偶然而导致好的结果。

因此，我们必须接受涉及困难更少的解释，并认为柏拉图对该现象的阐释不如色诺芬忠实。可以毫不困难地假定，把 $σημεῖον$［征兆］回溯到苏格拉底少年时期，其意图无非是说，苏格拉底的记忆对他而言，不能够帮助他表明他的那些观察习惯的最初开端，以及他的这一天赋所由出的那种道德和精神训练的开端。而至于说这一征兆所给予的种种相异的警告事例，既然作为单独的事例它们当然都是虚构的，属于对话所需的情节设计，那么，我们假定柏拉图作为虚构者绝没有歪曲这一天赋的实际和严肃运用所具有的品质，也没有将它的作用机制儿戏地延伸到机运的领域，就无损于柏拉图的天才。

还需要注意柏拉图的描述中众所周知的一点，即他把 $τὸ\ δαιμόνιον$ 限定在否定的功能上。柏拉图把这种神迹描述成一种声音，他补充说（《申辩》31d3-4）：$ἀεὶ\ ἀποτρέπει\ με\ τοῦτο\ ὃ\ ἂν\ μέλλω\ πράττειν,\ προτρέπει\ δὲ\ οὔποτε$［总是阻止我去做自己打算要做的事情，却从不鼓励我去做什么］。其中一个困难在于这一情况的性质。那种只会说出否定性话语的会是一种什么样的神灵沟通或什么样的判断？当然，没有哪个判断行为会是这样的：因为，能辨识出不利行动的洞察力，同样能辨识出更有利的行动。任何自我强加的限制之下，一种神意都可能被想象出来；然而，这种限制也会与其任意性相称地使这种假设更为不可信，我们已经看到有理由放弃这种假设。另一个困难在于，关于这种独特性的证言有冲突。色诺芬既把不赞成的力量，又把赞成的力量归在这种神迹之上（4.8.1，另参1.1.4）。西塞罗（《论占卜》1.54）仅仅附和了柏拉图。普鲁塔克（《论苏格拉底的Daemon》11.105）赞同色诺芬，把这种神迹说成是 $κωλῦον\ ἢ\ κελεῦον$［禁止或命令］。

这就是我们不得不面对的两个困难。还没有人试图面对第一个困难；人们面对第二个困难的方式是，囫囵咽下第一个困难，并认为色诺芬错误地未区分神迹的实际含义与苏格拉底从中所做的、有可能是肯定性的（如《申辩》40a）推导。但是，我们可以通过以下这种解释来同时面对这两个困难。至于各权威证言的一致性，当柏拉图让苏格拉底说 ἀεί ἀποτρέπει με［总是阻止我］时，他是用最可理解的行为在描述它［按：即神迹］，因为它与一个现存目的的一致性，将是画蛇添足，且最不能引人注意。只有在这种预兆与他的意志相冲突时，苏格拉底才会清晰地意识到它。这一有失体察的观点在某些现代人关于良心的说法中得到了体现，他们说它只有一种否定功能，似乎根本就没有"赞成性的良知"这种东西。关于苏格拉底的情况那种错误说法，其根源是一样的，即否定性的功能更强烈、更突出。因此，恰恰是柏拉图的说法需要补充，而色诺芬的说法非但不需要限定，反倒只有他的说法才与事关这个问题的常识相称。至于柏拉图那种说法所指的事实，ἀεί ἀποτρέπει με［总是阻止我］这样的话似乎不是一种无意义的同语反复，对我们视为有缺陷的说法的重复，而是在突出这个事情的另一个特征。这种"声音"绝非"冲动"，它并不对意志讲话，而是具有一种批判或反思功能；它并不帮助形成一个意图，而是对已经存在的意图做出评判。另一方面，动机总是把意志驱向某个方向，从而不可能是否定性的。因此，把这个说法的第一部分仅设定在否定的方面，正因其对立观点而合理。这两个句子合并起来，其意思就是，这个"声音"是对已经盘算好的行动作出反思性判断，但并不提供行动的动机。

τὸ δαιμόνιον 所表示的事实，乃是一种未经分析的判断行为——不是对原则的判断，而是对一个已经计划好的特定行动过程的判断，不是对这种行动的道德性进行判断，而是在这个术语的苏格拉底意义上对该行动的"有利性"进行判断。这个判断是 κριτική［批判性的］，而非 ἐπιτακτική［命令性的］。无论它与意志的产生可能真有着什么样的联系，当然都会被那位把德性等同于知识的人在自己的说法中略去。对苏格拉底来说，它是 $\mu\alpha\nu\tau\iota\kappa\acute{\eta}$ [占卜] 的替代品。这就意味着，在人们倾向于用外在的超自然力量来弥补洞察力所不能者的地方，苏格拉底本人则拒绝这样的非理性的权宜之计，并在自己内在找到指引，至少有多处例证表明了这一点。但是，这一指引是思想和判断未经分析的多段进程汇聚的产物，他真诚地赋予了它一个宗教性的名称。他的内心活动，只要在他能够解释的范围内，就属于他自己，就是属人的；至于那些超过他的眼界者，则是神圣的；而且这种本质上具有直接批评意义的东西，对他来说，则是一种直接的灵感。

任何一个基督徒都不会惊讶于以下观点，即他的内心活动的每一部分都依赖于上帝，也不会惊讶于听到，这些内心活动独立且真正地属于他自己。只要每一种观点实现完整的过程，他就会满意它，并理解它。苏格拉底的所作所为是要把这些观点一分为二，把自己理解范围内的自己的内心活动说成属人的，理解范围以外的，则说成神圣的。

[B注] 在柏拉图笔下，$\tau\grave{o}\ \delta\alpha\iota\mu\acute{o}\nu\iota o\nu$ 唯一能够与这里的准实词性用法（quasi-substantival）严格对应的，是《泰阿泰德》151a4：$\tau\grave{o}\ \gamma\iota\gamma\nu\acute{o}\mu\varepsilon\nu\acute{o}\nu\ \mu o\iota\ \delta\alpha\iota\mu\acute{o}\nu\iota o\nu$ [降临到我头上的神灵]。那里的意思明摆着是"降临到我头上的某种神圣的东西"（divinum quiddam，见西塞罗《论占卜》1.22），所以我们在《申辩》中也必须如此理解。在古典希腊语中，$\delta\alpha\iota\mu\acute{o}\nu\iota o\nu$ 没有名词性的实词用法。那种用法第一次出现在"七十子译本"（Septuagint，按：即《圣经》的希腊文译本）中，在那里相当明显的是，该词乃 $\delta\alpha\acute{\iota}\mu\omega\nu$ 一词的小词化（diminutive），而不是 $\delta\alpha\iota\mu\acute{o}\nu\iota o\varsigma$ 一词的中性。这种用法中的 $\gamma\acute{\iota}\gamma\nu\varepsilon\sigma\theta\alpha\iota$ 证明"某种神圣的东西"并不是后世所说的"精灵"或任何种类熟悉的"鬼魂"（spirit）。人们从来没有把"神迹"称为 $\delta\alpha\acute{\iota}\mu\omega\nu$，尽管人们相当熟悉这样的观念：$\delta\alpha\acute{\iota}\mu\omega\nu$ 就是保护神（guardian spirit）。另参本人对《斐多》107d6 的注疏，另比较《王制》617e1 和 620d8。严格说来，该词总是"非人称性"的。它来自神明，却不是任何种类的"神仙"（divinity）。典型的说法见《申辩》31c8，《欧蒂德谟》272e3，《斐德若》242b8。还应注意，柏拉图总是把苏格拉

底描绘成满不在乎甚至反讽地说起"神迹"。它属于苏格拉底灵魂中的"非理性部分",甚至比梦更加非理性(另参《克里同》44a6),梦有时还给予正面的指导(《斐多》60e1以下),而"神迹"却从未如此(《申辩》31d3)。既然如此,要把它理性化,显然是徒劳的。我们必须好好地接受这样的事实:这是苏格拉底再真实不过的个人体验,尽管看不出有什么不得了的重要性。它的用处在于为自己无法做出明晰解释($λόγον$ $διδόναι$)而自己本能上又不情愿做的事情提出合理的论证。但他完全相信它,并且真听到了它的"声音"(参本人对《申辩》31d3的注疏)。

[按]关于"精灵"或"(命相)神灵"(daimon),我国民间俗语有谓"举头三尺有神灵",这种"神灵"大概并不指玉皇大帝或太上老君之类有名有姓的大神,而是指冥冥中往来于世间观察人行好歹的小神,颇为接近于古希腊的daimon含义的一个方面。对此,刘小枫先生对《会饮》202d注疏道:

> $δαίμων$指没有具体样子的神,主管神赐给某个人的幸福或不幸福的命,幸福或不幸福总是属于某个具体个人,因此是非常个人化的神。这是我的$δαίμων$,指的是我从神那里分得全然属于自己的那份运数,用中国话说就是"各人的命"。$εὐδαιμονία$[幸福]相当于我们说"命好",$κακοδαιμονία$[倒霉]相当于我们说"命不好"。

> 在前苏格拉底哲人那里,$δαίμων$已经被用来形容人,比如赫拉克利特的名言:这人的禀赋是这个人的命(辑语,119)。在日常用法中,这个语词的褒贬含义是含混的,要依所说的具体对象而定:既可以是好命神,也可以是坏命神。在柏拉图那里,这个语词既指受神灵庇护的人,也指内在的人——在《申辩》中,柏拉图的苏格拉底把$δαίμονες$说成"既非神,也非神的子女",而是"神的私生子,由水泽女仙或其他女神所生"(27b-e),与欧里庇得斯的说法相同(参见欧里庇得斯,《美狄娅》,139-141:"是神还是命神?")。考虑到这里说的是爱若斯,$δαίμων$和$δαιμόνιος$宁可译作 spirit 和

spiritual，尽管在许多别的场合，$δαιμονιος$ 都不适合译作 spiritual。因为，基督教文化扩张以来，所有命神都被贬，古代诸神都成了命神——也就是撒但的帮手，demon、demonic 成了骂人的词。18 世纪中期——德国古典文化时期，这个语词的含义才发生根本转变，成了天才崇拜的表征：dämonisch 就是天才——歌德说 Daimon 这个词的原义就是俄耳甫斯，实际上恢复了赫拉克利特用这个词的含义。哈曼（Hamann）论及苏格拉底（说他是个 Daimonion）的著作，对于这场语义的历史转变起了相当的作用。①

多兹的《希腊人与非理性》，页 23 注释 65：荷马对 $δαίμων$ 一词的用法及该词与 theos 一词的关系，参尼尔森（Nilsson）《希腊宗教史》，卷一，页 201 以下；另参维拉莫维茨（Wilamowitz）《希腊人的信仰》，卷一，页 362 以下。在尼尔森看来，$δαίμων$ 最初既是含糊不清的，也不表示有形存在（impersonal），而仅仅"表现力量（orenda）"。但就这一说法，我却倾向于支持罗斯（Rose）的怀疑，参《哈佛神学评论》，1935 年，卷 28，页 243 以下。我们提出的证据无非在于，当 $μοῖρα$ 一词从非人称的"份额"演化成具有人称的"命运"，而 $δαίμων$ 则往反方向演变，从人称性的"分派者"（另参 $δαίω$ 和 $δαιμόνη$），变成无人称性的"幸运"。这两种演化过程有一个交叉点，这两个词实际上也同义。

---

① 柏拉图：《柏拉图的"会饮"》，刘小枫译，北京：华夏出版社，2003，页 75 注。Seth Benardete 的硕士论文（1953 年）题为 The Daimonion of Socrates: An Interpretative Study of Plato's Theages，可以参考。

图书在版编目(CIP)数据

《苏格拉底的申辩》集注 / 程志敏辑译. —— 北京：华夏出版社有限公司，2024.8
（西方传统：经典与解释）
ISBN 978-7-5222-0707-0

Ⅰ. ①苏… Ⅱ. ①程… Ⅲ. ①苏格拉底（Socrates 前469-前399）-哲学思想-思想评论-注释 Ⅳ. ①B502.231

中国版本图书馆 CIP 数据核字（2024）第 091638 号

《苏格拉底的申辩》集注

辑　　译	程志敏
责任编辑	马涛红
美术编辑	殷丽云
责任印制	刘　洋
出版发行	华夏出版社有限公司
经　　销	新华书店
印　　刷	北京汇林印务有限公司
装　　订	北京汇林印务有限公司
版　　次	2024 年 8 月北京第 1 版 2024 年 8 月北京第 1 次印刷
开　　本	880×1230　1/32
印　　张	24
字　　数	667 千字
定　　价	168.00 元

华夏出版社有限公司 地址：北京市东直门外香河园北里 4 号 邮编：100028
网址：www.hxph.com.cn 电话：(010)64663331（转）
若发现本版图书有印装质量问题，请与我社营销中心联系调换。

西方传统：经典与解释
Classici et Commentarii
HERMES
刘小枫○主编

古今丛编

欧洲中世纪诗学选译　宋旭红 编译
克尔凯郭尔　[美]江思图 著
货币哲学　[德]西美尔 著
孟德斯鸠的自由主义哲学　[美]潘戈 著
莫尔及其乌托邦　[德]考茨基 著
试论古今革命　[法]夏多布里昂 著
但丁：皈依的诗学　[美]弗里切罗 著
在西方的目光下　[英]康拉德 著
大学与博雅教育　董成龙 编
探究哲学与信仰　[美]郝岚 著
民主的本性　[法]马南 著
梅尔维尔的政治哲学　李小均 编/译
席勒美学的哲学背景　[美]维塞尔 著
果戈里与鬼　[俄]梅列日科夫斯基 著
自传性反思　[美]沃格林 著
黑格尔与普世秩序　[美]希克斯 等著
新的方式与制度　[美]曼斯菲尔德 著
科耶夫的新拉丁帝国　[法]科耶夫 等著
《利维坦》附录　[英]霍布斯 著
或此或彼（上、下）　[丹麦]基尔克果 著
海德格尔式的现代神学　刘小枫 选编
双重束缚　[法]基拉尔 著
古今之争中的核心问题　[德]迈尔 著
论永恒的智慧　[德]苏索 著
宗教经验种种　[美]詹姆斯 著
尼采反卢梭　[美]凯斯·安塞尔-皮尔逊 著
舍勒思想评述　[美]弗林斯 著
诗与哲学之争　[美]罗森 著

神圣与世俗　[罗]伊利亚德 著
但丁的圣约书　[美]霍金斯 著

古典学丛编

荷马笔下的诸神与人类德行　[美]阿伦斯多夫 著
赫西俄德的宇宙　[美]珍妮·施特劳斯·克莱 著
论王政　[古罗马]金嘴狄翁 著
论希罗多德　[古罗马]卢里叶 著
探究希腊人的灵魂　[美]戴维斯 著
尤利安文选　马勇 编/译
论月面　[古罗马]普鲁塔克 著
雅典谐剧与逻各斯　[美]奥里根 著
菜园哲人伊壁鸠鲁　罗晓颖 选编
劳作与时日（笺注本）　[古希腊]赫西俄德 著
神谱（笺注本）　[古希腊]赫西俄德 著
赫西俄德：神话之艺　[法]居代·德拉孔波 编
希腊古风时期的真理大师　[法]德蒂安 著
古罗马的教育　[英]葛怀恩 著
古典学与现代性　刘小枫 编
表演文化与雅典民主政制　[英]戈尔德希尔、奥斯本 编
西方古典文献学发凡　刘小枫 编
古典语文学常谈　[德]克拉夫特 著
古希腊文学常谈　[英]多佛 等著
撒路斯特与政治史学　刘小枫 编
希罗多德的王霸之辨　吴小锋 编/译
第二代智术师　[英]安德森 著
英雄诗系笺释　[古希腊]荷马 著
统治的热望　[美]福特 著
论埃及神学与哲学　[古希腊]普鲁塔克 著
凯撒的剑与笔　李世祥 编/译
伊壁鸠鲁主义的政治哲学　[意]詹姆斯·尼古拉斯 著
修昔底德笔下的人性　[美]欧文 著
修昔底德笔下的演说　[美]斯塔特 著
古希腊政治理论　[美]格雷纳 著

赫拉克勒斯之盾笺释 罗逍然 译笺
《埃涅阿斯纪》章义 王承教 选编
维吉尔的帝国 [美]阿德勒 著
塔西佗的政治史学 曾维术 编

古希腊诗歌丛编
古希腊早期诉歌诗人 [英]鲍勒 著
诗歌与城邦 [美]费拉格、纳吉 主编
阿尔戈英雄纪（上、下）
[古希腊]阿波罗尼俄斯 著
俄耳甫斯教祷歌 吴雅凌 编译
俄耳甫斯教辑语 吴雅凌 编译

古希腊肃剧注疏
欧里庇得斯与智术师 [加]科纳彻 著
欧里庇得斯的现代性 [法]德·罗米伊 著
自由与僭越 罗峰 编译
希腊肃剧与政治哲学 [美]阿伦斯多夫 著

古希腊礼法研究
宙斯的正义 [英]劳埃德-琼斯 著
希腊人的正义观 [英]哈夫洛克 著

廊下派集
剑桥廊下派指南 [加]英伍德 编
廊下派的苏格拉底 程志敏 徐健 选编
廊下派的神和宇宙 [墨]里卡多·萨勒斯 编
廊下派的城邦观 [英]斯科菲尔德 著

希伯莱圣经历代注疏
希腊化世界中的犹太人 [英]威廉逊 著
第一亚当和第二亚当 [德]朋霍费尔 著

新约历代经解
属灵的寓意 [古罗马]俄里根 著

基督教与古典传统
保罗与马克安 [德]文森 著
加尔文与现代政治的基础 [美]汉考克 著
无执之道 [德]文森 著

恐惧与战栗 [丹麦]基尔克果 著
托尔斯泰与陀思妥耶夫斯基
[俄]梅列日科夫斯基 著
论宗教大法官的传说 [俄]罗赞诺夫 著
海德格尔与有限性思想（重订版）
刘小枫 选编
上帝国的信息 [德]拉加茨 著
基督教理论与现代 [德]特洛尔奇 著
亚历山大的克雷芒 [意]塞尔瓦托·利拉 著
中世纪的心灵之旅 [意]圣·波纳文图拉 著

德意志古典传统丛编
黑格尔论自我意识 [美]皮平 著
克劳塞维茨论现代战争 [澳]休·史密斯 著
《浮士德》发微 谷裕 选编
尼伯龙人 [德]黑贝尔 著
论荷尔德林 [德]沃尔夫冈·宾德尔 著
彭忒西勒亚 [德]克莱斯特 著
穆佐书简 [奥]里尔克 著
纪念苏格拉底——哈曼文选 刘新利 选编
夜颂中的革命和宗教 [德]诺瓦利斯 著
大革命与诗化小说 [德]诺瓦利斯 著
黑格尔的观念论 [美]皮平 著
浪漫派风格——施勒格尔批评文集 [德]施勒格尔 著

巴洛克戏剧丛编
克里奥帕特拉 [德]罗恩施坦 著
君士坦丁大帝 [德]阿旺西尼 著
被弑的国王 [德]格吕菲乌斯 著

美国宪政与古典传统
美国1787年宪法讲疏 [美]阿纳斯塔普罗 著

启蒙研究丛编
论古今学问 [英]坦普尔 著
历史主义与民族精神 冯庆 编
浪漫的律令 [美]拜泽尔 著
现实与理性 [法]科维纲 著

论古人的智慧 [英]培根 著
托兰德与激进启蒙 刘小枫 编
图书馆里的古今之战 [英]斯威夫特 著

政治史学丛编

驳马基雅维利 [普鲁士]弗里德里希二世 著
现代欧洲的基础 [英]赖希 著
克服历史主义 [德]特洛尔奇 等著
胡克与英国保守主义 姚啸宇 编
古希腊传记的嬗变 [意]莫米利亚诺 著
伊丽莎白时代的世界图景 [英]蒂利亚德 著
西方古代的天下观 刘小枫 编
从普遍历史到历史主义 刘小枫 编
自然科学史与玫瑰 [法]雷比瑟 著

地缘政治学丛编

地缘政治学的起源与拉采尔 [希腊]斯托杨诺斯 著
施米特的国际政治思想 [英]欧迪瑟乌斯/佩蒂托 编
克劳塞维茨之谜 [英]赫伯格-罗特 著
太平洋地缘政治学 [德]卡尔·豪斯霍弗 著

荷马注疏集

不为人知的奥德修斯 [美]诺特维克 著
模仿荷马 [美]丹尼斯·麦克唐纳 著

品达注疏集

幽暗的诱惑 [美]汉密尔顿 著

阿里斯托芬集

《阿卡奈人》笺释 [古希腊]阿里斯托芬 著

色诺芬注疏集

居鲁士的教育 [古希腊]色诺芬 著
色诺芬的《会饮》 [古希腊]色诺芬 著

柏拉图注疏集

挑战戈尔戈 李致远 选编
论柏拉图《高尔吉亚》的统一性 [美]斯托弗 著
立法与德性——柏拉图《法义》发微 林志猛 编
柏拉图的灵魂学 [加]罗宾逊 著

柏拉图书简 彭磊 译注
克力同章句 程志敏 郑兴凤 撰
哲学的奥德赛——《王制》引论 [美]郝兰 著
爱欲与启蒙的迷醉 [美]贝尔格 著
为哲学的写作技艺一辩 [美]伯格 著
柏拉图式的迷宫——《斐多》义疏 [美]伯格 著
苏格拉底与希琵阿斯 王江涛 编译
理想国 [古希腊]柏拉图 著
谁来教育老师 刘小枫 编
立法者的神学 林志猛 编
柏拉图对话中的神 [法]薇依 著
厄庇诺米斯 [古希腊]柏拉图 著
智慧与幸福 程志敏 选编
论柏拉图对话 [德]施莱尔马赫 著
柏拉图《美诺》疏证 [美]克莱因 著
政治哲学的悖论 [美]郝岚 著
神话诗人柏拉图 张文涛 选编
阿尔喀比亚德 [古希腊]柏拉图 著
叙拉古的雅典异乡人 彭磊 选编
阿威罗伊论《王制》 [阿拉伯]阿威罗伊 著
《王制》要义 刘小枫 选编
柏拉图的《会饮》 [古希腊]柏拉图 等著
苏格拉底的申辩(修订版) [古希腊]柏拉图 著
苏格拉底与政治共同体 [美]尼柯尔斯 著
政制与美德——柏拉图《法义》疏解 [美]潘戈 著
《法义》导读 [法]卡斯代尔·布舒奇 著
论真理的本质 [德]海德格尔 著
哲人的无知 [德]费勃 著
米诺斯 [古希腊]柏拉图 著
情敌 [古希腊]柏拉图 著

亚里士多德注疏集

《诗术》译笺与通绎 陈明珠 撰
亚里士多德《政治学》中的教诲 [美]潘戈 著
品格的技艺 [美]加佛 著

亚里士多德哲学的基本概念　[德]海德格尔 著
《政治学》疏证　[意]托马斯·阿奎那 著
尼各马可伦理学义疏　[美]伯格 著
哲学之诗　[美]戴维斯 著
对亚里士多德的现象学解释　[德]海德格尔 著
城邦与自然——亚里士多德与现代性　刘小枫 编
论诗术中篇义疏　[阿拉伯]阿威罗伊 著
哲学的政治　[美]戴维斯 著

普鲁塔克集

普鲁塔克的《对比列传》　[英]达夫 著
普鲁塔克的实践伦理学　[比利时]胡芙 著

阿尔法拉比集

政治制度与政治箴言　阿尔法拉比 著

马基雅维利集

解读马基雅维利　[美]麦考米克 著
君主及其战争技艺　娄林 选编

莎士比亚绎读

莎士比亚的罗马　[美]坎托 著
莎士比亚的政治智慧　[美]伯恩斯 著
脱节的时代　[匈]阿格尼斯·赫勒 著
莎士比亚的历史剧　[英]蒂利亚德 著
莎士比亚戏剧与政治哲学　彭磊 选编
莎士比亚的政治盛典　[美]阿鲁里斯/苏利文 编
丹麦王子与马基雅维利　罗峰 选编

洛克集

上帝、洛克与平等　[美]沃尔德伦 著

卢梭集

致博蒙书　[法]卢梭 著
政治制度论　[法]卢梭 著
哲学的自传　[美]戴维斯 著
文学与道德杂篇　[法]卢梭 著
设计论证　[美]吉尔丁 著
卢梭的自然状态　[美]普拉特纳 等著

卢梭的榜样人生　[美]凯利 著

莱辛注疏集

汉堡剧评　[德]莱辛 著
关于悲剧的通信　[德]莱辛 著
智者纳坦（研究版）　[德]莱辛 等著
启蒙运动的内在问题　[美]维塞尔 著
莱辛剧作七种　[德]莱辛 著
历史与启示——莱辛神学文选　[德]莱辛 著
论人类的教育　[德]莱辛 著

尼采注疏集

尼采引论　[德]施特格迈尔 著
尼采与基督教　刘小枫 编
尼采眼中的苏格拉底　[美]丹豪瑟 著
动物与超人之间的绳索　[德]A.彼珀 著

施特劳斯集

苏格拉底与阿里斯托芬
论僭政（重订本）　[美]施特劳斯 [法]科耶夫 著
苏格拉底问题与现代性（第三版）
犹太哲人与启蒙（增订本）
霍布斯的宗教批判
斯宾诺莎的宗教批判
门德尔松与莱辛
哲学与律法——论迈蒙尼德及其先驱
迫害与写作艺术
柏拉图式政治哲学研究
论柏拉图的《会饮》
柏拉图《法义》的论辩与情节
什么是政治哲学
古典政治理性主义的重生（重订本）
回归古典政治哲学——施特劳斯通信集
　　　　　　＊＊＊
追忆施特劳斯　张培均 编
施特劳斯学述　[德]考夫曼 著

论源初遗忘　[美]维克利 著
阅读施特劳斯　[美]斯密什 著
施特劳斯与流亡政治学　[美]谢帕德 著
驯服欲望　[法]科耶夫 等著

政治哲学与启示宗教的挑战
隐匿的对话
论哲学生活的幸福

施特劳斯讲学录
追求高贵的修辞术
——柏拉图《高尔吉亚》讲疏（1957）
斯宾诺莎的政治哲学

大学素质教育读本
古典诗文绎读 西学卷·古代编（上、下）
古典诗文绎读 西学卷·现代编（上、下）

施米特集
宪法专政　[美]罗斯托 著
施米特对自由主义的批判　[美]约翰·麦考米克 著

伯纳德特集
古典诗学之路（第二版）　[美]伯格 编
弓与琴（重订本）　[美]伯纳德特 著
神圣的罪业　[美]伯纳德特 著

布鲁姆集
巨人与侏儒（1960-1990）
人应该如何生活——柏拉图《王制》释义
爱的设计——卢梭与浪漫派
爱的戏剧——莎士比亚与自然
爱的阶梯——柏拉图的《会饮》
伊索克拉底的政治哲学

沃格林集
自传体反思录

朗佩特集
哲学与哲学之诗
尼采与现时代
尼采的使命
哲学如何成为苏格拉底式的
施特劳斯的持久重要性

迈尔集
施米特的教训
何为尼采的扎拉图斯特拉